ДЛЯ НАЧИНАЮЩИХ ИЗУЧАТЬ РУССКИЙ ЯЗЫК
РУССКО-КОРЕЙСКИЙ СЛОВАРЬ

러시아어-한국어 입문 사전

편저 김 춘 식
박 와실리
엄안또니나

도서출판
문예림

русско-корейский словарь

для начинающих изучать русский язык

도서출판
문예림

머 리 말

러시아는 원유와 가스 등 천연자원의 부국일 뿐만 아니라 세계 최초로 유인 우주선을 쏘아 올린 과학기술 강국이며, 푸쉬킨, 톨스토이, 도스토예프스키, 차이콥스키 등 우리에게도 널리 알려진 세계적인 문인과 예술가를 배출한 문화강국입니다. 그리고 한국과 러시아는 1990년 수교 이래 정치, 경제, 사회, 문화 등 모든 분야에서 단절되었던 역사를 극복하고 폭넓은 실질협력관계를 계속 발전시켜 왔으며, 경제적 측면에서도 러시아는 우리 기업의 거대한 수출유망 시장이자 에너지, 철도, 우주, 과학기술, 산업 등 모든 경제분야에 걸쳐 호혜적인 협력 대상국이며, 정부 차원에서의 협력뿐만 아니라 민간차원에서의 교류 또한 활발히 진행되고 있습니다. 최근 들어 한 해 10만명 이상의 양국 국민이 상호 방문하고 있으며, 각종 문화행사를 통해 서로에 대한 이해의 폭을 넓혀가고 있습니다.

이렇게 러시아와 한국 사이에 협력과 발달이 증가할수록 러시아 사용권에서 한국어 연구에 관심이 더욱 증가하고 있으며, 동시에 한국에서도 러시아어 연구에 관심이 증가하는 것입니다. 이와 관련하여 여러 가지 유형의 번역 사전들이 필요로 하는 것입니다. 그리하여 러시아어 사용권에서 또는 한국어 사용권에서 많은 한-러, 러-한 사전들이 출판되어 이용되었습니다.

그러므로 오래 전부터 독자들의 요구에 의해서 초보자들을 위한 러시아어 한국어 입문사전을 편찬 작업에 임하여 약 30,000 단어의 표제어로 수록하여 출판하게 되었습니다.

본 러시아어 한국어 입문사전은 러시아어를 처음 배우는 학생은 물론이며 번역자 및 통역자들 뿐만 아니라, 일반인까지 쉽게 읽을 수 있도록 편집하였으며, 번역과 통역의 참고서로 연구하는 사람들에게 큰 도움을 줄 수 있다고 기대합니다.

연구진들이 본 사전에 러시아 생활에서 새로운 사회적, 과학적과 문화적 현상을 반영할 수 있는 단어와 용어들 포함하려고 했으며, 일반적으로 현대의 러시아어 넓게 사용하고 있는 생활 어휘는 물론, 본 사전은 사회·정치적 어휘, 또한 기술, 농업, 예술과 스포츠 분야에서 전문 용어들도 포함했으며,

러시아어를 한국어 발음으로 표기할 때 가능한 원어발음 그대로 표기하도록 노력하였으며, 러시아어를 그대로 표기하기 어려운 부분은 국립국어 연구원에서 규정한 러시아어 기호와 국제음성규정 원칙에 의하여 표기하였습니다.

그리고 사전의 원고 교정과 워드작업에 수고하신 김이라, 김알라, 손옥주 루돌프, 차따찌아나, 초이따찌아나 연구원들에게 감사드리며, 입문사전을 쾌히 출판을 해주시는 도서출판 문예림의 서덕일 사장님과 임직원 여러분들께 감사드립니다.

끝으로 입문 사전이 러시아어를 배우고 익히는 학도들과 러시아에 관계하고 계시거나 관심을 가지고 계신 모든 분들에게 도움이 되길 진심으로 바라며, 계속하여 좋은 사전이 출판 되도록 여러분들의 많은 관심과 아낌없는 성원을 부탁드립니다.

2011. 03.
어문학박사 김 춘 식

РУССКИЙ АЛФАВИТ(러시아어 자모)

차례	활자체	명 칭	발음	영어표기
1	А а	а 아	(a) 아	a
2	Б б	бэ 베	(b) ㅂ	b
3	В в	вэ 붸(웨)	(v) ㅂ	v
4	Г г	гэ 게	(g) ㄱ	g
5	Д д	дэ 데	(d) ㄷ	d
6	Е е	е(йэ)예	(e) 예	e
7	Ё ё	ё(йо)요	(jo) 요	yo
8	Ж ж	жэ 제(줴)	(ʒ) ㅈ	zh
9	З з	зэ 제	(z) ㅈ	z
10	И и	и 이	(i) 이	
11	Й й	и(краткое) 이끄라트꼬예	(j) 이	j
12	К к	ка 까	(k) ㄲ	k
13	Л л	эль 엘	(l) ㄹ	l
14	М м	эм 엠	(m) ㅁ	m
15	Н н	эн 엔	(n) ㄴ	n
16	О о	о 오	(o) 오	o
17	П п	пэ 뻬	(p) ㅃ	p
18	Р р	эр 에르	(r) ㄹ	r
19	С с	эс 에스	(s) ㅆ	s
20	Т т	тэ 떼	(t) ㄸ	t
21	У у	у 우	(u) 우	u
22	Ф ф	эф 에프	(f) ㅍ	f
23	Х х	ха 하	(x) ㅎ	x
24	Ц ц	цэ 쩨	(ts) ㅉ	ts
25	Ч ч	че 체(체)	(tʃ) 치	ch
26	Ш ш	ша 샤(쏴)	(ʃ) 시	sh
27	Щ щ	ща 시챠(쏴)	(ʃtʃ) 시치	shch
28	ъ	твёрдыйзнак 뜨뵤르드이즈낙	–	–
29	ы	ы 의	(i) 의	y
30	ь	мягкийзнак 미야키 즈낙	–	–
31	Э э	э 에	(e) 에	e
32	Ю ю	ю(йу)유	(ju) 유	ju
33	Я я	я(йа) 야	(ja) 야	ja

☞ 러시아어 알파벳과 발음

◉ 러시아의 모음

러시아어의 모음을 표시하는 철자는 모두 10개가 있다. 그 중 경자음을 표시하는 철자 5개와 연자음을 표시하는 철자 5개가 있다.

⇒ 앞에 오는 자음이 경자음 임을 나타내는 경자음 표시 모음은 다음 같다

А а ㅏ 우리말의 '아'음과 비슷하다.
  하지만 우리말 '아'음 보다 긴장정도가 더 강하다
  мама(마마) 엄마. парк(빠르끄) 공원
Э э ㅔ 우리말의 '에'음과 유사하다.
  러시아어의 'э'음은 혀끝을 아랫니에 대고 혀의 중간부분을 경구개를 향해 들어 올리며, 혀를 옆니에 밀착시켜서 내는 소리
  это(에또) 이것은, экспорт(엑스뽀르뜨) 수출
Ы ы ㅢ 우리말의 '의'음과 유사하다.
  이 모음을 정확히 발음하기 위해서는 혀를 뒤로 끌어당기면서 입천장 쪽으로 높이 들어 올리고, 입을 옆으로 벌려 강하게 긴장시키면서 발음해야 한다. (단어의 중간 또는 끝에서 사용됨)
  сын(씬) 아들, сыр(쓰르) 치즈, вы(븨) 당신
О о ㅗ 우리말 '오'음과 유사하다.
  이 모음을 정확하게 발음하려면, 혀끝을 아랫니 쪽으로 내리고, 혀 뒷부분을 연구개를 향해 들어 올린후에 입술을 아래로 내밀어 둥그렇게 해야 한다
  осень(오신) 가을, дом(돔) 집, отпуск(옷뿌스까) 휴가
У у ㅜ 우리말 '우'음과 비슷하다.
  우리말 '우'음에 비해 발음할 때 더 원순성이 강하며, 입을 벌릴 때 더 긴장해야 한다.
  ум(움) 지혜, улица(울리짜) 거리, уксус(욱수스) 식초.

⇒ 앞에 오는 자음이 연자음 임을 나타내는 연자음 표시 모음은 다음 같다

Я я ㅑ 우리말의 '야' 음과 유사하다.
  'и'음과 'а'음이 결합된 복모음으로 [и+а]로 발음한다.
  няня(냐냐) 유모, яма(야마) 구멍, язык(야직) 언어
Е е ㅖ 우리말의 '예' 음과 비슷하다.
  'и'음과 'э' 음이 결합된 복모음으로 [и+э]로 발음한다.
  если(예슬리) 만약에, день(젠) 낮, есть(예스찌) 있다
И и ㅣ 우리말의 '이' 음과 비슷하다.
  이 모음을 정확히 발음하기 위해서는 혀를 입천장 쪽으로 가깝게 끌어당겨야 한다.
  книга(끄니가) 책, гость(고스찌) 손님, газета(가제따) 신문
Ё ё ㅛ 우리말의 '요'음과 비슷하다.
  'и'음과 'о'음이 결합된 복모음으로 [и+о]로 발음한다.
  ёлка(욜까) 크리스마스 트리, мёд(묻) 꿀, тётя(쪼쨔) 숙모
Ю ю ㅠ 우리말의 '유'음과 비슷하다.
  'и'음과 'у'음이 결합된 복모음으로 [и+у]로 발음한다.
  юг(유그) 남쪽, ключ(끌루치) 열쇠, юрист(유리스뜨) 법률가

◉ 러시아의 자음
러시아의 모음은 모두 21개이다. 유성음과 무성음 그리고 소리나는 위치에 따라 다음과 같이 분류할 수 있다.

⇒ 두입술소리: 두 입술로 공기의 흐름을 막았다가 열면서 내는 소리

П п ㅃ,ㅍ 우리말의 된소리 'ㅃ'에 가까운 무성음이다. 경음으로 발음함.
парк(빠르끄) 공원, потом(빠똠) 다음에, папа(빠빠) 아빠

Б б ㅂ 우리말의 된소리 'ㅂ'에 유사한 유성음이다.
бабушка(바부쉬까) 할머니, брат(부라뜨) 형제, клуб(끌럽) 클럽

М м ㅁ 두 입술 사이에서 나는 양순음으로, 우리말 'ㅁ'과 비슷하다.
мама(마마) 엄마, март(마르따) 3월, машина(마쉬나) 기계.

⇒ 이-입술소리: 아랫입술을 윗니에 대었다가 떨어뜨리면서 내는 소리

В в ㅂ 아랫입술을 윗니에 살짝 대었다가 떨어뜨리면서 내는 소리
우리말에는 동일한 음가가 없으며, 영어의 'v'와 유사하다.
восток(보스똑) 동쪽, ваш(바스) 당신의

Ф ф ㅎ в의 무성음이다. 우리말에는 이에 상응하는 자음이 없으며,
영어의 'f'와 유사하다.
фонарь(회나리) 가로등, файл(화일) 파일, флаг(휠라그) 깃발

⇒ 잇소리: 혀끝을 윗니 안쪽에 대었다가 떨어뜨리면서 내는 소리

Т т ㅌ,ㄸ 혀끝을 윗니 안쪽에 대어서 내는 무성음이다.
우리말의 된소리 'ㄸ'에 가깝다
тут(뚜뜨) 여기에, строительство(스뜨로이젤스뜨보) 건설,건축

Д д ㄷ т의 유성음으로 우리말의 'ㄷ'음과 유사하다.
да(다) 네, дом(돔) 집, 주택, друг(드루그) 친구

С с ㅅ 우리말의 된소리 'ㅅ'에 가깝다. 영어의 s소리와 비슷하다.
сын(신) 아들, сон(손) 잠, мост(모스뜨) 다리

З з ㅈ 우리말에는 이에 상응하는 소리가 없다.
우리말의 'ㅈ'음과 유사하며, 영어의 z음과 유사하다.
запад(자빠드) 서쪽, музей(무제이) 박물관, знать(즈나찌) 알다

Н н ㄴ 우리말의 'ㄴ'과 유사하며, 영어의 'n'음에 가깝다.
нет(니예뜨) 아니다, ночь(노치) 밤, 야간, луна(루나) 달

Л л ㄹ 대체로 우리말의 'ㄹ'음과 유사하다. 그러나 우리말의 'ㄹ'음과
달리 혀끝이 윗니의 뒤쪽에 닿아서 내는 소리이다.
лиса(리사) 여우, лук(룩) 양파, культура(꿀뚜라) 문화

⇒ 잇몸소리: 혀끝을 윗잇몸에 대고 내는 소리

Р р ㄹ 우리말의 'ㄹ'음과 달리 혀끝을 여러 번 진동시켜 내는 소리
река(레까) 강, рис(리스) 쌀, ремонт(레몬뜨) 수리, 정비

Ж ж ㅈ 우리말에는 정확히 상응하는 소리가 없으나, 대체로 '쥐'와 비슷하다. ш가 무성음인데 반해 유성음이다.
жена(줴나) 아내, журнал(줴르날) 잡지, тоже(또줴) 또한

Ш ш ㅅ 혀끝을 경구개를 향해 들어 올려서 혀와 잇몸 사이의 작음 틈을
통해 내는 소리이다. 우리말의 쉬에 가깝다
шар(솨르) 공, 구슬, шарик(쇠리끄) 풍선, шахта(솨흐따) 광산

Ц ц ㅉ 우리말에 상응하는 자음이 없다. 'ㅉ'음과 약간 유사하다.
центр(쩬뜨르) 중심, царь(짜리) 황제, цвет(쯔베뜨) 색상

⇒ 센 입천장소리: 혓몸 앞부분을 경구개에 대었다가 떼면서 내는 소리

Ч ч ㅊ 우리말의 'ㅊ'음과 유사하다. 러시아어의 ч은 우리말과 달리
기음을 수반하지 않는다. 이 자음은 항상 연자음이다.
чай (차이) 차, час(차스) 시간, чёрный (쵸르느이) 검은

Щ щ ㅆ 이 자음에 상응하는 문자 우리말에는 없다. 대체로 우리말의
'쉬'음에 가깝다.
щель(쉘) 틈, 균열, щётка(쑈뜨가) 솔, 브러쉬, ещё(예쑈) 아직

Й й ㅣ 우리말의 '이'음과 거의 비슷하다. 하지만 и음보다 훨씬짧게 발음
해야 한다. 이 자음은 자음 뒤에는 절대로 오지 않으며, 항상
모음과 결합하여 이중모음을 형성한다.
й од(이오드, 요드) 요오드용액, май (마이) 5월, мой (모이) 나의

⇒ 여린입천장소리: 혀의 뿌리 부분을 연구개에 대었다가 떼면서 내는 소리

К к ㅋ,ㄲ 영어의 'k'발음과 유사하지만, 기음을 소반하지 않는다.
우리말의 된소리 'ㄲ'에 가깝다.
кто(크또) 누가, Корея(까레야) 대한민국,한국, как(까ㄲ) 어떻게

Г г ㄱ 연구개음으로 우리말의 'ㄱ'음과 유사하다.
к가 무성음인데 비해 г는 유성음이다.
газета(가제따) 신문, гость(고스찌) 손님, город(고-로드) 도시

Х х ㅎ 혀의 뒷부분과 연구개 사이의 통로를 통해서 공기를 유출시
켜 내는 소리이다. 우리말의 'ㅎ'음을 발음할 때보다 뒷부분을
구개에 더 접근시켜 강하게 발음한다.
хорошо(하라소) 좋다, холод(홀로드) 추위, химия(허미야) 화학

◉ 경음부호 Ъ와 연음부호 Ь

⇒ 경음부호 ъ(твёрдый знак): 단어 중간에 위치하여 앞부분과 뒷부분의
경계 역할을 하며, 발음할 때 부호가 있는 앞부분과 뒷부분을 서로 떼어서
발음함으로써 연자음 표시 모음 앞에 있는 자음의 연음화를 박아준다.
съесть() 다먹다, отъезд() 출발, объект() 대상

⇒ 연음부호 ь(мягкий знак): 앞에 나오는 자음이 연자음 임을 나타낸다.
мать(마찌) 어머니, дочь(도치) 딸, только(똘-까) 단지

◉ 몇 가지 예외사항

1. 동사원형 어미인 -ть는 (-찌), -чь는 (-치)로 발음
ехать(예하찌), жечь(줴치)
2. 구개음화 현상으로 -де-, -ди-, -дя-, -те-, -ти-, -тя-,는 각각
(-졔-), (-지-), (-쟈-),(-쩨-),(-찌-),(-쨔-)로 발음
дети(졔찌) 어린이들, динамика(지나미까) 역학, дядя(쟈쟈) 아저씨,
телевизор(쩰레비조르) 텔레비전, тяжесть(쨔줴스찌) 인력.
3. 연음부호가 단어 가운데 있는 경우 대부분의 -тель-은(-쩰-)로 발음
строительство(스또로이쩰쓰뜨보) 건설, рентабельный (렌따벨늬) 안정적
4. 역점(力點)이 있는 -o-는 (오)로 발음되지만, 역점이 없으면 (오) 와 (아)

의 중간발음을 하되, 대부분 (아)로 발음하며, 역점없는 -e-, -я-는 (이)에 가깝게 발음
  молоко(말라꼬) 우유, осень(오씬) 가을, явлене(이블레니에) 현상

☞ 러시아어 발음 규칙

⇒ 모음의 발음 규칙
1. 강세가 있는 모음의 발음(а, о, е, я, и, у)
 러시아어의 모음은 강세를 가질 때만 제 음가를 그대로 나타낸다. 강세를 가진 모음은 강세가 없는 다른 모음보다 상대적으로 더 길고 또렷하게 발음된다.
 часто(차쓰또) 자주, осень(오씬) 가을, день(젠) 낮
 моя(마야) 나의, мой(모이) 나의, иду(이두) 가다

2. 모음약화: 모음이 강세를 갖지 않을 때는 본래의 음가를 발휘하지 못하고 약화된다. 강세가 없는 모음은 강세를 가진 모음보다 더 짧고 약하게 발음된다.

3. 모음 а, о의 약화:
 강세가 없는 а, о는(ʌ) 또는(ə)로 발음 된다.
 강세 앞의 음절, 또는 어두의 첫 음절에서는 (ʌ)로 발음된다.
 강세가 없는 기타 다른 음절에서는 (ə)로 발음된다.
 сама(사마) 자신, пальто(빨또) 외투, она(아나) 그녀
 окно(아크노) 창문, Москва(마쓰크바) 모스크바, молоко(말라꼬) 우유

4. 모음 е, я의 약화: 강세를 갖지 않는 е, я는 대부분(ji)로 발음되고, 일부 어미에서는(jə)로 발음되기도 한다.
 весна(베스나) 봄, язык(야직) 언어, море(모레) 바다
 театр(찌아뜨르) 극장, яицо(야이초) 계란, тётя(쪼쨔) 숙모

5. 모음 и, у의 약화: 강세를 갖지 않는 и, у는 본래 음가를 유지하면서 상대적으로 짧게 발음된다.
 бабушка(바부쉬까) 할머니, книги(크니기) 책

⇒ 자음 발음의 규칙
 러시아어는 유-무성음 동화현상을 일으키며, 항상 역행동화한다.

1. 유성음화: 유성자음 앞의 무성자음은 유성자음으로 동화된다.
 также(또줴) 또한, отдых(앗드흐) 휴식

2. 무성음화: 무성자음 앞이나, 어미말에 위치한 유성자음은 무성자음으로 동화된다.
 автобус(압또부쓰) 버스, водка(보드카) 보드카
 бабка(밥까) 고드(고드) 일년, зуб(주브) 이,
 глаз(글라자) 눈, юг(유가) 남쪽,

3. 향음(л, м, н, р)은 다른 자음들이 어떤 영향도 미치지 않고 또 자신도 동화되지 않는다. 마찰음 в는 자신이 무성음화 되지만 다른 자음을 유성음화시키지 않는다.

◉ 그밖에 일러두기

1. 러시아어 올림말은 한글의 자모순으로 한다. 매개 러시아어 올림말은 대역 및 그 올림말과 관계되는 설명자료와 함께 올림말해설을 이룬다.
2. 동음이의어 즉 적기는 같으나 의미가 다른 단어들은 개별적인 올림말로 주고 명조체의 로마숫자로 표시한다
 예: **рак 1** (남) 가재 **рак 2** (남) (의학) 암, 종양
3. 미래완료태동사와 완료태동사는 개별적인 올림말로 준다. 이때 대역은 흔

히 미완료태동사에서 주고 완료태동사에서는 미완료태동사를 보라는 표식을 준다.

обидеть (완) → обижать.
обижать (미완) 모욕하다 노여움을 사다

4. 같은 어간을 가지고 의미상 가까운 단어가 자모순으로 나란히 놓여있는 경우에(이것은 기본적으로 태의 쌍을 이루는 동사들이다) 그것들은 하나의 올림말로 합친다.

предписать(완), **предписывать** (미완) 지시하다 명령하다

〈불규칙 동사의 변화표〉에는 -ся, -сь로 끝나는 동사의 본보기가 없다. 똑 같은 본보기가 타동사와 -ся, -сь로 끝나는 동사의 형태조성을 보여준다. 따라서 예컨대 동사를 찾으려면 표에서 동사를 찾아보아야 하며 그 본보기에 따라 조사 -ся, -сь를 덧붙여 형태를 조성하여야한다.

стучать, стучался, стучалась, стучусь, стучишься, стучись.

5. 대명사(인칭, 의문 등)는 사전에 주격 형태로 올리며 여기에 대명사의 격형태의 사용실례를 준다 사격에 놓인 대명사는 주격형태를 가리키면서 자모순에 따라 해당한 장소에 놓인다. 때로는 이러한 사격형태가 개별적 올림말로 될 수 있다.

6. 러시아어 올림말은 사전에서 굵게 표시하며 신명조체로 준다. 올림말의 변화하지 부분은 평행선(‖)으로 구분된다. 부호 ~(물결표)는 평행선으로 구분된 올림말의 부분을 대신하거나 혹은 그 부호가 없는 경에 올림말 전체를 대신한다.

7. 올림말의 의미는 동그라미속에 든 아라비아수자로 갈라놓는다.

예, **пример** (남) ① 예, 실례 ② 모험, 본보기 ③ (수학)실례

● 참고서적(Лексикографические источники)

1. Словарь русского языка: В 4-х т. АН СССР. Ин-т рус.яз.; Гл.ред. А.П.Евгеньева. 2-е изд., испр. и доп. М., 1981-1984. Т. 1-4
2. Ожегов С.И. Словарь русского языка. Под ред. Н.Ю.Ш ведовой. 14-е изд.стер.М., 1981
3. Орфографический словарь русского языка. 18-е изд., испр. и доп. М., 1981
4. Орфоэпический словарь русского языка/Под ред.Р.И. Аванесова 2-е изд., стер.М.,1985
5. Фразеологический словарь русского языка/ Под ред. А.И.Молоткова. 3-е изд.,М.,1978
6. Большая Советская Энциклопедия/ Гл.ред.А.М.Прохоров,3-е изд.М.,1969-1978.Т.1-30
7. Советский Энциклопедический словарь,3-е изд.,М.,1985
8. Мазур Ю.Н.Моздыков Д.М.Усатов В.М.Краткий русско-корей ский словарь,2-е изд.,М.,1959
9. NEW RUSSIAN-ENGLISH DICTIONRY Compiled by V. Müller Moscow 2003.
10. 최신러한사전 김문욱, 김춘식편 도서출판 문예림, 서울. 2009.
11. 로조대사전 유엔 마주르, 엘베니폴스끼. 생동한말 출판사, 모스크바 2002
12. 러시아어 회화사전 전혜진 도서출판 문예림 서울 2009.
13. 러한전문용어사전 유학수 민중서림 서울 2004.
14. 최신 한러사전 김문욱, 김춘식. 도서출판 문예림 서울 2008.
15. 최신 러시아어 문법 도서출판 문예림 서울 2007..
16. 새우리말 큰 사전, 신기철, 신용욱, 서울 1999.
17. 에센스 한영사전, 민중서관, 6판 서울 2000.

Aa

a¹
(아)
(접) ① (대립의미) ~나, ~으나, ~아니라, ~지(아)만; ② (연결 의미) ~고, ~이고, 그리고, 그런데; ③ (말을 꺼내거나 말머리를 돌릴 때) 그래(서), 그런데.

a²
(아)
(조) ① (주의를 끌기 위해);(대답 또는 ② 행(아)동을 계속할 때) 그러면.

a³
(아)
(감) 아!, 아이구, 에라.

абажур
(아바주르)
(남) 전등갓, 등갓.

абзац
(아브자쯔)
(남) ① 별행(別行); ② 단락, 문단

абонемент
(아바녜몐트)
(남) ① 이용권; ② (신문, 잡지, 좌석의) 예약;(전화 등의) 가입(加入)

абонент
(아바녠트)
(남) 예약자(豫約者), 가입자(加入者)

абонировать
(아바니로와찌)
(미완, 완) 자리를 예약하다

аборт
(아보르트)
(남) 유산, 낙태(落胎), 반산(半産), 소산 아이를 지우다

абрикос
(아브리꼬쓰)
(남) 살구나무, 살구

абсолютно
(압쌀류트나)
(부) 절대로, 전혀 완전히.

абсолютный
(압쌀류트느이)
(형) 절대(적인), 완전한.

абстрактный
(압쓰트라크트느이)
(형) 추상적인.

Aa	**абсурд** (압쑤르트)	(남) 황당한 일, 부질없는 소리, 가소로운 것.
	абсцесс (압쓰쩨쓰)	(남) (의학) 농양(膿瘍), 고름집
	абсцисса (압쓰찌싸)	(여) (수학) 가로자리표, 횡좌표(橫座標)
	Абу-Даби (아부-다비)	(남) (불변) *г.* 아부다비
	авангард (아완가르트)	(남) 선봉(先鋒), 선봉대, 전위대, 선발대(先發隊)
	аванс (아완쓰)	(남) 전불금, 전도금, 선불금, 착수금
	авансировать (아완씨라와찌)	(미완, 완) 선불하다, 전불하다
	авансом (아완쏨)	(부) ① 전도금으로, 선불금으로; ② 미리, 사전에.
	авансцена (아완쓰쩬나)	(여) 무대 앞, 무대 전면
	авантюра (아완쮸라)	(여) 모험(冒險)
	авантюризм (아완쮸리즘)	(남) 모험(주의)
	авантюрист (아완쮸리쓰트)	(남) 모험가(冒險家)
	аварийный (아와리이느이)	(형) 수리용
	авария (아와리야)	(여) 사고, 파손(破損), 고장

Авв (Книга Пророка Аввакума) 하박국(habakkuk書)
(아쀄쀄) (그니가 쁘라롺까 압와꾸마)

	август (압구쓰트)	(남) 8(팔)월
	августовский (압구스똡스끼이)	(형) 팔월(八月)

Авд(Книга Пророка Авдия) 오바다서(obadiah書)

(아뻬데)(그니가 쁘라롭까 **압**-제야)

авиа... (아뷔아...)	*см.* авиационный
авиабаза (아뷔아**바**자)	(여) 항공기지, 비행기지, 비행장
авиадесант (아뷔아제**싼**트)	(남) 낙하산 부대, 공수 특전대
авиаконструктор (아뷔아칸쓰트**룩**또르)	(남) 항공기 설계가
авиалиния (아뷔알**리**니야)	(여) 항공로
авиамоделист (아뷔아마델**리**쓰트)	(남) 모형비행기 설계가
авиамодель (아뷔아마**델**)	(여) 모형비행기
авианосец (아뷔아**노**쎄쯔)	(남) 항공모함
авиапочта (아뷔아**뽀**츠따)	(여) 항공우편
авиатехник (아뷔아테**흐**니크)	(남) 항공기수, 비행기 정비사
авиатор (아뷔**아**따르)	(남) 비행사(飛行士), 항공사
авиационный (아뷔아쯔**온**느이)	(형) 항공의, 비행기의
авиация (아뷔**아**찌야)	(여) 항공(航空) 항공대(航空隊)
авиачасть (아뷔아**차**쓰찌)	(여) 비행대(飛行隊), 항공부대
авиашкола (아뷔아쉬**꼴**라)	(여) 항공학교
авитаминоз (아뷔따미**노**스)	(남) (의학) 비타민 결핍증
авось (아**뷔**시)	아마, 행여나, 설마

Aa

авоська (아뵈시까)	(여) 혹시 ~되겠지
аврал (아브랄)	(남) 비상소집, 비상동원(非常動員)
австралийцы (압쓰뜨랄리쩨)	(복수) (~ец (남), ~йка (여)) 오스트리아(Austria) 사람(들)
Австралия (압쓰뜨랄리야)	(여) 오스트리아(Austria)
Австрия (압쓰뜨리야)	(여) 오세아니아; (~ец,~йка) 오세아니아 사람(들)
авто ~ (압-따)	(합성어의 첫 부분) 《자동차》의 뜻; автосцепка 자동차 연결기; автокран 자동차 기중기
автобаза (압따바자)	(여) 자동차 사업소, 자동차 정비소, 카센터, 자동차고.
автобетономешалка (압따베따나메샬까)	(여) 레미콘차
автобиография (압따비아그라피야)	(여) 자서전(自敍傳), 이력서(履歷書).
автоблокировка (압따블라끼롭까)	(여) (철도) 자동폐색장치
автобус (압또부쓰)	(남) 버스
автобусный (압또부쓰느이)	(남) 버스의
автогенный (압따겐느이)	(형) ~ая сварка 가승용접, 가스 용접.
автограф (압또그라프)	(남) 자필(自筆)
автодело (압따젤라)	(중) 자동차 운전
автозавод (압따자보트)	(남) 자동차 공장
автоинспектор (압따인쓰뻭따르)	(남) 교통안전원, 교통지도자, 교통순경

- 4 -

автоинспекция (압따인스뻭찌야)	(여) 교통부(交通部), 자동차 관리국.	Aa
автокар (압따까르)	(남) 지게차, 짐 운반차	
автокран (압따크란)	(남) 자동차 기중기	
автомагистраль (압따마기쓰트랄)	*см.* автострада	
автомат (압따맛트)	(남) ① 자동기계, 오토메이션; ② 기관소총, 자동소총; (телефон) ~ 자동전화, 전자식전화	
автоматизация (압따마찌자찌야)	(여) 자동화(自動化)	
автоматика (압따마찌까)	(여) 자동장치, 자동기계	
автоматический (압따마찌체스끼이)	(형) 자동(식), 자동적인, 오토메이션	
автоматчик (압따맛치크)	(남) 자동소총수	
автомашина (압따마쉬나)	*см.* автомобиль	
автомобиль (압따모빌)	(남) 자동차(自動車), 차(車)	
автомобильный (압따마빌느이)	(형) 자동차의	
автономия (압따노미야)	(여) 자치제	
автономный (압따놈느이)	(형) 자치의(自治)	
автопоезд (압따뽀에스트)	(남) 트레일러 화물차	
автопогрузчик (압따빠그루스치크)	(남) 지게차	
автопоилка (압따빠일까)	(여) (가축용) 자동 물 급수기, 자동급수기	

Aa	**автопортрет** (압따빠르뜨렛트)	(남) 자화상(自畫像), 초상화(肖像畫)
	автоприцеп (압따쁘리쩹)	(남) 트레일러
	автопробег (압따쁘로볘)	(남) 카레이스
	автор (압따르)	(남) 저자, 필자, 저작자, 작성자
	авторемонтный (압따레몬트느이)	(형): 저자의, 필자의
	авторизованный (압따리조완느이)	(형): ~ перевод 원작자의 승인 받은 번역.
	авторитет (압따리쩨트)	(남) ① 위신(威信), 권위(權威); ② 권위자(權威者), 중견(中堅)
	авторитетный (압따리쩰느이)	(형) ① 위신이 있는, 권위 있는; ② 믿을 만한, 정확한(正確-)
	авторский (압따르쓰끼이)	(형) 저자의
	авторучка (압따루츠까)	(여) 만년필
	автостоп (압따쓰돞)	(남) (철도) 자동차 신호기, 기차 정지장치
	автосборочный (압따쓰보라츠느이)	(형): ~ый завод, ~ ая мастерская 자동차 조립공장
	автострада (압따쓰뜨라다)	(여) 고속도로
	автосцепка (압따쓰쩹까)	(남) (철도) 자동 연결기, 자동식 차량 연결기.
	автотранспорт (압따뜨란쓰빠르트)	(남) 자동차 운전수
	автотрансформатор (압따뜨란쓰포르마또르)	(남) 외줄 변압기(變壓器)
	автоцистерна (압따찌쓰쩨르나)	(여) 유조차(油槽車)
	агат	(광물) 마노(瑪瑙: agate), 단석. 문석.

(아갓트)

Aa

| агент | (남) ① 대리인(代理人), 대변인, 직원; |
| (아젠트) | ② 앞잡이, 간첩, 밀정, 스파이 |

агентство (중) ① 통신사(通信士) ~ печати
(아젠쓰트붜) <Новости>, АПН, 아뻬엔 통신사;
Теле-графное ~Советского Союза,
ТАСС 따스 통신사; ② 대리점, 지점
(支店), 출장소(出張所)

агентура (여)(집합) 앞잡이들, 간첩망
(아젠뚜라)

Агг (Книга Пророка Аггея) 학개서(haggai-書)
(아게게) (끄니가 프로로까 아게야)

агит... (합성어의 첫 부분으로서 《선동》), 선전의 뜻
(아기트)

агитатор (남) 선동원, 선동이(先童-)
(아기따또르)

агитационный (형) 선동(煽動), 선동적(煽動的)
(아기따찌온느이)

агитация (여) 선동(煽動)
(아기따찌야)

агитбригада (여) 선동대, 예술선전대
(아즈브리가다)

агитировать (미완) 선동하다; 설복하다
(아기찌라와찌)

агитколлектив (남) 선동원집단
(아깃깔렉찌프)

агитмассовый (형) 대중선동
(아깃마쏘브이)

агитпункт (남) 선전실, 방송실(放送室)
(아깃뿐크트)

агносцитизм (남) (철학) 불가지론(不可知論)
(아그노쓰찌즘)

агония (여) 임종(臨終)
(아곤니야)

аграрный (형) 농업의, 토지의
(아그라르느이)

Aa

агрегат (아그레가트)	(남) 아그레가트, 종합기계
агрессивный (아그레씹느이)	(형) 침략의, 침략적인
агрессия (아그레씨야)	(여) 침략(侵略), 침범, 침입, 침공 침격(侵擊), 침노(侵擄), 침범(侵犯)
агрессор (아그레쏘르)	(남) 침략자, 침범자
агрокультура (아그로꿀뚜라)	(여) 농사(農事), 농업(農業), 농사일.
агробиология (아그로비올로기야)	(여) 농업생물학(農業生物學)
агроном (아그로놈)	(남) 농업기사, 농업 전문가
агрономический (아그로노미체스끼이)	(형) 농업의(農業), 농업(農業)
агрономия (아그로노미야)	(여) 농학(農學)
агропромышленный (아그쁘라믜슬렌느이)	(여) ~комплекс 농공복합체
агротехника (아그로떼흐니까)	(여) 농업기술, 영농기술(營農技術)
агротехнический (아그로떼흐니체쓰끼이)	(형) 농업기술
агрохимия (아그로히미야)	(여) 농업화학(農業化學)
агрохимикат (아그로히미깟)	(남) 농약(農藥)
ад (아드)	(남) 지옥(地獄)
адажно (아다줘나)	(중) (음악) 아다지오(adagio) (악보에서, 안단테와 라르고 사이의 느린 속도로 연주하라는 말. 또는 그 속도로 연주하는 곡이나 악장.)
адаптация (아다쁘따찌야)	(여) 적응(適應), 순응(順應)

адвокат (아드뷔꺗트)	(남) 변호사, 변호인	Aa

адвокат (아드뷔꺗트)   (남) 변호사, 변호인

Аддис-Абеба (아디스 - 아베바)   (여) 아디스아바바(Addis Ababa: 지명)

адекватный (아데크왓트느이)   (형) 일치한, 동등한, 상응한

Аден (아댄)   (남) г. 아멘.

аденоиды (아데노이듸)   (복수) (의학) 선양증식

административный (아드미니쓰뜨라찝느이)   (형) 행정의, 관리의

администратор (아드미니쓰트라따르)   (남) 관리자(管理者)

администрация (아드미니쓰뜨라찌야)   (여) 행정부, 관리부, 행정기관

администрирование (아드미니쓰뜨리로와니에)   (중) 행정지도(行政指導), 행정화, 관료주의적지도

адмирал (아드미랄)   (남) 해군대장(海軍隊長)

адмиралтейство (아드미니랄쩨이쓰트뷔)   (중) 해군 사령부(海軍 司令部)

адрес (아드레쓰)   (남) ① 주소, ② 서면으로 하는 축하인사

адресат (아드레싸트)   (남) 수신인(受信人), 받는 사람.

адресный; (아드레스느이)   ~ая книга 주소록, 주소대장; ~ый стол 주소 안내소

адресовать (아드레쏘와찌)   (미완, 완) ① 보내다, 발송하다; ② 보내다, 파견하다

адский (아드쓰끼이)   (남) 참지 못할

адъютант (아듸유딴트)   (남) 부관

ажиотаж   (남) 격렬하기, 열기(熱氣)

Aa

(아쥐오따스)

азалия (아잘리야)	(여) 진달래
азарт (아자르트)	(남) 열중(熱中), 흥분(興奮)
азартный (아잘트느이)	(형) 몹시 열중하는, 격정적인
азбука (아즈부까)	(여) 자모(字母), 자모표(字母表); ◇ ~ Морзе 모르스 부호
азбучный (아즈부치느이)	(형): ~ая истина 분명한 사실, 자명한 사실
Азербайджан (아제르바이쟌)	(남) 아제르바이잔
азербайджанцы (복수); ~ец(남), ~ка (여) 아제르바이잔사람들 (아제르바이쟌찌)	
Азия (아지야)	(여) 아시아(亞細亞)
азиатский (아지아즈끼이)	(형) 아세아의
азимут (아지뭇트)	(남) 방위각(方位角)
азот (아조트)	(남) 질소(窒素)(기호 N)
азотистый (아조찌쓰뜨이)	(형);~ая кислота 아질산(亞窒酸)
азотный (아조트느이)	(형); ~ая кислота 질산; ~ые удобрения 질소비료
азы (아져)	(복수) 입문(入門)
аист (아이쓰트)	(남) 황새, 관(鸛), 관조(鸛鳥), 백관 부금, 조군, 흑구, 해오라기
ай! (아이!)	(감) 아이, 어이, 에이쿠(나)
ай ва (아이와)	(여) 모과, 모과나무; 명자, 명사, 목과 명차

Aa

айсберг
(아이쓰베르그)
(남) 빙산(氷山), 얼음산

академик
(아까제미크)
(남) 아카데미, 과학자(科學者).

академический
(아까제미체쓰끼이)
(형) 과학자(科學者), 순수이론적인

академия
(아까제미야)
(여) 아카데미야

акация
(아까찌야)
(여) 아카시아

акварель
(아크와렐)
(여) 수채화(水彩畵)

аквариум
(아크와리움)
(남) 어항, 수족관(水族館)

акватория
(아크와또리야)
(여) 수역(水域), 물 구역.

акведук
(아크뻬둑)
(남) 수로교(水路橋)

акклиматизация
(아크글리마찌자찌야)
(여) 풍토(風土). 순화(馴化)

акклиматизироваться
(아크글리마찌지로와찌)
(미완, 완) 풍토(風土) 순화되다

аккомпанемент
(아크깜빠네멘트)
(남) 반주(伴奏)

аккомпаниатор
(아크깜빠니아따르)
(남) 반주자

аккомпанировать
(아크깜빠니로와찌)
(미완) 반주하다

аккорд
(아크꼬르트)
(남) 화음(和音), 협화음

аккордеон
(아크까르제온)
(남) 손풍금, 오르겐(organ) 기관 풍금

аккордеонист
(아크까르제오니쓰트)
(남) 손풍금 연주자

аккордный
(형):~ая работа 도급 노동, 청부노동;

- 11 -

Aa

(아크꼬르드느이)　　　　　　　　~ая оплата труда 도급 노동보수

Аккра　　　　　　　　　　　(여) *Г.* 아크라
(악크라)

аккредетив　　　　　　　　　(남) ① 신용장, 신용지불위탁서;
(악크레제찌프)　　　　　　　　　② 외교관의 신임장.

аккредитованный　　　　　　(형); дипломатические представи
(악크레지또완느이)　　　　　　　тели,~ые в Москве 모스크바주
　　　　　　　　　　　　　　　　(Moscow 州) 외교관들

аккредитовать　　　　　　　(미완, 완) (외교에서) 주재시키다,
(악크레디따와찌)　　　　　　　　임명하다; (재정에서) 위임하다

аккумулировать　　　　　　　(미완) 집약화하다
(악꾸물리로와찌)

аккумулятор　　　　　　　　(남) 축전지, 건전지, 베터리, 전지
(악꾸물랴또르)

аккуратно　　　　　　　　　(부) 깨끗하게, 알뜰하게, 꼼꼼하게,
(악꾸라트나)　　　　　　　　　　정확하게

аккуратность　　　　　　　　(여) 정확성(正確性), 치밀성(緻密性)
(악꾸라트노쓰찌)

аккуратный　　　　　　　　　(형) 깨끗한, 아뜰한, 정확한, 주도세밀
(악꾸라트느이)　　　　　　　　　한; ~ый человек 차근차근한 사람,
　　　　　　　　　　　　　　　　주도면밀한 사람

акробат　　　　　　　　　　(남) 곡예사(曲藝師), 스커스인
(악로밧트)

акробатика　　　　　　　　　(여) 곡예술(曲藝術), 스커스 기술
(악로바찌까)

аксиома　　　　　　　　　　(여) 자명한 진리, 진리(眞理)
(악씨오마)

акт　　　　　　　　　　　　(남) ① 행위; ② 조서(調書), 문서;
(악트)　　　　　　　　　　　　③ (연극의) 막(幕).

актер　　　　　　　　　　　(남) 배우(配偶)
(악쪼르)

актерский　　　　　　　　　(형); ~ое мастерство 배우의 기량
(악쪼르쓰끼이)

актив　　　　　　　　　　　(남) I (집합) 열성자(들), 열심인자들;
(악찌프)

- 12 -

актив (악찌프)	(남) II ① (경제)대국(大國); ② 성과(成果), 성공(成功)
активизация (악찌뷔자찌야)	(여) 적극화(積極化)
активизировать (악찌뷔지로와찌)	(미완, 완) 적극화하다, 발동시키다
активизироваться (악찌뷔지로와짜)	(미완, 완) 적극화되다, 발동되다, 열성을 발휘하다
активированный (악찌뷔지로완느이)	(형): ~ уголь 약숯, 활성탄
активно (악찌프나)	(부) 열성적으로, 적극적으로, 힘 있게
активность (악찌프노쓰찌)	(여) ① 열성(熱誠), 적극성, 활동성 ② (화학) 활성(活性)
активный (악찌프느이)	(형) ① 열성적인, 적극적인, 활동적인; ② (의학) 악화(惡化);
активия (악찌뷔야)	(여) (동물) 바위꽃
актовый (악또브이)	(형) ~ зал 대강당(大講堂)
актриса (악뜨리싸)	(여) 여배우(女俳優)
актуальность (악뚜알노쓰찌)	(여) 절박성(切迫性), 긴박성, 간절성
актуальный (악뚜알느이)	(형) 절박한, 간절한, 요긴한, 당면한, 초미(焦眉: 매우급함); ~ вопрос 초미의 문제
акула (아꿀라)	(여) 상어, 교어(鮫魚), 사어(沙魚)
акустика (아꾸스찌까)	(여) ① 음향(音響), 음향효과; ② 음향학(音響學)
акушер (아꾸쉐르)	(남) 산부인과 의사
акушерка (아꾸쉐르까)	(여) 조산원(助産員)

Aa

акушерство (중) 조산술, 산부인과학, 여성과
(아꾸쉐르쓰트붜)

акцент (남) ① 악센트, 역점(力點);
(악쩬트) ② (외국어를 말할 때) 말의 억양, 말투

акцентировать (미완, 완) 힘주어 말하다, 강조하다
(악쩬찌로와찌)

акционер (남) 주주(株主), 주권자(主權者)
(악찌오네르)

акционерный (형); ~ое общество 주식회사
(악찌오네르느이)

акция¹ 1 (여) 주(主), 주권(株券)
(악찌야)

акция² 2 (여) (어떤 목적달성을 위한) 행위
(악찌야)

Албания (여) 알바니아(Albania)
(알르와니야)

албанцы (복수), **~ка** (여) 알바니아(Albania) 사람들
(알르반쯰)

алгебра (여) 대수(代數), 대수학(代數學)
(알곕라)

алгебраический (형) 대수의
(알곕라이체쓰끼이)

алебастр (남) 사탕석고, 눈꽃석고
(알레와쓰트르)

алеть (미완) ① 붉어지다; ② 빨갛게 보이다
(알례찌)

Алжир (남) 알제리(Algérie)
(알쥐르)

алжирцы (복수), **~ка** (여) 알제리(Algérie) 사람(들)
(알쥐르쯰)

алименты (복수) 부양비(扶養費), 양육비(養育費)
(알리몐띄)

алкоголизм (남) 알코올 중독
(알까골리즘)

алкоголик (남) 알코올 중독자, 술꾼, 주정뱅이

- 14 -

(알까꼴리크)

алкоголь
(알까골)
(남) 알코올, 주정

алкогольный
(알까꼴느이)
(형) 주정, 알코올

аллегорический
(알레고리체쓰끼이)
(형) 비유적인, 비유(比喩)

аллегория
(알레고리야)
(여) 비유(比喩), 풍유(諷諭), 환유법

аллегр
(알레그로)
(중) (음악) 알레그로, 바르게

аллергия
(알레르기야)
(여) (의학) 알레르기

аллея
(알레야)
(여) 가로수 길, (정원, 공원의) 작은 길, 소로 길,

алло!
(알로)
(전화에서) 여보세요!

алмаз
(알마스)
(남) 금강석, 다이아몬드, 유리칼

алмазный
(알마즈느이)
(형) 금강석의, 다이아몬드의

алоэ
(알로에)
(중) (식물) 알로에

алтарь
(알따리)
(남) 제단(祭壇)

алфавит
(알파뷔트)
(남) 자모(표)

алфавитный
(알파뷔트느이)
(형); в ~ом порядке 자모순으로

алчность
(알츠노쓰찌)
(여) 탐욕(貪慾), 욕심(慾心), 물욕, 탐심

алчный
(알츠느이)
(형) 탐욕스러운, 욕심이 많은

алый
(알르이)
(형) 새빨간, 선홍색, 짙은 붉은색

- 15 -

альбом (알봄)	(남) 사진첩(寫眞帖), 앨범, 그림첩
альманах (알마나흐)	(남) 문예작품집(文藝作品-)
альпийский (알삐이쓰끼이)	(형); ~ие луга 고산초원(高山草原)
альпинизм (알삐니즘)	(남) 등산(登山), 등산 유람
альпинист (알삐니쓰트)	(남) 등산가, 등산유람객(登山 遊覽客)
альт (알트)	(남) 알토(alto), 여성저음(女性低音)
альтернатива (알떼르나찌와)	(여) 둘 가운데 하나를 고르는 것
альтруизм (알트루이즘)	(남) 이타주의(利他主義), 애타주의
альфа (알파)	(여) 알파(alpha; α); ~и омега 처음과 끝, 전부, 모두
альянс (알얀쓰)	(남) 동맹(同盟), 연합(聯合), 결탁
алюминевый (알류미네브이)	(형) 알루미늄 (aluminum 기호 Al.)
алюминий (알류미니이)	(남) 알루미늄
Ам (Книга Пророка Амоса, 9장, 889 쪽) 아모스 (끄니가 쁘로로까 아모사)	
амбар (암바르)	(남) 곡물창고(穀物倉庫), 곡간
амбиция (암비찌야)	(여) 야심, 공명심, 교만(驕慢), 명예심
амбразура (암브라주라)	(여) 불 아궁이, 화구(火口)
амбулатория (암불라또리야)	(여) 진료소(診療所)
амбулаторный	(형): ~ больной 외래환자

(암불라또르느이)

амеба (여) 아메바(amoeba)
(아묘바)

Америка (여) 미국(美國), 아메리카
(아메리까)

американский (형) 미국의
(아메리깐쓰키이)

американцы (복수) ~ец (남), ~~ка (여) 미국사람들
(아메리깐쩨)

Амман (남) г. 암만
(암만)

аммиак (남) 암모니아(ammonia; 기호 NH3)
(아미아크)

аммоний (남) 암모늄 이온
(암모니이)

амнистировать (미완, 완) 대사를 실시하다
(암니쓰찌로와찌)

амнистия (여) 대사면(大赦免), 일반사면(一般赦免)
(암니쓰찌야)

аморальный (형) 비도덕적인, 도덕이 없는;
(아모랄느이) ~ое поведение 비도덕적 행동

амортизатор (남) 완충기(緩衝期), 완충장치
(아마르찌자또르)

амортизация (여) ① (재정) 감가상각(減價償却);
(아마르찌자찌야) ② 완충(緩衝), 완충작용(緩衝作用)

аморфный (형) ① 무정형; ② 형태 없는, 무형태
(아모르프느이)

ампер (남) 암페어(ampere)
(암뻬르)

амперметр (남) 전류계(電流計)
(암뻬르메트르)

амплитуда (여) ① (물리) 진폭(振幅);
(암플리뚜다) ② (수학) 편각(偏角), 쏠림각

амплуа (불변) (중) ① (배우의) 배역(配役);
(암플루아) ② 역할(役割), 지위(地位)

Aa

ампула (암뿔라)	(여) 앰풀(ampoule)
ампутация (암뿌따찌야)	(여) 절단, 자르기
ампутировать (암뿌찌로와찌)	(미완, 완) 자르다, 절단(切斷)하다.
Амстердам (암스테르담)	(남) r. 암스테르담
амулет (아물레트)	(남) 호신용 부적
амфитеатр (암피찌아뜨르)	(남) 원형극장(圓形劇場), 반원형관람석
анализ (아날리즈)	(남) 분석, (의학) 검사, (화학) 분해
анализировать (아날리지로와찌)	(미완, 완) 분석하다, 검사하다
аналитический (아날리찌체쓰키이)	(형) 분석(分析), 분석적인(分析的)
аналогичный (아날로기츠느이)	(남) 비슷한, 유사한, 같은
аналогия (아날로기야)	(여) 유추(類推), 유사(類似)
анальгин (아날긴)	(남) 아스피린, 아날긴, '아세틸살리실산'
ананас (아나나쓰)	(남) 파인애플, 아나나스
анархизм (아나르히즘)	(남) 무정부주의(無政府主義)
анархист (아나르히쓰트)	(남) 무정부주의자
анархия (아나르하야)	(여) ① 무정부상태(無政府狀態); ② 혼란(混亂), 무질서(無秩序)
анатомировать (아나따미로와찌)	(미완, 완) 해부하다
анатомический	(형) 해부(解剖):

(아나따미체쓰키이)

анатомия (여) 해부학(解剖學)
(아나또미야)

анахронизм (남) ① 시대착오; ② 시대에 뒤진 것
(아나흐로니즘) (현재와 맞지 않는 것)

ангар (남) 격납고(格納庫), 비행기 창고.
(안가르)

ангел (남) 천사(天使)
(안젤)

ангидрид (남) (화학) 무수물(無水物)
(안기드리트)

ангина (여) 편도선염(扁桃腺炎), 후두염
(안기나)

английский (남) 영국의
(안글리이쓰키이)

Англия (여) 영국(英國)
(안글리야)

англичане (복수) ~ин(남), ~ка (여) 영국사람(들)
(안글리차네)

Ангола (여) 앙골라(Angola)
(안골라)

анекдот (남) 일화(逸話)
(아넥도트)

анекдотический, ~ный (형) 일화적, 우스운
(아넥다찌체쓰키이)

анемия (여) (의학) 빈혈증(貧血症)
(아네미야)

анестезия (여) 마취(痲醉), 지각마비
(아네스쩨지야)

анилиновый (형); ~ая окраска, ~ый краситель
(아닐리노브이) 아닐린 염료

Анкара (여) г. 앙카라
(안까라)

анкета (여) ① 조사서(調査書), 조사표;
(안께따) ② 조사(調査), 조회(照會)

Aa

Aa	**анналы** (안날릐)	(복수) 연대기(年代記)
	аннексия (안넥씨야)	(여) 합병(合併), 병합(竝合)
	аннотация (안나따찌야)	(여) 주해(註解), 주석, (도서의) 해제
	аннулировать (아눌리로와찌)	(미완,완) 취소하다, 철폐하다, 폐기하다; ~ договор 조약을 폐기하다
	анод (아노트)	(남) (電氣의) 양극(陽極)
	аномалия (아나말리야)	(여) 편차(偏差), 이상, 변태(變態)
	анонимка (아나님까)	(여) 무기명편지, 익명의 편지
	анонимный (아노님느이)	(형) 이름 없는, 익명의
	ансамбль (안쌈블)	(남) ① 앙상블(ensemble), 짜임새; ② 협주단, 무용단(舞踊團), 중창단
	антогонизм (안따가니즘)	(남) 적대성(敵對性), 적대관계, 대립 классовый ~ 계급적 대립관계
	антогонистический (안따가니쓰찌체쓰키이)	(형) 적대적인
	Антарктика (안따르끄찌까)	(여) 남극(지방)
	антарктический (안따르크찌체키이)	남극지방(南極地方)
	антенна (안떼나)	(여) 안테나
	анти... (안찌...)	(반대의 뜻) 반(反)
	антибиотик (안찌비오찌크)	(남) 항생소, 항생물질(抗生物質)
	антивоенный (안찌붜옌느이)	(형) 반전(反戰), 전쟁을 반대하는
	антикварный	(형) 골동품의

- 20 -

(안찌크와르느이)

антикоммунистический (안찌까무니스찌체쓰키이)	(형) 반공의
антикоррозий ный (안찌까로지이느이)	(형) 방부제의
антинародный (안찌나로드느이)	(형) 반국민적인
антиобщественный (안찌압쉐쓰트뻰느이)	(형) 반사회적인
антипартий ный (안찌파르찌이느이)	(형) 반당(적)
антипатия (안찌빠찌야)	(여) 반감(反感), 불쾌감(不快感)
антиракетный (안찌라께트느이)	(형) 반대의
антирелигиозный (안찌렐리기오즈느이)	(형) 반종교적인
антисанитарный (안찌싸니따르느이)	(형) 비위생적인
антисемитизм (안찌쎄미찌즘)	(남) 유태인배척주의
антисептический (안찌쎕찌체쓰키이)	(형) 방부제(防腐劑), 지부제(止腐劑)
антитезис (안찌떼지쓰)	(남) (철학) 반정립(反定立)
антифашист (안찌파쉬쓰트)	(남) 반파쇼투사
антифашисткий (안찌파쉬쓰트키이)	(형) 반파쇼의
антициклон (안띠찌클론)	(남) (기상) 역선풍지대
античный (안찌치느이)	(형) 고대 희랍, 로마의
антология (안딸로기야)	(여) 시선집

Аа	антоним (안또님)	(남) 반대말, 반의어(反意語)
	антракт (안트락트)	(남) ① 막간(휴식); ② (음악) 간주곡
	антрацит (안트라찔)	(남) 무연탄(無煙炭)
	антресоли (안트레솔리)	(복수) 다락(방)
	анфас (안파쓰)	(부): сфотографироваться в ~ 정면으로 사진을 찍다.
	анчоус (안초우쓰)	(남) 멸치
	аншлаг (안실라크)	(남) 만원(滿員), 대성황(大盛況)
	аорта (아오르따)	(여) 대동맥(大動脈)
	апартейд (아빠르떼이트)	(남) 인종격리제도
	апатит (아파찌트)	(남) (광석) 인회석(燐灰石)
	апатия (아빠찌야)	(여) 냉정(冷情), 무관심(無關心)
	апеллировать (아뻴리라와찌)	(미완,완) 상소하다, 공소하다, 호소하다
	апелляция (아뻴랴찌야)	(여) 상소(上訴), 공소(公訴)
	апельсин (아뻴씬)	(남) 감귤!, 오렌지
	аплодировать (아플로디로와찌)	(미완) 박수(를)치다, 손뼉(을)치다
	аплодисменты (아프로디쓰멘띄)	(복수) 박수(拍手), 손뼉
	апломб (아플롬프)	(남) 자신감(自信感), 자존심(自尊心)
	апогей	(남) ① 극치(極致), 절정, 고비;

(아파게이)	② (천문) 원지점(遠地點)
аполитичность (아폴리찌츠노쓰찌)	(여) 정치적 무관심(성), 정치에 관여하지 않는것
апологет (아뽈로곝)	(남) 변호인, 비호자, 대변자(代辯者)
апостроф (아뽀트쓰라프)	(남) 사이표
аппарат (아빠랕)	(남) ① 기구(器具), 기계(機械); ② 기관 기구; ③ (생리) 기관(機關)
аппаратура (아빠라뚜라)	(여) 기구(器具), 장치(裝置), 설비(設備)
аппендикс (아뻰딕쓰)	(남) (의학) 충양돌기, 맹장(盲腸)
аппендицит (아뻰디찥)	(남) 맹장염, 충양돌기염, 충수염
аппетит (아뻬찥)	(남) 식욕(食慾), 밥맛, 입맛;
аппетитный (아뻬찥느이)	(형) ① 먹음직함, 식욕을 돋구는, 입이 단; ② 냄새가 구수한
апрель (아쁘렐)	(남) 사월(四月) 4월.
апрельский (아쁘렐쓰키이)	(형) 사월의
апробировать (압쁘라비로와찌)	(미완, 완) 시인하다, 인정하다; 긍정하다, 수긍하다.
аптека (앞쩨까)	(여) 약국(藥局), 약방(藥房)
аптекарь (앞쩨까리)	(남) 약제사(藥劑師)
аптечка (앞쩨치까)	(여) 구급함(救急函), 약장(藥欌)
арабский (아랍쓰키이)	(형) 아랍의; ~ие страны 아랍나라들 ~ие цифры 아라비아숫자
арабы (아라븨)	(복수) 아랍사람들

Aa

арахис
(아라히쓰)
(남) 땅콩, 낙화생(落花生), 남경두 호콩(胡-), 피넛(peanut)

арба
(아르바)
(여) (두 바퀴) 달구지, 짐마차, 짐수레, 수레: 구루마, 리어카(rear car)

арбитр
(아르비트르)
(남) ① 중재인(仲裁人), 조정자
② (체육) 심판(審判)

арбитраж
(아르비트라즈)
(남) 중재(仲裁), 조정(調整), 중재재판

арбуз
(아르부스)
(남) 수박

Аргентина
(아르겐찌나)
(여) 아르헨티나

аргентинцы(복수) ~ец (남), ~ка (여) 아르헨티나 사람(들)
(아르겐쩐찌)

арго
(아르고)
(불변)(중) 결말(結末), 변말, 은어

аргон
(아르곤)
(남)(화학) 아르곤(argon;18번:Ar:39.948)

аргумент
(아르구멘트)
(남) 논거(論據), 논증(論證)

аргументация
(아르구멘따찌야)
(남) 논증(論證), 증명(證明), 추론
подкреплять ~ей 논리로 안에서
지지하다

аргументировать
(아르구멘찌로와찌)
(미완, 완) 논증하다, 논거를 들다

арена
(아레나)
(여) ① 원형무대, 둥근무대,
② 무대(舞臺), 활동무대.

аренда
(아렌다)
(여) ① 세(歲), 임차(賃借), 소작(小作);
② 빌려준 값, 임차료(賃借料), 소작료

арендатор
(아렌다따르)
(남) 소작인(小作人), 세를 내는 사람

арендный
(아렌트느이)
; ~ая плата *см.* аренда

арендовать
(아렌도와찌)
(미완, 완) 세내다, 임차하다

- 24 -

ареометр (아레오메뜨르)	(남) (물리) 비중계(比重計)	
арест (아레스트)	(남) ① 체포(逮捕), 구금(拘禁),검거; ② 압류(押留), 차압(差押);	
арестант (아레쓰딴트)	(남)수감자(收監者)	
арестованный (아레쓰또와느이)	(남) 구속자	
арестовать, арестовывать (아레쓰따와찌) (아레쓰또븨와찌)	(완,미완) 체포하다, 검거하다, 구류하다	
ариозо (아리오조)	(중)(음악) 아리오조	
аристократ (아레쓰똑라트)	(남) 귀족(貴族), 양반, 지배층.	
аристократия (아레쓰똑라찌야)	(여) 귀족계층, 특권층	
аритмия (아리트미야)	(여)(의학) 부정맥(不整脈)	
арифметика (아리프메찌까)	(여) 산수(算數)	
арифметический (아리프메찌체쓰키이)	(형) 산수의	
арифмометр (아리프모메트르)	(남) 계산기	
ария (아리야)	(여) 아리야	
арка (아르까)	(남) 아치(arch), 아치문(arch 門), 무지개문, 홍예문, 공문, 녹문	
Арктика (알크찌까)	(여) 북극지방	
арктический (알크찌체쓰키이)	(남) 북극지방의, 북극의;	
арматура (아르마뚜라)	(여) ① (건설) 콘크리트의 철근; ② (공학) 부속품(附屬品); ③ (전기) 조명장치, 조명기구	

- 25 -

Aa

арматурщик (남) 철근조립공
(아르마뚜르쉬크)

армейский (형) 군사용, 군인의
(아르메이쓰키이)

Армения (여) 아르메니야
(아르메니야)

армия (여) 군대(軍隊), 군(軍)
(아르미야)

армяне (복수) ~ин(남), ~ка(남) 아르메니아 사람(들)
(아르먀네)

аромат (남) 아로마 향기(香氣), 향미(香味)
(아라마트)

ароматичный, ароматный (형) 향기로운, 냄새좋은;
(아라마찌치느이) (아라맛트느이)

арсенал (남) ① 무기고(武器庫), 병기고;
(아르쎄날) ② 창고(倉庫), 저장고(貯藏)

артезианский (형); ~ие воды 분수, 땅속의 물;
(이르쩨지안쓰키이) ~ий колодец 분수우물

артель (여) 조합(組合), 협동조합(協同組合);
(아르쩰)

артерия (여) ① (의학) 동맥(動脈); ② 중요간선
(아르떼리야)

артикль (남) (언어) 관사(冠詞)
(아르찌클)

артикуляция (남) (언어) 분절음(分節音), 조음(調音),
(이르찌꿀랴찌야) 소리이루기

артиллерийский (형) 포병의, 포부대병사의.
(이르찔레리이쓰끼이)

артиллерист (남) 포병(砲兵), 포대
(아르찔레리쓰트)

артиллерия (여) 포(包), 포병, 포대, 포병대(砲兵隊)
(아르찔레리야)

артист (남) 배우, 연기인, 연기자;
(아르찌쓰트)

артистический (형); ~ая (уборная) 분장실

(아르찌쓰**찌**체스키이)

Aa

артистка (아르찌쓰트까)	(여) 여배우(女俳優)
арфа (아르파)	(여) 하프(harp), 수금, 아르파(arpa)
архаизм (아르하이즘)	(남) (언어) 고어, 옛말, 고언(古言)
архаический ,архаичный (아르하이체쓰키이) (알하이츠느이)	(형) 고풍(古風)의, 옛날의
археолог (아르헤올록)	(남) 고고학자(考古學者)
археология (아르헤올로기야)	(여) 고고학(考古學)
архив (아르히프)	(남) ① 고문서 보관기관, 문서국 ② 옛 문헌자료, 사료; сдавать в ~ 폐물로 간주하다
архивный (아르히브느이)	(남) 고문서(古文書), 고문헌(古文獻)
архиепископ (아르히예삐쓰꼽)	(남) 대주교(大主敎)
архипелаг (아르히뻴라그)	(남) 군도(群島),제도(諸島)
архитектор (아르히쩩따르)	(남) 건축가(建築家)
архитектура (아르히쩩뚜라)	(여) ① 건축술(建築-), 건축학(建築學); ② 건축양식(建築樣式)
архитектурный (아르히쩩뚜르느이)	(형) 건축의
арык (아릐크)	(남) (중앙아시아의) 관계수로
асбест (아스베쓰트)	(남) (광물) 석면(石綿), 돌솜, 석용 아스베스트(asbest)
асептический (아쎕찌체쓰키이)	(형); ~oe средство 방부제(防腐劑)
аскетизм	(남) 금욕주의(禁慾主義)

- 27 -

(아스께찌즘)

аспект
(아스뻭트)
(남) 견지(見地), 관점(觀點), 측면(側面)

аспирант
(아스삐란트)
(남) 연구생(研究生)

аспирантура
(아스삐란뚜라)
(여) 연구원(硏究員)

аспирин
(아스삐린)
(남) (의학) 아스피린(aspirin), 아세틸살리실산

ассамблея
(아쌈블레야)
(남) 총회(總會), 대회(大會);

ассенизация
(아쎄니자찌야)
(여) (소독, 위생) 청소, 오물실어내기

ассигнование
(아씩노와니예)
(중) 지출(支出), 지불(支拂);

ассигновать
(아씩노와찌)
(미완, 완) 지출하다, 배당(분배)하다.

ассимиляция
(아씨밀랴찌야)
(여) 동화(同化), 동화작용(同化作用)

ассистент
(아씨쓰쩬트)
(남) 조수(助手), 보조원, 조교(助敎)

ассортимент
(아쏘르찌멘트)
(남) 품목(品目), 품종(品種), 가지수

ассоциация
(아싸찌아찌야)
(여) ① 협회(協會), 동맹(同盟);
② (심리) 연상(聯想)

астигматизм
(아쓰찍마찌즘)
(남) (의학) 난시(亂視), 어릿보기

астма
(아쓰뜨마)
(여) (의학) 천식(喘息), 천식증(喘息症)

астра
(아쓰뜨라)
(남) (식물) 개미취, 반혼초(返魂草). 자완(紫菀).탱알, 옹굿나물, 개쑥부쟁이

астронавт
(아쓰트로나프트)
(남) 우주비행사, 우주비행가

астроном
(아쓰트로놈)
(남) 천문학자(天文學者)

астрономический (아쓰트라나미체쓰키이)	(형) 천문학적인, 천문의(天文);
астрономия (아쓰트라노미야)	(여) 천문학(天文學)
астрофизика (아쓰트라피지까)	(여) 천체물리학(天體物理學)
асфальт (아쓰팔트)	(남) 아스팔트(asphalt), 지역청, 토역청(土瀝靑), 아스콘
асфальтированный (아쓰팔찌로완느이)	(형) 아스팔트로 포장한;
асфальтировать (아쓰팔찌로와찌)	아스팔트로 포장하다
асфальтовый (아쓰팔또브이)	(남) 아스팔트의
атавизм (아따븨즘)	(남) (생물) 격세유전(隔世遺傳)
атака (아따까)	(여) 공격(攻擊), 돌격(突擊), 진격
атаковать (아따까와찌)	(미완, 완) 공격하다, 돌격하다
атаман (아따만)	(남) 두목(頭目), 두령(頭領), 우두머리
атеизм (아떼이즘)	(남) 무신론(無神論)
атеист (아떼이스트)	(남) 무신론자(無神論者)
ателье (아뗄이예)	(불변) (중) ① 양복점, 양복집, 양복상 양복전, 양복장수; 테일러(tailor); ② 화실, 미술 제작실; ③ 사진촬영실(寫眞撮影室); ④ 전파사, 가전제품 수리점
атеросклероз (아떼라쓰클레로스)	(남)동맥경화(動脈硬化), 동맥경화증
атлантический (아틀란찌체스키이)	(남) 대서양(大西洋: Atlantic)
атлас	(남) ① (지리) 지도첩, 지도책

- 29 -

(아틀라쓰)	② 도해집
атлас (아클라쓰)	(남) 공단(工團)
атлет (아틀롓트)	(남) (체육) 운동선수, 힘장사
атлетика (아틀레찌까)	(여) 경기(競技); 시합(試合), 운동경기 경기운동; 스포츠(sports), 게임(game)
атмосфера (알마쓰폐라)	(여) ① 대기(大氣), 공기(空氣); ② 대기권(大氣圈); ③ (물리) 기압; ④ 분위기(雰圍氣), 환경(環境)
атмосферный (알마쓰폐르느이)	(형) 대기의(大氣);
атолл (알똘)	(남) 산호섬(珊瑚-)
атом (아탐)	(남)(화학) 원자(原子);(철학)아톰(atom)
атомный (아탐느이)	(형) 원자(原子)
атрибут (알리봇트)	(남) ① (철학) 속성(續成); ② 징표(徵標), 특징(特徵)
атропин (알로삔)	(남) 아트로핀(atropine: 벨라도나에서 채취하는 유독 식물 염기)
атрофироваться (일로피로와짜)	(미완, 완) 위축되다

АТС (автоматическая телефонная станция) 자동전화국
(아떼에쓰) (압또마지체쓰카야 뗄레쭨나야 스딴짜)

атташе (아따쉐)	(남) 무관(武官);
аттестат (아떼쓰딸)	(남) 증명서(證明書), 졸업증, 증서
аттестация (아떼쓰따찌야)	(여) 자격심사(資格審查), 감정서
аттестовать (아떼쓰또와찌)	(미완, 완) 자격을 심사하다, 평가하다, 감정하다.
аттракцион	(남) ① 오락시설, 유희시설;

- 30 -

(아뜨락찌온)	② 흥미를 끄는 종목
аудиенция (아우디옌찌야)	(여) 접견(接見), 접면(接面), 인견 접납(接納), 리셉션(reception);
аудитория (아우디또리야)	(여) ① 교실(敎室), 강의실(講義室); ② 청중(聽衆), 청강생(聽講生)
аукцион (아욱찌온)	(남) 경매(競賣)
аут (아웉)	(남) (체육) 바깥, 아웃(out)
аутентичный (아우뗀찌츠느이)	(형) 원본의, 진짜의, 확실한
Афганистан (앞가니쓰딴)	(남) 아프가니스탄

афганцы (복수) ~ец(남), ~ка (여) 아프가니스탄 사람(들)
(앞간찌)

афера (아표라)	(여) 협잡(挾雜), 투기(鬪技)
аферист (아폐리쓰트)	(남) 협잡꾼(挾雜-), 투기꾼
Афины (아픠느)	(복수) г. 아테네
афиша (아퓌샤)	(여) 광고(廣告), 선전(宣傳)
афишировать (아퓌시로와찌)	(미완, 완) 광고하다, 자랑하다, 뽐내다.
афоризм (아풔리즘)	(남) 경구(警句), 금언(金言)
Африка (아프리까)	(여) 아프리카
африканский (아프리깐쓰키이)	(형) 아프리카의

африканцы (복수), ~ец (남), ~ка (여) 아프리카 사람(들)
(아프리깐찍)

аффикс (앞피크쓰)	(남) (언어) 접사(接辭), 접두사(接頭辭), 접두어, 머리가지, 앞가지,

— 31 —

Aa

접미사, 덧붙이

ax!
(아흐)
아차!, 아이고!;

ахать (미완), **ахнуть**
(아하찌) (아흐누찌)
(완) 아!, 아차! 악! 하고 소리치다

ацетилен
(아쩨찔렌)
(남) (화학) 아세틸렌

ацетон.
(아쩨똔)
(남) (화학) 아세톤(acetone)

аэробный
(아에로브느이)
(형); ~ые бактерии 호기성 미생물

аэродинамика
(아에로디나미까)
(여) 기체력학, 항공력학(航空力學)

аэродинамический
(아에로디나미체쓰키이)
(형) 기체력학의, 항공력학의;

аэродром
(아에로드롬)
(남) 비행장(飛行場), 항공항(航空港), 공항, 에어필드(airfield); 비행기장

аэроклуб
(아에로클룹)
(남) 항공클럽

аэрология
(아에롤로기야)
(여) 대기학, 고층기상학(高層氣象學)

аэронавигация
(아에로나뷔가찌야)
(여) 항법학(航法學)

аэронавтика
(아에로납찌까)
(여) 항공학(航空學), 항공술(航空術)

аэроплан
(아에로쁠란)
(남) 비행기(飛行機), 날틀, 붕익(棚翼), 에어플레인(airplane), 은익(銀翼)

аэропорт
(아에로뽀르트)
(남) 공항(空港), 비행장, 항공항(航空港), 에어포트(airport)

аэросани
(아에로싸니)
(복수) 프로펠라식 썰매

аэростат
(아에로쓰땃)
(남) 기구(氣球), 풍선(風船), 경기구(輕氣球), 발루운(balloon)

аэрофотосъёмка
(아에로포또스욤까)
(남) 항공촬영(航空撮影), 항공사진 공중사진

Бб

баба (바바)	(여) ① 아낙네, 부녀자(婦女子); ② 처(妻) 아내
бабочка (바보츠까)	(여) 나비
бабушка (바부쉬까)	(여) 할머니
багаж (바가즈)	(남) ① 짐; ② 지식(知識), 조예(造詣);
багажник (바가즈닉)	(남) 짐받이
багажный (바가즈느이)	(형) 짐의, 수화물(手貨物)
Багдад (박다드)	(남) г. 바그다드
багор (바고르)	(남) 갈구리, 갈고랑막대기
багроветь (바그로볘찌)	(미완) 검붉어지다, 진홍(다홍)색으로 되다; лицо побагровело 낯이 붉었다
багровый (바그로브이)	(형) 검붉은, 자주빛, 적자색
бадминтон (바드민똔)	(남) 배드민턴(badminton)
бадья (바지야)	(여) 물통, 두레박
база (바자)	(여) ① 기초(基礎), 토대(土臺), 토대, 기반, 근거; ② 창고(倉庫), 공급소; ③ 기지(基地), 근거지(根據地); ④ 본거지(本據地), 거점(據點);
базар (바자르)	(남) 시장(市場), 장;

базарный (바자르느이)	(형) 시장의, 장의(場);
базировать (바지라와찌)	(미완) 기초로 삼다, 근거를 두다;
базироваться (바지라와찌샤)	(미완) ① 근거하다, 기초하다, 의거하다 ② 근거지를 두다, 주둔하다
базис (바지스)	(남) 토대, 기초(基礎), 근거(根據);
базовый (바조브이)	(형) 근거지의, 기지(基地)의
байдарка (바이다르까)	(여) 경기용 보트(boat), 카약(kayak), 바이다르까(baidarka)
байка (바이까)	(여) 융(絨), 모(毛)
байковый (바이까브이)	(형) 융(絨)으로 만든;
бак (바크)	(남) 탱크, 통(桶), 물통(一桶), 초롱;
бакалейный (바깔레이느이)	(형) 식료품(食料品)의;
бакалея (바깔레야)	(여) (집합) 식료품(食料品), 식료(食料); 식용물, 식용품, 식량품, 식품
бакен (바껜)	(남) 뱃길 표, 뱃길의 부표(浮漂)
бакенбарды (바껜바르디)	(복수) 구레나룻
бакенщик (바껜쉭)	(남) 이정표(里程標), 길잡이 표 감시인(監視人), 부표(浮漂)직이
баклажан (바클라좐)	(남) 가지
баклан (바클란)	(남) 우지, 가마우지(cormorant), 민물가마우지, 수로아, 노자
баклуши (바클루쉬)	(복수); бить ~ 빈둥거리다, 건달부리다, 게으름을 피우다
бактериологический	(형) 세균의(細菌);

- 34 -

(박테리올로기체쓰키이)

бактериология
(박테리올로기야)
(여) 세균학(細菌學)

бактерицидный
(받테리찌드느이)
(형) 살균의(殺菌)

бактерия
(박테리야)
(여) 세균(細菌), 균(菌); 미균(微菌), 박테리아(bacteria)

бал
(발)
(남) 무도회(舞蹈會)

балагур
(발라구르)
(남) 까불이, 어릿광대, 코메디안 (comedian), 피에로(pierrot), 개그맨

балалайка
(발랄라이까)
(여) (러시아 현악기류) 발랄라이까 (balalaika)

баланс
(발란스)
(여) 균형(均衡), 밸런스(balance);

балансировать
(발란씨로와찌)
(미완) ① 균형을 잡다, 균형을 유지하다; ② 밸런스를 맞추다, 균형을 맞추다

балансовый
(빨란싸브이)
(형); ~ отчет 결산보고

балбес
(발베스)
(남) 미련퉁이, 머저리, 어리보기

балда
(발다)
(남, 여) 머저리, 천치, 백치, 바보

балерина
(발레리나)
(여) 발레리나(ballerina)

балет
(발레트)
(남) 발레(ballet), 무용극(舞踊劇)

балка ¹
(발까)
(여) 들보, 보

балка ²
(발까)
(여) 길쭉한 골짜기

балкон
(발꼰)
(남) ① 난간(欄干), 발코니(balcony); ② (극장 위층의) 관람대(觀覽臺)

балл
(발)
(남) 바르(기압, 지진 등을 측정하는 단위)

- 35 -

Бб

баллада (발라다)	(남) 이야기 시, 담시, 발라드(ballade)
балласт (발라쓰트)	(남) ① (배, 기구 등의) 모래주머니, 자갈주머니; ② 군더더기, 무용지물; ③ (철도) 자갈층
баллистический (발리쓰티체쓰키이)	(형) 탄도의(彈道);
баллон (발론)	(남) (액체 또는 가스를 넣는) 용기, 통 (桶), 병(甁);
баллотироваться (발로지로와짜)	(미완) 자기를 입후보자로 내세우다
баловать (발로바찌)	(미완) 응석부리다, 장난질
баловаться (발로와짜)	(미완) 장난질하다, 까불다;
баловень (발로웬)	(남) 응석둥이 장난꾸러기
баловство (발로브쓰트보)	(중) 장난질, 응석받이
бальзам (발잠)	(남) ① 발삼(balsam), 함유수지, 테레빈유; ② 보약(補藥);
бамбук (밤북)	(남) 참대, 대
бамбуковый (밤부꼬브이)	참대의, 대의
банальный (반날느이)	(형) ① 평범한, 범상한; ② 진부한, 케케묵은
банан (바난)	(남) 바나나, 바나나 나무
Бангкок (반콕)	(남) *г.* 방콕(Bangkok)
Бангладеш (방글라데시)	(남) *г.* 방글라데시
банда (반다)	(여) 악당(惡黨), 강도단, 도둑

бандаж (반다지)	(남) ① (의학) 특수 붕대, 배띠; ② (공학) 겉바퀴, 바퀴의 테
бандероль (반데롤)	(여) (우편물 발송에 사용되는) 종이띠, 받침종이, 포장된 우편물
бандит (반딧트)	(남) 강도(强盜), 악당, 도적(盜賊)
бандитизм (반디지즘)	(남) 강도행위, 비적행위
банк (반크)	(남) 은행(銀行), 뱅크(bank);
банка (반까)	(여) ① (원통형의) 통, 단지, 항아리, 병; ② (복수) ~и 변기, 부항단지
банкет (반껫트)	(남) 연회(宴會), 축하연(祝賀宴), 초대연, 잔치, 향연(饗宴);
банкир (반끼르)	(남) 은행가(銀行家), 은행경영자

банкнот (남), ~а (여) 은행권(銀行券), 은행지폐
(반크노트)

банковский (반까브쓰키이)	(형) 은행의;
банкрот (반크로트)	(남) 파산자, 파산채무자, 파산당한자
банкротство (반크로트스트뷔)	(중) 파산(破散), 파탄(破綻)
бант (반트)	(남) 나비리본, 나비댕기
баня (바냐)	(여) 목욕탕(沐浴湯)
бар (바르)	(남) 술집,바, 서양식술집, 작은 음식점
барабан (바라반)	(남) ① 북, 태고(太鼓), 고(鼓); 드럼 (drum), 탕부르(tambour); ② (공학) 동체(同體), 원형(圓形)
барабанить (바라바니찌)	(미완) 북을 치다, 짓두드리다

Бб

барабанный (바라바느이)	(형) 북의
барабанщик (바라반쉬크)	(남) 북잡이, 북치는 사람, 고수(鼓手)
барак (바락)	(남) 임시건물(臨時建物), 가건물
баран (바란)	(남) 수양, 양(羊)
баранина (바라니나)	(여) 양고기
баранка (바란까)	(여) ① 가락지 모양의 둥근 빵, 도넛 (dough-nut); ② 자동차 운전대, 운전대 손잡이;
барахтаться (바라흐다짜)	(미완) 발버둥질하다, 몸부림치다
барашек (바라쉐크)	(남) (공학) 나비너트, 날개나사
барбарис (바르바리쓰)	(남) 매발톱나무, 매자나무 (Korean barbery)
барельеф (바렐예프)	(남) 부각(장식), 돋을 새김
баржа (바르자)	(여) 부선(艀船), 화물선(貨物船)
барий (바리이)	(남) (화학) 바리움
барин (바린)	(남) 귀족(貴族), 양반(兩班), 나으리
баритон (바리톤)	(남) 남성중음, 바리톤(bariton) 차저음 (次低音), 상저음(上低音)
баркас (바르까쓰)	(남) 해상보트, 소형기계 배.
барограф (바로그라프)	(남) 자동기록기압계
барометр (바로몌뜨르)	(남) 기압계, 바로미터(barometer)

баррикада (바리까다)	(여) 바리케트
барс (바르쓰)	(남) 표범(豹-)
барский (바르쓰키이)	(형) 귀족의, 나으리의;
барсук (바르쑥)	(남) 오소리(badger), 토저(土猪), 토웅(土熊), 환돈(貛㹠)
барханы (바르하느)	(복수) 사막의, 모래언덕
бархат (바르핫트)	(남) 우단(羽緞), 천아융(天鵝絨), 벨벳(velvet) 비로도.
бархатистый (바르하지쓰트이)	(형) 부더러운; 아주 부더럽다
бархатный (바르하뜨느이)	(형) 우단의, 비로도의;
барыня (바르냐)	(여) 귀부인(貴婦人), 여지주
барыш (바르쉬)	(남) 이윤(利潤), 소득(所得)
барышня (바르쉬냐)	(여) 아씨, 아가씨, 처녀(處女)
барьер (바리예르)	(남) ① 장벽(障壁), 장애물(障碍物); ② 방해(妨害), 방해물
бас (바쓰)	(남) 남성저음, 베이스); 남성저음 가수
баскетбол (바쓰께트볼)	(남) 농구(籠球)
баскетболист(남), **~ка** (여) 농구선수 (바쓰께트볼리쓰트)	
баскетбольный (바쓰께트볼리느이)	(남) 농구의;
баснописец (바쓰나피셰찌)	(남) 우화작가(偶話作家)
баснословный	(형) 상상외의, 믿기 어려운;

(바쓰나슬로브느이)

басня (바쓰냐)	(여) ① 우화(偶話), 우언(寓言); ② 꾸며낸 말, 허튼 소리, 거짓말, 허구
бассейн (바쎄이느)	(남) ① 저수지(貯水池); ② 강의 유역; ③ (광물) 매장지(埋藏地), 탄광
баста (바스타)	(감) 그만, 그만하면 된다, 충분하다, 다됐다.
бастион (바스티온)	(남) 보루(堡壘),
бастовать (바쓰또와찌)	(미완) 파업(罷業)하다.
бастующий (바스투유시이)	(남) 파업자(罷業者)
баталия (바탈리야)	(여) ① 전투(戰鬪), 격전(激戰); ② (회화) 다툼질, 싸움;
батальон (바탈온)	(남) 대대(大隊)
батарея (바떼레야)	(남) ① 포병중대, 포대; ② (전기) 축전 지, 전지; ③ (공학) 방열기, 난방장치
батат (바따트)	(남) 고구마, 감서, 감저, 남감저(南甘藷), 저우(藷芋), 단감자
батерфляй (바테르플랴이)	(남) (체육) 접영(蝶泳: butterfly stroke), 버터플라이
батон (바똔)	(남) 길쭉한 흰빵
батрак (바트라크)	(남) 머슴, 고용인(雇傭人)
батрачить (바트라치찌)	(미완)머슴살이를 하다, 고용살이를 하다
бахвалиться (바흐왈리쨔)	(미완) 허풍을 치다, 뽐내다, 허풍을 치다
бахвальство (바흐왈쓰트붜)	(남) 허풍, 흰소리, 자만
бахча (바흐차)	(여) 원두밭

Бб

бахчевой (바흐체보이)	(형); ~ые культуры 원두막, 박과작물(수박, 참외 등)
Бахрейн (바흐레인)	(남) 바레인(Bahrain)
бацилла (바찔라)	(여) 막대균, 간상균(桿狀菌);
бациллоноситель (바찔로노씨쩰)	(남) 보균자(保菌者), 균을 가진 사람
башенный (바쉐느이)	(형) 탑(塔)의, 타워;
башмак (바쉬막)	(남) ① 구두, 단화(短靴); ② (공학) 받침판, 지지대; ③ (철도) 바퀴쐐기, 제동편
башня (바쉬냐)	(여) 탑(塔), 타워(tower), 탑파;
баюкать (바유까지)	(미완) 자장 자장하다, 자장가를 불러 재우다, 잠재우다
баян (바얀)	(남) 바얀(러시아 손풍금의 일종)
бдительно (브지쩰리나)	(부) 경각성 있게, 각성높이
бдительность (브지쩰리노쓰찌)	(여) 경각성, 주의 깊게;
бдительный (브지쩰느이)	(형) 경각성 있는, 경각성이 높은, 주의 깊게
бег (볘크)	(남) (체육) 달리기, 러닝(running), 달음질, 달음박질, 뜀박질, 경주(競走)
бега (볘가)	(복수) 경마(경기)
бегать (볘가지)	(미완) ① 뛰어 달리다, 달리다, 달음박질하다, 경주하다; ② 도주(逃走)하다, 회피하다;
бегемот (볘게모트)	(남) 하마(河馬)
беглец (볘글레쯔)	(남) 도주자(逃走者), 탈주자(脫走者)

бегло (볘글라)	(부) ① 유창하게, 거침없이; ② 대강대강, 얼핏	
беглый (볘글르이)	(형) ① ~ый взгляд 대충보기, 대강보기; ② (명) 탈주자(脫走者)	
беговой (볘가보이)	(형) ① 경주용(競走用); ② 경마용	
бегом (볘곰)	(부) 뛰어서, 달음질쳐서, 달음박질로	
беготня (볘가트냐)	(여) 뛰어 돌아다니는 것, 분주히 서두는 것, 동분서주(東奔西走)	
бегство (볘쓰트붜)	(중) 도망, 도주, 도피(逃避), 탈주	
бегун (볘군)	(남) 달리기 선수	
беда (볘다)	(여) 불행(不幸), 재액(災厄)	
беднеть (볘드녜찌)	(미완) ① 가난해지다, 구차해지다; ② *чем* 빈곤해지다, 없어지다	
бедность (볘드노쓰지)	(여) ① 빈궁(貧窮), 가난(家難); ② 빈약성, 부족, 불충분한 것.	
бедный (볘드느이)	(남) ① 가난한, 빈한한; ② 불쌍한, 가긍스러운, 단조로운; ③ 빈약한, 옹색한, 허술한, 허루한;	
бедро (볘드로)	(중) 넓적다리, 허벅지	
бедственный (볘드쓰트붼느이)	(형) 불운한, 불행한, 비참한, 위급한;	
бедствие (볘드쓰트비예)	(중) 재난(災難), 재해, 불행, 참화	
бедствовать (볘드쓰트붜와지)	(미완) 가난하게 지내다, 고생스럽게 살다	
бежать (볘좌찌)	(미완) ① 달리다, 달음박질하다, 뛰어가다; ② 도망하다, 도주하다; ③ 흐르다, 흘러가다, 지나가다;	
беженец (볘줴녜쯔)	(남) 피난민(避難民), 피난자(避難者)	

без (베즈)	(전) ① ~없이; ② (행동 상태를 표시) ~없이, ③ (수량, 시간 등을 표시) 약 ~
безаварийный (베즈아와리이느이)	(형) 무사고의, 사고가 없는, 안전하게
безалаберный (베잘라베르느이)	(형) 난잡한, 무질서한;
безалкогольный (베즈알코골느이)	(형): ~ напиток 알코올 성분이 없는 음료
безатомный (베즈아똠느이)	(형) 비핵의, 핵무기가 없는;
безбилетник (베즈빌레뜨닉)	(남) 무임승객, 표가 없는 승객(乘客)
безбожник (베즈보쥐닉)	(남) 무신론자, 신을 믿지 않는 사람.
безболезненный (베즈볼레즈네느이)	(형) 아프지 않은, 진통이 없는;
безбрежный (베즈브레쥐느이)	(형) 가망 없는, 망망한, 끝없는;
безветренный (베즈웨뜨레느이)	(형) 바람기 없는 날씨, 고요한, 잠잠한
безвинный (베즈윈느이)	(형) 죄 없는, 무고한
безвкусица (베즈브꾸씨짜)	(여) 몰취미, 저속한 취미
безвкусный (베즈브꾸쓰느이)	(형) ① 맛없는; ② 취미 없는, 멋없는, 흥미 없는
безводный (베즈보드느이)	(형) ① 물 없는, 물기 없는; ② (화학) 무수의(無水-);
безвозвратный (베즈뷔즈브라트느이)	(형) 되돌아 올수 없는, 회복할 수없는 ~ая ссуда 무기한 대부
безвоздушный (베즈뷔즈두쉬느이)	(형) 공기 없는, 진공의
безвозмездно (베즈뷔즈몌즈드나)	(부) 무상으로, 무료로

безвозмездный (볘즈붜즈몌즈드느이)	(형) 무상(無常), 무료, 공짜, 거저; ~ая помощь 무상원조(無償援助)
безвольный (볘즈볼느이)	(형) 의지가 약한, 결단성 없는, 우유부단한
безвредный (볘즈브례드느이)	(형) 해롭지 않는, 해(害)를 끼치지 않는, 악의 없는;
безвременный (볘즈브례몌느이)	(형) 조기, 너무 이른, 때 이른, 때아닌 ~ая кончина 뜻하지 않는 서거
безвыездно (볘즈브예즈드나)	(부) 외출하지 않고, 한곳에 머물러;
безвыходный (볘즈븨호드느이)	(형) 출구 없는, 막다른, 궁경, 궁지, 진퇴유곡(進退維谷), 산궁수진 (山窮水盡), 진퇴양난(進退兩難);
безголовый (볘즈글로브이)	(형) ① 머리가 없는; ② 머리가 둔한, 암둔한, 우둔한, 기억력이 나쁜
безграмотный (볘즈그라모트느이)	(형) ① 문맹의(文盲-), 무식한, 지식이 없는, 교육을 받지 못한; ② (명사) 문맹자(文盲者), 무식쟁이
безграничный (볘즈그라니치느이)	(형) ① 무한한, 끝이 없는, 망망한; ② 극도의;
бездарный (볘즈다르느이)	(형) 재간 없는 무능한, 졸렬한, 서투른; ~ое произведение 졸렬한 작품, 졸작(拙作)
бездарность (볘즈다르노쓰지)	(여) 무능; 둔재(鈍才), 무능한 사람
бездействовать (볘즈뎨이쓰트뷔와지)	(미완) 활동하지 않다, 움직이지 않다, 멎어있다, 일하지 않다
безделье (볘즈젤예)	(중) 안일(安逸), 허송세월(虛送歲月), 무위도식(無爲徒食)
бездельник (볘즈젤니크)	(남) 건달, 게으름뱅이, 놀고먹는 놈
бездельничать (볘즈젤니차찌)	(미완) 무위도식하다, 건달을 부리다, 놀고먹다, 빈둥거리다
бездетный (볘즈졔트느이)	(형) 아이 없는, 자식 없는
бездна	(여) ① 심연(深淵), 심해(深海);

(베즈드나)	②(술어)*чего* 아주많다, 엄청나게 많다
бездоказательный (베즈다까자젤느이)	(형) 증거(證據)없는, 무근거한
бездомный (베즈돔느이)	(형) 집 없는, 고독한, 적막한, 적적한, 의지할 곳 없는
бездонный (베즈돈느이)	(형) ① 밑바닥 없는, 밑 빠진; ② 한없이 깊은;
бездорожье (베즈다로줘예)	(중) ① 길이 없는 것, 나쁜 길; ② 길이 나빠지는 계절
бездумный (베즈둠느이)	(형) 생각이 없는, 경솔한, 머리를 쓰지 않는
бездушие (베즈두쉬예)	(중) 무정(無情), 비정(非情), 박정, 야박, 냉정(冷情), 냉담, 냉엄, 냉심
бездушный (베즈두쉬느이)	(형) 무정한, 인정이 없는, 냉정한, 무심한, 냉혹한
безжалостно (베즈좔로쓰트나)	(형) 무자비하게, 무참하게, 사정없이, 혹독하게, 잔인하게
безжалостный (베즈좔로쓰트느이)	(형) 무자비한, 무참한, 사정없는, 혹독한, 잔인한
безжизненный (베즈쥐즈네느이)	(형) ① 죽은, 숨결 없는; ② 생기 없는, 죽은듯한, 활기 없는;
беззаботность (베즈자보트노쓰찌)	(여) 무사태평(無事泰平), 근심하지 않는 것, 걱정하지 않는 것
беззаботный (베즈자보트느이)	(형) 무사태평한, 시름없는 안일한, 근심 없는
беззаветный (베즈자볘트느이)	(형) 헌신적인, 자기희생적인, 무한한
беззаконие (베자꼬니예)	(중) 무법천지(無法天地), 불법행위(不法行爲), 위법(違法), 비법(非法);
беззастенчивый (베자스쪤치브이)	(형) 뻔뻔스러운, 부끄러운 줄 모르는, 파렴치한, 난폭한;
беззащитный (베자쉬뜨느이)	(형) 보호 없는, 무방비한, 의지할 곳 없는, 고립무원한
беззвучный (베즈부치느이)	(형) 소리 없는, 소리를 내지 않는, 조용한

безземлье (베즈제믤예)	(중) 토지의 부족
беззлобный (베즐로브느이)	(형) 악의 없는, 착한, 선량한;
беззубый (베주브이)	(형) ① 이가 빠진, 무딘; ② 날카롭지 못한, 약한;
безличный (베즐리치느이)	(형) (언어) 무인칭의;
безлюдный (베즐류드느이)	(형) 인적이 없는, 사람이 적은, 사람이 없는, 인기척이 없는
безмен (베즈멘)	(남) 손저울
безмерно (베즈메르나)	(부) 무한히, 한량없이, 그지없이
безмолвие (베즈몰비예)	(중) 침묵(沈默), 정적(靜寂)
безмолвный (베즈몰브느이)	(형) 말없는, 묵묵한, 잠잠한, 정적이 깃든
безмятежный (베즈먀쩨즈느이)	(형) 안온한, 풍파가 없는, 평온한, 고요한;
безнадежно (베즈나죠즈나)	(부) 희망이 없는, 절망적(絶望的)으로
безнадежный (베즈나죠즈느이)	(형) 희망이 없는, 절망적인(絶望的-);
безнаказанный (베즈나까잔느이)	(형) 처벌을 받지 않는;
безналичный (베즈날리츠느이)	(형); ~ расчет 무현금 결재(結齋)
безногий (베즈노기이)	(형) ① 다리가 없는, 발이 없는; ② (가구의) 다리가 없는;
безнравственность (베즈느라브스트붸노쓰찌)	(여) 부도덕, 도덕이 없는, 패덕, 방탕
безнравственный (베즈느라부쓰트붸느이)	(형) 비도덕적, 패덕적인, 방탕한
безобидный	(형) 악의 없는, 천진한, 순진한;

(베조비드느이)

безоблачный
(베조블라츠느이)
(형) ① 구름이 없는, 맑음;
② 어두운데 없는, 명랑한;

безобразие
(베조브라지예)
(중) ① 흉한 꼴; ② 버릇없는 것, 추태

безобразничать
(베조브라즈니차찌)
(미완) 무례하게 굴다, 추태를 부리다.

безобразный
(베조브라즈느이)
(형) ① 보기 흉한, 몰골사나운, 추한;
② 혐오스러운, 추악한, 고약한

безоговорочно
(베조가보로치나)
(부) 무조건적으로, 무조건하고, 절대적

безоговорочный
(베조가바로치느이)
(형) 무조건적인, 조건 없이, 절대적인;

безопасность
(베조빠쓰노스티)
(여) 안전(安全), 무사(無事), 무고,
무탈; 안녕, 평안, 평온, 평화

безопасный
(베조빠쓰느이)
(형) 안전한, 위험하지 않는;

безоружный
(베조루즈느이)
(형) ① 무기 없는, 무장하지 않은,
적수공권의; ② 논거가 희박한

безосновательный
(베즈오쓰노와젤느이)
(형) 근거 없는, 무근거한

безостановочный
(베조스따노뷔치느이)
(형) 끊임없는, 부단한, 연속적인,
쉴 새 없는;

безответственность
(베조뜨볘쓰트볘느이)
(여) 무책임성(無責任性), 책임없는

безответственный
(베조뜨볘쓰트볘느이)
(형) 무책임한, 책임감이 없는,
책임을 지지 않은;

безотказно
(베조뜨가즈나)
(부) 중단 없이, 부단히, 끊임없이,
순조롭게;

безоткатный
(베조뜨까즈느이)
(형) 반동이 없는[최소한의], 무반동의.
: ~ое орудие 무반동총

безотлагательно
(베조뜰라가쩰나)
(부) 지체 없이, 미루지 않고, 즉각에,
즉시에, 시급히

безотлагательный
(베조뜰라가쩰느이)
(형) 지체할 수 없는, 미룰 수 없는,
절박한

Бб

безотлучно (베조뜰루치나)	(부) 외출하지 않고, 떠나지 않고, 그냥 그 자리에서;
безотносительно (베조뜨노씨쩰나)	(부) 관계없이
безотрадный (베조뜨라드느이)	(형) 기쁨이 없는, 음울한
безотчётный (베조뜨쵸뜨느이)	(형) 무의식적인, 본의 아닌, 본능적인
безошибочный (베조쉬보츠느이)	(형) 틀림없는, 잘못이 없는, 오류가 없는
безработица (베즈라보띠짜)	(여) 실업(失業), 실직(失職);
безработный (베즈라보뜨느이)	(형) ① 일자리 없는, 실업을 당한; ② (명사)(남) 실업자(失業者)
безрадостный (베즈라다쓰뜨느이	(형) 기쁨이 없는, 쓸쓸한, 삭막한, 쌀쌀한
безраздельный (베즈라즈젤느이)	(형) 나누지 않는, 전일적인, 유일적인, 독자적인
безразличие (베즈라즐리치예)	(중) 무관심(無關心), 냉정(冷情), 냉담
безразлично (베즈라즐리츠나)	(부) ① 무관심하게, 냉담하게; ② (술어) 괜찮다, 상관없다.
безразличный (베즈라즐리츠느이)	(형) 무관심한, 냉정한, 둥한, 관심 없는
безрассудный (베즈라쑤드느이)	(형) 무모한, 분별없는, 무분별한, 경솔한
безрассудство (베즈라쑤드쓰뜨붜)	(중) ① 무모한 것, 무분별, 경솔성; ② 무모한 행동, 무분별한 짓
безрезультатно (베즈레줄따뜨나)	(부) 결과없이, 보람 없이, 헛되게, 소득 없이
безрезультатный (베즈레줄따뜨느이)	(형) 결과없는, 성과없는, 효과없는
безродный (베즈로드느이)	(형) 고아(孤兒), 친척이 없는;
безропотный	(형) 불평 없는, 말썽 없는, 고분고분한,

(베즈로쁘뜨느이)	순종하는;
безрукавка (베즈루까브까)	(여) 소매 없는 저고리, 민소매저고리
безудержный (베주데르지느이)	(형) 막을 수 없는, 그칠 줄 모르는, 억제 할 수 없는;
безукоризненный (베주까리즈네느이)	(형) 흠(欠)잡을 데 없는, 결점없는, 손색이 없는, 완전한;
безумец (베주메쯔)	(남) 미치광이, 정신 나간 사람
безумие (베주미예)	(중) 광란, 지랄, 발광, 광기, 정신착란
безумно (베줌나)	(부) ① 정신없이, 분별없이, 지각없이; ② 무척, 대단히;
безумный (베줌느이)	(형) ① 미친; ② 얼빠진, 무모한; ③ 대단한;
безумолчный (베주몰츠느이)	(형) 잠자코 있지 않는, 침묵할 줄 모르는, 간단없는
безумство (베줌쓰뜨뷔)	*см.* безумие
безупречный (베주쁘례츠느이)	(형) 나무랄데 없는, 흠잡을데 없는, 완벽한;
безусловно (베주쓸로브나)	(부) ① 무조건 하고, 무조건적으로; ② 꼭, 물론, 두말할 것도 없이, 의심 할 바 없이
безусловный (베주쓸로브느이)	(형) 무조건적인, 절대적인, 의심 할 바 없는, 확실한;
безуспешно (베주쓰뻬시나)	(부) 성과 없이, 헛되게, 공연히;
безуспешный (베주쓰뻬시느이)	(형) 성과 없는, 성공 없는, 헛된,공연한
безутешный (베주쩨시느이)	(형) 위로할 수 없는, 위안 할 수 없는, 수심에 잠긴
безучастный (베주차쓰뜨느이)	(형) 관심 없는, 무관심한, 방관적인, 냉정한
безъядерный	(형) 비핵의;

(베즈야데르느이)

Бб

безыдейность　　　　　　(여) 무사상성(無思想性)
(베즈제이노쓰찌)

безыдейный　　　　　　(형) 무사상적인; 관념이 없는 것
(베즤제이느이)

безымянный　　　　　　(형) 이름 없는, 무명의;
(베즈먀느이)

безынициативный　　　　(형) 창의성이 없는, 수동적인(受動的),
(베즈니찌아찌브느이)　　　　소극적인(消極的)

безысходный　　　　　　(형) 어쩔 수 없는, 절망적인, 그칠 줄
(베즈이쓰호드느이)　　　　　모르는;

Бейрут　　　　　　　　(남) 베이루트(Beirut)
(베이루트)

бейсбол　　　　　　　　(남) (체육) 야구(野球)
(베이쓰볼)

бекас　　　　　　　　　(남) (조류) 도요새 훌조(鷸鳥)(snipe)
(베까쓰)

бекон　　　　　　　　　(남) 베이컨(bacon)
(베꼰)

Белград　　　　　　　　(남) 베오그라드(Beograd)
(벨그라드)

белесый　　　　　　　　(형) 허연, 희끄무레한
(벨료쓰이)

белеть　　　　　　　　(미완) 희어지다, 희슥희슥해 보이다,
(벨례찌)　　　　　　　　　희게 보이다. 희끗거리다

Белиз　　　　　　　　　(남) 베리즈
(벨리즈)

белизна　　　　　　　　(여) 흰빛, 백색(白色)
(벨리즈나)

белила　　　　　　　　(복수) ① 백색도료, 흰 페인트;
(벨릴라)　　　　　　　　　② 백분(白粉)

белить　　　　　　　　(미완) 희게 칠하다, 회칠하다;
(벨리찌)

беличий　　　　　　　　(형) 청설모의(靑-毛);
(벨리치이)

белка (벨까)	(여) 청설모, 머루다람쥐, 참다람쥐
белковый (벨까브이)	(형) 단백질의
беллетристика (벨레뜨리스찌까)	(여) 소설, 산문학(散文學), 소설문학 대중통속작품
беллетрист (벨레뜨리스트)	(남) 소설가, 산문작가(散文作家)
белок (벨록)	(남) ① (생물) 단백질(蛋白質); ② (계란, 눈의) 흰자위
белокровие (벨라크로뷔예)	(중) (의학) 백혈병(白血病)
белокурый (벨라꾸르이)	(형) 금발의, 연한밤색
Белоруссия (벨라루씨야)	(여) 백러시아
белорусы (복수) ~(남); ~ка (여) 백러시아 사람들 (벨라루씌)	
белоручка (벨라루치까)	(남, 여) 육체노동이나 힘든 일을 싫어하는 자
белоснежный (벨라쓰네쥐느이)	(형) 눈같이 흰, 새하얀
белый (벨르이)	(형) 흰, 흰빛, 백색(白色);
бельгийцы (복수) ~ец (남), ~ка (여) 벨기에(België)사람들 (벨기이찌)	
Бельгия (벨기야)	(여) 벨기에(België)
бельё (벨요)	(집합) (중) 속, 내(內), 내의
бельевой (벨예보이)	(형) 옷의, 내복(內服)의;
бельмо (벨모)	(중) (의학) 백내장(白內障);
бельэтаж	(남) ① (독립가옥의) 2층;

Бб

(벨예따즈)	② (극장의) 2층 관람석
бемоль (베몰)	(남) (음악) 내림표('♭'), 플랫(flat)
бензин (벤진)	(남) 휘발유(揮發油)
бензобак (벤조박)	(남) 휘발유통
бензовоз (벤조보즈)	(남) 휘발유차
бензоколонка (벤조깔론까)	(여) 연료공급소, 급유탑, 주유소
бензохранилище (벤조흐라닐리쉐)	(중) 연료창고(燃料倉庫), 연료저장고
берег (베레그)	(남) ① 물가, 강변, (강, 바다의) 기슭; ② 뭍, 땅, 지상, 대륙, 육지
береговой (베레가보이)	(형) ① 물가에, 강기슭에, 강가에; 바닷가에, 해안에; ② 뭍의, 육지의, 지상의;
бередить (베레디찌)	(미완) ① 노하게 하다; 안달나게 하다. ② 건드리다, 자극하다, 괴롭히다;
бережливость (베레즐리뷔쓰지)	(여) 절약 하는 것
бережливый (베레즐리브이)	(형) 절약하는, 살뜰한, 알뜰살뜰한.
бережный (베레즈느이)	(형) 알뜰한, 살뜰한, 알뜰살뜰한, 주의 깊은;
берёза (베료자)	(여) 자작나무, 백단(白椴), 백화(白樺) 봇 나무
берёзовый (베료조브이)	(형) 자작나무의, 자작나무로 만든
беременеть (베레몌녜찌)	(미완) 임신하다, 아이를 배다, 잉태하다, 회임하다
беременная (베레몌냐야)	(여) 임신부, 임산부, 임부, 태모(胎母), 산모(産母)
беременность	(여) 임신(姙娠), 잉태(孕胎)

(베례멘노쓰찌)

бересклет (베레쓰클롓트)	(남) (식물) 화살나무, 귀전우(鬼箭羽), 위모, 혼전우(魂箭羽), 나래회나무
берёста (베료쓰따)	(여) 자작나무 껍질
берет (베레트)	(남) 베레모, 둥근 모자
беречь (베레치)	(미완) ① 아껴 쓰다, 소중히 다루다, 절약하다; ② (소중히) 지키다, 보호하다
беречься (베레치쌰)	(미완) 조심하다, 주의하다;
беркут (베르꾸트)	(남) 흑 독수리, 검둥수리
Берлин (베를린)	(남) 베를린(Berlin)
берлога (베를로가)	(여) 꿈의 굴, 굴
бес (베쓰)	(남) 악마(惡魔), 마귀(魔鬼), 도깨비
беседа (베쎄다)	(여) 담화(談話), 면담(面談), 회담 좌담(座談), 좌담회;
беседка (베쎄드까)	(여) 정자(亭子), 누각(樓閣)
беседовать (베쎄다와찌)	(미완) 담화하다, 면담하다, 회담하다, 이야기를 나누다
бесить (베씨찌)	(미완) 몹시 성나게 하다, 격분하게하다
беситься (베씨짜)	(미완) ① (짐승이) 미치다; ② 지랄하다, 노발대발하다, 발광하다 ③ 날뛰다, 떠들썩하게 설치다
бесклассовый (베쓰클라싸브이)	(형) 무산계급(無産階級), 계급 없는
бескомпромиссный (베쓰깜쁘로미쓰느이)	(형) 타협없는, 비타협적인;

— 53 —

бесконечно (베쓰까네츠나)	(부) 끝없이, 한없이, 무한히
бесконечный (베쓰까네츠느이)	(형) ① 끝없는, 무한한, 무궁한, 무한정한, 그지없는; ② 부단한, 그칠 줄 모르는, 계속적으로;
бесконтрольный (베쓰깐뜨롤느이)	(형) 통제가 없는, 무제한의, 검열(감독)이 없는
бескорыстие (베쓰까릐쓰찌예)	(중) 사욕이 없는 것, 사심이 없는 것.
бескорыстный (베쓰까릐쓰뜨느이)	(형) 사심 없는, 사욕이 없는, 청렴한
бескрайний (베쓰크라이니이)	(형) 끝없는, 가없는, 무연한;
бескровный (베쓰크로브느이)	(형) ① 빈혈의, 핏기 없는; ② 피를 흘리지 않는, 무혈
бесноваться (베쓰나와짜)	(미완) 미쳐 날뛰다, 지랄 치다, 발광하다, 발악하다
беспамятство (베쓰빠먀뜨쓰뜨뷔)	(중) 인사불성(人事不省), 실신상태, 의식이 없음;
беспартийный (베쓰빠르띠이느이)	(형) ① 비당원의, 무소속의; ② (명사)(남) 비당원
бесперебойный (베쓰뻬레보이느이)	(형) 끊임없는, 부단한, 연속적인
беспересадочный (베쓰뻬레싸도츠느이)	(형) 갈아타지 않는, 직통의, 직행의
бесперспективный (베쓰뻬르쓰뻬크띠브느이)	(형) 전망성 없는, 전도가 암담한
беспечность (베쓰뻬치노쓰찌)	(여) 안일성, 무사태평(無事泰平)
беспечный (베쓰뻬츠느이)	(형) 안일한, 무사태평한
бесплановый (베쓰쁠라노브이)	(형) 무계획적인, 계획이 없는, 충동적인;
бесплатно (베쓰쁠라뜨나)	(부) 무료로, 무상으로, 거저, 공짜.

бесплатный (베쓰쁠라뜨느이)	(형) 무료의, 무상의;
бесплодно (베쓰쁠로드나)	см. безрезультатно
бесплодный (베쓰쁠로드느이)	(형) ① 임신능력이 없는, 불임의(不姙); ② (동물이) 새끼를 낳지 못하는, (식물이) 열매를 맺지 못하는; ③ 헛된, 공연한;
бесповоротный (베쓰빠붜로드느이)	(형) 돌이킬 수 없는, 돌려 세울 수 없는, 종국적인, 최종적인;
бесподобный (베쓰뽀도브느이)	(형) ① 비할 데 없는, 유례가 없는, 무비의; ② 월등한, 아주 좋은, 매우 훌륭한;
беспозвоночный (베쓰뽀즈뷔노츠느이)	(형): ~ые животные 무척추 동물
беспокоить (베쓰뽀꼬이찌)	(미완) ① 폐를 끼치다, 불안케 하다 근심시키다, 걱정시키다, 괴롭히다, 성가시게 굴다; ② (육체적) 고통을 주다;
беспокоиться (베쓰뽀꼬이짜)	(미완) ① 근심하다, 걱정하다, 괴로워 하다; ② 마음을 쓰다, 염려하다
беспокойный (베쓰뽀꼬이느이)	(형) ① 불안한, 불안정한, 불안스러운 초조한, 뒤숭숭한; ② 안타까운;
беспокойство (베쓰뽀꼬이스뜨뷔)	(중) ① 불안(不安); ② 근심, 걱정; ③ 폐;
бесполезно (베쓰빨레즈나)	(부) 쓸데없이, 쓸모없이, 무익하게, 부질없이
бесполезный (베쓰빨레즈느이)	(형) 쓸데없는, 쓸모없는, 무익한; 헛된
беспомощный (베쓰뽀모시느이)	(형) ① 어찌할 힘이 없는, 맥 빠진, 약한; ② 무력한, 능력없는, 속수무책한.
беспорядок (베쓰뽀랴독)	(남) 무질서, 혼란(混亂), 뒤범벅, 난잡
беспорядочно (베쓰뽀랴도츠나)	(부) 무질서하게, 너저분하게, 질서 없이.

беспорядочный (베쓰뽀랴도츠느이)	(형) ① 무질서한, 혼란된, 질서가없음; ② 어지러운, 난잡한, 얼기설기한;
беспосадочный (베쓰뽀사도츠느이)	(형): ~ перелёт 무착륙비행
беспочвенный (베쓰뽀츠베느이)	(형) 근거 없는, 엉터리없는, 터무니 없는;
беспошлинный (베쓰뽀실리느이)	(형) 면세(免稅), 관세 없는, 무관세
беспощадный (베쓰뽀샤드느이)	(형) 무자비한, 가혹한, 사정없는, 용서 없는;
бесправие (베쓰쁘라뷔예)	(중) 무권리, 인권유린(人權蹂躪)
бесправный (베쓰쁘라브느이)	(형) 무권리한, 국민의 권리가 없는.
беспредельный (베쓰쁘레델리느이)	(형) 무한한, 한없는, 끝없는;
беспредметный (베쓰쁘레드메뜨느이)	(형) 목적이 없는, 내용이 없는, 추상적인
беспрекословно (베쓰쁘레까쓸로브나)	(부) 절대적으로, 무조건적으로, 조건 없이;
беспрекословный (베쓰쁘레까쓸로브느이)	(형) 반대나 변명을 허용하지 않는, 무조건적인, 절대적인;
беспрепятственный (베쓰쁘레뺘쯔쓰뜨뷔느이)	(형) 방해 없는, 지장 없는, 거침없는, 자유로운, 순조로운;
беспрерывно (베쓰쁘레릐브나)	(부) 끊임없이, 쉴 새 없이, 계속적으로, 연속적으로, 부단히;
беспрерывный (베쓰쁘레릐브느이)	(형) 끊임없는, 쉬임 없는, 연속적인; ~ дождь 끊임없이 내리는 비
беспрестанно (베쓰쁘레스딴나)	(부) 간단없는, 끊임없는, 멎을 줄 모르는, 부단히, 계속적으로, 연속적으로;
беспрецедентный (베쓰쁘레데뜨느이)	(형) 전례 없는, 미증유의;
беспризорник (베쓰쁘리조르닉)	(남) 집 없는 아이, 고아(孤兒)

беспризорный (베쓰쁘리조르느이)	(형) ① 집 없는, 유랑하는, 방랑하는; ② 감독 없는, 방임된
беспримерный (베쓰쁘리메르느이)	(형) 비할데가 없는, 무비의 무쌍한, 미증유의;
беспринципность (베쓰쁘린찌쁘노쓰찌)	(여) 원칙이 없는 것, 무원칙성의
беспринципный (베쓰쁘린찌브느이)	(형) 원칙이 없는, 무원칙한, 주관이 없는, 정견이 없는
беспристрастный (베쓰쁘리쓰뜨라쓰뜨느이)	(형) 공평한, 공정한, 공명정대한, 편견이 없는, 치우침이 없는;
беспричинный (베쓰쁘리친느이)	(형) 이유 없는, 근거 없는, 까닭이 없는;
беспроволочный (베쓰쁘로발라치느이)	(형): ~ая связь 무선통신
беспросветный (베쓰쁘라쓰베뜨느이)	(형) ① 어두운, 캄캄한, 칠흑 같은; ② 암담한, 희망 없는, 절망적인;
беспроцентный (베쓰쁘라쩬뜨느이)	(형) 무이자의, 이자 없는, 이자가 없는
беспутный (베쓰뿌뜨느이)	(형) ① 허랑한, 분별없는, 철없는; ② 방탕한, 부화한
бессвязный (베쓰배즈느이)	(형) 조리가 없는, 두서없는, 앞뒤가 맞지 않는, 단편적인
бессердечный (베쎄르제츠느이)	(형) 무정한, 박정한, 쌀쌀한, 사정없는
бессильный (베씰리느이)	(형) ① 힘이 없는, 무력한, 무능한, 매우약한; ② 풀길이 없는;
бессистемный (베씨쓰쩸느이)	(형) 체계없는, 순서없는, 무질서한
бесславный (베쓸라브느이)	(형) 불명예스러운, 수치스러운;
бесследно (베쓸레드나)	(부) 흔적도 없이, 온데간데없이, 종적 없이; исчезнуть ~ 자취 없이 사라지다, 행방불명되다.
бессменно (베쓰멘나)	(부) 교대 없이, 항시적으로

бессменный (베쓰몌느이)	(형) 교대하지 않는, 항구적인, 간단 없는; ~ секретарь 상임서기
бессмертие (베쓰몌르찌예)	(중) 불사, 불멸, 영생(永生), 영원한 삶
бессмертный (베쓰몌르뜨느이)	(형) 불멸의, 불후의, 영생불멸의
бессмысленный (베쓰믜쓸롄느이)	(형) ① 무의미한, 엉터리없는, 어리석은; ② 분별없는, 허무한;
бессмыслица (베쓰믜쓸리짜)	(여) 무의미한 것
бессовестный (베쏘웨쓰뜨느이)	(형) 양심 없는, 뻔뻔스러운, 낯 가죽이 두꺼운
бессодержательный (베쏘제르좌쩰느이)	(형) 내용이 약한, 실속 없는, 공허한
бессознательный (베쏘즈나쩰느이)	(형) 무의식적인(無意識的), 본의 아닌, 의식을 잃은;
бессоница (베쏘니짜)	(여) 불면증(不眠症)
бессонный (베쏜느이)	(형) 잠 못 이루는, 잠을 자지 않는, 불면증의
бесспорно (베쓰뽀르나)	(부) ① 논쟁할 바 없이, 의심할 바 없이, 분명히; ② (술어로) 물론이다, 명백하다, 의심 할 바 없다.
бесспорный (베쓰뽀르느이)	(형) 논쟁할 여지가 없는, 명백한, 의심 할 바 없는, 확실한;
бессрочный (베쓰로츠느이)	(형) 무기한, 무기의
бесстрастный (베쓰뜨라스뜨느이)	(형) 침착한, 꿈쩍도 하지 않는 태연한, 냉담한
бесстрашие (베쓰뜨라쉬예)	(중) 무서움을 모르는 것, 대담성, 겁이 없는
бесстрашный (베쓰뜨라시느이)	(형) 무서움을 모르는, 두려움이 없는, 대담무쌍한, 용맹한
бесстыдник (베쓰뜨드닉)	(남) 부끄러운 줄 모르는 사람, 철면피한 사람.

бесстыдный (베쓰뜨드느이)	(형) 부끄러운 줄 모르는, 철면피한, 뻔뻔스러운, 염치가 없는,
бесстыжий (베쓰뜨쥐이)	(형) 염치가 없는, 몰염치한, 철면피한
бестактность (베쓰따크노쓰찌)	(여) 눈치 없는 것, 민감치 못한 것, 무례한 것
бестактный (베쓰딱뜨느이)	(형) 눈치 없는, 버릇없는
бестолковый (베쓰딸꼬브이)	(형) 이해력이 없는, 머리가 돌아가지 않는, 우둔한, 미련한;
бесформенный (베쓰포르멘느이)	(형) 일정한 형태가 없는, 윤곽이 뚜렷하지 않은, 뭉퉁한;
бесхарактерный (베쓰하락쩨르느이)	(형) 주대 없는, 속없는, 의지가 약한
бесхитростный (베쓰히뜨로쓰뜨느이)	(형) 솔직한, 꾀가 없는, 소박한, 꾸밈없는,
бесхозяйственность (베쓰하쟈이쓰뜨벤노쓰찌)	(여) 비경제적인 것, 경영을 할 줄 모르는 것, 주인답지 않는 태도.
бесхозяйственный (베쓰하쟈이쓰뜨벤느이)	(형) 비경제적인, 경리운영을 할 줄 모르는, 주인의식이 없는
бесцветный (베쓰쯔베뜨느이)	(형) ① 빛깔이 없는, 무색의; ② 특색이 없는, 나타나지 않는, 무미건조한
бесцельный (베쓰쩰느이)	(형) 목적 없는, 쓸데없는.
бесценный (베쓰쩬느이)	(형) 매우 비싼, 극히 귀중한, 고귀한
бесценок (베쓰쩨녹)	(남): покупать за ~ 헐값으로 사다
бесцеремонно (베쓰쩨레몬나)	(부) 버릇없이, 예절 없이, 건방지게;
бесцеремонный (베쓰쩨레몬느이)	(형) 예절을 모르는, 난폭한, 건방진, 버릇없는
бесчеловечность (베쓰첼로볘츠노쓰찌)	(여) 비인간성, 잔인성, 몰인정(沒人情)
бесчеловечный	(형) 비인간적인, 잔인한, 악독한,

(베쓰첼로**베쓰**느이)	몰인정한
бесчестить (베쓰체쓰찌찌)	(미완) 망신시키다, 수치를 당하다, 누명을 씌우다
бесчестный (베쓰쳬쓰뜨느이)	(형) 불명예스러운, 정직하지 못한, 불성실한, 비양심적인(非良心的)
бесчестье (베쓰쳬쓰찌에)	(중) 불명예, 명예훼손(名譽毁損)
бесчинство (베쓰친쓰뜨붜)	(중) 질서위반(秩序違反), 무례한 행동, 만행(漫行)
бесчинствовать (베쓰친스뜨붜와찌)	(미완) 무례한 짓을 하다, 난폭한 행동을 하다, 만행하다
бесчисленный (베쓰치슬례느이)	(형) 헤아릴 수 없는, 무수한, 숱한, 다수의;
бесчувственный (베쓰츄브쓰뜨붸느이)	(형) ① 감각이 없는, 무감각한, ② 사정없는, 인정 없는, 냉정한;
бесшумно (베쓰**슘**나)	(부) 소리 없이, 조용히
бесшумный (베쓰**슘**느이)	(형) 소리 없는, 소리를 내지 않는, 고요한, 조용한
бета (베**따**)	(여);~-лучи(물리)베타선(beta 線)
бетон (베**똔**)	(남) 콘크리트(concrete), 공굴, 혼응토(混凝土); 회(灰)공굴, 공구리
бетонировать (베따니로와지)	(미완) 콘크리트를 다져넣다, 타입하다
бетонный (베**똔**느이)	(형) 콘크리트의;
бетономешалка (배따노몌**샬**까)	(여) 콘크리트혼합기(concrete 混合機)
бетоноукладчик (베따나우클라드칙)	(남) 콘크리트 타입기(concrete打入機)
бетонщик (베**똔**쉬크)	(남) 콘크리트공(concrete 工)
бечёвка (베**쵸**브까)	(여) 가는 끈, 가는 밧줄

бешено (**볘**쉐나)	(부) 미친 듯이, 광포하게, 맹렬히, 열광적으로
бешенство (**볘**쉔쓰뜨뷔)	(중) ① (의학) 광견병(狂犬病); ② 발광(發狂), 광포(狂暴), 발악(發惡);
бешеный (**볘**쉐느이)	(형) ① 미친, 광견병에 걸린; ② 난폭한, 미친듯한, 사나운, 맹렬한;
биатлон (비아뜰론)	(남) (체육) 비아뜨론(스키타면서 총을 쏘는 경기)
биатлонист (비아뜰로니쓰트)	(남) 비아트론선수
библиограф (비블리오그라프)	(남) 문헌학자(文獻學者)
библиографический (비블리오그라**피**체쓰끼이)	:~ указатель 도서목록(圖書目錄)
библиография (비블리오그**라**피야)	(여) 문헌학(文獻學), 참고서목록 (參考書目錄)
библиотека (비블리오**쩨**까)	(여) 도서관(圖書館), 도서실(圖書室), 문고, 라이브러리(library) 장서(藏書).
библиотекарь (비블리오**쩨**까리)	(남) 사서(私書), 도서관원(圖書館員), 서적을 맡아보는 직분
библия (**비**블리야)	(여) 성경(聖經), 성서(聖書), 신구약 (新舊約), 성전(聖典), 바이블(Bible)
бидон (비돈)	(남) 양철통
биение (비예니예)	(중) 고동(鼓動), 약동(躍動);
бизон (비존)	(남) (동물) 들소
бикфордов: (빅**포**르다프)	~ шнур 완연도화선
билет (빌렛트)	(남) ① 표(票), 승차권, 입장권; ② 증서(證書), 증명서(證明書);
билетёр (빌렛죠르)	(남) (입장권의) 개찰원
билетный	(형): ~ая касса 표 파는 곳

- 61 -

(빌롓뜨느이)

Бб

бильярд (빌리야르트) — (남) 당구(撞球), 당구대(撞球臺);

бинокль (비노클) — (남) 쌍안경(雙眼鏡), 양안경(兩眼鏡), 필드글라스(field glass);

бином (비놈) — (남) (수학) 2항식(二項式)

бинт (빈트) — (남) 붕대(繃帶)

бинтовать (빈따와지) — (미완) 붕대를 감다;

биография (비아그라피야) — (여) 전기(傳記), 생애(生涯), 일생(一生), 경력(經歷);

биолог (비올로그) — (남) 생물학자(生物學者)

биологический (비올로기체쓰끼이) — (형) 생물학의

биология (비올로기야) — (여) 생물학(生物學)

биосфера (비오쓰폐라) — (여) 생물권(生物圈)

биотоки (비오또끼) — (복수) 생물전기

биофизика (비오피지까) — (여) 생물물리학(生物物理學)

биохимия (비오히미야) — (여) 생물화학(生物化學), 생화학

биплан (비쁠란) — (남) 쌍발비행기, 쌍발기

биржа (비르자) — (여) 거래소(去來所), 취인소(取引所);

бирка (비르까) — (여) 꼬리표, 짐표

Бирма (비르마) — (여) 미얀마(Myanmar), 버마(Burma)

бирманцы(~ец(남),~ка (비르만쯔) (비르마네쯔) (비르만까)	(여) 미얀마 사람들
бис (비쓰)	(감) 한 번 더!, 재청(再請)!
бисер (비쎄르)	(남) 오색구슬, 구슬
бисквит (비쓰끄뷔트)	(남) 비스케트 과자
биссектриса (빗쎄끄뜨리싸)	(여) (수학) 2등분선
битва (비뜨와)	(여) 전투(戰鬪), 대전투, 격전(激戰)
битком (비뜨꼼)	(부): 꽉 찬; 초만원
битум (비뚬)	(남) 아스팔트(asphalt), 지역청, 토역청(土瀝靑), 아스콘
битый (비뜨이)	① бить 의 피동과거; ② (형) 깨어진;
бить (비찌)	(미완) ① 치다, 때리다, 두드리다; ② 때려 부수다, 깨뜨리다; ③ 물리쳐서 이김, 이기다; ④ 집짐승을 잡다, 도살 하다, 죽이다; ⑤ 쏘다, 사격하다; ⑥ 분수 등이 솟아오르다;
биться (비짜)	(미완) ① обо что. 부딪히다; ② 싸우다, 전투하다; ③ 부스지다, 깨지다; ④ (심장 등이) 맥박치다, 고동치다, 뛰다; ⑤ над чем ~를 하려고 애쓰다, 모진 애를 쓰다;
бифштекс (비프쉬떽쓰)	(남) (요리) 비프스테이크
бич (비츠)	(남) ① 채찍, 가죽채찍; ② 재난
бичевать (비체와지)	(미완) 책망하다, 신랄하게 비난하다, 비판하다
благо (블라고)	(중) 복리(福利), 행복(幸福), 이익, 편안

благовидный (블라가븨드느이)	(형) ① 보기좋은, 허울좋은, 풍채좋은; ② 예절바른, 단정한
благовония (블라가보니야)	(복수)향료(香料)
благоговение (블라가가볘니예)	(중) 흠모(欽慕), 공경(恭敬), 경건
благодарить (블라가다리찌)	(미완) 감사를 드린다, 사의를 표하다, 치사하다;
благодарность (블라가다르노쓰지)	(여) 감사(感謝), 사의(私意);
благодарный (블라가다르느이)	(형) 고맙게 생각하는, 감사히 생각하 는, 감사를 표시하는
благодаря (블라가다랴)	(전) 덕택에, 덕분으로; ~에 의하여, ~로 인하여, ~로 하여, ~때문에;
благодетель (블라가졔쩰)	(남) 은인(隱人), 은공자
благодеяние (블라가제야니예)	(중) 선행(先行), 은혜(恩惠), 혜택 (惠澤), 은덕(恩德)
благодушие (블라가두쉬예)	(중) 방심(傍心), 안일성(安逸性), 어진마음
благодушный (블라가두쉬느이)	(형) 어리무던한, 안온한, 어진;
благожелательный (블라가졜라쩰느이)	(형) 호의적인, 친절함, 선량한
благонадёжный (블라가나죠지느이)	(형) ① 믿을만한, 믿음성 있는; ② 견실한
благополучие (블라가뽈루치예)	(중) 무사(武事), 편안(便安), 안녕 안락한 것
благополучно (블라가뽈루치나)	(부) 무사히, 편안히;
благополучный (블라가볼루치느이)	(형) 무사한, 편안한, 순조로운;
благоприятный (블라가쁘리야뜨느이)	(형) 유리한, 순조로운, 좋은, 적합한, 이로운;
благоприятствовать	(미완) 이롭게 하다, 협조하다, 도움을

(블라가쁘리야뜨스뜨뷔와지)	주다, 촉진 시키다;
благоразумие (블라가라주미예)	(중) 이성(理性), 신중성, 세심성
благоразумный (블라가라줌느이)	(형) 이성적인, 사려 깊은, 세심한, 신중한, 분별 있는
благородный (블라가로드느이)	(형) 고상한, 고결한, 숭고한;
благородство (블라가로드쓰뜨뷔)	(중) 고결성, 고상한 것
благосклонно (블라가쓰클론나)	(부) 호의적으로, 호의를 가지고
благосклонный (블라가쓰클론느이)	(형) 호의 있는, 친절한
благославлять (블라가쓸라블랴지)	(미완)축복하다, 격려하다
благосостояние (블라가쏘쓰또야니예)	(중) 복리(福利), 유족;
благотворительность (블라가드뷔리쩰노쓰찌)	(여) 자선(慈善), 박애(博愛), 선행(善行)
благотворный (블라가드보르느이)	(형) 유익한, 이로운, 좋은, 효과를 내는
благоустраивать (블라가우쓰뜨라이와찌)	(미완) 잘 꾸리다, 정비하다, 정돈하다, 문화적으로 꾸리다
благоустраиваться (블라가우쓰뜨라이와짜)	(미완) 잘 정비되어 가다, 잘 꾸려지다
благоустроенный (블라가우쓰뜨로예느이)	(형) 잘꾸려진, 갖추어진, 잘 정비된;
благоустрой ство (블라가우쓰뜨로이쓰뜨뷔)	(중) 더 잘꾸리는 것 정리, 정돈
благоухание (블라가우하니예)	(중) 향기(香氣),향취(香臭)
благоухать (블라가우하지)	(미완) 향기를 풍기다, 향기를 내다, 향기를 뿜다, 향기가 서리다
блаженство (블라젠쓰뜨뷔)	(중) 향락, 쾌락

Бб

бланк (블란크)	(남) 용지(用紙), 종이;
бледнеть (블레드네찌)	(미완) 무색해지다, 창백해지다, 희미해지다
бледный (블례드느이)	(형) ① 창백한; ② 희미한, 생기 없는
блёклый (블료크르이)	(형) 빛이 낡은, 시들은, 어렴풋한
блёкнуть (블료크누찌)	(미완) ① 빛이 낡은, 퇴색하다, 어렴풋해지다, 시들다; ② 생기를 잃다.
блеск (블례쓰크)	(남) ① 광채(光彩), 섬광, 눈부신 빛; ② 화려한 것, 광휘로운 것, 영채;
блеснуть (블레쓰누찌)	(완) (생각, 감정 따위가) 문득 떠오르다, 번뜩이다
блестеть (블레쓰쩨찌)	(미완) ① 빛나다, 반짝거리다, 광채나다 ② 유난히 나타나다, 이채를 띠다
блестящий (블레쓰쨔쉬이)	① 빛나는, 반짝거리는, 영채도는; ② 화려한, 광휘로운, 뛰어난;
ближайший (블리좌이쉬이)	(형) ① близкий 의 최상급; 가장 가까운, 최근의; ② 선차적인, 긴급한; ③ 직접적인
ближневосточный (블리지느붜쓰또츠느이)	(형) 근동의
ближний (블리지느이)	(형) 가까운, 근방의;
близ (블리즈)	(부) 근처에, 근방에, 부근에;
близиться (블리지짜)	(미완) 임박하다, 가까워지다, 닥쳐오다, 다가오다;
близкие (블리쯔끼이)	(복수) 근친, 가까운 친척
близкий (블리즈끼이)	(형) ① 가까운; ② 친근한, 친밀한; ③ 비슷한, 흡사한, 유사한.
близко (블리즈까)	(부) ① 가까이, 부근에, 근처에; ② (술어) 가깝다, 멀지 않다,

	오래지 않다;
близлежащий (블리즐례쟈쉬이)	(형) 가까이에 있는, 부근의, 근처의, 이웃의;
близнецы (블리즈니쩨)	(복수) 쌍둥이
близорукий (블리조루끼이)	(형) ① 근시의; ② 근시안적인, 예견성 없는
близорукость (블리조루까쓰지)	(여) 근시; 근시안적인 것, 청맹과니, 눈뜬장님
близость (블리조쓰찌)	(여) ① 가까운 것, 근방; ② 친근감, 친밀한 관계; ③ 유사성, 상사
блин (블린)	(남) 전병(煎餅), 지짐;
блиндаж (블린다쥐)	(남) (군사) 엄폐호(掩蔽壕), 엄호(掩壕)
блинчики (블린치끼)	(복수) (쨈, 우유를 넣은 작은) 밀지짐;
блистательный (블리쓰따젤느이)	*см.* блестящий
блистать (블리쓰따찌)	(미완) ① 빛나다, 반짝이다; ② 뛰어나다, 이채를 띄다;
блок (블록)	(남) I ① (시계) 활차(滑車), 도르래; ② (각종 부분품들의) 조; ③ (건설) (콘크리트) 블록
блок (블록)	(남) II ① 동맹, 연합, 맹약, 연맹; ② (체육) 블로킹(blocking), 막기
блокада (블로까다)	(여) 봉쇄(封鎖), 폐쇄(閉鎖);
блокировать (블로끼로와지)	(완, 미완) 봉쇄하다, 막다;
блокироваться (블로끼로와짜)	(완, 미완) ~와 동맹을 형성하다, 동맹을 맺다,
блокнот (블로크노트)	(남) 수첩(受牒), 필기장(筆記帳)
блондин (블론딘)	(남) 금발머리의 사람, 노랑머리

блондинка (블론딘까)	(여)금발머리 여자
блоха (블로하)	(여) 벼룩(flea)
блуждать (블루즈다찌)	(미완) 헤매다, 유랑하다, 방황하다, 멍청해 있다, 헷갈리다;
блуза, ~ка (블루자) (블루즈까)	(여) 블라우스(blouse), 작업복 상의
блюдо (블유다)	(중) ① 접시; ② 요리(料理), 음식;
блюдце (블류드쩨)	(중) 작은 접시
блюминг (블류민그)	(남) 분괴압연기, 블류밍
блюсти (블류쓰찌)	(미완) 지키다, 준수하다, 보호하다, 간직하다;
боб (보브)	см. бобы
бобовые (바보브예)	(복수) 콩과식물
бобовый (바보브이)	(형) 콩, 대두(大豆);
бобр (보브르)	(남) 해리(海里)
бобы (바브이)	(복수) 콩의;
бобыль (바블)	(남) 외톨이, 고독한 사람
бог (보흐)	(남) 하나님, 하나님 아버지, 천제, 성부 신(神), 천부, 주(主), 주님; 천주, 상주
богатеть (바가쩨찌)	(미완) 부유해지다, 부자가 되다
богатство (바가뜨쓰뜨붜)	(중) ① 재부, 재물, 재산, 풍부한 것; ② 부원(富源), 자원(資源);
богатый	① (형) 풍부한, 부유한, 유족한,

- 68 -

(바가뜨이)	재산이 있는; ② (명사) 부자(富者)
богатырский (바가뜨르스끼이)	(형) 장수의, 건장한
богатырь (바가뜨리)	(남) 장수, 힘장사
богач (바가츠)	(남) 부자, 장자
боготворить (바가뜨뷔리찌)	(미완) ① 숭배하다, 신격화 하다; ② 지극히 존경하다, 몹시 사랑하다
бодать(ся) (바다찌)	(미완) 뿔로 받다.
бодрить (바드리찌)	(미완) 기운을 내게 하다, 힘을 돌아 주다, 원기를 내게 하다;
бодриться (바드리짜)	(미완) 기운을 내다, 원기를 내다, 용기를 내다, 씩씩해지다, 생기발랄해지다
бодрость (보드로쓰지)	(여) 원기(元氣), 활기, 생기, 용기
бодрствовать (보드로쓰뜨붜와찌)	(미완) 밤을 지새우다, 날밤을 새우다, 자지 않다
бодрый (보드르이)	(형) 원기 왕성한, 씩씩한, 생기발랄한, 기운찬;
бодрящий (바드랴쉬이)	(형) 원기를 돌아 주는, 기운을 돌아 주는, 힘을 돌아 주는
боевитость (보예비또쓰찌)	(여) 전투력(戰鬪力), 전투성(戰鬪性)
боевой (바예보이)	(형) ① 전투의, 전투적인, 작전의; ② 용감한, 대담한, 활발한; ③ 당면한, 긴급한
боеголовка (바예갈로브까)	(여) 탄두(彈頭);
боеприпасы (보예쁘리빠씌)	(복수) 탄약(彈藥)
боеспособность (보예쓰뽀소브노쓰찌)	(여) 전투력
боеспособный	(형) 전투력 있는

― 69 ―

(보예쓰뽀쏘브느이)

боец (보예쯔)	(남) 전투원, 전사(戰士), 병사(兵士)
божество (보제쓰뜨보)	(중) ① 하나님(God), 신; ② 우상숭배
божий (보쥐이)	(형) 신의, 하나님의;
бой (보이)	(남) 전투(戰鬪), 싸움;
бой кий (보이끼이)	(형) 기민한, 재치있는, 민첩한, 번한한;
бой кот (바이꽃트)	(남) 배척, 배제, 보이코트(boycott)
бой котировать (보이까찌로와찌)	(완, 미완) 배척하다
бой ница (보이니짜)	(여) 총구멍, 화구(火口)
бой ня (보이냐)	(여) ① 도살장(屠殺場); ② 살육(殺戮), 학살(虐殺);
бок (보크)	(남) ① 옆구리(flank); ② (사물의) 측면, 옆, 모;
бокал (바깔)	(남) 큰 술잔, 잔(盞);
боковой (바꼬보이)	(형) 옆의, 측면(側面)의, 곁의;
боком (보꼼)	(부) 옆으로, 어깨를 돌려;
бокс (복스)	(남) 권투(拳鬪)
боксёр (박쇼르)	(남) 권투선수;
болван (발완)	(남) 무식쟁이, 미련퉁이, 멍텅구리
болванка (발완까)	(여) 쇠알, 주궤(主饋);

Болгария (발가리야)	(여) 불가리아(Bulgaria)
болгары(~ин(남),~ка (발가리) (발가린) (발가르까)	(여) 불가리아 사람들
болевой (발례보이)	(형):~ые ощущения 아픈 느낌, 통감 (痛感), 통각(痛覺)
более (볼례예)	(부) ① *см.* больше; ② 더욱, 보다, 보다 더;
болезненный (볼례즈녜느이)	(형) ① 병들어 약한, 쇠약한, 잘 앓는; ② 고통스러운, 병색이 도는; ③ 지나친, 불건전한, 병적인;
болезнетворный (볼례즈네뜨보르느이)	(형) 병을 일으키는, 병을 낳는;
болезнь (볼례즈니)	(여) 병(病), 질병(疾病), 신병(神病);
болельщик (발롈쉬크)	(남)(체육) 응원자
болеть (발례찌)	(미완) ① *чем* 앓다; ② 아픔을 느끼다, 아프다; ③ *за кого-что* 응원하다; ④ 괴로워하다, 슬퍼하다, 근심하다;
болеутоляющий (볼례우똘랴유쉬이)	(형) 진통의(鎭痛)
Боливия (발리븨야)	(여) 볼리비아(Bolivia)
болонка (발론까)	(여) 삽살개, 삽사리
болотистый (발로찌쓰뜨이)	(형) 진펄이 많은, 질퍽질퍽한;
болотный (발로뜨느이)	(형) 진펄의, 늪의 소택의;
болото (발로따)	(중) ① 진펄, 소택, 수렁, 사득판, 광척 ② 속물들
болт (볼트)	(남) 볼트(bolt), 수나사
болтать[1]	(미완) *чем* ...를 흔들다, 뒤젓다;

(발따찌)

болтать[2] (발따찌)	(미완) (쓸데없는 말을) 지껄이다, 지절거리다, 시룽거리다, 입방아를 찧다;
болтаться (발따쨔)	(미완) ① *на чём* 흔들리다, 흔들거리다, 너덜거리다; ② 빈둥빈둥 돌아다니다, 건들거리다
болтливость (발뜰리뷔쓰찌)	(여) 말이 많은 것, 수다스러운 것, 입이 가벼운 것
болтливый (발뜰리브이)	(형) 수다스러운, 입이 가벼운, 지껄이기 좋아하는
болтовня (발또브냐)	(여) 지껄이기, 말공부, 헛소리, 잡담
болтун (발뚠)	(남) 말공부쟁이, 사설쟁이, 헛소리꾼
болтушка (발뚜쉬까)	(여) 밀범벅(음식의 한 가지)
боль (볼)	(여) 아픔, 고통(苦痛);
больница (발니짜)	(여) 병원(病院);
больничный (발니치느이)	(형) 병원의(病院);
больно (볼나)	(부) ① 아프게, 고통스럽게; ② (술어로) 아프다, 고통스럽다; ③ 분하다, 유감스럽다;
больной (발노이)	(형) ① 병든, 앓는, 아픈; ② (명사) 환자(患者), 병자(病者);
больше (볼쉐)	① (большой, много의 비교급) 더 많이, 더 많다, 더 크게, 크다; ② (부) (부정 문장에서는) 더는, 다시는, 앞으로는, 그밖에는; ③ (부) 이상;
больший (볼쉬이)	(형) (большой 의 비교급) 더 큰, 더 많은;
большинство (발쉰스뜨보)	(중) 다수, 대다수(大多數), 대부분
большой	(형) ① 큰, 커다란, 대단한;

(발쇼이)	② 수 많은, 술한;
	③ 나이 든, 다 자란, 다 큰, 어른이 된
болячка (발랴츠까)	(여) 부스럼, 헌데, 종기(腫氣)
бомба (봄바)	(여) 폭탄(bomb;爆彈)
бомбардировать (봄바르디로와지)	(미완) 폭격하다
бомбардировка (봄바르디로브까)	(여) 폭격(爆擊);
бомбардировщик (봄바르디로브쉬크)	(남) 폭격기(爆擊機);
бомбёжка (봄뵤지까)	*см.* бомбардировка
бомбить (봄비찌)	(미완) 폭격하다, 폭탄을 던지다
бомбометание (봄보메따니예)	(중) 투탄(投彈), 폭탄투하;
бомбоубежище (봄보우베지쉐)	(중) 방공호(防空壕), 대피호(待避壕)
Бони (보니)	(남) 본(Bonn)
бор (보르)	(남) 바늘잎 나무숲, 침엽수림
борец (바레쯔)	(남) ① 투사(鬪士), 전사(戰士); ② (체육) 레슬링선수, 씨름 선수
бормотать (바르모따찌)	(미완) 중얼거리다, 중얼대다, 두덜거리다
борный (보르느이)	(형) 붕산의;
боров (보로프)	(남) 거세한 돼지, 불임돼지
борода (바라다)	(여) 턱수염
бородавка	(여) 무사마귀

Бб

(바라다브까)

бородатый (보라다뜨이)	(형) ① 턱수염이 많은(긴), ② (명사) 팁석부리, 털보
борозда (보로즈다)	(여) ① 밭고랑, 이랑; ② 홈, 골, 주름살
бороздить (보로즈디찌)	(미완) ① 이랑을 짓다, 고랑을 파다, 골을 타다; ② 가르며 지나가다;
борона (바라나)	(여) 써레, 초파(秒耙), 살 나레
боронить, бороновать (바라니찌) (보로노와찌)	(미완) 써레질하다, 번지질하다
бороться (바로짜)	(미완) ① 싸우다, 투쟁하다, 분투하다; ② (체육) 씨름을 하다;
борт (보르트)	(남) ① 배전, 적재함의 벽; ② (양복의) 앞섶
бортинженер (보르뜨인제네르)	(남) 항공기사, 항공승무기사
бортмеханик (보르뜨메하니크)	(남) 항공기관사
бортпроводница (보르뜨쁘로붜드니짜)	(여) 비행기안내원, 승무원.
борщ (보리쉬)	(남) 남새국, 야채국, 야채스프
борьба (볼리바)	(여) ① 투쟁(鬪爭), 싸움, 다툼, 분쟁; ② (체육) 씨름, 레슬링, 격투
босиком (보시꼼)	(부) 맨발로
босой, босоногий (바쏘이) (보쏘노기이)	(형) 맨발의, 발 벗은;
босоножки (보쏘노지끼)	(복수) 여자용 센들(sandal)
бот (보트)	(남) 작은배, 보트(boat), 단정(短艇)
ботаника (보따닉)	(여) 식물학(植物學)

- 74 -

ботанический (보따니체스끼이)	(형) 식물학적(植物學的), 식물학의;
ботва (바뜨와)	(여) (뿌리긴 채소류) 잎과 줄기
ботики (보찌끼)	(복수) 목이 긴 덧신
ботинки (바찐끼)	(복수) 구두, 단화, 일상화
Ботсвана (보쯔와나)	(여) 보쯔와나
боты (보띄)	см. ботики
боцман (보쯔만)	(남) 갑판장, 수부장
бочка (보츠까)	(여) 나무통;
боязливый (바야즐리브이)	(형) 겁이많은, 두려워하는, 소심스러운
боязнь (보야진)	(여) 무서움, 공포심, 두려움, 근심 걱정
боярышник (바야르쉬닉)	(남) 아가위, 아가위나무, 당구자 (棠毬子), 산사(山査), 산사자(山査子)
бояться (바야짜)	(미완) 무서워하다, 두려워하다, 겁내다, 저어하다
браво! (브라보)	(감) 좋다!, 멋있다!, 잘한다!
бравый (브라브이)	(형) 늠름한, 위풍 있는, 남자다운;
бразды; (브라지드)	~ правления 주권, 권력
Бразилия (블라질리야)	(여) 브라질(Brazil)
бразильцы(~ец(남), ~ьянка (여)) (브라질찍) (브라질레쯔) (브라질리얀까)	브라질(Brazil) 사람들
брак[1]	(남) 오작품, 불합격품, 흠, 흠집

(브락)

брак²
(브락)   (남) 결혼(結婚), 혼인(婚姻);

бракованный
(브라꼬바느이)   ① браковать 의 피동과거;
② (형) 오작, 불합격된, 흠(欠) 있는

браковать
(브라꼬와지)   (미완) 불합격품으로 판정하다,
오작품으로 골라내다

браковка
(브라꼬브까)   (여) 품질검사(品質檢査), 제품검사
(製品檢査), 제품선별

браковщик
(브라꼬브쉬크)   (남) 품질검사원, 제품 선별자

бракодел
(브라까젤)   (남) 불량품을 내는 자

браконьер
(브라깐니예르)   (남) 밀렵자(密獵者), 허가 없이 사냥꾼,
허가 없이 물고기 잡이군

браконьерство
(브라깐니예르쓰뜨뷔)   (중) 밀렵(密獵), 불법적인 사냥, 불법적
인 물고기 잡이

бракосочетание
(브라깐싸체따니예)   (중) 결혼식(結婚式), 혼례식(婚禮式)

бранить
(브라니찌)   (미완) 꾸짖다, 꾸중하다, 책망하다.

браниться
(브라니짜)   (미완) ① 말다툼하다;
② 욕설하다, 욕설을 퍼붓다

брань
(브라니)   (여) 욕, 욕설, 말다툼

браслет
(브라쓸렛)   (남) 팔찌, 팔걸이

брасс
(브라쓰)   (남) (체육) 평형(平衡), 개구리 헤엄

брат
(브랏트)   (남) ① 형(兄), 아우(兒憂), 오빠,
남동생, 형님, 형주(兄主);

братоубий ственный
(브라따우비이쓰뜨뻰느이)   (형) 겨레(동포, 동족) 살육 하는

братский
(브라뜨쓰끼이)   (형) 형제의, 형제적인, 다정한;

братство (브라뜨쓰뜨붜)	(중) 형제적인 우의, 단합
брать (브라찌)	(미완) ① 쥐다, 잡다, 받다, 틀어쥐다, 전취하다, 점령하다; ②; ~ крепость 요새를 점령하다; ③ 맡다, 맡아하다, 담당하다;
браться (브라짜)	(미완) ① 잡다, 쥐다, 손을 대다; ② 달라붙다, 건드리다, 틀어쥐고 나가다; ③ 맡아하다; ④ 나타나다, 생기다;
брачный (브라치느이)	(형) 결혼(結婚)의, 혼인(婚姻)의;
бревенчатый (브레벤차뜨이)	(형) 통나무의, 통나무로 만든
бревно (브례브노)	(중) 통나무
бред (브레드)	(남) ① 잠꼬대, 헛소리; ② 망상
бредить (브례디찌)	(미완) ① 잠꼬대하다, 헛소리하다; ② (чем-л.) ~에 몰두하다;
бредовый (브레도브이)	(형) 헛소리를 하는, 잠꼬대를 같은, 환상적인, 얼빠진;
брезгать (브례즈가찌)	(미완) 꺼리다, 가리다, 싫어하다
брезгливый (브레즈글리브이)	(형) 꺼리는, 까다로운, 싫어하는;
брезент (브레젠트)	(남) 물막이천, 방수포(防水布)
брезжить (브례즈지찌)	(미완) ① (등불 등이) 가물거리다, 희미하게 비치다; ② 훤히 밝다, 밝아오다
бремя (브례먀)	(중) 부담(負擔), 중하(重荷), 짐;
бренчать (브렌차찌)	(미완) 절렁거리다, 잘가락거리다;
брести (브례쓰찌)	(미완) 겨우 걸어가다, 겨우 발을 옮기다, 터벅터벅걸어가다
брешь	(여) ① 구멍, 틈; ② 돌파구(突破口);

(브레쉬)

бреющий (브레유쉬이)	(형) 저공의;~ полёт (항공) 저공비행
бригада (브리가다)	(여) ① 작업반(作業班); ② (군사) 여단(旅團), 분함대;
бригадир (브리가디르)	(남) 작업반장(作業班張)
Бриджтаун (브리드쥐따운)	*г.* 브릿지 타운
бриз (브리즈)	(남) 바닷가에서 부는 미풍, 산들바람, 갯바람
брикет (브리께트)	(남) 빚은 덩어리, 연탄(煉炭), 브리켓 (briquet);
бриллиант, брильянт (브릴리안트, 브릴얀트)	(남) 금강석(金剛石), 보석(寶石)
британский (브리딴쓰끼이)	(형) 영국(英國)
бритва (브리뜨와)	(여) 면도칼(날);
бритвенный (브리뜨웨느이)	(형) 면도용;
бритый (브리뜨이)	(형) 면도한
брить (브리찌)	(미완) 면도하다, 깎다;
бриться (브리쨔)	(미완) 깎다, 면도, 면도하다
бровка (브로브까)	(여) ① 도랑, 변두리; ② (철로) 노반턱
бровь (브로비)	(여) 눈썹;
брод (브로드)	(남) 여울;
бродить[1] (브로디찌)	(미완) 슬슬 돌아다니다, 헤매다, 떠돌아다니다, 방황하다;

- 78 -

бродить² (브로디찌)	(미완) 발효하다, 뜨다.
бродяга (브로쟈가)	(남) ① 뜨내기, 부랑자; ② 방랑객
бродяжничать (브로쟈지니차찌)	(미완) 떠돌아다니다, 방랑하다, 방랑 생활하다,
брожение (브로줴니예)	(중) ① 발효; ② 격동, 동요(動搖); ~ умов 민심동요
бром (브롬)	(남)(화학) 브롬(Brom;35번: Br:79.904), 할로젠족 원소의 하나, 취소(臭素).
бромистый (브로미쓰뜨이)	(형) (화학) 브롬의, 브롬을 함유한,
бронебойный (브로네보이느이)	(형); ~ снаряд 철갑탄
броневик (브로네뷔크)	(남)장갑차(裝甲車)
броненосец (브로네노쎼쯔)	(남) 장갑선, 철갑함
бронепоезд (브로네뽀예지드)	(남) 장갑열차
бронетанковый (브로네딴까브이)	(형); ~ые части(вой ска) 장갑부대, 기갑부대, 전차부대
бронетранспортёр (브로네드란쓰뽀르쬬르)	(남) 장갑수송차
бронза (브론자)	(여) 청동(靑銅), 놋쇠(-衰)
бронзовый (브론조브이)	(형) ① 청동의, 청동으로 만든; ② 청동색의;
бронированный (브로니로완느이)	① бронировать...의 피동과거; ② (형) 장갑의, 철갑을 씌운;
бронировать (브로니로와찌)	(완, 미완) 미리 확보하다, 예약하다
бронировать (브로니로와찌)	(완, 미완) 장갑하다, 철갑을 씌우다
бронхи	(복수) (해부) 기관지(氣管支)

(브론히)

броня (브로냐)	(여) ① 장갑(裝甲), 철갑(鐵甲); ② 갑옷
броня (브로냐)	(여) ① 사용권(使用權), 사용증명서; ② (어떤 물건의) 확보(確保)
бросать (브로샤지)	(미완) ① 던지다, 내버리다, 내던지다; ② 그만두다, 끊다, 중단하다; ③ 급속히 파견하다, 출동시키다, 급히 보내다;
бросаться (브로싸짜)	(미완) ① *чем* ~에 던지다, 마주 던지다; ② *на кого*...에게 달려들다(덤벼들다); ③ 뛰어 내리다, 뛰어들다;
бросить(ся) (브로씨찌)	*см.* бросать(ся)
бросок (브로쏙)	(남) ① 던지는 것, ② (군사) 돌진, 한달음에; ③ (체육) 넣기
брошка, брошь (브로쉬까)(브로쉬)	(여) 브로치, 꽃 핀침, 장식용 핀 침.
брошюра (브로슈라)	(여) 소책자
брус (브루쓰)	(남)(나무, 돌, 금속 등의) 각재, 대
брусника (브루쓰니까)	(여) 따들쭉 나무, 월귤나무(Vaccinium vitisidaea:)
брусок (브루쏙)	(여) ① 숫돌, 갈이돌; ② 길쭉하고 네모난 물건
брусья (브류시야)	(복수) (체육): 철봉;
брутто (브루따)	(불변) (형, 부) (상업) (포장과 함께) 총량, 총액;
брызгать (브르지가찌)	(미완) ① *чем* 뿌리다, 끼얹다; ② 뿌려지다, 뿜어 나오다
брызгаться (브리지가짜)	(미완) ① 끼얹다, 튀기다; ② 서로 마주 뿌리다
брызги (브릐지기)	(복수) (튀어 오르는 물방울) 비말(飛沫), 물방울; ~ дождя 빗방울

брызнуть (브리지누찌)	*см.* брызгать	
брыкаться (브릐까짜)	(미완) ① 차는 버릇이 있다. 서로차다; ② 고집을 쓰다	
брынза (브륀자)	(여) 양젖치즈	
брюква (브류크와)	(여) 순무우	
брюки (브류끼)	(복수) (양복)바지	
брюнет (남), ~ка (여) 머리칼이 검은사람 (브류넷) (브류넷까)		
брюхо (브류호)	(중) 배, 뚱뚱보, 배통	
брюшина (브류쉬나)	(여) 배막, 복막;	
брюшной (브류쉬노이)	(형) 배의;	
брякать, брякнуть (브랴까찌)	(완) 절커덩거리다, 덜컹거리다;	
бряцать (브랴짜지)	(미완) ; ~ оружием 무력으로 위협하다, 전쟁으로 위협하다	
бубен (부벤)	(남) (음악) 탬버린, 방울 북	
бубенчик (부벤칙)	(남) 방울; 방울꽃, 초롱꽃	
бублик (부블릭)	(남) 가락지 빵, 도넛(doughnut)	
бугор (부고르)	(남) 언덕, 둔덕	
бугристый (부그리쓰뜨이)	(형) 둔덕이 만은, 기복이 심한, 울퉁불퉁한	
Будапешт *г.* (부다뻬스트)	부다페스트(Budapest)	
буддизм	(남) 불교(佛敎), 불법(佛法), 상교	

(부디즘)	석교(釋敎), 성교(聖敎)
буддийский (부디이쓰끼이)	(형) 불교의;
буддист (부디쓰트)	(남) 불교신도(佛敎信徒)
будет (부제트)	(부) 충분하다, 됐다
будильник (부질니크)	(남) 종시계, 자명종(自鳴鐘)
будить (부디찌)	(미완) ① 깨우다; ② 자아내다, 불러일으키다;
будка (부드까)	(여) 초소, 보초막;
будни (부드니)	(복수)(명절날을 제외한) 보통날, 평상시
будничный (부드니치느이)	(형) ① 평범한, 평상시의, 일상적인; ② 보통날의, 어느 날의;
будоражить (부도라쥐찌)	(미완) ① 불안케 하다, 들뜨게 하다; ② 흥분시키다, 격동시키다
будто (부드따)	(접)① 마치,~처럼,~인 듯이,~것 같이 ② ~것 같다, ~듯싶었다; ③ ~체 하다.
будущее (부두쉐예)	(중) 앞날, 장래(將來), 미래(未來)
будущий (부두쉬이)	(형) 장래의, 미래의, 앞날의, 다음의
будущность (부두쉬노쓰즈)	(여) ① 미래, 앞날의(일); ② 전도(前途), 앞길;
буженина (부줴니나)	(여) 삶은 돼지고기의 한 가지
бузина (부지나)	(여) 딱총나무, 지렁이나무
буй (부이)	(남) (해양) 부표(浮漂), 띄움표
буй вол	(남) 물소

(부이불)

буйный (부이느이)	(형) ① 사나운, 횡포한; ② 빨리 자라는, 싱싱한, 더부룩한;
буйствовать (부이쓰뜨뷔와찌)	(미완) 난폭하게 행동하다, 횡포를 부리다, 갈개다
бук (부크)	(남) 나도 밤나무, 너도밤나무
букашка (부까쉬까)	(여) 작은 벌레
буква (부크와)	(여) 글자, 문자;
буквально (부크왈나)	(부) ① 문자 그대로, 말 그대로의; ② 참말로
буквальный (부크왈느이)	(형) ① 문자 그대로의; ② 정확한; 그대로의;
букварь (부크와리)	(남) 글자편, 문자편
буквенный (부크뺀느이)	(형) 문자의, 자모(子母)의
букет (부껫)	(남) 꽃다발, 꽃묶음
букинист (부끼니쓰트)	(남) 헌 책방 점장, 낡은 책장사, 고서적상인(古書籍商人)
букинистический : (부끼니쓰찌체스끼이)	헌책방,
буксир (북씨르)	(남) ① 끌배; ② 끌바, 견인 밧줄
буксировать (북씨라와찌)	(미완) 바 줄로(배, 자동차 등을) 끌다
буксовать (북쏘와찌)	(미완) ① (바퀴가) 헛돌다, 공회전 하다; ② 뭉개다
булавка (불라브까)	(여) 핀(pin), 빈침
булка, булочка (불까)	(여) 흰빵

булочная (불라치나야)	(여) 빵집, 베이커리(bakery)
булочный (불라츠느이)	(형):~ые изделия 빵제품
бултыхнуться (불띄흐누짜)	(완) 철벙거리다, 덤벙거리다, 첨벙 빠지다
булыжник (불릐지닉)	(남) (도로포장용) 큰 자갈, 막돌, 주먹돌
булыжный (불릐지느이)	(형):~ая мостовая 돌로 포장한 도로
бульвар (불와르)	(남) 산책로, 유보도
бульварный (불와르느이)	(형) ① 산책로의; ② 비속한, 통속적인
бульдозер (불도제르)	(남) 불도저
бульдозерист (불도제리스트)	(남) 불도저 운전수
булькать (불까찌)	(미완) 꼴깍꼴깍 소리를 내다, 꽈르르 하다
бульон (불온)	(남) 국물, 곰, 고기국
бумага (부마가)	(여) ① 종이, 지물, 지속, 페이퍼; ② 문건, 문서; 서류, 서면(書面)
бумажник (부마지니크)	(남) 지갑
бумажный [1] (부마쥐느이)	(형) 종이로 만든, 종이의
бумажный [2] (부마지느이)	(형) 무명의, 면포의, 면직의(綿織)
бумазея (부마제야)	*см.* бай ка
бумеранг (부메란그)	(남) 부메랑(boomerang; 던진 사람에게 되돌아오는 투척무기)
бункер	(남) (석탄, 곡물 등의) 창고(倉庫),

(분께르)	(콤바인의) 낟알탱크;
бунт (분트)	(남) 반란(反亂), 폭동(暴動), 봉기(蜂起)
бунтарь (분따리)	(남) 폭동 참가자, 반란자
бунтовать (분따와찌)	(미완) 반란을 일으키다, 폭동을 일으키다, 반항하다
бунтовщик (분따브쉬크)	(남) 반란자, 폭동자, 폭도(暴徒)
бур (부르)	(남) ① 정, 정대; ② 착암기, 천공기(穿孔機)
бура (부라)	(여) (화학) 붕사(硼沙. 硼砂: borax)
бурав (부라프)	(남) 타래정, 타래송곳
буравить (부라뷔찌)	(미완) (구멍을) 뚫다, 천공하다
буран (부란)	(남) 눈보라
буревестник (부레볘쓰뜨닉)	(남) 조류(潮流), 해연(海淵)
бурение (부레니예)	(중) 구멍 뚫기, 천공(穿孔), 착암(鑿巖);
буржуа (부르주아)	(불변) 유산자, 부르주아(bourgeois), 프롤레타리아(prolétariat)
буржуазия (부르주아지야)	(여) 부르주아지, 자본가계급, 유산계급
буржуазно демократический (부르주아즈나-데마크라찌체스끼이)	(형) 부르주아. 민주주의적인 (bourgeois 民主主義的)
буржуазный (부르주아즈느이)	(형) 부르주아적(bourgeois 的);
бурильщик (부릴쉬크)	(남) 착암공(鑿巖工), 시추공(試錐孔), 굴진공(掘進工)
бурить (부리찌)	(미완) (구멍을) 뚫다, 천공하다, 시추하다

бурлить (부를리찌)	(미완) ① 들끓다, 뒤설레이다, 용솟음치다, 부글부글 끓다, 끓어 번지다; ② 웅성거리다, 야단법석이다
бурный (부르느이)	(형) ① 사나운, 격렬한, 설레는; ② 급격한, 비약적인;
буровая (부라와야)	(여): ~(скважина) 시추탑
Бурунди (부룬디)	(중) (불변) 부룬디(Burundi; 중앙아프리카 공화국 수도)
бурундук (부룬두크)	(남) 시베리아 다람쥐
бурчать (부르차찌)	(미완) ① 투덜거리다, 웅얼거리다, 중얼거리다; ② 꾸르륵거리다;
бурый (부르이)	(형) 갈색(褐色)의
бурьян (부리얀)	(남) 잡초(雜草)
буря (부랴)	(여) 폭풍(暴風), 폭풍우(暴風雨);
бусы (부씌)	(복수) 실에 꿴 구슬, 구슬 꾸러미, 구슬 목걸이
бутафория (부따파리야)	(여) ① (연극) 소도구(小道具); ② (상점 진열장의) 모조품
бутерброд (부떼르브로드)	(남) 부쩨르브로드 (버터, 치즈, 꼴바사 등을 놓은 빵)
бутон (부똔)	(남) 꽃봉오리
бутсы (부뜨씌)	(복수) 축구화(蹴球靴)
бутылка (부띨까)	(여) 병(瓶), 유리병(琉璃甁);
бутыль (부띨)	(여) 큰 병, 두루미
буфер (부페르)	(남) 완충기(緩衝期)

буфет (부페트)	(남) 찬장, 식장; (식당의)매대; 간이식당
буфетчик, ~ца (여) 간이식당판매원 (부페드칙) (부페뜨치짜)	
буханка (부한까)	(여): ~(хлеба) 빵덩어리
бухать (부하찌)	(미완) ① 쾅 울리다; ② 쿵하고 떨어지다;
бухгалтер (부갈쩨르)	(남, 여) 회계원, 부기(簿記), 경리
бухгалтерия (부갈쩨리야)	(여) 부기학(簿記學) 경리부(經理部), 부기실, 부기부
бухта (부흐따)	(여) 만, 후미, 물굽이
бушевать (부쉐와찌)	(여) 광란을 부리다
буянить (부야니찌)	(미완) 난폭한 행동을 하다
бы (븨이)	(조) ① (가상적인 가능성을 표시); ② (희망, 권고, 부탁을 나타냄) сходить бы тебе к врачу 의사에게 가보렴; ты прилегбы чуть-чуть 좀 누워 쉬렴; я бы ещё почитал 내가 더 읽었을 걸; хотя бы ~만이라도
бывало (븨왈로)	(삽입어) (과거에 여러번 반복된 동작을 나타냄); ~ он часто приходил (한때) 그는 종종 찾아오곤 했다; как ни в чем не ~ 아무 일도 없었던 것처럼, 시치미를 떼고
бывалый (븨왈르이)	(형) 노련한, 노숙한, 경험이 많은, 풍파를 다 겪은;
бывать (븨와찌)	(미완) ① 있다. я ~л там 나는 그 곳에 가본 적 있다; ② 자주 가다, 때때로 가다(드나들다, 방문하다); ③ 때때로 일어나다, 때때로 생기다;
бывший	(형) 이전의(以前), 종전의

(뷉쉬이)

бык¹　　　　　　　　　　(남) 황소;
(븨크)

бык²　　　　　　　　　　(남) (다리의) 교각(橋脚), 사이기둥
(븨크)

былина　　　　　　　　(여) 민요서사시, 영웅담(英雄譚)
(빌리나)

былинка　　　　　　　(여) 풀줄기
(빌린까)

было　　　　　　　　　(조) 거의(의 뜻을 나타냄);
(븰로)

былое　　　　　　　　(중) 과거(過擧), 지난 날, 옛적
(븰로예)

быль　　　　　　　　　(여) 실화, 실록, 사실담, 실설(實說)
(빌)

быстро　　　　　　　(부) 빨리, 속히, 급속히;
(븨쓰뜨라)

быстрокрылый　　(형) 빨리 나는, 빨리 지나가는
(븨쓰뜨라끄를르이)

быстрота　　　　　(여) ① 속도(速度), 속력(速力);
(븨쓰뜨라따)　　　　　　② 신속성, 기동성(機動性), 생동성

быстроходный　　(형) 고속도(高速度), 쾌속도(快速度);
(븨쓰뜨라호드느이)　　　~ое судно 쾌속선

быстрый　　　　　　(형) ① 빠른, 재빠른, 급속한, 신속한;
(븨쓰뜨르이)　　　　　　② 날쌘, 잽싼, 날랜

Быт(Первая глава Моисеева. Бытие 50장, 1쪽) 창세기(創世記),
(븨트)　　　　　　　　　Genesis:(히)Bereshit('태초에'라는 뜻).
　　　　　　　　　　　　구약성서의 첫 번째 책,

быт　　　　　　　　　(남) ① 일상생활(日常生活), 실생활;
(븨트)　　　　　　　　　② 생활관습, 세태풍속(世態風俗)

бытие　　　　　　　(중) ① 실재(實在), 존재, 생활(生活);
(븨찌예)　　　　　　　② 물질적 생활(物質的 生活), 제조건;
　　　　　　　　　　　③ 삶, 생존(生存)

бытовать　　　　　(미완) 있다, 존재하다
(븨따와찌)

- 88 -

бытовой (븨또보이)	(형) 세태의, 일상생활의(日常生活);
быть (븨찌)	(미완) ① 있다; ② 이다, 되다; ③ (생기다의 뜻을 나타냄) ④ 가다, 오다, 찾아오다, 방문하다
бюджет (뷰드제트)	(남) 예산(豫算);
бюджетный (뷰드제뜨느이)	(형) 예산의(豫算);
бюллетень (븰례쩬)	(남) ① 통보, 공보; ② 일보, 주보, 월보, 연보,③ 투표용지; ④ 진단서,
бюро (뷰로)	(중) 사무국, 국(局), 위원회
бюрократ (뷰로크라트)	(남) 관료주의자
бюрократизм (뷰로크라찌즘)	(남) 관료주의
бюрократический (뷰로크라찌체쓰끼이)	(형) 관료주의적인, 관료적인, 관료식
бюрократия (뷰로크라찌야)	(여) 관료배, 관료파, 관료(官僚)
бюст (뷰쓰트)	(남) ① 반신상(半身像); ② (여자의) 가슴, 가슴통, 가슴패기
бюстгальтер (뷰쓰뜨갈쩨르)	(남) 젖 가슴띠, 부래지어(brassiere)
бязь (배지)	(여) 광목천

Бб

Вв

в(во)
(웨)
(전) ① (소재지, 장소 등을 표시) 에; ② (행동 동작 등을 표시) 에서; ③ ~안에(서),~속에(서); ④ (방향을 표시) ~로, ~에; ⑤ (시간을 표시) ~에, ~내에서; ⑥ 크기, 무게, 값, 회수 등을 표시; ⑦ 옷, 모자 등이 몸에 붙어 있는 상태를 표시; ⑧ ~있는 곳을 표시; ⑨ ~째로

вагон
(와곤)
(남) 차량, 차안, 찻간;

вагонетка
(와가네뜨까)
(여) 광산에서, 캐낸 광석을 실어 나르는 뚜껑 없는 화차, 갱차, 광석차 (鑛石車), 탄차.

вагонный
(와곤느이)
(형) 찻간의, 차량의

вагоновожатый
(와곤노붜좌뜨이)
(남) 전차 운전사

вагоноремонтный
(와곤노레몬뜨느이)
(형); ~ завод 차량 정비공장

важничать
(와즈니차찌)
(미완) 우쭐거리다, 거드름을 피우다, 뽐내다

важно
(와즈나)
(부) ① 우쭐거리면서, 점잖게, 위엄있게; ② (술어) 중요하다, 중대하다;

важность
(와즈노스찌)
(여) ① 중요성, 중대성; ② 교만, 거만, 거드름

важный
(와즈느이)
(형) ① 중요한, 중대한; ② 거드름 피우는, 뽐내는

ваза
(와자)
(여) 꽃병; (실과, 과자 등을 담는) 그릇 단지

вазелин (와젤린)	(남) 바세린
вакансия (와깐씨야)	(남) 결원(缺員), 공석(公席), 빈자리;
вакантный (와깐뜨느이)	(형) 공석의, 빈자리의
вакуум (와꾸움)	(남) 진공(眞空)
вакцина (와크찌나)	(여) 왁찐, 백신(vaccine)
вакцинация (와끄찌나찌야)	(여) 예방주사, 백신주사
вал¹ (왈)	(남)(공학) 축(築), 축대(築臺), 로라
вал² (왈)	(남) ① (흙으로 쌓은) 둔덕, 흙벽, 토성(土城); ② 높은 파도
валежник (왈레즈니크)	(남) 넘어진 나무, 부러져 떨어진 나뭇가지.
валенки (왈렌끼)	(복수) 부츠, 겨울용 펠트 장화
валентность (왈렌뜨노쓰찌)	(여) (화학) 원자가(原子價), 원잣값
валериана, валерьяна (왈레리아나)(왈레리야나)	(여) (식물) 바구니 나물
валерьянка (왈레리얀까)	(여) (식물) 바구니나물 뿌리로 만든 물약
валерьяновый (왈레리야노브이)	(형); ~ые капли 바구니 나물 뿌리로 만든 물약
валить¹ (왈리찌)	(미완) 넘어뜨리다, 쓰러뜨리다, 무너뜨리다;
валить² (왈리찌)	(미완) ① 와 쓸어오다, 와 밀려오다, 와 나오다; ② 쏟아진다, 떨어지다;
валиться (왈리쨔)	(미완) 넘어지다, 쓰러지다, 허물어지다, 자빠지다;
валовой	(형); ~ доход 총수입; ~ой сбор 총

(왈로븨이)	수확고; ~ая продукция 총생산량,
валторна (왈또르나)	(여) (금관 악기의 하나) 프렌치 호른 (French horn)
валун (왈룬)	(남) 크고 둥근 돌, 구름 돌
вальс (왈쓰)	(남) 왈츠(waltz), 원무(圓舞), 왈츠곡, 원무곡(圓舞曲)
валюта (왈류따)	(여) 화폐(貨幣), 통화(通貨);
валютный (왈류뜨느이)	(형); 화폐의, 통화의;
валять (왈랴찌)	(미완) 굴리다;
вам (왐)	(여) *см.* вы вами (조) *см.* вы
ванна (완나)	(여) ① 목욕탕, 목욕통; ② 목욕;
ванная (완나야)	(여); ~(*комната*) 목욕탕, 욕실(浴室)
ванночка; (완노츠까)	(여) детская ~ 어린이 목욕통
вар (와르)	(남) 송진(松津), 수지(樹脂)
варвар (와르와르)	(남) 야만인, 미개한 사람
варежки (와레즈끼)	(복수) 벙어리장갑, 통장갑
варёный (와료느이)	(형) 삶은, 끓인
варенье (와레니에)	(중) 잼;
вариант (와리안트)	(남) 변종, 변형(變形), 변체
варить (와리찌)	(미완) 삶다, 끓이다, 찌다, 요리하다;

вас (와쓰)	(생, 대) *см.* вы
василёк (와씰료크)	(남) 수국화(水菊花)
вата (와따)	(여) 솜, 목화(木花), 면화(棉花), 면(棉)
ватага (와따가)	(여) 무리, 떼, 패거리, 도당
ватерлиния (와떼를리니야)	(여) (해양) 흘수선(吃水線), 선체가 물에 잠기는 한계선.
ватерпас (와떼르빠쓰)	(남) (공학) 수평기(水平器), 수준기(水準器)
ватерполист (와떼르뽀리쓰트)	(남) (체육) 수구선수
ватерполо (와떼르뽈로)	(남) 수구(水球), 워터폴로(water polo)
ватин (와찐)	(남) (양복의 심으로 쓰는) 뜨개천
ватман (와트만)	(남) 수채화(水彩畵), 수회(水繪), 제도용지, 와트먼-지(whatman-紙)
ватный (와트느이)	(형) 솜을 넣은, 솜으로 만든, 솜의;
ватт (와트)	(남) (전기) 와트(watt)
ваттметр (와트메뜨르)	(남) 전력계(電力計)
вфля (와플랴)	(여) 와플(waffle: 밀가루·달걀·우유를 섞어 말랑하게 구운 케이크), 웨이퍼, 와플랴
вахта (와흐따)	(여) 당직(當直), 일직(日直), 주번;
вахтённый (와쫀느이)	(형) ① 당직의, 일직의; ② (명사로) 당직 근무자(勤務者)
вахтёр (와죠르)	(남) 일직(당직) 책임자(責任者), 경비책임자, 일직사령

ваш (소유 대, 남) ваше(여), ваша(중), ваши(복수) 당신의,

- 93 -

(와쉬)	당신들의, 너희들의, 당신네;
ваша (와샤)	① *см.* ваш ② (명사) (여) 당신의 것;
ваше (와쉐)	① *см.* ваш ② (명사) (중) 당신의 것;
ваши (와쉬-)	① *см.* ваш ② (명사) (복수) 당신들의 것, 너희들의 것; 당신의 친척, 당신의 가족들;
вбегать (프베가찌)	(미완) 뛰어 들어가다, 뛰어 들어오다.
вбивать (프비와찌)	(미완) 박아 넣다, 박다, 들이박다;
вбирать (프비라찌)	(미완) ① 빨아들이다, 흡수하다, 마시다 ② 섭취하다, 받아들이다
вбить (프비찌)	(완) *см.* вбивать
вблизи (프블리지)	(부) 가까이에, 근처에, 부근에
вбок (프보크)	(부) 옆으로
вброд (프브롣)	(부) 여울로, 얕은 곳으로;
вваливаться(미완),ввалиться(완) (프왈리와짜)	① 막 밀려들다, 빠지다, 달려들다, 쓸어 들어오다; ② 쑥 들어가다, 꺼지다, 오므라들다;
введение (베제니에)	(중) ① 머리말, 서론, 개론(槪論); ② 도입(導入), 제정, 실
ввергать (미완), ввергнуть(완) (베르가찌) (베르그누찌)	빠지게 하다, 끌어넣다, 몰아넣다;
ввертывать (브르뜨와찌)	(미완) 틀어박다, 돌려 맞추다;
вверх (베르흐)	(부) 위로, 올려, 치키다, 추키다;
вверху (베르후)	(부) 위에, 높은데서

вверять (ввера쩨)	(미완) 위탁하다, 위임하다, 맡기다;
ввиду (뷔두)	(전) ~ 때문에, ~까닭에, ~으로 인하여
ввинтить (완), ввинчивать (미완) (뷘찌찌)	틀어박다, 틀어 맞추다, 돌려 꽂다, 돌려넣다.
вводить (뷔지찌)	(미완) ① 끌어들이다, 데려오다, 몰아넣다; ② (어떠한 상태, 처지)에 빠지게(들어가게, 처하게) 하다; ③ 실시(도입, 설정, 개시)하다;
вводный (뷔드느이)	(형) 머리말의, 서론의(序論), 서문의
ввоз (뷔쓰)	(형) 수입(輸入), 반입, 수확, 소득.
ввозить (뷔지찌)	(미완) 수입하다, 반입하다, 끌어들이다, 실어들이다;
ввозной (뷔즈노이)	(형) 수입의, 반입의;
вволю (뷜류)	(부) 마음껏, 실컷;
ввысь (븨시)	(부) 위로, 높은 곳으로, 하늘로
ввязаться (완), ввязываться (미완) (뷔자짜)	거들다, 참견하다, 끼어들다, 간섭하다;
вглядеться(완),вглядываться (미완) (프글랴데짜)	들여다보다, 눈여겨보다, 유심히 바라보다
вдаваться (프다와짜)	(미완) 깊숙이 들어가다, 뾰족하게 나오다, 돌출하다;
вдавить (완), вдавливать (미완) (프다뷔찌)	오프라뜨리다, 눌러서 박아넣다
вдалеке (프달례께)	(부) 멀리에, 먼곳에;
вдали (프달리)	см. вдалеке
вдаль (프달)	(부) 먼 곳으로, 먼데로;

- 95 -

вдаться (브다짜)	*см.* вдаваться
вдвигать (미완), вдвинуть (완) (브드븨가찌) (브드븨누찌)	밀어넣다, 밀어맞추다, 꽂아넣다
вдвое (브드붜에)	(부) ① 2배나, 2배로, 곱, 곱절, 배(倍), 갑절; ② 둘로, 두 개로;
вдвоём (브드붜옴)	(부) 둘이서, 둘이 함께;
вдвой не (브드붜이네)	(부) 2배나, 2배로;
вдевать (미완), вдеть (완) (브데와찌) (브데찌)	꿰다, 꿰뚫다
вдобавок (브다바붜크)	(부) 게다가, 더군다나, 보다더, 더욱이, 가뜩이나, 우중지(又重之)
вдова (브다와)	(여) 과부(寡婦), 미망인(未亡人)
вдовец (브다볘쯔)	(남) 홀아비
вдоволь (브도볼)	(부) ① 마음껏, 실컷; ② (술어) 충분하다, 풍족하다, 넉넉하다
вдогонку (브도곤꾸)	(부) 뒤쫓아, 뒤따라
вдоль (브돌)	① (부) 세로; ② (전) ~을 따라;
вдох (브도흐)	(남) 들숨, 흡입제, 흡입, 숨, 호흡,
вдохновение (브다흐노볘니에)	(중) 영감(靈感), 감동(感動), 감흥(感興); творческое ~ 창조적 기백
вдохновенно (브다흐노볜나)	(부) 영감에 충만되어, 깊은 감흥을 가지고, 감동적으로
вдохновенный (브다흐노볜느이)	(형) 영감에 충만된, 감동적인;
вдохновитель (브다흐노븨쩰)	(남) 고무자(鼓舞者), 추종자
вдохновить	*см.* вдохновляться

(프다흐노뷔찌)

вдохновлять
(프다흐노블랴찌)

(미완) 격려하다, 부추기다, 북돋우다;

вдохновляться
(프다흐노블랴쨔)

(미완) 고무되다, 떨쳐 일어나다, 분발하다, 격려되다

вдохнуть
(프다흐누찌)

см. вдыхать

вдребезги
(프드레베즈기)

(부) 산산이, 산산조각나다;

вдруг
(프드루그)

(부) 갑자기, 별안간, 뜻밖에, 불의에;

вдувать
(프두와찌)

(미완) 불어넣다

вдуматься
(프두마쨔)

см. вдумываться

вдумчиво
(프둠치붜)

(부) 생각 깊이, 곰곰이, 깊이, 깊이깊이

вдумчивый
(프둠치븨이)

(형) 깊이 생각하는, 심사숙고하는;

вдумываться
(프두믜와쨔)

(미완) 깊이생각하다, 심사숙고하다, 용의주도하다

вдуть
(프두찌)

см. вдувать

вдыхать
(프듸하찌)

(미완) 숨을 들이쉬다;

вегетарианец
(붸게따리아네쯔)

(남) 채식주의자, 채식하는 사람

вегетарианский
(붸게따리안쓰끼)

(형) 야채(野菜), 푸성귀, 남새, 채소 소채(蔬菜), 채식(菜食);

вегетативный
(붸게따찌브늬이)

(형); ~ое размножение 영양생식

вегетационный
(붸게따찌온느이)

(형); ~ период 성장기, 영양 성장기

ведать
(붸다찌)

(미완) ① *чем* ~을 관리하다, 관할하다, 주관하다, 담당하다, ② 알다

Вв

ведение (베제니에)	(중); находиться в чьём ~и ~의 관할 아래 있다, ~에 속하다
ведение (베제니에)	(중) 운영(運營), 진행(進行);
ведома: (베다마)	без ~ 알리지 않고, 허가 없이, 무허가로; с ~ 미리 알리고
ведомость (베다마쓰찌)	(부) ① 일람표, 통지서; ② (복수) ~и 공보(公報), 통보(通報),
ведомство (베돔쓰뜨붜)	(중) 부서, 국(局), 당국(當局), 관리국(管理局)
ведро (베드로)	(중) 들통, 버킷, 양동이, 물통;
ведущий (베두쉬이)	① вести ... 의 능동현재; ② (형) 주도적인, 주동적인, 지도적인, 주요한;
ведь (베지)	① (조) (강조의 뜻을 나타냄) ~ 이 아닌가, 과연 ~인가; ② (접) (원인, 까닭의 뜻으로) ~니까, ~니깐, ~이기
ведьма (베지마)	(여) 마귀할멈, 마녀, 악마 같은 년.
веер (베에르)	(남) 부채
вежливо (베즐리붜)	(부) 정중히, 친절히 상냥하게
вежливость (베즐리붜쓰찌)	(여) 정중성, 친절성(親切性)
вежливый (베즐리브이)	(형) 정중한, 친절한
везде (베즈제)	(부) 가는 곳마다, 도처에, 곳곳에, 사처에, 사방으로
вездеход (베즈제혼)	(남) 만능자동차
везение (베제니에)	(중) 재수, 운행, 운수
везти (베스찌)	(미완) ① 나르다, 실어가다, 운반하다, 가지고 가다; ② ему ~ёт(не~ёт) 그는 운수가 좋다(나쁘다)

век (벡)	(남) ① 세기(世紀); ② 시대, 시기; ③ 생애(生涯), 일생;
веко (베까)	(중) 눈까풀, 눈가죽, 눈시울
вековой (베까붜이)	(형) 세기적(인) 오래 묵은;
вексель (벡셀)	(남) 어음, 권계(券契); 증권, 증서
вектор (벡따르)	(남) (수학) 유한집합(벡터)
велеть (벨레찌)	(미완) 명령하다, 지시하다;
великан (벨리깐)	(남) 거인(巨人), 대인(大人)
великий (벨리끼이)	(형) ① 위대한; ② (아주) 큰, 대(大);
Великобритания (벨리까브리따니야)	(여) 영국
великодушие (벨리까두쉬에)	(중) 관대한, 아량, 너그러움, 도량 관용(寬容)
великодушный (벨리까두스느이)	(형) ① 너그러운, 관대한, 마음이 큰; ② 아량 있는, 도량이 큰
великолепный (벨리까레쁘느이)	(형) ① 화려한, 호화로운, 휘황한; ② 뛰어난, 아주 훌륭한
величественный (벨리체쓰뜨벤느이)	(형) ① 웅장한, 웅대한, 으리으리한; ② 장엄한, 굉장한
величие (벨리츠네)	(중) 위대성, 웅대한 것, 장엄한 것, 훌륭한 것
величина (벨리치나)	(여) ① 크기, 치수, 량; ② (수학) 값, ; ③ (사람의) 거장, 대가, 명인
велогонка (벨로곤까)	(여) 자전거 경기
велосипед (벨라씨뻳)	(남) 자전거(自轉車), 자전차, 자행거(自行車), 은륜(銀輪);
велосипедист	(남) 자전거 선수

(벨라씨볘지쓰트)

вельвет (볠볘트)	(남) (면) 비로드(veludo), 벨벳(velvet), 우단(羽緞), 천아융(天鵝絨)
вена (볘나)	(여) (의학) 정맥(靜脈)
Венера (볘녜라)	(여) (천문) 금성(金星)
венерический (볘녜리체쓰끼이)	(형) 성병의;
венеролог (볘녜롤로그)	(남) 성병전문의사
венец (볘녜쯔)	(남) ① 관(冠), 화관, 꽃테; 월계관; ② 극치(極致), 결실(結實), 종결(終結)
веник (볘니크)	(남) 비, 방비, 빗자루
венок (볘노크)	(남) 화환(花環), 꽃다발; 화륜(花輪), 화관(花冠)
вентилировать (볜찔리로와찌)	(남) 통풍하다, 환기하다, 공기를 갈다, 통기하다
вентилятор (볜찔랴또르)	(남) 송풍기, 통풍기, 환풍기
вентиляция (볜찔랴찌야)	① 통풍, 환기, 환기, 공기갈이, 바람빼기; ② 환기장치(換氣裝置)
вентиляционный (볜찔랴찌온느이)	(형) 통풍의
вера (볘라)	(여) ① 믿음, 신뢰, 신용; ② 확신, 신심, 신념; ③ 신앙, 종교
веранда (볘란다)	(여) 쪽마루, 베란다, 발코니
верба (볘르바)	(여) 버드나무
верблюд (볘르블류트)	(남) 약대, 낙타
вербовать (볘르바와찌)	(미완) 모집하다, 채용하다

вербовка (베르보브까)	(여) 모집(募集), 채용(採用)
верёвка (볘료브까)	(여) 노끈, 끈, 새끼줄, 바, 초삭(草索);
вереница (볘레니짜)	(여) 줄, 행렬(行列), 대열, 대오, 라인
веретено (볘레쩨나)	(중) ① 물렛가락, 방추; ② 굴대, 중심축
верзила (볘르질라)	(남) 키다리, 꺽다리, 장신(長身)
верительный (볘리쩰느이)	(형) 신임하는;
верить (볘리찌)	(미완) 믿다, 신임하다, 신뢰, 신용
вериться (볘리짜)	(미완) 믿어지다, 신심이 생기다;
вермишель (볘르미쉘)	(여) 밀국수, 밀가루로 만든 국수, 칼국수, 손국수.
верно (볘르나)	(부) ① 옳게, 바르게, 정확히, 충실히; ② (술어로) 옳다, 틀림없다, 정확하다
верность (볘르노스찌)	(여) ① 확실성, 정확성, 진실성; ② 충실성, 성실성(誠實性);
вернуть (볘르누찌)	(완) ① 반환하다, 돌려주다, 도로 가져오다 ② 돌아오게 하다, 돌아가게 하다
вернуться (볘르누짜)	(완) 돌아오다, 되돌아가다;
верный (볘르느이)	(형) ① 옳은, 올바른, 정확한(正確-); ② 충실한, 성실한(誠實-);
верование (볘라와니에)	(중) 신앙(信仰), 미신(迷信)
веровать (볘라와찌)	(미완) 신을 믿다
вероисповедание (볘라이쓰뽀볘다니에)	(중) 신앙(信仰), 종교(宗敎)
вероломный	(형) 배신적인, 간교한;

(베로롬느이)	
вероломство (베로롬쓰뜨뷔)	(중) 배신, 배신행위, 간교한, 회활, 교활한
вероятно (베라야뜨나)	(부) 아마, 틀림없이
вероятность (베라야뜨노쓰찌)	(여) ① 개연성(蓋然性), 가능(可能); ② (수학) 확률(確率)
вероятный (베라야뜨느이)	(형) 있을수 있는, 있을상 싶은, 가능한, 있음직한.
версия (붸르씨야)	(여) 설(說), 서로 다른 해석(解釋) 또는 설명(說明);
верстак (붸르쓰따크)	(남) 작업대(作業臺)
верстать (붸르쓰따찌)	(미완) 조판하다, 정판하다
вёрстка (뵤르쓰뜨까)	(여) (인쇄) 조판(組版), 정판(整版)
вертел (붸르쩰)	(남) (고기를 꿰어 굽는) 쇠꼬챙이
вертеть (붸르쩨찌)	(미완) 돌리다. 회전시키다, 휘두르다, 바꾸다, 전향하다
вертеться (붸르쩨짜)	① 돌다, 빙빙 돌다, 돌고 돌다, 회전하다, 선회하다, ② 꾀를 피우다, 속임수를 쓰다, 사기, 기만행위, 기만책, 사계, 사술(詐術), 암수(暗數)
вертикаль (붸르찌깔)	(여) 수직선(垂直線), 연직선(鉛直線); 수선(垂線)
вертикально (붸르찌깔나)	(부) 수직으로
вертикальный (붸르찌깔느이)	(형) 수직의;
вертолёт (붸르딸료트)	(남) 헬리콥터(helicopter), 잠자리 비행기, 수직 비행기
верующий (붸루유쒸이)	(남) 신을 믿는자, 신자(信者)

верфь (베르피)	(여) 조선소(造船所)
верх (베르흐)	(남) ① 위, 윗부분; ② 윗덮개;
верхний (베르흐니이)	① 위의, 상부(上部), 윗부분; ② 겉의, 거죽, 표면(表面), 바깥, 외부(外部), 외면(外面)
верховный (베르호브느이)	(형) 최고의;
верховой (베르호보이)	(형); ~ая лошадь 승마; ~ая езда 말타기, 경마
верховье (베르호뷔에)	(중) 상류, 상류지방;
верхом¹ (베르홈)	~에 넘치도록 채우다, 넘치도록 붓다 накладывать ~ 소복이 쌓이다
верхом² (베르홈)	(부) 말을 타고; (~에) 걸터앉아; 두 다리를 쩍 벌리고.
верхушка (베르후쉬까)	(여) ① 꼭대기, 맨위, 고스락, 정상, 절정(絶頂), 최고(最高), 윗부분; ② 상층부, 수뇌부(首腦部), 우두머리
вершина (베르쉬나)	① 꼭대기, 정점, 맨위, 고스락, 정상, 절정, 최고; ② 영마루, 절정, 최고봉
вес (베쓰)	(남) ① 무게, 중량; ② 위신, 권위, 위세, 위력, 무게, 위엄;
веселить (베쎌리찌)	즐겁게 하다, 유쾌하게 하다.
веселиться (베쎌리쨔)	즐거워하다, 즐겁게 놀다, 유쾌히 시간을 보내다
весело (베쎌라)	(부) ① 즐겁게, 유쾌하게; ② (술어) 즐겁다, 유쾌하다, 기분 좋다
весёлый (베숄르이)	(형) 즐거운, 유쾌한, 쾌활한; 기분 좋은;
веселье (베쎌리에)	(중) ① 즐거움, 기쁨, 명랑함, 기분좋은 ② 오락(娛樂), 유흥(遊興)
весенний (베쎈느이)	(형) 봄의;

весить (쩨씨찌)	(미완) 무게가 나가다, 중량이 나가다, 비중이 높다;
веский (쩨쓰끼이)	(형) ① 무게가 나가는, 무게 있는; ② 의젓한, 믿을만한, 위엄 있는
весло (쩨쓸로)	(중) 노
весна (쩨쓰나)	(여) 봄, 봄철, 춘계(春季);
весной (쩨쓰노이)	(부) 봄에, 봄철에
веснушки (쩨쓰누쉬끼)	(복수) 주근깨
весовой (쩨싸보이)	(형); ~ товар 무게로 파는 상품; ~ая категория (체육) 중량급
вести (쩨쓰찌)	(미완) ① ~를 데리고 가다, ~를이끌다 ② ~를 인도하다, 지도하다, 이끌다 ③ ~를 운전하다, ~를조종하다 ④ ~으로 가다, ~를 통하여 가다; ⑤ 진행하다, 벌리다, 처리하다,~를하다
вестибюль (쩨쓰찌뷸)	(남) 정문(正門), 현관(現官), 입구(入口)
весть (쩨쓰찌)	(여) 소식, 통지, 기별, 뉴스(new)
весы (쩨씌)	(복수) 저울, 계량기;
весь (대), всё (여), все (쩨시)	(복수) ① 모두, 온전히, 전체, 온, 전 ② 모든; ③ (명사) все (중) 모든 것, 전부; ④ все (복수) 모두 다, 모두들,
весьма (쩨시마)	(부) 아주, 자못, 매우 대단히;
ветвиться (쩨드뷔짜)	(미완) 가지를 뻗다(치다)
ветвь (쩰뷔)	(여) 나무 가지
ветер (쩨쩰르)	(남) 바람, 풍(風);

ветеран (베쩨란)	(남) 노병(老兵), 고참, 베테랑, 노익장 (老益壯); ~ войны 노전사
ветеринар (베쩨리날)	(남) 수의사, 수의(獸醫), 동물의사
ветеринария (베쩨리날리야)	(여) 수의학(獸醫學: (veterinary science/medicine)
ветеринарный (베쩨리날르느이)	(형) 수의(獸醫)의; 가축병 치료의, 수의(학)의
ветка (볟까)	см. ветвь 철도지선
вето (베따)	(중) 거부, 부인(否認), 금지(禁止)
ветреный (볟레느이)	① 바람이 부는; ② 들뜬, 경박한, 바람을 맞은.
ветрянка (볟랸까)	(여) (의학) 수두(水痘), 풍진(風疹), 수포창, 작은 마마
ветряной (볟랴노이)	(형); ~ая мельница 풍차, 풍력제분소; ~ая оспа 수두, 풍진
ветхий (볟히이)	(형) ① 낡아빠진, 몹시 헌, 쓰러져가는, 허술한; ② 연로한, 노쇠한
ветхость (볟호쓰찌)	(중) 낡아빠진 것, 아주 낡은;
ветчина (볟치나)	(여) 햄(ham)
веха (볘하)	(여) ① 이정표(里程標), 도로표시; ② 중요한 계기
вечер (볘체르)	(남) ① 저녁, 해질녘, 일석(日夕), 일몰 만양(晩陽), 황혼, 이브닝(evening); ② 야회, 밤의 모임;
вечереть (볘체레찌)	(미완) 날이 저물다, 저녁이 되다, 어슬어슬해지다
вечеринка (볘체린까)	(여) 저녁놀이, 소야회(小夜會)
вечерний (볘체르느이)	(남) ① 저녁, 야간(夜間); ②~ее платье 저녁나들이 옷, 야회복

вечером (볘체롬)	(부) 저녁에;
вечно (볘츠나)	(부) 영원히, 항상, 늘
вечность (볘츠노쓰찌)	(여) 영원성(永遠性), 영구성;
вечнозелёный (볘츠노젤료느이)	(형) (식물) 언제나 푸른, 푸른 싱싱한, 상록; ~ые деревья 상록수, 언제나 푸른 나무, 상록수
вечный (볘츠느이)	(형) ① 영원한, 영구한, 항구적인; ② 부단한, 끊임없는;
вешалка (볘샬까)	(여) ① 걸이, 모자걸이, 옷걸이; ② 탈의실(脫衣室), 옷 보관실
вешать[1] (볘샤찌)	(미완) ① 매달다, 걸다, 늘어뜨리다, 내리다, 드리우다; ~картину 그림을 걸다 ② 교살하다, 교수형에 처하다
вешать[2] (볘샤찌)	(미완) 저울에 달다, 저울질 하다; ~의 무게를 달다
вещание (볘샤니에)	(중) 방송; телевизибнное ~ TV방송
вещаться (볘샤짜)	(미완) 방송(방영)하다
вещевой (볘쉐보이)	(형) 물품(物品);
вещественный (볘쉐쓰뜨볜느이)	(형) 물질적인, 실질적인;
вещество (볘쉐쓰뜨붜)	(중) 물질(物質), 물체(物體);
вещь (볘쉬)	(여) 물건, 물품(物品), 사물(事物)
веялка (볘얄까)	(여) 풀무, 키.
веяние (볘야니에)	(중) 추세(趨勢), 형편(形便);
веять (볘야찌)	(미완) ① 키질하다, 풀무질하다, 까불리다; ② 바람이 불다, 풍겨오다;

③ 펄럭이다, 나부기다, 휘날리다;

взад
(프쟏)
(부) 뒤로;

взаимно
(프자임나)
(부) 서로 상호, 호상, 피차

взаимный
(프자임늬이)
(형) 서로의, 상호간의;

взаимовыгодный
(프자이마븨가드늬이)
(형) 서로 이익이 있는

взаимодействие
(프자이마졔이쓰뜨뷔에)
(중) ① 상호작용(相互作用), 상호관계;
② 협동작전(協同作戰), 협동동작;

взаимообмен
(프자이마아브몐)
(남) 상호교류(相互交流)

взаимоотношение
(프자이마아뜨노쉐니에)
(복) 상호관계(相互關係)

взаимопомощь
(프자이마뽀모쉬)
(여) 상호원조, 상호방조;

взаимопонимание
(프자이마빠니마니에)
(중) 상호이해, 서로 이해

взаимосвязь
(프자이마쓰볘야지)
(여) 상호연관, 교제, 상호의존

взаймы
(프자이믜)
(부) 빌다, 돌리다, 빌려쓰다, 차용하다, 채용하다, 대차하다, 차대하다, 융통하다, 융자하다;

взамен
(프자몐)
(남) *кого, чего* ~의 대신에, ~을 대신하여

взаперти
(프자뼤르찌)
(부) 갇히어, 가두어;

взбалтывать
(프즈발띄와찌)
(미완) 흔들다, 흔들어 뒤섞다, 휘젓다

взбегать (미완), **взбежать** (완) 달려 올라가다, 뛰어 올라가다,
(프베가찌) (프베좌찌) 치닫다

взбеситься
(프베씨쨔)
см. бесить(ся)

взбираться
(미완) 기어 올라가다, 기어올라서다.,

(프비라쨔)	바라 오르다
взболтать (쓰발따찌)	*см.* взбалтывать
взбудоражить (쓰부다라쥐찌)	*см.* будоражить
взбунтоваться (쓰분따와짜)	*см.* бунтовать
взваливать (미완), **взвалить** (완) (쓰왈리와찌)	① 지다, 떠메다, 걸머지다; ② 들씌우다, 걸머지다, 부담시키다;
взвесить(ся) (쓰볘씨찌)	*см.* взвешивать(ся)
взвести (쓰볘쓰찌)	*см.* взводить
взвешивать (쓰볘쉬와찌)	(미완) ① 달다, 무게를 재다, 저울질하다, 계량하다; ② (사람의) 몸무게를 재다; ③ 가늠하다, 따져 헤아리다,
взвешиваться (쓰볘쉬와짜)	(미완) 몸무게를 재다
взвиваться(미완),**взвиться** (완) (쓰븨와짜)	말려 올라가다., 빙빙돌며 올라가다, 솟구치다, 새가 날아오르다, 깃발이 펄럭이다
взвизгивать(미완),**взвизгнуть** (완) (쓰븨즈기와찌)	찢어지는 듯한 소리를 내다, 새된 소리를 내다.
взвод (쓰볻)	(남) 소대(小隊: platoon); командир ~а 소대장(小隊長)
взводить (쓰븨디찌)	(미완) 끌어 올리다, 당겨 올리다, 위로 올리다;
взволнованный (쓰발노완느이)	① волновать 의 피동과거; ② (형) 흥분한, 격동된, 당황한;
взволновать(ся) (쓰발노와찌)(쓰볼노와짜)	*см.* волновать(ся)
взгляд (쓰글랏)	(남) ① 시선, 눈초리, 눈길, 눈짓; ② 견해(見解), 의견(意見), 관점(觀點);
взглянуть (쓰글랴누찌)	(완) 쳐다보다, 눈길을 돌리다, 바라보다, 보다;

вздор (쓰도르)	(남) 얼빠진 소리, 부질없는 소리, 무의미한 것, 황당한 것.;
вздорный (쓰도르느이)	(형) ① 얼빠진, 부질없는, 허황한; ② 다투기 좋아하는, 말썽부리는;
вздорожание (쓰다라좌니에)	(중) 물가폭등(物價暴騰), 인상(引上), 폭등(暴騰), 상귀(翔貴), 등귀
вздорожать (쓰다라좌찌)	*см.* дорожать
вздох (쓰도흐)	(남) 숨, 한숨;
вздохнуть (쓰도흐누찌)	*см.* вздыхать
вздрагивать (쓰드라기와찌)	(미완) 떨다, 몸서리치다
вздремнуть (쓰드렘누찌)	(완) 졸다, 잠간 잠들다, 잠간 눈을 붙이다.
вздрогнуть (쓰드로그누찌)	*см.* вздрагивать
вздуваться (미완), вздуться (완) (쓰두와짜)	부풀다, 부르트다, 붓다, 부풀어 오르다
вздыхать (쓰듸하찌)	(미완) ① 한숨 쉬다, 한숨짓다; ② 서러워하다, 그리워하다, 사랑하다, 사모하다, 연모하다
взимание (프지마니에)	(중) 받아내는 것, 징수(徵收)
взимать (프지마찌)	(미완) 받아내다, 징수하다;
взирать (프지라찌)	(미완); не ~я на лица 누구라고 할 것 없이, 그 누구를 가리지 않고;
взламывать (프즐라믜와찌)	(미완) 깨뜨리다, 까부수다;
взлёт (프즐료트)	(남) ① 날아올라가는 것, 상승, 낮은 데서 위로 올라감; ② 이륙; ③ 앙양,
взлетать (미완), взлететь (완) (프즐레따찌)	날아가다, 날아오르다, 뜨다, 이륙하다;

взлётный (프즐료뜨느이)	(형);~опосадочная полоса 활주로
взлом (프즐롬)	(남) 까부수는 것, 까부수고, 뜯고 여는 것
взломать (프즐로마찌)	*см.* взламывать
взмах (쓰마흐)	(남) 흔드는 것, 휘젓는 것;
взмахивать(미완), **взмахнуть** (완) 흔들다, 휘젓다; (쓰마히와찌) (브즈마흐누찌)	
взморье (프모리에)	(중) 연해, 해안, 연안 바닷가, 연해변 근해(近海); 천해(淺海)
взмывать(미완), **взмыть** (완)빨리 날아 올라가다, 높이 날아 (쓰믜와찌)	오르다, 빨리 뜨다
взнос (쓰노쓰)	(남) ① 납부(納付); ② 납부금(納付金);
взобраться (프자브라짜)	*см.* взбираться
взойти (프자이찌)	*см.* всходить
взор (프조르)	*см.* взгляд
взорвать (프자르와찌)	*см.* взрывать
взрослеть (프자쓸레찌)	(미완) 어른이 되다, 나이가 들다, 다 자라다.
взрослый (프로쓸르이)	① (형) 다 자란, 어른의, 성인(成人)의; ② (명사) 어른, 성인(成人)
взрыв (쓰즈릐프)	(남) ① 폭발, 폭음; ② 폭파(爆破)
взрывать (즈릐와찌)	(미완) 폭발시키다, 폭파하다;
взрываться (즈릐와짜)	(미완) ① 폭발되다, 폭파되다, 터지다; ② 몹시 격분하다, 노발대발하다.
взрывник	(남)발파공(發破工)

(즈리붸니크)

взрывной　　　　　　　　　　(형) 폭발의, 발파의, 폭파의;
(즈리브노이)

взрывчатка　　　　　　　　　(여) 폭발물(爆發物)
(즈리브차뜨까)

взрывчатый　　　　　　　　　(형) 폭발성(爆發性);
(즈리브차뜨이)

взрыхлить(완), **взрыхлять** (미완) (흙, 땅을) 부드럽게 하다,
(즈리흘리찌)　　　　　　　　　　파헤치다;

взыскание　　　　　　　　　　(중) ① 책벌(-罰), 처벌(處罰), 처형;
(즈스까니에)　　　　　　　　　　② 부과(賦課), 징수(徵收)

взыскательный　　　　　　　　(형) 엄격한, 요구성이 강한, 엄하다,
(즈스까쩰리느이)　　　　　　　　무섭다

взыскать (완), **взыскивать** (미완) ① 처벌하다;
(즈스까찌)　　(브즈스끼바찌)　　② 받아내다, 징수하다

взятка　　　　　　　　　　　　(여) 뇌물(賂物)
(프잩까)

взяточник　　　　　　　　　　(남) 뇌물을 받는 사람
(프재따츠니크)

взяточничество　　　　　　　(중) 뇌물행위
(프재따니체쓰뜨븨)

взять(ся)　　　　　　　　　　*см.* брать(ся)
(프재찌)

вибрация　　　　　　　　　　(여) (물리) 진동(振動), 흔들려 움직임.
(븨브라찌야)

вид¹　　　　　　　　　　　　　(남) ① 겉모양, 겉모습, 외양, 외면,
(뷔트)　　　　　　　　　　　　　외형(外形), 모양, 꼴 생김, 차림새;
　　　　　　　　　　　　　　　　② 경치, 풍경, 광경; ③ 예정(豫定),
　　　　　　　　　　　　　　　　예상(豫想), 예견(豫見);

вид²　　　　　　　　　　　　　① 종류(種類), 종(種), 유(類), 유형,
(뷔트)　　　　　　　　　　　　　갈래, 가닥; ② (언어) 태(態);

видеть　　　　　　　　　　　(미완) ① 보다, 바라보다;
(뷔제찌)　　　　　　　　　　　　② 만나다; ③ 체험하다, 겪다;
　　　　　　　　　　　　　　　　④ 깨닫다, 인식하다, 발견하다, 깨우치다

видеться　　　　　　　　　　(미완) 서로 만나다, 만나보다;
(뷔제짜)

- 111 -

видимо (뷔지마)	(삽입어) 아마, 보건대, 짐작컨대
видимость (뷔지마쓰찌)	(여) ① 보이는 것, 시야; ② 겉모양, 겉치레;
видимый (뷔지므이)	① видеть의 피동현재; ② (형) 보이는, 볼 수 있는, 눈에 띄는, 명백한; ③ 외견상, 외관상, 허울 좋은;
виднеться (뷔드네짜)	(미완) 보이다, 눈에 띄다
видно (뷔드나)	① (술어) 보이다; ② (삽입어) 아마, 짐작컨대, ~인 것 같다;
видный (뷔드느이)	(형) ① 보이는, 눈에 뜨이는, 현저한; ② 이름난, 저명한, 뛰어난, 유명한;
видоизменение (뷔도이즈메녜니에)	(중) 변형, 변종(變種), 형태의 변화
виза (뷔자)	(여) ① 사증(査證), 비자; ② 검인(檢印), 검증(檢證), 실증(實證);
визг (뷔쓰크)	(남) 찢어지는 소리, 캥캥거리는 소리, 째는 듯한 소리
визгливый (뷔즈글리브이)	(형) 찢어지는 듯한, 쨍쨍한;
визжать (뷔즈좌찌)	(미완) 찢어지는 듯한 소리를 내다, 끽끽거리다
визировать (뷔지로와찌)	(미완, 완) 검인을 찍다
визит (뷔찔)	(남) 방문;
визитный (뷔찔느이)	(형); ~ая карточка 명함
викторина (뷕따리나)	(여) 문답놀이, 퀴즈게임
Виктория г. (뷔또리야)	(여) 빅토리아
вилка (뷜까)	(여) ① 포크(fork), 삼지창(三枝槍); ② (공학) 짜개발, 족발이

вилла (빌라)	(여) 저택(邸宅), 별장(別莊)
вилы (빌릐)	(복수) 쇠스랑, 걸이대, 소시랑
вильнуть (완), вилять (빌리누찌)	(미완) ① 흔들다, 휘젓다; ② 평계 대다
вина (뷔나)	(여) ① 죄(罪), 과오(過誤), 잘못; ② 원인(原人);
винегрет (뷔네그렡)	(남) 잡채(雜菜), 냉채(冷菜)
винительный (뷔니쩰느이)	(형)대격(對格)의; 직접목적격의 ; ~ падеж (언어) 대격(對格)
винить (뷔니찌)	(미완) 탓하다, 죄를 만들다, 비난하다
вино (뷔노)	(중) 포도주(葡萄酒), 와인(wine), 술
виноватый (뷔노와뜨이)	(형) 죄진, 잘못된, 책임 있는;
виновник (뷔노브니크)	(남) ① 죄인(罪人), 장본인(張本人); ② 원인(原人);
виновность (뷔노브노쓰찌)	(여) 유죄(有罪), 범죄(犯罪)
виновный (뷔노브느이)	(형) ① 죄 있는, 죄 지은; ② (명사) 죄 있는 사람, 죄진 사람
виноград (뷔노그라드)	(남) 포도나무, 포도;
виноградарство (뷔노그라달쓰뜨붜)	(중) 포도재배(학[술, 연구])
виноградник (뷔노그라드니크)	(남) 포도밭, 포도원
виноделие (뷔노젤리에)	(남) 포도술 주조, 와인 주조.
винокуренный (뷔노꾸렌느이)	(형) 양조의, 증류할 수 있는. винокуренный завод 증류주제조장
винт	(남) ① 나사, 나사못; ② (선박, 항공)

Вв

(вИнт)	추진기(推進機),프로펠라;
винтовка (뷘또브까)	(남) (군사) 보병총(步兵銃), 엠원(M1), 엠십육(M16) 따위의 보병이 쓰는 소총.
винтовой (뷘따보이)	(형) 나사의, 나선형의;
виолончелист (뷔올론첼리쓰트)	(남) 첼로 연주자
виолончель (뷔올론첼)	(여) 첼로(cello)
вирус (뷔루쓰)	(남) (의학) 바이러스(virus)
вирусный (뷔루쓰느이)	(형) 바이러스의(virus);
виселица (뷔쎌리짜)	(여) 교수대(絞首臺)
висеть (뷔쎄찌)	(미완) ① 걸려있다, 드리워있다, 매달려 있다; ② 늘어져있다, 처지다;
вискоза (뷔쓰꼬자)	(여) ① 비스코스(viscose; 인조견사, 셀로판의 원료); ② 인견사
висок (뷔쏘크)	(남) 관자노리
високосный (뷔싸꼬쓰느이)	(형); ~ год 윤년(閏年)
висячий (뷔쎄치이)	(형) 걸려있는, 드리워있는;
витамин (뷔따민)	(남) 비타민(vitamin)
витать (뷔따찌)	(미완) ① 떠있다, 돌다, 선회하다; ② 환상에 잠기다, 허공에 떠 돌다;
витрина (뷔뜨리나)	(여) 진열장(陳列欌)
вить (뷔찌)	(미완) 꼬다, 비비꼬다, 틀다;
виться (뷔쨔)	(미완) 꼬이다, 감기다, 곱실곱실해지다, 고불꼬불해지다; 빙빙 떠돌다, 선회하다

вихлять (뷔흘랴찌)	(미완) 비틀거리다, 뒤뚱거리다, 휘청거리다
вихрь (뷔흐리)	(남) ① 회오리바람, 돌개바람, 선풍; ② 소용돌이
вице- (뷔쩨)	(합성어의 첫부분) 부~
вишнёвый (뷔스뇨브이)	(형) ① 벚나무, 양벚의, 버찌의; ② 검붉은색의
вишня (뷔스냐)	(여) ① 벚나무, 양벚; ② 버찌
вклад (프클랏)	(남) ① 저금(貯金), 예금(預金); ② 기여(寄與), 공헌(公憲);
вкладывать (프클라듸와찌)	(미완) 넣다;
вклеивать(미완), **вклеить** (완) 붙여 넣다, 안에 넣어 붙이다 (프클레이와찌)　(브끌레이찌)	
вклиниваться (미완), **вклиниться** (완) ① 쐐기처럼 박다, (프클리니와쨔)	끼우다, 밀어 넣다; ② 집어넣다, 삽입하다, 써넣다
включать (프클류차찌)	(미완) ① 포함시키다, 끌어넣다, 적어 넣다, 기입하다; ② (전기를) 연결시키다, 스위치를 넣다;
включаться (프클류차쨔)	(미완) 포함되다, 기입되다, 가입하다, 참가하다
включение (프클류체니에)	(중) ① 포함(包涵), 기입(記入), 삽입; ② (전기) 연결, 투입, 이음
включительно (프클류치쩰나)	(부) 포함하여, 합하여
включить(ся) (프클류치찌)	*см.* включать(ся)
вконец (프까녜쯔)	(부) 아주, 완전히;
вкопанный (프꼬빤느이)	(형); стоять как ~ 못박힌 듯이 서있다, 굳은 듯 서있다
вкопать (프까빠찌)	*см.* вкапывать

Вв

вкось (프꼬시)	(부) 비스듬히, 비뚜로, 엇비슷이;
вкрадчивый (프크라드치브이)	(형) 알랑거리는, 빌붙는, 간교한, 간사한.
вкрадываться (미완), вкрасться (완) (프크라듸와짜)	숨어들다, 잠입하다, 몰래 기어들다, 섞여들다;
вкратце (프크라뜨쩨)	(부) 간단히, 요약해서, 대강, 요지, 대충;
вкривь (프크리비)	(부) 비뚤비뚤, 비뚜로;
вкрутить (프크루찌찌)	*см.* вкручивать
вкрутую (프크루뚜유)	(부); яй цо ~ 완숙, 푹 삶은 달걀
вкручивать (프크루치와찌)	(미완) 비틀어 넣다, 돌려 넣다, 꼬아 넣다
вкус (프꾸쓰)	(남) ① 맛, 입맛, 미각, 맛대가리; ② 취미(趣味), 기호(嗜好); ③ 풍미(風味), 멋, 미감(味感);
вкусный (프꾸스느이)	(형) 맛있는, 맛좋은;
вкусовой (프꾸싸보이)	(형) 맛의, 미각의; ~ые ощу-щения 미각
влага (플라가)	(여) 습기, 누기(漏氣), 수분(水粉), 물기
влагонепроницаемый (플라고네쁘로니짜에드이)	(형) 습기를 막음, 누기막이의, 방습의;
владелец (플라젤레쯔)	(남) 소유자(所有者), 주인(主人), 임자, 소유주(所有主)
владение (플라제니에)	(중) ① 소유(所有), 점유(占有); ② 영토, 영지(領地), 부동산(不動産)
владеть (플라제찌)	(미완) ① 소유하다, 점유하다, 가지고 있다; ② 지배하다, 통치하다; ③ 다룰 줄 알다, 잘 알다, 정통하다, 환히 알다
влажность (플라즈노쓰찌)	(여) 습기(濕氣), 누기, 습도, 물기, 축축하다

влажный (블라즈느이)	(형) 물기 있는, 습기 있는, 습기 찬, 축축한; ~ая земля 습기찬 땅, 눅눅한 땅, 습지(濕地).
властвовать (블라쓰뜨붜와찌)	(미완) *чем, над, над чем-кем* ~를 지배하다, 제압하다, 좌지우지하다, ~를 통치하다
властный (블라쓰뜨느이)	(형) ① 권력 있는, 세력 있는; ② 위압적인, 명령적인;
власть (블라쓰찌)	(여) ① 정권(政權), 주권(主權); ② 권력, 세력, 힘, 권세, 세도, 실력
влачить (블라치찌)	(미완);~ жалкое существование 간신히 살아나다, 겨우 연명하다
влево (블레붜)	(부) 왼쪽으로, 왼편으로, 왼쪽에
влезать (미완), влезть (완) (블레자찌)	① 기어오르다, 올라가다; ② 기어들어가다, 겨우 들어가다; ③ 들어가다, 자리잡다.;
влетать(미완), влететь (완) (블레따찌)	날아들다, 날아 들어오다, 날아 들어가다; 뛰어 들어오다, 급하게
влечение (블레체니에)	(중) ① 갈망(渴望), 열망, 애착(愛着); ② 흥미(興味), 열중(熱中)
влечь (블레치)	(미완) 마음을 끌다, 마음이 쏠리다;
вливание (블리와니에)	(중) (의학) 주사
вливать (블리와찌)	(미완) ① 부어넣다, 쏟아 넣다, 주입하다; ② (의학) 주사를 놓다; ③ 마음에 불어 넣다, 고취하다
вливаться (블리와짜)	(미완) ① 흘러들어가다, 흘러들다; ② 합류하다, 가입하다, 보충되다.
влить(ся) (블리찌)	(완) *см.* вливать(ся)
влияние (블리야니에)	(중) ① 영향; ② 세력, 권세, 힘, 권력 영향력, 위신, 위엄(威嚴)
влиятельный (블리야쩰느이)	(형) 유력한, 영향력 있는, 권위 있는;

влиять (블리야찌)	(미완) 영향을 주다, 영향이 미치다
вложить (블로쥐찌)	см. вкладывать
влюбиться (블류비쨔)	см. влюбляться
влюблённый (블류브룐느이)	(형) ① 반한, 사랑에 빠진, 열중하는; ② (명사) (남) 반한남자, 사랑에 빠진 사람
влюбляться (블류브랴쨔)	(미완) 반하다, 사랑에 빠지다, 열중하다
вменить (브메니찌)	см. вменять
вменяемость (브메냐모쓰찌)	(여) (법률) 책임능력(責任能力)
вменять (브메냐찌)	(미완); ~ в вину 유죄로 인정하다, 죄를 부과하다; ~ в обязанность 의무로 하다, 의무를 지니게 하다
вместе (브메쓰쩨)	(부) 같이, 함께;
вместилище (브메쓰찌리쉐)	(중) ① 용기(用器); ② 저장고, 탱크, 큰통;
вместимость, вместительность (브메쓰찌모쓰찌)	(여) 용적(容積), 용량(用量), 수용능력(收容能力)
вместительный (브메쓰찌쩰느이)	(형) 용량이 큰, 수용능력이 많은
вместить(ся) (브메쓰찌찌)	см. вмещать(ся)
вместо (브메쓰따)	(전) 대신에;
вмешательство (브메샤쩰쓰드뷔)	(중) 간섭(干涉), 참견, 개입(介入), 간여(干與), 간예(干預), 관여(關與)
вмешаться(완), вмешиваться (미완) (브메샤쨔) (브메쉬와쨔)	간섭하다, 참견하다, 개입하다, 섞여 들어가다.
вмещать (브메샤찌)	(미완) 받아들이다, 수용하다, (~속에) 넣다, 걸어 넣다

- 118 -

вмещаться (브몌샤쨔)	(미완) 들어가다, 수용하다, 들어 갈 수 있다.
вмиг (브미그)	(부) 순간에, 순식간에, 눈깜박 할 사이에, 단번에
внаём, внай мы (브나욤)(브나이믜)	(부) 임차(대)하다, 빌리다;
вначале (브나차레)	(부) 처음에는, 애초에, 초기에는;
вне (브녜)	(전) ① 밖에, 밖에서, 바깥에, 외에; ② ~를 떠나서;
внедрение (브녜드례니에)	(중) 도입(導入), 침투(浸透)
внедрить(ся) (브녜드리쨔)	*см*. внедрять(ся)
внедрять (브녜드랴쩨)	(미완) 도입하다, 받아들이다, 뿌리박게 하다;
внедряться (브녜드랴쨔)	(미완) 도입하다, 뿌리박다; 침투되다
внезапно (브녜자쁘나)	(부) ① 갑자기, 뜻밖에, 불의에, 언뜻; ② 돌연히, 난데없이
внезапность (브녜자쁘노쓰찌)	(여) 돌연적인 것, 불의성, 돌발적인 것
внезапный (브녜자쁘느이)	(형) 불의의, 뜻밖의, 비의의, 돌발적인, 돌연적인, 우연한;
внеклассный (브녜클라쓰느이)	(형) 과외의
внеочередной (브녜오체레드노이)	(형) 순서 밖의, 차례를 따르지 않는, 비상의, 임시의
внеплановый (브녜쁠라노브이)	(형) 계획외의, 계획에 없는;
внесение (브녜쎼니에)	(중) ① (돈의) 납입, 납부; ② (제안의) 제출; ③ 기입(記入), 등록(登錄);
внести (브녜쓰찌)	*см*. вносить
внешкольный	(형) 학교 밖의, 학교외의;

- 119 -

(브네쓰꼴느이)

внешне
(브네쉬네)
(부) 겉으로, 표면상

внешнеполитический
(브네쉬네뽈리찌체쓰끼이)
(형) 대외정책의, 외교의;

внешнеторговый
(브네쉬네또르고브이)
(형) 대외무역의;

внешнеэкономический
(브네쉬네에꼬노미체쓰끼이)
(형) 대외경제의;

внешний
(브네쉬니이)
(형) ① 외부의, 겉의, 외적인;
② 외국의, 대외적인;

внешность
(브네쉬노쓰찌)
(여) 외부, 외모(外貌), 겉모양, 겉차림

внештатный
(브네쉬따뜨느이)
(형) 정원외, 편제 없는, 겸임의;

вниз
(브니즈)
(형) ① 아래로, 밑으로; ② 하류로;

внизу
(브니주)
(부) 아래에, 밑에

вникать (미완), **вникнуть** (완) 파고들다, 따져보다,
(브니까찌) 깊이 생각하다;

внимание
(브니마니에)
(중) 주의, 주목;

внимательно
(브니마쩰나)
(부) ① 주의 깊게, 신중히;
② 세심하게, 차근차근

внимательный
(브니마쩰느이)
(형) ① 주의 깊은, 신중한;
② 친절한, 세심한, 차근차근한

вничью
(브니치유)
(부); сыграть ~ 비기다

вновь
(브노비)
(부) 또다시, 재차(再次), 새로;

вносить
(브노씨찌)
(미완) ① 전달하다, 가지고 들어가다;
② 납부하다, 지불하다; ③ 제출하다;

внук
(브누크)
(남) 손자(孫子), 외손자;

внуки (브누끼)	(복수) 후손(後孫), 자손(子孫)
внутренний (브누뜨렌니이)	(형) ① 안의, 내부의; ② 국내의, 대내의;
внутренность (브누뜨렌노쓰찌)	(여) ① 안, 내부(內部), 내면, 속; ② ~и (복수)(해부) 내장,장기, 몸안
внутри (브누뜨리)	(부) 안에, 속에, 내부에
внутрипартий ный (브누뜨리짜르찌이느이)	(형) 당내, 정당안의;
внутриполитический (브누뜨리뽈리찌체쓰끼이)	(형) 국내정치의, 대내적인;
внутрь (브누뜨리)	(부) 안으로, 속으로, 내부로
внучата (브누차따)	(복수) 손자들, 손녀들, 외손자들, 외손녀들
внучка (브누츠까)	(여) 손녀, 외손녀, 손자딸
внушать (브누샤찌)	(미완) (사상, 철학 등을) 불어넣다, 불러일으키다, 깨우쳐주다, 일깨워주다;
внушение (브누쉐니에)	(중) ① 일깨워주는 것, 납득, 훈계 교훈; ② 견책, 경고, 주의, 계고(戒告).
внушительный (브누쉬쩰느이)	(형) ① 감명깊은, 인상깊은; ② 어마어마한, 위엄있는, 위엄스러운; ③ 커다란, 당당한, 대규모의, 아주 큼직하다;
внушить (브누쉬찌)	*см.* внушать
внятный (브냐뜨느이)	(형) 똑똑한, 잘 들리는, 명료한, 또렷한
во (붜)	*см.* в
вобрать (바브라찌)	*см.* вбирать
вовлекать (바블레까찌)	(미완) 인입하다, 끌어넣다, 끌어들이다;

вовлечение (바블례체니에)	(중) 인입(引入), 끌어들임
вовлечь (바블례치)	*см.* вовлекать
вовремя (뵤브례먀)	(부) 제때에, 제시간에, 때마침;
вовсе (뵤브쎄)	(부) 전혀, 도무지, 아주;
вовсю (바브쓔)	(부) 있는 힘을 다하여, 힘껏, 전력을 다하여, 모든 힘을 다하여
вовторых (바브또릐흐)	(삽입어) 둘째로
вода (바다)	(여) ① 물; ② воды (복수) 광천, 온천, 열천, 탕천(湯泉), 탕정(湯井);
водворить (완), **водворять** (미완) (바드뵈리찌) (뵤드뵈랴찌)	① 이사시키다, 안착시키다; ② 세우다, 수립하다;
водевиль (바데빌)	(남) 소극, 희극, 코미디, 촌극, 토막극 보드빌(노래·춤·만담·곡예 등을 섞은 쇼)
водитель (바디쩰)	(남) 운전사(運轉士)
водительский (바디쩰쓰끼이)	: ~ие права 운전면허증(運轉免許證)
водительство (바디쩰쓰뜨붜)	(중); под ~ом 지도 밑에, 영도아래
водить (바디찌)	*см.* вести
водиться (바디쨔)	(미완) ① 살고 있다; ② с *кем* 사귀다, 교제하다
водка (뵤드까)	(여) 보드카, 술
водный (뵤드늬이)	(형) 물의, 수상의(水上);
водовоз (뵤도보즈)	(남) 물 운반하는 사람
водоворот	(남) 소용돌이, 도는 물;

(바다바로트)

водоём (바다욤)	(남) 저수지(貯水池), 물탱크
водоизмещение (바다이즈메쉐니에)	(중) 배수량(排水量);
водолаз (바달라즈)	(남) 잠수부(潛水夫)
водолечебница (바달레체브니짜)	(여) 물을 이용하여 물리 치료하는 병원(냉수마찰, 전신욕)
водолечение (바달레체니에)	(중) 물 치료법(治療法)
водонапорный (바다나쁘르느이)	(형): ~ая башня 급수탑(給水塔), 급수주, 저수탑
водонепроницаемый (바다네쁘로니짜에므이)	(형) 물막이의, 방수의, 방수용;
водопад (바다빠드)	(남) 폭포, 억수, 호우; 홍수(deluge).
водоплавающий (바다쁠라와유쉬이)	(형): ~ая птица 물새; ~ие (복수) 수조류(水鳥類),물새종류
водопой (바다뽀이)	(남) (짐승들의) 물터, 물 먹이는 곳, 물먹는 곳
водопровод (바다쁘로보드)	(남) 수도(水道), 수도관(水道管)
водопроводный (바다쁘로보드느이)	(형) 상수도의, 급수의; ~ый кран 수도꼭지; ~ая труба 수도관(水道管)
водопроводчик (바다쁘로보드치크)	(남) 수도공, 수도 관리공
водопроницаемый (바다쁘로니짜에므이)	(남) 물이 스며들 수 있는; 물이 배이는;
водоразборный (바다라스보르느이)	(형) 배수탑, 급수탑
водораздел (바다라스젤)	(남) (지리) 분수계(分水界);
водород (바다롣)	(남) 수소(水素(기호 H; 번호 1)

— 123 —

водородный (바다로드느이)	(형) 수소의;
водоросль (붜도로쓸)	(여) 물풀, 수초(水草);
водоснабжение (붜도쓰나브줴니에)	(중) 급수(汲水), 물공급
водосток (붜다쓰똑)	(남) 배수로(排水路), 물받이, 물도랑
водосточный (붜다쓰또츠느이)	(형) 배수의, 방수의; ~ая труба 낙수관;
водохранилище (붜다흐라니리쉐)	(중) 저수지, 수원지(水源池), 물탱크
водружать(미완), водрузить (완) (붜드루좌찌) (보드루지찌)	세우다, 세워놓다
водянистый (붜쟈니쓰뜨이)	(형) 물기가 많은, 수분이 많은, 묽은
водянка (바쟌까)	(여) (의학) 수종(水腫), 물종기, 수증(水症), 수포증
водяной (바쟈노이)	(형) ① 수력으로 움직이는; ② 물에서 사는, 물의;
воевать (바에와지)	(남) 전쟁을 하다, 전쟁에 참가하다, 싸우다, 말다툼하다
воедино (바에지나)	(부) 한곳으로, 하나로, 한데;
военачальник (바에나찰니크)	(남) 사령관(司令官)
военизация (바에니자찌야)	(여) 군사화, 군사교육(軍事敎育)
военизировать (바에니지로와찌)	(완, 미완) 군사화하다
военно-воздушный (바엔나-붜즈두쉬느이)	(형); ~ые силы 공군(空軍)
военно-морской (바엔나-모르쓰꼬이)	(형); ~ флот 해군(海軍)
военно-обязанный	(남) 병역의무자(兵役義務者)

(바옌나-오뱌잔느이)

военно-пленный (남) 포로(捕虜), 포로병(捕虜兵)
(바옌나-쁠렌느이)

военно-полевой (형) 전시의, 야전의;
(바옌나-뽈레보이)

военно-политический (형) 군정(軍政)
(바옌나-뽈리찌체스끼이)

военно-промышленный (형) 군사 산업;
(바옌나-쁘로믜쉬렌느이)

военно-служащий (남) 군인(軍人), 군복무자
(바옌나-쓸루좌쉬이)

военно-стратегический (남) 군사전략적인
(바옌나-쓰뜨라쩨기체스끼이)

военный (형) ① 군사의, 전쟁의, 군대의;
(바옌느이) ② 군수의; ③ (명사로) (남) 군인, 군복

военщина (여) 군벌(軍閥), 군부(軍府)
(바옌쉬나)

вожак ① 우두머리, 두목; ② 길잡이, 안내자
(바좌크) ③ 지도자(指導者)

вожатый (남) 지도원(指導員)
(바좌뜨이)

вождь (남) ① 선도자, 지도자, 리더; ② 장
(뷔즈디) (長),두령; ③ 장(長), 우두머리, 지배자

вожжи (남) ① 리본, 띠; ② 고삐
(뷔즈지)

воз (남) 짐수레, 달구지;
(뷔즈)

возбудимость (여) 자극성(刺戟性), 흥분성
(바즈부지모쓰찌)

возбудимый (형) 흥분하기 쉬운, 격하기 쉬운,
(바즈부지므이) 자극성 있는

возбудитель (남) (생물) 자극소, 자극제, 매개물
(바즈부지쩰)

возбудить(완), **возбуждать** (미완) ① 흥분시키다, 자극하다;
(바즈부디찌) ② 복돋우다, 일으키다;

Вв

возбудиться(완), возбуждаться (미완) 흥분하다
(바즈부디짜) (뷔즈부즈다짜)

возбуждающий (형); ~ee средство (의학) 자극제
(바즈부즈다유쉬이) (刺戟劑), 흥분제(興奮劑)

возбуждение (중) 흥분(興奮), 열기(熱氣);
(바즈즈제니에)

возбуждённый (형); в ~ом состоянии 흥분상태에
(바즈부즈죤느이)

возвести(완), возводить (미완) ① 세우다, 축성하다;
(바즈붸쓰찌) ② (수학) 곱, 제곱

возврат *см.* возвращение
(바즈브라트)

возвратить(ся) *см.* вернуть(ся)
(바즈브라찌찌) (보즈브라찌짜)

возвратный (형) ① (의학) 재발하는, 덧나다,
(바즈브라뜨느이) ② (언어) 재귀의;

возвращение 돌아가는 것, 귀환(歸還);
(바즈브라쉐니에)

возвысить(완), возвышать (미완) (보다 더) 높이다, 더 높이
(바즈븨씨찌) 올리다, 승급시키다;

возвыситься (완), возвышаться (미완) 우뚝 솟다, 솟아있다
(바즈븨씨짜)

возвышение (중) ① 높이는 것, 올리는 것;
(바즈븨쉐니에) ② 높은 곳, 둔덕이 진 곳, 언덕진 곳;

возвышенность (여) 고지, 높은 지대, 둔덕, 언덕구릉,
(바즈븨쒠노쓰찌) 구강, 구릉, 구부(丘阜), 능구(陵丘)

возвышенный (형) возвышать 의 피동과거;
(바즈븨쒠느이) (지형, 지대 등이) 높은, 둔덕진,
 언덕진; 고상한, 고결한

возглавить(완), возглавлять (미완) 앞장서다, 선두에 서다,
(뷔즈글라븨) 앞서다, 지도하다;

возглас (남) 외침, 외침소리, 함성, 고함,
(뷔즈글라쓰) 고함소리;

воздавать (미완), воздать (완) 주다, 표시하다
(바즈다와찌)

- 126 -

воздвигать (미완), **воздвигнуть** (완) (바즈드븨찌)	세우다, 구축하다, 건립하다, 쌓아올리다;
воздействие (바즈제이쓰뜨비에)	(중) 영향, 작용;
воздействовать (바즈제이쓰뜨뷔와찌)	(완, 미완) на *кого* ~에게 영향을 주다, 작용하다, 압력을 가하다; благотворно ~ 감화하다
возделать (완), **возделывать** (미완) (바즈젤라찌)	① (땅을) 경작하다, 일구다, 갈다; ② 재배하다;
возделывание (바즈젤늬와니에)	(중) ① 개간, 경작; ② 재배(栽培)
воздержавшийся (바즈제르좌브쉬이샤)	① воздерживаться 의 능동과거; ② (명사) (남) (투표 등에서) 기권자.
воздержание (바즈제르좌니에)	(중) ① 절제(節制), 제어(制御), 억제; ② 기권(棄權), 거부(拒否)
воздержаться (완), **воздерживаться** (미완) (바즈제르좌짜)	① 삼가다, 절제하다, 자제하다, 억제하다; ② 기권하다, 기피하다;
воздух (붜즈두호)	(남) 공기, 대기;
воздухоплавание (붜즈두호쁠라와니에)	(중) 항공술(航空術), 비행술(飛行術), 항공(航空), 비행(飛行)
воздухоплаватель (붜즈두호쁠라와쩰)	(남) 항공사(航空士), 비행사, 조종사
воздушный (바즈두쉬느이)	(형) ① 공기의, 대기의; ② 공중의; ③ 항공의, 비행의; ④ 가벼운, 하르르한
воззвание (바즈와니에)	(중) 격문(檄文), 호소문(呼訴文);
воззрение (바즈레니에)	(중) 견해, 관점, 의문, 의견, 시각
возить (바즈지찌)	(미완) 실어 나르다, 태우고 다니다, 운반하다, 수송하다;
возиться (바즈이쨔)	(미완) ① 부산을 떨다, 부산을 피우다, 떠들며 돌아다니다; ② с *кем-чем* 어떤 일에 매달리다, 주무르다
возлагать	(미완) ① (엄숙히) 놓다, 삼가놓다;

(바즐라가찌)	② 맡기다, 의뢰하다, 부과하다, 지우다
возле (뷔즐레)	(부) 곁에, 옆에, 가까이에;
возложение: (바즐라줴니에)	(중) 쌓기, 놓기, 설치; ~ венка 화환증정
возложить (바즐라쥐찌)	*см.* возлагать
возлюбленный (바즐류브렌느이)	① 뜨겁게 사랑하는; ②(명) (남) 애인(愛人), 사랑하는 사람
возмездие (바즈몌즈지에)	(중) 보복, 징벌, 형벌, 처벌(處罰)
возместить (완), **возмещать** (미완) 갚다, 보상하다, 벌충하다, (바즈몌스찌찌) 배상하다;
возможно (바즈모즈나)	① (부) 될 수록, 될 수 있는 대로; ② (삽입어) 아마, ~지도 모른다, ~것 같다; ③ (술어) 가능하다;
возможность (바즈모즈노쓰찌)	(여) ① 가능성(可能性), 여부(與否); ② 기회(期會);
возможный (바즈모즈느이)	(형) 가능한, 있을 수 있는, 될 수 있는;
возмужать (바즈무좌찌)	(완) 성인이 되다, 어른이 되다, 장골이 되다
возмутительно (바즈무찌쩰나)	(부) это ~ 이것은 언어도단이다, 그것은 격분할 노릇이다
возмутительный (바즈무찌쩰느이)	(형) 분개할, 격분할;
возмутить(ся) (바즈무찌찌)	*см.* возмущать(ся)
возмущать (바즈무샤찌)	(미완) 격분을 자아내다, 불쾌감을 주다
возмущаться (바즈무샤쨔)	(미완) 격분하다, 분개하다, 격분이 치밀다, 통분하다
возмущение (바즈무쉐니에)	(중) 분개, 분노(憤怒), 격분(激憤);
возмущённый	① возмущать 의 피동과거;

(바즈무**손**느이)	② (형) 격분한, 분개한
вознаградить (완), **вознаграждать** (미완)	갚다, 보수를 주다, 보답하다;
(바즈나그라지찌)	
вознаграждение (바즈나그라즈**제**니에)	(중) ① 갚음, 보수(報酬), 보상(報償) ② 보상금, 수당금(手當金), 상금(賞金)
возненавидеть (바즈네나비제찌)	(완) 몹시 미워하다, 증오에 불타다
возникать (바즈니까지)	(미완) 생기다, 발생하다, 일어나다, 나타나다;
возникновение (바즈니크노**붸**니에)	(중) 발생, 출연, 발단
возникнуть (바즈니크누찌)	*см.* возникать
возня (바즈냐)	(여) ① 소동, 소요, 북새통, 야단법석; ② 골칫거리, 손이 많이 드는 일, 말썽꾸러기, 번잡스러운 일
возобновить(ся) (바조브노**뷔**찌)	*см.* возобновляться
возобновление (바조브노브**레**니에)	(중) 재개, 갱신, 재생(再生), 소생
возобновлять (바조브노브**랴**찌)	(미완) 재생하다, 재개하다, 갱신하다, 회복하다;
возобновляться (바조브노브**랴**짜)	(미완) 재개되다, 재상되다, 다시 시작하다, 회복하다, 거듭되다.
возомнить (바조므**니**찌)	(완); ~ о себе 자고자대하다, 자부하다, 우쭐되다
возражать (바즈라**좌**찌)	(미완) 반대하다, 반박하다, 말대꾸하다, 되받다, 항의하다;
возражение (바즈라**줴**니에)	(중) 반대, 반박, 말대꾸, 항의(抗議)
возразить (바즈라지지)	*см.* возражать
возраст (**뷔**즈라쓰트)	(남) 나이, 연령, 살, 세
возрастание	(중) 증대(增大), 증가(增加), 오르는 것

BB

(바즈라쓰따니에)

возрастать (미완), возрасти (완) 늘어나다, 증가되다, 증대되다,
(바즈라쓰따찌) 더하게 되다, 오르다

возрождать (미완), возродить (완) 재생하다, 부흥시키다, 소생
(바즈라즈다찌) 시키다, 복구하다.

возродиться (완), возрождаться (미완) 재생되다, 부흥하다,
(바즈라지짜) 복구하다;

возрождение (중) 재생(再生), 부흥(復興)
(바즈라즈제니에)

воин (남) 군인(軍人), 전사(戰士), 병사(兵士)
(붜인)

воинский (남) 군사의, 군인의, 군대의, 군용의
(붜인쓰끼이)

воинственный (형) 호전적인, 전투적인, 적극적인
(바인쓰뜨볜느이)

вой (남) 통곡(慟哭), 고함, 울부짖는 소리;
(붜이)

война (여) 전쟁(戰爭); 교전(交戰), 전쟁
(바이나)

войска (복수) 군대(軍隊), 군부대, 부대병력.
(보이쓰까)

войско (중) 육군, 군대(軍隊).
(보이쓰까)

войсковой (형) 군의, 군대의, 군사의, 군용의
(바이쓰까보이)

войти *см.* входить; ~에 들어가다(가입하다)
(바이찌) ~에 입회(입학, 입대, 참가)하다

вокалист (남) 성악가(聲樂家)
(바깔리쓰트)

вокальный (형) 성악의
(바깔리느이)

вокзал (남) 기차 역(驛), 역사(驛舍);
(바크잘) 정거장(停車場), 정류장

вокруг ① (부) 주위에, 둘레에, 둘레둘레;
(바크룩) ② (전) ~의 둘레에, 주위에, 주변에;

вол (볼)	(남) (거센) 수소, 황소
волдырь (볼듸리)	(남) 물집, 수포(水疱)
волевой (발레보이)	(형) 의지가 강한, 의지적인(意志的);
волеизъявление (발레이지야브레니에)	(중) 의사표시, 욕구; 원망(願望), 욕망 바라는 것.
волейбол (발레이볼)	(남) 배구(排球);
волейболист (발레이볼리쓰트)	(남) 배구선수; ~ка 배구선수
волейбольный (발레이볼리느이)	(형) 배구의(排球);
волей-неволей (볼레이-네볼레이)	(부) 좋든 싫든 하는 수 없이;
волк (볼크)	(남) ① 늑대, 승양이, 이리, 말승냥이. ② 노련가, 베테랑, 고참자
волна (발나)	(여) ① 물결, 파도, 물결, 놀, 너울, 도란, 도파, 해도(海濤), 파랑(波浪); ② (물리) 파(波), 전파(電波)
волнение (발네니에)	(중) ① 근심, 걱정, 격동, 흥분, 불안; ② 물결이 이는 것, 파동(波動); ③ 소동(騷動), 소요(騷擾)
волнистый (발니쓰뜨이)	(형) 물결모양, 파도 같은;
волновать (발노와찌)	(미완) 불안케 하다, 걱정하게 하다, 흥분시키다, 격동시키다, 마음을 두근거리게 하다, 설레게 하다
волноваться (발노와짜)	(미완) ① 격동하다, 불안케 하다, 마음이 죄다; ② (바다물이) 파도치다;
волнорез (발노레즈)	(남) 방파제(防波堤), 방조제(防潮堤)
волнующий (발누유쉬이)	① волновать의 능동현재; ② (형) 흥분시키는, 불안하게 하는, 격동적인; 감격적인, 감명적인;

волокита (발로끼따)	(여) 일을 질질 끄는 것, 앉아서 뭉개는 것, 머무거리다;
волокно (발라크노)	(중) 섬유(纖維);
волос (볼로쓰)	(남) 머리칼, 머리, 머리 털(毛);
волосатый (발라싸뜨이)	머리칼이 많은
волосок (발라쏙)	(남) ① 가는 털, 잔털; ② (시계부속의) 유사; ③ (식물의) 부들(향포)털; ④ (전구안의) 가열선, 필라멘트;
волосяной (발라쌰노이)	(형) 털의, 털로 만든;
волочить (발로치찌)	(미완) 끌어당기다, 질질 끌다;
волочиться (발로치짜)	(미완) 질질 끌리다, 겨우 걸어가다
волчий (발치이)	(형) 늑대의, 이리의, 승냥이의;
волчица (발치짜)	(여) 암승냥이, 암이리, 암늑대.
волчок (발촉)	(남) 팽이
волчонок (발초녹)	(남) 이리(승냥이) 새끼
волшебник (남), ~ца (여) (발쉐브니크)	마술쟁이, 요술쟁이
волшебный (발쉐브느이)	(형) ① 마술의, 요술의; ② 신기한, 매혹적인, 유혹적인
вольно! (볠나)	(부) (구령) 쉬엇!
вольнонаёмный (볠노나욤느이)	(형) 고용된, 임차한
вольнослушатель (볠노스루샤쩰)	(남) 청강생(聽講生)

вольный (뷜느이)	(남) ① 자유로운, 마음대로 할 수 있는; ② 제한되지 않는, 구속되지 않는, 자유의;
вольт (뷜트)	(남) (전기) 볼트(volt)
вольтметр (발뜨메뜨르)	(남) (전기) 전압계(電壓計)
вольфрам (발프람)	(남) ① (화학) 텅스텐(tungsten), 중석(重石), 볼프람(wolfram); ② (광물) 중석광(重石鑛), 볼프광
воля (뷜랴)	(여) ① 의지(意志), 의사(意思), 의욕(意慾), 요구(要求); ② 자유(自由);
вон¹ (뷘)	(부) 밖으로;
вон² (뷘)	(조) 저기, 저기에;
вонзать (미완), вонзить (반자찌) (뷘지찌)	(완) 들이 찌르다, 찌르다
вонь (뷘니)	(여) 구린내, 나쁜 냄새, 악취(惡臭)
вонючий (반유치이)	(형) 냄새가 역한, 악취가 풍기는, 구린내가 나는
вонять (반냐찌)	(미완) 역한 냄새가 나다, 구린내가 나다, 악취를 풍기다
воображаемый (바아브라좌에므이)	(남) 가상적인, 상상한
воображать (바아브라좌찌)	(미완) 상상하다, 가상하다, 속으로 생각하다.
воображение (바아브라줴니에)	(중) 상상(想像), 공상(空想), 상상력
вообразить (바아브라지찌)	*см.* воображать
вообще (바아브쉐)	(부) 대개, 대체로, 대략, 일반적으로;
воодушевить(ся) (바아두쉐뷔찌)	(완) *см.* воодушевлять(ся)

Вв

воодушевление
(바아두쉐브레니에)
(중) ① 고무, 격려; ② 열성(熱誠);

воодушевлять
(바아두쉐브랴찌)
(미완) ① 고무하다, 격려하다, 활기를 띠다; ② 열성을 내게 하다, 기세를 올리다

воодушевляться
(바아두쉐브랴쨔)
(미완) ① 고무되다, 격려되다, 분발하다; ② 활기를 띠다, 기세가 오르다

вооружать
(바아루좌찌)
(미완) 무장시키다, 장비하다;

вооружаться
(바아루좌쨔)
(미완) 무장되다, 무장을 갖추다, 장치하다;

вооружение
(바아루줴니에)
(중) ① 무장시키는 것, 무장하는 것; ② 무장(武裝), 군비(軍備), 무기(武器), 장비(裝備), 병기(兵器), 군장(軍葬);

вооружённый
(바아루죤느이)
(형) 무장의, 무력의, 무장한, 장비된;

вооружить(ся)
(바아루쥐찌)
см. вооружать(ся)

воочию
(바아치유)
(부) 자기 눈으로, 직접, 바로, 직통으로

во-первых
(바-뼤르브흐)
(삽입어) 첫째로

вопить
(바삐찌)
(미완) 함성(고함)을 지르다, 울부짖다, 외치다, 소리를 지르다

вопиющий
(바삐유쉬이)
(형) 용인할 수 없는, 언어도단의;

воплотить(ся)
(바쁠로찌찌)
см. воплощать(ся)

воплощать
(바쁠로샤찌)
(미완) 실현되다, 성취되다;

воплощаться
(바쁠로샤쨔)
(미완) 실현되다

воплощение
(바쁠로쉐니에)
(남) 구현(具現·具顯), 실현(實現)

вопль
(붜쁠)
(남) 함성소리, 울부짖음, 비명(悲鳴)

вопреки
(바쁘레끼)
(전) *чему* ~와 거역하여, ~을 역행하여, ~에 반하여, ~에도 불구하고;

вопрос
(바쁘로쓰)
(남) ① 물음, 질문; ② 문제(問題);

вопросительный
(바쁘라씨쩰느이)
(형) 의문의, 물음의;

вор
(뷔르)
(남) 도적(盜賊)(놈), 절도(竊盜); 도둑, 좀도둑; 절도범(사람)

ворваться
(바르와짜)
см. врываться

воробей
(바라볘이)
(남) 참새, 스패로(공대공 미사일).

воровать
(바라와찌)
(미완) 도적질하다, 훔치다, 살짝 훔쳐가다, 소매치기하다.

воровской
(바라브쓰꼬이)
(형) 도적의;

воровство
(바라브쓰뜨뷔)
(남) 도적질, 훔치는 것, 소매치기, 날치기를 하다

ворон
(뷔론)
(남) 큰 까마귀, 갈가마귀
비거(鴨鵙), 여사(鸒斯), 연오(燕烏)

ворона
(바로나)
(여) ① 까마귀; ② 멍청이, 얼뜨기;

воронка
(바론까)
(여) ① 깔대기;
② 포탄 구덩이, 폭탄구덩이

ворот
(뷔롵)
(남) (옷) 깃, 동정

ворота
(바로따)
(복수) ① 대문, 출입문(出入門), 문;
② (체육) 골문, 골대

воротник
(바라뜨니크)
(남) 깃, 옷깃, 옷섶

ворох
(뷔라흐)
(남) 더미, 무더기;

ворочать
(바로차찌)
(미완) 뒤집어엎다, 옮기다, 움직이다;

ворочаться
(바라차짜)
(미완) 이리 저리 돌아눕다, 돌다;

- 135 -

ворошить (바라쉬찌)	(미완) 뒤집다, 뒤치다, 뒤적이다;
ворс (뵤르쓰)	(남) 보풀
ворсистый (바르씨쓰뜨이)	(남) 보풀이 있는, 보풀보풀한
ворчание (바르차니에)	(중) ① (사람의) 두덜두덜하는 것, 잔소리; ② (짐승의) 으르렁거리는 것
ворчать (바르차찌)	(미완) ① 두덜거리다, 투덜거리다; ② (짐승이) 으르렁대다
ворчливый (바르츨리브이)	(형) 투덜거리는, 잔소리가 많은, 말이 많은
ворчун (바르춘)	(남) 잔소리군, 불평군, 말썽군
восвояси (바쓰뵤야씨)	(부) 제집으로, 자기 집으로;
восемнадцатый (바쎔낫짜드이)	(수) 열여덟째의, 열여덟번째의, 제18의
восемнадцать (바쎔낫짜찌)	(수) 18(십팔), 열여덟
восемь (뵤쎔)	(수) 8(팔) 여덟
восемьдесят (뵤쎔제쌰트)	(수) 80(팔십) 여든
восемьсот (뵤쎔쏱)	(수) 800(팔백)
воск (뵤쓰크)	(남) 밀, 밀랍, 납밀;
воскликнуть (바쓰클리끄누찌)	*см.* восклицать
восклицание (바쓰클리짜니에)	(중) 부르짖음, 외침, 감탄, 함성, 비명
восклицательный (바쓰클리짜쩰느이)	(남) 감탄의, 절규의; ~ знак (언어) 느낌표, 감탄부호
восклицать	(미완) (감탄하여, 흥분하여) 외치다,

― 136 ―

(바스클리**짜**찌)	부르짖다, 절규하다
восково́й (바스까**보**이)	(형) 밀의, 밀로 만든;
воскреса́ть (바쓰크레사찌)	(미완) ① 되살아나다, 소생하다; ② 갱생하다, 부흥하다, 부활하다,
воскресе́нье (바쓰크레**쎼**니에)	(중) 일요일(日曜日), 주일(主日)
воскре́сник (바쓰크레쓰니크)	(남) 일요노동, 휴일근로
воскре́снуть (바쓰크레쓰누찌)	*см.* воскресать
воспале́ние (바쓰빨**레**니에)	(중) (의학) 염증(炎症), 염(炎);
воспалённый (바쓰빨**룐**느이)	염증(厭症)이 난;
воспали́тельный (바쓰빨리**쩰**느이)	(형) 염증성의, 염증의;
воспали́ться(완), **воспаля́ться** (미완) 염증이 생기다 (바쓰빨**리**짜)	
воспева́ть(미완), **воспе́ть** (완) (시 혹은 노래로) 찬양하다, 찬송하다 (바쓰뻬**와**찌)　　(붜쓰**뻬**찌)	
воспита́ние (바쓰삐**따**니에)	(중) 교육, 육성, 양육, 양성
воспита́нник (바쓰삐**딴**니크)	(남) 교육받는 사람, 제자, 학생, 피교육자(彼敎育者)
воспита́тель(남), **~ница** (여) 유치원교사, 유치원, 보육원(保育院) (바쓰삐**따**쩰)	
воспита́ть(완), **воспи́тывать** (미완) 기르다, 교양하다, 육성하다, (바쓰삐**따**찌)　키우다, 배양하다;	
воспи́тываться (바쓰삐드**와**짜)	(미완) 교육받다, 양육되다, 육성되다
воспламени́ться (바쓰쁠라메**니**짜)	*см.* воспламенять
воспламеня́емость (바쓰쁠라메**냐**마쓰찌)	(여) 가연성(可燃性), 인화성(引火性)

воспламеняться (바쓰쁠라메냐쨔)	(미완) ① 불이나다, 불타다, 발화하다; ② 활기를 띠다, 타오르다
восполнить (완), **восполнять** (미완) (바쓰뽈니찌)	보충하다, 대신 채우다, 채우다
воспользоваться *см.* пользоваться (바쓰뽈리조와쨔)	
воспоминание (바쓰뽀미나니에)	(중) ① 회상(回想), 추억, 회고(回顧); ② (복수) **~я** 회상기, 회상록, 회상담
воспрепятствовать (바쓰쁘레빠뜨쓰뜨뷔와찌)	(완) *см.* препятствовать
воспретить(완), **воспрещать** (미완) 금지하다, 막다, 못하게 하다 (바쓰쁘레찌찌) (뷔쓰쁘레샤찌)	
воспрещаться (바쓰쁘레샤쨔)	(미완) 금지되다, 말리다;
восприимчивость (바쓰쁘리임치뷔쓰찌)	(여) 감수성, 감염성, 자극감성, 감성
восприимчивый (바쓰쁘리임치브이)	(형) 감수성이 예민한, 감염되기 쉬운;
воспринимать (미완), **воспринять** (완) 받아들이다, 받들다, 감수 (바쓰쁘리니마찌)	하다, 해득하다, 납득하다, 깨우치다,
восприятие (바쓰쁘리야찌에)	(중) 이해력, 지각, 감득, 감수
воспроизведение (바쓰쁘로이즈뷔제니에)	(중) ① 재현(再現), 재생(再生); ② 복사(複寫), 모사
воспроизвести (완), **воспроизводить** (미완) ① 재생산하다; (바쓰쁘로이즈뻬쓰찌)	② 재생(재현,반복)하다; 복제(복사)하다
воспроизводство (바쓰쁘로이즈붜드쓰뜨붜)	(중) 재생산(再生産);
воспротивиться (바쓰쁘로찌비쨔)	(완) 반항하다, 대항하다, 반대하다, 항의하기 시작하다
воспрянуть (바쓰쁘랴누찌)	(완) 신이 나다, 생기를 띠다;
восславить,(완), **восславлять** (미완) (바쓰쓸라뷔찌)	명성을 떨치게 하다, 이름나게 하다, 찬미하다.
воссоединение	(중) 재통합, 재통일, 재결합(再結合).

(바쓰쏘에지녜니에)

восставлять
(바쓰따블랴찌)

(미완) ① 폭동을 일으키다, 들고일어나다; ② 반항하다, 반대하여 나서다.

восстанавливать
(바쓰따나블리와찌)

(미완) ① 복구하다, 부흥시키다, 회복하다; ② в чём: ~ в должности 복직시키다; ③ про тив кого-чего 반대하게 하다, 적대시하게 하다.

восстание
(바쓰따니에)

(중) 폭동(暴動), 봉기(蜂起);

восстановительный
(바쓰따나뷔쩰느이)

(형) 복구, 부흥(復興), 회복(回復)

восстановить
(바쓰따나뷔찌)

см. восстанавливать

восстановление
(바쓰따나블레니에)

(중) ① 복구, 부흥(復興), 회복(回復); ② в чём: ~ в должности 복직;

восстать
(바쓰따찌)

(완) см. восставать

восток
(바쓰똑)

(남) ① 동(東), 동쪽; ② 동양, 동방

востоковед
(바쓰따까베드)

(남) 동방학자(東方學者)

востоковедение
(바쓰따까볘제니에)

(중) 동방학(東方學)

восторг
(바쓰또르그)

(남) 환희, 황홀(恍惚), 감탄(感歎);

восторгаться
(바쓰또르가짜)

(미완) 환희에 싸이다, 황홀해하다, 감탄하다

восторженный
(바쓰또르줸느이)

(형) 환희에 찬 (넘친), 감복하는, 열광적인;

восторжествовать
(바쓰또르줴쓰뜨뷔와찌)

(완) над ~를 승리하다, 타승하다, 우세를 차지하다.

восточный
(바쓰또츠느이)

(형) 동(쪽)의, 동(쪽)으로의, 동(쪽)으로부터의; 동방의, 동양의;

востребование
(바쓰뜨레붜와니에)

(중) 요구, 청구: 지급 요구, 지급 청구, 클레임; письмо до ~я 유치우편

восхваление (바쓰흐왈레니에)	(중) 찬양(讚揚), 찬미(讚美), 칭찬(稱讚)
восхвалять (바쓰흐왈랴찌)	(미완) 칭찬하다, 찬양하다
восхитительный (바쓰히찌젤느이)	(형) 황홀한, 감탄을 자아내는, 매혹적인
восхитить (바쓰히찌찌)	(완) *см.* восхищать(ся)
восхищать (바쓰히샤찌)	(미완) 황홀케 하다, 감탄케 하다, 매혹케 하다
восхищаться (바쓰히샤짜)	(미완) 황홀해지다, 감탄하다, 탄복하다, 매혹되다
восхищение (바쓰히쉐니에)	(중) 감탄, 탄복, 황홀;
восход (바쓰호드)	(남) (해와 달이) 뜨는 것; 해돋이, 일출, 해뜨는 시각; 동틀녘
восходить (바쓰호지찌)	(미완) *см.* всходить
восхождение (바쓰호즈제니에)	(중) ① 올라가는 것; ② (해, 달 등이) 뜨는 것, 떠오르는 것;
восьмёрка (바시묘르까)	(여) ① 숫자 8(여덟) ② 번호 "8"
восьмидесятилетний (바시미제쌰찌레뜨니이)	(형) 여든살나는, 80(팔십)세, 80년, (팔십년), 80(팔십)주년
восьмидесятый (바시미제쌰뜨이)	(수) 여든째, 여든 번째, 제 80(팔십)
восьмидневный (바시미드네브느이)	(형) 8(팔) 일간
восьмилетний (바시밀레뜨니이)	(형) 여덟살, 8(팔) 년, 8(팔) 년간
восьмичасовой (바시미차쏘보이)	(형) 여덟시, 8(팔)시간, 8시간동안의 ~ рабочий день 8시간노동제
восьмой (바시모이)	(수) 여덟째, 여덟 번째, 제 8(팔)
вот	(조) ① 이것, 저것, 여기에, 저기에;

- 140 -

(뷔트)	② 마침내, 드디어.
вот-вот (뷔트-뷔트)	(부) 당장(當場), 곧, 이제 곧;
воткнуть (바트크누찌)	(완) *см.* втыкать
вотум (바뚬)	(남) 투표, 표결, 투표수: ~ доверия (недоверия) 신임(불신임)결의안
воцариться, (완) **воцаряться** (미완) (침묵, 평온 등이) 깃들다, (바짜리짜) 닥쳐오다, (질서 등이) 잡히다;
вошь (붜시)	(여) 이(기생충); платяная ~ 몸의 이 головная ~ 머리의 이
воюющий (바유유쉬이)	① воевать 의 능동현재 ② (형) 전쟁하는, 교전중인, 교전국의;
вояж (바야즈)	(남) 여행, 여정(旅程), 행정(行程)
вояка (바야까)	(남) 전사(戰士), 무인, 투사; ~을 우롱하다, 놀리다
впадать (프빠다찌)	(미완) ① (강이) 흘러들어가다, 합류하다; ② 움푹 들어가다, 꺼지다; ③ 빠지다, 처하게 되다;
впадение (프빠제니에)	(중) ① (강물이) 흘러들어가는 것 ② 강어구, 합류점, 하구
впадина (프빠지나)	(여) 움푹 들어간 곳, 웅덩이 ;
впалый (프빠르이)	(형) 우묵한, 움푹 들어간, 꺼진;
впасть (프빠쓰찌)	(완) *см.* впадать
впервые (프뻬르브에)	(부) 처음(으로), 최초로; 비로소;
вперевалку (프뻬레왈꾸)	(부): ходить в ~ 거위걸음을 걷다, 건들건들 걷다
вперегонки (프뻬레곤끼)	(부): бегать ~ 앞을 다루며 달리다 (달음박질하다)
вперёд	(부) ① 앞으로; ② 먼저, 미리;

(프뻬료드)	
впереди (프뻬레지)	① (부) 앞에, 앞에서; ② (부) 앞으로, 앞날에, 장래에;
вперемежку (프뻬레몌즈꾸)	(부) 하나씩 번갈아, 어긋매끼로, 엇바뀌어
вперемешку (프뻬레몌쉬꾸)	(부) 뒤섞여서, 무질서하게
впечатление (프뻬차뜰레니에)	(중) 인상, 감명; 감상, 영향, 효과, 느낌, 마음, 생각.
впечатлительность (프뻬차뜰리쩰노쓰찌)	(여) 감수성이 강한 것
впечатлительный (프뻬차뜰리쩰느이)	(형) 감수성이 풍부한, 감수성이 강한, 민감한
впиваться (프삐와짜)	(미완) 착 달라붙다, 깊이 들어가다 (박히다);
вписанный (프삐싼느이)	: ~ угол (수학) 원둘레각, 원주각
вписать, (완) **вписывать** (프삐싸찌)	(미완) 적다, 적어넣다, 기입하다, 기재하다, 기록하다
впитаться (프삐따짜)	(완) *см.* впитывать(ся)
впитывать (프삐띄와찌)	(미완) ① 빨아들이다, 흡수하다 ② 받아들이다, 받다;
впитываться (프삐띄와짜)	(미완) 빨아들다, 스며들다, 잦아들다;
впиться (프삐짜)	(완) *см.* впиваться
впихивать, (미완) **впихнуть** (프삐히와찌)	(완) 밀어넣다, 마구 밀쳐넣다, 들이밀다
вплавь (프쁠라비)	(부) 헤엄치는; 수영하는
вплести, (완) **вплетать** (프쁠레쓰찌)	(미완) 꼬아 넣다, 곁다, 엮어 넣다, 땋아 넣다;
вплотную (프쁠로뜨누유)	(부) ① 비좁게, 빼곡하게, 틈이없이; ② 단단히; 착실하게;

вплоть (프쁠로찌)	(조) (전치사 до 와 함께 쓰이면서 그 뜻을 강조한다.) ~ 이르기까지, 완전히 ~까지도;
вполголоса (프빨갈로싸)	(부) 낮은 목소리로 (말소리로), 수군수군
вползать, (미완) вползти (프빨자찌)	(완) 기어들다, 기어들어가다, 기어오르다
вполне (프쁠녜)	(부) 전적으로, 아주, 완전히;
вполовину (프빨로뷔누)	(부) 절반만큼, 절반쯤
впопыхах (프빠쁴하흐)	(부) 몹시 서둘러, 황급히, 덤비면서;
впору (프뽀루)	(부) ① (옷, 신발 등에 대하여) 꼭 맞게; ② 제때에, 때마침;
впоследствии (프빠스례드쓰뜨뷔이)	(부) 그 후, 후에, 차후에, 이다음
впотьмах (프빠찌마흐)	(부) 어둠 속에, 캄캄한 속에, 암흑 속에;
вправе (프쁘라볘)	(부): быть ~ 권리가 있다; быть не ~ так поступать 이렇게 행동할 권리가 없다
вправить(완), вправлять (프쁘라뷔찌)	(미완) 집어넣다, 제자리에 맞추다, 끼워 넣다;
вправо (프쁘라붜)	(부) 오른쪽으로, 오른쪽에
впредь (프쁘례지)	(부) 앞으로는, 이다음에는, 이제부터;
вприпрыжку (프쁘리쁘릐쓰꾸)	(부) 껑충껑충 뛰면서, 깡충거리면서;
впроголодь (프쁘로골로지)	(부) 굶다 싶이, 먹는둥 마는둥;
впрок (프쁘로크)	(부) ① 예비로, 여유로, 저장용으로; ② (술어로) 이익이 되다;
впросак (프쁘싸크)	(부): попасть ~ 거북해지다

впрочем (프쁘로쳄)	(접) 그렇지만, 그런데, 그러나, 하기는
впрыскивание (프쁘릐쓰끼와니에)	(중) 주사
впрыскивать (미완), впрыснуть (완) (프쁘릐쓰끼와찌) (프쁘릐쓰누찌)	주사를 놓다
впрягать(미완) впрячь(완) (프쁘랴가찌) (프쁘랴치)	(말을 마차에) 메우다
впуск (프뿌쓰크)	(남) 들여보내는 것, 들여놓는 것, 입장
впускать (미완), впустить (완) (프뿌쓰까찌)	들여보내다, 들이다, 입장시키다, 통과시키다;
впустую (프쁘쓰뚜유)	(부) 쓸데없이, 공연히, 헛되이;
впутать, (완) впутывать (미완) (프뿌따찌)	끌어들이다, 끌어넣다, 업어 넘기다, 업고 들다;
впутаться, (완) впутываться (미완) (프뿌따쨔)	끌려들어가다, 연루자로 되다
враг (브라그)	(남) ① 원수, 적; ② 적군, 적병(敵兵) ③ 적대자(敵對者), 반대자(反對者)
вражда (브라즈다)	(여) 적의, 적대, 반목, 앙심(怏心)
враждебность (브라즈제브노쓰찌)	(여) 적의, 적대시하는 것, 반감;
враждебный (브라즈제브느이)	(형) 적대, 적대적, 적의를 품은
враждовать (브라즈도와찌)	(미완) 적대시하다, 반목하다, 다투다
вражеский (브라제쓰끼이)	(형) 적(敵), 원수(怨讐);
вразброд (브라스브롣)	(부) 제각기, 따로따로, 맞추지 않고, 질서 없이;
вразвалку (브라스왈꾸)	(부) : ходить ~ 비척비척 걷다
вразрез	(부) ~ с ~와 반대로, ~에 어긋나게,

- 144 -

(프라스레즈)	~을 역행하여;
вразумительный (프라주미쩰느이)	(형) 알기 쉬운, 이해하기 쉬운, 똑똑한
вразумить (완), **вразумлять** (미완) (프라주미찌)	깨닫게 하다, 가르쳐주다, 이해시키다, 설득시키다
враки (복수) **враньё** (프라끼이) (프라니요)	(중) 거짓말, 빈소리, 꾸며낸 말;
врасплох (프라스쁠로흐)	(부) 느닷없이, 별안간, 불의에;
врассыпную (프라씌쉬누유)	(부) 사방으로, 산산이 흩어져서
врастать, (미완) **врасти** (완) (프라쓰따찌) (브라쓰찌)	(자라면서) 들어가다, 뿌리를 박다
вратарь (프라딸)	(남) (체육) 골키퍼, 문지기
врать (프라찌)	(미완) 거짓말하다, 거짓부리하다, 허튼소리하다
врач (프라치)	(남) 의사, 의원, 의백, 닥터(doctor)
врачебный (프라체브느이)	(형) 의료(醫療), 치료(治療);
вращательный (프라샤쩰느이)	(형) 회전, 회전식;
вращать (프라샤찌)	(미완) 돌리다, 회전시키다;
вращаться (프라샤쨔)	(미완) ① 돌다, 회전하다 ② (늘, 자주) 드나들다, 교제하다
вращение (프라쉐니에)	(중) 회전(回轉), 돌리는 (도는)것, 빙빙 도는 것; 선회;
вред (프레드)	(남) 해(害), 해독, 손해(損害);
вредитель (프레지쩰)	(남) ① 해충(害蟲) ② 해독분자, 암해분자
вредительский (프레지쩰쓰끼이)	(형) 해독적, 해독적인;

вредительство (브레지젤쓰뜨뷔)	(중) 해독행위, 암해책동
вредить (브레지찌)	(미완) 손해를 끼치다, 해를 끼치다, 암해하다
вредно (브레드나)	(부) ① 해롭게, 유해롭게, 해독적으로 ② (술어로) 해롭다
вредный (브레드느이)	(형) 해로운, 유해로운, 해독적인, 해독스러운;
врезаться, (미완) **врезаться** (완) (브레자쨔)	① (쏙) 박히다, 찔리다 ② 뚫고 들어가다;
времена (브레메나)	(복수) 때, 시대(時代)
временами (브레메나미)	(부) 때때로, 이따금, 가끔
временно (브레멘나)	(부) 일시적으로, 임시로;
временный (브레멘느이)	(형) 임시(臨時), 일시적인, 잠정적(인);
время (브레먀)	(여) ① 때, 시간; ② 동안, 기간, 시기 ③ 시절, 계절, 철; ④(언어)시칭, 동시
времяисчисление (브레먀이쓰치쓸레니에)	(중) 역법(曆法), 년대 계산법
времяпрепровождение (브레먀쁘레쁘로뷔즈제니에)	(중) 시간을 보내는 것, 소일거리
вровень (브로붼니)	(부) 같은 높이로, 같은 수준으로, 동등하게; 나란히
вроде (브로제)	(전) *чего* ~과 비슷한, ~과 같은, ~과 마찬가지로
врождённый (브로즈죤느이)	(형) 타고난, 천성적인, (의학)선천적인
врозницу (부) *см.* розница (브로즈니쭈)	
врозь (브로지)	(부) 따로따로, 떨어져서, 제각기
врубовый (브루보븨)	(형): ~ая машина 채탄기(採炭器)

(프루바브이)

врукопашную
(프루까빠쉬누유)
(부) 맨주먹으로, 총칼을 맞대고;
상접하여(전투 따위에서), 접전으로

врун
(프룬)
(남) ~ья (여) 거짓말쟁이, 대포쟁이

вручать
(프루차찌)
(미완) 수여하다, 드리다; 위임 차다,
전달하다;

вручение
(프루체니에)
(중) 수여(受與), 위임, 전달;

вручить
(프루치찌)
(완) *см.* вручать

вручную
(프루츠누유)
(부) 손(노동)으로

врываться
(프리와짜)
(미완) 달려들다, 밀려들다, 뛰어
들어가다, 돌입하다

вряд ли
(프랴들 리)
(조) 설마 그렇기야 하랴, 설마 ~ 것
거의 ~아니다; 설마 ~하는 일은 없다.

всадник
(프사드니크)
(남) 기사, 말 탄 사람, 기마병, 기병

всасывать
(프싸씌와찌)
(미완) 들이빨다, 빨아들이다, 흡수하다,
흡입하다.

всасываться
(프싸씌와짜)
(미완) 빨아들다, 흡입되다, 흡수되다

все¹
(프쎄)
(복수) *см.* весь

все²
(프쎄)
① 늘, 언제나, 항상; ② 아직(도),
③ 오직, 겨우, 단지; ~만[뿐];
④ 그럼에도 불구하고, 그렇지만

всё¹
(프쑈)
(복수) *см.* весь

всё²
(프쑈)
(부) ①: ~ (ещё) 여지 것, 여전히,
아직도, 그냥; ② (비교급과 함께)
더욱더

всевозможный
(프쎄븨즈모즈느이)
(형) ① 온갖, 여러 가지, 제반, 모든,
각종; ② 있을 수 있는, 가능한;

всегда (프쎄그다)	(부) 언제나, 늘, 항상;
всего (프쎄보)	(부) ① 다 해서, 모두 합해서, 총계, 합계(合計), 총합계, 총합(總合); ② 오직, 다만, 불과;
вселение (프쎌레니에)	(중) 집들이, 집에 드는 것, 거주
вселенная (프쎌렌나야)	(여) 우주(宇宙), 누리, 세상(世上), 만천하(滿天下), 대지(大地)
вселить, (완) вселять (프쎌리찌) (프쎌랴찌)	(미완) 집에 들게 하다, 거주시키다;
всемерно (프쎄메르나)	(부) 백방으로, 전력을 다하여, 온갖 수단을 다하여;
всемирно-исторический (프쎄미르나-이쓰또리체쓰끼이)	(형) 전세계사적인;
всемирный (프쎄미르느이)	(형) 전세계(全世界), 세계적인;
всемогущество (프쎄마구쉐쓰뜨붜)	(중) 전능, 만능, 무한한 권력
всенародный (프쎄나로드느이)	(형) 전인민족(인);
всеобщий (프쎄옵쉬이)	(형) 전반적인, 일반적인, 총적인;
всеобъемлющий (프쎄아비엠류쉬이)	(형) 전체를 포괄하는, 총괄적인
всеоружие (프쎄아루쥐에)	(중) 갑주, 방비: быть во ~и 완전히 무장하다, 만반의 준비를 갖추다
всероссийский (프쎄라씨이쓰끼이)	(형) 전 러시아(Russia: 아라사(俄羅斯), 노서아(露西亞), 노국(露國))
всерьёз (프쎄리요즈)	(부) 진정으로, 신중히, 진담으로;
всесильный (프쎄씰느이)	(형) 전능한, 무한한, 권력을 가진, 강력한
всесоюзный (프쎄싸유즈느이)	(형) 전연맹적인, 전 소련;

всесторонне (프쎄쓰따론네)	(부) 백방으로, 전면적으로, 각방으로, 여러모로;
всесторонний (프쎄쓰또론느이)	(형) 백방, 전면적인, 만반의;
всё-таки (프쇼-따끼)	(부, 접) 그렇지만, 여하튼, 어쨌든,
всецело (프쎄젤로)	(부) 전적으로, 완벽하게; 아주, 오로지 전혀, 완전히, 전부, 전적으로
всеядный (프쎄야드느이)	(형) 무엇이나 먹는, 잡식성의, 무차별의, 닥치는 대로의, 분별없는.
всилу (프씰루)	(부) 그러한 이유로, 그렇기 때문에
вскакивать (프쓰까끼와찌)	(미완) ① 뛰어오르다, 뛰어들다; ② 벌떡 일어나다 (일어서다); ③ (혹 등이) 볼록(불쑥)나오다(나다) 부어오르다
вскапывать (프쓰까쁴와찌)	(미완) 파헤치다, 파엎다
вскармливать (프쓰까르믈리와찌)	(미완) 기르다, 사육하다, 사양하다, 육성하다; ~ ребёнка грудью 어린애를 젖을 먹여 기르다
вскачь (프쓰까치)	(부) (말을 타고) 달려, 네 굽을 놓고, 구보로
вскипать, (미완) вскипеть (프쓰끼빠찌)	(완) ① 끓어오르다, 끓기 시작하다 ② 벌컥 성을 내다, 노하다
вскипятить (프쓰끼뻬찌찌)	(완) *см.* кипятить
вскладчину (프쓰클랃치누)	(부) *см.* складчина
всколыхнуть (프쓰깔릐흐누찌)	(완) ① 흔들다, 흔들리게 하다, 설레게 하다 ② 들썩거리게 하다, 동요시키다, 궐기시키다, 진동시키다
вскользь (프쓰꼴리즈)	(부) 살짝, 약간, 지나가는 김에
вскопать (프쓰까빠찌)	(완) *см.* вскапывать

вскочить (프쓰까치찌)	(완) *см.* вскакивать
вскрикивать, (미완) **~нуть** (완) (프쓰크리끼와찌)	소리치다, 외치다, 비명을 올리다
вскружить (프쓰크루쥐찌)	(완) : ~ голову *кому* ~를 얼떨떨 하게 하다, 현혹케 하다.
вскрывать (프쓰크릐와찌)	(미완) ① (관지, 꾸러미 등을) 열다, 풀다, 뜯다 ② 폭로하다, 밝혀내다, 털어내다, 적발하다; ③ (의학) 째다, 절개수술을 하다, 해부하다
вскрываться (프쓰크릐와쨔)	(미완) ① 드러나다, 폭로 (적발) 되다, 나타나다 ② (강에 대하여) 풀리다 ③ (종처 등이) 터지다
вскрытие (프쓰크릐찌에)	(중) ① (의학) 해부, 절개(切開), 째기 ② 적발, 폭로, 밝혀내는 것 ③ (강의) 얼음 풀리기, 해빙
вскрыть(ся) (프쓰크릐찌)	*см.* вскрывать(ся)
вслед (프쓸레드)	① (부) *за кем-чем* ~를 뒤따라, ~의 뒤를 이어; идти ~ *за кем* ~뒤를 따라가다 ② (전) 직후, ~이어; ~ за собранием 모임이 끝나자 이어
вследствие (프쓸레드쓰뜨뷔에)	(전) ~탓으로, ~ 때문에, ~로 인하여, ~의 결과에
вслепую (프쓸레뿌유)	(부) 맹목적으로, 되는대로;
вслух (프쓸루흐)	(부) 들리게, 소리를 내여;
вслушаться (완), **вслушиваться** (미완) (프쓸루샤쨔)	귀를 기울이다, 귀담아듣다, 주의하여 듣다
всматриваться (미완), **всмотреться** (완) (프쓰마뜨리와쨔)	눈여겨 (뚫어지게) 보다, 유심히 들여다보다, 주의 깊게 보다
всмятку (프쓰먀뜨꾸)	(부): яй цо ~ 반숙한 달걀, 계란반숙
всовывать (프쏘븨와찌)	(미완) 밀어 넣다, 들이밀다, 끼워 넣다, 지르다

всосать (프쏘싸찌)	(완) *см* всасывать
вспахать, (완) вспахивать (미완) (프쓰빠하찌) (브쓰빠히와찌)	*см*. пахать
вспашка (프쓰빠쉬까)	(여) 갈이, 논밭갈이, 경작(耕作)
вспениваться (미완), ~ться (완) (프쓰뻬니와쨔)	*см*. пениться
всплакнуть (프쓰쁠라끄누찌)	(완) 좀 울다, 눈물을 좀 흘리다
всплеск (프쓰쁠레스크)	(남) 출렁거리는 소리, 철석거리는 소리
всплескивать, (미완) ~нуть (완) (프쓰쁠레스끼와찌)	: ~ руками 손뼉 치다, 손을 쳐들다
всплошную (프쓰쁠로쉬누유)	(부) 틈 없이, 빽빽이, 꽉차게
всплывать (프쓰쁠리와찌)	(미완) ① (물 위로) 떠오르다 ② 나타나다, 드러나다, 노출되다;
всполошить (프쓰쁠라쉬찌)	(완) (갑자기) 놀라게 하다, 발칵 뒤집어놓다, 소란을 일으키다
всполошиться (프쓰쁠라쉬쨔)	(완) 갑작스레 놀라다, 발칵 뒤집히다, 갑자기 불안해지다
вспоминать (미완) вспомнить (완) (프쓰빠미나찌)	회상하다, 추억하다, 기억이 나다, 생각이 나다;
вспомогательный (프쓰빠마가쩰느이)	(형) 보조, 보조적인, 부차적인; ~ый глагол (언어) 조동사, 보조동사
вспотеть (프쓰빠쩨찌)	(완) *см*. потеть
вспрыгивать (미완), ~нуть (완) (프쓰쁘리기와찌)	뛰어오르다, (뛰어) 올라타다; ~нуть на коня 말에 올라타다
вспрыскивать (미완), вспрыснуть (완) (프쓰쁘리스끼와찌)	뿌리다, 뿜다;
вспугивать (미완), вспугнуть (완) (프쓰뿌기와찌)	놀래서 자리를 뜨게 하다, 놀래 쫓다 (달아나게 하다);
вспылить	(완) 불끈 성을 내다, 짜증을 내다,

- 151 -

(프쓰뼬리찌)	벌컥 화를 내다
вспыльчивость (프쓰뼬치뷔쓰찌)	(여) 성급한 성질, 화증, 벌떡증
вспыльчивый (프쓰뼬치브이)	(형) 성미가 급한, 짜증(화)을 잘 내는, 격하기 쉬운
вспыхивать(미완), вспыхнуть (완) (프쓰삐히와찌)	① 확 타오르다, 불이확붙다, 발화하다 ② 일어나다, 터지다; ③ (얼굴이) 달아오르다, 새빨개지다;
вспышка (프쓰삐쉬까)	(여) ① (불이) 확 타오르는 것, 불붙는 것, 섬광 ② 돌발(突發), 발생;
вспять (프쓰뺘찌)	(부) 뒤에(로), 후방에(으로), 뒤를 향해
вставание (프쓰따와니에)	(중); почтить ~м 일어서서 경의를 표시하다, 일어서서 묵도하다
вставать (프쓰따와찌)	(미완) ① 일어서다, 일어나다; ② 일며 서다, 궐기하다; ③ (해, 달, 등이) 돋다, 떠오르다;
вставить (프쓰따뷔찌)	(완) *см.* вставлять
вставка (프쓰따프까)	(여) 삽입한 글, 삽입(挿入)
вставлять (프쓰따블랴찌)	(미완) 끼워 넣다, 맞추어 넣다, 삽입하다;
встать (프쓰따찌)	(완) *см.* вставать
встревожить(ся) (프쓰뜨레보쥐찌)	*см.* тревожить(ся)
встретить(ся) (프쓰뜨레찌찌)	*см.* встречать(ся)
встреча (프쓰뜨레차)	(여) ① 만나는 것, 대면, 상봉; ② 마중, 환영(회), 모임, 회견, 영접; ③ (체육) 시합, 대전;
встречать (프쓰뜨레차찌)	(미완) ① 만나다, 맞다들다, 마주치다, 영접하다 ② 마중하다, 맞이하다; ③ 얻다, 받다;
встречаться	(미완) ① 서로 만나다, 상봉하다,

(프쓰뜨레차짜)	마주치하다, 맞대면하다 ② 맞다들다, 봉착하다 ; ③ 나타나다, 보게 되다, 눈에 뜨이다
встречный (프쓰뜨레츠느이)	(형) 만나는, 마주 오는, 마주치는;
встряхивать(미완), **встряхнуть** (완) 흔들다, 털다, 들추다 (프쓰뜨랴히와찌)	
вступать (프쓰뚜빠찌)	(미완) ① 들어가다, 들어서다, 진입하다; ② 가입하다, 입회하다, 가담하다; ③ 개시하다, 착수하다;
вступительный (프쓰뚜삐쩰느이)	(형) : ~ый взнос 입회금, 가입금; ~ое слово 개회사, 개막사;
вступить (프쓰뚜삐찌)	(완) *см.* вступать
вступление (프쓰뚜쁠레니에)	(중) ① 들어가는 것, 가입, 입회, 가담; ② 머리말, 서문, 서론 ③ (음악) 서곡
всунуть (프쑤누찌)	(완) *см.* всовывать
всухомятку (프쑤호먀뜨꾸)	(부) (국이나 차 없이) 맨 빵으로;
всхлипывать (프쓰흘리쁴와찌)	(미완) 흐느끼다, 흐느껴 울다
всходить (프쓰호지찌)	(미완) ① 오르다, 올라가다, 떠오르다 ② (해, 달이) 돋다, 뜨다 ③ 움트다, 싹이 트다
всходы (프쓰호듸)	(복수) 움, 눈, 맹아, 싹
всхожесть (프쓰호줴스찌)	눈트는 힘, 발아력, 발아를
всыпать, (미완) **всыпать** (완) 쏟다, 쏟아 넣다, 담다 (프씌빠찌)	
всюду (프슈두)	(부) 어디서나, 가는 곳마다, 도처에서;
вся (프쌔)	(여) *см.* весь
всякий	(형) ① 각, 매개, 매, 어떤 ~든지;

(프쌔끼이)	② 온갖, 갖가지, 여러 가지, 잡다한;
всячески (프쌔체쓰끼)	(부) 갖가지로, 갖은 방법으로, 백방으로;
всяческий (프쌔체쓰끼이)	(형) 모든, 갖가지, 각종;
втайне (프따이네)	(부) 비밀리에, 남모르게, 가만히
вталкивать (프딸끼와찌)	(미완) 밀어 넣다, 들이밀다, 밀쳐 넣다
втаптывать (프따쁘띄와찌)	(미완) 밟아 넣다, 다지다;
втаскивать, (미완) **втащить** (프따쓰끼와찌)	(완) 끌어넣다, 끌어들이다, 끌고 들어가다, 끌어올리다
втекать (프쩨까찌)	(미완) 흘러들어가다
втереть (프쩨레찌)	(완) *см.* втирать
втечь (프쩨치)	(완) *см.* втекать
втирание (프찌라니에)	(중) ① 비벼(문질러) 스며들게 하는 것 ② 피부에 문대는 약, 비비는 약, 연고
втирать (프찌라찌)	(미완) 문질러 스며들게 하다, 비벼 넣다, 문지르다;
втираться (프찌라쨔)	(미완) 헤치고 들어가다;
втиснуть (프찌쓰누찌)	(완) 밀어 넣다, 들이밀다, 끼워 넣다, 눌러 넣다
втиснуться (프찌쓰누쨔)	(완) 끼우다, 뚫고 들어가다, 끼워 들어가다
втихомолку (프찌호몰꾸)	(부) 가만히, 슬그머니, 남몰래
Втор(Пятая книга Моисея. Второзаконие 34장, 188 쪽) 신명기 (프따로자꼬니에)	(申命記, Deuteronomy (히) Devarim
втолкнуть (프딸크누찌)	(완) *см.* вталкивать

втолковать,(완) втолковывать (미완) (프딸까와찌)	일깨워주다, 납득시키다, 역설하다
вторгаться(미완) вторгнуться (완) (프따르가쨔)	침입하다, 돌입하다, 침범하다, 침공하다, 개입하다;
вторжение (프따르줴니에)	(중) 침입, 침공, 침범, 개입
вторить (프따리찌)	(완) ① 되풀이하다, 반복하다 ② 맞장구치다
вторично (프따리츠나)	(또) 다시, 재차, 두 번째로
вторичный (프따리츠느이)	(형) ① 재차, 두 번째; ② 2 차적인, 제 2 기의, 부차적인;
вторник (프또르니크)	(남) 화요일(火曜日)
второй (프따로이)	(수) ① 둘째, 두 번째, 제 2; ② 부차적인, 2 차적인, 다음가는;
второпях (프따로빠흐)	(부) 덤비면서, 바삐, 서두르면서, 조급히
второстепенный (프따로쓰쩨뻰느이)	(형) ① 부차적인; ② 평범한
в-третьих (프-뜨레찌이흐)	(부) 셋째로, 세 번째로
втридорога (프뜨리도로가)	(부) 세배나 (아주) 비싸게;
втрое (프뜨로에)	(부) 세배로, 세배 더, 세 겹으로;
втроём (프뜨로욤)	(부) 셋이서, 셋이 함께
втулка (프뚤르까)	(여) (공학) 토시, 라이나
втыкать (프띄까찌)	(미완) (바늘 등을) 꽂다, 찌르다, 들이꽂다, 꽂아 넣다
втягивать (프쨔기와찌)	(미완) ① 끌어들이다, 끌어당기다 ② 빨아들이다, 들이빨다, 흡수하다 ③ 끌어넣다, 이끌다, 인입하다;

— 155 —

втягиваться (프쨔기와쨔)	(미완) ① 점차 들어가다 (들어서다), 끌려들어가다 ② 버릇 (습관)이 되다, 익숙해지다;
вуаль (붸알)	(여) ① 보이루 ② 너울
ВУЗ (남) (высшее учебное заведение) 대학(大學), 고등교육기관 (붸우제)	
вулкан (불깐)	(남) 화산(火山), 분화산(噴火山)
вулканизация (불까니자찌야)	(여) (공학) 고무의 유화
вулканизировать (불까니지로와찌)	(완, 미완) (공학) 고무를 유화하다
вулканический (불까니체쓰끼이)	(형) 화산의, 화산같은
вульгарный (불갈르느이)	(형) 야비한, 속된, 상스러운, 비속한;
вундеркинд (분제르낀드)	(남) 천재, 천재아, 천재아동(天才兒童), 신동(神童), 재능이 뛰어난 아이
вход (프홑)	(남) ① 들어가는 것, 입장(入場); ② 입구(入口), 문길
входить (프하지찌)	(미완) ① 들어가다, 입장하다, 들어서다, 포함되다; ② (동작, 행동의 시작을 표시함); ③ 깊이 파고들어가다, 파악하다;
входной (프하드노이)	(형) 입장의(入場), 입구의, 출구의.
вхолостую (프할로쓰뚜유)	(부) 헛되게, 공연히;
вцепиться, (완) вцепляться (미완) 붙잡다, 움켜잡다, 거머잡다; (프쩨삐쨔)	
ВЦСПС (Всесоюзный Цен-тральный Совет Професси-ональных Союзов) (붸쩨에쓰뻬에쓰쓰)	전국연합직업동맹 중앙소비에트
вчера (프체라)	(부) 어제, 어저께;
вчерашний	(형) 어제의, 어저께의; 작금의, 요즘의

- 156 -

(프체라쉬니에)

вчерне (부) 대충, 대략적으로, 초벌로;
(프체르네)

вчетверо (부) 네 배로, 네 곱으로, 네 겹으로;
(프체뜨볘라)

вчетвером (부) 넷이서, 넷이 함께
(프체뜨볘롬)

в-четвёртых (부) 네(번)째로.
(프-체뜨뵤르띄흐)

вчитаться, (완) **вчитываться** (미완) 정독하다, 숙독하다,
(프치따짜) 주의하여 읽다, 자세히 읽다

вшивый (형) 이투성이, 이꾸러기
(프쉬브이)

въезд (남) ① (타고) 들어가는 것;
(프에즈드) ② 입구(入口), 문, 어귀;

въезжать, (미완) **въехать** (완) ① (타고) 들어가다 (오다);
(프에즈좌찌) ② 거주하다, 이사하다;

въездной (형) 입구(入口);
(프에즈드노이)

вы (인칭대) **вас** (생, 대), **вам** (여), **вами** (조), **о вас** (전) 당신;
(븨) (복수) 당신들, 너희들, 여러분

выбалтывать(미완) **выболтать** (완) (비밀을) 입 밖에 내다,
(븨발띄와찌) 누설하다

выбегать(미완), **выбежать** (완) 내닫다, 내달리다, 내달아 나오다
(븨베가찌) (나가다), 뛰어나가다 (나오다)

выбивать (미완) ① 쳐부수다, 두들겨 부시다;
(븨비와찌) ② 때려내 쫓다, 격퇴하다;
③ 털어내다, 떨어내다, 쳐서 떨구다.

выбирать (미완) ① 고르다, 골라내다, 추리다,
(븨비라찌) 선택하다; ② 선거하다, 선출하다;

выбираться (미완) 나오다, 빠져나오다, 벗어나다;
(븨비라짜)

выбиться (완) *см.* выбивать(ся)
(븨비짜)

выбоина (여) (길에 난) ① 웅덩이, 바퀴자리,

- 157 -

(브**во**이나)	움파리 ② 페인자리, 홈
выболтать (브볼따찌)	(완) *см.* выбалтывать
выбор (브바르)	(남) 선택, 선정, 골라내는 것
выборка (브바르까)	(여) 골라내는 것, 뽑기, 뽑아내기, 선택
выборность (브바르노쓰찌)	(여) 선거제(選擧制), 투표제(投票制);
выборный (브바르느이)	(형) ① 선거, 투표(投票), 선거 받은; ② (남) 선거 받은 사람, 대표자
выборы (브바릐)	(복수) 선거, 투표, 선거투표
выбрасывать (브브라쓰와찌)	(미완) ① 내던지다, 내버리다, 집어던지다; ② 제거하다, 삭제하다, 없애다;
выбрасываться (브브라쓰와쨔)	(미완) 뛰어나가다, 뛰어내리다;
выбрать(ся) (브브라찌)	(완) *см.* выбирать(ся)
выбрить(ся) (브브리찌)	(완) *см.* брить(ся)
выбросить(ся) (브브로씨찌)	*см.* выбрасывать(ся)
выбывать, (미완) **выбыть** (완) ① 나가다, 외출하다, 떠나다 (브븨와찌) ② 떨어져 나가다, 퇴직하다;
вываливаться (미완), **вывалиться** (완) ① 빠지다, 떨어지다 (브왈리와쨔) ② 밀려나오다
вываривать(미완), **выварить** (완) 삶아내다, 삶아서 얻어내다 (브와리와찌)
выведать (완), **выведывать** (미완) 알아내다, 속뽑이하다, (브베다찌) 탐지해내다;
выведение (브볘졔니에)	(중) ~ новых сортов 새품종을 얻어내는 것: формулы 공식의 유도
вывезти (브볘즈찌)	(완) *см.* вывозить

выверить (븨붸리찌)	(완) *см.* выверять	
вывернуть(완) **вывёртывать** (븨붸르누찌)	(미완) ① 틀어서 뽑다 (빼다), 비틀어 뽑다 ; ② 뒤집다; ③ 비틀다;	
выверять (븨붸랴찌)	(미완) 바로 잡다, 교정하다, 검사하다;	
вывесить (븨붸씨찌)	(완) *см.* вывешивать	
вывеска (븨붸쓰까)	(여) 간판, 알림판, 게시판(揭示板);	
вывестись (븨붸쓰찌씨)	(완) *см.* выводить(ся)	
вывешивать (븨붸쉬와찌)	(미완) 내걸다, 걸다, 게시하다, 붙이다;	
вывинтить(완), **вывинчивать** (븨윈찌찌)	(미완) 돌려 빼다, 틀어 뽑다	
вывих (븨뷔흐)	(남) (의학) 뼈 어김, 탈구, 탈골(奪骨)	
вывихнуть (븨뷔흐누찌)	(완) 뼈다, 접질리다;	
вывод (븨붜드)	(남) ① 결론(結論), 귀착점(歸着點); ② 철거, 철병, 철퇴; ③ (공학) 배출, 인출, 방출(放出)	
выводить (븨뷔지찌)	(미완) ① (*кого*) 데려 내가다, 이끌어 내다, 철퇴시키다, 철거하다; ② 제명하다, 축출하다; ③ 자래우다, 키워내다, 길러내다, 배양하다; ④ (해충 등을) 없애다, 박멸하다; ⑤ (얼룩 등을) 빼다 ⑥ (결론, 공식 등을) 짓다, 끌어내다; ⑦ (어떤 상태, 처지에서) 벗어나게 하다;	
выводиться (븨뷔지짜)	(미완) ① 없어지다, 사라지다, 소멸되다 ② (병아리, 새끼가) 까나오다	
выводок (븨붜도크)	(남) 한배의 새끼들;	
вывоз (븨붜스)	(남) ① 실어내는 것, 반출(搬出) ② 수출(輸出), 수출액;	

- 159 -

вывозить (븨뷔지찌)	(미완) ① 실어내다, 반출하다, 실어가다 ② 수출하다
выворачивать (븨붜라치와찌)	(미완) *см.* вывернуть
выгадать, (완) **выгадывать** (미완) (븨가다찌)　　　　(븨가듸바찌)	이득을 보다, 벌다, 절약하다
выгибать (븨기바찌)	(미완) 굽히다, 구부리다
выгибаться (븨기바쨔)	(미완) 구부러지다, 휘어지다
выгладить (븨글라지찌)	(완) *см.* гладить
выглядеть (븨글랴제찌)	(미완) ~처럼 보이다, ~모양을 하다;
выглядывать (미완), **выглянуть** (완) (븨글랴듸와찌)　　　　　(븨그랴누찌)	내다보다
выгнать (븨그나찌)	(완) *см.* выгонять
выгнуть(ся) (븨그누찌)	(완) *см.* выгибать(ся)
выговаривать (븨가와리와찌)	(미완) ① 발음하다, 말하다 ② 나무라다, 꾸짖다
выговор (븨가붜르)	① 말씨, 말루, 발음; ② 책망, 질책(叱責), 꾸지람, 꾸중;
выговорить (븨가붜리찌)	(완) *см.* выговаривать
выгода (븨가다)	(여) 이익(利益), 이득(利得);
выгодно (븨가드나)	(부) 유리하게, 이익이 나게
выгодный (븨가드느이)	(형) 이익이 되는, 유익한, 이로운, 유리한
выгон (븨곤)	(남) (방) 목장(牧場), 방목지(放牧地)
выгонять	(미완) 쫓아내다, 몰아내다;

(브가냐찌)

выгораживать (브가라줘찌)	(미완) *кого* 변명하다, 변호하다, 감싸주다
выгорать, (미완) **выгореть** (완)	① 다 타버리다, 타 없어지다 ② (해별에) 색이 날다, 색이 바래다, 퇴색하다
(브가라찌)	
выгребать(미완) **выгрести** (완) (브그레와찌)	긁어내다; ~ золу 재를 긁어내다 (체내다)
выгружать(미완), **выгрузить** (완) (브그루좌찌)	(짐, 화물)을 부리다
выгрузка (브그루즈까)	(여) 짐(화물) 부리기, 짐 (화물) 내리기, 하차;
выдавать (브다와찌)	(미완) ① 내주다, 주다, 건네주다, 내어 주다, 넘겨주다, 발급하다, 교부하다, 수여하다; ② 배반하다, 일러바치다, 드러내놓다, 폭로하다; ③ 생산해내다, 짜내다, 만들어내다, 내놓다;
выдаваться (브다와짜)	(미완) ① 뼈죽 나오다, 돌출하다 ② 생기다, 있다; ③ (특별히) 뛰어나다,
выдавить, (완) **выдавливать** (미완) (브다븨찌)	① 짜내다, 짜다 ② 눌러서 깨다 (다스다);
выдалбливать (브달블리와찌)	(미완) 쪼아내다, 쪼아 만들다, 우비다
выдать(ся) (브다찌)	(완)*см.* выдавать(ся)
выдача (브다차)	(여) ① 내주는 것, 넘겨주는 것, 발급 (發給) ② 교부(交付), 분배(分配)
выдающий ся (브다유쉬이싸)	① выдаваться ~의 능동현재 ② 뛰어난, 탁월한, 특출한, 출중한;
выдвигать (브드븨가찌)	(미완) ① 내놓다, 빼내다, 내밀다, 앞으로 옮겨놓다 ② 제기하다, 제출하다; ③ 추천하다, 추대하다;
выдвигаться (브드븨가짜)	(미완) ① 앞으로 나서다 (나가다), 진출하다 ② 뼈죽 나오다, 돌출하다 ③ 등용되다
выдвижение	(중) ① 제기(提起), 제출(提出), 선출

Вв

(븨드뷔줴니에)	② 추천; ③ 등용;
выдвинуть(ся) (븨드뷔누찌)	*см.* выдвигать(ся)
выдворить, (완) **выдворять** (미완) 추방하다, 내쫓다, 몰아내다 (븨드뷔리찌)	
выделать (븨젤라찌)	*см.* выделывать
выделение (븨젤레니에)	(중) ① 분리, 선출, 선발; ② 분여, 분배, 할당 ③ (생리); 분비(물), 배설물, 배출.
выделить(ся) (븨젤리찌)	*см.* выделять(ся)
выделка (븨젤까)	(여) 가공(加功), 제각(題刻);
выделывать (븨젤릐와찌)	(미완) 가공하다, 만들어내다, 제작 (제조)하다; ~ кожи 생가죽을 이기다
выделять (븨젤랴찌)	(미완) ① 갈라내다, 뽑아내다, 선발하다 ② 분여하다, 할당하다, 지출하다 ③ (생리) 분비(배설)하다
выделяться (븨젤랴쨔)	(미완) ① 뛰어나다, 빼어나다, 특출해 지다 ② (생리) 분비(배설, 배출)되다 ③ 떨어져나가다, 분리되다; ~из семьи 세간(을)나다
выдёргивать (븨죠르기와찌)	(미완) 잡아 뽑다, 잡아채다, 당겨빼다 ~ зуб 이를 (잡아)뽑다
выдержанный (븨제르좐느이)	① выдерживать. 의 피동과거 ② (형) 자제력 있는, 인내성 있는, 침착한
выдерживать (븨젤쥐와찌)	(미완) ① 견디어내다, 참아내다, 버티다, 이겨내다; ② 합격하다; ③ (술, 담배 등을) 오래 묶여두다;
выдержка[1] (븨젤즈까)	(여) 자제력, 인내성, 견딜성, 뒷심
выдержка[2] (븨젤즈까)	(여) 인용문(引用文), 발췌문(拔萃文)
выдернуть	(완) *см.* выдёргивать

(븨젤누찌)

выдолбить
(븨돌비찌)
(완) *см.* выдалбливать

выдох
(븨도흐)
(남) 내쉬는 숨, 날숨, 숨을 내쉬는 것

выдохнуть(ся)
(븨도흐누찌)
см. выдыхать(ся)

выдра
(븨드라)
(여) 수달, 수달피, 수달의 가죽.

выдрать
(븨드라찌)
(완) *см.* драть

выдрессировать
(븨드레씨로와찌)
см. дрессировать

выдумать
(븨두마찌)
(완) *см.* выдумывать (미완) 생각해 낸 것, 짜낸 것, 발명, 꾸며내는 것;

выдыхать
(븨듸하찌)
(미완) 숨을 내쉬다

выдыхаться
(븨듸하쨔)
(미완) ① 냄새가 빠지다, 맛이 없어지다
② 힘(맥)이 빠지다, 기진맥진하다, 무기력해지다

выезд
(븨에즈드)
(남) ① 떠나는 것, 출발(出發)
② 어귀, 출구(出口)

выездной
(븨에즈드노이)
(형) 외출용(外出用);

выезжать
(븨에즈좌찌)
(미완) (타고)떠나다(나가다), 출발하다

выемка
(븨엠까)
(여) ① 홈, 우묵한 곳
② 꺼내는 것, 파내는 것, 추출;

выехать
(븨에하찌)
(완) *см.* выезжать

выжать
(븨좌찌)
(완) *см.* выжимать

выждать
(븨즈다찌)
(완) *см.* выжидать

выжечь
(완) *см.* выжигать

(븨췌치)

выживать (븨쥐와찌)	(미완) ① 살아나다, 살아남다; ② *кого* ~를 퇴거시키다, 살아있지 못하게 만들다, 쫓아내다;
выжигание (븨쥐가니에)	(중) ① 낙인(烙印)하는 것; ② 숯구이
выжигать (븨쥐가찌)	(미완) ① 태우다, 태워버리다 ② (쇠붙이 따위로 문의, 표식등을) 새기다
выжидание (븨쥐다니에)	(중) 대기, 기회를 노리는 것, 엿보는 것
выжидать (븨쥐다찌)	(미완) 기다려내다, 대기하다, 엿보다;
выжимать (븨쥐마찌)	(미완) ① 짜내다, 짜다; ② (체육) 밀어 올리다, 추상하다;
выжимки (븨쥐므끼)	(복수) 찌끼, 찌꺼기;
выжить (븨쥐찌)	(완) *см.* выживать
вызвать(ся) (븨즈와찌)(븨즈**봐**짜)	(완) *см.* вызывать(ся)
вызволить, (완) **вызволять** (미완) 건져내다, 구출(救出)하다, (븨즈**볼**리찌) 구원(救援)하다, 구해내다;	
выздоравливать (미완), **выздороветь** (완) 완쾌되다, 병이 낫다, (븨즈다라블리와찌) 완치되다	
выздоровление (븨즈다라블레니에)	(중) 완치(完治), 완쾌(完快), 회복(回復)
вызов (븨조프)	(남) ① 불러내는 것, 호출, 소환 ② 도전;
вызубрить (븨주브리찌)	(완) *см.* зубрить
вызывать (븨즤와찌)	(미완) ① 불러내다, 부르다, 호출하다; ② 호소하다, 추동하다; ③ 일으키다, 일구다, 야기시키다, 자아내다;
вызываться (븨즤와짜)	(미완) ① 자청하다, 자진해 나서다, 스스로 하다; ② *чем* ~에 의하여 야기되다

вызывающе (븨즤와유쉐)	(부) 도전적으로, 불손하게, 뻔뻔스럽게
вызывающий (븨즤와유쉬이)	① вызывать 의 능동현재 ② (형) 도전적인, 불손한, 살똥스러운;
выиграть, (완) выигрывать (븨이그라찌)	(미완) ① 이기다, 승리하다; ② (추첨 등에서) 당첨되다, 당첨되어 얻다, 따다 ③ 이익을 보다;
выигрыш (븨이그릐쉬)	(남) ① 맞은 돈, 딴 돈, 당첨금 ② 이득, 이익
выигрышный (븨이그릐쉬느이)	(형) ① 유리한, 우세한; ②; ~ый заём 당첨공채;
выйти (븨이찌)	(완) *см.* выходить
выказать, (완) выказывать (븨까자찌)	(미완) 표시하다, 보여주다, 과시하다
выкалывать (븨깔릐와찌)	(미완) 찌르다, 찔러서 빼내다, 꿰뚫다, 관통하다;
выкапывать (븨까쁴와찌)	(미완) ① 파다; ② 파내다, 캐내다, 발굴하다; ③ 찾아내다
выкармливать (븨까르믈리와찌)	(미완) 키우다, 길러내다, 사육하다
выкатить, (완) выкатывать (븨까띄찌)	(미완) 굴려내다
выкачать(완), выкачивать (븨까차찌)	(미완) (펌프로) 빨아내다, 빨아올리다;
выкидывать (븨끼듸와찌)	*см.* выбрасывать
выкипать, (미완) выкипеть (븨끼빠찌)	(완) 끓어 없어지다, 끓어 증발하여 버리다
выкладывать (븨클라듸와찌)	① 내놓다, 꺼내놓다 ② 깔다, 펴다;
выкликать(미완) выкликнуть (븨클리까찌)	(완) (큰소리로)불러내다(부르다) 호명하다, 외치다
выключатель (븨클류차쩰리)	(남) (전기) 스위치, 개폐기, 여닫게

выключать(미완) **выключить** (완) ① 끄다, 차단하다;
(븨클류차찌) ② 빼버리다, 제명하다, 삭제하다;

выковать, (완) **выковывать**(미완) *см.* ковать
(븨까와찌)

выколачивать (미완) **выколотить** (완) *см.* выбивать
(븨깔라치와찌)

выколоть (완) *см.* выкалывать
(븨깔로찌)

выкопать (완) *см.* выкапывать
(븨까빠찌)

выкормить (완) *см.* выкармливать
(븨까르미찌)

выкорчевать, (완) **выкорчёвывать** (미완) ① 뿌리채 뽑다;
(븨까르체와찌) ② 근절하다, 뿌리 뽑다, 뿌리 빼다

выкрасить (완) *см.* красить
(븨크라시찌)

выкрик (남) 고함, 외침(소리), 부르짖음
(븨크리크)

выкрикивать, (미완) **выкрикнуть** (완) 소리치다, 소리쳐 부르다,
(븨크리끼와찌) 부르짖다, 외치다

выкроить (완) *см.* кроить
(븨크로이찌)

выкрой ка (여) 본, 본보기;
(븨크로이까)

выкрутить (완) **выкручивать** (미완) (돌려서) 빼다;
(븨크루찌찌)

выкрутиться, (완) **выкручиваться** (미완) ① 돌아가면서 빠지다
(븨크루찌쨔) ② (불쾌한 또는 불리한 처지에서)
모면하다, 빠져나오다, 벗어나다

выкуп (남) ① 몸값 ② 저당물을 찾아내는 돈
(븨꾸쁘)

выкупать (완) *см.* купать(ся)
(븨꾸빠찌)

выкупать, (미완) **выкупить** (완) ① (저당물을) 되찾다
(븨꾸빠찌) (찾아내다, 찾아오다)
② 몸값을 내고 해방하다

вы́куривать(미완) вы́курить (완) (븨꾸리와찌)	① (담배를) 다 피워버리다, 피우다 ② 쫓아내다
выла́вливать (빌라블리와찌)	(미완) 잡아내다, 건지다;
вы́лазка (빌라즈까)	(여) ① 출격(出擊), 기습(奇襲); ② 산보, 들놀이;
выла́мывать (빌라믜와찌)	(미완) 쳐부수다, 마스고 빼내다, 깨뜨려 빼내다
вылеза́ть, (미완) вы́лезть (완) (빌레자찌)	① 기여 나가다, 기어 나오다; ② 나오다, 내리다; ③ (머리털) 빠지다
вы́лепить (빌레삐찌)	(완) *см.* лепи́ть
вы́лет (빌레트)	(남) ① 날아가는 것, 날아오르는 것 ② 이륙, 비행기의 출발
вылета́ть(미완), вы́лететь(완) (빌레따찌)	① 날아나다, 날아가다, 날아오르다 ② 이륙하다, 출발하다;
вылечивать(ся) (빌레치와찌)	*см.* вы́лечить(ся)
вы́лечить (빌레치찌)	(완) 완치하다, 병을 고치다
вы́лечиться (빌레치쨔)	(완) 완치되다, 다 낫다, 완쾌되다, 아물다
вылива́ть (빌리와찌)	(미완) 따르다, 붓다, 쏟다, 엎지르다
вылива́ться (빌리와쨔)	(미완) ① 쏟아지다, 흘러나오다, 새어나오다; ② 전화되다, ~로 되다
вы́литый (빌리뜨이)	: он ~ оте́ц 그는 아버지와 생김새가 똑같다
вы́лить(ся) (빌리찌)	(완) *см.* вылива́ть(ся)
вы́ловить (빌라뷔찌)	(완) *см.* выла́вливать
вы́ложить (빌라쥐찌)	(완) *см.* выкла́дывать
вы́ломать	(완) *см.* выла́мывать

(빌라마찌)

вылупиться(완) **вылупляться** (미완)껍데기를 까고 나오다
(빌루쁠랴짜)

вымазать(ся)(완) *см.* мазать(ся)
(븨마자찌)

выманивать(미완) **выманить** (완) ① *кого;* 유인하다, 꾀어내다
(븨마니와찌) ② *что* 꾀여 빼앗다, 속여먹다

выматывать (미완) 맥빠지게 하다, 지치게 하다;
(븨마띄와찌)

вымачивать (미완)*см.* мочить
(븨마치와찌)

выменивать (미완) **выменять** (완) 바꾸어서 얻다, 교환하여
(븨메니와찌) 얻다, 바꾸다

вымереть (완) *см.* вымирать
(븨메레찌)

вымерзать(미완) **вымерзнуть** (완) 얼어 죽다, 얼어버리다
(븨메르자찌)

вымести, (완) **выметать** (미완) 쓸어내다, 쓸어버리다, 소제하다;
(븨메스찌)

вымирание (중) 사멸(死滅), 죽어 없어지는 것,
(븨미라니에) 죄다 죽는 것, 몰사(沒死)

вымирать (미완) ① 사멸하다, 몰사하다
(븨미라찌) ② 황폐해지다

вымогательство (중) 강요(强要), 강청(强請)
(븨마가쩰스뜨뷔)

вымогать (미완) 강청하다, 강요하다;
(븨마가찌)

вымокать,(미완) **вымокнуть** (완) 젖다, 속속들이 젖다;
(븨마까찌) ~ до нитки 흠뻑 젖다

вымолвить (완) 말을 꺼내다, 말하다;
(븨말뷔찌)

вымолить (완) *см.* выпрашивать
(븨말리찌)

вымостить (완) *см.* мостить
(븨마쓰찌찌)

вымотать (븨마따찌)	(완) *см.* выматывать
вымочить (븨마치찌)	(완) *см.* мочить
вымпел (븸뻴)	(남) ①(해양) 돛대기(국적표시하는 기발) ② (항공) 통신 배달통 ③ (체육) 페넌트(pennant)
вымысел (븨므쎌)	(남) ① 상상(想像), 허구(虛構) ② 거짓말, 허위, 날조;
вымыть(ся) (븨믜찌) (븨믜쨔)	(완) *см.* мыть(ся)
вымышленный (븨믜쉴렌느이)	(형) 꾸며낸, 상상한, 허위;
вымя (븸먀)	(중) (짐승의) 젖통, 젖퉁이, 젖꼭지.
вынашивать (븨나쉬와찌)	(미완) 숙고하다;
вынести (븨녜쓰찌)	(완) *см.* выносить
вынимать (븨니마찌)	(미완) 꺼내다, 빼내다, 뽑아내다, 집어내다;
вынос (븨노쓰)	(남): ~ тела 발인; еда на ~ (요리 따위의) 사 가지고 가는,
выносить (븨노씨찌)	(미완) ① 내가다, 가져가다, 들어내다; ② 참아내다, 견디어내다, 이겨내다;
выносливость (븨노쓸리붜쓰찌)	(여) 참을성, 견딜성, 인내성, 견인성, 지구성
выносливый (븨노쓸리브이)	(형) 참을성 있는, 인내성 있는, 견딜힘이 센
вынудить(완) **вынуждать** (븨누디찌)	(미완) *что-л.* делать ~하게 하다, ~시키다, 강제로 ~하게 하다 (시키다), 강압적으로 ~하게 하다;
вынужденный (븨누즈젠느이)	(형) 부득이한, 마지못해, 할 수 없이, 못내, 피치 못해, 하는 수 없이,
вынуть (븨누찌)	(완) *см.* вынимать

вынырнуть (븨널누찌)	(완) (물위에) 헤어 나오다 (떠오르다), 물속에서 불쑥 나오다
выпад (븨빠드)	(남) 적대행동, 공격, 비난, 독설(毒舌)
выпадать (븨빠다찌)	(미완) ① 떨어지다; ② 빠지다; ③ (비, 눈이) 내리다, 오다;
выпасть (븨빠쓰찌)	(완) *см.* выпадать
выпачкать(ся) (븨빠츠까찌)	*см.*пачкать(ся)
выпекать, (미완) выпечь (완) 구워 만들다, 굽다 (븨뻬까찌)	
выпивать (븨삐와찌)	(미완) *см.* пить
выпиливать(미완) выпилить (완) (톱으로) 도려내다, 따내다, (븨삘리와찌) 톱으로 켜서 만들다	
выпирать (븨삐라찌)	(미완) 앞으로 (밖으로) 나오다, 불쑥거리다, 돌출하다
выписать(ся) (븨삐싸찌)	*см.* выписывать(ся)
выписка (븨삐쓰까)	(여) 발취한 것, 발췌문, 인용문(引用文)
выписываться (븨삐씌와쨔)	(미완): ~ из больницы 퇴원하다
выпить (븨삐찌)	(완) *см.* выпивать
выпихивать (미완), выпихнуть (완) 밀어내다, 밀어 던지다, (븨삐히와찌) 내쫓다	
выплавить (븨쁠라뷔찌)	(완) *см.* выплавлять
выплавка (븨쁠라브까)	(여) (공학) ① 용해, 용해하여 뽑아내는 것; ② 용해량;
выплавлять (븨쁠라브래찌)	(미완) 용해하여 뽑아내다, 용해하다;
выплата	(여) 지불(支拂), 꺾어 물기;

(븨쁠라따)

выплатить (완) выплачивать (미완) 지불하다, 다 물다,
(븨쁠라찌찌) 물어주다, 치르다;

выплёвывать (미완) 뱉다, 내뱉다, 뱉아버리다.
(븨쁠료브이와찌)

выплёскивать, (미완) выплеснуть (완) (물 등을) 내뿌리다,
(븨쁠료스끼와찌) 쏟뜨리다

выплывать (미완) выплатить (완) ① 헤엄쳐 나오다, 떠오르다
(븨쁠릐와찌) ② 나타나다, 들어나다

выплюнуть (완) см. выплёвывать
(븨쁠류누찌)

выползать, (미완) выползти (완) 기어 나오다, 기어 나가다
(븨빨자찌)

выполнение (중) 수행(修行), 완수(完遂), 실행, 이행
(븨빨녜니에)

выполнить, (완) выполнять (미완) 수행하다, 완수하다, 해내다,
(븨빨니찌) 실시하다;

выполоскать (완) см. полоскать
(븨뽈로스까찌)

выполоть (완) см. полоть
(븨뽈로찌)

выпотрошить (완) см. потрошить
(븨뽈로쉬찌)

выправить (완) см. выправлять
(븨쁘라뷔찌)

выправка (여) 몸가짐, 자세;
(븨쁘라브까)

выправлять (미완) ① 바로잡다, 개선하다, 고치다;
(븨쁘라브랴찌) ② 펴다, 곧게 하다, 고르잡다

выпрашивать (미완) 졸라서 얻다, 간청하다
(븨쁘라쉬와찌)

выпроваживать (미완), выпроводить (완) 나가게 하다,
(븨쁘라와쥐와찌) 쫓아보내다, 쫓아내다

выпросить (완) см. выпрашивать
(븨쁘라씨찌)

выпрыгивать (미완) **выпрыгнуть** (완) (븨쁘릐기와찌)	뛰어나오다, 뛰어나가다, 뛰어내리다
выпрягать(미완), **выпрячь** (완) (븨쁘랴가찌) (븨쁘래치)	마구를 풀다;
выпрямитель (븨쁘래미쩰)	(남) (공학) 정류관, 정류기
выпрямить(ся) (븨쁘래미찌) (븨쁘래미쨔)	*см.* выпрямлять(ся)
выпрямлять (븨쁘래믈랴찌)	(미완) 펴다, 곧게 하다;
выпрямляться (븨쁘래믈랴쨔)	(미완) 펴지다, 곧아지다, 바로 서다, 허리 (몸)를 펴다
выпрячь (븨쁘랴치)	(완) *см.* выпрягать
выпуклость (븨뿌클라쓰찌)	(여) 불룩나오는 것, 불거진 것, 돌출부
выпуклый (븨뿌글리이)	(형) ① 볼록한, 불룩나온; ② 불거진, 두두룩한
выпуск (븨뿌쓰크)	(남) ① 생산(生産), 생산량; ② 졸업(卒業), 졸업식 ③ 졸업생수 ④ 발행(發行), 발간
выпускать (븨뿌쓰까찌)	(미완) ① 내보내다, 놓아주다; ② 생산하다, 만들어내다; ③ 졸업시키다 ④ 발행(발간)하다;
выпускник (븨뿌쓰크닉)	(남), ~ца (여) 졸업생, 졸업반학생
выпускной (븨뿌쓰크노이)	(형) ①: ~ые экзамены 졸업시험 ② (공학): ~ой клапан 배기변
выпустить (븨뿌쓰띠찌)	(완) *см.* выпускать
выпутаться (완) *см.* выпутываться (미완) (븨뿌따쨔)	① 풀려나오다 ② 빠져나오다, 벗어나다;
выпучивать(미완) **выпучить** (완); ~ глаза 눈을 부릅뜨다 (븨뿌치와찌) (븨수치찌)	
выпытать, (완) **выпытывать** (미완) (븨쁴따찌) (븨쁴띄봐찌)	알아내다, 실토하게 하다, 밝혀내다

вырабатывать (미완), выработать (완) (브라바띄와찌)	① 생산하다, 만들어내다, 짜내다, 제작하다; ② 작성하다; ③ 기르다, 배양하다;
выработка (브라봍까)	(여) ① 생산(生産), 제작, 제조(製造); ② 생산품, ③ 생산량, 생산고(生産高);
выравнивать (브라브니와찌)	(미완) 고르게 하다, 평탄하게 하다, 평평하게 하다;
выражать (브라좌찌)	(미완) 표현하다, 표시하다, 나타내다, 노출 시키다;
выражаться (브라좌쨔)	(미완) ① 말하다 ② 나타나다, 표현되다, 표시되다
выражение (브라줴니에)	(중) ① 표현(表現), 표명, 표시(標示) ② 말, 말투 ③ (수학) 식(式);
выраженный (브라줸느이)	(형) 뚜렷한, 현저한; ярко ~ 강하게 (현저하게) 나타난
выразитель (브라지쩰)	(남) 구현자, 표현자
выразительно (브라지쩰나)	(부) ① 표현력 있게, 표정이 풍부하게, 뚜렷이 ② 실감있게, 의미심장하게;
выразительный (브라지쩰느이)	(형) ① 표현력이 강한, 표현성이 풍부한; ② 표정이 풍부한, 의미심장한
выразить(ся) (브라지찌)(브라지쨔)	*см.* выражать(ся)
вырастать, (미완) вырасти (완) (브라스따찌)	① 자라나다, 자라다, 성장하다 ② 커지다, 증대되다, 늘어나다 ③ 어른 (성인)이 되다, 다 자라다
вырастить,(완) выращивать (미완) (브라스띠찌)	① 키우다, 기르다, 키워내다, 재배하다, 가꾸다; ② 교양 (양성)하다, 기르다, 길러내다;
вырвать¹ (브르와찌)	(완) *см.* вырывать
вырвать² (브르와찌)	(완) *см.* рвать II
вырваться (브르와쨔)	(완) *см.* вырываться
вырезать, (미완) вырезать (완)	① 베어내다, 잘라내다;

(브레자찌)	② 조각하다, 새기다
вырезка (브레즈까)	(여) ①: газетная ~ 신문에서 오려낸 발췌문 ② (등심에서 제일 좋은) 살고기
вырисовываться (브리쏘브와쨔)	(미완) 뚜렷이 나타나다, 똑똑히 보이다
выровнять (브로브내찌)	(완) *см.* выравнивать
выродиться(완) **вырождаться** (미완) (브로디쨔)	변질하다, 퇴화하다, 나쁘게 되다
вырождение (브로즈졔니에)	(중) 퇴화(退化), 변질(變質)
выронить (브로니찌)	(완) *см.* ронять
вырубать, (미완) **вырубить** (완) (브루바찌)	(모조리) 베어버리다, 찍어내다, 채벌하다
вырубка (브로프까)	(여) ① 나무베기, 채벌(採伐) ② 나무벤 자리, 나무 베기터
выругать (브루가찌)	(완) *см.* ругать
выручать, (미완) **выручить** (완) (브루차찌)	① 건져내다, 구출하다, 도와주다, 살려주다; ② 벌다, 건지다;
выручка (브루츠까)	(여) ① 수익금(收益金), 돈, 매상고 ② 구출(救出), 구원, 건져내는 것;
вырывать[1] (브릐와찌)	(미완) 잡아빼다, 빼내다, 뽑아내다, 뜯어내다;
вырывать[2] (브릐와찌)	(미완) ① 파다; ② 파내다, 캐내다;
вырываться (브릐와쨔)	(미완) ① 떨어지다, 빠지다; ② 벗어나다, 빠져나오다, 탈출하다;
вырыть (브릐찌)	(완) *см.* вырывать 2
высадить(ся) (븨싸디찌) (븨싸디쨔)	*см.* высаживать(ся)
высадка (븨싸드까)	(여) 내리우는 것, 내리는 것, 상륙, 착륙(着陸)

высаживать (븨싸쥐와찌)	(미완) ① 내리우다 (차에서) 내리게 하다, 상륙시키다, 착륙시키다; ② 옮겨심다, 떠옮기다, 심어가꾸다
высаживаться (븨싸쥐와쨔)	(미완) (차, 배에서) 내리다, 상륙하다
высасывать (븨싸씩와찌)	(미완) 빨아먹다, 빨아내다;
высверливать, (미완) высверлить (완) (비쓰뷀리와찌) (비쓰뷀리지)	구멍을 뚫다
высвободить, (완) высвобождать (미완) (비쓰붜바디찌) (비쓰붜보즈다찌)	① 해방하다, 벗어나게 하다, 구출하다; ② 빼내다
высевать, (미완) высеять см. сеять (비쎄와찌) (비쎄야찌)	
высекать (비쎄까찌)	(미완) 새기다, 돌을 깎아 조각하다;
выселение (븨쎌레니에)	(중) ① 이주시키는 것 ② 추방. 축출, 추실(追失), 출방.
выселить (완), выселять (미완) (븨쎌리찌) (븨셀래찌)	이주시키다, 추방하다;
высечь (븨쎄치)	(완) см. сечь
высидеть, (완) высиживать (미완) (븨씨데찌) (븨시쥐와찌)	① (알을 품어서) 까다; ② 오래 앉아있다 (앉아서 기다리다)
выситься (븨씨쨔)	(미완) 솟아있다, 우뚝(높이)솟아있다, 드솟다, 오르다.
выскабливать (비쓰까블리와찌)	(미완) ① 긁어내다, 깎아내다, 오비다 ② 깨끗하게 하다, 깨끗이 하다 (닦다)
высказать(ся) (비쓰까자찌) (비쓰까자쨔)	см. высказывать(ся)
высказывание (비쓰까즥와니에)	(중) ① 발언(發言), 진술(陳述) ② 소견(召見), 의견(意見)
высказывать (비쓰까즥와찌)	(미완) 말하다, 발언(發言)하다, 말로 표현하다, 진술하다;
высказываться (비쓰까즥와쨔)	(미완) 발언하다, 생각(의견)을 말하다, 진술하다;

- 175 -

выска́кивать (븨쓰까끼와찌)	(미완) ① 내뛰다, 뛰어나오다, 뛰어나가다, 뛰어내리다; ② 빠지다, 떨어지다
выска́льзывать (븨쓰깔리즤와찌)	① 미끄러져 떨어지다 (빠져나가다); ② 슬그머니 나가버리다, 살짝 빠져나가다, 뺑소니를 치다
вы́скоблить (븨쓰까블리찌)	(완) *см.* выска́бливать
вы́скользнуть (븨쓰깔리즈누찌)	*см.* выска́льзывать
вы́скочить (븨쓰까치찌)	(완) *см.* выска́кивать
вы́слать (븨쓸라찌)	(완) *см.* высыла́ть
вы́следить (완) **высле́живать** (븨쓸레디찌)	(미완) ① 자취를 찾아내다, 종적을 찾다; ② 몰래 따라다니다, 미행하다
вы́слуга (븨쓸루가)	(여) 근무연한, 봉사기간, 군무; за вы́слугу лет 근무연한, 근속
высл́уживаться (미완), **вы́служиться** (완) перед кем (븨쓸루쥐와짜) 아첨하여 신망을 얻다	
вы́слушать (완), **выслу́шивать** (미완) ① (끝까지) 듣다 (븨쓸루샤찌) ② (의학) 청진하다	
высме́ивать (미완), **вы́смеять** (완) 비웃다, 조롱하다, 조소하다 (븨쓰메이와찌) (븨쓰메야찌)	
вы́сморкаться (븨쓰마르까짜)	*см.* сморка́ться
высо́вывать (븨쏘븨와찌)	(미완) 내밀다, 밀어내다, 내놓다;
высо́вываться (븨쏘븨와짜)	(미완) ① 내다보다 ② 보이다, 불쑥 밖으로나오다, 나타나다 ③ 삐어져 나오다.
высо́кий (븨쏘끼이)	(형) ① 높은, 드높은, 키 큰, 높다란; ② 고상한, 고귀한, 고매한
высоко́ (븨싸꼬)	(부) ① 높이, 크게, 고상하게 ② (술어로) 높다
высокбво́льтный	(형) (전기) 고압;

- 176 -

(븨싸까쀨리뜨느이)

высокогорный (형) 고산(高山);
(븨싸까골르니이)

высокоидейный (형) 사상성이 높은
(븨싸까이데이느이)

высококачественный (형) 질이 높은, 품질이 좋은, 고급의;
(븨싸까까체스뜨볜느이)

высококвалифицированный (형) 자질(기능)이 높은;
(븨싸까왈리피찌로완느이)

высокомерие (중) 거만(倨慢), 교만(驕慢)
(븨싸까메리에)

высокомерный (형) 거만한, 교만한
(븨싸까몔느이)

высокопарный (형) 과장된, 분식된
(븨싸까빨느이)

высокопоставленный (형) 고위급, 지위가 높은;
(븨싸까뽓따블롄느이)

высокопроизводительный (형) 생산성이 높은, 고성능, 성능높은
(븨싸까쁘로이즈뷔디쩰느이)

высокосортный (형) 품질이 높은, 고급;
(븨싸까솔뜨느이)

высосать (완) см. высасывать
(븨쏘싸찌)

высота (여) ① 높이, 고도(高度), 높낮이;
(븨싸따) ② 고지(高地), 높은 곳, 창공(蒼空);
③ (수학) 드림선, 수선, 드림선의 길이

высотный (형); ~ое здание 고층건물(高層建物);
(븨쏘뜨느이) ~ый полёт 고공비행

высотомер (남) 고도계(高度計)
(븨싸따몌뜨르)

высохнуть (완) см. высыхать
(븨싸흐누찌)

выспрашивать (미완), **выспросить**(완) 캐어물어 알아내다,
(븨쓰쁘라쉬와찌) 자세히 캐어묻다

выставить (완) см. выставлять

(브쓰따뷰찌)

выставка
(브쓰따프까)
(여) 전람회(展覽會), 전시회, 전람관

выставлять
(븻따블랴찌)
(미완) ① 앞에(앞으로) 내놓다(내밀다);
② 밖에 내놓다; ③ 빼내다, 뽑아내다;
④ 진열하다, 전시하다, 나열(배열)하다

выставочный
(브쓰따붜츠느이)
(형) 전람의, 나열의

выстирать
(브쓰찌라찌)
(완) см. стирать

выстоять
(브쓰따야찌)
(완) 이겨내다, 견디어내다

выстраиваться
(브쓰드라이와쨔)
см. строить (ся) 2

выстрел
(브쓰뜨렐)
(남) ① 사격(射擊), 발사(發射);
② 총소리, 포소리, 사격소리

выстрелить
(브쓰뜨렐리찌)
(완) см. стрелять

выстроить(ся)
(브쓰뜨로이찌)
см. строить(ся) 1

выстукивание
(브쓰뚜끼와니에)
(중) (의학) 타진(打診)

выступ
(브쓰뚜쁘)
(남) 쑥 내민 곳, 돌출부;

выступать (미완) **выступить** (완) ① 나서다, 앞으로 나가다
(브쓰뚜빠찌)　　　(브쓰뚜삐찌)　② 출동하다, 출발하다, 떠나다;
③ 출연하다, 공연하다, 연설하다,
발언하다; ④ 솟아나다, 불뚝하다,
쑥 내밀다 ⑤ 돋아나다, 나다;
⑥ за что ~을 주장하다

выступление
(브쓰뚜쁠레니에)
(중) ① 출발, 출동(出動), 진출(進出)
② 토론(討論), 발언, 연설
③ 공연(公演), 출연

высунуть(ся)
(브쑤누찌)
см. высовывать (ся)

высушивать(미완) **высушить** (완) (바싹) 말리다, 건조시키다

(븨쑤쉬와찌)	(븨수쉬찌)

высчитать(완), **высчитывать** (미완) 계산(결산)하다;
(븨쓰치따찌) (븻치띄와찌)

высший (형) ① 제일, 높은, 최고도;
(븻쓰쉬이) ② 최고(最古), 최상(最上);
③ 고등(高等), 고급(高級);

высылать (미완) ① 보내다, 발송하다, 파송(파견)
(븨썰라찌) 하다; ② 추방하다, 위배보내다, 내쫓다

высылка (여) ① 발송(發送), 파송(派送);
(븨쓸까) ② 추방(追放), 유형(類型)

высыпать, (미완) **высыпать** (완) 쏟다, 털어내다;
(븨씨빠찌) (군중들이) 쏟아져 나오다, 밀려나오다;

высыпаться (미완)¹, **высыпаться** (완) 쏟아지다, 흘러 떨어지다
(븨씨빠짜)

высыпаться (미완)² 실컷 자다, 충분히 자다
(븨씨빠짜)

высыхать (미완)① 마르다, 건조되다, 들이마르다;
(븨씨하찌) ② (밀물이) 물러가다, 써다

выталкивать (미완) 내밀다, 밀어내다, 밀치다,
(븨딸끼와찌) 밀쳐서 내쫓다

вытаптывать (미완) 밟아서 없애버리다, 짓밟다,
(븨따쁘띄와찌) 유린하다

вытаскивать (미완) ① 끌어내다, 들어내다;
(븨따쓰끼와찌) ② 뽑다, 빼다, ㄲ집어내다, 꺼내다;
③ 훔치다, 소매치기라다

вытачивать (미완): ~ нож 칼을 갈다;
(븨따치와찌) ~ деталь 부속품을 깎아 만들다

вытекать (미완) ① 흘러나오다, 흘러내리다
(븨쩨까찌) ② 결론이 나오다

вытереть (완) *см.* вытирать
(븨쩨레찌)

вытерпеть (완) *см.* терпеть
(븨쩨르뻬찌)

вытеснить, (완) **вытеснять** (미완) 밀어내다, 몰아내다, 내쫓다,
(븨쩨쓰니찌) 구축하다

вытечь (븨쩨치)	(완) *см.* вытекать
вытирать (븨띠라찌)	(미완) 닦다, 깨끗이 하다, 씻다;
выткать (븨뜨까찌)	(완) 짜다;
вытолкать, вытолкнуть (븨딸까찌) (븨딸크누찌)	*см.* выталкивать
вытоптать (븨따쁘따찌)	(완) *см.* вытаптывать
выточить (븨따치찌)	(완) *см.* вытачивать
вытряхивать, (미완) **вытряхнуть** (븨드랴히와찌)	(완) 털다, 털어내다, 흔들어 떨구다;
выть (븨찌)	(미완) 울부짖다, 짖다, 울다;
вытягивать (븨쨰기와찌)	(미완) ① 끌어내다, 뽑아내다; ② 늘이다, 펴다, 뻗다, 늘어뜨리다;
вытягиваться (븨쨰기와쨔)	(미완) ① 펴지다, 깊어지다 ② 늘어나다, 커지다 ③ 자라다 ④ 몸을 쭉 펴다, 차렷하다
вытяжка (븨쨔즈까)	(여) ① (화학), (의학) 엑기스, 추출물; ② 뽑아내는 것, 빨아내기;
вытяжной (븨쨔즈노이)	(형): ~ шкаф (화학) (유독가스) 배기 작업대
вытянуть (븨쨔누찌)	(완) *см.* вытягивать
выучить(ся) (븨우치찌) (븨우치쨔)	(완) *см.* учить(ся)
выучка (븨우츠까)	(여) 훈련, 준비 (정도), 솜씨
выхаживать (븨하쥐와찌)	(미완) ① 기르다, 키우다 ② 돌보다;
выхватить (완) **выхватывать** (븨흐와찌찌)	(미완) 잡아채다, 빼앗다, 가로 채다;

вы́хлоп (븨홀로쁘)	(남) (공학) 배기(排氣), 배출(排出)
выхлопно́й (븨흘로쁘노이)	(형) (기체의) 배출의, 배기의; ~газ 배기가스;
вы́ход (븨혿)	(남) ① 나가는 것, 나오는 것; ② 출구(出口), 나가는 문; ③ 발행, 발간 ④ 해결책, 출로, 활로; ⑤ 탈회(脫灰), 탈퇴(脫退);
вы́ходец (븨호제쯔)	(남) 출신(出身), 이주자;
вы́ходить (븨호디찌)	(완) *см.* выха́живать
выходи́ть (븨호디찌)	(미완) ① 나오다, 나가다, 떠나다, 외출 ② (어떤 상태에서) 벗어나다, 헤어나다; ③ 되다, 일어나다, 생기다; ④ 발간되다, 출판되다; ⑤ 떨어지다, 끝나다, 소비되다;
вы́ходка (븨혿까)	(여) 불손한 행동, 무례한 행동, 비행;
выходно́й (븨혿노이)	(형): ~ день 쉬는 날, 휴식일, 공휴일; ~ое пла́тье 나들이옷, 바깥옷, 갈음옷; ~ое посо́бие 퇴직금
вы́цвести, (완) **выцвета́ть** (미완) (븨쯔베쓰찌)	(빛이) 날다, 퇴색하다, 색이 바래다
вычёркивать(완) **вы́черкнуть** (완) (븨촐끼와찌)	지우다, 삭제하다, 제명하다
вы́черпать(완) **выче́рпывать** (미완) (븨첼빠찌)	퍼내다, 떠내다;
вы́честь (븨체쓰찌)	(완) *см.* вычита́ть
вы́чет (븨체트)	(남) 공제;
вы́четы (븨체뜨이)	(복수) 공제액;
вычисле́ние (븨치쓸레니에)	(중) 계산(計算), 산출(算出)

- 181 -

вычислительный (븨치쓸리쪨느이)	(형) 계산의
вычислить (완), **вычислять** (미완) 계산하다, 산출하다 (븨치쓸리찌)　　(븨치쓸래찌)	
вычистить (븨치쓰띠찌)	(완) *см.* чистить
вычитание (븨치따니에)	(중) 덜기, 감법(減法), 빼기;
вычитать (븨치따찌)	(미완) 덜다, 감하다, 공제하다;
вышвыривать (미완), **вышвырнуть** (완) ① 내던지다, 내치다, (븨쉬브리와찌)　　　내뜨리다 ② 쫓아버리다, 몰아내다	
выше (븨쉐)	① (부)(высоко, высокий 의 비교급) 더 높이; ② 이상; ③ 상류 쪽으로;
вышесказанный (븨쉐쓰까잔느이)	(형) 위에서 말한 (이야기한), 상술한;
вышестоящий (븨쉐쓰또야쉬이)	(형) 상급(上級);
вышеуказанный (븨쉐우까잔느이)	(형) 위에서 지적한
вышеупомянутый (븨쉐우뽀먀누뜨이)	(형) 위에서 언급한
вышивание (븨쉬와니에)	(중) ① 수놓이, 자수 ② 자수품, 수놓은 것
вышивать (븨쉬와찌)	(미완) 수놓다, 자수하다
вышивка (븨쉬브까)	(여) 수놓은 무늬, 수;
вышина (븨쉬나)	(여) ① 높이, 고도(高度); ② 높은 곳;
вышить (븨쉬찌)	(완) *см.* вышивать
вышка (븨스까)	(여) 탑(塔), 망루, 타워.
выявить(ся)	(완) *см.* выявлять(ся)

(브야븨찌)

выявлять (브야블랴찌)	(미완) 나타내다, 드러내다, 밝혀내다, 찾아내다;
выявляться (브야블랴짜)	(미완) 나타나다, 드러나다, 발로되다, 밝혀지다
выяснение (브야쓰녜니에)	(중) 해명(解明), 조사, 판명
выяснить(ся) (브야쓰니찌)	*см.* выяснять(ся)
выяснять (브야쓰내찌)	(미완) 해명하다, 명백 하다, 밝혀내다, 판명하다, 조사하다;
выясняться (브야쓰내짜)	(미완) 해명(판명)되다
Вьетнам (볘에뜨남)	(남) 월남, 베트남
вьюга (볘유가)	(여) 눈보라, 눈보라 같은 것
вьюк (볘유크)	(남) 꾸러미, 보따리, 포장한 짐(묶음), 짐짝, 바리짐, 부담짝
вьючный (볘유츠느이)	(형) 짐 싣는, 짐 나르는, 운반용의; 포장용의
вьющий ся (볘유쉬이샤)	(형) 곱슬곱슬한; 웨이브
вяжущий (볘야주쉬이)	(형) 수렴성의, 수축시키는; ~ее средство (의학) 수렴제
вяз (볘야스)	(남) 느릅나무, 느릅나무 재목
вязальный (볘야잘느이)	(형) 뜨개의: ~ая спица 뜨개바늘
вязание (볘야자니에)	(중) 뜨개질, 묶는 것, 편물
вязанка (볘야잔까)	(여) ① 단, 묶음, 묶은 것, 꾸러미 ② 뜨개 것, 뜨개 옷
вязанный (볘야잔느이)	(형) 뜨개질의:

вязать (베야자찌)	(미완) ① 묶다, 매다, 결박하다; ② 뜨다, 뜨개를 뜨다, 뜨개질하다;
вязкий (베야즈끼이)	(형) ① 점질, 점착성 있는, 끈끈한, 진득진득한; ② 질척한
вязнуть (베야누찌)	(미완) 빠지다;
вяленый (베얄네느이)	(형) (볕에) 말린;
вялый (베얄르이)	(형) ① 시든, 시들시들한 ② 풀기없는, 활기 없는, 나슨한, 느른한
вянуть (베야누찌)	(미완) 시들다, 시들어 죽어가다.

Гг

га
(가)
см. гектар

габарит
(가바리트)
(남) ① 바깥테두리, 외형(外形), 윤곽; ② 크기, 치수, 규격(規格)

Габон
(가본)
(남) 가봉(Gabon)

Габороне *г.*
(가보로네)
(남) 가보로네(Gaborone)

Гавана
(가와나)
(여) *г.* 아바나(Havana)

гавань
(가완니)
(여) 항구(港口), 항만(港灣);

гагара
(가가라)
(여) (조류) 논병아리

гадалка
(가달까)
(여) 여자 점쟁이

гадать
(가다찌)
(미완) ① 점치다; ② 예측하다

гадить
(가지찌)
(미완) ① 짐승이 똥싸다, 배설하다; ② 더럽히다; ③ 해를주다, 해를 끼치다

гадкий
(가드끼이)
(형) ① 추잡한, 더러운, 망측한; ② 구역질나는, 얄미운, 냄새가 구리터분한

гадость
(가다쓰찌)
(여) 더러운 것, 추악한, 비열성;

гадюка
(가쥬까)
(여) 불살모사, 독사(毒蛇)

гаечный
(가에츠느이)
(형): ~ ключ 드라이버

газ
(남) 가스, 기체(氣體)

(가즈)

газы
(가젹)
(복수)(의학) 방귀;

газета
(가제따)
(여) 신문(新聞);

газетный
(가제뜨느이)
(형) 신문의;

газетчик
(가제뜨치크)
(남) ① 신문일군; ② 신문판매원

газированный
(가지로완느이)
(형): ~ая вода 탄산수

газификация
(가지피까찌야)
(여) 가스화

газифицировать
(가지피찌로와찌)
(미완) 가스화하다

газовый
(가조브이)
(형) 가스의 기체의;

газогенератор
(가조게네라또르)
(남) 가스 발생기

газолин
(가조린)
(남) 가솔린, 휘발유, 벤진

газон
(가존)
(남) 잔디, 잔디밭

газообмен
(가조오브멘)
(남) 가스 갈기, 가스교환

газообразный
(가조오브라즈느이)
(형) 가스성질을 가진, 기체성(氣體性), 기체상의;

газопровод
(가조쁘로볻)
(남) 가스관, 가스 수송관

газоубежище
(가조우베쥐쉐)
(중) 독가스 대피소, 방독실

Гай ти
(가이찌)
(중) 아이디(ID; 개인식별기호)

Гай ана
(가이아나)
(여) 가이아나(Guyana)

га́й ка (가이까)	(여) 암나사, 너트(nut);
Гал (갈라땀)	갈라디아서(Послание к Галатам, 6장, 229쪽) (갈라디아인들에게 보낸 편지
Гала́ктика (갈락찌까)	(여) 은하, 은하수(銀河水), 은하계
галантере́й ный (갈란쩰례이느이)	(형) 잡화의:
галантере́я (갈란쩰례야)	(여) 잡화(雜貨)
галдёж (갈죠즈)	(남) 떠드는 소리, 뭇소리, 웅성대는 소리
галде́ть (갈제찌)	(미완) 떠들다, 지껄이다, 웅성대다, 왁짝거리다
галере́я (갈레레야)	(여) ① (연결) 복도; ② (극장안의) 상층좌석(上層坐席); ③ 갱도(坑道);
галёрка (갈룔까)	см. галерея
галима́тья (갈리마쨔)	(여) 황당무게한 것, 허튼소리, 어리석은 말
га́лка (갈까)	(여) 갈가마귀, 땅까마귀
галло́н (갈론)	(남) 겔론(액체체적의 단위)
галлюцина́ция (갈류찌나찌야)	(여) 환각(幻覺), 착각(錯覺)
гало́п (갈롭)	(남) (말의) 모두 뜀, 모둠 뛰기;
га́лочка (갈로츠까)	(여) 체크(check) V 모양의 표시),;
гало́ша (갈로샤)	(여) 고무 덧신
га́лстук (갈쓰뚝)	(남) 넥타이;
гальваниза́ция	(여) 전기를 흐르게 하는 것, 전기

Гг

(갈와니자찌야)	치료법, 전기도금
гальванический (갈와니체쓰끼이)	(형): ~ая батарея 갈바니전지
гальванометр (갈와노메뜨르)	(남) (물리) 검류계(檢流計)
гальванотехника (갈와노쩨흐니까)	(여) 전기도금학
галька (갈까)	(여) 조약돌, 물돌;
гам (감)	(여) 왁자지껄 떠드는 소리, 뭇소리, 웅성대는 소리
гамак (가마크)	(남) 그물침대
Гамбия (감비야)	(여) 감비아(Gambia)
гамма (감마)	(여) (음악) 음계;
гаммалучи (감말루치이)	(공학) 감마선
Гана (가나)	(여) 가나(←Cana)
гангрена (간그레나)	(여) 탈저, 탈저정(脫疽疔), 피저
гангстер (간그스쩰)	(남) 갱, 강도(强盜)
гандбол (간드볼)	(남) 송구(送球), 핸드볼(handball)
гандболист (간드발리쓰트)	(남), ~ка (여) 핸드볼선수
гантели (간쩰리)	(복) 아령
гаоляк (가올랴크)	(남) 수수
гараж (가라즈)	(남) 자동차 차고, 자동차정비소

гарант (가란트)	(남) 담보자, 보증인(保證人)
гарантий ный (가란찌이느이)	(형) 보증의, 담보의
гарантировать (가란찌로와찌)	(미완) 보증하다, 보장하다, 담보하다
гарантия (가란찌야)	(여) 보증, 보장, 담보(擔保).
гардероб (가르제로프)	(남) ① 옷장, 양복장(洋服欌); ② 옷보관실, 옷 맡기는 곳, 탈의실
гардеробщик (가르제롭쉬트)	(남), ~ца (여) (극장 등에서) 옷맡아 보관하는 사람
гардина (가르지나)	(여) 창가림, 커튼
гармоника (가르모니까)	(여) 손풍금, 아코디언(accordion), 핸드 오르간(hand organ), 아코르데옹;
губная гармоника (굽나야 가르모니까)	하모니카(harmonica)
гармонировать (가르마니로와찌)	(미완) *с чем* ~ 와 조화하다, 일치하다, 어울리다
гармонист (가르마니스트)	(남) 손풍금수
гармоничный (가르마니츠느이)	(형) 조화로운, 일치된, 어울리는.
гармония (가르모니야)	(여) ① (음악) 화음(和音), 화성(和聲); ② 조화(調和), 협화, 일치
гармонь (가르모니)	(여) 손풍금, 아코디언(accordion), 핸드 오르간(hand organ), 아코르데옹.
гармошка (가르모쉬까)	*см.* гармоника
гарнизон (가르니존)	(남) (군사) 수비대, 경비대, 주둔군
гарнир (가르니르)	(남) (요리에서) 곁부침, 덧부침, 반찬;
гарнитур	(남) (가구 등의) 한조, 한 벌, 일식;

- 189 -

(가르니뚤)

гарпун (가르뿐)	(남) 작살, 고래작살
гарпунный (가르뿐느이)	(형): ~ая пушка 고래잡이포, 고래포, 포경포(砲徑砲)
гарпунщик (가르뿐쉬크)	(남) 포경포수, 작살군
гарь (가리)	(여) 탄냄새;
гасить (가씨찌)	(미완) ① 끄다; ② 억제하다, 억누르다
гаснуть (가쓰누찌)	(미완) ① 꺼지다; ② 약해지다, 사라지다
гастрит (가쓰뜨리트)	(남) (의학) 위염
гастролёр (가쓰뜨로료르)	(남) 순회공연배우
гастролировать (가쓰뜨롤리로와찌)	(미완) 순회공연하다
гастроль (가쓰뜨롤)	(여) 순회공연(巡廻公演)
гастрольный (가쓰뜨롤느이)	(형): ~ая поездка 순회공연의
гастроном (가쓰뜨로놈)	(남) 식료품상점
гастрономический (가쓰뜨노미체쓰끼이)	(형): ~ магазин см. гастроном
гастрономия (가쓰뜨노미야)	(여) 식료품
гаубица (가우비짜)	(여) 곡사포(曲射砲)
гауптвахта (가우쁘트와흐따)	(여) (군사) 영창
гашённый (가숀느이)	(형): ~ая известь 소석회

Гваделупа (그와젤루빠)	(여) 바들루빠
гвалт (그왈트)	(남) 떠드는 소리, 야단법석이다, 웅성거리는 소리;
гвардеец (그왈제에쯔)	(남) 근위병, 근위대원, 근위병(近衛兵)
гвардейский (그왈제이스끼이)	(형) 근위대의, 근위병의;
гвардия (그왈지야)	(여) 근위대(近衛隊), 근위부대;
Гватемала (그와떼말라)	(여) ① 과테말라(Guatemala) ② (여) г. 과테말라(Guatemala)
Гвиана (그뷔아나)	(여) 기아나(Guiana)
Гвинея (그뷔네야)	(여) 기네
гвоздика (그와즈지까)	(여) 패랭이꽃, 석죽화(石竹花)
гвоздь (그뷔스지)	(남) 쇠못, 나무못, 구두못, 대갈
где (그제)	(부) ① (의문) 어디에, 어느곳에, 어디서 ② (관계 대명사) ③ (вот 와 함께) 바로 여기에;
где-либо, где-нибудь (그젤-리바, 그제-니부지)	(부) 어디에나, 어디선가, 어떤곳에서나, 아무데나; ~ в другом месте 어느 다른데서
где-то (그제-따)	(부) 어디엔가, 어디선가, 그 어떤곳에(서); ~ здесь 어디엔가, 여기서
гегемон (게게몬)	(남) 주동자, 영도자, 패권자
гегемония (게게모니야)	(여) 지배권, 헤게모니(Hegemonie), 패권(覇權), 제패(制覇)
гейзер (게이젤)	(남) (지질) 간헐천(間歇川), 간헐온천(間歇溫泉)
гектар (곅따르)	(남) 헥타르(hectare; 면적의 단위; 1만㎡, 100아르; 기호 ha.)

гектограф (곅또그라프)	(남) 등사판(謄寫版), 등사기
гелий (곌리이)	(여) 헬륨(helium; 기호는 He, 원자번호는 2, 원자량은 4.0026.)
гемоглобин (게모글로빈)	(남) 혈색소, 헤모글로빈(hemoglobin), 피빨강이, 혈구소, 혈적소(血赤素), 혈홍소(血紅素), 혈색소(血色素)
геморрой (게마로이)	(남) (의학) 치질(痔疾)
генеалогия (게네알로기야)	(여) ① 가계, 혈통(血統), 계보(系譜); ② 계통학, 계보학(系譜學)
генеалогический (게네알로기체쓰끼이)	(형) ~ая таблица 가계표(家系票)
генезис (게네지쓰)	(남) 기원(起源), 발생, 발생사
генерал (게네랄)	(남) 장군(將軍)
генерал-губернатор (게네랄-구볘르나따르)	(남) 총독(總督)
генералиссимус (게네랄리씨무쓰)	(남) 대원수(大元帥)
генералитет (게네랄리쪨)	(남) 장령들
генеральный (게네랄느이)	(형) 일반적인, 총체적인, 총적(蔥笛);
генератор (게네라또르)	(남) 발전기(發電機,發展基), 발생기
генетика (게네찌까)	(여) 유전학(遺傳學)
гениальность (게니알노쓰찌)	(여) 천재성
гениальный (게니알느이)	(형) 천재적인
гений (게니이)	(남) 천재, 수재(秀才), 비상한 재능
генконсул	(남) 총영사(總領事: 최상급의 영사. 주재국

(겐꼰술)	영토 안의 자국민을 보호 감독하고, 통상 등에 관한 사항을 맡아봄.)
генштаб (겐쉬따프)	(남) 총참모부;
географ (게오그라프)	(남) 지리학자(地理學者)
географический (게오그라피체쓰끼이)	(형) 지리학(地理學)의;
география (게오그라피야)	(여) 지리(地理), 지리학(地理學);
геодезия (게오데지야)	(여) 측지학(測地學)
геодезист (게오데지쓰트)	(남) 측지일군, 측지학자(測地學者)
геолог (게오록)	(남) 지질탐사일군, 지질학자(地質學者)
геологический (게올로기체쓰끼이)	(형) 지질의;
геология (게올로기야)	(여) 지질학(地質學)
геологоразведка (게올로고라즈볘드까)	(여) 지질탐사
геологоразведочный (게올로고라즈볘도츠느이)	(형) 지질탐사의;
геометрический (게오메뜨리체쓰끼이)	(형) 기하학의;
геометрия (게오메뜨리야)	(여) 기하(幾何), 기하학(幾何學)
геополитика (게오빨리찌까)	(여) (철학) 지정학(地政學)
георгин (게오르긴)	(남) 다알리아꽃, 싸다리아
геофизика (게오피지까)	(여) 지구물리학
геохимия	(여) 지구화학

(게오히미야)

герб (게르프) — (남) 국장;

гербарий (게르바리이) — (남) 식물 표본집(植物 標本輯)

гербициды (게르비찌듸) — (복수) (화학) 살초제(殺草劑), 제초제

гербовый (게르보브이) — (형) 국장의;

Германия (게르마니야) — (여) 독일(獨逸)

германский (게르만쓰끼) — (형) 독일의

герметический (게르메찌체쓰끼이) — (형) 밀폐의, 기밀의

героизм (게로이즘) — (남) 영웅성, 영웅주의(英雄主義)

героиня (게로이냐) — (여) ① 여성영웅; ② (문학) 여주인공;

героически (게로이체쓰끼) — (부) 영웅적으로, 영웅하게

героический (게로이체쓰끼이) — (형) 영웅적인, 영용한, 장렬한;

герой (게로이) — (형) ① 영웅(英雄), 용사(勇士); ② (문학) 주인공(主人公)

герой ски (게로이쓰끼) — (부) 영웅적으로, 영용하게

герой ский (게로이쓰끼이) — *см.* героический

герой ство (게로이쓰뜨붜) — (중) 영웅적정신(英雄的情神), 영웅성(英雄性), 용감성(勇敢性)

гетры (게뜨릐) — (복수) 각반(各般), 행전(行纏)

гибель (기벨) — (여) 멸망(滅亡), 사멸(死滅), 파멸(破滅), 죽음;

гибельный (기벨느이)	(형) 파멸적인, 치명적인, 사멸적인;
гибкий (깁끼이)	(형) ① 잘 휘어지는, 휘어드는, 연약한, 눅진한, 탄력성 있는, 호리호리한; ② 신축성 있는, 융통성 있는, 유약한;
гибкость (깁까쓰찌)	(여) ① 휘어드는 것, 연약성, 탄력성; ② 신축성, 융통성, 적응력
гиблый (깁르이)	(형); ~ое место 황폐한 곳
гибнуть (깁누찌)	(미완) 죽다, 사멸하다, 파멸하다, 멸망하다, 쇠멸하다;
гибрид (깁리드)	(남) 잡종(雜種), 혼종(昏鐘), 교잡종(交雜種)
гибридизация (깁리지자찌야)	(여) 잡종화(雜種化), 이종교배(異種交配), 교잡번식(交雜繁殖)
гигант (기간트)	(남) ① 거물(巨物), 거인(巨人); ② 대건물
гигантский (기간뜨쓰끼이)	(형) 거대한, 막대한, 비상한, 특출한;
гигиена (기기에나)	(여) 위생, 위생법, 위생학(衛生學);
гигиенический (기게니체쓰끼이)	(형) 위생의, 위생용;
гигрометр (기그로메뜨르)	(남) 습도계(濕度計)
гигроскопический (기그로스까삐체쓰끼이)	(형) 습기를 흡수하는;
гид (기드)	(남) 안내원, 안내자(案內者), 길잡이
гидравлика (기드라블리까)	(여) 수력학, 수리학(水理學)
гидравлический (기드라블리체쓰끼이)	(형) ① 수력학의, 수리학의 ② 수력의, 수압의(水壓-);
гидрат (기드라트)	(남) (화학) 수화물(手貨物)

Гг

гидро... (기드로...)	(합성어의 첫 부분으로서) (수력)의 뜻;
гидродинамика (기드로지나미까)	(여) 유체동력학(流體動力學), 수력학(水力學)
гидролиз (기드롤리즈)	(남) (화학) 가수분해
гидролог (기드롤록)	(남) 수문학자
гидрология (기드롤로기야)	(여) 수문학
гидромелиорация (기드로메리오라찌야)	(여) 관개수리
гидроплан (기드로쁠란)	*см.* гидросамолёт
гидропоника (기드로뽀니까)	(여) 수경법, 물가꿈법
гидропонный (기드로뽄느이)	(형); ~ метод 수경법
гидроресурсы (기드로레쑤쓰)	(복수) 수력자원
гидросамолёт (기드로싸말료트)	(남) 수상비행기, 비행정(飛行艇)
гидростанция (기드롯딴찌야)	*см.* гидроэлектростанция
гидростроительство (기드로쓰뜨로이쩰쓰뜨붜)	(중) 수력발전소건설
гидротехника (기드로쩨흐니까)	(여) 수력공학
гидротурбина (기드로뚤비나)	(여) 수력터빈
гидроузел (기드로우젤)	(남) 수력이용시설의 총체, 수력절점, 종합수력발전시설
гидроэлектростанция (기드로엘렉뜨로쓰딴찌야)	(여) 수력발전소(水力發電所)
гидроэнергетика	(여) 수력발전학

(기드로에네르게찌까)

гидроэнергетический (형) 수력공학, 물 에너지의
(기드로에네르게찌체쓰끼이)

гидроэнергия (여) 수력(水力)
(기드로에네르기야)

гиена (여) (동물) 하이에나
(기이에나)

гильза (여) ① 탄피(彈皮), 약통(藥桶);
(길자) ② (공학) 끼움판, 라이나, 붙임판

гимн (남) 성가, 찬송가; 축가, 송가(頌歌)
(김느)

гимназия (여) (제정러시아 일부 나라의) 중학교
(김나지야) (中學校)

гимнаст (남), ~ка (여) 체조선수(體操先手)
(김나쓰트)

гимнастёрка (여) 군복상의, 군복저고리
(김나쓰쬬르까)

гимнастика (여) 체조(體操);
(김나쓰찌까)

гимнастический (형) 체조의;
(김나쓰찌체스끼이)

гинеколог (남) 산부인과 의사(産婦人科 醫師)
(기네꼴록)

гинекология (여) 부인과학(婦人科學)
(기네깔로기야)

гипербола (여) ① (수학) 쌍곡선(雙曲線);
(기뻬르볼라) ② (문학) 과장법

гипертоник (남) 고혈압환자
(기뻬르또니크)

гипертония (여) ① 고혈압(高血壓);
(기뻬르또니야) ② 고혈압병, 고혈압증(高血壓症)

гипноз (남) 최면술(催眠術)
(기쁘노즈)

гипнотизёр (남) 최면술가
(기쁘노찌죨)

— 197 —

	гипнотизировать (기쁘노찌지로와찌)	(미완) ① 최면술을 걸다; ② 마음을 빼앗다, 홀리다, 매혹케 하다
	гипотеза (기쁘쩨자)	(여) 가설, 추측, 억측, 억설(臆說)
Гг	**гипотенуза** (기쁘쩨누자)	(여) (수학) 빗변, 현(弦); 사변(斜邊)
	гипотоник (기쁘또니크)	(남) 저혈압환자(低血壓患者)
	гипотония (기쁘뽀니야)	(여) ① 저혈압(低血壓); ② 저혈압증(低血壓症)
	гиппопотам (깁뽀빠땀)	(남) 하마
	гипс (깁쓰)	(남) ① 석고(石膏); ② (의학)석고붕대, 깁스(Gips);
	гипсовый (깁쏘브이)	(형) ① 석고의, 석고로 만든; ② (의학) 깁스의; ~ая повязка 석고붕대, 깁스붕대
	гирлянда (기를랸다)	(여) 꽃방망이, 꽃갓, 화관, 꽃부리
	гиря (기랴)	(여) ① 저울추; ② 추; ③ (체육) 아령.
	гистолог (기스똘록)	(남) 조직학자
	гистологический (기스똘로기체쓰끼이)	(형) 조직학의, 조직학적인;
	гистология (기스똘로기야)	(여) 조직학(組織學)
	гитара (기따라)	(여) 기타(guitar)
	гитарист (기따리쓰트)	(남), ~ка(여) 기타연주가
	глава¹ (글라와)	(여) 수뇌자(首腦者), 수반(首班);
	глава² (글라와)	(여) (책, 논문 등의) 장(章)

главарь (글라**와**리)	(남) 우두머리, 두목, 주모자(主謀者)
главенствовать (글라쀌쓰뜨붜와찌)	(미완) 지배하다, 통치하다, 최고권력을 행사하다, 독판치기를 하다
главк (글라프크)	(남) 총국(總局), 본부(本部)
главное (글라프노예)	(중) 중점(中點), 중요한 것
главнокомандование (글라프노까만다와니예)	(중) 총사령부(總司令部);
главнокомандующий (글라프노까만두유쉬이)	(남) 총사령관(總司令官);
главный (글라프느이)	(형) ① 주요한, 주되는, 주도적인, 총적; ② 주임(主任), 책임
глагол (글라골)	(남) (언어) 동사(動詞), 움직씨; непереходный ~ 자동사; переходный ~ 타동사(他動詞)
гладильный (글라질느이)	(형): ~ая доска 다리미판
гладить (글라지찌)	(미완) ① 어루만지다, 쓸어주다, 쓰다듬다, 애무하다; ② 다리다, 다림질하다, 인두질하다;
гладкий (글라드끼이)	(형) ① 평탄한, 평평한, 미끈한; ② 유창한, 순조로운, 순탄한;
глаз (글라즈)	(남) ① 눈; ② 눈길, 시선, 눈초리; ③ 시력(視力), 시각(視覺);
глазастый (글라자쓰뜨이)	(형) ① 눈이 둥그란, 눈이 큰; ② 눈이 맑은
глазеть (글라제찌)	(미완) на кого-что ~를 보다, 멍하니 바라보다
глазник (글라즈니크)	(남) 안과의사(眼科醫師)
глазной (글라즈노이)	(형) 눈의 안과의
глазок (글라쪽)	см. ① глаз; ② (식물) 싹, 눈

Гг

Гг

глазомер (글라조몌르)	(남) 눈짐작, 눈겨눔, 눈어림, 목측
глазомерный; (글라조몌르느이)	~ая съёмка 목측측량
глазунья (글라주니야)	(여) 계란후라이, 계란지짐
гланды (글란듸)	(복수) (해부) 편도, 편도선(扁桃腺)
гласить (글라씨찌)	(미완) 뜻을 담고 있다, 알리다, 말하다;
гласность (글라쓰노쓰찌)	(여) 공개(公開), 공포(公布);
гласный¹ (글라쓰느이)	(형) 공개의;
гласный² (글라쓰느이)	(형): ~ (звук) 모음(母音)
глаукома (글라우꼬마)	(여) (의학) 녹내장(綠內障)
глашатай (글라샤따이)	(남) ① 선포자, 공포자; ② 주장자, 대변자;
глина (글리나)	(여) 점토(粘土), 찰흙; 흙, 차진 흙;
глинистый (글리니쓰뜨이)	(형) 찰흙질의, 점토질의; 점토를 함유 점토질(점토 모양)의; 점토를 바른
глинобитный (글리노비뜨느이)	(형) 흙벽이 있는, 흙벽으로 둘러싸인: 흙이나 나뭇가지로 만든 울타리
глинозём (글리노죰)	(남) 알루미늄(aluminium) 알루미나, 반토(礬土), 산화 알루미늄
глиняный (글리냔느이)	(형) 진흙으로 만든, 찰흙으로 만든; 흙으로[오지로] 만든, 흙의
глиссер (글리쎄르)	(남) 고속 모터 보트, 수상 활주정
глист (글리쓰트)	(남) 벌레, 회충(蛔蟲), 기생충(寄生蟲)
глистогонный	(형) 구충(제)의; ~ое средство 회충약

(글리쓰따곤느이)

глицерин (글리쩨린)	(여) 글리세린(glycerin) 글리세롤(glycerin의 학명).
глициния (글리찌니야)	(여) 등나무
глобус (글로부쓰)	(남) 구(球), 공, 구체(球體), 지구의(儀)
глодать (글로다찌)	(미완) ① 갉아먹다, 쏠다; ② 괴롭히다, 가책을 받다
глотать (글로따찌)	(미완) 삼키다, 들이키다, 들이마시다;
глотка (글로뜨까)	(여) ① 인두(咽頭); ② 목, 목구멍, 인후(咽喉);
глоток (글로또크)	(남) 한 모금;
глохнуть (글로흐누찌)	(미완) ① 귀먹다; ② 소리가 멎다, 잠잠해지다, 불이 꺼지다; ③ 황폐해지다, ④ (발동기가) 멎다
глубина (글루비나)	(여) ① 깊이, 심도(深度); ② 깊은 곳, ③ 심오성;
глубинный (글루빈느이)	(형); ~ое тече-ние 깊은 층의 흐름; ~ый лов рыбы 심해어업
глубокий (글루보끼이)	(형) 깊은, 깊숙한; ② 심각한, 심오한;
глубоко (글루바꼬)	(부) ① 깊이, 깊숙이; ② 깊게, 깊이 있게, 심오하게, 심각히; ③ (술어로) 깊다, 심오하다;
глубоководный (글루바까보드느이)	(형) 수심이 깊은, 물깊은; 심해(원양)의
глубокомысленный (글루바까믜쓸렌느이)	(형) 뜻이 깊은, 의미심장한, 사려 깊은, 신중한
глубокомыслие (글루바까믜쓸리에)	(중) 깊은 뜻, 심오한 사상, 심사숙고 (深思熟考)
глубокоуважаемый (글루바까우와좌예므이)	(여) 지극히 존경하는, 존경하여 마지않는

глумиться (글루미짜)	(미완) над *кем-чем* 놀려대다, 조롱하다, 희롱하다
глумление (글룸레니예)	(중) 놀려대는 것, 조롱, 희롱(戱弄)
глупец (글루뻬쯔)	(남) 머저리, 얼뜨기, 바보
глупо (글루뽀)	(부) 어리석게, 둔하게, 머저리
глупость (글루뽀스찌)	(여) 우둔, 어리석음;
глупый (글루쁘이)	(형) ① 우둔한, 어리석은 아둔한; ② 철이 없는, 철을 모르는
глухой (글루호이)	(형) ① 귀먹은; ② 무관심한; ③ 숨은, 나타내지 않은; ④ (명사) 귀머거리; ~ой согласный (언어) 무성자음(無聲子音)
глухонемой (글루호네모이)	(남) 귀머거리, 벙어리, 농아(聾啞)
глухота (글루하따)	(여) 귀먹은 것, 귀가 먼 것
глушитель (글루쉬쩰)	(남) ① 소음장치, 소음기(消音器); ② 억압자, 말살하는 자;
глушь (글루쉬)	(여) 벽지(僻地), 벽촌(僻村), 쓸쓸한 곳, 후미진 곳, 산골;
глыба (글릐바)	(여) 큰 덩어리, 큰덩이;
глюкоза (글류꼬자)	(여) 포도당(葡萄糖; glucose)
глядеть (글랴제찌)	(미완) ① в (на) *кого-что* 보다, 바라보다, 눈길을 보내다; ② за *кем-чем* 돌보다, 보살피다; ③ *на что* 관심을 돌리다, 고려하다, 주의를 돌리다; ④ ~같이 보이다, ~으로보이다; ~еть героем 영웅으로 보이다; того и ~и упадёт 당장 무슨 일이 떨어질 것 같다; ~ еть в оба 조심하다, 경계하다

- 202 -

глянец (글랴네쯔)	(남) 윤기, 광택(光澤)
глянцевый (글랸쩨브이)	(형) 광택이 나는, 윤이 나는, 반질거리는;
гнать (그나찌)	(미완) ① 쫓다, 내쫓다; ② 몰다, 몰아가다; ③ 재촉하다;
гнаться (그나쨔)	(미완) ① 쫓아가다, 뒤따르다, 추격하다; ② *за чем* ~를 추구하다;
гнев (그녜프)	(남) 분노(憤怒), 분개, 격분(激憤), 격노
гневный (그녜브느이)	(형) 분노한, 분노에 찬, 성난
гнедой (그녜도이)	(형) 적갈색의; ~ая лошадь 털빛이 누런 말, 구렁말, 황부루
гнездиться (그녜즈지쨔)	(미완) (새가) 둥지를 틀다, 둥지를 틀고 살다, 깃들다
гнездо (그녜즈도)	(중) ① 둥지, 알둥지, 보금자리, 굴,집; ② (공학) 홈, 자리, 구멍; ③ 소굴
гнёт (그뇨트)	(남) 압박(壓迫), 억압(抑壓)
гнида (그니다)	(여) ① 서캐, 이의 알; ② 더러운 놈
гниение (그니예니예)	(중) ① 썩는 것, 부패(腐敗), 부패작용; ② 퇴폐(頹廢)
гнилой (그닐로이)	(여) ① 썩은, 썩어빠진, 상한; ② 퇴폐한, 부패 타락한;
гнилостный; (그닐로쓰뜨느이)	~ые бактерии 부패균(腐敗菌)
гниль (그닐)	(여) 썩정이, 썩은것, 부패물(腐敗物)
гнить (그니찌)	(미완) ① 썩다, 상하다, 부패하다; ② 타락하다, 퇴폐하다, 썩어빠지다; ③ 곪다, 화농하다
гноить (그나이찌)	(미완) ① 썩이다, 부패시키다; ② (가두어) 건강이 나쁘게 하다

гноиться (그나이짜)	(미완) 곪다, 헐다, 고름이 나다, 화농하다
гной (그노이)	(남) 고름
гнойник (그노이니크)	(남) 고름-집, 곪은 곳, 농양(膿瘍)
гнойный (그노이느이)	(형) 고름의, 화농의, 곪은, 성농의, 화농증의(化膿症);
гносеология (그노쎄올로기야)	(여) (철학) 인식론(認識論)
гнусный (그누스느이)	(형) 추악한, 간악한, 비렬한, 추잡한;
гнуть (그누찌)	(미완) 굽히다, 구부리다, 구부러뜨리다
гнуться (그누짜)	(미완) 휘다, 휘어들다, 휘어지다, 구부러지다
гнушаться (그누샤짜)	(미완) ① чем 싫어하다, 꺼리다; ② чего 피하다
гобелен (가벨롄)	(남)(Gobelin)천, 고블랭직 벽걸이 양탄자 태피스트리(색색의 실로 수놓은 벽걸이나 실내장식용 비단).
говор (고뷔르)	(남) ① 말소리, 이야기소리; ② 말투, 말씨, 사투리
говорить (가바리찌)	(미완) ① 말하다, 이야기하다, 담화하다; ② 증명하다, 말하여주다;
говориться (가바리짜)	(미완): как ~ся 흔히 말하듯이, 이야기 되듯이.
говядина (가뱌지나)	(여) 소고기, 쇠고기; 우육(牛肉), 황육(黃肉), 찬육(饌肉)
гоготать (가가따찌)	(미완) ①(거위가)꽥꽥울다, 꽥꽥거리다, ② 큰소리로 웃다
год (곧)	(남) ① 해, 년도(年度), 년(年); ② 살, 세;
годиться (가지짜)	(미완) 쓸모 있다, 적당하다, 맞다;

- 204 -

годичный (가지츠느이)	(형) 일년간의, 일개년간
годный (곧느이)	(형) ① 유용한, 쓸만한, 알맞은, 적당한; ② 유효한
годовалый (가도왈르이)	(형) 한 살 나는, 한 살짜리, 한 살의, 일년 되는;
годовой (가다보이)	(형) 1년의, 1개년의, 년간;
годовщина (가다브쉬나)	(여) 돌, 주년(週年), 기념일(記念日)
гол (골)	(남) 골; 결승점(선)
голенище (갈레니쉐)	(중) 장화(부츠)의 목
голень (골렌니)	(여) 정강이, 정강이뼈, 경골(脛骨) (양·소 따위의) 정강이살
Голландия (갈란지야)	(여) 네덜란드, 화란 (禍乱; Netherlands)
голландцы (복수) ~ец(남), ~ка (여) (갈란드찌)	화란(禍乱) 사람들, 네들란드 사람들
голова (갈로와)	(여) ① 머리, 골(骨), 대가리, 두상; ② 짐승의 마리; ③ 지혜(智慧);
головка (갈로프까)	(여) 대가리;
головной (갈로프노이)	(형) ① 머리의; ② 선두의; 주도적
головня (갈로프냐)	(여) (농업) 깜부기병
головокружение (갈로붜크루줴니예)	(중) 어지럼, 현훈증, 어질병, 현기증
головокружительный (갈로붜크루쥐쩰느이)	(형) 어지러운, 현기증이 날만한, 놀랄만 한
головорез (갈로붜레즈)	(남) 강도(强盗), 살인귀, 강탈자
головотяп	(남) 마구잡이, 일을 되는대로 해치우는

(갈로뷔**잡**)	사람.
головотяпство (갈로뷔**잡**쓰뜨붜)	(남) 마구잡이, 일을 되는대로 해치우는 것
голод (골로드)	(남) ① 굶주림, 기아, 기근(饑饉); ② 부족(不足), 결핍(缺乏), 미비;
голодание (갈로다니예)	(중) ① 굶주리는 것, 굶주림, 단식, 금식; ② (의학) 단식요법
голодать (갈로다찌)	(미완) 굶주리다
голодающий (갈로다유쉬이)	① голодать 의 능동현재; ② (술어) (남) 굶주린 사람;
голодный (갈로드느이)	(형) 굶주린, 배를 곯은, 허기진;
голодовка (갈로도프까)	(여) 단식투쟁;
гололедица (갈롤례지짜)	(여) 비얼음, 살얼음(판)
голос (골로쓰)	(남) ① 목소리, 소리, 음성(音聲); ② 투표권(投票權), 결의권;
голосистый (갈로시쓰뜨이)	(형) 성량이 큰, 낭랑한
голословно (갈로쓸로브나)	(부) 근거 없이
голословный (갈로쓸로브느이)	(형) 근거 없는, 무근거한;
голосование (갈로싸와니예)	(중) 투표(投票), 표결(票決), 가결
голосовать (갈로가와찌)	(미완) 투표하다, 거수하다, 손을 들다, 표결하다;
голосовой (갈로싸보이)	(형) 음성의;
голубка (갈루브까)	(여) ① 암피둘기; ② (여자의) 애인, 귀염둥이
голубой (갈루보이)	(형) 푸른, 하늘색의;

голубь (골루비)	(남) 비둘기, 숫비둘기;
голубятня (갈루뱌뜨냐)	(여) 비둘기장
голый (골르이)	(형) ① (벌거)벗은, 앙상한, 맨몸, 신지 않은; ② 발가숭이, 아무것도 쓰우지 않은, 빈;
гомеопат (가몌오빠트)	(남) 동종요법을 쓰는 의사
гомеопатический (가몌오빠찌체쓰끼이)	(형) 동종요법의
гомеопатия (가몌오빠찌야)	(여) 동종요법
гонг (곤그)	(남) ① 징(악기); ② 신호종소리
Гондурас (곤두라쓰)	(여) 온두라스
гонение (가녜니예)	(중) 박해(迫害), 압박(壓迫), 등쌀;
гонец (곤녜쯔)	(남) 급사, 연락병
гонка (곤까)	(여) ① 덤비는 것, 분망; ② ~и (복수)(체육) 경주,
Гонконг (곤꼰그)	(남) *г.* 홍콩(Hong Kong) 향항(香港);
гонорар (가나라르)	(남) 보수, 사례, 봉급; 요금, 수수료, 수고값
гонорея (가나례야)	(여) (의학) 임질(淋疾)
гоночный (고노츠느이)	(형) 경주의, 경주용(競走用);
гончар (간차르)	(남) 도공(陶工), 옹기장이, 도인(陶人), 도예가(陶藝家); 도자기공
гочарный (간차르느이)	(형) 요업의; 요업 제품(의)

- 207 -

гонщик (곤쉬크)	(남) (체육) 육상선수
гонять (간야찌)	(미완) ① 쫓다, 몰아치다; ② 심부름을 시키다, 심부름을 보내다
гоняться (간야짜)	*см.* гнаться
гора (가라)	(여) ① 산(山); ② 무더기, 산더미;
горазд (가라즈드)	(여): *кто во что* ~ 제각기 멋대로
гораздо (가라즈다)	(부) 훨씬, 비할바 없이;
горб (고르프)	(남) (불룩한) 혹
горбатый (가르바뜨이)	(형) 불거진, 불룩 올라온; (남) *см.* горбун
горбиться (가르비짜)	(미완) 등을 굽히다
горбун, горбунья (가르분, 고르부니야)	(여) 곱사등이, 곱추
горбуша (가르부샤)	(여) 송어(松魚)
горбушка (가르부쉬까)	(여): ~ (хлеба) 빵조각
горбыль (가르블)	(남)(건축) 쪽데기, 쪽데기판자
горделивый (가르젤리브이)	(형) 거만한, 불손한, 건방진, 무례하다
гордиться (가르지짜)	(미완) ① *кем-чем* ~를 자랑하다, 자랑을 떨치다, 긍지를 가지다; ② 뽐내다, 우쭐대다
гордость (고르도쓰찌)	(여) 자랑, 긍지;
гордый (고르드이)	(형) 자랑스러운, 긍지를 가지는, 자부심을 가지는;

горе (고레)	(중) ① 슬픔; ② 불행, 불상사;
горевать (가례와찌)	(미완) 슬퍼하다, 서러워하다, 탄식하다
горелка (가렐까)	(여) 버너(burner), 연소장치;
горелый (가렐르이)	(형) 탄(炭), 불타버린, 눌은;
горение (가례니예)	(중) ① 연소(燃燒), 불타오르는 것; ② 정열(情熱), 불타는 것
горестный (고레쓰뜨느이)	(형) 슬픈, 쓰라린, 애절한
гореть (가례찌)	(미완) ① 타다, 불타다; ② 불타다, 끓다; ③ 열이나다, 달다;
горец (고레쯔)	(남) 산골사람, 산악지대 주민
горечь (고레치)	(여) ① 쓴맛, 매운맛; ② 쓰라림, 비애(悲哀), 애상(哀傷)
горизонт (가리존트)	(남) ① 하늘가, 지평선, 수평선; 선; ② 시야(視野), 식견
горизонталь (가리존딸)	(여) ① 수평선(水平線); ② (거리) 등고선(等高線)
горизонтальный (가리존딸느이)	(형) 수평의;
горилла (가릴라)	(여) 고릴라(gorilla), 대성성(大猩猩), 큰 성성이
горисполком (городской исполни тельный комитет) (가리쓰뿔꼼)	(남) 시집행위원회, 시원회
гористый (고리쓰뜨이)	(형) 산이 많은, 산지(山地);
горком (городской комитет)(남) 시위원회(市委員會) (가르꼼)	
горланить (가를라니찌)	(미완) 소리 지르다, 목청껏 소리치다;
горло	(중) 목(구멍), 인후(咽喉); 숨통,

- 209 -

(고를로)	기관(windpipe), 식도(食道).
горлышко (고를릐쉬꼬)	(중) (병, 그릇, 항아리 등의) 목, 모가지, 아가리, 주둥이, 입구;
гормон (가르몬)	(남) (생리) 호르몬(hormone), 각성소 (覺醒素)
горн¹ (고른)	(남) (대장간의) 풍로(風爐), 단조로 노(爐); 아궁이, 화덕, 난로
горн² (고른)	(남) 호른(Horn), 혼, 프렌치 호른, 코르(cor), 코르노(corno), 신호나팔
горнило (가르닐로)	(중): в ~е войны 전쟁의 시련속에서
горнодобывающий (고르노도븨유쉬이)	(형) ~ая промышленность 채굴공업(採掘工業)
горнолыжник, ~ца (가르놀릐즈니크)	(여) 산악스키선수
горнолыжный (가르놀릐즈느이)	(형); ~ спорт 산악스키경기 (山岳 ski 競技)
горнорабочий (가르노라보치이)	(남) 광산노동자, 광부, 광꾼, 채공, 갱부(坑夫)
горностай (가르노쓰따이)	(남) 검은꼬리 흰족제비, 은서
горный (고르느이)	(형) ① 산의(山-), 산악의(山岳); ②; 광산의.
горняк (가르냐크)	(여) 광부(鑛夫), 광산 노동자
город (고로트)	(남) 도시(都市);
городок (가라독)	(남) 소도시(小都市), 거리(距離), 부락
городской (가라드쓰꼬이)	(형) 시내의, 도시의, 도회지(都會地)
горожанин (가라좌닌)	(남) 시민(市民), 도시사람, 도시주민
горох (가로흐)	(남) 완두(豌豆), 완두콩

- 210 -

горошек (가로쉐크)	(남): зелёный ~ 선 완두콩
горсовет (가르싸볘트)	(남) (городской совет) 쏘베트 시
горсть (고르쓰찌)	(여) 한줌; 적은 량, 소량;
гортань (가르딴니)	(여) 울대, 후두(後頭), 발성기관
гортензия (가르쪤지야)	(여) (식물) 수국(水菊), 분단화(紛團花), 수구화, 자양화, 팔선화(八仙花)
горчить (가르치찌)	(미완) 쓴(매운) 맛이 나다;
горчица (가르치짜)	(여) 겨자(mustard), 청개(靑芥), 갓, 개자(芥子), 개채(芥菜)
горчичник (가르치츠니크)	(여) 겨자고약
горшок (가르속)	(남) 단지, 항아리, 독, 중두리;
горький (고리끼이)	(형) ① 쓴, 매운, 아린; ② 쓰라린, 쓰디쓴, 슬픈;
горько (고리까)	(부) ① 쓰게; ② 슬프게, 불행하게; ③ (술어)(맛이) 쓰다; ④ (술어) 쓰라리라, 괴롭다;
горьковатый (가리까바뜨이)	(형) 좀 쓴, 좀 쓴맛이 도는, 매콤한.
горючее (가류체에)	(중) (발동기용) 연료(燃料: fuel), 연유(練油), 신탄, 장작
горючесть (가류체쓰찌)	(여) 가연성(可燃性)
горючий (가류치이)	(형) 불이 붙는, 불탈성의, 가연성의, 가연질; ~ие материалы 가연성물질
горячий (가랴치이)	(형) ① 뜨거운, 더운, 끓는; ② 열렬한, 성급한, 특별한, 절절한;
горячиться (가랴치짜)	(미완) 발끈거리다, 흥분하다, 격하다

горячка (가랴츠까)	(여) ① (의학) 열병(熱病), 열중(熱中); ② 분망, 동분서주(東奔西走)
горячность (가랴츠노쓰찌)	(여) (성질이) 성급한 것, 혈기(血氣), 결기.
горячо (가랴초)	(부) ① 뜨겁게; ② 열렬히, 열정적으로
госаппарат (가쌉빠라트)	(남) (государственный аппарат) 국가기관(國家機關), 국가기구
госбанк (가쓰반크)	(남) (государственный банк) 국립은행(國立銀行)
госпиталь (가쓰삐딸리)	(남) (군대) 병원(病院);
госпитализация (가쓰삐딸리자찌야)	(여) 입원(入院)
госпитализировать (가쓰삐딸리지로와찌)	(미완, 완) кого 입원(入院)시키다
господа (가쓰빠다)	(복수) 여러분!
господин (가쓰빠진)	(남) ① 신사, 양반, 귀족(貴族); ② 님,
господство (가쓰뽀쓰뜨붜)	(중) 제패, 지배(支配), 통치(統治);
господствовать (가쓰뽀쓰뜨붜와찌)	(미완) 지배하다, 패권을 잡다, 통치하다, 우세하다
господствующий (가쓰뽀쓰뜨부유쉬이)	(여) ① господствовать 의 능동현재; ② (형) 지배적, 통치하는, 우세한;
госпожа (가쓰빠좌)	(여) ① 여사(女史); ② ~씨
гостевой (가쓰쩨보이)	(형): ~ые места 내빈석; ~ой билет 초대권
гостеприимный (가쓰쩹리임느이)	(형) 손님을 반기는 손님, 손님을 환대하는, 손님을 후대하는
гостеприимство (가쓰쩹리임쓰뜨붜)	(중) 손님후대, 손님환대;
гостиная	(여) 응접실(應接室), 객실(客室)

(가쓰찌나야)

гостиница (여) 여관(旅館)
(가쓰찌니짜)

гостить (미완) 손님으로 묶다
(가쓰찌찌)

гость (남) 손님, 방문객(訪問客), 내빈(內賓);
(고쓰찌)

государственность (여) 국가제도, 국가체제, 국가조직
(가쑤달쓰뜨벤노쓰찌) 국가[주]로서의 지위.

государственный (형) 국가의, 국립의, 국영의, 정부의
(가쑤달쓰뜨벤느이) 정치적, 통치상의; 관립(관영)의

государство (중) 국가(國家), 정부, 내각
(가쑤달쓰뜨붜)

готовальня (여) 제도기 한조, 제도기 함.
(가따왈리냐)

готовить (미완) ① 준비하다, 마련하다, 차비하다
(가또비찌) ② 양성하다, 키워내다, 가르치다
  ③ (음식을) 만들다, 요리(料理)하다

готовиться (미완) 준비하다, 차비하다;
(가또비짜)

готовность (여) ① 용의(用意), 각오(覺悟);
(가또브노쓰찌) ② 준비(準備), 준비정도;

готовый (형) ① 준비한, 차비가 된, 태세를 갖춘
(가또브이) ② 다 된, 기성의;

грабёж (남) 강탈(强奪), 약탈(掠奪), 강도질;
(그라뵤즈)

грабитель (남) 약탈자(掠奪者), 강탈자, 강도
(그라비쩰) ~и 불한당, 강도배

грабительский (형) 약탈의(掠奪), 강도적인;
(그라비쩰쓰끼이)

грабить (미완) 약탈하다, 강탈하다
(그라비찌)

грабли (복수) 갈퀴, 살고무래
(그라블리)

гравёр (남) 판각전문가, 판화미술가;

- 213 -

(그라뵤르)

гравий (남) 자갈, 돌자갈
(그라비이)

гравировать (미완) 새기다, 판각하다
(그라비로와찌)

гравитационный (형) 중력을 받는, 중력의;
(그라비따찌온느이)

гравитация (여) 중력(重力)
(그라비따찌야)

гравёр (남) 판각전문가, 조각전문가
(그라뵤르)

гравюра (여) (동판·목판 따위에 의한) 판화(版畵);
(그라뷰라) 조각; 조각술, 조판술(彫版術).

град (남) 우박(雨雹), 누리, 백우, 모래
(그라드)

градус (남) 도(度), 도수(度數);
(그라두쓰)

градусник (남) 온도계, 한란계, 체온계, 한서침
(그라두쓰니크)

граждане! (복수) 여러분!
(그라즈다네)

гражданин, гражданка (여) 국민(國民), 백성(百姓), 인민
(그라즈다닌) (그라즈단까)

гражданский (형) ① 민간의, 시민의;
(그라즈단쓰끼이) ② (법학) 시민의, 공민의, 민사의

гражданство (중) 국적(國籍);
(그라즈단쓰트붜)

грамзапись (여) 녹음(綠陰)
(그람자삐씨)

грамм (남) 그램(gram; 미터법에 의한 무게의
(그람므) 단위. 1그램은 4℃의 물 1㎤의 질량이다.
기호는 g.)

грамматика (여) 문법(文法), 문법론(책),
(그람마찌까)

грамматический (형) 문법적인, 문법의;

(грамма**жжи**чессжии)

граммофон (그람마**폰**)	(여) 녹음기(錄音器), 축음기(蓄音機)
грамота (그라마따)	(여) ① 읽고 쓰기, 초보적인 지식; ② 문서
грамотей (그라마**쩨**이)	(남) 식자(識者), 유식쟁이
грамотность (그라마뜨노쓰찌)	(여) 학식(學識), 학문(學文), 지식(知識)
грамотный (그라마뜨느이)	(형) ① 읽고 쓸 줄 아는, 학식 있는; ② 유식한, 지식 있는
грампластинка (그람쁠라쓰**쩐**까)	(여) 축음기판, 레코드판, 소리판
гранат (그라나트)	(남) 석류나무; 석류 석류(의 열매·나무); 암갈색
граната (그라나따)	(여) 유산탄, 유탄;
гранатовый (그라나따브이)	(형) 석류(石榴)의;
гранатомёт (그라나따**묘**트)	(여) 신호탄(信號彈)
грандиозный (그란지**오**즈느이)	(형) 웅대한, 굉장한, 거대한, 장엄한.
гранёный (그라**뇨**느이)	(형) ① 다면의(多面), 다면체의; ② 세공한, 연마한
гранит (그라니트)	(남) 화강암(花崗巖), 화강석, 쑥돌
гранитный (그라니뜨느이)	(형) 화강암의, 화강암과 같은, 화강암으로 된
граница (그라니짜)	(여) ① 경계(境界), 경계선(境界線); ② 한계(限界)
граничить (그라니치찌)	(미완) ① *с чем* ~와 접경하다, ~와 경계를 두고 있다, 인접하다; ② ~과 거의 일치하다, ~에 가깝다
гранка	(여) (인쇄) 교정지, 게라지, 초교지

(그란까)

гранулированный (그라눌리라완느이)	(형) 알갱이로 이루어진; 과립상의:~ые удобрения 입상(알)비료, 결실비료
грань (그란니)	(여) ① 경계, 경계선; 국경(지방); ② (수학) 면(面), 모;
графа (그라파)	(여) 그래프, 도식(圖式), 도표, 난(欄), 기둥, 원주, 지주
график (그라픽)	(남) 그림, 도형, 도표, 표, 작업진행표; 일람표; 도식, 도해; 수학의 작도(作圖); (열차의) 다이어, 운행표.
графика (그라피까)	(여) 그래픽 아트(평면적인 시각 예술·인쇄미술). 서예, 선그림(선화), 연필그림;
графин (그라핀)	(남) (식탁·침실·연단(演壇)용) 유리 물병.
графит (그라피트)	(남) ① 흑연(黑鉛); 석묵(石墨) ② 연필심, 연필속, 연필알
графить (그라피찌)	(미완) 줄을 긋다, 행간을 치다
грациозный (그라찌오즈느이)	(여) 우아한, 우미한, 맵시 있는
грач (그라츠)	(남) 띠 까마귀, 심산까마귀
гребёнка (그레뵨까)	(여) 빗, 빗질하는 기구,
гребень (그레벤니)	(남) ① 볏; 도가머리, 관모(冠毛).; ② 산마루, 산등성이; ③ 물결마루
гребля (그레블랴)	(여) (보트·노를) 젓다, 노젓기, 노질 로잉(shell에 의한 보트레이스).
гребной (그레브노이)	(형) 로잉의, 보트의 노젓기
грезить (그레찌찌)	(미완) 꿈꾸다, 꿈에 보다, 공상하다
грёзы (그료즤)	(복수) 꿈, 공상(空想), 환상(喚想)
грей дер	(남) 평토기

(그레이젤)

грек
(그레크)
(남), ~чанка (여) 희랍사람들

грелка
(그렐까)
(여) 보온기(保溫器), 발열기

греметь
(그레몌찌)
(미완) ① 우르릉거리다, 요란하게 울리다; ~ят выстрелы 총소리가 울린다; ② (명성등을) 떨치다

гремучий
(그레무치이)
(형) 천둥치는; 우렛소리 같이 울리는; 큰 소리를 내는; ~ газ 폭명가스

грена
(그레나)
(여) 낟알; 누에알, 누에씨

Гренада
(그레나다)
(여) 그레나다(서인도 제도의 Windward 제도 최남단에 있는 입헌 군주국)

Греналандия
(그레날란지야)
(여) 그린란드(Greenland)(북아메리카 동북에 있는 큰 섬; 덴마크령)

грести
(그레스찌)
(미완) ① 긁어모으다; ② 노를 젓다, 노질하다

греть
(그레찌)
(미완) 데우다, 덥히다;

греться
(그레짜)
(미완) 쪼이다, 더워지다, 뜨거워지다;

грех
(그레흐)
(남) 죄, 악행, 악사; 잘못, 범죄, 죄악

Греция
(그레찌야)
(여) 그리스, 희랍(希臘; Greece)

грецкий
(그레쯔끼이)
(형) 호두나무: ~ орех 희랍호두

гречиха
(그레치하)
(여) 메밀, 목맥(木麥), 교맥(蕎麥), 메밀(의 씨), 메밀가루

гречневый
(그레츠네브이)
(형): ~ая крупа 메밀쌀; ~ая каша 메밀밥, 메밀죽

грешить
(그레쉬찌)
(미완) ① 죄를 저지르다; ② против чего 과오를 범하다, 위반하다

гриб
(그립)
(남) 버섯, 균류(심), 듭새;

Гг

Гг

грибок (그리보크)	(남) 곰팡이, 균(菌);
грибной (그리브노이)	(형) 버섯의, 균심의;
грива (그리와)	(여) 갈기
гривенник (그리웬니크)	(남) 십꼬뻬이까자리 은화(동전, 경화)
грим (그림)	(남) 분장(扮裝), 분장용 화장품
гримаса (그리마싸)	(여) 얼굴을 찡그림, 찡그린 얼굴, 짐짓 꾸민 표정, 점잔 뺀 얼굴.
гримасничать (그리마쓰니차찌)	(미완) 얼굴을 찡그리다
гримёр (그리묘르)	(남) 분장사(扮裝師), 메이크업아티스트
гримировать (그리미라와찌)	(미완) 분장시키다
гримироваться (그리미라와짜)	(미완) 분장하다
грипп (그립쁘)	(여) 인플루엔자, 유행성감기, 독감, 돌림감기
гриппозный (그립뽀즈느이)	(형) 유행성 감기의
гриф¹ (그리프)	(남) (음악) 목, 건반, 키보드 (바이올린 따위의) 지판(指板)
гриф² (그리프)	(남) (조류) 독수리; 콘도르 번대수리, 독수리의 일종.
гриф³ (그리프)	독수리의 머리·날개에 사자 몸을 한 괴수 (怪獸) (숨은 보물을 지킨다 함)
грифель (그리펠)	(남) 석필(石筆)
гроб (그로프)	(남) 관(棺), 널, 영구(靈柩), 나무관;
гробница	(여) 무덤, 뫼, 묘(墓); 묘표(墓標), 묘비

(그로브니짜)

гробовщик (그로보브쉬크)	(남) 관(棺)을 짜는 사람
гроза (그로자)	(여) ① 우뢰비, 뇌우(雷雨); ② 위험(危險), 재난(災難)
гроздь (그로지)	(여) 송이, 송아리, 숭어리, 덩이, 덩어리
грозить (그로지찌)	(미완) ① 위협하다, 으르다, 울러메다; ② 위협이 있다, 위협적인 손짓을 하다
грозный (그로즈느이)	(형) 위협적인, 험악한, 무서운;
гром (그롬)	(남) ① 우레(又賴)(소리), 천둥, 뇌성; ② 요란한 소리;
громада (그로마다)	(여) 엄청나게 큰 물체;
громадный (그로마드느이)	(형) 거대한, 커다란, 대단한;
громить (그로미찌)	(미완) 파괴하다, 들부시다, 격멸하다, 족치다; ~ врага 원수를 족치다
громкий (그롬끼이)	(형) 소리 높은, 크게 울리는;
громко (그롬까)	(부) 큰 소리로
громкоговоритель (그롬꼬고 붜리쩰)	(남) 확성기(擴聲器)
громовой (그라마보이)	(형) ① 우뢰(又賴), 천둥, 뇌성(雷聲); ② 몹시 소리가 큰, 우뢰와 같은;
громогласно (그라마그라쓰나)	(부) 큰소리로, 공개적으로
громоздить (그라마즈지찌)	(미완) 쌓다, 쌓아올리다
громоздиться (그라마즈지짜)	(미완) 쌓이다, 솟아있다, 중첩되다
громоздкий (그라모즈드끼이)	(형) 부피가 큰, 육중한, 둔중한;

громоотвод (그라마아트보드)	(남) 피뢰침(避雷針), 피뢰주(柱)
громыхать (그라믜하찌)	(미완) 덜커덩거리다
гроссмейстер (그라스메이쓰쩰)	(남) 장기명수, 장기선수의 최고 칭호
грохот¹ (그로홑)	(남) 우르릉거리는 소리, 폭음(爆音);
грохот² (그로홑)	(남) 요동채, 큰 채
грохотать (그라하따찌)	(미완) 우르릉거리다, 덜커덩거리다, 드르렁거리다, 꽈르릉거리다
грош (그로쉬)	(남) 한 푼, 반 꼬뻬이카; 몇 푼의 돈, 헐값;
грубеть (그루베찌)	(미완) 거칠어지다, 조잡해지다;
грубить (그루비찌)	(미완) 버릇없는 말을 하다, 폭언하다
грубиян, ~ка (그루비얀)	(여) 버릇없는 사람
грубость (그루보쓰찌)	(여) ① 무례한 말, 상스러운 말; ② 무례한 짓, 버릇없는 행동; ③ 거친 것, 조잡성
грубый (그루븨이)	(형) ① 버릇없는, 무례한, 난폭한, ② 거친, 조잡한, 날쌍한; ③; ~ая ошибка 큰 착오; ~ое нарушение 난폭한 위반
груда (그루다)	(여) 더미, 무더기;
грудинка (그루진까)	(여) 가슴살, 갈비사이 살;
грудница (그루지짜)	(여) (의학) 발유창(發乳瘡), 유종(乳腫), 젖앓이, 젖멍울
грудной (그루드노이)	(형) ① 가슴의; ② 젖을 먹이는;
грудь	(여) ① 가슴, 흉부; ② 젖, 유방(乳房);

(그루지)	계두육(鷄頭肉), 가슴, 젖통, 젖퉁이;
груз (그루즈)	(남) ① 짐, 화물(貨物); ② 무게, 무거운, 물건(物件)
грузины (남), **~ка** (여) (그루지늬)	그루지아 사람, 그루지아 사람들
грузить (그루지찌)	(미완) 싣다, 적재하다
Грузия (그루지야)	(여) 그루지야(Gruziya); Грузинская Советская Социалистическая Республика 그루지야소비에트사회주의공화국
грузный (그루즈느이)	(형) ① 육중한; ② 무거운
грузовик (그루조빅)	(남) 짐차, 짐자동차, 화물자동차, 트럭
грузовой (그루조보이)	(형) 짐의, 화물의;
грузооборот (그루조오보로트)	(여) 화물순환, 짐나르기
грузоотправитель (그루조오뜁라비쩰)	(남) 짐 보내는 사람, 발송인
грузоподъёмник (그루조뽀지욤니크)	(남) 지게차, 기중기
грузоподъёмность (그루조뽀지욤노쓰찌)	(여) 적재량, 싣는 량
грузополучатель (그루조뽀루차쩰)	(남) 짐 받는 사람, 수취인.
грузчик (그루스치크)	(남) 짐꾼, 상하차공
грунт (그룬트)	(남) ① 흙, 땅, 토양, 토지, 대지(大地); ② (미술) 밑칠, 바탕칠
грунтовать (그룬따와찌)	(미완) 바탕칠하다
грунтовой (그룬따보이)	(형) 땅의, 흙의, 토양의;
группорг	(남) 조장, 분조장

(그룹뽀르그)	
группа (그룹빠)	(여) ① 그룹, 패, 무리, 군중, 집단; ② 학습조(學習組), 반; ③ 조, 작업반(作業班), 분단(分段);
группировать (그룹삐로와찌)	(미완) ① 집결시키다, 그룹을 만들다; ② 분류하다, 조를 나누다
группироваться (그룹삐로와쨔)	(미완) ① 패를 짓다, 집결되다, 집중되다; ② 분류되다
группировка (그룹삐롭까)	(여) ① 집결(集結), 결성(結成); ② 그룹, 종파(宗派), 분파(分派)
групповой (그룹빠보이)	(형) 집단적인, 그룹적인
групповщина (그룹빠브쉬나)	(여) 파벌주의, 종파주의
грустить (그루쓰찌찌)	(미완) 슬퍼하다, 쓸쓸하다, 애수에 잠기다, 수심에 잠기다.
грустно (그루쓰뜨나)	(부) ① 슬프게, 쓸쓸하게, 애수에잠겨; ② (술어) 슬프다, 쓸쓸하다
грустный (그루쓰뜨느이)	(형) 슬픈, 쓸쓸한, 애수에 잠긴, 우울한;
грусть (그루쓰찌)	(여) 슬픈, 애수(哀愁), 애상(哀想)
груша (그루샤)	(여) 배나무, 배
грыжа (그릐좌)	(여) 탈장, 헤르니아(hernia)
грызия (그릐지야)	(여) 싸움, 말다툼, 욕지거리
грызть (그릐즈찌)	(미완) ① 널다, 물어뜯다, 갉먹다; ② 뇌까리다, 욕지거리하다
грызться (그릐즈쨔)	(미완) ① 서로 물어뜯다; ② 아웅다웅하다, 서로 다투다
грызун (그릐준)	(여) (동물) 설치류(齧齒類), 쥐류, 쥐목
гряда	(여) ① *см.* грядка ; ② 산줄기, 산맥

(гряда)

грядка (그랴드까)	(여) (밭) 이랑
грядущее (그랴두쉐에)	(중) 닥쳐올 때, 앞날, 장래
грядущий (그랴두쉬이)	(형) 미래의(未來), 장래의(將來);
грязевой (그랴제보이)	(형) 진흙의
грязелечение (그랴제에체니예)	(중) 진흙(감탕) 찜질치료
грязи (그랴지)	(복수) (의학) ① 치료용 진흙(감탕); ② 진흙(감탕)찜질요양소
грязниться (그랴즈니짜)	(미완) 때묻다, 더러워지다, 저저분하다 어지러워지다
грязный (그랴즈느이)	(형) ① 진흙투성이가 된, 어지러운, 때가 묻은(낀), 불결한; ② 더러운
грязь (그랴지)	(여) 진탕, 흙탕, 치료용 진흙
грянуть (그랴누찌)	(완) ① 요란하게 울리다; ② 터지다;
гуашь (구아쉬)	(여) 포스터카라, 구아슈물감
губа¹ (구바)	(여) 입술, 구문(口吻), 구순(口脣)
губа² (구바)	(여) (지리) 만(灣), 하구(河口)
губернатор (구베르나똘)	(남) 현지사, 주지사, 총독(總督)
губительный (구비쩰느이)	(형) 파멸적인, 해로운
губить (구비찌)	(미완) ① 파멸시키다, 해치다, 죽이다, 망치다; ② 낭비하다;
губка (구브까)	(여) (동물) 해면

- 223 -

Гг

губной (구브노이)	(형) 입술의;
губчатый (구브차뜨이)	(형) 해면질, 구멍이 숭숭한
гудеть (구졔찌)	(미완) 울리다, 윙윙거리다;
гужевой (구줴보이)	(형): ~ транспорт 마차수송
гул (굴)	(남) 우르렁거리는 소리, 멀리서 울려오는 둔중한 소리, 소음;
гулянье (굴랴니에)	(중) 야유회(野遊會), 들놀이;
гулять (굴랴찌)	(미완) ① 거닐다, 산보하다; ② 즐거워하다, ③ 쉬다, 놀다
гуманизм (구마니즘)	(남) ① 인도주의; ② 인문주의
гуманист (구마니쓰트)	(남) 인도주의자, 인문주의자
гуманитарный (구마니딸느이)	(형) 인문학의, 인문과학의(人文科學); ~ые науки 인문과학(人文科學)
гуманность (구만노쓰찌)	(여) 인간성(人間性), 인도주의
гуманный (구만느이)	(형) 인도적인, 인간성 있는
гурт (구르트)	(남) (가축) 무리, 떼
гурьба (구리바)	(여) 무리, 떼;
гусак (구싸크)	(남) 숫 거위
гусеница (구쎄니짜)	(여) ① 청벌레; ② 무한궤도;
гусеничный (구쎼니츠느이)	(형); ~ трактор 무한궤도의 트랙터
густеть	(미완) ① 엉겨굳다, 뒤지다, 질어지다;

(구쓰쩨찌)	② 무성해지다, 빽빽해지다
густой (구쓰또이)	(형) ① 진한, 짙은, 농후한; ② 무성한, 빽빽한;
густонаселённый (구쓰따나셀룐느이)	(형) 인구가 조밀한
густота (구쓰따따)	(여) ① 농도(濃度), 밀도(密度); ② 우거진 것, 울창한 것
гусь (구씨)	(남) 기러기, 쇠기러기, 안압(雁鴨), 신금(信禽), 삭금(朔禽), 양조(陽鳥)
гуськом (구씨꼼)	(부) 한 줄로, 줄지어
гуталин (구딸린)	(여) 구두약
гуща (구샤)	(여) 찌끼, 앙금, 밀림, 우거진 곳.

ГЭС (гидроэлектрическая станция) 수력발전소
(게에에스) (기드로에렉뜨리체스까야 스딴찌야)

Дд

да¹ (다)	(조) ① 예, 그렇습니다, 오냐, 응; ② (강조의 뜻으로) 그래, 정말, 사실; ③ (희망, 명령의 뜻을 나타냄);
да² (다)	(접) ① ~와(과), 및; отец да мать 아버지와 어머니; ② 그러나, 그런데, 그렇지만;
давать (다와찌)	(미완) ① 주다, 부여하다; ② ~й ~하자, ~합시다.; ③ 허락하다
давить (다뷔찌)	(미완) ① 누르다, 내리 누르다; ② 압력을 가하다, 억누르다; ③ 억제하다;
давиться (다비짜)	(미완) 목이 메다
давка (다브까)	(여) 북새통, 대 혼잡, 난장판
давление (다블레니예)	(중) ① 눌림, 압력(壓力); ② 압력(壓力), 강박;
давний (다브니이)	(형) 오랜, 오랜 전(前)에;
давно (다브노)	(부) 오래전에, 오래전부터, 오래 동안;
даже (다줴)	(조) ~도, ~까지(도), 조차, 심지어, 마저;
далее (달레에)	(부) 나아가서는, 그 다음에;
далёкий (달료끼이)	(형) ① 먼, 먼 곳에; ② 시간이 오랜, 오래 된;
далеко (달레꼬)	(부) ① 멀리; ② (술어로) 멀다;

даль (달)	(여) 먼 곳, 먼 거리, 원경(遠境);
дальневосточный (달녜붜스또츠느이)	(형) 극동의, 극동 지방, 원동의 원동 지방
дальней ший (달녜이쉬이)	(형) ① 이후, 이래, 앞으로의; ② 가일층의;
дальний (달니이)	(형) 먼, 멀리 떨어져있는;
дальновидность (달나비드노스찌)	(여) 선견지명(先見之明)
дальновидный (달나비드느이)	(형) 멀리 내다보는
дальнозоркий (달노조르끼이)	(형) 원시안의
дальнозоркость (달노조르까스찌)	(여) 원시, 원시안
дальномер (달노몔)	(남) 거리측정기
дальность (달노스찌)	(여) 거리, 원거리, 길거리;
дальше (달쉐)	① далеко 의 비교급; 더 멀리; ② 그 다음에, 그 후에; ③ 계속, 더 계속하여;
дама (다마)	(여) ① 아씨 마담, 부인, 귀부인; ② (트럼프의)여왕
дамба (담바)	(여) 둑, 제방(堤防), 강둑(江 ㅋ)
дамский (담쓰끼이)	(여) 여자의, 부인용, 여자용; ~ое платье 부인 옷
данные (단늬예)	(복수) 자료(資料), 재료(材料);
Дан(Книга Пророка Даниила, 14장, 861 쪽) 다니엘서 (단) (Book of Daniel)	
данный (단느이)	(형) 이, 본; 문제의, 당해(當該)의 지금의, 오늘날의, 현재의, 현(現)---

Дд

дань (단니)	(남) 공물(公物), 연공;
дар (다르)	(남) ① 선물, 선사품, 기증품, 기념품; ② 재능(才能), 천품(天稟), 적성
дарвинизм (다르비니즘)	(남) 다윈의 진화론(進化論)
дарить (다리찌)	(미완) 선물하다, 선사하다
дармоед (다르모예드)	(남) 밥통, 밥버러지
дарование (다로와니예)	(중) 재능(才能), 재간(才幹);
даровитый (다로비뜨이)	(형) 재능이 있는
даровой (다로보이)	(여) 무료의, 공짜의
даровщинка (다로브쉰까)	(여): жить на ~у 공자로 살다, 거저 살다
даром (다롬)	(부) ① 거저, 공자로, 무급으로, 매우 값 싼; ② 쓸데없이, 헛되이;
дата (다따)	(여) 년(年), 월(月), 일(日), 날자;
дательный (다쩰느이)	(형): ~ падеж (언어) 여격(與格), 여격 조사
датировать (다찌라와찌)	(미완) 날짜를 쓰다
датчане(~ин,~ка) (다뜨차네)	덴마크 사람들
дать (다찌)	*см.* давать
дача (다차)	(여) 별장(別莊);
дачник (다츠니크)	(남), ~ца (여) 별장 거주자
дачный	(형); ~ая местность 피서지

(다츠느이)

два
(드바)
(남, 중) (수) 둘(2);

двадцатилетие
(드와짜쩔레찌예)
(중) ① 20년 동안, 이십년간;
② 20돌, 20(이십)주년

двадцатилетний
(드와짜쩔레드니이)
(형) ① 20년간의, 스무살; ② 20돌의

двадцатый
(드와드짜뜨이)
(수) 스무번째, 제 20

двадцать
(드와드짜찌)
(수) 스물, 20, 이십(二十)

дважды
(드와즈듸)
(부) ① 두 번; ② 2(두)배로;
~ двачетыре 2를 2로 곱하면 4이다

двенадцатый
(드베낫짜뜨이)
(수) 열두 번째, 제12

двенадцать
(드베낫짜찌)
(수) 열둘, 십이

дверной
(드베르노이)
(형) (문, 방문, 문짝)의;
(출)입구의, 문간의, 현관의

дверца
(드베르)
(여) 작은 문; 문, 방문, 문짝.

дверь
(드베리)
(여) 문; (출)입구, 문간, 현관

двести
(드베쓰찌)
(수) 이백(二百), 200

двигатель
(드비가쩰)
(남) ① 발동기, 원동기, 전동기,
열기관; 모터(motor), 엔진(engine);
② 추동력

двигать
(드비가찌)
(미완) 움직이다, 밀고나가다,
옮겨놓다; 발전시키다;

двигаться
(드비가짜)
(미완) 움직이다, 움직여나가다;

движение
(드비줴니예)
(중) ① 운동(運動), 움직임;
② 통행(通行), 교통(交通);

движимость
(여) 동산

- 229 -

(드비쥐마쓰찌)

движущий (드비주쉬이)	(형):~ая сила 동력(動力), 추동력
двинуть(ся) (드비누찌) (드비누쨔)	*см.* двигать(ся)
двое (드보예)	(집합수) 2(이), 둘, 두 개;
двоеточие (드보예또치예)	(중) (언어) 쌍점(雙點)
двойка (드보이까)	(여) ① 숫자 둘; ② 번호 2; ③ 채점법에서 2점
двойной (드보이노이)	(형) 2 배의, 두 가지의 이중의;
двойня (드보이냐)	(여) 쌍둥이
двойственный (드보이쓰뜨벤늬이)	(형) ① 이중의; ② 표리부동한
двор (드보르)	(남) ① 마당, 뜰, 정원; ② 농가, 농호; ③ 궁전(宮殿), 궁중(宮中);
дворец (드보레쯔)	(남) 궁전(宮殿), 전당;
дворник (드보르니크)	(남) 집지기, 수위(守衛)
дворняга, дворняжка (드붜르냐가, 드보르냐즈까)	(여) 잡종개
дворовый (드붜로브이)	(형) 마당, 안뜰, 뜰의
дворцовый (드붜르쪼브이)	(형) 궁전의; 측근의; 호화로운 ~ переворот 혁명궁전, 쿠데타
дворянин (드붜랴닌)	(남) 귀족(貴族), 양반(兩班)
дворянство (드붜랸쓰뷔)	(중) 귀족층, 귀족계급(貴族階級)
двоюродный (드붜유로드느이)	(형) 사촌의:

Дд

двоякий (드뵈야끼이)	(형) 두 가지의, 이중의;
двояковогнутый (드뵈야까보그누뜨이)	(형) 양면이 옴폭한, 양요(兩凹)의; ~ая линза 양면오목렌즈
двояковыпуклый (드뵈야까븨뿌클르이)	(형) 양쪽이 볼록한; ~ая линза 양면 볼록렌즈
двубортный (드부보르뜨느이)	(형) (상의가) 더블인 ; ~ костюм 겹양복
двугорбый (드부고르브이)	(형); ~ верблюд 쌍봉낙타
двузначный: (드부즈나츠느이)	(형) ~ое число (수학) 두 자리 수
двуколка (드부꼴까)	(여) 두 바퀴 마차
двукратный (드부끄라뜨느이)	(형) 두 번의, 두 곱 절의, 두 배의;
двуличный (드불리츠느이)	(형) 표리부동한, 위선적인
двуполый (드부뽈르이)	(형) 양성(兩性)의, 자웅동체(雌雄同體)
двурушник (드부루쉬니크)	(남) 표리부동한, 양면주의자
двурушничать (드부루쉬니차찌)	(미완) 표리부동하게 행동하다, 양면주의적으로 행동하다
двурушничество (드부루쉬니체쓰뷔)	(중) 양면주의, 양면성, 표리부동한 행동
двускатный (드부쓰까뜨느이)	(형): ~ая крыша 양쪽으로 경사진 지붕
двусмысленность (드부쓰믜스렌노쓰찌)	(여) 두 가지 뜻이 담긴, 두 가지 뜻이 겹친, 두 가지의 의미
двусмысленный (드부쓰믜쓸렌느이)	(형) 애매한
двустволка (드부쓰뜨볼까)	(여) 쌍발사냥총, 쌍알배기
двуствольный:	(형) (쌍안경 따위가) 통(筒)이 두 개인;

Дд

(드부쓰뜨볼느이)	(연발총 따위가) 쌍총열의, 쌍발식의; 이중 목적의; 모호한; (성(姓) 따위가) 둘 겹친; *см.* двуствoлка
двустворчатый : (드부쓰뜨보르차드이)	(형) 양판(兩瓣)[쌍각]의 ~ая дверь 두 짝문
двухгодичный (드부흐고지츠느이)	(형) 2년간, 이 개년의
двухгодовалый (드부흐고도왈르이)	(형) 두 살난, 두 살된
двухдневный (드부흐드네브느이)	(형) 이(2) 일간의
двухколейный : (드부흐깔례이느이)	(형) 복선의; ~путь (철도) 복선궤도
двухкомнатный (드부흐꼼나뜨느이)	(형) 두 방의, 두 칸자리 방
двухлетний (드부흘롓트니이)	(형) ① 이(2)년간의, 2개년의; ② 두 살의; ③ (식물) 2(이)년생의
двухместный (드부흐몌쓰뜨느이)	(형) 좌석이 두 개 있는
двухмесячный (드부흐몌샤츠느이)	(형) (~난지) 두 달되는, 2개월간의
двухмоторный : (드부흐마또르느이)	(형) (비행기가) 쌍발의; ~самолёт 쌍발비행기
двухнедельный (드부흐녜졜느이)	(형) (난지) 두 주일되는, 2(이)주일간의
двухпалатный (드부흐빨라뜨느이)	(형) 상하 양원제의, 이원제의; ~ая система 상하양원제도
двухразовый (드부흐라조브이)	(형) 두 번으로 진행하는
двухсменный (드부흐쓰몐느이)	(형): ~ое обучение 2부제 교육;
двухсотлетие (드부흐쏘뜰례찌에)	(중) ① 2(이)백년; ② 2(이)백주년
двухсотый (드부흐쏘뜨이)	(수) 200(이백) 번째, 제 200

двухспальный (드부흐쓰빨느이)	(형) ; ~ая кровать 이(2) 인용침대
двухсторонний (드부흐쓰또론느이)	(형) ① 양면의, 양쪽의; ② 쌍의, 쌍방의, 쌍무의;
двухцветный (드부흐쯔베뜨느이)	(형) 두색의, 이색의
двухэтажный (드부헤따즈느이)	(형) 2층의;
двучлен (드부츨렌)	(남) (수학) 2(이)항식(恒式)
дебатировать (제바찌라와찌)	(미완) 토론하다
дебаты (제바띠)	(복수) 토론, 토의(討議), 논쟁
дебет (제베트)	(남) (부기) 차변
дебо (제바)	(남) 싸움질, 추태, 흉한꼴, 누태, 실태
дебоширить (제바쉬리찌)	(미완) 싸움질하다, 주정을 부리다, 추태를 부리다
дебри (제브리)	(복수) ① 짙은 숲, 밀림지대; ② 미개척분야
дебют (제뷰트)	(남) ① 첫 공연(公演), 첫 출연(出演); ② (장기) 선수(善手)
дебютировать (제뷰찌라와찌)	(형) 첫 공연을 하다
девальвация (제왈와찌야)	(여) 화폐개혁(貨幣改革)
девать (제와찌)	(미완) ① 두다, 치우다; ② 소비하다
деваться (제와짜)	(미완); куда он ~ался? 그는 어디로 가버렸는가?; не знаю, куда ~алась книга 책이 어디에 있는지 모르겠다.
деверь (제볠리)	(남) 시동생, 시형

Дд

девиз (제비즈)	(남) 신조(信條), 좌우명, 구호, 표어
девичий (제비치이)	(형) 처녀의
девочка (제뷔츠까)	(여) 소녀(小女), 처녀애
девственность (제브쓰뜨쀈노쓰찌)	(여) 동정, 순결성(純潔性)
девственный (제브쓰뜨쀈느이)	(형): ~ лес 원시림
девушка (제부쉬까)	(여) 처녀, 숫처녀, 아가씨
девяносто (제뱌노쓰다)	(수) 아흔, 90(구십)
девяностый (제뱌노쓰뜨이)	(수) 아흔 번째, 제90
девятка (제뱌뜨까)	(여) 9(아홉), 번호 9
девятнадцатый (제뱌뜨낫짜뜨이)	(수) 열아홉 번째, 19
девятнадцать (제뱌뜨낫짜찌)	(수) 열아홉, 19(십구)
девятый (제뱌뜨이)	(수) 아홉 번째, 제구(9)
девять (제뱌찌)	(수) 아홉, 9
девятьсот (제뱌쏘트)	(수) 구백(900)
дегазация (제가자찌야)	(여) 가스해제, 유독물질해제
дегенерат (제게네라트)	(남) 변절자(變節者)
дегенерация (제게네라찌야)	(여) 퇴화(退化), 변질(變質)
дёготь	(남) 타르(tar);

(죠고찌)

деградация
(제그라다찌야)
(여) 쇠퇴, 퇴보, 타락(墮落)

дегустатор
(제구쓰따똘)
(남) (술, 담배, 차등의) 물질감정원

дегустация
(제구쓰따찌야)
(여) (술, 담배 등) 물질감정

дед
(제다)
(남) ① 할아버지, 조부; 조상, 선조;
② 늙은이, 나이 먹은 사람

деды
(제듸)
(복수) 선조, 조부, 조모, 조부모

дедукция
(제둑찌야)
(여) ① 연역, 연역법(演繹法)
② 뺌, 공제; 차감액, 공제액; 추론

дедушка
(제두쉬까)
(남) ① 할아버님, 할아버지, 할배;
② 늙은이, 노인네

деепричастие
(제에쁘리차쓰찌에)
(중) (언어) 동명사, 동사적 중성명사

дееспособность
(제에스빠쏘브노쓰찌)
(여) ① 활동능력; 에너지, 활동력
② (법률) 행위능력, 법정자격.

дежурить
(제주리찌)
(미완) ① 숙직하다, 당직하다, 일직하다; ② 지키고 있다, 붙어있다

дежурны
(제주르느이)
① 당번, 당직(堂直)의, 숙직의;
② ~ая (여) 당번, 당직, 일직;

дежурство
(제주르쓰뜨뵈)
(중) 당번, 당직;

дезавуировать
(제자부이라와찌)
(미완, 완)(행동, 발언 등을) 부인하다, 취소하다

дезертир
(제제르찔)
(남) ① 탈영병, 도피자, 도망자, 도주자; ② (책임의) 회피자(回避者)

дезертировать
(제제르찌라와찌)
(미완, 완) 탈주하다, 도피하다, 도망하다

дезертирство
(제제르찔쓰뜨뵈)
(중) ① 탈주, 도피(逃避), 징집기피;
② 책임회피(責任回避)

дезинфекция
(제진펙찌야)
(여) 소독살균

дезинфицировать (제진피찌라와찌)	(미완, 완) 소독하다, 살균하다, 멸균하다
дезинфицирующий (제진피찌루유쉬이)	(형); ~ее средство 소독제
дезинформация (제진포르마찌야)	(여) 거짓보도, 허위보도, 왜곡보도, 조작 날조 보도
дезорганизатор (제자르가니자똘)	(남) 교란자, (조직, 질서) 파괴자
дезорганизация (제자르가니자찌야)	(여) 조직해체, 질서파괴;
дезорганизовать (완), дезорганизовывать (미완) (제자르가니자와찌)	조직을 와해시키다;
дезориентировать (제자리엔찌로와찌)	(완, 미완) 방향(방위)을 잃게 하다, 잘못생각하게 하다
действенность (제이쓰뜨뻰노쓰찌)	(여) 실효성, 유효성, 효력(效力)
действенный (제이쓰뜨벤느이)	(형) 실효성 있는, 유효성 있는, 효과적인;
действие (제이쓰뜨비에)	(중) ① 움직임, 행동, 동작; ② 작용, 효력, 활동; ③ 영향; ④ ~я(복수) 행위, 운동, 행동; ⑤ (연극) 막(幕); ⑥ (수학) 셈법(산법); ⑦ 사건(事件);
действительно (제이쓰뜨비쩰나)	(부) 실로, 사실, 과연, 그야말로;
действительность (제이쓰뜨비쩰노쓰찌)	(여) 현실, 현실성, 실제;
действительный (제이쓰뜨비쩰느이)	(형) ① 실제적인, 현실적인, 확실한; ② 유효한, 효력있는;
действовать (제이쓰뜨붜와찌)	(미완) ① 행동하다, 활동하다, 움직이다; ② (기계 등이) 작용하다, 가동하다, 돌아가다; ③ 효과가 있다, 영향을 주다; ④ (법등의) 효력을 가지다
действующий (제이쓰뜨부유쉬이)	(형); ~ая армия 전방군인, 전투부대; ~ий закон 현행법; ~ий вулкан 활화산; ~ие лица ① (연극) 등장인물; ② 참가자, 당사자(當事者)

дека (데까)	(여) (악기의) 공명판, 중심, 중앙
декабрь (데까브리)	(남) 12월, 섣달;
декабрьский (데까브리쓰끼이)	(형) 12월의, 섣달의
декада (데까다)	(여) ① 순(旬), 순간(瞬間), 찰나; ② (무엇을 기념하여 조직하는) 순간, 10일간
декалитр (데깔리뜨)	메카리터, 10리터
декан (데깐)	(남) 학부장(學部長)
декламация (제클라마찌야)	(여) 낭독, 낭송, 시낭송
декламировать (제클라미로와찌)	(미완) 낭독하다, 낭송하다;
декларация (제클라라찌야)	(여) ① 선언, 선언서(宣言書); 포고문 ② 신고문건
декоративный (제까라찌브느이)	(형) 장식(용), 관상용
декоратор (제까라똘)	(남) ① 무대미술가 ② 장식전문가, 인테리어
декорация (제까라찌야)	(여) ① 무대장치, 무대미술, 세트 ② 배경(背景)
декрет (제크레트)	(남) 법령, 포고, 명령, 교령, 천명
декретный (제크레뜨느이)	(형): ~ отпуск 산전산후휴가
деланный (젤란느이)	(형) 자연스럽지 않은, 부자연스러운, 인공적인
делать (젤라찌)	(미완) ① ~하다, 일을 하다; ② 만들다, 제조하다, 제작하다;
делаться (젤라짜)	(미완) ① 되다 ② 만들어지다, 제작되다, 제조되다 ③ 벌어지다, 일어나다;

Дд

- 237 -

делегат (젤레가트)		(남) 대표(代表)
делегация (젤레가찌야)		(여) 대표단(代表團);
делёж(남), ~ка (여) (젤료즈)		나누임, 나눔질, 분배
деление (젤레니예)		(중) ① 나누기, 분배; 구분, 분할 ② (수학) 나누기, 제법(除法); ③ (생물) 분식(分蝕) ④ 도수, 도; 눈금
делец (젤레쯔)		(남) 실업가, 업자; 실무에 밝은 수단꾼
Дели (델리)		(남) (불변) г. (뉴)델리
деликатес (젤리까쩨쓰)		(남) 진미, 별식, 고급요리
деликатность (젤리까뜨노쓰찌)		(여) 상냥한 것, 정중한 것, 친절성
деликатный (젤리까뜨느이)		① 상냥한 ② 연약한, 친절한;
делимое (젤리모예)		(중) (수학) 나누일수, 피제수
делитель (젤리쩰)		(남) (수학) 나눔수, 제수(除數)
делить (젤리찌)		(미완) ① 나누다, 분류(구분)하다; 분배하다 ②(수학) 제하다, 나누다
делиться (젤리짜)		(미완) ① с кем ~와 서로 나누다, 같이 하다 ② 전하다, 교환하다; ③ 갈라지다, 나누지다; 구분(분류)되다
дело (젤로)		(중) ① 일, 일손; ② 사업, 직업 ③ (법률) 소송사건(訴訟事件); ④ 문건(文件), 서류(書類) ⑤ 문제
деловито (젤로비따)		(부) 솜씨 있게, 착실하게; 실무적으로
деловитость (젤로비따쓰찌)		(여) 실무성(實務性), 솜씨, 정력적인 것
деловой		(형) ① 실무 (적인); ③ 요령 있는;

- 238 -

(젤로보이)

делопроизводитель (젤로쁘로이즈뷔드지쩰)	(남) 사무원, 사무(문서) 취급자
делопроизводство (젤로쁘로이즈보드쓰뜨뷔)	(중) 사무(事務), 업무(業務)
дельный (젤리느이)	(형) 유능한, 영리한
дельта (델따)	(여) 삼각주(三角洲), 델타
дельфин (델핀)	(남) (동물) 돌고래
делячество (젤랴체쓰뜨뷔)	(중) 실무주의, 실용주의(實用主義)
демагог (제마고그)	(남) 거짓선전자, 허위선전자
демагогия (제마고기야)	(여) 악선전, 허위선전
демаркационный (제마르까찌온느이)	(형): ~ая линия 경계선(境界線), (군사) 분계선(分界線)
демилитаризация (제밀리따리자찌야)	(여) 비군사화, 비무장화(非武裝化)
демилитаризованный (제밀리따리조완느이)	(형): ~ая зона 비무장지대
демисезонный (제미세존느이)	(형): ~ое пальто 봄가을외투, 가벼운 외투, 스프링코트
демобилизация (제마빌리자찌야)	(여) 제대, 동원해제
демобилизованный (제마빌리조완느이)	(명사로) 제대군인
демобилизовать (제마빌리조와찌)	(미완, 완) 제대시키다, 동원해제하다
демобилизоваться (제마빌리조와짜)	(미완, 와) 제대되다, 동원 해제되다
демократ (제마크라트)	(남) ① 민주주의자(民主主義者) ② 민주당원(民主黨員)

Дд

демократизация (제마크라찌자찌야)	(여) 민주주의화(民主主義化), 민주화
демократический (제마크라찌체쓰끼이)	(형) 민주주의(적), 민주(적);
демократия (제마크라찌야)	(여) 민주주의(民主主義), 민주(民主)
демон (제몬)	(남) 악마(惡魔), 악귀; 도깨비
демонстрант (제만쓰뜨란트)	(남) 시위자, 운동권자, 시위참가자
демонстративный (제만쓰뜨라찌브느이)	(형) ① 시위적인, 허위적인 ② 반발적인
демонстрационный (제만쓰뜨라찌온느이)	(형): ~ зал 상영실; 표본실
демонстрация (제만쓰뜨라찌야)	(여) ① 시위(운동), 시위행진 ② 상영, 전람(展覽); 보이기 ③ 반발(反撥), 반항(反抗)
демонстрировать (제만쓰뜨리로와찌)	(미완, 완) ① 전람하다, 사영하다, 실물로 보여주다 (설명하다) ② 시위(파시) 하다 ③ 시위운동을 하다, 시위 (행진)에 참가하다
демонтировать (제만찌로와찌)	(미완, 완) 분해하다, 해체하다, 뜯어헤치다
деморализовать (제마랄리조와찌)	(완, 미완) 사기를 저하시키다, 타락시키다; 풍기를 문란케 하다
демпинг (쥄삔그)	(남) (경제) 덤핑, 막팔기, 투매
денатурат (제나뚜라트)	(남) 변성 알코올(마실수 없게 유독성물질 따위를 섞은 알코올)
дендрарий (젠드라리이)	(남) 수목원(樹木園), 식수(물)원
денежный (제네즈느이)	(형) ① 돈의, 화패의, 금전의; ② 돈 많은, 부유한
денонсация (여), денонсирование (중) (제논싸찌야)	(조약 동의) 폐기; 무효선포하는 것
денонсировать	(미완, 완) 폐기하다;

- 240 -

(제논씨로와찌)

денщик (남) 육군 장교의 당번, 당번병
(젠쉬크)

день (남) ① 낮; ② 하루, 날, 일; ③ 절(節),
(젠-) 명절, 날; ④ дни (복수) 시대, 시절;

деньги (복수) ① 돈, 금전; ② 자금(資金);
(젠기)

Деян (Деяние святых Апостолов, 28장, 130쪽) 사도행전
(데얀, 아뽀쓰똘로프) (使徒行傳, The Acts of the Apostles)

департамент (남) ① 국(局); Государственный ~
(제빠르따멘트) США 미국국무성
② 현 (프랑스의 행정구역단위)

депо (중) (철도) 기관고(機關庫);
(데뽀)

депрессия (여) (경제) 불경기, 침체
(제쁘렛씨야)

депутат (남) 대의원(代議員), 의원(議員);
(데뿌따트)

дёргать (미완) ① 잡아당기다, 툭툭 채다;
(죠르가찌) ② 잡아 뽑다, 빼다; 뜯다
③ 성가시게 굴다

дёргаться (미완) 움칠하다, 씰룩거리다, 들썩이다
(죠르가짜)

деревенеть (미완) 딱딱해지다, 굳어지다
(제레볘녜찌)

деревенский (형) ① 농촌의(農村), 시골의, 마을의;
(제레볜쓰끼이) ② 촌스러운

деревня (여) 농촌(農村), 촌(부)락; 마을; 동네;
(제레브냐)

дерево (중) ① 나무, 수목(樹木), 목본(木本);
(제레붜) ② 목재(木材), 재목(材木), 목질;

деревообделочный (형) 목재가공의, 목공의;
(제레붜옵젤로츠느이)

деревообрабатывающий (형) 목(세)공(의); 목제(목공)품의;
(제레붜옵라바띄와유쉬이) ~ая промышленность 목세공 산업

― 241 ―

деревушка (제례부쉬까)	(여) 작은 마을, 자그마한 농촌부락
деревянный (제레뱐느이)	(형) 나무로 만든, 목재의
держава (제르좌와)	(여) 강국(强國), 독립국(獨立國);
держать (제르좌찌)	(미완) ① 쥐다, (붙)잡다, 들다; ② 키우다, 치다; ③ 붙잡아두다, 가두어두다; ④ 버티다, 붙들다 ⑤ (어떤 상태, 처지에) 있게 하다, ~(하여)두다; ⑥ 가지고 있다, 지니고 있다;
держаться (제르좌짜)	(미완) за *кого-что* ~를 붙잡고 있다, 붙들고 있다; ② *где* ~에 붙다, 자리잡다, 있다; ③ 견디다, 사수하다; ④ 처신하다, 행동하다; ⑤ (어떤 상태에) 있다, 떠있다; ⑥ *чего* (~에 따라) 맞게 행동하다, 준수하다, ~를 따르다; ⑦ 계속되어있다, 존속되다;
дерзать (제르자찌)	(미완) 감행하다, ~할 용기를 내다
дерзить (제르지찌)	(미완) 무례한 (불손한) 말을 하다, 샘통(심술)을 부리다
дерзкий (제르즈끼이)	(형) ① 당돌한, 시큰둥한, 무례한 ② 대담한, 담력이 센
дерзость (제르조쓰찌)	(여) ① 당돌한 행동, 무례한 짓, 샘통이; ② 대담성, 담기
дерматин (제르마찐)	(남) 인조가죽, 레자
дерматиновый (제르마찌노브이)	(형) 인조가죽의, 레자
дерматолог (제르마똘로그)	(남) (의학) 피부과의사; 피부병학자
дёрн (죠른)	(남) 떼장, 풀이 덮인 땅
дёрнуть(ся) (죠르누찌, 죠르누쨔)	(완) *см.* дёргать(ся)
десант	(남) ① 해병대(海兵隊); ② 상륙, 착륙

(제싼트)

десантник (제싼뜨니크)	(남) 해병대원(海兵隊員)
десерт (제쎄르트)	(남) 식후다과(식후에 내놓은 실과,파자등)
десна (제쓰나)	(여) 잇몸
деспот (제쓰뽀트)	(남) ① 폭군 ② 전제군주(專制君主)
деспотизм (제쓰빠찌즘)	(남) 학정(虐政), 폭정(暴政); 전횡
деспотический (제쓰빠찌체쓰끼이)	(형) ① 포악한, 횡포한 ② 전제의; ~ режим 전제제도
десятиборье (제싸찌보리에)	(중) (체육) 10종 경기
десятидневный (제싸찌드네브느이)	(형) 10(십)일간의, 열흘간의
десятиклассник (제싸찌클랏쓰니크)	(남) ~ца (여) 10년생
десятикратный (제싸찌클라뜨느이)	(형) 10 (십) 배의, 10 (십)회의;
десятилетие (제싸찔레찌에)	(중) ① 열돌(10 주년) ② 10(십)년간, 10(십)년
десятилетка (제싸찔레뜨까)	(여) 10(십)년제 중학교
десятилетний (제싸찔레뜨니이)	(형) ① 10(십)년간의; ② 열살난.
десятичный (제싸찌츠느이)	(형) 10(십)전의, 10(십)분의;
десятка (제싸뜨까)	(여) ① (수자) 10(열) ② (번호) (10)열 ③ 10(십) 루불지폐
десятник (제싸뜨니크)	(남) (건설장의) 십장(什長)
десяток (제싸따크)	(남) ① 10 인, ② 10 개, 열개.

Дд

десятый (제쌰뜨이)	(수) 열 번째, 제 10(십)
десять (제쌰찌)	(수) 열; (수의) 10; 10의 기호(x, X).
детализация (제딸리자찌야)	(여) 구체화, 세밀하게 하는 것, 세부화
деталь (제딸)	(여) ① (기계의) 부분품, 부속품, 요소 ② (건설) 부제; ③ 세분(細分), 세세한 (소소한) 점
детально (제딸나)	(부) 세밀하게, 상세하게, 치밀하게, 자세하게
детальный (제딸느이)	(형) 세밀한, 상세한, 치밀한;
детвора (제뜨붜라)	(여) (집합) 아이들, 어린이들, 아동
детдом (제뜨돔)	(남) (детский дом) 애육원, 고아원
детектив (데제크찌프)	(남) ① 탐정(探偵), 형사(刑事) ② 탐정소설(探偵小說)
детективный (데제크찌프느이)	(형) 탐정적인
детектор (데쩨크또르)	(남) (무선) 검파기(檢波器);
детёныш (제죤늬쉬)	(남) (동물의) 새끼
дети (제찌)	(복수) ① 아이들, 어린이들, 아동 ② 자식들, 자녀
детище (제찌쉐)	(중) 산아(産兒), 소산물(所産物)
детонатор (제또나또르)	(남) 뇌관(雷管), 기폭장치
деторождение (제따로즈제니에)	(중) 출산(出産), 해산(解産)
детсад (제뜨싸드)	(남) (детский сад) 유치원(幼稚園)

Дд

— 244 —

детский (제드쓰끼이)	(형) ① 아동의, 어린이의, 소아의; ② 어린이 같은, 아이다운
детство (제드쓰드붜)	(중) 유년시절(幼年時節), 어린 시절;
деть(ся) (제찌)	(완) *см.* девать(ся)
де-факто (제팍따)	(부) 사실상, 실지로;
дефект (제펙트)	(남) 결함, 결점, 부족점
дефективный (제펙찌브느이)	(형) ① (육체상 또는 정신상) 결함이 있는, 비정상적인; ② 병집이 있는, 기형적인
дефектный (제펙뜨느이)	(형) 흠이 있는, 부족점이 있는, 결함이 있는
дефис (제피스)	(남) 이음표, 연결부
дефицит (제피찌트)	(남) ① (경제) 적자; 결손(缺損); ② 부족(不足), 결핍(缺乏)
дефицитный (제피찌뜨느이)	(형) ① (경제) 적자나는, 결손을 가져 오는 ② 부족한, 모자라는;
деформация (제포르마찌야)	(여) 변형, 형태변화; 기형화(奇形化)
деформировать (제포르미로와찌)	(미완, 완) 모양이 달라지게 하다, 변형하다
децентрадизация (제쩬드라지자찌야)	(여) 지방분권화(地方分權化)
дециметр (제찌메트르)	(남) 데시미터(decimeter: 길이의 단위). 1미터의 1/10 《기호:dm》.
дешеветь (제쉐볘찌)	(미완) 싸지다, 눅어지다, 값이 내리다
дешевизна (제쉐비즈나)	(여) 아주 눅은 값, 싼값
дёшево (죠쉐붜)	(부) (값) 싸게, 눅은 값으로;

Дд

дешёвый (제쇼브이)	(형) (값) 싼, 눅은
де-юре (제-유레)	(부) 법률상, 법적으로;
деятель (제애쩰)	(남) 활동가(活動家);
деятельность (제애쩰노쓰찌)	(여) ① 활동; 사업; 업무; ② 작용
деятельный (제애쩰느이)	(형) 활동적인, 활발한, 정력적인;
джаз (자스)	(남) (음악) 재즈;
Джакарта (좌까르따)	(여) г. 자카르다
джем (젬)	(남) 잼(jam)
джентельмен (젠쩰멘)	(남) 신사(紳士)
джентельменский : (젠쩰멘쓰끼이)	~ое соглашение 신사협정
Джибути (쥐부찌)	(남)(불변) ① госво 지부티 ② (남) (불변); г. 지부티
джип (짚-)	(남) 짚차
Джорджтаун (조르드즈따운)	(남) г. 죠지타운
джоуль (조울)	(남) (물리) 줄
джунгли (준그리)	(복수) 정글, 열대밀림
джут (주트)	(남) (식물) 황마, 마닐라삼
диабет (지아베트)	(남) (의학) 오줌사태병
диагноз	(남) 진단(診斷), 검안;

(지아그노스)

диагностика (지아그노쓰찌까)	(여) 진단법, 진단학
диагональ (지아고날)	(여) ① (수학) 대각선(對角線) ② 능직
диаграмма (지아그람마)	(여) 비교표(比較表), 도표(圖表)
диалект (지아렉트)	(남) 방언(方言), 사투리
диалектика (지아렉찌까)	(여) ① (철학) 변증법(辨證法) ② 변증법적 (발전) 과정
диалектический (지아렉찌체쓰끼이)	(형) 변증법적(辨證法的), 다이얼렉틱적, 디알렉틱적(dialectic);
диалог (지아로그)	(남) 문답(問答), 대화(對話);
диаметр (지아메뜨르)	(남) 직경(直徑)
диаметрально (지아메뜨랄나)	(부) 정반대로, 전혀, 바로; ~ противоположный 정반대의
диапазон (지아빠존)	(남) ① (음악) 음역, 성역, 소리너비 ② 범위(範圍), 크기; 시야; ③ (물리); ~ волн 파장(波長)
диапозитив (지아빠지찌프)	(남) 환등판, 환등용 그림
диафрагма (지아프라그마)	(여) ① (해부) 횡경막; ② (광학) 차광막, 빛발을 좁히는 장치
диван (지완)	(남) 소파
диверсант (지붸르싼트)	(남) 파괴(암해)분자
диверсионный (지붸르씨온느이)	(형) 암해적인, 파괴적인;
диверсия (지붸르씨야)	(여) 암해공작, 파괴행위(破壞行爲)
дивидент	(남) (경제) 이익배당금(利益配當金)

Дд

(지비젠트)

дивизион (지비지온)	(남) ① (포병, 기병, 전차부대의) 대대; ② (해군에서) 함선편대
дивизия (지비지야)	(여) 사단(師團);
дивный (지브느이)	(형) 놀랄만한, 훌륭한, 매혹적인
диез (지예즈)	(남) (음악) 지예즈, 반음높임부호, 올림표(sharp: #), 영기호(嬰記號). 영음기호(嬰音記號). 샤프,
диета (지예따)	(여) 식사요법, 규정식사, 의료식사
диетический (지예찌체쓰끼이)	(형) 식사요법의:
дизель (지젤)	(남) (공학) 디젤기관, 내연기관
дизельный (지젤느이)	(형) 디젤의, 디젤기관의;
дизентерия (지젠쩨리야)	(여) 적리(赤痢), 이질(痢疾);
дикарь (지까리)	(남) ① 야만인, 미개인; ② 교제(남)를 싫어하는 사람
дикий (지끼이)	(형) ① 야만적인, 미개한 ② 야생의, 산(山), 들; ③ 사교성이 없는, 낯설어하는
диковинный (지꼬빈느이)	(형) 놀라운, 괴상한; 진기한
дикорастущий (지까라쓰뚜쉬이)	(형) 야생의;
дикость (지까쓰찌)	(여) ① 야만(성), 미개한 것; ② 횡포성
диктант (지크딴트)	(남) 받아쓰기
диктат (지크따트)	(남) 강압(降壓), 강요(强要);

Дд

диктатор (지크따또르)	(남)독재자(獨裁者)
диктатура (지크따뚜라)	(여) 독재(獨裁), 전제;
диктовать (지크따와찌)	(미완) ① (받아쓰도록) 불러주다, 부르다 ② 강요하다, 명령하다, 내려먹이다;
диктовка (지크또브까)	① (받아쓰도록) 불러주는 것 (부르는 것); ② 받아쓰기
диктор (지크따르)	(남) 방송원(放送員)
дикция (지크찌야)	(여) 발음(發音), 발음법(發音法)
дилемма (질렘마)	(여) (논리) ① 양단론법, 지렘마; ② 갈림길, 분기점, 기로, 진퇴양난
дилетант (질레딴트)	(남) 비전문가, 비전문학자(非專門學者)
димедрол (지메드롤)	(남) (의학) 디메드롤
динамик (지나미크)	(남) 다이나믹 확성기
динамика (지나미까)	(여) ① 동력학, 역학(力學); ② 움직임, 변화과정; развитая ~ 발전과정
динамит (지나미트)	(남) 다이나마이트, 폭약(爆藥)
динамический (지나미체쓰끼이)	(형) ① 동력학작인, 역학적인 ② 동적인, 활동적인
динамо-машина (지나모-마쉬나)	(여) (직류) 발전기(發電機)
динамометр (지나모메뜨르)	(남) 동력계(動力計), 측력계(測力計)
династия (지나스찌야)	(여) 왕조(王祖)
диод (지오드)	(남) (전기) 이극관

Дд

диоптрия (지옵뜨리야)	(여) (물리) 디오프터 (광학유리의 굴절력 측정단위)
дипкорпус (지쁘꼬르뿌쓰)	(남) (диплома-тический корпус) 외교단
дипкурьер (지쁘꿀리예르)	(남) (диплома-тический курьер) 외교전 서원, 신서사
диплом (지쁠롬)	(남) ① 졸업증서, 학위증서, 자격증 ② 졸업논문(卒業論文)
дипломат (지쁠로마트)	(남) 외교관(外交官)
дипломатический (지쁠로마찌체쓰끼이)	(형) 외교(적)
дипломатия (지쁠로마찌야)	(여) ① 외교(外交), 외교활동; ② 외교적수완(外交的手腕)
дипломный (지쁠롬느이)	(형) 졸업의; ~ проект 졸업설계; ~ая работа 졸업논문.
директива (지렠찌와)	(여) 지령, 지령서, 지시, 지시문; давать ~у 지령을 내리다 (주다)
директивный (지렠찌브느이)	(형) 지령의, 지시를 담은
директор (지렠따르)	(남) 지배인(支配人), 사장(社長);
дирекция (지렠찌야)	(여) 관리부(管理部), 지도부
дирижабль (지리좌블)	(남) 비행선(飛行船)
дирижёр (지리죠르)	(남) 지휘자(指揮者), 지도자;
дирижёрский (지리죠르쓰끼이)	(형) 지도의:
дирижировать (지리쥐로와찌)	(미완) 지휘하다
диск (지쓰크)	(남) ① 둥근판, 원판(元版); ② (체육) 원반;
дискант	(남) 높은 소리, 초고음

(지쓰깐트)

дисквалификация (지쓰크왈리피까찌야)	(여) ① 자격박탈, 권한박탈 ② (체육) 경기 참가권 박탈
дискобол (지쓰까볼)	(남) (체육) 원반던지기선수
дискредитировать (지쓰크레지찌로와찌)	(미완, 완) 위신을 떨어뜨리다 (하락시키다), 신용을 잃게 하다
дискриминация (지쓰크리미나찌야)	(여) 차별 (대우); 권리제한;
дискуссионный (지쓰꾸씨온느이)	(형) 논쟁의, 논쟁적인;
дискуссия (지쓰꾸씨야)	(여) 논쟁(論爭), 토론(討論);
дискутировать (지쓰꾸찌로와찌)	(미완, 완) 논쟁하다, 토론하다
дислокация (지쓸로까찌야)	(여) 주둔, 배치; 주둔지
дислоцировать (지쓸로찌로와찌)	(완, 미완) 주둔하다, 배치하다
дислоцироваться (지쓸로찌로와쨔)	(완, 미완) 주둔되다, 배치되다
диспансер (지쓰빤쎄르)	(남) 전문병원, 예방(치료)원;
диспансеризация (지쓰빤쎄리자찌야)	(여) (의학) 예방치료 (사업), 체력검정
диспетчер (지쓰뻬드체르)	(남) 사령, 사령원, 지령원
диспетчерский (지쓰뻬드체르스끼이)	(형) ①: ~ий пункт 사령실, 지령실; ② (명사로); ~ ая (여) *см.* диспетчерский пункт
диспропорция (지쓰쁘로뽀르찌야)	(여) 불균형(不均衡), 불균등
диспут (지쓰뿌트)	(남) 공개토론, 공개변론; 논쟁
диссертант	(남) 학위논문제출자

Дд

(지쓰쎄르딴트)

диссертация (지쓰쎄르따찌야)	(여) 학위논문(學位論文);
диссимиляция (지쓰씨미랴찌야)	(여) (생리, 언어) 달라지기, 이화(異化), 이화작용(異化作用)
диссонанс (지쓰싸난쓰)	(남) ① (음악) 불협화음(不協和音) ② 불일치, 조화되지 않는 것
дистанционный (지쓰딴찌온느이)	(형): ~ое управление 원격조종
дистанция (지쓰딴찌야)	(여) ① 거리, 틈, 틈새, 간격(間隔); ② (철도); ~ пути 구간, 보선구
дистиллированный (지쓰찔리로완느이)	(형): ~ая вода 증류수
дистиллировать (지쓰찔리로와찌)	(미완, 완) 증류하다
дистрофия (지쓰뜨로피야)	(여) (의학) 영양장애, 영양실조
дисциплина (지쓰찌쁠리나)	(여) ① 규율(規律); ② (학) 과목(科目)
дисциплинарный (지쓰찌쁠리나르느이)	(형): ~ое взыскание 징계처벌, 징벌
дисциплинированность (지쓰찌쁠리니롭완노쓰찌)	(여) 규율성
дисциплинированный (지쓰찌쁠리니로완느이)	(형) 규율성 있는, 규율을 지키는 규율을 준수하는
дитя (지쨔)	(중) 아이, 어린애;
дифирамб (지피람브)	(남) ① 송가, 찬가, 송시 ② 지나친 찬양;
дифтерит (남), **дифтерия** (여) (지프쩨리트)　(지프쩨리야)	(의학) 디프테리아(diphtheria)
дифтонг (지프똔그)	(남) (언어) 겹모음, 이중모음
дифференциал (지프페렌찌알)	(남) (수학) 미분; (기계) 차동장치

дифференциальный (지프페렌찌알느이)	(형) ① 미분의: ② 차별의;
дифференциация (지프페렌찌아찌야)	(여) 분화(分化), 분별(分別), 차별;
дифферинцированный (지프페렌찌로완느이)	(형) 차별적인;
дифференцировать (지프페렌찌로와찌) 하다;	(완, 미완) ① 구분하다, 구별하다, 분화 ② (수학) 미분하다
диффузия (지프푸지야)	(여) (물리) 확산 (잔용), 펴짐
дичиться (지치쨔)	(미완) 수줍어하다, 꺼리다
дичь (지치)	(여) (접합) ① 들새 ② 들새고기
длина (들리나)	(여) 길이, 연장, 거리;
длинный (들린느이)	(형) ① 긴, 기다란, 길죽한; ② 오랜, 장시간의, 오래 계속되는;
длительность (들리쩰노쓰찌)	(여) (시간의) 장기성, 지속; 길이
длительный (들리쩰느이)	(형) 오랜, 오래 계속되는, 장기적인;
длиться (들리쨔)	(미완) 지속되다, 계속되다, 오래 끌다
для (들랴)	(전) ① *кого-чего* ~를 위하여; ~ победы 승리를 위하여; ~ вас 당신을 위하여; ② ~위한, ~용; ③ ~에게, ~에게 있어서는;
дневальный (네왈느이)	(남) 일직병(日直兵), 당번(當番)
дневник (네브니크)	(남) ① 일기(日記), 일지(日誌); ② (학생의) 숙제장
дневной (네브노이)	(형) ① 낮의; ② 하루의, 1일간의;
днём (드뇸)	(부) 낮에;

Дд

дно (노)	(중) ① (밑) 바닥, 밑창; ② 밑, 바닥;
до (도)	(전) ~까지; ~전(에); 대략, 약, 대충, ~정도, ~이하; до Москвы 모스크바까지; до сих пор 지금까지; с 5 до 7 다섯부터 일곱까지; до отъезда 떠나기 전에; до войны 전쟁전; дети до пяти лет 다섯 살 이하의 아이; до крайности 극도로; до основания 완전히; до слёз 눈물이 겹도록
добавить (다바비찌)	(완) *см.* добавлять
добавление (다바블레니에)	(중) ① 부가, 추가, 첨가 ② 보탬, 덧붙어(기); ~ к сказанному 부언;
добавлять (다바블랴찌)	(미완) ① 더하다, 부가하다, 첨가하다 ② 보태다, 덧붙이기, 보탬
добавок (다바뷔크)	(남) 덧붙이기, 보탬; в ~ 게다가
добавочный (다바뷔츠느이)	(형) 보충적인, 보조적인
добегать (미완), добежать (완) (다비가찌)	~까지 달아가다 (뛰어가다), ~까지 뛰어서 도달하다
добела (다벨라)	(부): раскалённый ~ 백연된, 새하얗게 탄
добиваться (다비와짜)	(미완) 애쓰다, 노력하다
добираться (다비라짜)	(미완) (시간이 걸려) 다닫다, 도착하다, 이르다;
добиться (다비쨔)	(완) 달성하다, 이루다, 쟁취 하다, 성취하다;
доблестный (도블레쓰뜨느이)	(형) 용감한, 영용한; 헌신적인
доблесть (도블레쓰찌)	(여) 용감(성), 영웅성; 헌신성
добраться (다브라짜)	(완) *см.* добираться

- 254 -

добро¹ (다브로)	(중) 자선, 은혜; ② 재산, 재물
добро² (도브로)	(조) (승낙의 듯으로) 좋다, 좋소
добро³ (도브로)	(접) (조사 бы와 함께) ~하면 좋으련만
доброволец (다브로볼레쯔)	(남) 지원자, 지원병, 의용병
добровольно (다브로볼나)	(부) 스스로, 자발적으로, 자진하여, 자원하여
добровольность (다브로볼노쓰찌)	(여) 자원성, 자발성(自發性);
добровольный (다브로볼느이)	(형) 자발적인, 자원적인;
добровольческий (다브로볼체쓰찌)	(형): ~ая армия 의용군(대)
добродетель (다브로제뗄)	(여) 덕행(德行), 선행(善行); 미덕(美德)
добродушие (다브로두쉬예)	(중) 너그러운, 선심(善心)
добродушный (다브로두쉬느이)	(형) 너그러운, 선량한, 마음이 착한;
доброжелательность (다브로젤라젤노쓰찌)	(여) 호의(好意), 호감(好感); 친절(親切)
доброжелательный (다브로젤라젤느이)	(형) 호의적인, 사근사근한; 친절한
доброкачественный (다브로까체쓰뜨벤느이)	(형) 질(質)(이)좋은;
добросердечный (다브로세르제츠느이)	(형) 마음씨가 고운, 친절한, 상냥한
добросовестный (다브로쏘볘스뜨느이)	(형) 성실한, 정직한
добрососедский (다브로싸셰드쓰끼이)	(형) (친한) 이웃 사람 같은[다운]; 우호적인, 친절한, 사귐성이 있는 ~ие отношения 선린(친절한)관계

Дд

доброта (다브로따)	(여) 선심, 선량; 인정미;
добротный (다브로뜨느이)	(형) 품질이 좋은, 진긴, 잘 만든; 튼튼한
добрый (도브르이)	(형) ① 착한, 선량한, 마음씨가 고운, 선한; ② 좋은;
добряк (다브랴크)	(남) 호인, 마음이 너그러운 사람; 착한 사람
добывать (다븨와찌)	(미완) ① 얻다, 구하다, 획득하다 ② 벌다; ③ (품물을) 채취(채굴) 하다, 캐(어)내다, 따내다;
добывающий : (다븨와유쉬이)	~ая промы-шленность 채취공업
добыть (다븨찌)	(완) *см.* добывать
добыча (다븨차)	(여) ① 채취, 캐기, 구득, 획득, 채굴; 채취량, 채굴량, 채굴물; ② 노획품, 획득물; 전리품
доверенность (다베렌노쓰찌)	(여) 위임장(委任狀), 대리권
доверенный (다베렌느이)	(형): ~ое лицо 위임받은 자, 위임장 소유자; 대리인(代理人)
доверие (다베리예)	(중) 믿음, 신임, 신용; 신뢰
доверительный (다베리쩰느이)	(형) 비밀의:
доверить (다베리찌)	(완) *см.* доверять
доверху (도뻬르후)	(부) 맨 위까지, 꼭대기까지, 한가득;
доверчивость (다베르치뷔쓰찌)	(여) 믿기 쉬운 마음, (남을) 쉽게 믿는 것
доверчивый (다베르치브이)	(형) 믿기 잘하는, (남을) 쉽게 믿는; 순진한
довершать (다베르샤찌)	(미완) 끝마치다, 끝까지 해버리다 (해내다), 완료하다

довершение (다베르쉐니에)	(중): в ~ всего 게다가; 결국에는
доверять (다베랴찌)	(미완) ① 믿다, 신임하다, 신뢰하다 ② 맡기다, 위탁하다, 위임하다;
довесок (다베싸크)	(남) 보탠 분량, 추가량(追加量)
довести (다베쓰찌)	(완) *см*. доводить
довод (도붜드)	(남) 논거, 논증; 이유(理由)
доводить (다붜지찌)	(미완) *куда* ~까지 데려다주다 (데려가다, 인도하다) (어떤 상태에) 이르게하다; 통지(통보, 전달)하다;
доводиться (다붜지짜)	(미완) *кем* ~벌이 되다;
довоенный (다붜옌느이)	(형) 전쟁전의
довозить (다붜지찌)	(미완) (어떤 장소까지) 나르다, 운반하다, 데려다주다, 실어 나르다.
довольно (다볼나)	(부) ① (술어로) 충분하다, 흡족하다, 족하다 ② 상당히, 자못. 훨씬;
довольный (다볼느이)	(형) 만족한, 흐뭇한, 흡족한;
довольствие (다볼쓰뜨뷔에)	(중) (군사) (식료, 물자 등의) 공급, 급여
довольство (다볼쓰뜨뷔)	(중) 부유, 유족; 풍족; 만족, 충족
довольствоваться (다볼쓰뜨뷔와짜)	(미완) 만족해하다;
догадаться (다가다짜)	(완) *см*. догадываться
догадка (다가드까)	(여) 추측(推測), 짐작;
догадливый (다가드리브이)	(형) 눈치 빠른, 총기 빠른;

догадываться (다가듸와짜)	(미완) 알아차리다, 알아맞히다; 눈치(들) 차리다 (채다)
догма (도그마)	(여) 교조(敎條), 교리(敎理); 원리(原理)
догматический (다그마찌체쓰끼이)	(형) 교조주의적인; 독단적인
догнать (다그나찌)	(완) *см.* догонять
договариваться (다고바리와짜)	(미완) 약정하다, 서로 약속하다, 합의를 보다, 맞추다;
договор (도고볼)	(남) 조약(條約), 계약(契約);
договорённость (다고붜룐노쓰찌)	(여) 합의(合意), (서로의) 약속(約束)
договориться (다고붜리짜)	*см.* договариваться
договорный (다고보르느이)	(형) 계약의, 조약의.
догола (다갈라)	(부); раздеться ~ 벌거벗다; раздеть ~ 홀딱 벗기다, 벌거벗기다
догонять (다가냐찌)	(미완) 따라잡다, 따라가다
догорать (미완), догореть (완) 타버리다, 다(죄다) 타다 (다가라찌)　　　 (다가레찌)	
доделать (완), доделывать (미완) 다(마저) 해치우다, 끝내다, (다젤라찌)　　(다젤와찌)　　　끝내다, 뒤설겆이 하다	
додуматься (다두마쨔)	(완) (생각하여) 결론에 도달하다, 생각이 미치다, 알아차리다
доедать (다에다찌)	(미완) 다 먹다
доезжать (다에즈좌찌)	(미완) ~까지 가다(오다, 가깝다)
доение (다에니에)	(중) 젖짜기, 착유(搾乳)
доесть	(완) *см.* доедать

доехать (다에하찌)	(완) *см.* доезжать
дожаривать(미완), **дожарить** (다좌리와찌) (도좌리찌)	(완) 충분히(끝까지, 마저) 지지다, (굽다, 볶다)
дождаться (다즈다쨔)	(완) *см.* дожидаться
дождевальный (다즈제왈느이)	(형) 분수의, 강우의
дождевание (다즈제와니에)	(중) 인공강우
дождевик (다즈제비크)	(남) 우비(雨備), 비옷
дождевой (다즈제보이)	(형) 비의;
дождемер (다즈제몔)	(남) 우량계(雨量計), 측우기(測雨器)
дождик (도즈지크)	(남) *см.* дождь
дождливый (다즈들리브이)	(형) 비가 많이(자주) 오는
дождь (도스지)	(남) 비; 강우; 우천; 빗물.
доживать (다쥐와찌)	(미완) ~까지 살아나가다
дожидаться (다쥐다쨔)	(미완) *кого-чего* ~를 기다리다; ~을 기대하다
дожить (다쥐찌)	(완) *см.* доживать
доза (도자)	(여) 분량;
дозвониться (다즈븨니쨔)	(완) (마침내) 전화(초인종)로 불러내다
дозировка (다지로브까)	(여) ① 분량제정, 분량을 나누는 것 ② 분량, 배합률

дознаваться (다즈나와짜)	(미완) (탐색하여) 알아내다, 조사해 알다
дознание (다즈나니에)	(중) 수사(搜査), 심문(審問);
дознаться (다즈나짜)	(완) *см.* дознаваться
дозор (다쭐)	(남) 척후(斥候), 척후대, 척후병
дозревание (다즈레와니에)	(중) 뒤에 익다, 후숙(後熟) 익다, 원숙하다
дозревать (다즈레와찌)	(미완) 무르익다, 흠뻑 익다, 성숙하다
доильный (다일리느이)	(형) 착유, 젖짜기; ~ аппарат 착유기 (搾乳機), 젖 짜는 기계
доискиваться (다이쓰끼와짜)	(미완) 찾아내다, 알아내다
доисторический (다이쓰또리체쓰끼이)	(형) 역사 이전의, 선사시대의
доить (다이찌)	(미완) 젖을 짜다, 착유하다;
дойка (도이까)	(여) 젖짜지, 착유(搾乳)
дойный (도이느이)	(형): ~ая корова 젖소
дойти (다이찌)	(완) *см.* доходить
док (도크)	(남) (선박) 도크(dock)
доказательство (다까자쩰쓰드뵈)	(중) 증거(證據), 증명(證明); 근거(根據);
доказать (완), **доказывать** (미완) 증명하다, 입증하다 (다까자찌)　　(다까즤바찌)	
доканчивать (다깐치와찌)	(미완) 끝내다, 끝마치다, 해치우다
докапиталистический	(형) 자본주의 이전의

(다까삐딸쓰찌체쓰끼이)

докапываться
(다까쁴와짜)
(미완) *см.* докапаться

докатиться
(다까찌짜)
(완) ① ~까지 굴러가다 (오다);
② (요란한 소리가) 들려오다
③ 전락되다, ~에 빠지다

докер
(도껠)
(남) 도크

доклад
(다클라드)
(남) 보고(報告), 보고서

докладной
(다클라드노이)
~ая записка 보고요지

докладчик
(다클라드치크)
(남) 보고자, 보고요지

докладывать
(다클라듸와찌)
(미완) 보고하다, 알리다

докончить
(다꼰치찌)
(완) *см.* доканчивать

докопаться
(다까빠짜)
(완) 알아내다, 뒤져내다, 따지다;

докрасна
(독라쓰나)
(부): раскалённый ~ 시뻘겋게 달군

доктор
(독또르)
(남) ① *см.* врач ② 박사(博士);

докторский
(독또르쓰끼이)
(형) 박사의:

доктрина
(독뜨리나)
(여) 학설(學說), 교리(敎理)

документ
(다꾸몐트)
(남) ① 문건, 문서; 문헌; ~ы 서류
② 증명서;

документальный
(다꾸몐딸리느이)
(형) 다큐멘트의: ~ фильм 기록영화

документация
(도꾸몐따찌야)
(여) (집합) 문건, 서류, 문서

докуривать(미완), **докурить** (완) 끝까지 피우다, 다 피워버리다

- 261 -

(다꾸리와찌)

докучать (다꾸차찌)	(미완) 보채다, 성가시게 굴다, 귀찮게 굴다
долбить (돌비찌)	(미완) 쫏다, 찍다, 쪼아(찍어) 뚫다 (구멍을 내다)
долг (돌그)	(남) ① 의무, 임무; 본분; ② 빛, 부채;
долгий (돌기이)	(형) 오랜, 장기간의, 긴;
долго (돌가)	(부) 오래 동안, 오래;
долговечность (돌가베츠노쓰찌)	(여) ① 장기적; 오래 계속 되는 것 ② 지구성, 오래 견디는 것
долговечный (돌가베츠느이)	(형) ① 오래 사는, 장수하는 ② 오래 견디는, 튼튼한
долговязый (돌가뱌즤이)	(형) 키만 머쓱하게 큰, 머쓱한
долгожданный (돌가즈단느이)	(형) 고대하던, 손꼽아 기다리던
долгожитель(남), **~ница** (여) 장수자 (돌가쥐쩰)	
долголетие (돌갈레찌에)	(중) 장수(長壽);
долголетний (돌갈레뜨니이)	(형) 다년간의, 장구한, 기나긴
долгосрочный (돌가쓰로츠느이)	(형) 장기간의;
долгота (돌가따)	(여) ① 길이; ② (지리) 경도; 17°
долевой (돌레보이)	(형): ~ое участие 부분적인 참가
долетать (미완), **долететь** (완) ① ~까지 날아오다(가다) (돌레따찌)	② (소리가) 돌려오다
должен (돌젠)	(술어로) ① *кому* 빚지다; ② (미정형) ~하여야 한다, ~하지

- 262 -

	않으면 안된다; ③ (+ 미정형) 아마 ~할(될) 것이다;
должник (달즈니크)	(남) 채무자; 차주(借主); 차변
должно быть (달즈노 븨찌)	(삽입어) 아마, 혹, 혹시, 보건대;
должное (돌즈노에)	(중): отдать ~ 응당한 평가를 하다
должностной (달즈노쓰뜨노이)	(형) 공무상의: ~ое лицо 공무원,
должность (돌즈노쓰찌)	(여) 직무, 직책, 직위
должный (돌즈느이)	(형) 응당한, ~만한, 마땅한, 적절한;
доливать (달리와찌)	(미완) 더 붓다, 부어서 보태다
долина (달리나)	(여) 골짜기, 계곡, 골, 협곡.
долить (달리찌)	(완) 더하다, 가산하다; см. доливать
доллар (돌라르)	(남) 달러(dollar), 불(弗), 미불(未弗), 미화(美貨)
доложить (달라줘찌)	(완) см. докладывать
долой ! (달로이!)	(부) 타도하라!, 물러가라!
доломит (달로밑)	(남) (광물) 백운석, 고회석
долото (달로따)	(중) 끌, 정
долька (돌까)	(여) ~의 조각(단편, 부분); ~ апельсина 귤의 한쪽
доля (돌랴)	(여) ① 몫, 부분(部分), 배당(配當); ② 운명(運命), 운수, 팔자;
дом	(남) ① 집, 살림집, 주택(住宅);

Дд

(돔)	② 건물(建物), 청사(廳事); ③ 가정, 가족, 세대
дома́шний (다마쉬니이)	(형) ① 가정의, 집안의, 집의; ② (집에서 기리는); ③; ~ие (복수) (명사로) 집안 식구들, 가족
до́менный (도멘느이)	(형) (풀무. 풍금 따위의) 송풍의 아궁이; ~ая печь 용광로(鎔鑛爐)
до́менщик (도멘쉬크)	(남) 용해공.
Домини́ка (도미니까)	(여) 도미니카
доминио́н (도미니온)	(남) 지배[통치]권, 자치령(自治領)
домини́ровать (도미니로와찌)	(미완) ① 지대하다, 압도하다, 우세를 차지하다; ② над чем 보다 더 높이 솟아오르다, 제압하다
домино́ (도미노)	(중) 도미노(domino 골패놀음의 하나)
домкра́т (돔크랏트)	(남) 밀어 올리는 기계, 쟈끼, 잭, (나사 잭.수압 잭따위), 미는(찌르는)사람
до́мна (돔나)	(여) 용광로(鎔鑛爐), (풀무. 풍금 따위의) 노(爐); 아궁이, 화덕.
домовладе́лец (다마블라젤레쯔)	(남) 집주인, 집임자, 건물소유자
домово́дство (다마볻쓰뜨뷔)	(중) 가사(관리), 살림살이
домо́вый (다모브이)	(형) 거주의, 주민의; ~ая кни́га 주민대장
домога́тельство (다마가쩰쓰뜨뷔)	(중) 강한 요구
домога́ться (다마가짜)	(미완) чего ~를 강요하다
домо́й (다모이)	(부) 집으로, 집에;
домосе́д (남), ~ка (여) (다마쎄드)	여가를 집에서 가족들과 함께 지내기 좋아하는 사람

домоуправление (다마우쁘라블레니에)	(중) 주택관리소
домохозяйка (다마하쟤이까)	(여) (домашняя хозяйка) 가정부인, 주부
домработница (다라보뜨니짜)	(여)(домашняя работница) 집안일을 맡아하는 여자, 파출부(派出婦)
домочадцы (다모차드쯰)	(복수) 집안사람들, 가족(家族)
домысел (도믜셀)	(남) ① 허구(虛構), 상상(想像); ② 억측(臆測), 짐작(斟酌)
донельзя (도넬쟈)	(부) 더 할 나위 없이, 극히
донесение (다네쎄니에)	(중) (상부에 알리는) 보도, 보고, 신고
донести (다네쓰찌)	(완) *см*. доносить
донимать (다니마찌)	(미완) 성가시게 (귀찮게) 굴다, 못살게 굴다
донор (도노르)	(남) 피를 주는 사람, (수혈용) 혈액 공급자
донорский (도노르쓰끼이)	(형): ~ пункт 수혈처
донос (도노쓰)	(남) 밀고(密告), 고발(告發)
доносить (다노씨찌)	(미완) ① 신고하다, 통지 (보고) 하다 ② 일러바치다; 고자질하다, 밀고하다
доноситься (다노씨쨔)	(미완) 들려오다, 울려오다; 풍겨오다
доносчик (다노쓰치크)	(남) 고발자, 고자쟁이, 밀고자(密告者)
донять (다냐찌)	(완) *см*. донимать
допивать (다삐와찌)	(미완) 다(마저) 마시다
допинг	(남) 흥분제(興奮劑)

Дд

(도삔그)

дописать (완), дописывать (미완) (다삐싸찌)	다 (끝까지) 쓰다; 더 보태어 쓰다, 덧쓰다
допить (다삐찌)	(완) *см.* допивать
доплата (다쁠라따)	(여) 덧두리, 보충지불금
доплатить (완), доплачивать (미완) (다쁠라찌찌) (다쁘라치와찌)	보태여(더) 물다
доплатной (다쁠라드노이)	(형): ~ое письмо 미납편지, 요금을 마저 무는 편지
доплывать (미완), доплыть (완) (다쁠리와찌)	~까지 헤엄쳐가다 (오다), ~까지 항행하다
доподлинный (다빠들린느이)	(형) 확실한, 정확한, 진실한
доползать (미완), доползти (완) (다쁠자찌) (다쁘르즈찌)	~까지 기어가다
дополнение (다빨네니에)	(중) ① 추가, 부가, 첨가; ② (언어) 보어, 기움말, 보족어, 보충어 прямое(косвенное) ~ 직접(간접)보어
дополнительно (다빨니쩰나)	(부) 보충적으로, 추가하여
дополнительный (다빨니쩰느이)	(형) 보충적인, 추가적인
дополнить (미완), дополнять (완) (다빨니찌) (다빠르냐찌)	보충 (추가) 하다, 첨가하다, 보태다
дополучать (미완), дополучить (완) (다빨루차찌) (다빠루치찌)	더 (나머지를) 받다
допотопный (다빠또쁘느이)	(형) 낡아빠진, 케케묵은, 구식의, 노후된
допрашивать (다쁘라쉬와찌)	(미완) 심문하다, 취조(取調)
допризывник (다쁘리즥브니크)	(남) (예비) 훈련생(군사복무 전에 군사훈련을 받는 청장년)
допрос	(남) 심문(審問), 취조(取調)

— 266 —

(다쁘로쓰)

допросить (완) *см.* допрашивать
(다쁘로씨찌)

допуск (남) ① 입장허가, 직업허가;
(도뿌쓰크) ② (공학) 공차, 허용오차(許容誤差)

допускать (미완) ① 허가하다, 허용하다, 용인
(다뿌쓰까찌) (용납) 하다; ② 가정 (가상) 하다;

допустимый (형) 허용할만 한, 가능한
(다뿌쓰찌믜)

допустить (완) *см.* допускать
(다뿌쓰찌찌)

допытаться (완), **допытываться** (미완) 캐묻다, 애써 알아내다
(다쁴따짜)   (도쁴띄와짜)

дорабатывать (미완), **доработать** (완) ① 일을 끝내다, ~까지
(다라바띄와찌)   일하다: ② 완성하다, 보태고 만들다

дорастать (미완), **дорасти** (완) ~까지 자라나다 (커지다)
(다라쓰따찌)   (도라쓰찌)

дореволюционный (형) 혁명전의
(다례보류찌온느이)

дорога (여) ① 길, 도로; 길바닥; ② 여행
(다로가)

дорого (부) ① 비싸게 ② (술어로) 비싸다
(도로가)

дороговизна (여) 너무 비싼 값
(다라고비즈나)

дорогой (형) ① 비싼; ② 귀중한, 존귀한;
(다라고이) ③ 친애하는, 사랑하는

дорогостоящий (형) *см.* дорогой
(다라고쓰또야쉬이)

дородный (형) 몸집이 큰, 뚱뚱한
(다로드느이)

дорожать (미완) 값이 높아지다(오르다), 비싸지다
(다라좌찌)

дорожить (미완) 귀중히 여기다, 소중히 여기다,
(다라쥐찌) 진귀히 여기다, 진중히 여기다;

- 267 -

дорожка (다로즈까)	(여) ① 오솔길, 소로(小路) ② (복도 같은데 까는) 좁고 긴 주단 ③ 좁은 홈, 이랑;
дорожный (다로즈느이)	(형) ① 길의, 도로의, 통로의, 통행로의 도로의; ② 여행(旅行) (용)의;
досада (다싸다)	(여) 안타까움, 유감, 불쾌감;
досадить (다싸지찌)	(완) *см.* досаждать
досадно (다싸드나)	(술어로) 유감스럽다, 안타깝다, 서운하다; 노엽다
досадный (다싸드느이)	(형) 유감스러운, 안타까운, 민망한; 애달픈
досадовать (다싸다와찌)	(미완) 유감스러워하다, 민망해하다, 고까이 여기다
досаждать (다싸즈다찌)	(미완) 보채다, 성가시게 굴다, 들볶다; 분하게 하다
доска (다스까)	(여) 널판(지), (널)판대기, 판(板);
досконально (다스까날나)	(부) 세밀하게, 상세히; 철저히
дословно (다쏠로브나)	(부) 문자 그대로
дословный (다쏠로브느이)	(형) 문자그대로의, 아주 정확한;
дослушать(완), дослушивать (미완) 끝까지; (다) 듣다 (다쏠루샤찌) (도쏠루쉬와찌)	
досматривать (다스마뜨리와찌)	① 끝까지(다) 보다 ② (세관에서) 검사 (검열) 하다
досмотр (다스모뜰)	(남) 검사(檢査);
досмотреть (다스모뜨레찌)	(완) *см.* досматривать
досохнуть (다쏘흐누찌)	(완) 다 (완전히) 마르다

досрочно (다쓰로츠나)	(부) 기한 전에, 앞서서;
досрочный (다쓰로츠느이)	(형) 기한전의
доставать (다쓰따와찌)	(미완) ① *до чего* ~까지 닿다, 미치다; ② *что (чего)* 얻어가지다, 구하다; *что* 꺼내다, 집어내다
доставаться (다쓰따와쨔)	(미완) ① 차례지다, 손에 들어오다; ② (무인칭) 단단히 혼나다;
доставить (다쓰따비찌)	(완) *см.* доставлять
доставка (다쓰따브까)	(여) 송달, 배달, 배포;
доставлять (다쓰따블랴찌)	(미완) ① 실어오다 (가다), 제공하다, 가져다주다, 데려다주다; ② 배달하다, 배포하다 ③ 끼치다, 주다;
достаток (다쓰따똑)	(남) 유족(有足), 풍족(豊足);
достаточно (다쓰따또츠나)	① (부) 충분히, 상당히, 꾀; ② (술어로) 충분하다, 넉넉하다
достаточный (다쓰따또츠느이)	(형) 충분한(充分), 넉넉한;
достать(ся) (다쓰따찌)	(완) *см.* доставать(ся)
достигать (미완), **достигнуть** (완) (다쓰찌가찌)	① 이르다, 다다르다, 도달하다, 가닿다; ② 달성하다, 이룩하다, 거두다, 성취 (쟁취) 하다;
достижение (다쓰찌줴니에)	(중) ① 달성, 성취, 도달; ~е цели 목적의 달성; ② ~я 성과, 성적, 업적.
достичь (다쓰찌치)	(완) *см.* достигать
достоверность (다쓰따볠노쓰찌)	(여) 믿음성, 확실성, 정확성
достоверный	(형) 믿을만한, 정확한

(다쓰따뼬느이)

достоинство (다쓰또인스뜨뷔)	(중) ① 우점(優點), 장점(長點); 체모; ② 존엄(尊嚴), 자존심(自尊心); ③ (화폐 유가증권 등의) 가치, 액면.
достой но (다쓰또이나)	(부) 마땅히, 떳떳하게, 어엿하게;
достой ный (다쓰또이느이)	(형) ① *чего* ~ 할만 한, ~할 자격이 있는 ② 떳떳한, 어엿한, 마땅한; ③ 공적 있는, 존경할만 한
достопримечательность (다쓰따쁘리메차쩰노쓰찌)	(여) 명승지(名勝地), 명승고적
достопримечательный (다쓰따쁘리메차쩰느이)	(형) 구경할 만 한, 볼만 한, 주목할 만 한.
достояние (다쓰따야니에)	(중) 재부, 재산; 소유, 소유물
достраивать (미완), **достроить** (완) (다쓰뜨라이와찌)	끝까지 건설하다, 건설을 완공하다
доступ (도쓰뚜쁘)	(남) ① 통과(通過), 입장(入場); ② 입장허가
доступный (다쓰뚜쁘느이)	(형) ① 통과할 수 있는, 접근할수 있는 ② 알기 쉬운, 이해하기 쉬운, 평이한; ③ 공개적인; ④ 알맞은, 마땅한;
досуг (도쑤그)	(남) 여가, 겨를, 틈; 휴가, 휴식기간 짬;
досужий (다쑤쥐이)	(형) 한가한, 볼일이 없는: 놀고 있는, ~ вымысел 잡담, 공담
досуха (도쑤하)	(부): вытереть ~물기가 없도록 닦다
досыта (도쓰따)	(부) 배부르게, 배불리; 실컷;
досыхать (다씌하찌)	(미완) *см.* досохнуть
досягаемость (다쌰가에모쓰찌)	(여) ① 도달할 수 있는 거리; ② (군사) 사정거리(射程距離).
дотация (다따찌야)	(여) (국가) 보조금(補助金)

дотла (다뜰라)	(부) 아주, 전혀, 완전히: сгореть ~ 재까지(몽땅)타버리다
дотошный (다또쉬느이)	(형) 꼼꼼한, 차근차근한;
дотрагиваться (미완), **дотронуться** (완) (다뜨라기와짜)	(살짝) 다치다, 닿다, 손을 대다
доха (다하)	(여) 모피코트, 털외투
Доха (도하)	(여) г. 도하
дохлый (다흘르이)	(형) (동물에 대하여) 죽은, 생명이 없는
дохнуть (도흐누찌)	(미완) (동물이) 죽다
доход (다호드)	(남) 수입, 소득; 소출, 수익, 이득(익)
доходить (다호지찌)	(미완) ① ~까지 걸어가다(오다), 다다르다 ② 이르다, 달하다 ③ (소리가) 들려오다;
доходный (다호드느이)	(형) 수입이 있는(많은); 수익성이 높은; ~ая статья бюджета (재정) 예산의 수입항목
доходчивый (다호드치브이)	(형) 알기 쉬운, 이해하기 쉬운
доцент (다쩬트)	(남) 부교수(副敎授), 준교수
дочиста (도치쓰따)	(부) ① 깨끗이 ② 남김없이, 깡그리, 몽땅
дочитать (완), **дочитывать** (미완) (다치따찌) (도치뜨와찌)	~까지 읽다, (끝까지) 읽다
дочка (도츠까)	(여) (дочь의 애칭) 딸애
дочь (도치)	(여) 딸, 딸아이, 딸애, 딸아기, 딸자식 여식, 여아, 규애, 아녀, 딸내미.
дошкольник (다쉬꼴니크)	(남) 학령 전 어린이

Дд

дошкольный (다쉬꼴ь느이)	(형) 학령전의; 학교전의;
дощатый (다쌰뜨이)	(형) 널의, 판자로 만든;
доя́р (남), **~ка** (여) 젖짜기공, 착유공(搾油工) (다야르)	
драгоценность (드라가쩬노쓰찌)	(여) ① 귀금속, 보석(寶石), 보배 ② 귀중품(貴重品)
драгоценный (드라가쩬느이)	(형) 고귀한, 귀한, 보배로운;
дразнить (드라즈니찌)	(미완) 약(을) 올리다, 건드리다
дразниться (드라즈니쨔)	(미완) 사분거리다, 약(을) 올리다
драка (드라까)	(여) 싸움(질), 격투(激鬪)
дракон (드라꼰)	(남) ① 룡 ② (동물) 날도마뱀
драконовский (드라꼬노브스끼이)	(형): ~ закон 악법
драма (드라마)	(여) ① 연극, 극작품 ② 비극, 극적사건
драматический (드라마찌체쓰끼이)	(형) ① 연극의, 극의; ② 극적인, 비극적인, 아슬아슬한;
драматург (드라마뚜르그)	(남) 극작가(劇作家)
драматургия (드라마뚜르기야)	(여) ① 극작법, 극작술; ② 극문학(劇文學), 극예술
дранка (드란까)	(여) 오리목, 오리대, 오림대
драный (드라느이)	(형) 찢어진, 헤어진, 누더기가 된
драп (드라쁘)	(남) 외투천(두텁고 탁탁한 모직천의 하나)
дратва	(여) 녹밥, 밀을 먹인 실

Дд

(드라뜨와)

драть
(드라찌)
(미완) ① 찢다, 찢어발기다;
② 때리다, 갈기다, 후려치다;
③ 벗기다;

драться
(드라쨔)
(미완) ① 싸우다, 싸움질하다, 서로 때리다; 결투하다 ② 투쟁하다

драчун
(드라춘)
(남) 싸움꾼

дребезжать
(드레베즈좌찌)
(미완) 쟁강거리다, 쟁그랑거리다

древесина
(드레붸씨나)
(여) 재목, 목재, 용재, 큰 각재; 판재

древесный
(드레붸쓰느이)
(형) 수목의, 나무 모양의, 나무의;

древко
(드레브까)
(중) 막대기, 장대, 기둥, 지주, 장애

древний
(드레브니이)
(형) ① 고대의, 옛날, 옛적, 상세, 상대 옛적, 유구한; ② 아주 오랜; 나이 많은

древность
(드레브노쓰찌)
(여) ① 옛날, 고대, 옛시대;
② 고적(古蹟), 유적(遺蹟)

древонасаждение
(드레붜나사즈제니에)
(중) 나무심기, 식수; праздник древонасаждения 식목일

древонасаждениея
(드레붜나싸즈제니야)
(복수) 심어놓은 나무, 가로수

дрезина
(드레지나)
(여) (철도) 모터카, 철길차, 핸드카, (선로 보수용의 소형) 수동차(手動車).

дрейф
(드레이프)
(남)(해양) 표류(漂流), 떠내려 감, 풍압

дрейфовать
(드레이파와찌)
(미완) 표류하다, 떠돌다.

дрель
(드렐)
여) 드릴(dill), 쇠송곳

дремать
(드레마찌)
(미완) 졸다, 꾸벅꾸벅 졸다

дремота
(여) 졸음, 기면, 졸리는 것, 졸림.

Дд

- 273 -

(드례마따)

дремучий (드례무치이)	(형) ① 밀집[밀생]한; ② 미개한, 야만의; ③ 극도의, 심한
дренаж (드레나즈)	(남) ① (공학) 물빼기; ② (의학) 고름빼기, 배농(排膿)
дрессированный (드레씨로완느이)	(형) (동물에 대하여) 길들인, 훈련받은
дрессировать (드레씨로와찌)	(미완) ① (동물을)길들이다,훈련시키다; ② 교련하다
дрессировка (드레씨로브까)	(여)(동물에 대하여) 길들이기, 훈련
дрессировщик (드레씨로브쉬크)	(남) (동물을) 길들이는 (훈련시키는) 사람, 조련사
дробить (드라비찌)	(미완) ① 바수다, 파쇄 (분쇄) 하다, 부스러뜨리다 ② 세분하다
дробиться (드라비쨔)	(미완) 부서지다; 세분되다
дробный (드로브느이)	(형) (수학) 분수의; 끝수의, 우수리의; ~ое число 분수
дробь (드로비)	(여) ① 산탄 ② (수학) 분수, 소수
дрова (드라와)	(복수) 장작, (땔) 나무, 화목(火木);
дровосек (드라붜셰크)	(남) 나무꾼, 벌목꾼, 제재업자
дровяной (드라뱨노이)	(형): ~ой склад 장작창고; ~ое отопление 나무난방
дрогнуть[1] (드로그누찌)	(미완) 추위하다, 추위지다, 얼다 (추위·흥분으로) 와들와들(후들후들)떨다
дрогнуть[2] (드로그누찌)	(완) *см.* дрожать; (목소리가)떨(리)다. 흔들다, 흔들리다; 너울[가물]거리다
дрожать (드라좌찌)	(미완) ① 떨다, 와들와들 떨다, 진저리 (를) 치다 ② 허겁(을) 떨다
дрожжи (드로즈쥐)	(복수) 효모, 누룩, 곡자, 주매 이스트, 효모(酵母), 누룩; 이스트균.

- 274 -

дрожь (드로쥐)	(여) 떨림, 진저리; 몸서리;
дрозд (드로즈드)	(남) (조류) 티티새; 개똥지빠귀 черный дрозд 지빠귀, 찌르레기
друг¹ (드룩)	(남) 벗, 친구, 친우(親友); 동무; 애인
друг² (드룩)	~а, с ~ом 서로; ~за ~ом 서로서로의 뒤를 따라, 연이어 뒤따라; помогать ~у 서로 도와주다
другой (드루고이)	(형) ① 다른, 딴, 그밖에, 나머지, 기타 등등; ② 다음의;
дружба (드루즈바)	(여) 친선, 우의, 친교
дружелюбие (드루젤류비에)	(중) ① 우정(友情), 우의(優毅) ② 부접
дружелюбный (드루젤류브느이)	(형) 우정 있는. 친절한, 호의적인;
дружеский (드루제스끼이)	(형) 친선적인, 우의적인, 친한;
дружественный (드루제스뜨벤느이)	(형) 우의적인, 우호적인, 친선적인;
дружина (드루지나)	(여) 단, 대; пио-нерская ~ 삐오네르단
дружинник (드루진니크)	(남) 규찰대원
дружить (드루지찌)	(미완) (서로) 사귀다, 친해지다, 친교를 맺다
дружно (드루즈나)	(부) ① 사이좋게, 단란하게, 화목하게; 손 맞추어 ② 일제히, 다같이
дружный (드루즈느이)	(형) ① 사이좋은, 친한; 화목한; ② 일치한, 한결같은
дряблый (드랴블르이)	(형) (근육 따위가) 흐늘흐늘하는, 축늘어진, 연약한; 무기력한, 활기 없는,
дрязги (드랴즈기)	(복수) (하찮은 일을 놓고 벌리는) 사소한 언쟁, 옥신각신

Дд

дрянной (드랸노이)	(형) 나쁜, 너절한; 쓸모없는 가치 없는, 하잘 것 없는 시시한
дрянь (드랴니)	(여) 쓰레기, 폐물; 말짜
дряхлеть (드랴흘례찌)	(미완) 늙어빠지다, 노쇠해지다
дряхлость (드랴흘로쓰찌)	(여) 늙어빠짐, 노쇠(老衰) 노폐; 노후
дряхлый (드랴흘르이)	(형) 늙어빠진, 노쇠한 썩어빠진, 낡아빠진
дуб (둡)	(남) 오크(떡갈나무·참나무·가시나무 무리)
дубильный (두빌ㄹ느이)	(형) 타닌(성(性))의; 타닌에서 얻은: дубильная кислота 타닌산(酸)
дубина (두비나)	(여) ① 몽둥이, 곤봉 ② 머저리, 미욱쟁이, 멍청이
дубинка (두빈까)	(여) *см*. дубина
дубить (두비찌)	(미완): ~ кожу 가죽을 다루다 (이기다, 무두질하다)
дублёр (두블룔)	(남) 대역, 대역배우, 대기수
дубликат (두블리까트)	(남) 부본, 사본(寫本); 동본
Дублин (두블린)	(남) *г.* 더블린
дублировать (두블리로와찌)	(미완) ① 겹치다, 중복하다 ② 대역을 하다; 번역녹음하다
дубовый (두보브이)	(형) ① 참나무의, 참나무로 만든 ② 굳은, 딱딱한 ③ 조잡한, 투박스러운
дубрава (두브라와)	(여) ① 참나무 숲, 오크 작은 숲 ② 활엽수림, 잎이 우거진 숲
дуга (두가)	(여) ① (수학) 호(弧), 활등 ② (수레의) 목걸이 ③ (전기) 전호, 전기불길;

дугообразный (두가브라즈느이)	(형) 활모양의, 궁형의.
дудка (두드까)	(여) 피리, 통소, 필률(觱篥); 관악기
дуло (둘라)	(중) 총구멍, 총구, 포구(砲口)
дудеть (두졔찌)	(미완) 피리(단소)를 불다 호각을 불다
дума (두마)	(여) 생각, 사색(思索), 사고(思考);
думать (두마찌)	(미완) ① 생각하다, 궁리하다; 사고하다; ② (+ 미정형) ~하려(고)한다; ③ 여기다, 간주 하다,
дуновение: (두나볘니에)	(중) (바람 등의) 한번 붊, 미풍; ~ ветра 가벼운 바람결
дунуть (두누찌)	(완) *см.* дуть
дупло (두쁠로)	(중) (나무의) 벌레 먹은, 구새 먹은 구멍; 구새통;
дура (여), ~ак (남) 바보, 머저리, 멍텅구리; (두라)	
дурацкий (두라쯔끼이)	(형) 바보같은, 어리석은
дурачить (두라치찌)	(미완) 속이다, 속여 넘기다.
дурачиться (두라치쨔)	(미완) 바보짓하다, 머저리 노릇을 하다; 장난질하다
дурить (두리찌)	(미완) 어리석은 짓을 하다, 못된 장난을 하다
дурман (두르만)	① (식물) 독말풀 ② 마취제(痲醉劑)
дурманить (두르마니찌)	(미완) 마취시키다, 어지럽게 하다, 의식을 흐리게 하다
дурно (두르나)	(부) ① 나쁘게, 역(逆)하게, 거북하다, 메슥메슥하다; ② (술어로); ему ~ 그는 정신이 흐릿하다;

Дд

дурной (두르노이)	(형) 나쁜, 악한, 고약한, 미운;
дутый (두뜨이)	(형) 과장된; 속이 빈, 공동(空洞)의
дуть (두찌)	(미완) 불다, 불어오다; 숨을 내쉬다
дутьё (두찌요)	(중) (공학) 바람보내기, 송풍(送風)
дуться (두짜)	(미완) *на кого* 부르트다, 뾰르통하다
дух (두흐)	(남) ① 정신(精神), 넋, 기백(氣魄) ② 기본(基本), 특징; ③ 원기, 의기; ④ 숨, 호흡;
духи (두히)	(복수) 향수(香水)
духовенство (두호벤쓰뜨붜)	(중) 목사, 성직자들(목사·신부·랍비 등) 승려(僧侶), 승려계급
духовка (두호브까)	(여) 솥, 가마, 화덕, 오븐, 렌지 훈제용 쇠함
духовный (두호브느이)	(형) ① 정신적인, 정신의 ② 종교(宗敎);
духовой (두호보이)	(형) 취주악의 관악기
духота (두호따)	(여) (날씨·마음 등이) 찌무룩함 숨이 막히는 듯한 더위
душ (두쉬)	(남) 샤워, 물맞기, 관수욕(灌水浴);
душа (두샤)	(여) ① 마음, 정신(精神); ② 마음씨, 성질, 얼; 아량; 심장;
душевая (두쉐와야)	(여) 샤워실, 물맞이칸
душевнобольной (두쉐브노볼노이)	(형) 미친, 발광한, 광기의, 정신병자
душевный (두쉐브느이)	(형) ① 정신의, 마음; ② 가슴 뜨거운, 다정한, 충심으로 부터의

- 278 -

душегуб (두쉐구프)	(남) 살인귀(殺人鬼), 인간백정
душистый (두쉬쓰뜨이)	(형) 향기로운, 향기가 좋은, 방향 있는
душить^1 (두쉬찌)	(미완) ① 목을 눌러(서로 죽이다, 교살하다; ② 숨쉬지 못하게 하다, 질식시키다; ③ 억누르다, 진압하다
душить^2 (두쉬찌)	(미완) 향수를 치다(뿌리다)
душно (두쉬나)	(술어로) 무덥다;
душный (두쉬느이)	(형) 무더운, 숨쉬기 답답한;
душок (두쇼크)	(남) 냄새, 썩은 냄새;
дуэль (두엘)	(여) 결투(決鬪)
дуэт (두에트)	(남) 이중주, 이중창; 이중주곡
дыбом (딕밤)	(부) 곤두(거꾸로), 쭈뼛, 꼿꼿하게;
дыбы: (딕븨)	вставать на ~(말 따위)뒷다리로 서다 한사코 반대하다, 배를 내밀다
дылда (딀다)	(남, 여) 키꺽다리
дым (딈)	(남) 연기(煙氣), 내;
дымить (딕미찌)	(미완) ① 연기(를) 내다(피우다), 연기 나다; ② 담배를 피우다, 담배연기를 피우다
дымиться (딕미짜)	(미완) 연기가 나다, 연기를 피우다
дымка (딈까)	(여) 아지랑이, 실안개
дымный (딕므느이)	(형) 연기가 찬

Дд

Дд

дымовой (듸마보이)	(형) 연기의:
дымоход (듸마호드)	(남) 연도(煙道), 내굴길, 불골
дымчатый (듸챠뜨이)	(형) 연기색의, 뿌연재빛의.
дыня (듸냐)	(여) 메론, 참외.
дыра (여), дырка (듸라) (듸르까)	(여) 구멍, 터진 (패진) 자리창;
дырявить (듸랴비찌)	(미완) 구멍을 뚫다(내다)
дырявый (듸랴브이)	(형) 구멍이 난 (많은), 헤진; 새어드는.
дыхание (듸하니에)	(중) 숨, 숨쉬기, 호흡;
дыхательный (듸하쩰느이)	(형) 숨쉬기의; 호흡의
дышать (듸샤찌)	(미완) 숨 쉬다, 호흡하다;
дьявол (디야볼)	(남) 악마, 악귀, 마귀(魔鬼)
дюжий (듀쥐이)	(형) 건장한, 장대한; 키가 큰
дюжина (쥬쥐이나)	(여) 1다스, 1타(打), 12(개) 타스(물건의 12개)
дюй м (쥬임)	(남) 인치(1피트의 12분의 1. 약 2.54cm)
дюна (쥬나)	(여) 모래산, 모래불
дюралюминий (쥬랄류미니이)	(남) 두랄루민
дядя (쟈쟈)	(남) 삼촌, 외삼촌, 큰아버지, 작은 아버지, 아저씨
дятел (쟈쩰)	(남) 딱딱구리, 쪼는 새.

- 280 -

Ee

евангелие (예완겔리예)	(중) 복음(福音: 기쁜 소식, 가스펠; 그리스도의 가르침 그리스도에 의한 인간구원의), 복음서(福音書: 신약성서 중, 마태복음 (Matthew), 마가복음(Mark), 누가복음 (Luke), 요한복음(John) 네 책)
евангелист (예완겔리쓰트)	(남) ① 복음전도자 열렬한 창도자, 복음사가, 신약 복음서의 기록자; ② 복음주의자, 복음파의 사람, 복음주의 교회의 신도
евангельский (예완겔리쓰끼이)	(형) 복음서의, 복음 전도의.
евгеника (예브게니까)	(여) 우생학(優生學)
евдемонизм (예브제모니즘)	(남) 행복설, 행복주의
евклаз (예브클라즈)	(남) 남주석(濫株石)
Евклид (예브클리드)	(남) 유클리트 (고대 BC300경 그리스의 수학자)
евнух (예브누흐)	(남) 환관, 내시, 고자, 거세된 남자.
евражка (예브라즈까)	(여) (다람쥐 닮은) 설치류과
евразиец (남). ий ца (여), ~зиат (남). (예브라지쯔)	구아주 혼혈아; 유라시아주의
евразий ский (예브라지이쓰끼이)	(형) 유라시아 대륙의
евразий ство (예브라지이쓰뜨뷔)	(중) 유라시아주의
Евразия	(여) 유라시아 대륙(大陸: 유럽. 아시아의

- 281 -

(예브라지야)	대부분과 아프리카의 서북부)
еврей (예브레이)	(남) (이스라엘 조상부터 나온 세계각지) 유대인, 이스라엘 백성; 헤브라이 사람, (고대) 헤브라이어, (현대)이스라엘어 ~ка (여) 유태인 여자, 헤브라이 여자, ~ский (형) 유대인의, 유대인 같은, 유대인 특유의, 유대인풍(식)의, 탐욕한, 유대교의, 헤브라이 사람의, 유대인의, 헤브라이사람(말, 문화)의; ~ство (중) 유대민족, 유대인, 유대풍, 유대인 기질유대민족, 유대인 사회, 유대인가(街)
европа (예브로빠)	(여) 유럽, 유럽제국, 서구(西區).
европеец (예브로뻬예쯔)	(남) 유럽인(사람), 서구화(化)
европеизация (예브로뻬이자찌야)	(여) 서구화(西歐化), 유럽화(化).
европей (예브로뻬이)	(남) (화학) 유러퓸(희토류 원소 기호 Eu; 번호 63)
европеизировать (예브로뻬이지로와찌)	유럽식으로하다, 유럽화(化)하다, 서구화시키다 ~ся 유럽식으로 되다, 유럽화(化)되다, 서구화 하다
европей ский (예브로뻬이쓰끼이)	(형) 유럽의, 유럽 사람의, 서구풍의, 서구적인, 서구문명, 문화적인; .
ЕВС(*евээс*)(Европей ское валютное соглашение) 유럽통화협정 (에붸에쓰) (EU通貨協定)	
евстахиев (예붸쓰따히예프)	:~а труба 유스타키오관(Eustachio管: 이관(耳管))
Евфрат (예브프라트)	(남) 유프라테스강(江) 터키어로는 Firat, 수메르어로는 Burununu, 아카드어로는 Purattu, 고대 페르시아어로는 Ufrat, 성서 에서는 Perath. 서아시아 최대의 강.
евфуизм (예브푸이즘)	(남) 화려체(華麗體), 미사여구
евхаристия (예브하리쓰찌야)	(여) (종교) 성찬식(聖餐式: 예수의 최후를 기념하여 그 살과 피를 상징하는 빵과 포도

	주를 나누어 먹는 의식)
егей (예게이)	(남) 사초속(莎草屬), 향부자(香附子) 잔디
егермейстер (예겔메이스쩰)	(남) 주엽관(主獵官)
егерский (예겔쓰끼이)	(형) *к* егерь ~ полк 엽병연대, 프랑스의 추격병(경보병 또는 경기병); 수렵연대
егерь (예겔)	(남) ① 엽사, 사냥꾼, 수렵가, 엽병 ② (군사) 프랑스의 추격병(경보병또는 경기병); 사냥꾼, 경기병(輕騎兵)
египетский (예기뻬뜨쓰끼이)	(형) 이집트(사람, 말)의 ◇ труд *разг.* 매우 힘이 드는 일, 곤란한 일 тьма ~ая *уст.* 칠흑같은 어둠
египтолог (예기쁘똘로그)	(남) 이집트 학자 ~ология (여) 이집트학
египтянин (남). **~ка** (여) 이집트인 (예기쁘쨔닌)	
его[1] (예고)	*см.* он. оно I
его[2] (예고)	그의, 그것의 (*ср.* он, оно I).
Егова (예고와)	(남) (종교) 여호와(Jehovah: 야훼 Yahweh: 이스라엘 민족의 유일신 히브리어 자음(YHWH)으로 계시되었다
егоза (예고자)	(남,여) 침착하지 못한사람, 싱숭생숭함, 마음을 졸임, 성미가 급한 사람
егозить (예고지찌)	① 침착하지 못하다, 수선을 떨다 ② 아양부리다, 아첨하다
егозливый (예고즐리브이)	안절부절 못하는, 침착성을 잃은, 안달하는, 조바심하는, 헛소동 부리는
еда (예다)	(여) ① 식품, 식량, 영양물; ② 식사 식사시간, 한 끼(분) 음식물, 먹는 것
едва (예드와)	① 간신히, 겨우, 지금 막 ~한, 하자마자 방금, 막; ② 간신히, 가까스로, ③ 아주 조금, 겨우 겨우, 간신히,

Ee

가까스로, 겨우, 거의 ~ 없다

Едем (예젬)	(남) 에덴동산(Adam과 Eve가 처음살았다는 낙원), 낙원, 낙토, 유토피아.
едим (예짐)	*см.* есть 1.
единение (예지녜니예)	(중) 통일(성), 조화, 일치, 협조, 화합, 합동, 합병, 연합, 결합 단절;
единица (예지니짜)	(여) 단위, 구성 (편성) 단위, (계량. 측정의) 단위, (약. 항원 따위의) 단위(량), (학과목) 단위, 학점(교재의) 단원;1 (이라는 수), '1'의 수 1자리수 (학업점수의) 1점 (5점 만점 의) (10명 이하의) 소수의 사람, 소량의 것 (только) ~ы 불과 얼마 안 되는, 극히 소수의 조금밖에 없는.
единичность (예지니츠노쓰찌)	(여) 단 하나, 단 한 개, 단지 홀로; ~ый ① 단독의, 유일한, 드문, 개개의, 따로따로 흩어지는; ② 고독한, 외톨의, 외로운, 혼자의, 쓸쓸한, 외진, 적막한, 고립시키다, 분리(격리)하다; ③ 개개의, 각개의, 일개인의, 개인적인
едино (예지나)	(중) 하나, 단일, 동등의 뜻.
единобожие (예지나보쥐예)	(중) 일신론, 일신교(一神敎)
единоборство (예지나볼쓰뚸)	(중) 일대 일의 싸움, 일대 일의 결투 일대 일의 격투(格鬪).
единобрачие (예지나브라치예)	(중) 일부일처제, 일부일처주의, 단혼 ~ный (형) 일부일처의, 단혼의.
единоверец (예지나뼤레쯔)	(남) ① 같은 종교를 믿는 사람, 같은 신자, ② 정교신자(正敎信者) ~ие (중)① 같은 종교를 믿는 것 종교의 일정한 계율에 따라 공동생활을 하는 집단 единоверец의 신앙 ② 정통 그리스정교회(동방정교회)를 믿는 종파; ~ческий *прил.к* единоверец 2.
единовластие	(중) 독재, 독재(전제)정치, 독재권,

(예지나블**라**쓰찌예)	~ный [-сн-]독재자의, 독재적인, 독재(전제)정치의(와 같은);
единовременно (예지나브**례**멘나)	(부) ① 한 번에, 일회로, 한 차례, 동시에; ② *см.* одновременно ~ый ① 수여하다(1회의, 일시의, 임시의 동시의, 한꺼번의) 주다; ② *см.* одновременный .
единогласие (예지나글**라**씨예)	(중) 만장일치, 이구동성, 전원이의없음, 동의, 합의, 화성; ~но (부) 만장(전원)일치의, 이의 없는, 합의의, 동의의; ~ный (형) 만장일치의, 이구동성의, 일치된, 합치된.
единодушие (예지나두쉬예)	(중)전원 이의없음, 동의, 합의,만장일치 ~но (부) 만장(전원)일치로, 일치하여, ~ный (형) 일치한, 화합한, 한결같은,
единожды (예지나즈듸)	(부) 한 번, 일회, 한 차례
единокровный (예지나크로프느이)	(형) 배다른, 이복의, 혈족의, 동족의
единоличник (예지날**리**츠니크)	(남) 개인경영농민(소련방에서 꼴호즈에 속하지 않은), 혼자 힘으로 일하는 사람; ~ый (형)개인의, 개인경영의, 소작농민 ; ~ое (крестьянское) хозяйство 소작인, 개인농업; 개인의, 자기만의.
единомыслие (예지나믜쓸리예)	(중) 같은 의견, 같은 사상.
единомышленник (예지나믜쉴렌니크)	(남) ① 의견을 같이하는 사람, 동지; 공모자, 공범자; ② 동맹한, 연합한, 공모한, 연루자, 종범자
единомышленный (예지나믜쉴렌느이)	(형) 같은 의견의, 동지의, 뜻을 같이 하는, 동인의.
единонаседие (예지노나**쎼**지예)	(중) 장자상속(長子相續)
единоначалие (예지노나**찰**리예)	(중) 독재(경영. 업무에서) 단독 책임제 단독 관리제
единоначальник (예지노나**찰**리니크)	(남) 독재자, 단독책임자

единообразие (예지나오브라지예)	(중) 한결같음, 획일, 일치, 일률, 균등 변화가 없음, 단조, 같은 모양, 합치, ~**ный** (형) 한결 같은, 균일한, 같은 (형상. 빛깔 따위), 같은 형태의, 일치한, 조화를 이룬, 천편일률적인.
единоплеменник (예지나쁠레몐니크)	(남) 같은부족(종족)의 일원, 같은종족, 같은 인종; 동국인, 동포, 동향인 한 지방의 주민(출신자)
единорог (예지나로그)	(남) ① 일각수(말 비슷하며 이마에 뿔이 하나있는 전설적인 동물)유니콘, 외뿔 소자리, 일각수좌(座); ② 일각과의 고래.
единородный (예지나로드느이)	(형) 혼자 태어난, 독자의 ~ сын 외아들, 독자(獨子)
единосушный (예지나쑤쉬느이)	(형) 같은 몸, 분리할 수 없는, 동체
единоутробный (예지나우뜨로브느이)	(형) 이부동모의, 어머니 쪽의, 혈통이 다른
единственно (예진쓰뜨벤나)	(부) 오직, 겨우, 단지~만(뿐),유일하게, 다만 오로지, 전혀; ~**ый** (*разн. знач.*)오직 하나(혼자)의, 유일한, ~만(뿐) 의, 단 하나의, 둘도 없는, 독특한, 특별한, 특이한;
единство (예진쓰뜨붜)	(중) 유일, 단일, 균일, 동일, 일치, 공통, 통일, 합동, 일치단결
единый (예진느이)	(형) ① (대체로 부정사와 함께) 하나의, 하나가 된, 결합된, 맺어진, 합병한, 분할할수 없는, 불가분의, 나눌수 없는; ②*см.* единственный там не было ни ~ой души 그곳에는 혼이 없다
едите (예지쩨)	*2 л. мн. наст. вр. см.* есть 1
едкий (예드끼이)	(형) 부식성의, 가성의, 침식성의, 신랄한, 빈정거리는, 매운, 얼얼한, 쓴, 자극성의 역한 맛(냄새)나는, 짓궂은, ~**ость** (여) 부식성, 자극성, 신랄한 야유, 빈정거림, 비꼼, 풍자, 비꼬는 말;
едок	(남) ① 1인 (가족 중) 한 식구, 식솔,

Ee

- 286 -

(예독)	② 대식가; хороший ~ 잘 먹는 사람.
едун (예둔)	(남) 식욕, 먹고 싶은 마음
едят (예쟈트)	см. есть 1.
её[1] (예요)	см. она
её[2] (예요)	(여) 그 여자의 그 자를(에게), 그것의, 그것은 (이)
ёж[1] (요쥐)	(남) 고슴도치 호저 ◇ морской ёж 성게(극피동물의 하나.
ёж[2] (요쥐)	(남) 견고한 요새, 대전차 장애물 철조망
ежевика (예줴비까)	(여)① 검은 딸기(열매가 검은나무딸기류) ② 검은 딸기열매; 검은 딸기 관목; ~ый (형) 검은 딸기의.
ежегодник (예줴고드니크)	(남) 연보,연감, 1년에 1회의 정기간행
ежегодно (예줴고드나)	(부) 매년, 해마다, 1년에 한 번; ~ый (형) 매년의, 연 1회의.
ежедневно (예줴드네브나)	(부) 매일, 날마다 ~ый (형) ① 매일의, 날마다의; ② 일상의, 습관적인
ежели (예젤리)	см. если 만일
ежемесячник (예줴메쌰츠니크)	(남) 월간간행물, 월간출판물, 월간잡지, 월보(月報)
ежемесячно (예줴메쌰츠나)	(부) 한 달에 한 번, 다달이; ~ый (형) 매월의, 매달의, 월 1회의, 월정의
ежеминутно (예줴미누뜨나)	(부) 매분마다, 매순간마다, 계속적으로 잇따라, 끊임없이, 그칠 새 없는; ~ый (형)매분의, 1분마다의, 매분마다 있는, 부단한, 잇따른, 계속 되는, 연속 적인, 계속되풀이 되는.
еженедельник (예줴네젤니크)	(남) 주간지(신문, 잡지), 주보, 주간 출판물.

еженедельно (예줴네젤나)	(부) 매주, 1주 1회, 매주 한 번씩; ~ый (형) 매주의, 주 1회의, 1주간(분)의, 주간의;
еженошно (예줴노쉬나)	(부) 밤에, 밤마다
ежесекундный (예줴쎄꾼드느이)	(형) (*непрерывный*) 매초의, 매우 빈번한, 부단한, 끊임없는.
ежесуточно (예줴쑤또츠나)	(부) 매일, 날마다; ~ый (형) 매일의, 일상의, 날마다의, 습관적인, 평범한.
ежечасно (예줴차쓰나)	(부) 매시간마다, 빈번히, 끊임없이 ~ый (형) 매시의, 한 시간마다의, 빈번한, 간단없는, 부단한.
ёжик[1] (요쥐크)	(남) *уменьш. от* ёж I. 고슴도치
ёжик[2] (요쥐크)	(남)(*стрижк*)(승무원 등의) 상고머리.
ёжиться (요쥐쨔)	(여) (추워서) 몸을 웅크(쪼그)리다, 당혹(주저)하다, 망설이다, 우물쭈물하다
ежиха (요쥐하)	(여) 고슴도치(암컷)
ежовый (요죠브이)	(형) *к* ёж I; ◊ держать кого-л. в ~ых рукавицах 엄하게 대하다. 틀어쥐다, 소란스럽게 독촉하다.
езда (예즈다)	(여) (배. 차. 말을) 타다, 타고 가다, (마차. 자동차를) 몰다, 운전(조종)하다, 드라이브 하다; 승마, 승차.
ездить (예즈지찌)	(배. 차. 말을) 타다, 타고 가다 (마차. 자동차를) 몰다, 운전(조종, 드라이브)하다, 여행하다 (탈것으로) 다니다, (육로의) 여행, 여정, 범주하다, 항해하다, 바닷길로(뱃길로)다니다.
ездка (예즈드까)	(여) 짧은 여행, 출장, 소풍, 유람, (짧은) 배편 여행.
ездовой (예즈도보이)	① (형) 타는, 타고 다니기 위한; ② (남) 기마전령, 군용마차의 마부
ездок (예즈독)	(남) (말, 차 등을) 타는 사람, 기수, 승마자, 말 사육사, 말 타고 가는 사람,

	말 탈줄 아는 사람, 자전거 타는 사람
езжать: ~й , ~й те (예즈좌찌)	떠나시오, 출발하시오
езженый (예즈줴느이)	(형)[ежьже-] 타서 길들인,(도로에 대하여) 차(말)이 통과해서 좋게길 들여진:
ей (예이)	*см.* она; мы купили ей словарь 우리는 그 여자에게 사전을 사주었다.
ей -богу (예이-보구)	정말, 꼭, 참으로, 정말(이지), 실로, 실은, 실제로, 확실히, 신에게 맹세코 ~, не знаю 나는 맹세코 모른다.
ей -ей , ей -же-ей (예이-예이)	*см.* ей богу.
ёкать, ёкнуть (요까찌)	(부) 팔딱팔딱(두근두근)뛰다, у меня сердце екнуло 내심장이팔딱팔딱뛰다
ёкнуть (예끄누찌)	*см.* ёкать.
ел (엘)	*см.* есть 1.
еле (옐레)	(부) ① 거의 ~ 아니다(않다), 간신히, 겨우, 지금 막 ~한; ② 겨우, 간신히, 가까스로, 거의 ~없다
елевый (옐레브이)	① (형) 전나무의, 가문비나무속의 식물 (갯솔. 전나무 등); ② (남) семейство ~ых. 가문비나무(*Picea jezoensis*)
еле-еле (옐레-옐레)	(부) 겨우, 간신히, 가까스로
елей (옐레이)	(남) (교회의 근행용 올리브유)성유, 향유, 방향, 바르는 기름; ~ность (여) 도유 (종교적 축성 또는 의료에서의), 마음을 위안하는 것, 기쁘게 하는 것, 위로의 말; ~ный ① (형) *к* елей; ② 상냥한, 너무 친절한, (사람을) 살살 녹이는, (겉으로만) 열심인체 하는 자
елико: (옐리까)	~возможно 되도록 가능한, 가능한 한, 되도록 ~하는.
ёлка	(여) ① 가문비(전) 나무, 종비나무;

Ee

- 289 -

(욜까)		② новогодняя ~ 신년 트리, 욜까; рождественская ~ 크리스마스 트리; ③ (어린이들의) 신년파티; 욜까놀이 (욜까를 가운데세우고 노는 어린이들의놀이)
ёловый (욜로브이)		(형) 전나무, 가문비(종비나무) 가문비나무속(屬)의 식물(갯솔·전나무 등)
елозить (엘로지찌)		① 이곳저곳을 기다, 네발로 기다, 포복하다, ② 안절부절 못하다, 불안해[싱숭생숭해] 하다; ③ 문지르다, 비비다
ёлочка (욜로츠까)		(여) ① 전나무가지의 모양; ② 오늬(무늬)모양의; ~ный (형) к ёлка ~ные украшения 욜까에 다는 장식품, 크리스마스트리의 장식물, 신년트리의 장식물; (ср. ёлка)
ель (엘)		(여) 전나무, 가문비나무, 종비나무 하얀 가문비나무숲의 제재목(木).
ельник (엘니크)		(남) ① 전나무 작은 숲, 가문비(종비나무) 숲 ② (잘라 낸) 전나무 (가문비, 종비나무) 가지(분지).
ем (옘)		*см.* есть 1.
ёмкий (욤끼이)		(형) 용량(용적)이 큰, 많이 담을 수 있는, 널찍한, 너른, 듬뿍 들어가는; ~ость (여) 용적, 용량, 포용력, 수용력 전기용량, 입체 용량.
ему (에무)		*см.* он, оно; я дал ему книгу 나는 그 사람에게 책을 사 주었다.
ендова (옌도와)		(여) 식탁용 포도주병(손잡이와 귀뚜껑이 있음), (성찬용의) 큰 병
енот (에노트)		(남) ① 너구리, 완웅, 개곰; 너구리의 모피, 너구리의 모피로 만든(옷) 목도리 ~овый (형) к енот ~овая шуба 미국 너구리의 모피로 만든 코트.
енотовидный (에노따비드느이)		(형) ~ая собака *зоол.* 너구리의
епанча (예빤차)		(여) 고풍의 넓은 망토(외투)

епархиальный (예빠르히알느이)	(형) 교구 주교
епархия (예빠르히야)	(여) 주교관구, 그리스정교 감독관구 (그리스 정교의) 주교구(主教區), 대교구.
епископ (예삐쓰까쁘)	(남) (가톨릭의)주교, (신교의) 감독 (그리스정교의)주교, 감독;~альный (형) 감독(주교)의, 주교제의;~ский (형) 감독(제도)의;~ство (중) ① 감독(주교) 제도, 주교의 직위 ②주교(감독)의 지위 (계급, 임기) (감독. 주교의) 전교구
епитимья (예삐찌미야)	(여) 참회, 회개, 속죄, 고행, 고백성사.
ералаш (예랄라쉬)	(남) ① 혼란(상태), 난잡, 어수선함, 뒤죽박죽 у него ~в голове 그의 머리는 어리둥절하여 혼란하다 ② (игра). 옛날 카드놀이의 일종
ерепениться (예레뻬니쨔)	(여) (약이 올라) 고집 부리다, (열이나서) 반대하다, 열이나서 날뛰다
ересь (예레시)	(여) ① 이교, 이단, 이론, 사설, 이설, 비정통파설; впасть в ~ 이교를 믿다 ② 허튼 소리, 시시한 것, 바보 같은 말 что за ~! 무슨 바보짓!; нести ~ 시시한 소리를 하다
еретик (예레찌크)	(남) 이교도, 이단자; ~ческий (형) 이교의, 이단의.
ёрзать (요르자찌)	엉덩방아를찧다, 안절부절하다, (한 장소에서)움직(움즉,건들, 우물쭈물)하다
ермолка (예르몰까)	(여) (노인.성직자용) 챙이없는 사발을 엎은 모양의 모자, (머리꼭대기에 밀착됨) 둥근 형태의 작은 모자, (유태인이 모자 밑에 쓰는) 작은 모자, 망건식 모자, 쪽달 모자
ерошить, взъерошить (예로쉬찌)	(복수)(머리털을) 헝클다, 헝클어뜨리다, 흐트러뜨리다, (옷. 종이 따위를) 구기다; ~ся, взъерошиться (머리카락이) 흐트러지다, 곤두서다.
ерунда (예룬다)	(여)① 무의미한 것, 엉터리, 시시한 것, ② 하찮은 것(일), 소량, 약간

ерундить (예룬지찌)		시시한 말(행동)을 하다, 시시한 소리 (말); брось~! 바보 같은 소리 그만해!
ерундовский (예룬도브쓰끼이)		(형) *см.* ерундовый
ерундовый (예룬도브이)		(형) ① 미련한, 어리석은, 바보같은, 무의미한, 부조리한, 시시한 ② 하찮은, 경박한, 진지하지 못한.
ёрш¹ (요르쉬)		(남)① 작은농어류의 민물고기, 쏘가리 ② 램프의(등피)브러시, 램프를 닦는 솔 와이어 브러시, 쇠긁개(녹 닦아내는 솔)
ёрш² (요르쉬)		(남) 보드카 와 맥주의 혼합주
ершистый (예르쉬쓰뜨이)		(형) ① 곤두 선, 보풀이 일고 있는, 반항적인, 억지를 쓰는, 강짜부리는; ② 완고한, 억지 센, 강퍅한, 끈질긴, 완강한, 굽히지(양보하지) 않는, 단호한.
ершиться (예르쉬짜)		고집을 부리다, 화를 내다, 약 오르다, 확 타오르다, 불끈 성내다.
есаул (예싸울)		(남) 코사크(카자흐)인의 대위.
если (예쓸리)		(부) 만일(마약) ~라면, 만일(만약) ~라고 한다면 한 편은 ~인데(다른 한 편은 ~이다), 비록 ~할지라도.
ессентуки (예쎈뚜끼)		(예쎈뚜끼) 광천수, 까프까즈의 광천요양지. 그것의 광천(음료용 및 목욕용)
ест (예쓰트)		3 *л. ед. наст. вр. см.* есть I
естественник (남), ~ица (여), (예쓰쪠쓰뜨볜니크)		박물학자, 자연과학자, 과학 선생(교사); 이과 학생, 과학도.
естественно¹ (예쓰쪠쓰뜨볜나)		(형) ① *см.* естественный; ② 자연스러운 것.
естественно² (예쓰쪠쓰뜨볜나)		(부) ① 자연히, 자연의 힘으로, 인력을 빌리지 않고, 있는그대로; ② 순조롭게, 당연히, 물론
естественный (예쓰쪠쓰뜨볜느이)		(형) ① 자연의, 자연계의, 자연계에 관한, 천연의, 인공에 의하지 않은,

	가공 하지 않은; ② 자연스러운, 당연한 응당한; ③ 자연스러운, 꾸밈없는.
естество (예쓰쩨쓰뜨보)	(중)① 본성, 본질, 속성, (대)자연, 천지만물, 에센스, 엑스, 정(精), ② 네이처 지(誌)(영국의 과학 전문 월간지 1869년 창간).
естествовед (예쓰쩨쓰뜨뷔볫트)	(남) (자연)과학자, 과학연구자, 박물학자, 자연주의자; ~ ведение (중) 과학, 자연과학 박물학(동.식.광물. 지질학의 총칭.박물); ~знание (중) ① 박물학; 자연과학; ② 과학의 분야, (전문인 아닌) 박물연구; ~испытатель (남) 자연 연구가, 자연과학자
есть¹, съесть (예쓰찌)	① 먹다, (수프 따위를) 마시다 ②침식(부식)하다; ③ 눈을 쓰리게하다, 자극하다; дым ест глаза 연기 때문에 눈이 쓰리다; ④ 책망하다, 못살게굴다; ⑤ 물다, 쏘다, 찌르다.
есть² (예쓰찌)	① ~이다; ② (имеется) 있다
есть³ (예쓰찌)	좋아, 알았어, 이제됐어 예예, (호칭)님, 선생(님), 귀하, 각하, 나리, 옛, (알았습니다);
ефрейтор (예프레이또르)	(남) 상등병, 상병(上兵).
ехать (예하찌)	① см. ездить; ② (타고) 가다, (타고) 오다; ③ 가다, 출발하다; 오다; ④ 삐뚤어지다, 미끄러져 내려오다
ехидна (예히드나)	(여) ① 가시두더지(에키드나Echidna); ② 살모사, 독사(毒蛇), 방울뱀, ③ 독사 같은 놈, 심지 나쁜(속 검은) 사람 간악한 사람, 악질, 음흉(냉혹, 교활)한 사람, 마음 놓을 수 없는 사람.
ехидничать, съехидничать (예히드니차찌)	비꼬아 말하다, 독설을 퍼붓다 약을 올리다, 비꼬며 놀리다,
ехидный (예히드느이)	(형) 심술궂은, 짓궂은, 교활한, 약아빠진, 악의(적의)에 넘친, 독살스러운 독이있는, 악의에 찬, 원한을 품고 있는

Ее

ехидство (예히드쓰뜨뷔)	(중) 악의, 적의, 해할 마음, 간교, 악심 틈을 엿보는 것, 음험한 것, 교활,
ехидствовать (예히드쓰뜨뷔와찌)	*см.* ехидничать
ешь (예쉬)	*см.* есть 1.
ещё (예쑈)	(부) ① 아직, 한 번 더, 더욱; 아직도, 아직껏; 아직까지는; ② 훨씬 전에, 옛적에, 벌써, 이미 오래전에, 아주 먼 옛날; 오직, 겨우, 단지, ~만(뿐) ③ 더, 또, 조금 더(더욱) 더, этого ~ не хватало! 이건 또 뭐야!;
ею (예유)	*см.* она; 그녀는, 그 여자를[에게]. эта книга написанаею 이 책을 그 여자가 썼다, 이 책은 그 여자에 의하 여 씌어졌다.
еюнит (예유니트)	(남) 빈창자염, 공장염
еюнотомия (예유나따미야)	(여) 빈창자절개술, 공장절개술

Жж

ж (줴)	*см.* же 1, 2.
жаба¹ (좌바)	(여) 두꺼비, 나흘마, 섬여; 무미류
жаба² (좌바)	(여) 편도선염, 후두염 ◇ грудная ~ 협심증, 신경통; ~ у лошадей 비담, 선역.
жаберные (좌베르느예)	(중) 새각동물, 아가미가 있는 동물.
жаберный (좌베르느이)	(형) 아가미의, 아가미가 있는. 아가미 같은, 아가미에 관한.
жабо (좌보)	(중) (여성복 따위의) 앞가슴 주름장식 풀이 센 높은 주름 칼라 (특히 16세기의)
жабры (좌브릐)	(복수) (*ед.* жабра *ж.*) 아가미, (게의) 자부럼, (물고기의) 아가미
жавель (좌벨)	(남) 쟈벨액(Javel額: 표백(漂白). 살균용
жаворонковые (좌뷔론꼬브에)	(중) 종다리
жаворонок (좌뷔로노크)	(남) 종다리, 종달새 속(屬); 새 모양의 맛있는 빵 лесной ~ 종다리 의 일종 (유럽산) хохлатый ~ 종다리의 볏.
жадина (좌지나)	(남, 여) 대식가, 먹보, 욕심장이, 구두쇠, 노랭이, 인색한사람.
жадничать (좌드니차찌)	탐내다, 욕심내다
жадно (좌드나)	(부) 게걸스레 욕심[탐]내어, 탐욕한, 몹시 탐[욕심]나는, 강한 흥미를가지고 ~ есть (*вн.*) 게걸스레 먹다 *груб.*

- 295 -

	~ глотать, пить (*вн.*) 꿀떡굴떡 (꿀꺽꿀꺽) 마시다 삼켜버리다 ~ слушать 열심히 귀를 기울이다.
жадность (좌드노쓰찌)	(여) ① 인색한 것, 이기심; ~ к деньгам 금전욕; ② 탐욕, 욕심, 갈망 (맹렬한) 욕망, 탐심, 허욕 열심, 열망; с ~ю 열심히; ③ 게걸; есть с ~ю 게걸스레 막먹다
жадный (좌드느이)	(형) ① 탐욕스러운, 식욕(금전욕)이 갈망하는, 강한흥미에 찬, 열망하는, 간절히 바라는, 간절히 하고 싶어 하는; ② 물건을 너무 아끼는, 인색한, 부족한
жадюга (좌쥬가)	(남), (여) *см.* жадина.
жажда (좌즈다)	(여) 목마름, 갈증, 열망, 갈망, 욕심
жаждать (좌즈다찌)	목말라하다, 갈망(열망)하다, 강한 희망을 갖다, 열망[갈망]하다, 간절히 원하다
жаждущий (좌즈두쉬이)	(부) ① *см.* жаждать; (형) ② 갈망하는, 절망하는.
жакет (남), ~ка (여) (좌꼐트)	(소매 달린 짧은) 웃옷, 재킷 모닝코트, 부인용 짧은 상의(上衣)(외투)
жалейка (좔레이까)	(여) (러시아 농민의 부는 악기 종류) 소뿔로 된 피리 통수, 호적(胡笛)
жалеть, пожалеть (좔레찌)	(복수) ① 슬프게(유감스럽게, 가련하게 가엾게) 여기다, 불쌍히 여기다, ② 아끼다, 아까워하다, 아쉬워하다, 아쉽게 생각하다; 후회하다 유감으로생각하다; ③ 절약하다, 아끼다, 인색하다, (주기를) 싫어하다, 아까워하다.
жалить, ужалить (좔리찌)	(벌레 등이) 쏘다, (식물의 가시 등) 콕콕 찌르다, (모기. 벼룩 등이) 쏘다, 물다 (게가) 물다, (뱀 등이) 물다 비꼬다.
жалкий (좔르끼이)	(형)①(외모. 복장. 동작 등에 붙어)가엾은, 처량한, 불쌍한, 가련한, 비루한,비참한; ② 불쌍한, 가엾은, 불행한, 비참한; ③ 초라한, 볼품없는, 빈약한, 궁핍한,

Жж

жалко¹ (잘까)	(형) *см.* жалкий ; *см.* жаль.
жалко² (잘까)	(부) 불쌍하게, 유감스럽다, 가엾게, 처량하게
жало (잘로)	(중) ① 침(針), 독아독침, (벌. 개미 등)의 침; ② 예봉(銳鋒), ③ 날, 끝.
жалоба (잘로바)	(여) ① 불평, 찡찡거림, 우는소리, 푸념, 하소연; ② (민사의) 고소, 항고, 소송, подавать ~y 고소하다; ~ный (형) 슬픈, 비탄에 잠긴, 애처로운, 불평을 표명하는, 애조를 띤, 호소하는듯한, ~щик (남), ~щица (여) *юр.* 고소인, 원고(原告); 소송을 제기한 사람.
жалованный (잘로완느이)	*прич. см.* жаловать 1 하사 받은
жалованье (잘로완니에)	(중) 봉급(俸給), 급료(給料).
жаловать, пожаловать (잘로와찌) (뽀잘로와찌)	① (*кого-л. чем-л., что-л., кому-л.*) 주다, 수여하다, 부여하다, (면허 등을) 교부하다, (허가를)주다; ② 호의를 보이다, 친절히 하다, 찬성하다; ③ (사교. 용건. 관광을위해)방문하다, 집에 머물다;
жаловаться, пожаловаться (잘로와쨔) (뽀잘로와쨔)	불평(고통, 푸념)을 말하다, 우는소리하다, 한탄하다, 호소하다, 고소하다, 나쁘게 말하다, 중상하다.
жалоносный (잘로노쓰느이)	(형) 찌르는, 쏘는 쑤시는 듯한, (침.가시를 가진 동식물이) 쏘다, 찌르다.
жалостливый (잘로쓰뜰리브이)	(형) 자비심이 깊은, 연민의 정이 깊은; ~ный (형) 가엾게 생각하는, 동정심 많은 (표정 등에 붙어). 슬픈, 동정을 일으키는; *см.* жалобный
жалость (잘로쓰찌)	(여) 연민, 동정. 비애, 아쉬움, 유감
жаль (잘)	① 가엾다, 안됐다. 애석하다, 유감이다 유감스럽게도; ② мне ~смотреть на него 그를 처다보는 것이 마음 아프게 한다; ③ (주기를) 싫어하다, 아까워하다 인색하게 굴다, 꺼리다; ④ 유감천만

Жж

	이다[가엾기 그지없다].
жалюзи (좔류지)	(중) 베네치아풍(風)의 블라인드, 감아 올리는 발(자일), 미늘살 창문 미늘발, 베니션 블라인드.
жандарм (좐다름)	(남) 헌병; ~ерия (여) *собир.* 헌병대; ~ский *прил. к* жандарм.
жанр (좐느르)	(여) ① 유형, 양식, 장르; ② 풍속화, 세속도; ③ 스타일, 모양, 방법, 방식, ~ист (남) *жив.* 풍속화가 ~овый (형) 풍속화, 세속도.
жар (좌르)	(남) ① 더위, 더운 기운, 열기, 온도; 열정, 열의, 열성 충성 작열, 혹서 흥분, 격앙, 꾸짖는 말; ② (병으로 인한) 열, 체열, 발열, 신열; ③ 타다 남은 것, 깜부기불, 여신, 빨갛게 탄 숯불, 탄불
жара (좌라)	(여) 더위, 더운 공기, 무더위(*зной*)
жаргон (좌르곤)	(남) (한 작은 사회집단에서만 사용되는) 통용어, 전문어, 술어, 풀이말, 서술어, 변말, 은어, 암호, 결말; ~изм (남) 속어; ~ный (형) 속어적인, 속어의.
жардиньерка (좌르진예르까)	(여) (장식용)화분, 화분대, 꽃을 꽂는 그릇, 꽃바구니, 식목용 선반
жареное (좌레노예)	(중) *см.* жаркое; 불고기
жареный (좌레느이)	(중) 프라이, 튀김; 불고기, 생선구이 (고기를)굽다, 불에 쬐다, 익히다,오븐에 뜨거운 재에 굽다, (콩. 커피 열매 따위를) 볶다, 덖다, 굽기, 쬐기 불고기, 구운 고기, 염열(炎熱), 혹서(酷暑).
жаренье (좌레니예)	(중) 굽는 것, 볶는 것; *см.* жарить
жарить (좌리찌)	① (기름으로) 튀기다, 프라이로 하다 (기름으로)볶다,볶아조리다; (고기를)굽다, (콩. 커피 열매 따위를)볶다, 덖다 (석쇠에) 굽다 불에 굽다, (햇볕 등) 뜨거운 열로 괴롭히다; ② (불. 연료가) 타는 (물건이) (불)타다, 눈다 타 죽다; ③ ~ 하다

- 298 -

	(할 수 있다); ~ся 프라이, 튀김, 굽다, 불에 쬐다, 익히다, 타다, 끓다. 굽기, 불고기, 구운 고기, 염열(炎熱), 혹서
жаркий (좌르끼이)	(형) 더운, 뜨거운, 뜨거운 열의, (몸이) 달아오르는, 열렬한 불타는(듯한).
жарко[1] (좌르까)	(형) *см.* жаркий ; 뜨거운, 더운, 열렬히, 격렬하게
жарко[2] (좌르까)	(부) 뜨겁게 몹시 매우 성을 내어, 심하게 성내어 열심히.
жаркое (좌르까예)	(중) (고기를) 굽다, 불에 쬐다, 익히다, 오븐[뜨거운재]에 굽다(특히 불고기)
жаровня (좌로브냐)	(여) 화로, 놋갓장이, 풍로 (식물성유지제조에사용하는) 종자건조용통
жаровой (좌로보이)	(형) *к* жар 열의, 열기의 열을 가한, 무더운 훈기에 의한 탄불에 의한;
жарок (좌로크)	(여) 미열(微熱):
жаропонижающий (좌로빠니좌유쉬이)	(형) 해열제(解熱劑), 해열용의
жаропрочный (좌로빠로츠느이)	(형) 내열성의(耐熱性)
жароупорный (좌로우뽀르느이)	(형) 내열이(耐熱),
жар-птица (좌르-쁘찌짜)	(여) 불세, 화식조(러시아 민담 속에 나오는 광채 나는 날개를 가진새)
жарынь (좌릐니)	(여) 혹서, 대서, 염서(炎暑)
жасмин (좌쓰민)	(남) 재스민속의 식물; 재스민 향수 재스민 색(밝은 노랑), 재스민(jasmine) ~ный ,~овый (형)*к* жасмин 고광나무
жатва (좌뜨와)	(여) 추수, 수확, 곡물을 거두어들임, 가을걷이, 수확기; ~енный (형) 추수의, 수확(가을)하는,
жатка (좌뜨까)	(여) 수확(추수)기구, 수확기계
жать[1]	① 프레스하다, 억누르다, 밀어붙이다,

- 299 -

(좌찌)	꼭 껴안다;~руку 손을 쥐다, 악수하다; ② 답답하다, 짜다, 압박하다, 괴롭히다, 고통을 주다, (줄 따위 가) 팽팽히 켕긴, ③ 비집고 나아가다[들어가다, 나오다], 파산[폐업]시키다 ~ сок из лимона 레몬을 짜다; ④ 초래하다, 접근하다, 가까운, 가까이의 가까운 쪽의
жать², сжать (좌찌)	(농작물을) 베어들이다, 거둬들이다, 작물을 수확하다, (칼 따위로)베다, 수확하다, 거두어들이다
жаться (좌쨔)	① (추위 등으로) 몸이 움츠려들다 오그라지다, 바싹 달라붙다, 결심이 서지 않다, 주저하다. 인색하다, ② (скупиться) 욕심부리다
жахнуть (좌흐누찌)	일격을 가하다, 세게 치다 힘껏 때리다.
жбан (쥐반)	(남) (뚜껑있는) 단지, (주둥이가 넓은) 주전자, (손잡이가 달린) 항아리 (맥주 등을 담는) 조끼
жвачка (쥐와츠까)	(여) ① 새김질, 반추, 위로부터 입속에 다 내어서 다시 씹는 음식; ② 츄잉껌 ③ 새김질 감, 한 가지 일을 지루하게 반복하다.
жвачные (쥐와츠느이)	(중) 반추 동물; ~ый (형) 반추류의, 반추의
жгут (쥐굿트)	(남)① (새끼.짚.가죽 등의 꼰은. 엮은. 짠) 물건, (천의) 주름 번발(엮은 밀짚땋은끈) ② 지혈기[대], 교압기, 구혈대.
жгутик¹ (쥐굿찌크)	(남) уменьшит. от жгут.
жгутик² (쥐굿찌크)	(남) 편모, 세균의 섬모
жгучий (쥐굿치이)	(형) 불타는(듯한), 열렬한 뜨거운 빈틈없는, 약삭빠른, 재치있는
ждать (쥐다찌)	기다리다, 대기하다, 만나려고 기다리다 기대[예기, 예상]하다; 작정이다
же¹, (줴)	(여) ① 그리고, 그러나, 그렇(하)지만: он остаётся, она же уезжае 그녀는

- 300 -

	가지만 그는남는다; - или же 그렇지 않으면; ② 그런데, 그러한데, 그건 그렇고; почему вы ему не верите? Он же доктор 왜 그를 신임하지 않습니까? 뭐니 뭐니 해도 그는 박사다.
же², (줴)	(여) ① 도대체, 과연, 정말; ② 꼭같은, 바로 그런; ③ я же объяснил вам 나는 당신에게 설명하지 않았습니까
же³ (줴)	같은 일(것), 꼭 같은, 비슷한, 같은 길(방법), 마침 그때, 마침 그곳에 같은 장소에, 같은 책[페이지, 구,장]에 (略: ib, ibid.).
жевание (줴와니에)	(중) 씹는 사람[것]; 분쇄기, 고기 다지는 기계, 가죽짓찧는 기계, 반추; 생각에 잠김, 묵상(默想).
жёваный (죠와느이)	(형) 잘게 씹은, 씹어서 부숴진, 씹혀진, 씹어서 뱉어놓은 것, 같은 몹시 구겨진, 우글쭈글한 구기다, 쭈글쭈글하게 하다
жевательный (줴와쩰느이)	(형) 저작의, 씹는, 씹기에 알맞은, 씹는 (데 적합한)
жевать (줴와찌)	*перех. (вн.)* 씹다 깨물어 바수다 (음식물을) 씹다, 저작하다, 분쇄하다 되새기다, 반추하다 곰곰이 생각하다
жезл (줴즐)	(남) 지팡이, 회초리, 장대, (가늘고 긴) 막대, (관직을 나타내는)지팡이, 지휘봉, 목장, 주교장, 태블릿(타블레트), 통표 측량대, 측량막대; (민병)의 지휘봉, 교통정리 지시봉, (왕. 사령관의) 권장 (權杖), 지휘봉.
жезловой (줴즐로보이)	(형) :~ая система движения *ж.-д.* (철도의) 태블릿식 운행 통제법
желание (쩰라니예)	(중) ① 희망, 소원, 소망, 바람, 욕구, 원망, 욕망, 동경, 갈망, 참을 수 없는것 ② 육욕, 색욕, 관능적인 욕구, 음욕
желанный (쩰란느이)	(형)① 바라다, 욕구하다 구하다 간절히 바라다, ~ гость 반가운 손님, 방문객 ② 사랑하는, 귀여운, 가장 사랑하는 애용하는, 소중한 мой ~ 나의 애인.

желательно (쥘라쩰리나)	(형) *см.* желательный ; 좋겠다, 바라는 바이다
желатин (쥘라찐)	(남) 젤라틴, 정제한 아교; ~**овый** (형) 젤라틴(아교) 모양의[에 관한],
желать, пожелать (쥘라찌)	① 바라다, 원하다, 요망하다, 욕구하다, 희망하다; 몹시 탐내다, 바라다, 선망 ② 축원하다, 바라다;~ добра кому-л ~을 바라다, 주기를 바라다
желающий (쥘라유쉬이)	(부) *см.* желать; (남) 희망자, 관계자 주기를 바라는 사람
желвак (쥘르와크)	(남) 딩동, (현악기 따위의 소리)팅팅 혹, (혹같이 불룩나온)굳은 살
желе (쥘레)	(중) 젤리, 한천, 우무, 우묵묵.
железа (쥘레자)	(여) 선(腺); железы внутренней секреции 내분비선
железистый [1] (쥘레지쓰뜨이)	(형)선[샘]의, 샘에서의, 분비물에 의한, 선 모양의.
железистый [2] (쥘레지쓰뜨이)	(형) 철이 나는, 철을 함유하는, 쇠의, 철분을 함유하는, 쇠녹의, 쇠녹빛의, 적갈색의; (광천이) 철분을 함유하는
железка [1] (쥘레지까)	(여) 작은 쇠조각, 쇠붙이, 철도.
железка [2] (쥘레지까)	(여) (카드의) 운에 맡기는 승부(모험), (도박에) 열중하다.
железка [3] (쥘레지까)	(여) на всю ~ку *разг.* 힘이 미치는 필사적으로, 몹시강하게, 큰소리로 빨리
желёзка (쥘료즈까)	(여) 소선(小腺), 소선체.
железно (쥘레즈나)	(부) 틀림[어김]없이, 반드시.
железодорожник (쥘레조도로쥐니크)	(남) 철도원, 철도 종업원, 기술자 ~**ый** (형) 철도의[에 관한]
железный (쥘레즈느이)	(형) 쇠(철)의, 쇠를(철분을) 함유하는
железняк	(형) 철광석, 철광

(젤레즈냐크)

железо (젤레자)	(중) 쇠, 철(금속 원소 기호 Fe; 번호 26), 아이론, 철물, 철제품, 건축용 철물, 금속제품, 철기류
железобетон (젤레조베똔)	(남) 철근콘크리트, 강화[보강]하다, 철근 콘크리트제의; **~ый** (형) к железобетон 철근 콘크리트
железопрокатный (젤레조쁘로까뜨느이)	(형) 철제 압연기; 철제 압연 공장 ~ стан 압연기, 압연 공장
железяка (젤레쟈까)	(여) 철기류의 조각.
жёлоб (죨롭)	(남) (처마의) 낙수홈통, 활강로, 비탈진 (물)도랑, 자동 활송 장치
желобок (젤로보크)	(남) 홈; 바퀴 자국 (활자의) 밑홈, 세로 홈, 둥근 홈 홈파기.
желобчатый (젤레브차뜨이)	(형) (기둥에) 세로 홈을 새긴, 홈이 있는, 홈의.
желонка (젤론까)	(여) 모래 펌프, 침전물 펌프.
желтеть, пожелтеть (젤르쩨찌)	① 누르러지다, 노랗게되다; ② 노랗게 (누런색으로)보이다;~ся см. желтеть
желтизна (젤찌즈나)	(여) 노란색, 황색(黃色)
желтить, выжелтить, зажелтить (젤찌찌)	① 노란색을 칠하다; ② 노란색으로 얼룩지다, 노란색 점; ③ 노랗게 더럽히다.
желтоватый (젤또와뜨이)	(형) 누르스름한, 누르스름한 색깔, 엷은 청황색, 황색을 띤,
желтозём (젤또좀)	(남) 황색토(黃色土)
желток (젤또크)	(남) 노른자위, 난황(卵黃)
желтопузик (젤또뿌지크)	(남) 무족도마뱀
желтокожий (쩨르또꼬쥐이)	(형) 황색피부, 살갗이 누런.

Жж

желтолицый (쮈또리쯔이)		(형) 얼굴색이 노란.
желторотый (쮈또로뜨이)		(형) 황색 부리가 있는; 경험이 없는, 숙련되지 않은, 미숙한 세상 물정을 모르는, 준비부족의 익숙지 않은, 무경험의
желтофиоль (쮈또피올)		(여) 계란풀(겨잣과의 관상용 식물); '벽의 꽃'(무도회에서 상대가없는 젊은여자)
желтоцвет (쮈또쯔볫트)		(남) 메역취(goldenrod)
желтуха (쮈뚜하)		(여) 황달병, 황화병; **~шный** (형) 황달의, 황달에 걸린, 황달치료에 쓰는.
жёлтый (쫄뜨이)		(형) 누런, 노란, 노랑, 황색
желть (쮈찌)		(여) 노랑 그림물감(채료), 노란 페인트
желудёвый (쮈루죠브이)		(형) 도토리, 상수리; ~ кофе 도토리커피; 캐러멜, 구운 설탕
желудок (쮈루독)		(남) 위,복부, 배, 위부; на голодный ~ 배가고파, 공복으로(는); **~очек** (남) (뇌수. 후두의) 공동; 뇌실; 심장의 심실; **~очный** (형) 위의, 위의, 식욕증진 소화를 돕는; ~очное заболевание 위의 질병; ~очный сок *физиол.* 위액
жёлудь (쫄루지)		(남) 도토리(떡갈나무.갈참나무.상수리나무의 참나뭇과의 나무 열매), 상수리, 견과.
желчнокаменный (쮈츠노까멘느이)		(형) ~ая болезнь 담석증(膽石症)
жёлчность (쫄츠노쓰찌)		(여) (태도. 기질. 말 등의) 표독스러움, 성마른, 까다로운 매우 불쾌한; **~ый** (형) 담즙(질)의 담즙 이상의 [에 의한];
жёлчь (쫄치)		(여) 담즙, 기분이 언짢음, 짜증 (동물의) 담즙, 쓸개즙 쓸개, 담낭
жеманиться (쩨마니짜)		거들거리다, 우쭐거리다, 거드름피우다, 점잔빼며 말하다 점잔빼하다; **~ница** (여) 짐짓 꾸밈, 젠체하는

	~ничать 짐짓 꾸민체 행동하다, ~ный (형) 점잔빼는, 점잔빼며 걷는 짐짓 꾸민, 체하는, 부자연한; ~ство (중) 점잔빼는 태도, 점잔빼며 걷는 행동, 젠체함, 점잔뺌.
жемчуг (쥄축)	(여) 진주, 진주 목걸이; мелкий ~ 작은 진주알 искатель ~a 진주조개 캐는 잠수부; ловить ~ 진주 채취를 하다 ловля ~a 진주조개 채취장.
жемчужина (쥄추쥐나)	(여) 진주알, 보물(寶物).
жемчужница¹ (쥄추즈니짜)	(여) 진주조개
жемчужница² (쥄추즈니짜)	(여) 진주의 질병.
жемчужный (쥄추느이)	(형) 진주의[로 만든]; 진주를 박은, 진주색[모양]의, 작은 알갱이의; ~ое ожерелье 진주 목걸이; ~ая раковина 진주조개껍질
жена (쉐나)	(여) ① 아내, 부인, 처, 마누라; ② 첩, 정부, 애인(愛人).
женатик (쉐나찌크)	(남) 유부남, 세대주(世帶主)
женатый (쉐나뜨이)	(형) 결혼한, 기혼의, 배우자가 있는
женин (쉐닌)	(형) 아내의, 부인의, 처의, 마누라의
женить (쉐니찌)	장가보내다; 결혼하다, 결혼 시키다, ~итьба (여) 결혼, 결혼생활, 부부관계 ~иться 결혼시키다 시집[장가]보내다 удачно ~иться. 중매하다.
жених (쉐니흐)	(남) ① 약혼자, 신랑감;②(결혼상대로서) 적당한 미혼 남자 (남자의) 구혼자.
женихаться (쉐니하짜)	결혼 약속이 있는, 약혼중인, 연애중인, 결혼할 것 같은.
жениховский (쉐니홉쓰끼이)	см. к жених

женолюб (쥐노류브)	(남) 여자를 좋아하는, 호색가.
женолюбивый (쥐놀류비브이)	(형); он ~ человек 그는 여자를 좋아하는 사람
женолюбие (쥐놀류비예)	(중) 호색(好色)
женомужие (쥐노무쥐예)	(중) 자웅착생, 자웅합체
женоненавистник (쥐노네나비쓰뜨니크)	(남) 여자를 싫어하는 사람, 여성 차별주의자; ~ чество (중) 강한여성혐오증
женоподобный (쥐노쁘도브느이)	(형) 여자 같은, 여성적인, 사내답지 못한, 기력이 없는, 나약한, 유약한..
женоубий ство (쥐노우비이쓰뜨붜)	(중) 처를 살해 하는 것 ~ца (남) 부인을 살해하는 자.
жен-премьер (쥔-쁘레미옐)	(남) 정부역(情夫役)
женский (쥔쓰끼이)	(형) 여자같은, 여성(부인, 계집)같은, 아녀자, 여자다운; 여자같은, 여자다운, 여성[부인]에게 어울리는;
женственность (쥔쓰뜨벤노쓰찌)	(여) 여자임, 여자다움 계집애 같음; ~ый (형) 여자 같은, 연약한, 상냥한.
жёнушка (죠누쉬까)	(여) *уменьшит. от* жена
женщина (쥔쉬나)	(여) ① 여자의, 여성의; ② 여자들, 여성들, 부인들, 여성, 여자, (집단. 공동체. 한 집안의) 부인, 여성
женьшень (쥔쉐니)	(남) 인삼; ~ая водка 삼로주, 인삼주
жёрдочка (죠르도츠까)	(여) *уменьшит. от* жердь 작대기; (*насест в птичьей клетке*) 횃대.
жердь (쉐르지)	(남) 막대기, 장대, 기둥, 지주; худой как ~ (사람이) 깡마른.
жеребёнок (쉐레뵤노크)	(남) (말. 당나귀. 노새 따위의) 새끼; ~ец (남) 수말, 종마, 씨말 (*до 4-х лет*) 망아지(특히 4살쯤까지의 수컷); ~иться, ожеребиться 나귀의 새끼.

- 306 -

жеребок (줴레보크)	(남) (*мех.*) 망아지의 모피
жеребчик (줴레브치크)	(남) 망아지, 애송이, 미숙한자.
жеребьёвка (줴레비욥까)	(여) 제비를 뽑아 결정하다, 제비뽑기, 추첨 (카드놀이) 뽑기
жеребячий (줴레뱌치이)	(형) к жеребёнок ~ возраст 10대의.
жерех (줴레흐)	(남) (*рыба*) 잉어, 황어속의 물고기
жерлица (줴를리짜)	(여) (큰물고기를 잡는데 쓰는) 줄낚시
жерло (줴를로)	(여) ① (동물의)입. 코 부분, 부리, 주둥이; ② 분화구, (달 표면의)크레이터 운석공(隕石孔); ③ (폭발로 인한 지상의) 폭탄구멍, 아궁이, 구멍, 뻐끔한 구멍 (관.동굴.상처) ~ пушки 포아가리, 포구
жёрнов (죠르노프)	(남) 맷돌, 분쇄기, 연자매
жертва (쪨뜨와)	(여) ① 희생, 산제물, 제물, 공물, 제물, 봉납(물); (교회에의) 헌금, 헌납; ② 희생자, 피해자, 조난자
жертвенник (쪨뜨볜니크)	(남) 제단, 제대; (교회의) 성찬대 ~ый (형)희생의, 산 제물의 희생적인.
жертвователь (줴르뜨붸와쪨)	(남) 기증자, 시주(施主).
жертвовать, пожертвовать (줴르뜨붜와찌)	① (능력.자질 등) 주다, 부여하다, 기증[기부]하다; ② 희생하다,제물로 바치다 단념[포기]하다, (신 등에) 바치다 (기도를) 드리다
жертвоприношение (줴르뜨쁘리노쉐니예)	(중) (신에의) 공물, 제물, 봉납(물) (교회에의) 헌금, 헌납.
жест (줴쓰트)	(남) 몸짓, 손짓, 얼굴의 표정, 동작, 제스처 몸짓[손짓]하는 일 красивый ~(*перен.*) 아량, 관용.
жестикулировать (줴쓰찌꿀리로와지)	손짓[몸짓]으로 이야기[표시]하다 ~яция (여) (흥분한 듯한) 몸짓, 손짓

Жж

- 307 -

	몸짓(손짓)으로 말하기, 제스처를 쓰는것
жёсткий (죠쓰뜨끼이)	(형) 굳은, 단단한, 견고한, 딱딱한, 뻣뻣한, 튼튼한, 완고한, (생각이) 고정된, 엄격한, 엄정한, 완강한, 딱딱한 굳은, 단단한, 휘어지지 않는
жёстко¹ (죠쓰까)	(형) *кратк. см.* жёсткий ; 딱딱하다
жёстко² (죠쓰까)	(부) 몹시, 심하게, 지나치게.
жесткокрылые (쩨쓰뜨까크릴르예)	갑충류들, 초시류; ~ый (형) 갑충류의 (甲蟲類), 초시류.
жестокий (쩨쓰또끼이)	(형) 잔혹[잔인]한 무자비한, 잔인한, 억지인, 모진, 가차 없는, 엄한, 호된, 엄격한, 사나운 잔혹한, 잔인한
жестокосердие (쩨쓰또까세르지예)	(중) 몰인정, 무자비, 냉혹, 잔인함, 무자비함 끔 찍함 잔인한 행위 ~ный ,~ый (형) 몰인정한, 무자비한, 냉혹한 잔혹[잔인]한 참혹한, 비참한 (말에) 가시[독기]가 있는.
жестокость (쩨쓰또까쓰찌)	(여) 잔학[잔인]함, 무자비함 끔찍함 잔인한 행위, 무자비한 행위, 야만적 행위 (*ср.* жестокий);
жестяник (쩨쓰쨔니크)	(남) 통조림 업자[직공], 양철[주석]장이, 양철공, 은도금공(銀鍍金工)
жестянка (쩨쓰짠까)	(여) 통조림, 양철통, 깡통; 양철 조각, 함석조각.
жестяной (쩨쓰쨔이)	(형) *к* жесть 양철로 만든
жестянщик (쩨쓰짠쉬크)	(남) *см.* жестяник 양철공, 함석공
жетон (쩨똔)	(남) ① (금속판으로 만든) 패쪽, (식당·바의) 카운터, 스탠드, 조리대; ② (*брелок*) 휘장, 메달, 상패, 기념패.
жечь, сжечь (쩨치)	(연료 따위를) 불태우다, 때다,(가스. 초에) 점화하다, 불을 켜다, 없애 버리다, (피부가) 볕에 타다, [그을다], 쪼이다 괴롭히다, 고민하게 하다(감정을)해치다

	~ся 태워 그슬림, 화상 볕에 탐 (정신 적인) 괴로움, 고통.
жжение [жьже-] (쥐줴니예)	(중) ① 불타는(듯한), 열렬한, 강렬한 ② 쏘는 것, 타는 듯한 아픔, (아픈 느낌에 대하여) 확 달아오르는 것.
жжёнка [жьжё-] (쥐죤까)	(여) 폰스주(酒)(hot punch: 과실즙에 설탕.양주(꼬냑,럼주)따위를 섞은 일종의 음료)
жженый (쥐줴느이)	(형) 불에 탄, 구워낸, 구운, 탄
живать (쥐와찌)	*многокр. от* жить; я там ~ал 나는 그곳에 사는데 익숙해져있다.
живец (쥐베쯔)	(남) 산 미끼, 청어속의 작은 물고기
живинка (쥐빈까)	(여) 취미, 즐김, 기호; 기쁨, 즐거움 넘치는 활기[생기]; 예술적 향기, 기품 (고어) 맛, 풍미.
живительный (쥐비쩰느이)	(형) 생명[활력]을 주는, 활기를[기운을] 북돋우는, 생기를[생명을] 주다 긴장시키는, 상쾌한,서늘한 생기를 주는
живить (쥐비찌)	생기를 주다, 활기를 띠게 하다, 기운을 돋우다, 격려하다, 긴장[분발]시키다.
живица (쥐비짜)	(여) 테레핀유(油)의 원료, 송진.
живность (쥐브노쓰찌)	(여) 동물, 생물, 생존, 생활 (식용의) 가금; 새[닭]고기, 가축
живо¹ (쥐붜)	(형) *кратк. см.* живой .
живо² (쥐붜)	(부) ① 똑똑히, 생생하게, 생동하게, 생기(활기)에 차게, 활발하게, 현저하게, 두드러지게, 날카롭게, 격심(예민)하게 ② 활발, 생기넘침, 활기(띠움), 활발히, 힘차게, 생기있게; ③ 빠르게,급히 곧, 신속히, 재빠르게, 즉석에서, 즉시 즉시 ~! ~ей! 서두르다, 빨리, 꾸물거리지 말고 빨리 해라.
живоглот (쥐붜글롯트)	(남) 무정한(이기주의자)자기 본위 사람 ~ня (여).~ство (중) 착취 고혈을 짜는

Жж

사람, 흡혈귀, 잔인한 이기주의자.

живодёр (쥐붜쭐)	(중) 폐마도살자, 폐옥[폐선] 매입 해체업자, 지독한 구두쇠, 착취자, ~**ня** (여) 껍질을 벗기는 곳; ~**ство** (중) 동물학대, 착취, 강탈, 가혹한 징수, 껍질[가죽]을 벗기다.
живой (쥐보이)	(형) ① 산, 살아 있는, 생명 있는; ② 생기[활기]에 넘친, 팔팔한, 활발한, ③ 힘찬, 싱싱한 활기찬, 명랑한; ④ 진실한, ⑤ 활동적, 생활적; ⑥ 진실한, ⑦ 생동한, 뚜렷한, 선명한; ⑧ 생동한, 생생한, 박력 있는, 선명한, 밝은.
живописать (쥐붜삐싸찌)	(완, 미완) 생생하게 묘사하다, 활발하게 기술하다, 똑똑하게 말하다 (말로 설명하다).
живописец (쥐붜삐쎄쯔)	(남) 화가, 페인트공, 칠장이, 도장공
живописность (쥐붜삐쓰노쓰찌)	(여) 예술, 미술, 화보, 그림, 아름다운; ~**ый** (형) ① 그림의 그림을 넣은 그림으로 나타낸; ② 그림과 같은, 아름다운; ③ 생생한, 생기[활기]에찬, 활발한,
живопись (쥐붜삐시)	(여) ① 그림, 미술, 예술, 회화, 유화 수채화, ② 그림 그리기 화법 화공의 직, 그림 그려 넣기,
живородящий (쥐브로쟈쉬이)	태생 동물; ~**ий** (형) 태생의 모체 발아의
живость (쥐붜쓰찌)	(여) 쾌활, 활발, 발랄, 명랑, 생기, 활기 (띠움), 고무, 기운찬, 쾌활한, 명랑한 (예술 작품에서의) 열정, 기백, 힘, 활기,
живот[1] (쥐보트)	(남) 위, 복부, 배, 위부
живот[2] (쥐보트)	(남) 생명, 생존, 삶, 생(生)
живот[3] (쥐보트)	(남) 가축, (동물이)사육되어 길든.
животворить, оживотворить (쥐보뜨붜리찌)	소생하게 하다, (의식을) 회복시키다 기운나게 하다, 생명을 주다, 기력을 북돋우다, 원기[활기]를 돋구다,

животворный (쥐븨뜨볼ㄴ으이)	(형) 생기를[생명을] 주다 생동[싱싱] 하게 하다, 활기를 띠게 하다, 소생하다, 의식을 회복하다.
животик (쥐븨찌크)	(남) 배, 위, 복부,(우스개)올챙이배 (소아어. 구어) 배
животина (쥐븨찌나)	(여) (동물이) 사육되어 길든, 가축. [욕설] 천치, 바보
животновод (쥐븨뜨노볻)	(남) 축산가(전문가), 목축업일꾼; ~ство (중) 축산업, 축산학, 목축(업) продукты ~ства. 가축 생산하다; ~ческий (형) 목축(업)의, 축산의
животное (쥐보뜨노예)	(중) 동물, 짐승 천치, 바보스러운 사람, (인간에 대한) 짐승 금수, 잔인 야만적; ~ый (형) ① к животное; 동물성의, 본능적인, 동물적인,② 유기적, 조직적, 계통적; ③ 짐승의[과 같은]; 수성의 흉포한, 야만스런, 잔인한, 짐승같은, 금수와 같은;
животрепещущий (쥐븨뜨레뻬수쉬이)	(형)① 생생한, 팔팔뛰는, 불타는(듯한), 열렬한 뜨거운, ② 절박한, 긴박한, 초미의, 현실의,실제의, 사실의.
живучесть (쥐부체쓰찌)	(여) 생명력, 활력, 체력, 생활력,발아력 ~ий (형) 생활력이 강한, 불멸(사)의, 좀처럼 죽지 않는 굳은, (신념.주의 등이) 변치 않는, 견실한, 안정된, 견고한.
живущий (쥐부쉬이)	1. (부) *см.* жить 2. *с. как сущ.*: всё ~ее 모든 생물, 일체 중생
живчик (쥐브치크)	(남) ① 생기[활기]에 넘친 사람, ② 정자, 정충; ③ 혈관의 일부가 바르 르 떠는 것, 관자놀이 동맥의 맥박을 지각할수 있다.
живьём (쥐브욤)	(부) 산채로, 살아있게 взять *кого-л* ~ 사로잡다, 산채로 잡다, 생포하다.
жидкий (쥐드끼이)	(형) ① 액체의, 유동하는 유동적인, 유동체[성]의, 변하기 쉬운. ② 얇은, 두껍지 않은, 얕은, 약한, 연약한,
жидковатый (쥐드꼬와뜨이)	(형) 좀 얇은, 약간 가는[드문드문한], 조금 약한[야윈], 다소 멀건, 물기 많은

Жж

Жж

	(차 등이) 묽은, 희박한 글루텐이 적은,
жидкость (쥐드꼬쓰찌)	(여) 유동체, 유체, 액체, 유동성 유창함 меры ~ей 유체를 계량(측정)하다
жижа (쥐좌)	(여) ① 죽탕, 걸쭉한 액체; ② 슬러시, 진창눈 진창(길), 진흙탕
жижица (쥐쥐짜)	(여) *уменьшит. от* жижа.
жизнедеятельность (쥐즈네졔야쪨노쓰찌)	(여) ① 생활기능; ② 생명적 활동 ~ый (형) ① 생활력 있는, 활동적인, 생활 기능이 있는. 활동하는; ② 생기 [활기]에 넘친, 기운찬, 팔팔한,
жизненность (쥐즈넨노쓰찌)	(여) 생명력, 활력, 체력, 발아력; ~ый (형) 생명의, 인생의, 생활의, 생활을 위한. 중대한, 긴요한.
жизнеобеспечение (쥐즈네오베쓰뻬체니예)	(중) 생명 유지 장치, 생명 유지적 요법, 생명의 안전확보
жизнеописание (쥐즈네오삐싸니예)	(중) 전기, 일대기(一代記)
жизнеощущение (쥐즈네오수쉐니예)	(중) 살아있는 느낌, 현실관조
жизнепонимание (쥐즈네뽀니마니예)	(중) 인생관, 세계관
жизнерадостность (쥐즈네라도쓰뜨노쓰찌)	(여) 쾌활, 낙천적, 명랑한, 기분 좋은, ~ый (형) 매우 기뻐하는, 희색이 만연한. 삶을 즐기는, 낙천적인 (*фр.*)
жизнеспособность (쥐즈네쓰뽀쏘브노쓰찌)	(여) 생존 능력, (특히 태아. 신생아의) 생육력(실행) 가능성; ~ый (형)(태아· 신생아 등) 살아갈 수 있는, 생명력 있는 생육할 수 있는, 생활력 있는.
жизнеутверждающий (쥐즈네우뜨벨쥐다유쉬이)	(형) 생생한, 생기가 넘치는, 인생을 긍정하는, 낙천적인, 낙관적 인; ~ая сила 생명력, 활력, 생명의 근원
жизнь (쥐즈니)	(여) ① 생명, 생존, 삶, 생; ② 생활, 살림; ③ 인생, 생애, 일생, ④ 현실 провести в ~ь 실현(실천)하다 ⑤ 활기, 생기, 활동(성취)하다,
жиклёр	(여) (가스. 증기. 물 따위의) 분출

(쥐클룔)	사출, 분사 분출구, 내뿜는 구멍
жила¹ (질라)	(여) ① 힘줄, 힘줄기, 근육(筋肉), 떡심 ② 정맥, 심줄, 혈관; ③ 기질, 성질, 특질, 광맥, ④ (밧줄의)가닥, 한 가닥의 실
жила² (질라)	(남),(여) 인색한[다라운] 사람, 탐욕스런 사람, 구두쇠.
жилет (남), **~ка** (여) (질레트)	상의, (남자용의) 조끼; в ~ку 아무 어깨에 기대어 울다; **~ный** (형) к жилет 윗도리의, 조끼의
жилец (질레쯔)	(남) 차가인; 차지인, 숙박인, 하숙인, 동거인, 세들어 있는 사람;
жилистый (질리쓰뜨이)	(형) 힘줄의, 건질의, 힘센, 힘찬, 힘줄투성이, 강건한, 근골이 튼튼한, 철사로 만든, 철사 같은, 빳빳한(털);
жилиться¹ (질리쨔)	잡아당기다, 꽉 죄다, 긴장 시키다, (귀를) 쫑그리다, (목소리를) 짜내다.
жилиться² (질리쨔)	(비용. 식사를) 바싹줄이다, 내기 아까워하다, 제한하다 인색한
жилица (남), **~чка** (여) (질리짜)	숙박인, 하숙인, 동거인, 세들어 있는 사람 (여성형)
жилище (질리쉐)	(중) 주거, 주택, 집, 거주.
жилищно-бытовой (질리쉬노-븨또보이) комисся	(형): ~ые условия 생활 상태 ~ая 생활편의위원회
жилищно-коммунальный (질리쉬노-꼼무날느이)	(형) 주택의: ~ое хозяйство 자치 단체의 주택 건설 조합
жилищно-строительный (질리쉬노-쓰뜨로이쩰느이)	(형) ~кооператив 주택건설 협동조합
жилищный (질리쉬느이)	(형) 주택 공급, 주택 건설;~ое строительство 주택 건축물(술); ~ые условия 주택 공급, 생활 상태 ~ фонд 주택 폰드 ~ отдел 주택 공급(건설)과
жилка (질까)	(여) ① 정맥, 심줄, 혈관;② 잎맥, 엽맥 주엽맥, 시맥, (돌. 목재의) 줄무늬, 결
жилкование (질까와니예)	(중) 맥상, 맥리, 맥계. 엽맥. 시맥의 분포상태, 맥상.

жилой (쥘로이)	(형) 집의, 주거의, 주택의, 거주자; 거주할 수 있는, 거주[살기]에 적당한 사람이 사는, ~ дом 집의, 주택의, 거주할 수 있는 집, ~ая комната (*обитаемая*) 방에 살다, 살기에 알맞은 방(공간); 거주에 적합한 구역; ~массив 주택 건설 토지
жилплощадь (쥘쁠로샤찌)	(여) 건평, 주택내부면적 *см.* жилая площадь *см.* жилой
жильё (쥘리요)	(중) 주소, 주택, 거주, 사람이 사는 곳 거주지, 집; 하숙, 셋방 듦, 숙박,
жим (쥠)	(남) 역기, 바벨.
жимолость (쥐모로쓰찌)	(여) 인동덩굴 비슷한 식물, 인동덩굴
жир (쥐르)	(남) 지방, 지유, 비계, 지방질, 기름 그리스, 수지, 지방, 윤활유
жираф (쥐라프)	(남) 기린, 지라프.
жиреть, разжиреть (쥐레찌) (라쥐레찌)	살찌다, 지방이 많아지다, 부드럽고 풍만한, 살이 잘 찐, (도살하기 위하여) 살찌우다
жирно¹ (쥐르나)	(형) *кратк. см* жирный
жирно² (쥐르나)	(부) 뚱뚱보처럼 서투르게, 데퉁스레, 기름기 있게, 번드럽게, 번드르르하게; **~ый** (형) ① 지방이 많은, 기름기 많은, 부드럽고 풍만한, 살이 찐, 비옥한, 살진, 기름진 ~ое мяса 기름이 많은 고기; ② 기름에 전, 기름투성이; ③ 유용 물질이 많은, (음식. 음료가) 향료를 듬뿍친, 영양분 풍부한; ④ 굵은
жиро (쥐로)	(중) (어음의) 이서, 배서(어음·수표 따위 지시 증권의 뒷면에 필요한 사항을 적고 서명하여 상대방에게 주는 일. 뒷보증.)
жировать¹ (쥐로와찌)	기름을 바르다[치다], 기름에 담그다 매끄럽게[원활하게]하다, 미끄럽게하다.
жировать²	(도살하기 위해) 살찌우다, (땅)기름지게

(쥐로와찌)	하다
жировик (쥐로비크)	(남) ① 지방종, 지방혹; ② 동석(凍石)
жировка (쥐롭까)	(여) 지불계산서, 지불지도서.
жировой (쥐로보이)	(형) 지방의, 지방질의 지방이 많은, 기름진 지방 과다(증)의 지방성(性)의
жирондист (쥐론지스트)	(남) 지롱드 당원
жиропот (쥐로뽀트)	(남) 양모지, 양모에 부착된 지방 (양의 땀샘으로부터 분비물 연고 등의 원료)
жироприказ (쥐로쁘리까즈)	(남) 배서, 환어음(거래하는 은행에 의 채권자에 대한 환치청산 요청서)
жироскоп (쥐로쓰꼽)	(남) *см.* гироскоп
жиротопный (쥐로또쁘느이)	(형) (지방의) 정제; ~котёл. 유조탱크.
житейский (쥐쩨이쓰끼이)	(형) 평소의 하루, 일상생활, 이 세상의, 세속적인, 속세의, 속인의, 현세의
житель (남), **~ница** (여) (쥐쩰)	주민, 거주민, 거주자, 거류민; (복수) 시골 사람들; ~ство (중) 주거, 주택 저택 머무름, 체재,체류, 거류; 신분증명서
жительствовать (쥐쩰쓰드뷔와찌)	살다, 거주하다, (어떤 상태에) 머무르다, 체재하다
житие (쥐찌에)	(중) ① 전기,일대기, 언행록, 존재, ② ~ия святых 성인전, 성인 언행록 ~**ий ный** (형) ~ий ная литература 주인공을 성인취급[이상화]한 전기, 성인문학(聖人文學).
житница (쥐드니짜)	(여) 곡창, 곡물창고, 곡창지대, (널리) 풍부한 공급원
житный (쥐뜨느이)	(형) *к* жито 곡물의 라이보리의
жито	(중) 낟알, (각종의) 곡물, 봄의 밀, 호밀,

(쥐또)	소맥(小麥), 라이보리, 대맥(大麥).
житуха (쥐뚜하)	(여) 호화롭게 살다, 걱정이 없는 평안한 생활
жить (쥐찌)	생활하다, 거주하다, 살아있다, 생명이 있다,
житьё (쥐찌요)	(중) 삶, 생활, 살림, 안락한 생활, 거주; 존재, 실재, 현존, 생존
житьё-бытьё (쥐찌요-븨찌요)	(중) 생활, 살림, 생존, 실존.
житься (쥐짜)	지내다, 살다 ему живётся неплохо 그의 살림살이가 살림이 풍족하다 как вам там жилось? 당신은 그기에 어떻게 삽니까?
жмём, жмёт(е), жмёшь (쥠욤) (쥐묱) (쥐묘쉬)	*наст. вр. см.* жать 1
жмот (쥐모트)	(남) 인색한[다라운] 사람, 탐욕스런 사람, 구두쇠, 노랭이, 수전노.
жмурить, зажмурить (쥐무리찌)	(눈을) 가늘게 뜨다, 반쯤 감다, 반쯤 뜨다
жмурки (쥐무르끼)	숨바꼭질놀이, 술래잡기, 까막잡기
жму(т) (쥐무)	*см.* жать 1
жмыхи (쥐믜히)	(복수) 깻묵, 기름, 짜고 난 찌꺼기 면화씨 깻묵(사료용)
жней ка (쥐네이까)	(여) 베어[거둬]들이는 사람 (자동) 수확기, 곡물 수확자(기).
жнём, жнёт(е) (쥐뇸) (쥐묱)	*см.* жать 2
жнец (쥐네쯔)	(남) 곡물 벌취인, 베어[거둬]들이는 사람
жнёшь (쥐뇨쉬)	*см.* жать 2
жнея (쥐네야)	(여) *см.* жница

жниво (쥐니붜)	(중) *см.* жнивьё
жнивьё (쥐니비요)	(중) 수확, 베어들임 수확하는 때.
жница (쥐니짜)	(여) 베어[거둬]들이는 사람 수확기
жну(т) (쥐누)	*см.* жать 2
жокей (조께이)	(형) 경마의 기수; (탈 것. 기계 등의) 운전사, 조종자, 말의 시중을 드는 하인.
жом (좀)	(남) ① 프레스, 압착기, 짜는 기구, 누름단추 기름 짜는 틀; ② (과일, 포도의) 짜고 남은 찌끼, (사탕무우의) 찌꺼기, 수전노, 깍정이.
жонглёр (존글룔)	(남) 요술쟁이, (던지기의) 곡예사; ~ство (중) 요술, 속임수, 눈가림
жонглировать (존글릴로와찌)	요술을 부리다, (공. 접시 따위로) 곡예를 하다
жох (조흐)	(남) 사기꾼, 탐욕 스런자, 협잡꾼
жратва (쥐라드와)	(여) 먹을 것, 음식, 음식물, 먹는 것, 먹어 치우는 것.
жрать, сожрать (쥐라찌)	게걸스레 먹다 배불리 먹다, 가득 채우다.
жребий (쥐레비이)	(남) 제비뽑기, 추첨 제비를 뽑아 배당[당첨]된 물건, 당첨, 운명, 숙명, 비운 бросать ~ 제비뽑다; тянуть ~ 제비를 뽑다
жрец (쥐레즈)	(남) 성직자, (감독 교회의) 목사, 사제; (그리스도교 이외의) 승려.
жреческий (쥐레체스끼이)	(형) 성직자의 성직자다운
жрица (쥐리짜)	(여) (여자) 성직자, 목사, 사제, 봉사자, 옹호자
жужелица (주첼리짜)	(여) 비단벌레

Жж

жужжание (주즈좌니예)	(중) (벌. 팽이. 선풍기 등) 윙윙거리다 (벌. 기계) 와글거리다
жужжать [-жьжя-] (주즈좌찌)	위위(웅웅)거리는 소리, 단조로운소리, 와글거리다, 소란떨다, 한 가지 일을 이야기하다, (*ср.* жужжание)
жуир (주이르)	(여) (돈과 시간이 있는) 바람둥이, (젊은 부자인) 한량, 플레이보이, **~овать** 향락하다 환락으로 날을보내다
жук (주크)	(남) ① 투구벌레(류), 딱정벌레; навоз- ный ~ 말똥풍뎅이; ② 악한, 불량배, 깡패 (우스개) 개구쟁이, 장난꾸러기
жулик (줄리크)	(남) 좀도둑, 사기꾼, 협잡꾼, 속임수를 쓰는 사람; **~оватый** (형) 사기꾼 같은, 사기적인, 부정한
жулить, сжулить (줄리찌) (쓰주리찌)	사기를 치다
жульё (줄리요)	(중) 사기꾼, 좀도둑, 협잡꾼
жульничать, сжульничать (줄니차찌) (쓰줄니차찌)	사기를 치다, 사취하다, 속이다, 속여 빼앗다 야바위 치다, 기만 하다, 속이다.
жульнический (줄니체쓰끼이)	(형) 사기의, 부정한, 속이는, 속여서 손 에 넣은; **~ство** (중) 사기, 속임수 (시험의) 부정행위, 협잡 카드놀이, 사기꾼.
жупан (주빤)	(남)(폴란드.우크라이나) 남자용의 따뜻한 상의. 중세 남서 슬라브인의 주지사
жупел (주뻴)	(남) 몹시 두렵게 하는 것 (까닭 없는) 걱정거리, (나쁜아이를 잡아먹는다는)귀신, 까닭 없이 무서운 것, 협박, 허수아비
журавлёнок (주랍료노크)	(남) 두루미의 새끼, 학의 새끼
журавлиный (주라블리느이)	(형) *см. к* журавль 1; ◇ **~ые ноги** 가늘고 긴 다리, 다리가 가늘고 긴사람
журавль (주라블)	(남)① 두루미, 학, 두루미자리;② 지레 두레박의 막대, не сули ~я в небе, а дай синицу в руки *посл.* 손안에

Жж

	든 참새는 하늘의 학보다 낫다
журить (주리찌)	꾸짖다, 비난하다, 훈계하다, 타이르다, 견책[징계]하다.
журнал (주르날)	(남) ① 잡지, 정기 간행물; ежемесячный ~ 월간지; двухнедельный ~ 격주로 간행물; ② 신문, 잡지, классный ~ 학급 일지; заносить в ~ 기록[기입]하다 등록[등기]하다; ~ боевых действий 작전일지
журналист (주르날리쓰트)	(남) 저널리스트, 신문(잡지) 기자, 신문인 신문잡지업자, 신문(잡지)기고가. ~ика (여) ① 저널리즘, 신문 잡지업 ② 잡지 인쇄소, 간행물 출판부 ~ский (형) 신문잡지(업)의, 신문잡지 기자의 신문잡지 특유의 기자 기질의.
журнальный (주르날느이)	(형) 잡지의 정기 간행물의.
журчание (주르차니예)	(중) 서툴러서 떠듬거리는 말, 재잘댐 (시냇물의) 졸졸 흐르는 소리
журчать (주르차찌)	(о воде) журчание 같은 소리를 내다 졸졸소리내다, (옷. 나뭇잎 등) 스치는 소리, 솨솨 소리
жуткий (주뜨끼이)	(형) 무서운, 가공할, 소름끼치는 엄청난, 무시무시해 기분 나쁜 초인적[초자연적]인, 수상한, ~ насморк 지독한 감기; ~ холод 고약한 추위
жутко[1] (주뜨까)	1. (형) см. жуткий 2. ему ~ 그의 경외심에 눌리다
жутко[2] (주뜨까)	(부) 몹시, 굉장히, 기분 나쁘게 ~ много народу 굉장한인파, 군중
жуть (주찌)	(여) 무시무시한 느낌,공포감, 기분나쁨, ~ берёт 온몸에 소름이 끼친다.
жухлый (주흘르이)	(형) 빛깔이 날은, 시들은, 색이바랜.
жухнуть (주흐누찌)	(여) 빛깔이 날다, 시들다 (вянуть) зажухнуть, пожухнуть неперех. 주름(살)지다, 줄어(오그라)

Жж

- 319 -

	들다 시들다, 뒤틀리다 못쓰게 되다
жучить (주치찌)	잔소리하여 괴롭히다, 성가시게 잔소리 하다, 바가지 긁다.
жучка (주츠까)	(여) 집 지키는 개, 집에서 기르는 개.
жучок (주쵸크)	(남)① *см.* жук 나무좀, (건물. 가구 등) 딱정벌레의 일종; древесный ~ 나무좀(짚신벌레 비슷한 갑각류); ② 집에서 [손으로] 만든 전기의 퓨즈
ЖЭК (жилищно-эксплуа-тационная контора) (쥐에께)	주택관리사무소
жюри (쥬리)	(중) 심사위원, (전람회등의) 심사위원단, (스포츠의) 심판원, 재판관, 심판관; ~ по отбору картин на выставки 교살(교수형)위원회 член ~ 심사위원.

Зз

| за
(자) | (전) ①(위치표시) 뒤에, 건너편에, 밖에, 이외의, 이밖에; за домом 집 뒤에; за городом 시외에서, 교외에서; ② (방향을 표시) 뒤로, 밖으로, 저쪽으로, 건너편으로; выйти за дверь 문밖으로 나가다; уехать за реку 강 건너로 떠나다; ③ 뒤따라, 뒤이어, идите за мной 내 뒤로 따라오시오; ④(어떤 일하면서)가까이에, 곁에, 주위에; ⑤ (목적을 표시); идти за водой 물을 길러가다; ⑥ (원인을 표시) 때문에, 탓으로, ~에 대하여; ⑦ 넘어, ~이상; ⑧ ~의 거리에; ⑨ 동안에, 기간에; ⑩ ~전에; ⑪ 대신에; ⑫ (값, 대가를 표시); купил за пять рублей 5루불 주고 샀다; ⑬ 위하여; ⑭ ~때에, ~걸쳐; ⑮ (동작이 미치는 대상 표시),~을; |

за
(자)

(앞붙이) (동사에 붙어서 다음과 같은 뜻을 나타냄) ① 행동의 시작; заплакать 울기 시작하다; ② 극도에 도달한 행동 закормить 지나치게 먹이다

забава
(자바와)

(여) 재미나게 하다, 웃기다, 놀음; 재롱받이

забавлять
(자바블랴찌)

(미완) 재미나게 하다, 웃기다, 즐겁게 하다

забавляться
(자바블랴쨔)

(미완) 즐기다, 재미나다, 심심풀이하다, 즐겁게 시간을 보내다

забавный
(자바브느이)

(형) 익살스러운, 재미있는

забаллотировать
(자발로찌로와찌)

(완) 반대투표하다, 낙선 시키다

забастовка
(자바쓰또브까)

(여) 파업(罷業), 동맹파업;

забастовочный (자바쓰또뷔츠느이)	(형) 동맹파업의, 파업의
забастовщик (자바쓰또브쉬크)	(남) 파업자(罷業者)
забвение (자브베니예)	(중) ① 망각(忘却); ② 혼수상태
забег (자베그)	(남) (체육) 달리기, 경주(競走)
забегать (완), забежать(완) (자베가찌)	① 잠간(잠시)돌리다, 뛰어 들어가다; ② 멀리 달아나다(가버리다);
забеливать (미완), забелить (완) (자벨리와찌)	희게 칠하다, 회칠하다
забеременеть (자베레메네찌)	(완) 임신하다, 아이를 배다, 아이를 가지다
забивать (자비와찌)	(미완) ① 박다; ② 막다, 봉하다; ③ (가득) 채우다, 메우다; ④; ~вать гол(мяч) (체육) 공을 차넣다; ~ насмерть 죽도록 때리다, 얼빠지게 하다
забиваться (자비와쨔)	(미완) ① 들어박히다, 몸을 감추다; ② (꽉) 메이다, 박히다;
забинтовать (자빈따와찌)	(완) см. бинтовать
забирать (자비라찌)	(미완) ① 잡다, 그러쥐다, 가지다, 빼앗다; ② 구금하다, 잡아가다
забираться (자비라쨔)	(미완) ① 숨어들다, 기어들어가다; ② 올라가다
забитый (자비뜨이)	① забить 의 피동과거; ② (형) 1) (억눌리고) 시달린, 억눌리운; 2) 겁에 질린, 기를 못 펴는
забить (자비찌)	см. забивать
забиться (자비쨔)	(완) см. забиваться; см. биться
забияка (자비야까)	(남) 시비꾼, 싸움꾼
заблаговременно	(부) 미리, 사전에;

(자블라가브레멘나)

заблаговременный (형) 미리 준비된, 예비적인, 사전의
(자블라가브레멘느이)

заблестеть *см.* блестеть
(자블레쓰쩨찌)

заблудиться (완) 길을 잃다, 헤메다
(자블루지짜)

заблуждаться (미완) 잘못생각하다, 잘못 판단하다,
(자블루즈자쨔) 착각하다, 그릇된 생각하다

заблуждение (중) 잘못된(그릇된)생각, 착각, 오해
(자블루즈제니예)

забой (남) 막장, 마구리
(자보이)

забойщик (남) 막장 노동자, 채굴공
(자보이쉬크)

заболачивание (중) 진펄로 되는 것
(자볼라치와니예)

заболеваемость (여) 병에 걸릴 확률
(자볼레와예모쓰찌)

заболевание (중) ① 병나기, 발병; ② 병(病), 질병
(자볼레와니예)

заболеть (완) ① 병이 나다, 병에 걸리다, 탈이
(자볼레찌) 나다; ② 아프기 시작하다

забор (남) (나무) 울타리, (널) 담장;
(자보르)

забота (여) ① 근심, 염려, 걱정, 수심(愁心);
(자보따) ② 배려, 보살핌;

заботиться (미완) ①근심하다, 걱정하다, 염려하다,
(자보찌짜) 마음을 쓰다, 수심이 있다; ②배려하다,
보살피다, 시중하다;

заботливо (부) ① 성의 있게, 주의 깊게, 세심히,
(자보뜰리워) 살뜰하게

заботливость (여) 배려, 염려, 보살핌
(자보뜰리보쓰찌)

заботливый (형) ① 잘 보살피는, 잘 돌봐주는;

- 323 -

(자보뜰리브이)	② 알뜰한, 살뜰한, 소중한
забраковать (자브라꼬와찌)	*см.* браковать
забрасывать¹ (자브라씌와찌)	(미완) *чем* ~을 뿌려서 채우다, 매우다, 끼얹다; ~ яму землёй 구덩이를 흙으로 메우다; ~ вопросами 질문을 퍼붓다
забрасывать² (자브라씌와찌)	(미완) ① *куда;* ~ 에 집어던지다, 던져넣다, 멀리 내던지다; ~ мяч в сетку 뿔을 그물에 던져넣다; ② (하던 일을) 던져두다, 내버려두다, 방임하다
забрать(ся) (자브라찌)	*см.* забираться
забрезжить (자브레쥐찌)	(완) 동트기 시작하다, 밝기 시작하다, 반짝거리기 시작하다; ~ ло (무인칭) 날이 밝기 시작하였다, 먼동이 트기 시작하였다
забронировать (자브로니로와찌)	*см.* бронировать
забросить (자브로씨찌)	*см.* забрасывать 1
заброшенный (자브로쉔느이)	(형) ① 내버려 둔, 던져둔, 방임된; ~ый дом (못쓰게 되어) 내버려둔 집; ② 황폐화 된 ~ая земля 황폐화된 땅
забрызгать (완), забрызгивать (미완) (자브릐즈가찌) (자브릐즈기바찌)	뿌려 던지다, 끼얹다;
забывать (자븨와찌)	(미완) ① 잊다, 잊어버리다, 망각하다; ② 잊어버리고 남겨두다, 가져가지않다
забываться (자븨와짜)	(미완) ① 졸다, 잠간 잠들다; ② 깊은 생각에 잠기다, 사색하다; ③ 의식을 잃다, 혼수상태에 빠지다
забывчивость (자븨브치보쓰찌)	(여) 잊음증, 기억력부족
забывчивый (자븨브치브이)	(형) 잘 잊어버리는, 기억력이 나쁜, 산만한
забыть	*см.* забывать

(자븨찌)	
забытьё (자븨찌요)	(중) ① 졸음; ② 인사불성, 혼수상태; ③ 심사숙고(深思熟考)
забыться (자븨쨔)	*см.* забываться
завал (바왈)	(완) ① 더미, 큰 무더기, 덩어리; ② 장애물(障碍物)
заваливать (자왈리와찌)	(미완) ① 던져넣어 메우다, 채워넣다, 덮치다; ② 가득쌓아서 막다, 가득쌓다, 가득 놓다;
заваливаться (자왈리와쨔)	(미완) ① (뒤로, 뒤에) 떨어지다, 무너 지다; ② 기울어지다;
завалить(ся) (자왈리찌)	*см.* заваливать(ся)
заваляться (자왈랴쨔)	(완) 오래 묵다, 쓰지 않고 그대로 나아있다
заваривать (미완), **заварить** (완) *что* ~를 끓는 물에넣다(우리다) (자와리와찌) ~чай 끓는 물에 차(茶)를 타다;	
заведение (자볘졔니예)	(중) 기관, 시설; учебное ~학교, 교육 기관; лечебное ~치료기관; высшее учебное ~대학, 고등교육기관
заведовать (자볘도와찌)	(미완) *чем* ~를 관리하다, 지도하다, 책임지다; ~кафедрой 강좌를책임지다
заведомо (자볘도마)	(부) 미리, 앞서, 미리미리, 먼저, 앞서, 앞서서, 앞당겨서, 지례;
заведомый (자볘도므이)	(형): ~ая ложь 뻔한 거짓
заведующий (자볘두유쉬이)	(남) 지배인, 관리자, 책임자.
завезти (자볘즈찌)	*см.* завозить
завербовать (자볘르보와찌)	*см.* вербовать
заверить (자볘리찌)	*см.* заверять

завернуть(완), завёртывать (미완) (자베르누찌)	① 싸다, 둘러싸다, 감싸다, 포장하다; ② 틀어 맞추다, 틀어막다;
завернуться (완), завёртываться (미완) (자베르누쨔)	자기 몸을 감싸다, 자기 몸에 두르다
завершать (자볘르샤찌)	(미완) 끝마치다, 완수하다, 마무리하다, 마감 짓다, 해치우다
завершаться (자볘르샤쨔)	(미완) 끝나다, 결말이 나다, 완수하다, 완성하다
завершение (자볘르쉐니예)	(중) 완수, 종결, 결속, 마무리;
завершить(ся) (자볘르쉬찌)	*см.* завершать(ся)
заверять (자볘르야찌)	(미완) ① 믿게 하다, 확언하다; ② 보증하다, 증명하다;
завеса (자볘싸)	(여) 막, 휘장, 장막
завесить (자볘씨찌)	*см.* завешивать
завести(сь) (자볘쓰찌)	*см.* заводить(ся)
завет (자볘트)	(남) 유언, 유훈
заветный (자볘뜨느이)	(형): ~ая мечта, ~ое желание 숙망 염원(念願)
завешивать (자볘쉬와찌)	가리다, 가득 걸어놓다
завещание (자볘샤니예)	(중) 유언, 유서, 재산상속유언장
завещать (자볘샤찌)	(완, 미완) ① 유언하다; ② 유산을 물려주다
завивать (자비와찌)	(미완) 꼬불꼬불하게 하다, 비틀다;
завиваться (자비와쨔)	(완) 파마를 하다
завивка	(여) ① 머리를 지지는 것, 파마를 하는

- 326 -

(자비브까)	것; ② 지진머리, 파마머리
завидно (자비드나)	(부) (술어) 부럽다
завидный (자비드느이)	(형) 부러워할만한, 부러울만큼 훌륭한, 아주 좋은
завидовать (자비도와찌)	(미완) 부러워하다, 시샘한다, 게염을 피우다; он ~ует мне 그는 나를 부러워하다
завинтить (완), **завинчивать** (미완) (나사 등을) 틀어넣다, (자빈찌찌) 틀어 맞추다;
зависеть (자비쎄찌)	(미완) ① 달려있다, 매달리다, 좌우되다; ② 예속되다;
зависимость (자비씨모쓰찌)	(여) ① 예속, 종속, 종속관계; ② 의존심(依存心);
зависимый (자비씨므이)	(형) 예속된, 종속된, 복종된, 의존된;
завистливый (자비쓰뜰리브이)	(형) 부러워하는, 시샘하는, 게염스러운;
завистник (자비쓰뜨니크)	(남) 시샘바리, 질투쟁이
зависть (자비쓰찌)	(여) 부러움, 선망, 시샘, 질투감;
завить(ся) (자비찌)	*см.* завивать(ся)
завком (заводской комитет профсоюзной организации) (자브꼼) 공장노동위원회
завладевать(미완), **завладеть** (완) ① *кем-чем* ~를 수중에 (자블라제와찌) 넣다, 틀어쥐다, 틀어잡다, 점유하다; ② 복종시키다, 자기에게 끌다;
завлекать(미완), **завлечь** (완) ① 꾀어 끌어가다, 유인하다; (자블레까찌) ② 이끌다; ③ 홀리다, 유혹하다
завод¹ (자볻)	(남) 공장(工場)
завод² (자볻)	(남) (시계 등) ① 태엽 감아주는 것, 시동; ② 태엽, 시동장치

- 327 -

заводила (자뷔지라)	(남, 여) 주모자, 발기자
заводить (자뷔지찌)	(미완) ① *куда* 끌어가다, 데려다주다, 가져다 넣다; ② *что* 제정하다, 세우다; ③ (기계를) 시동하다, 돌아가게 하다; ④ 두다, 갖추다, 가지게 되다;
заводиться (자뷔지쨔)	(미완) ① 나타나다, 생기다; ② 시동되다, 움직이기 시작하다
заводной (자뷔드노이)	(형) 태엽장치가 있는;
заводоуправление (자뷔도우쁘랍레니예)	(중) 공장관리부(工場管理部)
заводский , заводской (자보드쓰끼이, 자보드쓰꼬이)	(형) 공장의
завоевание (자뷔예와니예)	(중) ① 전취, 쟁취, 점령, 정복; ② 전취물; ③ 업적, 성과
завоеватель (자뷔예와쩰)	(남) 정복자, 쟁취자
завоевать (완), **завоёвывать**(미완) (자뷔예와찌)	①전취하다, 쟁취하다, 얻어내다 얻어가지다; ② 정복하다, 강점하다
завозить (자뷔지찌)	(미완) ① 실어다주다, 가져다주다; ② 나르다, 실어가다;
заволакивать (자뷜라끼와찌)	(미완) (구름, 안개 등이) 가리다, 덮다
заволакиваться (자뷜라끼와쨔)	(완) 덮이다, 가려지다
заволноваться (자뷜노와쨔)	*см.* волноваться
заволочь(ся) (자볼로치)	*см.* заволакивать(ся)
завопить (자뷔삐찌)	*см.* вопить
заворачивать (자뷔라치와찌)	*см.* завёртывать
заворчать (자뷜르차찌)	*см.* ворчать

завсегдатай (자브쎄그다따이)	(남) 단골손님, 늘 오는 사람
завтра (자브뜨라)	(부) ① 내일; ② (명사로) 내일, 가까운 앞날, 미래; откладывать на ~ 내일로 미루다; до ~! 내일 또 만납시다.
завтрак (자브뜨라크)	(남) 아침밥, 아침식사, 조찬회; лёгкий ~ 간단한 아침식사;
завтракать (자브뜨라까찌)	(미완) 아침밥을 먹다, 아침식사를 하다
завтрашний (자브뜨라쉬느이)	(형) 내일의; ~день 내일, 가까운 앞날
завуч (заведующий учебной частью) (자부츠)	(남) 교무주임, 교무부장
завхоз (заведующий хозяйством) (자브호즈)	(남) 경리책임자, 경리부장, 경리과장
завывать (자븨와찌)	*см.* выть
завысить (자븨씨찌)	*см.* завышать
завыть (자븨찌)	*см.* выть
завышать (자븨샤찌)	(미완) 너무 지나치게 높이다;
завязать(ся) (자뱌자찌)	*см.* завязывать(ся)
завязка (자뱌즈까)	(여) ① 끈, 줄, 바; ② 발단, 단서, 시초;
завязнуть (자뱌즈누찌)	*см.* вязнуть
завязывать (자뱌즤와찌)	(미완) ① 매다, 묶다, 싸매다; ② (관계 등을) 맺다, 시작하다;
завязываться (자뱌즤와쨔)	(미완) ① 매어지다, 맺히다; ② 맺어지다, 일어나다, 시작되다; ③ (열매가) 맺다, 열리기 시작하다
завязь (자뱌지)	(여) (식물) 씨앗집, 자방, 결실

завянуть (자뱌누찌)	*см.* вянуть
загадать (자가다찌)	*см.* загадывать
загадка (자가드까)	(여) 수수께끼, 미어; загадать (отгадать) ~у 수수께기를 내다(풀다)
загадочный (자가도츠느이)	(형) 수수께끼 같은, 이상스러운, 이상야릇한;
загадывать (자가드와찌)	(미완): ~ загадку 수수께끼를 걸다 (내다); ~ вперёд 미리 추측(예측)하다
загар (자가르)	(남) 햇볕에 탄 피부색; покрываться ~ом 햇볕에 타다
загвоздка (자그보즈드까)	(여) 매듭, 난점, 난문제
загиб (자기프)	(남) ① 굴곡, 만곡, 굽이; ② 편향
загибать (자기바찌)	(미완) ① 굽히다, 구부리다, 접다; ② (길을) 꺾어 돌다, 돌아가다;
загибаться (자기바쨔)	(미완) 구부러지다, 접히다, 휘다
заглавие (자글라비예)	(중) 제목, 표제, 제명;
заглавный (자글라브느이)	(형): ~ая буква 대문자; ~ая роль 주역
загладить (완), **заглаживать** (미완) (자글라지찌)	① *см.* гладить ② 고치다, 갚다, 씻다, 완화하다;
заглатывать (미완), **заглотать** (완) 삼켜버리다, 마구삼키다 (자글라뜨와찌)	
заглохнуть (자글로흐누찌)	(완) ① (소리가) 들리지 않게 되다, 소리가 멎다; ② 멎다; ③ (불이)꺼지다; ④ 정원 등이 황폐해지다, 잡초가 우거지다;
заглушать(미완), **заглушить** (완) (자글루샤찌)	① (소리가) 들리지 않게 하다; ② (잡초가)다른 식물을 못 자라게 하다; ③ 억누르다, 꺼버리다, 끄다;
заглядеться	*см.* заглядываться

Зз

(자글랴제짜)

заглядывать
(자글랴겨와찌)

(미완) ① 엿보다,(피뜩,얼핏)들여다보다, 갸웃이 내다보다; ② 잠깐 들리다, 찾아오다

заглядываться
(자글랴겨와쨔)

(미완) 홀린 듯이, 정신없이 바라보다

заглянуть
(자글랴누찌)

см. заглядывать

загнать
(자그나찌)

см. загонять

загнивание
(자그니와니예)

(중) 썩는 것, 부패화

загнивать
(자그니와찌)

(미완) 썩다, 썩어가다, 부패하다, 썩기 시작하다, 부패하기 시작하다

загнить
(자그니찌)

см. загнивать

загноиться
(자그노이쨔)

см. гноиться

загнуть(ся)
(자그누찌)

см. загибать(ся)

заговаривать
(자고와리와찌)

см. заговорить

заговор
(자고뷔르)

(남) 음모, 공모, 밀약, 암계, 암모, 꿍꿍이;

заговорить
(자고뷔리찌)

(완) ① 말하기 시작하다, 입을 열다, 말이 나다; ② 이야기를 꺼내다, 말을 꺼내다

заговорщик
(자고보르쉬크)

(남) 음모자, 공모자

заголовок
(자골로복)

(남) 제목, 표제

загон
(자곤)

(남) 우리, 집짐승우리, 외양간;

загонять
(자고냐찌)

(미완) ① 몰아넣다, 몰아들이다; ② (힘을 주어) 박아넣다, 들이박다; ③ 지치게 하다, 힘들게 하다;

- 331 -

загораживать (자고라쥐와찌)	(미완) ① 둘러싸다, 에워싸다, ~에 울을 하다; ② 가로막다, 바리케이드를 쌓다[치다]; (가로)막다.
загорать (자고라찌)	(미완) (햇볕에) 타다, 그을다
загораться (자고라짜)	(미완) ①불이나다, 불붙다, 불타오르다, 불타기 시작하다; ② 불타다, ~하고 싶어 못견디다, 내키다
загорелый (자고레르이)	(형) 햇볕에 탄(그을은)
загореть(ся) (자고레찌)	*см.* загорать(ся)
загородить (자고로지찌)	*см.* загораживать
загородка (자고로드까)	(여) 울타리, 담, 바자
загородный (자고로드느이)	(형) 교외의, 시외의;
заготавливать (자고**та**블리와찌)	(미완) ① 준비하여두다, 미리준비하다; ② 장만하다, 갖추어놓다, 예비로 두다; ③ 수매하다
заготовитель (자고또비쩰)	(남) 수매원, 수매일군
заготовительный (자고또비쩰느이)	(형) 수매의;
заготовить (자고또비찌)	*см.* заготовлять
заготовка (자고또브까)	(여) ① 장만하는 것, 갖추어놓는 것, 수매; ② 반제품, 소재
заготовлять (자고또블**랴**찌)	*см.* заготавливать
заградительный (자그지쩰느이)	(형) 막기위한, 차단하는, 저지하는, 견제하는;
заграждение (자그라즈졔니예)	(중) 장애물, 차단물, 방해물, 방벽,
заграница	(여) 외국, 국외

(자그라니짜)

заграничный (형) 외국의, 국외의;
(자그라니츠느이)

загребать (미완) ① 긁어 모으다, 긁어 들이다;
(자그레바찌) ② 빼앗다, 갉아먹다

загреметь *см.* греметь
(자그레메찌)

загрести *см.* загребать
(자그레쓰찌)

загримировать(ся) *см.* гримировать
(자그리미로와찌)

загромождать (미완), **загромоздить** (완) 잔뜩 쌓아놓다, 가득
(자그로모즈다찌) 채우다, 쌓다

загрохотать *см.* грохотать
(자그로호따찌)

загрубеть *см.* грубеть
(자그루베찌)

загружать (미완), **загрузить** (완) ① 싣다, 적재하다, 채우다;
(자그루좌찌) ② ~работой 일을 맡기다, 일감을
주다

загрузка (여) ① 싣는 것, 적재, 적재량;
(자그루즈까) ② (기계 등의) 부하, 가동

загрустить *см.* грустить
(자그루쓰찌찌)

загрызть (완) 물어죽이다
(자그릐즈찌)

загрязнение (중) 더럽히다, 더러워지는 것, 오염
(자그랴즈네니에)

загрязнить (완), **загрязнять** (미완) 더럽히다, 어지럽다, 더럽게
(자그랴즈니찌) 하다, 찌들다

загс (남) (отдел записи актов гражданского состояния)
(작스) 신분등록과, 주민등록과, 혼인신고과.

загубить *см.* губить
(자구비찌)

загудеть *см.* гудеть

- 333 -

(자구제찌)

загустеть (자구쓰쩨찌)	*см.* густеть
зад (자드)	(남) ① 뒤, 뒤면, 뒷부분; ② 엉덩이
задавать (자다와찌)	(미완) 주다, 수여하다;
задаваться (자다와쨔)	(미완): ~ целью 목적을 추구하다, 목적으로 삼다
задавить (자다비찌)	(완) ① 깔아죽이다, 눌러죽이다, 암살하다; ② 진압하다, 억누르다
задание (자다니예)	(중) 과제, 과업, 임무
задатки (자다뜨끼)	(복수) 소질, 천품
задаток (자다또크)	(남) 선금, 예약금
задаться (자다쨔)	*см.* задаваться
задача (자다차)	(여) ① 과업, 과제, 임무; ② 연습문제;
задачник (자다츠니크)	(남) 문제집
задвигать (자드비가찌)	(미완) ① 밀어 넣다, 치워 넣다, 닫다; ② 막다, 가리다; ~штору 커텐을 치다
задвижка (자드비즈까)	(여) ① 빗장, 문빗장, 경관; дверная ~ 문빗장; ② 미끄럼변, 셔트
задвинуть (자드비누찌)	*см.* задвигать
задворки (자드보르끼)	(복수) 뒤곁, 뒤마당;
задевать (자제와찌)	(미완) ① 다치다, 스치다, 걸리다; ② 건드리다, 스치다, 언급하다.
заделать (완), **заделывать** (미완) 메우다, 막다; (자젤라찌)	

- 334 -

задёргивать (자죠르기와찌)	(미완) (휘장을 치려고) 끌어당기다, 가리다, 잡아당기다
задержание (자졔르좌니예)	(중) ① 구금, 검거, 억류; ② 지체
задержать(ся) (자제르좌찌)	*см.* задерживать(ся)
задерживать (자졔르쥐와찌)	(미완) ① 포착하다, 억류하다, 멈추다, 잡아두다; ② 구금하다, 검거하다; ③ 지체하다, 지연시키다, 끌다
задерживаться (자졔르쥐와쨔)	(미완) ① 늦어지다, 지체되다, 지연 되다; ② 우물쭈물하다, 멈추다;
задержка (자졔르즈까)	(여) 정지, 지체, 지장; без ~и 지체 없이
задёрнуть (자죠르누찌)	*см.* задёргивать
задеть (자졔찌)	*см.* задевать
задира (자지라)	(남, 여) 상비군
задирать (자지라찌)	(미완) ① 쳐들다, 추겨들다, 걷어 올리다 ② 찢어죽이다;
задник (자드니크)	(남) (신발의) 뒤꿈치
задний (자드니이)	(형) 뒤의, 뒤에 있는; ~ие колёса 뒤 바퀴; ~ие ноги 뒷발; ~яя мысль 속심, 다른 생각, 숨은 의도; ~ий ход 후진, 후퇴; без ~их ног 지쳐서 넘어 질 지경이다;~ий проход (해부) 항문
задолго (자돌가)	(부) 오래전에, 미리미리
задолжать (자돌좌찌)	(완) 빚을 지다, 돈을 꾸다
задолженность (자돌줸노쓰찌)	① 빚, 부채; ② 낙제
задом (자돔)	(부) 뒤로, 등지고;

- 335 -

задор (자도르)	(남) ① 열정, 혈기; ② 결기, 격정
задорный (자도르느이)	(형) ① 혈기 있는, 열정적인; ② 패기 있는, 결기 있는
задохнуться (자도흐누쨔)	*см.* задыхаться
задрать (자드라찌)	*см.* задирать
задребезжать (자드레베즈좌찌)	*см.* дребезжать
задремать (자드레마찌)	*см.* дремать
задрожать (자드라좌찌)	*см.* дрожать
задувать¹ (자두와찌)	(미완) 불어서 끄다; ~свечу 초불을 끄다
задувать² (자두와찌)	(공학):~домну 용광로에 불을 지피다
задумать(ся) (자두마찌)	*см.* задумывать(ся)
задумчиво (자두므치붜)	(부) 생각에 잠긴, 묵상
задумчивый (자두므치브이)	(형) 묵상에 잠긴
задумывать (자두믜와찌)	(미완) 생각해 내다, 기도하다, 꾸며내다
задумываться (자두므와쨔)	(미완) 깊이 생각하다, 생각에 잠기다;
задуть (자두찌)	*см.* задувать 1, 2
задушевный (자두쉐브느이)	(형) 다정한, 진정한, 진심의; ~ разговор 다정한 이야기
задушить (자두쉬찌)	(완) ① 목을 눌러서 죽이다, 교살하다; ② 억누르다, 진압하다
задыхаться	(미완) 숨이 막히다, 숨차하다, 헐떡

(자듸하짜)	거리다, 질식하다;
заезжать (자예즈좌찌)	(미완) ① (가는 길에) 들리다; ② 들어가다; ③ за *кем-чем* ~을 가지러오다;
заём (자욤)	(남) 부채, 공채, 빚, 차관
заехать (자에하찌)	*см.* заезжать
зажарить (자좌리찌)	*см.* жарить
зажать (자좌찌)	*см.* зажимать
зажечь(ся) (자줴치)	*см.* зажигать(ся)
заживать (자쥐와찌)	(미완) 낫다, 아물다
заживо (자쥐붜)	(부) 산채로, 살아있는 것;
зажигалка (자쥐갈까)	(여) 라이타, 점등[점화]기, 소이탄
зажигание (자쥐가니예)	(중) ① 점화; ② (내연기관의) 점화기
зажигательный (자쥐가쩰느이)	(형): ~ая бомба 소이탄; ~ая речь 뜨거운 연설, 열강
зажигать (자쥐가찌)	(미완) ① 불붙이다, 불 지르다; ② *кого* 흥분시키다, 격동시키다, 고무하다, 추동하다
зажигаться (자쥐가쨔)	(미완) ① 불붙다, 불타기 시작하다; ② 불타오르다
зажим (자쥐므)	(남) ① (기계의) 조이개, 쬠쇠; ② 억압, 억제
зажимать (자쥐마찌)	(미완) ① 꽉 틀어쥐다, 끼우다; ② 막다; ③ 억누르다, 억제하다;
зажиточный (자쥐또츠느이)	(형) 부유한, 유족한

3з

зажить[1] (자쥐찌)	*см.* заживать
зажить[2] (자쥐찌)	(완) 살기시작하다, 생활하기 시작하다;
зажмурить(ся) (자쥐무리찌)	*см.* жмурить(ся)
зазвать (자즈와찌)	*см.* зазывать
зазвенеть (자즈볘녜찌)	*см.* звенеть
зазвонить (자즈붜니찌)	*см.* звонить
зазвучать (자즈부차찌)	*см.* звучать
зазеваться (자즈예와쨔)	(완) 멍청해 있다, 멍하니 바라보다
зазеленеть (자젤옐례녜찌)	*см.* зеленеть
заземление (자젬레니예)	(중) ① 접지, 땅묻이; ② 아스선, 접지선
заземлить(완), **заземлять** (자젬리찌)	접지하다
зазнаваться (자즈나와쨔)	(미완) 자만하다, 자고자대하다, 뻐기다, 거드름 피우다
зазнай ство (자즈나이쓰뜨붜)	(중) 자만, 자존, 자고자대
зазнаться (자즈나쨔)	*см.* зазнаваться
зазор (자즈오르)	(완) 틈, 짬, 사이, 새
зазрение (자즈례니예)	(중): без ~я совести 뻔뻔스럽게, 양심의 가책도 느끼지 않고
зазубрина (자주브리나)	(여) 톱날모양의 홈, 톱날모양
зазубрить	*см.* зубрить

(자주브리찌)

зазывать
(자끄와찌)

(미완) 간청하다, 조르다

заиграть
(자이그라찌)

см. играть

заигрывать
(자이그릐와찌)

(미완) 알랑거리다, 아첨하다, 애교를 부리다

зайка
(자이까)

(남, 여) 말더듬이

заикаться (미완), **заикнуться** (완)
(자이까짜)

말을 더듬거리다; он и не ~нулся об этом 그는 이 일에 대해서 입 밖에도 내지 않았다

заимообразно
(자이마아브라즈나)

(부) 대부하여; 차입하여, 빌려; брать ~ 꾸다; давать ~ 꾸어주다

заимствование
(자이므스뜨뷔와니예)

(중) ① 차용; ② 들어온 말, 외래어, 차용어

заимствовать
(자이므스뜨뷔와찌)

(완, 미완) 얻어오다, 얻어가지다, 받아들이다; ~ опыт 경험을 받아들이다

заиндеветь
(자인제볘찌)

(완) 서리가 앉다, 성에가 끼다, 유빙이 끼이다

заинтересованность
(자인쩨레소완노쓰찌)

(여) 관심, 관심성, 이해관계

заинтересованный
(자인쩨레소완느이)

(형) 관심있는, 이해관계가 있는;

Заир
(자이르)

(남) 자이르

заискивать
(자이쓰끼와찌)

(미완) 빌붙다, 아부하다, 알랑거리다

зайти
(자이찌)

см. заходить

закабаление
(자까발레니예)

(중) 노예화, 예속화

закабалить (완), **закабалять** (미완) 노예화하다, 예속시키다
(자까발리찌)

закадычный

(형): ~ друг 다정한 벗, 막역한 친구,

- 339 -

(자까드즈느이)

заказ (자까즈)	(남) ① 주문; ② 주문품
заказать (자까자찌)	*см.* заказывать
заказной (자까즈노이)	(형) ① 주문의, 주문에 의하여 만든; ② 등기의; ~ое письмо 등기편지
заказчик (자까즈치크)	(남) 주문자
заказывать (자까즈와찌)	(미완) 주문하다;
закалённый (자깔룐느이)	(형) 단련된, 강인한
закаливание (자깔리와니예)	*см.* закалка
закаливать(ся), закалить(ся) (자깔리와찌)	*см.* закалять(ся)
закалка (자깔르까)	(여) ① 단련; ② (공학) 불림, 달굼질, 굳히기
закалывать (자깔릐와찌)	(미완) ① 찔러죽이다; ② (삔 등을) 꽂다, 이어대다
закалять (자깔랴찌)	(미완) ① 단련하다, 튼튼하다; ② 불리다, 버리다
закаляться (자깔랴짜)	(미완) ① 단련되다, 튼튼하다; ② 소경되다
заканчивать (자깐치와찌)	(완) 끝마치다, 끝내다, 마감 짓다, 마감하다
заканчиваться (자깐치와짜)	(미완) 끝나다, 끝장나다, 결말이 나다, 완결되다
закапывать (자까쁴와찌)	(미완) 파묻다, 껴묻다, 메우다; ~ яму 구덩이를 메우다
закат (자까트)	(남) ① 저녁 무렵, 일몰, 해질 무렵; ② 서산낙일, 말기
закатить(ся) (자까찌찌)	*см.* закатывать(ся)

- 340 -

закатывать (자까띄와찌)	(미완) 굴려 넣다; ~ глаза 눈을 뒤집다, 눈을 치뜨다; ~ истерику 히스테리를 일으키다
закатываться (자까띄와쨔)	(미완) ① куда ~에 굴러들어가다; ② (해가)지다; ③ (웃음 등이) 터지다;
закачать(ся) (자까차찌)	см. качать(ся)
закашляться (자까쉴랴쨔)	(완) 기침이 나다
заквасить (자끄와씨찌)	см. квасить
закваска (자끄와쓰까)	(여) 누룩, 효모; 소질, 품성
закидать, закидывать (자끼다찌) (자끼듸와찌)	см. забра сывать I, II
закипать, закипеть (자끼빠찌, 자끼뻬찌)	см. кипеть
закисать, закиснуть (자끼싸찌, 자끼쓰누찌)	см. киснуть
закись (자끼시)	(여) (화학) 아산화물;
заклад (자클라드)	(남) биться об ~ 내기하다, 다짐하다
закладка (자클라드까)	(여) ① 닦는 것, 쌓는 것, 부설; ② (책에서) 갈피끈, 책끈.
закладная (자클라드나야)	(여) 전당표, 저당증서
закладывать (자클라듸와찌)	(완) ① 넣다, 끼워 넣다; ② (토대 등을) 닦다, 닦아놓다, 쌓다; ③ 저당하다; ④ 메우다, 가득 놓다, 치워놓다;
заклеивать (미완), заклеить (완) 붙이다, 붙여서 봉하다; (자클레이와찌)	
заклей мить (자클레이미찌)	см. клей мить
заклепать	см. клепать

(자클레빠찌)	
заклёпка (자클료쁘까)	(여) 맞머리 못(리벳 rivet)
заключать (자클류차찌)	(미완) ① (조약 등을) 맺다, 체결하다; ② 결론하다, 결론짓다; ③ 끝맺다; ④ 가두다, 감금하다;
заключаться (자클류차쨔)	① ~에 있다, ~으로 되다, 귀착되다; ② (포함되어) 있다; ③ 끝나다, 끝맺어지다
заключение (자클류체니에)	(중) ① 체결; ② 결론; ③ 구금, 감금; место ~я 구금소; тюремное~е 투옥; находиться (быть) в ~и 구금되다
заключённый (자클류촌느이)	(남) 구금자, 죄수.
заключительный (자클류치쩰느이)	(형) 마지막의 끝맺는, 최종의;
заключить (자클류치찌)	см. заключать
заклятый (자클랴뜨이)	(완); ~ враг 철천지원수, 불공대천의 원수, 절대 용서 못할 적.
заковать (완), заковывать (자까와찌)	(미완) 쇠사슬로 매다, 묶다, 수갑을 채우다
заколачивать (자깔라치와찌)	(미완) ① 박다, 박아넣다; ② ~ окно 창문에 못질하여 봉하다
заколебаться (자깔레와쨔)	см. колебаться
заколоситься (자깔로씨쨔)	см. колоситься
заколотить (자깔로찌찌)	см. заколачивать
заколоть (자깔로찌)	см. колоть; см. закалывать
заколыхать(ся) (자깔르하찌)	см. колыхать(ся)
закон (자꼰)	(남) ① 법칙; ② 법, 법령, 법률

законность (자꼰노스쯔찌)	(여) 합법성, 준법성
законный (자꼰느이)	(형) ① 법적, 법적인, 합법적인, 법에 맞는; ② 정당한, 응당한, 당연한;
законодательный (자깐노다쩰느이)	(형) 입법의; ~ый орган 입법기관
законодательство (자깐노다쩰쓰뜨붜)	(중) ① 입법, 법률의 제정; ② 법전, 법제; уголовное ~ 형법
закономерно (자깐노몌르나)	(부) 합법적으로, 합법칙적으로, 당연하게
закономерность (자깐노몌르노쓰찌)	(여) 합법칙성, 법칙성
закономерный (자깐노몌르느이)	(형) ① 합법칙적인; ② 응당한, 당연한; ~ое влияние 당연한 일, 당연한 현상
законопроект (자깐노쁘로예께트)	(남) 법안, 법률안
законченность (자꼰첸노쓰찌)	(여) 완결성, 완전성, 완성, 완벽
законченный (자꼰첸느이)	(형) ① 완성된, 완결된, 완전한; ② 완벽한, 원숙한
закончить(ся) (자깐치찌)	*см.* заканчивать(ся)
закопать (자까빠찌)	*см.* закапывать
закоптить (자까쁘찌찌)	*см.* коптить
закоптиться (자까쁘찌짜)	(완) 그을음이 앉다, 그을다, 그을리다, 훈작하다
закоренелый (자까례녤르이)	(형) 뿌리깊이 박힌, 고질이된, 완고한;
закоулок (자까울로크)	(남) 뒷골목, 궁항(窮巷)
закоченелый (자까체녤르이)	(형) (추워서) 곱은, 차다, 저리다,
закоченеть	(완) 꽁꽁 얼다, 곱다

(자까체네찌)

закрасить(ся) *см.* закрашивать(ся)
(자크라씨찌)

закрашивать (완) ① 색칠하다, 물들이다;
(자크라쉬와찌) ② 색을 칠하여 없애다, 지우다

закрашиваться (미완) 색칠 때문에 없어지다, 지워지다
(자크라쉬와짜)

закрепление (중) ① 고정, 고착; ② (군사) 견지,
(자크레쁠레니예) 지탱; ③ 공고화, 견고화;

закреплять (미완) ① 고정시키다, 고착시키다,
(자크레쁠랴찌) 흔들리지 않게 하다; ② 공고히 하다,
견고하게하다; ③ за *кем* 확보하다,
고정시키다; ④ (의학)설사를 멎게 하다

закрепляться (미완) ① 고정되다, 고착되다; ② 공고
(자크레쁠랴짜) 해지다, 강화되다; ③ (군사) 견지하다,
지탱하다;

закрепляющий (형); ~ее средство 설사(멎는)약,
(자크레쁠랴유쉬이) 지사제(止瀉劑)

закрепостить (완), **закрепощать** (미완) 노예화하다, 예속시키다
(자크레뽀쓰찌찌) (자끄레뽀쒀찌)

закричать *см.* кричать
(자크리차찌)

закройщик (남) 재단사
(자크로이쉬크)

закром (남), **закрома** (복수) 탈곡 저장
(자크롬) (자끄로마)

закруглить (완), **закруглять** (미완) 동그랗게 하다;
(자크루그리찌) (자끄루그랴찌)

закружить(ся) *см.* кружить(ся)
(자크루쥐찌)

закрутить, закручивать *см.* завёртывать ①, ②
(자크루찌찌) (자끄루치와찌)

закрывать (미완) ① 닫다; ② (전기, 가스, 물 등을)
(자크리와찌) 끄다, 막다; ③ 가리다, 덮다;
④ (운영하던 것을)그만두다, 끝마치다,
닫다, 폐쇄하다;

закрываться (자크릐와짜)	(미완) ① 닫히다; ② 가려지다, 덮이다 ③ 폐쇄하다, 문을 닫다
закрытие (자크릐찌예)	(중) ① 폐회, 폐막, 끝남; ② 폐쇄, 쇄폐
закрытый (자크릐뜨이)	(형) ① 덮개가 있는, 유개의, 덮인; ② 비공개, 비공개적인;
закрыть(ся) (자크릐찌)	*см.* закрывать(ся)
закулисный (자꿀리쓰느이)	(형): ~ые переговоры 막후교섭; ~ые махинации 막후공작
закупать (미완), **закупить** (완) (자꾸빠찌)	(몰아서, 전부, 몰아서) 사다, 사들이다, 수매하다, 대량구입하다, 구입하다
закупка (자꾸쁘까)	(여) 구입, 구매, 수매
закупоривать (미완), **закупорить** (완) 봉하다, 틀어막다; (자꾸뽀리와찌)	
закупорка (자꾸뽀르까)	(여) ① (구멍을) 틀어막는 것, 뚜껑 막기, 밀봉; ② (의학) 폐쇄, 폐색
закупочный (자꾸뽀츠느이)	(형): ~ая цена 수매가격
закуривать (미완), **закурить** (완) 담배피우기 시작하다 (자꾸리와찌) (자꾸리찌)	
закусить (자꾸씨찌)	*см.* закусывать
закуска (자꾸스까)	(여) 반찬, 찬, (술) 안주
закусочная (자꾸싸츠나야)	(여) 간이식당, 음식점
закусывать (자꾸씌와찌)	(미완) 조금 먹다, 요기하다, (술 마실 때)안주를 먹다
закутать(ся), закутывать(ся) *см.* кутать(ся) (자꾸따찌) (자꾸뜨이와찌)	
закуток (자꾸또크)	(남) 방구석

— 345 —

зал (잘)	(남) 홀, 회의장; актовый ~ (대)강당; ~ заседаний, конференц ~ 회의실; зрительный ~ 관람실; ~ суда 재판정, 법정
залаять (잘라야찌)	см. лаять
залегать (잘레가찌)	(미완)(광석이) 매장되어있다, 묻혀있다
залежный (잘레쥐느이)	(형): ~ые земли 황무지
залежь (잘레쥐)	(여) ① (지질) 광상, 광층; ② (복수) ~и 무더기, 더미; ③ (집합) ~и товаров 제고품; ④ см. залежные земли
залезать (미완), залезть (완) (잘레자찌)	① 기어오르다, 기어들다; ② 들어가다;
залепить (완), залеплять (미완) (잘레삐찌)	발라 막다; 바르다, 붙이다
залетать, залететь (잘레따찌) (자레쩨찌)	(완) 날아들다
залечивать, залечить (잘레치와찌) (자레치찌)	см. лечить
залечь (잘레치)	(완) ① 오래 누워있다, 눕다; ② (군사) 엎드려 숨다; ~ в засаду 매복하다
залив (잘리프)	(남) 만, 후미(後尾)
заливать(미완), залить (완) (잘리와찌) (자리찌)	① (물, 액체로) 온통 잠기게 하다, 침수하다; ② 부어넣다, 부어서 채우다
заливной (잘리브노이)	~ луг 물에 잠기는 표현
залог¹ (잘로그)	(남) ① 저당, 저당품; ② 담보
залог² (잘로그)	(남) (언어) 상, 양태; действительный ~ 능동태; страдательный ~ 피동태

заложить (잘로쥐찌)	*см.* закладывать
заложник (잘로쥐니크)	(남) 인질(人質)
залп (잘쁘)	(남) 일제사격; давать ~ 일제사격 하다; 예포, 축포
залпом (잘뿜)	(부): пить ~ 단숨에 마시다
залюбоваться (잘류바와짜)	*см.* любоваться
замазать (자마자찌)	(완) ① *см.* мазать ② *см.* замазывать
замазка (자마즈까)	(여) (메우고, 때우는데 쓰는) 접착성 물질 (아교, 빠데, 풀 같은 것), 본드, 접착제
замазывать (자마즤와찌)	(미완) ① 발라 막다, 발라서 메우다; ② 감춰두다, 호도하다; ③ 더럽히다
замалчивать (자말치와찌)	(미완) 묵살하다
заманивать (미완), **заманить** (완) (자만이와찌)	꾀어 들이다, 유인하다, 유혹하다
заманчивый (자만치브이)	(형) 유혹적인, 매혹적인
замариновать (자마리노와찌)	*см.* мариновать
замаскировать (자마쓰끼로와찌)	*см.* маскировать
замахать (자마하찌)	*см.* махать
замахиваться (미완), **замахнуться** (완) (자마히와짜)	(때리려고) 둘러메다, 번쩍 들다
замашка (자마쉬까)	(여) 거동, 버릇, 행세
Замбия (잠비야)	(여) 잠비아
замедление	(중) 지체, 늦은, 지연

Зз

(자메들레니예)	
замедленный (자몌들렌늬이)	(형) 더딘, 느린, 지체된;
замедлить(ся) (자몌들리찌)	*см.* замедлять(ся)
замедлять (자몌들랴찌)	(미완) 늦추다, 지체시키다
замедляться (자몌들랴짜)	(미완) 늦어지다, 지체되다
замелькать (자몔리까찌)	*см.* мелькать
замена (자메나)	(여) ① 바꾸기, 가는 것, 대용; ② 교체, 교대, 대용품, 대신할 사람
заменитель (자몌니쩰)	(남) 대용물, 대용품
заменить (완), **заменять** (자메니찌)	(미완) ① 바꾸다, 갈다, 교대하다, 교체하다; ② 대신하다
замереть (자몌례찌)	*см.* замирать
замерзание (자몌르자니예)	(중) 얼어붙음, 결빙, 동결; точка ~я 빙점
замерзать (미완), **замёрзнуть** (완) (자몌르자찌)	① 얼다, 얼어붙다, 동결하다; ② 얼어 죽다; ③ 꽁꽁 얼다, 추워하다.
замерить, замерять (자몌리찌) (자몌랴찌)	*см.* мерить
замертво (자몌르뜨뷔)	(부) 죽은 듯이, 정신없이;
замесить (자몌씨찌)	*см.* месить
замести (자몌쓰찌)	*см.* заметать
заместитель (자몌쓰찌쩰)	(남) 대리자, 부책임자;
заместить (자몌쓰찌찌)	*см.* замещать

- 348 -

заметать (자메따찌)	(미완) ① 쓸다, 쓸어 모으다; ② (눈, 모래 등으로) 덮다;
заметаться (자메따쨔)	*см.* метаться
заметить (자메찌찌)	*см.* замечать
заметка (자메뜨까)	(여) ① 기사; ② 수기, 수필
заметно (자메뜨나)	(부) ① 눈에 띄게, 확연히, 현저히; ② (술어) 볼 수 있다, 알 수 있다
заметный (자메뜨느이)	(형) ① 눈에 띠는, 눈에 보이는; ② 현저한, 상당한
замечание (자메차니예)	(중) ① 소견, 지적, 의견, 주석; ② 책망, 주의 처분
замечательный (자메차쩰느이)	(형) 훌륭한, 아주 좋은; 뛰어난, 우수한, 특기할만한;
замечать (자메차찌)	(미완) ① 보다, 알다, 포착하다; ② 기억하다, 알아채다, 눈치 채다; ③ 표식을 하다; ④ 말하다, 발언하다, 지적하다; ⑤ 유의하다, 주의를 주다
замечтаться (자메츠따쨔)	(완) 공상에 잠기다
замешательство (자메샤쩰쓰뜨붜)	(중) 혼란, 혼잡
замешать (완), замешивать (미완) 인입하다, 끌어넣다 (자메샤찌)	
замешкаться (자메쉬까쨔)	*см.* мешкать
замещать (자메샤찌)	(미완) 대신하다, 대리하다
замигать (자미가찌)	*см.* мигать
заминировать (자미니로와찌)	*см.* минировать
заминка (자민까)	(여) ① 지체, 지장; ② (말) 더듬이.

замирать (자미라찌)	(미완) ① 멎다, 서다; 멈칫하다; ② (소리가) 사라지다, 잠잠해지다; ③ (무서움 등으로) 숨을 죽이다, 멈추다, 아찔해하다
замкнутый (잠끄누뜨이)	(형) 홀로 지내기 좋아하는, 숨어사는, 사교성이 없는, 고립된
замкнуть(ся) (잠끄누찌)	*см.* замыкать(ся)
замок¹ (자모크)	(남) 성새, 궁궐; средневековый ~ 중세기의 성(城); воздушные замки 공중누각(空中樓閣)
замок² (자모크)	(남) ① 자물쇠, 열쇠; ② (총포의) 폐쇄기
замолкать (미완), **замолкнуть** (완) (자말까찌)	(말소리 등이) (문득) 그치다, 끊다, 잠잠해지다;
замолчать (자말차찌)	*см.* замолкать, *см.* замалчивать
замораживать (자마라쥐와찌)	(미완) ① 얼구다, 얼게하다, 냉동하다; ② 동결시키다
заморгать (자모르가찌)	*см.* моргать
заморить (자모리찌)	~ червячка 얼요기를 하다
заморозить (자모로지찌)	*см.* замораживать
заморозки (자모로즈끼)	(복수) (봄, 가을의) 아침의 찬 기운, 아침의 냉기
замостить (자모쓰찌찌)	*см.* мостить
замотать (자모따찌)	*см.* мотать I
замочить (자모치찌)	*см.* мочить
замуж (자무쥐)	(부): выходить ~ 시집을 가다; выдавать ~ 시집을 보내다; быть ~ем 시집살이하다

замужество (자무줴스뜨붜)	(중) 시집살이, 결혼생활
замужняя (자무쥐냐야)	(형): (женщина) 기혼녀, 시집간 여자; ~ жизнь 시집살이
замуровать (완), замуровывать (미완) (자무로와찌)	(벽돌 속에) 밀폐하다, 묻어두다
замусолить (자무쏘리찌)	(완) 어지럽히다, 더럽히다
замутить (자무찌찌)	см. мутить ①
замучить (자무치찌)	(완) ① см. мучить ② 학살하다; ③ 성가시게 굴다, 괴롭히다
замучиться (자무치쨔)	(완) 기진맥진해지다, 맥이 빠지다, 지치다, 시달리다
замша (잠샤)	(여) 사슴가죽, 녹피
замшевый (잠쉐브이)	(형) 사슴가죽으로 만든, 사슴가죽의
замыкание (자믜까니예)	(중) 폐색, 합선; короткое ~ 맞닿이, 단락(段落)
замыкать (자믜까찌)	(미완) ① 자물쇠로 잠그다, 닫아걸다; ② (끝을) 잇다, 이어대다
замыкаться (자믜까쨔)	(완) 들어박히다, 외따로이 앉다
замысел (자믜쎌)	(남) ① 의도, 기도; ② 계책, 획책; ③ 구상, 착상(着想)
замыслить (자믜쓸리찌)	см. замышлять
замысловатый (자믜쓸로와뜨이)	(형) 까다로운, 교묘한
замышлять (자믜쓸랴찌)	(미완) 꾀하다, 마음을 내다, 기도하다, 획책하다
замять (자먀찌)	(완) ① 짓누르다, 짓뭉개다; ② ~ дело 일을 어물쩍 넘기다
замяться	(완) 머뭇거리다, 뭉그적거리다

- 351 -

(자먀쨔)

занавес (자나붸스)	(남) ① 막, 장막, 휘장; ② 창가림, 커튼(curtain);
занавесить (자나붸씨찌)	см. занавешивать
занавеска (자나붸스까)	(여)커튼(curtain), 휘장(揮帳);
занавешивать (자나붸쉬와찌)	(미완) 커튼을 치다, 막을 내리다, 막으로 가리다
занемочь (자네모치)	(완) 탈이 나다, 몸이 편치 않게 되다.
занести (자네쓰찌)	см. заносить
занижать (미완), **занизить** (완) (자니좌찌) (자니지찌)	낮추다, 낮게 만들다
занимательный (자니마쩰느이)	(형) 흥미 있는, 마음을 끄는
занимать¹ (자니마찌)	(미완) 빌리다, 꾸다; ~ деньги 돈을 꾸다
занимать² (자니마찌)	(미완) (위치 등을) 차지하다
заниматься (자니마쨔)	(미완) ① чем ~을 일삼다, ~을 하다, ② 공부하다, 연구하다, 배우다;
заново (자노붜)	(부) 새로, 다시, 처음부터, 새롭게, 새로이, 처음
заноза (자노자)	(여) 가시
занозить (자노지찌)	(완) 가시가 돋다, 박히다
заносить (자노씨찌)	(미완) ① 들여가다, 드려놓다, 가져다 놓다; ② 써 넣다, 적어 넣다; см. заметать
заносчивость (자노쓰치붜쓰찌)	(여) 교만, 거만, 자만
заносчивый	(형) 교만한, 거만한, 거드름스러운

(자노쓰치브이)

заносы
(자노씌)
(복수) 눈 더미, 눈 무지

заночевать
(자노체와찌)
см. ночевать

занятие
(자냐찌예)
(중) 일, 사업; род ~й 직종, 직업의 종류; ~я (복수) 공부. 수업, 학습; практические ~я 실습

занятный
(자냐뜨느이)
см. занимательный

занятой , занятый
(자냐또이, 자냐뜨이)
(형) 바쁜, 분주한, 다망한;

занять
(자냐찌)
см. занимать ① ②

заняться
(자냐쨔)
см. заниматься

заодно
(자오드노)
(부) ① 같이, 함께, 공동으로;
② 동시에, 겸사겸사;

заокеанский
(자오께안쓰끼이)
(형) 대양건너편의, 대양건너편에 있는;

заострить (완), **заострять**
(자오쓰뜨리찌)
(미완) ① 날카롭게 하다, 뽀족하게 하다, 예리하게 하다;
② 강조하다, 두드러지게 나타나다;

заохать
(자오하찌)
см. охать

заочник,~ца (여)
(자오츠니크)
통신(대) 학생

заочно
(자오츠나)
(부) 본인이 없이, 결석 중에;

заочный
(자오츠느이)
(형):~ое обучение 통신교육; ~ый приговор 결석판결; ~ое знакомство 편지에 의한 교제, 펜팔

запад
(자빠드)
(남) ① 서부, 서방, 서쪽;
② 서양, 서부 구라파

западать
(자빠다찌)
(남) (인상 등이) 새겨지다, 박히다

- 353 -

западноевропейский (자빠드노예브로베이쓰끼이)	(형) 서구라파
западня (자빠드냐)	(여) 덫, 함정; попадать в ~ю 함정에 빠지다
запаздывать (자빠즥와찌)	(미완) 늦어지다, 늦다, 지각하다.
запаивать (자빠이와찌)	(미완) 땜질하다, 납땜하다; ~ кастрюлю 냄비를 때우다
запаковать (완), **запаковывать** (미완) 포장하다, 꾸리다 (자빠꼬와찌)	
запальчивый (자빠릴치브이)	(형) 발끈거리는, 성급한
запас (자빠쓰)	(남) ① 예비품, 재고품; про ~ 예비로; ②; ~ слов 어휘축적; ~знаний 학식; ③ (군사) 예비, 예비역
запасать (자빠싸찌)	(미완) 저축하다, 마련하다
запасаться (자빠싸쨔)	(미완) *чем* ~를 장만하다 ; ~ терпением 견디어낼 각오를 하다
запасной , запасный (자빠쓰노이) (자빠쓰느이)	(형) 예비의, 비상용, 후비의; ~ой выход 비상구; ~ый путь (철도)예비선; ~ой игрок 후보선수
запасти(сь) (자빠쓰찌(시))	*см.* запасать(ся)
запасть (자빠쓰찌)	*см.* западать
запах (자빠흐)	(남) 내, 냄새, 향기, 향수; издавать ~ 냄새를 피우다
запачкать(ся) (자빠츠까찌)	*см.* пачкать(ся)
запаять (자빠야찌)	*см.* запаивать
запев (자뻬프)	(남) 선소리, 선창(先唱)
запевала (자뻬왈라)	(남,여) 선창자, 발기자(發起者)

запевать (자뻬와찌)	(미완) 선창하다, 선창을 긋다
запереть(ся) (자뻬레찌)	*см.* запирать(ся)
запеть (자뻬찌)	*см.* запевать
запечатать (자뻬차따찌)	*см.* запечатывать
запечатлеть (자뻬차뜰레찌)	(완) ① 묘사하다, 표현하다; ② 감명하다, 새기다, 인상에 남기다
запечатлеться (자뻬차뜰레쨔)	(완) 인상을 받다, 기억에 남다, 기억에 새겨지다
запечатывать (자뻬차띄와찌)	(미완) 봉인하다, 봉하다, 밀봉하다
запивать (자삐와찌)	*см.* запить
запинаться (자삐나쨔)	(미완) ① (발이 걸려) 넘어질 뻔하다, 걸려 비틀거리다; ② 말을 더듬다, 말이 막히다
запинка (자삔까)	(여) 말을 더듬는 것;
запирательство (자삐라쩰쓰뜨붜)	(중) (죄과의) 부인(否認)
запирать (자삐라찌)	(미완) ① 잠그다, 잠가두다, 채우다; ② 가두어두다, 간수해두다
запираться (자삐라쨔)	(미완): ~ в комнате 방에 들어 박혀 있다
записать(ся) (자삐싸찌)	*см.* записывать(ся)
записка (자삐쓰까)	(여) ① 글쪽지, 쪽지편지; ② ~и (복수) 수기, 일기, 회상록; учёные ~и 학보; путёвые ~и 여행기, 기행문
записной (자삐쓰노이)	(형): ~ая книжка 수첩
записывать (자삐씌와찌)	(미완) ① 써넣다, 적어넣다, 필기하다; ② 등록하다, 기록하다; ③ 명단에 올리

- 355 -

	다, 기입하다; ④ 녹음하다;
записываться (자삐씌와쨔)	(미완) 기입하다, 등록하다, 가입하다, 입적하다;
запись (자삐시)	(여) ① 필기, 녹음; ② 기입, 등록, 기록
запить (자삐찌)	(완) ① *чем* (음식, 약 등을) 먹은 다음에~을 마시다, 입가심으로 마시다; ② 술독에 빠지다
запихать (완), **запихивать** (미완), **запихнуть** (완) 밀어 넣다, (자삐하찌) 쑤셔 넣다	
запищать (자삐샤찌)	*см*. пищать
заплакать (자쁠라까찌)	*см*. плакать
запланировать (자쁠라니로와찌)	*см*. планировать
заплата (자쁠라따)	(여) 기운헝겊, 덧댄 천 조각
заплатить (자쁠라찌찌)	*см*. платить
заплесневелый (자쁠레쓰네**베**르이)	(형) 곰팡이 쓴
заплесневеть (자쁠레쓰네**뻬**찌)	*см*. плесневеть
заплести (완), **~тать** (미완) 땋다; ~ косу 머리채를 땋다 (자쁠레쓰찌)	
заплетаться (자쁠레따쨔)	(미완) ①: от волнения язык ~ется 흥분하여 혀가 잘 돌지 않는다; ②; от усталости ноги ~ются 지쳐서 겨우 걸어간다.
запломбировать (자쁠롬비로와찌)	*см*. пломбировать
заплыв (자쁠르프)	(남) (체육) 수영경기
заплывать (미완), **заплыть** (완) ① (사람이) 헤엄쳐 들어가다, (자쁠르와찌) 멀리 헤엄쳐가다;②(배가)항해하여가다;	

	~жиром 피둥피둥 살찌다, 비대해지다
заповедник (자뽀베드니크)	(남) 보호구역, 보호구, 금렵구; лесной ~ 보호림, 산림보호구역
заповедь (자뽀베지)	(여) 유훈, 유시
заподозрить (자뽀도즈리찌)	*см.* подозревать
запоздалый (자뽀즈달르이)	(형) 늦어진, 때늦은; ~ ое развитие 때늦은 발전
запоздание (자뽀즈단니예)	(중) 지연, 지각, 지체
запоздать (자뽀즈다찌)	*см.* запаздывать
запой (자뽀이)	(남) 술중독
заползать (미완), **заползти** (완) 기어들어가다, 기어들다 (자뽈자찌) ()	
заполнить(ся) (자뽈니찌)	*см.* заполнять(ся)
заполночь (자뽈노치)	(부) 야밤이 지나서, 한밤중에, 삼경이 지나서
заполнять (자뽈냐찌)	(미완) ① 가득 채우다, 가득 메우다; ② 기입하다, 써넣다;
заполняться (자뽈냐쨔)	(미완) 가득차다, 충만되다
запоминать (미완), **запомнить** (완) 기억해두다, 명심해두다, (자뽀미나찌) 기억하다;	
запомниться (자뽀므니쨔)	(완) 기억되다
запонка (자뽄까)	(여) 카라 단추
запор¹ (자뽀르)	(남) 빗장, 자물쇠
запор² (자뽀르)	(남) (의학) 변비, 변비증

- 357 -

заправила (자쁘라**빌**라)	(남) 우두머리, 두목(頭目)
заправить (자쁘라**비**찌)	*см.* заправлять
заправка (자쁘라**브**까)	(여) 기름 넣기, 기름 치기
заправлять (자쁘라블**랴**찌)	(미완) ① 기름을 주다, 휘발유를 넣다; ② 양념을 치다; ③ 밀어 넣다
запрашивать (자쁘라쉬**와**찌)	(미완) ① 질문하다, 문의하다, 조회하다; ② 값을 부르다, 에누리하다
запрет (자쁘레트)	(남) 금지, 제한, 저지.
запретить (자쁘찌**찌**)	*см.* запрещать
запретный (자쁘레뜨**느**이)	(형) 금지의, 금지된;
запрещать (자쁘레**샤**찌)	(미완) 금하다, 금지하다, 밀막다;
запрещение (자쁘레**쉐**니예)	(중) 금지(禁止)
запрокидывать (미완), **запрокинуть** (완) (자쁘로**끼**듸와찌)	뒤로 젖히다;
запрос (자쁘로쓰)	(남) ① 조회, 문의, 청구
запросить (자쁘로**씨**찌)	*см.* запрашивать
запротоколировать (자쁘로또꼴**리**로와찌)	(완) 기록에 기입하다, 회의록에 기입하다
запруда (자쁘**루**다)	(여) ① 뚝, 제방; ② 보, 물동
запрудить (자쁘루**지**찌)	(완) 물을 막다, 뚝을 쌓다
запрыгать (자쁘릐**가**찌)	*см.* прыгать
запрягать (미완), **запрячь** (완)	메우다; ~ лошадь в сани

33

(자쁘랴**가**찌)	말구에 말을 메다
запрятать (자쁘**랴**따찌)	*см.* прятать
запугать (자뿌**가**찌)	*см.* запугивать
запугивание (자**뿌**기와니예)	(중) 공갈, 위협
запугивать (자**뿌**기와찌)	(미완) 공갈하다, 겁에 질리게 하다, 놀라게 하다
запуск (자**뿌**스크)	(남) ① 시동; ② 발사(發射)
запускать (자뿌스**까**찌)	(미완) ① (발동기 등을) 시동시키다, 돌아가게 하다; ② (힘껏) 던지다, 뿌리다; ③ 발사하다
запустение (자뿌스**쩨**니예)	(중) 황폐, 황량한 것
запустить *см.* запускать (자뿌스**찌**찌)	
запутанный (자**뿌**딴느이)	(형) ① 엉클어진; ② 얽힌, 얼기설기한, 복잡한; ~ый вопрос 복잡하게 얽힌 문제; ~ое дело 엉클어진 일
запутать (완), **~ывать** (미완) 엉클다, 뒤얽히게 하다; 끌어넣다; (자**뿌**따찌)	~ в историю *кого* ~를 사건에 끌어넣다
запутаться (완), **~ываться** (미완) ① 엉키다, 헝클다; (자**뿌**따쨔)	② *в чём* ~에 걸려들다, 끌려들다; ③ 궁지에 빠지다
запущенность (자**뿌**쉔노쓰찌)	(여) 방임, 황폐한 것
запущенный (자**뿌**쉔느이)	(형) 내버려둔, 방임된, 황폐화 된; ~ые дела 손질안하고 내버려둔 사업
запылённый (자쁠**룐**느이)	(형) 먼지가 낀, 먼지로 덮인, 닥지닥지한
запылать (자쁠**라**찌)	*см.* пылать
запылиться	(완) 먼지가 끼다

(자뻴리쨔)

запыхаться (자쁴하쨔)	(완) 헐떡거리다, 숨이차다
запястье (자빠쓰찌예)	(중) 손목, 팔목
запятая (자빠따야)	(여) 반점; 난점
запятнать (자빠뜨나찌)	(완) ① 얼룩지게하다; ② 명예를 더럽히다, 훼손시키다
зарабатывать (미완), **заработать**¹ (완) (자라바띄와찌) (자라보따찌)	돈을 벌다, 돈벌이하다;
заработать² (자라보따찌)	(완) (기계 등이) 움직이기, (돌기, 일하기) 시작하다, 돌아가게 하다
заработный (자라보뜨느이)	(형): ~ая плата 노임
заработок (자라보또크)	(남) 품삯, 노임; ~ки (복수) 품팔이, 돈벌이
заражать (자라좌찌)	(미완) ① 전염시키다, 감염시키다, 중독 시키다; ②; ~ примером 모범을 본받게 하다
заражаться (자라좌쨔)	(미완) ① 전염되다, 감염되다, 옮다, 병독에 바지다; ~ гриппом 유행 감기에 걸리다; ② 본받다, 닮다
заражение (자라줴니예)	(중) 전염, 감염
зараза (자라자)	(여) 전염병, 전염병균, 전염, 옮다,
заразительный (자라지쩰느이)	(형) ① 전염되기 쉬운, 쉽게 옮는; ② 본받기 쉬운;
заразить(ся) (자라지찌)	*см.* заражать(ся)
заразный (자라즈느이)	(형) 전염성의, 전연병의;~ая болезнь 전염병
заранее (자라네예)	(부) 미리, 사전에

- 360 -

зарастать (미완), **зарасти** (완) (자라쓰따찌)	① 무성해지다, 우거져 무성하다; ② (털이) 덮이다; ③ (상처가) 아물다
зареветь (자레볘찌)	*см.* реветь
зарево (자레붜)	(중) (공중에 비친) 불빛, 서광, 노을빛; ~ пожара 화재의 불빛
зарезать (자레자찌)	(완) 잘라죽이다, 베어죽이다, (짐승을) 잡다, 도살하다
зарекаться (자레까짜)	(미완) ~을 안하겠다고 맹세하다, 다짐 하다; ~ пить вино 술을 마시지 않겠 다고 다짐하다
зарекомендовать (자레꼬멘도와찌)	(완) ~ себя с хорошей (плохой) стороны 자기의 좋은(나쁜) 면을 나타 내다(보여주다), 좋은(나쁜)평을 받다
заречься (자레치쌰)	*см.* зарекаться
заржаветь (자르좌볘찌)	*см.* ржаветь
зарисовать (자리싸와찌)	*см.* рисовать
зарисовка (자리쏘브까)	(여) (약도) 그림; ~ с натуры 사생화 본 모양그림
зарница (자르니짜)	(여) 섬광, 먼 번개 불,불 빛
зародиться (자로지짜)	*см.* зарождаться
зародыш (자로즤쉬)	(남) ① 씨눈, 배, 배아, 태아; ② 맹아, 발단, 시작
зарождаться (자로즈다짜)	(미완) 씨눈이 나다, 태어나다; 발생하 다, 생기다
зарождение (자로즈졔니예)	(중) 산생, 발생
зарок (자로크)	(남) 다짐, 맹세, 서약, 언약; давать ~ 다짐하다
заросль (자로쓸)	(여) 덤불, 수풀

зарплата (자르쁠라따)	(заработная плата) 노임
зарубежный (자루볘즈느이)	(형) 외국의, 해외의; ~ые страны 외국들, 다른 나라들
зарубить (자루비찌)	(완) ① 찍어죽이다, 베어죽이다; ② 찍어 표적하다, 자리를 남기다
зарубка (자루브까)	(여) (칼 따위로) 찍은 자리
зарубцеваться, зарубцовываться (자루브쩨와짜) (자루브쪼브이와짜)	(미완) (상처가) 허물을 남기면서 아물다
заручаться (미완), **заручиться** (완) (자루차짜)	미리 확보하다, 얻어가지다; ~ согласием 사전에 동의를 얻다
зарывать (자르와찌)	(미완) 묻다, 파묻다;
зарываться (자르와짜)	(미완) 파묻히다, 파고들어가다
зарыдать (자르다찌)	*см.* рыдать
зарыть(ся) (자르찌)	*см.* зарывать(ся)
зарыгать (자르가찌)	*см.* рыгать
заря (자랴)	(여) ① 노을, 노을빛, 서광; утренняя ~ 아침노을, 새벽햇빛; на ~е (이른) 새벽에; от ~и до ~и 온종일; ② 여명기, 시초, 서광; на ~е жизни 생활의 여명기에
заряд (자랴드)	(남) ① 장약, 탄약, 총알; ② (전기) 충전, 전하
зарядить (자랴지찌)	*см.* заряжать
зарядка (자랴드까)	(여) 체조
заряжать (자랴자찌)	(미완) (총 등을) 채우다, 장탄하다, 장약하다; 충전하다; ~ аккумулятор 축전지를 충전하다

- 362 -

засада (자싸다)	(여) 매복, 복병; устраивать ~у 매복하다; попасть в ~у 매복에 걸려들다
засадить (자싸지찌)	(완): ~ за учёбу 공부에 붙박아 놓다
засасывать (자싸쓰와찌)	(미완) ① 빨아들이다; ② 끌어들이다, 끌어당기다; 빠져들다
засветиться (자쓰베찌쨔)	*см.* светиться
засветло (자쓰베뜰로)	(부) 저물기 전에
засвидетельствовать (자쓰비졔쩰쓰뜨보와찌)	(완) 증명하다, 확증하다, 증언하다
засевать (자쎄와찌)	*см.* засеять
заседание (자쎄다니예)	(중) 회의, 모임
заседатель (자쎄다쩰)	(남): народный ~ 배심원
заседать (자쎄다찌)	(미완) 회의를 하다
засекретить (완), засекречивать (미완) 비밀에 붙이다, 기밀에 (자쎄크레찌찌) 붙이다	
заселение (자쎌레니예)	(중) 집들이, 거주등록
заселить (완), заселять (미완) 집에 들다, 집에 들게 하다, 거주 (자쎌리찌) 를 하다	
засесть (자쎄쓰찌)	(완) 눌러앉다, 붙박이다;
засеять (자쎄야찌)	(완) 씨 뿌리다, 파종하다, 심다;
засиять (자씨야찌)	*см.* сиять
заскрежетать (자쓰크레줴따찌)	*см.* скрежетать
заскрипеть	*см.* скрипеть

(자쓰크리뻬찌)

заслать (자쓸라찌)	*см.* засылать
заслонить(ся) (자쓸로니찌)	*см.* заслонять(ся)
заслонка (자쓸론까)	(여) (벽난로의) 뚜껑, 아궁뚜껑, 마개
заслонять (자쓸론야찌)	(미완) 가리다, 막다, 엄폐하다;
заслоняться (자쓸론야짜)	(미완) 가려지다, 막다, 덮이다;
заслуга (자쓸루가)	(여) 공훈, 공로, 업적; иметь большие ~и 업적을 쌓아올리다; по ~ам 1) 공로에 따라, 2) 저지른 만큼, 죄과에 알맞게
заслуженный (자쓸루쩬느이)	(형) ① 공훈 있는, 공적 있는, 공로 있는; ②응당한, 마땅한;
заслуживать (자쓸루쥐와찌)	(미완) ~할만하다, ~할 가치가 있다;
заслужить (자쓸루쥐찌)	(완) 얻다, 받다, 얻어내다;
заслушать (완), **заслушивать** (미완) 듣다, 청취하다; (자쓸루샤찌)	
засматривать(ся) (자쓰마뜨리와찌)	*см.* заглядывать
заснеженный (자쓰네쩬느이)	(형) 눈이 덮인(쌓인)
заснуть (자쓰누찌)	*см.* засыпать
заснять (자쓰냐찌)	(완) 사진을 찍다, 촬영하다
засов (자쏘프)	(남) 빗장 задвигать ~ 빗장을 지르다
засовывать (자쏘브와찌)	(미완) 들여밀다, 밀어넣다, 끼워넣다, 쑤셔넣다;

33

засол (자쏠)	(남) 절임, 염장(鹽藏)
засолить (자쏠리찌)	*см.* солить
засорение (자쏘레니예)	(중) (먼지, 쓰레기 등으로) 메워지는 것, 폐쇄; ~ желудка 소화불량
засорить(ся) (자쏘리찌)	*см.* засорять(ся)
засорять (자쏘랴찌)	(미완) (쓰레기, 모래 등으로) 어지럽히다, 더럽히다;
засоряться (자쏘랴쨔)	(미완) (쓰레기, 모래 등으로) 더러워지다, 막히다, 메다
засосать (자쏘싸찌)	*см.* засасывать
засохнуть (자쏘흐누찌)	*см.* засыхать
заспанный (자쓰빤느이)	(형) 잠에 취한; ~ вид 자고난 얼굴
застава (자쓰따와)	(여) (군사) 경비분대, 전초
заставать (자쓰따와찌)	*см.* застать
заставить$^{1, 2}$ (자쓰따비찌)	*см.* заставлять 1, 2
заставлять^1 (자쓰따블랴찌)	(미완) ① 쌓아놓다, 가득 들여놓다, 꽉 들어차게 하다; ② 막다, 가리다
заставлять^2 (자쓰따블랴찌)	(미완) (+ 미정형) ~시키다, ~하게 하다, 강요하다;
застарелый (자쓰따렐르이)	(형) 만성의, 뿌리박힌; ~ая болезнь 고질병
застать (자쓰따찌)	(완) 만나다;
застёгивать (자쓰쬬기와찌)	(미완); ~ пуговицы 단추를 채우다
застёгиваться	(미완) 단추를 채우다

- 365 -

(자쓰쬬기와짜)

застегнуть(ся) *см.* застёгивать(ся)
(자쓰쩨그누찌)

застёжка (여) 단추, 맞단추, 결단추
(자쓰쬬쥐까)

застеклить(완), **застеклять** (미완) 유리를 넣다, 유리를 끼우다
(자쓰쩨클리찌)

застелить *см.* застилать
(자쓰쩰리찌)

застенок (남) 감방, 고문실
(자쓰쩨노크)

застенчивость (여) 수줍음, 부끄러움
(자쓰쩬치뷔스찌)

застенчивый (형) 수줍어하는, 부끄러워하는, 스스러
(자쓰쩬치브이) 워하는

застигать, застигнуть *см.* застать
(자쓰찌가찌) (자쓰찌그누찌)

застилать (완), **застлать** (완) ① 깔다, 깔아놓다, 펴놓다;
(자쓰찔라찌) ② 가리다, 뒤덮다

застой (남) ① 정체, 침체, 불경기, 부진;
(자쓰또이) ② ~ крови (의학) 피몰림, 울혈

застольный (형); ~ая песня 주연의 노래, 전주가
(자쓰똘느이)

застонать *см.* стонать
(자쓰또나찌)

застопориться (완) 멎다, 서다, 정지하다; дело
(자쓰또뽀리쨔) ~лось 일이 지연되었다

застраивать (미완) (어떤 지역에 건물 등을) 가득 짓다
(자쓰뜨라이와찌)

застраховать(ся) *см.* страховать(ся)
(자쓰뜨호와찌)

застревать (미완) ① 빠지다, 끼이다, 걸키다, 들어
(자쓰뜨레와찌) 박히다; ② 오래있다, 머물다, 지체되다

застрелить (완) 쏴죽이다, 사살하다
(자쓰뜨렐리찌)

- 366 -

застрелиться
(자쓰뜨렐리쨔)
(완) (총으로) 자살하다

застрельщик
(자쓰뜨렐리쉬크)
(남) 발기자, 제창자

застроить
(자쓰뜨로이찌)
см. застраивать

застройка
(자쓰뜨로이까)
(여) (어떤 장소에서) 건물을 세우는 것, 집짓기

застройщик
(자쓰뜨로이쉬크)
(남) 건축허가를 받은 사람

застрять
(자쓰뜨랴찌)
см. застревать

заступ
(자쓰뚜쁘)
(남) 삽

заступаться (미완), **заступиться** (완) за *кого*
(자쓰뚜빠쨔)
~의 편을 들다, 역성을 들다, 비호하다; ~ за правду 진리의 편에 들다

заступник
(자쓰뚜쁘니크)
(남) 옹호자, 비호자

заступничество
(자쓰뚜쁘니체쓰뜨붜)
(중) 옹호, 비호, 변호

застучать
(자쓰뚜차찌)
см. стучать

застывать (미완), **застыть** (완)
(자쓰띄와찌)
되어지다, (식어서)굳어지다; застыть от удивления 놀라서 굳어지다

застыдиться
(자쓰띄지쨔)
см. стыдиться

засуетиться
(자쑤예찌쨔)
см. суетиться

засунуть
(자쑤누찌)
см. засовывать

засуха
(자쑤하)
(여) 가뭄; подвергаться ~е 가뭄을 타다

засухоустойчивый
(자쑤호우쓰또이치브이)
(형) 가뭄에 견디는, 내한성 있는;

засучить (자쑤치찌)	(완) 걷어 올리다, 걷다; ~ рукава 소매를 걷다
засушивать (미완), **засушить** (완) (자쑤쉬와찌)	말리다, 건조시키다;
засушливый (자쑤쉬리브이)	(형) 가무는, 가뭄이 드는;
засчитать (완), **засчитывать** (미완) (자쓰치따찌)	계산에 넣다, 계산하다
засылать (자씔라찌)	(미완) 보내다, 들여다 보내다, 잠입시키다
засыпать¹ (자씌샤찌)	(미완) 잠들다
засыпать² (미완), **засыпать** (완) (자씌샤찌)	① 묻다, 메우다; ② 뿌리다, 뿌려 덮다;
засыхать (자씌하찌)	(미완) 마르다, 말라들다, 말라죽다, 시들다, 굳어지다, 생기없다.
затаённый (자따욘느이)	(형) 내심의, 마음속에 품은; ~ое желание 숙망
затаить (자따이찌)	(완) 마음속에 품다, 감추어두다;
затаиться (자따이쨔)	(완) 몸을 숨기다, 숨어들어가다
заталкивать (자딸르끼와찌)	*см.* затолкнуть
затапливать¹ (자따쁠리와찌)	(미완): ~ печь 벽난로에 불을 피우다, 불을 지피다, 불때다
затапливать² (자따쁠리와찌)	(미완) ① 물에 잠기게 하다, 침식시키다; ② 침몰시키다, 가라앉히다
затасканный (자따쓰깐느이)	① 다 해진, 입어서 낡아진 ② 진부한, 낡아빠진
затаскивать (미완), **затащить** (완) (자따쓰끼와찌)	끌어들이다, 끌어넣다, 멀리 끌어가다;
затвердение (자뜨베르졔니예)	(중) ① 굳기, 엉겨 굳기, 경화; ② (의학) 경화증

затвердевать (미완), **затвердеть** (완) 굳어지다, 경화하다, 꼰꼰

(자뜨베르제와찌)	하다
затвердить (자뜨베르지찌)	(완) ① 외우다, 암기하다, 잘 기억해두다; ② 자꾸 되풀이하다.
затвор (자뜨보르)	(남) (총, 포의) 격발기, 폐쇄기, (사진기의) 여닫이
затворить (완), **затворять** (미완) 닫다; (자뜨뷔리찌)	
затевать (자쩨와찌)	(미완) ① 기도하다, 고안하다, 생각해내다; ② 시작하다;
затейливый (자쩨일리브이)	(형) 진기한, 흥미있는, 기묘한;
затейник (자쩨이니크)	(남) ① 익살꾼; ② 대중오락의 사회자
затекать (자쩨까찌)	(미완) ① 흘러들다; ② 붓다; ③ 저리다, 저려나다, 마비되다
затем (자쩸)	(부) ① 다음에, 그후에; ② 그 때문에;
затемнение (자쩸네니예)	(중) ① 등화관제, 차등; ② 차광막; ③ (의학) 검은점
затемнить (완), **затемнять** (미완) 어둡게 하다, 빛을 가리다; (자쩨므니찌)	
затереть (자쩨레찌)	(완) ① 비벼서 없애다, 발라지우다; ② (움직이지 못하도록) 조이다, 치우다;
затерять (자쩨랴찌)	*см.* терять
затеряться (자쩨랴쨔)	(완) ① 잃어지다, 없어지다; ② 보이지 않게 되다, 사라지다
затесаться (자쩨사쨔)	(완) 숨어들다, 기어들다
затечь (자쩨치)	*см.* затекать
затея (자쩨야)	(여) ① 기도, 의도, 획책; ② 놀음, 장난
затеять (자쩨야찌)	*см.* затевать

- 369 -

затирать (자찌라찌)	*см.* затереть
затихать(미완), **затихнуть** (완) (자찌하찌)	① 잠잠해지다, 조용해지다, 멎다; ② 멎다, 진정되다;
затишье (자찌쉬에)	(중) ① 잠잠한 것, 정적, 고요, 평온; ② 부진상태
заткнуть (자뜨크누찌)	*см.* затыкать
затмевать (자뜨메와찌)	*см.* затмить
затмение (자뜨메니예)	(중) ①: лунное ~ 월식; солнечное ~ 일식; ② 흐릿한, 멍청한, 몽롱한 것
затмить (자뜨미찌)	(완) ① 가리다; ② 능가하다, 압도하다, 앞서다
зато (자또)	(접) 그 대신에 ~지만;
затоваривание (자또와리와니예)	(중) 상품의 체화
затолкнуть (자똘크누찌)	(완) 밀어 넣다, 밀어 넣어 뜨리다, 밀쳐 넣다
затонуть (자또누찌)	(완) 가라앉다, 침몰하다
затопить[1, 2] (자또삐찌)	*см.* затапливать 1, 2
затопление (자또쁠레니예)	(중) 침몰, 침수
затоптать (자또쁘따찌)	(완) 짓밟다, 밟아넣다, 밟아더럽히다;
затор (자또르)	(완) ① 길이 막힌 것, 통행금지; ② 애로, 장애
затормозить (자또르마지찌)	*см.* тормозить
затосковать (자또쓰까와찌)	*см.* тосковать
заточать	*см.* заточить 1

(자또차찌)

заточение
(자또체니예)
(중) 감금, 투옥, 유형

заточить[1]
(자또치찌)
(완) ~ в тюрьму 감옥에 가두다

заточить[2]
(자또치찌)
(완) *см.* точить

затравить
(자뜨라비찌)
(완) ① (개를 데리고) 몰아 잡다, 개를 풀어 물어뜯게하다; ② *кого* 박해하다, 중상하다

затрагивать
(자뜨라기와찌)
(미완) ① 다치다, 건드리다;
② 언급하다;

затрата
(자뜨라따)
(여) ① 소비, 지출, 소모

затратить (완), **затрачивать** (미완)
(자뜨라찌찌)
① 쓰다, 사용하다, 이용하다, 소모하다; ② 소비하다, 지출하다;

затребовать
(자뜨레보와찌)
(완) 청구하다, 요구하다

затрещать
(자뜨레샤찌)
см. затрещать

затронуть
(자뜨로누찌)
см. затрагивать

затруднение
(자뜨루드녜니예)
(중) 난관, 애로, 곤란

затруднительный
(자뜨루드니쩰느이)
(형) 곤란한, 어려운, 난처한;

затруднить(ся)
(자뜨루드니찌)
см. затруднять(ся)

затруднять
(자뜨루드냐찌)
(미완) ① *кого* ~를 괴롭히다, 시끄럽게하다; ② *что* ~을 곤란하게 하다, 어렵게 하다, 방해하다

затрудняться
(자뜨루드냐쨔)
(미완) 어려워하다, 곤란해지다;

затуманиться
(자뚜마니쨔)
(완) ① 안개 끼다, 안개에 덮이다;
② 아리송해지다, 혼몽해지다, 어슴푸레해지다, 아리아리해지다

- 371 -

затупить (자뚜삐찌)	(완) 무디게 하다;
затупиться (자뚜삐짜)	(완) 무디어지다, 무디다
затухание (자뚜하니예)	(중) ① 불이 꺼지는 것; ② 감쇠, 완화
затухать (자뚜하찌)	(미완) ① 점점 꺼지다, 사그라지다; ② 멎다, 줄어들다, 점차 없어지다
затушевать (완), **~ёвывать** (미완) (자뚜쉐와찌)	① 먹칠하다, 시꺼멓게 만들다 ② 해멀걸게 하다, 몽롱케 하다, 감추다
затушить (자뚜쉬찌)	*см.* тушить 1
затхлость (자뜨흘로쓰찌)	(여) ① 곰팡내, 썩은 냄새; ② 정체, 침체
затхлый (자뜨흘르이)	(형) ① 곰팡내 나는, 썩은내 나는; ② 케케묵은, 고리타분한, 침체한
затыкать (자뜨까찌)	(미완) ① (구멍 등을) 막다, 틀어박다, 메우다; ② 밀어놓다, 들어 밀다;
затылок (자띌로크)	(남) 뒤통수, 뒷머리
затычка (자뜨츠까)	(여) 마개
затягивать (자쨔기와찌)	(미완) ① 죄다, 죄어 매다, 당겨 매다, ② 빨아들이다, 흡입하다; ③ 끌어들이다; ④ (시간, 기한 등) 오래 늘이다, 늦잡다, 오래 끌다, 지체시키다; ~ отъезд 출 발을 늦추다; ⑤ 노래하기시작하다; ⑥ (구름이) 가리다, 덮다; ⑦ (무인칭) (상처가) 낫다, 아물다
затягиваться (자쨔기와짜)	(미완) ① (일, 회의 등) 지연되다, 지체 되다, 늦추어지다; ② (구름 등으로) 가려지다, 덮이다; ③ 담배연기를 들이 삼키다, 담배 한 모금 빨다; ④ (상처가) 낫다, 아물다
затяжка (자쨔즈까)	(여) ① 지체, 지연; ② 담배 한 모금
затяжной	(형) 오래 끄는, 장기적인, 오랜 기간에

- 372 -

(자쨔즈노이)	걸치는, 장시간에;
затянуть(ся) (자쨔누찌)	*см.* затягивать(ся)
заунывный (자우느브느이)	(형) 구슬픈, 쓸쓸한, 처량한;
заупрямиться (자우쁘랴미쨔)	*см.* упрямиться
заурядный (자우랴드느이)	(형) 평범한, 범상한;
заусеница (자우쎄니짜)	(여) 손거스러미, 거스러미
заученный (자우첸느이)	(형) 외운, 암기한, 틀에박힌, 상습적인; ~ые фразы 미리 외운 문구
заучивать (미완), **заучить** (완) (자우치와찌) (자우치찌)	외우다, 암기하다, 암송하다;
зафиксировать (자피크씨로와찌)	*см.* фиксировать
захандрить (자한드리찌)	*см.* хандрить
захвалить (자흐왈리찌)	(완) 너무 지나치게 찬양하다, 지나친 찬양으로 망치다, 아부
Зах(Книга Пророка Захарии, 14장, 913쪽) 스가랴(zechariah 書) (자하리이)	
захват (자흐와트)	(남) 강점, 점령, 탈취
захватить (자흐와찌찌)	*см.* захватывать
захватнический (자흐와뜨니체스끼이)	(형) 침략적인, 약탈적인, 강탈적인
захватчик (자흐와뜨치크)	(남) 강점자, 강탈자, 침략자
захватывать (자흐와띠와찌)	(미완) ① *кого* ~을 데리고 가다; *что* ~을 가지고 가다; ② 쥐다, 잡다, 움켜쥐다; ③점령하다, 강점하다, 탈취하다, 빼앗다; ④ 사로잡다;

захватывающий (자흐와띄와유쉬이)	(형) 마음을 사로잡는, 퍽 흥미 있는, 탐탐한
захворать (자흐붜라찌)	*см.* хворать
захлебнуться (완), **захлёбываться** (완) (자흘레브누짜) (자흐료븨바짜)	① (물로) 목이 막히다 사레가 들다; ② 숨이 막히다
захлестнуть (완), **захлестывать** (미완) (자흘레쓰뜨누찌)	① (물결이) 덮치다, 덮어씌우다; ② (감정이) 휩싸이다, 사로잡다
захлопать (자흘로빠찌)	*см.* хлопать
захлопнуть (자흘로쁘누찌)	(완) 탁 닫다, 쾅 닫다;
захлопнуться (자흘로쁘누짜)	(완) (쾅, 탁) 닫기다
захлопывать(ся) (자흘로쁴와찌)	*см.* захлопнуть(ся)
заход (자호드)	(남) ①; ~ солнца 일몰, 해지기, 해넘이; ~ луны 달이지는; до ~а солнца 해가 지기 전에; ②; ~ в порт 기항
заходить (자호지찌)	(미완) ① к *кому* (가는 길에) 들리다, 찾아들다; ② за *кем-чем* ~를 데리러(가지러) 가다; ③ (해, 달이) 지다; (뒤에, 뒤로) ~ за дом 집 뒤에 가다, 집 뒤로 돌아가다;
захолустный (자홀루쓰뜨느이)	(형) 벽촌의, 구석진, 궁벽한, 벽지의
захолустье (자홀루쓰띠예)	(중) 궁벽한 곳, 벽촌, 구석진 고장, 벽지마을
захотеть(ся) (자호쩨찌)	*см.* хотеть(ся)
захохотать (자호호따찌)	*см.* хохотать
зацвести (완), **~тать** (미완) (자쯔베쓰찌)	꽃피기 시작하다, 꽃이 피어나다, 개화하다
зацепить(ся)	*см.* зацеплять(ся)

(자제삐찌)

зацеплять (미완) 걸다, 걸어놓다, 걸어 당기다;
(자제쁠랴찌)

зацепляться (미완) 걸리다, 걸키다
(자제쁠랴쨔)

зачастить (완) ① 찾아지다, 빈번해지다, 빨라
(자차스찌찌) 지다; ② 자주 다니기 시작하다

зачастую (부) 자주, 종종, 흔히
(자차스뚜유)

зачаточный (형); в ~ом состоянии 초기에, 애초
(자차또츠느이) 에, 첫 시작에

зачем (부) 왜, 어째서, 무엇 때문에, 무슨
(자쳄) 목적으로;

зачёркивать (미완), **зачеркнуть** (완) 지워버리다, 그어버리다
(자쵸르끼와찌)   (자차르끄누찌)

зачерпнуть (완), **зачёрпывать** (완) (물을) 뜨다, 긷다, 길어내다
(자체르쁘누찌)   (자쵸르쁴바찌)

зачерстветь *см.* черстветь
(자체르쓰뜨볘찌)

зачесать *см.* зачёсывать
(자체싸찌)

зачесаться *см.* чесаться
(자체싸쨔)

зачесть *см.* зачитывать II
(자체스찌)

зачёсывать (미완) (머리를) 빗어 넘기다, 빗어
(자쵸쓰와찌) 올리다

зачёт (남) 중간시험, 보조시험;
(자쵸트)

зачётный; ~ая книжка 성적증명서
(자쵸뜨느이)

зачинатель (남) 창립자, 발기자, 발기인(發起人)
(자치나쪨)

зачинить *см.* чинить
(자치니찌)

- 375 -

зачинщик (자치느쉬크)	(남) 주모자, 원흉, 원악, 발기자
зачисление (자치쓸레니예)	(중) 편입, 입적(入籍);
зачислить (완), **зачислять** (미완) (자치쓸리찌)	편입시키다, 입적시키다, 가입시키다;
зачитать(ся) (자치따찌)	*см.* зачитывать(ся) 1
зачитывать[1] (자치띄와찌)	(미완) 읽어주다, 낭독하다, 낭송하다, 독송하다
зачитывать[2] (자치띄와찌)	① 셈에 넣다, 셈치다, 치부하다; ② (보조시험에서) 합격점수를 메기다, 통과시키다
зачитываться[1] (자치띄와쨔)	독서에 몰두하다
зачитываться[2] (자치띄와쨔)	(미완) 가산되다, 셈에 보태다, 더하다
зашататься (자샤따쨔)	*см.* шататься
зашевелиться (자쉐벨리쨔)	*см.* шевелить(ся)
зашивать (미완), **зашить** (완) (자쉬와찌) (자쉬찌)	꿰매다, 깁다;
зашифровать, зашифровывать *см.* шифровать (자쉬프로와찌) (자쉬프로븨와찌)	
зашнуровать, зашнуровывать *см.* шнуровать (자쉬누로와찌) (자쉬누로븨와찌)	
заштопать (자쉬또빠찌)	*см.* штопать
заштукатурить (자쉬두까뚜리찌)	*см.* штукатурить
зашуметь (자수메찌)	*см.* шуметь
защита (자쉬따)	(여) ① 방어, 보위; ② 보호, 옹호, 변호, 변론; ③ (법학) 변호측; ④ (체육) 방어, 수비

защити́тельный (자쉬찌쩰느이)	(형); ~ая речь 변론, 변호연설, 논변 진술(陳述)
защити́ть(ся) (자쉬찌찌)	см. защища́ться
защи́тник (자쉬뜨니크)	(남) ① 옹호자, 보위자, 보호자; ② (법학) 변호사; ③ (체육) 방어수, 수비수
защи́тный (자쉬뜨느이)	(형) ① 보호의, 방어의 막기 위한; ② 보호색의, 보위색의;
защища́ть (자쉬샤찌)	(미완) ① 지키다, 지켜 싸우다, 방위하다; ② 옹호하다, 수호하다, 보호하다, 변론하다; ③ 막다, 방지하다
защища́ться (자쉬샤쨔)	① (자기몸을) 지키다, 자신을 옹호하다, 자신을 보호하다; ② 방어하다
заяви́ть (자야비찌)	см. заявля́ть
заяви́ться (자야비쨔)	см. явля́ться
зая́вка (자야브까)	(여) ① 청구서, 신청서; ② 청구, 요구 신청(申請);
заявле́ние (자야블례니예)	(중) ① 성명, 언명; ② 청원서, 청구서 신청서; ③ 신고
заявля́ть (자야블랴찌)	(미완) 성명하다, 언명하다, 선언하다, 표명하다;
зая́длый (자야들르이)	(형) 혹해하는, 정신없는, 열중하는;
за́яц (자야쯔)	(남) 토끼; ехать зай цем 무임승차 убить(сразу)двух зай цев 일거양득
зва́ние (즈와니예)	(중) 칭호, 호칭, 이름;
зва́ный (즈완느이)	(형); ~обед 초대연회; ~ гость 초대한 손님
зва́тельный (즈와쩰느이)	(여); ~ падеж 호격
звать (즈와찌)	(미완) ① (소리 등으로) 부르다; ② 초대하다, 초청하다, 호소하다;

- 377 -

	③ 명명하다;
звезда (즈볘즈다)	(여) ① 별, 성좌; Полярная ~ 북극성; пятиконечная ~ 오각별; Золотая ~ 금메달; ② 제 1인자;
звёздный (즈뵤드느이)	(형) 별의; ~ая ночь 별이 총총한 밤; ~ый пробег (체육) 성형경주; ~ые войны 별들의 전쟁
звёздочка (즈뵤즈도츠까)	(여) 작은 별, 아기별; 별표
звенеть (즈볘녜찌)	(미완) 울리다, 딸랑거리다
звено (즈볘노)	(중) ① 고리; ② 요소; ③ 분조, 조(組)
звеньевая (여), ~ой (남) (즈볘니예와야)	조장, 반장, 분단장
зверёныш (즈볘료느쉬)	(남) 짐승의 새끼
зверинец (즈볘리녜쯔)	(남) 동물원
звериный (즈볘리느이)	(형) ① 짐승의, 야수의; ② 야수적인, 혹독한
зверобой (즈볘로보이)	(남) (식물) (큰)물레나물
звероводство (즈볘로보드쓰뜨뷔)	(중) 모피(종)동물사육
зверолов (즈볘롤로프)	(남) 포수(捕手), 사냥꾼
звероловство (즈볘롤로브쓰뜨뷔)	(중) 짐승잡이, 수렵(狩獵)
зверосовхоз (звероводческий совхоз) (즈볘로쏩호즈)	모피(종) 동물사육 농장 (콜호즈)
зверский (즈볘르쓰끼이)	(형) ① 짐승 같은, 야수적인, 비인간; ② 심한, 지독한, 사나운
зверство (즈볘르쓰뜨뷔)	(중) ① 야수성, 잔인성; ② 야수적 행위, 비인간성행위, 만행

- 378 -

зверствовать (즈베르쓰뜨붜와찌)	(미완) 잔인무도하게 행동하다, 야만적으로 행동하다, 사납게 굴다, 횡포가 심하다
зверь (즈베리)	(남) ① 짐승; ② 짐승 같은 놈, 흉악한 놈, 귀축
звон (즈본)	(남) 울리는 소리, 뎅그렁 소리;
звонить (즈본이찌)	(미완) 울리다, 종을 치다;
звонкий (즈본끼이)	(형) 잘 울리는, 쟁쟁한; ~ие согласные (언어) 유성자음
звонок (즈본노크)	(남) ① 종, 초인종; ② 종소리;
звук (즈부크)	(남) ① 소리, 음성, 음(音), 음향; (음악) 성부, 성음; ② (영화) 토키 (talkies)
звуковой (즈부까보이)	(형); ~ое кино, ~ой фильм 토키; 발성영화,
звукозаписывающий (즈부까자삐씌와유쉬이)	(형): ~аппарат 녹음기(錄音器)
звукозапись (즈부까자삐시)	(여) 녹음, 녹음방송
звукоизоляция (즈부까이조랴찌야)	(여) 방음(防音)
звуконепроницаемый (즈부까네쁘로니짜므이)	(형) 소리를 막는, 방음의
звукооператор (즈부까아뻬라따르)	(남) 녹음 담당자, 녹음전문가
звукоподражание (즈부까빠드라좌니예)	(중) 의성, 의음
звукоусилитель (즈부까우씰리쪨)	(남) 음향증폭기
звучание (즈부차니예)	(중) 울림, 음향, 소리 나는 것
звучать (즈부차찌)	(형) 소리 나다, 울리다, 들리다

- 379 -

звучность (즈부츠노쓰찌)	(여) 음향성, 울리는 성질
звучный (즈부츠느이)	(형) 잘 울리는, 낭랑한, 청청한;
звякать (미완), звякнуть (즈뱌까찌) (즈뱌크누찌)	(완) 찰랑거리다, 절걱거리다, 덜컥거리다
зги: (즈기)	(не видно) ни ~ (어두워서)아무것도 보이지 않는다, 지척을 분간할 수 없다
здание (즈다니예)	(중) 건물, 건축물
здесь (즈제시)	(부) 여기(에서), 이곳에서
здешний (즈제쉬니이)	(형) 여기에 있는, 이곳의;
здороваться (즈다로와쨔)	(미완) 인사하다, 인사를 나누다;
здороветь (즈다로볘찌)	см. поздороветь
здоровиться (즈다로비쨔)	(미완): мне не ~тся 나는 몸이 편치 못하다
здорово (즈다로붜)	(부) ① (감탄) 잘!, 잘해!, 멋있다! 참 좋다!; ② 참, 몹시, 굉장하게:
здорово (즈다로붜)	(인사말) 잘 있소!, 안녕하시오
здоровый (즈다로브이)	(형) ① 건강한, 튼튼한; ② 건강에 이로운, 건강에 좋은; ③ 큰 커다란; ④ 건전한; будьте ~ы! 안녕히 계십시오!; будь ~! 잘 있어라!
здоровье (즈다로비예)	(중) 건강, 건강상태;
здравица (즈드라비짜)	(여) 축배(祝杯);
здравница (즈드라브니짜)	(여) 휴양소, 요양소
здраво (즈드라붜)	(부); ~ мыслить 건전하게 생각하다; ~ судить 정당하게 판단하다

здравомыслящий (즈드라보믜쓸랴쉬이)	(형)건전하게 사고(생각)하는, 상식적인
здравоохранение (즈드라뷔오흐라녜니예)	보건(保健)
здравствовать (즈드라쓰뜨뷔와찌)	(미완) 건강히 지내다, 건재하다, 평온하게 지내다; ~уй! 안녕하오!; ~уйте! 안녕하십니까?; да ~ует! 만세!
здравый (즈드라브이)	(형) 건전한, 올바른, 분별있는;
зебра (제브라)	(여) 얼룩말(아프리카 야생말)
зев (제브)	(남) ① 인두; ② 입, 아가리
зевака (제와까)	(남, 여) 멍청이, 한가한, 구경꾼
зевать (미완), **зевнуть** (완) 하품하다; (제와찌)　　　(제브누찌)	
зевота (제뷔따)	(여) 하품
зеленеть (젤레녜찌)	(미완) ① 푸르러지다, 초록빛이 되다; ② 푸르게 보이다
зелёный (젤룐느이)	(형) ① 푸른, 초록색의; ② 익지 않은, 여물지 않은, 미숙한;
зелень (젤롄니)	(여) 푸성귀, 풋나물; 초목(草木)
земельный (젤몔느이)	(형) 토지의, 땅의, 농지의;
землевладелец (제믈레블라졔레쯔)	(남) 토지소유자, 지주(地主)
землевладение (제믈레블라졔니예)	(중) 토지소유, 소유지(所有地)
земледелец (제믈레졜레쯔)	(남) 농부, 농민, 농사꾼
земледелие (제믈레졜리예)	(중) 농업, 농사

земледельческий (제믈레젤체쓰끼이)	(형) 농사의 ,농업의;
землекоп (제믈레꼬쁘)	(남) 토공, 흙일하는 노동자
землемер (제믈레몔)	(남) 토지 측량사
землепользование (제믈레뽈조와니예)	(중) 토지이용
землерой ный : (제믈레로이느이)	~ая машина 굴착기
землесос (제믈레쏘쓰)	(남) 모래펌프, 흙물펌프
землетрясение (제믈레뜨랴쎄니예)	(중) 지진
землеустрой ство (제믈레우쓰뜨로이쓰뜨뷔)	(중) 토지건설, 토지정리, 토지사업
землечерпалка (제믈레체르빨까)	(여) 준설기, 준설선
землистый (제믈리쓰뜨이)	(형) 흙이 많이 섞인; ~ цвет 흙색
земля (제믈랴)	(여) ① 지구; ② 흙, 땅, 토지, 토양; ③ 육지, 대륙, 들; ④ 영토, 영지; колхозная ~я 콜호스(소프호스)
земляк (제믈랴크)	(남) 동향인, 한 고향 사람
земляника (제믈랴니까)	(여) 땅 딸기
земляничный (제믈랴니츠느이)	(형) 땅 딸기의;
землянка (제믈랴느까)	(여) 움막집, 움집, 움막 땅굴 집, 토굴집, 토막집
земляной (제믈랴노이)	(형) 흙의, 흙으로 된;
землячество (제믈랴체쓰뜨뷔)	(중) 동향

земноводные (제므노보드늬예)	(복수) 양서류(兩棲類)
земной (제므노이)	(형) 지구의, 지구상의;
земснаряд (젬스나랴드)	(남) 준설선
зенит (제니트)	(남) ① (천문) 천정 천정점, 천심; ② 절정;
зенитка (제니뜨까)	(여) 고사포(高射砲)
зенитный (제니뜨늬이)	(형) ① (천문) 천정의, 천상의; ② (군사); ~ое орудие 고사포; ~ый огонь 대공화력, 고사화력
зенитчик (남), ~ца (여) 고사포수(병) (제니뜨치크)	
зеница (제니짜)	(여): беречь как ~у ока 눈동자와 같이 보호하다
зеркало (제르깔라)	(중) 거울; смотреть(ся) в ~ 거울을 보다
зеркальный (제르깔느이)	(형) 거울과 같은, 거울의
зернистый (제르니쓰뜨이)	(형) 알이 많이 진, 알이 굵은, 알 모양, 입상;
зерно (제르노)	(중) ① 낟알, 씨앗, 종자; ② (집합) 알곡, 곡물, 곡식
зерно-бобовый (제르노-바보브이)	(형):~ые культуры (복수) 콩과 작물
зерновой (제르나보이)	(형) 알곡의, 곡물의, 양곡의
зерноочистительный (제르나아치쓰쩰느이)	(형); ~ая машина 낟알 정선기, 키, 어레미, 풍구
зерносовхоз (제르노쏘브호즈)	(남) 곡물생산농장
зерносушилка (제르노쑤쉴까)	(여) 알곡 건조실, 알곡 건조기

зерноуборочный (제르노우보로츠느이)	(형) 알곡수확용의; ~ комбайн 알곡수확기
зернофураж (제르노푸라즈)	(남) 낟알먹이
зернохранилище (제르노흐라니리쉐)	(중) 양곡창고 저장고
зигзаг (지그자그)	(남) 톱날 형, 갈지자형; ~ом 구불구불하게, 갈지자형으로
зиждиться (지즈지짜)	(미완) *на чем* ~에 입각하다, 기초하다
зима (지마)	(여) 겨울, 겨울철, 동계
Зимбабве (짐바브베)	(중) (불변) 짐바브웨
зимний (짐니이)	(형) 겨울의, 겨울철의;
зимовать (지마와찌)	(미완) 겨울을 나다
зимовка (지모브까)	(여) 겨울나이, 겨울나이 장소
зимовщик (지모브쉬크)	(남) 겨울을 나는 사람
зимовье (지모비예)	(중) ① 월동장소; ② 겨울을 나는 집짐승우리
зимой (지모이)	(부) 겨울철에, 동계
зимостойкий (지모스또이끼이)	(형); ~ие культуры 월동작물
зиять (지야찌)	(미완) (속이 들여다보이게) 쩍 벌려져 있다, 열려져있다
злаки (즐라끼)	(복수) 벼목 식물, 나록 식물
злаковый: (즐라까브이)	~ые растения 벼목식물
злейший (즐레이쉬이)	(형): ~ враг 가장 흉악한 원수, 철천지원수

- 384 -

злить (즐리찌)	(미완) 화나게 하다, 약올리다
злиться (즐리쨔)	(미완) 화를 내다, 짜증을 부리다, 역증을 내다
зло[1] (즐로)	(중) ① 악, 죄악, 해독, 폐단; ② 재앙, 불행; ③ 악의, 앙심, 악감
зло[2] (즐로)	(부) 악의를 품고, 독살스럽게, 악에 받쳐
злоба (즐로바)	(여) 악의, 앙심, 원한, 독살
злобно (즐로브나)	*см.* зло Ⅱ
злобный (즐로브노이)	(형) 악의에 찬, 표독스러운, 독살스러운, 앙칼진
злободневный: (즐로보드녜브느이)	~ вопрос 당면문제
злобствовать (즐로브쓰뜨뷔와찌)	(미완) 발악하다, 잔인 포악한, 흉악한 행동을 하다
зловещий (즐로볘쉬이)	(여) 불길한, 험상궂은
зловоние (즐로보니예)	(중) 고린내, 악취;
зловонный (즐로본느이)	(형) 악취가 풍기는
зловредный (즐로브레드느이)	(형) 독이 있는, 유해로운;
злодей (즐로졔이)	(남) 악한, 악독한 놈
злодейский (즐로졔이쓰끼이)	(형) 간악한, 잔인한, 흉악한;
злодейство, злодеяние (즐로졔이쓰뜨뷔, 즈로졔야니예)	(중) 악행(惡行)
злой (즐로이)	(형) ① 악의를 가진, 독살스러운, 흉악한, 악인의, 악당의, 스캠프(scamp); ② 독한, 맵찬; ③ 사나운;

- 385 -

злокачественный (즐로까체쓰뜨붼느이)	(형) 악성의, 불치의;
злонамеренный (즐로나몌렌느이)	(형) 흉계를 품은, 악의를 품은, 음흉한
злопамятный (즐로빠먀뜨느이)	(형) 원한을 잊지 않는, 앙심을 품은
злополучный (즐로뽈루츠느이)	(형) 불운한, 불우한, 신수가 나쁜;
злопыхатель (즐로쁴하쪨)	(남) 앙심을 품은 사람
злорадный (즐로라드느이)	(형) 남의 재난을 기뻐하는, 고소해하는, 심술궂은;
злорадствовать (즐로라드쓰뜨붜와찌)	(미완) 남의 재난을 기뻐하다, 고소해하다
злословие (즐로쓸로비예)	(중) 독설, 악담, 중상
злословить (즐로쓸로비찌)	(미완) 악담을 퍼붓다, 욕설을 하다, 헐뜯다
злостный (즐로쓰뜨느이)	(형) ① 악의에 찬, 흉악한; ② 고의적으로 나쁜 짓을 하는, 악질적인;
злость (즐로쓰찌)	(여) 악의, 악심, 앙심, 원한
злоумышленник (즐로우믜쉬렌니크)	(남) 흉계를 꾸미는 사람, 속이 검은 사람
злоупотребить (즐로우뽀뜨레비찌)	*см.* злоупотреблять
злоупотребление (즐로우뽀뜨레블레니에)	(중) 남용, 악용; ~ служебным положением 직권남용
злоупотреблять (즐로우뽀뜨레블랴찌)	(미완) 남용하다, 악용하다
злоязычный (즐로야즤츠느이)	(형) 독설을 퍼붓는
злюка, злючка (즐류까, 즈류츠까)	(남, 여) 화를 잘 내는 사람, 괴팍한 사람
змеиный	(형) 뱀의; ~яд 뱀의 독

- 386 -

(즈몌이느이)

змей
(즈몌이)

(남): бумажный ~й 연(鳶), 풍연;
запускать ~я 연을 띄우다

змея
(즈몌야)

(여) 뱀; ядовитая ~ 독사(毒蛇)

знак
(즈나크)

(남) ① 표, 표식, 부호, 기호;
дорожный ~ 도로표식; вопросительный ~ 물음표, 의문표(?);
восклицательный ~ 느낌표(!);
условный ~ 약호, (약속) 부호;
② 신호; (по)дать ~ рукой 손짓으로 알리다; ③ 징조, 표시; ④ 문자,자(字);
~и препинания (언어) 구두점.

знакомить
(즈나꼬미찌)

(미완) ① 알게 한다, 낯을 익히다, 통성명시키다, 소개하다; ② (어떤 것을) 알게 하다, 지식을 가지게 하다;

знакомиться
(즈나꼬미쨔)

(미완) ① *с кем* ~와, ~를(서로) 알게되다, 낯을 익히다, 사귀다; ② *с чем* ~를 알아보다, 이해하다, 조사하다;

знакомство
(즈나꼼쓰뜨붸)

(중) ① 아는 사이, 교제, 아는 사람들;
② 정통, 지식

знакомый
(즈나꼬므이)

(형) ① 아는, 낯을 익은, 안면(면목) 있는; я с ним знаком 나는 그와 아는 사이다; ② (명사로) ~ый (남) 아는 사람, 낯이 익은 사람

знаменатель
(즈나몌나쩰)

(남) (수학) 분모(分母); приводить к общему ~ю 통분하다

знаменательный
(즈나몌나쩰느이)

(형) 뜻 깊은, 의의 깊은, 의미심장한, 중요한; ~ая дата 뜻 깊은 날

знаменитость
(즈나몌니또쓰찌)

(여) 명인, 유명지인

знаменитый
(즈나몌니뜨이)

(형) 유명한, 이름을 떨친

знаменосец
(즈나몌노쎄쯔)

(남) 기수

знамя
(즈나먀)

(중) 깃발, 기치;

- 387 -

знание (즈나니예)	(중) 아는 것, 지식, 학식
знатный (즈나뜨느이)	(형) 이름 있는, 뛰어난, 유명한; 훌륭한;
знаток (즈나또크)	(남) 박식한 사람, 조예가 깊은 사람, 전문가
знать¹ (즈나찌)	(미완) 알다, 이해하다; не ~ 모르다; кто его знает 누가 안담, 누가 알랴?
знать² (즈나찌)	(여) 귀족, 명문가출신
значение (즈나체니예)	(중) ① 뜻, 의미, 의의; ② 의의, 가치
значимость (즈나치모쓰찌)	(여) ① 의미, 의의; ② 중요성
значит (즈나치트)	(삽입어) 따라서, 그런즉, 즉; ~ пора ехать? 그런즉 떠날 때가 되었단 말이지요?;
значительно (즈나치쩰나)	(부) 현저히, 훨씬; ~ больше 훨씬 더 많이
значительный (즈나치쩰느이)	(형) ① 현저한, 큰, 많은; ② 중요한, 의의 있는; ③ 의미심장한, 의미있는 듯한
значить (즈나치찌)	(미완) 의미하다, 의미를 가지다;
значок (즈나초크)	(남) ① 표시, 기호; ② 마크, 휘장; университетский ~ 종합대학휘장
знающий (즈나유쉬이)	(형) 지식이 있는, 유식한;
знобить (즈노비찌)	(미완) 오한이 나다, 오슬오슬하다;
зной (즈노이)	(남) 지독한 더위, 무더위
знойный (즈노느이)	(형) 지독히 더운, 무더운;
зоб (좁)	(남) (조류의) 모래주머니

зов (조프)	(남) ① 부름, 호소; ② 초청, 초대
зодчество (조드체스뜨뷔)	(중) 건축술(建築術)
зодчий (조드치이)	(남) 건축가(建築家)
зола (졸라)	(여) 재; древесная ~ 나무재
золовка (졸롭까)	(여) 시누이
золотистый (졸로찌쓰뜨이)	(형) 금빛의, 황금빛
золотить (졸로찌찌)	(미완) ① 도금하다, 금칠하다; ② 금빛으로 물들이다
золотник (졸로뜨니크)	(남) (공학) 시설, 설비
золото (졸로따)	(중) ① 금, 황금; ② (집합) 금화; ③ 금품, 금세공품
золотоискатель (졸로따이스까쩰)	(남) 금 탐지꾼
золотой (졸로또이)	(형) 금의, 황금의, 황금으로 만든;
золотоносный (졸로따노쓰느이)	(형) 금이 들어있는, 금분이 있는; ~ая жила 금줄
золотопромышленность (졸로또쁘로믜쉬렌노쓰찌)	(여) 금광업
золотуха (졸로뚜하)	(여) 선종양, 선병(腺病)
зона (조나)	(여) 지대, 지역
зональный (조날느이)	(형) 지대의, 지역의;
зонд (존드)	(남) ① (의학) 탐지관, 탐침; ② 기상관측 기구; ③ 수심측정기
зондировать	(미완) ① (의학) 탐침으로 검진하다;

— 389 —

(존지로와찌)	② (광업) 시추기로 탐사하다; ③ 미리 알아보다, 탐지하다, 타진하다
зонтик (존찌크)	(남) 우산, 양산
зооветеринарный: (조오베쩨리나르느이)	~ пункт 가축병원
зоолог (조올로그)	(남) 동물학자, 수의사
зоологический (조올로기체쓰끼이)	(형) 동물학의; ~ сад 동물원
зоология (조올로기야)	(여) 동물학
зоопарк (조오빠르크)	(남) 동물원
зоотехник (조오쩨흐니크)	(남) 축산전문가
зоотехника (조오쩨흐니까)	(여) 축산학
зоотехнический (조오쩨흐니체스끼이)	(형) 축산학의, 가축 사육학의;
зоркий (조르끼이)	(형) ① 눈이 맑은, 잘 보는; ② 명철한, 예민한; ③ 각성 깊은
зорко (조르까)	(부) 눈을 밝혀, 경각성 있게
зоркость (조르까쓰찌)	(여) ① 밝은 시력, 혜안; ② 통찰력; ③ 경각성
зрачок (즈라쵸크)	(남) 눈동자, 동공
зрелище (즈렐리쉐)	(중) 구경거리; 공연, 상연
зрелость (즈렐로쓰찌)	(여) 성숙, 성숙성, 성장; аттестат ~и 중학교 졸업증서
зрелый (즈렐르이)	(형) ① 익은, 여문, 성숙한; ② 성장한, 성숙한;
зрение	(중) 시력, 시각

- 390 -

(зрение) (즈레니예)

зреть
(즈레찌)
(미완) 익다, 여물다, 성숙하다;

зритель
(즈리쩰)
(남) 관람자, 구경꾼, 관중

зрительный
(즈리쩰르느이)
(형) ① 시각의, 시력의; ② 관람용

зря
(즈랴)
(부) 헛되이, 공연히, 쓸데없이;

зуб
(주브)
(남) 이, 이빨, 치아; передние ~ы 앞니; искусственные ~ы 틀니; коренной ~ 어금니; молочные ~ы 젖니; ~ы мудрости 사랑니;

зубастый
(주바쓰뜨이)
(형) ① 이가 큰, 이가 날카로운; ② 입이 건, 입심이 센

зубец
(주볘쯔)
(남) 이빨, 날; ~ец пилы 톱날; ~цы башни 성가퀴, 성첩

зубило
(주빌로)
(중) (공학) 정

зубной
(주브노이)
(형) ① 이의, 치아의; ~ая боль 이앓이; ~ой врач 치과의사; ② (언어) ~ой звук 잇소리, 치음(齒音)

зубоврачебный
(주보브라체브느이)
(형) 이빨치료, 치과진료; ~ кабинет 치과(齒科)

зубочистка
(주보치쓰뜨까)
(여) 이쑤시개

зубрёжка
(주브료쥐까)
(여) 기계적암기

зубрить
(주브리찌)
(미완) 기계적으로 외우다

зубчатый
(주브차뜨이)
(형): зубчатое колесо 톱니바퀴, 치차

зуд
(주드)
(남) ① 가려움, ② 열망, 의욕(意慾)

зудеть
(주졔찌)
(미완) ① 가렵다, 근질근질하다; ② 자근거리다

зыбкий (즤브끼이)	(형) ① 흔들리는, 건들거리는; ② 불안정한, 튼튼치 못한;
зыбь (즤비)	(여) 물놀이 잔물결
зычный (즤츠느이)	(형): ~ голос 쟁쟁한 목소리
зяблевый: (쟈블레브이)	~ая вспашка 가을갈이
зябнуть (쟙누찌)	(미완) 추위하다, 얼다
зябь (쟙)	(여) 가을갈이 한 밭;
зять (쟈찌)	(남) 사위; 매부; 시누이 남편

Ии

и¹ (이)	(접) ① ~과(와), 및, 그리고, 또; я и вы 나와 당신; ② (강조의 뜻으로) ~도; и в этом случае 이 경우에 있어서도 ③ (열거할 때에) ~도; он одинаково хорошо и говорит, и читает, и пишет по корейски 그는 한국어로 말하기도 읽기도 쓰기도 모두(다같이) 잘한다. ④ (양보의 뜻) ~지만, 그러나; хотел пойти и не мог 가려고 하였으나 갈 수 없었다. ⑤ 바로; об этом я и думаю 나는 바로 이것에 대하여 생각한다.
и² (이)	(조) ~도, 지어, ~조차, ~까지도; не могу и подумать об этом 이것은 생각조차 할 수 없다.
Иак (послание Якова, 5장, 169쪽) (이야꼬바)	야고보서, 야고보의 편지(—便紙, Letter of James)
ибо (이보)	(접) 왜냐하면, ~ 때문에
ива (이와)	(여) 버드나무, 버들; плакучая ~ 수양버들
ивняк (이브냐크)	(남) 버드나무숲
иволга (이볼가)	(여) (조류) 꾀꼬리
игла (이글라)	(여) ① 바늘, 침(針); ② 바늘잎(침엽); сосновые иглы 솔잎, 가시
иглотерапия (이글로쩨라삐야)	(여) (의학) 침술, 침료법
иглоукалывание (이글로우깔의니예)	*см.* иглотерапия

- 393 -

игнорировать (이그노리로와찌)	(미완) 무시하다, 홀시하다, 도외시하다, 얕잡아보다
иго (이고)	(중) 기반, 멍에
иголка (이골까)	(여) *см.* игла; вдевать нитку в ~у 바늘에 실을 꿰다; сидеть как на ~ах 바늘방석에 앉아있는 듯하다
иголочка (이골로츠까)	(여) костюм с ~и 방금 지은 양복, 옷
игольный (이골느이)	(형): ~ое ушко 바늘귀
игра (이그라)	(여) ① 놀음, 놀이, 유희, 장난; ② 연주, 연기; ③ 경기, 구기, 시합; футбольная ~ 축구경기.
играть (이그라찌)	(미완) ① 놀다, 장난하다, 유희하다; ② 연주하다, 연기하다; ~ на рояле 피아노를 치다 (타다).
игривый (이그리브이)	(형) 놀기 좋아하는, 들뜬, 발랑거리는, 장난을 즐기는
игрок (이그로크)	(남) ① 노름꾼, 도박꾼 ② 선수; запасной ~ 후보 선수
игрушечный (이그루쉐츠느이)	(형) 놀이감; ~ое ружьё 놀이감 총 ② 놀이감 같은, 매우 작은
игрушка (이그루쉬까)	(여) ① 놀이감, 완구; ② 농락물
идеал (이제알)	(남) ① 이상; ② 모범
идеализация (이제알리자찌야)	(여) 이상화
идеализировать (이제알리지로와찌)	(미완) 이상화하다
идеализм (이제알리즘)	(남) ① 관념론, 유심론 ② 이상화, 이상주의
идеалист (이제알리쓰트)	(남) ① 관념론자, 유심론자 ② 이상주의자, 공상가

Ии

идеально (이졔알리나)	(부) 이상적으로, 완벽하게, 훌륭히
идеальный (이졔알리느이)	(형) 이상적인, 완벽한, 나무랄대 없는
идейно-воспитательный (이졔이노-붜쓰뻬따쩰느이)	(형) 사상교양
идейно-политический (이졔이노-뽈리찌체쓰끼이)	(형) 정치사상적인
идейный (이졔이느이)	(형) 사상적인, 사상의, 이념으로; ~ое воспитание 사상교양
идентичный (이젠찌츠느이)	(형) 동일한, 똑같은, 일치하는
идеолог (이졔올로그)	(남) 사상가, (어떤 사상의) 대변자
идеологический (이졔올로기체쓰끼이)	(형) 사상적인
идеология (이졔올로기야)	(여) 사상(思想)
идея (이졔야)	(여) 사상, 이념, 관념
идиома (이지오마)	(여) 관용어, 관용구
идиот (이지오뜨)	(남) ① 바보, 백치, 천치 ② (욕설) 반편, 머저리
идиотизм (이지찌즘)	(남) 백치, 천치, 어리석은 것
идол (이지올)	(남) 우상, 형상, 물신(物神)
идти (잇찌)	(미완) ① 가다, 오다; ~ пешком 걸어가다; ② 늘어지다, 뻗어가다, 펴지다; дорога идёт в лес 길은 숲 속으로 뻗어있다 ③ 나오다, 흐르다; ④ 지나가다, 진행되다, ~중이다; ⑤ 쓰이다, 필요하다; ⑥ 맞다, 어울리다; ⑦ (시계가) 가다 ⑧ 상연되다, 공연되다; ⑨ (비, 눈 등이) 오다, 내리다

Ии

Ии

иена (이에나)	(여)(일본 화폐단위; en ¥)엔([円])
Иез (Книга Пророка Иезекииля, 48장, 803쪽) 에스겔 (이에즈끼일랴)	
Иер(Книга Пророка Иеремии, 52장, 735 쪽) 예레미야 (이에레미이)	
иероглиф (이에로글리프)	(남): китайский ~ 한자
иждивенец (이즈지베네쯔)	(남) 부양가족, 식구
иждивение (이즈지베니예)	(중) 부양; быть на чьём ~и ~의 부양을 받다
из (이즈)	(전) (+ 생) ① ~로부터, ~에서; он приехал из Кореи 그는 한국에서 왔다; исходить из того, что ~으로부터 출발하다; ② ~로(으로)만든(구성된); из железа 철로 만든; ③ (출신 등을 나타냄); из крестьян 농민출신 ④ ~중, ~가운데; один из них 그들 중 하나; ⑤ ~ 때문에, ~로 인하여; из страха 공포 때문에, 무서워서
изба (이즈바)	(여) 농가, 촌집
избавить(ся) (이즈바비찌)	(완) *см.* избавлять(ся)
избавление (이즈바블레니예)	(중) 구출, 구원, 해방
избавлять (이즈바블랴찌)	(미완) 면하게 하다, 구원(구출)하다, 해방시키다; ~ от опасности 위험에서 벗어나게 하다(구출하다)
избавляться (이즈바블랴쨔)	(미완) 구원되다, 구출되다, 벗어나다, 빠져나오다, 해방되다;
избалованный (이즈발로완느이)	(형) 어리광부리는, 버릇이 궂은; ~ ребёнок 응석동이, 응석꾸러기
избаловать (이즈발로와찌)	(완) *см.* баловать

избегать (완), **избегнуть** (완) ① *кого* 피하다, 회피하다;

(이즈베가찌)	~ знакомых 아는 사람을 피하다; ② чего 구원되다, 빠져나오다, 면하다, 모면하다; ~ ответственности 책임을 피하다(회피하다); ~ опасности 위험을 면하다
избежание (이즈베좌니예)	(중): во ~ чего ~ 를 피하기 위하여
избежать (이즈베좌찌)	(완) *см.* избегать
избивать (이즈비와찌)	(미완) 때리다, 구다 하다
избиение (이즈비예니예)	(중) ① 구타, 때리는 것; ② 학살; массовое ~ 대중적 학살
избиратель (이즈비라쩰)	(남) 선거자, 유권자
избирательный (이즈비라쩰느이)	(형) 선거; ~ая кампания 선거운동
избирать (이즈비라찌)	(미완) *см.* выбирать
избитый (이즈비뜨이)	① избивать 의 피동과거; ② (형) 진부한, 케케묵은, 평범한;
избить (이즈비찌)	(미완) *см.* избивать
избороздить (이즈보로즈지찌)	(완) *см.* бороздить
избрание (이즈브라니예)	(중) 당선, 선택, 선거
избранник (남), ~ца (여) (이즈브란니끄)	당선자, 선거 받은 사람
избранный (이즈브란느이)	(형) ① 피선된, 당선된; ② 선출된, 선정된, 골라낸; ③ 우수한
избыток (이즈븨또끄)	(남) 나머지, 여분, 잉여; с ~ком 충분히, 여유 있게, 남을 만큼 넉넉히
изваяние (이즈바야니예)	(중) 조각, 소상
изведать	(완) 겪다, 체험하다, 느끼다, 맛보다;

(이즈뻬다찌)	~ горе 슬픔을 맛보다; всё ~ 쓴맛, 단맛 다 보다
изверг (이즈베르그)	(남) 귀축, 살인귀
извергать (미완), **извергнуть** (완) (이즈베르가찌)	내뿜다, 분출하다;
извержение (이즈베르줴니예)	(중) 분출(噴出), 분화(噴火);
извернуться (이즈베르누짜)	*см.* изворачиваться
извести (이즈베쓰찌)	(완) *см.* изводить
известие (이즈베쓰찌예)	(중) ① 통지, 통신, 보도, 소식; ② (복수); ~я (정기간행물의 명칭) 학보 통보
известить (이즈베쓰찌찌)	(완) *см.* извещать
извёстка (이즈뵤쓰뜨까)	(여) *см.* известь
известковый (이즈베쓰뜨꼬브이)	(형) 석회, 석회질; ~ый раствор 석회용액
известно (이즈베쓰뜨나)	① (술어로) 알려져 있다; как ~ 아는바와 같이 ② (삽입어) 물론
известность (이즈베쓰뜨노쓰찌)	(여) ①: ставить в ~ь 알리다, 통지하다; ② 명성, 인기; пользоваться ~ью 유명하다
известный (이즈베쓰뜨느이)	(형) ① 아는, 알려진; ② 이름난, 명성이 높은; ③ 일정한, 어느 정도의; в ~ых случаях 어떤 경우에는
известняк (이즈베쓰뜨냐크)	(남) 석회석, 석회암
известь (이즈베쓰찌)	(여) 석회; гашёная(негашёная) ~ 소(생)석회
извещать (이즈베샤찌)	(미완) 알려주다, 공시하다, 통지하다, 통보하다
извещение	(중) 알림, 통고, 통보, 통지서

(이즈붸**쉐**니예)

извиваться
(이즈비**와**짜)
(미완) 구불거리다, 구부러지다, 구불구불해지다, 굽이쳐가다

извилина
(이즈**빌**리나)
(여) 굽이, 굴곡, 만곡, 굽은 것; ~ы мозга 뇌습

извилистый
(이즈**빌**리쓰뜨이)
(형) 구불구불한, 굴곡이 많은; ~ая дорога 구불구불한 길

извинение
(이즈비**네**니예)
(중) ① 용서, 사죄; просить ~я см. извиняться ② 변명, 구실

извиниться
(이즈비**니**짜)
(완) см. извянять(ся)

извинять
(이즈비**냐**찌)
(미완) ① 용서하다; ~ите! (완) 용서하십시오! 미안합니다. ~ите за опоздание 늦게와서 미안합니다; ~ите за беспокойство 폐를 끼쳐 미안합니다. ② 변명하다

извиняться
(이즈비**냐**짜)
(미완) 용서를 빌다, 사과하다; ~итесь за меня 내대신에 미안하다는 말을 하시오.

извлекать
(이즈블레**까**찌)
(미완) ① 끄집어내다, 뽑아내다, 꺼내다; ~ пользу 이익을 짜내다 ② 얻어내다, 받다; ~ урок 교훈을 찾다; ~ корень (수학) 뿌리를 구하다

извлечение
(이즈블**체**니예)
(중) ① 꺼내기, 뽑아내기, 빼어내기; ~ корня (수학) 개방법 ② 인용, 발췌

извлечь
(이즈블**레**치)
(완) см. извлекать

извне
(이즈브**네**)
(부) 밖으로부터, 외부로부터

изводить
(이즈보**지**찌)
(미완) ① 써버리다, 소비하다, 잡아먹다 ② 못살게 굴다, 몹시 괴롭히다, 뒤볶다, 시달리게 하다

извозчик
(이즈**보**즈치크)
(남) 마차군, 마부, 마차

изворачиваться
(이즈보**라**치와짜)
(미완) ① 몸을 돌리다, (재빠르게) 빠져나가다 ② 모면하다, 능갈치다

Ии

- 399 -

изворотливый (이즈보로뜰리브이)	(형) ① 날쌘, 민첩한, 재빠른 ② 솜씨 있는, 잘 둘러맞추는
извратить (완), **извращать** (미완) (이즈브라찌찌) (이즈브라샤찌)	외곡하다, 곡해하다, 위조하다;
извращение (이즈브라쒜니에)	(중) ① 외곡(하는 것), 곡해, 위조 ② 기형성, 퇴화
извращённый (이즈브라쑌느이)	(형) ① 외곡된, 곡해된 ② 비정성적인, 퇴화한
изгадить (이즈가지찌)	(완) *см.* гадить
изгиб (이즈기프)	(남) 굽이, 굴곡, 구부러진 것
изгибать (이즈기바찌)	(미완) 굽히다, 구부러뜨리다, 휘다
изгибаться (이즈기바짜)	(미완) 구부러지다, 굽혀지다, 휘어지다, 휘청거리다
изгладиться (이즈글라지짜)	(미완): ~ из памяти 기억에서 사라지다 (지워지다)
изгнание (이즈그나니에)	(중) 추방, 축출, 유형; жить в ~и 추방되어 생활하다, 유형살이를 하다
изгнанник (이즈그난니크)	(남) 추방된 사람
изгнать (이즈그나찌)	(완) *см.* изгонять
изголовье (이즈골로비에)	(중) 머리맡, 베개머리; сидеть у ~я 머리맡에 앉다
изгонять (이즈가냐찌)	(미완) 내쫓다, 몰아내다, 추방하다, 축출하다
изгородь (이즈가로지)	(여) 울타리, 바자; обносить ~ю 울타리(바자)로 둘러막다
изготавливать (미완), **изготовить** (완) (이즈가따블리와찌)	만들다, 제작하다, 생산하다, 제조하다, 짜내다
изготовитель (이즈가또비쩰)	(남) 제조자, 생산자
изготовление	(중) 생산, 제조

(이즈가또블레니예)

издавать
(이즈다와찌)
(미완) ① 출판하다, 발간하다;
② (법령 등을) 발포하다, 공포하다;
③ (냄새 등을) 풍기다, 내다

издавна
(이즈다브나)
(부) 오래전부터, 옛적부터

издалека, издали
(이즈달레까, 이즈달리)
(부) 멀리에서, 먼 곳에서;

издание
(이즈다니예)
(중) ① 발행, 발간, 발포, 공포
② 간행물, 출판물; первое ~ 초판;
иновое ~ 신판,새판; ~исправленное
и дополненное 개정증보판;
периодическое ~ 정기간행물

издатель
(이즈다쩰)
(남) ① 발행자, 출판업자 ② 발행

издательство
(이즈다쩰쓰뜨붜)
(중) 출판사 (газеты); ~ "Правда"
"쁘라우다" 신문사

издать
(이즈다찌)
(완) *см.* издавать

издевательский
(이즈제와쩰스끼이)
(형) 놀려주는, 조롱하는, 비꼬는

издевательство
(제와쓰뜨붜)
(중) 놀림, 조소, 조롱; подвергаться (이즈
~ам 조소를 받다

издеваться
(이즈제와짜)
(미완) 놀려주다, 조소하다, 조롱하다

изделие
(이즈젤리예)
(중) 제품, 제조품, 생산품; готовое ~
기성품

издержать
(이즈제르좌찌)
(완) 써버리다, 소비하다, 잡아먹다

издержки
(이즈제르쥐끼)
(복수) 비용, 경비, 지출;~ производ-
ства 생산비; судебные ~ 소송비용

издыхание
(이즈듸하니예)
(중): при последнем ~и 숨을 거둘
때에, 임종할 때에

изжарить(ся)
(이즈좌리찌)
(완) *см.* жарить(ся)

изживать (미완), **изжить** (완) 없애버리다, 제거하다, 근절하다;

- 401 -

(이즈쥐와찌)	~ недостатки 결함을 퇴치하다
изжога (이즈조가)	(여) 가슴쓰리기
из-за (이즈-자)	(전) (+ 생) ① ~의 뒤로부터, ~뒤에(부터); ② ~ 때문에, ~로 말미암아, ~로 인하여, ~ 탓으로
излагать (이즐라가찌)	(미완) 진술(서술)하다, 설명(말)하다, ~ своё мнение 자기 의견을 말하다
излечение (즐레체니예)	(중) 완치, 완쾌, 회복; находиться на (이)~и 치료를 받고 있다
излечимый (이즐레프이)	(형) 완치할 수 있는, 고칠 수 있는, 치료할 수 있는
изливать (미완), **излить** (완) (이즐리와찌)	털어놓다, 표명하다, 토로하다; ~душу 심정을 털어놓다, 가슴을 헤쳐 놓다
изливаться (이즐리와쨔)	(미완) 마음속을 털어놓다
излишек (이즐리쉐크)	(남) 여분, 과잉, 잉여, 나머지; с излишком 남음이 있다, 여분으로, 필요이상으로
излишество (이즐리쉐쓰뜨붜)	(중) 지나침, 과도
излишне (이즐리쉬네)	(부) ① 지나치게, 너무 ② (술어로); ~ и говорить об этом 이에 대하여 말할 필요도 없다
излишний (이즐리쉬니이)	(형) ① 지나친, 과도한, 과분한; ② 쓸데없는, 필요 없는
изложение (이즐로줴니예)	(중) 진술, 서술, 설명
изложить (이즐로쥐찌)	(완) *см.* излагать
излом (이즐롬)	(남) ① 꺾인 곳 ② 굽어진 부분, 굽이진 곳, 굽이굽이
изломать (이즐로마찌)	(완) ① 부수다, 마사뜨리다, 못쓰게 만들다, 파손하다; ② 망쳐놓다, 찌그러뜨리다

излучать (이즐루차찌)	(미완) (열, 빛 등을) 방사하다; ~ свет 빛을 내다
излучение (이즐루체니예)	(중) 방사, 방출, 발산
излучина (이즐루치나)	(여) 굽인 돌이, 굴곡
излюбленный (이즐류브렌느이)	(형) 제일 좋아하는, 즐겨 쓰는, 애용하는; ~ое средство 상투적 수단
измазать (이즈마자찌)	(완) см. мазать
измазаться (이즈마자짜)	(완) см. мазаться
измельчить (이즈멜치찌)	(완) см. мельчить
измена (이즈메나)	(여) 배신, 반역, 배반, 변절
изменение (이즈메네니예)	(중) ① 변화, 변경, 변동; ② 수정; вносить ~я во что ~에 수정을 가하다
изменить(ся) (이즈메니찌)	(완) см. изменять(ся)
изменник (이즈멘니크)	(남) 반역자, 배반자, 변절자; ~ родины 매국노, 반역자
изменчивость (이즈멘치뷔쓰찌)	(여) 변하기 쉬운 것, 가변성, 변덕, (생물) 변이성(變異性)
изменчивый (이즈멘치브이)	(형) 변하기 쉬운, 변덕스러운; ~ая погода 변덕스러운 날씨
изменять[1] (이즈메냐찌)	(미완) 변화시키다, 변경하다, 다르게 하다
изменять[2] (이즈메냐찌)	(미완) 변절(배반, 배신)하다; ~своему слову 자기 말(약속)을 어기다;~ себе 자기 자신을 거역하다
изменяться (이즈메냐짜)	(미완) 달라지다, 변하다, 변화되다
измерение (이즈메레니예)	(중) ① 재기, 측정, 측량 ② (수학) 차원

Ии

измерить (완), **измерять** (미완) *см.* мерить (이즈메리찌)　(이즈메랴찌)	
измождённый (이즈모즈죤느이)	(형) 녹작지근한, 초췌한, 쇠약해진; ~ вид 극도로 지친 모양
изморозь (이즈모로지)	(여) 성에, 서리
изморось (이즈모로시)	(여) 이슬비, 는개(비), 안개비
измотать(ся) (이즈모따찌)	(완) 쇠약해지다
измученный (이즈무첸느이)	(형) 시달린, 피로한, 기진맥진한, 괴로운
измучить (이즈무치찌)	(완) ① *см.* мучить ② 피로하게 하다, 시달리게 하다, 기진맥진하게 만들다
измучиться (이즈무치쨔)	(완) ① *см.* мучиться ② 피로하다, 기진맥진해지다, 시달리다
измышление (이즈믜쉴레니예)	(중) 날조, 허위
измышлять (이즈믜쉴랴찌)	(미완) 지어내다, 꾸며내다, 날조하다
измятый (이즈먀뜨이)	(형) 구겨진, 구깃구깃한, 쭈글쭈글한
измять (이즈먀찌)	(완) *см.* мять
изнанка (이즈난까)	(여) ① (천, 옷 등의) 안, 뒤면 ② 이면 ~ событий 사건의 이면
изнасилование (이즈나씨라와니예)	(중) 강간, 겁간, 강음, 겁탈, 능욕, 추행, 난행, 강제추행(强制醜行)
изнасиловать (이즈나씨라와찌)	(완) *см.* насиловать
изнашивать (이즈나쉬와찌)	(미완) (신발, 옷 등을) 해어뜨리다, 처뜨리다;
изнашиваться (이즈나쉬와쨔)	(미완) 해지다, 헐다, 모자라지다, 마모되다

изнеженный (이즈녜쉔느이)	(형) 안온한, 나약한, 연약한
изнемогать (이즈네마가찌)	(미완) 힘이 진하다, 맥이 빠지다, 허탈하다
изнеможение (이즈네마줴니예)	(중) 극도의 피곤, 맥이 진한 것, 쇠약; в ~и 맥이 빠져서, 기진맥진하여
износ (이즈노쓰)	(남) (기계 등의) 마모 не знать ~у (~a) 오래 견디다 (헐어지지 않다)
износить(ся) (이즈노씨찌)	см. изнашивать(ся)
изношенный (이즈노쉔느이)	(형) 해진, 허름한, 달아 떨어진, 마모된;
изнурительный (이즈누리쩰느이)	(형) 아주 고된, 고달픈, 기진맥진케 하는, 괴로운; ~ый труд 고된 노동; ~ая болезнь 모진 병, 골병
изнурить (완), **изнурять** (이즈누리찌) (이즈누랴찌)	(미완) 맥이 빠지게 하다, 피로케 하다, 몹시 괴롭히다
изнутри (이즈누뜨리)	(부) 안에서, 내부로부터; запирать ~ 안으로 잠그다
изнывать (이즈늬와찌)	(미완) 몹시 시달리다, 신음하다, 몹시 괴로워하다; ~ в ожидании 기다리는 데 지치다
изо (이조)	(전) см. из
изобилие (이조빌리예)	(중) 다량, 풍족한 것;
изобиловать (이조빌로와찌)	(미완) 많이 있다, 풍부하게 있다; озеро ~ует рыбой 호수에는 물고기가 많다
изобильный (이조빌느이)	(형) 풍족한, 유족한, 넉넉한;
изобличать (이조블리차찌)	(미완) 드러내다, 밝혀내다, 폭로하다, 실증하다
изобличение (이조블리체니예)	(중) 폭로, 적발

изобличить (이조블리치찌)	(완) *см.* изобличать
изображать (이조브라좌찌)	(미완) 묘사하다, 그리다, 형상하다 나타내다, 표현하다; его лицо ~зило удивление 그의 얼굴은 놀라움을 나타냈다(그의 얼굴에는 놀라움이 비꼈다)
изображение (이조브라줴니예)	(중) 묘사, 그림,(문학) 형상
изобразительный (이조브라지쩰느이)	(형) 형상적인, 조형의, 묘사의; ~ое искусство 조형 예술
изобразить (이조브라지찌)	(미완) *см.* изображать
изобрести (이조브레쓰찌)	(미완) *см.* изобретать
изобретатель (이조브레따쩰)	(남) 발명가, 고안자
изобретательный (이조브레따쩰느이)	(형) 발명가적기질이 있는
изобретательство (이조브레따쩰쓰뜨붜)	(중) 발명, 고안, 발명가의 활동
изобретать (이조브레따찌)	(미완) 발명하다, 고안(창안)하다, 생각해내다
изобретение (이조브레쩨니예)	(중) ① 발명, 고안; ② 발명품
изогнутый (이조그누뜨이)	(형) 구부러진, 휜, 굽은, 구불구불한
изогнуть(ся) (이조그누찌)	(완) *см.* изгибать(ся)
изодранный (이조드란느이)	(형) 찢어진, 해진, 너덜너덜한
изолировать (이졸리로와찌)	(미완,완)① 고립(격리)시키다, 분리하다 ② (전기) 절연하다, 피복을 하다
изолятор (이졸랴또르)	(남) ① (병원에서) 격리실 ② 절연체, 뚱딴지(애자)
изоляция	(여) ① 고립, 격리, 절연

Ии

(이졸랴찌야)	② (전기) 절연체, 절연물
изорвать (이조르**와**찌)	(완) *см.* рвать 1
изотоп (이조**또**쁘)	(남) (화학) 동위원소
изощрённый (이조쉬**료**느이)	(형) 예민한, 정교한, 섬세한;
из-под (이즈-**뽀**드)	(전) (+ 생) 밑으로부터, 밑에서; вылезать ~ стола 상 밑에서 기어 나오다;(~을 넣었던): бутылка ~ молока 우유병; банка ~ консервов 통조림통
Израиль (이즈**라**일)	(남) 이스라엘
израсходовать (라쓰**호**도와찌)	(완) *см.* расходовать 다 쓰다(써버리(이즈다), 탕진(소비)하다, 잡아먹다
изредка (이즈**레**드까)	(부) 드문드문, 이따금, 때때로; ~ выходить на улицу 가끔 바깥에 나오다
изрезать (이즈**레**자찌)	(완) ① 조각조각 베다 (자르다), 토막치다, 자박자박 썰다 ②~ стол ножом 책상에 많은 칼자리를 내다
изрекать (이즈레**까**찌)	(미완) 말을 내다, 말하다
изречение (이즈레**체**니예)	(중) 격언, 명언
изречь (이즈**레**치)	(완) *см.* изрекать
изрешетить (이즈레쉐**찌**찌)	(완) 온통 구멍을 내다;
изрубить (이즈루**비**찌)	(완) *см.* рубить
изругать (이즈루**가**찌)	(완) *см.* ругать
изрыгать (이즈릐**가**찌)	(미완): ~ огонь 불을 뿜다; ~ ругательства 욕설을 퍼붓다

Ии

изрытый (이즈릐뜨이)	(형): ~ оспой 몹시 얽은
изрыть (이즈릐찌)	(완) 마구 파해지다, 구덩이 투성이로 만들다
изрядно (이즈랴드나)	(부) ① 몹시, 상당히; ② 썩, 잘
изрядный (이즈랴드느이)	(형) 상당한, 꽤 많은, 대단한
изуверский (이주베르쓰끼)	(형) 잔인한, 야수적인, 잔혹한
изувечить (이주베치찌)	(완) *см.* увечить
изумительный (이주미쩰느이)	(형) 놀랄만한, 경탄할만한, 매혹적인
изумить(ся) (이주미찌)	(완) *см.* изумлять(ся)
изумление (이주믈레니예)	(중) 놀라움, 경탄; с ~ем 경탄하여; *см.* изумлять.
изумлять (이주믈랴찌)	(미완) 놀라게 하다, 경탄케 하다
изумляться (이주믈랴짜)	(미완) 놀라다, 경탄하다
изумруд (이주므루드)	(남) 녹주석, 녹보석, 녹색보석
изучать (이주차찌)	(미완) 배우다, 연구하다, 학습하다
изучение (이주체니예)	(중) 연구, 학습
изучить (이주치찌)	(완) *см.* изучать
изъездить (이지예즈지찌)	(완) (타고) 돌아다니다;~ всю страну 온 나라를 돌아다니다
изъявительный (이지야비쩰느이)	(형): ~ое наклонение (언어) 직설법

изъявить (완), **изъявлять** (미완) 표명(표현)하다, 표시하다; ~

(이지야비찌)	своё согласие 동의를 표하다
изъян (이지얀)	(남) 결점, 흠집
изъятие (이지야찌예)	(중) 몰수, 징발, 제거, 제외; всё без ~я 제외 없이 모두
изъять (완), **изымать** (이지야찌)	(미완) 몰수하다, 징발하다, 삭제하다, 제외하다; ~ из обращения 유통을 막다 (금지하다)
изыскание (이즉쓰까니예)	(중) 탐구, 탐색, 연구; геологические ~я 지질탐사
изысканный (이즉쓰깐느이)	(형) 세련된, 고상한, 청아한;
изыскатель (이즉쓰까쪨)	(남) 탐구자, 탐사지, 답사지
изыскать (완), **изыскивать** (미완) (이즉쓰까찌)	찾아내다, 얻어내다, 탐색하다, 탐구하다
изюм (이쥼)	(남) 마른 포도, 건포도
изящество (이쟈쉐쓰뜨뷔)	(중) 우아한 것, 아리따움
изящный (이쟈쉬느이)	(형) 우아한, 아리따운, 정갈한; ~ слог 우아한 말씨;~ почерк 미끈하게 쓴 글
икать (미완), **икнуть** (이까찌) (이끄누찌)	(완) 딸꾹거리다, 딸꾹질하다
икона (이꼬나)	(여)상, 초상, (예수·성인의) 성화상,성상 (聖像);делать икону(из) 우상화하다
икота (이꼬따)	(여) 딸꾹질, 딸꾹질의 발작
икра¹ (이끄라)	(여) 물고기알; метать ~у 알을 쏟다 (낳다)
икра² (이끄라)	(여) икры 장딴지, 종아리
икрометание (이끄로메따니예)	(중) 알 낳이, 산란(産卵)
икс	(남) (수학) 미지수, 엑스, 가위표

Ии

(이끄쓰)

ил (일)	(남) 감탕, 진흙, 진창, 침니.
или (일리)	(접) ① 혹은, 또는; исегодня или завтра 오늘이나 내일; ② 정말, 과연; ③ 그렇지 않으면, 그렇지 않은 경우에; более ~ менее 일정한 정도로,
иллюзия (일류지야)	(여) 착간, (책의) 잘못된 장(편)
иллюминатор (일류미나똘)	(남) (배 등에서) 선창
иллюминация (일류미나찌야)	(여) 전광장식;
иллюстрация (일류쓰뜨라찌야)	(여) ① 그림, 삽화 ② 실례
иллюстрировать (일류쓰뜨리로와찌)	(미완, 완) 그림을 그리다, 삽화를 넣다 예증하다
им (임)	см. он, оно (조), они (여)
имение (이메니예)	(중) 토지, (별장·정원 등이 있는) 사유지 장원(莊園), 영지, 대저택
именинник (남), ~ца (여) (이메닌니크)	명명 일을 맞는 사람
именины (이메니느이)	(복수) 명명일(命名日). 공휴일. 명명일 같은 이름의 성인(聖人)의 축일.
именительный (이메니쩰느이)	(형): ~ падеж (언어) 주격(主格)
именно (이멘나)	(조) 틀림없이, 바로, 꼭; вот ~! 바로 그렇다!;~это 그것이야말로, 바로 이것
именной (이멘노이)	(형) 이름이 적혀있는; ~ список 명단 명부(名簿)
именованный (이메노완느이)	(형): ~ое число (수학) 이름수, 명수
иметь (이메찌)	(미완) 가지다, 소유하다; ~ право 권리를 가지다;

Ии

иметься (이몌짜)	(미완) 있다
имеющий ся (이몌유쉬이쌰)	(형) 있는, 기존, 현존; ~ еесяоборудование 있는(현존) 설비
ими (이미)	*см.* они
имитация (이미따찌야)	(여) ① 모방, 모조, 흉내; ② 위조물, 모조물
имитировать (이미찌로와찌)	(미완) 모방하다, 모조하다, 흉내 내다.
иммигрант (남), **~ка** (여) (이미그란트)	이주민, 이주해온 외국인
иммиграция (이미그라찌야)	(여) 외국인의 이주
иммигрировать (이미그리로와찌)	(미완, 완) (외국에) 이주하다
иммунитет (이무니쩨트)	(남) ① 면역, 면역성, 저항력; ② 특전, 특권; дипломатический ~ 외교관의 법적특권, 외교특권
император (임뻬라따르)	(남) 황제, 제왕, 군주
империализм (임뻬리아리즘)	(남) 제국주의
империалист (임뻬리알리쓰트)	(남) 제국주의자
империалистический (임뻬리알리쓰찌체쓰끼이)	(형) 제국주의적인, 제국주의;
империя (임뻬리야)	(여) 제국
импонировать (임뽀니로와찌)	(미완) 마음에 들게 하다, 좋은 인상을 주다
импорт (임뽀르트)	(남) 수입(輸入, 收入), 수확, 소득
импортировать (임뽀르찌라와찌)	(미완, 완) 수입하다

Ии

импортный (임뽀르뜨느이)	(형) 수입; ~ые товары 수입품
импрессионизм (임쁘렛씨오니즘)	(남) 인상주의(印象主義)
импровизация (임쁘로비자찌야)	(여) 즉흥(창작), 즉흥작품, 즉흥곡, 즉흥시(卽興詩)
импровизированный (임쁘로비지로완느이)	(형) 즉흥적으로 만근(창작한),즉흥적인
импровизировать (임쁘로비지로와찌)	(미완, 완) 즉흥적으로 창작하다, 간단히 차리다 (만들다)
импульс (임뿔쓰)	(남) ① (물리) 임풀스 ② 충동, 충격 자극(磁極)
имущество (이무쒜스뜨붜)	(중) 재산, 소유물; домашнее ~ 살림살이, 가산; государственное ~ 국유재산; движимое(недвижимое)~동산 (부동산)
имущий (이무쉬이)	(형): ~ие классы 유산계급(층); (명사); ~ие (복수) 유산자; власть ~ие 집권자들
имя (이먀)	(중) ① 이름; ~и фамилия 성명; как твоё ~? 너의 이름은 뭐냐? ② 명성; человек с именем 이름난 사람; ③ (언어) 체언; ~ существительное 명사; под чужим именем 변명으로, 본명을 감추고

Ин (Евангелия от Иоанна, 21장, 100쪽) 요한복음
(이오안나)

1 Ин (Первое послание Иоанна, 5장, 180쪽) 요한일서
(1. 이오안나)

2 Ин (Второе послание Иоанна, 1장, 184쪽) 요한이서
(2. 이오안나)

3 Ин (Третье послание Иоанна, 1장, 185쪽) 요한삼서
(3. 이오안나)

иначе (이나체)	① (부) 다르게, 달리; ~ говоря 달리 말하면 ② (접) 그렇지 않으면, 그렇지 않은 경우에는; так или ~ 하여튼, 하여간, 이렇든 저렇든; не ~ 틀림없다

инвалид (인왈리드)	(남) 노동능력상실자, 불구자, 장애인, 병신;
инвалидность (인왈리드노스찌)	(여) 불구, 노동능력상실
инвентаризация (인뻰따리자찌야)	(여) 재산목록작성, 비품목록작성
инвентарь (인뻰따리)	(남) ① 비품, 도구, 재산; ② 재산목록, 비품대장; составить ~ 목록을 작성하다; мёртвый ~ 논쟁기, 쟁기(기구, 도구, 운수수단 등)
инвестиция (인붸쓰띠찌야)	(여) 투자
ингаляция (인갈랴찌야)	(여) 흡입, 흡입요법
индей ка (인졔이까)	(여) 칠면조(七面鳥)
индей ский (인졔이쓰끼이)	(형) (미국) 인디언
индей цы (복수) ~еец (남), ~ианка (여) (미국)인디안 사람(들) (인졔이찌이)	
индекс (인졔끄쓰)	(남) (경제, 수학) 지수, 보임수
индивид (인지비드)	(남) см. индивидуум
индивидуализм (인지비두알리즘)	(남) 개인주의
индивидуалист (인지비두알리쓰트)	(남) 개인주의자
индивидуальность (인지비두알리노스찌)	(여) 개성, 개성적 특성, 인격
индивидуальный (인지비두알리느이)	(형) 개인적인, 개성적인;
индивидуум (인지비두움)	(남) 개인, 개체, 어떤 사람
индий ский (인지이쓰끼이)	(형) 인도

Ии

индий цы (복수) ~**ец** (남), ~**анка** (여) 인도사람(들) (인지이쩨)	
индикатор (인지까또르)	(남) ① (화학)지시약 ② (공학)기록계기, 지시계기, 화살표
индифферентный (인지페롄뜨이)	(형) 무관심한, 냉담한, 차가운.
Индия (인지이야)	(여) 인도(印度)
Индокитай (인도끼따이)	(남) 인도지나(印度支那)
индонезий ский (인도네지이쓰끼이)	(형) 인도네시아의
индонезий цы (복수) ~**ец** (남), ~**й ка** (여) 인도네시아사람(들) (인도네지이쩨)	
Индонезия (인도네지야)	(여) 인도네시아(Indonesia)
индуктор (인두끄또르)	(남) ① (물리, 전기) 감응기, 유전자, 유도자 ② (화학) 유도질
индукционный (인두끄찌온느이)	(형) (물리) 유도, 유전, 감응(기): ~ ток 감응전류, 감전전류
индукция (인두끄찌야)	(여) (물리) 감응, 유도, 유도작용
индустриализация (인두쓰뜨리알리자찌야)	(여) 산업화, 공업화.
индустриальный (인두쓰뜨리알느이)	(형) 공업(상)의, 공업용의. 산업(상)의, 산업용의; ~ые страны 공업국가들
индустрия (인두쓰뜨리야)	(여)(제조)공업, 산업;~업(業);тяжёлая (лёгкая) ~ 중(경)공업
индюк (남, 숫), **индюшка** (여, 암) 칠면조 (인쥬크) (인쥬쉬까)	
иней (이녜이)	(남) (흰) 서리, 무빙(霧氷); 흰 서리; ~ на стекле 서리꽃
инертность (이녜르뜨노쓰찌)	(여) (물리) 관성, 타성 게으른, 나태, 동작이 느린, 굼뜬; 완만
инертный	(형) ① (물리) 관성(타성)이 있는;

- 414 -

(이네르뜨느이)	~ газ (화학) 불활성가스 ② 나태한, 게으른
инерция (이네르찌야)	(여) ① (물리) 타성, 관성; 활성 ② 나태; по ~и 습관적으로, 무의식적으로
инженер (인줴네르)	(남) 기사(技士); главный ~ 기사장; ~ механик 기계기사; ~ -строитель 건축기사
инженерно-технический (인줴네르나-쩨흐니체쓰끼이)	(형) 기사-기술의; 기술적, 과학기술의 ~ие работники (ИТР) 기술자들
инженерный (인줴네르느이)	(형) 공학, 기사; ~ые войска 공병
инжир (인쥐르)	(남) 무화과, 무화과나무
инициалы (이니찌아릐)	(복수) 이름과 부칭의 첫 자
инициатива (이니찌아찌와)	(여) ① 창의, 발기, 창발성; ② 주도권 주동력; брать ~у в свои руки 주도권을 틀어쥐다(장악하다); по ~е 창의에 의하여, 발기로
инициативный (이니찌아찌브느이)	(형) 창발적인, 발기하는; ~ая группа 발기자 그룹
инициатор (이니찌아따르)	(남) 발기자, 제창자, 주동자, 선구자
инкассатор (인까싸따르)	(남) 현금 출납원
инкрустация (인크루쓰따찌야)	(여) 무늬박이, 자개박이
инкубатор (인꾸바또르)	(남) 알 깨우는 기구(실), 인공부화기, 세균배양이
инкубационный (인꾸바찌온느이)	(형) ~ период 잠복기
иногда (이나그다)	(부) 때때로, 가끔, 이따금, 간간이
иногородний (이노고로드니이)	(형) ① 다른 도시의, 다른 도시에서 사는 ② (명사로) 다른 도시사람

иноземец (이노졔메쯔)	(남) 외국인, 외국사람
иноземный (이노졔므느이)	(형) *см.* иностранный
иной (이노이)	(형) ① 다른, 상이한, 딴; никто ~й 다른 사람이 아니라; не что ~е, как ~ 바로 ~ 다름 아닌 ~;② 어떤, 어느; ~й раз 어떤 때에
инородный (이노로드느이)	(형): ~ое тело (의학) 이물, 이체
иносказание (이노쓰까자니예)	(중) 풍유, 비유, 곁말, 말 바꿈법
иносказательный (이노쓰까자쪨느이)	(형) 비유적인, 숨은 (다른) 뜻을 담고 있는
иностранец (이노쓰뜨라녜쯔)	(남) 외국인, 외국사람
иностранный (이노쓰뜨란느이)	(형) ① 외국; ~ый язык 외국어 ② 대외사업, 외무;
инспектирование (인쓰뻬크찌로와니예)	(중) 시찰, 검열, 감독
инспектировать (인쓰뻬크찌로와찌)	(미완) 시찰하다, 검사하다, 감독하다
инспектор (인쓰뻬크따르)	(남) ① 시찰관, 검열원, 감독원 ② 교학
инспекция (인쓰뻬크찌야)	(여) 감독국, 시찰기관 *см.* инспектирование
инспирировать (인쓰삐리로와찌)	(미완, 완) 부추기다, 사촉하다
инстанция (인쓰딴찌야)	(여) ① (재판) 상급, 상급법원; высшая ~ 대법원, 최종심판 ② (조직체계의) 매개급; низшая ~ 하급(기관)
инстинкт (인쓰찐크트)	(남) 본능(本能), 본성(本性)
инстинктивный (인쓰찐끄찝느이)	(형) 본능적인

институт (인쓰찌뚜트)	(남) 대학; 연구소
инструктаж (인쓰뜨루끄따쥐)	(남) 훈령, 훈시, 지령
инструктировать (인쓰뜨루끄찌로와찌)	(미완, 완) 훈령(훈시)하다, 지시를 주다
инструктор (인쓰뜨루크따르)	(남) 지도원, 교관
инструкция (인쓰뜨루크찌야)	(여) 지도, 지시, 지도서, 지령서
инструмент (인쓰뜨루멘트)	(남) ① 도구, 공구, 기구; хирургические ~ы 수술도구 ② : музыкальные ~ы 악기
инструментальный (인쓰뜨루멘딸느이)	(형) ① 공구(기구) 제작용; ~ая сталь 공구강, 공구제작용 강재; ~ый цех 공구지구직장 ② : ~ая музыка 기악
инсулин (인쑤린)	(남) (의학) 인슐린
инсульт (인쑬트)	(남)(의학) 발작, 뇌출혈(腦出血)
инсценировать (인쓰쩨니로와찌)	(미완, 완) ① 각색하다; ~ повесть 소설을 각색하다; ② 꾸며대다, ~ 인체 하다
интеграл (인쩨그랄)	(남) (수학) 적분(積分)
интегральный (인쩨그랄느이)	(형): ~ое уравнение 적분방정식
интеграция (인쩨그라찌야)	(여) ① (수학) 적분, 적분법 ② 통합(統合), 집성(集成)
интегрировать (인쩨그리로와찌)	(미완, 완) ① (수학) 적분하다 ② 집성하다
интеллект (인쩰렉트)	(남) 지성, 지력
интеллектуальный (인쩰렉뚜알느이)	(형) 이성적인, 지적인; ~ая работа 지적사업
интеллигент	(남) 지식인, 서궤(書櫃), 식자(識者)

Ии

- 417 -

(인쩰리겐트)

интеллигентный
(인쩰리겐뜨느이)
(형) ① 인테리, 지식인 ② 인테리적인, 교양있는

интеллигенция
(인쩰리겐찌야)
(여) ① 지식층, 인테리(들)
② (집합) 인테리계층

интендант
(인쩬단트)
(남) (군사) 후방일군

интенсивность
(인쩬씨브노쓰찌)
(여) 세기, 강도(强度), 집약성

интенсивный
(인쩬씨브느이)
(형) ① 긴장된, 강도높은; ② 집약적인;
~ое земледелие 집약농법

интенсификация
(인쩬씨피까찌야)
(여) 집약화, 강화

интервал
(인쩨르왈)
(남) ① 사이, 간격 ② 구간, 거리
③ (음악) 음정(音程)

интервент
(인쩨르벤트)
(남) (무장) 간섭자, 강점자

интервенция
(인쩨르벤찌야)
(여) 간섭, 강점; вооружённая ~ 무장(무력)간섭

интервью
(인쩨르비유)
(중) (불변) 인터뷰, 회견, 면담;
тдавать ~ кому ~와 회견(면담)하다

интерес
(인쩨레쓰)
(남) ① 재미, 흥미, 관심; с ~ом 흥미를 가지다; проявлять~ 관심 가지다;
② ~ы (복수) 이익, 이해관계;

интересный
(인쩨레쓰느이)
(형) 재미(흥미)있는

интересовать
(인쩨레쏘와찌)
(미완) 흥미(관심, 주의)를 끌다;

интересоваться
(인쩨레쏘와쨔)
(미완) *кем-чем* ~에 관심을 가지다, 흥미를 느끼다

интернат
(인쩨르나트)
(남) 기숙학교, 특수학교

интернационал
(인쩨르나찌오날)
(남) ① 인터내셔널, 국제(공산)당
② 인터내셔널 (노래)

интернационализм
(남) 국제주의; пролета-рский ~

- 418 -

(인쩨르나찌오날**리**즘)	프로레타리아 국제주의
интернациональный (인쩨르나찌오나**льный**느이)	(형) 국제적인, 국제주의적인;
интернировать (인쩨르니로와찌)	(미완, 완) 구류하다, 억류하다
интерпретация (인쩨르쁘레**та**찌야)	(여) 해석, 설명
интимный (인찌므느이)	(형) 친밀(친숙)한, 다정한;
интоксикация (인또끄씨**ка**찌야)	(여) (의학) 중독(中毒)
интонация (인또**на**찌야)	(여) 어조, 억양(抑揚)
интрига (인뜨리가)	(여) 간계, 계략, 모략(謀略)
интриговать (인뜨리가**와**찌)	(미완) ① 흉책(모략)을 꾸미다, 계략을 짜다 ② 흥미(호기심)을 일으키다 (자아내다)
интуитивно (인뚜이찌브나)	(부) 직관적으로
интуиция (인뚜**이**찌야)	(여) 직관(直觀), 직각(直覺)
инфаркт (인**фа**르크트)	(남) (의학) 경색(梗塞)
инфекционный (인페크찌**он**느이)	(형) (의학) 전염성; ~ая болезнь 전염병, 돌림병
инфекция (인**фе**크찌야)	(여) 전염(傳染), 감염(感染)
инфинитив (인피니**찝**)	(남) (언어) (동사의) 비정형
инфляция (인플**ля**찌야)	(여) (경제) 통화팽창, 인플레이션 (inflation)
информационный (인포르**ма**찌온느이)	(형) 정보, 통보, 보도; ~ое бюро 보도국, 정보국
информация	(여) 정보, 보도, 통지;

Ии

- 419 -

(информация) (인포르마찌야)	средства массовой ~и 대중보도수단
информировать (인포르미로와찌)	(미완, 완) 보도하다, 통보하다, 통지하다
инфрокрасный (인프로크라쓰느이)	(형): ~ые лучи (물리) 적외선
инцидент (인찌젠트)	(남) 사건, 충돌사전
инъекция (인예크찌야)	(여) (의학) 주사
ион (이온)	(남) (물리) 이온(ion)
ионизация (이온이자찌야)	(여) (물리) 이온화(ion 化), 전기해리
Иордания (이오르다니야)	(여) 요르단(Jordan)

Иов (Книга Иова, 42장, 538 장) 욥기(— 記, Book of Job)
(이오바)

Иоиль(Книга Пророка Иоиля, 3장, 886 쪽) 요엘서
(이오일)

Иона (Книга Пророка Ионы, 4장, 897 쪽) 요나서(jonah書)
(이오나)

ипподром (이빠오드롬)	(남) 경마장(競馬場)
иприт (이쁘리트)	(남) (화학) 미란성가스, 이프리트
Ирак (이라크)	(남) 이라크(Iraq: 수도는 Baghdad)
иракский (이락쓰끼이)	(형) 이라크의(Iraq)
Иран (이란)	(남) 이란(Iran: 수도 Teheran; 옛이름은 Persia).
иранский (이란쓰끼)	(형) 이란의(Iran)

иранцы (복수) ~ец (남), ~ка (여) 이란 사람(들)
(이란찌)

Ии

ирис (이리쓰)	(남) 붓꽃속(屬)의 식물, 아이리스 (자주색) 황창포, 창포; 창포꽃[잎].
Ирландия (이르**란**지야)	(여) 아일랜드(Ireland)
ирландский (이르**란**드쓰끼이)	(형) 아일랜드의
иронизировать (이로니지로**와**찌)	(미완) 야유하다, 비꼬아 말하다, 풍자하다
иронический (이로니**체**쓰끼이)	(형) 야유적인, 풍자적인; ~тон 비양조
ирония (이**로**니야)	(여) 비양(肥壤), 아이러니, 풍자
ирригационный (이리가찌**온**느이)	(형) 관개의, 수리화; ~ая система 관개체계; ~ые сооружения 관개시설
ирригация (이리**가**찌야)	(여) 관개(灌漑), 수리화
Ис (Книга Пророка Исай и, 66장, 680 쪽) 이사야 (이**사**이)	
иск (이쓰크)	(남) 고소, 소송; предъявлять ~ кому ~에 대한 소송을 제기하다; возбуждать ~ 소송을 걸다
искажать (이쓰까**좌**찌)	(미완) ① 외곡하다, 곡해하다 ② (얼굴을) 찡그러뜨리다, 어그러지게 하다
искажаться (이쓰까**좌**쨔)	(미완) ① 외곡 되다, 곡해되다 ② (얼굴이) 찡그리다, 어그러지다
искажение (이쓰까줴니예)	(중) ① 외곡, 곡해 ② 틀림
искажённый (이쓰까**죤**느이)	(형) ① 외곡된 ② 찡그린, 찌그러뜨린
исказить(ся) (이쓰까지찌)	(완) *см.* искажать(ся)
искалечить (이쓰깔례치찌)	(완) *см.* калечить
искать	(미완) ① 찾다, 찾아다니다, 구하다; ~

Ии

- 421 -

(이쓰까찌)	работу 일자리를 구하다 ② 탐색(모색)하다, 탐구하다
исключать (이쓰클류차찌)	(미완) ① 제외(제거)하다; ② 제명하다, 삭제하다;
исключение (이쓰클류체니예)	(중) ① 제외, 제명, 삭제, 제거; за ~ем 제외하고는 ② 예외; в виде ~я 예외로서;
исключительно (이쓰클류치젤나)	(부) 다만, 오직, 극히; ~ хорошо 아주 좋다; ~ важно 극히 중요하다
исключительный (이쓰클류치젤느이)	(형) ① 예외적인, 독특한, 출중한; ② 우수한, 아주 좋은;
исключить (이쓰클류치찌)	(완) *см.* исключать
исковеркать (이쓰까베르까찌)	(완) ① 못쓰게 만들다, 망치다 ② 외곡하다
исколесить (이쓰깔례시찌)	(완) (타고 또는 걸어서) 돌아다니다;
искомый (이쓰꼬믜이)	(형): ~ое число (수학) 미지수
исконный (이쓰꼰느이)	(형) 예로부터 내려오는, 고유한; ~ый житель 본토 배기, 토착주민
ископаемые (이쓰까빠에므예)	(복수) 광물; полезные ~ 유용광물
искоренение (이쓰꼬례네니예)	(중) 근절, 숙청, 퇴치
искоренить (완), **искоренять** (미완) 근절하다, 뿌리 뽑다, (이쓰꼬례니찌) 숙청하다	
искоса (이쓰꼬싸)	(부): смотреть ~ 곁눈질하다, 흘끔흘끔 쳐다보다
искра (이쓰크라)	(여) ① 불꽃 ② 서광, 섬광, 맹아; ~а надежды 희망의 섬광
искренне (이쓰크렌네)	(부) 진정으로, 성심으로, 진실하게;
искренний (이쓰크렌니이)	(형) 진심(충심)으로부터의 진정(진지)한, 성의 있는, 솔직한; ~яя помощь 지성어린 지원;

Ии

искренность (이쓰크롄노쓰찌)	(여) 진실성, 진정, 진심(眞心)
искривить(ся) (이쓰크리비찌)	*см.* искривлять(ся)
искривление (이쓰크리블레니예)	(중) ① 구부러진 곳, 비뚤어진 것, 굴곡부분 ② 왜곡(歪曲)
искривлять (이쓰크리블랴찌)	(미완) ① 굽히다, 구부러뜨리다, 비뚤이다 ② 찡그리다, 찡그러뜨리다
искривляться (이쓰크리블랴짜)	(미완) ① 구부러지다, 비뚤어지다 ② (얼굴이) 찡그러지다
искристый (이쓰크리쓰뜨이)	(형) 반짝거리는, 불꽃이 튀는, 거품이이는
искриться (이쓰크리짜)	(미완) 번쩍거리다, 반짝이다
искромсать (이쓰크롬사찌)	(완) *см.* кромсать
искрошить (이쓰크로쉬찌)	(완) *см.* крошить
искупать¹ (이쓰꾸빠찌)	(완) (죄 등을) 씻다, 속죄하다; ~свою вину чем ~으로 자기 죄를 씻다
искупать² (이쓰꾸빠찌)	(완) *см.* купать
искупить (이쓰꾸삐찌)	(완) *см.* искупать I
искупление (이쓰꾸쁠레니예)	(중) 갚음, 갚음을 하는 것, 속죄(贖罪)
искусать (이쓰꾸싸찌)	(완) *см.* кусать ①, ②
искусно (이쓰꾸쓰나)	(부) 솜씨 있게, 재치 있게, 능숙하게, 능란하게
искусный (이쓰꾸쓰느이)	(형) 솜씨 있는, 재치 있는, 교묘한
искусственный (이쓰꾸쓰뜨볜느이)	(형) ① 인공적인, 인조; ~ое дыхание 인공호흡; ~ый зуб 만든 이, 틀이; ~ шёлк 인조비단; ~ые цветы 조화; ② 꾸며낸, 가짜, 거짓; ~ый смех

Ии

	헛(거짓)웃음
искусство (이스꾸쓰뜨뷔)	(중) ① 예술, 예능, 아트(art); изобразительное ~o 조형예술; ② 솜씨, 재간, 기술; ~o шитья 재봉기술
искусствовед (이쓰꾸쓰뜨뷔볘드)	(남) 예술학자, 예술이론가
искусствоведение (이쓰꾸쓰트뷔볘졔니예)	(중) 예술학, 예술론
искушать (이쓰꾸샤찌)	(미완) 유혹하다 ~ судьбу 목숨을 내걸고 해보다
искушение (이쓰꾸쉐니예)	(중) 유혹, 꾀임, 욕망; поддаваться ~ю 유혹을 받다; вводить в ~e кого ~를 유혹하다; впадать в ~e 욕망에 사로잡히다
искушённый (이쓰꾸숀느이)	(형) 시련을 겪은 (이겨낸);
ислам (이쓸람)	(남) 이슬람교(Islam教), 회교(回教), 회회교(回回教), 마호메트교
Исламабад (이쓸라마바드)	(남) 이슬라마바드
Исландия (이쓸란지야)	(여) 아이슬란드(Iceland)
Испания (이쓰빠니야)	(여) 에스파냐(España)
испанцы (복수) ~ец (남), ~ка (여) 에스파냐사람(들) (이쓰빤찌)	
испарение (이쓰빠레니예)	(중) ① 증발, 기화 ② ~я (복수) 수증기, 김, 증발물(기체)
испарина (이쓰빠리나)	(여) 땀기, 땀
испариться (완), **испаряться** (미완) ① 증발하다, 날아나다 (이쓰빠리짜) ② 사라지다, 없어지다, 가버리다	
испачкать(ся) (이쓰빠츠까찌)	(완) см. пачкать(ся)
испечь	(완) см. печь 2

— 424 —

(이쓰뼤치)

испещри́ть (완), **испещря́ть** (미완) (반점, 표식 등으로) 얼룩지게 하다, 잔글씨로 많이 써넣다;
(이쓰뼤쉬리찌)

исписа́ть(완), **испи́сывать** (미완) 가득 쓰다 (써넣다), 써버리다, 써서 없애다;
(이쓰삐싸찌)

и́споведь (여) ① 고백, 자백 ② (종교) 참회
(이쓰뽀베지)

исподво́ль (부) 서서히, 조금씩, 점차적으로
(이쓰뽀드볼)

исподлобья (부): смотре́ть ~ 눈을 치뜨고 보다, 아니꼽게 바라보다
(이쓰뽀들로비야)

исподтишка́ (부) 슬그머니, 슬며시, 몰래;
(이쓰뽀드찌쉬까)

Ии

исполи́н (남) ① 거인, 장사 ② 대가, 거장
(이쓰뽈린)

исполко́м (남) см. исполнительный (комитет)
(이쓰뽈꼼)

исполне́ние (중) ① 집행, 실행, 수행; ② 연기, 연주
(이쓰뽈네니예)

исполни́тель (남) ① 집행자, 실행자; суде́бный ~ (법률) 집행원, 집달리;
(이쓰뽈니쩰) ② 연기자, 연주가

исполни́тельный (형) ① 집행, 실행; ~ комите́т 집행위원회 ② (사람에 대하여) 집행력이 강한, 부지런한
(이쓰뽈니쩰느이)

испо́лнить(ся) см. исполнять(ся)
(이쓰뽈니찌)

исполня́ть (미완) 집행(수행, 실행)하다:
(이쓰뽈냐찌) ~ обя́занности 연기(연주)하다;

исполня́ться (미완) ① 집행(수행, 실행, 실현)되다;
(이쓰뽈냐쨔) ② (나이가) 되다, 차다;

исполня́ющий ; ~ обя́занности 대리
(이쓰뽈냐유쉬이)

испо́льзование (중) 쓰임, 이용, 사용, 용도
(이쓰뽈리조와니예)

использовать (이쓰뽈조와찌)	(완) 쓰다, 써먹다, 이용(사용)하다, 적용하다	
испортить(ся) (이쓰뽀르찌찌)	(완) *см.* портить(ся)	
испорченный (이쓰뽈첸느이)	(형) ① 못쓰게 된, 파손된 ② 부패한, 타락한 ③ 썩은	
исправительно-трудовой (이쓰쁘라비쩰나-뜨루도보이)	~ые работы 교화노동; ~ая колония 교화소	
исправительный (이쓰쁘라비쩰느이)	(형) 교화, 시정; ~ые меры 시정대책	
исправить(ся) (이쓰쁘라비찌)	*см.* исправлять(ся)	
исправление (이쓰쁘라블레니예)	(중) ① 수정, 정정, 교정; ② 수리	
исправлять (이쓰쁘라블랴찌)	(미완) 고치다, 바로잡다, 수정하다, 시정하다, 교정하다, 정정하다	
исправляться (이쓰쁘라블랴쨔)	(미완) 고쳐지다, 시정되다, 수정되다	
исправность (이쓰쁘라브노쓰찌)	(여) 결함(고장)이 없는 것; быть в ~и 고장이 없다, 정상상태에 있다	
исправный (이쓰쁘라브느이)	(형) 고장(결함)이 없는, 정연한, 정상상태에 있는	
испражнения (이쓰쁘라쥐네니야)	(복수) 대변, 똥	
испражняться (이쓰쁘라즈냐쨔)	(미완) 변을 보다	
испробовать (이쓰쁘로보와찌)	(완) *см.* пробовать	
испуг (이쓰뿌그)	(남) 놀라움, 혼줄; в ~е; с ~а 놀라서, 혼이 나서, 겁을 먹고	
испуганно (이쓰뿌간나)	(부) 놀라서, 겁에 질려	
испугать(ся) (이쓰뿌가찌)	(완) *см.* пугать(ся)	

испускать (미완), **испустить** (완) 내다, 내뿜다, 발산하다;

(이쓰뿌쓰까찌)	~ запах 냄새를 뿜다(풍기다); ~ дух 숨을 거두다, 숨이 지다(끊어지다)
испытание (이쓰삐따니예)	(중) ① 시험, 실험 ② 시련; подвергаться ~ям 시련을 겪다
испытанный (이쓰삐딴느이)	(형) 세련된, 시련을 겪은; 경험 많은, 믿음직한;
испытатель (이쓰삐따쩰)	(남) 시험관, 실험자
испытательный (이쓰삐따쩰느이)	(형) 시험, 실험; ~ срок 견습기간, 시험기간
испытать (완), **испытывать** (미완) (이쓰삐따찌)	① 시험(실험)하다; ~ самолёт 비행기를 시험하다 ② 겪다, 맛보다, 체험(체득)하다, 느끼다; ~ радость 기쁨을 느끼다
исследование (이쓸레도와니예)	(중) ① 연구, 탐구, 답사, 탐사 ② 과학적 저작, 과학적 저술, 연구논문
исследователь (이쓸레도와쩰)	(남) 연구자, 탐구자, 학자
исследовательский (이쓸레도와쩰스끼이)	(형) 연구, 탐구; ~ая работа 연구사업
исследовать (이쓸레도와찌)	(미완, 완) ① 연구하다, 탐구하다, 답사하다, 조사하다 ②: ~ больного 환자를 진찰하다
исступление (이쓸뚜쁘레니예)	(중) 미칠듯한 지경, 광란; приходить в ~ 미친 듯이 마구 날뛰다, 광란하다
иссякать (미완), **иссякнуть** (완) (이싸까찌)	소모되다, 고갈되다, 떨어지다, 소진하다;
истекать (이쓰쩨까찌)	(미완) ① (시간, 기한이) 끝나다, 차다, 만료되다 ② 흘러나오다
истекший (이쓰쩨끄쉬이)	(형) 지난, 과거; ~ год 지난해, 작년; за ~ период 지난 기간에
истерика (이쓰쩨리까)	(여) 히스테리; впадать в ~у; закатывать ~у 히스테리를 부리다
истеричный (이쓰쩨리츠느이)	(형) 히스테리에 걸린, 히스테리적인, 발광적인
истерия	(여) ① (의학) 히스테리 ② 발광적인

Ии

(이쓰쩨리야)	(광식적인) 행동;
истец (이쓰쩨쯔)	(남) (법률) 원고, 고소인
истечение (이쓰쩨체니에)	(중): ~ срока 만료, 만기; по ~и месяца 한 달이 지난 후
истечь (이쓰쩨치)	(완) *см.* истекать
истина (이쓰찌나)	(여) 진리, 진실, 사실;
истинный (이쓰찌느이)	(형) ① 진실의, 사실의; ② 진정한, 참다운, 참된;~ый друг 진정한 벗
истлевать (미완), **истлеть** (완) (이쓰뜰레와찌)	썩어버리다, 삭아버리다, 사그라지다
исток (이쓰또크)	(남) 수원(水源), 수근(水根), 원류(源流)
истолкование (이쓰똘까와니예)	(중) *см.* толкование
истолковать (완), **истолковывать** (미완) *см.* толковать (이쓰똘까찌)　　(이쓰딸까븨와찌)	
истолочь (이쓰똘로치)	(완) *см.* толочь
истома (이쓰또마)	(여) 나른함, 노긋함
истомить(ся) (이쓰또미찌)	(완) *см.* томить(ся)
истопить (이쓰또삐찌)	(완) *см.* топить 1
истопник (이쓰또쁘니크)	(남) 불 때는 사람, 화부(火夫)
истоптать (이쓰또쁘따찌)	(완) *см.* топтать; ~ пол 마루를 밟아 더럽히다
историк (이쓰또리크)	(남) 역사가(歷史家), 역사학자
исторический (이쓰또리체스끼이)	(형) ① 역사의, 유서 깊은; ~ая наука 역사과학; ~ий роман 역사소설;

- 428 -

	② 역사상 중요한, 역사적인
история (이쓰또리야)	(여) 역사, 역사학, 사학, 연혁, 경력; ~ СССР 소련역사, новая ~ 근대사.
источать (이쓰또차찌)	(미완) 내다, 뿜다, 풍기다
источник (이쓰또츠니크)	(남) ① 샘, 수원; горячий ~ 온천 ② 본원, 발원, 출처, 원천; ③ 사료, 문헌(文獻)
истошно (이쓰또쉬나)	(부): ~ кричать 고함을 지르다, 절망적으로 외치다
истощать (이쓰또샤찌)	(미완) ① 소모하다, 탕진하다, 써버리다 ② 쇠약케 하다, 피폐케 하다
истощаться (이쓰또샤쨔)	(미완) ① 소모되다, 탕진되다, 고갈되다, 끝장나다; ② 쇠약(수척)해지다;
истощение (이쓰또쉐니예)	(중) ① 소모, 탕진, 고갈 ② 쇠약, 허약; ③ (토양의) 척박해지는 것, 황폐화
истощённый (이쓰또숀느이)	(형) 수척한, 극도로 쇠약한, 피폐한, 척박한
истощить(ся) (이쓰또쉬찌)	(완) *см.* истощать(ся)
истратить (이쓰뜨라찌찌)	(완) *см.* тратить
истребитель (이쓰뜨레비쩰)	(남) ① 전투기, 추격기; ② 박멸자
истребительный (이쓰뜨레비쩰느이)	(형): ~ая авиация 추격항공(대)
истребить (이쓰뜨레비찌)	(완) *см.* истреблять
истребление (이쓰뜨레블레니예)	(중) 박멸, 전멸, 근절
истреблять (이쓰뜨레블랴찌)	(미완) 박멸(전멸)하다, 근절하다, 없애버리다, 소탕하다
истрепать (이쓰뜨레빠찌)	(완) *см.* трепать
истрепаться	(완) 헐다, 해지다, 너덜너덜해지다,

Ии

(이쓰뜨레**빠짜**)	모지라지다
истукан (이쓰**뚜**깐)	(남) 우상, 신상
истый (**이**쓰뜨이)	(형) 진정한, 참다운
истязание (이쓰쟈**자**니예)	(중) 고문, 학대(虐待)
истязать (이쓰쟈**자**찌)	(미완) 고문하다, 학대하다, 지독하게 고통을 주다

Исх (Вторая книга Моисеева. Исход 40장, 57쪽) 출애굽기
(이쓰**호**트)

исход (이쓰**호**드)	(남) 결말, 종결, 결과
исходить[1] (이쓰하**지**찌)	(미완) 나오다, 퍼져 나오다, 생기다, 흘러나오다
исходить[2] (이쓰하**지**찌)	(미완) ① ~로부터 출발하다 ② ~에 의거하다
исходный (이쓰**호**드느이)	(형): ~ пункт; ~ая точка 출발점; ~ое положение 출발적 명제
исхудание (이쓰후**다**니예)	(중) 여위고 상한 것
исхудать (이쓰후**다**찌)	(완) 살이 빠지다, (몹시) 여위다, 야위다, 수척해지다
исцеление (이쓰쩰**레**니예)	(중) 완쾌, 회복

исцелить (완), **исцелять** (미완) 병을 완치하다
(이쓰쩰**리**찌)

исцелиться (완), **исцеляться** (미완) 나아지다, 완치되다,
(이쓰쩰**리**쨔) 완쾌하다

изчезать (이쓰체**자**찌)	(미완) ① 사라지다, 없어지다, 사그라지다, 소실되다; ~ из вида 보이지 않게 되다 ② 탈락하다
изчезновение (이쓰체즈노**베**니예)	(중) ① 사라지는 것, 사그라지는 것, 없어지는 것 ② 소실, 분실
исчезнуть	(완) см. исчезать

(이쓰체즈누찌)

исчерпать (완) ① 다 써버리다, 탕진하다
(이쓰체르빠찌) ② 종결짓다; вопрос ~ан 문제는 해결
되었다; инцидент ~ан 사건은 종결
지어졌다

исчерпаться (완), **исчерпываться** (미완) 종결되다, 끝나다,
(이쓰체르빠쨔) 진하다; этим дело не ывается 이것
으로써 문제가 끝나는 것은 아니다

исчерпывающий (형) 완전한, 완전무결한, 남김 없는;
(이쓰체르쁴바유쉬이)

исчисление (중) 계산, 산출: дифференциальное
(이쓰치쓸레니예) ~ 미분학(微分學)

исчислить (완), **исчислять** (미완) 산출하다, 계산하다;
(이쓰치쓸리찌)

исчисляться (미완) ~의 수량에 달하다, ~의 수량으
(이쓰치쓸랴쨔) 로 계산되다

итак (접) 그러니, 이리하여, 그런즉, 따라서
(이따크)

Италия (여) 이탈리아(Italia)
(이딸리야)

итальянцы (복수) ~ец (남), ~ка(여) 이탈리아사람(들)
(이딸리얀쯰)

и т. д. (и так далее ~의 간략형) 열거할
(이 떼 데) 때, 등등.

итог (남) ① 총액, 총계, 총화; ② 결과,
(이또그) 결론; ~и пятилетки 5개년의 결과;
в конечном ~е 결국, 요컨대

итого (부) 총계, 합하여
(이또고)

итоговый (형) 총화, 총계
(이또고브이)

и т. п. (и тому подобное 의 간략형) 같은 것을 열거할 때,~등등
(이 떼 뻬)

Иуд(Послане Иуды, 1장, 186쪽) 유다서, 유다의 편지
(이우디)

их *см.* они

- 431 -

(이흐)

ИХТИОЛОВЫЙ
(이흐찌올로브이)
(형): ~ая мазь (의학) 이호티올 연고

ИХТИОЛОГИЯ
(이흐찌올로기야)
(여) 어류학(魚類學)

ишак
(이샤크)
(남) 당나귀, 나귀; 여마(驢馬)

ищей ка
(이쉐이까)
(여) 사냥개, 수색견

июль
(이율)
(남) 7월; в ~e 7월에; 23~я 7월23일

июльский
(이율스끼)
(형) 7월

июнь
(이윤니)
(남) 6월; в ~e 6월에; 29~я 6월29일

июньский
(이윤스끼이)
(형) 6월에

Йй

Йемен
(예멘)

(남) 예멘(Yemen)

й од
(요오드)

(남) 요드(Jod), 옥도정기(沃度丁幾)

й одистый
(요오지쓰뜨이)

(형) 요드화(Jod 化), 요드분이 있는

й одный
(요오드느이)

(형) 요드(Jod): ~ая настойка 옥도정기(沃度丁幾)

й ота
(요따)

(여): ни на ~у 조금도

Кк

к (까)	(전) ① (+여)~에, ~로, ~에로, ~에게 (로), ~을 향하여, ~쪽으로; идти к лесу 숲을 향하여 가다; к югу от чего ~에서 남쪽에; ② ~에 대하여, ~에 대한; любовь к *кому-чему* ~에 대한 사랑; ③ (시간에 대하여) ~에, ~까지, ~쯤, ~녘에, ~무렵에, ~즈음하여; к трём часам 세시까지; к вечеру 저녁녘에; к сожалению 유감스럽게도; плечо к плечу 어깨 나란히
кабала (까발라)	(여) 노예상태, 예속; попадать в ~у 예속되다
кабальный (까발느이)	(형) 노예적인, 예속적인;
кабан (까반)	(남) 멧돼지, 수퇘지
кабаре (까바레)	(중) 카바레(cabaret), 무도장
кабачок (까바초크)	(남) 땅호박
кабель (까벨)	(남) 케이블(선), 피복선
кабина (까비나)	(여) 운전대, 운전실, 운전칸;
кабинет (까비네트)	(남) ① 연구실; ② 서재, 집무실; ③ ~ министров 내각
кабинка (까빈까)	(여): ~ телефона 전화실
каблук (까브루크)	(남) 구두뒤축, 굽;
каботажный	~ое судно 가까운 바다에서 항행하는

- 434 -

(까보따쥐느이)	선박;~ое плаванье 가까운 바다 항행
Кабул (까불)	(남) *г.* 카불(Kabul)
кавалер (까왈레르)	(남) ① (여성의) 애인, 연인, 남자친구; 보이프렌드; 찬미자, 팬; 구애(혼)자, ② ~ ордена Ленина 레닌훈장수훈자
кавалерийский (까왈레리이쓰끼이)	(형) 기병의
кавалерист (까바레리쓰트)	(남) 기병(騎兵)
кавалерия (까바레리야)	(여) 기병대(騎兵隊)
каверзный (까볘르즈느이)	(형) 교활한, 간교한, 풀기 어려운;
каверна (까볘르나)	(여) (의학, 지질) 구멍, 공동
Кавказ (까브까즈)	(남) 까프까즈
кавказский (까브까즈쓰끼이)	(형) 까프까즈의
кавычки (까븨츠끼)	(복수) 옮김표; 인용구(문), 따옴표, 인용부
кадка (까드까)	(여) 나무통, 통, 물통
кадр (까드르)	(남) 필림의 한 토막, 영화의 한 화면 (장면)
кадровый (까드로브이)	(형) 상비, 핵심적인, 간부; ~ая армия 상비군, 간부군대; ~ый рабочий 핵심노동자;
кадры (까드리)	(복수) 간부, 인재;
каждодневный (까쥐도드녭느이)	(형) 매일의, 일상의, 매일, 날마다 있는 나날의, 하루살이의.
каждый (까쥐드이)	(대) ① 매개, 각개, 제각기; ~ день 매일; ~ый год 매해, 해마다; ~ раз 매번; ② (명사로) 매사람, 각자

Кк

кажется (까줴뜨쌰)		*см.* казаться
казак (까자크)		(남) 까자크
казарма (까자르마)		(여) 병영(兵營), 병사(兵士)
казаться (까자쨔)		(미완) ① 보이다; ~ весёлым 흥겨워 보이다; ~ умным 영리해 보이다; ② 생각되다; ③ (삽입어로) 아마(도), ~ 것 같다, 보건대;
казахи (복수), ~х (남), ~шка (여) 카자흐사람(들) (까자히)		
казахский (카자흐쓰끼이)		(형) 카자흐스탄의
Казахстан (카자흐쓰탄)		(남) 카자흐스탄
казацкий , ~чий (형) 카자끼 (카자쯔끼이)		
казеин (카제인)		(남) (화학) 카제인
казённый (까죤느이)		(형) ① 국고의, 국고금의, 국가의; ~ое имущество 국가 재산;~ые деньги 공금, 나라 돈; ~ая квартира 국가주택; на ~ый счёт 국가비용으로; ② 관료적인, 관료주의적인, 형식적인, 형식주의적인
казна (까즈나)		(여) 국고의, 국고금의, 국가재산
казначей (까즈나체이)		(남) 재정취급자, 금고책임자, 출납원
казначейский (까즈나체이쓰끼이)		(형): ~ билет (국가) 법정 지폐 ~кая облигация (국고) 장기 채권
казнить (까즈니찌)		(미완, 완) 처형하다, 사형에 처하다
казнь (까즈니)		(여): (смертная) ~ь 사형; приговорить к смертной ~и 사형 선고하다

Кк

Каир (까이르)	(남) 까히라
кай ма (까이마)	(여) 꾸미개, 마구리, 테, 테두리
как (까크)	(부) ① 어떻게; ~ быть ? 어떻게 할까?; ② (감탄의 뜻으로): ~ жаль! 참으로 유감이요!; о, ~я рад! 얼마나 기쁜지 모르겠다; ③ (접) (두 문장을 연결한다) я видел, ~ он пришёл 나는 그가 온 것을 보았다; ④ (접)~와 같다, ~처럼, 마치; белый ~ снег 눈처럼 흰; ⑤ (접) ~로서; ~ истинный патриот 진실한 애국자로서; ~ раз 1) 때마침, 바로 2) 딱 맞다; ~ когда 때에 따라서
какао (까까오)	(중) 카카오나무, 코코아가루, 코코아차
как-нибудь (까크-니부지)	(부) ① 어떻게든지, 어떻게 해서라도, 아무렇게든, 아무렇게나 ② 이럭저럭, 되는대로 ③ см. когданибудь
как-либо (까클-리바)	(부) см. какнибудь
как-никак (까크-니까크)	(부) 어쨌든, 결국
каков (까꼽)	(대) (술어로) 어떠한가.~ результат? 결과가 어떤가?; ~ он собой ? 그는 어떻게 생겼는가?
какой (까꼬이)	(대) ① 어떠한, 어느, 무슨; ② (느낌문에서) 얼마나;
какой-либо, какой-нибудь (까꼬일-리보) (까꼬이-니부지)	(대) ① 그 어떤, 그 어느, 아무런, 이러저러한; ② ~쯤, 약; за ~ иенибудь пять минут 불과 5분동안
какой-то (까꼬이-따)	(대) ① 어떤(알지 못할); ② 비슷한, ~와 같은; он ~ чудак 그는 어딘가 괴짜 비슷하다
как-то (깍-따)	(부) ① 어떻게 하여(되어), 이럭저럭, 어떤 방법으로; ~сумел уладить это дело 그럭저럭 일을 처리할수 있었다.

	② 언젠가, 한번은; ~ раз 언젠가 한번 ③ 좀, 어딘가 좀, 어쩐지 좀, 예컨대; здесь ~ неудобно 여기는 어쩐지 좀 불편하다
кактус (까끄뚜쓰)	(남) (식물) 선인장
кал (깔)	(남) 대변, 배설물, 똥; 찌끼, 침전물.
каламбур (깔람부르)	(남) 말장난, 농담(弄談)
каланча (깔란차)	(여) ① 망루; пожарная ~ 소방대망루 ② 키꺽다리
калач (깔라츠)	(남) 가락지(고리)모양의 흰 빵, 도넛.
калачик (깔라치크)	(남): свернувшись ~ом 허리를 꼬부리고, 가락지모양으로
калейдоскоп (깔레이도쓰꼬쁘)	(남) ① 만화경, 주마등; ②: ~ событий 사건의 천변만화
калека (깔레까)	(남, 여) 불구자, 병신
календарный (깔렌다르느이)	(형) 역서, 일력; ~ год 역년; ~ план 일정계획, 일정표, 진도표
календарь (깔렌다리)	(남) ① 일역, 역서; лунный ~ 음력; отрывной ~ 한 장씩 뜯게 된 역서; ② 진행표, 일정표, 진도표
календула (깔렌두라)	(여) ① (식물) 금잔화 ② (의약) 금잔화침제(연고)
каление (깔레니예)	(중) 가열, 달구는 것;
калечить (깔레치찌)	(미완) ① 불구자로 만들다 ② 망치다, 파손하다, 타락시키다
калибр (깔리블)	(남) ① (총, 포 등의) 구경; (탄알, 포탄) 직경 ② (공학) 계지, 기준 치수, 규격
калий (깔리이)	(남) (화학) 카리, 칼륨(Kalium)
калина	(여) (식물) 들꿩나무, 분꽃나무

- 438 -

(깔리나)

калитка
(깔리뜨까)
(여) 울타리 문, 바자 문, 쪽대문

каллиграфический
(깔리그라피체스끼이)
(형): ~ почерк 능한 필치, 곱게 쓰는 글씨

каллиграфия
(깔리그라피야)
(여) 필법, 글씨, 서법, 글씨를 곱게 쓰는 기술

калорийность
(깔로리이노스찌)
(여) 칼로리량, 발열량

калориметр
(깔로리메뜨르)
(남) 칼로리측정기, 열량계

калория
(깔로리야)
(여) 칼로리(calorie)

калоша
(깔로샤)
(여) 덧신

калька
(깔까)
(여) 비침 종이(투사지), 사도지

калькулировать
(깔꿀리로와찌)
(미완) 계산하다, 타산하다

калькулятор
(깔꿀리랴또르)
(남) 계산기

калькуляция
(깔꿀리랴찌야)
(여) (상품의 원가, 판매가격 등의) 계산

кальсоны
(깔소늬)
(복수) (남자용) 속바지

кальмар
(깔마르)
(남) 낙지

кальций
(깔찌이)
(남) (화학) 칼슘(calcium)

камбала
(깜바라)
(여) 가자미

камвольный
(깜볼느이)
(형):~ый комбинат 소모방직(연합) 공장

каменистый
(까메니쓰뜨이)
(형) 돌이 많은; ~ая дорога 돌길; ~ая почва (돌) 자갈밭

Кк

- 439 -

каменноугольный (까멘노우골느이)	(형) 석탄; ~ бассейн 탄전
каменный (까멘느이)	(형) ① 돌, 돌로 만든; ~ый дом 돌집 ② 무정한, 냉혹한; ~ое сердце 돌 심장; ~й уголь 석탄
каменоломня (까멘노롬냐)	(여) 채석장
каменотёс (까메노쬬쓰)	(남) 석공, 석수, 돌장이.
каменщик (까멘쉬크)	(남) 벽돌공, 석축공
камень (까멘니)	(남) ① 돌, 바위(들), 돌덩이; ② (의학) 돌, 결석;
камера (까메라)	(여) ① 방, 실; ② 감방; ③ (공학) 패쇄부, ~실(-室); ④ (타이어,축구공 등) 속고무(내피);
камерный (까멜느이)	(형): ~ая музыка 실내악, 실내음악
Камерун (까메룬)	(남) 카메룬(Cameroon)
камин (까민)	(남) 벽난로, 벽로; 페치카, (cheminee) 슈미네; электрический ~ 전기난로
камнедробилка (깜네드로빌까)	(여) 돌 부수는 기계, 쇄석기
каморка (까모르까)	(여) 작은 방
Кампала (깜빨라)	(여) 캄팔라(Kampala)
кампания (깜빠니야)	(여) 캠페인(campaign), 깜빠니야, 운동 избирательная ~ 선거캠페인(운동)
Кампучия (깜뿌치야)	(여) 깜뿌찌야
камуфляж (카무플랴즈)	(남) 위장, 의장, 미채, 카무플라즈 (camouflage)
камфара (깜파라)	(여) 캄파, 장뇌

камыш (까믜쉬)	(남) ① 갈, 갈대 ② (복수) 갈밭
канава (까나와)	(여) 도랑, 고랑창, 배수로
канавокопатель (까나붜까빠쩰)	(남) 도랑 파는 기계
Канада (까나다)	(여) 캐나다(Canada)
канал (까날)	(남) 운하, 물길, 수로; оросительный ~ 관개수로
канализация (까날리자찌야)	(여) 하수도, 하수도 시설
канарейка (까나레이까)	(여) (조류) 금방울새, 카나리아 (canaria)
канат (까나트)	(남) 동아줄, 밧줄, 계삭
Канберра (깐벨라)	(여) 캔베라
канва (깐와)	(여) 바탕천; 기본, 바탕
кандалы (깐다릐)	(복수) 수갑, 족쇄
кандидат (깐지다트)	(남) ① 후보자; ②: ~ наук 준박사
кандидатура (깐지다뚜라)	(여) 후보, 입후보자; выдвигать ~у чью 입후보로 추천하다
каникулы (깐이꿀리)	(복수) 방학, 휴가; летние ~ 여름방학
каникулярный (깐이꿀랼느이)	(형): ~ое время 방학기간
канителиться (깐이쩰리쨔)	(미완) 꾸물거리다, 늦장부리다
канитель (깐이쩰)	(여) 지루하게 끄는 일;
канифоль	(여) (정제) 송진, 콜로포니움

(까니폴)

канонада (까노나다)	(여) 강한 포(사)격(발포); 폿소리(포성)
канонерка (까노네르까)	(여) 포함
каноэ (까노에)	(중) 카누(canoe)
кант (깐트)	(남) 색줄, 테
кантата (깐따따)	(여) (음악) 칸타타, 교성곡
канун (까눈)	(남) 전야, 직전(直前); ~ праздника 명절전날; ~ Нового года 설 전날, 섣달 그믐날
кануть (까누찌)	(완) 사라지다, 사그라지다; ~ть в вечность 영영 사라지다; как в воду~л 간데온데없이 사라졌다
канцелярия (깐쩰랴리야)	(여) 사무소, 사무실
канцелярский (깐쩰랴르쓰끼이)	(형) 사무, 사무실; ~ие принадлежности 사무용품;
канцлер (깐쯜렐)	(남) (오지리 등의) 수상
каолин (까올린)	(남) 고령토, 사기흙
капать (까빠찌)	(미완) ① 방울방울(뚝뚝) 떨어지다; ② (물방울 같은 것을) 떨어뜨리다
капель (까뻴)	(여) 낙숫물
капелька (까뻴까)	(여) 작은 방울; ни ~и 조금도
капилляр (까삘랴르)	(남) 모세관, 모세혈관
капиллярный (까삘랴르느이)	(형) 모세관의, 모세혈관의

Кк

капитал (까삐**딸**)	(남) ① 자본; финансовый ~ 금융자본; промышленный ~ 산업자본; основной ~ 고정자본; оборотный ~ 유동자본; ② 자산, 밑천, 많은 돈
капитализм (까삐딸**리**즘)	(남) 자본주의, 자본주의제도
капиталист (까삐딸**리**쓰뜨)	(남) 자본가
капиталистический (까삐딸리쓰**찌**체스끼이)	(형) 자본주의, 자본주의적인; ~ способ производства 자본주의적 생산방식
капиталовложение (까삐딸롭로줴니예)	(중) (기본) 투자, 투자된 자금
капитальный (까삐**딸**느이)	(형) 기본적인; ~ое строительство 기본건설
капитан (까삐**딴**)	(남) ① 선장, 함장; ② 대위; ③ (체육) 주장; ~-лей тенант 해군대위; ~ первого ранга 해군대령(좌)
капитулировать (까삐뚤리로와찌)	(미완, 완) 항복(투항)하다, 백기를들다; ~ перед трудностями 난관 앞에서 굴복하다
капитуляция (까삐뚤랴찌야)	(여) 항복, 투항
капкан (까쁘**깐**)	(남) 덫; ставить ~ 덫을 놓다; попасть в ~ 덫에 걸리다
капля (까쁠랴)	(여) ① 방울; ~и дождя 빗방울; ~и пота 구슬땀; ② (복수) 방울약; глазные ~и 눈약; (быть похожим) как две ~и воды 1) 판에 박은 듯하다, 똑같다 2) на кого 쓰고 나다; ~я за ~ей 한 방울 한 방울, 조금씩
капнуть (까쁘누찌)	(완) *см.* капать
капот (까**뽀**트)	(남) (기관부, 발동기 등의) 덮개, 씌우개
каприз (까쁘리즈)	(남) 변덕, 도섭, 밴덕
капризничать	(미완) 변덕부리다, 도섭(을)부리다

Кк

- 443 -

(까쁘리즈니차찌)	(피우다), 이랬다저랬다 하다
капризный (까쁘리즈느이)	(형) 변덕스러운, 변덕이 많은;
капрон (까쁘론)	(남) 카프론(capron; 합성섬유의 한 가지)
капроновый (까쁘로노브이)	(형) 카프론의, 카프론으로 만든
капсуль (깝슐)	(남) (군사) 뇌관(雷管)
капуста (까뿌쓰따)	(여) 캐비지(cabbage) 양배추, 감람, 가두배추; морская ~ 곤포, 다시마, 미역
капюшон (까쀼숀)	(남) (외투, 비옷 등에 달린) 비옷모자, 고깔모자
кара (까라)	(여) 처벌, 징벌, 제재;
карабин (까라빈)	(남) 카빈총, 기병총
карабкаться (까라브까쨔)	(미완) 기어오르다
караван (까라완)	(남) 대상; 선단, 선박대열
Каракас (까라까쓰)	(남) 카라카스(Caracas; 베네수엘라 수도)
каракатица (까라까찌짜)	(여) 오징어, 쥐가오리; 아귀; 낙지
каракули (까라꿀리)	(복수) 갈려 쓰기, 서투르게 쓴 글씨
каракуль (까라꿀)	(남) 까라꿀 양털가죽, 구슬양피(중앙아세아 특종의 양새끼에서 얻은 고급털가죽)
карамель (까라멜)	(여) 기름사탕, 캬라멜
карандаш (까란다쉬)	(남) 연필; цветной ~ 색연필; простой ~ (보통)연필; точить ~ 연필을 깎다
карантин	(남) ① (보균자, 접촉자의) 일시적 격리;

(каран**зен**)	② 검역소(檢疫所)
карась (까라시)	(남) 붕어(崩御)
карат (까라트)	(남) 카라트 (금은보석의 중량의 단위 =0.2 그람)
карательный (까라쩰느이)	(형) 징벌(懲罰), 처벌(處罰);
карать (까라찌)	(미완) 벌주다, 처벌하다, 징벌하다
караться (까라짜)	(미완) 벌을 받다, 처벌하다, 징벌하다
каратэ (까라떼)	(중) (체육) 태권도, 당수
караул (까라울)	(남) 위병대; почётный ~ 명예 위병대; 위병근무; нести ~ 위병근무 서다; ~! 사람 살려!
караулить (까라울리찌)	(미완) ① 지키다, 감시하다 ② 기다리다, 망을 보다
караульный (까라울느이)	(형) ① 위병의; ② (명사로): ~ая (여) 위소; ~ый (남) 위병
карбид (까르비드)	(남) (화학) 카바이드
карболка (까르볼까)	*см.* карболовая (кислота)
карболовый; (까르볼로브이)	~ая кислота 석탄산
карбюратор (까르뷰라또르)	(남) 가스 만들개, 기화기
кардинал (까르지날)	(남) (천주교에서) 대승정, 추기승정
кардинальный (까르지날느이)	(형) 근본적인, 본질적인, 주되는; ~ вопрос 기본적인 문제
кардиограмма (까르지오그람마)	(여) (의학) 심동곡선, 심동도
карета	(여) 승용유개마차 (대형 4륜 마차)

Кк

(까례따)

кариес
(까리에쓰)
(남) (의학) 카리에쓰(caries)

карий
(까리이)
(형) 갈색, 밤색; ~е глаза 밤빛 눈

карикатура
(까리까뚜라)
(여) 풍자만화, 만화(漫畵)

карикатурист
(까리까뚜리쓰트)
(남) 만화가, 풍자화가

карикатурный
(까리까뚜르느이)
(형) ① 만화, 풍자화 ② 만화 같은, 희극적인, 우스운

каркас
(까르까쓰)
(남) (건축물 등의) 골조, 골격, 골간

каркать
(까르까찌)
(미완) 까욱까욱 울다, 까욱거리다

карлик
(까를리크)
(남) 난쟁이, 꼬마둥이, 피그미

карликовый
(까를리꼬브이)
(형) 난쟁이 같은, 매우 작은;
~ые растения 난쟁이식물

карман
(까르만)
(남) (호) 주머니; бить по ~у 손해를 입히다; не по ~у 너무 비싸다

карманный
(까르만느이)
(형) 호주머니용; ~ый фонарь 손전등
~ый нож 주머니칼; ~ые деньги 용돈, 주머닛돈;

карнавал
(까르나발)
(남) 가장무도회, 가장행렬

карниз
(까르니즈)
(남) ① 처마굽도리
② (창가림을 거는) 가름대

карп
(까르쁘)
(남) 잉어(―魚: carp) 이어(鯉魚)

карта
(까르따)
(여) ① 지도; ② 트럼프; (복수):
играть в ~ы 트럼프를 놀다

картавить
(까르따비찌)
(미완) 혀짧은 소리를 하다

картавый
(형) ① 혀짧은 소리를 하는

- 446 -

(까르**따**브이)	② (명사로) (남) 혀짤배기
картель (까르**쩰**)	(남) (경제) 카르텔(Kartell)
картечь (까르**쩨**치)	(여) 산탄; 작은 총알
картина (까르**찌**나)	(여) 그림, 회화, 유화; 광경, 장면, 경치; 영화
картинка (까르**찐**까)	(여) ① 조그마한 그림, 도해, 일러스트레이션(illustration); ② 삽화; как на ~e 그림같이 아름답다
картинный (까르**찐**느이)	(형) ① 그림, 회화; ② 그림같이 아름다운
картон (까르**똔**)	(남) 판종이, 판지
картонный (까르**똔**느이)	(형) 판종이, 판지
картотека (까르또**쩨**까)	(여) 카드(목록), 카드함
картофель (까르**또**펠)	(남) 감자, 감저; сладкий ~ 고구마; молодой ~ 올감자; ~ в мундире 껍질이 있는 삶은 감자
картофельный (까르**또**펠느이)	(형) 감자; ~ая мука 감자가루, 농말
карточка (까르또치카)	(여) 카드(card), 지표; фотографическая ~ 사진; визитная ~ 명함; продовольственная ~ (식료품) 구매권
карточный (**까**르또츠느이)	(형): ~ая система 배급제
картошка (까르**또**쉬까)	(여) *см.* картофель
карусель (까루**셀**)	(여) 회전목마, 회전그네
карусельный (까루**셀**느이)	(형): ~ станок 타닝반
карцер	(남) 독감방

(까르쩰)	
карьер¹ (까리엘)	(남) 노천채굴장; каменный ~ 채석장
карьер² (까리엘)	(남) (말의) 최고 속보, 전속력
карьера (까리에라)	(여) 출세(出世);
карьеризм (까리에리즘)	(남) 출세주의(出世主義)
карьерист (까리에리쓰트)	(남) 출세주의자(出世主義者)
касательная (까싸쩰나야)	(여) (수학) 접촉(接觸), 접선, 닿이선
касаться (까싸짜)	(미완) ① 닿다, 맞닿다, 잇닿다, 다치다, ② 관계되다, 관련이 있다; что ~ется кого-чего, то ~에 대하여서는, ~에 대하여 말한다면 ③ 언급(논급)하다
каска (까쓰까)	(여) 철갑모(鐵甲)
касса (까싸)	(여) ① 돈 받는 곳, 수납처; билетная ~ 표파는 곳, 매표소 ② 현금(現金)
кассационный (까싸찌온느이)	(형); ~ суд 상소심의 재판소; ~ая жалоба 상소
кассация (까싸찌야)	(여) ① (법률) 상소; подавать ~ю 상소하다 ② 판결의 재심
кассета (까쎄따)	(여) ① (사진기) 카세트, 필림 케이스 ② (녹음기의) 테프감개
кассир (까씨르), ~ша (여)	출납원, 매표원, 표 파는 사람
каста (까쓰따)	(여)(인도와 일부 동방국가들에서)카스트, (사회) 계층
касторка (까쓰또르까)	*см.* касторовое(масло)
касторовый (까쓰또로브이)	(형); ~ое масло 피마자기름

кастрация (까쓰뜨라찌야)	(여) 거세(去勢)
кастрюля (까쓰뜨류랴)	(여) 냄비, 쟁개비; алюминиевая ~ 알루미늄냄비; эмалированная ~ 법랑냄비, 에나멜 냄비
катализатор (까딸리자또르)	(남) (화학) 촉매, 접촉매(接觸媒)
каталог (까딸로그)	(남) 목록(目錄), 도서카트
катание (까따니예)	(중) 타기, 타고 다니는 것, 썰매; ~ на коньках 스케이트 타기
катапульта (까따뿔따)	(여) 사출기(射出機)
катар (까따르)	(남) (의학) 카타르, 끈끈막염
Катар (까따르)	(남) 카타르(catarrh)
катаракта (까따라크따)	(여) (의학) 백내장(白內障)
катастрофа (까따쓰뜨로파)	(여) 참사, 참화, 사고; авиационная ~ 비행기사고; ядерная ~ 핵 참화
катастрофический (까따쓰뜨로피체쓰끼이)	(형) 비참한, 파국적인
катать (까따찌)	(미완) ① 굴리다 ② 태우고 다니다 ③ 둥그렇게 빚다 ④ 압연하다
кататься (까따짜)	(미완) 타고 다니다; ~ на коньках 스케이트를 타다
категорический (까쩨고리체쓰끼이)	(형) 단호한, 결연한, 절대적인; ~ отказ 단호한 거절
категория (까쩨고리야)	(여) ① 종류, 등급; ② (철학) 범주; ③ (체육) 부류, 급;
катер (까쩨르)	(남) 똑딱선, 발동선; торпедный ~ 어뢰정
катет (까쩨트)	(남) (수학) 직각변

катить (까찌찌)	(완)*см.* катать ①, ②
кататься (까찌짜)	(미완) ① 굴러가다 ② (자동차 등의) 달리다 ③ (소리가) 울리다: слёзы катятся 눈물이 흘러내리다
Катманду (까뜨만두)	(남) (불변) г. 까뜨만두
катод (까또드)	(남)(전기) 음극(陰極)
каток¹ (까또크)	(남) 스케트이장, 얼음판, 빙상경기장
каток² (까또크)	(남) (공학) 길 닦기 로라
католик (까똘리크)	(남) 가톨릭 (교도), 천주교도
католический (까똘리체쓰끼이)	(형) 가톨릭교의, 천주교의(天主敎)
католичество (까똘리체쓰뜨붜)	(중) 가톨릭교, 천주교
каторга (까따르가)	(여) ① 징역, 징역살이; ② 고역
каторжник (까따르즤니크)	(남) 징역군
каторжный (까따르즈느이)	(형) ① 징역; ② 징역살이의, 고통스러운;
катушка (까뚜쉬까)	(여) ① 실톳 ② (전기)코일, 선륜, 줄톳
каустический (까우쓰찌체쓰끼이)	(형) 가성; ~ая сода 가성소다
каучук (까우추크)	(남) 생고무; синтетический ~ 합성고무
каучуковый (까우추꼬브이)	(형) 생고무; ~ое дерево 고무나무
кафе (까페)	(중) 카페

кафедра (까페드라)	(여) 학과 사무실, 강단, 연단, 교단, 강좌; заведующий ~ой 학과장
кафель (까펠)	(남) 타일
кафетерий (까페쩨리이)	(남) 간이식당 (카페)
качать (까차찌)	(미완) ① 흔들다; ② (아이를) 잠재우다 ③ (펌프로) 푸다 ④ 공중에 추켜올리다
качаться (까차짜)	(미완) ① 흔들리다, 동요하다, 넘늘거리다 ② 비틀거리다
качели (까첼리)	(복수) 그네; качаться на ~ях 그네를 뛰다
качественный (까체스뜨뻰느이)	(형) ① 질적인, 질의; ② 질 좋은; ~ое прилагательное (언어) 성질형용사
качество (까체쓰뜨붜)	(중) ① 질, 품질, 품, 품위; высшего ~а 고급, 최상급; ② 성질, 품성; в ~е кого ~로서;
качка (까즈까)	(여) 흔들림, 진동
каша (까샤)	(여) ① 죽; ② 뒤범벅, 섞음; заварить ~у 시끄러운 일을 만들다 (시작하다)
кашалот (까샤로트)	(남) 말향고래
кашевар (까쉐왈)	(남) 쿡, 요리사, 취사원.
кашель (까쉘)	(남) 기침, 헛기침; сильный ~ 목기침 лекарство от ~ля 기침약
кашлять (까쉴랴찌)	(미완) 기침하다, 기침이 나다, 콜록거리다
кашне (까쉬네)	(중) 목도리, 머플러(muffler); 목덜개, 목두리; 목수건
каштан (까쉬딴)	(남) 밤, 밤나무; жареные ~ы 군밤
каштановый (까쉬따노브이)	(형) ① 밤나무, 밤 ② 밤색

Кк

каюта (까유따)	(여) 선실(船室)
каюткомпания (까유뜨깜빠니야)	(여) (기선의) 휴게실; (군함의) 군장교실
каяться (까야짜)	(미완) 뉘우치다, 후회(참회)하다, 고백하다
квадрат (크와드라트)	(남) ① 정사각형, 정방형 ② 평방, 두 제곱, 2승; возводить в ~ 두 제곱하다
квадратный (크와드라뜨느이)	(형) ① 정방형, 정사각형;~ые скобки 꺾쇠괄호; ② (수학) 평방, 두 제곱; ~ый корень 이승근;~ое уравнение 2차방정식
квакать (크와까지)	(미완) 개굴개굴 울다, 맹꽁맹꽁하다
квалификационный (크왈리피까찌온느이)	(형): ~ая комиссия 자격(급수)사정 위원회
квалификация (크왈리피까찌야)	(여) ① 자격(급수)사정; ② 기능, 숙련, 자질; ③ 자격(資格)
квалифицированный (크왈리피찌로완느이)	(형) 숙련된, 능숙한, 자질(기능)이 높은; ~ рабочий 기능공, 숙련공
квалифицировать (크왈리피찌로와찌)	(미완, 완) (자격, 기능 등을) 사정하다, 평정하다
квартал (크와르딸)	(남) ① 구역, 구; ② 분기; первый ~ 1.4 분기
квартет (크와르쩨트)	(남) 4(사) 중주곡, 4(사) 중창곡; 4(사) 중주, 4 중창
квартира (크와르찌라)	(여) 아파트, 주택, 사택
квартирант (크와르찌란트)	(남) 셋방살이하는 사람, 주택사용자
квартирный (크와르찌르느이)	(형): ~ая плата 집세, 주택사용료
квартплата (크와르쁘라따)	см. (квартирная плата)
кварц	(남) (광물) 석영(石英)

(크와르쯔)

кварцевый (형) 석영; ~ая лампа 석영등
(크와르쩨브이)

квас (남) 크와스(러시아 청량음료의 한가지)
(크와쓰)

квасить (미완) 발효시키다, 시게 하다;
(크와씨찌) ~ капусту 양배추를 (절여서) 시게 만들다

квасцы (복수) 백반, 명반석
(크와쓰찌)

квашенный (형): ~ая капуста 시게 된 양배추
(크와쉔느이)

кверху (부) 위로; поднимать глаза ~ 눈을 울려 뜨다
(크베르후)

квитанция (여) 영수증, 인수증; багажная ~ 화물영수증
(크비딴찌야)

квиты (술어로): теперь мы ~ 우리는 서로 다 청산하였다
(크비띄)

кворум (남) 필요한 인원수, 정족수 (회의 등을 진행하기 위하여)
(크뷔룸)

квота (여) (경제) 배당액, 배당수, 할당량
(크보따)

кедр (남) 게드르 (소나무과); корейский ~ 잣나무
(께드르)

кекс (남) 케이크, 카스테라 (건포도를 넣은 단빵)
(껙쓰)

кем см. кто
(껨)

кенаф (남) 케나프, 인도삼
(께나프)

кенгуру (남) 캥거루
(껜구루)

Кения (여) 케니아
(께니야)

кепка (여) 캡(모자의 한 가지)

Кк

(껫쁘까)

керамика (께라미까)	(여) 도자기, 토기
керамический (께라미체쓰끼이)	(형) 도자기, 도자기제조, 요업
керосин (께로씬)	(남) 석유, 등잔기름
керосинка (께로씬까)	(여) 석유곤로
керосиновый (께로씨노브이)	(형) 등잔기름, 석유; ~ая лампа 석유등
кета (께따)	(여) 연어(鰱魚)
кефаль (께팔)	(여) 숭어, 수어, 치어
кефир (께피르)	(남) 요구르트, 발효우유
кивать (미완), **кивнуть** (완) (끼와찌)	머리를 끄덕이다; ~ головой 머리(고개)를 끄덕이다
кивок (끼보크)	(남) 고개짓
Кигали (끼갈리)	(남) (불변) 끼갈리
кидать(ся) (끼다찌)	см. бросать(ся)
кизил (끼질)	(남) 말채나무, 말채나무열매
кий (끼이)	(남) 당구봉
кило (낄로)	(중) см. килограмм
киловат (낄로와트)	(남) 킬로와트(kilowatt); ~-час 킬로와트시
килограмм (낄로그람마)	(남) 킬로그램(kilogram)

километр (낄로메뜨르)	(남) 킬로미터(kilometer: km); квадратный ~ 평방킬로미터(km²)
киль (낄)	(남) ① (선박의) 용골; ② (비행기의) 수직안정판
килька (낄까)	(여) 작은 청어, 멸치
кинематография (끼네마또그라피야)	(여) 영화예술, 영화제작
кинетический (끼네찌체스끼이)	(형): ~ая энергия 운동 에너지
кинжал (낀좔)	(남) 단검, 비수
кино (끼노)	(중) ① 영화 ② 영화관
кино (끼노)	(합성어의 첫 부분으로서 영화의 뜻을 가짐) 영화; киностудия 영화촬영소
киноактёр (끼노악쬬르)	(남) 영화배우
киноаппарат (끼노압빠라트)	(남) 영화촬영기, 영사기
киноартист (끼노아르찌스트)	(남) см. киноактёр
киноварь (끼노와리)	(여) (광물, 화학) 진사, 진사에서 뽑은 물감
киножурнал (끼노주르날)	(여) 시보영화
киноискусство (끼노이쓰꾸쓰뜨붜)	(중) 영화예술
кинокамера (끼노까메라)	(여) 영사기, 영화촬영기
кинокартина (끼노까르찌나)	(여) 영화(映畵)
кинокомедия (끼노꼬메지야)	(여) 희극영화
киномеханик	(남) 영사기사

(끼노메하니크)

киноoператор (끼노오뻬라또르)	(남) 촬영가, 영화촬영기사
кинопередвижка (끼노뻬레드비즈까)	(여) 이동영사기
киноплёнка (끼노쁠룐까)	(여) 영화필름
кинопрокат (끼노쁘로까트)	(남) 영화보급
кинопромышленность (끼노쁘로믜쉬렌노쓰찌)	(여) 영화제작업
кинорежиссёр (끼노레쥐쑈르)	(남) 영화연출가
киносеанс (끼노쎄안쓰)	(남) 영화상영, 상영시간
киностудия (끼노쓰뚜지야)	(여) 영화촬영소
киносценарий (끼노쓰쩨나리이)	(남) 영화대본, 영화문학
киносъёмка (끼노씨욤까)	(여) 영화촬영
кинотеатр (끼노쩨아뜨르)	(남) 영화관
кинофестиваль (끼노페쓰찌왈리)	(남) 영화축전
кинофикация (끼노피까찌야)	(여) 영화시설설치, 영사설비설치
кинофильм (끼노필림)	(남) 영화; цветной ~ 천연색영화
кинохроника (끼노흐로니까)	(여) *см.* киножурнал
киноэкран (끼노에크란)	(남) 영사막
кинуть(ся) (끼누찌)	(완) *см.* бросать(ся)

Киншаса (낀샤싸)	(여) г. 킨샤사
киоск (끼오쓰크)	(남) 간이매점; газетный ~ 신문가판점; книжный ~ 책매점, 서점.
кипа (끼빠)	(여) ① 꾸러미, 뭉치, 묶음; ② 덩어리, 통구리;
кипарис (끼빠리쓰)	(남) (식물) 쿠프레스
кипение (끼뻬니예)	(중) ① 끓음, 비등; ② 들끓는 것, 끓어 번지는 것
кипеть (끼뻬찌)	(미완) ① 끓다, 끓어오르다; ② 들끓다, 끓어 번지다, 끓어 넘치다;
Кипр (끼쁘르)	(남) 끼쁘로스
кипучий (끼뿌치이)	(형) 들끓는, 끓어 번지는;
кипятильник (끼빠찔니크)	(남) (전기) 가열기
кипятить (끼빠찌찌)	(미완) 끓이다, 삶다; ~ бельё 빨래를 삶다
кипятиться (끼빠찌짜)	(미완) ① 끓다, 삶아지다 ② 끓다, 발끈 성내다
кипяток (끼빠또크)	(남) 끓인 물
кипячение (끼빠체니예)	(중) 끓이는 것
кипячённый (끼빠촌느이)	(형) 끓인: ~ая вода 끓인 물
Киргизия (끼르기지야)	(여) 키르기즈스탄(Kirgizstan)
киргизский (끼르기즈쓰끼이)	(형) 키르기즈스탄의
киргизы (복수) (남), ~ка (여) (끼르기즥)	키르기즈스탄사람(들)
кирка	(여) 곡괭이

Кк

(끼르까)

кирпич (끼르삐츠)	(남) 벽돌; красный ~ 붉은색 벽돌; огнеупорный ~ 내화벽돌; силикатный ~ 실리카트 벽돌
кирпичный (끼르삐츠느이)	(형) 벽돌; ~ завод 벽돌공장
кисель (끼쎌)	(남) 과일묵, 잼(jam)
кисет (끼세트)	(남) 담배쌈지
кислород (끼쓸로롣)	(남) 산소(酸素: 8번:O:16)
кислородный (끼쓸로롣느이)	(형) 산소의;~ая подушка 산소주머니
кислота (끼쓸로따)	(여) ① (화학) 산; серная ~ 유산; лимонная ~ 레몬산; борная ~ 붕산; уксусная ~ 초산, 식초산; ② 신맛
кислотность (끼쓸로뜨노쓰찌)	(여) (화학) 산성, 산도; повышенная кислотность (의학) 위산과다(증)
кислый (끼쓸르이)	(형) ① 신, 시금시금한, 시큼한; ② 시어진; ~ое лицо 시무룩한 표정
киснуть (끼쓰누찌)	(미완) ① 시어지다, 쉬다, 삭다 ② 의기소침해지다, 침울해있다
кисточка (끼쓰또츠까)	(여) 붓, 솔
кисть (끼쓰찌)	① *см.* кисточка; малярная ~ 미장솔 ② 송이; ~ винограда 포도송이; ③ 손(손목부터 손가락 끝까지의 부분) ④ (장식용) 술; пояс с кистями 술이 달린 띠
кит (끼트)	(남) 고래
Китай (끼따이)	(남) 중국; Китайская Народная Республика, КНДР 중화인민공화국
китайский	(형) 중국의

- 458 -

(끼따이쓰끼이)

китай цы (복수) ~ец (남), ~янка (여) 중국사람(들)
(끼따이쩨)

китель (남) (깃을 세운) 제복의 웃옷
(끼쩰)

китобой ный (형) 고래잡이; ~ое судно 고래잡이배
(끼또보이느이)

кичиться (미완) 뽐내다, 우쭐대다, 자만하다
(끼치짜)

кичливый (형) 뽐내는, 우쭐대는, 교만한
(끼츨리브이)

кишеть (미완) 오글거리다, 옥실거리다, 꾀다;
(끼쉐찌)

кишечник (남) (해부) 배알, 장; очистить ~
(끼쉐스니크) 관장하다

кишечный (형) 장의 배알의; ~ое заболевание
(끼쉐스느이) 장질환

кишка (여) ① 배알, 장(腸); толстая ~ 대장;
(끼쉬까) тонкая ~ 소장; прямая ~ 직장;
слепая ~맹장; двенадцатиперстная
~ 12 지장; ② 호스; ~ тонка
힘이 약하다(모자란다)

клавиатура (여) (피아노, 타자기 등의) 누르개, 건반
(끌라비아뚜라)

клавиша (여) 누르개, 건반, 건, 키
(클라비샤)

клад (남) 보배, 보물(寶物)
(클라드)

кладбище (중) 묘지(墓地)
(클라드비쉐)

кладка (여) ① 축조, 쌓기; ② 쌓아올린 것
(클라드까)

кладовая (여) 고간, 창고
(클라도와야)

кладовщик (남) 창고원
(클라도브쉬크)

кланяться (클라냐짜)	(미완) ① 절하다, 맞절하다 ② 안부(인사)를 보내다 (전하다)
клапан (클라빤)	(남) ① (공학) 여닫이, 변, 밸브; ② (해부) 심장판막
кларнет (클라르네트)	(남) (음악)클라리넷(clarinet)
класс (클라쓰)	(남) ① 계급; ② 교실; ③ 학년, 학급; ④ 등, 급, 등급, 수준, ⑤ (생물) 부류, 강(江)
классик (클라씨크)	(남) 고전가, 고전작가
классика (클라씨까)	*см.* классическая
классификация (클라씨피까찌야)	(여) 분류, 분류법
классифицировать (클라씨피찌로와찌)	(미완, 완) 분류(분별)하다, 구분하다
классицизм (클라씨찌즘)	(남) 고전주의
классический (클라씨체쓰끼이)	(형) ① 고전적인; ~ая литература 고전문학; ② 전형적인, 훌륭한
классный (클라쓰느이)	(형): ~ая доска 칠판; ~ый руководитель 담임교원, 학급담임
классовый (클라쏘브이)	(형) 계급, 계급적인;
класть (클라쓰찌)	(미완) ① во что 넣다, 집어넣다, 담다; на что 놓다, 둬두다; ② (벽을) 세우다, 쌓아올리다; ③ ~ больного в больницу 환자를 입원시키다;
клевать (클레와찌)	(미완) ① 쫓다, 쪼아 먹다 ② (고기가 미끼를) 물다;
клевер (클레붸르)	(남) 토끼풀, 클로버. 화란자운영
клевета (클레붸따)	(여) 중상(重傷), 비방(誹謗)
клеветать	(미완) на *кого*. 비방하다, 중상하다

- 460 -

(클레볘따찌)

клеветник (남) 중상자, 비방자
(클레볘뜨니크)

клеветнический (형) 비방하는, 중상적인
(클레볘뜨니체쓰끼이)

клеевой (형): ~ая краска 갖풀물감
(클레예보이)

клеёнка (여) 유포, 물막이보
(클레욘까)

клеить (미완) 풀질하다, 풀로 붙이다
(클레이찌)

клеиться (미완): дело не ~ся 일이 잘 안되다;
(클레이쨔)   разговор не ~ся 이야기가 순조롭게 되여 가지 않는다.

клей (남) 풀, 무리풀; столярный ~ 갖풀
(클레이)

клейкий (형) ① 찐득찐득한, 끈끈한, 교질; ~ая
(클레이끼이) бумага 끈끈이; ② ~ий рис 찰벼

клеймить (미완) ① 도장을 찍다, 낙인을 찍다,
(클레이미찌) 표식을 찍다 ② 규탄하다, 단죄하다;

клеймо (중) ① 검인, 낙인, 도장, 상표;
(클레이마) ставить ~ 검인을 찍다 ② 오명, 누명

клейстер (남) 밀가루 풀, 농말 풀
(클레이쓰쩰)

клемма (여) (전기) 단자, 끝머리
(클롐마)

клён (남) 단풍나무
(클룐)

клепать (미완) (공학) 맞머리 못을 박다,
(클레빠찌) 리벳(rivet)를 박다, 병접하다

клёпка (여) 리벳(rivet), 못치기, 병접
(클룐까)

клетка[1] (여) ① 새장, 조롱, 쇠그물 우리
(클레뜨까)   ② 네모칸, 격자무늬

клетка[2] (여) (생물) 세포;

Кк

- 461 -

(클레뜨까)

клетчатка
(클레뜨차뜨까)
(여) 섬유소(纖維素)

клетчатый¹
(클레뜨차뜨이)
(형) 격자무늬, 바둑(판)(정자) 무늬 있는

клетчатый²
(클레뜨차뜨이)
(형) 세포, 세포질

клешня
(클레쉬냐)
(여) (게, 가재의) 집게발

клещ
(클레쉬)
(남) 진드기

клещевина
(클레쉐비나)
(여) 피마자, 아주까리

клещи
(클레쉬)
(복수) 못뽑이, 방울집게

клиент
(클리엔트)
(남) ① 손님, 단골손님
② (변호사에게 자기 일을 의뢰한) 의뢰인

клиентура
(클리엔뚜라)
(여) ① 손님들 ② 의뢰인들

клизма
(클리즈마)
(여) 관장; ставить ~у 관장을 하다; 관장기

клика
(클리까)
(여) 도당, 도배

кликнуть
(클리크누찌)
(완) 큰소리로 부르다;

климат
(클리마트)
(남) 기후, 기절; 천후, 풍후;
континентальный ~ 대륙성 기후;
умеренный ~ 온화한 기후;
жаркий ~ 열대성 기후

климатический
(클리마찌체쓰끼이)
(형) 기후; ~ая карта 기후도

клин
(클린)
(남) ① 쐐기; вбивать ~ 쐐기를 치다 (박다);② (옷에 붙이는) 삼각천;

клиника
(끌리니까)
(여) 연구소(대학)부속병원

Кк

клинический (클리니체스끼이)	(형): ~ая медицина 임상의학
клинок (클리노크)	(남) 칼날
клич (클리츠)	(남) 부름, 호소, кликнуть ~호소하다
кличка (끌리츠까)	(여) ① (집짐승의) 이름; давать ~у 이름을 지어주다 ② (사람의) 별명
клок (끌록)	(남) ① 한잠 ② *см.* клочок; разорвать в ~чья 갈기갈기 찢다
клокотать (클로꼬따지)	(미완) 끓다, 부글부글 끓다, 들끓다, 비등하다
клонить (클로니찌)	(미완) 기울이다, 기울어뜨리다, 굽히다;
клониться (클로니쨔)	(미완) 기울어지다, 수그러지다, 비딱거리다
клоп (클로쁘)	(남) 빈대
клоун (클로운)	(남) (곡예단의) 어릿광대
клочок (클로초크)	(남) ① 조각, 부스러기; ~ бумаги 종이조각; рвать на ~ки 조각조각 찢다 ②: ~ земли 땅뙈기
клуб¹ (클룹)	(남) 클럽(club), 구락부
клуб² (클룹)	(남); ~ы дыма (пара, пыли) 뭉게뭉게 오르는 연기 (김, 증기, 먼지);
клубами (클루바미)	(부) 무럭무럭, 뭉실뭉실
клубень (클루벤니)	(남) (감자 등의) 덩이뿌리, 구경; ~ картофеля 감자알
клубиться (클루비쨔)	(미완) 뭉게뭉게 피여 오르다, 감돌아 오르다
клубника (클루브니까)	(여) 양딸기, 땅 딸기

Кк

клубок (클루보크)	(남) 뭉치, 실꾸리;
клумба (클룸바)	(여) 꽃밭, 화단
клык (클릐크)	(남) 송곳이, 견치
клюв (클류프)	(남) 주둥이, 부리
клюква (클류크와)	(여) 월귤나무, 그 열매
клюнуть (클류누찌)	(완) *см.* клевать
ключ¹ (클류치)	(남) ① 열쇠, 키(key) ② (공학); гаечный ~ 나사돌리개, 드라이버; ~ для завола пружины 태엽 돌리개; ③ к чему 실마리, 열쇠, 관건 ④ (음악) 음부기호 ⑤ 암호기호
ключ² (클류치)	(남) 샘, 샘물; горячий ~ 온천; бить ~ом 용솟음치다, 콸콸 솟다, 끓어 번지다
ключевой (클류체보이)	(형); ~ая вода 샘물; ~ой вопрос 관건적인 문제
ключица (클류치짜)	(여) 꺾쇠뼈, 쇄골
клякса (클랴크싸)	(여) 잉크얼룩;
клянчить (클랸치찌)	(미완) 시끄럽게 졸라대다, 비럭질하다
клясть (클랴쓰찌)	(미완) *см.* проклинать
клясться (클랴쓰쨔)	(미완) 맹세하다, 서약하다;
клятва (클랴뜨와)	(여) 맹세, 선서(宣誓);
клятвенный (클랴뜨벤느이)	(형): ~ое обещание 서약

кляуза (클랴우자)	(여) 악담, 뒷소리, 비방
кляузничать (클랴우즈니차찌)	(미완) 뒷소리 질하다, 비방하다
кляузный (클랴우즈느이)	(형) 뒷소리 질하는, 중상하는
кляча (클랴차)	(여) 늙다리 말, 맥빠진 말
книга (크니가)	(여) ① 책(冊), 서적; интересная ~ 재미있는책; ② домовая ~a 주민대장; ~a отзывов 감상록
книгопечатание (크니가뻬차따니예)	(중) 서적인쇄, 도서출판
книгохранилище (크니가흐라니리쉐)	(중) ① 서고 ② 도서 보관소, 대도서관
книжка (크니즈까)	(여) ① см. книга ② 증명서, 통장
книзу (크니주)	(부) 아래로, 밑으로
кнопка (크높까)	(여) ① 압정, 압침 ② 맞단추, 똑딱단추 ③ (스위치) 단추
кнут (크누트)	(남) 채찍
княгиня (크냐기야)	(여) 공작부인(孔雀夫人)
княжество (크냐줴쓰트뷔)	(중) 공국(公國)
князь (크냐지)	(남) 공작(孔雀)
ко (꼬)	(전) см. к
коалиционный (까알리찌온느이)	(형): ~ое правительство 연립정부
коалиция (까알리찌야)	(여) 연립, 연합체, 동맹(同盟)

Кк

кобальт (꼬발트)	(남) (화학) 코발트(cobalt)
кобель (꼬벨)	(남) 수캐, 개의 수컷
кобра (까브라)	(여) 코브라, 안경뱀
кобура (까부라)	(여) 권총집
кобыла (까빌라)	(여) 암말
коварный (까와르느이)	(형) 간교한, 교활한, 내흉스러운, 능청맞은;
коварство (까와르스트붜)	(중) 간교, 교활성;
ковать (까와찌)	(미완) 벼리다, 단조하다; 편자를 신기다; 단련하다, 창조하다; ~ победу 승리를 위하여 노력하다
ковёр (까뵤르)	(남) 모전, 양탄자, 주단(紬緞)
коверкать (까베르까찌)	(미완) ① 망치다, 못쓰게 하다 ② 외곡하다;
ковка (까브까)	(여) ① 벼리는 것, 단조 ② 편자를 신기는 것
ковкий (꼬브끼이)	(형) 잘 벼려지는, 벼릴 수 있는;
ковкость (꼬브꼬쓰찌)	(여) 벼려지는 성질, 가단성
коврига (까브리가)	(여) 크고 둥근 빵 덩어리
ковш (꼬브쉬)	(남) ① 국자, 바가지, 쪽박; ② (기계의) 바가지, 냄비
ковыль (꼬빌)	(남) (식물) 나래새
ковылять (까빌랴찌)	(미완) 절름거리다, 기우뚱거리며 걷다, 절뚝거리다;

Кк

ковырять (까브랴찌)	(미완) 후비다, 우비다, 쑤시다;
когда (까그다)	(부) 언제, 언제인가, 어느 때에; 때로는 ~ 때로는; работает ~ утром, ~ вечером 때로는 아침에 때로는 저녁에 일한다; (접)(두문장을 연결한다.);
когда-либо, когда-нибудь (까그달-리바)	(부) 어느 때나, 어느 한때, 언제인가, 그 어느 때; видели вы это ~? 언제 이것을 보았습니까?; бывал ли ты в Корее ~? 자네는 한국에 가본적이 있는가?
когда-то (까그다-따)	(부) 한때, 어떤 때, 어느 때인가, 언젠 가; ~ я смотрел этот фильм 언젠 가 나는 이 영화를 보았다
кого (까보)	см. что (생, 대)
коготь (꼬보찌)	(남) 발톱
код (꼳)	(남) 부호(符號), 암호(暗號)
кодеин (까데인)	(남) (화학) 코데인(codeine)
кодекс (꼬덱쓰)	(남) 법전, 법서; гражданский ~ 민법; уголовный ~ 형법, 규범; моральный ~ 도덕규범
кое-где (꼬에-그제)	(부) 여기저기, 이곳저곳에서, 곳에따라
кое-как (꼬에-깍크)	(부) ① 겨우, 간신히 ② 되는대로, 함부로, 그럭저럭, 근근이
кое-какой (꼬에-깍꼬이)	(형) 몇 가지의, 몇몇, 약간, 어떤
кое-что (꼬에-쉬또)	(미정 대) 몇몇 사람, 어떤 사람
кое-куда (꼬에-꾸다)	(부) 몇 군데로, 어데 론가, 어떤 곳으로
кое-что (꼬에-쉬또)	(미정 대) 이것저것, 약간의 것, 무엇인가, 어떤 것

кожа (꼬좌)	(여) ① 살갗, 살가죽, 피부; ② 가죽; ③ *см.* кожура; из ~ вон лезть 아득바득 애를 쓰다; ~ да кости 피골이 상접하다
кожаный (꼬좌느이)	(형) 가죽, 가죽으로 만든; ~ое кресло 가죽을 씌운 안락의자
кожевенный (까졔볜느이)	(형) 제혁, 가죽; ~ый завод 가죽공장; ~ая промышленность 제혁공업
кожица (꼬쥐짜)	(여) 엷은 껍질, 엷은 피부
кожник (꼬즈니크)	(남) 피부과의사, 피부병의사
кожный (꼬즈느이)	(형) 살갗, 피부; ~ые болезни 피부병
кожура (까주라)	(여) (과일, 열매의) 껍질; снимать ~у 껍질을 벗기다
кожух (꼬주흐)	(남) ① 양가죽외투 ② (기계 등의) 씌우개, 덮개
коза (꼬자)	(여) 암염소, 암산양
козёл (까죨)	(남) 숫염소, 수산양;
козлёнок (까즐료노크)	(남) 염소새끼, 산양새끼
козлы (까즐릐)	(복수) ① 마부대 ② (장작을 켤 때 쓰는) 받침대;
козни (꼬즈니)	(복수) 음모, 책동, 간계, 흉모;
козырёк (까즤료크)	(남) (모자의) 채양;
козырь (꼬즤리)	(남) ① (트럼프의) 주패 ② 장기, 우월한 점
козырять¹ (까즤랴찌)	(미완) 거수경례를 하다
козырять² (까즤랴찌)	(미완) ① *чем* 뽐내다 ② (트럼프놀이에서) 주패를 내놓다(대다)

Кк

- 468 -

ко́й ка (꼬이까)	(여) (요람씩) 침대
кок (꼭크)	(남) (배에서) 요리사(料理師)
коке́тка (꼭께뜨까)	(여) 애교(교태)를 부리는 여자, 아양을 떠는 여자, 애교 쟁이
коке́тливый (꼭께뜨리브이)	(형) 애교(교태)를 부리는, 아양을 떠는
коке́тничать (꼭께뜨니차찌)	(미완) 애교(교태)를 부리다, 아양을 떨다, 뻐기다
коке́тство (꼭께뜨스뜨뷔)	(중) 애교, 아양
коклю́ш (꼭끄류쉬)	(남) (의학) 백일해(百日咳)
коко́н (꼭꼰)	(남) 고치(cocoon), 알주머니; шелкови́чный ~ 누에고치
коко́совый (꼭꼬소브이)	(형): ~ый оре́х 야자 (열매); ~ая па́льма 야자나무, 야자수; ~ое ма́сло 야자기름
кокс (꼭스)	(남) 콕스웨인(coxswain)
коксу́ющий ся (꼭수유쉬이쌰)	(형): ~ у́голь 콕스탄
кокте́й ль (칵테일)	(남) 혼합주, 혼합음료
Кол (Посла́ние к Колосся́нам, 4장, 243쪽) 골로새서 (꼴)	(골로사이인들에게 보낸 편지 The Letter of Paul to the Colossians)
кол (꼴)	(남) 말뚝, 울대
ко́лба (꼴바)	(여) 플라스크, 실험병
колбаса́ (꼴바싸)	(여) 서양순대, 꼴바싸; варёная ~ 삶은 꼴바싸; копчёная ~ 훈제한 꼴바싸
колдовство́	(중) 마술(魔術), 요술(妖術)

(깔돕쓰뜨보)

колдун
(깔둔)
(남) 요술쟁이, 마술사

колебание
(깔레바니예)
(중) ① (물리) 떨기 (진동)
② (온도 등의) 변동, 변화 ③ 동요, 주저; без ~я 주저 없이

колебать
(깔레바찌)
(미완) ① 흔들다, 진동하다
② 동요시키다, 뒤흔들어놓다

колебаться
(깔레바쨔)
(미완) ① 흔들거리다, 진동하다
② 동요하다, 오르내리다 ③ 주저하다, 망설이다, 오물쪼물 거리다

коленный
(깔롄느이)
(형): ~ сустав 무릎마디, 무릅관절

колено
(깔례나)
(중) ① 무릎; вставать на ~и 무릎을 꿇다; сажать на ~и 무릎에 앉히다
② (기계, 관 등의) 마디, 관절

коленчатый
(깔롄차뜨이)
(형): ~ вал (공학) 크랭크축(crank軸), 크랭크샤프트, 곡축(曲軸)

колесить
(깔레씨찌)
(미완) ① (타고) 돌아다니다
② 비틀거리며 가다

колесо
(깔례쏘)
(중) 바퀴, 차바퀴;

колея
(깔례야)
(여) ① 바퀴자리 ② 궤도; широкая (узкая) ~я 넓은(좁은) 철길

колики
(꼴리끼)
(복수) (의학) 아픔, 통증 (동통), 산통

колит
(꼴리트)
(남) (의학) 대장염, 결장염(結腸炎)

количественный
(깔리체쓰뜨벤느이)
(형) 수량, 양적; в ~ом отношении 양적으로 (보아); ~ое числительное (언어) 수량수사

количество
(깔리체쓰뜨붜)
(중) 수량, 량, 수

колкий
(꼴르끼이)
(형) ① 찌르는, 찌르는 듯한
② 신랄한, 쏘아붙이는;

колкость
(여) 신랄한 것, 톡 쏘는 말

(꼴꼬쓰찌)

коллега
(깔레가)
(여) 동료, 동업자, 같이 일하는 사람

коллегиальность
(깔레기알노쓰찌)
(여) 합의제, 집체적 협의제

коллегиальный
(깔레기알느이)
(형) 집체적인, 합의제에 의한;

коллегия
(깔레기야)
(여) 참의회, 협의회, 협의기관;
редакционная 편집위원회;
~ адвокатов 변호사회

коллектив
(깔레크찌프)
(남) 집단, 단위, 단체, 종업원일동;

коллективизация
(깔레크찌비자찌야)
(여) 협동화, 집단화;

коллективизм
(깔레크찌비즘)
(남) 집단주의

коллективный
(깔레크찝느이)
(형) 집단적인, 집체적인, 공동적인; ~ый договор 단체계약;
~ое хозяйство см. колхоз

коллекционер
(깔레크찌오녤)
(남) 수집자, 채집자

коллекционировать
(깔레크찌오니로와찌)
(미완) 수집하다, 채집하다

коллекция
(깔레크찌야)
(여) 수집, 수집품, 표본(標本)

колода[1]
(깔로다)
(여) 짧은 통나무

колода[2]
(깔로다)
(여) 한조의 트럼프

колодец
(깔로제쯔)
(남) 우물; (광산) 수직갱도

колодка
(깔로드까)
(여) 구두모형

колокол
(꼴로깔)
(남) 종; бить в ~ 종을 치다

колокольный (깔로꼴느이)	(형): ~ звон 종소리
колокольня (깔로꼴냐)	(여) 종루, 종각
колокольчик (깔로꼴치크)	(남) ① 방울, 작은 종 ② (식물) 방울꽃, 초롱꽃
Коломбо (깔롬보)	(남) (불변) 콜롬보
колониализм (깔로니알리즘)	(남) 식민주의
колониальный (깔로니알리느이)	(형) 식민주의, 식민주의적인;
колонизатор (깔로니자또르)	(남) 식민주의자
колонизация (깔로니자찌야)	(여) ① 식민지화 ② 식민(植民)
колония (깔로니야)	(여) ① 식민지 ② 거류지, 거류민단; трудовая ~ 노동교화소
колонка (깔론까)	(여) (신문, 책의) 단, 란; (водоразборная) ~ 급수탑; бензиновая ~ см. бензоколонка
колонна (깔론나)	(여) ① 종대; ② 두리기둥, 원주;
колоннада (깔론나다)	(여) (건축) 주랑, 연주
колонок (깔로노크)	(남) (동물) (북) 족제비
колорит (깔로리트)	(남) ① 색깔, 색채, 색조; ② 특색, 특징; местный ~ 향토풍
колоритный (깔로리뜨이)	(형) ① 색깔이 선명한, 색이 조화된; ② 특징적인, 독특한
колос (꼴로쓰)	(남) 이삭
колоситься (깔로씨짜)	(미완) 이삭이 나다(피다)

колосовые (깔로**쏘**브예)	(복수) 이삭식물 (이삭이 달리는 식물)
колосс (깔로쓰)	(남) 거인, 거물, 거장;
колоссальный (깔로**쌀**리느이)	(형) 커다란, 거대한, 굉장한; ~ая сумма 고액
колотить (깔로**찌**찌)	(미완) *см.* бить ①, ②
колотиться (깔로**찌**쨔)	(미완) *см.* биться
колотый (꼴로뜨이)	(형): ~ сахар 각사탕: ~ая рана 찔리운 상처
колоть¹ (깔로찌)	(미완) ① 쪼개다, 깨뜨리다, 패다; ② 찌르다, 꽂다
колоть² (깔로찌)	(미완) 쿡쿡 쑤시다, 쏘다, 찌르다; правда глаза колет (속담) 옳은 말은 귀를 찌른다.
колпак (깔르빠크)	(남) ① 고깔모자, 위생모(자) ② 씌우개, 덮개
колумбий ский (깔룸**비**이쓰끼이)	(형) 콜롬비아의
Колумбия (깔룸**비**야)	(여) 콜롬비아
колхоз (꼴호즈)	(남) 콜호스(kolkhoz)
колхозник (꼴**호**즈니크)	(남), ~ца (여) 꼴호스 원
колхозный (꼴**호**즈느이)	(형) 꼴호스의
колыбель (꼴리벨)	(여) 요람, 요람지, 발원지(發源地)
колыбельный (꼴리**벨**느이)	(형): ~ая песня 자장가
колыхать (꼴리**하**찌)	(미완) 흔들리게 하다, 펄럭이게 하다

Кк

колыхаться (꼴리하쨔)	(미완) 펄럭이다, 설레다, 너붓거리다, 흔들리다
колыхнуть(ся) (꼴리흐누찌)	(완) *см.* колыхать(ся)
колышек (꼴리쉐크)	(남) 작은 말뚝
кольнуть (깔누찌)	(완) *см.* колоть ①
кольцевой (깔쩨보이)	(형) 고리, 고리모양; ~ая линия 순환선; ~ая дорога 순환도로, 순환철도
кольцо (깔쪼)	(중) ① 고리, 가락지, 반지; золотое ~о 금가락지 ② (공학) 링그, 고리, 가락지 ③ (체육) 윤;
кольчуга (깔추가)	(여) 갑옷
колючий (깔류치이)	(형) ① 가시 있는, 콕콕 찌르는, 쏘는; ② 쏘아붙이는, 꼬집는, 신랄한;
колючка (깔류츠까)	(여) 가시
коляска (깔랴쓰까)	(여) ① 승용마차; ② 유모차; ③ 싸이드카
ком¹ (꼼)	(남) 덩어리, 덩이, 뭉치, 집괴; снежный ~ 눈덩이; ~ земли 흙덩이; ~ в горле 목이 메다
ком² (꼼)	*см.* кто (전)
команда (까만다)	(여) ① 구령, 명령; ② 대(隊), 반; ③ (배의) 승무원; ④ (체육) 팀, 선수단; сборная ~ 종합팀, 종합선수단
командир (까만디르)	(남) 지휘관; ~ взвода 소대장; ~ корабля 함장
командировать (까만디로와찌)	(미완, 완) 출장 보내다, 파견하다
командировка (까만디로브까)	(여) 출장, 파견; быть (на-ходиться) в ~е 출장중이다
командировочные	(복수) 출장비(出張費)

(까만디로보츠느이)

командировочный
(까만디로보츠느이)
(형) 출장의; ~ое удостоверение 출장증명서; ② (명) 출장원

командный
(까만드느이)
(형) ① 지휘, 통솔; ② 지도적인, 책임적인; ~ пост 지도적인 위치

командование
(까만도와니예)
(중) ① 사령부, 지휘부 ② 지휘; под ~м 지휘하에

командовать
(까만도와찌)
(미완) ① *чем* ~을 지휘하다 ② 구령을 치다

командующий
(까만두유쉬이)
(남) 사령관

комар
(까마르)
(남) 모기

комбайн
(깜바인)
(남) 종합기계, 복식수확기, 콤바인 (combine); (уборочный)~종합수확기

комбайнер
(깜바이네르)
(남) 콤바인운전수

комбикорм
(깜비꼴프)
(남) (комбинированный корм) 배합먹이, 배합사료

комбинат
(깜비나뜨)
(남) 종합공장 (기업소), 콤비나트;

комбинация
(깜비나찌야)
(여) ① 배합, 연합, 결합; ② 술책, 계책; хитрая ~ 계교, 교묘한 꾀

комбинезон
(깜비네존)
(남) (아래위가 맞붙은) 노동복, 작업복;

комбинировать
(깜비니로와찌)
(미완) ① 배합(연합)하다, 결합하다 ② 책략(계책)을 꾸미다

комедия
(까메지야)
(여) ① 희극, ② 광대극

комендант
(까멘단뜨)
① (성새, 요새지 등의) 사령관(司令官) ② 건물 관리원;

комендатура
(까멘다뚜라)
(여) 위수사령부, 관리부, 경무부

комета
(까메따)
(여) 혜성, 살별, 고리별

комик (까미크)	(남) ① 희극배우 ② 희극 쟁이, 익살꾼
комиссар (까미싸르)	(남) 정치위원, 전권위원
комиссариат (까미싸리아트)	(남): военный ~ 군사 동원부
комиссионный (까미씨온느이)	(형) ①: ~ магазин 위탁판매점 ②: ~ые (복수) 위탁판매보수
комиссия (까미씨야)	(여) 위원회, 협의회; избирательная ~ 선거위원회
комитет (까미쩨트)	(남) 위원회;Центральный Комитет КПСС 소련공산당 중앙위원회; исполнительный ~ 집행위원회
комический (까미체스끼이)	(형) ① 희극 ② 희극적인, 우스운, 익살스러운
комичный (까미츠느이)	(형) 우스강 스러운. 우스운
комкать (꼼까찌)	(미완) ① 꾸기다, 구기지르다, 뭉치다, 고기작거리다 ② 되는대로 재깍 헤치우다, 끝마치다
комментарий (까멘따리이)	(남) ① 주해, 주석 ② ~и (복수) 해설 논평; излишни 설명(해설)이 필요 없다, 일목요연하다
комментатор (깜멘따따르)	(남) 주해자, 주석자, 시사해설위원, 논설위원
комментировать (깜멘따찌로와찌)	(미완) 주해를 하다, 주석을 주다, 해설하다, 논평하다
коммерсант (깜메르산트)	(남) 상인, 상업가
коммерческий (깜메르체쓰끼이)	(형) 상업, 통상; ~ое соглашение 통상협정
коммуна (꼼무나)	(여) 코뮌; Парижская ~ (역사) 파리코뮌
коммунальный (꼼무날르느이)	(형) 공공; ~ая квартира 공공주택; ~ое хозяйство 도시경영;
коммунизм	(남) 공산주의(共産主義)

(꼼무니즘)

коммуникация
(꼼무니까찌야)
(여) 연락, 교통(交通)

коммунист
(꼼무니쓰트)
(남) 공산주의자, 공산당원(共産黨員)

коммунистический
(꼼무니쓰찌체스끼이)
(형) 공산주의의, 공산주의적인;
~ая партия 공산당

коммутатор
(꼼무따또르)
(남) ① 교환기, ② 전류고르개, 정류기

коммюнике
(꼼뮤니께)
(중) 커뮤니케이션; совместное ~
공동콤뮤니케

комната
(꼼나따)
(여) 방, 간(칸), 호실; жилая ~
살림방; ~ матери и ребёнка (역에
서) 애기 어머니칸, 유모실.

комнатный
(꼼나뜨이)
(형) 방안, 실내

комод
(까모드)
(남) (서랍이 달린) 장롱, 농, 반닫이

комок
(까모크)
(남) 덩이, 덩어리, 멍울, 뭉치

компактный
(깜빠크뜨느이)
(형) 촘촘한, 조밀한

компания
(깜빠니야)
(여) ① 패, 패거리, 동아리; ② 회사,
상사(商事)

компаьон
(깜빠니온)
(남) ① 동료, 동반자 ② (회사의) 공동
경영자, 공동출자자, 동업자

компартия
(꼼빠르찌야)
(여) (комму-нистичекая партия)
공산당(共産黨)

компас
(꼼빠쓰)
(남) 나침판, 지남침

компенсация
(깜뻰싸찌야)
(여) 보상, 배상

компенсировать
(깜뻰씨로와찌)
(미완, 완) 보상(배상)하다, 갚아주다,
벌충하다

компетентный
(형) ① 권한(권위)있는

Кк

(깜뻬**젠**뜨느이)	② 통달(정통)하고 있는
компетенция (깜뻬**젠**찌야)	(여) ① 권한, 권위; ② 통달, 정통
компиляция (깜삐**랴**찌야)	(여) ① 편작, 편저 ② 편작물, 편작한 글
комплекс (꼼쁘**렉**쓰)	(남) ① 총체, 종합체; ②: орби-тальный ~ 궤도종합체
комплексный (꼼쁘**렉**쓰느이)	(형) 종합적인, 총체적인, 합성적인; ~ план 종합적 계획
комплект (꼼쁘**렉**트)	(남) 한조, 한 벌, 일식; ~ белья 내의 한 벌
комплектование (깜쁘렉또**와**니예)	(중) (한조가 되게) 갖추는 것(묶는 것), 편성; ~ штатов 정원보충
комплектовать (깜쁘렉또**와**찌)	(미완) ① (한조가 되게) 갖추다 (묶다), 편성하다 ② 보충하다, 채우다;
комплекция (깜쁘**렉**찌야)	(여) 체질, 체격, 몸집
комплимент (깜쁘리**멘**트)	(남) 말치레, 찬사(讚辭);
композитор (깜뽀**지**따르)	(남) 작곡가(作曲家)
композиция (깜뽀**지**찌야)	(여) ① (문학예술작품의) 구성 ② 작곡, 작곡법
компост (깜**뽀**쓰트)	(남) 퇴비, 풋거름, 두엄
компостер (깜**뽀**쓰쩰)	(남) (차표 등을 찍는) 구멍가위
компостировать (깜뽀쓰**찌**로와찌)	(미완) (차표 등을) 구멍가위로 찍다, (차표를) 찍다
компот (깜**뽀**트)	(남) 과일 졸임, 과일통조림
компрадорский (깜쁘라도르쓰**끼**이)	(형): ~ая буржуазия 매판자본가, 예속자본가
компресс (깜쁘**레**쓰)	(남) 온천(溫泉)

- 478 -

компрессор (깜쁘레쏘르)	(남) (공기, 가스등의) 압축기
компрометировать (깜쁘로메찌로와찌)	(미완) 창피를 주다, 명예를 훼손시키다
компромисс (깜쁘로미쓰)	(남) 타협(妥協);
компромиссный (깜쁘로미쓰느이)	(형) 타협, 타협적인; ~ый план 타협안; ~ое решение 타협적인 결정
компьютер (깜쀼쩨르)	(남) 컴퓨터, 전자계산기
компьютеризация (깜쀼쩨리자찌야)	(여) 전자계산기화
комсомол (깜싸몰)	(남) (коммунис-тический союз молодёжи) 공산주의청년동맹
комсомолец (깜싸모레쯔)	(남), ~ка (여) 공청원
комсомольский (깜싸모리쓰끼이)	(형) 관청, 공청(公廳)
комсорг (깜싸르그)	(남) (комсомольский организатор) 공청책임자
комсостав (깜싸쓰따프)	см. командный состав
кому (까무)	см. кто
комфорт (깜포르트)	(남) 안락, 편리
комфортабельный (깜포르따벨느이)	(형) 안락한, 아담한, 매우 편리하게 꾸린
Конакри (까나크리)	(남) (불변) г. 꼬나크리
конвейер (깐베이엘)	(남) 콘베아; ленточный ~ 벨트 콘베아
конвенция (깐벤찌야)	(여) 협약, 공약; международная ~ 국제공약
конверт	(남) 봉투(封套)

Кк

- 479 -

(깐베르트)

конвертор (깐베르뜨르)	(남) (금속) 전로
конвоир (깐보이르)	(남) 호송병, 호위병
конвой (깐보이)	(남) ① 호송대, 호위대 ② 호위함대
конвульсия (깐불씨야)	(여) 경련
Конго (꼰고)	(중) (불변) 콩고(Congo)
конголезский (깐고레즈쓰끼이)	(형) 콩고의
конгресс (깐그레쓰)	(남) ① 국제회의; ② (일부 나라들의) 국회, 의회
конгрессмен (깐그레쓰멘)	(남) 국회의원
конденсатор (깐젠사또르)	(남) ① (전기) 축전기, 냉각기 ② (화학) 응결기, 응축기
кондитер (깐지쩰)	(남, 여) 제과공
кондитерская (깐지쩨르쓰까야)	(여) 과자상점
кондитерский (깐지쩨르쓰끼이)	(형): ~ая фабрика 과자공장; ~ие изделия 과자, 당과류;~ий магазин *см.* кондитерская
кондиционер (깐지찌아넬)	(남) (기계) 공기 조절기
кондиционирование (깐지찌아니라와니예)	(중): ~ воздуха 공기조절
кондуктор (깐두크따르)	(남) 차장
коневодство (까네보드쓰뜨붜)	(중) 말 기르기, 양마업
конёк	(남) ① (지붕의) 용마루, 마루터기

— 480 —

(까뉴크)	② 즐겨서 하는 생각 (이야깃거리);
конец (까녜쯔)	(남) ① 끝, 마지막, 막바지; ~ец верёвки 노끈 끝; ~ец дороги 길이 끝난 곳; до ~ца 끝까지; ② 종말, 멸망, 마감; ~ец века 세기 말; подходить к ~цу 끝나가다, ③ 끄트머리, 끄덩이; ④ 종점, 마지막 역; билет в оба ~ца 왕복차표; ⑤ 죽음, 막바지; положить ~ец 끝장 내다; без ~ца 끝없이, 끊임없이, 무한 히; в ~це - ов 결국; на худой ~ец 최악의 경우에는, 잘못되는 경우에는; сводить ~цы с ~ами 겨우 살아나가 다, 이리저리 돌려 맞추다
конечно (까녜쯔나)	① (끼움말) 물론, 틀림없이; ② (조) 물론이다, 두말할 것도 없다
конечности (까녜쯔노스찌)	(복수) 손발, 수족, 사지, 각
конечный (까녜쯔느이)	(형) 최후, 마지막, 끝에 있는; 종국적 인; ~ая станция 종착 역, 마지막 역; ~ая цель 종국적인 목적
конина (까니나)	(여) 말고기
конический (까니체쓰끼이)	(형) 원뿔꼴, 원추형: ~ое сечение 원추곡선
конкретизация (깐크레찌자찌야)	(여) 구체화(具體化)
конкретизировать (깐크레찌지로바찌)	(미완, 완) 구체화하다
конкретно (깐크레뜨나)	(부) 구체적으로
конкретность (깐크레뜨노스찌)	(여) 구체성(具體性)
конкретный (깐크레뜨느이)	(형) 구체적인; ~ план 구체적인 계획
конкурент (깐꾸렌트)	(남) 경쟁자, 적수

конкуренция (깐꾸렌찌야)	(여) 경쟁(競爭);
конкурировать (깐꾸리로와찌)	(미완) 경쟁하다, 다루다
конкурс (꼰꾸르쓰)	(남) 경연, 경연대회, 콩쿠르, 경쟁
конкурсный (꼰꾸르쓰느이)	(형) 경연, 콩쿠르; ~ экзамен 경쟁시험
конник (꼰니크)	(남) 기병, 기수
конница (꼰니짜)	(여) 기병대(騎兵隊)
конный (꼰느이)	(형) ①: ~ завод 양마 장 ②:~ спорт 승마경기
конопля (까노쁠랴)	(여) 삼(森), 대마(大麻)
конопляный (까노쁠랴느이)	(형): ~ое масло 삼기름
консервативный (깐세르와찌브느이)	(형) 보수적인
консерватизм (깐세르와찌즘)	(남) 보수주의(保守主義)
консерватор (깐세르와따르)	(남) ① 보수주의자 ② 보수당원; ~ы (복수) 보수파
консерватория (깐세르와또리야)	(여) 음악대학
консервировать (깐세르비로와찌)	(미완) ① 통조림하다 ② (활동 등을) (일시) 중지(중단)하다
консервный (깐세르브느이)	(형) 통조림;
консервы (깐세르브이)	(복수) 통조림; рыбные ~ 물고기 통조림
консилиум (깐씰리움)	(남) 의사협의회
консистенция	(여) 경도, 밀도, 농도

Кк

(깐씨쓰젠찌야)

конский
(꼰쓰끼이)
(형) 말; ~ волос 말총

консолидация
(깐쏠리다찌야)
(여) 단결, 단합

конспект
(깐쓰뼭트)
(남) 개요, 요강, 요점 따기

конспективный
(깐쓰뼭찝느이)
(형) 개략적인, 요약적인

конспектировать
(깐쓰뼭찌로와찌)
(미완) 요점을 따다, 요약하다

конспиративный
(깐쓰삐라찝느이)
(형) 비밀리, 비합법, 지하; ~ая квартира 비밀공작장소, 아지트

конспиратор
(깐쓰삐라따르)
(남) 비밀공작원, 비밀을 지키는 사람

конспирация
(깐쓰삐라찌야)
(여) 비밀보장, 비밀 준수, 비밀공작

констатировать
(깐쓰따찌라와찌)
(미완, 완) 확인(확정)하다, 검증하다

конституционный
(깐쓰찌뚜찌온느이)
(형) 헌법, 헌법상, 입건(적인): ~ые права 헌법상권리

конституция
(깐쓰찌뚜찌야)
(여) 헌법, Конституция СССР 소련헌법

конструировать
(깐쓰뜨루이라와찌)
(미완) ① 조직하다 ② 구성(설계)하다, 구조를 만들다

конструктивный
(깐쓰뜨룩찌브느이)
(형) ① 설계상, 구조상 ② 건설적인;

конструктор
(깐쓰뜨룩따르)
(남) ① 설계가, 설계자; ② 조립 유희 놀이감

конструкторский
(깐쓰뜨룩또르쓰끼이)
(형): ~ое бюро 설계부

конструкция
(깐쓰뜨룩찌야)
(여) ① 구조, 구성; ② (복수) 구조물;

консул
(꼰쑬)
(남) 영사; генеральный ~ 총영사

консульство (꼰쑬쓰뜨뷔)	(중) 영사관; генеральное ~ 총영사관
консультант (꼰쑬딴트)	(남) 협의자, 심의원, 고문; врач- ~ 협의의사
консультация (꼰쑬딴찌야)	(여) ① 협의, 상담, 질의응답 ② 상담소, 협의장소; женская ~ 여성보건상담소
консультировать (꼰쑬찌라와찌)	(미완) ① (전문가와) 협의(상담)하다 ② (전문가로서) 조언(충고)을 주다
консультироваться (꼰쑬찌라와쨔)	(미완) (전무가 등과) 협의(상담)하다, 의논하다
контакт (깐딱트)	(남) ① (공학) 접촉자, 접점, 접촉개소 ② 접촉, 연계;
контактировать (깐딱찌로와찌)	(미완) 접촉하다, 연계를 가지다
контейнер (깐쩨이네르)	(남) (짐을 포장하지 않고 나르는) 규격 용기, 용기, 보호함
контекст (깐쩩쓰트)	(남) 문맥(文脈)
контингент (깐찐겐트)	(남) 정원, 인원(수), 총수;
континент (깐찌넨트)	(남) 대륙(大陸)
континентальный (깐찌넨딸느이)	(형) 대륙성의, 대륙의.
контора (깐또라)	(여) 사무소, 사무실; нотариальная ~ 공증사무실
контрабанда (깐뜨라반다)	(여) ① 밀수, 밀수업; ② 밀수품
контрабандист (깐뜨라반지쓰트)	(남) 밀수업자
контрабас (깐뜨라바쓰)	(남) 콘드라바스
контр-адмирал (꼰뜨르-아드미랄)	(남) 해군소장

контракт (깐뜨**락**트)	(남) 계약, 계약서; заключать ~ 계약을 맺다; расторгать ~ 계약을 파기하다
контрактация (깐뜨락**따**찌야)	(여) ① 계약체결 ② 예약수매
контрактовать (깐뜨락따**와**찌)	(미완) 계약을 맺다, 수매를 예약하다;
контральто (깐뜨**랄**따)	(중) (음악) 여성최저음
контраст (깐뜨**라**쓰트)	(남) 대조, 대립, 정반대
контратака (꼰뜨라**따**까)	(여) 반공격, 역습
контрибуция (꼰뜨리**부**찌야)	(여) 전쟁 배상금
контрнаступление (꼰뜨르나쓰뚜**쁘레**니예)	(중) 반공격, 반공격전;
контролёр (깐뜨로**료**르)	(남) 검사원, 감독원; билетный (железнодорожный) ~ 검표원
контролировать (깐뜨롤리로**와**찌)	(미완) 검사(검열, 감독, 감시)하다, 통제하다, 따져보다
контроль (깐뜨**롤**)	(남) ① 검열, 검사, 감독, 통제 ② 검열원, 검사원, 검표원;
контрольный (깐뜨**롤**느이)	(형) 검열, 검사, 감시, 통제; ~ая комиссия 검열위원회; ~ая работа 검열작업
контрразведка (꼰뜨르라즈**베**드까)	(여) 반첩보기관, 반간첩기관
контрреволюционер (꼰뜨르레뷰류찌**넬**)	(남) 반혁명분자
контрреволюционный (꼰뜨르레뷰류찌**온**느이)	(형) 반혁명의(反革命)
контрреволюция (꼰뜨르레뷰류**찌**야)	(여) 반혁명(反革命)
контрудар (꼰뜨**루**달)	(남) 반격(反擊), 반타격;

контуженный (깐뚜줸느이)	(형) 타박상을 입은
контузить (깐뚜지찌)	(완) 타박상을 입히다
контузия (깐뚜지야)	(여) 타박상; получить ~ю 타박상을 입다
контур (꼰뚜르)	(남) 윤곽, 겉모습, 외형, 언저리
контурный (꼰뚜르느이)	(형); ~ая карта 백지도
конура (까누라)	(여) ① 개우리 ② 오막살이(집)
конус (꼰누쓰)	(남) 원추(형), 추면
конфедерация (깐페제라찌야)	(여) 연방, 연방제, 연맹; ~ труда 노동평의회
конферансье (꼰페란시예)	(남) 공연종목소개자
конференц-зал (깐페롄쯔-잘)	(남) 회의실, 회의장
конференция (깐페롄찌야)	(여) 회의, 대회, 대표자회
конфета (깐폐따)	(여) 알사탕
конфиденциальный (깐피젠찌알느이)	(형) 내막적인, 비밀리의;
конфискация (깐피쓰까찌야)	(여) 몰수, 압수
конфисковать (깐피쓰까와찌)	(미완, 완) 몰수하다, 압수하다
конфликт (깐프리크트)	(남) 충돌, 분쟁, 쟁의; трудовой ~ 노동쟁의; разрешать ~ 쟁의(분쟁)를 판결하다
конфликтный (깐프리크뜨느이)	(형); ~ая ситуация 분쟁으로 말미암아 조성된 정세(사태);и ~ая комиссия 쟁의조절위원회

конфуз (깐푸즈)	(남) 부끄러움, 창피스러운 것, 당황; привести в ~ 부끄럽게 만들다, 당황케 하다
конфузиться (깐푸지짜)	(미완) 부끄러워하다
конфуцианство (깐푸찌안쓰뜨븨)	(중) 유곡, 유학
концентрат (깐쩬뜨라트)	(남) ① 농축식료품, 농후사료 ② (광업) 정광
концентрационный (깐쩬뜨라찌온느이)	(형): ~ лагерь 집단수용소
концентрация (깐쩬뜨라찌야)	(여) ① 집중, 집결, 집적; ② (화학) 농화, 농도
концентрированный (깐쩬뜨리로완느이)	(형) 집중적인, 집중된: ~ раствор (화학)농축액;~ корм 건사료, 농후사료
концентрировать (깐쩬뜨리로와찌)	(미완) 집중하다, 집결하다
концентрироваться (깐쩬뜨리로와짜)	(미완) 집중되다, 집결되다
концепция (깐쩨쁘찌야)	(여) 견해, 학설, 개념
концерн (깐쩨른)	(남) (경제) 콘체른(Konzern), 기업합동 카르텔, 트러스트
концерт (깐쩨르트)	(남) ① 음악회, 연주회, 예술 공연; ② 협주곡; фортепианный ~ 피아노 협주곡
концертмейстер (깐쩨르드메이쓰쩰)	(남) 피아노반주자
концертный (깐쩨르뜨느이)	(형) 음악회의, 연주회의;~ зал 음악당
концессионер (깐쩨씨아녤)	(남) 이권소유자
концессионный (깐쩨씨온느이)	(형): ~ое предприятие 특허기업소; ~ договор 이권제공조약
концессия (깐쩨씨야)	(여) ① 이권, 특권; отдавать на ~ю что ~의 이권을 양도하다;

	② 특허기업소
концлагерь (깐쯜라곌)	*см.* концентрационный
кончать (깐차찌)	(미완) 끝내다, 끝마치다, 마감하다, 완료하다; *чем* ~로 끝맺다; 졸업하다
кончаться (깐차쨔)	(미완) ① 끝나다, 완료되다 ② 떨어지다, 다 소비되다
кончик (꼰치크)	(남) 끝, 모서리, 초리;
кончина (깐치나)	(여) 죽음, 서거(逝去)
кончить(ся) (꼰치찌)	(완) *см.* кончать(ся)
конъюктивит (깐육찌빗트)	(남) (의학) 결막염(結膜炎)
конъюктура (깐육뚜라)	(여) ① 시국(時局), 정세, 정국 ② (경제) 시세, 경기; благоприятная ~ 호경기
конь (꼰니)	(남) 말(馬); боевой ~ь 군마; (체육) 목마, 안마;
коньки (깐니끼)	(복수) 스케이트; кататься на ~ах 스케이트를 타다
конькобежец (깐까베줴쯔)	(남) 스케이트선수
конькобежный (깐까베즈느이)	(형); ~ые соревнования 빙상경기
коньяк (깐약)	(남) 꼬냑 (서양 술의 한 가지)
конюх (꼰뉴흐)	(남) 마부, 말시중군
конюшня (깐뉴쉰야)	(여) 마구(간)
кооператив (까오뻬라찌프)	(남) 협동조합(協同組合);
кооперация	(여) 협동단체, 협동조합;промысловая

(까오뻬라찌야)	~ 생산협동조합
кооперировать (까오뻬리로와찌)	(미완, 완) 협동화하다, 협동조합에 망라하다 (가입시키다)
координата (까오르지나따)	(여) (수학) 자리표 (좌표)
координация (까오르지나찌야)	(여) 조절, 조정, 일치
координировать (까오르지니로와찌)	(미완, 완) 일치시키다, 조절(조정)하다
копать (까빠찌)	(미완) ① 파다, 파엎다; ② 파내다, 캐다; ~ картофель 감자를 캐내다
копаться (까빠짜)	(미완) ① 뒤지다, 파헤치다, 더듬적거리다; ② 늦장부리다, 꾸물거리다; ③ 파고들다
копейка (꼬뻬이까)	(여) 코뻬이카(100 분의 1 루블);
Копенгаген (꼬뻰가겐)	(남) 피뻰하븐
копи (꼬삐)	(복수) (광석, 석탄, 소금 등); соляные ~ 돌소금채취장, 소금밭
копилка (꼬삘까)	(여) 저금통(貯金筒)
копирка (꼬삐르까)	*см.* копировальная(бумага)
копировальный (꼬삐로왈느이)	(형) 복사, 등사; ~ая машина 복사기, 등사기; ~ая бумага 복사지, 먹지
копировать (꼬삐로와찌)	① 복사하다, 등사하다, 모사하다 ② 모방하다, 흉내내다.
копировщик (꼬삐로브쉬크)	(남) 복사원, 등사원
копить (꼬삐찌)	(미완) 모아두다, 축적하다, 쌓아두다; ~ силы 역량을 축적하다; ~ злобу 악의를 품다
копия (꼬삐야)	(여) 등본, 사본, 복사; ~я картины 그림의 모사; снимать ~ю 사본을 만들다, 복사하다

копна (꼬쁘나)	(여)(곡식, 마른 풀의) 낟가리, 더미; ~ соломы 짚(낟)가리
копоть (꼬뽀찌)	(여) 검댕, 그을음
копошиться (꼬뽀쉬쨔)	(미완) 우글거리다, 곰지락거리다, 꾸물거리다
коптилка (꼬쁘찔까)	(여) 등잔, 석유등잔
коптеть (꼬쁘쩨찌)	(미완) *см.* коптить
коптить (꼬쁘찌찌)	(미완) ① 그을음을 내다, 검댕이 앉다; ② (고기 등을) 훈제하다, 그슬리다
копчение (꼬쁘체니예)	(중) ① 내굴찜, 훈제, 그스는 것; ② ~я (복수) 훈제품
копчёности (꼬쁘쵸노쓰찌)	(복수) *см.* копчение
копчик (꼬쁘치크)	(남) 미저골, 미골(尾骨), 꽁무니뼈
копыто (까삐따)	(중) 발굽, 말발굽
копьё (까쁘요)	(중) 창(槍); метание ~я 창던지기;

1 Кор (Первое послание к Коринфянам) (1. 꼬린프야남)	고린도 전서 (고린토인들에게 보낸 편지)
2 Кор(Второе послание к Коринфянам, 16장,204쪽)고린도후서 (2. 꼬린프야남)	
кора (까라)	(여) 껍질: земная ~ 지각, 지구껍데기
кораблекрушение (까라블렠루쉐니예)	(중) 조난, 난파
кораблестроение (까라블레쓰뜨로예니예)	(중) 조선공업, 선박건조, 선박건조학
корабль (까라블)	(남) 배, 선박; военный ~ 군함, 함선; воздушный ~ 비행선; космический ~ 우주비행선

коралл (까랄르)	(남) 산호층; 산호(장식물)
коран (까란)	(남) 회교경전, 코란(Koran)
Корейская Народно - Де-мократическая Республика, КНДР (까레이쓰까야 나로드노-제-목라찌체스까야 레스**뿌**브리까)	조선민주주의인민공화국, 북한
корейский (까레이쓰끼이)	(형) 한국의
корейцы(복수) ~ец (남), ~янка (여) (까레이쩨)	대한민국사람(들)
коренастый (까레**나**쓰뜨이)	(형) ① 앙바틈한 ② 다부지게 생긴, 옹골찬
корениться (까레니쨔)	(미완) ① в *чём* ~에 근원을 두다, 기원하다, 유래하다 ② (악습 등이) 뿌리박다
коренной (까렌노이)	(형) ① 근본적인, 기본적인, 본질적인; ~ой вопрос 근본적인 문제 ② 본래; ~ой житель 토착민, 본토배기; ~ой зуб 어금니
корень (꼬렌니)	(남) ① 뿌리, 밑뿌리, 그루 ② 본원, 본질 ③ (언어) (말)뿌리, 어근(語根) ④ (수학) 뿌리, 근(根);
Корея (까레야)	(여) 대한민국. 한국, 조선, 고려
корзина (까르지나)	(여) 광주리, 바구니;
корзинка (까르진까)	(여) 작은 광주리 (바구니)
коридор (까리돌)	(남) 복도
корить (까리찌)	(미완) 나무라다, 욕지거리하다, 꾸지람하다
корифей (까리**페**이)	(남) (주로 문학, 예술의) 대가, 거장
корица	(여) 계피

(까리짜)

коричневый (까리츠네브이)	(형) 계피색, 갈색
корка (꼬르까)	(여) 껍질, 껍데기, 딱지
корм (꼬름)	(남) 먹이, 모이, 사료
корма (까르마)	(여) 고물, 배꼬리
кормилец (까르미레쯔)	(남) 부양자, 먹여 살리는 자
кормилица (까르미리짜)	(여) 유모(乳母)
кормить (까르미찌)	(미완) ① 먹이다, 먹이를 주다; ② 부양하다, 먹여 살리다;
кормиться (까르미쨔)	(미완) 먹다, 음식을 구하다, 먹고 살다
кормление (까르므레니예)	(중) ① 사육, 먹이를 주는 것 ② 젖먹이기
кормовой (까르모보이)	(형) 먹이, 사료(飼料);
кормушка (까르무쉬까)	(여) 구유, 여물통, 모이통
корнеплод (까르네쁘로드)	(남) 뿌리남새, 근채
корнет (까르네트)	(남) (음악) 코르네트
коробить (까로비찌)	(미완) ① 굽히다, 쪼그라뜨리다 ② 기분 상하게 하다, 불쾌감을 주다
коробиться (까로비쨔)	(미완) 쪼그라지다, 앙당그러지다, 구부러지다, 비뚤어지다
коробка (까로브까)	(여) 갑(匣), 통(桶);
корова (까로와)	(여) 암소, 젖소

коровка (까롭까)	(여) : божья ~ 무당벌레
коровник (까롭니크)	(남) 외양간, 쇠마구간, 곡뢰(梏牢)
короед (까로예드)	(남) 나무좀벌레
королева (까롤례와)	(여) ① 여왕 ② 왕비, 왕후
королевство (까롤롑쓰뜨붜)	(중) 왕국(王國)
король (까롤)	(남) 왕, 국왕(國王)
коромысло (까로믜쓸라)	(중) ① 멜대(멜채), 어깨채 ② 저울대, 흔들대
корона (까로나)	(여) 왕관(王冠)
коронация (까로나찌야)	(여) 대관식(戴冠式)
коронка (까론까)	(여) 이발그루(치관)
короста (까로쓰따)	(여) 딱지, 주버기, 더뎅이
коротать (까로따찌)	(미완): ~ время (심심치 않게) 시간(세월)을 보내다
короткий (꼬로뜨끼이)	(형) ① 짧은, 짤막한, 껑둥한; ② 가까운, 간단한;
коротковолновый (까로뜨꼬볼노브이)	(형): ~ предатчик 단파송신기; ~ приёмник 단파수신기
короткометражный (까로뜨꼬메뜨라즈느이)	(형): ~ фильм 단편영화
коротышка (까로띄쉬까)	(남, 여) 땅딸보, 난쟁이
корпеть (까르뻬찌)	(미완) 골몰하다, 전념하다;
корпорация	(여) 회사, 협회

Кк

(까르쁘라찌야)

корпус
(꼬르뿌쓰)
(남) ① (수개건물 중의) 집채, 채; ② 몸뚱이, 몸통; ③ (기계 등의) 본체, 골조, 동체; ④ 군단;

корректирование
(까르렉찌로와니예)
(중) 수정, 교정, 고침

корректировать
(까르렉찌르로와찌)
(미완) 교정하다, 수정하다, 정정하다

корректировка
(까르렉찌롭까)
см. корректирование

корректировщик
(까르렉찌롭쉬크)
(남) ① 포사격지휘기 ② 사격수정수

корректный
(까르렉뜨느이)
(형) 예절바른, 절도 있는

корректор
(까르렉또르)
(남) 교정원

корректура
(까르렉뚜라)
(여) ① 교정, 정정; ② 교정지

корреспондент
(까르레쓰뽄젠트)
(남) 기자, 통신원; специальный ~ 특파기자; собственный ~ 본사기자

корреспонденция
(까르레쓰뽄젠찌야)
(여) ① 서신 ② 우편물 ③ 통신기사, 기고, 보도

коррозия
(까르로지야)
(여) ① 부식, 부식작용 ② (지질) 침식, 용식

коррупция
(까르루쁘찌야)
(여) 매수, 매관매직(행위)

корт
(꼬르트)
(남): теннисный ~ 정구장

кортеж
(꼬르쩨즈)
(남) (예식의) 행렬; автомашин 자동차 행렬; свадебный ~ 혼례행렬

кортик
(꼬르찍)
(남) (군관의) 단검

корточки
(까르또츠끼)
(복수); сидеть на ~ах 무릎을 쪼그리고 앉아있다

корунд
(남) (광물) 강옥(석)

(까룬드)

корчевальный
(까르체왈느이)
(형): ~ая машина 나무뿌리 그루터기를 뽑는 기계

корчевать
(까르체와찌)
(미완) 뿌리 뽑다; ~ пни 그루터기를 파내다 (뿌리 채 뽑다)

корчить
(까르치찌)
(미완) его корчит от боли 그는 아파서 몸을 꼰다: ~ из себя ~한체하다; ~ гримасы 얼굴을 찡그리다

корчиться
(까르치쨔)
(미완) 몸을 꼬다 (뒤틀다);

коршун
(꼬르순)
(남) 솔개, 소리개

корыстный
(까릐쓰뜨느이)
(형) 사리사욕, 사심 있는, 탐욕스러운;

корыстолюбие
(까릐쓰또류비예)
(중) 사리사욕, 사심, 탐욕, 욕심

корысть
(꼬릐쓰찌)
см. корыстолюбие; 이익, 이득

корыто
(까릐또)
(중) 함지, 빨래통, 구유

корь
(꼬리)
(여) (의학) 홍역, 마진, 홍진, 진양

корявый
(까랴브이)
(형) ① 울툭불툭한, 우굴쭈굴한; ② (손, 손가락이) 불퉁불퉁한, 울퉁불퉁한 ③ (글씨가) 졸렬한, 조잡한

коса¹
(까싸)
(여) (자루가 긴) 낫, 큰낫

коса²
(까싸)
(여) 머리태; заплетать косу 머리를 땋다

коса³
(까싸)
(여) (기슭의) 감풀; песчаная ~ 모래곶

косарь
(까싸리)
(남) 풀베기군, 꼴꾼

косвенный
(꼬쓰벤느이)
(형) 간접적인, 부차적인; ~ый налог 간접세; ~ый падеж (언어) 간접적

косеканс (까쎄깐쓰)	(남) (수학) 코시컨트 (cosecant: 기호는 cosec. 여할. 코세크)
косилка (까씰르까)	(여) 풀 베는 기계
косинус (까씨누쓰)	(남) (수학) 코사인(cosine: 기호는 cos. 여현)
косить¹ (까씨찌)	(미완) (풀, 곡식을) 베다
косить² (까씨찌)	(미완) ~ рот 입을 비쭉거리다: ~ глаза 가로보다, 흘겨보다
коситься (까씨쨔)	(미완) ① 흘겨보다, 가로보다 ② 휘우뚱거리다, 비뚤어지다, 기울어지다; стена косит 벽이 비뚤어진다. ③ 노려보다, 마땅치 않게 보다
косматый (까쓰마뜨이)	(형) 텁수룩한, 헙수룩한, 털이 더부룩한
косметика (까쓰몌찌까)	(여) ① 미안술, 화장법 ② 화장품, 안료(顔料)
космический (까쓰미체스끼이)	(형) 우주의;
космодром (까쓰마드롬)	(남) 우주비행장
космонавт (까쓰마납트)	(남) 우주비행사
космополит (까쓰마뽈리트)	(남) 세계주의자
космополитизм (까쓰마뽈리찌즘)	(남) 세계주의
космос (꼬쓰모쓰)	(남) 우주, 우주계;
косность (까쓰노쓰찌)	(여) 보수성, 완고성
коснуться (까쓰누쨔)	(완) см. касаться
косный (꼬쓰느이)	(형) 보수적인, 완고한, 케케묵은

Кк

косо (꼬싸)	(부) 비스듬히, 경사지게, 삐뚜름히
косовица (까싸비짜)	(여) 풀베기, 예초(刈草), 곡식베기
косоглазие (까싸글라지예)	(중) 사팔눈, 사시안
косоглазый (까싸글라즈이)	(명사) 사팔뜨기, 모들뜨기
косогор (까싸고르)	(남) 언덕의 비탈, 자드락
косой (까쏘이)	(형) ① 경사진, 기울어진, 비뚤어진 ② 휘어진, 옆으로 탄; ③: ~ глаз 사팔눈; бросать ~ взгляд 노려보는 (곱지 않은) 눈초리를 던지다
Коста-Рика (꼬쓰따-리카)	(여) 코스타리카
костёр (까쓰쬬르)	(남) 모닥불, 우등불, 화롯불;
костлявый (까쓰뜨랴브이)	(형) ① 뼈가 앙상한, 앙상궂은; ② (물고기가) 잔뼈가 많은
костный (꼬쓰뜨느이)	(형): ~ый мозг 골수; ~ая ткань 뼈 조직, 골 조직
косточка (꼬쓰또츠까)	(여) ① 작은 뼈; ② (열매의) 씨; ③ 수판알;
костыль (까쓰뜰)	(남) 쌍지팡이;
кость (꼬쓰찌)	(여) 뼈, 뼈다귀, 뼈대, 골(骨); слоновая ~ь 상아, 아이보리(ivory);
костюм (까쓰쭘)	(남) 옷, 의복, 양복, 복장; выходной ~ 외출복; спортивный ~ 체육복, национальный ~ 민족의상
костюмированный (까쓰쮸미로완느이)	(형) 의복의, 복장의: ~ бал 가장무도회
костяк (까쓰짝)	(남) ① 골격, 해골, ② 골간, 정수문자
костяной	(형) 뼈, 뼈로 만든; ~ой клей 갖풀,

Кк

- 497 -

(까쓰쨔노이)	아교풀
косуля (까쑤랴)	(여) 노루, 장(獐), 장개미
косынка (까씐까)	(여) (여자용 삼각형) 머리수건, 목수건
косьба (까시바)	(여) 풀베기, 예초(刈草)
косяк (까쌰크)	(남) ① 물고기 떼 ② 새떼 ③ 말떼, 말무리
кот (꼳)	(남) 수고양이
котангенс (까딴겐쓰)	(남) (수학) 코탄젠트(cotangent), 탄젠트의 역수
котёл (까쫄)	(남) ① 가마, 가마솥, 솥 ② 보일러(boiler), 증기가마
котелок (까쩨록)	(남) ① 작은 가마(솥), 쟁개비 ② (군대용) 밥통, 반합
котельная (까쩰나야)	(여) 보일러실
котёнок (까쬬녹)	(남) 고양이새끼
котик (꼬찍)	(남) ① 물개, 바닷개 ② 물개털가죽
котлета (까뜰레따)	(여) 까쯔레쯔
котлован (까뜰로완)	(남) (건축물의) 기초 구덩이, 기초 홈
котловина (까뜰로비나)	(여) 분지(盆地)
котомка (까똠까)	(여) (여행용) 배낭, (개나리)봇짐.
Котону (까또누)	(남) (불변) *r* 꼬또누.
который (까또르이)	(대) ① (의문 대) 어느, 어떤, 몇 번째; ~ый час? 몇 시입니까? ② (관계 대)

Кк

	(부문장을 주문장과 연결시켜 주문장의 명사 규정한): дом, в ~ом он родился 그가 출생한 집
коттедж (까뜨제즈)	(남) (한 가족이 들 수 있는) 작은 문화주택 (흔히 이층은 다락방)
кофе (꼬폐)	(중) (불변) ① 커피 ② 커피나무
кофеин (까폐인)	(남) (의약) 코페인
кофей ник (까폐이니크)	(남) 커피주전자
кофей ный (까폐이느이)	(형) 커피; ~ цвет 커피색
кофта, кофточка (꼬프따, 꼬프또츠까)	(여) (여자용) 짧은 웃저고리, 쟈케트, 브라우스
кочан (까찬)	(남) 양배추 통
кочанный (까찬느이)	(형): ~ая капуста 결구양배추
кочевать (까체와찌)	(미완) ① 유랑하다, 유랑생활을 하다 ② 유목하다 ③ 자주 이사하다
кочевник (까체브니크)	(남) 유랑이, 유목민(遊牧民)
кочевой (까체보이)	(형) ① 유랑하는; ② 유목하는, 유목민
кочегар (까체가르)	(남) 화부, 보일러공
коченеть (까체녜찌)	(미완) ① (꽁꽁) 얼다, 곱다 ② (시체가) 굳어지다
кочерга (까체르가)	(여) 불갈고리, 불갈고랑이
кочерыжка (까체르즈까)	(여) (양배추) 밑동
кочка (꼬츠까)	(여) 작은 둔덕

Кк

кошачий (까샤치이)		(형) 고양이, 고양이와 같은
кошелёк (까쉐료크)		(남) 돈지갑
кошка (꼬쉬까)		(여) 암고양이, 고양이
кошмар (까쉬말)		(남) ① 악몽 ② 참사, 참화
кошмарный (까쉬말느이)		: ~ый сон 악몽; ~ые условия жизни 한심한 생활조건; ~ое зрелище 보기 끔찍한 광경
коэффициент (까에프피찌엔트)		(남) (물리, 수학) 계수; ~ прочности 안전율; ~ полезного действия, КПД 효율(계수);
КПСС (Коммунистическая партия Советского Союза) (께뻬쎄쎄)		소련공산당
краб (크랍)		(남) 게
краденый (크라제느이)		(형) 훔친, 도적맞은;
краеведение (크라예붸제니예)		(중) 향토연구, 향토학
краеведческий (크라예볟체쓰끼이)		(형): ~ музей 향토박물관
краевой (크라예보이)		(형) 변방(邊防), 지방(地方)
краеугольный (크라예우골느이)		(형): ~ камень чего ~의 초석, 중요 사상, 근본적인 것
кража (크라좌)		(여) 훔치기, 도적질, 절도(竊盜);
край (크라이)		(남) ① 끝, 가, 변두리, 모서리, 가장자리; ② 나라, 고장; ③ (행정구역으로서의) 변경, 변방, 변강소재지;
крайне (크라이네)		(부) 극히, 극도로;
крайний		(형) ① 끝에 있는, 가장 먼데 있는, 말

- 500 -

(크라이니이)	단; ② 극도, 극난한;
крайность (크라이노쓰찌)	(여) 극단성, 극도, 과격성;
кран¹ (크란)	(남) (수도용) 꼭지, 코크, 여닫이;
кран² (크란)	(남) 기중기, 거중기, 크레인, 리프트 (lift); подъёмный ~ 기중기
крановщик (크라노브쉬크)	(남), ~ца (여) 기중기운전공
крапать (크라빠찌)	(미완): дождь ~ет 비가 보슬보슬 내린다.
крапива (크라삐와)	(여) 쐐기풀, 가시가 많은 풀
крапивница (크라삐브니짜)	(여) (의학) 두드러기
крапинка (크라삔까)	(여) 얼룩, 작은 반점
краса (크라싸)	(여) 아름다움, 미; во всей (своей) ~е 1) 아름답게 단장하고, 2) (야유) 보기 흉한 꼴을 그대로 하고
красавец (크라싸베쯔)	(남) 미남자, 미남
красавица (크라싸비짜)	(여) 미인, 미녀
красиво (크라씨붜)	(부) 아름답게, 곱게
красивый (크라씨브이)	(형) ① 아름다운, 고운, 어여쁜, 훌륭한; ② 고결한;
красильня (크라씰냐)	(여) 물들이는 집, 염색소, 염색직장
краситель (크라씨쩰)	(남) 물감, 칠감, 안료
красить (크라씨찌)	(미완) ① (천을) 물들이다, 염색하다 ② 칠하다, 바르다; ~ губы 입술에 연지를 바르다

Кк

краска (크라쓰까)	(여) 도료, 물감, 칠감, 채색감; акварельная ~а 수채화구; масляная ~а 유화도구;
краснеть (크라쓰네찌)	(미완) ① 붉어지다 ② (피부, 얼굴이) 빨개지다;
красноармеец (크라쓰노알몌예쯔)	(남) 붉은 군대 병사
красноармейский (크라쓰노알몌이쓰끼이)	(형) 붉은 군대
краснознамённый (크라쓰노즈나묜느이)	(형) 붉은기 훈장을 수여받은, 붉은기의
красноречивый (크라쓰노례치브이)	(형) 웅변적인, 말이 능한, 말재간이 있는
красноречие (크라쓰노례치예)	(중) 웅변(술), 말재주
краснота (크라쓰노따)	(여) 붉은 것, 붉은 색, 붉은 반점, 붉어진 것
краснощёкий (크라쓰노숀끼이)	(형) 뺨(불)이 빨간, 홍조를 띤
красный (크라쓰느이)	(형) 붉은, 붉은색, 적색;
красоваться (크라싸와짜)	① 아름답게 보이다, 자기의 미를 나타내다 ② 자랑삼아 자기를 드러내 보이다, 모양을 부리다
красота (크라싸따)	(여) 아름다움, 미(美), 맵시;
красочный (크라싸츠느이)	(형) 다채로운, 선명한, 표현적인
красть (크라쓰찌)	(미완) 훔치다, 도적질하다
красться (크라쓰쨔)	(미완) 살금살금 다가들다, 살살 가다, 가만히 지나가다
красящий (크라샤쉬이)	(형):~ее вещество 물감, 칠감, 안료
кратер (크라쩰)	(남) 분화구, 화구, 화산구.

краткий (크라뜨끼이)	(형) 짧은, 간략한, 간단한; ~ий словарь 소사전; ~ое изложение 개요 в ~их словах 몇 마디로, 간단히
кратко (크라뜨까)	(부) 간단히, 간결하게, 요약해서
кратковременный (크라뜨까브레멘느이)	(형) 단시간, 단기간, 단기
краткосрочный (크라뜨까쓰로츠느이)	(형) 단기, 단기간; ~ый отпуск 단기휴가; ~ая ссуда 단기대부
краткость (크라뜨까쓰찌)	(여) 간단한 것, 간결성, 함축성
кратное (크라뜨노예)	(중) (수학) 배수, 곱절수; общее ~ 공배수
крах (크라흐)	(남) ① 파산, 몰락 ② 실패, 참패;
крахмал (크라흐말)	(남) 전분, 농말, 풀가루
крахмалить (크라흐마리찌)	(미완) (빨래에)풀을 먹이다
крахмальный (크라흐말느이)	(형) ① 풀을 먹인; ② 전분, 풀;
крашеный (크라쉐느이)	(형) 물들인, 색칠한, 착색한
креветка (크레베뜨까)	(여) 쌀새우
кредит (크레지트)	(남) ① 신용(대부), 차관; ② 지출예산금
кредитный (크레지뜨느이)	(형) 신용, 신용대부
кредитовать (크레지따와지)	(미완) 신용대부하다, 융자하다, 자금을 지출하다
кредитор (크레지따르)	(남) 채권자, 대부자
кредитоспособность (크레지따쓰뽀쏩노쓰찌)	(여) 상환능력

кредитоспособный (크레지따쓰뽀쑵느이)	(형) (대부금) 상환능력이 있는
крейсер (크레이쎄르)	(남) 순양함, 군함
крекинг (크레낑그)	(남) (공학) 분해증류(分解蒸溜)
крем (크렘)	(남) ① (먹는) 크림 ② (화장용) 크림:
крематорий (크레마또리이)	(남) 화장터
кремация (크레마찌야)	(여) 화장
кремень (크레멘니)	(남) 부싯돌, 라이타돌
кремлёвский (크렘**료**쓰끼이)	(형) 크렘린의(Kremlin);
Кремль (크렘리)	(남) 크렘린(Kremlin)
кремнезём (크렘네죰)	(남) 이산화규소, 규사(硅砂)
кремний (크렘니이)	(남) 규소(硅素)
кремовый (크레모브이)	(형) 노르무레하고 흰, 백황색
крен (크렌)	(남) 경사, 기울기; дать ~ 옆으로 기울어지다
кренить (크레니찌)	(미완) 기울이다, 옆으로 기울게 하다
крениться (크레니짜)	(미완) 기울어지다, 옆으로 기울다, 휘우뚱거리다, 비뚝거리다
креп (크레쁘)	(남) 크레프(천)
крепить (크레삐찌)	(미완) ① 공고히 하다, 튼튼히 하다, 강화하다; ② 고정시키다, 튼튼히 잡아매다

Кк

крепиться (크레삐짜)	(미완) 참다, 견디다, 기운을 내다
крепкий (크레쁘끼이)	(형) ① 굳은, 단단한; ② 튼튼한, 힘센, 공고한, 견고한; ③ 세찬, 강한; ④ 진한, 독한, 센;
крепко (크레쁘까)	(부) ① 굳게, 단단히; ② 확고하게 ③ 공하게, 세차게;
крепко-накрепко (크레쁘까-나끄레쁘까)	(부) 매우 단단히, 꽁꽁
крепление (크레쁠레니예)	(중) ① (광산) 동발; ② (스키의) 조이개
крепнуть (크레쁘누찌)	(미완) ① 튼튼해지다, 견고해지다 ② 강화되다, 굳세어지다, 두터워지다
крепостничество (크레뽀쓰뜨니체쓰뜨붜)	(중) 농노제도
крепостной[1] (크레뽀쓰뜨노이)	(형) ①: ~ое право (역사) 농노제 ② (명사로) (남) 농노
крепостной[2] (크레뽀쓰뜨노이)	(형) 성새, 요새
крепость[1] (크레뽀쓰찌)	(여) 요새, 성새
крепость[2] (크레뽀쓰찌)	(여) ① 경도, 강의성 ② 강도, 농도, 도수;
крепчать (크레쁘차찌)	(미완) 강해지다, 세지다, 심해지다;
кресло (크레쓸로)	(중) 안락의자, 팔걸이의자
крест (크레스트)	(남) (†, ‡) 십자가(十字架), 성가(聖架)
крестец (크레쓰쩨쯔)	(남) (해부) 천골(天骨)
крестины (크레쓰찌늬)	(복수) (종교) 세례, 세례식, 물세례, 성세, 영세, 세례축하잔치
крестить (크레쓰찌찌)	(미완) (아이에게) 세례를 주다

Кк

креститься (크레쓰찌짜)	(미완) ① 세례를 받다 ② 십자를 긋다
крест-накрест (크레쓰뜨-나끄레쓰트)	(부) 십자모양으로, 교차되게
крёстный (크료쓰뜨느이)	(형): ~ отец 교부; ~ая мать 교모
крестьянин (크레쓰찌야닌)	(남) 농민, 농사군
крестьянка (크레쓰찌얀까)	(여) 여성농민
крестьянский (크레쓰찌얀쓰끼이)	(형) 농민의; ~ двор 농가
крестьянство (크레쓰찌얀쓰뜨뷔)	(중) (집합) 농민, 농민계급, 농민층
крещение (크레쉐니예)	(중) 세례, 세례식
кривая (크리와야)	(여) (수학) 곡선(曲線)
кривизна (크리비즈나)	(여) ① 휜 곳, 비뚤어진 곳 ② 굴곡정도, 굴곡율, 곡률
кривить (크리비찌)	(미완) 비뚤어지게 하다, 구부리다, 찌그러지게 하다;
кривляка (크리블랴까)	(남, 여) 비쎄는 사람
кривлянье (크리블랴니예)	(중) 비쎄는 것
кривляться (크리블랴짜)	(미완) 부자연스럽게 굴다
кривой (크리보이)	(형) ① 비뚤어진, 구부러진, 구붓구붓한; ② (사람의 대하여) 애꾸눈의, 외눈의 ③ (명사로) 애꾸눈, 외눈
кривоногий (크리붜노기이)	(형) 다리가 휘어진
кривотолки (크리붜똘끼)	(복수) 반대되는 논의, 모순된 소문

Кк

кризис (크리지쓰)	(중) 위기, 급변; 공황
крик (크리크)	(남) 외침(고함)소리, 부르짖음
крикливый (크리클리브이)	(형)①(소리가)새된, 날카로운, 째는듯한 ② 요란스러운, 남들의 주목을 끄는;
крикнуть (크리끄누찌)	(완) *см.* кричать
крикун (크리꾼)	(남) ① 호통꾼 ② 흰소리쟁이, 떠벌이
криминалистика (크리미날리쓰찌까)	(여) 형법학(刑法學)
криминальный (크리미날느이)	(형) 형사상, 형법에 저촉되는, 범죄의
кристалл (크리스딸르)	(남) (광물) 결정(체)
кристаллизация (크리스딸리자찌야)	(여) 결정화
кристаллический (크리스딸리체쓰끼이)	(형) 결정, 결정질;
кристальный (크리스딸느이)	(형) ① 수정같이 맑은(투명한), 수정 같은 ② 결백한, 순결한
критерий (크리쩨리이)	(남) 기준, 표준, 척도
критик (크리찌크)	(남) 비평가, 비판가, 평론가
критика (크리찌까)	(여) 비판, 비평, 평론
критиковать (크리찌까와찌)	(미완) 비판하다, 비평하다, 평론하다
критически (크리찌체쓰끼)	(부) 비판적으로;
критический (크리찌체쓰끼이)	(형) ① 비판, 비판적인, 비평, 평론; ② 위급한;
кричать	(미완) ① 외치다, 부르짖다, 고함치다;

Кк

(크리차찌)	② на *кого* 꾸짖다; ③ 큰소리로 말하다
кричащий (크리차쉬이)	(형) *см.* крикливый
кров (크로프)	(남) 집, 거처;
кровавый (크로와브이)	(형) ① 피 묻은, 피투성이 ② 유혈적인, 피비린 내나는;
кровать (크로와찌)	침대, 침상
кровельный (크로삘느이)	(형): ~ое железо 지붕을 잇는 함석 (양철)
кровельщик (크로삘쉬크)	(남) 지붕을 잇는 사람, 기와공
кровеносный (크로쀄노쓰느이)	(형): ~ые сосуды 혈관; ~ая система 혈관계통
кровля (크로블랴)	(여) 지붕, 옥개; жить под одной ~ей 한집에서 (지붕 밑에서) 살다
кровный (크로브느이)	(형) ① 같은 피를 나눈, 혈통이 같은, 혈연적인; ② 사활적인, 절실한;
кровожадный (크로봐좌드느이)	(형) 피에 주린 피에 굶 주린, 살벌한
кровоизлияние (크로봐이즈리랴니예)	(중) (의학) 피새내기, 일혈, 피나기, 출혈(出血);
кровообращение (크로봐옵라쉐니예)	(중) 혈액순환
кровоостанавливающий (크로봐오쓰따납리와유쉬이)	(형)지혈의; ~ее средство 지혈제
кровопийца (크로봐삐이짜)	(남) 흡혈귀, 잔인무도한자
кровоподтёк (크로봐쁘드죠크)	(남) 피얼룩 (혈반)
кровопролитие (크로봐쁘로리찌예)	(중) 유혈, 살육
кровопролитный	(형) 유혈적인;

(크로븨쁘로리뜨느이)

кровотечение
(크로븨쩨체니예)
(중) 피나기, 출혈(出血)

кровоточить
(크로븨또치찌)
(미완) 피가 나다, 출혈되다

кровохарканье
(크로븨할까니예)
(중) 피게우기, 각혈(咯血), 객혈(喀血)

кровь
(크로비)
(여) 피(blood), 혈액, 강혈; анализ ~и 피검사; переливать ~ь 수혈하다

кровяной
(크로반노이)
(형): ~ое давление 혈압; ~ые шарики 혈구

кроить
(크로이찌)
(미완) 마르다, 재단하다

кройка
(크로이까)
(여) 마름질, 재단

крокет
(크로께트)
(남) 크로케트(야유회의 한가지)

крокодил
(크로꼬질)
(남) 악어(鰐魚)

крокодилов
(크로꼬지로프)
(형): ~ы слёзы 거짓 눈물, 거짓 동정

кролик
(크로리크)
(남) 집토끼

кролиководство
(크롤리까보드쓰뷔)
(중) 집토끼사양 (업)

кроличий
(크롤리치이)
(형) 집토끼, 집토끼 털로 만든

кроль
(크롤)
(남) (체육) 자유형, 크롤(crawl), 크롤 스트로크(crawl stroke)

кроме
(크로메)
(전) ① (+생) 밖에, 외에; ② 게다가, 또

кромешный
(크로메쉬느이)
(형): ~ая тьма 캄캄한 어둠; ~ий ад 생지옥, 수라장

кромка
(크롬까)
(여) 언저리, 가장자리, 모서리

кромсать (크롬싸찌)	(미완) 마구 조각내다 (자르다, 베다)
крона¹ (크로나)	(여) 나무갓
крона² (크로나)	(여) 크로네(krone; 화폐단위)
кронштейн (크론쉬쩨인)	(남) 까치발, 받침틀
кропотливый (크로뽀뜰리브이)	(형) 면밀한, 꼼꼼한
кросс (크롯쓰)	(남) (산야) 횡단경주
кроссворд (크롯쓰볼드)	(남) 가로세로 글풀이, 퍼즐게임
крот (크롵)	(남) 두더지
кроткий (크로뜨끼이)	(형) 온순한, 양순한, 유순한;
крохобор (크로호볼)	(남) 꼼바리, 깍쟁이
крохотный, крошечный (크로호뜨느이, л로쉐츠느이)	(형) 아주 작은
крошить (크로쉬찌)	(미완) ① *что* 썰다, 이기다, 잘게베다; ② *чем* 부스러뜨리다, 해뜨리다
крошиться (크로쉬쨔)	(미완) 부서지다, 잘 부스러지다
крошка (크로쉬까)	(여) ① 부스러기; ② 꼬마, 어린애;
круг (크루그)	(남) ① 동그라미, 원형; ② 계층; ③ (가까이 지내는 사람들에 대하여): ④ 범위, 영역
круглолицый (크루글롤리쯔이)	(형) 얼굴이 둥근
круглый (크루글르이)	(형) 둥근, 원형; ~ год 온 일년, 사계절 ~ день 온종일; ~ сирота 고아;

круговой (크루고보이)	(형): ~ые движения 원형운동; ~ая оборона 원형방어; ~ая порука 연대책임, 호상보증
круговорот (크루고붜로트)	(남) ① 순환, 회전; ② 부단한 운동 (변화)
кругозор (크루고졸)	(남) ① 시야, ② 식견, 견문
кругом (크루곰)	(부) ① 빙 돌아, 둥글게, 원으로 ② 주위에, 사방에, 둘레둘레; 뒤로 돌앗! ③ 전혀, 전적으로;
круго оборот (크루고오보로트)	(남) 회전, 순환
кругосветный (크루고쓰베뜨느이)	(형); ~ое путешествие 세계일주여행
кружева (크루쉐와)	(복수) *см.* кружево
кружевница (크루쉐브니짜)	(여) 레이스직조공
кружевной (크루쉐브노이)	(형) 레이스, 레이스를 단
кружево (크루쉐보)	(중) 레이스;
кружить (크루쥐찌)	(미완) ① 돌리다, 빙글빙글 돌게 하다 ② 에돌아가다, 휘돌다 ③ 헤매다
кружиться (크루쥐쨔)	(미완) 휘돌다, 빙글빙글 돌다, 돌아가다, 감돌다;
кружка (크루즈까)	(여) (손잡이가 달린) 큰 잔, 큰 컵, 조끼
кружной (크루즈노이)	(형): ~ путь 돌음 길, 에돌이길
кружок (크루족)	(남) ① *см.* круг①; ② 동아리, 동호회 서클(circle), 무리, 패, 패거리, 편, 당
крупа (크루빠)	(여) 쌀, 쌀알, 곡식; гречневая ~ 메밀쌀
крупнокалиберный (크루쁘노까리벨느이)	(형) 대구경의

- 511 -

крупный (크루쁘느이)	(형) ① 커다란, 큰, 집채 같은, 웅대한, 규모가 큰; ② 저명한, 고위;
крупозный (크루뽀즈느이)	(형): ~ое воспаление лёгких 크루프성 폐렴
крупорушка (크루뽀루쉬까)	(여) ① 맷돌, 방아, 정미기 ② 방앗간, 정미소
крутизна (크루찌즈나)	(여) 벼랑, 가파른 곳, 낭떠러지
крутить (크루찌찌)	(미완) ① 돌리다, 회전시키다 ② 비꼬다, 비틀다;
крутиться (크루찌짜)	(미완) ① 휘돌다, 핑(빙글)돌다, 회전하다 ② (눈, 먼지 등) 몽글몽글 올라가다, 흩날리다; 이리저리 바삐 돌아다니다
круто (크루따)	(부) ① 가파르게, 험하게, 곤추 ② 급하게, 갑작스레 ③ 엄하게
крутой (크루또이)	(형) ① 가파른, 험한, 험악한; ② 급한, 갑작스러운 ③ 엄격한, 준열한;
круча (크루차)	(여) см. крутизна
кручёный (크루쵸느이)	(형) 꼬인, 꼰;
крушение (크루쉐니예)	(중) ① (기차, 배의) 사고, 전복, 파선 ② 파멸, 붕괴
крушить (크루쉬찌)	(미완) см. сокрушать
крыжовник (크리조브니크)	(남) 까치밥나무의 한 가지, 그 열매
крылатый (크릴라뜨이)	(형); ~ые слова 명구, 경구; ~ая ракета 순항 미사일
крыло (크릴로)	(중) ① 날개; ② 익, 익측; ③ (정치적) 파, 익;
крыльцо (크릴쪼)	(중) 바깥현관
крыса (크리싸)	(여) 시궁쥐;

Кк

крытный (크릐뜨느이)	(형) 지붕이 있는, 유개(有蓋);
крыть (크릐찌)	(미완) 덮다, 씌우다;
крыться (크릐쨔)	(미완) 귀결되다, ~에 있다;
крыша (크릐샤)	(여) 지붕;
крышка (크릐쉬까)	(여) 뚜껑, 덮개
крюк (크류크)	(남) ① 갈고랑이, 갈고랑 못, 군두쇠 ② 에돌이길, 돌음 길;
крючок (크류촉)	(남) ① 갈고랑이, 갈고랑 못; ②: рыболовный ~ 낚시; ~ для вязания 코바늘 ③ 호크, 걸단추
кряж (크랴쥐)	(남) 산맥(山脈), 산줄기
крякать (크랴까찌)	(미완) (오리 등이) 박박(꺽꺽) 울다
кряхтеть (크랴흐쩨찌)	(미완) 킹킹(끙끙)거리다
кстати (크쓰따찌)	(부) ① 겸사겸사, 겸하여; ② 때마침, 제때에;
кто (크또)	(대) ① (의문 대) 누구; ~ там? 누구십니까? ② (관계 대) ~ не работает, тот не ест 일하지 않는 자는 먹지 말라; ~ бы не пришёл 누(구)가 올지라도; ~бы ни был 누구라도, 누구든지 간에; ~ знает! 누가 안담!
кто-либо, кто-нибудь (크똘-리보, 크또-니부지)	(미정 대) 누구나, 누구든지, 누구인지;
кто-то (크또-따)	(미정 대) 어떤 사람, 누구인가, 누구인지
Куала-лумпур (쿠알라-롬뿌르)	(남) г. 쿠알라롬푸르

куб¹ (꿉)	(남) ① 입방체; ② (수학) 3승, 세제곱; ③ 입방미터,
куб² (꿉)	(남) 증류기, 보이라
Куба (꾸바)	(여) 쿠바(Cuba)
кубарем (꾸바렘)	(부): скатиться ~ 구르는 듯이 내려 달리다
кубатура (꾸바뚜라)	(여) 용적, 입방적(立方積)
кубинский (꾸빈쓰끼이)	(형) 쿠바의
кубинцы (복수) (~ец (남), ~ка (여)) 쿠바사람(들) (꾸빈쯰)	
кубический (꾸비체쓰끼이)	(형) 입방, 삼승; 체적, 부피; ~ метр 입방(미터); ~ корень (수학)3(삼)승근, 세제곱뿌리
кубок (꾸보크)	(남) ① 컵, 큰 잔 ② 우승컵
кубометр (꾸보몌뜨르)	(남) 입방미터
кубрик (꾸브리크)	(남) (선박의) 승무원실, 선원실
кубышка (꾸븨쉬까)	(여) 저금통, 돈 상자
кувалда (꾸왈다)	(여) 큰 망치, 큰 메
Кувейт (꾸볘이트)	(남) 쿠웨이트(Kuwait)
кувшин (꾸브쉰)	(남) 독, 동이, 독동이, 단지, 항아리
кувшинка (꾸브쉰까)	(여) (식물) 수련
кувыркаться (꾸븨르까짜)	(미완) 곤두박질하다, 공중제비(허궁 잡이)로 나뒹굴다

кувырком (꾸븨르꼼)	(부) 곤두박질하여, 거꾸로;
куда (꾸다)	(부) ① (의문) 어디로; ~ ты идёшь? 너는 어디로 가느냐? ② (관계 부); завод, ~мы идём 우리가 가는 공장; ③ (조) (형용사,부사의 비교급과 결합하여) 훨씬; ~ лучше 훨씬 좋다; ~бы ни поехали 어디로 가든지; ~ ни шло 어찌되든 좋다
куда-либо, куда-нибудь (꾸달-리보, 꾸다-니부지)	(부) 어디(로)든지, 어디론가
куда-то (꾸다-따)	(부) 어디론가, 알지 못할데로
кудахтать (꾸다흐따찌)	(미완) (암탉이) 꼬꼬댁거리다
кудри (꾸드리)	(복수) 고수머리, 곱슬머리
кудрявый (꾸드랴브이)	(형) 곱슬곱슬한, 고수머리의;
кузнец (꾸즈네쯔)	(남) 대장 쟁이, 단야공, 단조공
кузнечик (꾸즈네치크)	(남) (동물) 귀뚜라미
кузнечный (꾸즈네츠느이)	(형) 대장, 단조;
кузница (꾸즈니짜)	(여) 대장간, 야장간, 단야직장
кузов (꾸조프)	(남) 적재함, 짐함, 차체
кукареку (꾸까레꾸)	(감) (수탉의) 꼬끼오(꼬끼오)
кукла (꾸클라)	(여) 인형꼭두각시
куковать (꾸까와찌)	(미완) (뻐꾹새) 뻐꾹뻐꾹 울다
куколка	(여) (동물) 번데기

(꾸깔르까)

кукольный (형) 인형(人形), 인형 같은; ~ театр 인형극장
(꾸깔느이)

кукуруза (여) 강냉이
(꾸꾸루자)

кукушка (여) 뻐꾸기, 뻐꾹새
(꾸꾸쉬까)

кулак¹ (남) 주먹;
(꿀라크)

кулак² (남) (농촌에서) 부농(富農)
(꿀라크)

кулацкий (형) 부농의
(꿀라쯔끼이)

кулачество (중) 부농층, 부농 (계급)
(꿀라체스뜨붜)

кулёк (남) 봉지, 종이봉투
(꿀록)

кули (불변) (남) 막 노동자
(꿀리)

кулик (남) (조류) 도요새
(꿀리크)

кулинар (남) 요리사, 요리 전문가
(꿀리날)

кулинария (여) ① 요리법, 요리술; ② 음식점
(꿀리나리야)

кулинарный (형) 요리(料理), 요리법(料理法);
(꿀리날느이)

кулисы (복수) 측면무대장치; за ~ами 막 뒤에서, 막후에
(꿀리싀)

кулички (복수): жить у чёрта на ~ах 벽지에서 살다
(꿀리츠끼)

кулуарный (형) 비공식적인, 비공개적인;
(꿀루아르느이)

кулуары (복수) 휴게실, 휴게복도;
(꿀루아릐)

куль (꿀)	(남) 가마니, 마대
кульминационный (꿀미나찌온느이)	(형): ~ пункт(момент) 절정(점),고비
культ (꿀트)	(남) 예배; 숭배, 우상화;
культ... (꿀트...)	(합성어의 첫 부분) 문화, 문화적;
культиватор (꿀찌와또르)	(남) 중경기, 중경제초기
культивация (꿀찌와찌야)	(여) 골갈이, 중경제초
культивировать (꿀찌비로와찌)	(미완) ① 골갈이하다, 중경제초하다 ② 심다, 재배하다, 배양하다 ③ 보급시키다, 장려하다
культмассовый (꿀뜨마쏘브이)	(형) см. культурно-массовый
культтовары (꿀뜨따와리)	(복수) 문화용품
культура (꿀뚜라)	(여) 문화, 문명; 작물, 농작물; зерновые ~ы 알곡작물; технические ~ы 공예작물;
культурно-бытовой (꿀뚜르노-븨또보이)	(형): ~ое обслуживание 문화편의 봉사
культурно-массовый (꿀뚜르노-맛쏘브이)	(형) 대중문화
культурный (꿀뚜르느이)	(형) ① 문화; ~ая революция 문화 혁명; ~ый обмен 문화교류; ② 교양 있는, 문화수준이 높은;~ый человек 문명인, 문화인 ③:~ые растения 재배작물 (식물)
кумыс (꾸믜쓰)	(남) 말젖 술, 말젖 발효주
кунжут (꾼주트)	(남) 참깨
куница	(여) 담비, 산달, 누른 돈

Кк

(꾸니짜)

купальный (형) 수영, 목욕의, 해수욕의;
(꾸빨ㄴ이)

купальня (여) 수영장(水泳場), 해수욕장
(꾸빨냐)

купание (중) 목욕(沐浴), 해수욕(海水浴);
(꾸빠니예)

купать (미완) 미역을 감기다, 목욕하다
(꾸빠찌)

купаться (미완) 미역을 감다, 목욕하다
(꾸빠짜)

купе (중) (불변) 차실(꾸뻬)
(꾸뻬)

купец (남) 장사군, 상인(商人)
(꾸뻬쯔)

купированный (형): ~ вагон 칸막이차량
(꾸삐로완느이)

купить (완) *см.* покупать
(꾸삐찌)

куплет (남) (노래, 시의) 한절, 구절
(꾸쁠레트)

купля (여) 사는 것, 사들이기, 구입;
(꾸쁠랴)

купол (남) 둥근 지붕, 구릉식천정
(꾸뽈)

купон (남) 이표, 절취표;
(꾸뽄)

купорос (남) 유산염;
(꾸뽀로쓰)

купюра (여) (재정) 표기가격
(꾸쀼라)

куранты (복수) 시계탑(時計塔)
(꾸란띄)

курган (남) ① 구릉(丘陵), 둔덕 ② 고분
(꾸르간)

— 518 —

курение (꾸레니예)	(중) 담배를 피우는 것, 흡연
курильщик (꾸릴쉬크)	(남) 담배피우는 사람, 애연가(愛煙家)
куриный (꾸리느이)	(형) 닭; ~ое яйцо 달걀;
курительный (꾸리쩰느이)	(형) 담배를 피우는데 쓰는, 흡연; ~ый табак 담배; ~ая бумага 담배 종이; ~ая комната 흡연실
курить (꾸리찌)	(미완) 담배(를) 피우다; ~ воспрещается 금연
курица (꾸리짜)	(여) 닭; 닭고기
курносый (꾸르노쓰이)	(형) ①: ~нос 들창코 ② (명사로) 들창코
курок (꾸로크)	(남) (군사) 방아쇠, 격철; 공이치기
куропатка (꾸로빠뜨까)	(여) 자고새 (새의 한 가지)
курорт (꾸롤트)	(남) 정양소, 요양자, 요양지
курортник (꾸롤뜨니크)	(남) 정양자, 요양자, 요양생
курортный (꾸롤뜨느이)	(형) 정양, 요양(療養), 수양;
курс (꾸르쓰)	(남) ① 방향, 항로; ② 방침,노선,방책; ③ 과정, 학과, 학년 ④ 학과목, 교정 ⑤ (경제) 시가, 시세 ⑥: ~ лечения 치료주기; быть в ~е чего ~을 환히 꿰들고 있다, 정통하다; вводить в ~ дела ~를 알려주다, 알도록 하다
курсант (꾸르산트)	(남) ① 강습생 ② 군사학교 학생
курсив (꾸르씨프)	(남) (인쇄) 이테리체, 비낌체
курсировать	(미완) (교통수단에 대하여) 정기 항행

(꾸르씨로와찌)	(통행)하다, 오가다, 돌아치다, 왕래하다
курсовка (꾸르쏘브까)	(여) 요양원(療養院), 요양소, 정양원
курсовой (꾸르꼬보이)	(형); ~ая работа (학년)과정작업
курсы (꾸르씨)	(복수) 강습, 강습소, 양성소
куртка (꾸르뜨까)	(여) 짧은 웃옷, 잠바;
курчавый (꾸르차브이)	(형) *см.* кудрявый
курьёз (꾸리요즈)	(남) 우스운 (진기한 일)
курьёзный (꾸리요즈느이)	(형) 우스운, 진기한;
курьер (꾸리엘)	(남) 문서배달원; 급사
курьерский (꾸리엘스끼이)	(형): ~ поезд 급행열차
курятина (꾸르야찌나)	(여) 닭고기
курятник (꾸르야뜨니크)	(남) 닭우리, 닭장
курящий (꾸르야쉬이)	(형) ① 담배피우는 ② (명사) 흡연자, 담배피우는 사람
кусать (꾸싸찌)	(미완) ① 물다, 깨물다, 쏘다 ② (피부를) 찌르다
кусаться (꾸싸짜)	(미완) 물다, 무는 버릇이 있다; *см.* кусать
кусковой (꾸쓰까보이)	(형) 조각으로 된;
кусок (꾸쏘크)	(남) 조각, 덩어리, 토막, 동강; ~ мяса 고기 덩어리; ~ хлеба 빵 조각; ~ дерева 나무토막; ~ мыла 비누덩어리; ~ сахар 덩어리 사탕(조각설탕)

куст (꾸쓰트)	(남) 떨기나무, 관목
кустарник (꾸쓰따르니크)	(남) 떨기나무숲, 떨기나무, 관목
кустарный (꾸쓰따르느이)	(형) 수공업, 수공업적인;
кустарь (꾸쓰딸)	(남) 수공업자(手工業者)
кутать (꾸따찌)	(미완) ① 덮싸다, 감싸다 ② 너무 (많이 덥게) 입히다
кутаться (꾸따쨔)	(미완) 몸을 감싸다, 몸에 두르다, 많이 입다
кутёж (꾸쬬즈)	(남) 술놀이
кутерьма (꾸쩨리마)	(여) 뒤범벅(판), 혼잡(混雜)
кутила (꾸찔라)	(남) 모주망태, 음주, 방탕하는 사람
кутить (꾸찌찌)	(미완) 술 놀이하다, 음주방탕하다
кухарка (꾸하르까)	(여) 식모, 파출부, 부엌데기
кухня (꾸흐냐)	(여) ① 부엌(간), 주방, 취사실; ② 요리, 미효, 음식, 조리, 쿠킹
кухонный (꾸혼느이)	(형) 부엌, 주방, 취사; ~ый нож 식칼, 찬칼; ~ая утварь(мебель) 부엌세간; ~ые принадлежности 취사도구; ~ое полотенце 행주
куцый (꾸쯔이)	(형) ① 꼬리가 짧은 ② 제한된, 국한된, 불충분한
куча (꾸차)	(여) ① 무더기, 더미, 덩어리, 뭉치; складывать в ~у 무더기로 쌓다 ② 다량, 다수
кучевой (꾸체보이)	(형): ~ые облака 뭉게구름, 더미구름
кучер	(남) 마부, (마)차부

Кк

(꾸첼)

кучка (꾸츠까)	(여) ① 작은 무더기 (더미) ② (사람들의) 무리
куш (꾸쉬)	(남) 많은 돈 (금액)
кушак (꾸샤크)	(남) (폭이 넓은) 띠
кушанье (꾸샤니예)	(중) 음식, 요리, 미효.
кушать (꾸샤찌)	(미완) 먹다, 자시다, 식사하다; ~й те, пожалуй ста 어서 잡수십시오. (드십시오)
кушетка (꾸쉐드까)	(여) (침대겸용) 소파
кювет (뀨베트)	(남) 길옆도랑

Лл

лабиринт (라비린트)	(남) ① 미로, 미궁; ② (해부) 와우각
лаборант (라바란트)	(남) 실험실조수, 부사수.
лаборатория (라바라또리야)	(여) 실험실(實驗室)
лава¹ (라와)	(여) 용암
лава² (라와)	(여) (광업) 장벽막장
Ла-Валетта (라-왈레따)	(여) 왈레따
лавина (라비나)	(여) ① 세찬, 흐름, 분류, 사태; ② 격류, 거센, 흐름
лавировать (라비로와찌)	(미완) ① 요리조리 피해가다 ② 술책을 쓰다, 수시로 변경하다
лавка¹ (라프까)	(여) 긴 걸상, 벤치(bench), 긴 의자, 장의자(長椅子)
лавка² (라프까)	(여) 가게방, 매점(賣店)
лавр (라블)	(남) 월계(月桂), 월계수(月桂樹);
лавровый (라브로브이)	(형): ~ венок 월계관
лагерный (라게르느이)	(형) 야영, 숙영, 수용소;
лагерь (라곌리)	(남) ① 야영, 야영지, 숙영; ② 수용소 ~ (для)военнопленный 포로수용소 ③ 진영(陣營)

- 523 -

Лагос (라가쓰)	(남) *г.* 라고스
Лагуна (라구나)	(여) (지리) 바다 막힌 호수, 석호(潟湖)
лад (라드)	(남) ① 화목, 의좋은 것; жить в ~у 의좋게 살다; не в ~ах с *кем* ~ ~와 의가 틀려, 화목하지 못하고 ② 방식, 풍; на другой ~ 다른 방식으로; на все ~ы 여러 가지로; дело идёт(пошло) на ~ 일이 잘 되어간다.
ладить (라지찌)	(미완) 의좋게 지내다, 화목하게 살다;
ладиться (라지짜)	(미완) 잘 되어 가다, 순조로이 이루어지다;
ладно (라드나)	(조) 좋고, 됐소, 네, 오냐
ладонь (라도니)	(여) 손바닥;
ладоши (라도쉬)	(복수): бить (хлопать) в ~ 손뼉치다, 손바닥을 마주치다, 박수를 치다
ладья (라지야)	(여) (장기의) 차(車)
лазарет (라자례트)	(남) (군대에서) 병원; 진료소
лазать (라자찌)	(미완) *см.* лазить
лазей ка (라제이까)	(여) ① 개구멍 ② 뒷구멍, 빠질 구멍
лазер (라제르)	(남) (물리) 레이저(laser)
лазерный (라제르느이)	(형) 레이저의; ~ый луч 레이저광선 (빛); ~ ое оружие 레이저무기
лазить (라지찌)	(미완) 기어오르다
лазоревый	(형); ~ цвет 파란색, 감청색, 하늘색

(ла́зоревый)
(라조례브이)

лазу́рный (형) 감청색의, 하늘색의
(라주르느이)

лазу́рь (여) 감청색, 하늘색; 푸른 하늘
(라주리)

лазу́тчик (남) 밀정, 탐정, 간첩
(라주뜨치크)

лай (남) (개, 승냥이 등의) 짖는 소리,
(라이) 컹컹 짖는 소리

ла́йковый (형): ~ые перчатки 기또장갑
(라이꼬브이)

лак (남) 라크; (완) 니스
(락)

лаке́й (남) ① 머슴; ② 앞잡이
(라께이)

лакиро́ванный (형) 옻칠한; ~ая шкатулка 칠함
(라끼로완느이)

лакирова́ть (미완) ① 라크칠을 하다, 옻칠을 하다,
(라끼로와찌) 니스칠을 하다
② 분식하다, 허식하다, 겉발림하다

лакиро́вка (여) 라크칠, 니스칠(varnish), 바니시,
(라끼로브까) 옻칠(-漆);

ла́кмус (남) (화학) ① 리트머스(litmus)
(라끄무쓰) ② 리트머스 (시험지)

ла́кмусовый (형): ~ая бумага 리트머스 시험지
(라끄무쏘브이)

ла́ковый (형) 라크, 니스, 바니시, 옻칠을 한;
(라까브이)

лако́миться (미완) 마음에 드는 음식을 먹다,
(라까미짜) 맛있게 먹다

лако́мка (남, 여) 맛있는 음식만 먹는 사람,
(라깜까) 식도락가

лако́мство (중) ① 맛있는 음식 ② 단 것, 당과
(라깜쓰뜨붜)

лако́мый (형) 맛있는, 몹시 좋아하는;
(라까므이)

Лл

- 525 -

(라까므이)

лаконичный (라까니츠느이)	(형) 간결한
лама¹ (라마)	(남) (동물) 라마(llama)
лама² (라마)	(남) 라마승(lama僧)
лампа (람빠)	(여) ① 등(燈), 전등; ② (공학) 진공관, 전자관
лампочка (람뽀츠까)	(여) 전등알, 전구; *см.* лампа
лангет (란겐트)	(남) 란게트(등심살을 저며서 만든 요리)
ландшафт (란드쇠프트)	(남) ① 지형, 지세; ② 풍경, 경치
ландыш (란듸쉬)	(남) 방울꽃
лань (라니)	(여) (구라파) 누렁이(사슴의 일종)
Лаос (라오쓰)	(남) 라오스(Laos)
лаосцы (복수) ~ец (남), ~ка (여) 라오스(Laos)사람(들) (라오쓰쩨)	
лапа (라빠)	(여) ① (짐승의) 발 ②: ~ы (복수) 독수, 독아
Ла-Пас (라-빠쓰)	(남) *г.* 라빠쓰
лапша (라쁘쇠)	(여) 밀국수, 마른국수, 칼제비
ларёк (라료크)	(남) 간이매점, 매매대, 작은 상점
ларингит (라닌기트)	(남) (의학) 후두염, 후두 카타르
ласка¹ (라쓰까)	(여) 애무, 귀염

Лл

ласка² (라쓰까)	(여) (동물) 족제비, 서랑(鼠狼), 유서(鼬鼠), 황서랑(黃鼠狼), 황서(黃鼠)
ласкать (라쓰까찌)	(미완) 귀여워하다, 애무하다
ласково (라쓰까붜)	(부) 다정스럽게, 상냥하게
ласковый (라쓰까브이)	(형) 정다운, 귀여운
ласточка (라쓰또치까)	(여) 제비, 사연(社燕), 연을(鷰鳦), 연자(燕子), 월연, 의이(鷾鴯), 현조, 소연
латвий ский (라뜨비이쓰끼이)	(형) 라트비아의
Латвия (라뜨비이야)	(여) 라트비아(Latvia); 라트비아 소비에트 사회주의공화국 (Латвий ская Советская Социалистическая Республика)
латинский (라띤스끼이)	(형): ~ язык 라틴어
латать (라따찌)	(미완) 조각을 대다, 깁다
латунь (라뚠니)	(여) 놋쇠, 황동(黃銅)
латынь (라뜬니)	(여) 라틴어(Latin語)

латыши (복수) латыш (남), ~ка (여) 라트비아사람(들)
(라띄쉬)

лауреат (라우레아트)	(남) 최고상을 받은 사람, 계관인, 수상자(受賞者);
лафет (라페트)	(남) (군사) 포가(砲架)
лачуга (라추가)	(여) 오막살이집, 판자집
лаять (라야찌)	(미완) (개, 등이) 짖다, 컹컹짖다;
лгать (르가찌)	(미완) 거짓말하다, 허튼소리하다

лгун (남), ~ьья (여) 거짓말쟁이 (르군)	
лебеда (레베다)	(여) 능쟁이
лебединый (레베지느이)	(형) 백조의, 고니의;
лебёдка (레뵤드까)	(여) (공학) 권양기, 윈찌
лебедь (레베지)	(남) (조류) 백조, 고니, 천아, 황곡, 천아조, 천아아, 백로(白鷺).
лебезить (레베지찌)	(미완) перед *кем* ~에게 굽실거리다, 아첨하다, 환심을 사다
Лев (Третья книга Моисеева. Левит 27장, 105쪽) 레위기 (렙) ('그리고 그가 불렀다'를 뜻함)	
лев (렙)	(남) 사자(獅子), 라이온, 수왕
левацкий (레와쯔끼)	(형) 좌경적, 좌경기회주의적인;
левобережье (레뷔베레줴)	(중) 왼쪽대안, 왼쪽기슭
левша (레프샤)	(남, 여) 왼손잡이
левый (레브이)	(형) ① 왼쪽; ② 좌익; ③ 좌경; ④ (명사로) (남) 좌익분자, 좌경분자
легализировать, легализовать (미완, 완) 합법화하다, 법률상 (레가리지로와찌, 레가리조와찌) 공인하다	
легальный (레갈느이)	(형) 합법적인, 공개적인
легенда¹ (레겐다)	(여) 전설(傳說), 전언(傳言), 레전드 (legend)
легенда² (레겐다)	(여) (지도, 도표 등의) 범례, 설명
легендарный (레겐다르느이)	(형) 전설적인, 전설과 같은;
легированный	(형): ~ая сталь 합금강

Лл

(레기로완느이)

лёгкие
(료그끼예)

(복수) *см.* лёгкое

лёгкий
(료그끼이)

(형) ① 가벼운; ② 쉬운, 손쉬운, 헐한, 용이한; ③ (상처, 병 등이) 중하지 않는, 경한, 가벼운, 경상; ④ 경박한, 경솔한;

легко
(렉꼬)

(부) ① 가볍게 ② 쉽게, 가뜬하게 ③ (술어로) 쉽다, 수월하다;

легкоатлет
(렉까아뜨레트)

(남) 육상경기선수

легкоатлетика
(렉까아뜨레찌까)

(여) 육상경기

легковерный
(렉꼬베르느이)

(형) 쉽게 믿는, 속기 쉬운

легковой
(렉까보이)

(형): ~ автомобиль 승용차

лёгкое
(룤꼬예)

(중) 폐(肺), 허파, 폐장; воспаление ~их 폐렴

легкомысленно
(렉꼬믜쓸렌나)

(부) 경박하게, 경솔하게; вести себя ~ 경솔하게 행동하다

легкомысленный
(렉꼬믜쓸렌느이)

(형) 방정맞은, 경박한, 경솔한;

легкомыслие
(렉꼬믜쓸리예)

(중) 경솔성, 경박한 것

легкоплавкий
(렉꼬쁘랍끼이)

(형) 잘 녹는, 잘 용해되는, 이융성

лёгочный
(료고츠느이)

(형) 폐의(肺);

лёд
(료드)

(남) 얼음; 능시(凌澌), 빙(氷), 아이스(ice); 너테

леденеть
(레제레찌)

(미완) ① 얼다 ② (무서움 등으로) 굳어지다, 멍해지다

леденец
(레제레쯔)

(남) 얼음사탕, 빙사탕, 아이스바

- 529 -

Лл

ледник (레드니크) — (남) 냉장고, 냉동고; вагон- ~ 냉동차

ледник (레드니크) — (남) 빙하(氷河), 얼음 벌

ледниковый (레드니꼬브이) — (형): ~ период 빙하시대, 빙하기

ледокол (레다꼴) — (남) 쇄빙선, 얼음 까기 배.

ледостав (레다쓰따프) — (남) (강 등이) 얼어붙는 것

ледоход (레다홑) — (남) 얼음흐름, 유빙(遊氷), 빙하(氷河), 빙하기

ледяной (레쟈노이) — (형) ① 얼음, 얼음으로 덮인, 얼음이 언; ② 얼음처럼 찬; ③ 언, 곱은; ④ 냉정한, 무정한

лежать (레좌찌) — (미완) ① 누워있다; ② (놓여)있다;

лежебока (레줴보까) — (남, 여) 게으름뱅이, 건달꾼

лезвие (레즈비에) — (중) 날, (안전)면도날

лезть (레즈찌) — (미완) ① (우로) 기어오르다 ② (안으로) 들어가다, 기어들어가다 ③ (머리칼이) 빠지다 ④ 성가시게 굴다, 치근거리다;

лей борист (레이바리쓰트) — (남) (영국의) 레이버당원

лей движ бористкий (레이바리쓰뜨끼이) — (형) 레이버의; ~ая партия 레이버당

лей ка (레이까) — (여) 물뿌리개, 물조리개

лей коцит (레이까찌트) — (남) (생물) 흰피톨(알), 백혈구(白血球)

лей тенант (레이쩨난트) — (남) 중위(中尉); младший ~ 소위; старший ~ 대위(상위)

лей тмотив — (남) ① (음악) 시도악곡

(레이뜨모찌프)	② 중심주제, 중심의도
лекало (레깔라)	(중) (공학) 주형, 형(型), 모형(模型) ③ 구름자
лекарственный (레까르쓰뜨볜느이)	(형) 의약(醫藥); ~ые травы 약초
лекарство (레까르쓰뜨붜)	(중) 약(藥), 약제; готовые ~a (복수) 판매약품
лексика (롁씨까)	(여) (언어) 어휘(語彙)
лексикограф (롁씨까그라프)	(남) 사전편찬학자, 사전편찬자
лексикография (롁씨까그라피야)	(여) 사전편찬학
лексикология (롁씨까로기야)	(여) 어휘론(語彙論)
лексический (롁씨체쓰끼이)	(형) 어휘(語彙), 어휘적
лектор (롁또르)	(남) 강사, 강연자
лекторий (롁또리이)	(남) 강연장소, 대중강연실
лекционный (롁찌온느이)	(형) 강의, 강연
лекция (롁찌야)	(여) 강의, 강연; читать ~ю 강의 (강연)하다
лелеять (롈례야찌)	(미완) 귀여워하다, 떠받들다, 알뜰히 손질하다;
лемех (례메흐)	(남) 보습 날
лён (룐)	(남) 아마
ленивый (레니브이)	(형) 게으른, 굼뜬, 느럭느럭한
ленинградский (레닌그라드쓰끼이)	(형) 레닌그라드(시)

Лл

ленинградцы (복수) ~ец (남), к~а (여) 레닌그라드사람(들) (레닌그라드쯔이)	
ленинизм (레닌이즘)	(남) 레닌주의
ленинский (레닌쓰끼이)	(형) 레닌, 레닌적인
лениться (레닌짜)	(미완) 게으름부리다, 게을리 하다, 태만하다
лента (롄따)	(여) 댕기, 리본; 테이프, 벨트;영화필림
ленточный (롄또츠느이)	(형) 띠형;
лентяй (롄쨔이)	(남) 게으름뱅이, 건달꾼
лентяйничать (롄쨔이니차찌)	(미완) 게을리하다, 게으름(을) 피우다, 건달부리다
лень (롄)	(여) ① 게으름, 나태, 권태; ② (술어로) (+ 미정형) ~하기가 싫다, ~하기를 게을리하다;
леопард (레오빠라드)	(남) 표범
лепесток (레뼤쓰똑)	(남) 꽃잎
лепет (레뼤트)	(남) 웅얼거리는 소리, 웅얼대는 말;
лепетать (레뼤따찌)	(미완) ① (어린애가) 종알종알 말하다, 조잘거리다 ② 중얼거리다 ③ 지껄이다
лепёшка (레뾰쉬까)	(여) 레뾰쉬까(납작하고 둥근 떡, 빵, 과자)
лепить (레삐찌)	(미완) ① 조각(소조)하다, 소상을 만들다 (빚다) ② (둥지 등을) 짓다, 틀다, 빚다;
лепка (레쁘까)	(여) 빚은 조각, 소조
лепной : (레쁘노이)	~ые украшения 소조장식

лепта (레쁘따)	(여) 기여, 증여;
лес (레쓰)	(남) ① 수풀, 산림, 수림; ② (건설) 재목(材木), 목재(木材)
леса (레싸)	(여) 낚시 줄
леса (레싸)	(복수) (건설) 발대, 발판
лесистый (레씨쓰뜨이)	(형) 숲이 많은 (우거진)
лесник (레쓰니크)	(남) 산림지기, 산림보호원
лесничество (레쓰니체쓰뜨뷔)	(중) 산림구, 산림경영
лесничий (레쓰니치이)	(남) 산림경영소장, 산림구책임자
лесной (레쓰노이)	(형) 산림(山林), 수풀;
лесоводство (레싸볻쓰뜨뷔)	(중) ① 산림경영 ② 산림학(山林學)
лесовоз (레싸보즈)	(남) 목재수성선(차)
лесозавод (레싸자볻)	(남) 제재공장, 제재소(製材所)
лесозаготовитель (레싸자가따비쩰)	(남) 벌목공(伐木工)
лесозаготовки (레싸자가또브끼)	(복수) 산림채벌
лесозащитный (레싸자쉬뜨느이)	(형) 산림보호; ~ая полоса 바람막이 숲(지대), 방풍림
лесоматериалы (레싸마쩨리알릐)	(복수) 목재, 재목
лесонасаждение (레싸나싸즈제니에)	(중) ① 나무심기, 숲 만들기, 조림; ② 조림지대, 인공 조성림, 물(모래)막이숲

Лл

лесопарк (레싸빠르크)	(남) 교외의 원림, 풍치림
лесопилка (레싸삘까)	(여) 제재소; 대형 제재(製材)톱 *см.* лесозавод
лесопильный: (레싸삘느이)	(형) 톱의, 톱니 모양의; ~ завод 제재소; *см* лесозавод
лесопитомник (레싸삐똠니크)	(남) 양묘장, 종묘장, 수목(식물)원
лесопромышленность (레싸쁘로미쉬렌노쓰찌)	(여) 임업(林業), 재목(목재) 산업(공업)
лесоразработки (레싸라스라보뜨끼)	(복수) 벌목장(伐木場)
лесоруб (레싸룹)	(남) 벌목공(伐木工)
лесосека (레싸쎄까)	(여) 벌목장(伐木場), 채벌장
лесосплав (레싸쓰쁘라프)	(남) 떼몰이, 유벌
лесостепь (레싸쓰쩨삐)	(여) 산림초원(지)
Лесото (레쏘또)	(중) (불변) 레소토
леспромхоз (레스쁘롬호즈)	(남) 임산사업소
лесс (료쓰)	(남) 누렁 흙, 뢰스, 황토(바람에 날려온 loam 질의 퇴적토)
лестница (레쓰뜨니짜)	(여) 계단, 사다리; приставная ~ 사닥다리; винтовая ~ 회전사다리, 나선계단; верёвочная ~ 줄사닥다리; пожарная ~ 방화용 사다리
лестничный (레쓰뜨니츠느이)	(형): ~ая площадка 계단복도
лестный (레쓰뜨느이)	(형) ① 찬양한, 칭찬한; ② 아첨하는, 발라맞추는
лесть (레쓰찌)	(여) 아첨(阿諂), 아부, 발라맞춤

- 534 -

лёт (룥)	(남): на лету ① 날면서, 날아가면서 ② 쉽게, 빨리; ③ 바삐, 서둘러
лета (레따)	(복수) ① *см.* год; ② 나이(연령), 살; сколько вам ~? 당신은 몇 살입니까? (나이가 몇입니까); человек средних ~ 중년(中年); ему около сорока ~ 그는 마흔 살쯤 됩니다.
летательный (레따쩰느이)	(형) 비행기의;~ аппарат 항공기; аппарат легче воздуха 경항공기
летать (완), лететь (미완) (레따찌) (레쩨찌)	① 날다, 날아가다 (오다); ② 내달리다, 질주하다 ③ (시간이) 빨리 지나가다;
летний (레뜨니이)	(형) 여름; ~ день 여름날; ~ сезон 여름철; ~ее платье 여름옷
лётный (료뜨니이)	(형); ~ая погода 비행하기 좋은 날씨; ~ое поле 이륙장, 착륙장
лето (레따)	(중) 여름, 여름철, 여름동안;
летосчисление (레따쓰치쓸레니에)	(중) 역법, 기원; европейское ~ 서기
летом (레똠)	(부) 여름에, 여름철에, 여름동안; ~ этого года 올해 여름에
летопись (레또삐시)	(여) 연대기(年代記)
летучий (레뚜치이)	(형): ~ая мышь 박쥐; (화학): ~ие масла 휘발유
летучка (레뚜츠까)	(여) 간단한 회의, 비상회의, 긴급회의
лётчик (료뜨치크)	(남) 비행사(飛行士), 조종사. морской летчик 항해사
лечебница (레체브니짜)	(여) (외래 환자의) 진료소, 진찰실, (전문) 병원;
лечебный (레체브느이)	(형) 치료(治療), 의료(醫療);
лечение (레체니에)	(중) 치료, 의료; амбулаторное ~ 외래치료

лечить (례치찌)	(미완) 치료하다, 고치다, 가시다, 아물리다
лечиться (례치짜)	(미완) 치료받다, 치료하다
лечь (례치)	(완) *см.* ложиться
лже... (례줴...)	(합성어의 첫 부분으로서〈거짓〉,〈허위〉,〈가짜〉의 뜻을 가짐) 사이비;
лжесвидетель (례줴쓰비졔쩰)	(남) 허위증인, 날조자(捏造者)
лжец (르줴쯔)	(남) 거짓말쟁이
лживость (르지보쓰찌)	(여) 허위성(虛僞性)
ли (리)	(조) ① (직접물음에) ~인가?, ~한가?, ~인지?; дома ~ он? 그는 집에 있습니까? не пойти ~ и нам? 우리들도 가야 하지 않을 가요? возможно ~? 가능한지? ② (간접물음에) не знаю, здесь ~ он 그가 여기 있는지 없는지 나는 모른다.
либерал (리베랄)	(남) ① 자유주의자 ② 자유당원
либерализм (리베랄리즘)	(남) 자유주의(自由主義)
либеральничать (리베랄니차찌)	(미완) ① 자유주의를 부리다 ② с кем-чем ~을 관용하다, 융화하다
либеральный (리베랄느이)	(형) 자유주의, 자유주의적인;
Либерия (리베리야)	(여) 리베리아
либо (리바)	(접) 혹은, 또는, ~이나―; *см.* или
либретто (리브렡따)	(중) ① (음악) 큰 성악작품의 가사, 가극의 대본 ② (발레,영화의) 연출대본

Лл

Ливан (리반)	(남) 레바논
ливень (리베니)	(남) 소나기, 폭우(暴雨);
ливерный (리베르느이)	(형)(동물의) 내장; ~ая колбаса 순대
Ливия (리비야)	(여) 리비아
лига (리가)	(여) 연맹; Лига Наций 국제연맹
лидер (리제르)	(남) ① 지도자, 지휘자, 수령, 선도자, 영도자, 리더(leader) 수뇌자; ② (경기) 제일 앞선 사람, 선두주자
лидировать (리지로와찌)	(미완, 완) (경기에서) 앞서다, 우세를 차지하다
лизать (미완), **лизнуть** (완) (리자찌) (리즈누찌)	핥다, 핥아먹다
ликвидаторский (리크비다또르쓰끼이)	(형) 청산주의적인
ликвидация (리크비다찌야)	(여) 청산, 숙청, 폐기, 근절;
ликвидировать (리크비지로와찌)	(미완, 완) 청산(숙청)하다, 근절하다, 박멸하다, 없애다
ликёр (리꾜르)	(남) 감로주(甘露酒)
ликование (리까와니에)	(중) 환희(歡喜), 환호(歡呼);
ликовать (리까와찌)	(미완) 환희에 넘치다, 환호하다, 기뻐 날뛰다
лилипут (남),~ка (여) 난쟁이 (릴리뿌트)	
лилия (릴리야)	(여) (식물) 나리(꽃), 백합, 참나리; водяная ~ 수련
лиловый (릴로브이)	(형) 보랏빛(violet), 연자색,

Лл

Лилонгве (릴롱웨)	(남) (불변) *г.* 리룽웨
Лима (리마)	(여) *г.* 리마
лиман (리만)	(남) 바다, 막힌 호수
лимит (리미뜨)	(남) 리미트(limit), 한도, 한계, 범위, 극한, 제한; устанавливать ~ 한도(한계)를 정하다
лимитировать (리미쩨로와찌)	(미완, 완) 한정(제한)하다, 한계를 정하다;
лимон (리몬)	(남) 레몬(lemon), 구연, 영몽; чай с ~ом 레몬차
лимонад (리모납)	(남) 레몬수
лимонник (리몬니크)	(남) (식물) 오미자(나무)
лимонный (리몬느이)	(형) 레몬의; ~ая кислота (화학) 레몬산
лимфа (림파)	(여) (생리) 임파(淋巴), 임파액(淋巴液)
лимфатический (림파찌체쓰끼이)	(형): ~ая железа (해부) 임파(淋巴), 임파선
лингвист (린빗트)	(남) 언어학자
лингвистика (린비쓰찌까)	(여) 언어학(言語學)
лингвистический (린비쓰찌체쓰끼이)	(형) 언어학의(言語學), 언어학적인
линейка (리네이까)	(여) ① 줄, 줄간; ② (줄간치는,재는) 자 계산자; логарифмическая ~а 로그자
линейный (리네이느이)	(형) 선, 줄모양, 선모양;
линза (린자)	(여) 렌즈; вогнуто-выпуклая ~ 오목-블록 렌즈

Лл

линия (리니야)	(여) ① 줄, 선; проводить ~ю 줄을 치다 (긋다); вертикальная ~я 수직선; горизонтальная ~я 수평선 ② 선로, 철길; трамвайная ~я 전차선; железнодорожная ~я 철도선 ③ 노선(路線), 방침(方針);
линкор (린꼬르)	(남) 주력함, 전투함
линовать (리노와찌)	(미완) 줄을 긋다 (치다)
линолеум (리놀레움)	(남) 리놀리움
линотип (리노찌쁘)	(남) 자동식자주조기, 자동식자기, 리노찌프
линчевать (린체와찌)	(미완,완) 사형에 처하다, 린치에 처하다
линялый (리냐릐이)	(형) 퇴색한, 색이 난 (바랜)
линять (리냐찌)	(미완) ① 색이 날다, 퇴색하다 ② (동물에 대하여) 털(허물)을 벗다
липа (리빠)	(여) 보리수, 달피나무
липкий (리쁘끼)	(형) 진득진득한, 끈적거리는, 차진;
липнуть (리쁘누찌)	(미완) ① 끈적거리다, 끈적끈적 들어붙다, 진득거리다 ② 들어붙다, 맞붙다
липовый (리뽀브이)	(형) ① 달피나무, 보리수 ② 가짜, 위조(僞造);
лира^1 (리라)	(여) ① 리라(lyra), 칠현금(七絃琴) ② 시가(詩歌), 서정시
лира^2 (리라)	(여) 리라(lira; 화폐단위)
лирика (릴리까)	(여) ① 서정시 ② 정서(情緖)
лирический (릴리체쓰끼이)	(형) 서정적인, 정서적인;

Лл

- 539 -

лиса (리싸)	(여) (동물) 여우
лисий (리씨이)	(형) 여우, 여우같은
лисица (리씨짜)	(여) *см. лиса*
Лиссабон (릿싸본)	(남) *г.* 리스봉
лист (리스트)	(남) ① (식물) 잎, 잎사귀 ② (종이 등의) 장; ③ 판;
листать (리스따찌)	(미완) 뒤적이다, 뒤지다, 넘기다, 건네주다, 옮기다
листва (리쓰뜨바)	(여) (집합) 나뭇잎
лиственница (리쓰뜨볜니짜)	(여) 잎갈나무, 적목(赤木), 낙엽송
лиственный (리쓰뜨볜느이)	(형): ~ый лес 넓은잎나무숲, 활엽숲
листовка (리쓰또브까)	(여) 삐라, 격문
листовой (리쓰또보이)	(형): ~ое железо 철판; ~ое стекло 유리판; ~ая сталь 강판
листок (리쓰또크)	(남): боевой ~ 전투속보, 전투소보
листопад (리쓰또빠드)	(남) 잎 지기, 낙엽, 잎 지는 시절(때)
листопрокатный (리쓰또쁘로까뜨느이)	(형):~ стан 판압연기
литавры (리따브릐)	(복수) (음악) 자바라, 팀파니
Литва (리드와)(Литовская Советская Социалистическая Республика)	(여) 리트바; 리트바 소비에트 사회주의공화국
литейная (리쩨이나야)	(여) 주조직장

Лл

литейный (리쩨이느이)	(형) 주조(鑄造), 주물(鑄物);
литейщик (리쩨이쉬크)	(남) 주물공, 주조공
литератор (리쩨라까르)	(남) 문학기, 문필가, 문장가
литература (리쩨라뚜라)	(여) ① 문학 ② 서적, 저작, 저술
литературный (리쩨라뚜르느이)	(형) 문학; ~ язык 문화어, 표준어
литературовед (리쩨라뚜로베드)	(남) 문예학자, 문학연구자
литературоведение (리쩨라뚜로베제니에)	(중) 문예학
литовский (리또브쓰끼이)	(형) 리트바의
литовцы (복수) ~ец (남), ~ка (여) (리또브쬐)	리트바사람(들)
литография (리또그라피야)	(여) ① 석판인쇄, 석판술 ② 석판인쇄소
литой (리또이)	(형) 주조된;
литр (리뜨르)	(남) 리터 (용액의 양 단위)
лить (리찌)	(미완) ① 붓다, 쏟다, 따르다 ② (계속) 흘러내리다 ③ 주조하다 ④ 쏟아지다;
литьё (리찌요)	(중) 주조, 주물;
литься (리쨔)	(미완) (줄줄)흐르다, 쏟아지다
лифт (리프트)	(남) 승강기(昇降機)
лифтёр (리프쬬르)	(남) 승강기 안내원

Лл

лихва (리흐바)	(여): с ~ой 여분으로, 남음이 있다
лихо (리하)	(부) 신이 나게, 대담하게, 날쌔게
лихой (리호이)	(형) 대담한, 용감한, 날쌘
лихорадить (리호라지찌)	(미완) 오한이 나다, 열이 나다
лихорадка (리호라드까)	(여) (의학) 열병, 오한; болотная ~ 학질, 말라리아
лихорадочный (리호라도츠느이)	(형) ① 오한이 나는, 열병을 앓는 ② 발광적인, 미친 듯한, 조급한
Лихтенштейн (리흐뗀쉬떼인)	(남) 리히텐슈타인
лицевой (리쩨보이)	(형) ① 얼굴의, 안면의 ② 표면, 외면 전면;
лицемер (리쩨몌르)	(남) 위선자, 안팎이 다른 사람, 야살군
лицемерие (리쩨몌리에)	(중) 위선, 표리부동, 가장
лицемерить (리쩨몌리찌)	(미완) 위선을 부리다, 야살을 떨다 (부리다)
лицемерный (리쩨몌르느이)	(형) 위선적인, 야살궂은, 표리부동한
лицензия (리쩬지야)	(여) ① 수입허가증, 수출허가증 ② 면허장, 특허(特許)
лицо (리쪼)	(중) ① 얼굴, 낯, 안면; ② 인물, 사람; ③ (언어) 인칭; действующее ~о 등장인물; ~ом к ~у 얼굴을 맞대고; от ~а ~의 이름으로;
личина (리치나)	(여) 낯, 가면; под ~ой 가면을 쓰고
личинка (리친까)	(여) (동물) 새끼벌레 (유충), 번데기
лично (리츠나)	(부) ① 몸소, 손수, 친히, 스스로 ② 직접(直接)

Лл

личность (리츠노쓰찌)	(여) 인격, 인물, 개성; важная ~ь 주요 인물; удостоверение ~и 신분증
личный (리츠느이)	(형) ① 자신, 개인, 일신상; ② 직접(적인), 개인적인; ③ (언어) 인칭; ~ое местоимение 인칭대명사;
лишай (리샤이)	(남): стригущий ~ (의학) 버짐
лишайник (리샤이니크)	(남) (식물) 돌옷, 지의류
лишать (리샤찌)	(미완) 빼앗다, 박탈하다;
лишаться (리샤짜)	(미완) 잃다, 상실하다, 빼앗기다;
лишение (리쉐니에)	(중) ① 박탈, 상실 ②: ~я (복수) 고생, 빈곤, 곤궁
лишиться (리쉬짜)	(완) см. лишаться
лишний (리쉬니이)	(형) ① 나머지, 여분, 남는; ② 필요 없는, 쓸데없는; 다른 하나의, 또 하나
лишь (리쉬)	(조) см. только
Лк(Евангелия от Луки, 24장, 61쪽) 누가복음(루가의 복음서) (루끼)	
лоб (로프)	(남) 이마 в ~ 정면으로
лобзик (로브직)	(남) 실톱, 줄톱
лобогрейка (로보그레이까)	(여) (농업) 간단한 수확기
лоботряс (로보뜨랴쓰)	(남) 건달군, 게으름뱅이
лов (로프)	(남) см. ловля
ловить (로비찌)	(미완) ① 잡다, 붙잡다; ② 포착하다

- 543 -

ловкий (로브끼이)	(형) ① 재빠른, 날쌘, 솜씨 있는, 재치 있는 ② 약삭빠른, 교묘한
ловко (로브꼬)	(부) ① 솜씨(재치)있게, 재빠르게 ② 교묘하게
ловкость (로브꼬쓰찌)	(여) 날랜솜씨, 민첩성
ловля (로브랴)	(남) 잡이, 수렵(狩獵); рыбная ~ (물)고기잡이
ловушка (라브우쉬까)	(여) 덫, 함정, 올가미, 간계; попасть в ~у 1) 함정에 빠지다 2) 올가미에 걸리다
ловчить (라프치찌)	(미완) 꾀를 부리다, 빠질 구멍을 찾다
логарифм (라가리픔)	(남) (수학) 로가리듬, 로그(log), 대수 таблица ~ов 로그수표, 대수표
логарифмический (라가리프미체쓰끼이)	(형): ~ая линейка 로그자
логика (로기까)	(여) 논리(論理), 논리법(論理法);
логический, логичный (라기체쓰끼이, 로기츠느이)	(형) 논리적인, 이치에 맞는
логовище, логово (로고비쉐, 로고붜)	(중) ① 짐승의 굴 ② 소굴(巢窟)
лодка (로드까)	(여) 배, 쪽배, 단정(端艇), 보트;
лодочник (로도츠니크)	(남) 뱃사공, 뱃군.
лодыжка (라듸즈까)	(여) 회목(檜木)
лодырничать (로듸ㄹ니차찌)	(미완) 놀고먹다, 허송세월을 보내다, 손톱하나 까딱하지 않는다.
лодырь (로듸리)	(남) 게으름뱅이, 건달꾼;
ложа (로좌)	(여) (극장 등의) 특별석, 상등석

Лл

ложбина (라즈비나)	(여) 분지, 골짜기
ложиться (라쥐짜)	(미완) ① 눕다; ②: ~ в больницу 입원하다 ③ (책임 등) 걸머지게 되다, 부과되다;
ложка (로즈까)	(여) 숟가락;
ложный (로즈느이)	(형) 허위적인, 가짜, 위조한;
ложь (로쥐)	(여) 거짓(말), 허위(虛僞)
лоза (로자)	(여) 덩굴; виноградная ~ 포도덩굴
лозунг (로중)	(남) 구호(口號), 표어(標語)
локализовать (라까리조바찌)	(미완, 완) (한 장소에) 국한하다, 국부 화하다
локальный (라깔리느이)	(형) 국부적인, 지방적인;
локатор (라까또르)	(남) 위치 탐지기
локаут (라까우트)	(남) 노동자해고, 공장폐쇄
локомотив (라까모찌프)	(남) 기관차(機關車)
локон (로꼰)	(남) (내리 드리운) 머리타래, 고수머리
локоть (로까찌)	(남) 팔꿈치
лом^1 (롬)	(남) 지렛대, 쇠몽둥이, , 지레, 레바
лом^2 (롬)	(남): железный ~ 헌쇠(붙이), 파철
ломанный (로만느이)	(형) 깨여진, 부러진, 꺾인;

Лл

- 545 -

ломать (라마찌)	(미완)① 부러뜨리다, 마스다, 깨뜨리다, 못쓰게 만들다, 허물어뜨리다 ② 파괴하다 마스다, 깨뜨리다;
ломаться¹ (라마쨔)	(미완) ① 깨지다, 부서지다, 꺾어지다, 못쓰게 되다 ② (버릇 등이) 없어지다
ломаться² (라마쨔)	(미완) 변덕부리다, 비쌔다, 고집 쓰다
ломбард (람바르드)	(남) 전당포(典當鋪), 편의금고
Ломе (로메)	(남) 로메
ломить (라미찌)	(미완) 쑤시다, 자리자리하다, 시근거리다;
ломиться (라미쨔)	(미완) *см.* гнуться 왁 밀려들다, 덤벼들다
ломка (롬까)	(여) 파괴, 분쇄, 청산
ломкий (롬끼이)	(형) 부서지기 (꺾어지기) 쉬운
ломота (라마따)	(여) (뼈, 관절이) 쑤시는 것
ломоть (로마찌)	(남) 조각(爪角), 토막(土幕);
ломтик (롬찌크)	(남) 작은 (얇은 조각);
Лондон (론던)	(남) *г.* 런던
лоно (로나)	(중): на ~е природы 자연의 품속에서
лопасть (로빠쓰찌)	(여) ① (공학) 날개 ② 삽날
лопата (라빠따)	(여) 삽, 가래, 넉가래
лопатка (라빠뜨까)	(여) 작은 삽, 꽃삽; (해부) 어깨뼈, 견갑골(肩胛骨);

- 546 -

лопаться (미완), лопнуть (완) (로빠쨔)	① 깨어지다, 쪼개지다, 터지다, 끊어지다 ② (일이) 파탄되다, 틀어지다
лопух (라뿌흐)	(남) (식물) 우엉, 우엉잎사귀
лорд (롤르드)	(남) 경 (영국귀족의 칭호);
лоск (로쓰크)	(남) 광택(光澤), 윤기, 기름기;
лоскут (로스쿠트)	(남) (천, 종이 등의) 조각, 헝겊; ~ки (복수) 보푸라지, 헌 천조각.
лосниться (라쓰니쨔)	(미완) 윤이 나다, 기름기(윤기)가 돌다, 번질거리다, 반들거리다
лососина (라쏘씨나)	(여) 연어고기
лосось (라쏘씨)	(남) 연어
лось (로시)	(남) (동물) 큰 사슴
лот (롵)	(남) (해양) 깊이재개, 측심기
лотерей ный (라떼레이느이)	(형); ~ билет 추첨표
лотерея (로떼레야)	(여) 추첨, 제비(뽑기); участвовать в ~e 추첨을 하다, 추첨에 참가하다
лото (로따)	(중) (불변) 로또 (도박의 일종), 복권
лоток (라또크)	(남) 노천 매대
лотос (로따쓰)	(남) 연꽃; белый ~ 백련
лоточник (로따츠니크)	(남) 노천상인, 행상인(行商人)
лоханка, лохань (라한까, 로한니)	(여) 함지
лохматый	(형) ① 털이 많은 (더부룩한)

(라흐마뜨이)	② 머리가 헝클어진; ~ая голова 쑥대강이, 쑥대머리
лохмотья (라흐모찌야)	(복수) 누더기, 넝마; ходить в ~х 누더기를 입고 다니다
лоцман (로쯔만)	(남) 수로안내자
лошадиный (라솨지느이)	(형) 말; ~ая сила (공학) 마력(馬力)
лошадь (로솨찌)	(여) 말; садиться на ~ 말을 타다
лощина (라쉬나)	(여) 낮은 땅, 요지, 상사목;
лояльный (라얄느이)	(형) 충적한, 충실한, 관대성 있는
Луанда (루안다)	(여) г. 루안다
лубок (루복)	(남) ① (의학) 부목; ② 목판화(木版畵)
луг (룩)	(남) 초원, 풀밭, (복수) 들판, 목초지 (木草地)
лудильщик (루지리쉬크)	(남) 주석도금공
лудить (루지찌)	(미완) 주석도금을 하다
лужа (루좌)	(여) 물웅덩이, 물탕;
лужайка (루좌이까)	(여) (산기슭, 숲 속에 있는) 풀밭
лужение (루줴니에)	(중) 주석도금
лужёный (루죤느이)	(형) 주석도금을 한
лук¹ (룩)	(남) (식물) 파, 양파;
лук² (룩)	(남) 활

— 548 —

(룩)

лукавить (루까비찌)	(미완) 꾀를 쓰다, 교활하게 굴다, 잔꾀를 부리다
лукавый (루까브이)	(형) ① 간사한, 능청스러운, 교활한; ② 생글거리는;
луковица (루까비짜)	(여) ① (식물) 알뿌리, 인경, 구경; ② 파대가리
луна (루나)	(여) 달; полная ~ 보름달, 만월
лунник (룬니크)	(남) 달 로케트
лунный (룬느이)	(형) 달; ~ый свет 달빛; ~ое затмение 월식; ~ый календарь 음력
луноход (루노호드)	(남) 자동차, <루노호드>
лупа (루빠)	(여) 확대경(擴大鏡)
лупить (루삐찌)	(미완) ① 껍질을 벗기다 ② 몹시 때리다 (패다)
лупиться (루삐쨔)	(미완) 벗겨지다
Лусака (루싸까)	(여) г. 루사카
луч (루츠)	(남) ① 빛, 광선(光線);
лучевой (루체보이)	(형):~ая болезнь 방사능증, 방사선병
лучезарный (루체자르느이)	(형) 빛나는, 빛을 뿌리는, 찬란한;
лучина (루치나)	(여) 나무개비
лучистый (루치쓰뜨이)	① (물리) 방사, 복사: ② 빛을 뿌리는, 번쩍이는
лучше	① (хороший 의 비교급) 더 좋다;

Лл

- 549 -

(루츠셰)	② (хорошо 의 비교급) 더욱(더) 잘, 훌륭히; ③ (술어로) 더 좋다;
лучший (루츠쉬)	(형) ① 더 좋은, 제일 좋은 (훌륭한), 우수한 ② (명사로) 보다 좋은 것, 가장 좋은 것;
лущить (루쉬찌)	(미완) ① 껍질을 벗기다, 바르다, 까다 ② 골길 이하다, 수확 후에 갈다
лыжи (릐쥐)	(복수) (단수 лыжа (여))스키;
лыжник (릐쥐니크)	(남) 스키선수
лыжный (릐쥐느이)	(형) 스키(ski); ~ий спорт 스키운동 (경기); ~ые гонки 스키경기
лыжня (릐쥐냐)	(여) 스키길, 스키자국
лысеть (릐세찌)	(미완) 대머리가 되다, 머리가 벗어지다
лысина (릐씨나)	(여) 대머리, 번대진 곳
лысый (릐싀이)	(형) ① 머리가 벗어진, 대머리가 된 ② 벌거벗은, 민둥민둥한;
львёнок (리뵤노크)	(남) 사자새끼
львиный (리비느이)	(형) 사자의; (가장) 큰 몫, 엄청난 몫
львица (리비짜)	(여) 암사자, 사자의 암컷.
льгота (리고따)	(여) 특전, 특권, 특혜
льготный (리고뜨느이)	(형) 특권 있는, 특전이 있는, 면제 받은;
льдина (엘지나)	(여) 얼음덩이, 얼음장
льноводство (엘나봇쓰뜨붜)	(중) 아마재배(亞麻栽培)

Лл

- 550 -

льноволокно (엘나발라크노)	(중) 아마섬유(亞麻纖維)
льнопрядильный (엘노쁘랴질느이)	(형): ~ая фабрика 아마 방적공장
льнуть (엘누찌)	(미완) 들어붙다;
льняной (엘내노이)	(형) 아마의; ~ое масло 아마기름; ~ое полотно 아마천
льстец (엘쓰쩨쯔)	(남) 아첨쟁이, 아첨꾼
льстивый (엘쓰찌브이)	(형) 알랑거리는, 아첨하는, 아부하는;
льстить (엘쓰찌찌)	(미완) ① 알랑거리다, 아첨하다, 아부하다; ② 비위를 맞추다;
любезность (류베즈노쓰찌)	(여) 친절, 상냥한 것, 호의;
любезный (류베즈느이)	(형) 친절한, 상냥한, 정다운, 곰상곰상한
любимец (류비메쯔)	(남) 귀염둥이
любимый (류비므이)	(여) 사랑하는, 그리운, 마음에 드는;
любитель (류비쩰)	(남) ① 애호가, 좋아하는 자; ② 비전문가, 아마추어;
любительский (류비쩰쓰끼이)	(형)극의:
любить (류비찌)	(미완) ① 사랑하다, 애호하다, 좋아하다, 그리다; ② 요구하다;
любо (류바)	(술어) (+ 미정형) ~ посмотреть 보기가 좋다
любоваться (류바바짜)	(미완) 즐겨보다, 황홀하여 바라보다, 탄성을 지르다
любовник (남), ~ца (여) 정부 (류보브니크)	
любовно	(여) 다정하게, 정답게, 사랑스럽게

Лл

(류보쁘나)

любовный (류보브느이)	(부) 연애의, 애정의, 정겨운; ~ое письмо 연애편지
любовь (류보피)	(여) ① 사랑, 애정, 연애, 러브; ② 애착, 애착심, 취미
любознательность (류바즈나쩰노쓰찌)	(여) 지식욕, 향학열, 배우려는 열의
любознательный (류바즈나쩰느이)	(형) 지식욕이 많은, 향학열이 있는, 탐구심이 강한
любой (류보이)	(형) ① 온갖, 임의의, 매개의 어떤, ~든지; ② 임의의
любопытный (류보삐뜨느이)	(형) ① 호기심에 찬, 호기심이 많은; ② 재미있는, 흥미 있는;
любопытство (류바삐뜨쓰뜨붜)	(중) ① 호기심, 탐구심; ② 흥미
люди (류지)	(복수) 사람들, 인간들;
людный (류드느이)	(형) 사람이 많은, 인구가 조밀한;
людоед (류다옏)	(남) 식인종, 야만
людской (류드쓰꼬이)	(형) 인간의, 사람의, 인적, 인성의;
люк (륙)	(남) 선박 화물칸 문, 뱃짐칸 입구, 선창구, 승강구
люкс (륙쓰)	(남) 호화로운 것, 사치스러운 것; каюта ~ 특별선실
Люксембург (륙쎔부르그)	(남) ① *гос-во* 룩셈부르크 ② *г.* 룩셈부르크
люлька (률까)	(여) 요람(搖籃)
люминал (류미날)	(남) (약학) 루미놀(luminol)
люминесценция (류미네쓰쩬찌야)	(여) 발광현상

Лл

люстра (류쓰뜨라)	(여) 샹들리에(chandelier)
лютик (류찌크)	(남) (식물) 미나리아재비, 물바구지, 자구(自灸), 모근(毛蓳)
лютый (류뜨이)	(형) 흉악한, 맹악한, 잔인한, 모진, 혹심한;
люцерна (류쩨르나)	(여) (식물) 개자리
лягать, ~ся (미완) (뒷발로) 차다, 제기다 (랴가찌, 랴가쨔)	
лягушка (랴구쉬까)	(여) 개구리, 와(蛙), 경마, 우와(雨蛙)
ляжка (랴즈까)	(여) 넓적다리, 대퇴(大腿), 상퇴(上腿)
лязгать (랴즈가찌)	(미완) 쨍그렁 소리를 내다, 절커덩(절그럭) 소리를 내다, 쟁강거리다;
лямка (럄까)	(여) ① 멜빵, 질빵, 걸빵; ② 배끌이 줄;
ляпис (랴삐쓰)	(남) (화학) 초산은, 질산은
ляпсус (랴쁘쑤쓰)	(남) 큰 실수, 망신, 잘못
лясы: (랴씌)	точить ~ 시시덕거리다, 실없는 말 (소리)을 하다

Лл

Мм

мавзолей
(마브잘레이)
(남) 묘(墓), 능묘(陵墓);

Маврикий
(마브리끼이)
(남) 모리셔스(Mauritius)

Мавритания
(마브리따니야)
(여) 모리따니

магазин
(마가진)
(남) ① 상점, 가게, 점포;
② (무기의) 탄창

магазинный
(마가진느이)
(형) 상점의;

магистраль
(마기쓰뜨랄)
(여) (철도, 전기 등의) 간선, 본선

магистральный
(마기쓰뜨랄느이)
(형) 간선의, 지선의

магический
(마기체쓰끼이)
(형) 마술같은, 기적적인

магия
(마기야)
(여) 요술, 술법

магнат
(마그나트)
(여) 대자본가;

магнезит
(마그네지트)
(남) (광물) 마그네사이트

магнезия
(마그네지야)
(여) (화학) 마그네시아(magnesia) 산화마그네슘

магнетизм
(마그네찌즘)
(남) 자기, 자력, 자성

магнето
(마그네따)
(중) (물리) 마그네트론(magnetron); 자석발전기

магний (마그니이)	(남) (화학) 마그네슘(magnesium)
магнит (마그니뜨)	(남) 자석, 자철, 자성체
магнитный (마그니뜨느이)	(형) 자기, 자성, 자력을 띤;
магнитофон (마그니따폰)	(남) 녹음기(錄音器)
магнолия (마그노리야)	(여) 목련화, 목련꽃, 목련
магометанин (마고메따닌)	(남) *см.* мусульманин
магометанство (마고메딴쓰뜨붜)	*см.* мусульманство
Мадагаскар (마다가쓰까르)	(남) 마다가스까르
Мадрид (마드리드)	(남) 마드리드
мажор (마죨)	(남) (음악) 대조(식)
мазать (마자찌)	(미완) ① 바르다, 칠하다; ② 더럽히다, 어지럽다
мазаться (마자쨔)	(미완) ① (자기 몸에) ~를 바르다, 더러워지다 ② 묻어지다
мазня (마즈냐)	(여) ① 서툴게(되는대로) 그린 그림 (칠한 것) ②함부로 어지럽게 쓴 글씨
мазут (마주트)	(남) 중유(重油), 석탄산유(石炭酸油).
мазь (마시)	(여) 연고, 고약(膏藥);
майонез (마이오네즈)	(남) 마요네즈(mayonnaise)
маис (마이쓰)	(남) *см.* кукуруза
май	(남) 5(오)월; Первое мая 5.1(오일)

Мм

(마이)	절; в конце мая 5 월말에
май ка (마이까)	(여) 러닝셔츠
май ор (마이올)	(남) 소좌(少佐)
май ский (마이쓰끼이)	(형) 5(오)월;~ жук (곤충)국동풍뎅이, 딱정벌레
мак (마크)	(남) ① 양귀비(꽃) ② 양귀비씨
Макао (마까오)	(남) (불변) 마카오
макаронный (마까론느이)	(형) 마카로니의(macaroni);
макароны (마까로느이)	(복수) 마카로니(macaroni)
макать (마까찌)	(미완) 담그다, 잠그다, 적시다;
макет (마께트)	(남) 모형(模型), 모델(model);
макрель (마크렐)	(여) 고등어, 청어(鯖魚);
максимально (막씨말나)	(부) 최대한으로
максимальный (막씨말느이)	(형) 최대의, 최대한; 최고(最高)
максимум (막씨뭄)	(남) ① 최대한도, 최대량 ② (부사로) 최대한으로;
макулатура (마꿀라뚜라)	(여) ① (인쇄) 불량인쇄물 ② 헌종이, 몹쓸 종이(책)
макушка (마꾸쉬까)	(여) ① 꼭대기, 천정 ② 머리꼭대기;
Мал (Книга Пророка Мала-хии, 4장, 923 쪽) 말라기서 (말라-히)	
Малави (말라위)	(중) (불변) 말라위

Мм (sidebar)

Малагасийская Республика (여) 말가슈 (공화국)
(말라가씨이스까야 레스뿌브리까)

Малайзия (말라이지야)	(여) 말레이시아
малахит (말라히트)	(남) (광물) 공작석(孔雀石)
малейший (말레이쉬이)	(형) 아주(가장) 작은(자그마한);
малёк (말료크)	(남) 새끼고기
маленький (말렌끼이)	(형) ① 작은, 자그마한; ② 적은; ③ 사소한, 얼마 안 되는, 보잘것없는; ④ 나 어린 ⑤ (명사로)어린이, 아이;
Мали (말리)	(중) (불변) 말리, 재스민속의 식물
малина (말리나)	(여) ① 멍덕딸기, 산딸기 ② 멍덕딸기나무
малиновый (말리노브이)	(형) 멍덕딸기, 산딸기; 멍덕딸기나무; ~ое варенье 딸기잼; ~ый цвет 딸기 빛
мало (말라)	① (부) 조금, 적게; ② (술어로) 적다, 부족하다, 모자라다; ③ (кто, что, где, когда) ~와 함께: ~ того (삽입어) 그 뿐만 아니라, 더 군다나
мало (말라)	합성의 첫 부분으로서 적은의 뜻을 부여한다;
маловажный (말라바즈느이)	(형) 그리 중요하지 않은, 사소한, 하찮은;
маловато (말라와따)	(부) (술어로) 좀 부족하다(적다, 모자라다)
маловероятный (말라붸로야뜨느이)	(형) 가능성(확실성)이 적은, 믿기 어려운, 의심스러운
маловодный (말라본느이)	(형) 물(물량, 수량)이 적은
малогабаритный	(형) 소형, 꼬마, 크기가 적은

Мм

– 557 –

(말라가바리뜨느이)

малограмотный (형) ① 불충분하게 읽고 쓰는 자식이
(말라그라모뜨느이) 부족한 ② 서투르게 한(만든) ;
~ текст 서투른 글
③ (명사로) 자식이 부족한 사람

малодоступный (형) 다다르기 (도달하기)어려운;
(말라다쓰뚜쁘느이) 알기(이해하기)어려운

малодушие (중) 소심성, 비겁성
(말라두쉬에)

малодушный (형) 소심한, 비겁한
(말라두쉬느이)

малое (중) 적은 것, 사소한 것;
(말라에)

малозаметный (형) 겨우 눈에 띄는, 잘 보이지 않은,
(말라자메뜨느이) 잘 나타나지 않은

малоземельный (형) 경지가 부족한, 부치는 땅이 적은
(말라제멜느이) 토지가 적은;

малозначащий , малозначительный (형) 큰 의의가 없는,
(말라즈나차쉬이) 대수롭지 않는

малоизвестный ; (형) 적게 알려진, 잘 알려지지 않은
(말라이즈베쓰뜨느이)

малоизученный (형) 잘 연구 (탐구) 되지 못 한,
(말라이주첸느이) 불충분하게 연구된

малоимущий (형) 재산이 적은, 가난한, 빈곤, 결핍
(말라이무쉬이)

малокалиберный *см.* мелкокалиберный
(말라까리벨느이)

малоквалифицированный 자격이 낮은, 기능이 낮은, 자질이
(말라크바리피찌로완느이) 부족한

малокровие (중) 빈혈증
(말라크로비에)

малокровный 빈혈증에 걸린
(말라크로브느이)

малолетний (형) ① 나이어린, 소년(少年)
(말랄레뜨니이) ② (명사로) 어린이, 소년, 소녀

Мм

- 558 -

малолеток (남), ~ка (남, 여) (말랄레또따크)	어린이, 어린애, 소년(少年), 아동(兒童)
малолетство (말랄레뜨쓰뜨뷔)	(중) 어린시절, 소년기, 유년
малолитражный (말랄리뜨라즈늬에)	(형) 용적이 적은, 소형의;
малолюдный (말랄류드늬이)	(형) 사람이 적게 사는, 인적이 드문;
мало-мальски (말라-말쓰끼이)	(부) 조금이라도
маломальский (말라말쓰끼이)	(형) 아주 적은
маломощный (말라모쉬늬이)	(형) ① 체력이 약한, 힘이 약한; ② 능력(출력, 마력)이 적은;
малонаселённый (말라나쎌룐느이)	(형) 인구밀도가 낮은, 주민이 적은;
малоопытный (말라오쁘뜨느이)	(형) 경험이 적은, 미숙한
малоподвижный (말라쁘드비즈느이)	(형) 잘 움직이는 생활양식;
мало-помалу (말라-빠마루)	(부) 조금씩, 점점, 점차
малопонятный (말라빠냐뜨느이)	(형) 이해하기 힘든
малопродуктивный (말라쁘로두크찌브느이)	(형) ① 소출이 적은, 생산성이 낮은; ② 효과가 적은
малопроизводительный (말라쁘로이즈뷔지젤느이)	(형) 생산력이 적은, 생산성이 낮은
малоразвитый (말라라즈비드이)	(형) ① 덜 발전한, 발전수준이 높지 못한 ② 교양이 부족한, 시야가 좁은
малорослый (말라로쓰리이)	(형) 키가 작은, 꼬마
малосемейный (말라쎄메이느이)	(형) 가족(식솔)이 적은
малосильный	(형) *см.* маломощный

Мм

(말라씰느이)	
малосодержательный (말라싸제르좌쩰느이)	(형) 내용이 빈약한, 속이 빈약한
малосольный (말라쏠느이)	(형) 약간 절인, 얼간한;
малость (말라쓰찌)	(여) 적은 량, 소량(小量)
малотиражный (말라찌라즈느이)	(형) 간행부수가 적은, 발행 부수가 적은
малоупотребительный (말라우쁘뜨레비쩰느이)	(형) 드물게(적게)쓰이는 (사용되는);
малоурожайный (말라우로좌이느이)	(형) 수확(소출)이 적은
малоценный (말라쩬느이)	(형) ① 가치가 적은; ② 큰 의의가 없는
малочисленный (말라치쓰롄느이)	(형) (수적으로) 적은, 소수
малый¹ (말르이)	(형) *см.* маленький
малый² (말르이)	(남)(말투) 젊은이, 청년, 소년
малыш (말릐쉬)	(남) 어린이, 아기, 꼬마둥이
Мальдивская Республика (말디브쓰까야 레쓰뿌브리까)	(여) 말다비야(공화국), 몰디브
Мальта (말따)	(여) 몰타 섬; 몰타 공화국
мальчик (말치크)	(남) 소년(少年), 사내아이
мальчишеский (말치쉐쓰끼이)	(형) 아이다운, 소년다운
мальчишество (말치쉐쓰트바)	(중) 아이다운 행위, 어린애 같은 짓
мальчишка (말치스까)	(남) ① 소년, 사내아이, ② 새내기, 신출내기

Мм

— 560 —

мальчуган (말추간)	(남) 소년, 사내아이
малюсенький (말류쎈끼이)	(형) 몹시 작은, 아주 자그마한
малютка (말류뜨까)	(남,여) 애기, 꼬마둥이, 갓난이
маляр (말랴르)	(남) 도장공, 페인트 공
малярийный (말랴리이느이)	(형) 말라리아, 학질;
малярия (말랴리야)	(여) 말라리아, 학질
мама (마마)	(여) 엄마, 어머니
маменькин (마멘낀)	(형); ~ сын; ~а дочь 응석받이
мамонт (마몬트)	(남) (고생물) 털코끼리, 맘모스
Манагуа (마나구아)	(남) (불변) г. 마나과호
мандарин (만다린)	(남) 귤; (만다린) 귤나무
мандариновый (만다리노브이)	(형) 귤; 귤나무
мандат (만다트)	(남) 위임장, 신임장, 대표증
мандатный (만다뜨느이)	(형): ~ая комиссия 자격심사위원회
мандолина (만다리나)	(여) (악기) 만돌린(mandolin)
манёвр (마뇨브르)	(남) ① (군사) 기동작전; ② 술책, 책동 ③ ~ы (복수) (군사) 군사연습
манёвренность (마뇨브렌노쓰찌)	(여) 기동성, 기동력
манёвренный	(형) ① (군사) 기동하는, 기동전;

— 561 —

(마뇨브렌느이)	② 기동성 있는
маневрировать (마녭리라와찌)	(미완) ① 기동하다 ② 술책을 쓰다, 꾀를 부리다
маневровый (마네브로브이)	(형): ~ паровоз 기차 교환용 기관차 환차기
манеж (마네즈)	(남) ① 승마훈련장 ② 곡예무대
манекен (마네껜)	(남) (상점, 양복점 등에서 쓰는) 마네킹, 인체모형
манера (마네라)	(여) 버릇, 인, 습성, 상습, 습벽
манжета (마느췌따)	(여) ① 소매부리; ② (공학) 패킹(packing), 접시형 패킹
маникюр (마니뀨르)	(남) 미조술(美爪術), 매니큐어 (manicure)
маникюрша (마니뀨르샤)	(여) 미조사(美爪師)
Манила (마닐라)	(여) г. 마닐라(Manila)
манипулировать (마니뿌리로와찌)	(미완) ① 술책을 쓰다, 내 돌리다 ② 손으로 조작하다, 손놀림하다
манипуляция (마니뿌랴찌야)	(여) ① 술책, 술계, 책략, 책모, 술수, 방술, 계책; 꾀, 계략; ② 손에 의한 조각(법), 손놀림
манить (마니찌)	(미완) ① 손짓(눈짓)으로 부르다; ② 유인하다, 호리다
манифест (마니페스트)	(남) 포고문(布告問), 선언서(宣言書);
манифестация (마니페쓰따찌야)	(여) 시위행진, 가두시위
мания (마니야)	(여) (의학) 조병(渦兵), 망상(妄想);
макировать (마끼로와찌)	(미완, 완) 태만하다, 나태하다, 태공하다, 태홀하다;
манный	(형): ~ая крупа 밀싸래기; ~ая каша

Мм

- 562 -

(만느이)	밀싸래기암죽
манометр (마노메뜨르)	(남) 압력계, 기압계, 고압계
мансарда (만싸르다)	(여) 고미다락, 다락방
манто (만또)	(중) (불변) 겉옷, 덧옷
маньяк (만냐크)	(남) 미치광이
маразм (마라즘)	(남) ① 수척, 쇠약; ② 퇴폐, 문란
марал (마랄)	(남) (동물) 누렁이, 황구, 누렁개
марать (마라찌)	*см.* пачкать(ся)
марафон (마라폰)	(남) (채육) 마라톤
марафонский (마라폰쓰끼)	: ~ бег *см.* марафон
марганец (마르간에쯔)	(남) (화학) 망간(Mangan)
марганцевый (마르간쩨브이)	(형): ~ая руда 망간관
марганцовка (마르간쫍까)	(여) ① 과망간산칼륨; ② 망간용액
маргарин (마르가린)	(남) 마르가린, 인조버터
марево (마레븨)	(중) ① 아지랑이 ② 신기루
маринад (마리낟)	(남) ① 초침지액; ② ~ы 초절임(식료)품
маринованный (마리노완느이)	(형) 향료를 섞어 초에 담근;
мариновать (마리노와찌)	(미완) ① 향료를 섞어 초에 담그다 ② 오래 끌다, 지연시키다

марионетка (마리오녜뜨가)	(여) ① 인형; ② 괴리, 꼭두각시
марионеточный (마리오녜또츠느이)	(형) 괴리, 맹종맹동하는;
марка¹ (마르까)	(여) ① 우표(郵票); 수입인지(收入印紙) ② 상표(商標), 마크(mark);
марка² (마르까)	(여) 마르크(화폐단위)
маркий (마르끼이)	(형) 더러워지기 쉬운
маркировать (마르끼라와찌)	(미완, 완) 표를 붙이다(새기다, 찍다)
маркировка (마르끼로브까)	(여) (상품에) 표를 붙이는 것, 상표
марксизм (마르크씨즘)	(남) 마르크스주의(Marx主義)
марксизм-ленинизм (마르크씨즘-레닌이즘)	(남) 마르크스 - 레닌주의 (Maxism - Leninism)
марксист (마르크씨쓰트)	(남) 마르크주의자
марксистский (마르크씨쓰뜨쓰끼이)	(형) 마르크스주의, 마르크스주의적인
марксистско-ленинский (마르크씨쓰트쓰까-레닌쓰끼이)	(형) 마르크스-레닌주의;
марля (말랴)	(여) 약천, 가제, 붕대
мармелад (마르메라드)	(남) 마르멜라드, 젤리
мародёр (마로쫄)	(남) 약탈자, 약탈병
мародёрство (마로쫄쓰뜨붜)	(중) 약탈행위
Марс (마르쓰)	(남) (천문) 화성, 형혹성(熒惑星), 마르스(Mars)
март	(남) 3(삼)월 ; в ~е 3(삼)월에

(마르트)	
мартен (마르뗀)	*см.* мартеновск(ая) печь *см.* мартеновск(ая) сталь
мартеновский (마르떼노브쓰끼이)	(형): ~ печь 평로; ~ая сталь 평로강
мартовский (마르또브쓰끼이)	(형) 3(삼)월에
мартышка (마르띄쉬까)	(여) 긴꼬리원숭이
марш¹ (마르쉬)	(남) ① 행진, 해행; 행군, 진군; ② 행진곡; траурный (похоронный) ~ 장송곡
марш² (마르쉬)	(감) (구령); шагом ~ 앞으로 갓! бегом ~ 구보로 앞으로 갓! на месте шагом~제자리걸음으로 갓!
маршал (마르샬)	(남) 원수, 구수, 구적, 원구
маршировать (마르쉬로와찌)	(미완) 행진하다
маршировка (마르쉬로브까)	(여) 행진, 행열. 행군, 행진훈령
маршрут (마르쉬루트)	(남) 행진로, 행군길, 경로
маршрутный (마르쉬루트느이)	: ~ое такси 정로택시
маска (마쓰까)	(여) ① (형), 탈, 가면, 마스크(mask), 탈바가지; ② 면상(面像)
маскарад (마쓰까라드)	(남) 가장무도회, 가면무도회
маскарадный (마쓰까라드느이)	(형): ~костюм 가장무도복
маскировать (마쓰끼로와찌)	(미완) ① 위장하다, 변장하다 ② 가장시키다, 가면을 씌우다
маскироваться (마쓰끼로와짜)	(미완) ① 위장하다, 꾸미다 ② 가장하다, 가면을 쓰다

маскировка (마쓰끼로브까)	(여) ① 위장, ② 가장, 거짓꾸밈, 거짓
маскировочный (마쓰끼로보츠느이)	(형) 위장용, 의장(擬裝), 미채(迷彩), 카무플라즈(camouflage)
маслёнка (마쓸룐까)	(여) ① 버터접시 ② 주유기
маслина (마쓸리나)	(여) ① 올리브나무, 감람나무; ② 올리브, 아열포
масличный (마쓸리츠느이)	(형): ~ые культуры 기름작물, 유지작물
масло (마쓸라)	(중) ① 기름(oil), 유(油), 유액, 지방 сливочное ~о 버터; растительное ~о 식물성기름; оливковое ~о 올리브유 смазочное ~о 윤활유; подливать ~а в огонь (속담)불붙는데 키질하기; (идти) как по ~у 거침없이(매우 순조롭게) 되어가다
маслобойный (마쓸라보이느이)	(형): ~ завод 기름공장, 정유공장
маслобойня (마쓸라보이냐)	см. маслобойный (завод)
маслоделие (마쓸라젤리에)	(중) 버터(기름)제조
маслодельный (마쓸라젤리느이)	(형): ~ое производство 버터(기름)제조업, 기름공업; ~ый завод 기름공장
маслозавод (마쓸라자볻)	см. маслобойный завод
маслянистость (마쓸랴니쓰또쓰찌)	(여) 기름기, 윤활성
маслянистый (마쓸랴니쓰뜨이)	(형) 기름기 있는, 기름진
масляный (마쓸랴느이)	(형) ① 기름, 버터, 기름 섞인; ② 유화;
масса (마싸)	(여) (물리) 질량(質量: mass); ② ~ы(복수)대중; ③ чего 대량, 다수, 많은 것; ④ 물질, (원료 되는) 혼합물

- 566 -

массаж (마싸즈)	(남) 안마, 문지르기, 마사지(massage), 두드리기;
массажист (남), ~ка (여) (마싸쥐쓰뜨)	안마전문가, 안마사
массив (마씨프)	(남) (지질) 단층괴;
массивный (마씨브느이)	(형) 육중한, 거창한, 중량이 무거운;
массированный (마씨라완느이)	(형) 집중적인, 집결한;
массировать (마씨라와찌)	(미완, 완) *см.* (делать) массаж
массовик (마쏘비크)	(남) 대중오락 사회자, 엠씨
массовка (마쏘프까)	(여) ① 비밀소집회 ② 야유회; ③ (연극에서) 군중장면
массов-политический (마쏘프-빠리찌체쓰끼이)	(형) ~ая работа 대중정치사업
массовость (마쏘붜쓰찌)	(여) 대중성, 군중성, 대중화
массовый (마쏘브이)	(형) 대중, 군중, 대중적인, 군중적인;
мастер (마쓰쩨르)	(남) 기능공, 숙련공, 명수
мастерить (마쓰쩨리찌)	(미완) (손재주로) 만들다
мастерица (마쓰쩨리짜)	(여) 숙련된 여성기능공, 솜씨 있는
мастерская (마쓰쩨르쓰까야)	(여) ① 제작소, 수리소, 공장(工場); ② 분공장(分工場)
мастерски (마쓰쩨르쓰끼)	(부) 솜씨 있게, 능숙하게, 재치 있게
мастерской (마쓰쩨르쓰꼬이)	(형) 솜씨 있는, 능숙한, 재치 있는;
мастерство	(중) ① 기능, 기교, 솜씨, 수완;

(마쓰쩨르쓰뜨뷔)	② 수공업(手工業), 업(業),
маститый (마쓰찌드이)	(형) 존경받는, 공적 받는, 고령;
масть (마쓰찌)	(여) ① (동물의) 털빛, 털색; ② (트럼프의) 같은 꽃의 패;
масштаб (마쓰쉬따프)	(남) ① 축척, 척도, 제척, 비례척 ~ 25 километров в сантиметре 1: 2500000의 축척; ② 규모, 범위
масштабный (마쓰쉬따브느이)	(형) ① 축척, 척도, 비례척; ② 대규모
мат[1] (마트)	(남) (장기에서) 장군!
мат[2] (마트)	(남) ① 매트, 멍석, 돗자리, 거저자리 ② (채육용) 깔개
математик (마쩨마찌크)	(여) 수학자, 수학교원
математика (마쩨마찌까)	(여) 수학; высшая (прикладная) ~ 고등(응용)수학
материал (마쩨리알)	(남) ① 재료, 원료, 자재, 제재; ② 요소, 제재(題材), 자료(data).
материализм (마쩨리알리즘)	(남) 유물론, 유물주의, 물질주의, 마테리알리즘(materialism); диалектический ~ 변증법적 유물론; исторический ~ 역사적 유물론적인
материалист (마쩨리알리쓰트)	(남) ① 유물론자 ② 실무주의자
материалистический (마쩨리알리쓰찌체쓰끼이)	(형) 유물론, 유물론적인, 물질주의적; ~ая философия 유물론철학
материально (마쩨리알리나)	(부) 물질적으로
материально-технический (마쩨리알리노-쩨흐니체쓰끼이)	(형) 물질 기술적인
материальный (마쩨리알리느이)	(형) ① 물질적인, 물적; ② ~ая часть (공학) 기술설비, 기재
материк (마쩨리크)	(남) 대륙, 뭍, 육지, 지상, 땅

Мм

материковый (마쩨리꼬브이)	(형) 대륙, 뭍, 대지; ~ый шельф (지질) 대륙붕(大陸棚)
материнский (마쩨린쓰끼이)	(형) 어머니, 어머니다운, 모성; ~ая любовь 모성애; орден"Материнская слава" 모성명예훈장
материнство (마쩨린쓰뜨붜)	(중) 모성; чувство ~a 어머니의 심정 (마음); охрана ~a и младенчества 모성과 어린의 보호
материя (마쩨리야)	(여) ① (철학) 물질; 실체 ② 천, 직물
матёрый (마쬬르이)	(형)(동물에 대하여) 다 큰, 힘이 왕성한; ② (사람에 대하여) 노련한, 경험이 많은; 판박은, 고칠 수 없는
матка (마뜨까)	(여) ① (해부) 자궁, 아기집, 포궁; ② (동물의) 어미, 암컷;
матовый (마따브이)	(형) 젖빛, 뿌연;
матрас, матрац (마뜨라쓰)	(남) 침대깔개
матриархат (마뜨리알하트)	(남) 모권제
матрица (마뜨리짜)	(여) (인쇄) 활자모형, 지형
матрос (마뜨로쓰)	(남) 해병, 선원, 뱃꾼, 뱃사람, 승무원 선인, 수부(水夫), 마드로스
матч (맡치)	(남) 시합(試合), 경기(競起), 게임;
мать (마찌)	(여) 어머니(모친), 모성(母性);
маузер (마우젤)	(남) 모젤(권총)
мах (마흐)	(남): одним ~ом 단번에; дать ~у 실수하다
махать (마하찌)	(미완) 흔들다, 내젓다, 휘두르다; ледраки кулаками не машут(속담) 소 잃고 외양간 고친다.;

Мм

- 569 -

махинация (마히나찌야)	(여) 술책, 간계, 책략, 술수, 방술
махнуть (마흐누찌)	(완) *см.* махать
маховик (마호비크)	(남) *см.* махов(ое колесо)
маховой (마호보이)	(형): ~ое колесо (공학) 관성바퀴, 플라이휠(flywheel)
махорка (마홀까)	(여) 마라초(-艸)
махровый (마흐로브이)	(형) ① 화판(꽃잎)이 많은; ② (천에 대하여) 타월(towel), 수건
мачеха (마체하)	(여) 의붓어머니, 후모, 서모, 아모, 훗에미
мачта (마츠따)	(여) ① 돛대, 마스트(mast); ② (텔레비전 등의) 탑, 방송탑
машина (마쉬나)	(여) ① 기계, 기구; ② 자동차 ③ 기관; 기구
машинально (마쉬날나)	(부) 기계적으로, 무의식적인
машинальный (마쉬날느이)	(형) 기계적인, 무의식적인
машинизация (마쉬니자찌야)	(여) 기계화(機械化)
машинист (마쉬니쓰트)	(남) 기계운전공(운전사); 기관사
машинистка (마쉬니쓰뜨까)	(여) 타자수, 타자원, 타이피스트 (typist)
машинка (마쉰까)	(여): пишущая ~ 타이프라이터 (typewriter), 타이프, 인자기, 사자기계 타자기; ~для стрижки волос 이발기
машинно-тракторный (마쉰나-뜨락또르느이)	(형); ~ая станция, МТС 농기계트랙 터임대, 농기계제작소
машинный (마쉰느이)	(형) 기계, 기기

машиноведение (마쉬나볘졔니에)	(중) 기계학, 기계공학
машинописный (마쉬나삐쓰느이)	(형):~ текст 타자 글(체)
машинопись (마쉬나삐시)	(여) 타자치는 법, 타자치기
машинопрокатный (마쉬나쁘로까뜨느이)	(형): ~ ая станция 농기계제작소
машиностроение (마쉬나쓰뜨라예니에)	(중) 기계제작(機械製作)
машиностроительный (마쉬나쓰뜨라이쩰느이)	(형) 기계제작의
маяк (마야크)	(남) ① 등대, 등불대; 등간 ② (희망의) 등대, 서광
маятник (마야뜨니크)	(남) (물리, 공학) 흔들이, 진동추, 떨개
маяться (마야쨔)	(미완) 괴로워하다, 고민하다, 고생하다
маячить (마야치찌)	(미완) 아득히 보이다, 멀리서 아물거리다, 얼씬거리다
мгла (므글라)	(여) ① 아지랑이, 안개, 이내; ② 어둠, 암흑, 컴컴함;
мгновение (므그노볘니에)	(중) см. миг; в ~ ока 눈 깜짝할 사이에
мгновенно (므그노볜나)	(부) 순식간에, 일순간에
мгновенный (므그노볜느이)	(형) 순간적인, 삽시간;
мебель (몌벨)	(여) 가구, 집 세간(洗肝);
мебельный (몌벨느이)	(형) 가구, 세간 살이
меблированный (메블리로완느이)	(형) 가구가(집 세간) 설치된(갖추어진)
меблировать	(미완, 완) 가구를 갖추다, 집 세간을

Мм

(메블리로와찌)	갖추어놓다(비치하다)
меблировка (메블리로브까)	(여) *см.* мебель; 가구의 설치(배치)
мегаватт (메가왓트)	(남) (전기) 메가와트(MW)
мегагерц (메가게르쯔)	(남) (물리) 메가헤르츠(MHz)
мегафон (메가폰)	(남) 메가폰, 확성기(擴聲器)
мёд (묟)	(남) 꿀(honey), 봉밀(蜂蜜), 청밀(淸蜜)
медалист (남), ~ка (여) (메달리스트)	메달을 받은 최우등생
медаль (메달)	(여) 메달(medal), 패(牌);
медальон (메달온)	(남) 목걸이
медведица (메드베지짜)	(여) 암곰; Большая Медведица (천문) 큰곰자리; Малая Медведица (천문)작은곰자리, 소웅좌
медведь (메드베지)	(남) 곰; белый ~ 흰곰, 백곰; бурый ~ 갈색 곰
медвежий (메드베쥐이)	(형) 곰의, 곰 같은; ~ья шкура 곰의 가죽;
медвежонок (메드베조노크)	(남) 곰의 새끼
медеплавильный (메제쁘라빌느이)	(형): ~ завод 제동공장
медиана (메지아나)	(여) (수학) 가운데선, 중앙선
медик (메지크)	(남) 의사, 의학자, 의대학생
медикаменты (메지까멘뜨이)	(복수) 의약, 약품, 약제
медицина	(여) 의학; клиническая ~ 임상의학;

Мм

(메지찌나)	судебная ~ 법의학
медицинский (메지찐쓰끼이)	(형) 의학(醫學), 의료;
медленно (메드렌나)	(부) 천천히, 서서히, 완만하게
медленный (메드렌느이)	(형) 완만한, 느린, 천천한;
медлительность (메드리쩰노쓰찌)	(여) 굼뜬 것, 완만성, 늦장
медлительный (메드리쩰느이)	(형) 굼뜬, 느릿느릿한, 늘쩡늘쩡한,
медлить (메드리찌)	(미완) 우물쭈물하다, 움질거리다, 늦잡다;
медный (메드느이)	(형) 구리, 동(銅); 구리로 만든;
медовый (메도브이)	(형) 꿀, 꿀을 넣은
медоносный (메다노쓰느이)	(형) 꿀의:
медосмотр (메다쓰모뜨르)	(남) 신체검사
медпункт (메드뿐크트)	(남) 위생소, 진료소
медсестра (메드쎄쓰뜨라)	(여) 간호사, 간호원
медуза (메두자)	(여) 해파리, 무름생선, 수모, 해월
медь (메지)	(여) 구리, 구리쇠, 동(銅);
меж (메즈)	*см.* между
межа (몌좌)	(여) 밭 두렁길, 논두렁길; 분계(선), 경계(선)
междометие (메즈도몌찌에)	(중) (언어) 감탄사, 감동사

Мм

междоусобица (메즈다우**싸**비짜)	(여) 내란(內亂), 내전, 중란
междоусобный (메즈다우**싸**브느이)	(형): ~ая война 국내전쟁, (동쪽상쟁의) 내란(內亂)
между (메즈두)	(전) (+조, 생) ~사이에, ~가운데, ~간에; ~ деревьями 나무 사이에 (가운데); договариваться ~собой 서로 약속하다; ~делом 일이 짬날 때
междугородный (메즈두고로드느이)	(형) ① 도시들 사이의; ② 국제적인
междурядный (메즈두럐드느이)	(형): ~ая обработка 중경제초, 김매는 일
межконтинентальный (메즈꼰찌넨딸느이)	(형) 대륙간의
межпланетный (메즈쁘라네뜨느이)	(형) 행성간의;
Мексика (멕시까)	(여) 멕시코(Mexico), 멕시코 공화국
мексиканский (멕시깐쓰끼이)	(형) (여) 멕시코 의(Mexico)
мексиканцы (복수) (~ец (남), ~ка (여)) 멕시코 사람(들) (멕시깐찍)	
мел (멜)	(남) 분필, 백묵, 토필, 초크(chalk)
меланжевый (멜란줴브이)	(형);~ый комбинат 혼방직종합공장; ~ая пряжа 멜란지실, 혼방적실
меланхолик (멜란호리크)	(남) 성격이 우울한 사람
меланхолический, ~ный (형) 우울한 짓, 우울한 (멜란호리체쓰끼이)	
меланхолия (멜란호리야)	(여) 우울한 것, 울적한 것, 우울증
мелеть (멜레찌)	(미완) 얕아지다; река ~ет 강물이 얕아진다
мелиоратор (메리오라따르)	(남) 토지개량 기술자, 토지개량자

Мм

мелиорация (메리오라찌야)	(여) 토지개량, 토지 개량학;
мелкий (멜끼이)	(형) ① 얕은, 해바라진; ② 작은, 잔, 자잘한;
мелко (멜까)	(부) ① 작게, 잘게; ③ (술어로) 얕다;
мелкобуржуазный (멜꼬부르주아즈느이)	(형) 소 부르죠아지의, 소자산계급적인, 소부르죠아(적인);
мелковидный (멜꼬비드느이)	(형) 물이 얕은, 수위가 낮은
мелкокалиберный (멜꼬까리베르느이)	(형) 구경이 작은;
мелкособственнический (멜꼬솝스뜨벤니체쓰끼이)	(형) 소소유자적; ~ие интересы 소소유자적인 이해관계
мелкотоварный (멜꼬또와르느이)	(형): ~oe производство 소상품생산
мелодичный (멜라지츠느이)	(형) 곡조가 좋은, 듣기 좋은
мелодия (멜라지야)	(여) 곡조(曲調), 음조(音調), 가락;
мелочной (멜로츠노이)	(형) 잡화의, 잡화품
мелочность (멜로츠노쓰찌)	(여) 쬐쬐한것, 너절한것, 좀스러운
мелочный (멜로츠느이)	(형) ① 쬐쬐한, 너절한, 좀스러운; ② 사소한, 대수롭지 않은
мелочь (멜로치)	(여) ① (집합) 잔돈; ② 시시한 것, 사소한 것; ③ 자질구레한 물건
мель (멜)	(여) 여울; сесть на ~ 여울에 걸리다
мелькать (미완), мелькнуть (완) (멜까찌)	보였다 사라졌다가, 얼른거리다, 사물거리다;
мельком (멜꼼)	(부) 퍼뜩, 언뜻, 얼핏, 슬쩍;
мельник	(남) 방아군, 방앗간 근로자, 방앗간

Мм

(멜크)	주인
мельница (멜짜)	(여) 방앗간, 제분소
мельхиор (멜히올)	(남) 양은(동과 니켈의 합금)
мельчайший (멜차이쉬이)	(형) 미세한, 아주 작은;
мельчать (멜차찌)	(미완) (강 등이) 얕아지다
мельчить (멜치찌)	(미완) 썰다, 부스러뜨리다, 잘게 만들다
мембрана (멤브라나)	(여) (공학) 진동판, 공명관(共鳴管)
меморандум (메모란둠)	(남) 비망록, 메모; 각서
мемориал (메모알)	(남) 기념관(記念館)
мемориальный (메모리알느이)	(형): ~ая доска 기념판; ~ая комната 기념실
мемуары (메무아릐)	(복수) 회상기, 회상록(回想錄)
менее (메네에)	(부) (мало의 비교급) 더(보다)적게, 이하; знать ~ других 다른 사람보다 적게 알다; ~ двух месяцев 두 달 못 되게; ~ 50 рублей 50 루블 이하; ~ интересный (보다)덜 재미있는; не ~ важно 못지않게 중요하다.
мензурка (멘주르까)	(여) 메스 시린더, 눈금통
менингит (메닌기트)	(남) (의학) 뇌막염(腦膜炎), 수막염
меновой (메노보이)	(형): ~ая стоимость 교환가치
менструация (멘쓰뜨루아찌야)	(여) 달거리, 생리, 월경, 경도. 멘스 (mens), 멘세스(menses).
ментол	(남) (화학) 멘톨(menthol), 박하뇌

Мм

- 576 -

(멘똘)

меньше
(몐니쉐)

① (маленький 의 비교급) 더(보다) 작은(어린) ② (мало의 비교급) 더(보다) 작게(적게); не ~ чем за час 적어도 한 시간 전에 ③ (술어로) 더 (보다) 작다(어리다); он ~ всех 그는 누구보다도 키가 작다; ~ всего 가장(전혀, 아주) ~하지 못하다

меньшевик
(몐니쉐비크)

(남) (역사) 멘쉐비크

меньший
(몐니쉬이)

(형) ① (маленький 의 최상급)보다 (가장) 작은(약한, 어린); ~ая часть 가장 작은 부분; ② 막내인, 제일 아래인; ~ая дочь 막내딸; по ~ей мере, самое ~ее 적어도, 최소한

меньшинство
(몐니쉰쓰뜨보)

(중) 소수, 소수파

меню
(메뉴)

(중) (불변) 메뉴, 요리차림표

меня
(메냐)

см. я (생, 대)

менять
(메냐찌)

(미완) ① 바꾸다, 교환하다
② 갈다, 교체(교대)하다;
③ 변경시키다, 변화시키다;

меняться
(메냐짜)

(미완) ① *чем* ~을 바꾸다, 교환하다;
② 교대(교체)되다, 바뀌다
③ 달라지다, 변하다;

мера
(메라)

(여) ① 단위, 척도; ② 한도; ③ 정도;
④ 방책, 대책, 조치, 수단

мерещиться
(메레쉬짜)

(미완) 환각, 눈앞에 떠오르다
(아물거리다) 상상되다

мерзавец
(멜자볘쯔)

(남) 더러운 놈(자식), 몹쓸 놈, 망물

мерзкий
(멜즈끼이)

(형) 가증스러운, 얄미운, 추악한;

мерзлота
(멜즈로따)

(여) 동토(상태);

мёрзнуть (몰즈누찌)	(미완) ① 얼다, 동결되다 ② (손발이) 곱아들다; ноги мёрзнут 발이 곱아든다.
мерзость (몔조쓰찌)	(여) 가증스러운 것, 추잡성, 추악성
меридиан (메리지안)	(남) (지리) 자오선, 경선
мерило (메릴로)	(중) 표준(標準), 기준(基準), 척도(尺度)
меринос (메리노쓰)	(남) 메리노양, 메리노양털
мерить (메리찌)	(미완) ① 재다, 측정하다, 측량하다, 측지하다; ② 입어보다, 신어보다;
мерка (메르까)	(여) ① 치수; снимать ~у 치수를 재다, 재어보다; по ~e 치수에 따라; ② 척도; подходить ко всему с одной ~ой 동일한 척도로 모든 것에 대하다
меркнуть (메르크누찌)	(미완) ① 점차 빛을 잃다, 흐려지다; ② 사라지다, 떨어지다;
Меркурий (메르꾸리이)	(남) (천문) 수성, 진성, 머큐리
мероприятие (메르로쁘리야찌에)	(중) 행사, 시책, 대책
мертветь (메르뜨베찌)	(미완) ① 감각이 없어지다 ② 마비되다, 생기를 잃다
мертвец (메르뜨베쯔)	(남) 죽은 사람, 송장(送葬)
мёртвый (몰뜨브이)	(형) ① 죽은, 생명을 잃은; ② 생기 없는, 활기를 잃은; ③ (명사로) (남) 죽은 사람, 송장;
мерцание (메르짜니에)	(중) 거물거리는 것, 반짝거리는 것
мерцать (메르짜찌)	(미완) 가물거리다, 반작거리다, 깜박이다, 까막거리다; звёзды ~ют 별들이 반짝거린다.

Мм

- 578 -

месиво (메씨버)	(중) ① 질척질척한 것, 죽탕; ② 혼합사료
месить (메씨찌)	(미완) ① 이기다, 고수레하다; ② ~ тесто 반죽을 하다
местами (메쓰따미)	(부) 군데군데, 여기저기에
местечко (메쓰쩨츠까)	(중) 부락, 마을; *см.* место
мести (메쓰찌)	(미완) ① 쓸다, 소제하다 ② 쓸어가다, 휘몰아치다;
местком (메쓰뜨꼼)	(남) (местный комитет профсоюзов) (직장, 지방 등의) 직장노동위원회
местничество (메쓰뜨니체쓰뜨버)	(중) 부서본위주의, 지방주의(地方主義)
местность (메스뜨노쓰찌)	(여) ① 지대, 지역, 지형; болотистая ~ь 진펄지대; гористая ~ь 산악지대; открытая ~ь 개활지대; рельеф ~и 지형 ② 장소, 지역, 고장, 지방; в нашей ~и 우리 고장에; сельская ~ь 농촌지역
местный (메쓰뜨느이)	(형) ① 지방의, 지방적인; ② 국부적인 부분적인, 일부;
место (메쓰따)	(중) ① 자리; ② 곳, 군데, 장소; ③ 좌석,관람석; ④ 일자리, 작위, 지위; ⑤ (짐의 등의) 개; ⑥ (원문에서) 개소, 대목, 구절; ⑦ 지방
местожительство (메쓰따쥐쩰쓰뜨버)	(중) 거주지, 주소, 살림터
местоимение (메쓰따이몌니에)	(중) (언어) 대명사, 대이름씨
местонахождение (메쓰따나호즈졔니에)	(중) 소재지, 소재, 처소
местоположение (메쓰따빠로줴니에)	(중) 위치, 지위, 포지션; 소재지
местопребывание (메쓰따쁘레븨와니에)	(중) 체류지, 거류지, 거처

Мм

месторождение (메쓰따라즈제니에)	(중) (지질) 산지, 매장지; ~ золота 금산지
месть (메쓰찌)	(여) 복수, 앙갚음; жажда ~и 복수심
месяц (메싸쯔)	(남) 달, 월(月); три ~a 석 달, 3개월; этот(текущий) ~ 이달; буду-щий ~ 다음달; прошлый ~ 지난달; каждый ~ 매달, 달마다; из ~a в ~ 다달이; молодой ~ 초생달
месячник (메샤쓰니크)	(남) 월간(月刊);
месячный (메샤츠느이)	(남) 월간, 한 달; ~ заработок 한 달 노임;~ доход 월수입;~ срок 1개월단
металл (메딸리)	(남) 금속, 쇠붙이, 금철;
металлист (메딸리쓰뜨)	(남) 금속노동자
металлический (메딸리체쓰끼이)	(형) 쇠붙이의, 금속의, 금속제의
металлолом (메딸로롬)	(남) 헌쇠, 고철, 금속 부스러기, 쇠붙이;
металлообрабатывающий (메딸로옵라바뜨와유쉬이)	(형) ~ая промышленность 금속노동자절
металлургия (메딸룰기야)	(여) 야금, 야금공업, 야금학; цветная (чёрная) ~ 유색 (흑색) 야금공업 (금속공업)
метаморфоза (메땀몰포자)	(여) 근본적 변화, 큰 변화
метан (메딴)	(남) (화학) 메탄(가스), 소기
метание (메따니에)	(중) 던지기;
метастаз (메따쓰따즈)	(남) (의학) (암, 육종 등의) 전이(轉移)
метать[1] (메따찌)	(미완) 던지다, 팽개치다;

Мм

метать² (메따찌) — (미완) 시치다;

метаться (메따쨔) — (미완) ① 이리저리 몸을 뒤치다, 몸부림(을) 치다, 허둥거리다 ② 싸다니다, 갈팡질팡하다;

метафизика (메따피지까) — (여) 형이상학, 관념적인 철학

метафора (메따포라) — (여) (문학) 은유, 은유법, 암유(暗喩)

метёлка (메쭐까) — (여) *см.* метла; (식물) 고깔꽃차례, 원추화서

метель (메뗄) — (여) 눈보라, 취설(吹雪), 설풍(雪風), 설한풍(雪寒風), 눈바람

метеор (메쩨오르) — (남) (천문) 별찌, 유성, 별똥별, 유화운성(隕星), 분성(奔星)

метеорит (메쩨오리트) — (남) (천문) 운석, 별똥, 천운석, 성석

метеоритный (메쩨오리뜨느이) — (형): ~ дождь 별 찌비, 별똥별, 별띠

метеоролог (메쩨오로록) — (남) 기상학자(氣象學者)

метеорологический (메쩨오로로기체쓰끼이) — (형) 기상, 기상학적인; ~ая станция 기상관측소, 기상대, 관상대; ~ая сводка 기상통보

метеорология (메쩨오로로기야) — (여) 기상학(氣象學)

метил (메찔) — (남) (화학) 메틸(methyl), 메틸기

метиловый (메찔라브이) — (형) (화학); ~ спирт 메틸알코올 (methyl alcohol)

метис (메찌쓰) — (남) 잡종, 혼혈아

метить¹ (메찌찌) — (미완) 표를 찍다, 표를 하다, 표적하다

метить² (메찌찌) — (미완) в *кого-что* 겨누다;

- 581 -

метиться (메찌쨔)	(미완) в *кого-что* 겨누다, 조준하다,
метка (메뜨까)	(여) 표(標), 표적, 표식; 기호
меткий (메뜨끼이)	(형) ① 조준이 정확한, 백발백중; ② 딱(바로) 들어맞게, 정확한, 적중한;
метко (메뜨꼬)	(부) 백발백중으로, 적중하게, 딱(바로) 들어맞게;
метла (메뜨라)	(여) (자루가 긴) 비, 마당비
метод (메또드)	(남) 방법, 방식, 수단, 조치, 방안, 노우하우(know-how);
методика (메또지까)	(여) 방법, 방안, 방법론, 노우하우 (know-how);
методический (메따지체쓰끼이)	(형) ① 교수법, 방법, 방법적인; ② *см.* методичный
методичный (메따지츠느이)	(형) 규칙적인, 체계적인;
методологический (메따도로기체쓰끼이)	(형) 방법론적인
методология (메따도로기야)	(여) 방법론(方法論)
метр (메뜨르)	(남) ① 미터(meter); квадратный ~ 평방미터; кубический ~ 입방미터; 미터자; складной 합척
метраж (메뜨라즈)	(남) ① 미터로 표시하는 길이; ② 평방미터로 표시하는 면적;
метрика (메뜨리까)	(여) 출생증(出生證)
метрический[1] (메뜨리체쓰끼이)	(형); ~ая система мер 미터법; ~ая единица 미터단위
метрический[2] (메뜨리체쓰끼이)	(형): ~ое свидетельство 출생증
метро (중), **метрополитен** (남) 지하철도 (메뜨로) (메뜨로뽈리딴)	

Мм

- 582 -

метрополия (메뜨로뽈리야)	(여) 본토, 종주국(宗主國)
мех¹ (메흐)	(남), 털가죽;
мех² (메흐)	(남) (공학) 풀무, 야로, 풍상, 풍구
механизатор (메하니자똘)	(남) ① (농업) 기계운전공; ② 기계(화)전문가, 기계화 기술자
механизация (메하니자찌야)	(여) 기계화(機械化);
механизированный (메하니지로완느이)	(형) 기계화된
механизировать (메하니지로와찌)	(미완, 완) 기계화하다;
механизм (메하니즘)	(남) ① (기계의) 내부장치, 구조, 기구 ② 기관, 기구, 구조, 체계
механик (메하니크)	(남) ① 기계공(機械工), 기계기술자;
механика (메하니까)	(남) 역학; теоретическая ~ 이론역학; прикладная ~ 응용역학; квантовая ~ 양자역학;
механический (메하니체쓰끼이)	(형) ① 역학, 역학적인; ~ие законы 역학적 법칙; ② 기계, 기계적; ~ая энергия 기계적 에너지; ③ 기계적인 피상적인(皮相的);
механосборочный (메하나쓰보로츠느이)	(형): ~ цех 기계조립직장
Мехико (메히까)	(남) (불변) г. 메히꼬
меховой (메호보이)	(형) 털가죽, 모피, 털가죽으로 만든;
меч (메츠)	(남) 검(劍), 긴 칼, 장검(長劍)
меченый (메체느이)	(형) 표식이 있는, 표가 찍혀있는;
мечеть	(여) (회교) 사원, 교당, 교회

(메체찌)

мечта (메츠따)	(여) ① 숙망, 염원 ② 환상, 공상
мечтатель (메츠따쩰)	(남) 공상가, 환상가; 몽상자
мечтательный (메츠따쩰느이)	(형) 공상적인, 환상적인, 공상을 즐기다
мечтать (메츠따찌)	(미완) 꿈꾸다, 공상하다, 몽상하다, 염원하다
мешать¹ (메샤찌)	(미완) 방해하다, 방해를 끼치다, 저지하다, 방해가 되다;
мешать² (메샤찌)	(미완) ① 섞다, 혼동하다; ② 젓다;
мешкать (메스까찌)	(미완) 우물쭈물 거리다, 늑장부리다, 움질거리다;
мешковатый (메스꼬와뜨이)	(형) 할랑할랑한, 품이 너무 넓은, 헐렁헐렁;
мешковина (메스꼬비나)	(여) 마대, 천
мешок (메쇼크)	(남) 자루, 포대, 주머니, 섬;
мещанин (메샤닌)	(남) ① 소시민; ② 속물
мещанский (메샨쓰끼이)	(형) 소시민적인; 속물적인;
мещанство (메샨쓰뜨붜)	(중) ① 소시민근성 ② 소시민층
миазмы (미아즈므이)	(복수) 독기(毒氣), 악취(惡趣)
миг (믹)	(남) 순간, 찰나, 일조일석;
мигать (미완), мигнуть (완) (미가찌)	① 깜박거리다, 삼박거리다; 눈짓하다 ② 반짝거리다, 가물거리다
мигом (미곰)	(부) 경각에, 살시간에, 재빨리

Мм

миграция (미그라찌야)	(여) 이동(移動), 이주(移住)
мигрень (미그렌니)	(여) (의학) 쪽머리아픔, 편두통(偏頭痛)
мизерный (미젤느이)	(형) 극히 작은, 미세한, 보잘 것 없는;
мизинец (미지네쯔)	(남) 새끼손가락, 새끼발가락
микроб (미크로프)	(남) 미생물(微生物), 잔살이
микробиология (미크로비오로기야)	(여) 미생물학(微生物學)
микродоза (미크로도자)	(여) 미량(微量), 적은 분량
микроклимат (미크로클리마트)	(남) 미기호, 미세기호
микролитражный (미크롤리뜨라즈느이)	(형): ~ автомобиль 꼬마자동차
микрометр (미크로메뜰)	(남) (공학) 마이크로미터(micrometer), 측미계(測微計)
микрон (미크론)	(남) 미크론(micron: 미터의 100만분의 1)
микроорганизм (미크로오르가니즘)	(남) (생물) 미생물(微生物), 세균(細菌)
микроскоп (미크로쓰꼽)	(남) 현미경(顯微鏡); электронный ~ 전자현미경
микроскопический (미크로쓰꼬삐체쓰끼이)	(형) ① 현미경에 의한; ② 현미경적인 미세한
микрофон (미크로폰)	(남) 마이크, 송화기(送話機)
микроэлементы (미크로에레멘뜨이)	(복수) 미량원소(微量元素)
миксер (미크쎄르)	(남) 혼합기(混合機)
микстура	(여) 물약, 섞음 물약

Мм

(미크쓰뚜라)

милитаризация (밀리따리자찌야)	(여) 군사화, 군국주의화(軍國主義化);
милитаризм (밀리따리즘)	(남) 군국주의(軍國主義), 군벌주의
милитаризовать (밀리따리조와찌)	(미완, 완) 군사화하다, 군국(주의)화하다
милитарист (밀리따리쓰트)	(남) 군국주의자, 군벌주의자
милитаристский (밀리따리쓰뜨쓰끼이)	(형) 군국주의자적인, 군국주의적인;
милицейский (밀리쩨이쓰끼이)	(형) 경찰, 순경, 사회 안전원, 내무서원;
милиционер (밀리찌오녤)	(남) 경찰, 순경, 사회안전원, 내무서원
милиция (밀리찌야)	(여) 파출소, 사회 안전부, 내무서
миллиард (밀리찌알드)	(남) 10(십)억
миллиардер (밀리찌아르졜)	(남) 억만장자(億萬長者)
миллиграмм (밀리그람므)	(남) 미리그람
миллиметр (밀리메뜨르)	(남) 미리 미터
миллиметровка (밀리메뜨롭까)	(여) 모눈종이, 방안지(方眼紙)
миллион (밀리온)	(남) 100만, 백만.
миллионер (밀리오녤)	(남) 백만장자(百萬長者)
мило (밀로)	(부) 상긋이, 상냥스레, 빙그레;
миловидный (밀로비드느이)	(형) 귀엽게 생긴, 빤빤하다;

милосердие (밀로쎼르지에)	(형) 자비심, 연민
милосердный (밀로쎼르드느이)	(형) 자비심이 있는, 인자한;
милостивый (밀로쓰찌브이)	(형) 너그러운, 인자스러운, 관대하다
милостыня (밀로쓰뜨냐)	(여) 동냥, 구걸;
милость (밀로쓰찌)	(여) ① 은혜, 선심, 자비심; оказать ~ь 선심을 베풀다; ② 덕택, 혜택
милый (밀르이)	(형) ① 귀여운, 어여쁜, 곱살하다; ② 사랑하는, 친근하다; ~ый друг 친근한 벗
миля (밀랴)	(여) 마일(mile); морская ~ 해리 (1852 미터)
мимика (미미까)	(여) 표정, 내색, 형색, 감정표출.
мимо (미모)	① (부) 지나서, 빗나가다; пройти ~ 지나가다; стрелять ~ 빗나가다, 빗맞다; проехать ~ станции 정거장 옆을 지나가다; сесть ~ стула 의자에 빗겨앉다;
мимоза (미모자)	(여) (식물) 함수초(含羞草), 감응초(感應草), 미모사(mimosa)
мимолётный (미모료뜨느이)	(형) 순간적인, 일순간, 꿈결 같은, 덧없는;
мимоходом (미모호돔)	(부) ① 지나가는 길에, 도중에 ② 겸사겸사, 슬쩍, 지나가는 김에;
мина[1] (민아)	(여) (군사) 지뢰, 수뢰, 기뢰; ② 박격포탄
мина[2] (민아)	(여) (얼굴) 표정
миндалина (민달리나)	(여) (해부) 편도(선)
миндаль (민달)	(남) (식물) 편도, 감편도, 감복숭아, 아몬드:

минёр (민놀)	(남) (군사)지뢰를 부설(해제)하는 공병, 기뢰 부설병, 수뢰병
минерал (미네랄)	(남) 광물(鑛物), 광석(鑛石)
минералогия (미네랄로기야)	(여) 광물학(鑛物學), 광석학
минеральный (미네랄느이)	(형) 광물질(鑛物質);
миниатюра (미니아쮸라)	(여) 축소화, 축도(縮圖), 작은 그림;
миниатюрный (미니아쮸르느이)	(형) ① 축소의, 몹시 작은; ② 앙증한; ~ая девушка 아릿다운 처녀
минимально (미니말나)	(부) 최소한도로, 최하로
минимальный (미니말느이)	(형) 최소, 최소한, 최하, 최저
минимум (미니뭄)	(남) ① 최소한도, 최저한도, 최소량, 최저량; ② 적어도, 최소한(最小限)
минировать (미니로와찌)	(미완) 지뢰를 부설하다, 기뢰를 부설하다
министерство (미니쓰쩰쓰뜨뷔)	(중) 내각, (정부의) 부(部), 성(省)
министр (미니쓰뜨르)	(남) 상, 부장, 장관; ~ иностранный дел 외무상, 외교부장, 외무부장관; премьер- ~ 총리; заместитель ~а 부상, 차관(次官); кабинет ~ов 내각
минный (민느이)	(형): ~ое поле 지뢰부설구역
миновать (미나와찌)	(완) ① (옆을) 지나가다, 지나쳐가다, 통과하여 지나가다; ② 피하다, 면하다; ③ 지나다, 끝나다;
минога (미노가)	(여) 동물칠성장어
миноискатель (미노이쓰까쩰)	(남) 지뢰탐지기
миномёт	(남) 박격포, 근거리용곡사포

Мм

- 588 -

(미노묘뜨)

миномётчик
(미노묘뜨치크)

(남) 박격포수, 방사포병

миноносец
(미노노쎄쯔)

(남) 어뢰정(魚雷艇), 수뢰정(水雷艇);

минор
(미놀)

(남) 소조, 조소

минувший
(미누브쉬이)

(형) 지난, 지나간; ~год 지난해

минус
(미누쓰)

(남) ① (수학) 마이너스(minus), 덜기; 부수; знак ~a 덜기표; десять ~ пять -пять 10 덜기 5 는 5 이다; ② (불변) 영하; сегодня ~ десять 영하 10도(십도)이다; ③ 결함, 부족점

минута
(미누따)

(여) ① 분(分); без двадцати ~пять (이십)분전 5(다섯)시; ② 한순간; до последней ~ы 최후까지; одну ~у! 잠간만 좀 기다리십시오!; сию ~у 곧, 즉시; с ~ы на ~у 곧, 멀지 않아.

минутный
(미누뜨느이)

(형): ~ая стрелка (시계의) 분침; 일순간; ~ый успех 순간적인 성과; ~ое дело 간단한 일

минуть
(미누찌)

см. (완) миновать ① ② ③; ему ~ло сорок лет 그는 마흔살이 되었다

миокард
(미오까르드)

(남) (해부) 심근(心筋); инфаркт ~a 심근경색

мир¹
(미르)

(남) 우주, 세계; 계(界), 지구, 세상 весь ~ 온세계, 온 세상; животный ~ 동물계; растительный ~ 식물계

мир²
(미르)

(남) ① 평화; ② 강화조약

мираж
(미라즈)

(남) ① 신기루, 건달바성, 공중누각; ② 환상, 공상

мирить
(미리찌)

(미완) 화해시키다, 중재하다;

мириться
(미리쨔)

(미완) ① *с кем* 화해하다, 화목해지다 ② *с чем* 관대히 대하다, 양해하다;

мирно (미르나)	(부) 평화롭게, 화목하게, 사이좋게
мирный (미르느이)	(형) ① 평화(적인) 평화로운; ② 평온(태평)한, 평안한;
мировая (미로와야)	(여): пойти на ~ю 화해하다
мировоззрение (미로붜즈**레**니에)	(중) 세계관(世界觀), 인생관
мировой (미로**보**이)	(형) 세계, 세계적인;
миролюбивый (미로류비브이)	(형) 평화애호적인, 평화를 사랑하는;
миролюбие (미로류비에)	(중) 평화애호, 평화를 사랑하는 것
миропонимание (미로뽀니마니에)	(중) 세계관, 현실에 대한 이해
миросозерцание (미로쏘젤**짜**니에)	(중) 세계관, 가치관
миска (미쓰까)	(여) 사발, 바리, 밥통, 대접
миссионер (미씨오**넬**)	(남) 선교사, 전도사
миссия (미씨야)	(여) ① 임무, 사명; ② 공사관, 외교 대표부 ③ 사절단(使節團);
мистика (미쓰찌까)	(여) 신비주의, 신비로운 것
мистификация (미쓰찌피**까**찌야)	(여) 기만(欺瞞), 속여 넘기기
мистицизм (미쓰찌**찌**즘)	(남) 신비주의(神秘主義), 신비론
мистический (미쓰찌**체**쓰끼이)	(형) 신비적인, 신비주의(神秘主義)
митинг (미찐그)	(남) 군중대회, 집회, 결기모임
митинговать	(미완) 모임을 가지다; 군중집회에

Мм

(미쩬가**와**찌)	참가하다
митрополит (미뜨라빨리트)	(남) 대주교(大主教)
миф (미프)	(남) ① 신화(神話); ② 꾸며낸 이야기
мифический (미피체쓰끼이)	(형) 신화, 설화, 신화적인
мифологический (미포로기체쓰끼이)	(형) 신화의, 신화학적인
мифология (미팔로기야)	(여) 신화학, 신화, 설화; греческая ~ 희랍신화
Мих (Книга Пророка Михея, 7장, 899 쪽) 미가서 (미혜야)	
мичман (미츠만)	(남) 해군중위
мишень (미쉔니)	(여) ① 과녁(관), 목표; ② (조소, 공격 등의) 대상, 과녁받이;
мишура (미쉬우라)	(여) 금실과 은실; 허식, 겉치레
Мк (Евангелия от Марка, 16장, 38쪽) 마가복음 (마르까) (마르코의 복음서)	
младенец (믈라제네쯔)	(남) 갓난아이, 어린애; грудной ~ 젖먹이, 유아
младенчество (믈라젠체쓰뜨붜)	(중) 유년기(幼年期)
младший (믈랕쉬이)	(형) 나이가 보다 어린, 손아래; ② (직급, 지위 등이)보다 낮은, 하급
млекопитающие (믈레까삐따유쉬에)	(복수) (동물) 포유류, 포유동물
млечный (믈레츠느이)	(형); Млечный Путь (천문) 은하수
мне (므네)	*см.* я (여, 전)
мнение (므네니에)	(중) ① 의견, 견해, 소견, 생각; ② 평가, 논정(論定), 논평(論評).

- 591 -

мнимый (므니므이)	(형) 가상적인, 허구적인 거짓, 가짜의; ~ые числа (수학) 허수(虛數)
мнительность (므니쩰노쓰찌)	(여) 의심증(疑心症), 의혹심
мнительный (므니쩰느이)	(형) 의심(증)이 많은
мнить (므니찌)	(미완): много ~о себе 자고자대하다, 자만하다
многие (므노기에)	① (형) (복수) 많은, 다수, 여러; ② (명사로) 많은(여러) 사람들;
много (므노가)	① (부) 많이, 많게, 다량으로; ② (수사로) 많은, 다수의 ③ (술어로) 많다, 숱하다, 충분하다; ④ (+ 형용사 비교급) 훨씬 더;
многоборец (므나가보레쯔)	(남) (체육) 다종경기선수
многоборье (므나가보리에)	(중) (체육) 묶음경기, 다종경기
многовековой (므나가베꼬보이)	(형) 수세기, 옛날부터 내려온;
многоводный (므나가볻느이)	(형) 수량(물)이 많은. 물이 넉넉한;
многогранник (므나가그란니크)	(남) (수학) 다면체, 곡면체
многогранный (므나가그란느이)	(형) 다방면적인, 다양한;
многодетный (므나가제뜨느이)	(형) 아이가 많은, 자식이 많은;
многое (므나고에)	(중) 많은 것 во ~м 많은 점에 있어서
многоженство (므나가죤스뜨붜)	(중) 일부다처제(一夫多妻)
многозначительно (므나가즈나치쩰나)	(부) 뜻 깊이, 의의 깊게, 의미심장한 (意味深長限)
многозначительный (므나가즈나치쩰느이)	(형) ① 큰 의의가 있는, 중대한 ② 뜻깊은, 의미심장한

многозначный
(므노가즈나츠느이)
(형) 1) (언어) 다의의: ~ое слово 다의어; ② (수학); ~ая функция 다가함수

многоквартирный
(므노가크와르찔느이)
(형): ~ дом 세대가 많은 살림집(주택)

многоклеточный
(므나가크례또츠느이)
(형) (생물) 여러세포, 다세포(多細胞)

многократный
(므나가크라뜨느이)
(형) 여러 번(여러 차례)에 걸친, 수차

многолетний
(므나가례뜨느이)
(형) ① 다년간, 여러 해에 걸친; ② (식물) 여러해살이; 다년생(多年生);

многолюдный
(므나가류드느이)
(형) 사람이 많은;

многоместный
(므나가몌쓰뜨느이)
(형) 자리가 많은, 좌석이 많은

многомиллионный
(므나가밀리온느이)
(형) 수백만, 수 천수 백만;

многонациональный
(므나가밀리온날느이)
(형) 다민족(多民族), 여러민족

многообещающий
(므나가오볘쌰유쉬이)
(형)(장래) 유망하다;

многообразие
(므나가오라즈니에)
(중) 다양성, 다종다양한것; 각양각색

многообразный
(므나가오브라쓰느이)
(형) 여러 가지, 다양한, 다종다양한, 각양각색

многоотраслевой
(므나가오뜨라쓸례보이)
(형) 부문이 많은, 다각적인

многосемейный
(므나가세몌이느이)
(형) 식솔이 많은, 가족이 많은

многословие
(므나가쓸로비에)
(중) 말수가 많은 것, 수다스러운 것

многословный
(므나가쓸롭느이)
(형) 수다스러운, 말수가 많은, 말 많은

многостаночник
(므나가쓰따노츠느크)
(남) 여러 기대 공, 다기대공(多機臺工)

Мм

многоствольный (므나가쓰뜨볼ㄴ이)	(형): ~ миномёт 방사포(放射砲)
многостепенный (므나가쓰쩨뺀ㄴ이)	(형) 여러 단을 걸치는, 다단삭(多段式)
многосторонний (므나가쓰또론니이)	(형) ① 다면; ② 다방면적인; ③ 다자주의(多者主義);
многострадальный (므나가쓰뜨라달ㄴ이)	(형) 많은 고통을 겪는, 천신만고 괴로움 받는;
многоступенчатый (므나가쓰뚜뺀차뜨이)	(형) 다단식의
многотиражный (므나가찌라즈ㄴ이)	(형) 부수가 많은;
многотомный (므나가똠ㄴ이)	(형) 권수가 많은, 여러 권으로 된
многоточие (므나가또치에)	(중) 줄임표, 점선(點線)
многоуважаемый (므나가우바좌에므이)	(형) 마음속으로부터 존경하는, 경모하는, 존경하고 사모하는.
многоугольник (므나가우골니크)	(남) 다각형(多角形)
многочисленный (므나가치쓸렌ㄴ이)	(형) ① 수많은, 허다한, 무수한; ② 이원이 많은, 사람이 숱한;
многочлен (므나가츠렌)	(남) (수학) 여러 마디식, 다항식
многоэтажный (므나가에따즈ㄴ이)	(형) 여러 층, 다층(多層), 고층(高層);
множественный (므노줴쓰뜨뺀ㄴ이)	(형): ~ое число (언어) 복수(復水)
множество (므노줴쓰뜨붜)	(중) 다수, 많은 수, 다량; бесчисленное ~ 부지기수
множимое (므노쥐마에)	(중) (수학) 곱하임수, 피승수
множитель (므노쥐쩰)	(남) (수학) 곱하는 수, 승수, 곱수.
множить	(미완)см. умножать

- 594 -

(므노줴찌)

мной , мною
(므노이)(므노유)

мобилизационный
(마빌리자찌온느이)

мобилизация
(마빌리자찌야)

мобилизованный
(마빌리조완느이)

мобилизовать
(마빌리조와찌)

мобилизующий
(마빌리주유쉬이)

мобильность
(마빌리노쓰찌)

мобильный
(마빌느이)

Могадишо
(마가디쇼)

могила
(마기라)

могильный
(마길느이)

могильщик
(마길쉬크)

могучий
(마구치이)

могущественный
(마구쉐쓰뜨볜느이)

могущество
(마구쉐쓰뜨붜)

мода
(모다)

модальный
(마달느이)

см. я (조)

(형) 동원의, 동원적인;

(여) 동원; всеобщая ~ 총동원

① (형) 동원된 ② (남) 동원병력

(미완, 완) 동원하다, 일떠세우다;
전시체제로 개편하다

(형) 동원적인

(여) 기동성, 기동력;

(형) 기동적인, 기동성이 있는;
~ые части (군사) 기동부대

(남) (불변) 모가디슈

(여) 무덤, 묘(墓), 뫼, 산소, 묘지;
братская ~а 합장묘, 공동묘지;

(형) 무덤의, 묘의, 산소의, 묘지로

(남) ① 굿을 파는 사람; ② 매장자

(형) 거세찬, 위력한, 강력한, 강대한;
~ее телосложение 튼튼한 몸(체격)

(형) 위력있는, 강대한, 강유력한

(중) 위력, 강력, 강대

(여) 유행;

(형) (언어) 양태: ~ые слова 양태어;
~ые глаголы 양태동사

- 595 -

модель (마델)	(여) ① 모델(model), 본보기, 견본; ② 모형, 모형도; ③; автомобиль новой ~и 신모델 자동차, 신형자동차
модельер (마델에르)	(남) 견복 제작인, 모델 제작인, 본 만든 사람
модельный (마델느이)	(형) (신발, 옷이) 최신형모델(견본)에 맞은
модерн (마델느)	(남) 최신식, 현대식.
модернизация (마델니자찌야)	(여) 현대화, 근대화;
модернизировать (마델니지로와찌)	(미완, 완) 현대화(근대화)하다;
модернизм (마델니즘)	(남) (문학) 근대사조, 현대사상, 모더니즘(modernism)
модник (남), **~ца** (여) (모드니크)	유행을 따르는 사람
модничать (모드니차찌)	(미완, 완) 멋을 부르다
модный (모드느이)	(형) ① 유행에 따르는(맞은), 신식; ② ~ое слово 유행어
модуляция (마두랴찌야)	(여) ① (음악) 전조; ② (물리) 변조
моё (마요)	*см.* мой; (명사) (중) 나의 것;
можжевельник (마즈줴벨니크)	(남) (식물) 노가주나무
может быть (마줴트 븨찌)	(삽입어) 아마
можно (모쥐나)	(술어로) ① ~할 수 있다; ② ~해도 좋다(되다); ~ войти? 들어가도 좋습니까?
мозаика (마자이까)	(여) 쪽무늬 그림, 모자이크
Мозамбик (마잠비크)	(남) 모잠비크

мозг (모스크)	(남) 뇌(腦), 뇌수, 두골; головной ~ 머리 골, 뇌수; спинной ~ 등골, 척수; костный ~ 뼈속, 골수; до ~a костей 뼈(속)에 사무친
мозжечок (마즈쩨초크)	(남) (해부) 소뇌(小腦), 작은골
мозжить (마즈쥐찌)	(미완) 쿡쿡 쑤시다;
мозолистый (마쫄리쓰뜨이)	(형) 물집(못)이 많은 잡힌;
мозолить (마쫄리찌)	(미완) 굳은살이 박히게 하다, 물집이 생기게 하다; ~ глаза 성가시게 눈앞에 나타나서 싫증나게 하다
мозоль (마쫄)	(여) 못, 물집; 티눈; 군살;
мой (모이)	(명사로)(복수) мой (домашние) 친척들, 가족들; что-л. 나의 것들
мой (모이)	(소유 대) (моя (여), моё(중), мои (복수)) 나의; ~ дом 나의 집; (명사로) (남) 나의 것; моя книга 나의 책; моё зеркало 나의 거울; мои книги 나의 책들
мойка (모이까)	(여) ① 씻기 ② 씻개, 씻는 기계
мокнуть (모크누찌)	(미완) ① 젖다, 축축해지다; ② (물 등에) 잠겨있다
мокрота (마크로따)	(여) 가래, 담(痰), 각출물;
мокрый (모크르이)	(형) 젖은, 축축한, 물에 적신; ~ый снег 축축한 눈;
мол (몰)	(남) 해벽, 물결막이 둑, 방파제(防波堤)
молва (말와)	(여) 풍문(風聞), 평판(評判)
молдаване (복수) (~ин (남), ~ка(여)) 몰다비아사람(들) (말다와니에)	

Мм

- 597 -

Молдавия (말다비야)	(여) 몰다비아;
(Молдавская Советская Социалистическая Республика)	몰다비아 소비에트 사회주의공화국
молдавский (말다브쓰끼이)	(형) 몰다비아의
молекула (말레꿀라)	(여) (화학, 물리) 분자(分子), 입자
молекулярный (말레꿀랴르느이)	(형):~ый вес 분자량(分子量)
молибден (말리브덴)	(남) (화학) 몰리브덴, 수연(水鉛)
молитва (말리뜨와)	(여) ① 기도, 기원, 예배; ② 기도문
молить (말리찌)	(미완) *см.* умолять
молиться (말리쨔)	(미완) ① 기도하다 ② 숭배(숭상)하다
моллюск (말류쓰크)	(남) (동물) 연체동물, 조개, 문어
молниеносно (말니에노쓰나)	(부) 순간적으로, 삽시간에; 인차. 즉시
молниеносный (말니에노쓰느이)	(형) 번개같이 빠른; ~ая война 전격전, 속전
молния (몰니야)	(여) ① 번개, 뇌화, 전광, 벼락, 낙뢰; ② 쟈크; 지급전보; 속보, 빨리알림
молодёжный (말로죠즈느이)	(형) 청년, 젊은 사람들이 쓰는(입는);
молодёжь (말로죠쥐)	(여) (집합) 청년(남녀), 젊은이;
молодеть, помолодеть (말로제찌, 빠말로제찌)	(미완) 젊어지다
молодец (말로제쯔)	(남) 건장한 젊은이; 참 장하다;
молодиться (말로지쨔)	(미완) 젊어 보이려고 애쓰다

Мм

молодняк (말로드냐크)	(남) ① 어린동물 ② 어린 나무숲
молодожён (말로도죤)	(남) ① 새서방, 신랑; ②: ~ы (복수) 신혼부부
молодой (말로도이)	(형) 젊은, 청소한;
молодость (몰로도쓰찌)	(여) 청년시절, 청년기, 젊은 시절; 청춘(靑春), 청춘기
молодчина (말로드치나)	(남) *см.* молодец
моложавый (말로좌브이)	(형) 젊어 보이는, 애티가 나는
моложе (말로줴)	(молодой 의 비교급) 더 젊은(젊게);
молоко (말라꼬)	(중) 젓, 우유, 밀크; коровье ~ 소젓; козье ~ 염소젓; сгущённое~졸임젓; порошковое(сухое) ~ 가루젓, 분유.
молот (몰로트)	(남) ① 망치, 마치, 해머(hammer), 장도리; ② (체육) 쇠몽치, 철추
молотилка (말라찔까)	(여) 낱알 터는 기계, 탈곡기(脫穀機)
молотить (말라찌찌)	(미완) 마당질하다, 낱알 털기하다.
молоть (말로찌)	(미완) 찧다, 제분하다; ~ языком 입방아를 찧다, 떠벌이다
молотьба (말라찌바)	(여) 낟알털기, 마당질, 탈곡(脫穀)
молочная (말로츠나야)	(여) 우유상점
молочник (말로츠니크)	(남) 우유넣는 그릇, 밀크통
молочница (말로츠니짜)	(여) 우유판매원
молочно-товарный (말로츠나-또와르느이)	(형): ~ая ферма 우유제품을 생산하는 목장(牧場)

Мм

- 599 -

молочный (말로츠느이)	(형) ① 젖으로, 우유의, 밀크의; ② 젖을 넣은, 우유로 만든;
молча, молчаливо (몰차, 몰차리붜)	(부) 잠자코, 묵묵히;
молчаливый (말찰리브이)	(형) ① 말이 적은, 묵중한, 과묵한, ② 말 없는 ;
молчание (말차니에)	(중) 침묵(沈默), 묵언, 암묵
молчать (말차찌)	(미완) 잠자코(묵묵히) 잇다, 침묵하다; 말 말어!
моль (몰)	(여) 좀 벌레, 미물, 버러지
мольба (말바)	(여) 애원(哀願), 애걸(哀乞); 간청(懇請)
мольберт (말베르트)	(남) 그림 버티개, 화가(畵家), 캔버스
момент (마몐트)	(남) *см.* миг; 모멘트, 때, 시기; 기회 계기, 요소, 측면; удобный ~ 좋은 기회; упустить ~ 기회를 놓치다 положительный ~ 긍정적 요소(측 면); в один ~ 순식간에
моментально (마몐딸리나)	(부) 일순간에, 순식간에, 곧, 찰나 (刹那), 순간에, 즉시에
моментальный (마몐딸느이)	(형) 순간적인, 순식간의, 즉시적인;
Монако (마나까)	(중) (불변) *госво* 모나코
монарх (마날흐)	(남) 군주(君主), 황제, 군왕, 황왕
монархизм (마날히즘)	(남) 군주정체, 군주제도, 군주정치
монархист (마날히쓰트)	(남) 군주제도지지자, 군주제도 옹호자
монархический (마날히체스끼이)	(형) 군주정체의, 군주제도의
монархия	(여) ① 군주정체. 군주제도; ② 군주국

- 600 -

(마날히야)	конституционная ~ 입헌군주정치;
монастырь (마나쓰뜨리)	(남) 절; 수도승, 승려, 스님, 중
монах (마나흐)	(남) 중, 승려(僧侶), 수도승, 스님
монахиня (마나히냐)	(여) 수녀, 여자중, 여승, 비구니.
Монголия (망골리야)	(여) 몽골(Mongol)
монголы (망골릐)	(복수) ~(남),~ка (여) 몽골사람(들)
монгольский (망골쓰끼이)	(형) 몽골의
монета (마네따)	(여) ① 쇠돈, 주화; ② 돈, 화폐
монетный (마네뜨느이)	(형): ~ двор 조폐국
монография (마노그라피야)	(여) 전공논문
монолитность (마놀리뜨노쓰찌)	(여) 결속, 단결(斷結)
монолитный (마놀리뜨느이)	(형) 반석(철석)같은;
монолог (마놀로그)	(남) 혼자 말, 독백, 독언, 모놀로그 (monologue)
монополизировать (마노빨리지로와찌)	(미완, 완) 독점하다
монополистический (마노빨리스찌체쓰끼이)	(형) 독점적인, 독점, 전매(轉買);
монополия (마노뽈리야)	(여) ① 독점, 전매; 독점권, 전매권, ② 독판치기, 독차지
монопольный (마노뽈리느이)	(형) 독점의, 전매의;
монотонный (마노똔느이)	(형) 단조로운, 따분한, 천편일률적인

Мм

Монровия (몬로비야)	г. 몬로비아
монтаж (만따즈)	(남) ① (공학) 조립, 맞춤, 짜맞춤; ② (예술, 문학) 편성, 조직, 형성
монтажник (만따즈니크)	(남) 조립공, 기계조립공
Монтевидео (만뗴비데오)	(남) (불변) г. 몬뗴비데오
монтёр (만쪠르)	(남) 전공(專攻)
монтировать (만찌로와찌)	(미완) ① (공학) 조립하다 ② (예술, 문학) 편성하다;
монумент (만누몐트)	(남) 기념비(紀念碑), 기념탑(記念塔)
монументальный (만누몐딸리느이)	(형) ① 기념비적인, 웅장한, 으리으리한; ② 심오한, 그윽한, 깊숙한;
мораль (마랄)	(여) ① 도덕, 도리, 도의심; 도, 덕 ② 훈계(訓戒), 훈고, 훈유;
моральный (마랄리느이)	(형) ① 도덕적인, 도의적인; ② 정신적인
мораторий (마라또리이)	(남) 중지, 중단;
морг (모르그)	(남) 사체실(死體室), 시체실
моргать (미완), ~нуть (완) (마르가찌)	① (눈을) 깜박거리다(깜박이다) ② 눈짓하다;
морда (모르다)	(여) (동물의) 낯바닥, 상판
море (모레)	(중) 바다, 대양, 대해, ~해(海);
мореплавание (마레쁘라와니에)	(중) 항해(航海), 항해술(航海術)
мореплаватель (마레쁘라와쪨)	(남) 항해자(航海者), 항행자(航行者)
морж	(남) (동물) 바다코끼리

Мм

- 602 -

(모르즈)	
Morze: (모르제)	모르스; азбука ~ 모르스 전신부호; аппарат ~ 모르스 전신기
морить (마리찌)	(미완) ① 소멸하다, 박멸하다, 죽여버리다; ② 고생시키다, 맥빠지게 하다;
морковь (마르꼬비)	(여) 홍당무(우), 당근, 홍나복
мороженое (마로줴노에)	(중) 아이스크림(ice-cream)
мороженый (마로줴느이)	(형) 냉동한, 언; ~ая рыба 냉동물고기
мороз (마로즈)	(남) 추위, 한기, 초한; трескучий ~ 혹한; крепкий ~ 사나운 추위; пять градусов ~а 영하 5도
морозить (마로지찌)	(미완) ① 얼구다, 냉동하다; ② ~ит (미인칭) 날씨가 추워진다(춥다)
морозный (마로즈느이)	(형) 몹시, 추운, 추위가 심한;
морозостойкий, морозоус-тойчивый (마로조쓰또이끼이)	(형) 내한성이 있는(강한), 추위를 잘 이겨는; ~ые культуры 내한성 작물
моросить (마로씨찌)	(무인칭): дождь ~т 비가 보슬보슬 온다, 보슬비가 내리고 있다
моросящий (마로샤쉬이)	(형): ~ дождь 보슬비
морочить (마로치찌)	(미완): ~ голову 속이다, 우롱하다
морс (모르쓰)	(남) 과일즙으로 만든 청량음료
морской (마르쓰꼬이)	(형) ① 바다, ② 해상, 해양; ③ 해군, 수군, 해병.
морфема (마르폐마)	(여) (언어) 형식형태소(조사, 어미)
морфий (모르피이)	(남) (의학) 모르핀(morphine);

Мм

морфоло́гия (마르폴로기야)	(여) (언어) 형태론, 형태변화체계
морщи́на (마르쉬나)	(여) ① 주름살; ② (천, 종이) 구김살
морщи́нистый (마르쉬니쓰띠이)	(형) 주름살이 많은(진, 잡힌) 오글쪼글한;
морщи́ть (모르쉬찌)	찡그리다, 찌푸리다, 주름살을 짓다
моря́к (마르야크)	(남) 바다사람, 선원(船員); 해병(海兵), 뱃꾼, 뱃사람, 승무원, 선인, 수부
Москва́ (모쓰크와)	(여) 모스크바(Moscow), 러시아 수도
москви́ч (모쓰크비츠)	(남) 모스크바 사람(Moscow 人); ~и (복수) 모스크바 시민(Moskva)
моски́т (모스끼트)	(남) (열대지방의) 모기
моско́вский (모쓰꼽쓰끼이)	(형) 모스크바의
мост (모쓰트)	(남) 다리, 교량, 가교; железнодоро́жный ~ 철(길)다리, 철교 подвесно́й ~ 구름다리; разводи́ть ~ 다리를 떼다; наводи́ть (перебро́сить) ~ ~와 ~사이에 다리를 놓다
мо́стик (모쓰찌크)	(남) см. мост; капита́нский ~ 선교
мости́ть (모쓰찌찌)	(미완) 깔다, 포장하다
мостки́ (마쓰뜨끼)	(복수) ① 널다리; ② (배를 대는) 부두다리; ③ 빨래널; ④ 널걸음길
мостова́я (마쓰따와야)	(여) 포장도로, 아스팔트도로
мостово́й (마쓰또보이)	(형): ~ кран (공학) 다리 기중기, 교량식 기중기
мот (모트)	(남) 낭비자, 허비자, 방탕아.
мота́льный	(형) 감겨지는, 감겨 있는, 감겨 붙는:

(마딸느이)	~ая машина 감는 기계, 권선기
мотать¹ (마따찌)	(미완) ① 얼레에 감다; 감다, 돌리다; ② 젓다, 흔들다, 뒤흔들다
мотать² (마따찌)	(미완) 낭비하다, 허비하다, (헛되이) 막써 버리다, 재산을 탕진하다
мотаться (마따쨔)	(미완) ① 흔들거리다, 너덜거리다 ② 싸대다, 바삐돌아가다(갔다왔다하다)
мотив¹ (마찌프)	(남) 곡조, 가락, 선율, 멜로디(melody), 칸토(canto), 음조, 음율, 금성옥진
мотив² (마찌프)	(남) ① 동기, 이유; ② 논거(論據)
мотивировать (마찌비로와찌)	(미완, 완) 동기(원인)를 선령하다, 이유를 대다
мотивировка (마찌비로브까)	(여) ① 동기(이유)의 설명; ② 논거
мотовство (마똡쓰드보)	(중) 낭비, 허비, 사치
мотогонки (마또곤끼)	(복수)(체육) 모터사이클, 모우터바이시클(motorbicycle), 오토바이(autobike)
моток (마또크)	(남) 꾸리, 몽당이;
мотокросс (마또크로쓰)	(남) (체육) 오토바이 대륙 횡단경기
мотор (마또르)	(남) 발동기, 전동기, 동력기, 기관, 모터(motor)
моторист (마또리쓰트)	(남) 운전공, 모터공
моторный (마또르느이)	(형): ~ый вагон 전동차; ~ая лодка 모터배, 발동(기)선, 통통배
моторостроение (마또로스뜨로에니에)	(중) 발동기제작공업
мотоцикл, мотоциклет (마또찌끌) (모또찌클렡)	(남) 오토바이, 모터서클
мотоциклист (마또찌클리쓰트)	(남) 오토바이 타는 사람; 모터사이클병

мотыга (마띄가)	(여) 괭이, 호미
мотылёк (마띨료크)	(남) 부나비, 하루살이, 밤나비
мох (모흐)	(남) 이끼, 녹태(綠苔), 선태(蘚苔), 태선
мохнатый (마흐나뜨이)	(형) ① 털이 복슬복슬한 ②; ~ое полотенце 타올, 수건
моча (마차)	(여) 오줌, 소변(小便), 소수
мочалка (마찰까)	(여) 수세미
мочевой (마체보이)	(형) 오줌의, 소변의:
мочегонный (마체곤느이)	(형) 이뇨제: 배뇨제
мочеиспускание (마체이쓰뿌쓰까니에)	(중) 비뇨, 배뇨, 오줌내기, 이뇨
мочёный (마쵸느이)	(형) 물에 담근, 침을 담근
мочеполовой (마체뽀로보이)	(형) 비뇨생식기
мочить (마치찌)	(미완) ① 적시다, 축이다 ② 담그다, 불구다, 우리다;
мочиться (마치쨔)	(미완) 오줌을 누다, 소변을 보다
мочка (모츠까)	(여) 귀볼, 귀방울, 이근
мочь¹, смочь (모치) (스모치)	~할 수 있다; я могу пойти 나는 갈 수 있다; не могу больше 더는 할 수 없다; может быть 아마 ~할지도 모른다; не может быть 그럴수가 없다
мочь² (모치)	(여); во всю ~ь, изо всей ~и ; что есть ~и 있는 힘(전력)을 다하여, 힘껏; ~и нет 맥이 없다, 못견디겠다

Мм

- 606 -

мошенник (마쉔니크)	(남) 사기군, 협잡꾼
мошенничать (마쉔니차찌)	(미완) 사기질 하다, 협잡질 하다, 속임질 하다
мошеннический (마쉔니체쓰끼이)	(형) 사기적인, 협잡하는, 사기군 같은
мошенничество (마쉔니체쓰뜨붜)	(중) 사기(詐欺), 협잡(挾雜), 속임수
мошка (모쉬까)	(여) (곤충) 갈파리, 필라리아모기
мошкара (마쉬까라)	(여) (집합) 필라리아모기들이
мощёный (마쇼느이)	(형) 포장한; ~ая дорога 포장도로
мощность (마쉬노쓰찌)	(형) ① 위력, 강대성, 힘 ② 능력, 능률 출력, 용량; ② ~и (복수): энергетические ~и 동력장치; производственные ~и 생산설비
мощный (모쉬느이)	(형) ① 강력한, 위력 있는, 세찬, 힘이 대단하다; ② 출력(능력, 마력)이 높은;
мощь (모쉬)	(여) ① 위력, 강대성, 힘, 세력; ② 능력, 능률
мрак (므락)	(남) 어둠, 어두움, 암흑(闇惑), 회명
мракобесие (므라까베씨에)	(중) 몽매주의(蒙昧主義)
мрамор (므라몰)	(남) 대리석(大理石), 석회암
мраморный (므라몰느이)	(형) 대리석의, 대리석으로 만든
мрачнеть (므라츠네찌)	(미완) ① 음침해지다, 스산해지다, 쓸쓸해지다; ② 어두워지다, 흐려지다
мрачный (므라츠느이)	(형) 침울한, 쓸쓸한, 스산한;
мститель (므스찌쩰)	(남) 복수자

Мм

мстительный (므스찌쩰느이)	(형) 복수심이 강한, 앙갚음하는
мстить (므스찌찌)	(미완) 복수하다, 앙갚음하다
мудрено (무드례노)	(부): ~ решать 해결하기 힘들다; не ~, что 응당하다, 충분히 이해할만 하다; на тебя ~ угодить 너의 비위 를 맞추기는 거의 불가능하다
мудрёный (무드료느이)	(형) ① 이상한, 기묘한 ② 복잡한, 까다로운;
мудрец (무드례쯔)	(남) 지혜로운 사람
мудрить (무드리찌)	(미완) 까다롭게 굴다, 꾸며내다, 꾀를 부리다
мудрость (무드로쓰찌)	(여) 현명성, 지혜, 슬기, 혜지
мудрый (무드르이)	(형) 현명한, 영명한, 명철한, 슬기로운
муж (무스)	(남) 남편(男便), 지아비, 남정네
мужать (무좌찌)	(미완) 어른 되다; 장성하다, 강화되다
мужаться (무좌짜)	(미완) 기운을 내다, 용기를 내다, 정신을 차리다
мужественный (무쮀쓰뜨벤느이)	(형) 용감한, 강의한;
мужество (무쮀쓰뜨붜)	(중) 강의성, 용감성
мужик (무쥑크)	(남) 사나이, 남정(男丁), 젊은 남자
мужской (무스꼬이)	(형) 남자 같은, 사나이 같은; 사내 같은
мужчина (무치나)	(남) 남자(男子), 사나이, 사내, 남아
муза (무자)	(여) 창작적 영감

музей (무제이)	(남) 박물관(博物館), 기념관;
музыкальный (무즤깔느이)	(형) ① 음악의; ~ый инструмен 악기; ~ая школа 음악학교 ② 음악적인, 노래적인
музыкант (무즤깐트)	(남) 음악가, 악사(樂師), 악공, 연주자
мука¹ (무까)	(여) 고통, 괴로움, 고민, 쓰라림, 아픔
мука² (무까)	(여) 가루, 분말, 낟알(곡식)가루;
мукомольный (무꼬몰느이)	(형):~ завод 제분공장(製粉工場)
мул (물)	(남) 노새
мультипликационный (물찝리까찌온느이)	(형): ~ фильм 만화영화(漫畵映畵)
мультипликация (물찝리까찌야)	(여) (영화) 만화영화촬영, 만화영화
мумия (무미야)	(여) 목내이(木乃伊), 미라(mirra), 미이라(mirra), 머미(mummy)
мундир (문지르)	(남) 정복(正服), 제복, 군복(軍服)
мундштук (문드쉬뚜크)	(남) 물부리
муниципалитет (무니찝빨리쩰)	(남) 지방자치기관
муравей (무라붸이)	(남) 개미, 곽공충(郭公蟲)
муравейник (무라붸이니크)	(남) 개미집
муравьиный (무라브비느이)	(형) 개미의, 곽공충 같은;
мурашки (무라스끼이)	(복수): по телу (спине) бегают ~ 소름이 끼친다

мурлыканье (물릐까니에)	(중) (고양이 따위) 가르릉 거리는 것 (소리)	
мурлыкать (물릐까찌)	(미완) (고양이) 가르릉 거리다	
мускул (무스꿀)	(남) 힘살, 근육, 심줄, 살, 근(筋)	
мускулатура (무스꿀라뚜라)	(여) 힘살, 힘살(근육) 계통(조직)	
мускулистый (무스꿀리쓰뜨이)	(형) 근육이 잘 발달된(불끈불끈한)	
мускульный (무스꿀리느이)	(형) 힘살, 근육, 심줄; ~ая сила 근력	
мусор (무쏘르)	(남) 쓰레기, 검불, 사물, 진게	
мусорный (무쏘르느이)	(형): ~ ящик 쓰레기통, 휴지통	
мусоропровод (무쏘로쁘로봍)	(남) 쓰레기를 버리는 구멍	
муссон (무쏜)	(남) 철바람, 계절풍, 계후풍, 기후풍, 신풍, 몬순(monsoon)	
мусульманин (무쑬만인)	(남) 회교도, 마호메트교도, 이슬람교	
мусульманский (무쑬만쓰끼이)	(형) 회교, 이슬람교(Islam), 회회교 (回回敎), 마호메트교(敎)	
мусульманство (무쑬만쓰뜨뷔)	(중) ① 회교 ② (집한) 회교도	
мутация (무따찌야)	(여) (생리) 돌연변이, 우연변이	
мутить (무찌찌)	(미완) ① (물 등을) 흐리다 ② (정신을) 흐리게 (몽롱케)하다 ③ (무인칭); меня ~т 구역질나다, 메스껍다; ~ть воду 일부러 혼란시키다(불안케 하다)	
мутнеть (무뜨네찌)	(미완) 흐려지다;	
мутный	(형) ① 흐린, 우중충한, 혼탁한;	

(무뜨느이)	② 몽롱한;
му́торный (무또르느이)	(형) 흐리터분한;
муть (무찌)	(여) 흐린 것, 앙금, 물때
му́фта (무프따)	(여) ① (옷의) 토시; ② (공학) 끼움토시, 축잇개, 카프링
му́ха (무하)	(여) 파리; 집파리, 가승
мухомо́р (무호몰)	(남) 붉은 파리버섯
муче́ние (무체니에)	(중) 고통, 고민, 괴로움
му́ченик (남),**~ца** (여) (무체니크)	(늘) 고통(고생)받는 사람; 목숨을 바치는 사람; 수난자
мучи́тель (무치쩰)	(남) 학대자, 박해자
мучи́тельный (무치쩰르이)	(형) 괴로움, 고통스러운, 견딜수 없는
му́чить (무치찌)	(미완) 괴롭히다, 학대하다, 고통을 주다;
му́читься (무치쨔)	(미완) ① 괴로워하다, 고통을 받다;
мучни́стый (무치쓰뜨이)	(형) 가루를 포함한, 가루 같은, 전분을 포함한
мучно́й (무츠노이)	(형) 가루로 만든
му́шка (무스까)	(여) (군사) 겨눔못, 조성;
муштра́ (무스뜨라)	(여) ① 강제훈련 ② (군사) 교련
муштрова́ть (무스뜨로와찌)	(미완) 강제훈련하다, 엄격하게 교양하다; 교련하다
Мф (Ева́нгелия от Матве́я, 28장, 1쪽) (마테야)	마태복음 (마태오의 복음서)

Мм

мчать(ся) (므차찌)	(미완) 내닫다, 달음박질하다, 힘차게 달리다(질주하다); поезд мчится 기차가 달리고 있다
мщение (므쉐니에)	(중) *см.* месть
мы (믜)	(인칭 대) (복수) (нас(생,대), нам(여), нами (조), о нас(전))우리, мы довольны 우리는 만족하다; нам это интересно 우리에게는 이것이 재미있다; ~ с тобой 나와 너
мылить (믤리찌)	(미완) 비누칠하다; ~ руки 손에 비누칠하다
мылиться (믤리쨔)	(미완) ① 자기 몸에 비누칠을 하다 ② 거품이 일다, 풀리다
мыло (믤로)	(중) 비누; туалетное ~ 세수비누; хозяйственное ~ 빨래비누
мыловаренный (믤로와렌느이)	(형) ~ завод 비누공장
мыльница (믤리니짜)	(여) 비누갑, 비누통
мыльный (믤리느이)	(형) 비누의; ~ая пена; 비누거품 ~ый пузырь 비누기포; ~ые руки 비누칠한 손;
мыс (믜쓰)	(남) ① 곶, 갑 ② 뾰죽히 내민곳, 뾰죽히 내민부분
мысленно (믜쓸렌나)	(부) 속으로, 마음으로, 상상하여
мыслимый (믜쓸리므이)	(형) 될 수 있는, 있을 수 있는;
мыслитель (믜쓸리쩰)	(남) 사상가, 철학가, 사상자
мыслить (믜쓸리찌)	(미완) 사고하다, 사유하다, 사색하다; ② 생각하다; ③ 상상하다
мысль (믜쓸리)	(여) ① 사유, 사색, 상념, ② 의도, 생각, 사상
мыслящий	(형) 사고력이 있는, 사려 깊은

(믜쓸랴쉬이)

мытарство
(믜딸쓰뜨뷔)
(중) 고생, 고통, 괴로움;

мыть
(믜찌)
(미완) 씻다, 세척하다, 빨다

мыться
(믜짜)
(미완) 몸을 씻다, 목욕하다

мычание
(믜차니에)
(중) 음매울음, 영각

мычать
(믜차찌)
(미완) (소가) 음매하고 울다, 영각하다

мышеловка
(믜쉘롭까)
(여) 쥐창

мышечный
(믜쉐츠느이)
(형) 힘살, 근육(筋肉);

мышиный
(믜쉬느이)
(형) 쥐의, 쥐 같은;

мышка
(믜스까)
(여) нести под ~ой 겨드랑이에 끼고 가져가다

мышление
(믜쉴레니에)
(중) 사유, 사고, 사색; 생각하는 것.

мышонок
(믜쇼노크)
(남) 쥐새끼

мышца
(믜스짜)
(여) (해부) 힘살 근육(筋肉);

мышь
(믜쉬)
(여) 쥐, 서생원(鼠生員)

мышьяк
(믜쉬약크)
(남) (화학) 비소(砒素)

мышьяковистый
(믜쉬약꼬비쓰뜨이)
(형) 아비산의; ~ая кислота 아비산; ~ый водород 비화수소

мягкий
(매흐끼이)
(형) ① 부드러운, 연한, 푹신푹신하다, 나스르르한; ② 만문한, 연한; ③ 차분한, 문문한, 여낙낙한, 사분사분한

мягко
(부) 무르게, 연하게, 부드럽게, 상냥하

(먀흐까)	게, 사분사분하게, 차분하게; ~ выра- жаясь (삽입어) 점잖게 말해서
мягкотелый (먀흐꼬쩰르이)	(형) 의지가 약한, 성격이 연약한
мякина (먀흐끼나)	(여) 지푸라기, 부검지 초개, 검불
мякоть (먀흐꼬찌)	(여) (과일의)살;
мямлить (먀흐믈리찌)	(미완) 머뭇하다, 우물쭈물 말하다
мясистый (먀흐씨쓰뜨이)	(형) 살기가 많은; 살진, 뚱뚱한
мясник (먀흐쓰니크)	(남) 고기 파는 사람, 고기장수
мясное (먀흐쓰노에)	(중) 고기요리
мясной (먀흐노이)	(형) 고기의, 육류로; ~ой суп 고기국; ~ые продукты 고기붙이; ~ой скот 육용가축
мясо (먀흐쏘)	(중) 고기, 육류; говяжье ~ 소고기; варёное ~ 삶은 고기; пушечное ~ 대포밥, 총알받이
мясокомбинат (먀흐쏘꼼비나트)	(남) 육류 꼼비나트
мясорубка (먀흐쏘루브까)	(여) ① 고기를 가는 기계; ② 살육전
мята (먀흐따)	(여) 박하(薄荷), 영생이
мятеж (먀흐쩨즈)	(남) 폭동, 반란, 동란, 난리, 소요
мятежник (먀흐쩨즈니크)	(남) 폭동자(暴動者), 반란자
мятный (먀흐뜨느이)	(형): ~ые конфеты 박하사탕; ~ые капли 박하수
мятый (먀흐뜨이)	(형) 구겨진, 쪼글쪼글한;

мять
(매흐찌)

(미완) ① 구기다, 우글쭈글하게 하다;
② 눌러서 (비벼서) 연하게 하다,
잘크러뜨리다

мяться
(매흐쨔)

(미완) ① 구겨지다, 쪼그라지다;
② 머뭇하다, 여짓여짓하다

мяуканье
(매후우까니에)

(중) (고양이의) 야옹야옹 울다

мяукать
(매후우까찌)

(미완) (고양이) 야옹야옹 울다

мяч
(매흐츠)

(남) 공, 볼(ball), 구(球);
футбольный ~ 축구공, 축구 볼;
играть в ~ 공을 치다, 공치기하다

Нн

на¹
(나)

(전) ① (+ 대 및 전) ~위에, ~위에서; класть на стол 상위에 놓다;
② (위치를 표.시) ~에; 남쪽에;
③ (+ 전) (동작의 장소를 표시) ~에서; работать на заводе 공장서 일하다;
④ (+ 대) (방향을 표시) ~로, ~쪽으로; ехать на юг 남쪽으로 가다;
⑤ (+ 대) (기간을 표시) ~동안, ~간; отпуск на месяц 1개월간의 휴가;
⑥ (대 및 전) (때를 표시) ~에; на прошлой неделе 지난 주일에; на на другое утро 다음날 아침;
⑦ (+ 전) (행동수단, 도구표시) ~를 타고, ~를; ехать на трамвае 전차를 타고 가다; играть на рояле 피아노 치다
⑧ (+ 생) ~에, ~에게; надевать пальто на ребёнка 아이에게 외투를 입히다; сваливать вину на *кого* ~ (에게) ~에 죄를 들씌우다;
⑨ (+ 생 및 전) (근거, 조건 등을 표시) ~에 기초하여, ~로; основываться на фактах 사실에 기초하다;на условиях ~의 (~라는) 조건으로);
(10) (목적을 표시); учиться на инженера 기사가 되려고 공부하다;
(11) ~으로 만든, ~을 넣어 만든; пальто на вате 솜을 놓은 외투
◇ говорить на корей ском языке 한국어로 말하다; переводить с русс-кого языка на корей ский 러시아 말을 한국어로 번역하다; на бегу 분주히 돌아다녀서

на²
(나)

(술어) 받아라; на возьми! 자, 가져라

набавить

(완) *см.* набавлять

- 616 -

(나바비찌)

набавка
(나바브까)

(여) ① 인상, 추가;~ цены 물가인상
② 추가금액, 증가액

набавлять
(나바블랴찌)

(미완) 더 올리다(높이다), 증가하다; ~ цену 값을 더 올리다

набат
(나바트)

(남) 경종; бить (ударять) в ~ 경종을 치다(올리다)

набег
(나베트)

(남) 습격, 침입; совершать ~ 습격하다

набегать
(나베가찌)

(미완) см. набежать

набегаться
(나베가쨔)

(완) 실컷 뛰어다니다, 너무 뛰어다녀 피곤하다

набежать
(나베좌찌)

(완) ① 마주치다, 부딪치다; волна ~ла на берег 파도가 바닷가에 밀려 들었다(흘러들었다);
② 몰려들다, 군집하다

набекрень
(나베크렌니)

(부): одевать шапку ~ 모자를 비스듬히 (비뚜로)쓰다

набело
(나베로)

(부): переписпть ~ 정서하다

набережная
(나베레즈나야)

(여) 해변도로, 강안도로

набивать
(나비와찌)

(미완) 가득 채우다, 다져넣다, 들어 넣다, 처넣다; ~ портфель книгами 가방에 책을 채워 넣다; ~ цену 값을 올리다;~ руку на чём ~에 숙련되다

набиваться
(나비와쨔)

(미완) 빼곡히 들어서다, 많이 모여들다

набирать
(나비라찌)

(미완) ① см. собирать ② 모집하다, 징집하다; ③ (인쇄) 식자하다;~ номер телефона 전화번호판을 돌리다

набираться
(나비라쨔)

(미완) ① (용기, 힘 등을) 가다듬다; ~ храбрости 용감성을 내다; ~ сил 힘을 얻다; ② 많이 모여 들다

набитый

(형) 가득 채운, 가득 찬; ~ дурак 일

(나비뜨이)	자 바보, 천치, 백치
набить(ся) (나비찌)	(완) *см.* набивать(ся)
наблюдатель (나블류다쩰)	(남) 관찰자, 감시자(군사) 감시병
наблюдательность (나블류다쩰노쓰찌)	(여) 관찰력, 혜안
наблюдательный (나블류다쩰느이)	(형): ① ~ пункт 관측소; ② (사람에 대하여) 눈이 예민한 (예리한), 관찰력이 있는
наблюдать (나블류다찌)	(미완) ① 관찰하다, 관측하다; ② 살피다, 바라보다, 주시하다; ③ *за кем-чем* ~를 감시하다, ~를 감독하다
наблюдение (나블류제니에)	(중) 관찰, 관측, 감시, 감독
набой ка (나보이까)	(여) 구두 뒤창(뒤축)
набок (나보크)	(부) 옆으로, 한쪽으로; 비뚜로, 비딱하게
наболевший (나볼레브쉬이)	(형): ~ вопрос 절실한(초미의) 문제
набор (나볼)	(남) ① 일식, 한조, 한 벌; ~ инструментов 공구 항조; ② 모집, 징집, ③ (인쇄) 식자, 활자추기, 문선; ~ слов 군소리
наборный (나볼느이)	(형): ~ая касса 활자함; ~ая машина 인쇄식자기
наборщик (나볼쉬크)	(남) (인쇄) 식자공; 문선공
набрасывать (나브라쓰와찌)	(미완) *см.* набросать; *см.* набросить
набрасываться (나브라쓰와쨔)	*см.* наброситься
набрать(ся) (나브라찌)	*см.* набирать(ся)

набрести (나브레쓰찌)	(완) на *кого-что* ~와 마주치다; ~ на след 발자국을 찾다
набросать (나브로싸찌)	(완) ① 많이 던져놓다, 던져서 채우다 ② 얼추 그리다, 얼른 쓰다; ~ несколько слов 몇 마디 얼른 적다
набросить (나브로씨찌)	(완) 덮다, 씌우다, 걸치다; ~ на себя плащ 비옷을 몸에 걸치다
наброситься (나브로씨쨔)	(완) ① на *кого* ~ 에 성급하게 달라붙다; на *что*; ~ на еду 음식물에 (굶은 사람처럼) 달라붙다
набросок (나브로쏘크)	(남) ① 스케치, 속사화, 초벌그림 ② 초안, 초고
набухание (나부하니에)	(중) 부풀음, 부푸는 것, 부풀어 오르는 것
набухать, (미완) набухнуть (완) (나부하찌)	① 부풀다, 부풀어 오르다, 붓다; ② 젖어서 부풀다
Нав (Книга Иисуса Навина 24장, 230쪽) (나비나)	여호수아
навага (나와가)	(여) (어류) 어치
наваливать (나왈리와찌)	(미완) ① 치쌓다, 더 쌓다, 처답다, 쌓아놓다, 뒤덮치다; ② (무인칭) навалило много снегу 눈이 많이 내려쌓였다
наваливаться (나왈리와쨔)	(미완) ① 덮치다, 기대여 누르다(밀다); ~ грудью на стол 가슴을 책상에 대고 기대다; ②(무인칭); навалилось много дел 일이 많이 들씌워졌다
навалить(ся) (나왈리찌)	*см.* наваливать(ся)
навалом (나왈롬)	(부): грузить ~ 산적으로 적재하다
навар (나왈)	(남) (끓인 음식 위에 뜬) 기름기
наваристый (나왈리쓰뜨이)	(형) 기름기 많은, 기름이 진하게 뜬

наварить (나왈리찌)	(완) (얼마만큼) ① 삶다, 끓이다; ② (공학) 용해하여 내다, 녹여내다
навевать (나붸와찌)	(미완) *см.* навеять
наведаться (완), **наведываться** (미완) 놀려오다, 찾아오다 (나베다쨔)	
навезти (나볘즈찌)	(완) *см.* привозить
навеки (나볘끼)	(부) 영원히, 영구히, 천추에
наверное (나베르노에)	(삽입어) 아마, 보건대;~ так и будет 아마 그렇게 될 것이다
навернуть(ся) (나베르누찌)	*см.* навёртывать(ся)
наверняка (나베르냐까)	(부) ① 틀림(억임) 없이, 반드시; ② 실수 없이; действовать ~ 실수 없이 행동하다
наверстать (완), **навёрстывать** (미완) 보충하다, 메우다; (나볘르쓰따찌)	~ потерянное время 잃은 시간을 보충하다
навёртываться (나볼뜨와쨔)	(미완); слёзы ~ются на глаза 눈에 눈물이 글썽 거린다
наверх (나볘르흐)	(부) 위로, 위층으로, 상층으로; подниматься ~ 위로 올라가다; складывать ~ 올려쌓다
наверху (나볘르후)	(부) 위에(서), 위층에(서)
навес (나볘쓰)	(남) 처마, 채양 ② 차일, 헛간
навеселе (나볘쎌레)	(부) 약간 취하여
навесить (나볘씨찌)	(완) *см.* навешивать
навести (나볘쓰찌)	(완) *см.* наводить
навестить	(완) *см.* навещать

(나뻬쓰찌찌)

навечно (부) 영원히, 영구히, 천추에
(나뻬츠나)

навешивать (미완) 걸다; ~ дверь 문을 걸다
(나뻬쉬와찌)

навещать (미완) 방문하다, 찾아오다, 들리다
(나뻬샤찌)

навзничь (부): упасть ~ 나자빠지다
(나브즈니치)

навзрыд (부): плакать ~ 목 놓아 울다,
(나브즈를) 대성통곡하다

навигационный (형): ~ая карта 항해도;
(나비가찌온느이) ~ый период 항해기

навигация (여) ① 항해; 항해기; открывать ~ю
(나비가찌야) 항해를 개시하다; ② 항해술, 항해학

нависать (미완), **нависнуть** (완) ① 드리워있다, 불쑥 나오다;
(나비싸찌) ② 다가오다, 닥쳐오다;~ла опасность
위험이 닥쳐왔다

навлекать (미완), **навлечь** (완) 자아내다, 야기하다, 초래하다;
(나블레까찌) ~ на себя подозрение 의심을 받다

наводить (미완) ① 향하게 하다;~ орудие 포를
(나뷔지찌) 조준하다; ② 가리켜 주다, 인도하다,
데려다주다; ③ (다리 따위를) 놓다,
부설(가설)하다, 건너지르다;~ порядок
질서를 세우다; ~ справки 조회하다;
~ грусть 슬픔을 자아내다

наводка (여) 조준, 겨눔; стрелять прямой
(나보드까) ~ой 직접조준으로 사격하다

наводнение (중) 큰물, 홍수
(나뷔드네니에)

наводнить (완), **наводнять** (미완) 범람하게 하다, 넘치게하다;
(나뷔니찌) ~ рынок товарами 상품으로 시장을
뒤덮다

наводчик (남) (군사) 사수, 사격수(射擊手)
(나보드치크)

наводящий (형): ~ вопрос 유도질문

Нн

- 621 -

(나보드야쉬이)

навоз
(나보스)
(남) 거름, 두엄, 퇴비

навозить
(나보지찌)
(미완) 거름(두엄, 퇴비)을 주다

навозный
(나보즈느이)
(형): ~ жук 말똥구리; ~ая куча 거름더미, 두엄더미

наволочка
(나발로츠까)
(여) 베갯잇

навострить
(나붜쎄뜨리찌)
(완): ~ уши 귀를 기울이다(세우다, 쭝그리다)

наврать
(나브라찌)
(완) см. врать

навредить
(나브레지찌)
(완) см. вредить

навряд ли
(나브랴들 리)
(조) (의심과 부정의 뜻을 표시한다) 아마 ~않을 것이다

навсегда
(나브쎄그다)
(부) 영원히, 영구히, 천추에 두고

навстречу
(나브쓰뜨레추)
(부) 마주, 마주 향하여; выйти ~ кому ~를 마중나가다; ехать ~ друг другу 서로 마주 오다(가다); идти ~ чему ~에 호의적으로 대하다(응하다)

навык
(나브크)
(남) 숙련, 솜씨; приобретать ~ 숙련을 쌓다

навыкат(е)
(나브까트)
(부): глаза ~ 통방울눈

навылет
(나빌례트)
(부): пуля прошла ~ 총알이 꿰뚫어 나갔다; быть раненым ~ 총알에 맞아 관통상을 입다

навытяжку
(나븨쨔주꾸)
(부): стоять ~ 차렷 자세로 서다

навьючивать (미완), **навьючить** (완) 바리(짐을) 지우다(메우다)
(나븨유치와찌)

навязнуть
(나뱌즈누찌)
(완) 끼여서 붙다; навязло в зубах 싫증났다

навязчивый (나뱌즈치브이)	(형) 부전부전한, 초근초근한; ~ая идея 집요한 생각
навязывать (나뱌즈와찌)	(미완) 강요하다, 우기다; ~своё мнение 자기 의견을 강요하다; ~ вопрос 문제를 들이밀다
нагадить (나가지찌)	(완) *см.* гадить
нагай ка (나가이까)	(여) 가죽채찍
наган (나간)	(남) 나강 권총
нагар (나갈)	(남) 불똥, 초농; снять ~со свечи 초에서 불똥(초농)을 떼내다
нагибать(ся) (나기바찌)	*см.* наклонять(ся)
наглеть (나글례찌)	(미완) 뻔뻔스러워지다, 파렴치해지다, 넉살스러워지다
наглец (나글례쯔)	(미완) 철면피(한), 뻔뻔스러운 사람, 파렴치한 사람
нагло (나글로)	(부) 뻔뻔스럽게, 파렴치하게, 넉살스럽게, 어렴성 없이; вести себя ~ 뻔뻔스럽게 (넉살스럽게)굴다
наглость (나글로쓰찌)	(여) 철면피, 뻔뻔스러운 것,
наглотаться (나글라따짜)	(완) 많이 삼키다(들이켜다); ~ пыли 먼지를 많이 먹다
наглухо (나글루호)	(부) 빈틈없이, 짬이 없다. 꽉; ~ закрыть дверь 문을 꽉 닫다; ~ застегнуться 단추를 다 채우다
наглый (나글르이)	(형) 뻔뻔스러운, 파렴치한, 철면피한; ~ое поведение 파렴치한 행동
наглядеться (나글랴제짜)	(완) 마음껏(실컷)보다; не могу ~ на ~를 암만 보아도 싫증이 안 난다
наглядно (나글랴드나)	(부) 명료하게, 직관적으로, 뚜렷하게; ~ показывать 열심히 보여주다
наглядность	(여) 직관성 있게, 명료성; для ~и

Нн

(나글랴드노쓰찌)		뚜렷하게 하도록, 직관성있게 하기위해
наглядный (나글랴드느이)		(형) 여실한, 명료한, 직관(적인); ~ пример 뚜렷한 모범(실례); ~ая агитация 직관선전; ~ое пособие 직 관물, 교수용 표본; дать ~ый урок 본때를 보이다
нагнать (나그나찌)		(완) *см.* нагонять
нагнетать (나그네따찌)		(미완) ①: ~ воздух 공기를 넣다(넣어 압축하다) ②; ~ напряжённость 긴장 상태를 격화시키다
нагноение (나그노예니에)		(중) ① 곪기, 화농 ② 부스럼, 종기
нагноиться (나그노이쨔)		(완) 고름이 생기다, 화농하다; рана ~ лась 상처가 곪았다
нагнуть(ся) (나그누찌)		(완) *см.* наклонять(ся)
наговаривать (미완), **наговорить** (완); (나가와리와찌)		① на *кого* ~에게 억울 한 죄를 씌우다(입히다), ~를 중상하다 ② 말을 많이하다; наговорить с три короба 매우 많이 말하여주다; ③ ~ пластинку 녹음하다
наговориться (나가붜리쨔)		(완) 마음껏 이야기하다
нагой (나고이)		(형) 벌거벗은, 벌거숭이; ~ ие деревья 벌거숭이나무; ~ое тело 맨몸
наголо: (나갈라)		стричь ~ 막깎다, 막머리(중머리)로 깎다
наголову: (나골로부)		разбить ~ (적을) 완전히 격멸시키다, 전멸시키다
нагоняй (나가냐이)		(남) 질책, 책망; получить ~ 질책을 받다, 경을 치다; дать ~ *кому* ~을 닦아대다, 몰아새우다
нагонять (나가냐찌)		(미완)① 따라잡다 ② 따르다, 따라가다 ③ 몰아들이다, 몰아붙이다, (한곳에) 많이 모이다 ④ (어떤 감정, 기분 등을)

	자아내다, 일으키다; ~ страху 공포를 자아내다
нагореть (나가례찌)	(완) (무인칭): мне ~ло 나는 질책을 받았다(경을 쳤다)
нагородить (나가로지찌)	(완) 많이 먹다, 많이 쌓다; ~ вздора (чепухи) 쓸 데 없는 말을 많이 하다
нагота (나가따)	(여) 알몸, 벌거숭이, 나체
наготове (나가또붸)	(부): быть ~ 준비되어있다, 준비를 갖추다
наготовить (나가또비찌)	(완) 저장(준비)하다; ~ дров на зиму 겨울에 땔 나무를 (많이) 장만하다; ~ еды 음식을 많이 만들다
награбить (나가라비찌)	(완) (많이) 훔쳐 모으다,
награда (나그라다)	(여) 상(賞), 표창; боевая ~ 전투표창; правительственная ~ 국가표창; представлять к ~e 표창의 수여대상자를 추천하다, 표창을 내신하다
наградить(미완), **награждать** (미완) *кого чем* (나그라지찌)	~에게 ~을 수여하다, 표창하다; ~ орденом 훈장을 수여하다
награждение (나그라즈제니에)	(중) 표창수여, 상수여, 수여식, 수상식
награждённый (나그라즈죤느이)	(남) 수훈자, 수상자(受賞者)
нагрев (남), **нагревание** (중) (나그레프)	가열, 데우는 것, 덥히는 것
нагревательный (나그례와쩰느이)	(형): ~ые приборы 가열기
нагревать (나그례와찌)	(미완) 데우다, 덥히다, 가열하다; ~ воду 물을 데우다; ~ комнату 방을 덥히다
нагреваться (나그례와짜)	(미완) 더워지다, 따스해지다, 가열되다
нагреть(ся)	(완) *см.* нагревать(ся)

Нн

(나그레찌)

нагромождать (미완) 차쌓다, 쌓아놓다, 쌓아올리다
(나그로모즈다찌)

нагромождение (중) 덧게비, 무지, 퇴적; ~ камней
(나그로모즈제니에) 돌무지

нагромоздить *см.* нагромождать
(나그로모즈지찌)

нагрубить (완) *см.* грубить
(나그루비찌)

нагрудник (남) ① (가슴에 대는) 턱받기 ② 흉관
(나그루드니크)

нагрудный (형): ~ знак 가슴에 붙이는 표;
(나그루느이) ~ карман 가슴에 단 주머니

нагружать (미완), **нагрузить** (완) ① 싣다, 적재하다;
(나그루좌찌) ~ доверху 처싣다;
② (어떤 일)메다, 책임지우다; 부담하다

нагрузка (여) ① 적재, 싣기 싣는 것;
(나그루즈까) ② 짐, 적재량; ③ (전기) 전하, 부하, 하중; ④ 부담, 사업량, 작업량, 분공; ставить под полную ~у 만부하를 걸다

нагрянуть (완) 뜻밖에 오다, 들이닥치다, 별안간
(나그랴누찌) 에 일어나다; ~ули гости 손님들이 들이닥쳤다; ~ула беда 불행이 닥쳤다

нагуляться (완) 마음껏 놀다
(나구랴쨔)

над (전) (+조) ① 위에, 위에서;~ столом
(낟) 책상 위에; ~ городом 도시 상공에;
② ~에 대한; победа ~ врагом 적에 대한 승리; ③ (동작과 대상의 관계를 표시함); сидеть ~ задачей 문제를 푸는데 달라붙다

надавить (완), **надавливать** (미완) 누르다, 내리누르다
(나다비찌)   (나다브리바찌)

надбавить (완) *см.* набавлять
(나드바비찌)

надбавка (여) *см.* набавка

- 626 -

(나드**바브**까)	
надбавлять (나드**바**블랴찌)	(미완) *см.* набавлять
надвигать (나드비**가**찌)	*см.* надвинуть
надвигаться (나드비**가**쨔)	(미완) 닥쳐오다, 다가오다, 박두다, 밀려오다
надвинуть (나드비**누**찌)	(완): ~ шапку 모자를 눌러쓰다
надвинуться (나드비**누**쨔)	(완)*см.* надвигаться
надвое (나드**보**예)	(부) 두 쪽으로, 절반으로; бабушка ~ сказала (속담) 그렇게도 되는지 안 되는지 확실치 않다
надгробный (나드그**롭**느이)	(형): ~ая надпись 비문, 묘문; ~ый памятник 묘비, 묘갈
надевать (나졔**와**찌)	(미완) ① 입히다, 신기다, 씌우다 ② 입다, 신다, 쓰다; ~ перчатки 장갑을 끼다; ~ очки 안경을 끼다
надежда (나졔**즈**다)	(여) 희망, 기대; питать ~ 희망을 품다; подавать ~у 앞길(전도)이 유망하다
надёжный (나죠**즈**느이)	(형) ① 믿음직한, 미더운, 믿을만한, 확실하다; ② 굳건한, 단단한, 튼튼한
наделать (나졜**라**찌)	(완) ① 많이 만들다 ② 저지르다; что ты наделал! 너 무슨 일을 저질렀느냐!~ ошибок 많은 오류를 범하다; ~ хлопот *кому* ~에게 폐를 끼치다
наделить (완), наделять (나졜**리**찌)	(미완) ① 나누어지다, 주다, 분배하다; ~ землёй 토지를 분배하여주다 ② 부여하다, 가지게 하다; ~ свойствами 특성을 부여하다
надеть (나졔**찌**)	(완) *см.* надевать
надеяться (나졔**야**쨔)	(미완) ① 희망을 걸다, 바라다, 기대하다; ~ на успех 성공을 기대하다 ② 의탁하다, 믿다; на него можно ~ 그를 믿을 수 있다

Нн

надзиратель (나드지라쩰)	(남) 감독관, 감독자, 감시인; тюремный ~ 간수, 옥리
надзирать (나드지라찌)	(미완) за *кем-чем* ~를 감시(감독)하다
надзор (나드졸)	(남) 감시, 감독, 감찰; находиться под ~ом 감시하에 있다
надкостница (나드꼬쓰뜨니짜)	(여) (해부) 뼈막, 풀막
надламывать (나들라믜와찌)	(미완) ① 꺾다; ~ ветку 나무까지를 꺾다; ② 떨어뜨리다, 좌절시키다, 꺾다; ~ силы 기세를 떨어드리다, 힘을 꺾다
надламываться (나들라믜와쨔)	(미완) ① 꺾어지다. 꺾이우다; ② 좌절되다.
надлежать (나들레좌찌)	(미완) (무인칭) (+ 미정형); ~ит выполнить 실행하여야 된다; ~ит явиться 출두하지 않으면 안된다
надлежащий (나들레좌쉬이)	(형) 해당하다, 응당하다, 적절한, 적합한; принимать ~ие меры 적절한 대책을 취하다; дать ~ий ответ 적합한 답변을 주다
надлом (나들롬)	(남) 꺾인 자리; 좌절, 낙심
надломить(ся) (나들로미찌)	*см.* надламывать(ся)
надломленный (나들롬렌느이)	(형) 꺾어진; 좌절된. 꺾어진
надменный (나드멘느이)	(형) 살똥스러운, 코가 높은, 건방진; ~ вид 교만한 태도
надо¹ (나도)	*см.* нужно; ~ полагат ~아마.
надо² (나도)	*см.* над
надобность (나도브노쓰찌)	(여) 필요, 수요, 소요; по мере ~и 필요에 따라; в случае ~и 필요한 경우에는
надоедать	(미완) ① 싫증나다, 귀찮아지다,

(나도예다찌)	물리다; ~ ело играть 놀기에 싫증이 났다; ② 시끄럽게 하다, 직접(작신) 거리다; 볶아대다
надоедливый (나도예들리브이)	(형) 시끄러운, 깐작깐작한, 귀찮다, 성가시다; ~ человек 귀찮은 사람
надоесть (나도예쓰찌)	(완) см. надоедать
надой (나도이)	(남) : ~ молока 젖(짜는)량, 착유량
надолго (나돌가)	(부) 오래(동안), 장기간, 길이; он уехал ~ 그는 오래 동안 떠났다
надомный (나돔느이)	(형): ~ая работа 가내부업, 가내공업
надорвать(ся) (나돌와찌)	см. надрывать(ся)
надоумить (나도우미찌)	(완) 알게 하다, 조언하다, 충고하다
надписать(완), **надписывать** (미완) ① 덧쓰다 ② 겹쳐 쓰다, (나드삐싸찌) 위에다 쓰다; ~ адрес на конверте 봉투에 주소를 쓰다	
надпись (나드삐시)	(여) 덧씀, 덧쓰기, 겉에 쓰는 것; надгробная ~ 비문, 묘문
надрать (나드라찌)	(완): ~ уши *кому* (처벌로) (귀를) 잡아채다(잡아당기다)
надрез (나드레즈)	(남) 약간 베어놓다
надрезать (완), **надрезать**, **надрезывать** (미완) 약간 베어놓다 (나드레자찌)	
надругательство (나드루가쩰쓰뜨보)	(중) 호된 모욕, 거친 조롱, 모독
надругаться (나드루가쨔)	(완) 모욕하다, 모독하다, 망신시키다
надрывать (나드릐와찌)	(미완) ① 약간 찢다, 약간 뜯다; ~ конверт 봉투(윗모서리)를 약간 뜯다 ②(지나치게 힘을 넣거나 과도한 노동으로) 꺾다, 해치다, 상하게 하다;~ здоровье

- 629 -

	몸(건강)을 해치다; ~ голос 목소리를 상하게 하다
надрываться (나드리와짜)	(미완) ① (과로로 또는 무거운 것을 들어) 자기 몸을 상하게 하다, 꼬꾸라지다; ② 몹시 피곤해지다, 기진맥진해지다; ~ от смеха 배를 그러안고 웃다
надсмотрщик (나드쓰모뜨르쉬크)	(남) 감독자, 감시인
надставить (완), надставлять (미완) (나드쓰따비찌)	잇대다, 이어서 길게 하다, 덧대다, 덧놓다; ~ рукава 소매를 잇대어 길게 하다
надстраивать (미완), надстроить (완) (나드쓰뜨라이와찌)	덧-짓다, 위로 증축하다 (높이다)
надстрой ка (나드쓰뜨로이까)	(여) ① 덧-지은(증축된) 부분; ② (철학) 상부구조; базис и ~ 도태와 상부구조
надувательство (나두와쩰쓰뷔)	(중) 야바위, 사기; 기만(欺瞞), 협잡
надувать (나두와찌)	(미완) ① 부풀다, 팽팽해지다; ~ мяч 공에 바람을 넣다; ② 속여먹다, 야바위를 치다; ~ губы 부루퉁하다
надуваться (나두와짜)	(미완) ① 부풀다, 팽팽해지다 ② 부루퉁해지다, 새무룩해지다, 부풀다
надувной (나두브노이)	(형): ~ая лодка 공기 배; ~ой матрац 공기마다라스
надуманный (나두만느이)	(형) 꾸며낸, 지어낸; 인공적인
надумать (나두마찌)	(완) 결심하다, 마음먹다
надутый (나두뜨이)	(형) ① 공기를 넣은; ② 부로퉁한, 새무룩한
надуть (나두찌)	(완) см. надувать
надуться (나두짜)	(완) см. надуваться
надушить(ся)	(완) (자기 몸에) 향수를 뿌리다

(나두쉬찌)	
надымить (나듸미찌)	(완) *см.* дымить
наедаться (나예다짜)	(미완) 잘(많이, 실컷)먹다; ~ досыта 배불리 먹다; ~ до отвала 짓먹다
наедине (나예지네)	(부) 단 둘이서; 맞서서; ~ с собой 혼자서, 홀로
наездить (나예즈지찌)	(완) (얼마만큼의 시간, 거리를) 달리다, 주행하다
наездник (나예즈드니크)	(남) 기수(騎手), 말 탄사람
наездом (나예즈돔)	(부): бывать ~ 잠시 들리다
наезжать (나예즈좌찌)	(미완) ① на *кого-что* (타고가면서) ~에 부딪치다, ~과 마주치다; ~ на столб 기둥에 부딪치다; ② (많이) 모여들다
наём (나욤)	(남) ① 고용;~ рабочих 노동자(들의); работа по найму 삯벌이, 품팔이 ② (집,방)세내기; сдавать в ~세놓다
наёмник (나욤니크)	(남) 고용병(雇傭兵), 앞잡이
наёмный (나욤느이)	(형)① 고용의, 고용된;~ый рабочий 고용 노동자; 삯(벌이)군; ② 세, 세낸, 임대료; ~ый дом 셋집
наесться (나예쓰쨔)	(완) *см.* наедаться
наехать (나예하찌)	(완) *см.* наезжать
нажать¹ (나좌찌)	(완) *см.* нажимать
нажать² (나좌찌)	(완); жать 2
наждак (나즈다크)	(남) 금강사(金剛砂)
наждачный	(형): ~ая бумага 같이종이, 연마지,

(나즈다츠느이)	사포, 샌드페이퍼(sand paper)
нажива (나지와)	(여) 덧두리, 이윤; лёгкая ~ 힘 안 드는 이윤
наживать (나지와찌)	(미완) ① 모으다, 이익을 얻다, 벌이 하다;~ состояние 재산을 긁어모으다; ② (병, 불행 등을) 얻다, 가져오다, 걸리다; ~ неприятность 자기에게 불행을 가져오다
наживаться (나지와짜)	(형) (미완) 덧두리다 처먹다, 많은 이윤을 얻다, 부자가 되다, 치부하다
наживка (나지브까)	(여) (낚시) 미끼, 낚시 밥
наживной (나지브노이)	(형):~ое дело (쉽게) 얻을 수 있는 일
нажим (나짐)	(남) ① 누르는 것 ② 압력, 강박, 강요; согласиться под ~ом кого ~의 압력하에 동의하다
нажимать (나지마찌)	(미완) ①누르다, 짓누르다 ② 압력을 가하다,내리누르다, 독촉하다
нажить (나지찌)	(완) *см.* наживать
назавтра (나자브뜨라)	(부) 이튿날로, 다음날에, 내일(익일)로
назад (나자드)	(부) ① 뒤로; сделать шаг ~ 한 발자국 뒤로 물러서다; оглядываться ~ 돌아보다; отступить ~ 후퇴를 ② 도로, 본래의 자리에; брать ~ 도로 찾다; получить ~ 되받다; ③ 이전에; два года тому ~ 2년 전에; взять свои слова ~ 먼저 말한 말을 취소하다
название (나즈와니에)	(중) 이름, 명칭, 칭호; ~e улицы 거리의 이름;давать~e;*см.* называть
назвать(ся) (나즈와찌)	(완) *см.* называть(ся)
наземь (나제미)	(부) 땅바닥에, 마루바닥에

- 632 -

назидание (나지다니에)	(중) 훈시, 교훈; в ~ 교훈으로
назидательный (나지다쩰느이)	(형) 훈시적인, 교훈적인; ~ пример 교훈적인 실례
назло (나즈로)	(부): делать ~ ~에게 약이 받치게 하다
назначать (나즈나차찌)	(미완) ① 정(지정)하다, 규정하다; ~ цену 값을 부르다(정하다) ② 임명하다 ③ (약을)처방하다, 처방전을 주다
назначение (나즈나체니에)	(중) ① (기한, 장소 등을) 지정; ~e даты 날자의 결정 ② 임명(任命) ③ 처방; делать ~я (약을) 처방하다; место ~я 목적지; станция ~я 도착역
назначить (나즈나치찌)	(완) см. назначать
назойливый (나조일리브이)	(형) 지긋은, 치근거리는, 깐작깐작한
назревать (미완), **назреть** (나즈레와찌)	(완) ① 여물다, 익다, 성숙되다; ② 절박(간절)하게 되다, 성숙되다; события ~ли 사건은 성숙되었다
назубок (나주복)	(부): знать ~ 통달하다; выучить ~ 암기하다, 잘 외우다
называть (나즤바찌)	(미완) 이름을 주다(들다), (~하고)부르다, 명명하다; ~ себя кем ~라고 자칭하다; ~ вещи своими именами 숨김없이, 솔직하게 말하다
называться (나즤와짜)	(미완) 명명되다, (~라고) 불리우다; как ~ется это дерево? 이 나무는 무엇이라고 합니까?
наиболее (나이볼레예)	(부) 가장, 제일, 특히; ~ удобный (다른 것 보다) 가장 편리하다
наибольший (나이볼쉬이)	(형) 제일 큰, 최대; с ~им эффектом 최대의 효과를 내여
наивность (나이브노스찌)	(여) 소박성, 천진난만한 것
наивный (나이브느이)	(형) 수진한, 천진난만한; ~ ребёнок 천진한(순진한) 어린이

наивысший (나이븨쓰쉬이)	(형) 가장(제일) 높은, 최고; в ~ей степени 최고도로
наигранный (나이그란느이)	(완) 가면적인, 거짓
наиграться (나이그라쨔)	(완) 마음껏(실컷, 만관) 놀다(놀이하다)
наизнанку (나이즈난꾸)	(부) 뒤집어(서); вывернуть ~ 뒤집다; надеть ~ 뒤집어 입다
наизусть (나이주쓰찌)	(부): (вы)учить ~ 외우다; знать ~ 암기하다; 통달하다; читать ~ 암송하다, 내리외우다
наилучший (나이루츠쉬이)	(형) 가장(제일) 좋은, 최상의; ~ий результат 제일 좋은 결과; ~ им образом 가장 좋은 방법으로; всего ~ его 안녕히 계십시오(가십시오)
наименее (나이몌녜예)	(부) 가장 적게;~ трудный 가장쉬운; ~ интересно 보다 더(가장) 재미없다
наименование (나이몌노와니예)	(중) см. название
наименовать (나이몌노와찌)	(완) см. называть
наименьший (나이몐니쉬이)	(형) 가장(제일) 작은, 최소; идти по линии ~ его сопротивления 가장 쉬운 길을 택하다, 가장 편한 방법을 택했다
наискосок, наискось (나이쓰꼬속, 나이쓰꼬시)	(부) 비스듬히, 기웃이; положить ~ 비껴(어긋나게)놓다; ~ от дома 집에서 엇비슷이
наитие (나이찌예)	(중) по ~ю 영감에 의하여,본능적으로
наихудший (나이훋쉬이)	(형) 가장(제일) 나쁜, 최악; в ~ем случае 최악의 경우에는
най мит (나이미트)	(남) см. наёмник
Най роби (나이로비)	(남) г. 나이로비

найти (나이찌)	(완) *см.* находить 1,2
найтись (나이찌시)	(완) ① 나타나다, 발견되다; ② 있다; ③ 당황하지 않다; я не нашёлся, что ответить 나는 어떻게 대답해야 할지 생각이 나지 않았다(대답해야 할지 몰랐다)
наказ (나까즈)	(남) 분부, 당부, 훈수
наказание (나까자니에)	(중) 벌, 체벌, 처벌, 제재; телесное ~е 채벌, 체형; высшая мера ~я 최고형; подвергнуть ~ю *кого* ~에게 벌을 주다, 처형하다; отбывать ~е 벌을 서다
наказать (완), **наказывать** (미완) 처벌하다; строго ~ 엄벌하다 (나까자찌)	
накал (나깔)	(남) ① (공학) 작열; ② 극도, 극도의 긴장
накалённый (나깔룐느이)	① накалять의 피동과거 ② (형) 극도로 긴장된
накаливание (나깔리와니에)	(중) 작열, 가열; лампочка ~я 백열전등
накаливать (나깔리와찌)	(미완) ① 달구다, 작열시키다; ~ докрасна 새빨갛게 달구다; ② 극도로 긴장시키다(격화시키다)
накаливаться (나깔리와쨔)	(미완) ① 달다, 작열되다 ② 극도로 긴장(격화)되다
накалить(ся) (나깔리찌)	*см.* накаливать(ся)
накалывать(ся) (나깔리와찌)	*см.* наколоть(ся)
накалять(ся) (나깔랴찌)	*см.* накаливать(ся)
накануне (나까누네)	(부) 그 전날에; приехал ~ 그전 날에 왔다;(전)(+ 생) 전야에, 직전에, 앞두고; ~ праздника 명절전야에
накапать	(완)(약을)방울방울 떨구다(떨어드리다),

- 635 -

(나까빠찌)	한 방울 한 방울을 부어 채우다
накапливать (나까쁠리와찌)	(미완) *см.* копить
накапливаться (나까쁠리와쨔)	(미완) 쌓이다, 축적되다, 모이다
накачать (완), **накачивать** (나까차찌)	(미완); ~ воды (펌프로) 물을 퍼 올리다; ~ шину 타이어에 바람(공기)을 넣다
накашивать (나까쉬와찌)	(미완) *см.* косить
накидать (나끼다찌)	(완) *см.* набросать 1
накидка (나끼드까)	(여) ① 걸치개 옷 날개옷 ②베개보
накинуть(ся) (나끼누찌)	*см.* набросить(ся)
накипь (나끼삐)	(여) 속더껑이, 속더께, 물 때
наклад (나끌라드)	(남): быть (остаться) в ~е 손실을 보다, 밑지다
накладная (나끌라드나야)	(여) 화물목록, 화물인도증, 짐 보냄 표, 송장; железнодорожная ~ 철도화물 운송장
накладной (나끌라드노이)	(형): ~ые волосы 덧머리; ~ые расходы 잡비
накладывать (나끌라듸와찌)	(미완) 위에 놓다, 위로 매다(대다), 쌓아올리다, 처담다; ~ повязку 붕대를 감다; *см.* налагать
наклеивать (나끌레이와찌)	(미완) (풀로) 붙이다, 덧붙이다;
налеиваться (나끌레이와쨔)	(미완) 붙다, 덧붙다
наклеить(ся) (나끌레이찌)	*см.* наклеивать(ся)
наклей ка (나끌레이까)	(여) 붙이는 것; 딱지, 상표(商標)

Нн

наклон (나끌론)	(남) 경사(면); 경도
наклонение (나끌로네니예)	(중)(언어);повелительное ~ 명령법; изъявительное ~ 직설법; сослагательное(условное) ~ 가정법
наклонить(ся) (나끌로니찌)	*см.* наклонять(ся)
наклонно (나끌론노)	(부) 삐딱, 비슷이, 기웃이
наклонность (나끌론노쓰찌)	(여) ① 경향, 취미; ② 소질, 버릇; дурные ~и 좋지 못한 버릇
наклонный (나끌론느이)	(형) 기울어진, 경사진;~ая плоскость 경사면, 비탈면
наклонять (나끌론야찌)	(미완) 숙이다, 기울이다. 굽히다, 구부리다
наклоняться (나끌론야쨔)	(미완) 기울어지다, 쏠리다, 비딱거리 다; 몸을 굽히다
наковальня (나꼬왈냐)	(여) 모루, 철침
накожный (나꼬즈느이)	(형):~ые болезни 피부병;~ая сыпь 발진, 종기
наколоть (나꼴로찌)	(완) ① 꽂아서 붙이다, 핀으로 붙이다 (달다) ② 찌르다, 찔려 상처를 내다 ③ (일정한 량을) 쪼개다; ~ дров 나무 를 패다
наколоться (나꼴로쨔)	(완) 찔리다, 찔리워 상하다; ~ на иголку 바늘에 찔리다
наконец (나꼬네쯔)	① (부) 마침내, 드디어, 끝끝내; ② (삽압어) 마지막으로, 끝으로; ~-то! 됐다! 끝내! 이제야 됐군!
наконечник (나꼬네츠니크)	(남) ① 씌우개; ~ для карандаша 연필꽂개, 연필통; ② 촉(觸), 끝; ~ стрелы 화살촉
накопительство (나꼬삐쩰쓰뜨붜)	(중) 재물을 탐내는 것, 축재자의 탐욕
накопить(ся)	*см.* накапливать(ся)

- 637 -

(나꼬삐찌)	
накопление (나꼬쁘레니예)	(중) ① 축적, 집적 ② 축적액
накормить (나꼬르미찌)	(완) *см.* кормить
накосить (나꼬시찌)	(완) *см.* накашивать
накрапывать (나끄라쁴와찌)	(미완) (비방울에 대하여); дождь ~ет 비가 듣기 시작 한다
накрасить (나끄라씨찌)	(완) *см.* красить
накрахмалить (나끄라흐말리찌)	(완) *см.* крахмалить
накренить(ся) (나끄라레니찌)	(완) *см.* кренить(ся)
накрепко (나끄렙까)	(부) *см.* крепко
накричать (나끄리차찌)	(완) на *кого* ~를 큰 소리로 꾸짖다 (욕하다)
накрошить (나끄로쉬찌)	(완) *см.* крошить
накрутить (완), **накручивать** (미완) что на что ~를~에감다 (나끄루찌찌) (해해)휘감다, 감아띠다, 감아두다
накрывать (나끄릐와찌)	(미완) 덮다, 씌우다; ~ (на) стол 밥상(식탁)을 차리다
накрываться (나끄릐와쨔)	(미완) ① *чем* ~로 덮이다 ② (자기 몸에)~를 쓰다(걸쳐입다), ~로 덮다
накрыть(ся) (나끄릐찌)	*см.* накрывать(ся)
накупать (미완), **накупить** (완)(얼마만큼) (많이) 사다, 사들이다 (나꾸빼찌) (나꾸삐찌) ~ книг 책을 많이 사다
накурить (나꾸리찌)	(완) здесь накурено 여기는 담배연기 가 자욱하다
налагать (날라가찌)	(미완) 지우다; ~ штраф 벌금을 부과 하다; ~ взыскание 질책을 가하다;

- 638 -

	~ запрет 금지시키다
наладить(ся) (날라지찌)	*см.* налаживать(ся)
наладчик (날라드치크)	(남) 조절수, 조절자, 정비공, 정비원; ~ станков 기대공
налаживать (날라쥐와찌)	(미완) ① 정비(조정)하다, 고치다, 수리하다; ② 조직하다, 꾸리다, 만들다; ~ сотрудни-чество 협조를 이룩하다 (조직하다); ~ работу 사업을 조직하다; ~ жизнь 생활을 꾸리다
налаживаться (날라쥐와짜)	(미완) 정돈되다, 잘,(제대로)되다, 이루어지다, 정상화되다
налгать (날르가찌)	(완)*см.* лгать
налево (날레붜)	(부) 왼쪽으로, 왼편에, 좌측으로; свернуть ~ 왼편으로 돌다; (구령) 좌로 돌앗!
налегать (날레가찌)	(미완) ① 기대어 밀다(누르다); ~ на вёсла 힘껏 노를 젓기 시작하다; ② 전력을 다하다, 열심히 하다, 전력으로 달라붙다; ~ на учёбу 공부에 힘껏 달라붙다, 학습을 애써하다
налегке (날레그께)	(부) ① 가벼운 짐을 들고, 짐 없이 ② 가볍게 차려입고, 옷을 간단히 입고
налезать (미완), **налезть** (완) (날레자찌)	① (신발이나 옷이)맞다, 들어가다; ② (많이) 기어들다; ③ (밀려와) 덧놓이다
налёт (날료트)	(남) ① 습격, 급습, 습공, 습래, 내습, 엄습, 기습; воздушный ~ 공습; совершать ~ на что ~를 기습(내습)하다; ② (쇠의) 녹; ③ 엷은 층; ~пыли 먼지가 앉은 층; ~ на языке (의학) 혀 이끼; с ~а(у) 지체 없이, 준비 없이
налетать (미완), **~еть** (완) (날레따찌)	① (많은 량이) 날아들다, 날아오다 ~тели комары 많은 모기가 날아들어왔다; ②(군사) 습격(기습, 내습); 공격하다; ③(바람, 폭동이) 갑자기 불어오

- 639 -

	다(나타나다); *см.* наброситься; *см.* наскочить
налету (날례뚜)	*см.* лёт
налётчик (날료뜨치크)	(남) 강도배, 강탈자
налечь (날레치)	(완) *см.* налегать
наливать (날리와찌)	(미완)부어넣다, 부어뜨리다, 쏟아붓다; ~ стакан до краёв 잔이 찰찰 남게 붓다
наливаться (날리와짜)	(미완) ① (액체에 대하여) 흘러들다, 새어들다; ② 무르익다, 여물다; ~ кровью 핏발이 서다
наливка (날리브까)	(여) 과일술, 과실주; вишнёвая ~ 양벗술, 버찌(흑앵, 앵실)주
налипать (미완), налипнуть (완) на что ~에 붙다, 달라붙다, (날리빠찌) 들어붙다; ~ла грязь на сапоги 진흙이 장화에 들어붙었다
налить(ся) (날리찌)	(완) *см.* наливать(ся)
налицо (날리쪼)	(부): (быть) ~ 있다, 출석하고 있다
наличие (날리치예)	(중) ① 존재, 실재, 유무; ② 출석, 참석
наличность (날리츠노쓰찌)	(여) *см.* наличие 현금; 재고; ~ товаров 상품재고
наличный (날리츠느이)	(형) 있는, 현존하는, 실재; ~ый состав (군대 등의) 현존인원; ~ые деньги 현금, 맞돈; за ~ый расчёт 현금으로
наловить (날로비찌)	(완) *см.* ловить
наловчиться (날로브치짜)	(완) 익숙해지다, ~하는 솜씨(재치)를 보이다, 솜씨 있게 (재빠르게)되다
налог	(남) 세금, 세, 조세; ~ подоходный

- 640 -

(날로그)	소득세; ~ платить 세금을 물다; ~ облагать ~ом 세금을 물리다, 과세함
налоговый (날로가브이)	(형);~ая система 세금제도
налогообложение (날로가옵라줴니예)	(중) (재정) 과제(課題)
налогоплательщик (날로곱라쪨쉬크)	(남) 납세자, 세금납부자
наложение (날로줴니예)	(중) ① ~ ареста на *что* ~를 차압하는 것; ~ штрафа 벌금의 부과; ② (의학): ~ швов 봉합(縫合); ~ повязки 붕대를 감는 것
наложить (날로쥐찌)	*см.* накладывать, *см.* налагать
налюбоваться (날류보와쨔)	(완) 마음껏 즐겨보다, 실컷 감상(구경)하다; не могу ~ на картину 그림을 아무리 보아도 싫증이 나지 않는다.
нам (남)	*см.* мы.
намазать(ся) (완), **~ывать(ся)** (미완) *см.* мазать(ся) (나마자삐)	
наматывать (나마띄와찌)	(미완) 감다, 감아두다, (홰홰) 휘감다; ~ нитки 실을 감다; ~ (себе) на ус (어떤 목적밑에) 보아두다, 염두에 두다
намаяться (나마야쨔)	(완) *см.* маяться
намёк (나묘크)	(남) 암시, 시사, 귀띔; говорить ~ами 빗대어 말하다; 에둘러 말하다 тонкий ~ 표현된 암시
намекать (미완), **намекнуть** (완) 암시하다, 귀띔을 해주다 (나몌까찌)	
намереваться (나몌례와쨔)	(미완) ~려고 하다, 기도(시도)하다, 마음을 내다; я ~юсь пойти 나는 가려고 하다
намерен (나몌롄)	(술어도) (+ 미정형) ~하려 한다, ~을 할 작정이다; ~ поехать 갈 작정이다.

- 641 -

намерение (나몌례니예)	(중) 기도, 시도; без всякого ~я 아무런 생각도 없이, 우연히; с ~ем 일정한 의도 하에, 일부러
намеренно (나몌롄노)	(부) 고의로, 일부러, 우정
намеренный (나몌롄느이)	(형) 고의적인, 우정하는
намести (나몌쓰찌)	(완) 쓸어 모으다, 휘몰아오다; ветром ~ло много снегу 바람에 눈이 많이 쓸어 모였다
намётанный (나묘딴느이)	(형): у него глаз ~ 그는 재치 있는 사람이다
наметать¹ (나몌따찌)	(완) см. намётывать
наметать² (나몌따찌)	(완): ~ руку (глаз) 익숙케 되다, 솜씨 있게 되다
наметать³ (나몌따찌)	см. намести
наметить(ся) (나몌찌찌)	см. намечать(ся)
намётка¹ (나묘뜨까)	(여) 시침질
намётка² (나묘뜨까)	(여) (말체) 예정안, 속셈
намётывать (나묘뜨와찌)	(미완) 시침질하다, 시치다; ~ рукав 소매를 시침질하다
намечать (나몌차찌)	(미완) ① 표식하다, 표식으로 정하다 ② (날자, 장소 등) 지정(예정, 예상)하다; ~ дату отъезда 출발 날자를 예정하다; ~ кандидатуру 후보자를 지명하다; ~ план 계획을 세우다
намечаться (나몌차쨔)	(미완) ① 예정(예견)되다 ② 약간(보일락 말락) 나타나다, 정쟁하다; ~ется улучшение 좋아질 것 같다
намеченный (나몌첸느이)	(형) 예정된, 지정된; ~ срок 예정된 기한

нами (나미)	*см.* мы
Намибия (나미비아)	(여) 나미비아
намного (나므노가)	(부) 훨씬 더, 대단히 많이; он ~ старше меня 그는 나보다 나이가 훨씬 많다
намокать (미완), **намокнуть** (완) (나마까찌)	젖다, 축축해지다, 후줄근해지다
намолачивать (미완), **намолотить** (완) (나말라치와찌)	(일정한량을) 탈곡하다, 마당질하다
намолоть (나몰로찌)	(완) ① (일정한 량을) 붓다, 찧다, 갈다; ~ муки 부어서 밀가루를 내다; ② 헛소리를 늘어놓다; ~ чепухи 부질없는 말을 많이 하다
намордник (나모르드니크)	(남) (개 또는 일부동물의 아가리에 씌우는) 아가리씌우개, 부리망
наморщить(ся) (나모르쉬찌)	(완) *см.* морщить(ся)
намотать (나마따찌)	(완) *см.* наматывать
намочить (나마치찌)	(완) 적시다, 추기다; ~ бельё 빨래를 물에 담그다
намучиться (나무치쨔)	(완) 많은 고통을 겪다
намывать (나믜와찌)	(완) ① (흐름으로) 밀어 가져 오다, 충적시키다 ② 물에 일어(서) 얻다; ~ золотого песку 사금을 일다
намывной (나믜브노이)	(형) ① 충적된; ~ ое золото 사금.
намыливать (미완), **намылить** (완) (나믜리와찌)	*см.* мылить; ~ голову *кому* ~를 몹시 책망하다(꾸짖다), 몰아세우다
намыть (나믜찌)	(완) *см.* намывать
намять	(완) *см.* мять; ~ бока *кому* ~를

Нн

(나먀찌)	(마구)두들겨 패다
нанести (나녜쓰찌)	(완) *см.* наносить
нанизать (완), **нанизывать** (미완) (나니자찌)	(일정한 량을) 꿰다, 꿰어놓다; ~ грибы 버섯을 꿰다
нанимать (나니마찌)	(미완) ① кого ~ ~을 고용하다; рабочих 노동자들을 고용하다; ② (집 등을) 세내다
наниматься (나니마쨔)	(미완) 고용되다, 채용되다, 품을 팔다
наново (나노보)	(부) 새로이, 다시
нанос (나노쓰)	(남) ① (지질) 충적, 퇴적; ② ~ы (복수) 퇴적물, 충적층; песчаные ~ы 사주
наносить (나노씨찌)	(미완) ① 많이 가져오다; 휩쓸어오다; 밀어가져 오다; ветер нанёс сугроб 바람에 눈더미가 생겼다(쓸어 모았다); ② 끼치다, 주다, 안기다; ~ удар 타격 을 주다(가하다); ~ ущерб 손해를 끼 치다;~ оскорбление 모욕을 주다; ~ поражение 참패를 안기다, 패배시키 다; ③ 표식하다, 표기하다;~на карту 지도에 표식하다; ~ визит 방문하다
наносный (나노쓰느이)	(형): ~ая почва 충적토
нанять(ся) (나냐찌)	(완) *см.* нанимать(ся)
наобещать (나오베샤찌)	(완) *см.* обещать
наоборот (나오보로트)	① (부) 거꾸로, 뒤바꾸어; прочитать слово ~ 단어를 거꾸로 읽다 ② (부) (그와) 반대로; понять ~ 반대 로의 뜻으로 이해하다 ③ (삽입어) 도리어
наобум (나오붐)	(부) 생각 없이, 어림잡아, 대충; отвечать ~ 생각나는 대로 대답하다

наотмашь (나오뜨마쉬)	(부): бить ~ 힘껏 손을 휘둘러서 때리다
наотрез (나오뜨레즈)	(부): отказывать ~ 단연코(딱) 거절하다
наощупь (나오수삐)	см. ощупь
нападать (나빠다찌)	(미완) ① 덤벼들다, 달려들다; 습격(공격, 침공)하다; ~ врасплох 불시에 덤벼들다, 기습하다; ② 마주치다, 찾다; ~ на след 발자국(자취)을 찾아내다; ~ на мысль 생각이 문뜩 떠오르다
нападающий (나빠다유쉬이)	(남) (체육) 공격수; центральный ~ 중앙공격수; правый (левый) крайний ~ 우익(좌익)공격수
нападение (나빠제니예)	(중) ① 습격, 공격, 침공; вооружённое ~е 무력침공; ② (체육) 공격; игрок ~я 공격수; центр ~я 중앙공격수
нападки (나빠드끼)	(복수) 비난, 공격; подвергаться ~ам 비난을 당하다
напалм (나빨름)	(남) 네이팜(napaim)
напарник (나빠르니크)	(남) 일을 같이 하는 사람, 짝패의 한 사람
напасть¹ (나빠쓰찌)	(완) см. нападать
напасть² (나빠쓰찌)	(여) 불행, 불운, 재난
напев (나뻬프)	(남) 노래 가락, 선율(旋律), 곡조.
напевать (나뻬와찌)	(미완) 조용히 노래 부르다
наперебой (나뻬레보이)	(부) 앞을 다투어, 말을 꺾어서; говорить ~ 앞을 다투어가며 말하다
наперевес (나뻬레베쓰)	(부): с винтовкой ~ 총을 비껴들고

наперегонки (나뻬레곤끼)	(부) 앞을 다투어, 서로 앞서려고; бегать ~ 서로 앞을 다투어 달리다
наперекор (나뻬레꼴)	(부) ① 반대로, 어긋나게; ② (전) (+여) ~에 거슬려(지역하다), ~에 반대하여; ~ велению. времени 시대의 요구(흐름)에 거역하여
наперерез (나뻬레레즈)	(부) 가로 건너, 앞을 가로질러; бежать ~ 가로질러 뛰어가다
наперечёт (나뻬레쵵)	(부) ① 모조리, 낱낱이; знать всех ~ 모든 사람을 모조리 알다; ② (술어로)많지 않다, 드물다; такие люди ~ 이런 사람들이 많지 않다
напёрсток (나뾜쓰똑)	(남) 골무
напечатать (나뻬차따찌)	(완) *см.* печатать
напечь (나뻬치)	(완) *см.* печь 2
напиваться (나삐와쨔)	(미완) *см.* напиться
напилить (나삘리찌)	(완) *см.* пилить 1
напильник (나삘니크)	(남) 줄, 줄칼; трёхгранный ~ 세모 줄, 삼각 줄칼
написание (나삐싸니예)	(중) 쓰기; 맞춤법, 철자법, 한글맞춤법; правильное ~ 정확한 쓰기; раздельное ~ 띄어쓰기; слитное ~ 붙여 쓰기
написать (나삐싸찌)	(완) *см.* писать
напиток (나삐또크)	(남) 음료; прохладительный ~ок 청량음료; спиртные ~ки 주류, 술
напиться (나삐쨔)	(완) ① 흠뻑(실컷, 잘)마시다; ② 폭취하다
напихать (완), **напихивать** (미완) 마구 밀어넣다(틀어놓다), (나삐하찌) 처넣다, 처박다; ~ в портфель книг

	가방에 책을 많이 (가득) 채워넣다.
наплевать (나쁠레와찌)	(완) *см.* плевать; ему ~ на всё (это) 그는 이 모든 것을 거들떠보려고도 하지 않는다(보지도 않는다)
наплыв (나쁠리프)	(남) (방문객 등이) 많이 들어오는 것 (밀려드는 것), 인산인해; ~ заказов 주문의 쇄도
наповал (나뽀왈)	(부) 죽도록, 일격에; убить ~ 단방에 죽이다
наподобие (나뽀도비예)	(전) (+생) ~와 비슷한, ~과 유사한; скала ~ стены 벽과 비슷한 바위
напоить (나뽀이찌)	(완) *см.* поить
напоказ (나뽀까즈)	(부): выставлять ~ 자랑삼아 보이다
наполнить(ся) (나뽈니찌)	*см.* наполнять(ся)
наполнять (나쁠냐찌)	(미완) 가득(히) 채우다(붓다), 충만시키다; ~ портфель книгами 책으로 가방을 채우다
наполняться (나쁠냐짜)	(미완) 가득차다, 충만되다; комната наполнилась дымом 방에 연기에 가득 찼다
наполовину (나뽈로비누)	(부) 절반으로, 절반쯤; 얼마간; 불완전하게; дом ~ пуст 집이 반은 비였다
напоминание (나뽀미나니예)	(중) ① 상기(회상) 시키는 것; ② 예고, 경고.
напоминать (미완), **напомнить** (완) (나뽀미나찌)	① 상기(회상)시키다; 예고하다; ② 비슷하게 보이다, 방불케 하다
напор (나뽀르)	(남) 중압, 압력; ~ воды 수압
напористый (나뽀리쓰뜨이)	(형) 끈기 있는, 억척스러운, 꾸준한, 뚝심 있는, 인내력 있는; ~ человек 무척 꾸준한 사람
напортить (나뽀르찌찌)	(완) ① 못쓰게 만들다, 망치하다 ② 해를 끼치다(주다)

напоследок (나쁘스레도크)	(부) 맨 나중에, 끝으로, 마지막으로
направить(ся) (나쁘라비찌)	*см.* направлять(ся)
направление (나쁘라블레니예)	(중) ① 방향, 방면, 방침; противоположное ~е 반대방향; во всех ~ях 각 방면서; ② 경향, 조류, 방향, 유파; идейное ~е 사조; литературное~е 문학조류; ③ 파견;~е на работу 임명; ④파견장
направленность (나쁘라블렌노쓰찌)	(여) 지향성, 경향성; идейная ~ 사상적지향성
направлять (나쁘라블랴찌)	(미완) ① 돌리다, 향하게 하다; ~ средства 자금을 들이밀다; ~ по ложному пути 오도하다; ② 보내다, 파견하다; ~ больного к врачу 의사에게 환자를 보내다
направляться (나쁘라블랴쨔)	(미완) 향하다, 가다,걸어가다,돌려지다; ~ к лесу 숲으로 (향하여)가다
направо (나쁘라보)	(부) 오른쪽으로, 오른편에, 바른쪽에, 우측에; ~ от дороги 길 오른편에; (구령)우로 돌앗!; ~ равняй сь! (구령) 우로나란히!
напрактиковаться (나쁘락크찌꼬와쨔)	(완) в *чём* ~에 실용하게 되다, 익숙해지다
напрасно (나쁘라쓰나)	(부) 헛되이, 쓸데없이, 공연히; ~ стараться 공연히 애를 쓰다, 헛애를 쓰다
напрасный (나쁘라쓰느이)	(형) ① 헛된, 쓸데없는, 공연한; ~ый труд 헛수고; ~ые старания 헛애 ② 근거 없는, 이유 없는; ~ая тревога 별걱정
напрашиваться (나쁘라쉬와쨔)	(미완): ~ется мысль 생각이 난다; ~ется вывод 결론이 저절로 나온다.
например (나쁘리몔)	(삽입어) 예를 들면, 예컨대, 예를 들면
напроказить, ~ничать (완) *см.* проказить, ~ничать (나쁘로까지찌)	

напрокат (나쁘로까트)	(부) 세내어, брать ~ 세를 내다, 빌려 쓰다; давать ~ 세주다
напролёт (나쁘로룉)	(부): всю ночь ~ 밤새도록, 밤새껏; весь день ~ 온종일, 하루 종일.
напролом (나쁘로롬)	(부) 온갖고난(만난)을 무릎쓰고, 앞뒤를 가리지않고, 온갖어려움을 무릎쓰고
напропалую (나쁘로빨루유)	(부) 뒷일을 생각하자 않고, 조금도 개의치 않고, 좋아질 가망이 없이
напротив (나쁘로찌프)	① (부) 건너편에; 맞은편에; ~ дома 집 맞은편에; ② (부) 반대로); он всё делает ~ 그는 모든 것을 반대로 한다; ③ (삽입어) 도리어, 오히려, 그와 반대로
напрягать (나쁘랴가찌)	(미완) ① 긴장시키다 ②: ~ слух 귀를 도사리다;~ зрение 눈초리를 도사리다 ~ внимание 주의를 집중시키다; ~ все силы 전력을 다하다
напрягаться (나쁘랴가짜)	(미완) ① 긴장되다, 팽팽해지다; ② (있는) 힘을 다 모으다; все силы напряглись 모든 힘이 집중되었다
напряжение (나쁘랴줴니예)	(중) ① 긴장, 팽팽함, 장력; ② (전기) 전압; ток высокого ~я 고압전류
напряжённо (나쁘랴죤나)	(부) 긴장하게
напряжённость (나쁘랴죤노쓰찌)	(여) 긴장성, 긴장상태; ослабление ~и 긴장상태 완화
напряжённый (나쁘랴죤느이)	(형) ① 긴장된, 정력적인; ~ые отношения 긴장된 관계; ② 무리한, 벅찬;~ая борьба 번찬투쟁
напрямик (나쁘랴미크)	(부) ① 곧(똑)바로, 곧장, 곧추 ② 솔직히, 숨김없이; сказать ~ 솔직히 말하다
напрячь(ся) (나쁘랴치)	(완) *см.* напрягать(ся)
напуганный (나뿌간느이)	(형) 겁먹은, 놀란; ~ вид 놀란 기색

напугать(ся) (나뿌가찌)	(완)*см.* пугать(ся)
напускать (나뿌쓰까찌)	(미완) ① (많이) 들어가게 하다, 들여보내다, (많이)넣다; ~ воды в бак 탱크에 물을 넣다 ② 달려들도록(쫓도록)부추기다(사축하다); ~ страху 공포를 일으키게 하다
напускаться (나뿌쓰까쨔)	(미완) на *кого* ~에게 욕을 퍼붓다, 달려들어 꾸짖다
напускной (나뿌스크노이)	(형) 가장한, 거짓, 부자연스러운; ~ая важность 거짓점잔
напустить(ся) (나뿌쓰찌찌)	*см.* напускать(ся)
напутать (나뿌따찌)	(완) *см.* путать
напутственный (나뿌뜨쓰뜨벤늬이)	(형) ~ая речь ~ое слово *см.* напутствие.
напутствие (나뿌뜨쓰뜨비에)	(중) 작별인사, 환송사, 떠나보내면서 하는 당부(조언)
напутствовать (나뿌뜨쓰뜨보와찌)	(미완, 완) 배웅할 때 당부하다, 환송사를 하다
напухать(미완), **напухнуть** (완) 부풀어 오르다, 붓다 (나뿌하찌)　　　(나뿌흐누찌)	
напылить (나쁴리찌)	(완) *см.* пылить
напыщенный (나쁴쉔늬이)	(형) ① 거만한, 뽐내는; ~ вид 거만한 태도; ② (문체, 글이) 과장한, 분칠한.
напяливать (미완), **напялить** (완) 힘써 씌우다, 억지로 입다, (나빠리와찌)　　　　 억지로 신다.	
наработаться (나라보따쨔)	(완) 많이(힘껏)일하다, 일을 해서 지치하다
наравне (나라브네)	(부) ① с *кем* ~와 같이, 동등하다; ② 나란히, 가지런히
нарадоваться (나라도와쨔)	(완) 마음껏 기뻐하다(즐기다); не могу ~ 나의 기쁨은 끝이 없다
нараспашку	(부) 단추를 안 채우고, 앞섶을 헤치고;

(나라쓰빠쉬꾸)	у него душа ~ 그는 소탈한 사람이다
нарастание (나라쓰따니에)	(중) 누진, 증대, (점차적)장성;
нарастать (미완), **нарасти** (완) (나라쓰따찌)	① 누진(증대)되다, 강화되다, (점차적으로) 장성하다, 늘어가다, 쌓이다; ② на *чём* (덧) 자라나다.
нарастить (나라쓰찌찌)	(완) *см.* наращивать
нарасхват (나라쓰와뜨)	(부): покупать ~ 앞을 다투어 사다; продаваться ~ 날개돋힌 듯이 잘 팔리다.
наращивать (나라쉬와찌)	(미완) ① 잇대어 길게 하다, 덧대다 ② 덧자라 나게 하다; ③ 증강하다, 증대시키다, 늘이다; ~ вооружения 무력 증강하다; ~ темпы 속도 높이다
нарвать[1] (나르와찌)	(완) *см.* рвать
нарвать[2] (나르와찌)	(완) *см.* нарывать
нарваться (나르와쨔)	(완) *см.* нарываться
нарезать (완), **нарезать** (미완) (나레자찌)	*см.* резать
нарезка (나레즈까)	(여) ① (나사못의) ② (무기의) 강선
нарекание (나레까니에)	(중) 나무람, 꾸지람; 비난; вызывать ~я 비난을 일으키다
наречие[1] (나레치에)	(중) (언어) 부사(副詞), 어찌씨, 억씨
наречие[2] (나레치에)	(중) 사투리, 방언(放言), 시골말
нарзан (나르잔)	(남) 나르잔 약수(탄산수)
нарисовать (나리소와찌)	(완) *см.* рисовать
нарицательный	(형) ①: ~ая стоимость 액면가격,

Нн

(나리빠쩰느이)	명목가격; ② ~ое имя(언어) 보통명사 (普通名詞), 두루 이름씨
наркоз (나르꼬즈)	(남) ① 마취, 마비, 마취상태; местный (общий) ~ 국부(전신)마취; ② 마취제(痲醉劑), 마취약
наркоман (나르꼬만)	(남) 마취제사용자, 마약중독자
наркотик (나르꼬찌ㄲ)	(남) 마취약(痲醉藥)
наркотический (나르꼬찌체쓰끼이)	(형) ~ое средство 마취제(痲醉劑)
народ (나로드)	(남) ① 인민, 국민, 민중; ② 민족; ③ 인민대중, 사람들, 군중; здесь много ~у 여기는 사람아 많다
народиться (나로지짜)	(완) *см.* нарождаться
народно-демократический (나로드나-데모크라찌체쓰끼이)	(형) 인민민주주의; ~ая республика 민주주의 인민공화국
народно-освободительный (나로드나-아쓰붜보지쩰느이)	(형) 인민해방; ~ая армия 인민해방군;~ое движение 인민해방운동
народно-революционный (나로드나-레볼유찌온느이)	(형) 인민혁명; ~ое правительство 인민혁명정부;~ая партия 인민혁명당
народность[1] (나로드노쓰찌)	(여) 준민족
народность[2] (나로드노쓰찌)	(여) 인민성, 국민성
народнохозяйственный (나로드나호쟈이 스뜨붼느이)	(형) 국민경제의; 인민경제적인; ~ый план 인민경제계획;~ые грузы 국민경제에 쓰이는 화물
народный (나로드느이)	(형) ① 인민, 국민, 민인, 민중, 백성 ~ое хозяйство 인민경제; ~ые массы 국민대중; ~ая песня 민요; ② 민족; ③ (인민) 대중, 민중, 군중; ④ 국민적인, 인민적인, 대중적인; ~ая демократия 인민적민주주의; ~ая интеллигенция 인민적인 인테리
народовластие	(중) 인민정권(제)

(나로도블라쓰찌에)

народонаселение
(나로도나쎌레니에)

(중) 인구(人口), 사람수

нарождаться
(나로즈다쨔)

(미완) ① 태어나다, 출생(탄생)하다;
② 나타나다, 산생되다, 출현하다

нарост
(나로스트)

(남) 더뎅이, 더데, 혹, 옹두리

нарочитый
(나로치뜨이)

(형) 일부러 한, 고의적인

нарочно
(나로츠노)

(부) ① 일부러, 고의로, 짐짓
② 모처럼, 별러서, 오랜만에

нарсуд
(나르쑤드)

(남) (народный суд) 인민재판소

наружное
(나루즈노에)

(중) (의학) 연고제. 외용약(外用藥)

наружность
(나루즈노쓰찌)

(여) 겉모양, 외모, 외관, 몰골;
человек приятной ~и 풍채좋은사람

наружный
(나루즈느이)

(형) ① 외면, 외적, 바깥쪽, 겉면, 밖;
~ая дверь 바깥문;~ая стена 바깥벽;
② (의약) 외용, 외용제, 신체외부;
~ое лекарство 연고제, 외용약

наружу
(나루주)

(부) 밖으로, 겉으로, 외면으로

нарукавник
(나루까브니크)

(남) 덧소매, 웃소매

наручники
(나루츠니끼)

(복수) 수갑(手匣), 쇠고랑; надевать
~ 수갑을 채우다.

наручный
(나루츠느이)

(형): ~ые часы 손(목)시계

нарушать
(나루샤찌)

(미완) ① 위반(위배,위괴)하다, 어기다,
빕더서다;~ обещание 약속을 어기다;
~ закон 법을 위반하다; ② 문란케하
다, 파괴하다;~ мир 평화를 파괴하다;
~ тишину 정적을 깨뜨리다

нарушение
(나루쉐니에)

(중) ① 위반, 침해; 침범;~ трудовой
дисциплины 노동규율위반;~правил

Нн

	(체육)반칙; ② 파괴, 손괴, 도괴, 파쇄; ~ обмена веществ 물질대사의 파괴
нарушитель (나루쉬쩰)	(남) 위반자, 침범자, 교란자; ~ порядка 질서교란자
нарушить (나루쉬찌)	(완) *см.* нарушать
нарцисс (나르찌스)	(남) (식물) 수선화(水仙花), 수선창
нары (나릐)	(복수) 침상, 판자로 만든 잠자리
нарыв (나릐프)	(남) 부스럼, 종창, 종처, 부럼
нарывать (나릐와찌)	(미완) 곪다, 부스럼이 나다
нарываться (나릐와쨔)	(미완) ~와 마주치다, 우연히 조우하다; ~ан мину 지뢰(수뢰)에(우연히)걸리다 ~на неприятность 우연히 불쾌한 일을 당하다
нарыть (나릐찌)	(완) *см.* рыть
наряд¹ (나랴드)	(남) 옷차림, 복장, 몸차림.
наряд² (나랴드)	(남) ① 작업지시 ② 지령서, 영수증 ③ (군사) 임무(任務); быть в ~е 임무수행 중에 있다
нарядить(ся) (나랴지찌)	(완) *см.* наряжать(ся)
нарядный (나랴드늬이)	(형) 화려한, 몸단장을 잘한, 멋진; ~ое платье 화려한 옷; ~ый вид 맵시있게 차린 겉모양
наряду (나랴두)	(부) с *кем-чем* ~와 더불어 ~와 동시에; ~ с этим 이와 아울러; ~со всеми 모든 사람들과 같이
нарядчик (나랴드치크)	(남) 작업지시를 주는 사람, (지난날에) 십장
наряжать	(미완) ① 고운 옷을 차려 입히다, 치상

Нн

(나랴**좌**찌)	시키다 ② 변장시키다, 가장하다
наряжаться (나랴**좌쨔**)	(미완) ① 차려입다, 치장하다, 몸단장하다; ② 변장하다, 가장하다
нас (나쓰)	*см.* мы (생, 대, 전)
насадить (나싸지찌)	(완) *см.* сажать, *см.* насаживать, *см.* насаждать
насадка (나**싸**뜨까)	(여) ① 낚시밥, 미끼; ② (공학) 주둥이, 덮개
насаждать (나싸즈**다**찌)	(미완) *см.* сажать 받아들이다, 도입하다, 보급하다; ~ дух 기풍을 세우다
насаждение (나싸즈졔니예)	(중) ① 나무심기, 재배; лесные ~ 조림, 인공 조성림; ~я зелёные ~я 원림, 가로수; 도입, 보급
насаживать (나**싸**쥐와찌)	(미완) 꽂아놓다, 꿰다, 씌우다, 달다; ~ червя на крючок 지렁이를 낚시에 꿰다; ~ топор на топорище 도끼를 도끼자루에 맞추다
насвистывать (나쓰비쓰띄**와**찌)	(미완) (노래를) 휘파람으로 불다, 휘파람불다
наседать (나쎄**다**지)	(미완) ① (먼지가) 끼얹히다, 쌓이다; ② 들이닥치다, 지르밟다, 들이닥치다, 육박하다
наседка (나쎄드까)	(여) 어미닭, 알을 안는 닭
насекомое (나쎄**꼬**모에)	(중) 곤충, 벌레; вредное ~ 해충
население (나쎄례니예)	(중) 인구; 거주민; городское ~е 시민; сельское ~е 농촌주민; коренное ~е 원주민, 토착민.
населённый (나쎌룐느이)	(형):~ пункт 부락, 주민지점
населить (완), **~ять** (미완) (나쎌리찌)	① 거주시키다; ② 살다, 거주하다
насест (나쎄쓰트)	(완) (닭장의) 홰, 횃대; садиться на ~ 홰에 오르다

- 655 -

насесть (나쎄쓰찌)	(완) *см.* наседать
насечка (나쎄치까)	(여) ① 잘게 새기는 것; ② 새긴 자리, 눈; ~ на напильнике 줄칼눈
насиженный (나씨젠느이)	(형):~ое место 오래 살던 곳, 오래 근무하여 마음이 붙은 곳
насилие (나씰리예)	(중) 폭력, 폭행, 행포, 강박, 완력, совершать (применять) ~ 폭력을 쓰다, 폭행을 (가)하다
насиловать (나씰로와찌)	(미완) ① 강제(강압)하다,우격다짐하다 ② 강간하다, 겁탈하다
насилу (나씰루)	(부) 겨우, 간신히; ~ вырвался 겨우 빠져나왔다
насильно (나씰나)	강제로, 강다짐으로, 우격다짐으로; ~ мил не будешь (속담) 억지사랑은 못한다.
насильственный (나씰쓰뜨볜느이)	(형) 폭력적인, 강압적인; ~ая смерть 횡사(뜻밖에 사고로 죽는다)
наскакивать (나쓰까끼와찌)	(미완) *см.* наскочить
насквозь (나스크뷔지)	(부) 꿰뚫어서, 관통하여; ~ пробить (проколоть) 꿰뚫다, 관통하다; ~ видеть *кого* ~ 마음을 꿰뚫어보다
насколько (나스꼴리꼬)	(부) ① (의문 표시) 얼마만큼, 얼마쯤, 어느 정도까지; ~ мне известно 내가 아는 한에는; ~ возможно 할 수 있는 대로; ② (관계를 표시) ~에 있어서는; настолько, ~ возможно 가능한데까지, 가능한 만큼
наскоро (나쓰꼬로)	(부) *см.* наспех
наскочить (나쓰꼬치찌)	(완) ① на *что* ~에 부딪치다, ~와 마주치다, 충돌하다; ~ на мель 여울(여울살)에 들어붙다; ②*см.*наброситься
наскучить (나쓰꾸치찌)	(완) 싫어지게 하다; 싫증나다; ~ло ждать 기다리기가 갑갑해졌다

насладиться (완), **наслаждаться** (미완) *чем.* ~를 즐기다; ~

- 656 -

(나쓸라지쨔)	музыкой 음악 즐기다; ~ отдыхом 휴가를 누리다(즐기다)
наслаждение (나쓸라즈제니예)	(중) 향락, 쾌락, 즐거움; слушать с ~м 흐뭇해서 듣다
наслаиваться (나쓸라이바쨔)	(미완) 층을 이루다, 쌓이다
наследие (나쓸레지예)	(중) 유산, 유물, 상속재산, 잔재; литературное ~ 문학유산; ~ прошлого 과거의 유산
наследить (나쓸레지찌)	(완) 짓밟다, 자국투성이로 만들다
наследник (나쓸레드니크)	(남) 상속자, 후계자, 계승자; законный ~ 법적상속자
наследование (나쓸레도와니예)	(중) ① 상속, 계승; право ~я 상속권; ② (생리) 유전
наследовать (나쓸레도와찌)	(미완, 완) ① 상속하다, 계승하다, 물려받다; ~ имущество 재산을 상속하다 ② (생리)유전하다
наследственность (나쓸레드쓰뜨벤노쓰찌)	(여) 유전(성)
наследственный (나쓸레드쓰뜨벤느이)	(형)① 상속;~ое имущество 상속재산 ② (생리) 유전; ~ая болезнь 유전병
наследство (나쓸레드쓰뜨뷔)	① 유산, 유산물, 물려받는 재산; получать ~о 유산을 받다; получать по ~у 상속하다; ② см. наследие
наслоиться (나쓸로이쨔)	(완) см. наслаиваться
наслушаться (나쓸루샤쨔)	(완) 많이 (마음껏)듣다; ~ разных рассказов 여러가지 이야기를 많이듣다
наслышка (나쓸릐쉬까)	(여) по ~е 소문대로, 남의 말에 의하여; знать по ~е 소문으로 알다
насмарку (나쓰마르꾸)	(부): идти ~ 수포로 돌아가다
насмерть (나쓰메르찌)	(부) ① 치명적으로, 죽도록; биться ~ 한사코(결사적으로) 싸우다; ② 몹시, 대단히; перепугаться ~

	몹시 간을 먹다, 간이 덜렁하다 (콩알만 해지다)
насмех (나쓰몌흐)	*см.* смех
насмехаться (나쓰몌하짜)	(미완) над *кем-чем* ~를 조롱(조소, 희롱)하다. 비웃다
насмешить (나쓰몌쉬찌)	(완) 웃기다, 웃게 하다
насмешка (나쓰몌쉬까)	(여)조소, 조롱, 희롱, 남우세; осыпать ~ами 조소를 퍼붓다, 희롱하다; говорить в ~у 조롱, 조소를 목적으로 이야기 하다
насмешливый (나쓰몌쉬리브이)	(형) 조롱하는, 비웃는, 농지거리하는
насмешник (남),~ца (여) (나쓰몌쉬니크)	비웃기 좋아하는 사람, 조롱하는 사람
насмеяться (나쓰몌야짜)	(완) ① 마음껏(실컷)웃다; ② над *чем* ~를 조롱하다, 놀려대(주)다
насморк (나쓰모르크)	(남) 감기, 고뿔; получить ~ 감기에 걸리다; хронический ~ 만성고뿔, 만성감기
насмотреться (나쓰모뜨레짜)	(완) 실컷(많아) 보다(구경하다)
насолить (나쌀리찌)	(완) ① 소금을 넣다(치다); ② 불쾌하게 하다, 해를 끼치다
насорить (나싸리찌)	(완) *см.* сорить
насос (나쏘쓰)	(남) 펌프(pump), 폼프, 양수기; пожарный ~ 소방(소화)펌프; воздушный ~ 공기펌프
насосный (나쏘쓰느이)	(형) ①: ~ая станция 양수장; ② ~ый поршень 피스톤식 펌프
наспех (나쓰뻬흐)	(부) 수박 겉핥기식으로, 바삐; делать ~ *что* ~를 후닥닥하다
наст (나쓰뜨)	(남) (눈의 표면에 생기는) 어름 층, 언 눈의 표면

наставать (나쓰따와찌)	(미완) *см.* наступать
наставить¹ (나쓰따비찌)	(완) ① 많이 놓다(놓아두다, 세워놓다); ~ стульев 의자를 많이 놓다; ② 겨누다, 조준하다; ~ револьвер на *кого* ~를 향하여 권총을 겨누다
наставить² (나쓰따비찌)	(완) 가르쳐주다, 훈시하다;~ ан путь истинный 옳은 길을 제시하다
наставление (나쓰따블레니에)	(중) 교훈, 훈시; читать ~я 훈계(교훈)하다
наставлять¹,² (나쓰따블랴찌)	*см* наставить 1, 2
наставник (나쓰따브니크)	(남) 훈시자, 스승
настаивать¹ (나쓰따이와찌)	(미완) 주장하다, 우기다, 고집하다; 강청하다; ~ на своём 자기 의견을 고집하다
настаивать² (나쓰따이와찌)	(미완) 담그다, 우리다
настаиваться (나쓰따이와짜)	(미완) *см.* настояться
настать (나쓰따찌)	(완) *см.* наступать 1
настежь (나쓰쩨쥐)	(부) раскрыть ~ 활짝 열다
настигать (나쓰찌가찌)	(미완)① *кого* ~를 따라잡다, 따라가다 ② 맞다들다, 갑자기 만나다
настил (나쓰찔)	(남) 깔개, 깔린 널판자
настилать (나쓰찔라찌)	(미완) 깔다, 펴다, 포장하다; ~ доски 판자를 깔다; ~ паркет 쪽무이마루(바리케트)를 깔다
настичь (나쓰찌치)	(완) *см.* настигать
настлать (나쓰뜰라찌)	(완) *см.* настилать

Нн

настой (나쓰또이)	(남) 액기스, 우린물, 침출액; ~ чая 차물
настой ка (나쓰또이까)	(여) ① 엑기스제, 우림약, 농축액; ~й ода 옥도정기 ② 과실주, 담근 술, 감홍주
настой чиво (나쓰또이치붜)	(부) 완강하게, 이악하게, 집요하게, 꾸준히; ~ работать над *чем* ~을 억척스럽게(꾸준히) 일하다
настой чивый (나쓰또이치브이)	(형) 완강한, 이악한, 끈기 있는, 꾸준한
настолько (나쓰똘꼬)	(부) 그만큼, 그 정도로; ~, что 얼마나(어쩐지) ~한지; ~ жарко, что 어찌나 더운지
настольный (나쓰똘느이)	(형) ~ая лампа 탁상(전)등; ~ый календарь 탁상달력; ~ая книга 상용도서
настораживать (나쓰따라쥐와찌)	*см.* насторожить
настороже (나쓰따로줴)	(부) 경제(조심)하여, 정신을 바싹 차리고; быть всегда ~ 항상 경각성을 늦추지 않고 있다
насторожить (나쓰따로쥐찌)	(완) 조심하게 하다, 경제하게 하다; это меня ~ло 이것은 나를 경제하게 하였다; ~ть уши(слух) 귀를 쫑긋 세우다(솟구다, 기우리다)
насторожиться (나쓰따로쥐짜)	(완) (사람이) 귀가 솔깃해서 엿듣다, 귀를 도사리다.
настояние (나쓰또야니에)	(중) 강한 요구, 주장(主張); по ~ю *кого* ~의 요구에 따라
настоятельно (나쓰또야쩰나)	(부) ① 절실히, 긴요하게, 간절히, ~ требовать 절실히 요구하다; ② 완고히, 완강하게.
настоятельный (나쓰또야쩰느이)	(형) ① 절실(절박)한, 긴요한; ~ая просьба 간청; ② 완고한, 완강한; ~ая необходимость 절박한 필요성.
настоять[1, 2] (나쓰또야찌)	*см.* настаивать 1, 2

настояться (나쓰또야짜)	(완) 우러지다, 침출되다; чай хорошо ~лся 차가 잘 우러졌다(울어났다)
настоящее (나쓰또야쉐에)	(중) 현재(現在)
настоящий (나쓰또야쉬이)	(형) ① 현재, 지금; в ~ее время 지금, 현재; ② 참된, 참다운, 진정한; 진짜; ~ий друг 진정한(참다운)벗; ③ в ~ей книге 이 책에서; в ~ее время (언어) 현재
настрадаться (나쓰뜨라다짜)	(완) 고생을 많이 하다, 몹시괴로워하다
настраивать (나쓰뜨라이와찌)	(미완) ① (악기)음을 맞추다, 조율하다; ② (기계를) 조절하다, 조정하다, 맞추다; ~ приёмник на длинную волну 수신기를 장파에 맞추다; ③ 추기다, 부추기다, 사촉하다; ~ кого против кого-чего ~로 하여금 ~에 대하여 반감을 갖게 하다, ~로 하여금, ~를 반대하도록 추기다; ~себя см. настраиваться.
настраиваться (나쓰뜨라이와짜)	(미완) на ~할 생각을 가지다(감정을 품다) ~할 각오가 있다.
настриг (나쓰뜨리그)	(남) ~ шерсти 깎은 양털의 량.
настригать (미완), **настричь** (완) (일정한 량을) 깎다, 자르다 (나쓰뜨리가찌)	
настрого (나쓰뜨로고)	(부) 매우 엄격하게, ~ запретить 엄금하다; строго ~ 극히 엄격하다.
настроение (나쓰뜨로예니에)	(중) ① 기분, 정신상태; е быть в хорошем (плохом) ~ 기분이 좋다(나쁘다); ② 욕망, 마음; и иметь (не иметь) ~я делать что 할 욕망(마음)이 있다(없다); ③ (복수) ~я 지향.
настроенный (나쓰뜨로옌느이)	(형) быть ~ным против ~에 대한 반감을 갖다(품다); я не ~ делать что ~할 마음이 없다
настроить¹ (나쓰뜨로이찌)	(완) см. настраивать.

- 661 -

настроить² (나쓰뜨로이찌)	(완) *см.* строить
настроиться (나쓰뜨로이짜)	(완) *см.* настраиваться
настрой (나쓰뜨로이)	(남) *см.* настроение
настройка (나쓰뜨로이까)	(여) ① (악기의) 음을 맞추는 것, 조를; ② (기구, 기계 등의) 조절, 조정, 파장을 맞추는 것
настройщик (나쓰뜨로이쉬크)	(남) (음악) 조율사(調律師)
настряпать (나쓰뜨랴빠찌)	(완) *см.* стряпать
наступательный (나쓰뚜빠쩰느이)	(형) 공격(적인), 진공, 진격; ~ый бой 공격전, 전격전; ~ое оружие 공격무기, 타격무기
наступать¹ (나쓰뚜빠찌)	(미완) 되다, 도래하다, 닥쳐오다; ~ило лето 여름이 왔다(되었다); ~ила тишина 조용(잠잠) 해졌다;
наступать² (나쓰뚜빠찌)	(미완) на *кого-что* 밟다; ~ на ногу *кому* ~의 발을 밟다
наступать³ (나쓰뚜빠찌)	(미완) (군사) 공격, 진공
наступить (나쓰뚜삐찌)	(완) *см.* наступать 1, 2
наступление¹ (나쓰뚜쁘레니예)	(중) (군사) 공격, 진공, 진격; перейти в ~ 공격으로 넘어가다; ② 공세
наступление² (나쓰뚜쁘레니예)	(중) (닥쳐)오는 것, 도래; с ~м ночи 밤이 되자; с ~м весны 봄이 오자
настырный (나쓰띨느이)	(형) 부전부전한, 끈끈한
насупить (나쑤삐찌)	(완); ~ брови 눈썹을 찡그리다
насухо (나쑤하)	(부) 바싹 마르게(깨끗이), 물기가 전혀 없게; вытереть ~ 물기가 없도록 깨끗

Нн

	이 닦다
насушить (나쑤쉬찌)	(완) *см.* сушить
насущный (나쑤쉬느이)	(형) 절실한, 긴요한, 당면한; ~ая проблема 긴요한(당면한) 문제; ~ые интересы 절실한 이해관계
насчёт (나쓰쵸트)	(전) (+ 생) *кого-чего* ~에 관하여(대하여); говорить ~ работы 사업에 대하여 말하다
насчитать (완), **насчитывать** (미완) (나쓰치따찌)	① 세다, 헤아리다, 계산하다; ~ать лишних пять рублей 5(오) 루블 더 많게 세다 ② (미완) (일정한 수량을)포함하다, 있다, 가지다
насчитываться (나쓰치띄와짜)	(미완) 있다, ~에 달하다; в городе ~ваются сотни школ 시내에는 수백 개의 학교가 있다
насыпать (미완), **насыпать** (완) (나쓰샤찌)	① на что ~에 뿌리다; ~песку на дорожку 오솔길에 모래를 뿌리다 ② 붓다, 쏟아 붓다, 넣다, 채우다; ~ дополна мешок рисом 자루에 쌀을 가득 채우다 ③ 쌓다, 쌓아 우뚝하게 만들다; ~ холм 둔덕을 쌓다
насыпь (나쓰삐)	(여) 둑, 축대; железнодорожная ~ 철길 둑; делать ~ 둑을 쌓다
насытить (나쓰찌찌)	(완) ① 배부르게 먹이다; ② 충족 시키다; ③ 가득 차게 만들다; воздух насыщен парами 공기 속에 수증기가 가득 차있다
насытиться (나쓰찌짜)	(완) ① 배부르게 (잔뜩)먹다, 게걸을 떼다 ② 포함되다, 머금다
насыщаться (나쓰솨짜)	(완)*см.* насытить(ся)
насыщение (나쓰쉐니예)	(중) ① 배부르게 먹는 것; ② (화학) 포화(飽和)
насыщенность (나쓰쉔노쓰찌)	(여) ① (화학) 포화도, 포화량; ② 충만성
насыщенный	(형) ① (화학) 포화된; ~ раствор

— 663 —

(나쒸쉔느이)	포화용액 ② 되알진, 충만된, 내용이 풍부한; ~ый событиями год 사변이 많은(풍부한)해
наталкивать (나딸르끼와찌)	см. натолкнуть(ся)
натащить (나따쒸찌)	(완) (일정한 량을)(많이) 가져오다, 끌어오다; ~ мешков в подвал 자루를 지하실로 끌어들이다
натворить (나뜨뷔리찌)	(완) (좋지 않은 일을)저지르다, 하다; что ты ~л! 아이구! 너 무슨 일을 저질렀나!
нате (나쩨)	см. на
натекать (나쩨까찌)	(미완) см. натечь
нательный (나쩰리느이)	(형); ~ое бельё 속옷, 내의
натереть(ся) (나쩨레찌)	(완) см. натирать(ся)
натерпеться (나쩨르뻬짜)	(완) 많이 겪다(당하다). 고통을 많이 하다, 몹시 괴로워하다; ~горя 많은 슬픔을 겪어내다
натечь (나쩨치)	(완) 흘러들다, 스며들다, 고이다.
натирать (나찌라찌)	(미완) ① (고약 등으로)문지르다. (문질러)바르다, 비비다; ② 발라(서) 윤이나게 하다. 닦다; ③ ~ мозоль 물집이 생기게 하다.
натираться (나찌라쨔)	(미완) (고약으로) 몸에 문질러 바르다
натиск (나찌쓰크)	(남) 맹공격, 진격; 압력; под ~ом наших войск 우리 군대의 진격을 만아(당하여)
наткнуться (나뜨크누쨔)	(완) см. натолкнуться
натолкнуть (나똘크누찌)	(완) ① 밀어 부딪치게 하다, 맞닥뜨리게 하다; ② 암시하다, 유도하다; ~ на

- 664 -

	мысль 생각이 떠오르게 하다
натолкнуться (나똘크누쨔)	(완) ① на *что* ~에 부딪치다; *на кого* 와 맞추다, ~를 우연히 만나다; ② 우연히 얻어내다(찾아내다)
натолочь (나똘로찌)	(완) *см.* толочь
натопить (나또삐찌)	(완) *см.* топить
натоптать (나또쁘따찌)	(완) *см.* топтать
наточить (나또치찌)	(완) *см.* точить
натощак (나또샤크)	(부) 빈속에, 맨입으로, 식전에; принимать лекарство ~ 빈속에 약을 먹다
натравить (완), **натравливать** (미완) (나뜨라비찌)	추기다, 부추기다, 시촉하다
натренированый (나뜨레니로와느이)	(형) 잘 훈련된
натрий (나뜨리이)	(남) (화학) 나트륨(natrium)
натура (나뚜라)	(여) ① 본질, 성미, 천성, 소질, 본성; ② 자연; ③ (미술) 실물, 실경; рисовать с ~ы 실물을 보고 그대로 그리다; ④:платить~ой 현물로 물다
натурализация (나뚜랄리자찌야)	(여) (외국인 또는 국적없는 사람들) 귀한
натурализм (나뚜랄리즘)	(남) (문학, 예술) 자연주의
натуралист (나뚜랄리쓰트)	(남) ① 자연과학자 ② 자연주의자
натуралистический (나뚜랄리쓰찌체쓰끼이)	(형) 자연주의적인
натуральный (나뚜랄리느이)	(형) ① 자연, 자연적인, 자연스러운; ② 현물에 의한; ~ое хозяйство 현물 경리; ~ый налог 현물세 ③ 본래;

Нн

	~ый цвет 본색, 본래의 빛 갈; ④ 천연; ~ мёд 자연산 꿀; ~ый продукт 천연산(물)
натуроплата (나뚜로쁘라따)	(여) 현물보수
натурщик (남), **~ца** (여) (나뚜르쉬크)	모델을 서는 사람, 모델
натыкаться (나띄까짜)	(미완) *см.* натолкнуться
натюрморт (나쮸르몰트)	(남) 정물화, 정물사진.
натягивать (나쨔기와찌)	(미완) ① 잡아당기다, 죄다;~ верёвку 밧줄을 팽팽하게 당기다; ② 잡아당겨 입다(쓰다, 신다)
натяжение (나쨔줴니예)	(중) (공학) 장력, 서로당기는 힘
натяжка (나쨔즈까)	(여): допускать с большой ~ой 많을 구실을 붙여서 받아들이다
натянутый (나쨔누뜨이)	① (형) 긴장된; ~ые отношения 긴장된 관계; ② (형) 부자연스러운, 위선적인; ~ая улыбка 부자연스러운 미소
натянуть (나쨔누찌)	(완) *см.* натягивать
наугад (나우갇)	(부) 되는대로, 생각나는대로, 무턱대고
Наум (Книга Пророка Наумы 3장, 904쪽) 나훔서 (나움)	
наудачу (나우다추)	(부) 요행을 바라고, 운명에 맡기여, 되는대로
наука (나우까)	(여) 과학;~а и техника 과학과 기술; естественные ~ 자연과학;
наускать (나우쓰까찌)	(완) *см.* науськивать
науськивать, науськать (나우쓰끼와찌)	부추기다, 꼬드기다, 사촉하다.
наутёк	(부): пуститься ~ 달아나다, 내뛰다,

(나우쪼크)	도주하다
наутро (나우뜨로)	(부) 아침이면, 다음날 아침에
научить (나우치찌)	(완) *чему* 또는 (+ 미정형) 배워주다, (가르치다);~ читать 읽기를 배워주다 (가르치다); ~ 하기로 대주다(조언하다)
научиться (나우치짜)	(미완) 배워알다, ~할 줄 알게 되다, 습득하다;~ управлять автомобилем 자동차를 운전할 줄 알게 되다;
научно (나우츠나)	(부) 과학적으로
научно-исследовательский (나우츠나-잇쓸례도와쩰쓰끼이)	(형) 과학연구의; ~ий институт 과학연구소
научно-популярный (나우츠나-뽀뿌랼느이)	(형):~ая литература 과학기술통속서 과학지식보급서적
научно-технический (나우츠나-쩨흐니체쓰끼이)	(형) 과학기술적인
научный (나우츠느이)	(형) ① 과학; ~ые круги 과학계; ② 과학적인; ~ый сотрудник 연구사; ~ое учреждение 과학기관
наушники (나우쉬니끼)	(복수) ① 수화가 ② 귀걸이
наушничать (나우쉬니차찌)	(미완) 고자질하다, 꽂아넣다
наущение (나우쉐니예)	(중): по ~ю *кого* ~의 부추김에 따라 ~의 사촉하에,
нафталин (나프딸린)	(남) 나프탈렌(naphthalene)
нахал (나할)	(남) 낯도깨비, 철면피한 자식
нахальный (나할느이)	(형) 염치없는, 뻔뻔스러운
нахальство (나할쓰뜨붜)	(중) 파렴치한(철면피한) 행위
нахватать (나흐바따찌)	(완) ① (많이) 잡아(쥐다) ②: ~ знаний *см.* нахвататься

Нн

— 667 —

нахвататься (나흐바따짜)	(완): ~ знаний (сведений) 피상적인 지식을 얻다
нахимовец (나히모베쯔)	(남) 나히모브(명칭) 해군유년학교학생, 해군사관생도.
нахимовский (나히모브쓰끼이)	(형): ~ое училище 나히모브 해군유년학교
нахлебник (나흐레브니크)	(남) 식충이, 밥벌레
нахлобучивать (미완), нахлобучить (완) (나흐로부치와찌)	(모자를) 내려쓰다, 눌러쓰다, 들쓰다
нахлобучка (나흐로부츠까)	(여): получить ~у 경을 치다, 질책을 받다
нахлынуть (나흐릐누찌)	(완) ① 밀려들다, 쓸어들다, 치밀다; ~ла волна 파도가 밀려왔다; ② 떠오르다, 내리밀다, 수많이 생기다; ~ли воспоминания 추억이 구름피듯 머리에 떠올랐다
нахмуривать (미완), нахмурить (완) (나흐무리와찌)	~ брови 눈썹을 찌푸리다; ~ лоб 이마 살을 찡그리다
нахмуриться (나흐무리짜)	(완) ① 얼굴을 찡그리다; ② (날씨가) 흐려지다
находить¹ (나호지찌)	(미완) ① 찾아내다, 알아내다, 발견하다 ~ гриб 버섯을 발견하다;~ выход из положения 출로를 찾다; ② 생각하다, 인정하다; ③ 받다, 얻다;~утешение в книгах 독서에서 위안을 받다; ~ удовольствие в чём ~를 즐기다.
находить² (나호지찌)	① (가면서) 마주치다, 부딪치다; ② 가리우다, 덮다; туча нашла на солнце 구름이 해를 가렸다; ③ (많이) 모여들다; нашло дыму 연기가 몰려나왔다;
находиться¹ (나호지짜)	(미완) ① см. найтись ② (일정 장소, 상태에)있다; ③ 머물러있다, 체류하다;
находиться² (나호지짜)	(완) 많이(실컷) 걸어다니다; 걸어서 지치다(피로해지다)
находка	(여) 찾은(얻는, 주은)물건; бюро ~ок

(나홋까)	습득물취급소
находчивость (나홋치보쓰찌)	(여) 기지, 기민성(機敏性)
находчивый (나홋치브이)	(형) 기지(가) 있는; 약빠른; ~ ответ 재치있는 대답
нацеливать (나쩰리와찌)	(미완) ① 겨누다, 조준하다; ② на что ~하려고 하다, ~할 목적(목표)을 가리키다.
нацеливаться (나쩰리와쨔)	(미완) ① в кого-что 겨누다, 조준하다; ② на что ~하려고 하다, ~할 목적(목표)을 가지다
нацелить(ся) (나쩰리찌)	см. нацеливать(ся)
наценка (나쩬까)	(여) 가격인상;c ~ой 가격을 인상하여
нацепить (완), **нацеплять** (미완) (나쩨삐찌)	① (옷, 모자에) 꽂아놓다, 붙이다, 달다; ~ бант 리본을 달다; ② 걸치다, 매달다
нацизм (나찌즘)	(남) 나치즘, 독일파시즘
национализация (나찌오날리자찌야)	(여) 국유화(國有化)
национализировать (나찌오날리지로와찌)	(미완, 완) 국유화하다
национализм (나찌오날리즘)	(남) 민족주의
националист (나찌오날리쓰트)	(남) 민족주의자
националистический (나찌오날리쓰찌체스끼이)	(형) 민족주의(적인); ~ая политика 민족주의정책
национально-освободительный (나찌오날리노-오스붜보지쩰느이)	(형) 만족해방; ~ое движение 만족해방운동
национальность (나찌오날리노쓰찌)	(여) ① 준민족; ② 민족; какой вы ~и? 당신은 어느 민족입니까? 당신은 어느 나라 사람입니까?; ③ 민족성
национальный	(형) ① 민족의, 민족적인; ~ая культ-

- 669 -

(나찌오날리느이)	тура 민족문화;~ый вопрос 민족문제 ~ое меньшинство 소수민족;~ый характер 민족성; ~ый язык 민족어; ② 국가, 인민, 국민, 백성;~ый гимн 국가; ~ый флаг 국기;~ доход 국민소득;~ая независимость 민족적 독립
нацист (나찌스뜨)	(남) 나치스트, 독일파시스트
нацистский (나찌스뜨스끼이)	(형) 나치스트의, 독일파시즘 같은
нация (나찌야)	(여) 민족, 국민, 인민;겨레, 동족, 동포; малая ~ 약소민족; ② 나라, 국가; Организация Объединённых Наций , ООН 유엔(UN), 국제연합기구
нацменьшинство (나쯔메니쉰쓰뜨뷔)	*см.* национальн(оеменьшинство)
начало (나찰라)	(중) ① 처음, 시작, 개시; 시초, 초기 ~ нового учебного года 새학년도의 시작; в самом ~е 맨 처음에, 벽두에 в ~е этого месяца 이달 초에; в ~е 90-х годов 90년대의 초기에, ~о зимы 첫겨울; в ~ пятого 네(4)시 조금 지나서; ② 기원, 본원, 근원 положить ~о *чему* ~의 기원이되다, ~을 시작하다; брать ~о 발원하다; ③ 출발점, 시점; ~ улицы 거리시작; ④ 기초, 요인, 원칙; организующее ~о 조직적요인
начальник (나찰니크)	(남) 장(長), 장관, 책임자; ~ станции 역장; ~ штаба 참모장
начальный (나찰느이)	(형) ① 처음, 시초, 애초, 최초, 시작; ~ая точка (수학) 시(작)점, 원점; ② 초보, 초보적인, 초급, 초등, 하등; ~ое образование 초등교육; ~ый курс 입문서, 초보 ③ 초기; в ~ой стадии 첫 단계에
начальственный (나찰쓰뜨뺀느이)	(형) 상관다운, 위엄한
начальство	(중) ① (집합) 상관들, 간부들 ② 상관

(나찰쓰뜨뷔)	의 권력(권한); быть под *чьим* ~м ~의 지도하여(밑에)잇다
начать(ся) (나차찌)	(완) *см.* начинать(ся)
начеку (나체꾸)	(부): быть ~ 준비(태세)를 갖추고 있다, 주의 깊게 하다
начерно (나체르나)	(부): написать ~ 초벌로 쓰다
начертание (나체르따니예)	(중) 모양, 도형, 꼴; ~ иероглифа 획, 도식
начертательный (나체르따쩰느이)	(형): ~ая геометрия (수학) 도학, 화법기하학, 입체도학
начертить (나체르찌찌)	(완) *см.* чертить
начётничество (나쵸뜨니체쓰뜨뷔)	(중) 독경주의, 독경주의적 지식
начётчик (나쵸뜨치크)	(남) 독경주의자, 독경쟁이
начинание (나치나니예)	(중) 개시된 사업, 시작하는 것; 발기
начинать (나치나찌)	(미완) 시작하다, 개시하다; ~разговор 이야기를 시작하다; ~ начало накрапывать 빗방울이 오기 시작하다
начинаться (나치나쨔)	(미완) 시작되다, 개시되다, 일어나다; начался новый год 새해가 시작되었다.
началась (나치라시)	вой на 전쟁이 일어났다
начинающий (나치나유쉬이)	① (형) 시작하는, 갓 착수한(들어선); ~ писатель 신인작가 ② (명사로) 신인, 초보, 초학자
начиная (나치나야)	(전): ~ с, от ~를 비롯하여
начинить (완), **начинять** (나치니찌)	(미완) 채우다, 소를 박다(넣다); ~ пирог мясом 고기를 만두에 넣다
начисление	(중) ① 가산, 계산 ② 가산금, 부과금

(나치쓸레니예)

начислить (완), **начислять** (미완) 가산하다, 계산하다;
(나치쓸리찌) ~ проценты 이자를 가산하다

начистить (완) *см.* чистить
(나치쓰찌찌)

начисто (부) ① : переписать ~ 정서하다;
(나치쓰또) ② 손금 보듯이. 전혀, 전적으로;
~ отказался платить 지불할 것을
거절하였다;~ забыл 전혀 잊어버렸다

начистоту (부) 털어놓고, 솔직히; говорить ~
(나치쓰또뚜) 솔직히 말하다

начитанность (여) 많이 읽기, 다독
(나치딴노쓰찌)

начитанный (형) 책을 많이 읽는, 박식한;
(나치딴느이) ~ человек 다독가

начитаться (완) 많이 읽다, 실컷 읽다
(나치따찌야)

начищать (미완) *см.* начистить
(나치샤찌)

наш (소유 대) (남), **наша** (여), **наше** (중), **наши** (복수) 우리의,
(나쉬) (나샤) 우리들의;~ дом 우리 집;наша школа
우리들의 학교; наше знамя 우리의
깃발; в наше время 현재, 우리 시대

нашатырный (형): ~ спирт 암모니아수
(나샤뜔느이)

нашатырь (남) ① (화학) 염화암모니아;
(나샤뛰리) ② (의학) 암모니아수

наше ① *см.* наш;
(나쉐) ② (명사로) (중) 우리의 것

нашептать (완), **нашёптывать** (미완) 소곤소곤 알려주다(이야기
(나쉐쁘따찌) 하다), 소곤거리다; 꽂아 넣다.

нашествие (중) 침입, 침략, 침습
(나쉐쓰뜨비예)

наши ① *см.* наш; ② (명사로) (복수) 우리
(나쉬) 편, 우리 사람(동지, 찬척, 동포)들;
~ выиграли 우리 편이 이겼다

нашивать (나쉬**와**찌)	(미완) на *что* 박음질하여 ~에 꿰매어 달다(대다, 붙이다), 덧붙이다; ~ карман 호주머니를 달다; ~ заплату 헝겊을 대고 깁다
нашивка (나쉬브까)	(여) (군사) 완장, 금장
нашить (나쉬찌)	(완) ① *см.* нашивать; ② ~ много одежды 옷을 많이 짓다
нашумевший (나수**몝**쉬이)	(형) 떠벌리던, 화제 거리로 되었던
нашуметь (나수**메**찌)	(완) ① *см.* шуметь ② 물의를 일으키다, 화제 거리로 되다
нащупать(완), **нащупывать** (미완) (나수**빠**찌)	① 더듬어 찾아내다; ~ пульс 맥을 짚어보다; ② 찾아내다; ~ почву 탐지해내다
наэлектризовать (나에렉뜨리조**와**찌)	*см.* электризовать
наяву (나야부)	(부) 실제상, 현실적으로; как ~ 생시처럼
Нджамена (느쟈**메**나)	(여) *г.* 느쟈메나
не (네)	(조) (뒤에 오는 단어의 뜻을 부정함): не пришёл 오지 않았다; не видел 보지 못하였다; не холодно 춥지 않다; не (у)ходи 가지 말라;
неаккуратность (네악꾸라뜨노쓰찌)	(여) ① 차근차근하지 못한 것, 게저분한 것; ② 부주의, 부정확한 것
неаккуратный (네악꾸라뜨느이)	(형) ① 차근차근하지 못한, 꺼벙한, 게저분한 ② 부정확한, 부주의하는
неактуальный (네악꾸알느이)	(형) 현실적가치가 없는
неантагонистический (네안따고니쓰찌체쓰끼이)	(형) ~ие противоречия 비적대적모순
неаппетитный (네압뻬찌뜨느이)	(형) 맛없는, 입맛을 돋우지 못 한
небезопасный	(형) (어느 정도로) 안정하지 못한

(녜볘조빠쓰느이)

небезызвестный
(녜볘즈즈볘쓰뜨느이)
(형) 잘 알려져 있는; 악명 높을

небезынтересный
(녜볘즌쩨레쓰느이)
(형) 흥미없는

небережливый
(녜볘레즈리브이)
(형) 아끼지 않은, 절약하지 않은, 헙헙한

небесный
(녜볘쓰느이)
(형) 하늘, 천장; ~ свод 하늘, 천장

неблаговидный
(녜브라고빋느이)
(형) 비난(꾸지람)을 받아야 할, 쑥스러운, 좋지 못한; ~ поступок 비난 받을 짓(행동)

неблагодарность
(녜브라고달노쓰찌)
(여) 은혜를 모르는 것, 망은; чёрная ~ 배은망덕

неблагодарный
(녜브라고달느이)
(형) ① 은혜를 모르는, 배은망덕한; ~ труд 보상을 받지 못한 노력

неблагожелательный
(녜브라고줴라쩰느이)
(형) 호의 없는, 악의가 있는; ~ отзыв 악평

неблагонадёжный
(녜브라고나죠즈느이)
(형) ① 믿음성 없는, 믿을 수 없는 ② 불온한

неблагополучно
(녜브라고뽀루쓰나)
(부) ① 순조롭지 못하게, 불쾌하게 ② (술어로) 순조롭지 못하다, 좋지 못하다, 일이 잘 안 된다

неблагополучный
(녜브라고뽀루쓰느이)
(형) 순조롭지 못한, 무사하지 않은, 불행한; ~ исход дела 순조롭지 못한 사업의 결말

неблагоприятный
(녜브라고쁘리야뜨느이)
(형) 불리한, 부정적인, 좋지 않은; ~ое впечатление 나쁜 인상; ~ая обстановка 역경

неблагоразумный
(녜브라고라줌느이)
(형) 무분별한, 분별없는, 무모한, 머리 없는; ~ поступок 경솔(무모)한 행위

неблагоустроенный
(녜브라고우쓰뜨로옌느이)
(형) 잘(문화적으로) 꾸려져있기 않은, 잘 정리되지 못한

небо
(녜보)
(중) 하늘; под открытым ~ом 한지에; быть на седьмом ~е 더 없는 행복을 느끼다; 난데없이 나타나다

	(벌어지다)
нёбо (뇨보)	(중) (해부) 입천장, 구개, 구두개; твёрдое(мягкое) ~ 경(연)구개
небогатый (네보가뜨이)	(형) 부유하지 않은, 풍부하지 못한; ~ человек 유족하지 못한 사람; 제한된 ~ ассортимент 제한된 품종
небоеспособный (네보예쓰뽀쏘브느이)	(형) 전투력이 없는
небольшой (네볼쇼이)	(형) ① (량이) 많지 않은, 적은;(크기가)크지 않은 , 작은; 오래지 않은; ② 제한된; ③중요하지 않은, 보잘 것 없이; ~ая услуга 대단치 않은 방조; ~ с ~им; ~여 ~ сто рублей 100 여루블; с ~им 나이가 40남짓하다
небосвод (네보쓰본)	(남) 하늘, 창공(蒼空), 궁창, 만리장천
небосклон (네보쓰크론)	(남) 하늘가, 지평선, 지평
небоскрёб (네보쓰크룹)	(남) 마천루, 고층건물
небрежно (네브레즈나)	(부) 되는대로, 범범하게, 꺼벙하게, 소홀하게
небрежность (네브레즈노쓰찌)	(여) 꺼벙한 것, 범범한 것, 소홀, 무관심
небрежный (네브레즈느이)	(형) 꺼벙한, 께자자한, 범범한; 소홀한
небритый (네브리뜨이)	(형) 면도하지 않은
небывалый (네븨왈르이)	(형) 지금까지 있어본 적이 없는, 이제껏 없었던, 미증유의; ~ урожай 전례 없는 큰 풍년
небылица (네븰리짜)	(여) 꾸며낸(거짓) 말(이야기), 허황한 말; рассказывать ~ы 꾸며낸 이야기를 하다
небьющий ся (네븨유쉬이쌰)	(형) 쪼개지지 않는, 깨지지 않는; ~ееся стекло 깨지지 않는 유리

неважно (네바즈나)	(부) ① 변변치 못 하게, 그다지 좋지 않게; чувствовать себя ~ 몸이 편찮다; ② (술어도) 중요하지 않다; это ~ 일없다, 괜찮다.
неважный (네바즈느이)	(형) ① 중요하지 않는; 하찮은, 대수롭지 않은; ② 좋지 못 한, 나쁜
невдалеке (네브달레께)	(부) 멀지 않는 곳에, 근처에, 부근에; жить ~ 근처에 살다
неведение (네베제니예)	(중) 모르는 것, 무식; находиться в ~и 모르다
неведомый (네베도므이)	(형) 알지 못한, 알려지지 않은; ~ая сила 신비로운 힘
невежа (네베좌)	(남, 여) 막된 사람, 까막눈이; 교양 없는
невежда (네베즈다)	(남, 여) ① 무식쟁이, 무식꾼 ② в чём ~를 모르는 사람
невежественный (네베제쓰뜨벤느이)	(형) ① 몽매한, 우매한, 무식한; ② в чём ~를 모르는; ~ в технике человек 기술을 모르는 사람
невежество (네베제쓰뜨붜)	(중) 무식, 몽매, 맹목; см. невежливость
невежливо (네베즈리붜)	(부) 무례하게, 예절 없이
невежливость (네베즈리보쓰찌)	(여) 예절 없는 것, 버릇없는 것(짓).
невежливый (네베즈리브이)	(형) 예절 없는, 버릇없는, 무례한, 거치른
невезение (네베제니예)	(중) 비운, 재수 없는 것
неверие (네베리예)	(중) 불신, 불신념, 신심이 없는 것, 의혹
неверно (네베르노)	(부) ① 틀리게, 잘못, 부정확하게; ~ понимать 잘못 이해를 하다, 오해하다; ~ сосчитать 잘못 세다; ② 틀리다, 옳지 않다, 부정확하다
неверный	(형) ① 틀린, 잘못된, 부정확한;

(네베르느이)	~ вывод 부정확한 결론; ② 믿지 못할, 불충실한, 배식적인
невероятно (네베로야뜨나)	(부) ① 믿기 어려울 정도로, 엄청나게 ② 아주 비상하게, 극도로; ③ (술어) 믿기 어렵다, 아주 비상하다
невероятный (네베로야뜨느이)	(형) ① 믿기 어려운; ② 상상외의, 비상한, 놀랄만한; ~ успех 놀랄만한 성과
неверующий (네베루야쉬이)	(형) ① 종교를 믿지 않은, 신앙이 없는; ② (명사로) (남) 무신론자, 종교를 믿지 않은 사람
невесёлый (네베쇼르이)	(형) 불쾌한, 명랑하지 못 한, 쓸쓸한
невесомость (네베쏘모쓰찌)	(여) 무중력; состояние ~и 무중력상태
невесомый (네베쏘므이)	(형) 무게가 없는, 아주 가벼운; ~ аргумент 불철저한 논증
невеста (네베쓰따)	(여) 약혼한 처녀, 약혼녀, 색시, 색시감
невестка (네베쓰뜨까)	(여) 형수, 제수; 며느리, 올케
невзгода (네브즈고다)	(여) 풍랑, 풍파, 가난신고, 고생
невзирая (네브지라야)	(전) на что ~를 가리지 않고(무릅쓰고); ~을 본문하고, ~에도 불구하고; ~ на лица 안면에 관계없이
невзлюбить (네브즈류비찌)	(완) 싫어하게 되다, 원망하게 되다
невзначай (네브즈나차이)	(부) 뜻밖에, 불의에, 우연히.
невзрачный (네브즈라츠느이)	(형) 볼품없는, 보잘것없는, 아름답지 못 한; ~вид кого 주제꼴
невзыскательный (네브즈쓰까쩰느이)	(형) ① 요구성이 강하지 않는, 까다롭지 않은; ② 평범한, 소박한
невиданный (네비단느이)	(형) 이제껏 없었던, 일찍이 있어보지 못 한, 전례 없는, 미증유의; 희한한

Нн

невидимый (네비지므이)	(형) 눈에 보이지 않는(띄지 않는)
невинно (네빈나)	(부) ① 죄 없이; ② 순진하게
невинный (네빈느이)	(형) ① 죄 없는, 무죄한, 무고한 ② 순진한; с ~ым видом 모르는 체 하고 ③ 순결한, 깨끗한, 숫된
невиновность (네비노브노쓰찌)	(여) 죄 없는 것, 무죄
невиновный (네비높느이)	(형) 죄 없는, 무죄한; признать ~ым 무죄로 인정하다
невкусный (네브꾸쓰느이)	(형) 맛없는; ~ суп 맛없는 국
невменяемость (네브몌냐예모쓰찌)	(여) (법률) 책임능력; 형사책임능력 быть в состоянии ~и 형사책임을 추궁할 수 없는 정신 상태에 있다
невменяемый (네브몌냐예므이)	(형)① (법률) 책임능력이 없는, 무능력 ② 흥분하여 자제력을 잃은, 미친 듯한.
невмешательство (네브몌솨쩰쓰뜨붜)	(중) 불간섭; ~ во внутренние дела 내정불간섭, политика ~а 불간섭정책
невмоготу (네브모구뚜)	(부) (술어로) 참을 수 없다, ~할 힘이 없다
невнимание (중), **невнима-тельность** (여) ① 부주의, 산만성 (네브니마니예)	소홀, ② 불친절, 불손
невнимательный (네브니마쩰느이)	(형) ① 부주의한, 범범한; ② 불친절한, 불손한
невнятно (네브냐뜨나)	(부): говорить ~ 알아듣지 못하게 말 하다
невнятный (네브냐뜨느이)	(형) 똑똑하지 못한, 불명료한, 알아듣지 못할 할; ~ая речь 알아듣지 못할 말, 혀 꼬부라진 소리
невод (네받)	(남) 고기잡이 그물, 어망; забрасывать ~ 그물을 치다(던지다)
невозделанный (네붜즈졔란느이)	(형) 경작하지 않은, 일구지 않은; 황폐한
невоздержанный	(형) ① 과도하게, 지나치게 하는,

Нн

(녜뷔즈젤좐느이)	넘쳐나는; ② *см.* несдержанный
невозможно (녜뷔즈모즈나)	(부) (술어로) 불가능하다,~할 수 없다; ~ выяснить 알아낼 수 없다
невозможность (녜뷔즈모즈노쓰찌)	(여) 불가능성, 실현 될 수 없는 것
невозможный (녜뷔즈모쥐느이)	(형) 불가능한; ~ое дело, 실현불가능 한 일; ② 참지 못할; 견딜 수없는; ~ая боль 견딜 수 없는 아픔
невозмутимость (녜뷔즈무찌모쓰찌)	(여) 침착성, 태연자약한성
невозмутимый (녜뷔즈무찌므이)	(형) ① 침착한, 태연자약한; ~ое выражение лица 태연자약한 (얼굴의) 표현; ② 깨뜨릴 수 없는; ~ая тишина 괴괴한 정적
неволить (녜볼리찌)	(미완) 억지로 시키다, 강요하다
невольник (남), ~ца (여) (녜볼니닉)	① 노예, 종, 노비; ② 죄수
невольно (녜볼나)	(부) 무의식적으로, 본의 아니게, 부지중
невольный (녜볼느이)	(형) ① 뜻밖에, 우연한; 부지중의; 본능적인; ~ая ошибка 뜻하지 않은 실수; ② 부득이한, ~ свидетель 우연한 목격자
неволя (녜볼야)	(여) 자유롭지 못한 것, 속박; 감금
невообразимый (녜바아브라지므이)	(형) 상상외의, 생각조차 할 수 없는; ~ая радость 비할 데 없는 기쁨; ~шум 대단히 떠드는 소리
невооружённый (녜바아루죤느이)	(형) 무장하지 않은, 무기를 가지지 않은
невоспитанный (녜뷔쓰삐딴느이)	(형) 교양 없는, 예절 없는, 버릇(이) 없는
невосприимчивый (녜뷔쓰쁘리임치브이)	(형) ① 감수성이 약한; ② (의학) 면역성 있는
невпопад	(부) 맞지 않게, 적절치 않게;

(네브쁘빠드)	отвечать ~ 엉뚱한 대답을 하다
невразумительный (네브라주미쩰느이)	깨닫지 못할, 이해하기 어려운(힘든); ~ ответ 이해가 힘든 대답
невралгический (네브랄기체쓰끼이)	(형) (의학) 신경통의; ~ие боли 신경통으로
невралгия (네브라기야)	(형) (의학) 신경통(神經痛)
неврастеник (네브라쓰쩨니크)	(남) 신경(쇠약) 환자
неврастения (네브라쓰쩨니야)	(여) (의학) 신경(쇠약)증
невредимый (네브레지므이)	(형) 손상(해)을 입지 않은, 상하지 않은; цел и ~ 무사하다
невроз (네브로즈)	(남) (의학) 신경증, 노이로제; ~ сердца 심장신경증
неврология (네브롤로기야)	(여) (의학) 신경(병)학
невропатолог (네브로빠똘로그)	(남) 신경병의사, 신경병리학자
невыгодный (네브곧느이)	(형) ① 이득이 없는, 무익한, 이롭지 못한; 불리한; ② 불편한, 나쁜.
невыдержанный (네브졔르좐느이)	(형) 자제력이 없는. 성미가 급한, 침착하지 못한
невыносимый (네븨노씨드이)	(형) 참을 수(견딜 수)없는, 참기 어려 운; ~ая боль 참을 수 없는(참지 못할)아픔
невыполнение (네븨뽈녜니에)	(중) 미달, 부족, 미만; ~ плана 계획 미달;~обязательств 의무를 이행하지 않는 것; ~ приказа 명령의 배난
невыполнимый (네븨뽈니므이)	(형) 실행(수행, 이행, 완수)할 수 없는, 해내기 어려운
невыразимый (네븨라지므이)	(형) 말로 표현 할 수 없는, 표현하기 어려운, 이루 헤아릴 수 없는; ~ая красота 형언할 수 없는 아름다움
невыразительный (네븨라지쩰느이)	(형) 표현성이 없는(풍부하지 못한), 무표정한; ~ое лицо 무표정한 얼굴

Нн

невысокий (네븨쏘끼이)	(형) ① 높지 않은, 낮은 ② 좋지 않은(못한); ~ая оценка 좋지 못 한 평가
невыход (네븨혼)	(남): ~ на работу 결근; ~ книги 책이 발행되지 않은 것
невыясненный (네븨야쓰넨느이)	(형) 밝혀지지 못한, 해명되지 못한, 알아내지 못한
негатив (네가찌프)	(남) (사진) 원판, 종판, 음화
негативный (네가찌브느이)	(형) 부정적인, 부정한; ~ая позиция 부정적 입장; ~ое отношение 부정적 태도
негде (네그제)	(부) (+ 미정형) ~할 곳(자리) 없다; ~ сесть 앉을 자리가 없다; ~ достать 구할 데가 없다
негибкий (네기브끼이)	(형) 신축성(융통성)이 없는; ~ум 신축성이 없는 지혜
негигиеничный (네기기에니츠느이)	(형) 비위생적인
негласный (네글라쓰느이)	(형) 비밀리에 진행하는, 비공개; ~ надзор 비밀리에 하는 감시
неглубокий (네글루보끼이)	(형) ① 깊지 않은, 얕은, 옅은; ~ая тарелка 해바라진 접시; ② 해발딱한, 심오하지 못한, 피상적인; ~ие знания 얕은 지식
него (네보, 네고)	см. он, оно
негодность (네곤노쓰찌)	(여) 쓸모(소용) 없는 것, 무용지물; приходить в ~ 쓸모없게 되다; приводить в ~ 쓸모없게 만들다, 망치다
негодный (네곤느이)	(형) ① 쓸모없는, 못쓸, 적합지 않은 ② 나쁜, 저급한, 천한; вода,~ая для питья 먹지 못하는 물; ~ые грибы 먹을 수 없는 버섯
негодование (네가다와니예)	(중) 격분, 분개, 분노, 비분; приходить в ~ см. негодовать,

Hh

	с ~м 분개 하여, 격분에 차서; сдерживать ~ 비분을 참다
негодовать (네가다바찌)	(미완) 격분(분노, 분개)하다, 통분하다
негодующий (네가두유쉬이)	(형) 분개하는, 격분에 넘친; ~ протест 격분에 넘친 항의, ~ взгляд 격분에 찬 눈초리
негодяй (네가쟈이)	(남) 망종(亡終), 몹쓸 놈
негостеприимный (네가쓰쩨쁘리임느이)	(형) 손님을 좋아하지 않는, 잘 대접하지 않는, 냉대하는, 반겨 맞아주지 않는
негр (남), **~итянка** (여) (네그르)	흑인, 검둥이, 깜둥이, 껌둥이, 니그로, 토인, 흑구자, 흑노.
неграмотность (네그라모뜨노쓰찌)	(여) 문맹, 무지, 무식; ликвидация ~и 무맹퇴치; политическая ~ь 정치적 암둔성
неграмотный (네그라모뜨느이)	(형) ① 문맹, 무지한; ② 정통하지 못한, 서투른; ③ (명사로) (남) 문맹자, 무식자
негритянский (네그리쨘쓰끼)	(형) 흑인의, 검둥이 같은, 깜둥이
негромкий (네그롬끼이)	(형) 요란하지 않은, 소리가 낮은; ~им голосом 낮은 목소리로
недавний (네다브느이)	(형) 얼마 전에 잇는, 오래지 않은, 최근에; с ~их пор 요즈음 부터, 최근부터, до ~его времени 얼마 전까지
недавно (네다브나)	(부) 얼마 전에, 요즈음, 최근에; это случилось ~ 이일은 일어 난지 오래지 않다
недалёкий (네달료끼이)	(형) ① 멀지 않은, 불원한, 가까운; в ~ом будущем 가까운 앞날에; ② 시야가 좁은, 편협한
недалеко (네달레꼬)	(부) ① 멀지 않은 곳에, 가까이에; ② (술어로) (얼마) 멀지 않다, 가깝다
недальновидный (네달나빋느이)	(형) 근시안적인, 예견성(선견지명)이 없는; ~ая позиция 근시안적태도

недаром (니다롬)	(부)① 무근거하지 않게, 연고가 있어서 ~он это сделал 그가 그것을 한 것은 이유가 있다, говорится 연고가 있어서 하는 말이다; ② 헛되지 않게
недвижимость (니드비쥐모쓰찌)	(여) 고정재산.
невидимый (니드비지므이)	(형) 눈에 보이지 않는(뜨이지 않는); ~ая сторона луны 달의 보이지 않는 쪽(후면)
недвусмысленный (니드부쓰믜쓸롄느이)	(형) 애매하지 않은, 명료한, 명확한
недееспособный (니제예쓰쁘쏘브느이)	(형) 무능력한, 행동력이 없는
недей ствительный (니제이쓰뜨비쩰느이)	(형) 효력(효과)이 없는; признать ~ым 무효로 인정하다; билеты ~ы 무효표이다
неделикатный (니젤리까뜨느이)	(형) 불손한, 점잖지 않은, 야비한
неделимый (니젤리므이)	(형) ① 나눌 수 없는, 불가분의; ② (수학) 완제되지 않은
недельный (니젤느이)	(형) 주(週), 1주일간, 주간(週間); ~ отпуск 1주일간의 휴가; в ~ срок 1주일동안
неделя (니젤랴)	(여) 주, 주일, 1주일간, 주간; на будущей ~е 다음주(내주)(일)에; каждую ~ю 매주일, 주일마다
недисциплинированность (니지쓰찌블리니로완노쓰찌)	규률이 없는 것, 무규률성
недисциплинированный (니지쓰찌블리니로완느이)	(형) 규률이 없는(느즈러진); 무규률적인; ~ый человек 해이한 사람
недоброжелательность (니다브로줼라쩰노쓰찌)	(여) 악의, 악감, 적의
недоброжелательный (니다브로줼라쩰느이)	(형) 악의(악감)를 품은
недоброкачественный (니다브로까체쓰뜨붼느이)	(형) (품)질이 나쁜(낮은); ~ый товар (품)질이 나쁜 상품, 불량품; ~ая вещь 불량한 물건

Нн

недобросовестность (네다브로쏘베스뜨노쓰찌)	(여) ① 비양심적인 것, 불성실성 ② 소홀, 등한, 만홀, 홀저
недобросовестный (네드브로쏘베스뜨느이)	(형) ① 비양심적인, 성실치 못한; ② 소홀한, 건성건성한;
недобрый (네도브르이)	(형) ① 선량하지 못한, 적의(악의)를 품은, 좋지 못한, 악한마음; питать ~ые чувства 나쁜마음(악심)을 먹다; ② 불길한, 나, 흉한; ~ый час 불길한 시간(때)
недоваривать (미완), **недоварить** (완) (네다바리와찌)	설삶다, 설끓이다
недоверие (네다볘리에)	(중) 불신임, 의심; питать ~ к кому ~에게 대하여 의심을 품다; с ~м 믿지 못하는 태대로
недоверчиво (네다볘르치붜)	(부) 반신반의하게, 의심스럽게
недоверчивость (네다볘르치붜쓰찌)	(여) 반신반의, 회의심, 회의감
недоверчивый (네다볘르치브이)	(형) 반신반의하는, 회의감을 품은; ~ое отношение к кому-чему ~에 대한 회의적인 태도
недовесить (완), **недовешивать** (미완); (네다볘씨찌)	모자라게 달다, 달아서 속이다, 눈금을 속이다;~ сто граммов 100그람이 모자라게 달다
недовольный (네도볼느이)	①(형) 불만족한, 서운케 하는; 시들한, 시무룩한; ~ взгляд 불만의 시선; ② (명)(남) 불평, 불만을 부리는 사람
недовольство (네도볼스뜨붜)	(중) 불만, 불평; 울분
недовыполнение (네다븨뽈녜니예)	(중) 미달, 체 끝나지 못하는 것
недовыполнить (네다븨뽈니찌)	(완) 채 완수하지 못하다, 완료하지 못하다, 종룡(종결)하지 못했다
недогадливый (네다가드리브이)	(형) 눈치가 무딘, 총기가 빠르지 못한
недоглядеть (네다그랴제찌)	(완) *см.* недосмотреть

недоговорённость (네다고보론노쓰찌)	(여) ① 완전한 보지 못 한 것, 합의가 없는 것; ② 미처 말하지 못 한 것
недогрузка (네다그루즈까)	(여) 적재부족, 적재부족량
недоделать (네다젤라찌)	(완) *см.* недоделывать
недоделки (네다젤르끼)	(복수) ① 미완성부분, 다 해내지 못한 것; ② 흠점, 흠절
недоделывать (네다젤와찌)	(미완) 다(끝까지) 마처하지 않다, 체 완성하지 못하다
недоедание (네다예다니예)	(중) 굶주림, 굶기, 식사부족, 기아
недоедать (네다예다찌)	(미완) ① 배를 곯다, 절반 굶어 살다; ② 다 먹지 않다, 덜 먹다
недозволенный (네다즈뷔렌느이)	(형) 금지된, 용납 못할, 허용되지 않는
недозревать (미완), **недозреть** (완) (네다즈레와찌)	설익다, 데익다, 채 익지 않다
недоимка (네다임까)	(여) 미납세, 미납금, 체납세
недоконченный (네다꼰첸느이)	(형) 체 끝까지 않은, 미완성한
недолго (네돌가)	(부) 잠시, 단기간에, 순식간에, 잠깐; ~ думая 곧, 잠시 생각하여
недолговечный (네달가볘츠느이)	(형) 오래 가지 못하는, 오래 쓰지 못하는; 수명이 짧은, 오래 살지 못하는
недолюбливать (네달류블리와찌)	(미완) 좋아하지 않다, 달가워하지 않다 마음에 들지 않다
недомогание (네다마가니에)	(중) 불편한 것, 몸탈; чувствовать ~ 몸이 불편하다(편치 않다)
недомолвка (네다모르브까)	(여) 빼놓은(빠진) 말, 채하지 않은 말
недооценивать (미완), **недооценить** (완) (네다아쩨니와찌)	과소평가하다; 낮잡다
недооценка	(여) 과소평가, 불충분한 평가

(네다아**쩰**까)	
недоплата (네다쁠라따)	(여) 채 물지 않은 것(미불금); 지불잔액
недоплатить (완), **недоплачивать** (미완) (네다쁠라찌찌)	모지가게 물다, 다물지 않다
недополучить (네다뻴루치찌)	(완) 덜 받다, 채 다 받지 못 할, 참을 수 없는
недопустимый (네다뿌쓰찌므이)	(형) 허용할 수 없는, 용납 못할, 참을 없는
недопущение (네다뿌쉐니예)	(중) 불허, 금지, 금제, 제한, 저지
недоразвитый (네다라즈비뜨이)	(형) ① 발육이 불완전한, 발육부족의; ② 지능이 떨어진, 잔잔한
недоразумение (네다라주메니예)	(중) 오해, 옥생각, 곡해; рассеять ~e 오해를 풀다; по ~ю 오해로 인하여
недорогой (네다라고이)	(형) 비싸지 않은, 헐하는, 값싼, 눅은; по ~ цене 헐(한)값으로
недород (네다로드)	(남) 흉작(凶作), 흉황
недоросль (네다로쓸)	(남) 둔한 젊은이
недосмотр (네다쓰모뜨르)	(남) 불찰, 부주의; по ~y 불찰로 해서
недосмотреть (네다쓰모뜨레찌)	(완) ① 잘 살피지(감시하지) 않다, 간과하다; ② 채 다 보지 못하다
недоспать (네다쓰빠찌)	(완) *см.* недосыпать
недоставать (네다쓰따와찌)	(미완) 모자라다, 부족하다, 초름하다; ~ёт опыта 경험이 부족하다; этого ещё ~ вало! 야단났구나!
недостаток (네다쓰따또크)	(남) ① 부족, 결여, 결핍, 미족, 궁핍; за ~ком *чего* ~의 부족 때문에; ② 결점, 결함, 단점, 약점, 부족점, 흠점
недостаточно (네다쓰따또츠나)	①(부) 불충분하게, 모자라게, 미달되게 ② (술어): этого ~ 이것으로는 불충분하다(모자라다)

Нн

недостаточность (녜다쓰**따**또츠노쓰찌)	(여) ① 불충분, 부족, 궁핍, 불충실; за ~ю улик 증거불충분으로; ② (의학) 기능부족(技能不足), 부족증
недостаточный (녜다쓰**따**또츠느이)	(형) 부족한, 불충분한, 모자라는, 불완전한
недостача (녜다쓰**따**차)	(여) ① 부족, 결핍, 미족, 불충분; ② (검열시 발로) 현금(금액, 재산)부족
недостижимый (녜다쓰**찌**쥐므이)	(형) 달성할 수 없는, 다 닫지 못할, 도달할 수 없는
недостоверный (녜다쓰또**볘**르느이)	(형) 믿을만한 것이 못되는, 믿기 어려운, 확실치 못한, 의심스러운
недостой ный (녜다쓰**또**이느이)	(형) ① 떳떳하지 않는, ~할 가치가 없는; ② 도덕이 없는, 해갈 궂은, 수치 스러운; ~й ное поведение 비도덕적 행위
недоступный (녜다쓰**뚜**쁘느이)	(형) *см.* неприступный; 이해하기 어려운, 납득할 수 없는; 너무 비싼
недосуг (녜다**쑤**그)	(남) ① 다망한 것, 시간이 없는 것 ② (술어로) (+ 미정형) ~할 틈(짬시간)이 없다; мне ~ этим заниматься 나는 이것을 할 틈이 없다(겨를조차없다)
недосчитаться (완), **недосчитываться** (미완) ① 계산해서 부족 (녜다쓰치**따**쨔) 을 발견하다 ② 모자라다
недосыпать (녜다씌**솨**찌)	(완) 덜 쏟아넣다(쏟다), 모자라게 뿌려넣다
недосыпать (녜다씌**빠**찌)	(미완) 채(실컷) 자지 못하다, 선잠자다
недосягаемый (녜다쌰가**에**므이)	(형) *см.* недостижимый
недотрога (녜다뜨**로**가)	(남, 여) 자기를 건드릴 수 없게 하는 사람, 신경질적인 사람
недоумевать (녜다우메**와**찌)	(미완) 이상하게 생각하다, 어쩔 줄 모르게 하다, 잘 깨닫지 못하다
недоумение (녜다우**몌**니예)	(중) 몰라서 어리벙벙 하는 것, 당황해 하는 것; быть в ~и 어이가 없어서
недоумённый	(형) 몰라서 벙벙해하는, 당황케하는,

— 687 —

(네다우**톤**느이)	영문모를
недоучка (네다우츠까)	(남, 여) 반쪽지식밖에 없는 사람, 학식이 깊지 못한 사람
недочёт (네다쵸트)	(남) ① 결함, 부족점; исправлять ~ы в работе 사업상의 결함들을 시정하다 ② 실수, 잘못, 실책, 과실
недра (네드라)	(복수) 땅속, 지하 매장물; в ~х души 마음속 깊이
недруг (네드룩)	(남) 적, 원수(怨讐)
недружелюбие (네드루줴류비예)	(중) 적의, 불친절
недружелюбный (네드루줴류브느이)	(형) 적의를 품은, 불친절한, 친절하지 못한
недружественный (네드루줴쓰뜨벤느이)	(형) 비우호적인, 우정없는
недружный (네드루즈느이)	(형) ① 화목하지 못한, 사이가 좋지 못한, ~ая семья 사이좋지 못한 가정; ② 손발이 안 맞는
недуг (네드루그)	(남) 병(病); тяжкий ~ 중병
недурно (네두르나)	(부) 괜찮게, 나쁘지 않게, 쏠쏠하게; (술어) 괜찮다, 나쁘지 않다, 쏠쏠하다
недурной (네두르노이)	(형) 그리나쁘지 않은, 괜찮은, 쏠쏠한; она ~а (собой) 그 여자는 괜찮게 생겼다(어여쁘다)
недюжинный (네쥬퀸느이)	(형) 비범한, 비상한; ~ талант 탁월한 재능
неё (네요)	см. она
Неем (Книга Неемии, 13장, 512쪽) (네에미야)	느헤미야(Nehemiah)
неестественный (네예쓰쪠쓰뜨벤느이)	(형) ① 부자연스러운, 꾸며낸, 지어낸 ② 괴이쩍은, 보통이 아닌, 이상한
нежданно (네즈단나)	(부): ~-негаданно 뜻밖에, 우연히

нежданный (네즈단느이)	(형) 기다리지 않았던, 뜻밖의; ~ая встреча 우연한 상봉; ~ый гость 뜻밖의 손님
нежелание (네줼라니예)	(중) 원하지 않는 것, 딱해하는 기색
нежелательный (네줼라쩰느이)	(형) 원하지 않는, 마음이 내키지 않은, 싫은
неженатый (네줴나뜨이)	(형) ① 미혼, 장가(결혼)하지 않은 ② (명) 독신, 총각, 장가가지 않은사람
нежизненный (네쥐즈넨느이)	(형) 비현실적인; 공상적인
нежилой (네쥘로이)	(형) 비현실적인; 공상적인; ~ дом 빈 집; 거주(거처) 할 수없는
нежиться (네쥐짜)	(미완) (포근히 안겨) 즐거움을 누리다, 안온함을 즐기다
нежность (네즈노쓰찌)	(여) 정다움, 애정(愛情), 애무(愛撫)
нежный (네즈느이)	(형) ① 애정에 넘친, 정다운, 흔흔한; ② 말랑말랑한, 연한, 부드러운; ~ый цвет 연한 빛; ③ (연) 약한;
незабвенный (제자브벤느이)	(형) 망각할 수 없는, 잊지 못할; ~ друг 잊지 못할 벗
незабудка (네자부드까)	(여) (식물) 외지치(꽃), 물망초(勿忘草)
незабываемый (네자븨와에므이)	(형) 잊을수 없는, 잊지 못할; ~ое впечатление 잊을 수 없는 인상
незавершённый (네자붸숀느이)	(형) 미진된, 미완성, 완수되지 못한
незавидный (네자빋느이)	(형) 부럽지 않은, 보잘 것 없는, 좋지 못한
независимо (네자비씨모)	(부) ~ от чего ~에(~과는)관계없이, ~을 막론하고; ~от этого 이것과는 관계없이; 독립하여, 자립적으로
независимость (네자비씨모쓰찌)	(여) 독립, 자주, 자주성, 자주독립 национальная ~ 민족적 독립; экономическая ~ 경제적 자립

Нн

независимый (네자비씨므이)	(형) 독립적인, 자주적인, 독자적인; ~ые страны 독립국가들
независящий (네자비쌰쉬이)	(형): по ~им от *кого* обстоятельствам 부득이한 사정으로, 어쩔 수 없는 사정으로
незадача (네자다차)	(여) *см.* неудача
незадачливый (네자다츠리브이)	(형) 불운한, 운이 나쁜, 재수가 없는
незадолго (네자돌가)	(부):~ до ~하기하기 얼마 전에(조금 전에)
незаинтересованный (네자인쩨레쏘반느이)	(형) 이해관계 없는, 관심 없는, 무관심한, 냉담한.
незаконно (네자꼰나)	(부) 비법적으로
незаконорожденный (네자꼰노로즈젠느이)	(형) ~ (ребёнок) 사생아, 사생자
незаконность (네자꼰노쓰찌)	(여) 비법(성), 의법, 비법행위
незаконный (네자꼰느이)	(형) 비법적, 비법적인, 법에 어긋나는; ~ брак 비법적인 결혼; ~ сын 사생아
незаконченный (네자꼰첸느이)	(형) 끝나지 않은, 미진된, 완성되지못한
незамедлительно (네자메드들리쩰나)	(부) 지체 없이, 즉시, 곧
незаменимый (네자메니므이)	(형) 바꿀 수 없는, 대치할 수 없는, 없어서는 안 될;
незамерзающий (네자메르자유쉬이)	(형): ~ий порт 부동항; ~ая жидкость 얼지 않는 액체, 부동액
незаметно (네자몌뜨나)	(중) 눈에 뜨이지 않게, 슬쩍슬쩍, 슬그머니, 남모르게, 어느덧, 어느새; ~уй ти 슬그머니 가버리다
незаметный (네자몌뜨느이)	(형) ① 눈에 띄지 않는, 잘 보이지 않는; ② 잘 알려지지 않는, 사소한;
незамужняя (네자무즈냐야)	(여) 시집가지 않는 여자, 미혼녀, 처녀

незамысловатый (녜자믜쓸로와뜨이)	(형) 단순한, 까다롭지 않은; 소박한; ~ узор 소박한 무늬
незанятый (녜자냐뜨이)	(형) 일이 없는, 한가한, 빈; ~ое место 차지하지 않은 자리; ~ый дом 빈 집
незапамятный (녜자빠먀뜨느이)	(형): с ~ых времён 아득히 먼 옛날부터
незапертый (녜자뻬르뜨이)	(형) 자물쇠를 채우지 않은, 자물쇠를 걸지 않은
незапятнанный (녜자뺘뜨난느이)	(형) 오점이 없는, 깨끗한, 더럽히지 않은
незаразный (녜자라즈느이)	(형) 전염되지 않는, 비전염성
незаслуженно (녜자쓸루줸나)	(부) 부당하게, 당치 않게; 무고하게
незаслуженный (녜자쓸루줸느이)	(형) 부당한, 당치 않은; 과분한
незастрахованный (녜자쓰뜨라호완느이)	(형) 보험이 들지 않은
незастроенный (녜자쓰뜨로옌느이)	(형) 집(건물)을 짓지 많은, 비어있는; ~ участок 빈땅, 공지
незатейливый (녜자쪠일리브이)	*см.* незамысловатый
незаурядный (녜자우랴드느이)	(형) 비범한, 결출한, 특출한; ~ые способности 특출한 재능
незачем (녜자쳄)	(부) 필요(이유)가 없다
незащищённый (녜자쉬숀느이)	(형) 보호받지 못한, 무방비한, 보호시설이 없는
незваный (녜즈와느이)	(형) 청하지 않은, 초대하지 않은.
нездешний (녜즈졔쉬니이)	(형) 이 지방의 것이 아닌; 타지방
нездоровиться (녜즈도로비짜)	(미완): ему ~ся 그는 몸이 편치 않다

нездоровый (네즈도로브이)	(형) ① 건강하지 못한, 병색이 있는, 앓은; ~ вид 앓은 기색;~ цвет лица (얼굴의)병색 ② 건강에 해로운; ~ климат 유해한 기후 ③ 불건전한, 좋지 못한; ~ая обстановка 좋지 못한 환경
незлопамятный (네즈로빠먀뜨느이)	(형) 원망하지 않는, 원한(앙심)을 품지 않는
незнакомец (남), ~ка (여) (네즈나꼬미짜)	낯선 사람, 초면객
незнакомый (네즈나꼬믜)	(형) ① 알지 못 하는, 미지의, 모르는; ~ая дорога 초행길; ~ые места 초면 강산; ② (명) (남) 낯선(안면이 없는) 사람, 초면객
незнание (네즈나니예)	(중) 무지, 무식; по ~ю чего ~를 몰라서(모르기 때문에); ~е дела 맹문
незначительный (네즈나치쩰느이)	(형) ① 중요하지 않은, 대수롭지 않은, 보잘것없는, 시시한; ② 얼마 안 되는, 많지 않은, 적은; ~ые потери 많지 않은 손해; ~ое большинство 얼마 안 되는 차이를 가진 다수
незрелый (네즈렐으이)	(형) 익지 않은, 여물지 못한; ~ое яблоко 익지 않은 사과; 미숙한; ~ый возраст 미성년
незыблимый (네긔블리브이)	(형) 확고부동한, 끄떡없는, 견고한
неизбежно (네이즈베즈나)	(부) 불가피하게.
неизбежность (네이즈베즈노쓰찌)	(여) 불가피성, 필연성
неизбежный (네이즈베즈느이)	(형) 불가피한, 면치 못한, 필연적인
неизведанный (네이즈베단느이)	(형) ① 탐구해내지 않은, 알려지지 않은 ② 겪어보지 못한, 체험하지 못한
неизвестно (네이즈베쓰뜨나)	(부) ① 알지 못하게, 불명하게; пришёл ~ кто 누군지 모를 사람이 왔다; ② (술어) 알지 못하다, 모르다; живёт ~ где 어디선지 모른곳에산다.

неизвестность
(녜이즈볘스뜨노쓰찌)
(여) 불명, 부정, 무소식; жить в ~и 남들이 모르게 산다.

неизвестный
(녜이즈볘스뜨느이)
(형) ① 알려지지 않은, 불명한, 남모르는; ~ое число 수학 미지수; ② 이름 없는, 불명의; ~ый художник 이름 없는 화가

неизгладимый
(녜이즈글라지므이)
(형) 기억에서 사라지지 않은, 지을 수 없는, 이즐 수 없는;

неизлечимый
(녜이즐례치므이)
(형) 고칠 수 없는, 불치의;
~ая болезнь 불치의 병

неизменно
(녜이즈몐나)
(부) 변함없이, 여전하게, 확고부동하게

неизменный
(녜이즈몐느이)
(형) ① 변하지 않는, 불변한, 굳어진;
~ые привычки 굳어진 습관;
② 충실한, 변함이 없는;
~ый друг 충실한 벗

неизмеримый
(녜이즈몌리므이)
(형) ① 헤아릴 수 없는, 한량없는;
② 무한한

неизученный
(녜이주첸느이)
(형) (아직) 연구하지 않은

неимение
(녜이몌니예)
(중) за ~м чего ~이 없어서(없기 때문에); за ~м лучшего 더 좋은 것이 없어서

неимоверный
(녜이모볘르느이)
(형) 믿기 어려운, 이루 헤아릴 수 없는, 비상한, 대단한; ~ые трудности 상상할 수 없는 난관

неимущий
(녜이무쉬이)
(형) 재산이 없는, 무산; ~ класс 무산 계급

неинтересно
(녜인쩨례쓰나)
(부) ① 재미(흥미)없게;
② (술어로) 재미(흥미)없다

неинтересный
(녜인쩨례쓰느이)
(형) 재미(흥미)없는, 맛(멋)적은;
~ая вещь 지질한 물건

неискренний
(녜이쓰크롄니이)
(형) 불성실한, 진실하지 못한

неискренность
(녜이쓰크롄노쓰찌)
불성실성; 무성의; 위선

неискусный (네이쓰꾸쓰느이)	(형) 솜씨(재지)없는, 서투른, 능숙하지 못한
неискушённый (네이쓰꾸숀느이)	(형) 경험이 없는(적은) 노련치 못한, ~ в политике 정치를 잘 모르는
неисполнимый (네이쓰뽈니므이)	(형) 실행(집행)할 수 없는, 실현될 수 없는; ~ое желание 실현될 수 없는 소원
неисполнительный (네이쓰뽈니쩰느이)	(형) (임무를) 잘 집행(수행)하지 않는; ~ работник 하려는 노력이 없는 일군
неиспользованный (네이쓰뽈조완느이)	(형) 쓰지 않은, 사용하지 않은, 공뜬; ~ резервы 쓰지 은 예비
неиспорченный (네이쓰뽀르첸느이)	(형) 썩지 않은; 고장이 없는, 성한
неисправимый (네이쓰쁘라비므이)	(형) 고칠 수 없는; 시정 못 할; 고질이 된
неисправность (네이쓰쁘라브노쓰찌)	(여) 고장; ~ машины 기계의 고장
неисправный (네이쓰쁘라브느이)	(형) 고장난; ~ механизм 고장난기계;
неиследованный (네이쓸레도완느이)	(형) 탐구(탐사)되지 않은, 연구(조사)되지 않은
неиссякаемый (네이쓸싸까에므이)	(형) 무진장한, 무궁무진한, 다함없는; ~ источник 무진장한 원천
неистовство (네이쓰똡쓰뛰)	(중) 미쳐 날뛰는 것, 광란, 광포
неистовствовать (네이쓰똡쓰뜨뷔와찌)	(미완) 미쳐 날뛰다, 광란을 부리다, 광포하게 굴다.
неистовый (네이쓰또브이)	(형) 미친 듯, 날뛰는, 광란적인, 광포한
неистощимый (네이쓰또쉬므이)	(형) см. неиссякаемый
неисчерпаемый (네이쓰체르빠예므이)	(향) 무진장한, 무궁무진한, 다함없는; ~ые запасы 무진장한 예비
неисчислимый (네이쓰치쓸리므이)	(형) 무수한, 헤아릴 수 없는

ней (네이)	*см.* она
ней лон (네이론)	(남) 나이론(nylon), 나일론제품
ней рохирургия (네이로히룰기야)	(여) (의학) 신경외과학
ней трализация (네이뜨랄리자찌야)	(여) ① 중립화 ② (화학) 중화
ней трализовать (네이뜨랄리조와찌)	(미완, 완) ① 중립화하다 ② (화학) 중화시키다
ней тралитет (네이뜨랄리쩨트)	(남) 중립, 중성; соблюдать ~ 중립을 지키다
ней тральный (네이뜨랄느이)	(형) ① 중립의, 중립적인; ~ое государство 중립국(가); ~ое отношение 중립적 태도; ~ая зона 중립지대; ②(화학) 중성;~ый раствор 중성용액
ней трон (네이뜨론)	(남) (물리) 중성자(中性子), 뉴트론
ней тронный (네이뜨론느이)	(형) (물리) 중성자, 뉴트론;~ая бомба 중성자탄
неказистый (네까지쓰뜨이)	(형) 꾀죄죄한, 불품이 없는, 보잘 것 없는; ~ наряд 초라한 옷차림
некапиталистический (네까삐딸리쓰찌체쓰끼이)	(형): ~ путь развития 바자본주의적 발전노정
неквалифицированный (네끄왈리피쯔로완느이)	(형) 비숙련공, 숙련되지 못한, 무자격; ~ рабочий 미숙련공; ~ труд 미숙련노동
некий (네끼이)	(미정 대) 어떤
некогда[1] (네까그다)	(부) (술어로) 시간이 없다; мне ~ читать 나는 독서할 시간이 없다; мне очень ~ 나는 대단히 바쁘다
некогда[2] (네까그다)	(부) 한 때, 언젠가, 어느 때; ~ здесь было озеро 여기는 한때 못이었다.
некого (네까고)	(부정 대) (+ 미정형) некому, некем, не о ком ~할 사람이 없다;

Нн

~ послать 보낼 사람이 없다;
некем заменить 교대할 사람이없다;
не у кого спросить 물어볼 사람이 없다;
мне некому передать книгу 내가 책을 전할 사람이 없다

неколебимый
(네깔레비브이)

(형) 확고부동한, 굳은
см. непоколебимый

некомпетентный
(네꼼뻬쩬뜨느이)

(형) ① 충분한 자식을 못 가진, 충분하게 통달하지 못한; ② 권한(자격)이 없는; в этом деле он ~ен 이일은 그의 직권밖에 있다

некорректный
(네까렉뜨느이)

(형) 예절 없는, 단정치 못한, 버릇없는

некоторый
(네까따르이)

(미정대) ① 그 어떤, 어느, 얼마간의, 다소간의, 약간의; через ~ое время 얼마 후; с ~ых пор 어느 때부터; в ~ой степени 어느 정도까지; на ~ое время 얼마동안; ② (명사로) ~ые (복수) 일부(어떤) 사람들; ~ые из них 그들 중의 몇 사람

некрасивый
(네크라씨브이)

(형) 곱지 않은, 아름답지 못한, 보기 싫은; 좋지 못한, 나쁜; ~ поступок 좋지 못한(비열한)행위

некролог
(네크롤로그)

(남) 추도문, 애도사(哀悼辭)

некстати
(네크따찌)

(부) ① 때 아닌 때에, 때맞지 않게;
② 알맞지 않게; ~ сказал 알맞지 않게 말하였다

нектар
(네크딸)

(남) 감로(甘露); (식물) 꽃꿀; 꿀원천

некто
(네크또)

(미정대) 어떤 사람, 그 누가;
~ Иванов 어떤 이바노브라는 사람

некуда
(네꾸다)

(부)(+ 미정형) ~할 곳이 없다;
~ поставить 들 자리가 없다;
мне ~пой ти 나는 갈 것이 없다

некультурность
(네꿀뚜르노스찌)

(여) 비문화성, 교양이 없는 것

некультурный

(형) ① 비문화적인, 문화수준이 낮은,

- 696 -

(녜꿀뚜르느이)	교양 없는; ~ый человек 미개한 사람; ② (식물) 야생; ~ые растения 야생식물
некурящий (녜꾸랴쉬이)	(남) 담배 안 피우는 사람; вагон для ~их 금연차
неладно (녤라드나)	(부) ① 순조롭지 못하게, 좋지 않게; ② (술어로) 순조롭지 않다, 좋지 않다; здесь что-то ~ 여기는 무엇인가 좀 순조롭지 못 하다(이상하다)
нелады (녤라드)	(복수) 불화, 옥신각신; быть в ~ах 옥신각신하다, 화목하지 못하다
нелегально (녤레갈나)	(부) 비합법적으로, 비밀리에.
нелегальный (녤레갈느이)	(형) 비합법적인, 비밀; 지하;~ приезд 비밀리에 도착; переходить на ~ое поло-жение 지하로 들어가다
нелёгкий (녤료그끼이)	(형) ① 가볍지 않은; ② 쉽지 않은, 어려운, 힘든
нелепость (녤레뽀스찌)	(여) 엉터리, 허황한 것; говорить ~и 황당무계한 소리를 치다
нелепый (녤레쁘이)	(형) ① 부질이 없는, 엉터리없는, 허황한; ~ ответ 엉터리없는 대답; ② 모양새(맵시)가 없는, 볼품없는, 가소로운
нелестный 녤레쓰뜨느이)	(형) 찬동치 못한, 부정적인, 좋지않은; ~ отзыв 좋지 않은 평판
нелётный (녤료뜨느이)	(형); ~ая погода 비행가기에 좋지 않은 날씨
нелишне (녤리쉬네)	(부) (술어로) (+ 미정형) 헛된 일이 아니다, 나쁘지 않다, 좋다; ~ на-помнить 상기하는 것이 좋다
неловкий (녤로브끼이)	(형) ① 여들없는, 서투른, 재치 없는, ~ое движение 둔한 동작; ② 불편한, 거북한; ~ое молчание 거북한 침묵; попасть в ~ое положение 난처 (거북)해지다
неловко	(부) ① 재치 없이, 서투르게

(넬로브꼬)	② (술어로) 난처하다, 거북하다; ③ (술어로) (+ 미정형) 불편하다, 거북하다; ~ спрашивать 묻기가 거북하다
неловкость (넬로브꼬쓰찌)	(여) 거북한 것, 불편한 것; испытывать ~ 거북한 감을 느끼다
нелогичный (넬로기츠느이)	(형) 논리(사리)에 맞지 않은, 비논리적인, 조리 없는
нелояльность (넬로얄노쓰찌)	(여) 불충실하다, 충성하지, 못 하다
нельзя (넬쟈)	(부) (술어로) (= 미정형) 불가능하다, ~할 수 없다; ~ не согласиться 동의하지 않을 수 없다; ~하여서는 안된다; так делать ~ 이렇게 해서는 안 된다;
нелюбезный (넬류베즈느이)	(형) 불친절한, 상냥하지 못한
нелюбимый (넬류비므이)	(형) 싫은, 좋아하지 않은, 미워하는
нелюдим (넬류짐)	(남) 꽁생원, 교제를 싫어하는 사람,
нелюдимый (넬류지므이)	(형) 교제를 싫어하는; 홀로 지내기 좋아하는; ~ характер 꽁한 성미
нём (뇸)	см. он, оно
немало (네알라)	(부) ① 적지 않게, 많이, 상당히, 꽤; прочитать ~ книг 적지 않은 책을 읽다; ② (술어로) 적지 않다; у меня ~ друзей 나에게는 친구가 적지 않다
немаловажный (네말로와쥐느이)	(형) 꽤 중요한, 중대한
немалый (네말르이)	(형) 적지 않은, 상당한;
немарксистский (네마르크씨쓰뜨쓰끼이)	(형) 비 마르크주의적인
нематериальный (네마쩨리알느이)	(형) (철학) 빗물질적인
немедленно	(부) 곧, 즉시, 인차

(네메들렌나)

немедленный
(네메들렌느이)

(형) 즉시, 지체 없는, 신속한

немеркнущий
(네메르크누쉬이)

(형) 영원히 빛을 뿌리는; 영생불멸의, 불멸의; ~ая слава 불멸의 영광

неметалл
(네메딸)

(남) (화학) 비금속(非金屬)

неметь
(네메찌)

(미완) 벙어리가 되다, 말 못하게 되다; 저리다, 마비되다, 감각을 잃다

немецкий
(네몌쯔끼이)

(형) 독일의; ~ язык 독일어(獨逸語)

немилосердный
(네밀로쎄르드느이)

(형) 자비심 없는, 사막한, 혹독한

немилость
(네밀로스찌)

(여) 미움; впасть в ~ к кому ~의 미움을 받다, ~의 노여움을 사다

неминуемо
(네미누예모)

(부) 불가피하여

неминуемый
(네미누예므이)

(형) 피할 수 없는, 불가피한

немногие
(네므노기예)

(복수) 소수의 사람들, 일부 사람들

Нн

немногий
(네므노기이)

(형) ① 많지 않은, 몇 개의, 일부; в ~х странах 몇 개의 나라들에서; в ~х словах 간단히; ② (명사) 일부 사람들, 소수의 사람들;~е вернулись 돌아온 사람들이 많지 않다

немного
(네므노가)

(부) ① 적게, 조금, 약간, 다소, 조끔; времени осталось ~ 시간이 조금 남 있다; ② 좀, 가볍게, 조금, 좀, 다소, 분촌, 얼마쯤, 얼마간, 어느 정도; 일말; ~ старше 나이가 좀 더 많다; потребовалось ~им более получаса 30 분이 나마 걸렸다;~ погодя 좀 있다가

немногое
(네므노고예)

(중) 많지 않은 것, 소수의 것

немногословный
(네므노고쓸로브이)

(형) 말이 작은, 몇 마디의, 수다스럽지 않은

немногочисленный (녜므노고치쓸롄느이)	(형) 소수의, 많지 않은, 굴지의
немножко (녜므노즈꼬)	(부) *см.* немного
немодный (녜모드느이)	(형) 유행에 맞지 않은(떨어진), 멋 적은
немой (녜모이)	① (형) 말 못하는 ② (명사로) (남), (여) 벙어리; ~ое кино 무성영화
немолодой (녜마로도이)	(형) 젊지 않은, 나이가 듬직한, 중년의
немота (녜마따)	(여) 벙어리의 상태
немотивированный (녜마찌비로완느이)	(형) 실증 못하는; ~ое преступление 실증 못하는 범죄
немощный (녜마쉬느이)	(형) 허약한, 노쇠한, 미약한, 힘이 빠진
немощь (녜마쉬)	(여) 허(虛) 허약, 허박, 쇠약, 무능력
нему (녜무)	*см.* он, оно
немудрено (녜무드레나)	(부) 당연하다, 이상할 것 없다; ~, что он не пришёл 그가 오지 못하는 것은 당연하다.
немудрёный (녜무드료느이)	(형) 까다롭지 못한, 단순한, 쉬운; (부) (술어) 무리가 아니다, 당연할일이다; это ~ое дело 그가 늦게 온 것은 당연하다
немцы (복수) ~ец (남), ~ка (여) 독일사람(들), 독일어. (녜므쁴)	
немыслимый (녜믜쓸리므이)	(형) 상상할 수도 없는, 생각조자 할 수 없는; ~ое дело! 기기괴괴한 일이다!
ненавидеть (녜나비제찌)	(미완) 증오하다, 미워하다
ненавистный (녜나비쓰뜨느이)	(형) 증오스러운, 가증스러운, 괘씸한; ~ враг 가증스러운 원수; ~ взгляд 증오(미움)에 찬 눈초리

ненависть (녜나비쓰찌)	(여) 증오(심), 미움, 혐오감 вызывать ~ 미움을 사다
ненаглядный (녜나그랴드느이)	(형) 어여쁜, 깊이 사랑하는, 볼수록 귀여운
ненадёжный (녜나죠즈느이)	(형) ① 튼튼하지 못한, 공고하지 못한 ② 못미더운, 믿음성 없는
ненадобность (녜나도브노쓰찌)	(여) за ~ю 쓸데없이
ненадолго (녜나돌가)	(부) 잠시(동안); 오래지 않아; он ушёл ~ 그는 잠간 나갔다
ненападение (녜나빠졔니예)	(중); договор о ~и 불가침조약
ненароком (녜나로꼼)	(부) 뜻하지 않게, 우연히 어떻게 돼서, 본의 아니게; упомянуть ~ 본의 아니게 언급하다;зайти ~우연히 찾아오다
ненастный (녜나쓰뜨느이)	(형) 흐린, 구질구질한, 궂은; ~ая погода 궂은 날씨; ~ый день 흐린 날
ненастье (녜나쓰찌예)	(중) 음산한(궂은) 날씨, 을씨년스럽다, 으스스하다, 흐리다, 흐릿하다,쓸쓸하다
ненасытный (녜나씌뜨느이)	(형) 게걸스러운; 탐욕 스러운, 만족을 모르는
ненаучный (녜나우느이)	(형) 비과학적인
ненормальный (녜노르말느이)	(형) ① 불규칙적인, 비정상적인, 이상한 ② 미친
ненужный (녜누즈느이)	(형) 쓸데(쓸모), 소용없는, 불필요한; разговор ~ 불긴한 소리
необдуманно (녜아브두만나)	(부) 분별없게, 무모[경솔]하게(도); поступать ~ 뒤까불다.
необдуманный (녜아브두만느이)	(형) 생각이 없는, 분별없는, 경솔한, 조급한, 소락소락한
необеспеченный (녜아베쓰뼤첸느이)	(형) ① 생활이 보장되지 않은, 구차한 ② (재정) 보증 (담보)이 없는
необитаемый (녜아비따에므이)	(형) 인적 없는, 사람이 살지 않는; 무인의; ~ остров 무인도

Нн

необозначенный (네아바즈나чен느이)	(형) 표식되지 않은, 표식이 없는
необозримый (네아바즈리므이)	(형) 무연한, (호호) 망망한; ~ океан 망망한 대양
необоснованный (네아바노완느이)	(형) 근거 없는, 무근거한, 터무니없는; ~ слух 터무니없는 소문
необработанный (네아브라보딴느이)	(형) 갈지 않은, 가공하지 않은; 처리(연구)하지 못한
необразованный (네아브라조완느이)	(형) 교육을 받지 못한, 교양 없는
необратимый (네아브라찌므이)	(형): ~ая реакция (화학) 비가역반응; ~ые процессы (물리) 비가역과정
необременительный (네아브레메니쩰느이)	(형) 큰 부담으로 되지 않은, 힘들지 않은
необузданный (네아부즈단느이)	(형) 억제되지 않는, 절재가 없는, 방종 하는; 광란적인
необученный (네아부чен느이)	(형) 훈련(교육)을 받지 못한
необходимо (네아브호지모)	(부) (술어로) (+ 미정형) 필요하다, 반드시, 꼭, ~해야 한다; это ~ сделать 이곳은 꼭 하여야 된다.
необходимость (네아브호지모쓰찌)	(여) 필요(성), 불가피성, 요구; по ~и 필요가 있어서; предметы первой ~и 일용필수품
необходимый (네아브호지므이)	(형) 필요한, 필수적인, 긴요한
необщительный (네아브쉬쩰느이)	(형) 사교성(교제성)이 없는, 교제를 좋아하지 않는, 뚱한
необъяснимый (네아비야쓰니므이)	(형) 설명(해석, 이해) 할 수 없는; ~ое желание 어쩔 수 없는 갈망
необъятный (네아비야뜨느이)	(형) ① 망망한, 광활한, 무연한, 막막한 ② 무궁무진한
необыкновенный (네아븨크노벤느이)	(형) 보기 드문, 여간이 아닌, 비상한, 뛰어난
необычайный (네아븨차이느이)	(형) 비상한, 놀랄만큼, 엉뚱한; ~ое волнение 비상하게 고조된 흥분(감동)

необычный (녜아븨츠느이)	(형) 보통이 아닌, 예외, 별쫑맞은, 유난히; ~ый вид 기형; ~ое выражение 특별한 표현
необязательный (녜아뱌자젤느이)	(형) 의무적이 아닌, 필수적이 아닌, 그렇게 안해도 되는; ~предмет 선택과목: ~ человек 책임성이 없는 사람
неограниченный (녜아그라니첸느이)	(형) 무한한, 무기한한, 무제한한; ~ая власть 전권, 전제권; ~ый срок 무기(한)
неодинаковый (녜아지나꼬브이)	(형) 같지 않은, 오롱조롱한, 닮지 않은
неоднократно (녜아드노크라뜨나)	(부) 누차, 재삼, 여러 번, 여러 차례의; ~ просил 재삼 부탁하였다
неоднократный (녜아드노크라뜨느이)	(형) 누차, 재삼, 여러 번, 몇 번이나, 여러 차례의
неодобрение (녜아도브레니예)	(중) 불찬성, 비난
неодобрительно (녜아다브리젤나)	(부) 찬성(찬동)하지 않는; 비난하듯이
неодобрительный (녜아다브리젤느이)	(형) 찬성(찬동)하지 않는, 비난하는; ~ая оценка 부정적평가
неодолимый (녜아달리므이)	(형) 극복할 수(이겨낼 수) 없는, 필승불패의; ~ое желание 억제할 수 없는 소원(염원)
неодушевлённый (녜아두쉐브룐느이)	(형): ~ый предмет (언어) 비활동체; ~ое имя существительное (언어) 비활동체명사; ~ая материя 무생물
неожиданно (녜아쥐단나)	(부) 뜻밖에, 불의에, 돌연히, 갑자기; 언뜻, 문득문득
неожиданность (녜아쥐단노쓰찌)	(여) ① чего 돌연한 것, 의외적인것 뜻밖, 의외; ~ встречи 뜻밖의 상봉; ② 불의의 사변, 의외의 사건, 별일; это для меня полная ~ 이것은 나에게 있어서 전혀 뜻하지 않은 일이다 (뜻밖의 일이다)
неожиданный (녜아쥐단느이)	(형) 뜻밖의, 불의의, 의외의, 난데없는; ~ гость 뜻밖의 손님; принять ~

Нн

	оборот 뜻하지 않은 방향을 취하다
неоколониализм (네아꼴로니알리즘)	(남) 신식민주의
неоконченный (네아꼰첸느이)	(형) 끝까지 않은, 미완성, 불완전한
неологизм (네알로기즘)	(남) (언어) 새말, 신어, 신조어
неон (네온)	(남) (화학) 네온(neon)
неопасный (네아빠쓰느이)	(형) ① 위험하지 않은, 안전한 ② 무해한, 무체한
неописуемый (네아삐쑤예므이)	(형) 말할래야 말할수 없는, 말로 표현할 수 없는, 형언할 수없는
неоплатный (네아쁠라뜨느이)	(형): я у вас в ~ом долгу 나는 당신에게 갚기 어려운 신세를 졌다
неоплаченный (네아쁠라첸느이)	(형) 값을 물지 않은, 갚지 못한; 보수가 없는; ~ труд 무보수노동
неоплачиваемый (네아쁠라치와예므이)	(형): ~ отпуск 무보수휴가
неопознанный (네아뽀즈난느이)	(형) 신분이 불명한, 알아내지 못한
неопределённо (네아쁘레젤룐나)	(여) ① 막연히, 분명치 않게, 애매하게; ② 회피적으로, 솔직하게 못 하게
неопределённость (네아쁘레젤룐노쓰찌)	(여) 확정하지 않은 것, 막연한 것, 불명확성
неопределённый (네아쁘레젤룐느이)	(형) ① 확정치 않은, 드리없는, 막연한, 애매한; ② 회피적으로, 솔직하지 못한; ~ая форма глагола (언어) 동사의 미정형; ~ое местоимение (언어) 미정대명사
неопровержимый (네아쁘로볘르쥐므이)	(형) 반박(논박)할 수 없는; ~ое доказательство 논박할수 없는 증거; ~ый факт 부정할 수 없는 사실
неопрятность (네아쁘랴뜨노쓰찌)	(여) 꺼벙한 것, 꾀죄죄한 것
неопрятный	(형) 꺼벙한, 단정하지 못한, 꾀죄한;

Нн

- 704 -

(네아쁘랴뜨느이)	~ая одежда 꾀죄한 옷차림
неопытность (네아뼤뜨노스찌)	(여) 경험이 없는 것, 미숙한 것
неопытный (네아뼤뜨느이)	(형) 경함이 없는(적은), 서투른, 미숙한
неорганизованность (네아르가니조완노쓰찌)	(여) 비조직성, 무규율성
неорганизованный (네아르가니조완느이)	(형) 비조직적인, 조직에 망라되지 않은
неорганический (네아르가니체쓰끼이)	(형) 무기(질); ~ое удобрение 무기질 비료; ~ий мир 무기계; ~ая химия 무기화학
неосведомлённый (네아쓰베도믈룐느이)	(형) 정통(통달)하지 못한, 정보를 못 가진
неосвоенный (네아쓰보옌느이)	(형): ~ые земли 미개지, 미개척지
неослабно (네아쓸라브나)	(부) 늦추지 않고, 부단히, 시종일관하게; ~ следить за чем ~을 부단히 주시하다
неослабный (네아쓸라브느이)	(형) 늦추지 않고 하는, 끊임없는; ~ надзор 부단한 감시
неосмотрительный (네아쓰모뜨리쩰느이)	см. неосторожный.
неосновательный (네아쓰노와쩰느이)	(형) 무근거한, 근거가 없는(적은); 부당한; ~ые обвинения 무근거한 비난; ~ый человек 경골한 사람
неосторожность (네아쓰또로즈노쓰찌)	(여) 조심스럽지 못한 것, 서투른 짓, 부주의
неосторожный (네아쓰또로쥐느이)	(형) 조심스럽지 못한, 서투른, 엄벙한
неосуществимый (네아쑤쉐스뜨비므이)	(형) 실현할 수 없는, 수행할 수 없는
неосязаемый (네아싸자예므이)	(형) 감촉(감각)할 수 없는, 느낄 수 없는; 극히 미세한; ~ые результаты 극히 적은 결과
неотвратимость	(여) 불가피성, 피할 수 없는 것

Нн

(네아뜨브라찌모쓰찌)

неотвратимый
(네아뜨브라찌므이)
(형) *см.* неизбежный

неотделимый
(네아뜨젤리므이)
(형) 떼놓을 수 없는, 불가분리의, 분리할 수 없는

неоткуда
(네아뜨꾸다)
(부): мне ~ взять денег 나는 돈을 얻을 곳이 없다; ~ получать письма 편지가 올 곳이 없다

неотложный
(네아뜰로즈느이)
(형) 미룰 수 없는, 불가분리의 분리할 수 없는; ~ая задача 초미의 문제; ~ая помощь 구급치료; ~ые меры 응급대책, 구급책

неотлучно
(네아뜰루츠나)
(부) 한시도 떨어지지 않고(떠나지 않고), 항상 같이

неотразимый
(네아뜨라지므이)
(형) ① 논박(반박)하기 힘든, 격퇴하기 힘든; ② 강한, 큰; ~ое впечатление 잊지 못 할 강한 인상

неотступно
(네아뜨쓰뚜쁘나)
(부) 한시도 떨어지지 않고, 뒤로 물러서지 않고 집요하게;~ думать о *чём* ~에 대하여 집요하게 생각하다

неотчётливый
(네아뜨쵸뜰리브이)
(형) 똑똑치 못한, 뚜렷하지 않은, 애매한, 분명하지 못한;~ое произношение 명확하지 못한 발음

неотъемлемый
(네아뜨옘레므이)
(형) 떼려낼 수 없는, 불가분리의; ~ое право 부탁할 수 없는 권리

неофициально
(네아피찌알나)
(부) 비공식적으로

неофициальный
(네아피찌알느이)
(형) 비공식(적인); ~ источник 비공식적출;~ представитель 비공식대표

неохота
(네아호따)
(여) ①: говорить с ~ой 마지못하게 말 하다 ②(술어로) (+미정형) ~할 마음이 안나다, ~할 마음이 내키지 않다, ~하고 싶지 않다, 싫다; ~а идти 갈 마음이 없다, 가고 싶지 않다

неохотно
(네아호뜨나)
(부) 마지못해, 싫어하면서

неоценимый
(형) 대단히 귀중한, 고상한;

(녜아쩨**니**므이)	~ая помощь 매우 귀중한 원조
неощутимый (녜아수**찌**므이)	(형) 느낄수(감촉할 수)없는; 미세한, 극히 사소한; ~ая потеря 극히 사소한 손실
Непал (녜**팔**)	(남) 네팔(Nepal)
непарный (녜**빠**르느이)	(형) 외짝이 된, 쌍이 아닌; ~ая обувь 짝신
непартий ный (녜빠르**찌**이느이)	(형) 당원이 아닌; 비당적인
непереводимый (녜뼤례바지므이)	(형) 번역할 수 없는, 번역하기 어려운; ~ое выражение 번역하기 힘든 표현
непереходный (녜뼤례**호**드느이)	(형): ~ глагол (언어) 자동사
неписаный (녜삐**싸**느이)	(형): ~ закон 관습사의 법칙
неплатёж (녜쁠라**쬬**즈)	(남) 지불, 지불하지 않은 것; 체납
неплатёжеспособность (녜쁠라**쬬**줴쓰뽀소브노쓰찌)	(여) (재정) 지불무능
неплатёжеспособный (녜쁠라**쬬**줴스뽀쏘브느이)	(형) (재정) 지불능력이 없는, 지불무능한
неплательщик (녜쁠라**쩰**쉬크)	(남) 체납자, 미납자
неплодородный (녜쁠로도**로**드느이)	(형) 메마른, 비옥하지 않은
неплотный (녜쁠로뜨느이)	(형) 빈틈없는, 헤싱헤싱한; ~ая ткань 설핀 천
неплохо (녜쁠로호)	(부) 괜찮게, 나쁘지 않게, 웬만하게
неплохой (녜쁠로**호**이)	(형) 나쁘지 않은, 괜찮은, 웬만한
непобедимость (녜빠볘지모쓰찌)	(여) 불패성
непобедимый	(형) 불패의, 필수불패의, 백전백승의;

(네빠베지므이)	~ая армия 상승군, 불패의 군대
неповиновение (네빠비노쀄니예)	(중) 복종하지 않은 것, 불복, 반항
неповоротливость (네빠붜로뜰리뷔쓰찌)	(여) (행동이) 굼뜬 것(느린 것), 완만성
неповоротливый (네빠붜로뜰리브이)	(형) 굼뜬, 느린, 느릿느릿한, 완만한.
непогода (네빠고다)	(여) 나쁜 날씨, 사나운 날씨, 궂은 날씨
непогрешимый (네빠그레쉬므이)	(형) о ком 오류가 없는, 착오가 없는, 올바른; о чём 결함이(흠잡을 데가) 없다 정당한; ~ вывод 정당한 결론
неподалёку (네빠달료꾸)	(부) 멀지 않은 곳에, 근처에
неподатливый (네빠다뜰리브이)	(형) 고집이 센, 완고한; 다루기(가공, 처리하다) 힘든
неподвижно (네빠드비즈나)	(부) 까딱 않고, (조금도)움직이지 않고
неподвижность (네빠드비즈노쓰찌)	(여) 부동상태, 부동자세
неподвижный (네빠드비즈느이)	(형) ① 움직이지 않는, 부동, 불변; ② (시선, 표정 등의) 까딱하지 않는; ③ 움직이기를 싫어하는, 굼뜬
неподготовленный (네빠드고또브렌느이)	(형) 준비가 없는, 준비(정비)되지 못한; 자격이 없는
неподдельный (네빠드젤느이)	(형) 진짜, 가짜가 아닌; ~ые документы 진짜문건; 진심, ~ая радость 진심에서 우러나는 기쁨
неподкупный (네빠드꾸쁘느이)	(형) 매수되지 않는, 청렴한' 청백한
неподобающий (네빠도바유쉬이)	(형) 온당치 못한, 어울리지 않는, 당치 않는; вести себя ~им образом 적당 하지 않게 행동하다
неподражаемо (네빠드라좌예모)	(부) 모방할 수 없게, 으뜸가게; 훌륭하게
неподражаемый	(형) 흉내낼 수(모방할 수) 없는, 무비

(네빠드라쫘에프이)	의, 유일무이한, 으뜸가는
неподсудный (네빠드쑤드느이)	(형) 재판의 관할에 속하지 않는
неподходящий (네빠드호쟈쉬이)	(형) 적당(타당)하지 않는, 당찮은, 마땅찮은
неподчинение (네빠드치네니예)	(중) 복종(순종)하지 않는 것, 불복; ~ закону 위법
непозволительно (네빠즈볼리쩰나)	(부) 허용할 수 없게, 용납할 수 없게, 막되게; вести себя ~ 용인치 못하게 행동하다
непозволительный (네빠즈볼리쩰느이)	(형) 허용할 수 없는, 용납할 수 없는; 막된
непознаваемость (네빠즈나와예모쓰찌)	(여) (철학) 불가인식성
непокладистый (네빠클라지쓰뜨이)	(형) 딱딱한, 빡빡한; 얄망궂은
непоколебимый (네빠깔레비므이)	(형) 흔들리지 않는, 확고부동한, 불요불굴의, 댕댕한; ~ая уверенность 확고한 신심
непокорность (네빠꼬르노쓰찌)	(여) 불복종, 순종하지 않는 것, 불순종
непокорный (네빠꼬르느이)	(형) 복종(정복, 순종)하지 않는, 굴복시킬 수 없는
непокрытый (네빠끄리뜨이)	(형)① 뚜껑을 덮지 않은, 뚜껑이 없는; ② 지붕이 없는; ③ 모자(머리수건)를 쓰지 않은;с ~ой головой 맨 머리로
неполадки (네빨라드끼)	(복수) ① 결함, 곤란, 고난, 궁핍; ② 불비, 고장, 탈, 사고 장애;
неполноправный (네빨노쁘라브느이)	(형) 완전한 권리를 못 가진
неполноценный (네빨노쩬느이)	(형) 가치가 모자라는, 열등한, 질이 낮은
неполный (네빨르느이)	(형) ① 채 차지 않은, 골막한; ② 불완전한 불충분한; ~ая средняя школа 초급중학교; ~ое предложение (언어) 불완전문장

Нн

непомерно (네빠메르나)	(부) 지나치게, 과도하게, 한량없는; 엄청난; 겨운
непомерный (네빠메르느이)	(형) 지나친, 과도한, 한량없는; 엄청난; 힘겨운
непонимание (네빠니마니예)	(중) 몰이해, 이해하지 못하는 것
непонятливый (네빠냐뜰리브이)	(형) 이해력이 약한, 우둔한, 눈치가 없는
непонятно (네빠야뜨나)	① (부) 이해할 수 없게, 불명하게; ② (술어로) 이해할 수(알 수) 없다, 이상하다
непонятный (네빠냐뜨느이)	(형) ① 이해할 수(알 수)없는; ② 이상한, 괴이한
непоправимый (네빠쁘라비므이)	(형) 고칠 수(가실 수) 없는; 시정(회복)할 수 없는, 돌이킬 수 없는
непорядок (네빠랴도크)	(남) 무질서, 질서문란, 난잡
непорядочный (네빠랴도츠느이)	(형) 불명예스러운. 해찰궂은, 야비한
непосвящённый (네쁘쓰뱌숀느이)	(형) 잘 모르는, 조예가 없는 (깊지 못한)
непосещаемость (네빠쎄샤예모쓰찌)	(여) 결석, 결석률
непосильный (네빠씰느이)	(형) 힘에 겨운(벅찬, 넘친), 고된; ~ труд 힘에 겨운 노동
непоследовательность (네빠쓸레도와쩰노쓰찌)	(여) 논리가 일관되지 않은 것, 불철저성
непоследовательный (네빠쓸레도와쩰느이)	(형) 논리성이 없는, 조리 없는, 불철저성; ~ человек 조리 없는 사람
непослушание (네빠쓸루샤니예)	(중) 불순종, 불복종
непослушный (네빠쓸루느이)	(형) ① 말을(잘)듣지 않는, 순종치 않는; ② 다루기 힘든
непосредственно (네빠쓰레드쓰뜨벤나)	(부) 직접(적으로)

непосредственность (녜빠쓰례드쓰뜨볜노쓰찌)	(여) 자연성, 천진스러운 것,
непосредственный (녜빠쓰례드쓰뜨볜느이)	(형) ① 직접(적인); ② 자연스러운, 구속받지 않는, 천진난만한
непостижимый (녜빠쓰찌쥐므이)	(형) 이해(납득, 파악)할 수 없는, 이해하기(알아내기)어려운
непостоянный (녜빠쓰또얀느이)	(형) 변덕스러운, 변하기 쉬운, 가변적인; ~ человек 변덕쟁이; ~ая погода 변덕스러운 날씨
непостоянство (녜빠쓰또얀쓰드붜)	(중) ① 변덕, 밴덕, 도섭, 변심, ② 가변성, 불안정성
непохожий (녜빠호쥐이)	(형) 닮지 않은, 비슷하지 않은
непочтительный (녜빠츠찌쪨느이)	(형) 불경스러운, 불손한, 얄망스러운
неправда (녜쁘라브다)	(여) 거짓말, 허위, 가식
неправдивый (녜쁘라브지므이)	(형) 거짓, 진실이 아닌, 정직(솔직)하지 못한, 허위적인
неправдоподобный (녜쁘라브도뽀도브느이)	(형) 믿기 어려운, 진실답지 않은, 사실과 어긋나는
неправильно (녜쁘라빌나)	(부) 옳지 못하게, 들리게, 그릇되게
неправильный (녜쁘라빌느이)	(형) ① 옳지 못한, 들린, 그릇된 ② 부정한, 부당한, 사실과 맞지 않는 ③ 규칙(규범)에 맞지 않는, 비정상적인; ~ глагол (언어) 불규칙동사
неправомочный (녜쁘라붜모츠느이)	(형) (법률) 권한없는, 권능없는
неправый (녜쁘라브이)	(형): я был ~ 나는 틀렸다(잘 못했다, 옳지 않았다); вы ~ы 당신은 옳지 않습니다.
непрактичный (녜쁘라크찌츠느이)	(형) ① 실용적이 못된, 실무가 없는, 실무에 밝지 못한; ② 실용성이 없는,
непревзойдённый (녜쁘례브조이죤느이)	(형) ① 통가 할 수 없는, 가장 완성된 (훌륭한) ② 극도의, 극단한

непредвиденный (네쁘레드비젠느이)	(형) 생각 밖의, 예상외의, 예견치 않던
непредусмотренный (네쁘레두쓰모뜨렌느이)	(형) 예견(예상)하지 못한
непредусморительный (네쁘레두쓰모리쩰느이)	(형) 앞을 내나 보지 못하는, 예측 불가한
непреклонный (네쁘레클론느이)	(형) 불굴의, 불요불굴의, 굳센; ~ая воля 불굴의 의지
непреложный (네쁘렐로쥐느이)	(형) ① 불변의, 확고부동한; ② 자명한, 반박할 수 없는
непременно (네쁘레멘나)	(부) 꼭, 반드시, 틀림없이
непреодолимый (네쁘레오도리므이)	(형) 극복할 수 없는, 이겨낼 수 없는
непрерывно (네쁘레릐브나)	(부) 끊임없이 부단히, 쉴 새 없이, 연속으로, 연거푸
непрерывный (네쁘레릐브느이)	(형) 끊임 없는, 부단한, 쉴 새 없는, 연속으로, 연속적인; ~ое производство 연속생산; ~ая дробь (수학) 연분수
непрестанный (네쁘레쓰딴느이)	(형) 끊임 없는, 그칠 줄 모르는, 쉴 새 없는
неприветливый (네쁘리붸뜰리브이)	(형) 인사성이 없는, 예절이 없는, 불친절한, 무뚝뚝한; 침울한, 우울한
непривлекательный (네쁘리블레까쩰느이)	(형) 매력 없는, 곱치 않은, 멋 적은
непривычный (네쁘리브츠느이)	(형) 버릇되지(습관 되지, 익숙 되지) 못한, 보통이 아닌
неприглядный (네쁘리글랴드느이)	(형) 보기 싫은, 뇌꼴스러운, 볼품이 없는, 주제가 사나운
непригодный (네쁘리고드느이)	(형) 쓸데(쓸모, 소용)없는, 알맞지 않는
неприемлемый (네쁘리예믈레므이)	(형) 받아들일 수 없는, 접수 될 수 없는; 용납할 수 없는; ~ый поступок 허용할 수 없는 행동
непризнанный	(형) 공인되지 않은, 인정받지 못한

(네쁘리즈난느이)

неприкосновенность
(네쁘리까쓰노벤노쓰찌)
불가침; ~ личности 인권 불가침;
дипломатическая ~ 외교관 불가침

неприкосновенный
(네쁘리까쓰노벤느이)
(형) 불가침의, 건드릴 수 없는;

неприкрашенный
(네쁘리끄라쉔느이)
(형) 장식되지 않은, 허식이 없는,
적나라한

неприкрытый
(네쁘리끄리뜨이)
(형) 적나라한, 허식이 없는

неприличный
(네쁘릴리츠느이)
(형) 버릇없는, 예절 없는, 상스러운;
~ое поведение 버릇없는 행동

непримене́ние
(네쁘리메네니에)
(중) 쓰지 않은 것, 사용(이용)하지
않은 것

непримиримость
(네쁘리미리모쓰찌)
(여) 융화되지 않은 것, 비타협, 버릇
없는 성; 상극

непримиримый
(네쁘리미리드이)
(형) 화해(융화)할 수 없는. 비타협적인;

непринуждённо
(네쁘리누즈죤나)
(부) 구속받지 않고, 자연스럽게,
가분가분, 가뿐가뿐, 거뿐거뿐.

непринуждённость
(네쁘리누쥐죤노쓰찌)
(여) 자연스러운 것, 구속받지 않는 것

непринуждённый
(네쁘리누쥐죤느이)
(형) 자연스러운, 구속받지 않는

неприсоединение
(네쁘리쏘예지네니에)
(중) 불가담(不加擔)

неприспособленный
(네쁘리쓰뽀쏘블렌느이)
(형) 적용될 줄 모르는, 적응될 줄 모르는

непристойный
(네쁘리쓰또이느이)
(형) 잡스러운, 상스러운, 추접지근한

неприступный
(네쁘리쓰뚜쁘느이)
(형) ① 점령할 수 없는, 난공불락의;
② 접근하기 힘든, 엄엄한

непритворный
(네쁘리뜨보르느이)
(형) 자연스러운, 거짓(가장) 없는,
진심으로

непритязательный
(네쁘리쨔자쩰느이)
(형) ① 욕심이 적은, 덥절덥절한,
까다롭지 않은 ② 담박한

неприхотливый (네쁘리호뜰리브이)	(형) *см.* непритязательный 소박한, 수수한
непричастность (네쁘리차스뜨노쓰찌)	(여) 상관없는 것, 관계없는 것
непричастный (네쁘리차스뜨느이)	(형) к *чему* ~에 상관(관계)없는
неприязненный (네쁘리야즈넨느이)	(형) 반감을 품은, 반목하는; ~ тон 반감이 어린 어조
неприязнь (네쁘리야즌니)	(여) 반감, 반목, 악감, 반발심, 악감정
неприятель (네쁘리야쪨)	(남) 적(敵), 원수, 적군
неприятельский (네쁘리야쪨쓰끼이)	(형) 적의, 원수의, 적군의
неприятно (네쁘리야뜨나)	(술어) 싫다, 불쾌하다, 언짢다, 못마땅하다, 읍읍하다, 토심스럽다; мне ~ это слышать 나는 이것을 듣기가 싫다(불쾌하다)
неприятность (네쁘리야뜨노쓰찌)	(여) 시끄러운(불쾌한)일; 좋지 않은 일
неприятный (네쁘리야느이)	(형) 마음에 들지않는, 싫은, 꺼림칙한; ~ый случай 불유쾌한 사건; ~ый голос 씨그둥한 목소리; ~ое чувство 불쾌감
непроверенный (네쁘라베렌느이)	(형): ~ые данные 검열되지않은 자료
непроводник (네쁘라보드니크)	(남) (물리) 부도체, 절연체, 불량도체
непроглядный (네쁘라글랴드느이)	(형): ~ый мрак ~ая тьма 지척을 분간할 수 없는 어둠, 암흑; ~ая ночь 캄캄한 밤
непродолжительный (네쁘라달쥘느이)	(형) 오래 계속되지 않은
непродуктивный (네쁘라두끄찌브느이)	(형) 비생산적인, 효과가 적은
непродуманно	(부) 충분한 고려가 없이, 소홀하게,

(네쁘라두만나)	경솔하게
непроезжий (네쁘라에즈쥐이)	(형) 통행할 수 없는, 지나다니지 않는
непрозрачный (네쁘라즈라**츠**느이)	(형) 투명하지 못한
непроизводительный (네쁘라이즈보지**쩰**느이)	(형) 비생산(적인); 쓸데없는
непроизвольно (네쁘라이즈**볼**나)	(부) 무의식적으로, 뜻하지 않게
непроизвольный (네쁘라이즈**볼**느이)	(형) 무의식적인, 본의 아닌
непромокаемый (네쁘라마**까**예므이)	(형) 방수, 물기가 스며들지 않는
непромокаемость (네쁘라마**까**예모쓰찌)	(여) 비침투성, 불투과성
непроницаемый (네쁘라니쯔아에므이)	(형) (물, 빛, 소리 등)통과(침투)시키지 않는, 속으로 새어 들어가지 않게 하는, 불투과성 있는
непропорциональный (네쁘라빠르찌오**날**느이)	(형) 불균형, 불균형적인, 균등하지 못한
непросвещённый (네쁘라쓰볘**쉰**느이)	(형) 교육을 받지 못한, 몽매한
непростительный (네쁘라쓰**찌쩰**느이)	(형) 용서 못할, 용서할 수 없는
непроточный (네쁘라**또**츠느이)	(형): ~oe озеро 담수호, 담긴 호수, 비방수호
непроходимый (네쁘라**호**지므이)	(형)① 통과할 수 없는, 통행할 수 없는 ② 완전한, 무결한, 완벽한
непрочность (네쁘**로**츠노쓰찌)	(여) ① 불확고성, 불견고성, 튼튼(든든) 하지 않은 것 ② 불안정성, 동요성
непрочный (네쁘**로**츠느이)	(형) ① 튼튼치 못한, 무튼, 견고(공고) 하지 못한 ② 불안정한, 동요 없는, 믿음성이 없는
не прочь (네쁘로치)	(부) *см.* прочь

Нн

- 715 -

непрошенный (네쁘로쉔느이)	(형) *см.* незваный
неработоспособный (네라보또쓰뽀쏘브느이)	(형) 노동능력을 상실한, 노동할 수 없는, 일을 못하는
нерабочий (네라보치이)	(형): ~ий день 휴일, 쉬는 날; ~ее время 일하지 않는 사간; ~ее настроение 일하기 싫은 기분
неравенство (네라붿쓰뜨붜)	(중) ① 불평등, 불공평, 불균등, ② (수학) 부등식; знак ~а 부등호
неравнодушный (네라브노두쉬느이)	(형) ① 무심하지 않은, 등한하지 않은; ② 마음에 들어 하는; быть ~ным 동감하다; он ~ен к сладкому 그는 단 것을 좋아한다.
неравномерность (네라브노몌르노쓰찌)	(여) 불균형성, 불균등성, 파동성
неравномерный (네라브노몌르느이)	(형) 고르지 못한, 불균형적인, 불균등적인
неравноправие (네라브노쁘라비예)	(중) 불평등(권)
неравноправный (네라브노쁘라브느이)	(형) 고르지 못한, 불균형적인, 불균등적인; ~ договор 불평등조약
неравноценный (네라브노쩬느이)	(형) 부등가성, 가치가 같지 않은
неравный (네라브느이)	(형) ① 같지 않은, 동등하지 않은, 불평등한; ② 상대가 되지 않는, 짝이 기우는(돌리는)
нерадивый (네라지브이)	(형) 불성실한, 게으른
неразбериха (네라즈볘리하)	(여) 난잡, 난국, 혼란, 혼잡, 무질서
неразборчивый (네라즈볼치브이)	(형) ① 분간하기(알아보기) 어려운 ② 가리지 않는, 까다롭지 않은
неразвитой (네라즈비또이)	(형) ① 발달(발전)되지 않은, 발육이 불완전한 ② 몽매한, 무식한
неразговорчивый (네라즈고볼치브이)	(형) 말(말수)이 적은, 입이 무거운

неразделённый (네라즈젤론느이)	(형): ~ая любовь 짝사랑
неразлучный (네라즐루츠느이)	(형) (항상) 떨어지지 않는, 항상 같이 있는
неразорвавший ся (네라조르와브쉬이쌰)	(형); ~ снаряд 불발탄(不發彈)
неразрешённый (네라즈레숀느이)	(형) 해결되지(풀리지) 않은; ~ый вопрос 미(해)결문제
неразрешимый (네라즈레쉬므이)	(형) 해결할 수 없는 풀 수 없는, 풀기 (해결하기) 어려운; ~ая проблема 해결 할 수 없는 문제
неразрывно (네라즈릐브나)	(부) 끊임없이, 불가분리적으로, 끊을 수 없는
неразрывный (네라즈릐브느이)	(형) 불가분리의, 끊을 수 없는, 깨뜨릴 수 없는; ~ая связь 끊을수 없는 관계
неразумный (네라줌느이)	(형) ① 어리석은, 어수룩한, 멍청한; ② 분별없는, 무모한, 불합리한
нераспорядительность (네라스뽀랴지쩰노쓰찌)	(여) 관리능력이 없는 것, 통재능력이 없는 것(약한 것)
нерассудительный (네라쑤지쩰느이)	(형) 세심하지 못한, 서려 깊지 못한, 무분별한
нерастворимый (네라쓰뜨뷔리므이)	(형) 용해되지 않은, 풀리지 않은, 녹지 않은
нерасторопный (네라쓰또로쁘느이)	(형) 날래지 못한, 굼뜬, 느릿느릿한
нерасчётливый (네라쓰쵸뜰리브이)	(형) 차신이 없는, 아낄 줄 모르는, 절약하지 않은, 낭비하는
нерациональный (네라삐오날느이)	(형) 불합리한
нерв (네르프)	(남) ① (해부) 신경, 감각, 느낌, 감촉; зрительный ~ 시신경 ②: ~ы (복수) крепкие ~ы 굵은(튼튼한) 신경; дей ствовать на ~ы 신경 거슬리다
нервировать (네르비로와찌)	(미완) 신경을 거슬리게 하다, 짜증나게 하다, 자증을 내다
нервничать	(미완) 신경질을 부리다, 긴경을 쓰다

(녜르브니차찌)

нервный　(형) ① 신경의, 감각적, 느낌으로;
(녜르브느이)　② 신경성, 신경질, 간벽, 성질, 성깔;
　　　　　　　③ 흥분된, 발작적인

нервозность　(여) 신경질, 신경과민
(녜르보즈노쓰찌)

нервозный　(형) 신경이 날카로운, 신경을 날카롭게
(녜르보즈느이)　만드는;~ая обстановка 긴장된 분위기

нереальный　(형) 비현실적인, 실현될 수 없는;
(녜레알리느이)　공상적인

нерегулярный　(형) 불규칙적인, 정상적이 아닌
(녜레굴랴르느이)

нередко　(부) 드물지 않게, 흔히, 자주, 이따금
(녜레드까)

нерентабельность　(여) 수익성이 없는 것, 수지가 맞지
(녜렌따벨노쓰찌)　않는 것

нерентабельный　(형) 수익성(이익)이 없는, 수지가 맞지
(녜렌따벨느이)　않는

нерест　(남) (물고기의) 알쓸이, 산란(産卵);
(녜레스트)　период ~а 산란기, 번식기, 난기

нерешительность　(여) 비결단성, 주저; быть в ~и
(녜레쉬쩰노쓰찌)　주저하다, 서슴거리다

нерешительный　(형) 결단성 없는, 어줍은, 설미지근하다
(녜레쉬쩰느이)

нержавеющий　(형) 녹슬지 않는; ~ая сталь 녹슬지
(녜르좌볘유쉬이)　않는 강, 불수강, 스테인리스강
　　　　　　　(stainless鋼)

неровный　(형) ① 고르지 않는, 평탄치 않은,
(녜로브느이)　울퉁불퉁한, 거치른; ~ая линия 굴곡
　　　　　　　선; ② 변덕스러운

нерпа　(여) (동물) 넝에
(녜르짜)

нерусский　(형) 러시아사람이 아닌
(녜루쓰끼이)

нерушимый　(형) 확고부동한, 깨뜨릴 수 없는,
(녜루쉬므이)　견고한

- 718 -

неряха (네랴하)	(남, 여) 게저리, 펄꾼
неряшливость (네랴쉴리뷔쓰찌)	(여) ① 꾀죄죄한 것, 꺼벙한 것 ② 너저분한 것, 소홀한 것
неряшливый (네랴슬리브이)	(형) ① 거렁맞은, 꺼벙한, 꾀죄죄한; ~ая одежда 불결한 옷; ② 헙헙한, 조합한
несамостоятельный (네싸마쓰또야젤느이)	(형) 자립성이 없는, 자주성이 없는, 독자성이 없는
несбыточный (네쓰븨또츠느이)	(형) 실현될 수 없는, 불가능한
несварение: (네쓰와레니예)	~ желудка 소화불량
несведущий (네쓰볘두쉬이)	(형) в чём ~을 잘 모르는, 조예가 (지식이) 없는
несвежий (네쓰볘쥐이)	(형) ① 신성(생생)하지 못한 ② 어지러운, 너더분한, 어수선한
несвоевременный (네쓰붜예브레멘느이)	(형) 적당한 때가 아닌, 때 아닌, 적절치 못한
несвойственный (네쓰보이쓰뜨벤느이)	(형) 본성에 맞지 않는, 고유하지 않은, 어울리지 않는
несвязный (네쓰뱌즈느이)	(형) 연계가 없는, 조리 없는, 토막으로 이루어진
несгибаемый (네쓰기바에므이)	(형) 굽힐 수 없는,(불요)불굴의, 빳빳한
несговорчивый (네쓰고볼치브이)	(형) 설복하기 어려운, 빠득빠득한, 완고한
несгораемый (네쓰고라에므이)	(형): ~ шкаф 내화금고
несдержанный (네쓰젤좐느이)	(형) 자제력이 없는, 참착하지 못한, 벌떡증이 나는, 성급한
несерьёзный (네쎼리요즈느이)	(형) ① 경솔한, 헙헙한; ② 사소한, 시들한, 껄렁한
несистематический (네씨쓰쩨마찌체쓰끼이)	(형) 불규칙적인

— 719 —

несказанно (네쓰까잔나)	(부) 말 할 수 없이, 비상히
нескладный (네스클라드느이)	(형) ① 여들없는, 모양새 없는 ② 조리가 없는
несклоняемый (네스클로냐에므이)	(형) 불변의: ~ое существительное (언어) 불변명사
несколько¹ (네쓰깔까)	(부) 좀, 조금, 얼마간, 다소
несколько² (네쓰깔까)	(수) 몇몇의, 약간의, 수개의; ~о раз 몇 번; ~о месяцев 수개월; ~о миллионов 수백만; в ~их словах 몇 마디로
нескончаемый (네스깐차에므이)	(형) 끝없는, 한이 없는, 쉴 새 없는
нескромность (네쓰크롬노쓰찌)	(여) 불손한태도, 겸손치 못한 것
нескромный (네쓰크롬느이)	(형) ① 불손한, 겸손치 못한 ② 무례한, 건방진
несложный (네쓸로즈느이)	(형) 복잡하지 않은, 간단한, 단수한
неслыханный (네쓸리한느이)	(형) 지금까지 있어본 적이 없는; 미증유의, 전대미문의
неслышно (네쓸릐쉬나)	(부) 소리 없이, 들리지 않게
неслышный (네쓸릐쉬느이)	(형) 들리지 않은, 조용한; идти ~ым и шагами 살금살금 걸어가다
несметный (네쓰메뜨느이)	(형) 무수한, 헤아릴 수 없이 많은; 무진장한
несмолкаемый (네쓰말까에므이)	(형) 끊임 없이 올리는 그칠 줄 모르는
несмотря (네쓰마뜨랴)	(전) на кого-что ~에도 불구하고; ~ на это 그럼에도 불구하고; ~ни на что 어떠한 일이 있더라도,
несносный (네쓰노스느이)	(형) 참을 수 없는, 견딜 수 없는, 시끄러운
несоблюдение	(중) 준수하지 않는 것, 위반(違反)

- 720 -

(네쏘블류제니예)

несовершеннолетний (네쏘볠쉔노레뜨느이)	(형) ① 미성년의, 미성인의, 미정년의; ② (명사) (남) 미성년자
несовершенный (네쏘볠쉔느이)	(형) ① 완전하지 못한, 완성하지 못한; ②:~ вид глагола 동사의 미완료태
несовершенство (네쏘볠쉔쓰뜨붜)	(주) 완전하지 못한 것. 미완성
несовместимость (네쏘브메스찌모쓰찌)	(여) 양립할 수 없는 것, 상극(相剋)
несовместимый (네쏘브메스찌므이)	(형) 양립(병립) 될 수 없는
несовпадение (네쏘브빠제니예)	(중) 부합되지 않는 것, 불일치
несогласие (네쏘글라씨예)	(중) ① 의견충돌, 의견불일치 ② 불찬성, 거절 ③ 불화(不和)
несогласный (네쏘글라쓰느이)	(형)① с кем-чем ~와 동의(찬성)하지 않는 ② 조화되지 않는. 맞지 않는 ③ 화목하지 않는, 불화한
несогласованность (네쏘글라쏘완노찌)	(여) 불일치, 조하되지 않는 것, 합의 없는 것
несогласованный (네쏘글라쏘완느이)	(형) 불일치한, 조화되지 않는 ② 합의를 못 본, 합의되지 못한
несознательность (네쏘즈나쩰노쓰찌)	(여) 무의식, 자각성이 부족한 것
несознательный (네쏘즈나쩰느이)	(형)무의식적인, 자각성이 없는(부족한)
несоизмеримый (네쏘이즈메리므이)	(형) 비교할 수 없는, 공통성이 없는
несокрушимый (네쏘크루쉬므이)	(형) 불패의, 깨뜨릴 수 없는, 확고한, 공고한
несомненно (네쏨녠나)	(부) 모름지기, 미상불(과연), 아닌게 아니라, 틀림없이, 물론
несомненный (네쏨녠느이)	(형) 의심할 바(나위, 여지)없는, 여부가 없는, 확실한
несообразительный	(형) 눈치(이해)가 빠르지 못한,

Нн

(네쏘아브라지쩰느이)

несообразный
(네쏘아브라즈느이)
(형) 무리한, 사리에 맞지 않는, 황당한, 엉뚱한

несоответствие
(네쏘아뜨볫스뜨비예)
(중) 부적당, 불상용

несоразмерный
(네쏘라스몔느이)
(형) 불균형적인, 균형이 맞지 않는, 상응되지 못한

несостоятельность
(네쏘스또야쩰노쓰찌)
(여) 근거가 없는 것

несостоятельный
(네쏘쓰또야쩰느이)
(형) ① 지불능력이 없는, 물질적으로 보장하지 못한
② 논거가 희박한, 타당성이 없는

неспелый
(네쓰뻬르이)
(형) 익지(여물지) 않은, 미숙한;
~ые фрукты 풋과일

неспокой ный
(네쓰빠꼬이느이)
(형) ① 불안한, 시끄러운, 뒤숭숭한;
② 뒤설레이는, 동요하는

неспособность
(네쓰빠쏩노쓰찌)
(여) 무능(력), 무력(無力)

неспособный
(네쓰빠쏩느이)
(형) ① к чему 또는, на что(+ 미정형) ~할 힘(수)이 없는, 능력(소질)이 없는;
~ный к музыке 음악 소질이 없는;
② 무능(력)한; oe~ен это выполнить 그는 이것을 해낼 수가 없다

несправедливость
(네쓰쁘라볘들리붜쓰찌)
(여) 부정의, 불공평, 부당성

несправедливый
(네쓰쁘라볘들리브이)
(형) 부정의, 불공평한, 불공정한, 부당한

непроста
(네쓰쁘로쓰따)
(부) 일정한 연고(까닭)가 있어서;
он это сказал ~ 그가 그 말을 하는 데는 이유가 있다

неспрягаемый
(네쓰쁘랴가예므이)
(언어): ~ глагол 인칭 불변화 동사

несравненный
(네쓰라브녠느이)
(형) 비할 바 없이 훌륭한(아름다운), 무비의, 유례없는;

несравнимый
(네쓰라브니므이)
(형) ① 비교할 수 없을 만큼 다른;
② 대단히 훌륭한(좋은), 무비의

нестерпимый (녜쓰쪨**삐**므이)	(형) 참지 못할, 참을 수(견딜 수) 없는
нести (녜쓰**찌**)	(미완) ① 나르다, 쥐고(이고, 메고, 지고, 안고)가다, 가지고(가져)가다; ~ чемодан 트렁크를 들고 가다; ~ ребёнка 아이를 안고 가다; ② 당하다, 겪다, 입다; ~ убытки 손살을 입다;~наказние 형벌을 당하다 ③ 가져오다, 끼치다, 초대하다; ~ гибель 멸망을 가져오다 ④ 몰아가다, 몰아치다; ⑤ (알을)낳다; ~ отве-тственность 책임을 지다;~ вздор 허튼소리를 하다
нестись (녜쓰**찌**시)	(미완) ① 치닫다, 나는 듯이 달리다, 질주하다; 빨리 날다; ② (소리, 노래, 등이) 들려오다 ③ 알을 낳다
нестроевой [1] (녜쓰뜨로예**보**이)	(형): ~ лес 비건축용재
нестроевой [2] (녜쓰뜨로예**보**이)	(형) (군사) 비전투의, 직접 권투에 참가하지 않는
несуразный (녜쑤**라**즈느이)	(형) ① 무의미한, 조리(터무니)가 없는 ② 어울리지 않는, 볼품없는
несусветный (녜쑤쓰**베**뜨느이)	(형): ~ая чепуха 엉터리 말, 허튼소리
несущественный (녜쑤쒸쓰뜨**벤**느이)	(형) 하찮은, 대수롭지 않은, 중요하지 않은
несуществующий (녜쑤쒸쓰뜨**부**유쉬이)	(형) 존재하지(있지도) 않는, 실지로 없는
несчастливый (녜스차쓰뜰**리**브이)	(형) 불행한, 불운(불우)한
несчастный (녜쓰차쓰뜨느이)	(형) ① 불행한, 불운한, 불쌍한; ② 가련한, 청승 궂은
несчастье (녜쓰차쓰찌에)	(중) 불행(不幸), 불상사(不祥事)
несчётный (녜쓰**쵸**뜨느이)	(형) 무수한, 헤아릴 수 없는, 한량없는

Нн

несъедобный (녜쓰예도브느이)	(형) ① 먹을 수 없는, 식용으로 되지 않는 못한; ② 맛없는, 싫은
нет (녯트)	① (부정) 아니다;~не пойду 아니오, 안가겠소; ~ ещё 마직 못되었다; ещё ~ двух часов 아직 두시가 못되었다 ② (술어) *кого-чего* 없다, 존재하지 않는다; ничего ~아무것도 없다; его ~ дома 그는 집에 없다;сводить на ~ 완전히 없애다; сходить на ~ 없어지다, 사라지다, 유명무실하게되다; на ~и суда (속담) 없으면 할 수 없다
нетактичный (녜따끄찌츠느이)	(형) 무뚝뚝한, 데면스러운, 버릇없는
нетерпеливый (녜쩨르뼤리브이)	(형) 참지 못하는, 성급한, 갈급해하는
нетерпение (녜쩨르뼤니예)	(중) 참지 못하는 것, 성급해하는 것, 갈급증
нетерпимость (녜쩨르삐모쓰찌)	(여) ① 용납할 수 없는, 융화하자 않는 것, 불상용 ② 참지 못 하는 것, 견딜 수 없는 것
нетерпимый (녜쩨르삐므이)	(형) ① 허용(용납) 하지 못할, 묵과할 수 없는 ② 참지 못하는, 참을성 없는 관대성 없는
нетоварищеский (녜따와리쉐쓰끼이)	(형) 동지답디 못한, 비동지적인
неторопливый (녜따로쁘리브이)	(형) 조급해하지 않는, 완완한, 느럭느럭한, 유유한
неточность (녜또치노쓰찌)	(여) 부정확성, 불확실성, 틀린 것
неточный (녜또치느이)	(형) 부정확한, 정밀하지 못한; 확실치 못한
нетребовательный (녜뜨례보와쩰느이)	(형) 요구성이 강하지 않는, 까다롭지 않은, 관대한
нетрезвый (녜뜨례즈브이)	(형) 취한; в ~ ом виде 취해서
нетронутый (녜뜨로누뜨이)	(형) 다치지(건드리지)않은, 고스란한, 그대로 있는

нетрудовой (네뜨루도보이)	(형): ~ые доходы 불로소득
нетрудоспособность (네뜨루도쓰뽀**쑵**노쓰찌)	(여) 노동 불능, 노동능력상실
нетрудоспособный (네뜨루도쓰뽀**쑵**느이)	(형) 노동능력을 잃은, (명사) 노동능력상실자
нетто (네-따)	(불변) (형) (상품의 무게에 대하여) 정미 중량; десять килограмм ~정미10kg
неубедительный (네우베지쩰느이)	(형) 설득력이 없는, 설복시킬 수 없는, 논거(이치)가 박약한
неуважение (네우바줴니예)	(중) 존경하지 않는 것
неуважительный (네우바쥐쩰느이)	(형) 존경심이 없는(부족한); 대수롭지 않은
неуверенно (네우베렌나)	(부) 자신심(확신성)이 없이, 확고하지 못하게
неуверенность (네우베렌노쓰찌)	(여) 신심(확신)이 없는 것, 동요성
неуверенный (네우베렌느이)	(형) 자신심(확신성)없는
неувядаемый (네우뱌다에므이)	(형): покрыть себя ~ой славой 불멸의 영광을 지니게 되다
неувязка (네우뱌즈까)	어긋나는 것, 불일치
неугомонный (네우고몬느이)	(형) 멈출 줄 모르는, 분주스러운, 피로를 모르는
неудавший ся (네우답쉬이쌰)	(형) 이루지 못한, 실패한
неудача (네우다차)	(여) 실패, 실수, 불운
неудачник (네우다츠니크)	(남) 실패자, 불운한 사람
неудачно (네우다츠나)	(부) 성과 없이; 잘못
неудачный	(형) ① 실패로 끝난, 성공하지 못한,

Нн

(네우다쯔느이)	순조롭지 못한 ② 제구실을 못하는, 서투른
неудержимый (네우졜쥐므이)	(형) 막을 수 없는, 억제할 수 없는
неудивительно (네우지비쩰나)	(부) (술어로): ~,что ~할 것은 놀랄만 (이상, 기이)한 일이 아니다; это и ~ 놀릴 것도 없다, 이상할 것이 없다
неудобно (네우도브나)	(부) ① 불편하게 ② (술어) 불편(거북)하다
неудобный (네우도브느이)	(형) ① 불편한, 편찮은; 울가망한; ② 거북한, 적절치 못한
неудобство (네우도브스뜨붜)	(중) ① 불편 ② 난처한 처지, 곤경
неудовлетворённость (네우다블레뜨보론노쓰찌)	(여) 불만족한 것, 불만
неудовлетворённый (네우다블레뜨보론느이)	(형) 마음이 차지 않은, 시쁜, 시들한, 불만족한
неудовлетворительно (네우다블레뜨보리쩰나)	① (부) 좋지 않게(못하게), 불충분하게 ② (명사) (불변)(중)락 제점수
неудовлетворительный (네우다블레뜨보리쩰느이)	(형) 좋지 못한, 불충분한
неудовольствие (네우다볼쓰뜨비에)	(중) 불유쾌감, 불평
неужели (네우줼리)	(의문 조) 아니 그래요? 정말인가?
неузнаваемо (네우즈나바예마)	(부) 몰라보게, 남모르게
неузнаваемый (네우즈나바예므이)	(형) 알아보기 어려운, 몰라보게 변한
неуклонно (네우끌론나)	(부) 어김없이, 이악하게, 부단히
неуклонный (네우끌론느이)	(형) 어김없는, 이악한, 부단한
неуклюжий (네우끌류쥐이)	(형) 거북살스러운, 불편한, 굼뜬

неукротимый (네우끄로찌므이)	(형) 억제(진정)할 수 없는, 막을 수 없는
неуловимый (네우로비므이)	(형) ① 붙잡을 수(만날 수) 없는 ② 감각할 수(느낄 수) 없는, 겨우 알아볼 수 있는
неумело (네우몔로)	(부) ~ обращаться с чем ~을 설다루다
неумелый (네우몔르이)	(형) 솜씨 없는, 졸렬한, 서투른, 손에선
неумеренность (네우메렌노쓰찌)	(여) 과도한 것, 절도가 없는 것
неумеренный (네우메렌느이)	(형) 과도한, 지나친, 절도가 없는
неуместно (네우메스뜨나)	(부) 맞지 않게, 적절치 않게
неуместный (네우메쓰뜨느이)	(형) 적절(온당)치 못한, 앙뚱한
неумный (네움느이)	(형) 지혜 없는, 어리석인
неумолимый (네우말리므이)	(형) 완고한, 무자비한, 사정없는; ~ закон 불변의 법칙
неумолкаемый (네우말까에므이)	(형) 끊임 없이 올리는, 그칠 줄 모르는
неумышленно (네우믜쉴렌나)	(부) 뜻하지 않고, 불의에
неумышленный (네우믜쉴렌느이)	(형) 고의적이 아닌, 본의 아닌, 뜻하지 않은, 불의의;~ обман 본의 아닌 기만
неуплата (네우쁠라따)	(여) 미납, 체납, 납부(지불)하지 않는 것
неупотребительный (네우뽀뜨레비쩰느이)	(형) 쓰이지 않는, 사용(통용)되지 않는
неуравновешенный (네우라브나볘쉔느이)	(형) 성질이 급한, 마음(성품)이 고르지 못한
неурожай (네우로좌이)	(남) 흉작, 낮은 수확(소출)

Нн

неурожай ный (네우로좌이느이)	(형): ~ год 흉년
неурочный (네우로츠느이)	(형): ~ое время 규정외 시간; ~ая работа 시간외 노동, 연장근로; в ~ый час 때 아닌 때에
неурядица (네우랴지짜)	(여) ① 불화, 알력; ② 무질서, 혼란
неусовершенствованный (네우쏘볠쉔쓰뜨붜완느이)	완성(개량, 새선)되지 않은
неуспеваемость (네우쓰뻬와에모쓰찌)	(여) 낙제, 낙후란 성적
неустанно (네우쓰딴나)	(부) 꾸준히, 줄기차게, 부단히
неустанный (네우쓰딴느이)	(형) 꾸준한, 줄기찬, 부단한
неустой ка (네우쓰또이까)	(여) (재정) 위약금(違約金)
неустой чивость (네우쓰또이치붜쓰찌)	(여) 동요성, 불안정성, 견실성
неустой чивый (네우쓰또이치브이)	(형) ① 흔들리는, 불안정한, 견실치못한 ② 변하기 쉬운; ③ 동요하는, 굳지못한
неустрашимый (네우쓰뜨라쉬므이)	(형) 두려움(겁)을 모르는, 대담한
неуступчивый (네우쓰뚜쁘치브이)	(형) 양보하지 않는, 꼬장꼬장한
неусыпный (네우씌쁘느이)	(형) 물샐틈없는, 주의 깊은, 경각성 있는
неутешительный (네우쩨쉬쩰느이)	(형) 위안이 되지 않은, 반갑지 않은, 비참한, 좋지 못한
неутешный (네우쩨쉬느이)	(형) 위로할 수 없는; ~ое горе 가실 수 없는 슬픔
неутомимо (네우또미모)	(부) 꾸준히, 줄기차게, 굴함없이
неутомимый (네우또미므이)	(형) 꾸준한, 줄기찬, 지칠줄 모르는

неуч (네우치)	(남) 무식쟁이
неучтивый (네우츠찌브이)	(형) 존경심이 없는, 버릇없는, 인사성이 없는
неуютный (네우유뜨느이)	(형) 아늑(아담)하지 않은, 쓸쓸한, 스산한
неуязвимый (네우야즈비므이)	(형) ① 공격(습격)받지 않는 ② 나무랄데 없는, 흠잡을 수 없는
нефрит[1] (네프리트)	(남) (의학) 신장염(腎臟炎), 콩팥염
нефрит[2] (네프리트)	(남) (광석) 연옥(軟玉)
нефтедобывающий (네프쩨도븨와유쉬이)	(형) ~ая промышленность 유전공업
нефтеналивной (네프쩨날립노이)	(형): ~ое судно 유조선, 원유수송선
нефтеперегонный (네프쩨뻬레곤느이)	(형) 원유증류, 원유가공
нефтеперерабатывающий (네프쩨뻬레라바띄와유쉬이)	(형) 원유가공, 제유(製油)
нефтехранилище (네프쩨흐라닐리쉐)	(중) 석유저장고, 원유저장고
нефть (네프찌)	(여) 석유(石油); 원유(原油)
нефтяник (네프쨔니크)	(남) 원유공업노동자
нефтяной (네프쨔노이)	(형) 석유(원유)
нехватка (네하와뜨까)	(여) 부족, 결핍, 미족, 미비
неходовой (네하다보이)	(형): ~ товар 잘 팔리지 않는 상품
нехороший (네하로쉬이)	(형) 좋지 못한, 나쁜, 불리한
нехорошо (네하로쇼)	① (부) 좋지 못하게, 나쁘게

Нн

(네하라쑈)	② (술어로) 좋지 못하다, 나쁘다
нехотя (네하쨔)	(부) 마지못해, 싫어하면서
нецелесообразный (네쩰레싸옵라즈느이)	(형) 불합리한, 목적에 어긋나는, 적절치 않는
нецензурный (네쩬줄느이)	(형) 상스러운, 잡상스러운
нечаянно (네차얀나)	(부) 뜻하지 않고, 불의에. 우연히
нечаянный (네차얀느이)	(형) 뜻하지 않은, 불의의, 우연한
нечего[1] (네체보)	(부정대) (нечему (여), нечем (조)) (+ 미정형) ~할 것이 없다; нечему удивляться 놀랄 것이 없다
нечего[2] (네체보)	(술어로) (+ 미정형) ~할 필요가 없다
нечеловеческий (네첼로베체쓰끼이)	(형) 비인간적인, 참혹한
нечем (네쳄)	см. ничего 1
нечему (네체무)	см. нечего 1
нечестность (네체쓰뜨노쓰찌)	(여) 정직하지 못한 것, 불성실성
нечестный (네체쓰뜨느이)	(형) 정직하지 못한, 불성실성
нечёткий (네쵸뜨끼이)	(형) 똑똑치 않은, 아리송한, 막연한, 불명료한
нечётный (네쵸뜨느이)	(형): ~ое число 홀수, 기수; ~ый день 기일, 기수의 날
нечистокровный (네치쓰따끄롭느이)	(형) 잡종, 혼혈
нечистоплотность (네치쓰따쁠로뜨노쓰찌)	(여) ① 불결, 부정, 불순, 비위생적; ② 누추한 것, 비루한 것
нечистоплотный	(형) ① 단정치 못한, 깨끔찮은, 깨끗하

(네치쓰따쁘로드느이)	지 않은, 꾀죄죄한 ② 누추한, 비루한, 해찰궂은, 더러운, 지저분한, 추루한.
нечистоты (네치쓰따띄)	(복수) 오물, 오수, 오예지물, 배설물
нечистый (네치쓰뜨이)	(형) ① 더러운, 불결한, 불순한 ② 거친, 조잡한; ③ 부정직한;불성실한
нечто (네치따)	(미정 대) (생, 여, 조, 전 없음) 그 무엇, 그 어떤, 무엇인가
нечувствительный (네춥쓰뜨비쩰느이)	(형) ① 감각이 없는(둔한), 무감각한; ② 냉담한, 사정없는, 쌀쌀한
нешуточный (네슈또츠느이)	(형) 농담이 아닌, 신중한
нею (네유)	*см.* она
неявка (네야브까)	(여) 결석, 출두하지 않는다
неясность (네야쓰노쓰찌)	(여) 불명확성, 애매한 것, 애매모호한 것
неясный (네야쓰느이)	(형) ① 불명확한, 똑똑치 못한, 희미한 ② 아리송한, 흐린, 흐리터분한
ни (니)	① (조, 접) (강조 조) (부정문장에서) ~도 нет ни одного человека 한 사람도 없다, ни слова не сказал 한마디도 말하지 않았다, на небе ни облачка 하늘에는 구름이 한 점도 없다; ②(강조) (종속문에서, кто, что, куда, как 등과 함께)~이라도,~라 할지라도; сколько ни говори 암만 말하여도; куда ни пойди 어디로 가든지; ③(접)(종속문서 동종성분을 나열할때 사용) ~도 ~도, нет ни газеты, ни журнала 신문도 잡지도 없다, ни то ни другое 이것도 아니고 저것도 아니다; ни за что, ни про что 거저, 아무 터무니없이, ни с того ни с сего 웬일인지, 괜히 갑자기, ни причём 아무관계도 없다, ни с чем 허탕 치다
Ниамей	(남) *г.* 니아메(Niamey)

Нн

(니아메이)

нива (니바)	(여) ① (곡식) 밭(田), 전, 전야(田野) ② 활동무대
нивелир (니웰리르)	(남) (측지) 수준기(水準器), 수평기
нивелирование (중), **нивелировка** (여) ① 수준측량, 고저측량 (니웰리로와니예) ② 균일화, 균등화
нигде (니그제)	(부) 아무데도, 어느 곳에도, 어디서도
Нигер (니게르)	(남) 니제르
Нигерия (니게리야)	(여) 나이제리아
нигилизм (니길리즘)	(남) 허무주의(虛無主義), 니힐니즘
нигилист (니길리쓰트)	(남) 허무주의자(虛無主義者)
Нидерланды (니젤란듸)	(복수) 화란(和蘭) 네덜란드
ниже (니쮀)	① (низкий 의 비교급) 더 낮다; она ~ меня ростом 그 여자는 나보다 키가 더 작다; ② (низко 의 비교급) 이하, 아래에; ~ он эивёт этажом ~ 그는 1(한) 층 아래에서 살고 있다, от двадцати лет и ~ 20살 및 그 아래로; ③ (부) 후에 가서, 아래에, 다음에; как будет сказано ~ 아래에 서술하는바와 같이 ④ (전) (+생)이하, 밑으로, 낮게, пять градусов ~ нуля 영하 59(오십 구)도, ~ уровня земли 지면보다 더 낮다
нижеизложенный (니쮀이즐로줸느이)	(형) 아래에 서술된
нижеподписавший ся (니쮀뽀드삐싸브쉬이쌰)	(형) 아래에(밑에) 서명한
нижесказанный, **нижеследующий** (형) 다음과(아래와)같은, (니쮀쓰까잔느이) 아래에 지적한

нижестоящий (니줴쓰또야쉬이)	(형) (행정기구에 대하여) 아래, 하급; ~ие работники 아래 일군들; ~ая организация 아래조직; ~ая инстанция 아래기관
нижний (니쥐니이)	(형) ① 아래에 있는, 아래; ~ий этаж 아래층, 하층, 밑층 ② 속이 있는; ~ее бельё 속옷, 내의
низ (니즈)	(남) 밑, 아래, 하부(下俯)
низвергать (미완), **низвергнуть** (완) (니즈볘가찌)	① 내려뜨리다, 넘어뜨리다, 투하하다 ② 전복하다
низвержение (니즈볘르줴니예)	(중) 전복(全鰒), 뒤집혀 엎어짐. 또는 뒤 집어 엎음
низина (니지나)	(여) 낮은 땅, 저지대(低地帶)
низкий (니즈끼이)	(형) 낮은, 작은; 천한, 비열한
низко (니즈꼬)	(부) ① 나직이, 나지막하게, 낮게; ② 천하여, 비열하게; ③ (술어로) 낮다
низкопоклонник (니즈꼬뽀끌론니크)	(남) 사대주의자, 아첨장이
низкопоклонство (니즈꼬뽀끌론쓰뜨붜)	(중) 아부, 아첨, 맹종; 사대주의
низкопробный (니즈꼬쁘로브느이)	(형) ① 하등, 품질(이) 낮은 ② 저열한
низкорослый (니즈꼬로쓸르이)	(형) 키가 작은(낮은, 작달막한)
низкосортный (니즈꼬쏘르뜨느이)	(형) 등급(품위)이 낮은, 품질이 나쁜
низлагать (미완), **низложить** (완) (니즐라가찌) (니즐로쥐찌)	전복하다, 뒤집어 엎다.
низменность (니즈몐노쓰찌)	(여) (지리) 낮은 땅
низменный (니즈몐느이)	(형) ① 지대가 낮은, 평야가 많은 ② 저열한, 지더린
низовой (니조붜이)	(형):~ой работник 하부(아래)일군;

Нн

- 733 -

(니조보이)	~ая организация 하부말단조직
низовье (니조비예)	(중) 하류, 하급, 말류(지방)
низость (니조쓰찌)	(여) 비열(저열, 야비)한 것
низший (니즈쉬이)	(형) (низкий 의 최상급) 가장 낮은, 최저, 하등, 하급; 초급; 말단
никак (니깍크)	(부) 결코, 도저히, 전혀
никакой (니깍꼬이)	(부정 대) ① 아무런, 여하한, 하등의; ② (не와 결합하여) 절대로 ~아니다;
Никарагуа (니까라과)	(여) 니까라과
никелированный (니껠리로완느이)	(형) 니켈로 도금한
никель (니껠)	(남) 니켈(nickel)
никем (니껨)	см. никто (조)
никогда (니까그다)	(부) 그 어느 때도, 아무 때에도, 한시도; 절대로
никого (니까고)	см. никто (생, 대)
никоим образом (니까임 옵라좀)	(부) см. никак
никому (니까무)	см. никто
никотин (니꼬찐)	(남) 니코틴(nicotine)
никто(부정 대) (니끄또)	(**никого**(생, 대), **никому** (여), **никем** (조), ни о ком(전), 아무도, 한 사람도
никуда (니꾸다)	(부) 아무데도, 아무데나
никудышный (니꾸듸쉬느이)	(형) 아무 소용도 없는, 껄렁한

Нн

ним (님)	*см.* он, они
нимало (니말로)	(부) *см.* нисколько
ними (니미)	*см.* они
ни о ком (니 오 꼼)	*см.* никто
ниоткуда (니오뜨꾸다)	(부) 아무데로부터, 어디서부터로, 어디서나
ни о чём (니 오 춈)	*см.* ничто
нипочём (니뽀춈)	① (술어로) *кому* ~에게는 아무것도 아니다; ему всё ~ 그에게는 모든 것이 다 식은 죽 먹기다; ② (부) 절대로; ~ не прощу 절대로 용서 못 하겠다 ③ (부) 아주 싸게, 헐값으로
нисколько (니스꼴리까)	(부) 조금도
ниспровергать (미완), **ниспровергнуть** (완) (니스쁘로볠가찌)	① 뒤집어엎다, 엎어뜨리다, 전복하다; ② 전락시키다, 떨구다
ниспровержение (니스쁘로볠줴니예)	(중) 전복(顚覆), 뒤집어엎다.
нитка (니뜨까)	(여) ① 실; ② 줄기, 줄, 가닥, 선
нитроглицерин (니뜨로글리쩨린)	(남) (의학) 니트로글리세린 글리세롤의 삼질산에스테르
нить (니찌)	(여) ① 실; ② 실마리, 줄거리
них (니흐)	*см.* они
ничего (니체보)	① (부정 대) *см.* ничто (생, 대) ② (부) 괜찮게; ③ (술어) 괜찮다, 무방하다, 일없다, 상관없다, 염려 없다; ④ (술어) 꽤 좋다, 나쁘지 않다

Нн

ничей (부정 대) (남) (**ничья** (여), **ничьё** (중), **ничьи** (복수)) (니체이)	누구의 것도 아닌
ничейный (니체이느이)	(형) ① 누구의 것도 아닌; ② (체육) 비긴, 승부 없는
ничем (니쳄)	*см.* ничто
ничему (니체무)	*см.* ничто
ничком (니쉬꼼)	(부): падать ~ 거꾸러지다, 엎드리다; лежать ~ 엎드려 누워있다
ничто (부정 대) (**ничего** (생, 대) 아무것도, 어느 것도, 어느 하나 (니쉬또)	도, **ничему** (여), **ничем** (조), **ни о чём** (전)) ~ не поможет 도움 이 될 것은 아무것도 없다
ничтожество (니쉬또줴쓰뜨붜)	(중) ① 앤생이, 너절한 사람; ② 나부랭이, 너부렁이, 너절한 것
ничтожный (니쉬또즈느이)	(형) ① 극히 작은(적은); ② 미세한, 보잘것없는, 껄렁한
ничуть (니추찌)	(부) 조금도, 전혀
ничья (니치야)	① *см.* ничей ② (명사)(여) (체육) 무승부, 비기는 것
ниша (니샤)	(여) 벽흠, 우묵벽
нищать (니샤찌)	(미완) 빈궁해지다, 가난해지다
нищая, нищенка (니샤야) (니쉔까)	(여) 거지, 비렁뱅이
нищенский (니쉔쓰끼이)	(형) ① 거지의, 거지같은; ② 극히 작은;
нищенствовать (니쉔쓰뜨붜와찌)	(미완) ① 소매동냥하다, 빌어먹다 ② 걸식하다, 몹시 가난하게 살다;
нищета (니쉐따)	(여) 빈궁(貧窮), 가난(家難)
нищий (니쉬이)	(형) ① 구차한, 극빈한; ② (명사) 거지, 비렁뱅이

но (노, 누)	(접) 그러나, 그런데, ,,,나
новатор (나와또르)	(남) 혁신자(革新者)
новаторский (나와또르쓰끼이)	(형) 혁신적인
новаторство (나와또르쓰뛰)	(중) 혁신(革新), 혁신운동
Новая Зеландия (노와야 제란지야)	(여) 뉴질랜드
Новая Каледония (노와야 까레도니야)	누벨 까레도니아
новейший (나뻬이쉬이)	(형) (новый 의 최상급) 최신, 최신식; 근대
новелла (나뻴라)	(여) (짧은) 단편소설
новизна (나비즈나)	(여) 생신한 것, 새로운 맛, 참신성
новинка (나빈까)	(여) 신품, 새것; 새로 산 것
новичок (나비초크)	(남) 햇내기, 새내기, 생둥이, 새사람, 신인; 초대; 신입생
новобранец (나뷔브라네쯔)	(남) 신입대원, 신입병사, 신병
новобрачные (나뷔브라츠느이)	(복수) 신혼부부
нововведение (나뷔브볘제니예)	(중) 혁신, 개혁, 새 규정(규칙), 새로 도입된
новогодний (나뷔곧니이)	(형) 새해, 신년, 설맞이
новокаин (나뷔까인)	(남) (약학) 노보카인
новолуние (나뷜루니에)	(중) 초승달, 미월, 신월, 손톱달
новообразование	(중) ① 새로 생긴 것, 새 형태, 새요소

(나뷔옵라조와니에)	② (의학) 조직의 병적증식
новорожденный (나뷔로즈젠느이)	(남) 갓난아이, 갓난이
новосёл (나뷔쐴)	(남) 새로 이사 온 사람, 신내기, 집들이한 사람
новоселье (나뷔쎌예)	(중) 집들이; справлять ~ 집들이 턱을 내다
новострой ка (나뷔쓰뜨로이까)	(여) 새 건물, 새 건축, 새 건설장; 새 건물, 새 집
новость (노보쓰찌)	(여) (새)소식; 생생한 것, 새로 산 것; 새로운 발명(발견)
новшество (노브쉐쓰뜨붜)	(중) 새것, 새로 도입된 것, 혁신(안)
новый (노브이)	(형) ① 새, 새로운; ② 근대, 근세; ③ 신형; Новый год 새해, 신년
новь (노비)	(여) (농업) 처녀지, 개간지
нога (나가)	(여) ① 발(足), 다리; ②(가구, 기계)의 다리; поднять на ~и 1) 완쾌(회복)시키다, 2) 벌석구니를 놓다, 3) 일어나게 하다;протянуть ~и 죽다
ноготь (노고찌)	(남) 손톱, 쇠톱
ножик (노쥐크)	(남) 칼, 칼날
ножка (노스까)	(여) ① 발, 다리, 족; ② (책상, 기구 등의)다리
ножницы (노즈니찌)	(복수) 가위, 전도, 가시게, 가새
ножны (노즈늑)	(복수) 칼집, 검실, 도실(刀室)
ножовка (나조브까)	(여) (작은) 손톱, 쇠톱
ноздря (나즈랴)	(여) 콧구멍, 비공, 비문, 천문(天門)

нокаут (나까우트)	(남) (권투에서) 완전 넘어지다
нокдаун (나크다운)	(남) (권투에서)맞아 넘어지다
номенклатура (나멘클라뚜라)	(여) ① 학술용어집, 전문용어집, 학명 술어; ② 물품목록, 회계목록
номер (노메르)	(남) ① 번호, 번; ~ дома 주택번호; ② (잡지 등의) 호수, 호: ③ (의복 같은 것의) 호수, 문수 ④ (여관에서) 방, 호실; 호실번호 ⑤ (음악회등) 곡목 종목
номерок (나메로크)	(남) 번호표, 번호를 적은 표시
номинал (나미날)	(남)(재정) 액면가격, 액면가, 액면
номинальный (나미날느이)	(형) ① 공칭(公稱), 공적인 이름; ② 명의상, 명목상; ③ (재정) 액면
нора (나라)	(여) (짐승의) 굴, 소굴, 굴혈, 소(巢)
Норвегия (나르베기야)	(여) 노르웨이(Norway), 오솔로
норвежцы (복수) ~ец (남), ~ка (여) 노르웨이 사람 (나르베즈찌)	
норвежский (나르베즈쓰끼이)	(형) 노르웨이의
норка (노르까)	(여) (동물) 구라파족제비, 밍크(mink)
норма (노르마)	(여) ① 기준량, 책임량, 비율(比率); ② 규준, 규범, 기준, 규칙
нормалицация (나르마리짜찌야)	(여) 정상화; 규범화, 기준화, 표준화
нормализовать (나르마리조와찌)	(미완, 완) ① 정상화하다, 정돈하다; ② 규범화하다, 규준을 세우다
нормальный (나르말느이)	(형) ① 정상적인, 보통; ② (심리적으로) 건전한, 정상적인
норматив (나르마찌프)	(남) 표준량, 기준량, 규범

Нн

нормативный (나르마찌프느이)	(형) ① 기준의, 표준기준으로; ② 규범적인, 규준적인, 규칙적인
нормирование (나르미로와니예)	(형) 기준설정, 표준화
нормированный (나르미로완느이)	(형) 기준화된, 표준화된, 제정된
нормировать (나르미로와찌)	(미완, 완) 기준(량)을 제정하다, 규범화하다; 한정하다;
нормировка (나르미로브까)	(여) *см.* нормирование
нормировщик (나르미로브쉬크)	(남) 기준설정전문가, 평가원
нос (노쓰)	(남) ① 코; ② 부리; ③ 배 머리; ④ (비행기 등의) 기수
носилки (나씰끼)	(복수) 들것, 마주잡이, 담가자, 담가, 나리(欙樆), 유리(蕕樆)
носильщик (나씰쉬크)	(남) 짐꾼, 운반공, 짐장이, 담부, 복군
носитель (나씨쩰)	(남) ① 소유자, 소지자, 가진사람, 임자, 소유인, 본주, 소유주, 소유권자; ② ~ гриппа 감기의 보균자; ③ самолёт ~ ядерного оружия 핵무기를 적재하는 비행기
носить (나씨찌)	(미완) ① *см.* нести; ② 입다, 입고 다니다; 신다, 신고 다니다; 쓰다, 쓰고 다니다; 끼다, 끼고 다니다; ③ (이름, 직위 등을) 가지고 있다; ④ 품고 있다, 가지고 있다, 띠고 있다
носиться (나씨짜)	(미완) ① (이리저리, 여러 방향으로) 떠들다, 날치다, 싸다니다, 뒤까불다; ② 입고 다니다, 쓰고 있다;
носки (나쓰끼)	(복수) (목이 짧은) 양말
носовой (나쏘보이)	(형) ① 코, 부리의; ② 코에서 나오는; ③ 배 머리 (비행기 따위) 앞부분, 기수
носоглотка (나쏘글로뜨까)	(여) (해부) 비 인두(咽頭)

носорог (나쏘로그)	(동물) 서우(犀牛), 코뿔소
нота¹ (노따)	(여)(음악) ① 음부; ② 음(音), 음성; ③ (복수) ~ы 악보; играть по ~ам 악보를 보고 연주하다
нота² (노따)	(여) (외교) 각서; ~ протеста 항의문; 항의각서; обмен ~ми 각서교환
нотариальный (나따리알느이)	(형) 공증(公證); ~ая контора 대서소
нотариус (나따리우쓰)	(남) 공증인(公證人), 대서인
нотация (나따찌야)	(여) 훈시, 설교; 견책
нотный (노뜨느이)	(형): ~ая бумага 오선지, 악보용지; ~ые знаки 음부(표), 소리표
ночевать (나체와찌)	(미완) 묵다, 숙박하다
ночёвка (나쵸브까)	(여) 숙박(宿泊), 머물다
ночлег (나츠렉)	(남) 잠자리, 숙박소, 숙박
ночной (나츠노이)	(형) 밤에, 야간에, 밤사이, 밤새, 밤중
ночь (노치)	(여) 밤, 밤사이, 밤동안, 밤새, 밤중
ночью (노치유)	(부) 밤에; глубокой ~ 밤중(에)
ноша (노샤)	(여) ① 들고(지고, 메고) 가는 짐, 하물, 등짐; ② 부담, 걱정거리
ноябрь (나야브리)	(남) 11월; седьмое ~я 11월 7일
ноябрьский (나야브리쓰끼이)	(형) 11월의, 십일 월에
нрав (느라프)	(남) ① 마음씨, 성격, 성미, 기질; ② (복수) ~ы 풍습, 풍속, 습관, 습속; ~ы и обычаи 관습

нравиться (느라비짜)		(미완) 마음에 들다, 마땅하다, 좋아하다
нравоучение (느라붜우체니예)		(중) 훈계, 설교, 설법, 강론, 잔소리
нравственность (느라브쓰뜨벤노쓰찌)		(여) 도덕(성), 덕, 도리, 덕성, 인망
нравственный (느라브쓰뜨벤느이)		(형) ① 도덕적인, 덕(도리, 덕성) 있는; ② 정신적인
ну (누)		①(감) (권유, 부추김을 표현하다)자, 어서, 하여라; ну, рассказывай 자, 이야기 하게 ② (의문 조) (흔히 와 결합하여): да ну? 그래? 정말? ③(조)(해당한 단어 의 의미를 강조한다) 그래, 그래서, 그런 데; ну так что же! 그래서 어쨌단 말인가! ну а вы? 그런데 당신은? ④(조)(~и(уж)와 결합하여 놀램, 감탄, 불만, 분개를 표현한다): ну и жара! 이런 더위라구야; а ну тебя! 닥쳐! 그만둬! 물러가라! ну и ну! 이런! 뭐뭐
нудный (누드느이)		(형) 따분한, 싫증나는, 지긋지긋
нужда (누즈다)		(여) ① 필요, 요구, 수요, 필수, 소요; 요청, 요망; ② 가난, 빈곤, 결핍, 궁핍
нуждаемость (누즈다에모쓰찌)		(여) 필요(정도), 수요량
нуждаться (누즈다짜)		(미완) ① в ком-чём 필요로 하다, 요하다, 요구되다 ② 가난한 살림을 하다, 반궁 속에서 살다, 곤경에 빠져있다
нужно (누즈나)		(술어) кому-чему ① (+ 미정형)~하여야 한다(된다), ~하는 것이 필요하다; ② 있어야 한다, 필요하다;
нужный (누즈느이)		(형) ① 필요한, 요구되는; ② 꼭 있어야 하는, 알맞은;
ну-ка (누-까)		(감) 자, 어서, 해보게;
нуль (눌)		(남) ① 영(0), 무(無); ② (수) 0; ~ целых, две десятых 영점이(0,2);

	③ 가치 없는 사람;
нумерация (누몌라찌야)	(여) 번호를 매기는 것, 번호달기; 번호
нумеровать (누몌로와찌)	(미완) 번호를 매기다(달다, 붙이다)
ну-ну (누-누)	(감) ① 어서어서; ~, вставай! 어서어서 일어나라!; ② 아유, 아이구, 저런; 그럼, 글세, 됐어됐어, 아니아니; ~, я пошутил 됐어됐어 내가 농담했어요; ~, не сердись 아니아니 노하지 말라;
ну-с (누-쓰)	그러면, 이제는, 따라서
нутро (누뜨로)	(중) ① 내장, 내부 ② 속심
ныне (늬네)	(부) 지금, 현재(에 와서는), 오늘날.
нынешний (늬네쉬니이)	(형) 현재, 지금의, 오늘의, 오늘과 같은
нынче (늬네체)	(부) 오늘에, 금일로, 이날에
нырок (늬로크)	(남) 바다오리
ныряние (늬랴니예)	(중) 무자맥질, 자맥질, 잠수, 잠영.
нырнуть (완), нырять (늬르누찌)	(미완) 무자맥질하다, 물속에 (뛰어) 들어가다
нытик (늬찌크)	(남) 늘(투덜투덜) 불평하는 사람, 불평쟁이
ныть (늬찌)	(미완) ① 쑤시다, 시근거리다, 쏘다; ② 애처로운 소리로 말하다,투덜거리다
нытьё (늬찌요)	(중) ① 쑤시는 것, 아픔 ② 늘 불평하는 말; (아이의) 흐느껴 우는 소리
нюанс (뉴안쓰)	(남) 색채, 뉴안스, 색조, 미세한 차이
нюх (뉴흐)	(남) ① 후각; ② 민감, 직감, 육감

Нн

нюхательный (형): ~ табак 코담배
(뉴하쩰느이)

нюхать (미완) 냄새(맡다)
(뉴하찌)

няньчить (미완) 어린애를 돌보다
(느얀치찌)

няньчиться (미완) ① *см.* няньчить ② 달래다;
(느얀치쨔) 안절부절하고 돌아다니다

нянька (여) 유모, 보모, 젖어머니; у семи
(느얀니까) ~ ек дитя без глазу 목수가 많으면 기둥이 기울어진다

няня (여) 유모, 보모; (탁아소에서) 보육원;
(냐냐) (병원에서) 간병원

Нн

Оо

о¹ (об, обо) (오)	(전) ① (+ 전) ~에 대하여(관하여), ~에 대한(관한); рассказывать о Корее 한국에 대하여 이야기하다; ② (대) (충돌,접촉,마찰을 표시함) ~에 ~에 대고; опереться о стол 상에 몸을 기대다
о² (오)	(감) ① 오!, 아!, 아이고!; о, я очень рад 아 정말반갑습니다; о, да! 그렇고 말구요!; о, нет! 원 천만에;о, больно! 아이고 아파!
оазис (오아지쓰)	(남) 오아시스(oasis)
оба (수) (남, 중) (обе) (오바)	(여) (집합) 둘 쌍, 양쪽; ~ глаза 두 눈, 양눈; ~ ноги 두 다리, 양다리
обанкротиться (아반크로찌짜)	(완) ① 파산되다 ② 실패(파탄)되다
обаяние (아바야니예)	(중) 매력, 매혹, 예교, 현혹, 미혹
обаятельный (아바야쩰느이)	(형) 매력있는, 매혹적인, 귀여운
обвал (압왈)	(남) 허물어지는 것, 붕괴, (산)사태

обваливаться (미완), обвалиться (완) 무너지다, 붕괴되다
(압왈리와짜)   (옵와리짜)

обваривать (미완), обварить (완) ① 데치다, 끓는 물을 붓다(끼얹
(압와리와찌)   (옵와리찌)   다); ② 끓는 물이나 더운 김에 데다

обвернуть (완), обвёртывать (미완) 싸다, 감싸다, 치감다, 휘감다
(압베르누찌)   (옵블뜨와찌)

обвесить (압볘씨찌)	(완) см. обвешивать
обвести (압볘씨찌)	(완) см. обводить

- 745 -

обве́триться (압볘뜨리짜)	(완) 손, 얼굴 등이 바람에 거칠어지다
обветша́ть (압볘뜨샤찌)	(완) 헐어지다, 낡아빠지다
обве́шивать (압볘쉬와찌)	(미완) 저울눈을 속이다, 중량(무게)을 속이다, 모자라게 달다
обвива́ть (압븨와찌)	(미완) 둘러싸다(감다)
обвива́ться (압븨와짜)	(미완) 감기다, 휘감기다
обвине́ние (압븨녜니예)	(중) ① 고소, 기소; ② (법학) 유죄판결
обвини́тель (압븨니쩰)	(남) 기소자, 고소자
обвини́тельный (압븨니쩰느이)	(형) 고소의, 기소의;
обвини́ть (압븨니찌)	(완) см. обвинять
обвиня́емый (압븨냐에므이)	(형) 피고(인), 피소자
обвиня́ть (압븨냐찌)	(미완) ① 비난하다, 꾸지람하다 ② 기소하다
обвиса́ть (미완), обви́снуть (완) (압븨싸찌) (압비쓰누찌)	처지다, 휘주근해지다, 늘어지다
обви́ть(ся) (압븨짜)	(완) см. обвивать(ся)
обводи́ть (압븨지찌)	(미완) ① 데리고 돌다; ~ кого вокруг дома. ~를 데리고 집주위를 돌다; ② 선을 두르다, 줄을 치다, 동그라미를 그리다; ③ 둘러막다 (치다, 파다);
обводне́ние (압븨녜니예)	(중) 물을 대는것, 관개, 관수, 관주
обводни́ть, обводня́ть (압븨드니찌) (옵븨내찌)	물을 대다

обвола́кивать (미완), обволо́чь (완) 구름 등이 뒤덮다, 가리우다,

(압쁼라끼와찌)　　(옵쀨로치)　둘러싸다

обворовать(완), **обворовывать** (미완) 훔쳐가다, 털어가다, 도적하다
(압뷔로와찌)　　(옵뷔로븨와찌)

обворожительный　　　(형) 황홀케 하는, 매혹적인, 매력적인
(압뷔라쥐쩰느이)

обвязать (완), **обвязывать** (미완) 둘러매다, 둘러동이다, 감아매다,
(압뱌자찌)　　(압뱌즈와찌)　처매다

обглодать　　　(완) 둘러가면서 갉아먹다, 쏠아서
(압글로다찌)　　먹다, 물어뜯다;

обгонять　　　(미완) ① 따라 앞서다 ② 통과하다
(압가냐찌)

обгорять (미완), **~еть** (완) 불에 타다, 그슬리다;
(압가랴찌)

обдавать (미완), **обдать** (완) ① 퍼붓다, 끼얹다; ② 휩싸다
(압다와찌)　　(옵다찌)

обдирать　　　(미완) 벗기다
(압지라찌)

обдирка　　　(여): ~риса 매갈이, 매조미
(압지르까)

обдумать (완), **обдумывать** (미완) 깊이(신중히) 생각(궁리)하다,
(압두마찌)　　(옵두믜와찌)　파고들다

Оо

обе　　　(여) *см.* оба
(오베)

обед　　　(남) ① 점심(식사), 점심밥;
(아베드)　　② 점심시간, 점심때;

обедать　　　(미완) 점심을 먹다, 식사하다
(아베다찌)

обеденный　　　(형) 점심의, 점심식사에, 식사용으로
(아베젠느이)

обеднеть　　　(완) *см.* беднеть
(아베드네찌)

обезболивание　　　(중) 마취(麻醉), 마비, 진통(陣痛)
(아베스볼리와니예)

обезболивать　　　(미완) 진통시키다, 마취시키다
(아베스볼리와찌)

- 747 -

обезвоживание (아베스보쥐와니예)	(중)	물빼기, 탈수(脫水)
обезвоживать (아베스보쥐와찌)	(미완)	물을 없애다(말리다), 탈수하다

обезвредить (완), обезвреживать (미완) 무해하게 하다, 해롭지 않
(아베스브례지찌) (아베스브레지와찌) 게 하다

обезглавить (완), обезглавливать (미완) ① 머리를 베다, 목을
(아베스글라븨찌) 잘라죽이다 ② 우두머리를 없애치우다

обездоленный (아베스돌롄느이)	(형)	운명이 쓰린, 헐벗고 굶주린 궁한, 부족한, 딸리는
обезжиренный (아베스쥐롄느이)	(형)	기름(을) 뺀
обеззараживание (아베스자라쥐와니예)	(중)	소독, 멸균, 살균(殺菌)

обеззараживать (미완), обеззаразить (완) 소독하다, 살균하다
(아베즈자라쥐와찌) (오베즈자라지찌)

обезличивать (미완), обезличить (완) ① 책임진 사람이 없게하다
(아베슬리치와찌) (오베스리치찌) (만들다); ② 개성을 빼앗다

обезличка (아베슬리치까)	(여)	개인책임회피
обезлюдеть (아베슬류제찌)	(완)	인적 (사람, 주민)이 없어지다, 무인지경이 되다

обезображивать (미완), обезобразить (완) 보기 싫게(밉게) 만들다,
(아베조브라지와찌) 불구로 만들다

обезопасить (아베조빠씨찌)	(완)	안전케 하다, 위험(성)을 제거하다

обезоруживать (미완), обезоружить (완) 무기를 빼앗다, 무장해제
(아베조루쥐와찌) 하다

обезуметь (아베주몌찌)	(완)	미치다, 얼빠지다, 정신을 잃다;
обезьяна (아베지야나)	(여)	원숭이, 원후, 목후, 미후, 호손
обелиск (아벨리스크)	(남)	기념탑, 기념비(紀念碑)
оберегать	(미완)	지키다, 보호하다, 보위하다

(아베레가찌)

обернуть (완) ① *см.* обернуть
(아베르누찌) ② 다른 방향으로 돌리다;

обёртка (여) 포장종이, 포장(용)지
(아뵤르트까)

обёрточный (형): ~ая бумага 포장지
(아뵤르토츠느이)

обёртывать (미완) *см.* обвёртывать
(아뵤르띄와찌)

обескровить (완) ① 피를 없애다(뽑아버리다)
(아베스크로뷔찌) ② 무력하게 하다;

обескураживать (미완), ~ть (완) 자신심을 잃게 하다, 어리벙벙
(아베스꾸라줘와찌) 케 하다

обеспечение (중) ① 보장, 보증, 바라지, 공급;
(아베스뻬체니예) ② 생활보장(수단);

обеспеченность (여) ① 보장정도, 공급정도;
(아베스뻬체노스찌) ② 풍족 (유족, 부유) 한 것

обеспеченный (형) ① 보장(제공)된; ② 풍족(유족)한;
(아베스뻬체느이)

обеспечивать (미완), **обеспечить** (완) ① 보장(제공, 공급)하다;
(아베스뻬치와찌) ② 바라지하다, 확보하다

обеспокоить (완) 불안(걱정, 초조)하게 하다,
(아베스빠까이찌) 폐(괴로움)를 끼치다

обессилеть (완) 힘이 빠지다, 기진하다, 쇠약해지다
(아베스씰레찌)

обессиливать (미완), **обессилить** (완) 무력하게 하다, 힘이 빠지게
(아베스씰리와찌) 하다

обесцветить (완), **обесцвечивать** (미완) 퇴색시키다, 색깔이 날다,
(아베스찌뻬찌찌) 탈색하다, 색감을 빼다

обесценение (중) 가치가 줄어지는 것, 값이 떨어지
(아베스쩨네니예) 는 것

обесценивать (미완), **обесценить** (완) 값을 떨어뜨리다, 가치가 없
(아베스쩨니와찌) 는(적은) 것으로 만들다

обесчестить (완) 명예를 더럽히다(손상하다),
(아베스체찌찌) 낯을 깎다

Оо

обет (아볫)	(남): дать ~ 맹세하다
обещание (아볘샤니예)	(중) 약속, 다짐
обещать (아볘샤찌)	(미완) ① 약속하다, 다짐하다; ② 기대(희망)를 가지게 하다
обжалование (압활로와나예)	(중) (법률) 상소(上訴), 배소, 공소
обжаловать (압활로와찌)	(완) 상소(공소)하다
обжечь(ся) (압제치샤)	(완) *см.* обжигать(ся)
обжиг (남), обжигание (압직) (압지가니예)	(중) (공학) 소성, 가소성
обжигать (압쥐가찌)	(미완) ① 주위를 태우다; ② 데다, 화상을 입히다;
обжигаться (압쥐가쨔)	(미완) 데다, 화상을 입다
обжора (압조라)	(남, 여) 대식가, 식충이, 게걸쟁이
обжорство (압쫄스트뷔)	(중) 과식, 포식, 포끽, 지내먹기
обзавестись (완), ~одиться (미완) 장만하다; (압자볘쓰찌시)	
обзор (압조르)	(남) 개관, 일람, 통론
обзывать (압즤와찌)	(미완) ~라고 부르다;
обивать (압비와찌)	(미완) ① *чем* ~를 대다, 붙여 덮다; ② 쳐서 떨구다;
обида (압비다)	(여) 노염, 모욕, 모욕감;
обидеть(ся) (압비졔찌(쨔)	(완) *см.* обижать(ся)
обидно	① (부) 모욕적으로;

Oo

(압비드나)	② (술어로) 분하다
обидный (압비드느이)	(형) 모욕적인, 분한, 고까운, 노여운;
обидчивый (압비드치브이)	(형) 노여워하기 쉬운, 모욕을 느끼기 잘하는
обижать (압비좌찌)	(미완) 모욕하다, 노엽히다
обижаться (압비좌쨔)	(미완) 노여워하다, 노여움을 타다, 노여움이 나다
обилие (압빌리예)	① 다수, 많은 량; ② 풍족, 풍만
обильно (압빌나)	(부) 풍부히, 넉넉히, 담뿍, 건하게;
обильный (압빌느이)	(형) 풍부한, 유족한, 푸짐한;
обиняк (압비냐크)	(남) без ~ов 털어놓고; говорить ~ами 빙빙 돌려 말하다, 암시하여 말하다
обитатель (압비따젤)	(남) 거주자, 주민, 사는 사람
обитать (압비따찌)	(미완) 살다, 거주하다; 서식하다
обить (압비찌)	(완) *см.* обивать
обиход (압비호드)	(남) 관례, 습관, 일상생활; войти в ~ 일상생활화 되다, 상용되게 되다;
обиходный (압비호드느이)	(형) 늘 쓰이는, 일상적인, 평범한;
обкапывать (압까쁴와찌)	(미완) 주위를 파다
обкатка (압깥까)	(여) (공학) 시운전(試運轉);
обкладывать (압클라듸와찌)	① 둘러 덮다, 둘러싸다, 주위에 놓다; ② 포장하다; ③ 포위하다
обклеивать (압클레이와찌), **обклеить** (완) (옵클레이찌)	*см.* оклеивать

Оо

обком (압꼼)	(областной комитет) 주위원회
обкрадывать (압크라듸와찌)	*см.* обокрасть
облава (아블라와)	(여) ① 몰이사냥; ② 검거망, 포위수색
облагать (아블라가찌)	(미완) ~ налогом 세금을 부과하다 (매기다), 과세하다
облагораживать (미완), ~одить (완) (아블라가라쥐와찌)	① 고상(고결)하게 하다 ② (품질, 품종일) 개량 (개선)하다
обладание (아블라다니에)	(중) 소유, 보유, 소지, 점유
обладатель (아블라다쩰)	(남) 소유자, 점유자, 소지자
обладать (아블라다찌)	(미완) 가지고 있다, 소유하고 있다; 띠다, 지니다;
облако (오블라까)	(중) 구름, 비행운(飛行雲); кучевые ~а 더미구름, 뭉게구름
обламывать (아블라믜와찌)	(미완) ① 끝(주위)을 꺾다(부스러뜨리다) ② 타이르다, 달래다, 순해지게 하다
областной (아블라쓰뜨노이)	(형) 주; ~комитет *см.* обком
область (오블라쓰찌)	(여) ① 주 ② 부문(部門), 분야(分野);
облачность (오블라츠노쓰찌)	(여) 구름층, 구름량, 구름이 낀 정도
облачный (오블라츠느이)	(형) 구름이 많은(낀), 흐린;
облегать (아블레가찌)	(미완) (옷이) 착 붙다, 꽉 들어앉다
облегчать (아블레그차찌)	(미완) *см.* облегчить
облегчение (아블렉체니에)	(중) 경감, 완화, 안도감
облегчённо (아블렉쵼나)	(부) 한시름 놓아, 마음을 놓고;

Oo

- 752 -

(아블렉촌나)

облегчить
(아블렉치찌)
(완) ① 가볍게 하다, 쉽게 하다, 헐하게 하다, ② 단순(간단)하게 하다

обледенелый
(아블레제녜르이)
(형) 얼음으로 덮인, 얼음이 얼어붙은

обледенение
(아블레제녜니예)
(중) 붙어얼기, 착빙(着氷), 얼어붙기

обледенеть
(아블레제네찌)
(완) 얼음으로 덮이다

облезать (미완), **облезть**
(아블레자찌) (옵롓찌)
(완) ① 털 (머리카락)이 빠지다
② 탈색하다

облекать
(아블레까찌)
(미완) ① 둘러싸다, 뒤덮다
② 부여하다, 주다;

облениться
(아블레니쨔)
(완) 게을러지다, 게으른 버릇이 붙다

облепить (완), **облеплять** (미완) ① 사방에 (온통, 가득) 들어붙다:
(아블레삐찌) (아블레쁠랴찌) ② 주위에 (가득) 바르다(붙이다), 발라붙이다;

облетать (미완), **облететь** (완) ① 주위를 날아가다; 날아 돌아다니
(아블레따찌) 다; ② (소문 등이) 쫙(널리) 퍼지다:
③ (잎, 꽃잎이) 떨어지다, 지다

Оо

облеченный
(아블레첸느이)
(형): ~доверием 신임을 얻은;
~ властью 권력을 가진

облечь
(아블레치)
(완) *см*. облекать

обливание
(아블리와니예)
(중) ① 퍼붓는 것, 끼얹는 것;
② 관수욕, 관수요법

обливать
(아블리와찌)
(미완) ① 퍼붓다, 끼얹다;
② 쏟뜨려 더럽히다;

обливаться
(아블리와쨔)
(미완) 자기 몸에 퍼붓다(끼얹다);

облигация
(아블리가찌야)
(여) 채권, 공채, 공채증서

облизать(ся), облизнуть(ся) (완) *см*. облизывать(ся)
(아블리자찌) (오블리즈누찌샤)

облизывать (아블리즈와찌)	(미완) 핥다, 핥아서 깨끗이 하다
облизываться (아블리즈와쨔)	(미완) ① 제 입술을 핥다; ② [동물이] 자기 몸을 핥다
облик (오블리크)	(남) ① 용모, 모습, 본새, 모양새; ② 풍모, 품성
облисполком (아블리쓰빨꼼)	(남) (областной исполнительный комитет) 주집행위원회
облить(ся) (아블리찌)	(완) *см.* обливать(ся)
облицевать (아블리쩨와찌)	(완) *см.* облицовывать
облицовка (아블리쪼프까)	(여) 겉씌우기, 겉바르기, 겉붙이기;
облицовывать (아블리쪼브와찌)	(미완) 겉을 씌우다(바르다, 붙이다)
обличать (아블리차찌)	(미완) 적발(폭로)하다, 공박하다, 치다
обличение (아블리체니예)	(중) 적발, 폭로
обличитель (아블리치쩰)	(남) 적발자, 폭로자
обличительный (아블리치쩰늬이)	(형) 적발(폭로, 공박)하는
обличить (아블리치찌)	(완) *см.* обличать
обложение (아블로제니예)	(중) ~ налогом 과세
обложить (아블로지찌)	*см.* обкладывать *см.* облагать
обложка (아블로즈까)	(여) 책뚜껑, 책표지; 책가위

облокачиваться (미완), облокотиться (완) 팔꿈치를 고이고 기대다
(아블로까치와쨔)　　　(오블로꼬찌쨔)

обломать, обломить (완) *см.* обламывать

(아블로마찌) (오블로미찌)	
обломок (아블로모크)	(남) 파편, 조각, 세편, 쪼가리
облучать (아블루차찌)	(미완) 햇빛(광선)을 쐬다, 투시하다;
облучение (아블루체니예)	(중) 투시, 조사; 방사선치료
облучить (아블루치찌)	(완) *см.* облучать
облысеть (아블르쎄찌)	(완) *см.* лысеть
облюбовать (아블루보와찌)	(마음에 드는 것을) 골라잡다
обмазать (완), **обмазывать** (미완) (아브마자찌) (옵마즈와찌)	발라 붙이다, 사방 바르다(칠하다)
обмакивать (미완), **обмакнуть** (완) (아브마끼와찌) (옵막누찌)	잠깐 잠그다(적시다)
обман (아브만)	(남) 속임, 기만, 협잡, 기망, 사기
обмануть(ся) (아브마누찌)	(완) *см.* обманываться
обманчивый (아브만치븨이)	(형) 기만적인, 오해케 하기 쉬운, 기만하기(속여 넘기기) 쉬운
обманщик (남), ~ца (여) 사기꾼, 거짓말쟁이, 기만자 (아브만쉬크)	
обманывать (아브마늬와찌)	(미완) 속이다, 속여 넘기다, 속여먹다, 기만하다
обманываться (아브마늬와쨔)	(미완) 속다, 속아 넘어가다, 기만당하다
обматывать (아브마뜨와찌)	(미완) 휘감다, 두르다, 처매다
обмахивать (아브마히와찌)	(미완) (부채 같은 것으로)부치다, 쓸다
обмахиваться (아브마히와쨔)	(미완) 부채질하다

Oo

обмахнуть(ся) (아브마흐누와찌)	(완) *см.* обмахивать
обмеление (압몔례니예)	(중) 얕아지는 것
обмелеть (압몔례찌)	(완) *см.* мелеть
обмен (압몐)	(남) 교환, 교체, 교류, 상환, 교역
обменивать(ся) (미완), **обменять(ся)** (완) *см.* менять(ся) (압몌니와쨔) (옵몌냐찌)	
обмеривать (미완), **обмерить** (완), **обмерять** (미완) (압몌리와찌) (옵몌리찌) (옵몌랴찌)	① 재다, 측정(측량)하다 ② 자를 속이다, 모자라게 속여 팔다
обмести (완), **обметать** (미완)¹ (압몌쓰찌) (오몌따찌)	쓸다, 비질하다, 깨끗이 하다, 쓸어 없애다, 청소하다
обметать (완), **обмётывать** (미완) *см.* метать² губы ~ло 입술이 (압몌따찌) (옵묘뜨와찌) 헐었다	
обмолвиться (압몰뷔쨔)	(완) ① 잘못 (틀리게) 말하다 ② 한마디 비치다, 말하다
обмолвка (압몰브까)	(여) 틀리게 한 말, 실언
обмолот (압몰로트)	(남) 낟알떨기, 마당질, 탈곡
обмолотить (압몰라찌찌)	(완) *см.* молотить
обмораживание (압모라지와니예)	(중) 동상(凍傷), 동열
обмораживать(ся) (압모라지와찌)	*см.* обморозить(ся)
обморозить (압모로지찌)	(완) 동상을 입히다
обморозиться (압모로지쨔)	(완) 동상을 입다, 얼어서 상하다
обморок (옵모로크)	(남) 실신, 기절, 졸도, 혼절, 실혼

обмотать (압모따찌)	(완) *см.* обматывать
обмотка (압모트까)	(여) ① 감긴 물건; 감음줄; ② (전기) 코일, 권선 ③ ~и [복수]각반
обмундирование (압므지로와니예)	(중) 제복, 군복[차림]
обмывать (미완), обмыть (완) (압믜와찌) (옵므찌)	~을 끼얹어 씻다; ~ рану 상처를 깨끗이 씻어내다
обнаглеть (압나글레찌)	(완) *см.* наглеть
обнадёживать (미완), обнадёжить (완) (압나죠쥐와찌) (옵나죠지찌)	희망을 안기다(북돋아주다)
обнажать (압나자찌)	(미완) ① 벌거벗기; ② 노출하다, 드러내놓다, 발가벗겨놓다
обнажаться (압나자쨔)	(미완) ① 벌거벗다 ② 드러나다, 노출되다, 노골화되다
обнажённый (압나죠늬)	(형) ~ое тело 맨몸; ~ые деревья 벌거숭이나무들; с ~ой головой 맨머리바람으로, 모자를 쓰지 않고
обнажить(ся) (압나지찌)	(완) *см.* обнажать(ся)
обнародование (압나로다와니예)	(중) 공포, 발포(發布)
обнародовать (압나로다와찌)	(완) 공포(광고, 발포)하다
обнаружение (압나루쩨니예)	(중) 발견, 폭로, 적발
обнаруживать (압나루쥐와찌예)	(미완) ① 발견하다, 찾아내다; ② 폭로(적발)하다 ③ 드러내다, 드러내 보이다, 나타내다
обнаруживаться (압나루쥐와쨔)	(미완) ① 드러나다, 적발(발견)되다 ② 나타나다, 나타나 보이다, 들키다; 폭로되다
обнаружить(ся) (압나루쥐찌)	*см.* обнаруживать(ся)

Оо

обнести (압네쓰찌)	(완) *см.* обносить
обнимать (압니마찌)	(미완) 부등켜 안다, 껴안다, 포옹하다
обниматься (압니마쨔)	(미완) 서로 껴안다, 부둥켜안다, 포옹하다.
обнищание (압니샤니예)	(중) 빈궁화, 빈곤화
обнищать (압니샤찌)	(완) *см.* нищать
обновить(ся) (압나비찌)	(완) *см.* обновлять(ся)
обновление (압나블례니예)	(중) 새로워지는 것, 갱신, 일신, 재생
обновлять (압나블랴찌)	(미완) 갱신(일신)하다, 새롭게 만들다 (바꾸다)
обновляться (압나블랴쨔)	(미완) 새로워지다, 갱신(일신)되다
обносить (압나씨찌)	(미완) 둘러막다, 둘러싸다
обноситься (압나씨쨔)	(완) 해어지다, 헐어지다
обноски (압노쓰끼)	(복수) (입어서) 헌(해어진)옷, 해진 신발

обнюхать (완), ~ивать (미완) 둘레둘레 (주위에) 냄새를 맡다
(압뉴하찌)

обнять(ся) (압냐찌(쨔)	(완) *см.* обнимать(ся)
обо (오바)	(전) *см.* о 1
обобщать (아밥샤찌)	(미완) 개괄(총괄,총화)하다; 일반화하다
обобщение (아밥쉐니예)	(중) 총괄, 종합, 개괄, 일반화
обобществить	*см.* обобществлять

— 758 —

(아밥쉐쓰뜨비찌)

обобществление　　　　(중) 사회화, 집단화
(아밥쉐쓰뜨브레니예)

обобществлять　　　　(미완) 사회화하다, 집단화하다
(아밥쉐쓰뜨블랴찌)

обобщить　　　　(완) *см.* обобщать
(아밥쉬찌)

обогатительный　　　　(형) ~ая фабрика 선광장(選鑛場),
(아밥가찌쩰늬이)　　　　광석다듬기공장

обогатить(ся)　　　　(완) *см.* обогащать(ся)
(아밥가찌찌(짜))

обогащать　　　　(미완) ① 풍부히 하다, 부유(유족)하게
(아밥가샤찌)　　　　하다 ② (광업) 선광하다

обогащаться　　　　(미완) ① 부유해지다, 부자가 되다;
(아밥가샤짜)　　　　풍부하게 되다 ② (광업) 선광되다

обогащение　　　　(중) ① 풍부히 (부유케) 하는 것
(아밥가쉐니예)　　　　② (광업) 광석다듬기, 선광

обогнать　　　　(완) *см.* обгонять
(아밥그나찌)

обогнуть　　　　(완) *см.* огибать
(아밥그누찌)

обогревать (미완), **обогреть** (완) 따끈하게(덥게)하다
(아밥그레와찌)　　(오보그레찌)

обогреваться (미완), **обогреться** (완) 몸을 녹이다
(아밥그레와짜)　　(아바그레짜)

обод　　　　(남) 바퀴둘레
(아보드)

ободок　　　　(남) 둘레, 변두리
(아바도크)

ободрать　　　　(완) *см.* обдирать
(아바드라찌)

ободрить(ся)　　　　(완) *см.* ободря(ся)
(아바드리짜)

ободрять　　　　(미완) 기운을 돋우어주다, 북돋아주다,
(아바드랴찌)　　　　격려하다, 힘을 주다

ободряться (아바드랴쨔)	(미완) 기운(원기)이 나다, 팔팔해주다
обожать (아바좌찌)	(미완) ① 몹시 사랑하다(좋아하다) ② 경모(숭모)하다, 흠모하다
обождать (아바즈다찌)	(완) *см.* ждать
обожествлять (아바제쓰뜨블랴찌)	(미완) 신으로 모시다, 우상화 하다
обоз (아보즈)	(남) 짐마차의 행렬, 수송대, 치중대
обозвать (아바즈와찌)	(완) *см.* обзывать
обозлить[ся] (아바즐리찌)	(완) *см.* злить [ся]
обознаться (아바즈나쨔)	(완) 잘못보다, 헛보다; 속다
обозначать (아바즈나차찌)	(미완) ① 표식(표시)하다, 가리키다 ② 뜻하다, 의미하다, 의미를 가지다
обозначение (아바즈나체니예)	(중) ① 표시, 표식[하는 것] ② 기호, 부호
обозначить¹ (아바즈나치찌)	(완) *см.* обозначать
обозначить² (아바즈나치찌)	(완) 보이게 되다, 눈에 뜨이다, 나타나다
обозреватель (아바즈레와쩰)	(남) (신문, 잡지 등의) 논평위원, 평가 논설위원
обозревать (아바즈레와찌)	(미완) ① 바라보다, 돌아보다 ② 개관(평론)하다
обозрение (아바즈레니예)	(중) ① 전망[조건] ② 개관, 평론
обои (아보이)	(복수) 도배종이(도배지), 벽종이; оклеить ~ями 도배종이를 바르다
обой ма (아보이마)	(여) (군사) 탄알집
обой ти(сь)	(완) *см.* обходить(ся)

(아바이찌)

обокрасть
(아바끄라쓰찌)
(완) 훔쳐가다, 털어가다, 도적하다

оболочка
(아바로츠까)
(여) ① 껍질, 외피 ② 막

обольстить (완), **~щать** (미완) 유혹하다; 홀리다
(아발쓰찌찌)

обольщаться
(아발샤짜)
(미완) 유혹당하다, 홀리다

обольщение
(아발쉐니예)
(중) 유혹, 현혹

обомлеть
(아바믈레찌)
(완) 마음이 선듯하다, 아연해지다

обоняние
(아바냐니예)
(중) 후각; орган ~я 후각기관

обонять
(아바냐찌)
(미완) 냄새를 맡다

оборванец
(아보르와네쯔)
(남) 헐벗은 사람

оборванный
(아보르완느이)
(형) 끊어진; 해어진, 헌

оборвать(ся)
(아바르와찌)
(완) *см.* обрывать(ся)

оборона
(아바르로나)
(여) ① 방어, 방위, 수세;
② 국방력, 보위력

оборонительный
(아바르니쩰느이)
(형) 방어, 방위

оборонный
(아바론느이)
(형) ~ая промышленность 국방공업;
~ая мощь 국방력

обороноспособность
(아바론쓰뽀솝노쓰찌)
(여) 국방력

оборонять(ся)
(아바로냐찌)
(미완) 방어하다, 방위(보위)하다

оборот
(아바로트)
(남) ① 회전[운동], 선회; ② (경제) 유통
유동; ③ 뒤면, 이면; ④ 말투, 표현; 구;

Oo

	причастный (деепри частный) ~ (언어) 형용동사(부동사)구;
оборотный (아바로트느이)	(형) ① (경제) 자금: ~ые средства 유동자금; ~ капитал 유동자본 ② ~ая сторона 뒷면, 이면
оборудование (아바루도와니예)	(중) ① 시설, 설치(설비)하는 것 ② 설비, 시설품, 장치[물], 비품
оборудованный (아바루도완늬)	(형) 설비를 갖춘
оборудовать (아바루도와찌)	(미완, 완) 설비를 갖추다, 장비하다, 설치하다, 꾸리다
обоснование (아바쓰노와니예)	(중) ① 근거(논거)대는 것, 입증; ② 논거, 증거, 논증
обоснованный (아바쓰노브늬이)	(형) 근거(증거)가 있는(충분한)
обосновать(ся) (아바쓰노와찌)	*см.* обосновывать(ся)
обосновывать (아바쓰노븨와찌)	(미완) 입증하다, 근거(논거)를 대다, 증거로 삼다
обосновываться (아바쓰노븨와쨔)	(미완) 자리 잡다, 붙박이다, 머물러 살다, 안접하다
обособить(ся) (아바쏘비찌)	*см.* обособлять(ся)
обособление (아바싸블레니예)	(중) ① 고립[화], 분리 ② (언어)고립화
обособленно (아바쏘블렌나)	(부) 고립되어, 따로
обособленный (아바쏘블렌늬이)	(형) ① 고립적인, 개별적인, 떨어진; ② ~ оборот (언어)고립화된
обособлять (아바쏘블랴찌)	(미완) ① 고립(분리)되다 ② 따로 떨어지게 하다
обособляться (아바싸블랴쨔)	(미완) ① 고립(분리)되다 ② 따로 떨어지다
обострение (아바쓰뜨레니예)	(중) 첨예화, 격화, 악화

обострённый (아바쓰뜨룐느이)	(형) ① 첨예화된, 격화된, 긴장된 ② 더욱더(보다 더) 예민해진 (날카로와 진)
обострить(ся) (아바쓰뜨리쨔)	(완) *см.* обострять(ся)
обострять (아바쓰뜨랴찌)	(미완) ① 첨예화(격화)시키다; ② 날카롭게 하다, 돋우다;
обостряться (아바쓰뜨랴쨔)	(미완) ① 첨예화(격화, 긴장)되다, 예민해지다, 날카로와지다; ② (얼굴이) 앙상해지다
обочина (아보치나)	(여) 길가, 길섶
обоюдный (아바유드느이)	(형) 서로의, 상호간의
обрабатывать (압라바찌와찌)	(미완) ① 가공(정련, 정세)하다; ② (땅을) 가다루다; 경작하다 ③ 다듬다, 손질하다; ④ 정리하다, 처리하다
обрабатывающий (아브라바띄와유씨이)	(형) ~ая промышленность 가공공업
обработать (아브라보따찌)	(완) *см.* обрабатывать
обработка (아브라보트까)	(여) ① 가공, 정련, 정제, 처리; ② 경작, 논밭갈이, 가다루기; ③ 손질, 정리;
обрадовать(ся) (아브라도와찌)	(완) *см.* радоваться
образ (오브라즈)	(남) ① 모양, 본새, 모습 ② 영상, 형상 ③ 양식, 방법;
образец (아브라제쯔)	(남) ① 견본, 본보기, ② 식(飾), 형(型), 모형(模型); ③ 모범(模範), 구감;
образность (오브라즈노쓰찌)	(여) 형상성, 형상(形象)
образный (오브라즈느이)	(형) 형상적인, 비유적인;
образование[1] 	(중) 형성, 조성, 성립, 창립;

(아브라조와니예)	
образование² (아브라조와니예)	(중) 교육(教育), 학식, 육영, 양성
образованность (아브라조완노쓰찌)	(여) 교육정도, 학식이 있는 것
образованный (아브라조완느이)	(형) 교육(교양)받은(있는); 유식한, 문명
образовать(ся) (아브라조와찌)	*см.* образовы-вать(ся)
образовывать (아브라조븨와찌)	(미완) ① 이루다, 형성(조성)하다 ② 창설(창립,창건)하다, 수립(결성)하다
образовываться (아브라조븨와쨔)	(미완) ① 이루어지다, 발생하다, 생기다; ② 조성(형성)되다, 창설(창립)되다
образумить (아브라주미찌)	(완) 깨닫게 하다, 잘못을 타이르다, 정신 차리게 하다
образумиться (아브라주미쨔)	(완) 마음을 잡다, 분별 있게 되다, 깨닫다
образцовый (아브라즈쯔보이)	(형) 모범적인, 시범적인, 본보기(모범)로 될만한;
образчик (오브라즈치크)	(남) 견본(見本), 본보기; 표본
обрамлять (아브라믈랴찌)	(미완) 테두리를 두르다
обрастать (미완), ~ти (완) (아브라쓰따찌)	(수염, 머리칼, 털이) 덥수룩하게 나다(덮이다)
обратимый (아브라찌믜이)	(형): ~ая реакция (화학) 가역반응
обратить(ся) (아브라찌찌)	(완) *см.* обращать(ся)
обратно (아브라트나)	(부) 뒤로, 반대쪽으로, 되돌아,도로받다
обратный (아브라트느이)	(형) ① 돌아오는, 되돌아가는; ② 반대되는; ③ (수학) : ~ая величина 역수;~ая пропор-циональность 반비례
обращать	(미완) 돌리다, 향하게 하다

(아브라샤찌)

обращаться (아브라샤짜)	(미완) ① 돌다, 돌아서다, ② 향하다; ③ ~ с призывом 호소하다; ~ с просьбой 부탁하다, ~에게 청하다; ~ за советом ~에게 조언을 빌다; ④ 변하다, 달라지다, 전변되다; ⑤ *с чем* 취급하다, 다루다 ⑥ *с кем* 대하다, 대우하다;
обращение (아브라쉐니예)	(중) ① 호소[문], 요청문, 격문; ② 대우, 취급; ③ 유통, 순환, 회전; денежное ~ 화폐순환; ④ (언어) 부름말, 호칭어
обрез (아브레스)	(남) времени в ~ 시간이 촉박하다; денег в ~ 돈이 딱 자란다(맞다) 조금도 여유가 없다
обрезать (미완), **обрезать** (완) (아브레자찌)	① 자르다, 무지르다, 동치다 ② 부상시키다, 다치다; ③ 짧게 하다, 줄이다;
обрезаться (아브레자짜)	(완) 베여 상하다(상처를 입다), 베다
обрезки (아브레스키)	(복수) 잘라버린 부스러기, 조각, 찌꺼기;
обрекать (아브레까찌)	(미완) на что ~할 운명을 지니게 하다, 운명 짓다, ~에 빠뜨리다.
обременительный (아브레메니쩰느이)	(형) 부담 되는, 힘든
обременить (완), **обременять** (미완) (아브레메니찌) (옴레메냐찌)	부담을 주다, 부담시키다, 시끄럽게 하다
обрести (완), **обретать** (미완) (아브레스찌) (옴레따찌)	얻어내다, 가지게 되다, 찾아내다
обреченный (아브레첸느이)	(형) на ~ ~할 운명지워진 (운명을 지닌);
обречь (아브레치)	(완) см. обретать
обрисовать (완), **обрисовывать** (미완) (아브리싸와찌) (아브리싸븨와찌)	묘사하다, 그리다; 서술하다; 형상하다
обронить	(완) *см.* ронять

(아브로니찌)

обрубать (미완), обрубить (완) 잘라버리다, 자르다, 잘라내다;
(아브루바찌)　　(옵루비찌)

обрубок　　　　　　　　(남) 잘라낸(베어낸) 토막(자리);
(아브루보크)

обругать　　　　　　　(완) 상스럽게 욕설하다, 욕지거리하다
(아브루가찌)

обруч　　　　　　　　(남) (통의) 테; (놀이감)굴렁쇠
(오브루치)

обручальный　　　　　(형) ~ое кольцо 약혼반지
(아브루찰느이)

обручение　　　　　　(중) 예배당에서 약혼반지를 끼는
(아브루체니예)　　　　　　　　약혼식

обрушиваться　　　　　(미완) ① см. рушиться,
(아브루쉬와짜)　　　　　② (불행, 재난 등이) 닥쳐오다;
　　　　　　　　　　　　③ на кого ~에게 덤벼(달려) 들다,
　　　　　　　　　　　　들이덤비다;

обрушить　　　　　　　(완) см. рушить
(아브루쉬찌)

обрушиться　　　　　　(완) см. рушиться.
(아브루쉬쨔)　　　　　　② см. обрушиваться ②, ③

обрыв　　　　　　　　(남) ① 낭떠러지, 절벽, 벼랑
(아브리프)　　　　　　　② 끊어진 곳, 절단된 곳; 끊어지는 것,

обрывать　　　　　　　(미완) ① 끊다, 잡아떼다, 잡아 찢다
(아브릐와찌)　　　　　　② (과일, 잎 등을) 뜯다, 따내다, 따다
　　　　　　　　　　　　③ 중단하다, 멈추다, 그만두다

обрываться　　　　　　(미완) ① 끊어지다 ② 떨어지다
(아브릐와쨔)　　　　　　③ 중단(절단)되다, 끝나다

обрывистый　　　　　　(형) ① 험한, 깎아 자른듯한, 가파른;
(아브릐뷔쓰뜨이)　　　　　② 험준한

обрывок　　　　　　　(남) 끊어진 것, 조각; 단편
(아브릐보크)

обрызгать (완), обрызгивать (미완) 끼얹다, 뿌리다
(아브릐즈가찌)　　(아브릐즈기와찌)

обрюзглый, ~ший (형) 살쪄 늘어진, 피부가 처진
(아브류즈글르이)

обряд (아브랴드)	(남) 식(式), 의식, 예식; свадебный ~ 혼사, 혼례, 결혼
обсадить (완), обсаживать (미완) 주위에 심다 (아브싸디찌)　(아브사쥐와찌)	
обсерватория (아브쎄르와또리야)	(여) 천문대; метериологическая ~ 기상대, 관상대
обследование (아브쓸레도와니예)	(중) ① 조사, 시찰, 검사; ② 탐구(探究)
обследовать (아브쓸레도와찌)	(미완, 완) ① 조사(검사, 시찰)하다 ② 탐구하다
обслуживание (아브쓸루지와니예)	(중) 봉사, 뒷시중; 접대;
обслуживать (아브쓸루지와찌)	(미완) ① 봉사(뒤시중)하다; 접대하다 ② 맡아 다루다, 맡아보다;
обслуживающий (아브쓸루지와유쉬이)	(형) ~ персонал 직원, 종업원
обсохнуть (아브쏘흐누찌)	(완) см. обсыхать
обставить (완), обставлять (미완) ① 주위에 놓다, 둘러막다, 둘러 (아브쓰따비찌)　(옵쓰땁랴찌)　싸다 ② 꾸리다, 차리다;	
обстановка (아브쓰따노프카)	(여) ① 가구, 집세간, 방세간 ② 정세, 환경, 분위기, 형세;
обстоятельно (아브쓰따야쩰나)	(부) ① 자세히, 정밀히 ② 점잖게, 신중하게
обстоятельный (아브쓰따야쩰느이)	(형) ① 자세한, 세밀한 ② 점잖은, 신중한;
обстоятельство (아브쓰따야쩰쓰뜨붜)	(중) ① 일, 영문, 경우; ~a (복수) 환경; ② (언어) 상황어
обстоять (아브쓰따야찌)	(미완) как ~ят дела? 일이 어떠합니 까?; всё ~ит благополучно 모든 일이 잘 되어간다
обстрел (아브쓰뜨렐)	(남) 사격, 포격, 포사격;
обстреливать (미완), обстрелять (완) 쏘아 갈기다, 쏘아 지르다, (아브쓰뜨렐리와찌)　(아브쓰뜨렐랴찌) 사격(포격)을 가하다;	

Оо

- 767 -

обстригать(ся) (미완), обстричь(ся) (완) *см.* стричь(ся)
(아브쓰뜨리가찌)　　(옵쓰뜨리치)

обступать (미완), ~ить (완) 에워싸다, 둘러서다
(아브쓰뚜빠찌)

обсудить (완), ~ждать (미완) 토의(론의, 의논)하다; 고찰
(아브쑤지찌)　　　　　(검토)하다

обсуждаться　　　　(미완) 토의(론의, 의논)되다; 심의
(아브쑤즈다짜)　　　　(고찰)되다

обсуждение　　　　　(중) 토의, 논의(論議); 심의(審議)
(아브쑤제니예)

обсчитать (완), обсчитывать (미완) 셈을 속이다, 잘못 세여 적게
(아브쓰치따찌)　(아브쓰치띄와찌)　　　주다

обсыпать (완), обсыпать (미완) (가루 따위를) 사방에 뿌리다,
(압씌빠찌)　　　　　　　　　　끼얹다;

обсыпаться (완), обсыпаться (미완) *см.* осыпать
(압씌빠짜)

обсыхать　　　　　　(미완) 깨끗이(바싹) 마르다
(압씌하찌)

обтачивать　　　　　(미완)[주위에] 깎다, 다듬질하다;
(압따치와찌)

обтекаемый　　　　　(형) ① 유선형(의); ~ая форма 유선형
(압쩨까에드이)　　　　② 둘러싸고 있는; 포괄적인, (회)피[도
　　　　　　　　　　　피]하는; 둘러대는; 포착하기 어려운,
　　　　　　　　　　　обтекаемый ответ 둔사(遁辭).

обтереть(ся)　　　　　(완) *см.* обтирать(ся)
(압쩨레찌)

обтесать (완), обтёсывать (미완) 매끈하다(반반하게) 깎아 다듬다
(압쩨싸찌)　(압쬬씌와찌)

обтирание　　　　　　(중) ① 젖은 해면(수건)으로 몸을 씻음
(압찌라니예)　　　　　～ холодной водой 냉수마찰;
　　　　　　　　　　　② 바르는 물약; 세제; 화장수, 로션

обтирать　　　　　　(미완) 씻다, 훔치다, 닦다;
(압찌라지)

обтираться　　　　　(미완) ① 몸을 닦다(훔치다);
(압찌라짜)　　　　　　② (옷 등이) 해지다, 닳다;

обточить　　　　　　(완) *см.* обтачивать

(압또치찌)

обточка　　　　　　　　　　(여) [외면] 선삭, 다듬질
(압또치까)

обтрепать　　　　　　　　　(완) 헤뜨리다, 닳아 뜨리다
(압뜨레빠찌)

обтрепаться　　　　　　　　(완) 헤어지다, 너덜너덜해지다
(압뜨레빠쨔)

обтягивать (미완), **обтянуть** (완) ① ~에 ...을 씌우다, 싸개질하다
(압쨔기가찌)　　　(옵따뉴찌) ② (옷이 몸에) 착 들어붙다, 꽉 들어맞다

обувать　　　　　　　　　　(미완) ~을 신다; ~에게 신기다
(압부와찌)

обуваться　　　　　　　　　(미완) 신을 신다
(압부와쨔)

обувной　　　　　　　　　　(형) 신, 신발, 구두;
(압부노이)

обувщик　　　　　　　　　　(남) 제화공, 신발공장의 근로자
(압부쉬크)

обувь　　　　　　　　　　　(여) 신, 신발, 구두
(오부비)

обуза　　　　　　　　　　　(여) 부담, 중하; 걱정거리;
(아부자)

обуздать (완), **обуздывать** (미완) 제지(제어, 억제)하다, 얽어매다;
(아부즈다찌)　　　　　　　　　　~ гнев 분노를 억누르다

обусловить　　　　　　　　　(완) *см.* обусловливать
(아부슬로비찌)

обусловленность　　　　　　(여) ① 제약성, 조건부
(아부슬로브렌노쓰찌)　　　　　　② (원인에 대한) 의존성

обусловливать　　　　　　　(미완) ① 조건을 붙이다, 조건부를
(아부슬로브리와찌)　　　　　　　내걸다, 제약하다 ② 원인으로 되다,
　　　　　　　　　　　　　　　　의존하다, 야기되다

обуть(ся)　　　　　　　　　(완) *см.* обувать(ся)
(아부찌)

обух　　　　　　　　　　　　(남) 도끼머리
(오부흐)

обучать　　　　　　　　　　(미완) ① 배워주다, 가르치다, 교수하

Оо

(아부차찌)	다; ② 연습하다, 훈련시키다
обучаться (아부차짜)	(미완) 배우다, 연습되다;
обучение (아부체니예)	(중) 교육, 교수; 훈련, 연습, 수학
обучить[ся] (아부치찌)	(완) *см.* обучать[ся]
обуять (아부야찌)	(완) (어떤 감정 등) 사로잡다, 휩싸다;
обхват (압흐와트)	(남) 아름, 둘레의 길이:
обхватить (완), обхватывать (미완) 껴안다, 부둥켜안다
(압화찌찌) (압화띄와찌)	
обход (압호드)	(남) ① 순회, 순찰; ② 두름 길, 우회로
обходительный (압호지쩰늬)	(형) 예절 밝은, 정중한
обходить (압호지찌)	(미완) ① 주위를 돌다, ~에돌다, ~에 돌아가다, 우회하다; ② 순찰하다; 회진하다; ③ (여러 곳을) 돌아다니다;
обходиться (압호지쨔)	(미완) ① 값이 가다, 경비가(돈이)들다; ② *с чем.* ~를 취급하다, 다루다 ③ *с кем.* ~를 대우하다, 대하다 ④ без *чего.* ~이 없어도 된다; без него трудно ~ 그가 없이는 곤란하다
обходной, обходный (압호드노이) (아브호드늬이)	(형) ~ путь 둘러가는 길, ~에돌아가는 길, 우회로; ~ манёвр (군사) 우회작전;
обхождение (압호제니예)	(중) 대우, [사람을 대하는]태도;
обшаривать (미완), обшарить (완) 사방으로 뒤지다(찾아보다);
(압샤리와찌) (압샤리찌)	
обшивать (압쉬와찌)	(미완) ① 끝(테두리)에 돌아가며 꿰매다, 휘갑을 치다(하다) ② *чем* (널판, 철판 등을) 대다
обшивка (압쉬브까)	(여) ① 끝(테두리)에 돌아가며 꿰맨 것, 휘갑 ② 덧판, 외판;

обширный (압쉬르느이)	(형) 휘넓은, 광활한, 광범위한
обшить (압쉬찌)	(완) *см.* обшивать
обшлаг (압쉴락)	(남) 소매부리, 소매동
общаться (압샤쨔)	(미완) 교제하다, 사귀다; 접촉하다;
общегосударственный (압쉐가쑤다르쓰뜨벤느이)	(형) 전국적인;
общедоступный (압쉐다쓰뚜쁘느이)	(형) ① 통속적인, 받아들일 수 있는, ② ~ая цена 아무나 살 수 있는 싼 값
общежитие (압쉐쥐찌예)	(중) ① 기숙사, 합숙, 숙사; за водское ~ 공장합숙; ② 공동생활
общеизвестный (옵쉐이즈볘스뜨느이)	(형) 일반이 다 아는,
общенародный (압쉐나로드느이)	(형) 전 국민적인;
общение (압쉐니예)	(중) 교제, 사교, 연예; 접촉
общеобразовательный (압쉐오브라조와쩰느이)	(형) 보통교육, 일반교육
общепризнанный (옵쉐쁘리스난느이)	(형) 공인된
общепринятый (옵쉐쁘리냐뜨이)	(형) 일반에 통용(인정)되는
общереспубликанский (옵쉐레쓰뿌브리깐쓰끼이)	(형) 전공화국[적인], 공화국 전반의
общесоюзный (압쉐싸유즈느이)	(형) 전연맹, 전 소련
общественник (압쉐쓰뜨벤니크)	(남) 사회 활동가
общественно-полезный (압쉐쓰뜨벤나- 뽈레즈느이)	(형) ~ труд 사회적으로 유익한 노동, 사회활동
общественность	(여) ① 사회계, 사회여론; научная ~

(압쉐쓰뜨뻰노쓰찌)		과학계 ② [집합]사회단체들; ~ завода 공장의 사회단체들
общественно-экономический (압쉐쓰뜨뻰나-에코노미체쓰끼-)		(형) 사회경제 [적인];
общественный (압쉐쓰뜨뻰느이)		(형) ① 사회의, 사회적인; ② 공유(公有), 공동;
общество (옵쉐쓰뜨붜)		(중) ① 사회; ② 협회, 단체, ~회(-會); научное ~ 학회; Общество советско-корейской дружбы 러시아-대한민국 친선협회
общеупотребительный (옵쉐우뽀뜨레비쩰느이)		(형) 일반통용
общий (옵쒸이)		(형) ① 전반[적인]; ② 공통[적인],공동; ③ 일반[적인]; ~ee языкознание 일반 언어학
община (압쒸나)		(여) (역사) 공동체, 공동사회
общительный (압쒸쩰느이)		(형) 사교를 잘하는(즐기는), 붙임성이 좋은, 성격이 좋은
общность (옵쓰노쓰찌)		(여) 공통성, 일치, 상합,부합
объедаться (압비다짜)		(미완) 너무 많이 먹다 과식하다; 지내 먹다, 처먹다
объединение (압비제니예)		(중) ① 통일, 합동, 결합, 단합; ② 연합체, 통합체, 동맹;
объединённый (압비지뇬느이)		(형) 통일, 통합, 연합, 합치, 합동
объединить(ся) (압비지니짜)		(완) *см.* объединять(ся)
объединять (압비지냐찌)		(미완) 통일(연합, 통합, 합동) 하다; 단결(결속)시키다, 묶어세우다
объединяться (압비지냐짜)		(미완) ① 통일(연합, 합동)되다 ② 단결(결속)되다, 뭉쳐지다
объедки (압비드끼)		(복수) 먹다 남은 찌꺼기, 쓰레기
объезд		(남) ① 순회. 순시, 순찰 ② 두름길,

Оо

- 772 -

(압비즈드)	두름수술, 에돌기, 우회로
объездить (압비예즈지찌)	(완) *см.* объезжать
объезжать (압비좌찌)	(미완) ① 타고 에돌아가다(휘돌아), 우회하다 ② 타고 돌아다니다(다니다)
объект (아비예크트)	(남) ① 대상[물], 목표[물]; ② 건설장, 기업; ③ (철학) 객체
объектив (아비예크찌프)	(남) 대물렌즈, 대물경(對物鏡);
объективизм (아비예크찌비즘)	(남) 객관주의; 객관성(客觀性)
объективность (아비예크찌브노쓰찌)	(여) 객관성, 객관적실재
объективный (아비예크찌브느이)	(형) ① 객관적인;
объём (아비욤)	(남) ① 체적, 용적, 부피; ② 범위(範圍), 크기, 량(量):
объёмистый (아비요미쓰뜨이)	(형) 체적(용량, 부피)이 큰
объесться (아비예쓰짜)	(완) *см.* объедаться
объехать (아비예하찌)	(완) *см.* объезжать
объявить (아비야비찌)	(완) *см.* объявлять
объявление (아비야블례니예)	(중) ① 포고, 공포, 시명, 통고, 선고; ② (신문, 벽 등에서) 알림, 광고, 게시; ~ по радио 라디오광고
объявлять (아비야블랴찌)	(미완) ① 공포(포고, 선포)하다; ② 선언(선고)하다; ③ 표명(말) 하다;
объяснение (아비야쓰네니예)	(중) 설명, 해설, 해석
объяснительный (아비야쓰니쪨느이)	~ая записка 설명서
объяснить(ся)	(완) *см.* сбъяснять(ся)

(아비야쓰니짜)	
объяснять (아비야쓰냐찌)	(미완) 설명하다, 해설하다, 해명하다
объясняться (아비야쓰냐짜)	(미완) ① 자기 처지, 의사를 설명(변명)하다 ② *чем* 설명(해명)되다, 원인으로 되다; ③ ~яться покорей ски 한국말로 이야기하다, 조선말이 통하다
объятия (아비야찌야)	(복수) 포옹(抱擁), 포합
объятный (아비야트느이)	(형) 휩싸인
обыватель (아븨브와쩰)	(남) 속물(俗物)
обывательский (아븨브와쩰스끼)	(형) 속물적인
обыграть (완), **обыгрывать** (미완) 이기다, 따다; (아븨그라찌) (아븨릐바찌)	
обыденный (아븨젠느이)	(형) 일상적인, 보통날, 보통;
обыкновение (아븨크나볜니예)	(중) 상례, 상습(常習), 풍습(風習)
обыкновенно (아븨크나볜나)	(부) *см.* обычно
обыкновенный (아븨크나볜느이)	(형) *см.* обычный
обыск (오븨쓰크)	(남) 수색, 조사, 검색, 탐색;
обыскать (완), **обыскивать** (미완) 수색하다, 수사하다, 들추다, (아븨쓰까찌) (오븨쓰끼와찌) *кого.* 몸을 뒤지다.	
обычай (아븨차이)	(남) 풍습, 관례, 관습, 통례
обычно (아븨츠나)	(부) 보통, 통례로, 관습상으로
обычный (아븨츠느이)	(형) 보통, 통례, 일상적인

обязанность (아뱌쟌노쓰찌)	(여) 임무, 의무, 책임, 책무; служебные ~и 직무상임무; воинская ~ь 병역의무
обязанный (아뱌쟌느이)	(형) ① [+ 미정형] ~할 의무가 있는, 책임이 있는; ② кому чем 신세를 진, 은혜를 입은.
обязательно (아뱌사쩰나)	(부) 꼭, 반드시, 모름지기
обязательный (아뱌사쩰느이)	(형) ① 의무적인, 필수적인; 꼭 필요한 것; ② 필연적인
обязательство (아뱌사쩰쓰뜨붜)	(중) 결의과제, 결의목표, 약속, 공약
обязать(ся) (아뱌자찌)	(완) см. обязывать(ся)
обязывать (아뱌지와찌)	(미완) ① 의무를 부과하다(지우다).
обязываться (아뱌즤와쨔)	(미완) 의무를 지다, 결의를 다지다, 서약하다
овал (아왈)	(남) 타원형, 계란형, 난원형
овальный (아왈느이)	(형) 타원형, 계란형, 난원형, 동그란. 긴둥근꼴, 길쭉하게 둥근모양
овация (아와찌야)	(여) 박수갈채; бурная ~ 우레와 같은 박수갈채
овдоветь (아브다볘찌)	(완) 홀아비(홀어미)로 되다
овёс (아뵤쓰)	(남) 밀, 귀리, 광맥, 연맥, 이맥, 작맥
овечий (아볘치이)	(형) 양(羊), 암양; ~ья шерсть 양털
овладевать (미완), овладеть (완) (아블라졔와찌)　(오블라졔찌)	① 점령(점유)하다, 탈취하다; ② (감정, 마음을) 바로잡다, 수습하다; 사로잡다; ③ 습득(소유)하다
овод (오보드)	(남) 등에, 비망, 목망, 망충
овощеводство	(중) 남새(채소) 재배, 야채학

Оо

(오바쉐보드쓰뜨뷔)	
овощехранилище (아뷔쉐흐라닐리쉐)	(중) 야채(채소, 푸성귀) 저장고
овощи (오뷔쉬)	(복수) 남새, 야채, 채소, 푸성귀
овощной (아뷔쉬노이)	(형) ~ магазин 야채상점(가게); ~ суп 야채국
овраг (아브라그)	(남) 골, 골짜기, 협곡, 산골짜기
овсянка (압샌까)	(여) см. овсян[ая крупа]
овсяный (압쌰느이)	(형) ~ая крупа 귀리쌀, 귀밀쌀; ~ая каша 귀리죽, 귀밀죽
овца (압짜)	(여) [암]양(羊), 면양
овцеводство (압쩨보드쓰뜨뷔)	(중) 양잠업(養蠶業), 잠업
овчарка (압차르까)	(여) 집짐승 떼를 지키는 개
овчарня (압차르냐)	(여) 양우리, 양사
овчина (압치나)	(여) 양털가죽, 양모피, 양피
огарок (압가로크)	(남) 담배꽁초, 타다 남은 것
огибать (아기바찌)	(미완) ① 에돌다, 휘돌다, 우회하다 ② 구부려서 두르다(돌려 매다, 씌우다)
оглавление (아글라블레니예)	(중) 차례, 순차, 목록, 목차
огласить (아글라씨찌)	(완) см. оглашать
огласка (아글라쓰까)	(여): предавать~е 누설하다, 공개하다; получить ~у 알려지다
оглашать (아글라샤찌)	(미완) 선고(공시)하다, 알리다, 발표하다

оглашение (아글라쉐니예)	(중) 선고, 공개(公開), 발표(發表)
оглобля (아고블랴)	(여) (수레의) 끌채
оглохнуть (아글로흐누찌)	(완) *см.* глохнуть
оглушать (아글루샤찌)	(미완) *см.* оглушить
оглушительный (아글루쉬쩰느이)	(형) (소리에 대하여) 귀청이 째질듯한, 귀를 멍멍하게 하는
оглушить (아글루쉬찌)	(완) ① (큰 소리로)귀를 멍멍하게 하다 ② 기절하게 하다, 정신 멍하게 만들다
оглядеть (아글랴제찌)	(완) *см.* оглядывать
оглядеться (아글랴제쨔)	(완) *см.* оглядываться ②
оглядка (아글랴드까)	(여): без ~и ① 뒤도 안돌아보고; бежать без~и 뒤도 안돌아보고 내뛰다; ② 부랴부랴
оглядывать (아글랴드와찌)	(미완) 훑어보다, 돌아보다, 살펴보다
оглядываться (아글랴드와쨔)	(미완) ① 뒤를 돌아보다(돌이켜보다); ② 자기 주위를 돌아보다(살펴보다), 둘러보다
оглянуться (아글랴누쨔)	(완) *см.* оглядываться
огневой (아그네보이)	(형) ① (군사) 화력, 사격; ~ая точка 화점; ~ая завеса 탄막; ~ые средства 화력기재; ② 불타는, 불같은
огнемёт (아그네묘트)	(남) 화염방사기
огнеопасный (아그네오빠쓰느이)	(형) 불붙기 쉬운, 인화성
огнестрельный (아그네스뜨렐리느이)	(형) ~ое оружие 화력무기 총포
огнетушитель	(남) 소화기, 불끄는 기구

(아그네뚜쉬쩰)	
огнеупорный (아그네우뽈느이)	(형) 내화, 내화성
ого (오고)	(감) 야! 아이구!
оговаривать (아가와리와찌)	(미완) ① 중상하다, 걸고 나자빠지다 ② 미리 약속하다(정하다), 조건을 붙여 두다
оговариваться (아가와리와짜)	(미완) 잘못 말하다, 실언하다, 말실수 하다
оговорить(ся) (아가붜리)	см. оговаривать(ся)
оговорка (아가보르까)	(여) ① 미리 일러두는 조건, 보류조건; ② 실언, 말실수
оголить(ся) (완), оголять(ся) (미완) см. обнажать(ся) (아갈리찌) (오골랴찌)	
оголтелый (아갈쩰늬이)	(형) 분별없이 날뛰는, 미쳐 날뛰는, 포악한
огонёк (아가뇨크)	(남) ① см. огонь; ② 열정, 열성, 혈기
огонь (아곤-)	(남) ① 불, 불길; ② 불빛, 등불; ③ (군사) 사격, 포화, 화력; ④ 열정, 정열, 혈기; ⑤ (군사): ~! (구령)쏫!
огораживать (아가라쥐와찌)	(미완) 둘러치다, 둘러막다
огород (아가로드)	(남) 남새밭, 텃밭, 채소밭
огородить (아가로지찌)	(완) см. огораживать
огородничество (아가로드니체쓰뜨붜)	(중) 남새재배, 채소재배, 야채재배
огородный (아가로드느이)	(형) 남새밭에, 텃밭으로, 채소밭의
огорчать (아가르차찌)	(미완) 슬프게(애타게)하다, 상심하게 하다

Оо

огорчаться (아가르차짜)	(미완) 슬퍼하다, 안타까워하다, 상심하다, 마음아파하다
огорчение (아가르체니예)	(중) 슬픔, 상심; 유감, 번민
огорчённый (아가르촌느이)	(형) 슬픈, 기분이 상한, 서운한
огорчить(ся) (아가르치찌)	(완) *см.* огорчать(ся)
ограбить (아그라비찌)	(완) 약탈하다, 강탈하다, 탈취하다
ограбление (아그라블레니예)	(중) 약탈, 강탈
ограда (아그라다)	(여) 울타리, 담, 담장, 울
оградить (완), **ограждать** (미완) (아그라지찌) (오그라즈다찌)	막다, 지키다, 방어하다
ограничение (아그라니체니예)	(중) 제한, 국한, 한정
ограниченность (아그라니첸노쓰찌)	(여) ① 국한성, 제한성; ② 편협성, 협애성
ограниченный (아그라니첸느이)	(형) ① 제한(한정)된, 적은; ② 시야가 좁은, 편협한, 옹색한
ограничивать (아그라니치와찌)	(미완) ① 제한(한정)하다, 구속하다; ② 한계를 이루다, 협애하게 하다
ограничиваться (아그라니치와짜)	(미완) ① *чем* …하는데 국한되다, 한하다, 그치다; ② 만족하다;
ограничить(ся) (아그라니치찌)	*см* ограничивать(ся)
огромный (아그롬느이)	(형) 커다란, 크나큰, 웅장한
огрубеть (아그루베찌)	(완) *см.* грубеть
огрызаться (미완), **огрызнуться** (완) (아그르자짜)	① (사람에 대하여) 거칠게 (무뚝무뚝하게) 대답하다, 되받다 ② (개가) 물려고 짖다

Оо

огрызок (아그르조크)	(남) 깨물어 먹힌 토막, 찌기
огульно (아굴리나)	(부) ① 통털어, 털어놓고; ② 모두같이 (함께); ③ 덮어놓고
огульный (아굴리느이)	(형) 덮어놓고 하는, 근거가 불충분한
огурец (아구례쯔)	(남) 오이, 외, 물외, 노각, 호과, 황과; свежий ~ 생생한 오이, 애오이; солёный ~ (소금에) 절인 오이
ода (오다)	(여) 송시, 송가
одалживать (아달쥐와찌)	(미완) 빌려주다, 대여주다
одарённый (아다룐느이)	(형) 재능 있는, 천재적인, 그릇이 큰
одаривать (미완), одарить (완), одарять (미완) (아다리와찌) (오다리찌)	① 선사하다, 선물을 드리다 ② (재능, 특징을) 부여하다
одевать (아제와찌)	(미완) ① что ~을 입다(쓰다, 신다); ② кого ~에게 옷을 입히다(입혀주다)
одеваться (아제와쨔)	(미완) 옷을 입다, 옷차림하다
одежда (아제즈다)	(여) 옷, 의복; 옷차림
одеколон (아제깔론)	(남) 살결 물, 미안수
оделить (완), оделять (아젤리찌) (오제랴찌)	(미완) (선물 등을)나누어주다, 나눔질하다; 분배하여주다
одёргивать (아죠르기와찌)	(미완) ① что ~을 아래로 잡아당겨서 반듯이 하다, 당겨 내리다; ② кого ~을 못하게 하다(막다, 제어하다).
одержать (완), одерживать (아제르자찌) (오제르지와찌)	(미완): ~ верх над кем ~을 이기다, 타승하다;~ победу 승리하다, 승리를 쟁취하다
одёрнуть (아죠르누찌)	(완) см. одёргивать
одеть[ся]	(완) см. одевать[ся]

- 780 -

(아제찌)

одеяло (아제얄로)	(중) 이불, 야금, 포단, 담요, 모포
один (수)(남) **одна** (여), **одно** (중), **одни** (복수) (아진), (아드나) (아드노) (아드니)	하나, 1(일),한개; ~ человек 한 사람; одна книга 책 한권; одно яблоко 사과 한 알; ② (형) 1) 오직 하나의, 하나의; 2) 혼자, 홀로; 3) 같은, 동일한; ③ [대] 1) 하나, 한사람; 2) [미정대] 한, 어떤
одинаково (아지나꼬븨)	(부) 꼭같이, 똑같이, 골고루, 동일하게
одинаковый (아지나꼬브이)	(형) 똑같은, 동일한; 가지런한, 동등한
одиннадцатый (아진낫짜드이)	(수) 열한번째, 11(십일)번째, 제 (십일)
одиннадцать (아진낫짜찌)	(수) 11(십일), 열하나
одинокий (아지노끼)	(형) ① 외로운, 고독한, 외딴, 동떨어진, 호젓한; ② 동떨어진, 고립된; ③ (명사로) (남) 독신자, 홀몸
одиночество (아진노체쓰뜨뷔)	(중) 독신생활, 홀앗이, 고독
одиночка (아진노츠까)	(남, 여) ① 독신자, 무의무탁자, 홀몸; ② 독방(獨房), 독실
одиночный (아진노츠느이)	(형) ① 단독; ② 따로따로, 개별적인
одиозный (아지오즈느이)	(형) 혐오스러운, 괘씸한
одичать (아지차찌)	(완) 야생화 되다, 야만적으로 되다; 거칠어지다
одна (아드나)	(여) *см.* один
однажды (아드나쥐듸)	(부) 어느 날, 한때, 한번은
однако	(접) 그러나, 그렇지만, 그런데

Оо

(아드나까)

одни *см.* один
(아드니)

одно *см.* один
(아드노)

однобокий (형) 일면적인, 편파적인
(아드노보끼)

одновременно (부) 동시에, 일시에; 한꺼번에
(아드노브레멘나)

одновременный (형) 동시적인, 같은 때의
(아드노브레멘느이)

одногодки (복수) 동갑
(아드노고드끼)

однодневный (형) 1(일) 일간, 하루[동안]
(아드노드네브느이)

однозначный (형) ① 뜻(의미)이 같은, 동의
(아드노즈나츠느이)   ② ~ое слово 단의어;
   ~ое число 한자리수

одноимённый (형) 이름이 같은
(아드노이묜느이)

одноклассник (남), ~ца (여) 동기생, 동기, 동창생
(아드나클라쓰니크)

одноклеточный (형) 단세포, 홑세포
(아드나클레또츠느이)

одноколейный (형) 단선
(아드나깔레이느이)

однокомнатный (형) 단간짜리, 단간방
(아드나꼼나뜨느이)

однокурсник (남), ~ца (여) (전문학교나 대학에서) 동기생,
(아드나꿀쓰니크)   동급생, 동기, 동창생

однолетний (형) ① 1(일) 년간; ② 1년생
(아드놀레트느이)

одноместный (형) 단좌석, 한 자리
(아드노메쓰뜨느이)

однообразие (중) 단조로움, 천편일률

- 782 -

(아드나아브라지예)

однообразный (형) 단조로운, 천편일률적인,
(아드나아브라즈느이)   모양이 같은

однородный (형) 동종, 같은 종류(성질)의, 유사한;
(아드나로드느이) ~ые члены предложения (언어) 문장의 동종성분

односложный (형) ① (언어) 단음절; ~ое слово 단음
(아드나쓸로즈느이) 절 단어 ② 외마디

одностворчатый (형) 단판(單瓣)의, 단각(單殼)의.
(아드나쓰뜨볼차뜨이) 단 하나(한 개)의;~ая дверь 외짝문

односторонний (형) ① 일면적인, 편파적인; ② 단면의,
(아드나쓰또론니이) 일면의, 한쪽만; 한 면만

однотипный (형) 동류, 같은 종류(유형)
(아드나찌쁘느이)

однотомник (남) 한 권짜리 책
(아드나똠니크)

однофамилец (남), **~ица** (여) 성이 같은 사람, 동성(同姓)
(아드나파미레쯔)

одноцветный (형) 단색, 같은 색, 동색(同色)
(아드나찌베뜨느이)

одночлен (남) (수학) 단항식, 일항식
(아드나츨렌)

одноэтажный (형) 단층; ~ое здание 단층 건물
(아드나에따즈느이)

одобрение (중) ① 찬성, 찬동; 칭찬 ② 승인, 긍정,
(아다브레니예) 시인, 인정, 수긍, 승락

одобрительный (형) 찬성(찬동)하는, 승인하는
(아다브리쩰느이)

одобрить (완), **одобрять** (미완) ① 찬성(찬동, 칭찬)하다
(아다브리찌) (아돕랴찌) ② 승인(긍정, 시인)하다

одолевать (미완), **одолеть** (완) ① 이겨내다, 극복하다, 해내다;
(아돌레와찌) ② 이기다, 타승하다; ③ 사로잡다;
④ 깨치다, 습득하다

одолжение (중) 은혜, 친절; [c]делать ~ 은혜를
(아돌제니예) 베풀어주다

Оо

одолжить (아돌지찌)	(완) *см.* одалживать
одряхлеть (아드랴흘레찌)	(완) *см.* дряхлеть
одуванчик (아두완치크)	(남) 민들레, 금잠초, 지정, 포공초, 포공영(蒲公英)
одуматься (아두마쨔)	(완) *см.* опомниться
одурачивать (아두라치와찌)	(미완), одурачить (완) *см.* дурачить
одутловатый (아두뜰로와뜨이)	(형) 부은, 부석부석한, 좀 부은
одухотворённый (아두호트뷔룐느이)	(형) 숭고한, 감정에 충만 된, 영감을 받은
одушевленный (아두쉐블룐느이)	(형) ~предмет (언어) 활동체
одышка (아듸쉬까)	(여) 숨이 차는 것(차하는 것), 숨 가쁨
ожерелье (아줴롈예)	(중) ① 목걸이; ② 펜던트(pendant) 네크리스(necklace)
ожесточать (아줴쓰또차찌)	(미완) ① 사나워지게 하다, 무정해지게 하다, 냉혹해지게 하다; ② 격분케 하다, 악에 받치게 하다
ожесточаться (아줴쓰또차쨔)	(미완) ① 사나워지다, 냉혹해지다, 무정하게 되다; ② 격분하다, 악에 받치다
ожесточение (아줴쓰또체니예)	(중) ① 사나운 마음, 냉혹; ② 격분, 악의; ③ : с ~м 완강하게
ожесточённый (아줴쓰또춘느이)	(형) 가열한, 치열한, 맹렬한, 격렬한
ожесточить(ся) (아줴쓰또치쨔)	(완) *см.* ожесточать(ся)
оживать (아쥐와찌)	(미완) ① 되살아나다, 소생하다, 숨이 돌다; ② 다시 활기(원기)를 띠다 ③ 번화해지다
оживить(ся) (아쥐비찌)	(완) *см.* оживить(ся)

Оо

оживление (아쥐블레니예)	(중) ① 소생; 재생; ② 활기, 부활; ③ 번화가;~ на улице 거리가 번화하다
оживлённо (아쥐블룐나)	(부) 활기(생기)있게
оживлённый (아쥐블룐느이)	(형) 활기(생기)있는, 활발한; 흥성거리는, 번화한
оживлять (아쥐블랴찌)	(미완) ① 살리다, 소생시키다, 되살아나다; ② 부활시키다, 원기(활기)를 띠게 하다, 추세우다
оживляться (아쥐블랴짜)	(미완) 활기(원기)를 띠다, 활발해지다, 추서하다
ожидание (아쥐다니예)	(중) ① 기다리는 것, 대기; ② 예상, 예정, 기대
ожидать (아쥐다찌)	(미완) ① 기다리다, 기대하다; ② 예상하다
ожирение (아쥐레니예)	(중) 비대, 살지는 것
ожиреть (아쥐레찌)	(완) *см.* жиреть
ожить (아쥐찌)	(완) *см.* оживать
ожог (아족)	(남) 화상
озаботить (아자보찌찌)	(완) 수고를 끼치다, 걱정시키다
озаботиться (아자보찌짜)	(완) 배려하다, 걱정(수고)하다
озабоченность (아자보첸노쓰찌)	(여) 근심, 걱정, 염려
озабоченный (아자보첸느이)	(형) 근심스러운, 염려하는
озаглавить (완), ~ливать (아자글라비찌)	(미완) 제목을 달다(붙이다)
озадаченный (아자다첸느이)	(형) 어쩔 줄 모르는, 어리둥절한; 난처해하는

озадачить (완), **~вать** (미완) (아자다치찌)	난처하게 하다, 어리둥절하게 하다
озарить(ся) (아자리찌)	(완) *см.* озарять(ся)
озарять (아잘랴찌)	(미완) 비추어 밝히다, 밝혀주다, 비추다
озаряться (아잘랴쨔)	(완) 비추이다, 환해지다
озверелый (아즈볘롈르이)	(형) 야수같이 사나운, 미쳐서 날뛰는; 야만적인
озвереть (아즈볘례찌)	(완) *см.* звереть
озвучивать (미완), **~ть** (완) 발성화하다 (아즈부치와찌)	
оздоровительный (아즈도로비쩰느이)	(형) ~ая гимнастика 보건체조; ~ые мероприятия 보건시책, 건강증진 대책
оздоровить (아즈도로비찌)	(완)① 위생문화를(위생상으로)개선하다 ② 건전하게 만들다
оздоровление (아즈도로블레니예)	(중) 보건시설(위생물화)의 개선
озеленение (아젤레네니예)	(중) 특화(特化), 특구화
озеро (오제로)	(중) 못, 호수, 호, 레이크(lake)
озимые (아지므예)	(복수) 가을작물
озимый (아지므이)	(형) 가을에 파종하는
озираться (아지라쨔)	(미완) (휘) 돌아보다, 두루 살펴보다
озлобить(ся) (아즐로비찌)	(완) *см.* озлоблять(ся)
озлобление (아즐로블레니예)	(중) 악의, 앙심; 격분(激忿)
озлобленый	(형) 악에 받친, 악의를 품은, 극악한

(아즐로블레느이)

озлоблять
(아즐로블랴찌)
(미완) 악에 받치게 하다, 악하게 하다, 사나워지게 하다

озлобляться
(아즐로블랴쨔)
(완) 악에 받치다, 악이 오르다, 악의를 품다

ознакомить(ся)
(아즈나꼬미쨔)
(완) *см.* знакомить(ся)

ознакомление
(아즈나까믈례니예)
(중) *кого* 알려주는 것

ознаменование
(아즈나메나와니예)
(중): в ~ *чего* ~을 기념(으로) 하여

ознаменовать
(아즈나메나와찌)
(완) 기념하다, 경축하다

ознаменоваться
(아즈나메노와쨔)
(완) 특기되다, 수놓아지다

означать
(아즈나차찌)
(미완) 뜻하다, 의미하다, 뜻이 있다; 나타내다

озноб
(아즈놉)
(남) 오한

озон
(아존)
(화학) 오존(ozone)

озорик (남), **~ца** (여)
(아조리크)
장난꾸러기, 장난꾼, 악동

озорничать
(아조르니차찌)
(미완) 장난질하다

озорной
(아자르노이)
(형) 장난이 심한, 장난치는

озорство
(아조르쓰뜨뷔)
(중) 장난질

озябнуть
(아쟈브누찌)
(완) *см.* зябнуть

ой
(오이)
(감) (놀라움, 고통, 기쁨, 유감 등을 표시) 아!, 아이구!, 어이!

оказание
(아까자니예)
(중) ~ 주는 것, ~ 하는 것.

Oo

оказать(ся) (아까자찌)	(완) *см.* оказывать(ся)
оказывать (아까지와찌)	(완) (일부 명사와 함께) ~하다, ~을 주다 (끼치다)
оказываться (아까자와쨔)	(미완) ① 있다, 존재하다; ② (어떤 곳에) 나타나다, 나지다, ~에 빠지다, 있게 되다, 나서다; ③ (어떤 상태에) 처하다, 직면하다, 빠지다; 당하다, ~하게 되다; ④ (무인칭) 명백해지다, 판명되다.
окаменеть (아까메네찌)	(완) ① 석되되다, 화석으로 되다, 딱딱해지다, 굳어지다; ② 뻥해지다, 굳어지다, 냉정해지다
окантовка (아깐똡까)	(여)(옷이나 그림 등) 두른 선, 테두리선
оканчивать(ся) (아깐치와쨔)	(미완) *см.* кончать(ся)
окапывать (아까쁘와찌)	(미완) 주위에 파다, 둘러파다
окапываться (아까쁘와쨔)	(미완) 전호(참호)를 파고 자리잡다.
окатить (아까찌찌)	(완) 끼얹어 씻다
океан (아께안)	(남) 대양, 해양; Тихий ~ 태평양
океанский (아께안쓰끼이)	(형) 대양의; 해양의;~ пароход 대양선
окидывать (미완), окинуть (완): ~ взглядом 훑어보다, 둘러보다, (아끼드와찌) (오끼누찌) 시선을 던지다	
окисление (아끼쓸레니예)	(중) (화학) 산화(酸化)
окислитель (아끼쓸리쩰)	(남) (화학) 산화제(酸化劑)
окислять (아끼쓸랴찌)	(미완) (화학) 산화시키다
окисляться (아끼쓸랴쨔)	(미완) (화학) 산화하다

окись (오끼시)	(여)(화학) 산화물(酸化物)
оккупант (아꾸빤트)	(남) 강점자(强占者), 점령자
оккупационный (아꾸빠찌온느이)	(형) 점령(占領), 강점(强占)
оккупация (아꾸빠찌야)	(여) 강점, 점령
оккупированный (아꾸삐로완느이)	(형) 강점된, 점령된
оккупировать (아꾸삐로와찌)	(미완,완) 강점(점령)하다
оклад (아클라트)	(남) 노임 일정액, 노임액
оклеветать (아끌레베따찌)	(완) *см.* клеветать
оклеивать (미완), **оклеить** (완) 발라 붙이다, 바르다 (아끌레이와찌) (오끄레이찌)	
оклик (오클리크)	(남) 부르는 (불러 세우는) 소리
окно (아크노)	(중) 창문, 창; ② 창문턱; ③ 구멍; ④ (일할 때에) 짬
оковы (아꼬븨)	(복수) ① 쇠사슬, 철쇄, 수갑; ② 질곡, 구속
околачиваться (아깔라치와쨔)	(미완) 빈들거리다, 건달부리며 돌아다니다
околдовать (아깔도와찌)	(완) ① 마술에 걸리게하다, 마취시키다; ② 매혹하게 하다
околевать, околеть (아깔레와찌)(오꼴레치)	(완) *см.* дохнуть
около (오깔로)	(전, 부) [+ 생] ① 곁에, 가까이에; 부근에, 근처에; ② 약(約), 대략(大略)
окольный (아꼴느이)	(형) ~(에) 돌아가는, 우회하는
оконный	(형) 창의, 창문의, 창호로

Оо

(아꼰느이)

окончание (아깐차니예)	(중) ① 종결, 완료, 수료, 졸업; ② 끝, 마감 ③ (언어) 어미(語尾), 씨끝; падежное ~ 격어미
окончательно (아깐차쩰나)	(부) 최종적 (종국적)으로, 완전히
окончательный (아깐차쩰느이)	(형) 최종적인, 종국적인
окончить(ся) (아깐치찌)(쨔)	(완) *см.* кончать(ся)
окоп (아꼬츠)	(남) (군사) 전호, 참호
окопать(ся) (아까빠찌)	(완) *см.* окапывать(ся)
окорок (오까로크)	(남) ① 햄; ② (돼지의) 넙적 다리고기
окоченеть (아까체네찌)	(완) *см.* коченеть
окош[еч]ко (아까쉬꼬) (오까쉐츠꼬)	(중) *см.* окно
окраина (아크라이나)	(여) ① 끝 변두리; ② 변방, 변강(지대)
окрасить (아크라씨찌)	(완) *см.* красить
окраска (아크라쓰까)	(여) ① 물들이기, 염색, 색칠하기 ② 빛깔, 색깔; 색채, 채색, 설색
окрашенный (아크라쉔느이)	(형) 물들인, 염색하는, 색염하는
окрашивать (아크라쉬와찌)	(미완) *см.* красить
окрепнуть (아크렙누찌)	(완) *см.* крепнуть
окрестность (아크레쓰뜨노쓰찌)	(여) 부근, 주변, 근처
окрестный	(형) 부근, 주변(周邊)

— 790 —

(아크레쓰뜨느이)

окрик　(남) ① 부르는 소리, 외침소리;
(오끄리크)　② 호령(號令), 호통;

окрикнуть　(완) 불러 세우다, 큰 소리로 부르다
(아크리크누찌)

окровавленный　(형) 피투성이의;
(아크로와블렌느이)

окрошка　(여) 오크로쓰카(냉국의 일종; 크와스와
(아크로쓰카)　잘게 썬 남새와 고기로 만든 요리)

округ　(남) 지구, 구역(區域), 구(區)
(오크룩)

округлить (완), **округлять**　(미완) ① 둥글게 하다 둥글리다
(아크룩리찌)　② (수를) 반올림하다, 정수로 계산하다 표시하다

окружать　(미완) 에워싸다, 둘러싸다, 둘러막다;
(아크루좌찌)　포위하다

окружающий　(형) ① 주위의, 주위에 있는, 부근;
(아크루좌유쉬이)　② ~ие (복수) 주위의 사람들, 같이 있는 사람들; ③: ~ee (중) 주위의 사물, 주변 환경

окружение　(중) ① 포위하는 것, 둘러싸는 것
(아크루쮀니예)　② 환경, 주위의 사람들
③ (군사) 포위, 포위망

окружить　(완) *см.* окружать
(아크루쥐찌)

окружной　(형) ① ~의 주의를 도는: ② 구(區)의
(아크루즈노이)

окружность　(여) (수학) 원, 원둘레, 원주(기호 π);
(아크루즈노쓰찌)　동그라미

окрылить (완), **окрылять**　(미완) 활기 띠게 하다, 용기를 북돋아
(아크륄리찌)　주다, 고취하다

октава　(여) (음악) 옥타브(octave; 기호: Oc),
(악따와)　제 8음; (*бас*) 낮은 바스; *лит.* 팔행시의 일종

октябрь　(남) 10월(시월); в ~е 10월에
(악쨔브리)

Оо

- 791 -

октябрьский (악쨔브리쓰끼이)	(형) 10월(시월)
окулист (아꿀리쓰트)	(남) 안과의사(眼科醫師)
окуляр (아꿀랴르)	(남) 대안렌즈, 접안렌즈
окунать (아꾸나찌)	(미완) (잠간동안) 잠그다, 담그다, 수장시키다
окунаться (아꾸나짜)	(미완) ① (잠간동안) 몸을 잠그다, 잠기다; ② 몰두하다, 붙박히다
окунуть(ся) (아꾸누찌)(오꾸누쨔)	(완) *см.* окунать(ся)
окунь (오꾼-)	(남) 강농어, 농어, 거구세린(巨口細鱗)
окупать (아꾸빠찌)	(미완) 보상하다, 갚다, 갚아주다
окупаться (아꾸빠짜)	(미완) 보상하다, 갚아지다; 보답하다
окупить (아꾸삐찌)	(완) *см.* окупать
окурок (아꾸로크)	(완) 담배꽁다리(꼬투리), 꽁초
окутать (완), **окутывать** (미완) (아꾸따찌) (오꾸띠와찌)	① 둘러싸다, 감싸다; ② 뒤덮다, 휩싸다
окучивание (아꾸치빠니예)	(중) 북주기(돋다)
окучивать (미완), **окучить** (완) (아꾸치와찌) (아꾸치찌)	북을 주다 (돋우다)
оладья (알라지야)	(여) (복수) ~и 기름떡(펜에 지진 기름빵의 일종)
олеандр (알레안들)	(남) (식물) 협죽도(夾竹桃), 유도화
оледенение (알레제네니예)	(중) 얼음으로 덮이는 것, 어느 것, 동결(凍結)
оледенеть	(완) *см.* леденеть

(알레제네찌)

оленевод (남) 사슴(을) 기르는 사람, 사슴사육사
(알레네보드)

оленеводство (중) 사슴 기르기, 사슴 사육
(알레네보드쓰뜨붜)

олень (남) 사슴, 녹(鹿), 녹소니
(알레니)

олива, ~ка (여) (식물) 올리브(나무), 감람나무,
(알리프와)   아열포; 올리브(열매)

оливковый (형) ① 올리브의, 감람나무의, 아열포:
(알리프까보이)   ② 암녹색, 어두운 녹색, 올리브색

олигархия (여) 과두정치(寡頭政治)
(알리갈히야)

олимпиада (여) 올림픽(경기)대회, 올림픽 경기,
(알림삐아다)   오륜대회, 올림피아드(Olympiad)

олимпий ский (형) 올림픽(대회), 오륜대회
(알림삐쓰끼이)

олифа (여) 보일유(boil油), 건성유.
(알리파)

олицетворение (중) ① 의인화(擬人化), 인격화(人格化)
(알리쩨드붜레니에)   ② 체현, 화신

олицетворить (완), олицетворять (미완) 체현(의인화,인격화)하다
(알리쩨드뷔리찌)

олово (중) ① 주석, 석, 백철, 놋쇠, 동납철
(올로붜)   ② 땜납, 납, 백랍, 전랍; 생기 없는.

оловянный (형) 주석(석)으로 만든, 백철의
(알로뱐느이)

олух (남) 멍텅구리, 멍청이, 머저리, 얼뜨기,
(올루흐)   어리보기, 어림장이, 바보

ольха (여) 오리나무, 유리목(榆理木), 적양
(알하)   (赤楊); 오리봉나무

ом (남) (전기) 옴(ohm; 기호 Ω; 기호:W;
(옴)   전기저항의 단위)

Оман (남) 오만
(오만)

омар (아마르)	(남) 바다가재, 대하(大蝦), 왕새우, 해하(海蝦), 홍하(紅蝦), 큰새우
омерзение (아메르제니예)	(중) 혐오감, 얄미움, 쟁그럽다, 흉하다; 징글맞다, 징글징글하다, 소름끼치다, 섬뜩하다, 몸서리쳐지다, 흉칙하다,
омерзительный (아메르지쩰느이)	(형) ① 추악한, 혐오스러운, 징그러운, 흉한, 흉측한, 징글맞은, 소름끼치는, ② ~ое настроение 몹시 불쾌한 기분
омертвление (아메르뜨블례니예)	(중) 감각이 없는, 감각(지각)상실, 죽은
омертветь (아메르뜨뻬찌)	(완) *см.* мертветь
омлет (아물렛트)	(남) 오믈렛(omelet)
омоложивание, омоложение (아물로쥐와니예)(아물로제니예)	(중) 젊어지게 하는 것, 젊게 하는 법
омоним (아모님)	(남) (언어) 소리 같은 말, 동음이의어 (同音異議語), 동음어
омрачать (아므라차찌)	(미완) 암흑으로 덮다, 침울하게(우울하게) 하다
омрачаться (아모라차쨔)	(미완) 침을(우울) 해지다, 흐려지다
омрачить(ся) (아모라치찌)	(완) *см.* омрачать(ся)
омут (오무트)	(남) ① 강이나 호수의 깊은 곳, 심연; ② 소용돌이; 구렁텅이
омывать (아므와찌)	(미완) (지리) 감돌아 흐르다, 둘러싸다
омываться (아므와쨔)	(미완) (바다, 대양으로) 둘러싸이다
омыть (아므찌)	(완) *см.* обмывать
он (인칭대) (남) ① [н]его (생, 대), [н]ему (여), [н]им (조), (온) о нём (전); 그, 그이, 그분, 그 사람; ② 그것	
она (인칭대) (여) ① ([н]её (생, 대), [н]ей (여), [н]ею 또는	

(ана)	[н]ей (조), о [н]ей (전)); 그 여자, 그, 그녀, 그분; ② 그것
ондатра (안다뜨라)	(여) (동물) 사향쥐
онеметь (아네몌찌)	(완) *см.* неметь
они (인칭대) (복수) (아니)	([н]их (생, 대), [н]им (여), [н]ими (조), о них (전)); 그 사람들, 그들, 이네; ② 그것들
онкология (안깔로기야)	(여) 종양학(腫瘍學)
оно (인칭대) (중) (아노)	([н]его (생,대), [н]ему (여), [н]им (조), о нём (전)); 이것, 그것
ООН(Организация Объединённых Наций)(여) 국제연합(國際聯合) (오온)	유엔(UN: United Nations).
опадать (아빠다찌)	(미완) 떨어지다
опаздывать (아빠즈드와찌)	(미완) ① 늦다, 늦게 오다, 지각하다; ② 지연되다
опаливать (미완), **опалить** (완) 약간 태우다, 그슬다 (아빨리와찌)　　(아빨리찌)	
опасаться (아빠싸쨔)	(미완) ① 두려워하다, 위구하다, 겁나하다; ② 우려하다, 불안을 느끼다
опасение (아빠쎼니예)	(중) 두려움, 공포, 위구심, 근심걱정
опасно (아빠쓰나)	(부) ① 위험하게 ② [술어로]위험하다, 위태롭다
опасность (아빠쓰노쓰찌)	(여) 위험, 위태로움
опасный (아빠쓰느이)	(형) ① 위험한, 위태로운; ②: ~ая болезнь 위중(위독)한 병
опасть (아빠쓰찌)	(완) *см.* опадать
опека (아뼤까)	(여) 후견(後見), 보호(保護)

Оо

- 795 -

опекать (아뻬까찌)	(미완) ① 후견하다 ② 보호하다, 보살펴주다
опекун (아뻬꾼)	(남) 후견인(後見人)
опекунство (아뻬꾼쓰뜨붜)	(중) 후견; 후견인의 의무(직무)
опера (오뻬라)	(여) ① 가극, 오페라 ② 가극극장
оперативность (아뻬라찌브노쓰찌)	(여) ① 기동성, 행동력; ② 실무성
оперативный (아뻬라찌브느이)	(형) ① 작전의; ~ый план 작전계획; ② 기동적인, 능란한, 영활한; ③ ~ое вмешательство 수술
оператор (아뻬라따르)	(남) ① 기계(운전)공, 기계취급전문가 ② (영화의) 촬영기사
операционная (아뻬라찌온나야)	(여) 수술실(手術室), 수술장소
операционный (아뻬라찌온느이)	(형) 수술의, 수술용의
операция (아뻬라찌야)	(여) ① 수술(手術); ② (군사) 작전; ③ (매매, 무역 등의) 업무, 거래; ④ (공학) 조작(造作). 공작(公爵)
опередить (완), опережать (아뻬레지찌) (오뻬레자찌)	(미완) (따라) 앞서다, 능가하다
оперение (아뻬레니예)	(중) ① 깃; ② (항공): хвойное ~ 꼬리날개, 미익(尾翼)
оперетта (아뻬레따)	(여) 경가극
опереться (아뻬레쨔)	(완) см. опираться
оперировать (아뻬리로와찌)	(미완) ① 수술하다; ② 써먹다, 이용하다
опериться (아뻬리쨔)	(완) ① 깃이 나다, 깃으로 덮이다 ② 성숙해지다, 자립적인 사람이 되다
оперный (오뻬르느이)	(형) 가극

Oo

оперяться (아뻬랴쨔)	(미완) *см.* опериться
опечалить (아뻬차리찌)	(완) 슬프게(서럽게)하다
опечалиться (아뻬차리쨔)	(완) 슬프게(서럽게) 되다, 슬퍼하다, 서러워하다
опечатать (아뻬차따찌)	(완) *см.* опечатывать
опечатка (아뻬차뜨까)	(여) (인쇄) 오식(誤植)
опечатывать (아뻬차띄와찌)	(미완) 봉인하다, 차압하다
опешить (아뻬쉬찌)	(완) 어리둥절해지다, 흥미해지다, 깜짝 놀라다
опий (오삐이)	(남) 아편(阿片·鴉片), 마약(痲藥); 앵속(罌粟), 검은약, 모르핀(morphine), 오픔(opium); 양귀비(楊貴妃), 애편, 약담배
опилки (아삘끼)	(복수) 톱밥, 거설(鋸屑), 목설, 쇠밥
опираться (아삐라쨔)	(미완) ① 기대하다, 의지하다; ② 의거(입각) 하다
описание (아삐싸니예)	(중) 묘사, 기술, 서술, 표현, 진술서
описательный (아삐싸쩰느이)	(형) 서사적인, 서술적인
описать (아삐싸찌)	(완) *см.* описывать
описка (아삐쓰까)	(여) 잘못 쓴 것, 오기
описывать (아삐씌와찌)	(미완) ① 묘사(서술, 진술)하다; ② 기록하다; 목록을 만든다; ③ ~ имущество (법률)재산을 차압하다; ④ (수학) 외접시키다
опись (오삐시)	(완) 명세서(明細書), 목록, 차례, 목차
опиум	(남) ① 아편(阿片.鴉片), 마약; 모르핀

(오삐움)	(morphine), 오픔(opium); 양귀비; ② 아편 중독,
оплакивать (아쁠라끼와찌)	(미완) 곡하다, 애도(탄식)하다
оплата (아쁠라따)	(여) ① 보수; ② 지불
оплатить (아쁠라찌찌)	(완) *см.* оплачивать
оплаченный (아쁠라첸느이)	(형): телеграмма с ~ым ответом 답신료를 전불한 전보
оплачивать (아쁠라치와찌)	(미완) ① 내주다, 지불하다; 물다
оплодотворение (아쁠로돝뷔레니예)	(중) (식물, 생리) 수정, 정자받이, 정받이, 씨받이; 매정(媒精), 태앉기
оплодотворить (완), оплодотворять (미완) 수정(수태) 시키다 (아쁠로다드뷔리찌) (오쁠로도뜨뷔랴찌)	
оплот (아쁠로트)	(남) 성새, 요새(要塞)
оплошность (아쁠로노쓰찌)	(여) 잘못, 실수(失手), 불찰
оповестить (완), оповещать (미완) 알리다, 알려주다, 통지(통보) (아빠베쓰찌찌) (아빠뷔샤찌) 하다	
оповещение (아빠뷔쉐니예)	(중) 통지(通知), 통보(通報), 공시.
опоздание (아빠즈다니예)	(중) 지각, 지연, 지체, 연기
опоздать (아빠즈다찌)	(완) *см.* опаздывать
опознавательный (아빠즈나와쩰느이)	(형): ~ые знаки 표식, 부호
опознавать (미완), ~нать (완) 보고 알다, 식별하다 (아빠즈나와찌)	
опозорить(ся) (아빠조리찌)	(완) *см.* позорить(ся)
ополаскивать	(미완) 물을 끼얹어 씻다, 물로 가시다,

- 798 -

(아빨라쓰끼와찌)	대강대강 씻다
оползень (오뽈제니)	(남) 사태
ополоснуть (아빨로쓰누찌)	(완) *см.* ополаскивать
ополчаться (아빨차쨔)	(미완) ① 비난해(반대해) 나서다, 덤벼들다; ② 무장하여 전쟁에 일떠서다
ополчение (아빨체니예)	(중) 의용군(義勇軍), 의용대
ополчиться (아빨치쨔)	(완) *см.* ополчаться
опомниться (아뽐니쨔)	(완) ① 제정신이 들다, 정신을 차리다; ② 마음을 잡다, 생각을 고치다
опор (아뽀르)	(남): во весь ~ 전속력으로, 몹시 빨리; (말의) 네굽을 놓다
опора (아뽀라)	(여) ① 기둥, 지주; ② 발판; ③ 지지, 의존, 기둥
опорный (아뽈느이)	(형) 지주(기저)로되는, 의지하는
опорожнить (완), **~ять** (미완) (아빠로즈니찌)	[텅]비게 하다, 바닥을 드러내다
опорочить (아빠로치찌)	(완) *см.* порочить
опостылеть (아뽀쓰뗄레찌)	(완) 미워나다, 싫증나다, 역해지다
опошлить (완), **опошлять** (미완) (아빠쉴리찌)	비속화(저속화) 시키다, 저열하게 하다
опоясать (완), **~ывать** (미완) (아빠야싸찌)	① 매어주다, 띠다; ② 둘러싸다
оппозиционный (압빠지치온늬이)	(형) 반대하는, 반대파
оппозиция (압빠지치야)	(여) ① 반대, 반항; ② 반대파, 야당(파)
оппонент (압빠넨트)	(남) 반대토론자, 반론자, 반대자

оппортунизм (압빠르뚜니즘)	(남) 기회주의(機會主義)
оппортунист (압빠르뚜니쓰트)	(남) 기회주의자; 타협주의자
оправа (아쁘라와)	(여) 테, 틀
оправдание (아쁘라브다니예)	(중) ① 무죄판결; ② 변명, 정당화; находить ~ 변명을 하다
оправдательный (아쁘라브다쩰느이)	(형) 무죄로 인증하는, 진실을 증명하는
оправдать(ся) (아쁘라브다쨔)	*см.* оправдывать(ся)
оправдывать (아쁘라브드와찌)	(미완) ① 무죄로 인정(선고)하다; ② 정당화하다, 변명하다; ③ 보답하다
оправдываться (아쁘라브드와쨔)	(미완) ① (자기 무죄) 변명(증명)하다; ② (희망, 기대, 예언 등이) 실현되다
оправить(ся) (아쁘라비찌)	(완) *см.* оправлять(ся)
оправлять (아쁘라블랴찌)	(미완) 단정히 (반듯이) 하다, 정돈하다
оправляться (아쁘라블랴쨔)	(미완) ① *см.* оправлять; ② 회복(완쾌)되다, 정상화되다
опрашивать (아쁘라쉬와찌)	(미완) ① (많은 사람들에게) 물어보다 ② 심문(신문)하다;
определение (아쁘레젤레니예)	(중) ① 판정, 결정, 규정; 규칙 ② 정의, 정식화; ③ (언어) 규정어
определённо (아쁘레젤룐나)	(부) 확정적으로, 명확하게, 똑똑히
определённость (아쁘레젤룐노스찌)	(여) 정확성, 명확성
определённый (아쁘레젤룐느이)	(형) ① 일정한, 확정한; ② 명확한; ③ 일정한
определить(ся) (아쁘레젤리찌)	*см.* определять(ся)
определять	(미완) ① 판정(감정) 하다, 재다;

(아쁘레젤랴찌)	② 밝히다, 해명하다; ③ 확정(규정)하다; ④ 정의를 내리다
определяться (아쁘레젤랴짜)	(미완) ① 정해지다, 결정(확정, 규정)되다; 명백히 되다 ② 자기의 위치(방위)를 판정(규정)하다
опробование (아쁘로보와니예)	(중) 시험, 시운전(試運轉)
опровергать (미완), **опровергнуть** (완) (아쁘로붸르가찌) (아쁘로붸르그누찌)	반박(논박)하다
опровержение (아쁘로붸르제니예)	(중) ① 반박, 논박, 논란, 반론, 논책; ② 반박문, 반론문
опрокидывать (미완), **~нуть** (완) (아쁘로끼드와찌)	넘어뜨리다, 거꾸러뜨리다, 뒤집어엎다, 엎지르다
опрокидываться (미완), **~нуться** (완) (아쁘로끼드와짜)	뒤넘다, 뒤번지다, 엎치다, 자빠지다
опрометчиво (아쁘로메트치붜)	(부) 덤벙덤벙, 다빡다빡, 서투르게
опрометчивый (아쁘로메트치브이)	(형) 덤벙이는, 서투른, 호들갑스러운
опрометью (아쁘로메트치유)	(부) 부리나케, 다급하게
опрос (아쁘로쓰)	(남) 심문, 취조, 문초, 심신, 평문
опросить (아쁘로씨찌)	(완) *см.* опрашивать
опросный (아쁘로쓰느이)	(형): ~ лист 질문서, 조사서
опротестовать (완), **~овывать** (미완) (아쁘로쩨쓰또와찌)	항의하다, 공소하다
опротиветь (아쁘로찌붸찌)	(완) 넌더리가 나다, 역증나다, 싫어지다
опрыскать (아쁘리쓰까찌)	(완) *см.* опрыскивать
опрыскивание (아쁘리쓰끼와니예)	(중) (물 등을) 뿌리는 것, 분무, 분사; (농업) 벌레 약의 분무

- 801 -

опрыскиватель (아쁘릐쓰끼와쩰)	(남) 분무기(噴霧器), 뿜이개; 안개뿜이; 애터마이저(atomizer); 스프링클러 (sprinkler) 스프레이어(sprayer),
опрыскивать (미완), ~нуть (완) (아쁘릐쓰끼와찌)	(물 등을) 뿌리다, 치다
опрятный (아쁘랴트느이)	(형) 단정한, 산뜻한, 꼼꼼한
оптика (옵찌까)	(여) ① (물리) 광학(기하 광학·물리 광학·분광학 등) ②(집합)광학기구, 광학기기; магазин〈Оптика〉안경방
оптимальный (압찌말느이)	(형) 가장 알맞은 (적합한)
оптимизм (압찌미즘)	(남) 낙관주의, 낙천성
оптимистический (압찌미쓰찌체쓰끼이)	(형) 낙천적인, 낙관주의적인
оптический (압찌체쓰끼이)	(형) ① 광학[적인]; ② 시각, 눈의
оптовый (옵또브이)	(형) 도매(都賣), 도산매
оптом (옵똠)	(부) ① 도매로, 도거리로 ② 통째로, 한데 묶어서
опубликование (아뿌블리까니예)	(중) 발표(發表), 공포(公布)
опубликовать (완), опубликовывать (미완) (아뿌블리까찌) (오뿌리꼬브와찌)	발포(공포)하다, 싣다
опускать (아뿌쓰까찌)	(미완)① 내리우다, 내려놓다, 처뜨리다 ② 넣다, 놓다; ③ 늦추다, 헤치다; ④ 빼놓다, 줄이다, 생략하다; ~го лову 1)머리를 숙이다 2) 낙심하다; ~ руки 1) 손을 내리다 2) 낙심하다
опускаться (아뿌쓰까쨔)	(미완) ① 내리다, 내려오다(가다), 가라앉다; 내려앉다, 주저앉다; 눕다; ② 타락하다, 곯아빠지다
опустеть (아뿌쓰쩨찌)	(완) см. пустеть

опустить(ся) (아뿌쓰쩨쨔)	(완) *см.* опумкать(ся)
опустошать (아뿌쓰또샤찌)	(미완) 황폐하게 하다, 폐허로 만들다, 없애버리다
опустошение (아뿌쓰또쉐니예)	(중) 황폐화, 공허하게 만드는 것
опустошённость (아뿌쓰또숀노쓰찌)	(여) 공허감, 허전함
опустошительный (아뿌쓰또쉬쩰느이)	(형) 황폐화하는, 파멸적인
опустошить (아뿌쓰또쉬찌)	(완) *см.* опустошать
опутать (완), опутывать (아뿌따찌)	(미완) ① 얽어매다, 둘러 감다, 둘러매다 ② 사로잡다, 얽어매다, 끌어들이다
опухать (미완), опухнуть (완) (아뿌하찌)　(오뿌흐누찌)	붓다, 부어오르다
опухоль (오뿌홀리)	(여) 붓기, 부종(浮腫), 종양(腫瘍)
опушка (아뿌쉬까)	(여):~[леса] 수풀언저리, 산림가
опыление (아쁠레니예)	(중) (식물) 가루받이, 수분; 수정
опылить (완), опылять (미완) (아쁠리찌)　(오쁠랴찌)	수분시키다; [벌레] 약을 뿌리다
опыт (오쁘트)	(남) ① 경험, 경력; ② 실험, 시험
опытность (오쁘트노쓰찌)	(여) 경험, 숙달, 숙련, 단련
опытный (오쁘트느이)	(형) ① 경험 있는, 노련한; 본데가 많은 ② 시험[적인], 실험;
опьянение (아빠네니예)	(중) ① 취기, 술에 취하는 것 ② 도취(徒取), 황홀(恍惚), 무아경
опьянеть (아빠네찌)	(완) *см.* пьянеть

опьянить (완), ~ять (미완) (술에) 취하게 하다; 도취시키다,

Оо

- 803 -

(아빠니찌)	황홀케 만들다
опять (아빠찌)	(부) 다시, 다시 한번
орангутан, орангутанг (아란구딴) (아란구딴그)	(남) (동물) 성성이(猩猩-), 오랑우탄 (orang-utan), 성성(猩猩)
оранжевый (아란제브이)	(형) 등색의, 오렌지색의, 등자색의
оранжерея (아란제례야)	(여) 온실(溫室), 그린하우스
оратор (아라또르)	(남) 웅변가, 연설자(演說者), 토론자
ораторский (아라또르쓰끼이)	(형) 웅변의, 연설의, 토론의
орать (아라찌)	(미완) ① 고래고래소리지르다(외치다), 들이지르다, 계목을 지르다 ② 호통치다, 꾸짖다
орбита (아르비따)	(여) ① 궤도; ② 범위
орбитальный (아르비딸느이)	(완) 궤도, 선로, 레일(rail)
орган (오르간)	(남) ① (해부) 기관(器官); ② (행정의) 기관(機關); ③ 기관지; ④ 도구, 수단
орган (오르간)	(남) (음악) 풍금(風琴), 오르간.
организатор (아르가니자또르)	(남) 조직자, 주최자(主催者)
организаторский (아르가니자똘쓰끼)	(형) 조직자적인
организационный (아르가니자치온느이)	(형) 조직[적인]
организация (아르가니자치야)	(여) ① 조직(하는 것), 창립; ② 단체, 조직; Организация Объединённых Наций, ООН 유엔, 국제연합기구
организм (아르가니즘)	(남) 유기체, 생물의 이름

Oo

организованно (아르가니조**완**나)	(부) 조직적으로, 집단적으로; 질서정연하게
организованность (아르가니조**완**노쓰찌)	(여) 조직성, 조직화, 만듦
организованный (아르가니조**완**느이)	(형) ① 조직적인, 조직된, 단합된; ② 규율 있는
организовать(ся) (아르가니조**와**찌)	(완) *см.* организовывать(ся)
организовывать (아르가니조**븨와**찌)	(미완) 조직하다, 꾸리다, 뭇다, 편성(마련)하다
организовываться (아르가니조**븨와**쨔)	(미완) ① 조직되다 ② 창설(창립)되다
органический (아르가니체쓰끼-)	(형) ① 유기체, 유기물(有機物); ② 유기적인, 본질적인
оргбюро (오르그뷰로)	(중) (불변) (организационное бюро) 조직위원회
оргия (오르기야)	(여) 떠들썩한 술판
орда (아르다)	(여) (역사) 악당, 무리, 오합지중
орден (오르젠)	(남) 훈장, 표훈, 훈패
орденоносец (아르제나노쎄츠)	(남) 수훈자, 훈장소유자
орденоносный (아르제나노쓰느이)	(형) 수훈, 훈장을 받은(가지고 있는)
орденский (오르젠쓰끼이)	(형) 훈장의, 수훈의, 훈패의
ордер (오르젤)	(남) 명령서, 지령서, 영장
ордината (아르지나따)	(여) (수학) 세로자리표, 종좌표
орёл (아룔)	(남) ① (조류) 독수리, 수리 ② 호걸, 용사
ореол	(남) ① (발광체 주위 생기는) 원광, 광휘

Оо

(아레올)	(光輝); ② 영광, 명성(名聲)
орех (아레흐)	(남) ① 호두, 가래, 잣; 개암; ② 호두 (가래, 잣) 나무
ореховый (아레호브이)	(형) ① 가래, 호두, 잣; ② 가래나무로 만든
орешник (아레쉬니크)	(남) 개암나무 숲
оригинал (아리기날)	(남) 원문, 원본, 원고; 원작품
оригинальный (아리기날느이)	(형) ① 독창적인, 독특한, 기이한 ② 원본, 원서, 원고, 초간본, 초고
ориентация (아리엔따치야)	(여) ① 방위판정 ② в чём 판단력, 분석력, 통찰력; ③ 사업(활동) 방향
ориентир (아리엔찔)	(남) 방향표적물, 방위목표물
ориентировать (아리엔찌로와찌)	(미완, 완) ① 방향을 정하다, 방위를 판정하게 하여주다; ② в чём 정통하게 하다, 식별(판별)하도록 도와주다; ③ на что 어떤 목표에 향하게 하다
ориентироваться (아리엔찌로와쨔)	(미완, 완) ① 방향을 정하다, 방위를 판정하다; ② на кого-что ~를 목표로 (대상으로) 삼다; ③в чём ~을 식별하다, 정통하다
ориентировка (아리엔찌롭까)	(여) см. ориентация
ориентировочно (아리엔찌로보츠노)	(부) 대체로, 대략적으로, 예비적으로
оркестр (아르케쓰뜰)	(남) 관현악단, 악대, 오케스트라
орлёнок (아르료노크)	(남) 새끼독수리
орлиный (아르린느이)	(형) 독수리, 수리새, 콘도르
орнамент (아르나멘트)	(남) 무늬, 문양(紋樣), 장식(裝飾)
оробеть	(완) см. робеть

(아라베찌)

оросительный (형) 관개(용); ~ый канал 관개수로
(아라씨쩰느이)

оросить (완), **орошать** (미완) ① 물을 대다; 관개하다
(아라씨찌) (오로샤찌) ② 추기다, 젖게 하다

орошение (중) 관개(灌漑), 관수(灌水)
(아라쉐니예)

орудие (중) ① 도구, 기구, 공구; ② 수단,
(아루지예) 무기; ③ (군사) 포(包), 대포(大砲)

орудийный (형) 대포의, 화포의
(아루지느이)

орудовать (미완) ① *чем*: 다루다, 쓰다; ② 행동
(아루다와찌) (준동)하다, 행하다 (부정의미)

оружейный (형) 무기, 병기
(아루줴이느이)

оружие (중) ① 무기, 병기; ② 수단, 무기
(아루쥐예)

орфографический (형) (언어) 맞춤법, 철자법; ~ словарь
(알파그라피체쓰끼이) 맞춤법 사전, 철자법 사전

орфография (여) 맞춤법(철자법)
(알파그라피야)

орфоэпический (형) 표준발음법; ~ словарь 표준발음법
(알파에삐체쓰끼이) 사전

орфоэпия (여) 표준발음법
(알파에삐야)

орхидея (여) 난초(蘭草: orchid), 난(蘭); 국향
(아르히데야) (國香)

Ос (Книга Пророка Осии, 14장, 878 쪽) 호세아서
(오씨)

оса (여) 땅벌, 말벌, 호봉
(아싸)

осада (여) 봉쇄, 포위(공격)
(아싸다)

осадить (완) *см.* осаждать *см.* осаживать
(아싸지찌)

Оо

осадка (아싸드까)	(여) ① (건축물 등의) 내려앉기, 침하 (沈下); ② (선박의) 흘수(吃水)
осадки (아싸드끼)	(복수) (기상) 강수량
осадный (아싸드느이)	(형): ~ое положение 계엄령(戒嚴令)
осадок (아싸도크)	(남) ① 침전물, 앙금, 찌끼; ② 어지러운 인상, 여한; 불유쾌한 기분
осаждать (아싸즈다찌)	(미완) ① 포위공격하다; ② 시끄럽게 굴다, 귀찮게 조르다;
осаживать (아싸지와찌)	(미완) ① 멈추게 하다; ② 제지하다, 콧대를 꺾다;
осанка (아싼까)	(여) 몸맵시, 자태(姿態);
осваивать (아쓰와이와찌)	(미완) ① 개발(개간)하다; ② 깨치다, 습득하다
осваиваться (아쓰와이와쨔)	(미완) (새 환경 등에) 익숙해지다, 버릇되다, 습관되다;
осведомитель (아쓰베다미쩰)	(남) 통보자(通報者), 밀고자(密告者)
осведомить(ся) (아쓰베다미찌)	см. осведомлять(ся)
осведомлённость (아쓰베다믈룐노쓰찌)	(여) 견문, 박식, 견식; 정통
осведомлять (아쓰베다믈랴찌)	(미완) 알리다, 일러주다, 일러바치다
осведомляться (아쓰베다믈랴쨔)	(미완) 물어보다, 알아보다;
освежать (아쓰볘좌찌)	(미완) ① 시원(상쾌)하게 하다, 신선하게 하다 ② 새로이 하다, 갱신하다
освежаться (아쓰볘좌쨔)	(미완) ① 신선(선선)해지다, 맑아지다; ② 새로워지다, 갱신되다, 생생해지다;
освежить(ся) (아쓰볘쥐쨔)	(완) см. освежать(ся)
осветитель	(남): ~[сцены] 무대 조명사

(아쓰삐쩨찔)

осветительный
(아쓰삐띠쩰느이)
(형) 조명용, 조명의.

осветить(ся)
(아쓰뻬찌찌)
(완) *см.* освещать(ся)

освещать
(아쓰삐샤찌)
(미완) ① 비추다, 조명하다;
② 밝혀주다, 해명하다

освещаться
(아쓰뻬샤쨔)
(미완) ① 비쳐지다, 조명되다
② 해명되다

освещение
(아쓰뻬쎼니예)
(중) ① 비치기, 조명, 빛 ② 조명장치;

освидетельствование
(아쓰비제쩰쓰트뷔와니예)
(중) 심사(審査), 검정(檢定), 검사;

освидетельствовать
(아쓰비제쩰쓰드뷔와찌)
(완) 검증(검정)하다; 검진하다

освистать (완), **освистывать** (미완) 휘파람으로 놀려대다
(아쓰븨쓰따찌)　(옷븻찌와찌)　(조소하다)

освободитель
(아쓰붜지쩰)
(남) 해방자(解放者)

освободительный
(아쓰붜보지쩰느이)
(형) 해방(解放), 석방, 자유

освободить(ся)
(아쓰붜보지찌)
см. освобождать(ся)

освобождать
(아쓰붜보즈다찌)
(미완) ① 해방하다, 석방하다, 놓다
② 면제하다, 제외하다, 벗어나게 하다;
③ 비우다, 비워주다; ④ 해임하다, 면직시키다, 파면하다, 해고하다;

освобождаться
(아쓰붜보즈다쨔)
(미완) ① 해방되다, 자유롭게 되다, 석방되다; ② 벗어나다; ③ 비다;

освобождение
(아쓰뷔보즈제니예)
(중) ① 해방, 석방, 자유; ② 면제;
③ 해임:

освоение
(아쓰붜예니예)
(중) ① 개간, 개발 ② 습득, 체득, 소유

освоить(ся)
(아쓰보이찌)
(완) *см.* осваивать(ся)

- 809 -

оседание (아쎄다니예)	(중) ① 가라앉기, 침전, 침재, 침적; ② 내려앉기, 침하, 침강
оседать (아쎄다찌)	(미완) ① 가라앉다, 침전(침적)하다; ② (건물이) 내려앉다, 침하(침강)하다; ③ 정착하다
оседлать (아쎄들라찌)	(완) *см.* седлать
оседлый (아쎄들릐이)	(형) 머물러 사는: ~ое население 원주민
осёл (아쑐)	(남) ① 당나귀; ② 멍텅구리, 머저리, 바보.
осенить (아쎄니찌)	(완) *см.* осенять
осенний (아쎈느이)	(형) 가을의, 가을철;
осень (오쎈)	(여) 가을, 가을철, 추절(秋節), 추일 금추(金秋), 추계(秋季);
осенью (오쎈유)	(부) 가을에, 가을철, 추절(秋節)
осенять (아쎄냐찌)	(미완) *см.* осенить
осесть (아쎄쓰찌)	(완) *см.* оседать
осётр (아쑈트르)	(남) 철갑상어, 심어(鱘魚), 심황(鱘鰉)
осетрина (아쎄트리나)	(남) 철갑상어의 고기
осечка (아쎄츠까)	(여) 불발(탄); ① 불발이 되고 말다; ② 효과를 내지 못하다, 성공 못하다
осилить (아씰리찌)	(완) *см.* одолевать
осина (아씨나)	(여) 사시나무, 백양(白楊), 백양나무, 파드득 나무
осиновый (아씨나브이)	(형) 사시나무의; дрожать как ~ лист (속담) 사시나무 떨듯

осиный (아씨느이)	(형) 땅벌의, 호봉의; ~ое гнездо 소굴
осиротеть (아씨로쩨찌)	(완) ① 고아가 되다, 외로워지다 ② 텅비다
оскалить(ся) (아스깔리찌)	(완) *см.* скалить(ся)
осквернить (완), ~ять (미완) (아스크뻬르니찌)	더럽히다, 모욕(모독)하다; 망신시키다
осколок (아쓰깔로크)	(남) 조각, 파편,
осколочный (아쓰깔로츠느이)	(형) 파편의, 조각의:
оскомина (아쓰까미나)	(여) : набить ~y 입안이 떫다(떫어지다); 싫증난, 싫증나다.
оскорбительный (아쓰까르비쩰느이)	(형) 모욕적인, 굴욕적인, 모독하는;
оскорбить(ся) (아쓰까르비찌)	*см.* оскорблять (ся)
оскорбление (아쓰까르블레니예)	(중) 모욕, 모독; 악설;
оскорблять (아쓰까르블랴찌)	(미완) 모욕(모독)하다, 굴욕하다; 악설하다
оскорбляться (아쓰까르블랴쨔)	(미완) 모욕을 느끼다, 몹시 노여워하다
оскудевать (미완), оскудеть (완) (아쓰꾸데와찌) (옷꾸데찌)	① 가난해지다, 부족해지다 ② 빈약해지다, 쇠퇴하다
ослабевать (미완), ~еть, (아쓸라베와찌)	*см.* слабеть
ослабеть (아쓸베찌)	(완) *см.* ослаблять
ослабление (아쓸라블레니예)	(중) 약화, 쇠약, 완화; 경감; 느슨하다;
ослаблять (아쓸라블랴찌)	(미완) ① 늦추다, 누그러뜨리다, 덜다; ② 약화시키다, 완화시키다
ослабнуть	(완) *см.* слабеть

Оо

(아쓸라브누찌)

ослепительный (형) ① 눈부신, 현란한, 황홀한;
(아쓸레삐쩰느이) ② 놀랄만한, 찬란한;

ослепить (완) *см.* ослеплять
(아쓸레삐찌)

ослепление (중) ① 눈을 멀게 하는 것, 눈부시게
(아쓸레쁠레니예) 하는 것; ② 이성(분별)없는 행동, 맹목적인것; ③ 현혹

ослеплять (미완) ① 눈을 멀게 하다, 눈부시게
(아쓸레쁠랴찌) 하다; ② 이성을 잃게 하다;
③ 현혹케 하다, 황홀케 하다

ослепнуть (완) *см.* слепнуть
(아쓸레쁘누찌)

Осло (중) (불변) г. 오슬로
(오쓸로)

осложнение (중) ① 복잡하게 되는 것, 복잡화
(아쓸로즈네니예) ② (의학) 합병증(合倂症);

осложнить(ся) *см.* осложнять(ся)
(아쓸로즈니찌)

осложнять (미완) 복잡하게 하다(만들다);
(아쓸로즈냐찌) 혼란시키다, 무질서하게하다

осложняться (미완) ① 복잡해지다, 착잡해지다;
(아쓸로즈냐쨔) ② (의학)합병증이 생기다;

ослушаться (완) 말을 듣지 않다, 순종하지 않다,
(아쓸루샤쨔) 불복종하다

ослышаться (완) 잘못 듣다, 헛듣다
(아쓸리샤쨔)

осматривать (미완) ① 눈여겨보다, 주의해 보다,
(아쓰마트리와찌) 자세히 보다, 구경(관람, 참관)하다,
② 시찰(조사)하다, 답사하다
③ 진찰(검진)하다;

осматриваться (미완) ① 자기주위를 살펴보다, 사방을
(아쓰마트리와쨔) 바라보다; ② 형편을 알아보다

осмеивать (미완) 비웃다, 조롱(조소)하다
(아쓰메이와찌)

осмеливаться (미완), **~ться** (완) (+ 미정형) 감히 ~하다, ~할 용기

- 812 -

(아쓰몔리와짜)	를 내다
осмеяние (아쓰메야니예)	(중) 비웃음, 조소(嘲笑), 조롱(嘲弄)
осмеять (아쓰메야찌)	(완) *см.* осмеивать
осмотр (아쓰모뜨르)	(남) ① 구경, 견학, 참관, 관람; ② 시찰, 검사, 조사; ③ (의학) 진찰, 검진;
осмотреть(ся) (아쓰마뜨레찌)	(완) *см.* осматривать(ся)
осмотрительно (아쓰마뜨리쩰나)	(부) 조심스럽게, 신중하게;
осмотрительность (아쓰마뜨리쩰노쓰찌)	(여) 조심성, 신중성; проявлять ~ 자중하다
осмотрительный (아쓰마뜨리쩰느이)	(형) 조심스러운, 신중한, 차근차근한
осмотрщик (아쓰모뜨르쉬크)	(남): ~ вагонов 검차원
осмысленный (아쓰믜쓸렌느이)	(형) 이지적인, 사려 깊은, 이성적인 지적인, 지성을 갖춘, 지능이 있는, 이해력이 뛰어난, 영리한
осмысливать (미완), **осмыслить** (완) (아쓰믜쓸리와찌)　(아쓰믜쓸리찌)	의미(뜻, 내용)를 깨닫다, 파악(이해)하다, 납득하다
оснастить (아쓰나쓰찌찌)	(완) *см.* оснащать
оснастка (아쓰나쓰뜨까)	(여) (배에) 밧줄설비, 삭구; *см.* оснащение
оснащать (아쓰나샤찌)	(미완) ① (배에) 밧줄설비를 갖추다 ② 기술기자재(무장)를 갖추다 (장비하다)
оснащение (아쓰나쉐니예)	(여) ① (기술기자재를)갖추는 것, 장비 ② 기술 장비(설비, 장치)
основа (아쓰노와)	(여) ① 기초, 기본, 토대, 기반, 토대; ② ~ы (복수) 기본, 근본, 근거, 원리; ③ (언어) 어간(語幹); на ~е чего ~의 기초위에서, ~에 근거하여 (토대하여);

Oo

- 813 -

	лежать(быть) в ~е *чего* ~의 기본 (태도)으로 되다; брать в ~у 기본으로 삼다
основание (아쓰노와니예)	(여) ① 창립, 창건, 창성, 창설, 개립; ② (건축물의) 토대, 기초, 지반, 노반; ③ 근거, 이유, 까닭, 터무니; ④ (수학) 밑변, 밑수, 기본수, 기수; ⑤ (화학) 염기
основатель (아쓰노와쩰)	(남) 창건자(創建者), 창립자(創立者)
основательно (아쓰노와쩰나)	(부) 철저하게, 견실하게, 본격적으로;
основательный (아쓰노와쩰느이)	(형) ① 튼튼한, 견고한 ② 근거 있는, 정당한; ③ 철저한, 심오한
основать(ся) (아쓰노와찌)	(완) *см.* основывать(ся)
основаное (아쓰노와노예)	(중) 주요한 것, 주되는 것
основной (아쓰노브노이)	(형) 기본적인, 주되는, 근본적인
основоположник (아쓰노뷔빨로즈니크)	(남) 창시자, 창건자(創建者)
основывать (아쓰노븨와찌)	(미완) ① 세우다, 창립(창건)하다; ② на *чём*~기초(근거)하다, 근거를 두다
основываться (아쓰노와와짜)	(미완) ① на *чём* ~에 입각하다, 기초(근거)로 하다; ② *где* ~에 정착(정주)하다
особа (아쏘바)	(여) 사람, 인물(人物), 인간
особенно (아쏘벤나)	(부) 특히, 특별히, 유달리
особенность (아쏘벤노쓰찌)	(여) 특성, 특수성, 특질;
особенный (아쏘벤느이)	(형) ① 특별한, 특이한, 특수한; ② 별다른, 색다른, 유난스러운;
особняк (아쏘브냐크)	(남) 독립가옥, 외딴집

особняком (아쏘브냐꼼)	(부) 외따로, 동떨어져서, 홀로;
особо (아쏘보)	(부) ① 따로따로, 남달리, 독특하게, 유다르게; ② 특히, 별로;
особый (아쏘브이)	(형) ① 특별한, 남다른, 독특한; ② 개별적인, 특수한, 별개, 별난; ③ 전문적인, 특수한, 독립; ④ 큰, 유다른;
осознавать (미완), **~ать** (완) (아쏘즈나와찌)	각오(자각)하다, 인식하다;
осока (아쏘까)	(여) (식물) 사초, 도깨비사초
осот (아쏘트)	(남) (식물) 사데풀
оспа (오쓰빠)	(여) ① 천연두, 손님, 마마, 역신(질); ветряная ~ 수두, 풍진; привить ~ 종두하다 ② 마마자리, 종두자리
оспаривать (아쓰빠리와찌)	(미완) ① 논박(논쟁)하다, 다투다 ② ~ первенство 선수권쟁탈전을 벌리다, 앞을 다투다
осрамить(ся) (아쓰라미짜)	(완) *см.* срамить(ся)
оставаться (아쓰따와짜)	(미완) ① 남다, 머물다; ② (어떤 상태) 남아있다; ③ 있게 되다, 보존되어있다, 남아있다; ④ (어떤 상태) 빠지다, 처하다; ⑤ (+ 미정형) ~할 수밖에 없다; ничего не ~ётся, как согла ситься 동의할 수밖에 없다; счаст ливо ~ваться! 안녕히 계십시오!
оставить (완), **оставлять** (미완) (아쓰따비찌)　(아쓰따블랴찌)	① 남기다, 남겨놓다, 남겨두다; 두다; ~ книгу дома 집에 책을 두다 (두고 오다, 두고 가져가지 않다); ② 그만두다, 둬두다, 중단하다; ③ 떠나다, 뜨다, 버리고 가다; ④ 내버려두다, 버리다;
остальное (아쓰딸노에)	(중) ① 다른 것, 나머지, 기타; ② ~ые 1) (복수) 다른 사람들 2) 다른 것들

Oo

остальной (아쓰딸노이)	(형) 나머지, 다른, 남은
останавливать (아쓰따나블리와찌)	(미완) ① 멈추어 세우다, 중지(정지)시키다; 멈칫하다, 밀막다; ② 억제(제지)하다; 진정시키다; ③ 멈추다, 그치게 하다, 그만두게 하다; ④: на *ком-чём* ~ внимание ~에 주의를 집중시키다; ~ выбор ~를 선발하다
останавливаться (아쓰따나블리와짜)	(미완) ① 멈춰서다, 걸음을 멈추다, 멈칫 서다, 멎다, 서다; ② 정지(중지)하다, 그치다; ③ 머무르다, 들어 묵다, 유숙하다; ④ на *чём* ~에 집중되다, 머무르다;
остатки (아쓰딸끼)	(복수) 뼈, 유골(遺骨), 유해, 시체
остановить(ся) (아쓰따노비짜)	*см* останавливать(ся)
остановка (아쓰따노브까)	(여) ① 멈추는 것, 정지, 중지; ② 정류장, 정류소, 정거장; конечная ~ 종점 ③ 잠시 머무르는 것(체류)
остаток (아쓰따또크)	(남) ① 나머지, 여분; 나머지 돈; ② (수학) 나머지 ③ (복수) 유물, 유적, 잔재; ④ (복수) 폐물, 찌꺼기
остаться (아쓰따짜)	(완) *см.* оставаться
остерегаться (아쓰쩨레가짜)	(미완) 꺼리다, 조심(경계)하다
остов (오쓰또프)	(남) ① 골각, 골조: ② 골격: ③ 골자
остолбенеть (아쓰딸베녜찌)	(완) (놀라움, 충격 등으로) 장승처럼 서다, 마비되다, 얼먹다
осторожно (아쓰따로즈나)	(부) 조심히, 신중히, 살랑살랑; ~! 주의! ~ ступать (идти) 살살 걷다(걸어가다);
осторожность (아쓰따로즈노쓰찌)	(여) 조심성, 신중성(愼重性)
осторожный	(형) 조심스러운, 신중한, 소중한,

- 816 -

(아쓰따로즈느이)	주의 깊은
остриё (아쓰뜨리요)	(중) ① 뾰족한 끝, 촉, 초리; ② 날; ~ бритвы 면도날 ③ 예봉, 창끝; ~ критики 비판의 예봉
острить¹ (아쓰뜨리찌)	(미완) 갈다, 날카롭게 하다, 뾰족하게 하다
острить² (아쓰뜨리찌)	(미완) 핀잔을 주다, 익살스러운 말을 3하다
остричь[ся] (아쓰뜨리치)	(완) *см.* стричь[ся]
остров (남) ~а (여) 섬, 도서, 도지, (복수) 열도(列島) (오쓰뜨로프)	
остроконечный (아쓰뜨로까녜츠느이)	(형) 끝이 뾰족한, 날카로운
острота¹ (아쓰뜨로따)	(여) ① 예리성, 예민성; ② 첨예성, 긴장성;
острота² (아쓰뜨로따)	(여) 재치 있는 표현(말마디), 말재간, 날카로운 33말
остроумие (아쓰뜨로우미예)	(중) 기지, 재변, 재치, 위트(wit), 즉지 에스프리(esprit); 슬기, 지혜, 돈지
остроумный (아쓰뜨로우미느이)	(형) 기지 있는, 영민(영리)한;
острый (오쓰뜨르이)	(형) ① 예리한, 날카로운, 뾰족한; ② 민감한, 예민한; ③ 매운 짠, 얼얼한; ④ 극심한, 심한; ⑤ 긴장한, 날카로운;
остряк (아쓰뜨랴크)	(남) 말재간을 잘 부리는 사람, 재담쟁이
остудить (완), **остужать** (아쓰두지찌)　(아쓰뚜좌찌)	(미완) 차게(식게) 하다, 냉각하다
оступаться (미완), **оступиться** (완) (아쓰뚜빠쨔)　(아쓰뚜삐쨔)	① 헛디디다, 빗디디다, 발을 헛디디다 ② 잘못하다, 과오를 범하다
остывать (미완), **остыть** (완) (아쓰띄와찌)	① 식다, 차지다; ② 열이 식다, 냉정해지다, 썰렁해지다
осудить (완), **осуждать** (아쑤지찌)　(아쑤즈다찌)	(미완) ① 유죄판결을 내리다, 유죄로 선고하다 ② 규탄(비난)하다; 단죄하다 ③ на что (+ 미정형): ~ён на гибель

Оо

	멸망할 운명을 지니고 있다
осуждение (아쑤즈제니예)	(중) ① 유죄선고(판결) ② 규탄, 비난; 단죄
осуждённый (아쑤죤느이)	(남) 유죄선고(판결)를 받은 사람
осунуться (아쑤누짜)	(완) (낯이) 파리해지다, 여위다
осушать (아쑤샤찌)	(미완)① 말리다, 물(을)빼다; 배수하다; ② 다 마셔버리다;
осушение (아쑤쉐니예)	(중) 물 빼기, 배수, 구수
осушить (아쑤쉬찌)	(완) *см.* осушать
осуществимый (아쑤쉐뜨비믜이)	(형) 실행(실현)할 수 있는; ~ая мечта 실현할 수 있는 염원; ~ый план 실행할 수 있는 계획
осуществить(ся) (아쑤쉐쓰뜨비짜)	(완) *см.* осуществлять(ся)
осуществление (아쑤쉐쓰뜨블레니예)	(중) 실현, 실행, 수행, 성취
осуществлять (아쑤쉐쓰뜨블랴찌)	(미완) 실현(실행, 실시)하다; 성취하다;
осуществляться (아쑤쉐쓰뜨블랴짜)	(미완) 실현(실행, 실시)되다; 수행되다; 성취되다;
осчастливить (아쑤차쓰뜰리비찌)	(완) 행복하게 하다(만들다), 행복을 주다
осыпать(미완, 완) (아쐬샤찌)	① 뿌리다, 끼얹다, 살포하다; ② 퍼붓다
осыпаться (아쐬샤짜)	(미완, 완) 떨어지다, 무너지다, 뿌려지다.
ось (오시)	(여) ① 굴대, 차축; ② 축, 축선
осьминог (아시미녹)	(남) 문어, 꼴뚜기
осязаемый	(형) ① 감촉할 수 있는, 느낄 수 있는

- 818 -

(아싸자예믜이)	② 뜻있는
осязание (아싸자니예)	(중) 촉각(觸覺), 촉감(觸感);
осязать (아싸자찌)	(미완) 감촉(촉감)하다, 느끼다
от, ото (옽) (오또)	(전)(+ 생) ① (출발, 시발을 표시) ~에서, ~로 부터;отчалить от бе рега 기슭을 떠나다; от Москвы до сеул 모스크바에서 서울까지; ② (출처, 원천 표시) ~에게서, ~로부터~한테서; получил письмо от матери 어머니에게서 편지를 받았다 ③ (시간, 날자를 표시) ~부터, ~부; от трёх до пяти часов 3시부터 5시까지; ④ (원인, 근거를 표시) ~때문에, ~인하여;от переутомления 피로 때문에; петь от радости 기뻐서 노래 부르다; ⑤ (소속을 표시) ~의; пуговица от брюк 바지의 단추 ⑥ (제거, 방지를 표시): средство от кашля 기침약 ⑦(제거되는 것, 벗어나는 것을 표시) ~에서, ~를; очистить от грязи 때(진탕물)를 씻다; день ото дня 나날이, 날마다; время от времени 시시각각으로;
отапливать (아따블리와찌)	(미완) 덥히다, 따뜻하게 하다
отапливаться (아따블와짜)	(미완) 덥혀지다, 따뜻하게 되다
отара (아따라)	(여) 양떼
отбавить (완), **отбавлять** (완) (아트바비찌) (옽바블랴찌)	(일부분을)덜다, 떠내다, 부어내다, 감하다
отбегать (미완), **отбежать** (완) (아트베가찌) (옽베자찌)	뛰어 물러나다, 뛰어 달아나다, 달려 물러서다
отбивать (아트비와찌)	(미완) ① 물리치다, 격퇴하다; ②치다, 쳐내다, ③ 빼앗아내다, 탈환하다; ④ 가로채다, 호려내다;⑤ 때내다, 족치다; ⑥ 없애다; ⑦ 다쳐서 상하게 하다;
отбиваться	(미완)① 물리치다, 격퇴하다, 방위하다

- 819 -

(아트비와짜)	② 떨어지다, 빠져나오다 ③ 떼여지다
отбирать (아트비라찌)	(미완) *см.* отнимать 1; *см.* выбирать 1
отбить(ся) (아트비찌)	(완) *см.* отбивать(ся)
отблагодарить (아트블라고다리찌)	(완) *см* благодарить
отблеск (오트블레쓰크)	(남) 반사광, 반사그림자
отбой (아트보이)	(남) ① 격퇴, 쳐물리치기; ② 해제;
отбойный (아트보이느이)	(형) ~ молоток (광산) 채탄용 괭이
отбор (아트보르)	(남) 선발, 선정, 선출
отборный (아트보르느이)	(형) 우수한, 우량한;
отборочный (아트보로츠느이)	(형) 선발(선출)하기 위한;
отбрасывать (미완), **отбросить** (완) (아트브라쓰와찌) (아트브로씨찌)	① 내버리다, 집어던지다; ② 물리치다, 격퇴하여 내몰다, 물리쳐서 축출하다; ③ (생각 등을) 버리다
отбросы (아트브로씨)	(복수) 쓰레기, 폐물(廢物)
отбывать (미완), **отбыть** (완) (아트븨와찌) (아트브찌)	① 떠나다, 출발하다 ② ~ срок службы 임기가 차다, 현역(복무)를 수행하다; 복무기간을 끝마치다;
отвага (아트와가)	(여) 과감성, 대담성, 용기
отваживаться (미완), ~ться (완) (아트와쥐와짜)	(*что сделать*) 감히 ~을 하다, 감행하다;
отважный (아트와즈느이)	(형) 과감한, 용감한, 호담한
отвал¹ (아트왈)	(남) 볏밥, 버럭더미

отвал² (아트왈)	(남) наесться до ~а 짓먹다, 실컷 먹고 물러나다
отваливаться (미완), отвалиться (완) 떨어지다, 떨어지다 (아트왈리와짜) (아트왈리짜)	
отвар (아트와르)	(남) (무엇을 끓여낸 것) 국물
отваривать (미완), отварить (완) 삶다, 데치다(백숙하다) (아트와리와찌) (아트와리찌)	
отварной (아트와르노이)	(형) 삶은, 끓인; ~ое мясо 삶은 고기
отведать (아트붸다찌)	(완) ① 맛보다, 잡수다; ② 겪어보다, 체험하다
отвезти (아트붸즈찌)	(완) *см.* отвозить
отвергать (미완), отвергнуть (완) 딱거절(거부, 사절)하다; 기각 (아트붸르가찌) (아트붸르그누찌) 하다; 마다하다	
отвердевать (미완), ~еть (완) 굳어지다, 경화하다, 응결되다 (아트붸르제와찌)	
отверженный (아트붸르젠느이)	(형) 버림받은, 배척당한; 외로운
отвернуть(ся) (아트붸르누짜)	(완) *см.* отвёртывать(ся), отворачивать(ся)
отверстие (아트붸르스찌예)	(중) 구멍, 아가리, 틈, 짬
отвёртка (아트뵤르뜨까)	(여) 나사돌리개
отвёртывать (아트뵤르띠와찌)	(미완) ① 돌려(비틀어) 빼다, 돌려열다, 돌려뽑다; ② 옆으로 돌리다
отвёртываться (아트뵤르띠와짜)	(미완) ① 얼굴을 돌리다, 외면하다, 돌아치다, 등지다 ② (나사못, 코크 등이) 풀리다, 열리다 ③ 교제를 끊다
отвес (아트붸쓰)	(남) ① 비탈진 곳, 낭떠러지 ② 추, 연추
отвесно (아트붸쓰나)	(부) 곧추, 수직으로, 가파르게

Оо

- 821 -

отвесный (아트볘쓰느이)		(형) 수직, 가파른.
отвести (아트볘쓰찌)		(완) *см.* отводить
ответ (아트볘트)		(남) ① 대답, 회답; 답변; 응답 ② (수학문제풀이 등에서) 해답, 답(答); ③приз вать к ~у 책임을 추궁하다; быть в ~е, держать ~ за что 책임지고 있다, 책임을 지다; в ~ на что ~에 대한 대답으로
ответвление (아트볘트블레니예)		(중) ① 곁가지 ② 갈래, 갈래길, 지선, 지류, 지맥, 분지;
ответить (아트볘찌찌)		(완) *см.* отвечать ①, ②
ответный (아트볘트느이)		(형) 회답, 대답, 대응(對應);
ответственность (아트볘쓰뜨볜노쓰찌)		(여) 책임(責任), 책임성;
ответственный (아트볘쓰뜨볜느이)		(형) ① 책임지고 있는, 책임이 있는, 책임적인; ② 중대한, 극히 중요한;
ответчик (아트볘치크)		(남)(법률) 피고(인)
отвечать (아트볘차찌)		(미완) ① 대답(회답, 답변)하다; ② 응답(호응)하다; ③ за что ~에 대한 책임을 지다(맡아하다); за кого ~대신에 책임을 지다;~ за свой поступок 자기 행동에 대한 책임을 지다; ④ 벌을 받다; ⑤ чему ~에 맞다, 부합하다; ⑥ ~чем на что ~에 ~으로 보답하다.

отвиливать(미완), отвильнуть (완) 빠져나가다, 배슥배슥하다;
(아트빌리와찌)　(아트빌리누찌)

отвинтить (완), отвинчивать (미완) 돌려(비틀어)빼다; 돌려 뽑다
(아트빈찌찌)　(아트빈치와찌)

отвисать (미완), отвиснуть (완) 늘어지다, 처지다, 휘주근해지다
(아트비싸찌)　(아트비쓰누찌)

отвлекать　　　　　　　　　　(미완) 다른 곳으로 이끌다(쏠리게하다)

(아트블레까찌)

отвлекаться
(아트블레**까**쨔)
(미완) ① (하던 일, 생각을) 잠시 그만 두다(중단하다) ② (이야기 등을 할 때에) 멀어지다, 벗어나다

отвлечённый
(아트블레**촌**느이)
(형) ① 추상적인; ② 비현실적인

отвлечь(ся)
(아트블레치)
(완) *см.* отвлекать(ся)

отвод
(아트**보**드)
(남) ① 떼려가는 것; ② 항의, 반대; ③ (법학) 배제(配劑);

отводить
(아트보디찌)
(미완) ① 데려가다; ② 거부(부인, 기각) 하다; ③ 돌리다, 방향을 바꾸다; ④ 내주다, 배당하다;

отвозить
(아트**뷔**지찌)
(미완) *что* ~을 실어가다, 운반해

отворачиваться
(아트뷔**라**치와쨔)
(미완) ① 얼굴(낯, 고개)을 돌리다, 외면하다; 돌아서다, 등지다; ② 배슥배슥하다, 피하다

отворить
(아트뷔**리**찌)
(완) *см.* отворять

отвратительный
(아트브라찌**쩰**느이)
(형) 징그러운, 역겨운, 얄미운, 쾌씸한;

отвращение
(아트브라**쉐**니예)
(중) 넌더리, 혐기, 혐오(嫌惡);

отвыкать (미완), **отвыкнуть** (완) 버릇이 없어지다(떨어지다);
(아트브**까**찌) (올븜누찌)

отвязать(ся)
(아트뱌**자**찌)
(완) *см.* отвязывать(ся)

отвязывать
(아트뱌즈**와**찌)
(미완) 풀어놓다, 풀다, 고르다;

отвязываться
(아트뱌즈**와**쨔)
(미완) ① 풀어지다 ② 빠져나오다, 떨어져나가다;

отгадать (완), **отгадывать** (완) *см.* разгадывать
(아트가**다**찌) (아트가디**와**찌)

отгибать
(아트기**바**찌)
(미완) 펴다; ~ страницу (접은) 책장을 펴다

Оо

отглагольный (아트글라골리늬이)	(형) (언어) 동사에서 파생한; ~oe существительное 동명사
отговаривать (아트가와리와찌)	(미완) *что делать* ~하지 않도록 달래다 (설복하다, 말리다), 만류하다; ~ от поездки 여행을 단념시키다
отговариваться (아트가와리와쨔)	(미완) ① 변명하여(구실을 붙여서)거절하다; ② 빙자(평개)하다, 말막음하다
отговорить(ся) (아트가보리쨔)	*см.* отговаривать(ся)
отговорка (아트가볼까)	(여) 평계, 빙자, 구실
отголосок (아트갈로쏘크)	(남) ① 메아리, 산울림, 반향 ② 여파, 후과
отгонять (아트고냐찌)	(미완) (어떤 거리에) 몰아내다, 쫓아버리다;
отгораживать (미완), отгородить (완) (아트가라쥐와찌)	막다, 둘러막다, 울타리를 세우다, 담을 두르다
отгородиться (아트가로지쨔)	(완)①울타리(담)로 막히다, 둘러막히다, 격리되다 ② 교제를 그만두다 (끊다)
отгружать (미완), отгрузить (완) (아트그루자찌) (아트그루지찌)	실어 보내다, 출하하다;
отгул (아트굴)	(남) 중간휴식
отдавать (아트다와찌)	(미완)① 돌려주다, 도로주다, 반환하다, 게우다 ② 바치다; ③ (총, 포) 둥구르다 ④ 말기다, 양도하다;
отдаваться (아트다와쨔)	(미완) ① *чему* ~에 전심하다, 자기를 내맡기다, 몰두하다; ② (소리에 대하여) 울리다, 돌아오다
отдаление (아트달레니예)	(중) ① 멀어지는 것 ② 먼곳, 지방
отдалённый (아트달룐느이)	(형) ① 멀리 떨어진, 먼, 외진; ② 인연이 먼, 어렴풋한;
отдалить(ся) (아트달리쨔)	(완) *см.* отдалять(ся)
отдалять	(미완)① 멀리(떨어지게)하다, 떼여놓다;

(아트달랴찌)	② 뒤로 미루다, 물리다;
отдаляться (알아트달랴쨔)	(미완) ① 멀어지다, 멀리가다 ② 사이가 떠지다(멀어지다), 엇갈리다
отдать(ся) (아트다쨔)	(완) *см.* отдавать[ся]
отдача (아트다차)	(여) ① (총, 포의) 반충, 뒷걸음; ② 효를; ③ 반환(返還)
отдел (아트젤)	(남) 부(部), 부서(部署), 국(局);
отделать(ся) (아트젤라찌)	(완) *см.* отделывать(ся)
отделение (아트젤레니예)	(중) ① 분리, 구분; ② 지부, 지국, 지점, 과; ③ (군사) 분대(分隊)
отделить(ся) (아트젤리찌)	(완) *см.* отделять(ся)
отделка (아트젤까)	(여) ① 완성, 끝손질, 겉칠 ② 장식; ③ (옷, 모자등에 붙은) 장식품
отделочный (아트젤로츠늬이)	(형) 완성: ~ые работы 완성작업
отделывать (아트젤리와찌)	(미완) ① 완성하다, 겉칠하다 ② 장식하다
отделываться (아트젤리와쨔)	(미완) ① от *чего* ~에서 벗어나다, 빠져나오다, 배숙배숙하다; ② *чем* ...로 그치다;
отдельно (아트젤나)	(부) 따로, 개별적으로
отдельность (아트젤노쓰찌)	(여) каждый в ~и 각각, 저마다; в ~и 개별적으로, 따로따로
отдельный (아트젤느이)	(형) ① 따로 떨어진, 개별적인; 분리된, 별개; ② 어떤, 일부
отделять (아트젤랴찌)	(미완) ① 뜨다, 때내다, 분리하다 ② 갈라놓다, 격리시키다 ③ 세간내다
отделяться (아트젤랴쨔)	(미완) ① 분리되다 ② 떨어지다 ③ 세간나다

отдёргивать (미완), **~нуть** (완) 잡아떼다, 잡아채다, 뿌리치다;

(아트쫄기와찌)

отдирать (아트지라찌)	(미완) 잡아 뜯다, 잡아떼다, 뜯어내다; 떼집다
отдохнуть (아트도흐누찌)	(완) *см.* отдыхать
отдушина (아트두쉬나)	(여) ① 바람구멍, 환기구멍, 통기구멍; ② 방출구, 통풍구(通風口)
отдых (오트드흐)	(남) 휴식(休息), 쉴 참, 몸살풀이;
отдыхать (아트드하찌)	(미완) 쉬다, 휴식하다;
отдыхающий (아트드하유씨)	(남) 휴양객, 휴양자, 쉬는 사람.
отдышаться (아트드샤짜)	(완) 숨을 돌리다, 돌리다
отёк (아쬬크)	(남) 부종, 수종, 부증(浮症); ~ лёгких 폐수종.
отёкать (아쬬까찌)	(미완) (신체의 부분이) 붓다, 보삭거리다
отель (아쩰)	(남) 호텔, 여관(흔히 국제여관)
отеплить (완), ~ять (미완) (아쩨쁠리찌)	덥히다, 난방장치를 하다
отец (아쩨츠)	(남) 아버지(부친), 어버이
отечественный (아쩨체스뜨벤느이)	(형) 국산, 국내산
отечество (아쩨체쓰뜨붜)	(중) 조국(祖國), 고국
отечь (아쩨치)	(완) *см.* отекать
отжать (아트자찌)	(완) *см.* выжимать
отживать (아트지와찌)	(미완) 여생을 지내다, 낡아지다:

- 826 -

отживший (아트쥐브쉬이)	(형) 낡아빠진, 시대(유행)에 뒤떨어진
отжимать (아트쥐마찌)	(완) *см.* выжимать
отжить (아트쥐찌)	(완) *см.* отживать
отзвук (아트즈북)	(남) ① 메아리, 산울림; ② 반응, 반향
отзвучать (아트즈부차찌)	(완) 소리가 멎다(그치다)
отзыв (아트크프)	(남) ① 평, 평판(評判); 평정서; ② 호응, 응답, 대답, 화답, 응대, 응수
отзыв (아트크프)	(남) *см.* отозвание
отзывать (아트즥와찌)	(미완) ① 소환하다 ② 부르다
отзываться (아트즥와쨔)	(미완) ① 호응(응, 대답)하다; ② о *ком-чём* 평가하다, 평하다 ③ на *ком-чём* ~에 미치다, 영향을 주다
отзывчивость (아트즥브치뷔쓰찌)	(여) 동정심, 알심, 연민, 동정, 인심, 인정, 마음씨, 마음
отзывчивый (아트즙치브이)	(형) 동정심 있는, 인간성이 있는, 인정이 깊은(많은);

ОТК (отдел технического контроля) (남) 기술검사부
(아트까)

Откр (Откровение Иоанна Богослова, 22장, 275쪽) 요한계시록
(오트크로베니에) (요한의 묵시록: Revelation to John);

отказ (아트까즈)	(남) ① 거절, 거부; ② 부인, 포기
отказать[ся] (아트까즈찌)	(완) *см.* отказывать[ся]
отказывать (아트까즈와찌)	(미완) ① 거절(거부, 사절)하다, 물리치다, 불허하다; ② (고장으로) 멎다;
отказываться (아트까즈와쨔)	(미완) ① от *чего* ~을 거절하다, 마다하다, 물리치다; ② 포기하다; не откажусь (+ 미정형) ~하는데 반대없다

- 827 -

откалывать¹ (아트깔와찌)	(미완) 패서(짜개서) 떼다 (때내다), 족치다;
откалывать² (아트깔와찌)	(미완) (꽂았던, 찔렀던 것을) 때내다, 뽑다;
откалываться¹ (아트깔와쨔)	(미완) ① 짜개져 떨어지다, 깨져나가다, 족쳐부서지다; ② 떨어져나가다
откалываться² (아트깔와쨔)	(미완) (꽂았던, 찔렀던 것이) 뽑아지다, 빠지다.
откапывать (아트까쁴와찌)	(미완) ① 파내다, 발굴하다 ② 얻어내다, 찾아내다;
откармливать (아트까르믈리와찌)	(미완) 살찌우다, 비육시키다; 기르다, 사육하다
откатить[ся] (아트까찌찌)	(완) *см* откатывать[ся]
откатывать (아트까띠와찌)	(미완) 굴려 옮기다, 굴려치우다;
откатываться (아트까띠와쨔)	(미완) ① 굴려가다 ②(군사) 퇴각하다, 후퇴하여 물러나다
откашливаться (미완), ~яться (완) (아트까쉴리와쨔)	기침을 하다, 가래를 뱉다; 기침하여 목청을 가다듬다
откидывать (미완), ~нуть (완) (아트끼지와찌)	*см.* отбрасывать
откинуться (아트끼누쨔)	(완) 몸을 뒤로 젖히다;
откладывать (아트클라드와찌)	(미완) ① 옆에 놓다, 따로 놓다 ② 미루다, 물리다, 연기하다; ③ 저장(저축)하다, 보류하다; ④ (생물) 알을 낳다(쓸다);
отклеивать (아트클레이와찌)	(미완) (붙인 것을) 떼다, 때내다;
отклеиваться (아트클레이와쨔)	(미완) (붙인 것이) 떨어지다, 들썩하다;
отклеить[ся] (아트클레이찌)	(완) *см.* отклеивать[ся]
отклик (오트클리크)	(남) ① 호응, 대응, 응답 ② 반향 ③ 평판; 평정서 ④ 감응

откликаться (미완), **откликнуться** (완)	① 맞소리를 지르다(내다), 부름에 응답하다 ② 호응하다;
(아트클리까쨔) (아트클리크누쨔)	
отклонение (아트클로네니예)	(중) ① (옆으로) 기울어지는 것, 탈선, 편차 ② 부결, 거부
отклонить[ся] (아트클로니쨔)	*см.* отклонять[ся]
отклонять (아트클로냐찌)	(미완) ① 옆으로 기울이다; ② 거부(거절)하다; 부결하다
отклоняться (아트클로냐쨔)	(미완) ① 한쪽으로 기울어지다, 치우치다 ② 빗나가다;
отключать (미완), **отключить** (완) *см.* выключить	
(아트클류차찌) (아트클류치찌)	
отколотить (아트클로찌찌)	(완) ① 쳐서 떼다, 두드려 열다; ② 때리다, 구타하다, 두드려 패다
отколоть[ся][1,2] (아트클로찌)	(완) *см.* откалы вать[ся] 1, 2
откомандировать (아트끄만지로와찌)	*см.* командировать
откопать (아트까빠찌)	(완) *см.* откапывать
откорм (아트꼬름)	(남) (잘 먹여) 살찌우기, 비육
откормить (아트까르미찌)	(완) *см.* откармливать
откормленный (아트꼴믈렌느이)	(형) 살찌우기, 비만, 비육한
откос (아트까쓰)	(남) 비탈, 경사(면); 경사지
открепить(ся) (아트크레삐찌)	(완) *см.* откреплять(ся)
откреплять (아트크레블랴찌)	(미완) ① (붙인 것을) 떼다; (맨 것을) 풀다; ② 제적하다
открепляться (아트크레쁠랴쨔)	(미완) ① (붙인 것이)떨어지다; (맨 것이)풀어지다 ② 제명(제적)되다
откровенно	(부) 털어놓고, 솔직하게, 공공연하게;

- 829 -

(아트크로쩬나)	
откровенность (아트크로쩬노쓰찌)	(여) 솔직성, 노골적인것, 사실적인것, 의도적인것
откровенный (아트크로쩬느이)	(형) ① 솔직한, 숨김없는; ② 공공연한, 설설한, 노골적인;
открутить (완), **откручивать** (미완) 돌려(비틀어) 빼다; (아트크루찌찌) (아트크루치와찌)	
открывать (아트크리와찌)	(미완) ① 열다, 펼치다; ② 펴다; ③ 밝히다, 발견하다; ④ 개시(개설)하다, 개최하다; ⑤ 시작(개시)하다; ⑥ 개통하다, 보내다; ~ глаза кому на что 일깨워주다; ~ счёт 1) (은행에서) 예금하다; 2) (체육) 첫 한 점을 획득하다 (받다, 타다)
открываться (아트끄리와짜)	(미완) ① 열리다, 펼쳐지다; 펴지다; ~ взору 한눈에 안겨오다; ② 개시(개설, 시작)되다, 조업되다; ③ 털어놓다, 자백(고백)하다; ④ 폭로(발각)되다, 드러나다, 들켜나다 ⑤ (상처가)덧나다, 도지다
открытие (아트끄릐찌예)	(중) ① 개시, 개설, 여는 것; ② 발견, 발명, 발각;
открытка (아트끄릐트까)	(여) 우편엽서, 그림엽서, 사진엽서:
открыто (아트끄릐또)	(부) ① 숨김없이, 거리낌 없이, 털어놓고; ② 공개적으로, 노골적으로, 공공연히;
открытый (아트끄릐드이)	(형) ① 열린, 펼쳐진; ② 드러난, 가리우지 않은; ③ 광활한; ④ 노골적인, 노출된, 공공연한; ⑤ 솔직한; ~ый характер 설설한 성미; ⑥ 공개; ⑦ (광산) 노천; ⑧ (언어): ~ый слог 열린 마디, 개음절; ~ый вопрос 미해결문제
открыть(ся) (아트끄릐찌)	(완) *см.* открывать(ся)
откуда (알꾸다)	(부) ① (의문) 어디로부터, 어디서, 누구한테서; ② (관계대) 그곳으로부터 ~하는, 어디로부터 ~하는지.

откуда-либо, откуданибудь (부) 어디서든지, 어디선가 (앋꾸달-리바) (앗꾸다니부지)	
откуда-то (앋꾸다-따)	(부) 어디서인지
откупоривать (미완), **откупорить** (완) (병)마개를 뽑다(열다) (앋꾸뽀리와찌) (아트꾸뽀리찌)	
откусить (완), **откусывать** (미완) ① 물어뜯다(끊다), 잘라먹다; (앋꾸씨찌) (아트꾸쓰와찌) ② (집게 등으로)끊다, 끊어내다	
отлагательство (앋틀라가쩰쓰뜨붜)	(중) это не терпит ~а 지연 시킬 수 없는 일이다; без всяких ~ 지체 없이
отламывать (앋틀라므와찌)	(미완) 쪼개서(꺾어서) 떼다, 쪼개다, 부러뜨리다
отлёт (앋틀료트)	(남) (새들의)날아가는 것; (비행기 등의) 출발, 이륙;
отлетать (미완), **отлететь** (완) ①날아가다, 출발하다 ② 떨어지다 (앋틀레따찌) (오틀레쪠찌) ③ (충격, 타격 등으로) 튀다, 튀어나가.	
отлив (앋틀리프)	(남) 썰물, 낙물, 낙조
отливать¹ (앋틀리와찌)	(미완) ① 쏟아 덜다, 따르다;
отливать² (앋틀리와찌)	(미완) (공학) 주조하다
отливка (앋틀립까)	(여) 주조(鑄造), 주물(鑄物), 주물품;
отлипать (미완), **отлипнуть** (완) (붙인 것이) 떨어지다 (앋틀리빠찌) (오틀리쁘누찌)	
отлить¹, ² (앋틀리찌)	(완) *см.* отливать¹, ²
отличать (앋틀리차찌)	(미완) 구별(분별)하다, 식별하다
отличаться (앋틀리차짜)	(미완)①다르다, 차이가 있다;식별되다; ② 뛰어나다, 특출하다, 공훈을 세우다; ③~ в бою 전투에서 뛰어난 공을 세우다
отличие (앋틀리치예)	(중) ① 차이, 다름, 차별; ② 공적, 공로;

- 831 -

отличительный (알틀리치쩰느이)		(형) ① 식별용; ② 특이한, 특유한, 특징적인, 특수한
отличиться (알틀리치쨔)		(완) *см.* отличаться
отличник (남), ~ца (여) (알틀리츠니크)		① 최우등생 ② 모범일군, 모범 노동자;
отлично (알틀리츠나)		(부) ① 참 좋게(훌륭하게) ② (술어로) 참 좋다, 훌륭하다; ③ (명사로) (불변) (중) 5점(오계단채점법에서), 최우등,만점;
отличный (알틀리츠느이)		(형) ① 다른, 차이 있는, 특수한 ② 훌륭한, 특출한, 뛰어난
отлогий (알틀로기이)		(형) 약간 경사진, 비탈진
отложение (알틀로제니예)		(중) (지질) 침전지층, 퇴적(堆積);
отложить (알틀로지찌)		(완) *см.* откладывать
отломать (완). отломить (완) *см.* отламывать (알틀로마찌) (알틀로미찌)		
отлучаться (미완), ~иться (완) 외출하다, 자리를 떠나다; (알틀루차짜)		
отмалчиваться (알마르치와짜)		(미완) 침묵을 지키다, 답변을 피하다
отмахиваться (미완), отмахнуться (완) ①(어떤것을 쫓으려고)흔들다 (알마히와짜) (알마흐누짜) (손을젓다); ② 무관심하게 대하다		
отмежеваться (완), отмежёвываться (미완) 인연을 끊다, (알메제와짜) (알메죠브와짜) 분리되다, 배척하다		
отмель (오트멜)		(여) (기슭의) 여울; 여울살, 천탄
отмена (알메나)		(여) 폐지, 폐기, 철폐, 해제;
отменить (완), отменять (미완) 폐지(폐기)하다, 철폐(해제)하다, (알메니찌) (알메냐찌) 취소하다		
отмереть (알메레찌)		(완) *см.* отмирать

- 832 -

отмеривать (미완), **~ить** (완), **~ять** (미완) (알메리와찌)	재다; 재어 끊다(끊어내다);	
отмести (완), **отметать** (미완) (알메쓰찌) (알메따지)	① (옆으로) 쓸어버리다, 쓸어내다; ② (거짓말, 남의 논거 등을) 뿌리치다, 물리치다, 배척하다	
отметить(ся) (알메지찌)	(완) *см* отмечать(ся)	
отметка (아트메트까)	(여) ① 표, 표식, 표적; ② 점, 점수, 평점	
отмечать (아트메차찌)	(미완) ① 표식을 두다, 표식하다 ② 기입(기록, 등록)하다; ③ 언급하다, 가리키다, 지적하다; ④ 경축(기념)하다	
отмечаться (아트메차쨔)	(미완) ① 등록하다, 기록하다; ② 발로되다, 나타나다;	
отмирание (아트미라니예)	(중) ① (생리) 죽어버리는 것, 탈락; ② 조락(凋落); 소멸(消滅);	
отмирать (아트미라찌)	(미완) ① 죽어버리다, 시들어버리다 ② 조락(탈락)하다, 사라지다	
отмолчаться (아트몰차쨔)	(완) *см.* отмалчиваться	
отмораживать (미완), **~озить** (완) (아트모라쥐와찌)	동상을 입히다, 얼리다;	
отмщение (아트므쉐니예)	(중) 앙갚음, 복수, 보복	
отмывать (미완), **отмыть** (완) (아트므와찌) (알믜찌)	말끔히 씻다(가시다);	
отмываться (미완), **отмыться** (완) (아트므와쨔) (알믜쨔)	씻기워 없어지다, 씻어서 깨끗해지다	
отмычка (아트므치까)	(여) 걸쇠, 걸쇠질하는 쇠갈구리	
отнести[сь] (아트네쓰찌)	(완) *см.* относить[ся]	
отнимать (아트니마찌)	(미완) ① 빼앗다, 약탈(강탈)하다 ② (시간을)요구하다, 소비하다, 소모케 하다; ③ (수술할 때)절단하다, 떼버리다 ④ 치우다, 떼다; ⑤ (수학) 덜다, 감하다;	

- 833 -

отниматься (아트니마짜)	(미완) 마비되다; язык отнялся 혀가 놀지 않았다
относительно (아트노씨쩰나)	(부) ① 비교적(으로), 어느 정도, 상대적으로; ② (전) (+ 생) ~에 관하여(대하여), ~에 관한(대한); сообщение ~ каких-л. событий 사태에 관한 통보
относительность (아트노씨쩰노쓰찌)	(여) 상대성(相對性) теория ~и (물리) 상대성원리(相對性原理)
относительный (아트노씨쩰느이)	(형) ① 상대적인, 상관적인; ② (언어) ~ое местоимение 관계대명사
относить (아트노씨찌)	(미완) ① ~로 가져가다, 날라다 주다; ② 옮겨놓다, 대어놓다; ③ (바람이나 흐름으로) 밀려가다, 몰아가다; ④ 소속(포함) 시키다, 간주하다
относиться (아트노씨짜)	(미완) ① к кому-чему 를 대하여, 태도를 취하다; ② 관련되다, 관계(관련)를 가지다; ③ 속하다
отношение (아트노쉐니예)	(중) ① к кому-чему 태도, 입장; 견해 ② 연계, 관계, 상관; ③ 비율, 비례 ④ (복수) ~я 관계, 사이, 인연.
отныне (아트늬예)	(부) 지금부터, 앞으로
отнюдь (아트뉴지)	(부) 결코, 전혀, 조금도;
отнять(ся) (아트냐짜)	(완) см. отниматься
ото (오또)	(완) см. от
отображать (아따브라좌찌)	(미완) 반영(체현, 묘사)하다
отображаться (아따브라좌짜)	(미완) 반영(체현, 구현)되다, 나타나다
отображение (아따브라줴니예)	(중) 반영, 체현, 묘사
отобразить(ся) (아따브라지짜)	см. отображать(ся)

отобрать (아따브라찌)	(완) *см.* отбирать
отовсюду (아따브슈두)	(부) 여러 곳으로부터, 이르는 곳마다에서, 방방곡곡에서, 사방에서
отогнать (아따그나찌)	(완) *см.* отгонять
отогнуть (아따그누찌)	(완) *см.* отгибать
отогревать (아따그레와찌)	(미완) 덥히다, 녹이다;
отогреваться (미완), **отогреться** (완) 언몸을 녹이다, 자기 몸을 (아따그레와쨔)　(아따뜨레쨔) 녹이다	
отодвигать (아따드비가찌)	(미완) ① (약간) 밀어내놓다, 물리다; ② 연기하다, 미루다;
отодвигаться (아따드비가쨔)	(미완) ① 드리다, 물러나다, 물러서다, 물러앉다 ② 연기되다, 유예되다
отодвинуть(ся) (아따드비누쨔)	*см.* отодвигать(ся)
отодрать (아따드라찌)	(완) *см.* отдирать; 치다, 패다, 갈리다;
отож[д]ествить (아따제스뜨비찌)	*см.* отож[д]ествлять
отож[д]ествление (아따제스뜹레니예)	(중) 동일시
отож[д]ествлять (아따제스뜰랴찌)	(미완) 동일시하다;
отозвание (아따즈와니예)	(중) 소환; ~ посла 대사의 소환
отозвать(ся) (아따즈와쨔)	(완) *см.* отзывать(ся)
отойти (아따이찌)	(완) *см.* отходить
отомстить (아땀쓰찌찌)	(완) *см.* мстить
отопить	(완) *см.* отаплвать

(아따삐찌)

отопление (아따쁠레니예)	(중) 난방, 난방장치;
оторвать (아따르와찌)	(완) *см.* отрывать II
оторваться (아따르와쨔)	(완) *см.* отрываться
оторопеть (아따로뻬찌)	(완) 어리둥절해지다, 당황해지다, 얼먹다
отослать (아따쓸라찌)	(완) *см.* посылать
отпадать (미완), отпасть (완) (아따빠다찌)　　　(올빠스찌)	① 떨어지다; ② (의욕, 소원, 의의 등이) 없어지다, 사라지다;
отпереть(ся) (앗뻬레쨔)	*см* отпирать(ся)
отпечатать (앗뻬차따찌)	(완) *см.* отпечатывать
отпечаток (앗뻬차똑)	(남) 자국, 자취(自取), 흔적;
отпечатывать (앗뻬차띠와찌)	(미완) ① 인쇄(프린트)하다, 타자하다, (사진)인화하다; ② 흔적을 남기다
отпивать (앗삐와찌)	(미완) (조금, 약간)마시다;
отпиливать (미완), отпилить (완) (앗삘리와찌)　　(아트삐리찌)	(톱으로)켜버리다, 잘라서 떼다, 자르다
отпирать (앗삐라찌)	(미완) 열다;
отпираться (앗삐라쨔)	(미완) ① (쇠가) 열리다 ② 물리치다, 거절하다, 자기 죄과를 부인하다
отпить (앗삐찌)	(완) *см.* отпивать
отпихивать (미완), отпихнуть (완) *см.* отталкивать (앗삐히와찌)　　(앗삐흐누찌)	
отплата (앗쁠라따)	(여) 갚음, 대거리, 앙갚음, 보복

- 836 -

отплатить (완), **отплачивать** (미완) 갚다, 갚아 들이다, 대거리
(앗쁠라띠찌) (앗쁠라치와찌) 하다, 복수하다

отплывать (미완), **отплыть** (완) 헤엄쳐 물러나다, 헤엄쳐나가다;
(앗쁠리와찌) (앗쁠리찌) 출항하다; пароход ~л 배가 떠났다

отповедь (여) 항변, 반박, 꾸짖음;
(앗뽀베지)

отползать (미완), **~ти** (완) 기어 물러나다, 기어나가다
(앗뽈르자찌)

отпор (남) 반격, 배격, 배척
(앗뽈)

отправитель (남) 보내는 사람, 발신자, 발송인
(앗쁘라비쩰)

отправить(ся) (완) см. отправлять(ся)
(앗쁘라비찌)

отправка (여) ① 보내는 것, 발송, 파견 ② 출발
(앗쁘랍까)

отправление (중) ① 보내는 것, 발송 ② 출발;
(앗쁘라블레니예) ③ заказные ~я 등기우편물

отправлять (미완) ① 보내다, 떠나보내다; ② 발송
(앗쁘라블랴찌) (송달)하다 ③ 출발시키다, 파견하다;

отправляться (미완) 떠나다, 출발하다, 가다;
(앗쁘라블랴짜) (기차가)발차하다;

отправной (형) 출발의: ~ пункт 출발점
(앗쁘랍노이)

отпраздновать (완) см. праздновать
(앗쁘라즈노와찌)

отпрашиваться (미완), **отпроситься** (완) 외출허가를 받다;
(앗쁘라씨와짜) (옽쁘라씨짜)

отпрыгивать (미완), **отпрыгнуть** (완) 뛰어 물러서다, 뛰어 물러
(앗쁘리기와짜) (옽쁘리그누찌) 나다

отпрыск (남) ① 후손, 자손 ② 어린싹
(앗쁘리쓰크)

отпрянуть (완) 펄쩍 물러나다, 후닥닥 뛰어
(앗쁘랴누찌) 물러서다

отпугивать (미완), **отпугнуть** (완) ① 놀라서 물러나게 하다(쫓아

Oo

(앗뿌기와찌)	(올뿌그누찌)	버리다) ② 두려워하게 하다

отпуск
(올뿌쓰크)
(남) ① 판매, 팔아넘기기; ② 휴가; очередной ~ 정기휴가; декретный ~ 산전휴가; брать ~ 휴가를 받다.

отпускать
(앗뿌쓰까찌)
(미완) ① 내보내다, 나가게 하다; ② 놓아주다, 놓아보내다; ③ 내어주다, 팔다; ④ 지출하다; ⑤ 늦추다;

отпускник
(앗뿌쓰크니크)
(남) 휴가받은 사람

отпускной
(앗뿌쓰크노이)
(형) ① 휴가의; ② ~ая цена 인도가격 ③ (복수): ~ые 휴가비

отпустить
(앗뿌쓰띠찌)
(완) *см.* отпускать

отрабатывать
(앗라바띠와찌)
(미완) *см.* отработать

отработанный
(앗라보딴느이)
(형) ~ое масло 폐유;~пар 쓰고난 증기; ~ газ 버릴가스, 폐가스

отработать
(앗라보따찌)
(완) ① 일을 끝마치다 ②(일정한 시간) 일하다; ③일로 갚다; ④ 숙련(체득)하다;

отрава
(앗라와)
(여) 독약, 독; ~ для мышей 쥐약

отравить(ся)
(앗라비쨔)
(완) *см* отравлять(ся)

отравление
(앗라블레니예)
(중) ① 독해, 중독; ② 독살

отравлять
(앗라블랴찌)
(미완) ① 중독시키다; 독살하다 ② 독약을 치다(뿌리다, 썩다) ③ 해독을 끼치다

отравляться
(앗라블랴쨔)
(미완) 중독되다, 중독되어 죽다; 음독자살하다, 독약을 마시다

отравляющий
(앗라블랴유쉬이)
(형) 독있는, 유독한;

отрада
(아트라다)
(여) 즐거움, 기쁨, 위안, 만족

отрадный
(앗라드느이)
(형) 즐거운, 기쁜, 위안을 주는;

отражатель (앗라좌쩰)	(남) (공학) 반사체, 반사기, 반사경
отражать (앗라좌찌)	(미완) ① (물리) 반사하다 ② 반영 (표현)하다 ③ 물리치다, 격퇴하다; 맞받아치다
отражаться (앗라좌쨔)	(미완) ① 비치다, 반사되다 ② на ком-чём ~에 영향을 미치다(주다); ③ 나타나다, 반영(표현)되다;
отражение (앗라줴니예)	(중) ① (물리) 반사, 그림자; ② 반영; 표현 ③ 영상 ④ 격퇴;
отразить(ся) (앗라지짜)	(완) *см* отражать(ся)
отрасль (오트라쓸)	(여) 부문, 부분, 분야, 분과;
отрастать (미완), ~ти (완) (앗라쓰따찌)	자라다, 나다; борода отрасла 턱수염이 자랐다
отрастить (완), **отращивать** (미완) (앗라쓰띠찌) (앗라쉬와찌)	자래우다, 기르다;
отрегулировать (앗레굴리로와찌)	*см.* регулировать
отредактировать (앗레닥찌로와찌)	*см.* редактировать
отрез (앗레스)	(남) 절단, 자르는 것: 천 한감
отрезать (앗레자찌)	(완, 미완) ① (종이 등을) 잘라내다, 자르다; 베내다; 베다; ② (신체의 부분) 절단하다 ③ 막다, 차단하다
отрезвить (앗레즈비찌)	(완) *см.* отрезвлять
отрезвлять (앗레즈블랴찌)	(미완) ① 술에서 깨우다, 깨게하다 ② 제정신이 들게 하다
отрезок (앗레조크)	(남) ① 조각; 토막 ② 부분;
отрекаться (앗레까짜)	(미완) ① 단념하다, 거부(포기)하다; ② ~ от престола 퇴위하다
отрекомендовать(ся)	(완) *см* рекомендовать(ся)

Оо

- 839 -

(앗레까멘다**와쨔**)

отремонтировать　　　　см. ремонтировать
(앗레몬**띠**로와찌)

отрепья　　　　(복수) 누더기, 헌옷
(앗레**삐**야)

отречение　　　　(중) 단념, 포기;
(앗레**체**니예)

отречься　　　　(완) см. отрекаться
(앗레치**쌰**)

отрицание　　　　(중) ① 부인, 부정, 거절 ②
(앗리**차**니에)　　　　(언어) 부정사(不定詞)

отрицательный　　　　(형) ① 부정적인, 부정(반대)하는;
(앗리차**쩰**느이)　　　　② 좋지 않은;

отрицать　　　　(미완) 부인(부정)하다, 거부하다
(앗리차찌)

отрог　　　　(남) (산줄기의) 지맥, 모롱이
(앗로그)

отросток　　　　(남) ① 새싹, 곁순, (작은) 곁가지
(앗로쓰**또**크)　　　　② 분기, 돌기

отрочество　　　　(중) 소년시절
(앗로체스뜨붜)

отрубать　　　　(미완) ① 잘라내다; ② 잘라 말하다
(앗루**바**찌)

отруби　　　　(복수) 겨, 벼겨, 밀기울, 맥부. 맥피.
(**올**루비)

отрубить　　　　(완) см. отрубать
(앗루**비**찌)

отругать　　　　(완) см. ругать
(앗루**가**찌)

отрыв　　　　(남) 분할, 분리; в ~е от чего ~과 동
(앗릐프)　　　　떨어져서, ~를 떠나서;

отрывать¹　　　　см. откапывать
(앗릐**와**찌)

отрывать²　　　　(미완) ① 때내다, 떼다, 잡아떼다(뜯다)
(앗릐**와**찌)　　　　② ~ глаза от книги 책에서 눈을 떼다

- 840 -

отрываться (앗릐와짜)	(미완) ① 떨어지다; ② 그만두다, 중단 ③ ~ от книги 책에서 눈을 떼다
отрывисто (앗르븨쓰따)	(부) 띠엄띠엄, 딱딱 끊어서;
отрывистый (앗릐븨쓰뜨이)	(형) 끊어지는, (갑자기)멎구하는:
отрывной (앗릐노이)	(형) 떼게 되어있는:
отрывок (앗릐보크)	(남) 토막, 단편, 일부분;
отрывочный (앗릐보츠노이)	(형) ① 단편적인, 토막으로 이루어진; ② 딱딱 멎는(끊어지는)
отрыжка (앗릐즈까)	(여) 트림, 게트림
отрыть (앗릐찌)	(완) *см.* откапывать
отряд (앗랴드)	(남) ① 부대, 대, 분단; ② пионерский ~ 삐오네르단
отрядить (앗랴지찌)	(완) *кого-что* ~을 보내다, 파견하다
отрядный (앗랴드느이)	(형) 부대, 부대용, 분단
отряхивать (미완), ~нуть (완) (앗랴히와찌)	털다; 떨다
отряхиваться (미완), ~нуться (완) (앗랴히와짜)	(자기 몸에서 먼지, 눈 등을) 털다
отсвечивать (앗쓰볘치와찌)	(미완) 비치다, 반사광을 내다
отсев (앗쎄프)	(남) ① 채질, 풀무질 ② 제명, 제거, 퇴학
отсеивать (앗쎄이와찌)	(미완) ① 채질하다, 풀무질하다, 채로 치다 ② 골라 뽑아 치우다; 퇴학(제거) 시키다, 퇴학시키다
отсекать (미완), отсечь (완) (앗쎄까찌) (아트쎄치)	① 잘라 떼 내다, 잘라내다; ② 절단하다

Oo

отсеять (앗쎄야찌)		(완) *см.* отсеивать
отсидеть (앗씨제찌)		(완) ①: ~ ногу 다리가 저리다 ② ~ срок 감금되어(일정한 시간을)보내다, 형기를 끝마치다 ③ 일정한 시간 앉아있었다;
отскакивать (미완), отскочить (완) (앗쓰까끼와찌) (앗쓰꼬치찌)		① 껑충 뛰어 물러나다, 튀어 돌아오다; ② 떨어지다;
отслужить (앗쓰루지찌)		(완) ① 근무를 마치다, 퇴직하다; (일정한 기간)일하다, 복무하다; ② (도구, 역축 등이 오래 써서)못쓰게 되다
отсоветовать (앗싸베또와찌)		(완) 타이르다, 말리다, ~하지 말라고 충고하다;
отсрочивать (미완), отсрочить (완) (앗쓰로치와찌) (앗쓰로치찌)		① 연장하다; ② 연기하다, 미루다;
отсрочка (앗쓰로즈까)		(여) 연기, 유예; 기한연장;
отставание (앗따와니에)		(중) 뒤떨어지는 것, 낙후(落後)
отставать (앗쓰따와찌)		(미완)① 뒤떨어지다, 뒤지다, 낙후하다 ② 들썩하다, 떨어지다; ③ (시계가)늦다, 뜨다;
отставить (앗쓰따비찌)		(완) ① *см.* отставлять ② ~! (구령) 그만! 다시!
отставка (앗쓰땁까)		(여) 퇴역; 퇴직, 사직, 면직;
отставлять (앗쓰따블랴찌)		(미완) (옆에) 옮겨놓다, 밀어내놓다;
отстаивать (앗쓰따이와찌)		(미완) ① 지키다, 방위하다; ② 고수(수호, 옹호)하다, 지켜 싸우다;
отсталость (앗쓰딸로쓰찌)		(여) 낙후성, 뒤떨어진 것
отсталый (앗쓰딸리이)		(형) 뒤떨어진, 낙후한;
отстать (앗쓰따찌)		(완) *см.* отставить

отстающий (앗쓰따유쉬이)	(형) ① 뒤떨어진, 낙후한; ② (명사로) (남) 낙후생, 낙오자
отстёгивать (미완), **отстегнуть** (완) (앗쓰쬬기와찌)	① (단추 등을) 벗기다; ② (호크, 단추 등으로 채운것을)헤치다;
отстой (앗쓰또이)	(남) *см.* осадок ①
отстоять¹ (앗쓰또야찌)	(완) ~ (на расстоянии) 떨어져있다
отстоять² (앗쓰또야찌)	*см.* отстаивать
отстраивать (앗쓰드라이와찌)	(미완) ① 다 짓다, 준공하다, 건설을 끝내다 ② 다시 짓다, 개축하다
отстранение (앗쓰드라네니예)	(중) 해임, 면직, 파면, 해고
отстранить(ся) (앗쓰드라니찌)	*см.* отстранять(ся)
отстранять (앗쓰라냐찌)	(미완) ① 물리치다, 제치다; 멀리하다; ② 해임하다, 면직시키다
отстраняться (앗쓰라냐쨔)	(미완) ① 비키다, 비켜서다, 자빠지다; ② 피하다, 벗어나다;
отстреливаться (앗쓰드레리와쨔)	(미완) 맞쏘아 대다, 맞총질하다
отстроить (앗쓰드로이찌)	(완) *см.* отстраивать
отступать (미완), **отступить** (완) (앗쓰뚜빠찌)	① 물러서다, 물러나다; ② (군사) 퇴각(후퇴)하다 ③ 버리다, 위반하다, 포기(취소)하다; ④ перед *кем-чем*: 주저앉다, 뒷걸음질 치다(하다)
отступление (앗쓰뚜쁠레니예)	(중) ① (군사) 후퇴, 퇴각, 후진, 퇴보; ② 위반, 위배, 과격, 탈선, 이탈, 일탈
отсутствие (앗쑤뜨쓰비예)	(중) ① 없는 것, 결여, 부족, 결핍; ② 결석, 궐석, 흠석
отсутствовать (앗쑤뜨쓰뜨보와찌)	(미완) ① 결석(흠석, 궐석)하다; ② 없다, 전무하다, 결핍하다, 비다
отсутствующий¹	(형) отсутствовать 의 능동현재

Оо

отсутствующий² (앗쑤뜨쓰뜨부유쉬이)	(형) 무관심한, 무표정한, 냉담한;
отсутствующий (앗쑤뜨쓰뜨부유쉬이)	(남) (명사로) (남) 결석자; ~ ие (복수) 결석자들;
отсчёт (앗쵸트)	(남) 계산하는 것, 재는 것; 공제; 수읽기.
отсчитать (완), отсчитывать (미완) (앗쓰치따찌)	세어내다, 계산하여 떼어내다, 계산하다;
отсылать (앗쓰라찌)	(미완) *см.* посылать
отсыпать (앗쓰빠찌)	(완, 미완) (일부분을) 쏟다, 쏟아내다
отсыреть (앗쓰레찌)	(완) *см.* сыреть
отсюда (앗쮸다)	(부) ① 이곳으로부터, 여기로부터 ② 따라서, 이로부터;
Оттава (앗따와)	(여) *г.* 오타와
оттаивать (앗따이와찌)	(미완) *см.* таять
отталкивать (앗딸끼와찌)	(미완) ① 밀치다 ② 반감을 일으키다
отталкивающий (앗딸끼와유쉬이)	(형) 아니꼬운, 역한, 싫은; 불쾌한
оттаскивать (앗따쓰끼와찌)	(미완) (옆으로) 끌어내다, 끌어가다
оттачивать (앗따치와찌)	(완) *см.* точить
оттащить (앗따쉬찌)	(완) *см.* оттаскивать
оттаять (앗따야찌)	(완) *см.* таять
оттенить (앗쩨니찌)	(완) *см.* оттенять

оттенок (앗쩨노크)	(남) ① 색채, 색깔, 빛, 색조 ② 뉘앙스(nuance), 미묘한 차이
оттенять (앗쩨냐찌)	(미완) ① 음영(흑백)을 뚜렷하게 하다 ② 더욱(보다) 뚜렷이 나타내다, 명백히 하다, 강조하다
оттепель (옷쩨뻴)	(여) 눈 녹이는 날씨
оттереть (앗쩨레찌)	(완) *см.* оттирать
оттеснить (완), ~ять (미완) (앗쩨쓰니찌)	(한쪽으로) 밀어내다, 밀쳐서 물리다, 구축하다; (군사) 퇴각시키다, 물리쳐서 몰아내다(물러나게 하다)
оттирать (앗찌라찌)	(미완) ① 비벼서 없애다, 닦아내다, 곱게닦다; ② 비벼서 감각을 회복시키다
оттиск (올띠쓰크)	(남) ① *см.* отпечаток ② (인쇄) 인쇄지, 인쇄한(찍어낸) 종이, 동판화, 인쇄한 그림
оттого (앗또가)	(부) *см.* поэтому
оттолкнуть (앗똘크누찌)	(완) *см.* отталкивать
оттопыриваться (앗따쁘리와쨔)	(미완) 비쭉 나오다, 불룩해지다
отточить (앗따치찌)	(완) *см.* точить
оттуда (앗뚜다)	(부) 그곳으로부터, 거기로부터
оттягивать (앗쨔기와찌)	(미완) ① 잡아당기다, 끌어내다 ② 지연시키다, 연기하다
оттяжка (앗쨔즈까)	(여) 지연, 연체, 연기
оттянуть (앗쨔누찌)	(완) *см.* оттягивать
отупение (앗뚜뻬니예)	(중) (머리가) 둔해지는 것, 멍청한것
отупеть	(완) *см.* тупеть ②

(앗뚜삐찌)

отучать (미완) от чего ~의 버릇을 그만두게
(앗뚜차찌) 하다(버리게 하다)

отучаться (미완) 버릇을 그만두다(버리다)
(앗뚜차쨔)

отучить(ся) (완) *см.* отучать(ся)
(앗뚜치쨔)

отхлынуть (완) 뒤로 밀려나가다, 흘러(쏟아져)
(앗흐르누찌) 나가다; 물러나다;

отход (남) ① 물러서는 것, 양보하다
(앗호드) ② (군) 후퇴, 퇴직; ③ 이탈, 탈선
  ④ 출발, 발차, 발도, 첫불발

отходить (미완) ① 물러서다, 물러가다, 갈라지다
(앗하디찌) ② 떠나다, 출발하다, 발차하다
  ③ 떨어지다, 분리되다, 헤어지다
  ④ (군) 후퇴(퇴각, 퇴진)하다

отходы (복수) 폐물, 찌꺼기, 찌끼;
(앗호듸)

отхожий (형): ~ий промысел 계절적 품팔이;
(앗호지이) ~ее место 뒷간, 변소

отцвести (완), **отцветать** (미완) 꽃이 지다, 시들다
(앗츠볘쓰찌) (앝츠볘따찌)

отцепить (완), **~лять** (미완) (연결한 것과 달라붙은 것과 걸린 것을)
(앗쳬삐찌) 떼다, 풀다, 벗기다;

отцепиться (완), **~ляться** (미완) (연결된 것, 붙었던 것이) 떨어지다,
(앗쳬삐쨔) 풀리다, 벗겨지다

отцовский (형) 아버지, 어버이, 어버이다운;
(앗촙쓰끼이)

отцовство (중) 부자관계, 아버지와 아들관계
(앗초브쓰뜨붜)

отчаиваться (미완) 절망에 빠지다, 절망하다,
(앗차이와쨔) 자포자기하다

отчаливать (미완), **~ить** (완) 떠나다, 출항하다;
(앗찰리와찌)

отчасти (부) 어느 정도, 얼마쯤, 부분적으로;
(앗차쓰찌)

- 846 -

отчаяние (앗차야니예)	(중) 절망, 자포(자기), 실망;
отчаянно (앗차얀나)	(부) 맹렬히, 필사적으로;
отчаянный (앗나얀느이)	(형) ① 절망적인, 절망에 빠진; ② 필사적인, 맹렬한; ③ 가망 없는;
отчаяться (앗차야쨔)	(완) *см.* отчаиваться
отчего (앗체보)	(부) 왜, 어째서;
отчество (옽체스뜨붜)	(중) 부칭
отчёт (앗쵸트)	(남) 사업보고(총화, 총결), 보고;
отчётливо (앗쵸틀리붜)	(부) 똑똑히, 뚜렷이
отчётливый (앗쵸틀리브이)	(형) 똑똑한, 뚜렷한, 선명, 명료한
отчётно-выборный (앗쵸트나-븨보르느이)	(형) ~ое собрание 결산선거회의
отчётность (앗쵸트노쓰찌)	(여) ① (부기) 결산, 결산문건 ② 보고제, 보고절차
отчётный (앗쵸트느이)	(형) ① 총화의, 총결의: ② 회계연도:
отчизна (앗치스나)	(여) 고국, 고향, 조국;
отчим (옽침)	(남) 이붓 아버지, 계부
отчисление (앗치쓸레니예)	(중) ① 공제; ② 면직, 제명; 퇴학
отчислить (완), **отчислять** (미완) (앗치쓸리찌)　(앝치쓸랴찌)	① 공제하다, 제하다 ② 면직시키다, 제명하다; 퇴각하다
отчистить (완) *см.* отчищать (앗치쓰찌찌)	
отчитать	(완) 책망(질책)하다, 닦아내다, 꾸지람

(앗치따찌)	하다
отчитаться (완), **отчитываться** (미완)	в *чём* 사업(결산) 보고를
(앗치따짜) (앝치띄와짜)	하다
отчуждать (앗추즈다찌)	(미완) ① (법학) 몰수하다, 징발하다 ② (둘 사이를) 멀게 하다, 소원케 하다
отчуждение (앗추즈제니예)	(중) ① (법률) 몰수, 징발, 징수, 징용; ② 사이가 뜬 것, 냉담한 것, 간격
отшатнуться (앗샤트누짜)	(완) 물러나다, 물러서다, 비껴서다
отшвырнуть (앗쉬브르누찌)	(완) *см.* отбрасывать
отшельник (앗쉘니크)	(남) 은둔자, 은거자;
отшиб (앗쉬브)	(남) на ~е 외따로, 떨어져, 홀로
отшлифовать (완), **~овывать** (미완)	① 번들번들하게 갈다, 연마
(앗쉴리파와찌)	하다 ② (재능 등을) 닦다, 탁마하다
отшутиться (완), **отшучиваться** (미완)	농담삼아 대답하다, 슬쩍
(앗슈찌짜) (앝수치와짜)	농담으로 피하다
отщепенец (앗쉐체네츠)	(남) 탈퇴자, 전향자; 변절자(變節者)
отщипнуть (완), **отщипывать** (미완)	집어뜯다, 집어뜯어내다
(앗쉬누찌) (앝씨츠와찌)	
отъезд (앗띠예즏)	(남) (차, 배 등을 타고) 출발(出發);
отъезжать (미완), **отъехать** (완)	① (일정한 거리를 타고) 떠나다,
(앗찌에예좌찌) (오찌에하찌)	출발하다 ② 벌어지다, 벌어져 틈이 생기다
отъявленный (앗찌야블렌느이)	(형) 이골이 난, 악명 높은, 판박은;
отымённый (앗띄묜느이)	(형) (언어) 파생명사, 명사에서 파생한
отыскать (완), **отыскивать** (미완)	찾아내다, 얻어내다
(앗띄쓰까찌) (앝띄쓰끼와찌)	
отяготить, ~щать	*см.* обременять

(앗**똬**고찌찌)

офицер
(아피체르)
(남) 군관(軍官), 장교(將校)

официально
(아피치알-나)
(부) ① 공식적으로; ② 격식에 따라, 형식적으로

официальный
(아피치알느이)
(형) ① 공식(적인); ② 공인, 격식(형식)을 차리는, 공식적인; ③ 형식적인, 격식(형식)을 차리는;

официант (남), **~ka** (여) 접대원(接待員)
(아피치안트)

оформитель
(아포르미쩰)
(남) 장식하는 사람, 무대장치가

оформить
(아포르미찌)
(완) *см.* оформлять

оформление
(아포르믈레니예)
(중) ① 수속, 격식의 부여; ② 꾸밈새, 장식

оформлять
(아포르믈랴찌)
(미완) ① 형태(격식)를 부여하다, 장식하다, 꾸미다 ② 수속하다, 격식대로 작성하다;

оформляться
(아포르믈랴짜)
(미완) 형성(완성)되다; 격식대로 작성되다, 수속되다;

офсет
(오프쎄트)
(남) (인쇄) 오프셋(offset), 오프셋 인쇄.

офсетный
(아프쎄트느이)
(형) 오프셋의: ~ая печать 오프셋 인쇄 (offset printing)

ox
(오흐)
(감) 오!, 오이!, 아!, 아이구!

охапка
(아하쁘까)
(여) 한 아름

охарактеризовать
(아하라크쩨리조와찌)
(완) 특징짓다; *см.* характеризовать

охать, охнуть
(오하찌)(오흐누찌)
(미완) 어이구(오)하고 소리치다, 끙끙하다; 탄식하다

охват
(아흐와트)
(남) 포괄, 망라, 끌어넣는 것, 인입; (군사) 익측우회포위

Oo

охватить (완), **охватывать** (미완) (아흐**와**찌찌) (아흐**와**띄와찌)	① 껴안다, 안다 ② 휩싸다, 휩쓸다, 사로잡다; ③ 망라(인입)하다, 포함시키다, 폭발하다; ④ (군사) 익측을 우회하다
охладевать (미완), **~еть** (완) (아흘라제와찌)	к *кому-чему* 냉담해지다, 엇갈리다 흥미가 없어지다, 마음이 내키지 않다;
охладить (완), **~ждать** (미완) (아흘라지찌)	① 차게 하다, 식히다, 냉각하다 ② 진정시키다, 식히다;
охлаждение (아흘라쥐제니예)	(중) ① 식히기, 냉각 ② 냉담, 간격
охмелеть (아흐멜레찌)	(완) ① (술에) 취하다 ② 도취하다, 취하다
охнуть (오흐누찌)	(완) *см.* охать
охота¹ (아호따)	(여) 사냥, 수렵(狩獵), 전렵;
охота² (아호따)	(여) 의욕, 욕망; 취미;
охотиться (아호찌짜)	(미완) ① 사냥하다, 잡이를 하다 ② ~ за редкой книгой 회귀한 책을 찾아다니다
охотник (아호트니크)	(남) 사냥군, 포수
охотничий (아호트니치이)	(형) 사냥용, 사냥에 쓰이는;
охотно (아호트나)	(부) 즐거이, 기꺼이, 자진해서
охра (아흐라)	(여) 황색토, 석간주, 대자, 자석고, 자토, 주토, 적토, 토주
охрана (아흐라나)	(여) ① 경비, 보위, 지킴, 수호, 보위, 방위; ② 경비대(警備隊), 수비대;
охранение (아흐라네니예)	(중) (군사) 경비대, 위병대;
охранить (아흐라니찌)	(완) *см.* охранять
охранник	(남) 호위원, 보위원, 수비대원

(아흐란니크)

охранный　　　　　　　　　　(형) ~ отряд 위병대, 수비대;
(아흐란느이)

охранять　　　　　　　　　　(미완) 지키다, 보호(보위, 수호)하다;
(아흐라냐찌)　　　　　　　　　　(군사) 경비하다

охрипнуть　　　　　　　　　(완) 목이 쉬다, 목소리가 쉬다
(아흐립누찌)

оцарапать　　　　　　　　　(완) 할퀴다, 긁다
(아짜라빠찌)

оцарапаться　　　　　　　　(완) (자기 몸에) 할퀸(긁힌) 자리를
(아짜라빠쨔)　　　　　　　　　　내다, 허비우다

оценивать (미완), **оценить** (완) ① 값을 매기다(부르다), 가격을
(아체니와쨔)　　　　(오체니찌)　　정하다 ② 평가(평정, 판단)하다.

оценка　　　　　　　　　　　(여) ① 가격사정 ② 평정, 평가;
(아첸까)　　　　　　　　　　　　③ 평점(平點), 점수(點數);

оценщик　　　　　　　　　　(남) 평가자, 가격평정자(사정자)
(아첸쉬크)

оцепенеть　　　　　　　　　(완) *см.* цепенеть
(아체뻬네찌)

оцепить　　　　　　　　　　(완) *см.* оцеплять
(아체삐찌)

оцепление　　　　　　　　　(중) 둘러싼(포위한) 사람들(부대)
(아체쁠레니예)

оцеплять　　　　　　　　　　(미완) 둘러싸다, 포위하다
(아체쁠랴찌)

оцинкованный　　　　　　　(형) 아연칠한, 아연도금을 한;
(아친꼬완느이)

оцинковать　　　　　　　　　(완) 아연칠하다, 아연도금을 하다
(아친꼬와찌)

очаг　　　　　　　　　　　　(남) 난로, 아궁이; 자기가정, 자택;
(아차그)　　　　　　　　　　　　발원지, 근원지, 중심지;

очарование　　　　　　　　　(중) 매혹, 매력;
(아차로와니예)

очаровательный　　　　　　(형) 매혹적인, 매력적인, 탐스러운,
(아차로와쩰느이)　　　　　　　　아릿다운;

- 851 -

очаровать (완), очаровывать (미완) (아차로와찌) (아차로븨와찌)	호리다, 황홀케 하다, 매혹하게 하다
очевидец (아체비제쯔)	(남) 목격자, 입회자;
очевидно¹ (아체비드나)	(부) 확연히
очевидно² (아체비드나)	(술어로) 명백하다, 완연하다;
очевидно³ (아체비드나)	(삽입어) 아마, 보건대; 틀림없이
очевидность (아체비드노쓰찌)	(여) 자명성, 자명한 것
очевидный (아체븨드느이)	(형) 자명한; 완연한, 극히 명백한, 두 말할 것도 없는
очень (오첸)	(부) 매우, 참, 썩, 대단히, 몹시
очередной (아체레드노이)	(형) ① 당면한, 선차적인; ② 다음, 순번; ③ 정기
очередь (오체레지)	(여) ① 순서, 차례; ② (군사) 연발사격
очерк (오체르크)	(남) ① 오체르크, 수필, 스케치; ② 개요, 개론, 적요, 줄거리
очернить (아체르니찌)	(완) 더럽히다, 악평(비방)하다
очерстветь (아체르쓰뜨볘찌)	(완) см. черстветь
очертания (아체르따니야)	(복수) 윤곽(輪廓), 외형(外形); 언저리
очечник (아체츠닉)	(남) 안경집
очинить (아치니찌)	(완) см. чинить 2
очистка (아치쓰뜨까)	(여) ① 청소, 소제, 세척; ② 정화(淨化); 카타르시스(katharsis)
очистки	(복수) (깎은) 껍질, 찌끼

- 852 -

(아치쓰뜨끼)	
очищать (아치샤찌)	(미완) ① 깨끗이 하다, 청결(청소)하다, 소제하다; ② (껍질을) 벗기다, 깎다; ③(화학,금속) 정화(정제, 정류, 정선)하다
очки (아치끼)	(복수) 안경;
очко (아츠꼬)	(중) 점, 득점(得點), 점수(點數)
очковтирательство (아츠까브찌라쩰쓰드붜)	(중) 사기, 속임
очнуться (아츠누쨔)	(완)① (제)정신이 들다, 정신을 차리다 ② 깨다, 눈뜨다
очный (오츠느이)	(형) ~ая ставка 대면심문; ~ое обучение 주간교육
очутиться (아추찌쨔)	(완) где ~에 빠지다, 처하게 되다, 있게 되다;
ошей ник (아쉐이니크)	(남) (동물의) 목소리
ошеломить (완), **ошеломлять** (미완) 아연케 하다, 휘두르다, (아쉘로미찌) (아쉘로믈랴찌) 얼떨떨하게 만들다	
ошеломляющий (아쉘로믈랴유쉬이)	(형) 아연케 하는, 휘두르는. (심히) 놀라운.
ошибаться (미완), **ошибиться** (완) ① 잘못하다, 오류를 범하다, (아쉬바쨔) 틀리다 ② 오해하다, 잘못 생각하다, 오발하다	
ошибка (아쉽까)	(여) 잘못, 틀림, 오류, 실수, 과오
ошибочный (아쉬보츠느이)	(형) 그릇된, 틀린, 잘못된;
оштрафовать (아쉬트라포와찌)	(완) см. штрафовать
оштукатурить (아쉬두까뚜리찌)	(완) см. штукатурить
ощипать (완), **ощипывать** (미완) (닭, 새의) 털을 뜯다 (아쉬빠찌) (아쉬삐와찌)	

Oo

ощупать (완), **ощупывать** (미완)		어루만지다, 만져보다, 더듬다
(아쓔빠찌) (아쓔삐와찌)		

ощупь (오슈삐) — (여) на ~ 홈착홈착, 더듬어서; искать на ~ 홈착홈착 거리다, 더듬어 보면서 찾다

ощупью (오슈삐-유) — (부) *см.* ощупь

ощутимый, **ощутительный** (아쓔찌믜) (아쓔찌쩰느이) — (형) ① 감촉할 수 있는, 느낄 수 있는; ② 눈에 띄는, 현저한, 대단한

ощутить (완), **ощущать** (미완) (아쓔찌찌) (아쓔샤찌) — 느끼다, 감촉하다, 감각하다;

ощущение (아쓔쒜니예) — (중) ① 감촉, 감각; ② 느낌, 감정;

оягниться (아야그니짜) — *см.* ягниться.

Оо

Пп

па (빠)	(중) 춤의 스텝, 걸음새.
павильон (빠빌욘)	(남) ① 전람관, 진열관; ② (공원 등의) 정자, 벤치; ③ (영화, 사진의) 촬영자, 촬영실(撮影室)
павлин (빠블린)	(남) 공작새, 작우
паводок (빠보도크)	(남) 시위, 물이 붇는 것, 큰물
павший (빠브쉬이)	① пасть의 능동과거 ② (명사) : ~ие (복수) 전사자
пагода (빠고다)	(여) 탑(塔), 타워(tower)
пагубно (빠굽나)	(부) 몹시 해롭게, 파멸적으로;
пагубность (빠굽노쓰찌)	(여) 극히 해로운 것, 파멸(破滅)
пагубный (빠굽느이)	(형) 극히 해로운, 죽음(파멸)을 가져오는
падаль (빠달)	(여) 죽은 짐승
падать (빠다찌)	(미완) ① 떨어지다; ~ть сверху 위에서 떨어지다; листья ~ют 나뭇잎이 떨어진다; ② 넘어지다, 자빠지다; 꺼꾸러지다; 쓰러지다;~ть на землю 땅에 넘어지다; ③ (눈, 비가) 내리다, 오다; ④ (머리칼, 이빨 따위가) 빠지다; ⑤ (수위, 온도, 가격 따위가) 낮아지다, 저하되다; ⑥ 몫으로 되다, 부담으로 지워지다; ⑦ (안개, 이슬이) 내리다.
падеж	(남)(언어) 격(格); именительный ~

- 855 -

(빠데즈)		주격, 임자자리; родительный ~생격; косвенные ~и 사격, 총격, 간접격; ~ое окончание 격어미; ~ые формы 격형태; склонять по ~ам 격변화 시키다.
падёж (빠죠즈)		(남) 집짐승의 죽음
падежный (빠제즈느이)		(형) (언어) 격식의.
падение (빠제니예)		(중) ① 낙하, 추락; ② 저하, 감소; ③ 쇠퇴, 저락; ④ 붕괴, 멸망, 몰락,
падкий (빧끼이)		(형) 몹시 좋아하는, 탐내는
падчерица (빧체리차)		(여) 이붓 딸
падь (빠지)		(여) 깊은 산골짜기, 계곡
паевой (빠예보이)		(형) 출자금의, 출자액의
паёк (빠요크)		(남) ① 배급식량;② 배급물자, 공급물자
пазуха (빠주하)		(여) ① 품, 넓이; ② (해부) 안, 내부; 강 (구강, 복강);
пай (빠이)		(남) 출자금(出資金), 몫; 배당금
пай ка (빠이까)		(여) (공학) 납땜, 납접; 땜(한)자리
пай щик (남), ~ца (여) (빠이쉬크)		주주(株主), 출자한 사람
пакет (빠껫트)		(남) ① (종이) 꾸러미; 곽; 소포; ② 봉지, 봉투, 지대 봉다리; ③ 공문봉투; ④ (전문) 묶음, 속;
Пакистан (빠끼쓰딴)		(남) 파키스탄
пакистанский (빠끼쓰딴쓰끼이)		(형) 파키스탄의

Пп

па́кля (빠클랴)	(여) 아마(삼) 부스러기
пакова́ть (빠까바지)	(미완) 짐을 꾸리다, 짐을 포장하다, 짐을 싸다
па́костить (빠까스찌찌)	(미완) ① 어지럽히다, 더럽히다 ② 못쓰게 하다, 망치다, 망그뜨리다 ③ 해를 끼치다, 못된 짓을 하다;
па́костник (남), ~ца (여) (빠까스뜨니크)	더러운(해로운) 짓을 하는 사람; 음란한 사람
па́костный (빠까스뜨느이)	(형) 더러운, 지저분한, 너절한, 비열한; 해를 끼치는
па́кость (빠까스찌)	(여) ① 더러운 것, 추잡한 것 ② 비열한 짓
пакт (빡뜨)	(남) 조약, 약정, 협약, 협정, 규약
паланки́н (빨란낀)	(남) 가마, 자비, 교자, 승교
пала́с (빨라쓰)	(남) (표면에 털이 없는) 양탄자
пала́та (빨라따)	(여) ① 의원, 의회; ② 관리소; ③ 병실; ④ 궁실, 궁전
пала́тка (빨랕까)	(여) 천막, 장막, 텐트(tent); 가게
пала́точный (빨라또츠느이)	(형) 천막의, 장막의, 텐트의
пала́ч (빨라츠)	(남) ① 교형리, 사형집행인; ② 억압자, 잔인무도한자
па́левый (빨레브이)	(형) 연한 황색, 미색, 베지색
палёное (빨룐노예)	(중) 겉이 탄것
палёный (빨룐느이)	(형) 그을린, 겉이 탄
палеозо́й (빨레오조이)	(남) 고생대

Пп

палеолит (빨레올릿트)	(남) 구석기시대
палеонтология (빨레온똘로기야)	(여) 고생물학
Палестина (빨레쓰찌나)	(여) 팔레스티나
палец (빨레쯔)	(남) ① 손(발)가락; большой ~ руки 엄지손가락; указательный ~ 집게손가락, 둘째손가락; средний ~ 가운데 손가락; безымянный ~ 약지손가락; показывать ~м 손가락질하다; ② (공학) 못, 핀, 고정 못.
палисадник (빨리사드니크)	(남)(울타리에 둘러쌓인 집 앞의) 작은정원
палитра (빨리뜨라)	(여) ① 팔레트, 조색판, 물감판; ② 색그림법, 채색법; ③ (예술가의) 표현수법.
палить¹ (빨리찌)	(미완) ① 그을리다, 불에 그을다; ② (해볕이) 쪼이다
палить² (빨리찌)	(미완) (일제)사격하다
палка (빨까)	(여) 막대기, 몽둥이; 지팡이
паломник (남), ~ца (여) 순례자(巡禮者) (빨롬니크)	
паломничество (빨롬니체쓰또뷔)	(중) ① 순례(巡禮); ② 명승고적에로의 유람(여행)
палочка (빨로츠까)	(여) ① 작은 막대기; ② ~и (복수) 젓가락; ③ туберкулёз ная ~а 결핵균; кишечная ~а 대장균
палтус (빨뚜쓰)	(남) 넙치, 광어, 비목어(比目魚)
палуба (빨루바)	(여) 갑판; верхняя ~ 윗 갑판; нижняя ~ 아래갑판
пальба (빨바)	(여) 발사(發射), 잦은(일제)사격

Пп

пальма (빨마)	(여) (식물) 종려나무;
пальмовый (빨마브이)	(형) 종려나무;
пальпация (빨**빠**찌야)	(여) (의학) 촉진(促進)
пальто (빨또)	(중) 외투;
пальчик (빨칙)	(남) (палец 의 지소-애칭) 작은 손(발)가락; ~и оближешь 1) 대단히 맛있다 2) 구미가 돈다, 매력이 있다, 매혹적이다
палящий (빨랴쉬이)	(형) ① палить 의 능동현재; ② (형) 몹시 더운, 찌는 듯한;
памфлет (빰프렛트)	(남) (풍자) 정론소품, 팜플레트
памятка (**빠**맡까)	(여) 주의서, 준칙, 지침서; 해야 할 일거리를 적은 목록(지도서)
памятник (**빠**맡니크)	(남) ① 기념비, 동상; ~ Пушкину 푸쉬킨 동상; надгробный ~ 묘비; ② 기념물, 고적, 유적, 고적지; ③ 옛 문헌, 고서적, 옛 작품
памятный (**빠**맡느이)	(형) ① 잊지 못할, 잊을 수 없는, 기억할; ② 잊지 않기 위한, 기억하기 위한; ③ 기념;
памятовать (빠먀또**와**찌)	(미완) 기억하다; ~уя о чём-л ~을 잊지 않고, ~을 기억하면서
память (**빠**먀찌)	(여) ① 기억, 기억력; хранить в ~и 기억하다, 기억해두다; ② 기념, 추억; хранить ~ь о ком-чём ~에 대한 추억을 간직하다;
пан (빤)	(남) (폴스까나 제정시기 우크라이나의) 지주, 귀족, 신사; ~ илипропал(либо ~, либо пропал) 성공 하느냐 실패하느냐, 될 대로 되라
панама (빠나마)	(여) (파나마) 모자
панамка	(여) (панама의 축소)(채양이 달린 아동용)

Пп

- 859 -

(빠남까)	여름모자
панацея (빠나체야)	(여) 만병통치약, 만능약
панбархат (빤바르하트)	(남) 엷은 비로도
пандемия (빤제미야)	(여) 전염병(傳染病), 염병, 돌림병
панель (빠넬)	(여) ① 걸음 길 ② (건축) (판넬) 벽판 ③ (공학)판, 조종판, 배전판
панельный (빠넬느이)	(형) 판넬의, 판넬같은
панибратский (빠니브랕쓰끼이)	(형) 흉허물 없는, 스스럼없는, 친밀한
панибранство (빠니브란쓰뜨붜)	(중) 허물없는 사이, 친교
паника (빠니까)	(여) 당황망조, 혼비백산, 공포, 혼란;
паникёр (빠니께르)	(남) 겁쟁이, 비겁분자, 유언비언을 퍼뜨리는 자
паникёрствовать (빠니께르쓰뜨붜와찌)	см. паниковать
паниковать (빠니까와찌)	(미완) 당황망조하다, 겁을 먹다, 공포에 사로잡히다
панихида (빠니히다)	(여) (종교) 공약, 추도, 추념, 회고
панический (빠니체쓰끼이)	(형) ① 공포, 당황망조한; ② 겁이 많은, 겁에 질린
панкреатит (빤크레아찓트)	(남) (의학) 췌장염(膵臟炎)
панно (빤노)	(불변) (중) ① (벽, 천정의) 장식판; ② (건축) 벽장화
панорама (빠노라마)	(여) ① 전경 ② 전경화 ③ (군사) 포의 포대경, 조준경
пансион (빤씨온)	(남) ① (제정러시야 및 자본주의국가들의) 기숙학교; ② 기숙사, 하숙집, 여관

Пп

пансионат (빤씨오낫트)	(남) (휴양하기 위한) 여관, 휴양소(의 일종)
пантеон (빤쩨온)	(남) 위임묘; (고대로마의) 만신묘
пантера (빤쩨라)	(여) 표범, 돈점박이, 안락범
пантокрин (빤또크린)	(남) (의학) 녹용(용, 녹각) 조합제, 강장제, 보혈제.
пантомима (빤또미마)	(여) 몸짓극, 손짓극, 무언극(無言劇), 묵극(默劇), 팬터마임(pantomime), 사일런트 플레이(silent play)
панты (빤띄)	(복수) 녹용(鹿茸), 용(茸), 사슴뿔, 노각, 대각
панцирный (빤치르느이)	(형) 갑각의: ~ корабль 거북선
панцирь (빤치리)	(남) ① 갑옷; ② (동물, 갑추의) 등갑, 갑각; ③ (공학) 철갑, 장갑, 보호판
папа¹ (빠-빠)	(남) 아빠, 아버지, 빠빠.
папа² (빠-빠)	(남) 법왕; ~ римский 로마법왕
папайя (빠-빠이야)	(여) 파파야나무
папаха (빠-빠하)	(여) (높은) 털모자;
папаша (빠-빠샤)	(남) 아버지, 아버님
папирус (빠삐루쓰)	(남) ① (열대산)갈 ② 파피루스종이 ③ 파피루스종이에 쓴 옛문헌
папка (빠쁘까)	(여) ① 종이끼우개, 서류철; ② 판종이 뚜껑, 마분지표지, 두터운 표지
папоротник (빠뽀로트니크)	(남) 고사리, 궐채
Папуа-Новая Гвинея (빠뿌아-노와야 그비네야)	파푸아뉴기니아

Пп

- 861 -

Пар¹ (Первая книга Паралипоменон, 29장, 428 쪽) 역대상
(빠르) (歷代記上, books of the Chronicles)

Пар² (Вторая книга Паралипоменон, 36장, 461 쪽) 역대하
(빠르) (歷代記下, books of the Chronicles)

пар¹ (남) ① 김, 증기; ② 입김; ③ 안개; ~
(빠르) костей не ломит(속담) 아무리 더운들 뼈까지 익을까?(더운 때에 웃으며 하는 말) на всех ~ах 빨리, 쏜살같이; 전속력으로

пар² (남) 묵이는 밭, 휴경지, 윤작(휴전)농법
(빠르)

пара (여) ① (한) 켤레; ~а обуви (ботинок, сапог, чулок, перчаток) 신발(구두,장화, 양말, 장갑) 한 켤레; ② (둘씩 짝으로 된 것)
(빠라) 두 개, 한 쌍; ~а вёсел 노 한조; ③ ~а яблок 사과 두알; ~а конвертов 봉투 두 장; ④ (두개의 같은 부분으로 되어 있는 물건) 한 개, 한 짝; ~а ножниц 가위 한 개; ~а щипцов 집게 한 개;~а брюк 바지 한 벌;⑤ 한 쌍;супружеская ~а 부부; влюблённая ~а 서로 사랑 하는 남녀(한 쌍); ⑥ (술어로) 짝(쌍이) 맞다; он тебе не ~а 그는 너와 짝이 맞지 않는다. на ~у 둘이서, 함께; в ~е с кем-л .....와 함께

парабола (여) ① (수학) 포물선(抛物線); ② 탄도
(빠라볼라)

параграф (남) 절(節), 항(項), 단락; 부호(§);
(빠라그라프)

парад (남) 열병식(閱兵式); 시위행렬, 행진;
(빠라드)

парадное (중) 정문(출입구), 현관(玄關), 입구
(빠라드노예)

парадность (여) 웅장하고 화려한 것
(빠라드노쓰찌)

парадный (형) ① 열병식의; 예식의; ② 정문
(빠라드느이)

парадокс (남) ① 역설(逆說), 궤변(詭辯);
(빠라돆쓰) ② 기이한 현상

парадоксальность (빠라독살노쓰찌)	(여) 궤변, 자가당착
парадоксальный (빠라독살느이)	(형) ① 역설적인; ② 믿기 어려운, 기이한, 기괴 망측한;
паразит (빠라지트)	(남) ① (생물) 기생충; 기생식물; ② 도식자; ③ 몹쓸 놈, 빌어먹을 놈
паразитизм (빠라지찌즘)	(남) ① 기생, 더부살이, 우생, 착생 ② 기생적 생활(근성)
паразитировать (빠라지찌로와찌)	(미완) ① (생물) 기생하다, 더부살이, 우생(寓生)하다, 착생(着生)하다 ② 기식하다, 기생적 생활을 하다
паразитический (빠라지찌체쓰끼이)	(형) 기생적인, 더부살이의;
парализованный (빠랄리조완느이)	(형) 마비된; 못쓰게 된
парализовать (빠랄리조와찌)	(완, 미완) 마비시키다, 무력하게 하다
паралич (빠랄리츠)	(남) 마비(痲痹), 중풍, 중풍병(증)
параллелепипед (빠랄렐레삐뻬드)	(남) (수학) 평행육면체(平行六面體)
параллелизм (빠랄렐리즘)	(남) ① 평행; ② 일치, 유사, 상응; ③ 이중, 반복; ④ (문학) 대구(법)
параллелограмм (빠랄렐로그람)	(남) (수학) 평행사변형(平行四邊形)
параллель (빠랄렐)	(여) ① (수학) 평행선; ② (지리) 위선; 위도; ③ 비교, 대비; провести ~ь межлу чем-л ~과 ~을 대비하다.
параллельно (빠랄렐나)	(부) ① 평행으로, 병렬로; ② ~와 동시에;
параллельный (빠랄렐느이)	(형) (수학) 평행의; ~ая линия 평행선; ~ые брусья (체육)평행봉(平行棒); ~ое соединение (전기) 병렬접속
параметр (빠라메뜰)	(남)①(수학) 파라메트론(parametron) 매개 변수, 보조변수; ② (물리, 공학) 곁수, 정수

паранджа (빠란드자)	(여) (회교도 여자가 남들 앞에서 얼굴을 가리는) 면사포, 차도르, 면사보, 베일
параноик (빠라노이크)	(남) (의학) 편집광환자
паранойя (빠라노이야)	(여) (의학) 편집광, 망상증, 파라노이아
парапет (빠라뻴)	(남) 난간
паратиф (빠라찌프)	(남) (의학) 파라티브스
парафин (빠라핀)	(남) 파라핀(paraffin), 파라핀납
парафирование (빠라피라와니예)	(중) (외교) ~가조인(하는 것)
парафировать (빠라피라와찌)	(완, 미완) (외교관계) 가 조인되다
парашют (빠라슈트)	(남) 낙하산; 파라슈트
парашютизм (빠라슈찌즘)	(남) ① 낙하산 하강술, 하강(下降); ② 낙하산경기
парашютист (남), ~ка (여) (빠라슈쯔스트)	낙하산병, 낙하병
парашютный (빠라슈뜨느이)	(형) 낙하산의, 파라슈트로
парение (빠레니예)	(중) ① 찌는 것; ② 증기목욕 하는 것.
парение (빠레니예)	(중) (날개를 펴고) 떠있는 것, 비행(飛行)
пареный (빠레느이)	(형) 찐, 데친;
парень (빠렌)	(남) ① 젊은이, 청년; ② 사람, 사내, 남자(男子);
пари (빠리)	(물편) (중) 내기;
Париж	(남) г. 파리

(빠리쓰)

парижский　　　　　　　　(형) 파리의; Парижская коммуна
(빠리즈쓰끼)　　　　　　　　(1871년) 파리꼼문

парик　　　　　　　　　　(남) 덧머리, 가발, 가짜머리
(빠리크)

парикмахер　　　　　　　(남) 이발사, 이용사, 미발사
(빠리크마헬)

парикмахерская　　　　(여) 이발소, 이발관, 이용실
(빠리크마헬쓰까야)

парилка, ~ьня (여)　　　① 증기욕실, 증기탕
(빠릴까)　　　　　　　　　　② (공장의) 증기실

парировать　　　　　　　(완, 미완) ① 마주치다, 물리치다, 격퇴
(빠리로와찌)　　　　　　　　하다, 반격하다; ② 되받아 말하다,
　　　　　　　　　　　　　　항변하다, 논박하다

паритет　　　　　　　　　(남) ① 평등(平等), 균등, 대등
(빠리쪨)　　　　　　　　　　② (경제) 등가, (가격) 평형(平衡)

паритетный　　　　　　　(형) 동등한, 균등한, 동격;
(빠리쪨느이)

парить　　　　　　　　　(미완) ① 찌다,(증기로)익히다, 데치다;
(빠리찌)　　　　　　　　　　② 증기찜을 하다, 증기소독을 하다;
　　　　　　　　　　　　　　③ (증기목욕탕에서) 땀내다, 한증하다,
　　　　　　　　　　　　　　사우나; ④ (무인칭) 무덥다;

парить　　　　　　　　　(미완) ① 날개를 편채 하늘높이 날다
(빠리찌)　　　　　　　　　　(떠있다); ② 공상에 잠기다;

париться　　　　　　　　(미완) ① (парить 의 피동) (증기로)
(빠리쨔)　　　　　　　　　　익혀지다; ② 증기목욕을 하다; ③ 햇빛을
　　　　　　　　　　　　　　쬐다, 일광욕을 하다, 과도한 일광욕으로
　　　　　　　　　　　　　　인하여 녹초가 되다; ④ 진땀을 빼다;
　　　　　　　　　　　　　　⑤ 열심히 수행하다

парк[1]　　　　　　　　　(남) 공원(公園), 유원지(遊園地);
(빠르크)

парк[2]　　　　　　　　　(남) ① (전차, 버스, 자동차, 비행기 따위)
(빠르크)　　　　　　　　　　차고; ② 총수(總數), 총체(總體), 대수;
　　　　　　　　　　　　　　③ (군사) 탄약(기술기자재) 이동창고

паркет　　　　　　　　　(남) (바닥에 까는) 쪽매널; 쪽모이판,
(빠르꼘)　　　　　　　　　　쪽매널마루;

Пп

паркетный (빠르께트느이)	(형) 쪽매널의;
парламент (빠르라멘트)	(남) 국회(國會), 의회(議會);
парламентарий (빠르라멘따리이)	(남) 국회의원, 국민의 대표의원
парламентарный (빠르라멘따르느이)	(형) 의회제; ~ый строй 의회제도; ~ая республика 의회제공화국
парламентёр (빠르라멘쬬르)	(남) (교전쌍방으로부터 회담에 파견되는) 군사대표
парламентский (빠르라멘뜨쓰끼이)	(형) 국회의, 의회의
парная (빠르나야)	(여) 증기욕실
парник (빠르니크)	(남) 온상(溫床), 온실, 그린하우스
парниковый (빠르니꼬브이)	(형) 온상의, 온실의, 그린하우스의
парнишка (빠르니쓰까)	(남) 소년(少年), 총각아이
парной (빠르노이)	(형) (우유, 고기 등에 대하여) 신선한, 신선하고 따뜻한
парный (빠르느이)	(형) ① 짝(쌍)을 이루는, 두 짝으로 된, 두개로 된; ② 복식(複式), 2 인조;
паровоз (빠로보즈)	(남) (증기) 기관차, 불통, 화통, 화통간 (火筒間), 로코모티브(locomotive),
паровозный (빠로보즈느이)	(형) (증기) 기관차(機關車)
паровой (빠로보이)	(형) ① 증기, 증기로 움직이는; ② 증기로 찐;
пародийный (빠로지이느이)	(형) 광시(狂詩), 풍자적, 희극의
пародировать (빠로지로와찌)	(미완, 완) 풍자적으로, 피상적으로 모작하다, 모사하다, 조롱하여 모사하다
пародист	(남) 광시(풍자)작가

Пп

(빠로지쓰트)

пародия
(빠로지야)
(여) ① (문학) 광시(작품에서 결함을 풍자적으로 모사한 작품); ② 외곡된 모방

пароль
(빠롤)
(남) 군호(軍號), 암호(暗號)

паром
(빠롬)
(남) 나룻배, 나루, 도선, 진선

паромный
(빠롬느이)
(형) 나룻배의, 진선의

паромщик
(빠롬쉬크)
(남) 나룻배 사공

парообразный
(빠로옵라쓰느이)
(형) 김모양, 증기상

парообразование
(빠로옵라조와니예)
(중) (공학) 기화, 증발, 증기형성

паропровод
(빠롭로보드)
(남) (공학) 증기(도)관

пароход
(빠로홑)
(남) 기선(汽船), 배; пассажирский ~ 손님 배, 기선; океанский ~ 대양기선; буксирный ~견인선;~-рефри жератор 냉동선; ехать ~ом(на ~е) 기선을 타고 가다

пароходный
(빠로홑느이)
(완) 여객선(旅客船), 객선

парт.....
(빠르트)
(합성어의 첫 부분으로서) 당;

парта
(빠르따)
(여) (의자가 달린) 학생책상

партактив
(빠르딱찌프)
(남) ① 핵심당원, 당열성자
② 당열성자회의

партбилет
(빠르뜨빌렛트)
(남) 당원증(黨員證)

партбюро
(빠르뜨뷰로)
(불변) (중) 당위원회(黨委員會)

партвзносы
(빠르뜨브쓰노쓰)
(복수) 당비(黨費)

партвзыскание (빠르뜨비쓰까니예)	(중) 당책벌
партгруппа (빠르뜨그루빠)	(여) 당분조
партер (빠르쩰)	(남) (극장아래층) 대중석, 일반석
партиец (빨찌예츠)	(남) 당원(黨員)
партизан (빨띠잔)	(남) 유격대원, 빨찌산, 게릴라
партизанить (빨띠자니찌)	(미완) 유격투쟁을 하다
партизанка (빨띠잔까)	(여) 여성유격대원,
партизанский (빨띠잔스끼이)	(형) 유격의, 빨찌산의, 게릴라;
партизанщина (빨띠잔쉬나)	(여) 무계획적 사업, 주먹구구식사업; 무규율적인 행동
партийно-государственный (빨찌나-고쑤달쓰뜨벤느이)	(형) 당 및 국가
партийность (빨찌이노쓰찌)	(여) 당성; 당별, 당소속
партийный (빨찌이늬이)	(형) ① 당, 당적인; ② 당에 속하는, 당원인; ③ (명사) (남) 당원(黨員)
партитура (빨찌뚜라)	(여) (음악) 총보, 총악보
партия (빨찌야)	(여) ① 당(黨), 정당: ② 조(組), 부대, 일행, 그룹, 무리; ③ 파(派), 당파, 파벌; ④ (물품의) 한조, 일정한 량, 뭉태기; ⑤ (음악) 성부, 음부; (가극에서 독창) 역; ⑥ (놀음) 한판; 패(敗)
парткабинет (빠르까비녵)	(남) 당 자료실, 당연구실
партком (빠르트꼼)	(남) 당위원회(黨委員會);

партнёр (남), ~ша (여) ① 상대방, 상대자; 같이 일하는

- 868 -

(빠르뜨놀)	(노는) 사람; ② (놀음의) 참가자; 성원
парторг (빠르또르그)	(남) 당비서, 당책임자, 당대표
парторганизация (빠르또르가니자치야)	(여) 당단체, 당조직;
партпросвещение (빠르뜨로쓰볘쉐니예)	(중) 당교양(사업)
партсобрание (빠르뜨싸브라니예)	(중) 당회의
партстаж (빠르뜨쓰따즈)	(남) 당년한, 당경력
партучёба (빠르뚜쵸바)	(여) 당학습
партячейка (빠르따체이까)	(여) 당세포
парус (빠루쓰)	(남) 돛, 돛천;
парусина (빠루씨나)	(여) 삼베, 돛천
парусиновый (빠루씨노브이)	(형) 삼베의, 돛베의;
парусник (빠루쓰니크)	(남) 범선(帆船), 돛단배, 돛배, 세일링 보우트(sailing boat)
парусный (빠루쓰느이)	(형) 돛; 돛이 달린;
парфюмерия (빠르퓨몌리야)	(여) (집합) ① 향료품, 향수, 화장품 ② 향료품(화장품)제조
парфюмерный (빠르퓨몔느이)	(형) 향료(香料), 화장품(化粧品);
парча (빠르차)	(여) 금란, 금(은)실로 수놓은 비단
паршиветь (빠르쉬볘찌)	(미완) ① 옴에 걸리다, 비루먹다; 헌데가 나다 ② 너절해지다, 더러워지다
паршивый (빠르쉬브이)	(완) ① 옴이 옮은, 비루먹은 ② 헌데가 난, 부스럼이 난; 더러운, 너절한

Пп

пас (빠스)	(남) (체육) (공의) 패스(pass), 연락;
пасека (빠쎄까)	(여) 꿀벌치기 터, 양봉장
пасечник (빠쎄츠니크)	(남) 꿀벌치기 공, 양봉장주인
пасквиль (빠스크빌)	(남) 비방하는 글, 중상하는 글(작품), 훼방문
пасмурный (빠스무르느이)	(형) ① 흐린, 음산한; ② 우울한, 침울한;
пасовать¹ (빠싸와찌)	(미완) (체육) 공을 패스하다
пасовать² (빠싸와찌)	(미완) 물러서다, 굴복하다;
паспорт (빠스뽀르트)	(남) ① 신분증(身分證), 신분 증명서; заграничный ~ (외국에 가는) 여권; дипломатический ~ 외교여권; служебный ~ 공무여권; ② [технический] ~ [автомобиля] 자동차등록증 ③ (구조, 설비의) 설명서
паспортный (빠스뽀르뜨느이)	(형) 신분증의, 신분 증명서의
пассаж (빠싸즈)	(남) ① 통로식 장마당, 골목시장; ② (음악) 작품의 일부
пассажир (남), ~ка (여) 손님, 여객(旅客) (빠싸줘르)	
пассажирский (빠싸줘르쓰끼이)	(형) 손님(용), 여객;
пассат (빠쌋트)	(남) 무역풍(貿易風)
пассив (빠씨프)	(남) ① (부기) 빚, 부채, 채무; ② (언어) 피동사, 수동사; ③ 결점, 결함
пассивность (빠씨브노쓰찌)	(여) 소극성, 소극적인 태도
пассивный (빠씨브느이)	(형) ① 소극적인; 무관심한; ② (언어) 피동, 수동; ~ая форма 피동형, 수동형;

- 870 -

	③ (경제) 부채, 빚, 채무
паста (빠스따)	(여) (화장, 요리 등에서 쓰는) 연제, 연고, 분마고;
пастбище (빠스뜨비쉐)	(중) 목장(牧場), 방목지(放牧地), 풀판;
пастель (빠쓰젤)	(여) ① 그림에서 쓰는 묽은 색연필 ② 파스텔화, 크레파스화
пастеризация (빠쓰쩨리자찌야)	(여) 살균법(殺菌法), 멸균법(滅菌法)
пастеризованный (빠쓰쩨리조완느이)	(형) ① (пастеризовать 의 피동과거) ② (형) 균을 죽인, 살균법을 실시한
патеризовать (빠쓰쩨리조와찌)	(미완, 완) 살균하다, 균을 죽이다, 살균법을 쓰다;
пасти (빠스찌)	(미완) 놓아먹이다, 방목하다;
пастила (빠쓰찔라)	(여) 과일 엿, 재리
пастись (빠쓰찌시)	(미완) (풀밭에서)풀을 뜯어먹다
пастор (빠스또르)	(남) 목사(牧師), 목자, 신부
пастух (빠스뚜흐)	(남) 목동, 방목공, 양치기, 카우보이
пастуший (빠스뚜쉬이)	(형) 목동의, 방목공의; 양치기의
пастушка (빠스뚜쉬까)	(여) 방목공(여자)
пасть¹ (빠스찌)	(완) ① *см.* падать ② 죽다, 전사하다; ③ 전복(함락)되다, 떨어지다; ④ (도덕적으로) 타락되다;
пасть² (빠스지)	(여) (짐승의) 아가리, 주둥이, 아구창
пастьба (빠스찌바)	(여) 놓아먹이기, 방목
пасха	(여) (종교) 부활제(復活祭)

(빠쓰하)

пасынок
(빠쓰노크)
(남) ① 의붓아들, 다시얻은 남편의 아들; ② (농업) 곁순

патент
(빠쩬트)
(남) ① 특허(장); ② 신임장, 허가증

патентованный
(빠쩬따완느이)
(형) 특허의, 특허 있는;

патентовать
(빠쩬따와찌)
(미완) 특허를 주다(받다), 특허권을 주다(받다)

патетика
(빠쩨찌까)
(여) 감동력, 감동적인; 격동적인 어조, 격정

патетический
(빠쩨찌체쓰끼이)
(형) 감동적인, 열정적인, 흥분된;

патефон
(빠쩨폰)
(남) 전축, 축음기(蓄音機);

патиссон
(빠찌쏜)
(남) (식물) 구루파산

патока
(빠따까)
(여) 진한 단물, 당밀, 엿당

патологический
(빠딸로기체쓰끼이)
(형) ① (의학) 병리학; ② 병적인, 기형적인;

патология
(빠딸로기야)
(여) ① 병리학; ② 병적성격, 기형성

патологоанатом
(빠딸로고아나똠)
(남) 병리해부학자

патриарх
(빠뜨리알흐)
(남) ① (종교) 총주교; ② 원로, 웃어른, 장로, 노장

патриархальный
(빠뜨리아르할느이)
(형) ① 가부장; ② 낡은, 인습적인;

патриот
(빠뜨리오트)
(남) ① 애국자(愛國者), 애국주의자; ② 열렬히 사랑하는 사람

патриотизм
(빠뜨리오찌즘)
(남) 애국주의(愛國主義), 애국심(愛國心), 국가를 사랑하는 마음

патриотический
(빠뜨리오찌체쓰끼이)
(형) 애국의, 애국주의적;

патро́н¹ (빠뜨론)	(남) ① 탄알, 총탄; 탄피, 약통; ② (전등의) 소켓트 ③ (공학) 고정원통, 자끼, 기대물리개
патро́н² (빠뜨론)	(남) ① 상관; 주인 ② 보호자, 비호자
патрона́жный (빠뜨론나즈느이)	(형): ~ая сестра 가정 의료 봉사 간호원
патронта́ш (빠뜨론따쉬)	(남) 탄띠, 탄갑
патру́бок (빠뜨루보크)	(남) (공학) 분출관; 접촉관, 접합관, 연결관
патрули́рование (빠뜨룰리로와니예)	(중) 순찰(巡察), 순시(巡視)
патрули́ровать (빠뜨룰리로와찌)	(미완) 순찰(순시)하다
патру́ль (빠뜨룰리)	(남) 순찰대(巡察隊); 순찰선; 순찰병
патру́льный (빠뜨룰리느이)	(형) ① 순찰(巡察), 척후; ② (명사로) (남) 순찰병, 순찰원
па́уза (빠우자)	(여) ① 끊기; 잠간 멈추는 것, 중단; 침묵, 휴지; ② (음악) 쉼표
пау́к (빠욱)	(남) 거미, 지주(蜘蛛)
паути́на (빠우찌나)	(여) ① 거미줄, 거미집, 주사(蛛絲), 지망 (蜘網); ② 올가미, 구속;
па́фос (빠파쓰)	(남) 감격, 열정, 격정; 기백(氣魄);
пах (빠흐)	(남) 자개미, 서혜부(鼠蹊-)
па́харый (빠하느이)	(형) 일군의, 경작한, 경작하는;
па́харь (빠하리)	(남) 밭갈이하는 사람, 농군, 농부
паха́ть (빠하찌)	(미완) (논, 밭을) 갈다, 경작(기경)하다

- 873 -

па́хнуть (빠흐누찌)	(미완) ① 냄새나다, 냄새를 풍기다 ② 느껴지다;
па́хота (빠호따)	(여) ① 논(밭)갈이, 경작(耕作), 개간 ② 부침땅, 갈이땅
па́хотный (빠호트느이)	(형) ① 경작; ② 밭갈이하는데 쓰는;
па́хта (빠흐따)	(여) 버터를 제조한 후 남은 찌꺼기
паху́честь (빠후체쓰찌)	(여) 향기, 향기를 뿜는것
паху́чий (빠후체이)	(형) 향기로운, 향내풍기는, 냄새나는
пацие́нт (남), ~ка (여) 환자(患者), 병자(病者) (빠치엔트)	
пацифи́зм (빠치피즘)	(남) (부르죠아적인) 평화주의
па́че (빠체)	(부) ~ чая́ния 기대와 달리; 뜻밖에, 뜻하지 않게, 예견치 않게; тем ~ 더우기, 하물며
па́чка (빠츠까)	(여) ① 묶음, (한)봉지, 뭉치; ② (연극) (여자의) 발레무용복;
па́чкать (빠츠까찌)	(미완) ① 더럽히다; ② 손상(훼손)시키다; ③ 어지럽게 그리다, 더럽게 쓰다;
па́чкаться (빠츠까쨔)	(미완) ① 더러워지다 ② 얼굴에 흙칠하다, 명예를 손상시키다
па́шня (빠쉬냐)	(여) 갈이땅, 부침땅, 경작지(耕作地)
паште́т (빠쉬쩨트)	(남) 들새고기나 돼지고기(간) 등을 탕쳐서 만든 서양요리
пая́льник (빠얄니크)	(남) 납땜인두, 납땜도구
пая́льный (빠얄느이)	(형) ~ая ла́мпа 납땜용 등
пая́ние (빠야니예)	(중) 납땜, 땜

паяный (빠야느이)	(형) 납땜질한, 땜질한
паясничать (빠야쓰니차찌)	(미완) 우습게 놀다, 어릿광대 노릇하다
паять (빠야찌)	(미완) 납땜(질)하다, 납으로 때다
паяц (빠야츠)	(남) ① (연극) 광대 ② 우습게 노는(구는) 사람
ПВО (противовоздушная оборона) 대공방어(對空防禦) (뻬붸오)	
певец (남), **~ца** (여) 가수(歌手), 가객(歌客), 가인(歌人), (뻬베쯔) 노래쟁이, 노래꾼	
певун (남), **~ья** (여) 노래를 좋아하는 (잘 부르는) 사람, (뻬분) 노래애호가	
певучесть (뻬부체쓰찌)	(여) 노래와 같이 음률적인 것, 듣기 좋게 울리는 것
певучий (뻬부치이)	(형) ① 노래를 즐기는 ② (노래와 같이) 음률적인;
певчий (뼵치이)	(형): ~ие птицы 명금
пегий (뻬기이)	(형) (동물에 대하여) 반점이 있는, 얼룩이 진
педагог (뻬다고그)	(남) 교육자, 교육가, 교원(敎員)
педагогика (뻬다고기까)	(여) 교육학(敎育學)
педагогический (뻬다고기체쓰끼-)	(형) 교육(敎育); 교수, 육영
педаль (뻬달)	(여) 발판, 디디개, 발걸이;
педант (뻬단뜨)	(남) 깐깐한 (틀에 박힌) 사람
педантизм (남), **~ичность** (여) 현학, 깐깐한 것, 틀에 박힌 것 (뻬단찌즘)	
педантичный	(형) 현학적인, 깐깐한, 틀에 박힌

(뻬단찌츠느이)

педиатр (뻬지아트르)	(남) 소아과의사, 소아과전문의
педиатрия (뻬지아트리야)	(여) 소아과(학)
пединститут (뻬드인스찌뚜트)	(남) 사범대학(師範大學), 사대(師大).
педсовет (뻬드싸볘트)	(남) 교원협의회, 교원평의회
педучилище (뻬두칠리쉐)	(중) 사범전문학교
пейзаж (뻬이자쥐)	(남) ① 풍경, 경치 ② 풍경화 ③ (문학) 자연묘사
пейзажист (남), **~ка** (여) (뻬이자쥐스트)	풍경화가
пейзажный (뻬이자쥐느이)	(형) 풍경(風景);
пекарня (뻬까르냐)	(여) 빵(굽는)집, 빵공장
пекарь (뻬까리)	(남) 빵굽는 사람
пекло (뻬끌로)	(중) ① 무더위, 더위, 폭염, 폭서, 혹서; ② (백열전,논쟁,소동 등) 한창 벌어지는 곳
пелена (뻴레나)	(여) ① 보, 휘장, 씌우개 ② 막, 장막;
пеленать (뻴레나찌)	(미완) ~ ребёнка 어린애를 싸개에 싸다, 어린애한테 기저귀를 채우다
пеленгатор (뻴렌가또르)	(남) 방위측정기, 전파방향탐지기
пеленговать (뻴렌고와찌)	(미완) 방위를 측정하다
пелёнка (뻴룐까)	(여) 기저귀, 애기싸개;
пеликан (뻴리깐)	(남) 사다새, 펠리컨(pelican).

- 876 -

пельмени (뻴메니)	(복수) 고기만두, 고기교자
пельменная (뻴몐나야)	(여) 고기만두식당
пемза (뼴자)	(여) 속돌, 부석, 경석, 수포석
пена (뼤나)	(여) (물)거품 (수포);
пенал (뻬날)	(남) 필통, 연필통, 연필갑
пенальти (뻬날찌)	(중) (축구에서) 페널티킥
пение (뼤니예)	(중) ① 노래하는 것; (새가) 우짖는 것; ② 노래 소리; 우짖는 소리;
пенистый (뼤니쓰뜨이)	(형) 거품이 많은, 거품이 부그르르한
пениться (뼤니짜)	(미완) 거품이 지다(일다)
пенициллин (뻬니찔린)	(남) 페니실린(penicillin), 푸른곰팡이
пенка (뼨까)	(여) (우유, 진단물 등의) 웃꺼풀, 더껑이
пенопласт (뻬노쁠라쓰트)	(남) 기포 가소물, 발포(發泡) 스티롤
пеночка (뼤노츠까)	(여) (조류) 솔새, 산솔새, 쇠솔새
пенсионер (남), ~ка (여) 사회보장자, 연금보장자 (뼨씨오녤)	
пенсионный (뼨씨온느이)	(형) 사회보장의; ~ое обеспечение 사회 보장제; ~ая книжка 연금증; достичь ~ого возраста 사회보장 연한이 되다
пенсия (뼨씨야)	(여) 연금(年金), 사회보장금(社會保障金), 보조금(補助金); 사회보장, 노후보장;
пенсне (뼨쓰네)	(불편) (중) 코안경, 무테안경

Пп

Пентагон (뼨따곤)	(남) 미국국방부, 펜타곤
пень (뼨-)	(남) 그루, 그루터기;
пенька (뼨니까)	(여) (섬유) 삼, 대마, 마(麻), 화마(火麻)
пеньковый (뼨꼬븨이)	(형) 삼으로, 대마의
пеня (뼤냐)	(여) (연체) 벌금(罰金), 벌전
пенять (뼨냐찌)	(미완) ~ть на *кого-что* ....을 탓하다, 꾸짖다, 나무라다; ~й на се бя(пусть ~ет на себя) 남을 탓할 것이 없다
пепел (뼤뼬)	(남) 재, 회(灰)
пепелище (뼤뼬리쉐)	(중) 잿더미, 불탄 곳
пепельница (뼤뼬리쨔)	(여) 재떨이
пепельный (뼤뼬르늬이)	(형) ① 재의, 회의, ② 재빛의, 회색의
пепсин (뼤쁘씬)	(남) 패프신
первейший (뻬르붸이쉬이)	(형) 첫째가는; 일차적으로.
первенец (뻬르붸네쯔)	(남) ① 첫아이, 맏아들, 장남, 장자 ② 첫 성과, 첫 열매
первенство (뻬르붸쓰뜨붜)	(중) ① 첫 자리, 제1위; ② 선수권(쟁탈시합)
первенствовать (뻬르붼쓰뜨붜와찌)	(미완) 첫 자리를 차지하다, 제1위를 하다
первичность (뻬르비츠노쓰찌)	(여) 일차성, 선차성
первичный (뻬르비츠늬이)	(형) ① 최초, 첫 단계; ② 초급, 맨처음

Пп

первобытнообщинный (뼤르보븨트나옵쉰늬이)	(형) ~ строй 원시 공동체
первобытный (뼤르븨브이트느이)	(형) 초기의, 원시(시대)의, 태고의
первое (뼤르붜예)	(중) 국(점심의 첫 번째 음식)
первоисточник (뼤르붜이쓰또츠느이)	(남) ① 근원, 기원 ② 원서, 원작
первоклассник (뼤르붜클라쓰니크)	(남), ~ца (여) (초등학교) 1학년생
первоклассный (뼤르붜클라쓰느이)	(형) 일등급, 일류(一流);
первокурсник (뼤르붜꾸르쓰니크)	(남), ~ца (여) (전문, 대학) 1학년생
Первомай (뼤르보마이)	(남) 5.1(오일)절, 노동절
первомайский (뼤르붜마이스끼이)	(형) 5.1.(오일)절의, 근로자의 날
первоначально (뼤르붜나촬나)	(부) 최초에, 원래
первоначальный (뼤르붜나촬느이)	(형) ① 최초, 본래; ② 초보적인;
первооснова (뼤르붜오쓰노와)	(여) 본원, 기본
первооткрыватель (뼤르붜오트크리와쩰)	(남) 개척자, 선구자, 선각자
первоочередной (뼤르붜오레드노이)	(형) 일차적인, 선차적인, 긴급한
первопричина (뼤르붜쁘리치나)	(여) 기본(근본) 원인
первопроходец (뼤르붜쁘로호제쯔)	(남) 개척자, 선구자, 선각자
первопуток (뼤르붜뿌똑)	(남) 첫 썰매길;
перворазрядник (남), ~ца (여) (체육) 1(일)급 선수	

Пп

(뻬르뷔라즈랴드니크)	
перворазря́дный (뻬르붜라즈랴드느이)	(형) 일급의, 일류의, 첫째가는
первосо́ртный (뻬르뷔쏘르뜨느이)	(형) ① 일등(급), 최우량종; ② 우수한, 일류
первостепе́нный (뻬르붜쓰쩨뼨느이)	(형) 가장 중요한, 첫째가는, 일차적인
пе́рвый (**뼤**르브이)	(형) ① 제일, 첫째;~ый но́мер 제 1번, 제 1호; ~ый том 제1권, 상권; ~ый эта́ж 일층; ~ое число́ 초하루; ~ого числа́ 초하루(날)에; в ~ых чи́слах ма́рта 삼월초에; ~ая мирова́я война́ 제1차 세계대전 ② 최초, 첫, 처음; ~ый эта́п 첫 단계; ~ая встре́ча 첫 상봉, ~ое впечатле́ние 첫 인상; в ~ый раз 처음에, 처음으로; ~ с пе́рвого ра́за 처음(첫 번)부터; ~ая полови́на 전반, ③ 가장 좋은(훌륭한), 일등(급); ~ый учени́к 최우등생; ~ый сорт 일등품;
пергаме́нт (뻬르가멘트)	(남) 유산종이
пере- (뻬레)	(접두) ① "건너", "넘어"의 뜻 ("예: перепры́гнуть 뛰어넘다, 뛰어 건너다); ② "고쳐", "다시", "달리"의 뜻(예: перекра́сить 다시(달리) 칠하다) ③ "너무", "지나치게"의 뜻(예: пересоли́ть 소금을 너무 많이 치다); ④ "많이", "많은 것을", "모두", "전부", "모조리"의 뜻(예:перечита́ть 많이(전부) 읽다; перемы́ть 모두(많이) 씻다; ⑤ "둘로", "조각으로"의 뜻 (переруби́ть 쪼개다; переломи́ть 꺾다) ⑥ (조사-ся와 함께) "서로" 또는 "많은 사람과"의 뜻(перессо́риться (많은 사람과 또는 서로) 다투게 (싸우게)되다,
переадресова́ть (완), ~о́вывать (미완) (뻬레아드레싸와찌)	새(다른) 주소에 보내다 (돌리다)
переаттеста́ция (뻬레알쩨쓰따치야)	(여) 재심의, 재 평정

Пп

перебазировать (뻬레바지로와찌)	(미완, 완) 이동시키다
перебазироваться (뻬레바지로와쨔)	(미완, 완) 이동하다, 배치를 변경하다, 재배치되다
перебарщивать (뻬레바르쉬와찌)	*см.* переборщить
перебегать (미완), ~жать (뻬레베가찌)	(완) ① 뛰어 건너다, 뛰어 건너가다 (오다), 뛰어 옮아가다(오다); ② (적의 편에)넘어가다, 도망하다, 도주하다;
перебежка (뻬레베즈까)	(여) ① (군사) 약진(躍進); ② (체육) 재경주
перебежчик (남), ~ца (여) (뻬레베즈치크)	적의 편에 넘어간자, 월경자, 투항자, 월북자
перебинтовать (완), ~овывать (미완) 붕대를 (다시)감다 (뻬레빈또와찌)	
перебирать (뻬레비라찌)	(미완) ① 갈라(골라)내다; ② (차례로) 다치다, 만지다; (악기의 줄을) 타다 ③ 지나치게 많이 가지다 ④ (인쇄) 다시 식자하다
перебираться (뻬레비라쨔)	(미완) ① 넘어가다, 건너다; ② 이사(이동)하다, 주소를 바꾸다
перебить (뻬레비찌)	(완) ① (많이, 모두) 죽이다; ② (많은 것을) 부시다, 깨다, 분쇄하다; ③ (팔, 다리를) 꺾다; ④ 말을 꺾다(중단시키다);
перебиться (뻬레비쨔)	(완) ① (많이) 깨지다; ② 겨우 살아나가다, 간신히 입에 풀칠하여 살아오다;
перебой (뻬레보이)	(남) ① 중단, 파동성; ② пульс с ~ями 비정상적인 맥박
переболеть (뻬레발레찌)	(완) ① (병을) 앓다, 겪다, 병 치레하다 ② (많은 병을) 앓다
переборка (뻬레보르까)	(여) 칸막이, 격벽;
перебороть (뻬레보로찌)	(완) ① (많은 사람을) 물리치다, 이기다; ② 이겨내다, 억제(극복)하다;
переборщить (뻬레보르쉬찌)	(완) (말, 행동에서) 지나치다, 도를 넘다

Пп

перебранка (뻬레브**란**까)	(여) 욕지거리, 말다툼, 말싸움, 아귀다툼
перебрасывать (뻬레브라**씌**와찌)	(미완) ① 넘겨 던지다; ② 걸치다, 걸머지다; ③ (다리를) 놓다; ④ (필요이상 멀리) 지나치게 멀리 던지다; ⑤ 속히 이동(이송, 수송)하다; ⑥ (다른 일에) 넘기다, 조동시키다;
перебрасываться (뻬레브라**씌**와쨔)	(미완) ① 뛰어넘다; ② 재빨리 옮겨가다; 이동(이송, 수송)되다; ③ 퍼지다; ④ 서로 던지다, 주고받다;
переброситься (뻬레브**로**씌와쨔)	(완) *см.* перебрасываться: ~ несколькими словами 몇 마디 말을 주고받다
переброска (뻬레브**로**쓰까)	(여) 이동, 이송, 수송
перевал (뻬레**왈**)	(남) ① 고개, 산마루, 령(嶺); 고개 길 ② 령(嶺)을 넘는 것, 재를 넘는 것
переваливать (뻬레**왈**리와찌)	(미완) ① (쌀가마니 따위를) 옮기다, 옮겨 싣다, 넘기다; ② (고개를) 넘어(지나, 건너)가다
переваливаться (뻬레**왈**리와쨔)	(미완) 비틀거리다, 기우뚱거리다, 휘청거리다;
перевалить (뻬레왈**리**찌)	(완) *см.* переваливать; (시간, 나이, 량 등이) 넘다, 지나다
перевалиться (뻬레왈**리**쨔)	*см.* переваливаться
перевалочный (뻬레**왈**로츠느이)	(형) 옮겨 싣는, 싣기 위한;
переваривать (뻬레**와**리와찌)	(미완) ① 다시 삶다 ② 지나치게 삶다 ③ 소화하다;
перевариваться (뻬레**와**리와쨔)	(미완) ① 다시 삶아지다 ② 너무 (지나치게) 삶아지다 ③ 소화되다;
перевариться (뻬레**와**리쨔)	(완) *см.* перевариваться;
перевернуть (뻬레붸르누찌)	(완) ① 뒤집다, 돌리다; ② 뒤집어엎다;

перевернуться (뻬레베르누짜)	(완) ① 뒤집히다, 몸을 돌리다; ② 몹시 변해지다, 달라지다
перевёртывать[ся] (뻬레뵤르띄와짜)	*см.* перевернуться
перевес (뻬레붸쓰)	(남) ① 우세, 우월한 것; ② 초과량, 여분;
перевешивать[1] (뻬레붸쉬와찌)	(미완) 옮겨 걸다
перевешивать[2] (뻬레붸쉬와찌)	(미완) ① 다시 달다 (저울질하다) ② 무게가 더 나가다;
перевидать, ~идеть (뻬레비다찌)	(완) ① (많은 것, 많은 사람을) 보다 ② (많은 것을) 겪다, 보고 체험하다
перевирать (뻬레비라찌)	(미완) *см.* переврать
перевод (뻬레보드)	(남) ① 이동, 조동; ② 번역, 통역(通譯); ③ 번역문; ④ 송금(送金)
переводить (뻬레뷔지찌)	(미완) ① 옮기다, 이동(조동)시키다; ② 돌리다; ③ 진급시키다; ⑤ (우편, 은행을 통하여) 송금(送金)하다;
переводиться (뻬레뷔지짜)	(미완) ① 옮겨가다, 이동(이사)하다; ② 번역되다 ⑤ 없어지다, 사라지다, 박멸되다
переводной (뻬레보드노이)	(형) ① 송금용; ② 번역(飜譯); ③ ~ые картинки 전사화
переводческий (뻬레뷔드체스끼이)	(형) 통역의, 번역원
переводчик (남), **~ца** (여) 통역(원) (뻬레뷔드칙)	
перевоз (뻬레보즈)	(남) *см.* перевозка
перевозить (뻬레뷔지찌)	(미완) ① 나르다, 운반(수송)하다; ② 건너 주다, 도하시키다;
перевозиться (뻬레뷔지짜)	(미완) ① 운반(수송)되다 ② 옮겨가다, 이동(이전)하다
перевозка (뻬레뷔즈까)	(여) 운반(運搬), 수송(輸送), 도하(渡河), 운송(運送), 반운(搬運), 통운(通運);

перевозчик (뻬례뷔즈치크)	(남) 뱃사공, 나룻배사공
переволновать (뻬례뷜노와찌)	(완) 몹시 불안케 하다, 흥분시키다
переволноваться (뻬례뷜노와쨔)	(완) 몹시 흥분(근심)하다, 몹시 불안해 하다
перевооружать (뻬례붜아루자찌)	(미완) ① (군사) 재무장하다, 무장을 갱신하다; ② 재장비하다
перевооружаться (뻬례붜아루좌짜)	(미완) ① (군사) 재무장되다, 무장을 갱신하다; ② 재장비되다
перевооружение (뻬례붜아루제니예)	(중) 재무장, 재장비, 무장의 갱신
перевооружить[ся] (뻬례붜아루쥐짜)	(완) *см.* перевооружать[ся]
переворот (뻬례붜로트)	(남) ① 정변, 혁명, 개혁, 혁신, 변혁; 쿠데타; ② 급변, 대변동, 변혁, 전환;
переворошить (뻬례붜로쉬찌)	(완) ① (모두, 많이) 뒤집어엎다, 들추어 놓다; ② ~ в памяти 기억을 더듬다
перевоспитание (뻬례붜쓰삐따니예)	(중) 재교양, 재교육; 사상을 개조하는 것
перевоспитать (뻬례붜쓰삐따찌)	(완) 재교양하다, 재교육하다, 사상을 개조하다
перевоспитаться (뻬례붜쓰삐따쨔)	(완) 재교양 받다, 사상이 개조되다
перевоспитывать(ся) (뻬례붜쓰삐띄와짜)	(미완) *см.* перевоспитать(ся)
переврать (뻬례브라찌)	(완) 잘못 전하다, 왜곡하다;
перевыборный (뻬례븨보르느이)	(형) 재선거, 재선;
перевыборы (뻬례븨보리)	(복수) ① 재선, 재선거(再選擧) ② (조직의) 회기선거
перевыполнение (뻬례븨뽈녜니예)	(중) 초과수행, 초과완수;

перевыполнить (완), ~ыполнять (미완) 초과완수하다, 넘쳐 수행

(뻬레브뽈니찌)	하다
перевыполняться (뻬레브뽈냐쨔)	(미완) 초과완수 되다
перевязать (뻬레뱌자찌)	(완) *см.* перевязывать
перевязка (뻬레뱌즈까)	(여) 붕대를 감는 것;
перевязочная (뻬레뱌조츠나야)	(여) 치료실
перевязочный (뻬레뱌조츠느이)	(형) 붕대;
перевязывать (뻬레뱌즈와찌)	(미완) ① 붕대를 감아주다; ② 얽어매다, 묶다;
перегиб (뻬레깁)	(남) ① 꺾는 것, 접는 것, 구부림; ② 꺾은(접은)자리; ③ 편향, 탈선, 이탈;
перегибать (뻬레기바찌)	(미완) ① 꺾어 접다, 구부리다, 굽히다; ② 지나치다, 편향을 범하다, 탈선하다;
перегибаться (뻬레기바쨔)	(미완) 꺾어 접히다, 구부러지다
переглядываться (미완), ~**януться** (완) (뻬레글랴드와쨔)	서로 눈짓하다, 사로 마주 보다, 눈길이 마주치다
перегнать (뻬레그나찌)	(완) *см.* перегонять
перегнивать (미완), ~**ить** (완) (완전히) 썩다; (뻬레그니와찌)	
перегнуть(ся) (뻬레그누와쨔)	*см.* перегибать (ся)
переговариваться (뻬레고와리와쨔)	(미완) (간단한) 말을 주고받다
переговорить (뻬레가뷔리찌)	(완) 말을 주고받다, 상담(협의)하다, 간단히 말하다;
переговорный (뻬레가보르느이-)	(형) ~ый пункт 전화통화소; ~ая кабина 전화통화실
переговоры (뻬레가보릐)	(복수) ① 회담(會談); 담판(談判); ② 의견교환; 대화(對話), 담화(談話);

Пп

перегон (뻬레곤)	(남) (철도) (역과 역간의) 구간
перегонка (뻬레곤까)	(여) ① (화학) 증류; ② 몰아 옮기는 것
перегонять (뻬레가냐찌)	(미완) ① 앞서다, 능가하다; ② 몰아가다, 몰아 옮기다; ③ 증류하다;
перегораживать (뻬레가라쥐와찌)	(미완) ① 칸을 막다, 칸막이로 막다; ② 막다, 방해하다;
перегорать (미완), ~еть (완) 타서 못쓰게 되다, 타서 끊어지다; (뻬레가라찌)	
перегородить (뻬레가로지찌)	*см.* перегораживать
перегородка (뻬레가로드까)	(여) 칸막이, 격벽, 사이벽
перегрев (뻬레그레프)	(남) (물리) 과열(過熱), 과도의 열
перегревать (뻬레그와찌)	(미완) 지나치게 데우다
перегреваться (뻬레그와쨔)	(미완) 너무(지나치게) 데워지다, 지내 덥혀지다
перегреть (뻬레그레찌)	(완) *см.* перегревать
перегреться (뻬레그레쨔)	(완) *см.* перегреваться: ~на солнце 햇볕을 너무 오래 쪼여 탈을 만나다, 일사병에 걸리다
перегружать (미완), ~зить (완) ① 옮겨 싣다 ② 지나치게 많이 싣는 (뻬레그루좌찌) 것, 지나치게 부하(부담)를 주다;	
перегрузка (뻬레그루즈까)	(여) ① 옮겨 싣는 것; ② 지나치게 많이 싣는 것, 지나친 부담 ③~и (복수)과부하
перегруппировать (뻬레그룹삐로와찌)	(완) 다시 분류(편성, 배열)하다;
перегруппироваться (뻬레그룹삐로와쨔)	(완) 재배열(재편성)되다
перегруппировка (뻬레그룹삐로브까)	(여) 재배열, 재편성, 재분류;

перегруппировывать(ся) (미완) *см.* перегруппировать(ся)
(뻬레그룹삐로브**와**쨔)

перегрызать (미완), ~ызть (완) 물어(갉아서) 끊다;
(뻬레그리**자**찌)

перегрызаться (완) 개싸움하다, 서로 물어뜯다
(뻬레그리**자**쨔)

перед (передо, перед, предо) (전) (+조) ① (장소, 공간 표시) ~앞에;
(뻬레드) ~ окнами клумба 창문 앞에 꽃밭이 있다; ② (대상을 표시) ~앞에; ~에 대한; ~нами стоят большие за дачи 우리들 앞에는 중대한 임무가 나서고 있다; ③ (시간을 표시) 전에, 앞서; ~ поступлением в институт 대학에 입학하기 전에; ④ (비교할 때) ~에 비하여; что я ~ним?그에 비하여 나는 아무것도아니지

перёд (남) 앞(쪽), 앞부분, 전면;
(뻬료드)

передавать (미완) ① 넘겨주다, 전하다, 양도하다;
(뻬레다**와**찌) ② 알리다, 전달하다, 전하다; ③ 방송(방영)하다; ④ 내맡기다, 양도하다;

передаваться (미완) ① 전해지다, 옮다; 유전되다;
(뻬레다**와**쨔) ② 넘어가다

передаточный (형) ~ый механизм 전동(연동)장치
(뻬레다또쯔느이)

передатчик (남) 라디오송신기
(뻬레**다**뜨칙)

передать(ся) (완) *см.* передавать(ся)
(뻬레**다**찌)

передача (여) ① 넘겨주는 것, 전하는 것;
(뻬레**다**차) ② 알리는 것, 전달; ③ 방송, 방영; 송신; ④ 내맡기는 것, 양도; ⑤ (체육) 연락; ⑥ (공학) 전동장치; ⑦ 차입물, 전달품

передвигать (미완) ① 옮기다, 이동시키다;
(뻬레드비**가**찌) ② 다른 날로 옮기다, 미루다;

передвигаться (미완) ① 옮다, 이동하다, 움직이다;
(뻬레드비**가**쨔) ② 걸어(타고)돌아다니다; ③ 운행하다; ④ (기한이) 연기되다

передвижение (중) ① 옮기는 것, 이동 왕래;

(뻬레드비제니예)	② 운행, 전진
передвижка (뻬레드비즈까)	(여) 옮기는 것, 이동(移動)
передвижной (뻬레드비즈노이)	(형) 이동(식);
передвинуть(ся) (뻬레드비누짜)	(완) *см*. передвигать(ся)
передел (뻬레젤)	(남) ① 재분할; ② (공학) 재처리, 재용해
переделать(ся) (뻬레젤라짜)	*см*. переделывать(ся)
переделить (뻬레젤리찌)	(완) 다시 나누다, 재분배하다, 재분할하다
переделка (뻬레젤까)	(여) ① 개작, 개조(改造), 변경(變更); ② 개작된 물건, 개작된 작품
переделывать (뻬레젤르와찌)	(미완) ① 고쳐 만들다; 개작하다, 개조하다; ② (많은 일을) 하다, 완수하다;
переделываться (뻬레젤르와쨔)	(미완) ① 고쳐지다, 개작(개조)되다; ② 달라지다, 변하다.
передёргивать (뻬레죠르기와찌)	(미완) ① 끌어당기다; ② (트럼프 등에서) 속임수를 쓰다; ③ 사실을 외곡하다; ④ (무인칭) (고통, 공포 등으로 해서) 경련이 일어나다, 얼굴을 찡그리다;
передержать (완), **~ерживать** (미완) (뻬레제르자찌)	① 지나치게 오래 두어(놓아)두다; ② 너무 오래 머무르게 하다
передержка (뻬레제르즈까)	(여) ① 너무 오래 두어 (놓아)두는 것 ② (사진의) 노출(현상)과도 ③ 외곡; (트럼프 등에서) 속임수
передёрнуть(ся) (뻬레죠르누쨔)	*см*. передёргивать(ся)
передислокация (뻬레지쓸로까찌야)	(여) 배치변경
передний (뻬레드느이)	(형) 앞, 선두, 앞부분;
передник (뻬레드닠)	(남) 앞치마, 행주치마

Пп

передняя (뻬레드냐야)	(여) 현관, 앞방
передо (뻬레다)	(전) *см.* перед
передовая (뻬레다와야)	(여) ① 전선, 전방, 제일선(진지) ② 사설, 머리글
передоверить (완), ~ерять (뻬레다붸리찌)	(미완) ① 위임된 것을 다시 맡기다 ② 전권을 위임하다
передоверяться (뻬레다붸르야쨔)	(미완) 전권을 위임하다
передовик (뻬레다뷔크)	(남) 모범노동자, 모범 농장원, 모범일군, 혁신자
передовица (뻬레다비짜)	(여) 사설, 머리글
передовой (뻬레다보이)	(형) ① 앞선, 선진적인; 진보적인; ② 모범; ③ 전방;
передохнуть (뻬레다흐누찌)	(완) 숨을 돌리다, 잠간 쉬다
передразнивать (미완), ~азнить (완) 흉내내다, 놀려주다, 골려주다 (뻬레드라스니와찌) ()	
передраться (뻬레드라쨔)	(완) (많은 사람들 또는 서로 간에) 싸우다, 개싸움하다
передумать (완), ~ывать (미완) (뻬레두마찌)	① 고쳐 생각하다 ② 많이(꼼꼼히) 생각하다
передышка (뻬레듸쉬까)	(여) 숨쉴짬, 숨돌릴사이(틈), 소휴식;
переедание (뻬레예다니예)	(중) 지내먹기, 과식(過食)
переедать (뻬레예다찌)	(미완) 지내(지나치게) 먹다, 너무 많이 먹다
переезд (뻬레예즈드)	(남) ① 이동, 이사 ② 건너길
переезжать (뻬레예좌찌)	(미완) ① 옮겨가다, 이주(이사)하다; ② 건너가다, 지나가다;
переесть	(완) *см.* переедать

Пп

(뻬레예쓰찌)

пережаривать (뻬레좌리와찌)	(지나치게) 볶다, 지지다
пережариваться (뻬레좌리와쨔)	(미완) (지나치게) 볶아지다, 익다
пережарить(ся) (뻬레좌리찌)	*см.* пережаривать(ся)
переждать (뻬레즈다찌)	(완) (기회가 올 때까지, ~이 그칠 때까지) 기다리다
переживание (뻬레쥐와니예)	(중) 고민; 속을 썩이는것
переживать (뻬레쥐와찌)	(미완) ① 겪다, 맛보다, 체험하다; ② (불안, 흥분 등으로) 고민하다, 애타하다, 속을 썩이다

пережитое, ~итое 겪은(체험한) 일
(뻬레쥐또예)

пережиток (뻬레쥐또크)	(남) 잔재; 유습, 옛(날) 풍습;
пережить (뻬레쥐찌)	(완) ① ~보다 더 오래 살다; ② *см.* переживать ③ 참아내다;
перезабыть (뻬레자븨찌)	(완) 다 잊어버리다
перезванивать (뻬레즈와니찌)	(미완) ① 전화를 다시 걸다 ② (많은사람들에게 여러 곳에) 전화를 걸다
перезвонить (뻬레즈보니찌)	(완) *см.* перезванивать

перезимовать (완), ~овывать (미완) 겨울을 나다
(뻬레지모와찌)

перезнакомить (뻬레즈나꼬미찌)	(완) (많은 사람을 서로 또는 많은 사람에게) 소개하다, 인사시키다
перезнакомиться (뻬레즈나꼬미쨔)	(완) (많은 사람과 또는 그들 상호간에) 사귀다, 인사를 하다
перезревать (뻬레즈레와찌)	(미완) *см.* перезреть
перезрелый	(형) 지나치게 익은, 과하게 익은

Пп

(뻬레즈렐르이)

перезреть　　　　　　　　(완) ① 지나치게 익다, 과하게 익다
(뻬레즈레찌)　　　　　　　　② 제 나이가 지나다

переиграть　　　　　　　(완) ① 다시 놀다 (연주하다);
(뻬레이그라찌)　　　　　　　② (다른 사람보다) 잘 놀다, (노름에서) 이기다

переигрывать　　　　　　(미완) *см.* переиграть
(뻬레이그리와찌)

переизбирать (미완), **~рать** (완) 다시 선거하다, 재선하다
(뻬레이즈비라찌)

переизбираться　　　　　(미완) 재선되다
(뻬레이즈비라짜)

переизбрание　　　　　　(중) 재선(再選), 재선거
(뻬레이즈브라니예)

переиздавать　　　　　　재판하다, 개정판을 내다
(뻬레이즈다와찌)

переиздание　　　　　　　(중) ① 재판, 개정판을 내는 것
(뻬레이즈다니예)　　　　　　② 재판, 개정판

переиздать　　　　　　　(완) *см.* переиздавать
(뻬레이즈다찌)

переименование　　　　　(중) 개칭(改稱), 개명(改名)
(뻬레이메노와니예)

переименовать (완), **~овывать** (미완) 이름을 고치다, 개칭하다
(뻬레이메노와찌)

переиначивать (미완), **~ить** (완) 변경하다, 고치다, 다르게 만들다
(뻬레이나치와찌)

перейти　　　　　　　　　(완) *см.* переходить
(뻬레이찌)

перекаливать (미완), **~алить** (완) 너무(지나치게) 달구다; 너무 달구어 못쓰게 하다
(뻬레깔리와찌)

перекапывать　　　　　　(미완) ① 다시 파다 ② 죄다 파다
(뻬레까쁘와찌)　　　　　　　③ (홈, 도랑 등을) 가로 질러 파다

перекармливать　　　　　(미완) 지나치게 먹이다, 과식시키다
(뻬레가르믈리와찌)

перекатываться　　　　　(미완) 굴러 옮아가다

Пп

- 891 -

(뻬레까띄와짜)

перекача́ть (완), ~а́чивать (미완) (펌프로) 뽑아 옮기다, 퍼옮기다
(뻬레까차찌)

переквалика́ция (여) 새 자격의 부여, 새 기능의 부여
(뻬레크왈리까찌야)

переквалифици́роваться (미완, 완) 전문직업을 바꾸다, 새 자격
(뻬레크왈리피치로와짜) (새 기능)을 소류하다, 새로운 전문지식
을 배우다

перекида́ть (완) *см.* переки́дывать ②
(뻬레끼다찌)

перекидно́й (형) ~ мост 구름다리; ~ календа́рь
(뻬레끼드노이) 탁상일력

переки́дывать (미완) ① 던져 넘기다; 걸치다;
(뻬레끼드와찌) ② (차례로 모두) 던지다, 던져 옮기다

переки́нуть (완) *см.* переки́дывать ①
(뻬레끼누찌)

пере́кись (여) 과산화물; ~ водоро́да 과산화수소
(뻬레끼시)

перекла́дина (여) 가름대, (체육) 철봉
(뻬레클라지나)

перекла́дывать (미완) ① 옮겨놓다; ② 떠밀다, 전가하다;
(뻬레클라듸와찌) ③ 끼우다, 삽입하다; ④ 너무 많이 넣다;
⑤ 다시 쌓다, 고쳐 쌓다

Пп

перекле́ивать (미완), ~ть (완) ① 옮겨 붙이다; ② 고쳐(다시)붙이다
(뻬레클레이와찌)

перекли́каться (미완), ~и́кнуться (완) ① 서로 부르며 호응하다;
(뻬레클리까짜) ② 서로 비슷한 점이 있다

перекли́чка (여) ① 서로 부르며 대답하는 것(소리);
(뻬레클리츠까) ② 점명, 점검;

переключа́тель (남) 여단게, 개폐기, 스위치.
(뻬레클류차쩰)

переключа́ть (미완) ① 스위치를 돌리다, 흐름을 바꾸
(뻬레클류차찌) 다; ② 돌리다, 전환시키다;

переключе́ние (중) ① 스위치를 돌리는 것; ② 흐름을
(뻬레클류체니예) 바꿈; ③ ~ на *что-л* ~에로 돌리는 것

- 892 -

переключить(ся) (뻬레클류치짜)	*см.* переключать(ся)
перекопать (뻬레까빠찌)	*см.* перекапывать
перекормить (뻬레가르미찌)	*см.* перекармливать
перекос (뻬레꼬쓰)	(남) 우그러진 것, 찌그러진 것
перекоситься (뻬레까씨짜)	(완)① 우그러지다, 휘어들다, 구부러지다, 비뚤어지다; ② (얼굴이) 이그러지다, 찡그러지다;
перекочевать (완), ~ёвывать (미완) (뻬레까체와찌)	① 유목하면서 자리를 옮기다, 유목지를 옮기다; ② 주소(일자리)를 옮기다
перекошенный (뻬레까쉔느이)	(형) 찌그러진, 비뚤어진
перекраивать (뻬레크라이와찌)	(미완) ① 고쳐 마르다, 다시 재단하다; ② 변경시키다, 근본적으로 개조하다 (뜯어 고치다)
перекрасить (뻬레크라씨찌)	(완) ① 고쳐(다시)물들이다(칠하다); ② (많이, 모두) 물들이다, 칠하다;
перекраситься (뻬레크라씨짜)	(완) ① 다른 색을 들이다; ② 가장하다
перекрашивать(ся) (뻬레크라쉬와짜)	(미완) *см.* перекрасить(ся)
перекреститься (뻬레크레쓰찌짜)	(완) 십자를 긋다
перекрёстный (뻬레크료쓰뜨느이)	(형) 교차한; ~ый огонь 교차사격;
перекрёсток (뻬레크료쓰똑)	(남) 네거리, 교차점, 사거리, 십자로 십자가(十字街), 구로(衢路)
перекрещиваться (뻬레크레쉬와짜)	(미완) 사귀다, 교차하다; *см.* перекреститься
перекричать (뻬레크리차찌)	(완) (남의 목소리를) 소리쳐 억누르다
перекроить	(완) *см.* перекраивать

(뻬레크로이찌)

перекрывать (미완) ① 다시 (고쳐)덮다; ② 능가(초과)
(뻬레크르와찌) 하다; ③ 막다, 가로막다; 차단하다;

перекрытие (중) ① 다시(고쳐)덮는 것(씌우는 것)
(뻬레크르띠예) ② (건축) 층막, 지붕

перекрыть (완) *см.* перекрывать
(뻬레크릐찌)

перекувырнуться (완) 거꾸러지다, 엎어지다, 곤두박질하다,
(뻬레꾸브이르누짜) 재주넘다

перекупать (미완), **~ить** (완) ① (팔기 위하여) 사들이다
(뻬레꾸빠찌) ② 매점하다, 판 것을 도로사다;
가로채서 사다

перекупщик (남), **~ца** (여) 거리장사꾼, 중간상인, 매점자,
(뻬레꾸쁘쉬크) 전매자

перекур (남) (담배한대 피우기 위한) 휴식(休息)
(뻬레꾸르)

перекурить (완) 잠간 휴식하면서 담배를 피우다
(뻬레꾸리찌)

перекусить (완) ① 물어 끊다, 쏠다;
(뻬레꾸시찌) ② 요기하다, 시장기를 끄다;

переламывать(ся) *см.* переломить(ся)
(뻬렐라믜와짜)

перелезать (미완), **~езть** (완) ① 기어 넘다; ② (애써)옮겨가다
(뻬레레자찌)

перелёт (남) ① 날아 옮아가는 것; 날아 넘는 것
(뻬렐료트) ② (항공) 먼 거리 비행 ③ (탄알, 포탄이) 목표보다 멀리 떨어지는 것

перелетать (미완), **~еть** (완) ① 날아 옮아가다(오다) ② 날아
(뻬렐레따찌) 넘다; ③ (목표, 목적물을 지나가서)
떨어지다, 착륙하다

перелётный (형) **~ые птицы** 철새, 후조, 기후조,
(뻬렐료트느이) 표조(漂鳥)

переливание (중) 옮겨 붓는 것;
(뻬렐리와니예)

переливать (미완) ① 옮겨 붓다, 수혈하다;
(뻬렐리와찌) ② 넘어나게 붓다; ③ 다시(고쳐)주조하다

	④ *см.* переливаться
переливаться (뻬렐리와짜)	(미완) ① 흘러 옮아가다, 흘러넘치다; ② 갖가지 빛을 뿌리다, 아롱지다, 갖가지 음조로 울리다;
перелистать (완), ~истывать (미완) (뻬렐리쓰따찌)	(책장 등을) 뒤지다, 대충 뒤적이다; 대략 훑어보다
перелить(ся) (뻬렐리짜)	(완) *см.* переливать(ся)
перелицевать (뻬렐리체와찌)	(완) (옷을) 뒤집어 고쳐 만들다; 뜯어 고치다, 새것처럼 만들다
перелицованный (뻬렐리초완느이)	(형) (옷 등을) 뒤집어 고쳐 만든다
перелицовка (뻬렐리초브까)	(여) (옷의) 뒤집어짓기
переловить (뻬렐로비찌)	(완) (많이, 모두) 잡다, 체포하다
переложение (뻬렐로줴니예)	(중) ① 자기말로 옮겨 쓰기; 번역 ② 개작 ③ (음악) 변조, 이조
переложить (뻬렐로쥐찌)	(완) *см.* перекладывать
перелом (뻬렐롬)	(남) ① 꺾는 것, 굴절; ② 꺾어진 곳, 굽인돌이; ③ 고비, 전환, 급변 ④ (의학): ~ (кости) 뼈부러지기, 골절
переломить (뻬렐로미찌)	(완) ① 꺾다, 부러뜨리다 ② (의지, 관습 등을) 급변시키다, 극복(억제)하다; ~ себя 자신을 억제하다; 자기생각(행동)을 변경하다
переломиться (뻬렐로미짜)	(완) ① 꺾어지다, 부러지다; ② 급변하다; 굽어들다
переломный (뻬렐롬느이)	(형) 전환(轉換), 급변(急變)
перемазаться (뻬레마자짜)	(완) 몹시 더러워지다:
перемалывать (뻬레말릐와찌)	(미완) ① 제분하다 ② 되갈다 ③ 부시다, 분쇄하다
переманивать (미완), ~анить (완) (자기편에) 끌어넣다(낚아가다)

Пг

- 895 -

(뻬레마니와찌)

перематывать
(뻬레마띄와찌)
(미완) 되감다, 다시(고쳐)감다, 옮겨감다.

перемежать
(뻬레메좌찌)
(미완) 엇바꾸다, 교체하다;

перемежаться
(뻬레메좌짜)
(미완) 엇바뀌다, 교체되다;

перемена
(뻬레메나)
(여) ① 변화, 변경(變更), 변동(變動); ② (학교에서) 휴식시간;

переменить
(뻬레메니찌)
(완) 바꾸다, 갈아대다, 변경하다;

перемениться
(뻬레메니짜)
(완) 변하다, 달라지다, 바뀌다;

переменный
(뻬레멘느이)
(형) 가변적인, 변하기 쉬운, 변동되는, 교류;

переменчивый
(뻬레멘치브이)
(형) 변하기 쉬운, 변덕스러운

перемесить
(뻬레메씨찌)
(완) *см.* перемешивать

переместить(ся)
(뻬레메스찌짜)
см. перемещать(ся)

переметнуться
(뻬레메트누짜)
(완) (변절하여) ~의 편에 넘어가다, 전향하다

перемешать
(뻬레메샤찌)
(완) 섞다, 혼합하다, 뒤범벅을 만들다;

перемешаться
(뻬레메샤짜)
(완) ① 뒤섞이다, 혼합되다, 뒤범벅이 되다; ② 착잡해지다, 혼돈되다

перемешивание
(뻬레메쉬워니예)
(중) 혼합(混合), 믹스

перемешивать
(뻬레메쉬와찌)
(미완) 버무리다; (잘) 이기다; 혼합하다, 섞다, 믹스되다;

перемешивать(ся)
(뻬레메쉬와짜)
см. перемешать(ся)

перемещать
(뻬레메샤찌)
(미완) 옮기다, 이동시키다

- 896 -

перемещаться (뻬레몌샤짜)	(미완) 옮아가다, 자리를 옮기다, 이동하다
перемещение (뻬레몌쒜니예)	(중) 자리를 옮기는 것, 이동(移動)
перемещённый: (뻬레몌쑈늬이)	~ые лица 해외이주민
перемигиваться (미완), ~игнуться (완) (뻬레미기와쨔)	(서로) 눈짓하다
перемирие (뻬레미리예)	(중) 정전, 휴전, 정쟁
перемножать (미완), ~ожить (완) (뻬레므노좌찌)	곱하다
перемолоть (뻬레말로찌)	(완) см. перемалывать
перемолоться (뻬레말로짜)	(완) 가루가 되다; перемелетсямука будет (속담) 찧노라면 가루가 된다.
перемотать (뻬레마따찌)	(완) см. перематывать
перемывать (미완), ~ыть (완) (뻬레믜와찌)	① 다시 씻다 ② (모조리, 많이) 씻다;
перемычка (뻬레믜츠까)	(여) ① 가름대, 연결재; ② 물막기, 뚝; ③ (공학) 가로날
перенаселение (중), перенаселённость (여) 인구과잉, 사람이 지나 (뻬레나쎌레니예) 치게 많은 것	
перенести[сь] (뻬레네쓰찌)	см. переносить[ся]
перенимать (뻬레니마찌)	(미완) 본받다, 모방하여 받아들이다, 본 따다;
перенос (뻬레노쓰)	(남) ① 옮겨놓는 것 ② 미루는 것, 연기 ③ 단어의 일부를 다른 줄로 옮기는 것; 옮길 때 쓰는 부호(-)
переносить¹ (뻬레노쓰찌)	(미완) ① 옮겨놓다, 옮기다 ② (많은 것을, 모두, 여러 번에) 날라 옮기다, 운반하여 옮기다 ③ 미루다, 연기하다; ④ 단어의 일부를 다른 줄에 옮겨 쓰다
переносить²	(미완) 참다, 견디다 ◇ не ~ кого-чего

Пп

- 897 -

(뻬레노쓰찌)	~이 싫다(역증나다)
переноситься (뻬레노씨쨔)	(미완) ① (급속히) 옮아가다, 이동하다; ② (생각이 딴 곳, 다른 데로) 옮아가다, 넘어가다
переносица (뻬레노씨짜)	(여) 코허리, 콧대, 미간(眉間)
переносный (뻬레노쓰느이)	(형) ① 이동식, 이동할 수 있는, 휴대용 ② (언어) 전의;
переносчик (뻬레노쓰칙)	(남) (병균) 전파자;
переночевать (뻬레노체와찌)	(완) 밤을 보내다(새우다), 숙박하다
перенумеровать (완), **~овывать** (미완) (일련) 번호를 고쳐 매기다 (뻬레누메로와찌)	
перенять (뻬레냐찌)	(완) *см.* перенимать
переоборудование (뻬레아보루다와니예)	(중) 재장비, 설비갱신
переоборудовать (뻬레아보루다와찌)	(미완, 완) 재장비하다, 설비를 갱신하다
переобувать (뻬레아부와찌)	(미완) ① 갈아 신기다; ② 갈아 신다, 벗었다가 다시 신다;
переобуваться (뻬레아부와쨔)	(미완) 갈아 신다, 다시 신다.
переобуть(ся) (뻬레아부찌)	*см.* переобувать(ся)
переодевать (뻬레아제와찌)	(미완) ① 갈아입히다; ② 갈아입다; ③ 변장(가장)시키다
переодеваться (뻬레아제와쨔)	(미완) ① 갈아입다; ② 변장(가장)하다
переодетый (뻬레아제뜨이)	(형) 변장한
переодеть(ся) (뻬레아제찌)	*см.* переодевать(ся)
переориентация	(여) 방향전환, 목표(방향)를 바꾸는 것

Пп

(뻬레아리엔**따**치야)

переориентироваться (뻬레아리엔찌로와쟈)	(미완, 완) 목표(방향)를 바꾸다 (고쳐 취하다), 방향을 전환하다
переосвидетельствование (뻬레아스비졔**젤**쓰뜨븨와니예)	(중) 재검사(再檢査), 재진찰(再診察)
переосвидетельствовать (뻬레아스비졔**젤**쓰뜨븨와니찌)	(미완, 완) 재검사(재진찰)하다
переосмысливать (미완), **~ть** (완) (뻬레아쓰**믜**쓸리와찌)	재인식(재평가)하다, 고쳐 해석하다, 다른 의의를 부여하다
переоснастить (완), **~щать** (미완) (뻬레아쓰나**쓰**찌찌)	재장비하다;
переохладить(ся) (뻬레아흘라**지**찌)	см. переохлаждаться
переохлаждать (뻬레아흘라**다**찌)	(미완) 지나치게 냉각하다(식히다)
переохлаждаться (뻬레아흘라즈**다**짜) (식다)	(미완) 너무 차지다; 지나치게 냉각되다
переохлаждение (뻬레아흘라즈**제**니예)	(중) ① (물리) 급냉 과냉; ② 지나치게 식히는 것(식는 것)
переоценивать (미완), **~ить** (완) (뻬레아**체**니와찌)	① 재평가(재사정) 하다 ② 과대평가하다;
переоценка (뻬레아**첸**까)	(여) ① 재평가, 재사정 ② 과대평가
перепад (뻬레**빠**드)	(남) (공학) 낙차(落差)
перепадать (뻬레**빠**다찌)	(미완) ① 때때로 내리다 ② (무인칭) 차례지다, 몫으로 되다;
перепалка (뻬레**빨**까)	(여) ① 다툼질, 말다툼 ② 총질, 맞불질
перепасть (뻬레**빠**쓰찌)	(완) см. перепадать
перепахать (완), **~ахивать** (뻬레빠**하**찌)	(미완) ① 되갈다, 다시 갈다 ② (많은 것을) 다 갈다 ③ (밭을 갈다가 길 등을) 못쓰게 하다;
перепачкать	(완) 몹시 더럽히다;

- 899 -

(뻬레빠츠까찌)

перепачкаться
(뻬레빠츠짜)
(완) 몹시 더러워지다

перепел
(뻬레뼬)
(남) 메추리, 메추라기, 뫼추리

перепеленать
(뻬레뼬레나찌)
(완) (젖먹이를) 애기싸개로 고쳐 싸다, 기저귀를 갈아 채우다

перепёлка
(뻬레뿰까)
(여) 메추리(암컷)

перепечатать (완), **~ывать** (미완)
(뻬레뼤차따찌)
① 재인쇄하다, 재판하다, 전재하다
② 찍다, 타자하다, 인쇄하다

перепиливать (미완), **~илить** (완) 톱으로 켜서 자르다
(뻬레뼬리와찌)

переписать
(뻬레삐싸찌)
(완) см. переписывать

переписка
(뻬레삐쓰까)
(여) ① 복사; 베껴(고쳐) 쓰기; ② 편지거래; ③ 왕복서한 ④ 서한집

переписчик (남), **~ца** (여) 필사원(筆寫員),
(뻬레삐쓰칙)

переписывать
(뻬레삐씌와찌)
(남) ① 베껴쓰다, 고쳐쓰다
② ~ (набело) 정서하다
③: ~ (на машинке) (타자기로) 찍다, 타자하다 ④ 목록(명단)을 작성하다

переписываться
(뻬레삐씌와짜)
(미완) 편지거래하다

перепись
(뻬레삐쓰)
(여) 목록작성, 명단작성, 전반적조사;

переплавить¹
(뻬레쁠라비찌)
(완) ① 다시 녹이다, 용해하다;
② (많이, 모두) 용해(가공)하다

переплавить²
(뻬레쁠라비찌)
(완) 떼몰이하다, 벌목하다;

переплавлять¹ ²
(뻬레쁠라블랴찌)
см. переплавить 1

перепланировать
(뻬레쁠라니로와찌)
(미완, 완) 계획을 고쳐 세우다, 계획을 변경시키다; 살계를 고치다

переплатить (완), ~ачивать (미완) (뻬레쁠라**찌**찌)	① 너무 많이 물다, 비싸게 물다; ② 지불에 돈을 허비하다
переплести(сь) (뻬레쁠레**쓰**찌)	*см.* переплетать(ся)
переплёт (뻬레쁠료트)	(남) ① 제본, 제책 ② 표지, 장정; ③ 창틀, 살창, 틀 ④ 곤경(困境), 궁지;
переплетать (뻬레쁠레**따**찌)	(미완) ① 제본(장정)하다 ② 엮다, 땋다 ③ 다시 짜다(엮다)
переплетаться (뻬레쁠레**따**짜)	(미완) 엉키다, 얽히다
переплётный : (뻬레쁠료트느이)	~ цех 제책(제본)직장
переплётчик (남), ~ца (여) 제책공, 제본공 (뻬레쁠료뜨칙)	
переплывать (미완), ~ыть (완) 헤엄쳐서(타고)건너다 (뻬레쁠리**와**찌)	
переподготовка (뻬레뽀고**또**브까)	(여) 재교육, 재양성, 재훈련
переползать (미완), ~ти (완) (뻬레뽈자찌)	① 기여서 넘다(건너다); ② 기여서 옮겨가다
переполненный (뻬레뽈넨느이)	(형) 가득찬, 초만원을 이룬;
переполнить (뻬레뽈니찌)	(완) ① 차고 넘치게 하다 ② 초만원을 이루다;
переполниться (뻬레뽈리니짜)	(완) 차고 넘치다;
переполнять(ся) (뻬레뽈**냐**찌)	*см.* переполнить(ся)
переполох (뻬레뽈로흐)	(남) 야단, 소동(騷動), 소란, 난동;
переполошить (뻬레뽈로쉬찌)	(완) 소동을 일으키다
переполошиться (뻬레뽈로쉬짜)	(완) 놀라다, 당황해하다, 야단법석하다
перепонка	(여) (해부) 막(膜); 고막, 복막, 세포막

(뻬로)	③ (파, 마늘의) 잎사귀
перо² (뻬로)	(중) ① 펜촉 ② 붓, 필봉; ④ (공구의) 촉
перочинный: (뻬로친느이)	~ нож 접칼, 주머니칼
перпендикуляр (뻬르뻰지꿀랴르)	(남) 수직선, 연직선, 수선
перпендикулярный (뻬르뻰지꿀랴르느이)	(형) 수직의, 연직으로
перрон (뻬르론)	(남) 역개찰구, 플래트흠
перс (뻬르쓰)	(남) *см.* персы
персидский (뻬르시드쓰끼이)	(형) 페르시아(현재의 이란)
персик (뻬르씨크)	(남) 복숭아나무; 복숭아, 복사, 복숭; 도실(桃實)
персиковый (뻬르씨까븨이)	(형) 복숭아의
персиянка (뻬르씨얀까)	(여) *см.* персы
персона (뻬르쏘나)	(여) ① 인물, 인사; ② 사람, 손님;
персонаж (뻬르싸나즈)	(남) 등장인물(登場人物)
персонал (뻬르싸날)	(남) 인원, 직원(職員);
персонально (뻬르싸날나)	(부) 개별적으로, 개인적으로
персональный (뻬르싸날느이)	(형) ① 개별적인, 개인적인; ② 인원, 직원;
перспектива (뻬르쓰뻭띠와)	(여) ① 전망(前望); ② 원경(遠景); ③ 원근화법, 투시화
перспективный (뻬르쓰뻭띱느이)	(형) ① 전망, 관망, 조망; ② 전망성 있는, 유망한; ③ 원근화법, 투시화법

- 912 -

(뻬레쓰뜨**라**이와쨔)	되다; ② (자기의 사업질서, 활동방향, 견해 등을) 변경하다 ③ 파장을 바꾸다;
перестраховаться (뻬레쓰뜨라호**와**짜)	(완) 책임을 회피하다
перестраховка (뻬레쓰뜨라**호**브까)	(여) 책임회피, 책임전가
перестраховщик (뻬레쓰뜨라**호**브쉬크)	(남) 책임 회피자, 책임 전가자
перестрелка (뻬레쓰뜨**렐**까)	(여) 교전, 교차사격, 사격전
перестроить(ся) (뻬레쓰뜨**로**이찌)	*см.* перестраивать(ся)
перестрой ка (뻬레쓰뜨**로**이까)	(여) ① 고쳐짓는 것, 재건 ② 재조직, 재편성, 개편 ③ (사업질서, 활동방향, 견해 등의) 변경 ④ 파장변경, 파장을 새로 (달리) 맞추는 것
переступать (미완), **~ить** (완) (뻬레쓰뚜**빠**찌)	① 넘다, 건너서다; ② 걸음을 옮기다; ③ 어기다, 위반하다;
пересуды (뻬레**쑤**디)	(복수) 뒷공론, 시비, 뒤말
пересчёт (뻬레쓰**쵸**트)	(남) 환산; в ~е на *что-л* ~으로 환산 하여
пересчитать (완), **~итывать** (미완) (뻬레쓰치**따**찌)	① (많은 것을, 모두) 세다, 계산 하다 ② 다시 세다(계산하다) ③ 환산하다
пересылать (뻬레쓸**라**찌)	(미완) ① 보내다, (우편으로) 부치다; ② 배달하다
пересылка (뻬레**쓸**까)	(여) ① 보내는 것, (우편으로) 부치는 것, 발송; ② 배달
пересыпать (완), **~ыпать** (미완) (뻬레쓰**빠**찌)	① 옮겨 넣다, 쏟다; ② 너무 많이 넣다; ③ (사이에) 뿌리다;
пересыхать (뻬레쓰**하**찌)	(미완) *см.* пересохнуть
перетаскивать (미완), **~ащить** (완) (뻬레**따**쓰끼와찌)	옮기다, 옮겨놓다, 끌어 옮기다;

Пп

перетащиться (뻬레따쒸짜)	(완) (힘겹게) 옮겨가다, 자리를 옮기다
перетереть (뻬레떼레찌)	(완) ① 비벼서 끊다; ② (모조리,다) 닦다
перетереться (뻬레떼레짜)	(완) 쓸리어 끊어지다;
перетерпеть (뻬레쩰뻬찌)	(완) ① (많은 난관을) 이겨내다; ② 참아내다;
перетирать(ся) (뻬레찌라찌)	*см.* перетереть(ся)
перетрусить (뻬레드루씨찌)	(완) 몹시 겁내다, 질겁하다
перетряхивать (미완), ~яхнуть (완) 흔들어 털다 (뻬레드랴히와찌)	
перетягивать (미완), ~януть (완) ① 끌어 옮기다 ② 끌어당기다, (뻬레쨔기와찌)	유인하다; ③ 다시 조이다(잡아당기다) ④ 꽉 매다, (다시) 잡아당겨 매다;
переубедить (완), ~ждать (미완) 의견을 변경시키다, 견해를 바꾸다, (뻬레우베지찌)	신념을 변경시키다, 설복하다, 설득시키다
переулок (뻬레우로크)	(남) 골목, 옆 골목
переутомить (뻬레우또미찌)	(완) 몹시 피곤케 하다
переутомиться (뻬레우또미짜)	(완) 몹시 피곤해 하다, 기진맥진해지다
переутомление (뻬레우또믈레니예)	(중) (극도의) 피로(疲勞), 기진맥진, 과로
переутомлять(ся) (뻬레우또믈랴찌)	*см.* переуто мить(ся)
переучёт (뻬레우쵸트)	(남) (상품) 실사(實事), 사실
переучивать (뻬레우치와찌)	(미완) 재교육하다, 다시(달리) 가르치다
переучиваться (뻬레우치와짜)	(미완) 재학습하다, 다시(달리) 배우다

переучить(ся) *см* переучивать (ся)
(뻬레우치찌)

переформировать (완), ~овывать (미완) 개편하다, 재조직(재편성)
(뻬레파르미로와찌) 하다

перехваливать (미완), ~алить (완) 지나치게 칭찬(찬양, 찬미)하다
(뻬레흐왈리와찌)

перехватить (완), ~атывать (미완) ① (따라가) 붙잡다, 가로채다
(뻬레흐와찌찌) ② 졸라매다, 죄다 ③ 잠시 꾸다(빌리다)
④ 요기하다, 간단히 먹다

перехитрить (완) 꾀가 ...보다 더하다;
(뻬레히트리찌)

переход (남) ① 넘어(건너)가는 것, 이행, 이동;
(뻬레호드) ② 조동; ③ 통로, 복도;
④ 변화(變化), 전환(轉換)

переходить (미완) ① 건너가다(오다), 넘어가다(오다)
(뻬레호드지찌) ② (장소, 일자리를) 옮기다, 이동하다,
옮겨가다(오다); ③ 진급하다, 승진하다;
④ ~의 관하에 들어가다, 넘어가다;
⑤ 이행하다; ⑥ 변하다;

переходный (형) 통로; ~люк 통로문
(뻬레호드느이)

переходный (형) ~ период 과도기; ~ мостик
(뻬레호드느이) (건너다니는) 다리

перец (남) ① 고추, 후추; ② 고추(후추)가루,
(뻬레츠) 고추양념

перечень (남) 목록, 차례, 열거; ~ книг 도서목록;
(뻬레체니) ~ вопросов 문제의 열거

перечёркивать (미완), ~еркнуть (완) (쓴, 그린 것을) (모두) 지워버
(뻬레쵸르끼와찌) 리다, 그어버리다

перечесть (완) *см.* пересчитать;
(뻬레체쓰찌)

перечёт (남) знать на ~ 모조리 (죄다) 알다
(뻬레쵸트)

перечисление (중) ① 열거, 나열, 진열, 배열;
(뻬레치쓸레니예) ② (부기) 계산액, 산출액

перечислить (완), ~ислять (미완) ① 세다, 열거하다; ② (부기)

- 909 -

(뻬레치쓸리찌)	다른 계산에 넣다 ③ ...에 돌리다, (다른 부류에) 소속시키다
перечитать, ~итывать (미완) 다시 읽다 (뻬레치따찌)	
перечить (뻬레치찌)	(미완) 엇서다, 반항하다
перечница (뻬레치니짜)	(여) 고추(후추)가루단지
перешагивать (미완), **~агнуть** (완) (뻬레샤기와찌)	① (걸어서) 넘다, 넘어서다, 넘어가다; ② 위반하다, 어기다. ③ (감정을) 극복하다
перешеек (뻬레쉐에크)	(남) (지리) 끼인땅(지협), 사이땅
перешёптываться (뻬레쇼쁘띄와쨔)	(미완) 속삭이다, 소곤소곤하다, 귀속 말로 말하다
перешивать (미완), **~ить** (완) 고쳐 만들다, 다시(달리) 깁다; (뻬레쉬와찌)	
переэкзаменовка (뻬레에그자메노프까)	(여) 재시험, 두 번 시험을 침
перигей (뻬리게이)	(남) (천문) 근지점(近地點), 근점
перила (뻬릴라)	(복수) 난간(欄干), 난함, 험함
периметр (뻬리메뜰)	(남) (수학) (다각형의) 주위
перина (뻬리나)	(여) (침대 깔개위에 까는) 깃요, 깃이불 (속에 깃을 넣은) 요
период (뻬리온)	(남) 시기, 기간(期間), 시대(時代);
периодизация (뻬리오지자치야)	(여) 시대(시기)구분
периодика (뻬리오지까)	(여) (집합) 정기간행물
периодически (뻬리오지체쓰끼)	(부) 정기적으로

Пп

периодический (뻬리오지체쓰끼이)	(형) 주기적인, 정기적인;
периодичность (뻬리오지츠노쓰찌)	(여) 주기성(週期性)
перипетия (뻬리뻬찌야)	(여) ① (작품에서 주인공의 운명의) 급격한 변화 ② 파란곡절, 파란만장, 파란중첩.
перископ (뻬리쓰꼬쁘)	(남) 잠망경, 정찰경
перистальтика (뻬리쓰딸찌까)	(여) (생리) 연동(蠕動), 꿈틀운동
перистый (뻬리쓰띄이)	(형) ~ые облака 솜털 같은 구름, 비단구름
перитонит (뻬리또닡)	(남) (의학) 복막염(腹膜炎)
периферический (뻬리페리체쓰끼이)	(형) ① 말초(末梢); ② (수학) 원주, 주변
периферия (뻬리페리야)	(여) 지방(地方), 지역, 시골;
перл (뻬를)	(남) ① 걸작 ② 엉터리
перламутр (뻬를라무뜨르)	(남) 진주 패, 자개, 나전, 합각
перламутровый (뻬를라무뜨로븨이)	(형) 자개의, 진주패의, 나전의
перловка (뻬를롭까)	(여) 보리쌀
перловый (뻬를로븨이)	(형) ~ая крупа (진주모양으로 찧은) 보리쌀; ~ая каша 보리밥, 보리죽
перманент (뻬르마녠트)	(남) 파마; 곱슬곱슬한 머리, 물결머리
перманентный (뻬르마녠뜨늬이)	(형) 부단한, 영구적인, 항구적인;
пернатые (뻬르나뜨예)	(복수) 새들, 날짐승, 조류
перо¹	(중) ① 깃, 깃털 ② (물고기의) 지느러미

Пп

(뻬로)	③ (파, 마늘의) 잎사귀
перо² (뻬로)	(중) ① 펜촉 ② 붓, 필봉; ④ (공구의) 촉
перочинный : (뻬로친늬이)	~ нож 접칼, 주머니칼
перпендикуляр (뻬르뼁지꿀랴르)	(남) 수직선, 연직선, 수선
перпендикулярный (뻬르뼁지꿀랴르늬이)	(형) 수직의, 연직으로
перрон (뻬르론)	(남) 역개찰구, 플래트홈
перс (뻬르쓰)	(남) см. персы
персидский (뻬르시드쓰끼이)	(형) 페르시아(현재의 이란)
персик (뻬르씨크)	(남) 복숭아나무; 복숭아, 복사, 복숭; 도실(桃實)
персиковый (뻬르씨까븨이)	(형) 복숭아의
персиянка (뻬르씨얀까)	(여) см. персы
персона (뻬르쏘나)	(여) ① 인물, 인사; ② 사람, 손님;
персонаж (뻬르싸나즈)	(남) 등장인물(登場人物)
персонал (뻬르싸날)	(남) 인원, 직원(職員);
персонально (뻬르싸날나)	(부) 개별적으로, 개인적으로
персональный (뻬르싸날늬이)	(형) ① 개별적인, 개인적인; ② 인원, 직원
перспектива (뻬르쓰뻭띠와)	(여) ① 전망(前望); ② 원경(遠景); ③ 원근화법, 투시화
перспективный (뻬르쓰뻭띱늬이)	(형) ① 전망, 관망, 조망; ② 전망성 있는, 유망한; ③ 원근화법, 투시화법

перепутье (뻬레**뿌**띠예)	(중) 갈림길(기로); на ~ 갈림길에 서서, 어느 것을 택할지 몰라서
перерабатывать (뻬레라**바**띄와찌)	(미완) ① 가공하다 ② 소화하다 ③ (다시) 고치다; 개작하다 ④ 시간외노동을 하다; ⑤ 과로하다
перерабатываться (뻬레라**바**띄와짜)	(미완) ① 가공되다; ② 소화되다; ③ 고쳐지다; 개작되다
переработка (뻬레라**보**뜨까)	(여) ① 가공(加工) ② 개작(改作); 윤색 ③ 과외노동
перераспределение (뻬레라쓰쁘레젤**레**니예)	(중) 다시(달리) 나누는 것, 재분배
перераспределить (완), ~ять (미완) 다시(달리) 나누다, 재분배하다 (뻬레라쓰쁘레젤**리**찌)	
перераспределяться (뻬레라쓰쁘레젤**랴**짜)	(미완) 다시(달리)나누어지다, 재분배되다
перерастание (뻬레라쓰**따**니예)	(중) ① 장족의 발전 ② 전환 ③ 능가(凌駕)
перерастать (미완), ~и (완) (뻬레라쓰**따**찌)	① ~보다 더 커지다; ② 장성발전 하다; ③ 능가하다; ④ ~으로 변하다 (전환하다); ⑤ 나이가 지나다
перерасход (뻬레라쓰**호**드)	(남) 초과지출, 초과소비; 지출초과액;
перерасходовать (뻬레라쓰**호**다와찌)	(완, 미완) 초과소비(초과지출)하다;
перерасчёт (뻬레라쓰**쵸**트)	(남) 재계산, 재회계;
перервать (뻬레르**와**찌)	(완) 끊다, 절단하다;
перерваться (뻬레르**와**짜)	(완) 끊어지다
перерегистрация (뻬레레기쓰뜨**라**치야)	(여) 재등록, 재기록
перерегистрировать (뻬레레기쓰뜨**리**뷔와찌)	(미완, 완) 재등록하다, 재기록 하다
перерезать (뻬레레**자**찌)	(완, 미완) ① 자르다, 절단하다; ② (길을) 막다, 차단하다;

- 903 -

перерезаться (완), ~езаться (미완) (뻬레레자짜)	잘라지다, 끊어지다;
перерисовать (완), ~овывать (미완) (뻬레리싸와찌)	① 복사하다, 베껴 그리다, 전사하다 ② (그림을) 다시 그리다
переродиться (완), ~ждаться (미완) (뻬레로지짜)	① 완전히 달라지다, 변모되다, 근본적으로 변화되다 ② 본래의 성질을 잃어버리다, 퇴화하다, 변질(변생)하다
перерождение (뻬레로제니예)	(중) ① 근본적 변화(變化), 변모(變貌); ② 퇴화(退化), 변질(變質);
перерубать, ~ить (완) (뻬레루바찌)	자르다, 쪼개다
переругаться (뻬레루가짜)	(완) (많은 사람과 또는 서로) 싸우다, 다투다
перерыв (뻬레리프)	(남) 중단, 휴식, 휴식기간; сделать ~ в работе 1) 작업 중에 휴식을 하다 2) 일을 중단하다;
перерывать(ся) (뻬레리브와찌)	*см.* перервать(ся)
перерыть (뻬레리찌)	(완) ① 온통 파헤치다 ② 가로질러 파다; ③ (찾느라고)죄다 뒤지다;
пересадить (뻬레싸지찌)	(완) ① 옮겨 앉히다, 옮겨놓다; 갈아 태우다; ② 옮겨 심다, 떠 옮기다, 이식하다
пересадка (뻬레싸드까)	(여) ① 옮겨놓는 것 ② 갈아타기, 갈아타는 것; ③ 옮겨심기 ④ (의학) (뼈, 살등의) 옮겨 붙이기, 이식수술;
пересаживать (뻬레싸쥐와찌)	(미완) *см.* пересадить
пересаживаться (뻬레싸지와쨔)	(미완) *см.* пересесть
пересаливать (뻬레쌀리와찌)	(미완) *см.* пересолить
пересдавать (미완), ~ать (완): (뻬레쓰다와찌)	~ экзамен 시험을 다시 치다
пересдача (뻬레쓰다차)	(여) ~ экзамена 재시험
пересекать	(미완) ① 가로질러 건너가다

(뻬레쎄까찌)	② 가로막다, 차단하다 ③ 끊다, 통과하다
пересекаться (뻬레쎄까짜)	(미완) ① 사귀다, 교차하다 ② (서로) 엇걸리다
переселенец (뻬레쎌레네차)	(남) 이주민, 이주자, 이민
переселение (뻬레쎌레니예)	(중) 이주, 이사, 이민
переселить (뻬레쎌리찌)	(완) 이주(이사)시키다
переселиться (뻬레쎌리짜)	(완) 옮겨가다; 이주(이사)하다;
переселять[ся] (뻬레쎌랴짜)	*см.* переселить[ся]
пересесть (뻬레쎄쓰찌)	(완) ① 옮겨 앉다 ② 갈아타다;
пересечение (뻬레쎄체니예)	(중) ① 사귐 ② 교차점;
пересечённый (뻬레쎄촌느이)	(형) ~ая местность 기복지대, 고르지 못한 지대
пересечь(ся) (뻬레쎄치)	(완) *см.* пересекать(ся)
пересиливать (미완), ~ить (완) (뻬레씰리와찌)	이겨내다, 극복하다;
пересказ (뻬레쓰까즈)	(남) ① (읽은 것의 내용을 자기 말로 하는) 진술, 서술 ② 이야기
пересказать (완), ~азывать (미완) (뻬레쓰까자찌)	① (들은 것, 읽은 것을 자기 말로) 이야기하다 ② (차례로, 자세히) 이야기하다
перескакивать (뻬레쓰까끼와찌)	*см.* перепрыгивать
переслать (뻬레쓸라찌)	(완) *см.* пересылать
пересматривать (뻬레쓰마트리와찌)	(미완) ① 다시 보다 ② 재검토 하다, 재심의 하다 ③ 수정(개정)하다
пересмотр (뻬레쓰모뜰)	(남) ① 재검토, 재심의 ② 수정, 개정

Пп

пересмотреть (뻬레쓰마트레찌)	*см.* пересматривать
пересолить (뻬레쌀리찌)	(완) ① 소금을 너무 치다; ② 도를 넘다, 지나치다;
пересохнуть (뻬레싸흐누찌)	(완) 너무(바싹) 마르다; в горле ~ло 나는 목이 말랐다
пересохший (뻬레쏘흐쉬이)	(형) 바싹 마른
переспелый (뻬레쓰뻬리이)	(형) 지내 익은, 너무 익은, 무르 익은, 물씬하게 익은
переспеть (뻬레쓰뻬찌)	(완) 지내 익다, 너무(물씬하게) 익다
переспорить (뻬레쓰뽀리찌)	(완) 논쟁에서 이기다, 논쟁을 통해 납득시키다
переспрашивать (미완), ~осить (완) 다시 묻다, 다시 물어보다, (뻬레쓰쁘라쉬와찌) 되짚어 묻다	
перессорить (뻬레쏘리찌)	(완) (많은 사람을) 서로 다투게 하다, 싸움붙이다
перессориться (뻬레쏘리짜)	(완) (많은 사람과 또는 서로) 다투게 되다, 싸우게 되다
переставать (뻬레쓰따와찌)	(미완) *см.* перестать
переставить (완), ~авлять (미완) ① 옮겨놓다; ② 바꾸어놓다; (뻬레쓰따비찌)	
перестановка (뻬레쓰따노브까)	(여) ① 옮겨(바꾸어)놓는 것 ② (수학) 순열(기호는 nPr.)
перестараться (뻬레쓰따라짜)	(완) 너무 (지나치게) 애쓰다, 공연히 노력하다
перестать (뻬레쓰따찌)	(완) ① 그만두다; ② (비, 눈 등이) 멎다, 그치다;
перестилать, ~лать (완) 다시 깔다 (뻬레쓰찔라찌)	
перестраивать (뻬레쓰뜨라이와찌)	(미완) ① 고쳐짓다, 재건하다; ② 고치다, 개작(개편)하다; ③ 고쳐 세우다, 정렬하다
перестраиваться	(미완) ① 조직(편성)이 고쳐지다, 개편

переплати́ть (완), ~а́чивать (미완) ① 너무 많이 물다, 비싸게 물다;
(뻬레쁠라찌찌) ② 지불에 돈을 허비하다

переплести́(сь) *см.* переплета́ть(ся)
(뻬레쁠레쓰찌)

переплёт (남) ① 제본, 제책 ② 표지, 장정;
(뻬레쁠료트) ③ 창틀, 살창, 틀 ④ 곤경(困境), 궁지;

переплета́ть (미완) ① 제본(장정)하다 ② 엮다, 땋다
(뻬레쁠레따찌) ③ 다시 짜다(엮다)

переплета́ться (미완) 엉키다, 얽히다
(뻬레쁠레따짜)

переплётный : ~ цех 제책(제본)직장
(뻬레쁠료트느이)

переплётчик (남), ~ца (여) 제책공, 제본공
(뻬레쁠료뜨칙)

переплыва́ть (미완), ~ы́ть (완) 헤엄쳐서(타고)건너다
(뻬레쁠릐와찌)

переподгото́вка (여) 재교육, 재양성, 재훈련
(뻬레뽇고또브까)

перепо́лзать (미완), ~ти́ (완) ① 기여서 넘다(건너다); ② 기여서
(뻬레뽈자찌) 옮겨가다

перепо́лненный (형) 가득찬, 초만원을 이룬;
(뻬레뽈넨느이)

перепо́лнить (완) ① 차고 넘치게 하다
(뻬레뽈니찌) ② 초만원을 이루다;

перепо́лниться (완) 차고 넘치다;
(뻬레뽈리니짜)

переполня́ть(ся) *см.* перепо́лнить(ся)
(뻬레뽈냐찌)

перепо́лох (남) 야단, 소동(騷動), 소란, 난동;
(뻬레뽈로흐)

переполоши́ть (완) 소동을 일으키다
(뻬레뽈로쉬찌)

переполоши́ться (완) 놀라다, 당황해하다, 야단법석하다
(뻬레뽈로쉬짜)

перепо́нка (여) (해부) 막(膜); 고막, 복막, 세포막

(뻬레뿐까)

перепортить (뻬레뽈찌찌)	(완) (많은, 모든 것을) 못쓰게 만들다, 망치다;
переправа (뻬레쁘라와)	(여) ① 건너는 것, 도하; ② 나루터, 도하장소; ③ 도하시설 (떼, 배, 다리 등)
переправить¹ (뻬레쁘라비찌)	(완) ① 건너다, 건너보내다; ② 보내다, 부치다;
переправить² (뻬레쁘라비찌)	(완) ① 고치다; ② (많이, 모두) 고치다
переправиться (뻬레쁘라비짜)	(완) 건너다, 도하하다, 넘어가다;
переправить¹, ² (뻬레쁘라비찌)	*см.* переправить1 2.
переправляться (뻬레쁘라블랴짜)	*см.* переправиться
перепродавать (미완), ~ать (완) (뻬레쁘로다와찌)	(샀던 것을) 되넘기다, 되거리하다
перепроизводство (뻬레쁘로이즈보드쓰뜨붜)	(중) 과잉생산; кризис ~а 과잉생산
перепрыгивать (미완), ~нуть (완) (뻬레쁘릐기와찌)	① 뛰어넘다, 건너뛰다; ② 뛰어서 자리를 옮기다
перепуг (뻬레뿍)	(남) с ~у 몹시 놀라서, 질겁하여
перепуганный (뻬레뿌간느이)	(형) 몹시 놀란, 질겁한
перепугать (뻬레뿌가찌)	(완) 몹시 놀라게 하다.
перепугаться (뻬레뿌가짜)	(완) 몹시 놀라다
перепутать (뻬레뿌따찌)	(완) ① (모두, 많이) 헝클다; ② 뒤섞다, 혼란시키다; ③ 헷갈리다, 혼돈하다;
перепутаться (뻬레뿌따짜)	(완) ① 뒤엉키다, 헝클어지다; ② 혼돈되다;
перепутывать(ся) (뻬레뿌띄와짜)	*см.* перепутать(ся)

перстень (뻬르쓰젠)	(남) 보석반지
пертурбация (뻬르뚤바찌야)	(여) 급격한 변동, 동란
Перу (뻬루)	(중) (불변) 페루
перфоратор (뻬르파라똘)	(남) 구멍뚫이기계, 천공기
перфорация (뻬르파라찌야)	(여) ① 구멍뚫이, 천공(穿孔); ② (필림, 카드 등의) 구멍
перхоть (뻬르호찌)	(여) 비듬, 두구, 두설, 풍설, 운지
перчатка (뻬르차트까)	(여) 장갑;
перчить (뻬르치찌)	(미완) 고추(후추)가루를 치다;
пёрышко (뾰리쉬까)	(중) перо I 의 축소 -애칭
Песн (Книга Песни Песней Соломона, 8장, 675쪽) (뻬슨)	아가서 (雅歌書)
пёс (뾰쓰)	(남) ① 개, 수캐 ② 개 같은 자식, 놈
песенка (뻬쎈까)	(여) (песня의 지소-애칭) 짤막한 노래; 동요;
песеник (뻬쎄닉)	(남) ① 노래집, 가요집, 가사집 ② 작사자, 작곡가(作曲家)
песец (뻬쎄츠)	(남) 북극여우
пескарь (뻬쓰까리)	(남) (어류) 모래무치
песня (뻬쓰냐)	(여) 노래, 가요; народная ~ 민요; колыбельная ~ 자장가;
песок (뻬쏘크)	(남) ① 모래, 모새, 세사(細沙), 경미토, 샌드(sand); мелкий ~ 잔모래 ② 모래땅, 모래판 ③ (сахарный) ~ 사탕가루; строить на песке 튼튼치 못

	한 기초위에 세우다, 사상누각을 세우다
песочница (뻬쏘츠니짜)	(여) ① (아이들이 노는) 모래터 ② (기관차의) 모래통
песочный (뻬쏘츠느이)	(형) ① 모래; ~ые часы 모래시계 ② 모래빛; ③ ~ое пирожное (푸슬푸슬하게 반죽한 것으로 만든) 과자
пессимизм (뻬스씨미즘)	(남) ① 비관주의, 비관론; ② 비관, 염세
пессимист (뻬스씨미스트)	(남) ① 비관론자, 염세주의자 ② 우울한 사람
пессимистически (뻬스씨미스찌체스끼)	(부) 비관적으로;
пессимистический (뻬스씨미스찌체스끼이)	(형) 비관(염세)주의적인; 우울한;
пессимистичный (뻬스씨미스찌츠느이)	(형) 염세적(厭世的); 비관적으로
пест (뻬스트)	(남) 공이, 절구공이
пестик (뻬스찌크)	(남) (식물) 암꽃술
пестицид (뻬스찌치드)	(남) (화학) 살충제(殺蟲劑)
пестовать (뻬스또와찌)	(미완) 교양(육성)하다, 기르다
пестреть (뻬스뜨레찌)	(미완) ① 알락달락해지다, 여러가지 색깔을 띠다 ② 알락달락하게 보이다
пестрить (뻬스뜨리찌)	(미완) (무인칭) 얼른거리다
пестрота (뻬스뜨로따)	(여) 여러 가지 색, 형형색색;
пёстрый (뾰스뜨리이)	(형) ① 알락달락한; ② 각양각색, 잡다한
песчаник (뻬스차닉)	(남) (광물) 모래바위, 사암(砂巖)
песчаный	(형) 모래가 많은;

(뼤쓰차늬이)

песчинка　　　　　　　　　　(여) 모래알, 모래 알갱이
(뼤쓰친까)

1 Петр (Первое послание Петра, 5장, 173쪽) 베드로전서
(뼤뜰)　　　　　　　　　　　　(베드로의 처음편지)

2 Петр (Второе послание Петра, 3장, 177쪽) 베드로후서
(뼤뜰)　　　　　　　　　　　　(베드로의 둘째 편지)

петит　　　　　　　　　　　(남) (인쇄) (8포인트의) 작은 활자
(뼤찔)

петиция　　　　　　　　　　(여) 청원서(請願書), 탄원서(歎願書)
(뼤찌치야)

петлица　　　　　　　　　　(여) ① 영장 ② 단추구멍
(뼤뜰리차)

петля　　　　　　　　　　　(여) ① 코, 매듭, 끝매듭, 마무리;
(뼤뜰랴)　　　　　　　　　　　② 올가미, 덫, 올무, 계략, 함정;
　　　　　　　　　　　　　　　③ 단추 구멍; ④ 문설주, 설주, 선단;
　　　　　　　　　　　　　　　⑤: (мёртвая) ~я 공중회전

петлять　　　　　　　　　　(미완) 빙글빙글 돌아가다
(뼤뜰랴찌)

петрушка　　　　　　　　　(여) 미나리(의 한 가지), 근채, 수근
(뼤뜨루쉬까)

петух　　　　　　　　　　　(남) 수탉, 웅계, 장닭;
(뼤뚜호)

петь　　　　　　　　　　　　(미완) ① 노래 부르다, 노래하다;
(뼤찌)　　　　　　　　　　　　② (새가) 울다, 지저귀다;

пехота　　　　　　　　　　(여) 보병(步兵), 보군(步軍), 보졸(步卒):
(뼤호따)

пехотинец　　　　　　　　　(남) 보병, 보군, 보졸
(뼤호찌네츠)

пехотный　　　　　　　　　(형) 보병의, 보졸의, 보군의
(뼤호뜨늬이)

печалить　　　　　　　　　(미완) 슬프게 하다, 서글프게 하다
(뼤찰리찌)

печалиться　　　　　　　　(미완) 슬퍼하다, 서글퍼하다, 쓸쓸해하다
(뼤찰리쨔)

Пп

печаль (뻬찰리)	(여) ① 슬픔, 설음, 비애 ② 시름, 근심
печально (뻬찰리나)	(부) ① 슬프게, 구슬프게, 서글프게 ② (술어로) 슬프다
печальный (뻬찰리느이)	(형) ① 슬픈, 서러운, 서글픈 ② 비참한, 유감스러운
печатание (뻬챠따니예)	(중) 인쇄(印刷), 프린트
печатать (뻬챠따찌)	(미완) ① 인쇄(출판)하다 ② (출판물에) 싣다 ③ (타자기로) 찍다
печататься (뻬챠따쨔)	(미완) ① 인쇄(출판)되다 ② (출판물에) 실리다
печатник (남), ~ца (여) (뻬챠찌닉)	인쇄공(印刷工)
печатный (뻬챠뜨늬이)	(형) ① 인쇄, 인쇄용; ② 인쇄된, 출판된
печать (뻬챠찌)	(여) ① 인쇄; ② 출판물 ③ 도장, 인장; ④ 흔적(痕迹); ◇ выйти из печати 발행되다, 나오다; появиться в печати 출판되다, 출판물에 실리다(나오다)
печёнка (뻬촌까)	(여) 간, 간장(肝腸), 간과 창자
печёный (뻬쵼늬이)	(형) 구운, 군
печень (뻬체니)	(여) 간, 간장(肝腸), 간과 창자
печенье (뻬체니예)	(중) (구운) 과자
печка (뻬치까)	(여) 벽난로, 벽로; 페치카(pechka), 슈미네(cheminee)
печник (뻬츠니크)	(남) 페치까공, 체치까수리공
печной (볘츠노이)	(형) 페치까의, 벽난로의, 슈미네의
печь¹ (뻬치)	(미완) ① 굽다; ② 무덥게 쪼이다;

Пп

- 916 -

печь² (뻬치)	(여) ① 난로, 곤로, 페치까; ② (공업용) 로(爐);
пешеход (뻬쎄홑)	(남) 걷는 사람, 보행자, 걸어다니는 사람
пешеходный (뻬쎄홑느이)	(형) 보행, 도행(徒行), 워킹(walking)
пеший (뻬쉬이)	(형) 걸어가는, 보행, 워킹, 도행
пешка (뻬쓰까)	(여) ① (장기의) 졸, 졸병(卒兵) ② 시시한 사람, 졸자, 무용지물
пешком (뻬쓰꼼)	(부) 걸어서, 보행으로, 워킹으로
пещера (뻬쎄라)	(여) 굴, 동굴(洞窟), 터널(tunnel)
пианино (삐아니나)	(불변) (중) 피아노; 양금(洋琴)
пианист (남), ~ка (여) (삐아니쓰트)	피아노(양금) 연주가
пивная (삐브나야)	(여) 맥주 집, 비어홀
пивной (삐브노이)	(형) ① 맥주의; ② (명사로): ~ая (여) 맥주집
пиво (삐붜)	(중) 맥주, 비어(beer)
пивоваренный (삐붜와렌늬이)	(형): ~ завод 맥주공장
пигмей (삐그메이)	(남) ① 난장이, 딸보, 땅딸보, 작다리; ② 인간쓰레기, 보잘것없는 사람
пигмент (삐그몐트)	(남) (생리) 색소(色素), 물씨
пигментация (삐그몐따찌야)	(여) (생리) 색소침착, 색소형성
пиджак (삐드좌크)	(남) (남자용) 양복저고리, 상의
пижама	(여) ① 잠옷, 자리옷, 파자마 ② 환자복

Пп

(삐좌마)

пик (삑)	(남) ① 산봉우리, 봉(峰), 봉우리, 산마루; ② (발전에서) 최고 절정, (일시적인 급격한) 상승, 증대, 격증 ③ (불변) (형) час ~, часы ~ (출퇴근 시간) 혼잡한(복잡한) 때
пика (삐까)	(여) 창
пикантный (삐깐뜨느이)	(형) ① (맛이) 자극적인, 매운, 찌르는; ② 흥분시키는, 미묘한, 유혹적인
пикап (삐깝)	(남) (여객화물겸용) 소형자동차, 웨곤
пикет (삐곌)	(남) ① (군사) 보초; ② (파업시) 규찰대
пикирование (삐끼로와니예)	(중) (항공) 급강하, 수직강하
пикировать (삐끼로와찌)	(완, 미완) (항공) 급강하하다
пикироваться (삐끼로와쨔)	(미완) с кем-л. 서로 비꼬아 말하다, 서로 핀잔을 주다, 서로 흉보다
пикирующий (삐끼루쉬이)	(형): ~ бомбардировщик 급강하폭격기
пикник (삐크니크)	(남) 들놀이, 야유회(野遊會), 들놀음
пила (삘라)	(여) 톱; пилить ~ой 톱으로 켜다
пилёный (삘룐느이)	(형) (톱으로) 켜낸
пилить (삘리찌)	(미완) ① (톱으로) 켜다, 톱질하다; ② 잔소리로 못살게 굴다
пилка (삘까)	(여) ① 톱질 ② 작은 톱; 줄칼
пиломатериалы (삘로마쩨리알릐)	(복수) (켜낸) 목재(木材)
пилот (삘롵)	(남) 비행사, 조종사

Пп

пилота́ж (뻴로따즈)	(남) 비행술(飛行術), 조종술
пилоти́рование (뻴로찌로와니예)	(중) 비행조종
пилоти́ровать (뻴로찌로와찌)	(미완) (비행기를) 몰다, 조종하다
пило́тка (뻴로트까)	(여) 비행모, 군모
пилю́ля (뻴률랴)	(여) 알약
пина́ть (삐나찌)	(미완) (발로) 차다
пингви́н (뻰그빈)	(남) (조류) 펭귄(새), 인조(人鳥)
пинг-по́нг (뻰그-뽄)	(남) 탁구(卓球), 핑퐁(ping pong), 테이블 테니스(table tennis)
пине́тки (뻰녵끼)	(복수) (어린이용) 만만한 가죽신
пино́к (삐녹)	(남) 발로 차는 것
пинце́т (뻰쳍)	(남) 핀셋, 집게
пио́н (삐온)	(남) 함박꽃, 함박; 작약화(芍藥花)
пионе́р (삐오네르)	(남) ① 삐오네르; ② 선구자, 개척자
пионервожа́тая (여), ~ый (남) 삐오네르 지도원 (삐오네르붜좌따야)	
пионе́рия (삐오네리야)	(여) (집합) 삐오네르들, 소년단.
пионерла́герь (삐오네를라겔)	(남) 삐오네르 야영소
пионе́рский (삐오네르쓰끼이)	(형) 삐오네르의; ~ га́лстук 삐오네르 넥타이
пипе́тка	(여) 피페트

- 919 -

(삐뻴까)	
пир (삐르)	(남) 술잔치, 주연(酒筵)
пирамида (삐라미다)	(여) (수학) 각뿔, 각추(角錐); 피라미드 (pyramid), 금자탑
пират (삐라트)	(남) 해적(海賊), 날강도, 해량적, 수도
пиратский (삐라트쓰끼이)	(형) 해적의, 날강도의
пирит (삐리트)	(남) 황철광, 누렁철광
пировать (삐로와찌)	(미완)① 술잔치를 차리다, 주연을 베풀다 ② 경축하다
пирог (삐록)	(남) 삐로그 (만두의 한 가지)
пирогравюра (삐로그라뷰라)	(여) 인두그림; 목판화(木版畵)
пирожное (삐로즈노예)	(중) 생과자
пирожок (삐로죠크)	(남) ① 만두(의 한 가지); ② пирог의 축소(애칭)
пирометр (삐로메뜨)	(남) 고온계, 고온도계
пиротехник (삐로쩨흐닉)	(남) 연화사
пиротехника (삐로쩨흐니까)	(여) 연화술
пирс (뻴쓰)	(남) 잔교, 계선장, (돌출부) 부두
пирушка (삐루쉬까)	(여) 소연회, 작은파티
пиршество (뻴쉐쓰뜨보)	(중) 큰잔치, 호화로운 주연
писарь (삐싸리)	(남) 필사원(筆寫員); 서기(書記)

писатель (남), **~ница** (여) (삐싸쩰)	작가(作家), 글쓴이, 집필자
писать (삐싸찌)	(미완) 쓰다; 집필하다 편지하다 그림 그리다
писаться (삐싸쨔)	(미완) 쓰이다; 써지다;
писк (삐쓰크)	(남) 삑삑거리는 소리
пискливый (삐쓰클리브이)	(형) 삑삑거리는, 새되고 날카로운
пистолет (삐쓰따레트)	(남) 권총(拳銃), 육혈포(六穴砲) 피스톨 (pistol), 단총(短銃);
пистон (삐쓰톤)	(남) ① 뇌관 ② (공학) 피스톤
писчебумажный (삐쓰체부마즈느이)	(형) ~ магазин 문방구 상점, 문방구점
писчий (삐쓰치이)	(형) ~ая бумага 필기종이
письмена (삐시메나)	(복수) 문자(文字)
письменно (삐시멘나)	(부) 글로, 서면으로, 필기로
письменность (삐시멘노쓰찌)	(여) 글자, 문자; 문헌
письменный (삐시멘느이)	(형) ① 글로 쓰는, 서면; ② 필기용, 쓰기 위한
письмо (삐시모)	(중) ① 편지, 서한; ② 문자, 문헌; ③ 쓰기, 필체;
письмоносец (삐시모노쎼츠)	(남) 우편통신원
питание (삐따니에)	(중) ① 보육, 양육, 먹이는 것; ② 식사 음식물; ③ 식생활; ④ 공급, 급양
питательность (삐따쩰노쓰찌)	(여) 영양가치, 영양소
питательный	(형) 영양가 있는;

Пп

(삐따쩰느이)

питать (삐따찌)	(미완) ① 먹이다, 먹여 기르다; ② 공급하다; ③ 느끼다, 품다;
питаться (삐따짜)	(미완) ① 먹다, 먹고 살다; ② 식사하다;
питомец (삐또몌츠)	(남) 육성된(양육 받은) 사람, 제자
питомник (삐똠니크)	(남) ① 모판, 양묘장 ② 종축장
питон (삐똔)	(남) (동물) 금사, 바위 왕 구렁이
пить (삐찌)	(미완) ① 마시다; ② 술을 마시다 ③ 잔을 들다, 축배를 들다;
питьё (삐찌요)	(중) ① 마시는 것; ② 음료(飮料)
питьевой (삐찌에보이)	(형) 마실 수 있는, 식수(食水);
пихать (미완), **пихнуть** (완) (삐하찌)	① 꽉 떠 밀치다 ② 막 밀어 (쑤셔)넣다
пихта (삐흐따)	(여) 전나무, 분비나무
пичкать (삐츠까찌)	(미완) 억지로(무리하게 많이) 먹이다;
пишущий (삐슈쉬이)	(형): ~ая машинка 타자기
пища (삐샤)	(여) ① 음식, 먹을 것; ③ 양식, 자료;
пищать (삐샤찌)	(미완) ① 삑삑소리를 내다 ② 삑삑거리는 목소리로 이야기하다
пищеварение (삐쉐와레니예)	(중) 소화; расстрой ство ~я 소화불량
пищеварительный (삐쉐와리쩰느이)	(형) 소화의; ~ые органы 소화기관
пищевод (삐쉐본)	(남) 식도(食道), 밥줄, 밥길, 식관(食管)

пищевой (삐쉐**보**이)	(형) 음식, 식료품(食料品)
пиявка (삐**얍**까)	(여) ① 거머리 ② 흡혈귀(吸血鬼)
Плач (Книга Плач Иеремии, 5장, 798 쪽) 예레미야 애가 (쁘라치)	
плавание (쁘라**와**니예)	(중) ① 헤엄, 수영, 헴; 미역, 멱, 수욕 탕욕; ② 항해(航海), 항행, 해항
плавательный (쁘라와**쩰**느이)	(형): ~ бассейн 수영장(水泳場)
плавать (쁠**라**와찌)	(미완) ① 헤엄치다; ② 뜨다, 떠있다, 떠다니다; ③ (배를) 타고 다니다, 항행하다
плавильный (쁠라**빌**느이)	(형) 용해(鎔解), 용융(溶融), 융해(融解);
плавить (쁠**라**뷔찌)	(미완) 녹이다, 용해하다
плавиться (쁠**라**뷔짜)	(미완) 녹다, 용해되다
плавка (쁠**라**브까)	(여) ① 용해 ② 용해량, 용해물
плавки (쁠**라**브끼)	(복수)(체육) ① (남자) 수영복, 수영펜티; ② (체육 펜티속에 입는) 속펜티
плавкий (쁠**라**브끼이)	(형) 용해되기 쉬운; ~ металл 가용성 금속
плавкость (쁠라브**꼬**쓰찌)	(여) 풀림성, 가용성
плавление (쁠라블**레**니예)	(중) 녹임, 용해(鎔解)
плавленый (쁠라블**렌**느이)	(형): ~ сыр 연한 치즈
плавник (쁠라브**닠**)	(남) 지느러미, 분수(奔水)
плавно (쁠**라**브나)	(부) 유유히, 천천히, 유창하게
плавный (쁠**라**브느이)	(형) ① 유유한, 빠르지 않은; ② 유창한;

(쁠랴브느이)	③ 가볍고 부드러운
плавучесть (쁠라부체쓰찌)	(여) 부력성, 물에 뜨는 성질
плавучий (쁠라부치이)	(형) 물에 떠있는
плагиат (쁠랴기앝)	(남) ① 본따쓰기, 표절; ② 표절행위
плагиатор (쁠라기아똘)	(남) 표절자, 남의 작품을 본따 쓴 사람
плазма (쁠라즈마)	(여) (물리) 플라즈마(plasma), 전리기체, 로켓연료
плакат (쁠라깥)	(남) ① 선전화, 포스터 ② 광고, 프랑카드
плакать (쁠라까찌)	(미완) 울다, 눈물을 흘리다
плакаться (블라까쨔)	(미완) 한탄(불평) 하다, 애석해 하다, 하소연하다
плакса (블라크싸)	(남, 여) 울보, 우지, 눈물단지
плаксивый (쁠라크씨브이)	(형) ① 잘(자주) 우는; ② 울먹울먹한, 울음 섞인.
плакучий (쁠라꾸치이)	(형): ~ая ива 수양버들, 수양버드나무
пламенный (쁠라멘늬이)	(형) 열렬한, 정열적인, 불타는;
пламя (쁠라먀)	(중) ① 불길, 화염; ② 정열, 열정
план (쁠란)	(남) ① 계획; ② 안, 방안; ③ 설계도, 평면도, 도안; ④ 요지, 요강, 개요; ⑤ 계획서; ⑥ 관점, 견지;
планёр (쁠라뇰)	(남) 활공기(滑空機), 글라이더(glider)
планеризм (쁠라네리즘)	(남) 활공술, 활공기조종술

планерист (남), ~ka (여) 활공기조종사, 활공기비행사

(쁠라네리쓰트)

планёрка (여) 생산협의회
(쁠라녈까)

планета (여) 행성(行星), 떠돌이별, 유성, 혹성
(쁠라네따)

планетарий (남) 천상의
(쁠라네따리이)

планиметрия (여) 평면기하학
(쁠라니몔리야)

планирование¹ (중) 계획화, 계획작성
(쁠라니로와니예)

планирование² (중) (항공) 공중활주
(쁠라니로와니예)

планировать¹ (미완) ① 계획을 작성하다, 계획화하다
(쁠라니로와찌) ② 설계(계획)하다 ③ 계획대로 하다
④ 계획에 포함시키다

планировать¹ (미완) 공중활주하다
(쁠라니로와찌)

планировка (여) ① 계획화, 계획작성
(쁠라니로브까) ② 계획(計劃), 설계(設計)

планка (여) ① 판, 널판, 판대기; 금속판
(쁠란까) ② (орденская) ~, ~ (орденских ленточек) 약장

планктон (남) 플랑크톤, 부유 생물, 떠살이 생물
(쁠쁘란크똔)

плановость (여) 계획성
(쁠라노보찌)

плановый (형) 계획. 계획적인
(쁠라노븨이)

планомерно (부) 계획적으로, 계획성 있게
(쁠라노몌르나)

планомерный (형) 계획적인, 계획성 있는
(쁠라노몌르늬이)

плантатор (남) 농장주(農場主)
(쁠란따똘)

- 925 -

плантация (쁠란따찌야)	(여) (특수작물을 재배하는) 대농장
планшет (쁠란쉐트)	(남) ① 지도가방, 지도끼우개 ② 지도게시판, 평면측량기의 평판
пласт (쁠라쓰트)	(남) 층, 지층, 광층
пластик (쁠라쓰띡)	(남) 소성재료
пластилин (쁠라쓰찔린)	(남) 기름 흙, 석고
пластина (쁠라쓰찌나)	(여) 판(板), 금속판
пластинка (쁠라쓰찐까)	(여) 축음기소리판, 축음기판
пластический (쁠라쓰찌체쓰끼)	(형) ① (의학) 정형; ② 소성
пластмасса (쁠라쓰드마싸)	(여) 합성수지, 플라스마스;
пластмассовый (쁠라쓰드마쏘븨이)	(형) 플라스마스;~ые изделия 수지제품
пластырь (쁠라쓰뜨리)	(남) (의학) 굳은 고약, 고약; 반창고
плата (쁠라따)	(여) 지불; 노임, 임금, 보수; 사용료
платан (쁠라딴)	(남) (식물) 방울나무, 플라타너스, 버즘나무
платёж (쁠라죠즈)	(남) 지불; 지불액
платёжеспособность (쁠라죠졔쓰뽀쏩노쓰찌)	(여) 지불능력(支拂能力), 구매력(購買力)
платёжеспособный (쁠라죠줴쓰뽀쏩느이)	(형) 지불능력(구매력) 있는
платёжный (쁠라죠즈늬이)	(형) 지불, 지불금
плательщик	(남) 지불인.

Пп

(쁠라쎌쉬크)

платина
(쁠라찌나)
(여) 백금(白金: [78번:Pt: 195.09])

платить
(쁠라찌찌)
(미완) ① 물다, 지불하다; ② *чем* за *что* 갚다, 앙갚음하다; 보답하다;~ дань
1) 응당한 보상을 해주다
2) 불가피한 양보를 하다

платный
(쁠라트느이)
(형) ① 돈을 무는, 유가(有價);
② 노임을 받는, 유급

плато
(쁠라또)
(중) 고원(高遠), 대지

платок
(쁠라똑)
(남) 수건

платонический
(쁠라또니체쓰끼이)
(형) 순정신적인, 추상적인

платформа
(쁠라트포르마)
(여) ① 역홈, 홈, 플래트 홈; ② 단, 대
③ (철도) 무개화차 ④ 정강, 강령

платье
(쁠라찌예)
(중) ① (여자들의) 달린옷, 원피스;
② (집합) 옷, 의복, 복장;

платяной
(쁠라쨔노이)
(형) 옷; 의복, 의상의, 피복, 옷가지

плафон
(쁠라폰)
(남) 등갓

плац
(쁠라츠)
(남) (군사) 연병장(練兵場);

плацдарм
(쁠라쁘다르므)
(남) 작전근거지, 교두보, 거점

плацкарта
(쁠라쯔까르따)
(여) 좌석권, 침대권

плацкартный
(쁠라쯔까르드느이)
(형) ~ вагон 좌석지정차

плач
(쁠라츠)
(남) ① 울음; ② 울음소리

плачевный
(쁠라체브느이)
(형) ① 서러운, 애처로운 ② 불행한, 가련한; ③ 한심한, 보잘것없는

Пп

- 927 -

плашмя (쁠라쉬먀)	(부) 넓적하게
плащ (쁠라쉬)	(남) 비옷
плащ-палатка (쁠라쉬-쁘랕까)	(여) 우비겸용천막, 군용 판쵸우의
плебисцит (쁠레비쓰치트)	(남) 일반투표, 국민투표
плевать (쁠레와찌)	(미완) ① (침, 가래를) 뱉다 ② на кого-что 무시하다; ~ на всё 무엇이든 꿈만하게 여기다;~ в потолок 아무것도 안하다, 빈둥빈둥 놀다
плеваться (쁠레와쨔)	(미완) 자주 침(가래)을 뱉다, 사방(망탕) 침(가래)을 뱉다
плевра (쁠레브라)	(여) (해부) 육막, 흉막, 늑막
плеврит (쁠레브리트)	(남) 육막염, 늑막염(肋膜炎)
плексиглас (쁠레크쓰글라쓰)	(남) 투명한 소성재
племенной (쁠레멘노이)	(형) ① 종족, ② (가축에 대하여) 순종(純種), 우량종(優良種);
племя (쁠레먀)	(중) ① 종축(種畜); ② 세대(世代); на ~ (농업) 번식(종자)용으로 씨를 받으려고;
племянник (쁠레먄니크)	(남) 조카, 유자(猶子), 종자(從子), 질아(姪兒), 질자
племянница (쁠레먄니차)	(여) 조카딸, 질녀
плен (쁠렌)	(남) 포로; взять в ~ 포로하다
пленарный (쁠레날늬이)	(형) 전원이 참석하는;
пленительный (쁠레니쩰느이)	(형) 매혹적인, 황홀한
пленить (쁠레니찌)	(완) ① 포로하다; ② 마음을 끌다, 황홀케 하다

Пп

- 928 -

плениться (쁠레니쨔)	(완) 매혹되다, 황홀해지다;
плёнка (쁠룐까)	(여) ① 껍질, 외피; ② 엷은 막, 박막; ③ (사진에서) 필림, 영화필림
пленник (남), ~ца (여) (쁠렌닉)	포로(捕虜), 부로, 노수, 군로
пленный (쁠렌늬이)	(형) 포로의, 부로의
пленум (쁠레늄)	(남) 전원회의, 총회(總會)
пленять[ся] (쁠레냐쨔)	(미완) *см.* пленить[ся]
плесень (쁠레쎄니)	(여) 곰팡이; покрыться ~ю 곰팡이가 쓸다
плеск (쁠레스크)	(남) 철썩거리는 파도(물)소리
плескать (쁠레쓰까찌)	(미완) ① 철썩거리다 ② на *кого-что-л.* 튀기다, 뿌리다, 끼얹다 ③ 붓다, 쏟다, 쏟뜨리다
плескаться (쁠레쓰까쨔)	(미완) ① 철썩거리다, 철써덕거리다 ② 서로 물을 끼얹다, 물장난하다
плесневеть (쁠레쓰네볘찌)	(미완) 곰팡이가 쓸다
плеснуть (쁠레쓰누찌)	(완) *см.* плескать
плести (쁠레쓰찌)	(미완) ① 엮다, 뜨다, 땋다; ② 술책(음모)을 꾸미다
плестись (쁠레쓰찌시)	(미완) 천천히 가다;
плетёный (쁠레쬰늬이)	(형) 뜬, 엮은, 땋은, 결은;
плеть (쁠레찌)	(여) ① (식물의) 넌출, 덩굴, 줄기 ② (꼬아서 만든) 채찍, 채, 편태
плечевой (쁠레체보이)	(형) ~ сустав 어깨관절
плечики	(복수) 옷걸이, 의가(衣架)

Пп

(쁠레치끼)

плечистый (쁠레치쓰띄이)	(형) 어깨가 넓은(벌어진)
плечо (쁠레초)	(중) ① 어깨, 견부(肩部), 견두(肩頭); ~ом к ~у 어깨동무하고, 어깨를 나란히 하고; нести на ~е 어깨에 메고 가다 ② (공학) 팔; по ~у кому: (힘, 능력에 대하여) 알맞다; не по ~у кому ~.의 힘에 겨웁다; с ~ долой (이 이상) 더 생각할 것 없다
плешивый (쁠레씨븨이)	① (형) 대머리진, 머리가 벗어진 ② (명사로) (남) 대머리, 민머리, 번대머리, 머리가 벗어진 사람
плешь (쁠레쉬)	(여) 머리가 벗어진 곳, 대머리, 민머리
плеяда (쁠레야다)	(여) (한시대의) 거인(위인)과 그의 일파
плиссированный (쁠리씨로완느이)	(형) ~ая юбка 주름치마 플리츠스커트
плита (쁠리따)	(여) ① 판(板); 금속판(金屬板), 철판; ② 곤로, 풍로
плитка (쁠리드까)	(여) ① (네모난) 작은 판(판대기); ② 곤로 ③ (керамическая) ~ 타일
плов (쁠로프)	(남) 비빔밥, 볶음밥, 골동반
пловец (남), **~чиха** (여) (쁠로베츠)	수영선수, 헤엄치는 사람, 수영가
плод (쁠로드)	(남) ① 열매, 과일 ② 태아 ③ 결과, 결실, 산물
плодить (쁠로지찌)	(미완) (많이) 낳다, 번식시키다
плодиться (쁠로지쨔)	(미완) (많이) 나타나다, 번식(증식)하다
плодовитость (쁠로도비또쓰찌)	(여) ① 다산성, 열매를 많이 맺는 것, 번식력이 강한 것 ② (문학) 왕성한 창작력

Пп

плодовитый (쁠로도비띄이)	(형) ① 열매를 많이 맺는, 번식력이 강한 ② 창작력이 있는
плодоводство (쁠로도볻쓰뜨붜)	(중) 과수재배업, 과수원업
плодовый (쁠로도브이)	(형) ① 과일, 열매; ② 과일로 만든
плодоносить (쁠로다노씨찌)	열매를 맺다, 결실하다
плодоовощной (쁠로다오보쉬노이)	(형) 과일남새
плодородие (쁠로다로디예)	(중) 비옥도, (땅이) 걸고 기름진 것
плодородный (쁠로다롣늬이)	(형) 비옥한, 기름진; ~ая земля 기름진 (비옥한) 땅
плодотворно (쁠로다뜨보르나)	(부) 보람(효과) 있게
плодотворный (쁠로다뜨보르늬이)	(형) 보람있는, 효과적인, 성과가 많은
пломба (쁠롬바)	(여) ① (이발을 때는) 채움감, 충전물 ② 연봉, 연표
пломбир (쁠롬빌)	(남) 얼음 보숭이, 아이스크림
пломбировать (쁠롬비로와찌)	(미완) ① (이를) 때우다, 땜질, 땜; 때움질, 땜일; ② 연봉(결)하다
плоский (쁠로쓰끼이)	(형) 평평한, 평탄한, 넓직한;
плоскогорье (쁠로쓰꼬고리예)	(중) 고원지대
плоскогубцы (쁠로쓰꼬굽츠)	(복수) 평집게
плоскостопие (쁠로쓰꼿또삐예)	(중) (의학) 마당발, 평발
плоскость (쁠로쓰꼬쓰찌)	(여) ① 평면, 면; ② 견지, 관점;
плот	(남) 떼목, 떼;

- 931 -

(쁠로트)

плотва (쁠롵와)	(여) (어류) 잉어과의 민물고기
плотина (쁠로찌나)	(여) 둑, 제방(堤防);
плотник (쁠로뜨닉)	(남) 목수(木手), 목공(木工)
плотничать (쁠롵니차찌)	(미완) 목수일을 하다
плотно (쁠롵노)	(부) 빽빽이, 꽉, 딱붙게, 밀접히;
плотность (쁠롵노스찌)	(여) 밀도, 농도;
плотный (쁠로뜨늬이)	(형) ① 빽빽한, 조밀한, 촘촘한; ②~ый завтрак(обед, ужин) 푸짐한 식사
плотогон (쁠로또고이)	(남) 떼몰이군, 유벌공
плотоядный (쁠로또얃늬이)	(형) 육식, 고기를 먹는
плоть (쁠로찌)	(여) 육체(肉體), 살;
плохо (쁠로호)	(부) ① 나쁘게, 서투르게; ② (사태,형편이) 나쁘다, 좋지 않다(못하다);
плохой (쁠로호이)	(형) ① 나쁜, 좋지 않은 ② 너절한, 고약한, 더러운, 비도덕적인
площадка (쁠로샤드까)	(여) (크지 않은) 평지, 광장, 작업장;
площадь (쁠로샤지)	(여) ① 면적, 넓이, 크기; ② 광장(廣場); ③ жилая ~ 살림집면적
плуг (쁠룩)	(남) 보습, 쟁기
плут (쁠루트)	(남) ① 협잡군, 사기군 ② 교활한 자
плутать (쁠루따찌)	(미완) (길을 잃고) 헤매다, 방황하다

плутократия (쁠로또크라찌야)	(여) 재벌(금권)정치
Плутон (쁠루똔)	(남) (천문) 명왕성(冥王星), 풀루토
плывун (쁠르분)	(남) (지리) 앙금층, 침전층
плыть (쁠르찌)	(미완) ① 헤엄치다, 떠가다, 흐르다; ② (배를) 타고가다, 항해하다; ③ 떠오르다, 떠가다
плюнуть (쁠류누찌)	(완) *см.* плевать
плюс (쁠류쓰)	(남) ① (수학) 더하기부호, 플러스, два ~ три(будет) пять 2 더하기 3은 5다 ② 우점, 긍정점
плюш (쁠류쉬)	(남) 긴털비로도
плюшка (쁠류쉬까)	(여) 호떡; 계란빵
плющ (쁠류쉬)	(남) (식물) 담장나무, 담쟁이
пляж (쁠랴즈)	(남) 모래톱이 있는 강변(해변)
плясать (쁠랴싸찌)	(미완) 춤추다
пляска (쁠랴쓰까)	(여) 춤, 무용(舞踊)
пневматический (쁘네브마찌체쓰끼이)	(형) 압착공기에 의한
пневмония (쁘네브마니야)	(여) (의학) 폐렴
Пномпень (쁘놈뻬)	(남) 프놈펜
пнуть (쁘누찌)	(완) *см.* пинать
по¹ (뽀)	(전) (+여) ① (장소, 방향을 표시) ~으로, ~을,~따라; идти по дороге 길을 가다;

- 933 -

	идти по берегу реки 강기슭을 따라 가다; стрелять по врагу 적을 쏘다 ② (분야, 범위 표시) ~에 대한,~에 있어서; учебник по химии 화학 교과서; лекция по истории 역사강의; знания по литературе 문학(에 대한) 지식; ③ (근거를 표시) ~에 의하여, ~에 따라, ~대로; работать по плану 계획에 의하여(계획대로)일하다; по словам этого человека 이 사람의 말에 의하면; ④ (원인을 표시) ~대문에, ~로 인하여; по болезни 병으로 인하여; по ошибке 잘못하여, 잘못으로 말미암아;совер шил ошибку по молодости лет 젊은 탓으로(해서) 과오를 범하였다;⑤ (수단을 표시) ~으로; послать по почте 우편으로 보내다; передать по телефону 전화로 전하다 ⑥ (시간표시)~마다; по воскресеньям 일요일마다; по утрам 아침마다 ⑦ (분량, 값 표시)~씩; дать по одному яблоку 사과 한 알씩 주다; по рублю штука 한 개에 한 루블씩:
по² (뽀)	(+ 대) ① (시간 표시) ~까지; с мая по август 5월부터 8월까지; получить отпуск по пятое марта 3월 5일까지 휴가를 받았다 ② (분량, 값 표시)~씩; мы получили по два рубля 우리는 2루블씩 받았다; по десять человек 열사람씩; по пять рублей штука 한 개에 5 루블씩
по³ (뽀)	(+ 전) ① (시간을 표시) ~후, ~이후; по окончании средней школы я поступил в институт 중학교를 졸업한 후 나는 대학에 입학했다; по приезде в деревню 농촌에 도착하자; по окончании дежурства 당직을 끝내고 ② (대상을 표시) ~을; скучать по дому (고향)집을 그리워하다
побагроветь (빠바그로볘찌)	(완) 검붉게 되다, 진홍색으로 물들다
побаиваться (빠바이와짜)	(미완) 좀 두려워하다, 겁내다, 우려하다

побаливать (빠발리와찌)	(미완) 조금(가끔) 아프다
побег¹ (빠벡)	(남) 도주, 도망, 도거, 도피, 탈출
побег² (빠벡)	(남) (식물) 싹, 싹눈, 눈, 새싹, 움, 순(筍), 새순, 맹아(萌芽), 출아(出芽); 떡잎;
побегушки (빠베구쉬끼)	(복수) быть на ~ах 잔심부름을 하다
победа (빠베다)	(여) ① 승리(勝利), 승전, 개선, 개전; ② 성과(成果), 실적, 결과, 공적
победитель (남), ~ница (여) (빠베지쩰)	① 승리자 ② (체육) 우승자 ③ 당선자
победить (빠베지찌)	(완) ① 승리하다, 이기다; ② 이겨내다, 극복하다;
победный (빠베드느이)	(형) 승리, 개선;
победоносный (빠베다노쓰느이)	(형) ① 백전백승의, 승리적인 ② 자신만만한, 확신성 있는;
побежать (빠베좌찌)	(완) ① 뛰다, 달리다; 뛰기(달리기) 시작하다; ② 패주하다, 도망치다
побеждать (빠베즈다찌)	(미완) см. победить
побеждённый (빠베즈죤늬이)	(형) победить 의 피동과거; (명사로) (남) 패전자, 패배자
побелеть (빠벨레찌)	(완) 희어지다, 희게 되다
побелить (빠벨리찌)	(완) 흰 칠을 하다, 희게 칠하다
побелка (빠벨까)	(여) 희게 칠하는 것; 표백(表白)
побережье (빠베레지에)	(중) 바다가, 연안, 해안, 연해지역
поберечь (빠베레치)	(완) ① 거두어두다, 건사(보관, 보존)하다 ② 돌보다, 잘 보살피다; ~ больного 환자를 돌보다; ~ здоровье 건강을 돌보다

Пп

- 935 -

поберечься (빠베레치쌰)	(완) 주의(조심)하다, 자기 몸을 돌보다;
побеспокоить (빠베스빠꼬이찌)	(완) 근심시키다, 불안케 하다, 걱정을 끼치다
побеспокоиться (빠베스빠꼬이쨔)	(완) ① 근심(걱정)하다 ② 미리 생각하다
побираться (빠비라쨔)	(미완) 빌어먹다, 동냥하다
побить (빠비찌)	(완) ① 때리다, 치다 ② 죽이다 ③ 이기다, 승리하다 ④ 깨다, 마스다;
побиться (빠비쨔)	(완) 깨지다, 마사지다, 부서지다
поблагодарить (빠블라가다리찌)	(완) 감사를 드리다, 감사하다
поблажка (빠블라즈까)	(여) 묵과, 지나친 관대;
побледнеть (빠블레드네찌)	(완) *см.* бледнеть
поблёкнуть (빠블룍누찌)	(완) *см.* блёкнуть
поближе (빠블리제)	(близко의 비교급)좀 더 가까이
поблизости (빠블리조쓰찌)	(부) 가까이, 근처에, 부근에;
побольше (빠볼리쉐)	① (много 의 비교급) 좀 더 많이 ② (большой 의 비교급) 좀 더 큰
поборник (빠바리니크)	(남) 지지자, 수호자, 옹호자
побороть (빠바로찌)	(완) ① 이기다, 승리하다; ② 극복(억제)하다, 이겨내다;
поборы (빠보릐)	(복수) 과중한 세금, 가렴잡세(苛斂雜稅)
побочный (빠보츠늬이)	(형) 부차적, 부수적; ~ый продукт 부산물; (화학)
побояться	(완) 두려워하다, 무서워하다, 겁이 나서

Пп

(빠보야짜)	망설이다
побранить (빠브라니찌)	(완) 좀 꾸짖다, 나무라다
побратим (빠브라찜)	(남) ① 이형제 ② 가까운 벗
по-братски (빠-브랕쓰끼)	(부) 형제적으로
побрезговать (빠브레즈가와찌)	(완) *см.* брезговать
побрести (빠브레쓰찌)	(완) 천천히 걸어가다, 겨우 걸어가다, 허둥지둥 걸어가다
побрить (빠브리찌)	(완) 면도하다, 수염깎다, 면도질하다, 셰이빙(shaving)하다
побриться (빠브리쨔)	(완) (자기 수염을) 면도하다, 수염깎다
побросать (빠브로싸찌)	(완) ① 막 내던지다 ② 내버려두다
побрызгать (빠브리즈가찌)	(완) 조금 뿌리다, 끼얹다
побрякушка (빠브랴꾸쓰까)	(여) 딸랑이
побудительный (빠부지쩰늬이)	(형): ~ залог *лингв.* 사역상; ~ая форма(глагола) (언어) (동사의) 지시형
подудить (빠부지찌)	(완) ~하게 하다, 시키다, 추동하다;
побудка (빠부드까)	(여) (군사) 기상(신호)
побуждать (빠부즈자찌)	(미완) *см.* побудить
побуждение (빠부즈제니예)	(중) 의도, 충동, 동기, 자극
побывать (빠븨와찌)	(완) ① (많은 곳을) 방문하다, 갔다 오다, 다녀오다, 머무르다 ② 참가하다; ③ (어떤 상태에 얼마동안) 있다
побывка	(여) (주로 근무자에 대하여): приехать

(빠'븨브까)	домой на ~y 단기휴가로 집으로 오다
побыть (빠븨찌)	(완) 잠간 들리다 (머무르다)
повадиться (빠와지짜)	(완) ① ...하는 버릇이 붙다, 습관되다 ② 자주 다니는 버릇이 붙다;
повадка (빠와드까)	(여) (나쁜) 버릇, 습성, 습관
повадно (빠와드나)	(부): чтобы не было ~ 되풀이하지 않도록, 두 번 다시 안하도록
повалить¹ (빠왈리찌)	(완) см. валить
повалить² (빠왈리찌)	(완) 밀려들다, 쏟아지다;
повалиться (빠왈리짜)	(완) 나가쓰러지다, 나자빠지다
повально (빠왈리나)	(부) 모두, 모조리, 전반적으로
повальный (빠왈리늬이)	(형) 전반적인
поваляться (빠왈랴짜)	(완) ① (조금) 딩굴다 ② (한동안) 누워있다
повар (뽀와르)	(남) 요리사, 조리사(調理士), 숙수(熟手), 포재(庖宰), 취사원
поваренный (빠와렌늬이)	(형) 요리의, 조리의, 쿠킹(cooking), 할팽(割烹); ~ая книга 요리책
поварёшка (빠와료쉬까)	(여) 국자(麴子)
повариха (빠와리하)	(여) 요리사, 주리사, 취사원(여자)
по-вашему (빠-와쉐무)	(부) 당신의 소원(의견)대로
поведать (빠베다찌)	(완) 알려주다, 이야기하다, 아뢰다
поведение (빠베제니예)	(중) 몸가짐, 품행, 행동, 행실.

повезти¹ (빠볘즈찌)	(완) 나르다, 가지고(데리고); 수송(운반)하다.
повезти² (빠볘즈찌)	(완) 운이 트다, 운수가 좋다
повелевать (빠볠례와찌)	(미완) ① 다스리다, 지배(지휘)하다 ② 분부(명령)하다
повеление (빠볠례니예)	(중) 분부(分付), 명령(命令), 지시, 훈령
повелеть (빠볠례찌)	(완) 분부(명령)하다, 지시(훈령)하다
повелитель (남), ~ница (여) (빠볠리쪨)	① 군주, 통치자, 지배자; ② 권세가, 세력가, 세도가
повелительный (빠볠리쪨늬이)	(형) 명령적, 지시적: ~ая форма, ~ое наклонение (언어) 명령법
поверенный (빠볘롄늬이)	(남)(временный) ~ в делах 대리대사
поверить (빠볘리찌)	(완) 믿다; *что-кому* 믿고 말하다, 고백하다
поверка (빠볘르까)	(여) (인원) 점검, 점호, 검사; вечерняя ~ 저녁점검
повернуть (빠볘르누찌)	(완) ① 돌리다, 회전시키다; ② (방향을) 바꾸다, 돌리다
повернуться (빠볘르누쨔)	(완) ① 돌다, 돌아서다 ② 향하다, 전환되다;
поверх (뽀볘르흐)	(전) 우애, 애정, 우정
поверхностно (빠볘르흐노쓰뜨나)	(부) 피상적으로, 경솔하게
поверхностный (빠볘르흐노쓰띄이)	(형) ① 표면, 거죽, 겉쪽, 겉, 겉면, 면 ② 피상적인, 경솔한, 천박한
поверхность (빠볘르흐노쓰찌)	(여) 표면; 겉면, 바깥면, 외부;
поверху (빠볘르후)	(부) 위에, 위에서
поверье	(중) 미신(迷信), 속신

Пп

- 939 -

(빠볘리예)	
поверять (빠볘랴찌)	(미완) *см.* поверить
повеселеть (빠볘셸레찌)	(완) 유쾌(명랑)해지다
повеселить (빠볘셸리찌)	(완) (한동안) 유쾌하게 하다
повеселиться (빠볘셸리짜)	(완) (한동안) 유쾌히 시간을 보내다
по-весеннему (빠볘쎈네무)	(부) 봄날처럼
повесить (빠볘씨찌)	(완) ① 걸다, 매달다, 걸치우다 ② 교수형에 처하다;
повеситься (빠볘씨짜)	(완) 목을 매고 자살하다
повествование (빠볘스뜨보와니예)	(중) ① 서술(敍述), 기술, 기록, 묘사; ② (문학) 설화; 소설, 이야기
повествовательный (빠볘스뜨보봐쩰느이)	(형) 설화의, 옛이야기, 민담의, 민간설화: ~ый стиль 설화체, 소설문체; ~ое предложение *лингв.* (언어) 광고문, 알림문, 서술문
повести (빠볘스찌)	(완) ① 데리고 가다, 인도하다, 이끌다 ② ~ разговор 말(이야기)하다, 이야기하기 시작하다; ③ *чем-л.* 움직이다, 흔들다; (и) глазом не ~ (누구의 의견, 말에) 아무런 관심도 돌리지 않다
повестись (빠볘스찌시)	(완) ① 사귀다 ② 습관으로 되다
повестка (빠볘스뜨까)	(여) ① 의정, 토의일정; ② 통지서, 소환장, 호출장, 알림장
повесть (빠볘스찌)	(여) 중편소설, 중편
поветрие (빠볘뜨리예)	(중) 전염병, 돌림병, 유행병, 큰 유행
повешение (빠볘쉐니예)	(중) 교살(絞殺), 교수형(絞首刑)

Пп

- 940 -

повеять (빠볘야찌)	(완) ① 불다, 불기 시작하다 ② 느껴지다, 일어나다
повздорить (빠브즈도리찌)	(완) 싸우게(다투게)되다, 말다툼(언쟁)하다
повзрослеть (빠브즈로쓸레찌)	(완) 어른이 되다, 성숙하다
повидать (빠뷔다찌)	(완) ① (많은 것을) 보다, 겪다, 체험하다 ② 만나다, 대면하다
повидаться (빠뷔다쨔)	(완) *с кем..* 만나다, 마주치다, 부딪치다, 면회하다, 상견하다, 상봉하다
по-видимому (빠-비지모무)	(삽입어로) 아마(도), 보건대
повидло (빠뷔드로)	(중) 쨈, 과일쨈
повинность (빠빈노쓰찌)	(여) 의무(義務), 임무, 직분
повинный (빠뷘늬이)	(남) 죄 있는(죄진) 사람, 죄인
повиноваться (빠뷔나와쨔)	(미완) 복종(순종, 순복)하다;
повиновение (빠뷔노볘니예)	(중) 복종(僕從), 순종(純宗); 순복
повисать (미완), повиснуть (빠뷔싸찌) (뽀비쓰누찌)	(완) ① 걸리다, 매달리다; ② (날아가는 것이 공중에) 떠있다;
повлечь (빠블레치)	(완) 후과를 가져오다, 결과를 빚어내다
повлиять (빠블리야찌)	(완) ① 영향을 주다 ② 설득(확신)시키다
повод¹ (뽀볻)	(남) ① 구실(口實), 기회(機會); ② 동기(動機), 원인(原人)
повод² (뽀볻)	(남) 고삐, 말고삐;
поводок (빠바독)	(남) (개를 끌고 다니는) 개끈(사슬)
по-военному	(부) 군대식으로

Пп

(빠븨엔노무)	
повозиться (빠븨지짜)	(완) над *чем-л.* 골몰하다; часа два ~лся над задачей 숙제를 푸는데 약 두 시간이나 골몰하였다
повозка (빠보즈까)	(여) 달구지, 짐수레, 수레 구루마, 리어카 (rear car)
поворачивать(ся) (빠븨라치와짜)	*см.* повернуть(ся)
поворот (빠븨로트)	(남) ① 회전(回轉), 방향전환(方向轉換) ② 굽이, 굽이돌이; ③ 급변(急變), 전환.
поворотливый (빠븨롤리븨이)	(형) 재빠른, 민활한, 기민한
поворотный (빠븨롤늬이)	(형) 회전의, 전환의; 급변의:
повредить (빠브레지찌)	(완) ① 해하다, 해롭다, ② 상하게 하다, 못쓰게 만들다;
повредиться (빠브레지짜)	(완) 못쓰게 되다, 고장나다
повреждать(ся) (빠브레즈다찌)	*см.* повредить (ся)
повреждение (빠브레즈다니예)	(중) ① 고장, 손해(損害), 손상(損傷) ② 고장난 곳, 상처(傷處)
повременить (빠브레메니찌)	(완) 얼마동안 기다리다
повременный (빠브레멘늬이)	(형) 시간당: ~ая оплата 시급, 시간당 임금 지불
повседневно (빠브쎄드네브나)	(부) 날마다, 매일, 일상적으로
повседневный (빠브쎄드네브늬이)	(형) 매일매일, 일상적인, 늘 볼 수 있는
повсеместно (빠브쎄메쓰뜨나)	(부) 가는 곳마다에서, 방방곡곡에서
повсеместный (빠브쎄메쓰뜨늬이)	(형) 어디서나 볼 수 있는, 각처
повстанец	(남) 폭동자, 반란자

Пп

(빠브쓰따네츠)

повстанческий (형) 폭도의, 폭동자, 반란자.
(빠브쓰딴체스끼이)

повстречать (완) (우연히) 만나다, 마주치다
(빠브쓰뜨레차찌)

повстречаться (완) 만나다, 마주치다
(빠브쓰뜨레차쨔)

повсюду (부) 가는 곳마다에서, 방방곡곡에서
(빠브슈두)

повтор (남) 되풀이, 반복(反復), 복습(復習).
(빠브또르)

повторение (중) ① 되풀이, 반복 ② 복습
(빠브또레니예)

повторить(ся) (완) *см.* повторять(ся)
(빠브또리찌)

повторно (부) 재차, 다시 한번 더, 반복하여
(빠브또르나)

повторный (형) 거듭(되는), 다시 한 번 되풀이하는
(빠브또르느이)

повторять (미완) ① 되풀이(반복, 번복)하다, 되뇌다
(빠브또랴찌) ② 복습하다, 온습하다

повторяться (미완) 되풀이(반복, 번복)되다
(빠브또랴쨔)

повысить(ся) (완) *см.* повышать(ся)
(빠브씨찌)

повышать (미완) ① 높이다, 증가시키다; ② 올리다;
(빠븨샤찌) ③ 등용(승급)시키다;

повышаться (미완) ① 높아지다, 제고되다
(빠븨샤쨔) ② 올라가다 ③ 등용(승급)되다

повышение (중) ① 높이는 것, 제고, 향상, 증가, 인상;
(빠븨쉐니예) ② 등용, 승급(昇級)

повышенный (형) повысить 의 피동과거; 보다 높은,
(빠븨쉔늬이) 더 많은; 향상된, 개선된; ~ое качество 개선된 질

повязать (완) (양끝을 매서) 씌우다, 입히다;

(빠뱌자찌)	매어주다;
повязаться (빠뱌자쨔)	(완) (끝을 매여) 쓰다, 두르다, 입다;
повязка (빠뱌즈까)	(여) ① 팔띠, 완장; ② 붕대; 배붕대
повязывать(ся) (빠뱌즈와찌)	*см.*повязать(ся)
поганка (빠간까)	(여) (식물) 독버섯, 독이(毒栮)
погасить (빠가씨찌)	(완) ① 끄다 ② (부채 등을) 상환하다
погаснуть (빠가쓰누찌)	(완) 꺼지다
погашать (빠가샤찌)	(미완) *см.* погасить
погашение (빠가쉐니예)	(중) 상환(償還); ~ зай ма 부채의 상환
погибать (미완), **погибнуть** (완) (빠기바찌)	죽다, 전사하다, 멸망하다, 사라지다
погладить (빠3글라지찌)	(완) ① 다리다 ② 쓰다듬다, 어루만지다
погдаживать (빠그다지와찌)	(미완) *см.* погладить ②
поглотить (완), **~щать** (미완) (빠글로찌찌)	① 삼키다, 흡수하다, 빨아들이다; ② 마음을 끌다, 사로잡다 ③ (시간, 노력을) 요구하다
поглощение (빠글로쉐니예)	(중) 삼키는 것, 흡수, 빨아들이는 것
поглядеть (빠글랴제찌)	(완) *см.* глядеть
поглядеться (빠글랴제쨔)	(완) (자기모습을) 보다;
поглядывать (빠글랴드와찌)	(미완) ① 때때로 바라보다 ② 돌보다, 감시하다
погнать	(완) 쫓기 시작하다, 추격하다

Пп

- 944 -

(빠그나찌)

погнаться
(빠그나짜)
(완) ① 따라(쫓아)가다, 추격하다
② 탐내다, 추구하다

погнуть
(빠그누찌)
(완) 휘다, 구부러뜨리다

погнуться
(빠그누짜)
(완) 구부러지다, 휘다

поговаривать
(빠가와리와찌)
(미완) ① (가끔) 이야기하다
② 소문을 놓다, 논의하다

поговорить
(빠가봐리찌)
(완) ① (잠시) 이야기하다
② 의논(상담, 담화)하다

поговорка
(빠가볼까)
(여) 격언(格言), 속담(俗談)

погода
(빠고다)
(여) 날씨, 일기, 천기, 기후, 기상

погодный
(빠곤늬이)
(형) 일기의, 날씨의; ~ые условия 일기 조건

погожий
(빠고지이)
(형) 날씨가 좋은, 맑은; ~ день 좋은 (맑은) 날씨

поголовно
(빠골브나)
(부) 모두, 모조리, 남김없이

поголовный
(빠골롭노늬이)
(형) 하나도 남김 없는

поголовье
(빠골로비예)
(중) (집짐승의) (총) 마리수

погон
(빠곤)
(남) (군사) 견장(肩牆), 표장

погоня
(빠고냐)
(여) ① 뒤따라가는 것, 추격(追擊)
② 추격대, 추격하는 사람

погонять
(빠고냐찌)
(미완) ① 몰다, 내몰다, 몰아대다
② 재촉(독촉)하다

погорелец
(빠고레츠)
(남) 화재당한 사람, 화재이재민

погореть
(빠고레찌)
(완) ① (한동안) 타다, 불붙다
② 가물로 타다 ③ 화재를 당하다

Пп

погорячиться (빠고랴치쨔)	(완) 분격하다, 격하다
погранзастава (빠그란자쓰따와)	(여) 국경초소; 국경지대
пограничник (빠그라니치닉)	(남) 국경경비대원
пограничный (빠그라니치늬이)	(형) ① 국경, 국경지대; ② 국경경비
погреб (뽀그레프)	(남) 움, 움집, 움막, 궁교(穹窖), 교창(窖倉)
погребение (빠그레베니예)	(중) 매장(埋葬), 장례, 장의
погремушка (빠그레무쉬까)	(완) 딸랑이, 장난감
погреть(ся) (빠그레찌)	(완) *см.* греть(ся)
погрешность (빠그레쉬노쓰찌)	(여) ① 잘못, 과실, 실책, 오류, 과오; ② (기계 등의) 오차(誤差), 편차(偏差)
погром (빠그롬)	(남) 대대적인 학살(약탈), 대량학살
погромщик (빠그롬쉬크)	(남) 대학살의 조직자(참가자); 반동배외주의자
погружать (빠그루좌찌)	(미완) *см.* грузить ② ~에 잠그다(빠뜨리다, 묻다);
погружаться (빠그루좌쨔)	(완) ① *см.* грузиться ② ...에 잠기다(빠지다, 묻히다); ③ (어떤 상태에) 빠지다;
погрузить[ся] (빠그루지찌)	(완) *см.* погружать[ся]
погрузка (빠그루즈까)	(여) 짐싣기(상차); 적재
погрузочный (빠그루조즈늬이)	(형) 짐을 싣는, 적재;
погрязнуть (빠그랴즈누찌)	(완) ① (흙탕에) 빠지다 ② 곤란에 빠지다, 난처하게 되다; ③ (나쁜 습관에) 빠지다;

погубить
(빠구비찌)

(완) 죽이다, 해치다, 망치다

погулять
(빠굴랴찌)

(완) (한동안) 놀다, 산보하다

под(подо)¹
(뽀드)

(전)(+ 대,조) ① (방향, 장소를 표시) ~밑에; поставить под стол 책상 밑에 놓다; находиться под столом 책상밑에있다; ② ~가까이에, 부근에; под окном 창문 앞에, 창문가에,창문밑에; под Москвой 모스크바 부근(근방)에; ③ (지도, 영향) ~밑에, ~하에; под руководством партии 당의 지도 밑에서; находиться под влиянием 영양하에 있다; ④ (쓰기 위하여) ~용; место под постройку 건설부지; этот сарай под сено 이 헛간은 마른 풀을 두는 헛간이다

под²
(뽀드)

(+ 대) ①(나이, 시간 표시) 가까이, 직전에; ему уже под шестьдесят лет 그는 벌써 예순이 가깝다; под утро 동틀 무렵에, 이른 아침에; под вечер 저녁에, ② (~ 소리에 맞추어, ~ 소리를 들으면서): танцевать под музыку 음악에 맞추어 (음악을 들으면서) 춤을 추다; петь под аккомпанемент пианино 피아노반주에 맞추어 노래부르다; под стук колёс 차바퀴소리를 들으면서; ③ (...과 꼭 같이): отделать под мрамор 대리석과 꼭 같이 만들다; ④ (담보로) взять деньги под расписку 영수증을 쓰고 돈을 받다;

под³
(뽀드)

(+ 조) ① (단어, 표현의 뜻을 해명할 때): что вы имеете в виду под этим словом? 이 단어를 당신은 어떻게 이해합니까? ② (이름, 제목, 명칭을 표시할 때) ~이라는,~이라고;роман под названием <Родина> <고향>이라는 장편소설; под боком 바로 옆에(가까이에) 있다; это ещё под вопросом 이것은 아직 의문이다;под горячую руку 화를내고 있을 때 это мне не под силу 이것은 나의 힘에 겹다, 나는 이것을 감당하지 못하겠다

подавать

(미완) ① 가져다주다(드리다);

(빠다와찌)	② (음식물을) 내놓다; ④ 제출하다;
подаваться (빠다와짜)	(미완) ① 움직이다, 물러서다, 비켜서다 ② 떠나가다, 출발하다 ③ 공급되다, 대다 대어주다, ④ 제출되다;
подавить (빠다비찌)	(완) ① 진압(탄압, 억압)하다 ② 억누르다, 압도하다
подавиться (빠다비쨔)	(완) 목이 메다, 목에 걸리다
подавление (빠다블레니예)	(중) 진압(鎭壓), 탄압(彈壓), 억압(抑壓)
подавленный (빠다블렌늬이)	(형) подавить 1 의 피동과거; 우울한;
подавлять (빠다블랴찌)	(미완) *см.* подавить
подавляющий (빠다블랴유쉬이)	(형) 압도적인:
подавно (빠다브나)	(부) 하물며, 물론: а я и ~ 나야 물론이 지
подальше (빠달쉐)	(부) 좀 더 멀리, 될수록 멀리;
подарить (빠다리찌)	(완) 선사하다, 선물로 드리다
подарок (빠다롴)	(남) 선물; 사례, 선사품
податливый (빠다틀리븨이)	(형) 만만한, 문문한, 유순한;
подать (빠다찌)	(여) 인두세, 조세
подать(ся) (빠다쨔)	(완) *см.* подавать(ся)
подача (빠다차)	(여) ① 내주는 것, 제공 ② 제출 ③ (체육) 처넣기
подачка (빠다츠까)	(여) ① 먹이, 사료; ② 동냥;
подаяние	(중) 동냥, 구걸, 빌어먹다

Пп

(빠다야니예)

подбавить (완), **подбавлять** (미완) 더 넣다(붓다), 첨가(부가)하다
(빤바비찌)

подбадривать (미완) 기운을 돋구어주다, 힘을 내게
(빤바드리와찌) 하다, 격려하다

подбегать (미완), **~жать** (완) 뛰어가다(오다), 달려가다(오다)
(빤베가찌)

подберёзовик (남) (식물) (자작나무숲에 자라는) 돌버섯
(빤베료조빅) (의 일종), 차가버섯

подбивать (미완) ① 밑에 박아붙이다; ② 격추(격
(빤비와찌) 파)하다 ③ 타박상을 입히다 ④ 추기다

подбирать (미완) ① 줏다, 수집하다 ② 골라내다,
(빤비라찌) 선발하다 ③ 단정히 하다;

подбираться (미완) ① (선발되어) 구성(형성)되다
(빤비라쨔) ② 몰래 다가가다(오다), 기어들다

подбить *см.* подбивать
(빤비찌)

подбодрить *см.* подбадривать
(빤보드리찌)

подбор (남) ① 선발, 선택, 분류; ② 선택한 것,
(빤볼) 수집(물)

подбородок (남) 아래턱
(빤보로독)

подбрасывать (미완), **~осить** (완) ① 위로(밑으로) 던지다; ② 남몰
(빤브라스와찌) 래 던지다(놓다); ③ 더 던지다(넣다),
④ 추가공급하다, 투하하다

подвал (남) ① 지하실 ② (신문의) 아랫단 기사
(빤왈)

подвальный (형) ① 지하(실); ② (신문의) 아랫단
(빤와느이)

подведение (중) ~ итогов 총화 짓는 것
(빤볘졔니예)

подведомственный (형) 관하, 소속, 권한에 속하는
(빤볘돔쓰뜨벤늬이)

подвезти (완) (차에 태워) 바래다(데려다주다);

(쁘베즈찌)	실어가다(오다), 운반하다;
подвергать (쁘베르가찌)	(미완) 받게(당하게) 하다, 입히다;
подвергаться (쁘베르가쨔)	(미완) 당하다, 받다;
подвергнуть(ся) (쁘베르가찌)	*см.* подвергать(ся)
подвернуть (쁘베르누찌)	① 걷어 올리다, 걷다; ② 집어(밀어)넣다; ③ 더 조이다(돌리다);
подвернуться (쁘베르누쨔)	(완) ① 접히다, 밀려들어가다 ②곱지르다 꼬이다; ③ 우연히 만나다, 눈에 띄다;
подвёртывать(ся) (쁘뵤르뜨와쨔)	*см.* подвернуться
подвесить (쁘베씨찌)	*см.* подвешивать
подвесной (쁘베쓰노이)	(형) ~ая дорога (공중) 삭도;
подвести (쁘베쓰찌)	*см.* подводить
подвешивать (쁘베쉬와찌)	(미완) 걸다, 매달다
подвиг (쁘드빅)	(남) 공훈, 위훈, 위업
подвигать(ся) (쁘비가찌)	*см.* подвинуть(ся)
подвижной (쁘비즈노이)	*см.* подвижный
подвижность (쁘비즈노쓰찌)	(여) 기동성(機動性), 기민성(機敏性)
подвижный (쁘비즈늬이)	(형) 날랜, 민첩한, 기민한
подвизаться (쁘비자쨔)	(미완) (일정한 부문에서) 종사(활약, 활동) 하다
подвинтить (쁘빈찌찌)	(완) 좀 더 조이다

- 950 -

подвинуть (빤비누찌)	(완) ① (좀)옮겨놓다, 움직이다, 끌어가다 (오다); ② 추진(진척)시키다;
подвинуться (빤비누쨔)	(완) ① (조금) 옮아가다(오다), 다가가다 (오다); ② 추진(진척)되다;
подвинчивать (빤빈치와찌)	*см.* подвинтить
подвластный (빤블라스뜨늬이)	(형) 예속된, 부속된, 관하
подвода (빤보다)	(여) 말 달구지, 수레, 짐마차
подводить (빤뷔지찌)	(미완) ① 끌고가다(오다), 데리고 가다 (오다), 접근시키다; ② (밑에) 놓다, 설치 하다; ③ 곤경에 빠지게 하다, 속이다.
подводник (빤보드늭)	(남) ① 잠수함승무원 ② 잠수부, 잠수원
подводный (빤볻늬이)	(형) ① 물밑에(수중에) 있는; ② 물밑으로 가는, 잠수;
по-двое (빤보에)	(부) 둘 씩, 두 사람씩
подвозить (빤뷔지찌)	*см.* подвезти
подвой (빤보이)	(남) (농업) 대목, 접밑그루, 그루목
подвох (빤드보흐)	(남) 간책(奸策), 모략(謀略)
подвязать (완), подвязывать (미완) (빤뱌자찌)	① (밑에) 달아(잡아)매다 ② 싸(동여)매다 ③ 더 뜨다
подгадать (빤가다찌)	(완) 제시간에 해내다
подгибать (빤기바찌)	(미완) 구부리다, 접다, 꺾다;
подглядеть (완), ~ядывать (미완) (빤그랴제찌)	엿보다, 몰래 들여다보다
подговаривать (미완), ~орить (완) (빤가와리와찌)	부추기다, 사촉하다, 꾀다

Пп

- 951 -

подголосок (빧가로쏘크)	(남) 뒤따라 곡조를 되풀이하는 목소리
подгонять (빧고냐찌)	(미완) ① 몰아가다(오다); (밑으로) 몰아넣다; ② 재촉하다, 서두르게 하다; ③ 맞추다, 맞게 하다;
подгорать (미완), ~еть (완) (빧고라찌)	(밑이, 밑으로부터) 타지다, 타다; 눋다, 탄내가 나다;
подготавливать(ся) (빧고따블리와찌)	*см.* подготовить(ся)
подготовительный (빧고또비쩰느이)	(형) 예비의;
подготовить (빧고또비찌)	(완) ① 준비하다, (미리) 마련하다; ② 준비시키다; ③ 양성하다, 훈련시키다;
подготовиться (빧고또비짜)	(완) 준비하다, 자신을 준비시키다
подготовка (빧고똡까)	(여) ① 준비, 마련; ② 양성, 훈련; ③ 지식, 경험
подготовленность (빧고또블렌노스찌)	(여) 준비(정도)
подготовленный (빧고또블렌노늬이)	(형) подготовить 의 피동과거; (형) 준비된, 잘 훈련된, 미리 준비한
подгребать (미완), ~сти (완) (빧그레바찌)	① 긁어모으다 ② (노를)저어가다(오다);
подгруппа (빧그룹빠)	(여) ① 소조(小組), 조(組), 소그룹 ② 아류(蛾類), 아족(亞族)
поддаваться (빧다와짜)	*см.* поддаться
поддакивать (빧다끼와찌)	(예, 예)하다, 동의하다
подданная (여), ~ый (남) (뽀단나야)	공민, 국민;
подданство (뽀단스뜨붜)	(중) 국적(國籍);
поддать (빧다찌)	(완): ~ жару 더욱 열성을 내다, 더욱 마력을 가하다

поддаться (빧다짜)	(완) ① *чему* (어떠한 상태, 처지에) 빠지다 영향을 받다, 굴하다; ② *на что* 양보(동의)하다, 믿다; ③ 저항하지 않다, 잡히다; ④ (어떠한 작용에) 변하다, 말을 듣다
подделать (빧젤라찌)	(완) 위조(모조)하다;
подделаться (빧젤라쨔)	*см.* подделываться
подделка (빧젤까)	(여) ① 위조(僞造), 모조(模造) ② 위조물, 모조품
подделывать *см.* подделать (빧젤리와찌)	
подделываться (빧젤리와쨔)	(미완) ① под *кого-что* 흉내 내다; 가장하다 ② к *кому* 발라맞추다, 아부하다
поддельный (빧젤리늬이)	(형) 가짜, 위조, 모조한;
поддержать (완), поддерживать (미완) (빧젤좌찌)	① 붙들다, 부축하다; ② 지지(동의, 찬동)하다; ③ 원조(지원, 고무)하다 ④ 유지하다;
поддержка (빧젤즈까)	(여) ① 부축하는 것, 받치는 것 ② 지지, 찬성, 지원(支援); 원조, 고무 ③ 유지(有志), 보존(保存)
подействовать (빠제이스뜨뷔와찌)	(완) ① 작용하다 ② 영향을 주다
поделать (빠젤라찌)	(완): что ~ешь? 어떻게 하겠는가?; 어쩔 도리가 없다; ничего не ~ешь 1) 어쩔 도리가 없다 2) 그렇게 할 수밖에 없다
поделить(ся) (빠젤리찌)	*см.* делить(ся)
подённый (빠죤늬이)	날품; ~ая работа 날품팔이
подержанный (빠제르잔늬이)	(형) 낡은, 헌
подешеветь	(완) 싸지다, 눅어지다, 값이 내리다

(빠제쉐볘찌)

поджаривать (빤자리와찌)	(미완) 볶다, 지지다, 굽다
поджариться (빤좌리와쨔)	(미완) 볶아지다, 구워지다
поджаристый (빤좌리쓰띄이)	(형) 잘 볶아진, 잘 구워진
поджарить[ся] (빤좌리찌)	*см.* поджаривать[ся]
поджарка (빤좌르까)	(여) 볶은음식
поджарый (빤좌르이)	(형) 여위고 홀쭉한
поджать (빤좌찌)	(완) ~ под себя ноги 꿇어앉다; ~ губы 입을 딱 다문다; ~ хвост (자기 행동에서) 자신심을 잃다, 위축되다
поджелудочный (빤젤루도츠느이)	(형) ~ая железа (해부) 췌장
поджечь (빤줴치)	(완) ① 불을 붙이다 ② 불을 놓다, 방화하다
поджигатель (빤쥐가젤)	(남) 방화자; 불을 지른 사람
поджигательский (빠지쥐가젤쓰끼이)	(형) 도발적인
поджигать (빤쥐가찌)	*см.* поджечь
поджидать (빤쥐다찌)	(미완) 기다리다, 대기하다
поджимать (빠드쥐마찌)	*см.* поджать; сроки ~ют 기한이 끝나고 있다
поджог (빠드죡)	(남) 방화(放火)
подзаголовок (빠드자고로복)	(남) 소제목, 보충제목

подзадоривать (미완), ~ить (완) 추기다, 선동하다

- 954 -

(빠드자도리와찌)	
подзаработать (빠드자라**보**따찌)	(완) 돈벌이하다, 보충적으로 벌다
подзатыльник (빠드자**뜔**리니크)	(남): давать (получать) ~и 뒤통수를 치다(얻어맞다)
подзащитная (여), **~ый** (남) 변호의뢰인, 변호를 받는 사람 (빠드자**쉬**트나야)	
подземелье (빠드제**멜**리에)	(중) 땅속 굴, 지하실(地下室), 땅광
подземный (빠드**젬**느이)	(형) 지하의, 땅속에, 지중의
подзорный (빠드**졸**느이)	(형) ~ая труба 망원경
подзывать (빠드즤**와**찌)	(완) 불러오다 (손짓으로) 부르다
подкапывать (빠드**까**쁘와찌)	(미완) 밑을 파다
подкапываться (빠드**까**쁘와쨔)	(미완) под *кого-что* ① 파고(뚫고)들어 가다 ② 해치다; 오유(약점)를 들추어내다
подкарауливать (미완), **~ить** (완) (은밀히) 감시하다, 매복하여 기다리다 (빠드까라울리와찌)	
подкармливать (빠드**깔**믈리와찌)	(미완) ① 잘 먹이다, 영양가(영양부) 있는 음식을 더 먹이다 ② 덧거름을 주다
подкатить (빠드까**찌**찌)	(완) ① 가까이 굴려가다(오다); ② (타고 빨리) 도착하다;
подкатывать (빠드**까**뜨와찌)	*см.* подкатить
подкачать (빠드까**차**찌)	(완) ① (물, 공기 등을) 펌프로 더 넣다 (붓다) ② (기대에) 어긋나다
подкачивать (빠드**까**치와찌)	*см.* подкачать ①
подкашиваться (빠드**까**쉬와쨔)	(미완): ноги ~ются (от усталости) 지칠대로 지치다, 몹시 피로하다
подкидывать (빠드**끼**드와찌)	*см.* подбрасывать

Пг

подкидыш (빠드끼듸쉬)	(남) 개구멍받이, 내 버린 아이
подкинуть (빠드끼누찌)	*см.* подбросить
подкладка (빠드클라드까)	(여) 안, 안감, 속감; ~ пальто 외투안
подкладывать (빠드클라드와찌)	(미완) ① 밑에 놓다(받치다) ② 더 넣다, 보태다 ③ 몰래 놓다
подклеивать (미완), ~ть (완) (빠드클레이와찌)	(풀로) 밑에(뒤면을) 붙이다, 덧붙이다
подключать(ся) (빠드클류차찌)	*см.* подключить(ся)
подключить (빠드클류치찌)	(완) ① 이어놓다, 연결하다 ② 가담(포함)시키다
подключиться (빠드클류치쨔)	(완) ① 이어지다, 연결되다 ② 가담하다, 합류되다
подкова (빠드꼬와)	(여) 말굽 쇠, 징, 편자
подковать (완), подковывать (미완) (빠드꼬와찌)	① 정을 박다, 편자를 신기다 ② 필요한 예비지식을 주다
подкожный (빠드꼬즈느이)	(형) 가죽밑; 피부밑;
подкомиссия (빠드꼬미씨야)	(여) 분과위원회
подкомитет (빠드꼬미쩰)	(남) 소(분과)위원회
подкоп (빠드꼽)	(남) ① 밑(아래)을 파는 것 ② 갱(坑), 갱도, 갱로, 지하도, ③ 음모, 간책, 암해
подкопать(ся) (빠드꼬빠찌)	*см.* подкапывать(ся)
подкормить (빠드꼴미찌)	*см.* подкармливать
подкормка (빠드꼴므까)	(여) 덧먹이; 덧거름; производить ~у 덧거름을 주다

подкоситься (빠드꼬씨짜)	(완) 오금을 못추다;
подкрадываться (빠드크라디와쨔)	(미완) (남몰래) 다가들다, 접근(잠입)하다
подкрасить (빠드크라씨찌)	(완) ① 약간 칠하다, 색칠하다; ② 물을 들이다, 염색하다
подкраситься (빠드크라씨쨔)	(완) (입술, 불 등에) 약간 칠하다(바르다)
подкрасться (빠드크라쨔)	*см.* подкрадываться
подкрашивать(ся) (빠드크라씨와찌)	*см.* подкрасить(ся)
подкрепить (빠드크레삐찌)	(완) ① 더욱 튼튼히 하다, 보강하다 ② 안받침하다, 확증하여주다
подкрепиться (빠드크레삐쨔)	(완) (먹거나 마셔서) 힘을 내다
подкрепление (빠드크레쁠레니예)	(중) ① 보강(補强), 강화(强化) 보완 ② 먹어서 기운을 내는 것 ③ (군사) 증원부대, 지원부대
подкреплять(ся) (빠드크레쁠랴찌)	*см.* подкрепить(ся)
подкуп (뽀드꿉)	(남) 매수, 뇌물,
подкупать (빠드꾸빠찌)	(미완) ① 매수하다; 뇌물을 주다; (돈을 써서) 자기편으로 만들다 ② 호감(동정)을 사다;
подкупить (빠드꾸삐찌)	*см.* подкупать
подладиться (완), ~живаться (미완) к *кому-чему* ~에 맞추다; (빠드라지쨔) ~живаться к шагу 걸음을 맞추다; 아첨하다, 발라맞추다	
подле (뽀들레)	(전) 곁에, 옆에, 가까이에
подлежать (빠들레좌찌)	(미완) *чему*, ~ит рассмотрению 심의에 붙이게 되어있다; не ~ит сомнению 의심할 바 없다

подлежащее (빠들레좌쉐에)	(중) (언어) 주어, 임자말
подлезать (미완), подлезть (완) (빠들레자찌)	밑으로 기어들어가다
подлетать (미완), ~еть (완) (빠들레따찌)	① (가까이) 날아오다, 접근하다 ② 뛰어오다, 달려오다 ③ 날아들다, 날아오르다;
подлец (빠들레츠)	(남) 비열한 놈, 더러운 놈
подливать (빠들리와찌)	(미완) 더 붓다
подливка (빠들리브까)	(여) 소스(sauce), 조미료; мясо с ~ой 소스를 친 고기
подлиза (빠들리자)	(남, 여) 아첨쟁이, 아첨꾼, 아첨장이, 아부(阿附)꾼, 아부장이; 따리꾼
подлизаться (완), подлизываться (미완) к *кому* (빠들리자짜)	발라맞추다, 아첨하다
подлинник (뽀들린니크)	(남) 원본, 원문, 원작, 원화;
подлинно (뽀들린나)	(부) 진정으로, 참말로
подлинный (뽀들린느이)	(형) ① 진정한, 진실한, 참된; ② 진짜, 원작;
подлить (빠들리찌)	*см.* подливать; ~ масла в огонь 붙는 불에 키질하기
подло (뽀들라)	(부) 비굴(비열, 너절)하게
подлог (빠들록)	(남) 위조(僞造), 인조, 모조
подложить (뽀들로쥐찌)	*см.* подкладывать
подложный (뽀들로즈느이)	(형) 위조, 가짜;
подлость (뽀들로쓰찌)	(여) ① 비열성, 야비성, 졸렬성, 비겁성 ② 비열한 행동, 너절한 행동;

подлый (뽀들르이)	(형) 비열한, 너절한, 더러운
подмазать (빠드마자찌)	(완) ① (좀) 바르다, 칠하다; 밑에 바르다 ② 매수하다
подмазаться (빠드마자짜)	(완) 아첨(아부)하다
подмастерье (빠드마스쩨리예)	(남) 견습공, 조수, 수습공
подмена (빠드메나)	(여) ① 슬쩍 바꾸는 것 ② 교대, 임시대리 하는 것
подменить (완), **~ять** (미완) (빠드메니찌)	① 슬쩍 바꾸다(갈아놓다) ② 대신(대리)하다
подмерзать (미완), **подмёрзнуть** (완) (빠드몌르자찌)	① (약간) 얼다, 결빙하다; ② 얼어서 약간 못쓰게 되다; ③ (무인칭) 얼음이 얼다;
подмести (완), **~тать** (미완) (빠드메스찌)	① 쓸다, 청소하다, 깨끗이 하다 ② 밑으로 쓸어 넣다
подметить (빠드메찌지)	(완) 알아내다, 발견하다;
подмётка (빠드몥까)	(여) 신창, 구두창;
подмечать (빠드메차찌)	*см.* подметить
подмигивать (미완), **подмигнуть** (완) (빠드미기와찌)	눈짓하다, 눈을 끔적이다, 눈을 끔벅이다
подмога (빠드모가)	(여) 도움, 방조, 원조(援助), 조력
подмокать (미완), **подмокнуть** (완) (빠드모까찌)	(밑으로부터) 젖다, 약간 젖다, 젖어서 상하다
подмораживать (미완), **~озить** (완) (빠드모라쥐와찌)	(무인칭) 더 추워지다;
подмостки (빠드못뜨끼)	(복수) ① 널마루, 대 ② 무대, 단.
подмоченный (빠드모첸느이)	~ая репутация 나쁜(깨끗하지 못한) 평판

подмывать (빠드믜와찌)	(미완) ① (몸의 아랫도리를) 씻어주다 ② (약간) 씻다
подмываться (빠드믜와쨔)	(미완) (자기의 엉덩이, 살 등을) 씻다
подмышка (빠드믜쉬까)	(여) 겨드랑이, 겨드랑, 액와(腋窩), 곁동: (под мышку, подмышкой, под мышки, подмышками); взять подмышку 겨드랑에 끼다; нести книгу под мышкой 책을 겨드랑이에 끼고 가다
подневольный (빠드네볼느이)	(형) ① 예속된, 종속된, 예종된; 노예화 ② 강제; 어거지, 억지, 강압, 강박, 압제
поднести (빠드네쓰찌)	*см.* подносить
поднимать (빠드니마찌)	(미완) ① 들다, 올리다, 쳐들다; ② (일으켜) 세우다; ③ 떠나게(가게)하다, 출동시키다 ④ 궐기시키다, 고무하다 ⑤ 높이다, 올리다 ⑥ 일으키다; ⑦ 개간하다; ⑧ 돋구다, 적극화하다;
подниматься (빠드니마쨔)	(미완) ① 오르다, 올라가다(오다); ② 일어나다, 일어서다; ③ 궐기하다, 떨쳐나서다 ④ 높아지다
подноготная (빠드나고트나야)	(여) 숨은 진실, 엄폐된 진상
подножие (빠드노쥐예)	(중) 밑 부분, 아래쪽, 아랫부분, 하부; у ~я горы 산기슭에서
подножка (빠드노즈까)	(여) (자동차, 전차, 객차 등) 발디딤대, 발판
подножный (빠드노즈느이)	(형) ~ корм ① 방목지의 목초 ② 공짜음식
поднос (빠드놋쓰)	(남) 쟁반, 예반
подносить (빠드나씨찌)	① (손으로) 가져가다(오다), 나르다, 운반하다; ② 갖다드리다, 대접하다;
поднырнуть (빠드니르누찌)	(완) 밑으로 자맥질하여 들어가다
поднятие (빠드냐찌예)	(중) 올리기, 올리는 것, 높이는 것;

поднять(ся) (빠드냐찌)	см. поднимать(ся)
подобрать (빠다브라찌)	(미완) 타당(적당)하다; 알맞다, 꼭맞다, 딱맞다
подобающий (빠다바유쉬이)	(형) 적당한; 알맞은, 꼭맞은, 딱맞은
подобие (빠다비예)	(중) 닮음, 유사(有事), 같은 모양
подобный (빠다브느이)	(형) 비슷한, 같은; 그러한, 이런;
подобострастный (빠다보쓰뜨라쓰뜨느이)	(형) 비굴한, 아부하는, 맹종맹동하는
подобать(ся) (빠다바찌)	см. подбирать(ся)
подобреть (빠다브레찌)	(완) 더 선량해지다, 착해지다; см. добреть.
подобру-подорову (빠다브루-빠드도로부)	(부): уходите ~!, убирай ся(уходи) ~-поздорову 혼나기 전에 썩 물러가라, 일이 악화되기 전에 가거라, 좋게 말할 때 가거라!
подогнать (빠다그나찌)	см. подгонять
подогнуть (빠다그누찌)	см. подгибать
подогревать (빠다그레와찌)	(미완) 데우다, 덥히다, 가열하다
подогреваться (빠다그레와짜)	(미완) 데워지다, 가열되다
подогреть(ся) (빠다그레찌)	см. подогревать(ся)
пододвигать (빠다드비가찌)	(미완) (움직여, 밀어) 접근시키다, 옮기다
пододвигаться (빠다드비가짜)	(미완) 가까이 앉다, 바로 가서다, 바로 다가앉다, 접근하다
пододвинуть(ся) (빠다비누찌)	см. пододвигать(ся)

пододеяльник (빠다졔얄니크)	(남) 이불거죽
подождать (빠다즈다찌)	(완) ① (잠시) 기다리다, 좀 대기하다 ② 좀 미루다, 연기하다 ③ (명령형) подожди(те) 잠간만!
подозвать (빠다즈와찌)	см. подзывать
подозреваемый (빠다즈레와예믜이)	(남) 의심받는 사람, 협의대상
подозревать (빠다즈레와찌)	(미완) ① 의심하다, 수상히 여기다 ② 혹시 ~지나 않았는가 생각하다;
подозреваться (빠다즈레와쨔)	(미완) 의심을 받다
подозрение (빠다즈레니예)	(중) 의심(疑心), 의혹(疑惑); 혐의;
подозрительно (빠다즈리쪨나)	(부) 의심쩍게, 수상하게
подозрительный (빠다즈리쪨늬이)	(형) ① 의심스러운, 의심이 가는, 수상한; ② 의심많은;
подойти (빠다이찌)	см. подходить
подоконник (빠다꼰니크)	(남) 창문턱, 창문가
подол (빠돌)	(남) 옷자락, 옷지랖; ~ юбки 치맛자락
подолгу (빠돌구)	(부) 오랫동안
по-домашнему (빠-다마쉬네무)	(부) 집에서처럼, 제집처럼
подонок (빠다놐)	(남) 찌꺼기, 인간쓰레기
подопечная (여), ~ый (남) (빠다뼤츠나야)	(법) 피후견인, 피보호자
подоплёка (빠다쁠료까)	(여) 이면, 내면, 숨은 비밀;

подопытный (빠다쁠닉이)	(형) 실험용;
подорвать (빠도르와찌)	(완) ① (밑으로부터) 뜯어(찢어)내다 ② 폭파하다, 터뜨리다 ③ 해치다, 훼손하다;
подорваться (빠도르와짜)	(완) ① 폭파되다, 폭팔로 죽다; ② здоровье подорвалось 건강이 나빠졌다, 악화되다
подорожать (빠다라자찌)	(완) 비싸지다, 값이 오르다
подорожник (빠다로즈닉)	(남) (식물) 길짱구
подосиновик (빠다씨노빅)	(남) (식물) 돌버섯(의 한 가지)
подослать (빠다쓸라찌)	(완) ① 몰래 보내다, 은밀히 파견하다 ② 더 보내다, 보충파견하다
подоспевать (미완), ~еть (완) ① 닥쳐오다 ② 제때에(때마침) 오다 (빠다쓰뻬와찌)	
подостлать (빠다쓰뜰라찌)	см. подстилать
подотчётный (빠돝촡느이)	(형) ① 전도(가불)하는; ② 보고할 의무 (책임)가 있는
подохнуть (빠다흐누찌)	(완) (동물이) 죽다
подоходный (빠다혿느이)	(형): ~ налог 소득세
подошва (빠도스와)	(여) ① 발바닥; 신바닥, 신창; ② 밑바닥, 바닥;
подпадать (빠트빠다찌)	см. подпасть
подпасть (완): ~ под влияние кого ~의 영향을 받다, 영향하여 (빠트빠쓰찌) 들어가다	
подпевать (빠트뻬와찌)	(미완) ① (뒤따라) 받아 부르다; ② 맞장구를 치다, 장단을 맞추다,
подпиливать (미완), подпилить (완) ① 톱으로 밑을 베다 (빠트삘리와찌) ② 톱으로 짧게 자르다 ③ 덧톱질하다	

- 963 -

подпираться (빠다삐라쨔)	*см.* подпереть[ся]
подписание (빠다삐싸니예)	(중) 서명, 사인(sign), 서기, 기명, 조인
подписать (빠다삐싸찌)	(완) ① 서명하다, 조인하다; ② (밑에)써넣다, 기입하다; ③ 예약자에 포함시키다, 신청자수에 포함시키다;
подписаться (빠다삐싸쨔)	(완) ① 수표를 하다, 서명하다 ② 예약(신청, 주문)하다;
подписка (빠다삐쓰까)	(여) ① 예약, 신청, 주문; ② 서약서
подписной (빠다삐쓰노이)	(형) 예약(豫約), 약속(約束);
подписчик (남), ~ца (여) (빠다삐쓰칰)	구독자, 예약자, 신청자, 주문자;
подписывать(ся) (빠다삐쓰와찌)	*см.* подписать(ся)
подпись (뽇삐시)	(여) 수표(手標), 서명(書名);
подплывать (미완), ~ыть (빠다쁠릐와찌)	(완) 헤엄쳐(배로) 다가가다(오다)
подпол (뽇뿔)	(남) 움, 지하실; 움집, 움막, 궁교, 교창
подползать (미완), ~ти (완) (빧뽈자찌)	① 기어서 다가가다(오다) ② 밑으로 기어들다
подполковник (빧뽈꼬브니크)	(남) 중좌
подполье (빧뽈리예)	(중) ① 지하운동, 지하공작; ② 지하실
подпольный (빧뽈리느이)	(형) 지하, 비밀, 기밀, 엄밀, 시크릿 (secret);
подпольщик (남), ~ца (여) (빧뽈르쉬크)	지하공작원
подпорка (빧뽈까)	(여) 받치개, 기둥, 섶

- 964 -

подпоясать (빳뽀야싸찌)	(완) 허리에 띠를 띠워주다
подпоясаться (빳뽀야싸쨔)	(완) 허리에 띠를 띠다, 허리띠를 두르다.
подпоясывать(ся) (빳뽀야씌와찌)	*см.* подпоясать(ся)
подправить (완), ~авлять (미완) (빳쁘라비찌)	약간 고치다, 좀 보수(수리)하다
подпрыгивать, ~нуть (빧쁘르기와찌)	깡충깡충(겅충껑충) 뛰다;
подпускать (미완), ~тить (완) (빧뿌쓰까찌)	가까이 오게 하다, 접근시키다
подрабатывать (미완), ~отать (완) (빠라바드와찌)	① 더 벌다, 보충적 수입을 얻다; ② 더 잘 연구하다; 손질하여 완성하다;
подражание (빠라좌니예)	(중) ① 본 따는 것; 모방, 모조; 가짜 ② 모조물, 위조물, 모방물, 가짜품
подражатель (빠라좌쩰)	(남) 모방자(模倣者), 모의자, 흉내자.
подражать (빠라좌찌)	(미완) *кому-чему* ① 본따다, 흉내내다; ② 모방하다; ③ 모범을(뒤를) 따르다.
подразделение (빠라즈젤레니예)	(중) ① (군사) 구분대 ② 구분, 세분
подразделить(ся) (빠라스젤리찌)	*см.* подрзделять(ся)
подразделять (빠라스젤랴찌)	(미완) (작게) 나누다, 구분하다, 세분하다
подразделяться (빠라스젤랴쨔)	(미완) (다시, 작게) 나뉘어지다, 구분 (세분)되다
подразумевать (빠라주메와찌)	(미완) 생각(이해)하다, 염두에 두다;
подразумеваться (빠라주메와쨔)	(미완) ① (말하지 않아도)짐작(이해)되다, 의미가 있다
подрастать (빠라쓰따찌)	(미완) 자라나다, 성장하다, 자라다, 크다
подрастающий :	~ее поколение 청소년, 자라나는 세대,

Пп

- 965 -

(빠라쓰따유쉬이)	하이틴(high teen)
подрасти (빠라쓰찌)	*см.* подрастать
подраться (빠드라쨔)	(완) 싸우다, 서로 때리다, 다투다
подрезать (완), подрезать (미완) (빠드리자찌)	① 자르다, 잘라서 짧게 하다; ② 짧게 베다(깎다);
подремать (빠드레마찌)	(완) (잠시 동안) 졸다, 눈을 붙이다
подробно (빠드로브나)	(부) 자세히, 상세하게, 세밀하게.
подробность (빠드로브노쓰찌)	(여) 세밀성; 세부, 사소한 것;
подробный (빠드로브느이)	(형) 상세한, 자세한, 세밀한.
подросток (빠드로쓰또크)	(남) 소년, 소녀, 미성년
подрубать (미완), ~ить (완) (빠드루바찌)	① 밑을 자르다(찍다); ② (찍어, 잘라) 짧게 하다
подруга (빠드루가)	(여) 여자동무, 벗
по-другому (빠-드루고무)	(부) 다르게, 달리
по-дружески (빠-드루줴쓰끼)	(부) 친구답게, 동지적으로
подружиться (빠드루쥐쨔)	친해지다, 우정을 맺다
подружка (빠드루즈까)	(여) подруга 의 애칭; 벗;
подруливать, подрулить (빠드룰리와찌)	(항공) (지상으로 활주하여) 접근하다, 가까이 몰고 가다.
подручный (빠드루츠느이)	(형); ~ инструмент 상비용 도구; (명사로) (남) 조수, 방조자
подрыв (빠드리프)	(남) ① 폭파, 폭발; ② 파괴, 훼손

— 966 —

подрывать[ся] (빨르와쨔)	*см.* подорвать[ся]
подрывник (빨릐브니크)	(남) 발파공, 폭파수
подрывной (빨릐브노이)	(형): ~ая деятельность 파괴행위, 파괴활동
подряд¹ (빨랴드)	(남) 청부, 청부계약, 도급(都給);
подряд² (빨랴드)	(부) ① 연거푸, 줄곧, 연속적으로 ② (всё, все와 함께) 모조리, 남김없이
подрядиться (완), ~жаться (빨랴지쨔)	(미완) 청부를 맡다, 고용되다
подрядчик (빨랸칙)	(남) 청부업자, 청부인; 청부기관.
подсадить, подсаживать (빨싸지찌)	① (도와서) 태우다, 앉히다; ② 함께(같이) 넣다; ③ (식물을) 더(보태여) 심다
подсаживаться (빨싸지와쨔)	*см.* подсесть
подсвечник (빨쓰볘츠니크)	(남) 초대(招待), 초청, 청빈, 청초
подсека (빨쎄까)	(여) 부대밭
подселить (완), ~ять (빨쎌리찌)	(미완) 함께 살게 하다, 동거시키다
подсесть (빨쎄스찌)	(완) 옆에(가까이, 곁에) 앉다;
подсечный (빨쎄츠느이)	(형): ~ое земледелие 화전농사, 부대밭농사, 숲속에 나무를 찍고 경지를 가꾸는 농업.
подсидеть (완), подсиживать (빨씨졔찌)	(미완) 해하다, 흉계를 꾸미다, 모함하다
подсказать (빨쓰까자찌)	*см.* подсказывать
подсказка (빨쓰까즈까)	(여) 귀띔(질), 암시, 시사, 묵시, 내포

Пп

подсказывать (빧쓰까즈와찌)	(미완) ① 대주다, 귀띔해 주다 ② 암시해 주다, 묵시해주다
подскакивать (미완), ~очить (완) (빧쓰까끼와찌)	① 깡충 뛰어오르다; ② 갑자기 높아지다; ③ 빨리 뛰어 다가가다. 빨리 뛰어오다.
подслеповатый (빧쓸레뽀와띠이)	(형) 시력이 약한, 근시가 심한
подслушать (빧쓸루샤찌)	*см.* подслушивать
подслушивание (빧쓸루쉬와니예)	(중) 도청, 몰래듣는 것
подслушивать (빧쓸루쉬와찌)	(미완) 몰래 듣다, 엿듣다, 도청하다
подсматривать (빧쓰마뜨리와찌)	엿보다, 들어다보다
подсмеиваться (미완), ~еяться (완) 놀려주다, 조소하다, 조롱하다. (빧쓰메이와쨔)	
подсмотреть (빧쓰모뜨레찌)	*см.* подсматривать
подснежник (빧쓰네즈닉)	(남) (식물) 눈꽃, 갈란투스
подсобный (빧쏩느이)	(형) 부차적인;
подсовывать (빧쏘브와찌)	*см.* подсунуть
подсознательный (빧쓰즈나쩰늬이)	(형) 본능적인, 무의식적인
подсолнечник (빧쏠네츠닉)	(남) 해바라기, 꽃시계, 규곽, 규화(葵花), 향일화(向日花), 솔레유(soleil)
подсолнечный (빧쏠네츠느이)	(형) 해바라기의: 꽃시계의
подсолнух (빧쏠누흐)	(남) 해바라기, 꽃시계, 규곽, 규화(葵花) 향일화, 솔레유(soleil)
подсохнуть (빧쏘흐누찌)	(완) ① (서서히) 마르다, 조금 마르다; ② (상처가) 좀 낫다, 아물다

подспорье (빤쓰**뽀**리예)	(중) 도움, 방조, 원조, 조력
подставить (빤쓰**따**비찌)	(완) 밑에 놓다(받치다); 가까이 옮겨놓다, 권하다, 내놓다;
подставка (빤쓰**땁**까)	(여) 고임목, 받침목, 굄목, 괴는 나무.
подставлять (빤쓰따블**랴**찌)	*см.* подставить
подставной (빤쓰땁**노**이)	(형) 가짜의:
подстаканник (빤쓰따**깐**닉)	(남) (금속제의 손잡이가 달린) 찻잔 받치게
подстанция (빤쓰**딴**치야)	(여) 변전소(變電所); 중계전화교환소.
подстёгивать (미완), ~егнуть (완) (빤쓰**쬬**기와찌)	① 때려 몰다 ② 재촉하다, 서두르게 하다
подстерегать (미완), ~ечь (완) (빤쓰쩨레**가**찌)	잠복하여 기다리다, 숨어서 살피다
подстилать (빤쓰찌**라**찌)	(미완) 밑에 펴놓다(깔다).
подстилка (빤쓰**찔**까)	(여) 깔개, (가축우리에 깔아주는) 깃;
подстраивать (빤쓰뜨**라**이와찌)	*см.* подстроить
подстраиваться (빤쓰뜨**라**이와쨔)	(미완) *к кому* ~의 장단에 맞추어 행동하다
подстрекатель (빤쓰뜨레까**쪨**)	(남) 선동자(煽動者), 사촉자
подстрекательство (빤쓰뜨레**까**쪨스뜨붜)	(중) 선동(煽動), 사촉(唆囑), 부추김
подстрекать (빤쓰뜨레**까**찌)	(미완) 부추기다, 꼬드기다, 선동하다, 도발하다;
подстрелить (빤쓰뜨**렐**리찌)	(완) (총으로 쏘아) 부상을 입히다
подстричь	(완) (조금) 깎다;

Пп

(빨쓰뜨리치)

подстричься
(빨쓰뜨리치쌰)
(완) 머리를 치다(깎다)

подстроить
(빨쓰뜨로이찌)
(완) 몰래 꾸미다;

подстроиться
(빨쓰뜨로이쨔)
см. подстраиваться

подстрочный
(빨쓰뜨로츠느이)
(형): ~ перевод 직역(直譯), 축자역

подступать (미완), ~ить (완)
(빨쓰뚜빠찌)
① 접근하다, 바싹 가까이 가다 (오다) ② 치밀다, 북받치다;

подступиться
(빨쓰뚜삐쨔)
(완) 접근하다, 바싹 다가오다(가다):

подступы
(빨쓰뚜쁘)
(복수) 근처(近處), 접근하는 길;

подсудимая (여), ~ый (남)
(빨쑤지마야)
피소자.

подсудный
(빨쑤드느이)
(형) 재판관할

подсунуть
(빨쑤누찌)
(완) ① (밑에) 넣다, 밀어 넣다
② 모래(가만히) 넣다(놓다)
③ (상대방을 가만하여 나쁜 물건을) 주다, 안겨주다

подсчёт
(빨쓰춋)
(남) 계산; (흔히 복수) 총화, 결산;

подсчитать,~итывать
(빨쓰치따찌)
계산(결산)하다

подсылать
(빨쓰라찌)
см. подослать

подсыхать
(빨쓰하찌)
см. подсохнуть

подталкивать
(빨딸끼와찌)
см. подтолкнуть

подтасовать,~овывать
(빨따싸와찌)
(미완)(트럼프 등을) 속임수를 쓰며 치다; 외곡하다; ~овывать факты 사실을 외곡하다

- 970 -

подтащить (빧따쉬찌)	(완) 끌어다놓다
подтвердить (빧뜨베르지찌)	(완) 확인(확증, 실증)하다
подвердиться (빧뜨벨지쨔)	확인(확증, 실증)되다
подтверждать(ся) (빧뜨벨즈다찌)	*см.* подтвердить(ся)
подтверждение (빧뜨벨즈제니예)	(중) 확인, 확증, 증거
подтёк (빧쬭)	(남) 멍; 멍든 곳
подтекст (빧쩩스트)	(남) (말, 글의) 숨은 뜻, 속대사
подтереть (완), подтирать (빧쩨레찌)	(미완) (물기없게) 닦다, 씻다
подтолкнуть (빧똘크누찌)	① 가볍게 밀다(밀치다) ② 재촉(추동)하다, 서두르게 하다, 내몰다
подтрунивать (빧트루니와찌)	(미완) над *кем* ~을 비웃다, 조롱(야유)하다
подтягивать (빧쨔기와찌)	(미완) ① 꼭 죄다, 졸라매다, 팽팽하게 하다; ② 끌어가다(오다), 끌어당기다; ③ (군사) 모으다, 집결시키다; ④ (규률을) 죄다, 강화하다; ⑤ (노래를) 따라(받아) 부르다
подтягиваться (빧쨔기와쨔)	(미완) ① 띠로 꽉 죄다; ② 현수하다, 매달려 몸을 올리다; ③ (군사) 집결(집중)되다; ④ (사업이) 더 훌륭히 수행되다, 더욱 규률적으로 되다
подтяжки (빧쨔쥐끼)	(복수) 멜빵, 걸빵, 박다위
подтянуть(ся) (빧쨔누찌)(쨔)	*см.* подтягивать(ся)
подумать (빠두마찌)	(완) ① 생각하다 ② 잠시(좀) 생각하다 ③ (2 인칭 단수) подумаешь (감) (조롱, 야유, 홀시를 나타냄);

подумывать (빠두므와찌)	(미완) ① (때때로) 생각하다 ② ~하려고 하다, ~할 작정이다
подурнеть (빠둘녜찌)	(완) 좀 보기 흉하게 되다, 미워지다
подушка (빠두스까)	(여) ① 베개 ② (공학) 받치개, 고이개, 베개, 침목;
подхалим (빨하림)	(남) 아첨장이, 아부꾼, 아첨쟁이
подхалимаж (빨하리마즈)	(남) 아첨, 알랑거림, 따리; 아부
подхватить (완), ~атывать (미완) (빨흐와찌찌)	① 잡다, 받다, 붙들다, 들다; ② (병에) 걸리다; ③ (남의 생각, 말 등을) 이용하다, 가져다 쓰다; ④ (노래를) 따라 (받아) 부르다; ⑤ 지지하다, 받아 물다
подход (빨홑)	(남) ① 접근(지); 가까이 가는 길 ② 취급방법; 태도, 입장;
подходить (빨호지찌)	(미완) ① 가까이 가다(오다), 다가서다, 접근하다; ② 착수하다; ③ 대하다, 취급 하다; ④ 알맞다, 적합하다;
подходящий (빨호쟈쉬이)	① подходить의 능동현재 ② (형) 알맞은, 적당한;
подчас (빨차쓰)	(부) 때때로, 이따금, 가끔, 이따금, 시시로, 시시때때로, 종종
подчёркивать (빨쵤끼와찌)	см. подчеркнуть
подчёркнутый (빨쵤크누뜨이)	① подчеркнуть의 피동과거 ② (형) 특별한;
подчеркнуть (빨첼크누찌)	(완) ① 밑줄을 긋다; ② 강조하다, 힘주어 말하다
подчинение (빨치녜니예)	(중) ① 종속, 부속, 예속, 복종 ② (언어) 종속
подчинённый (빨친뇬느이)	① подчинить의 피동과거; ② (형) 얽매인, 종속적인, 예속적인 ③ (명사로) (남) 부하, 휘하, 예하, 예속
подчинительный (빨치니쩰느이)	(형) (언어) 종속의

подчинить (빧치니찌)	(완) ① 종속시키다, 복종시키다 ② 소속시키다; 관할 하에 두다
подчиниться (빧치니쨔)	① 복종되다; ② 배속되다
подчинить(ся) (빧치니찌)	*см.* подчинить(ся)
подчистую (빧치쓰뚜유)	(부) 모조리, 다, 깨끗이, 남김없이
подчищать (빧치샤찌)	*см.* подчистить
подшефный (빧쉐프느이)	(형)지원을 받는, 후원을 받는
подшивать (빧쉬와찌)	(미완) ① 꿰매다, 대다; 박음질하다 ② (함께) 철하다;
подшивка (빧쉬브까)	(여) 꿰매는 것, 철하는 것; 철한 것;
подшипник (빧쉬츠닉)	(남) 축 받치개, 베어링, 축(軸)받이
подшить (빧쉬찌)	*см.* подшивать
подшутить (완), подшучивать (미완) над *кем-чем* 조롱하다, 비웃다, 놀려주다	
(빧슈찌찌)	
подъезд (뽇예즈드)	(남) 접근, 통로; 출입구; 현관
подъездной (빧예즈드노이)	(형): ~ путь, ~ые пути *ж-д.* 인입선, 분기선
подъезжать (빧예즈좌찌)	(미완) ① 도착하다, 다가가다(오다), 접근하다 ② (좋은 기회를 노려) 간교하게 요청(제의)하다
подъём (빧욤)	(남) ① 올라가는 것, 올리는 것, 높이는 것; ② 오르막, 올림받이; ③ 일어나는것, 기상하는 것; ④ 앙양(昂揚), 향상, 발전; ⑤ 흥분, 격동, 감격; ⑥ 발등, 신등;
подъёмник (빧욤니크)	(남) 승강기, 엘리베이터(elevator), 리프트(lift); 쟈키, 권양기.
подъёмный	(형): ~ый кран 기중기; ~ая машина

(빧율닉이)	승강기
подъехать (빧예하찌)	*см.* подъезжать
подыскать (완), подыскивать (미완) (빠드쓰까찌)	(적당한 것을) 찾다, 구하다, 탐구하다
подытоживать(미완),~ть (완) (빠드또지와찌)	결산하다, 총화를 짓다
подыхать (빠드하찌)	*см.* подохнуть
подышать (빠드샤찌)	(완) *чем* (잠시) 숨쉬다, 호흡하다;
поедать (빠예다찌)	(미완) 먹다
поединок (빠예지녹)	(남) 결투, (두 사람의) 시합, 격투, 싸움;
поёживаться (빠요지와쨔)	(미완) (몸을) 옹그리다;
поезд (빠예즈드)	(남) 기차, 열차, 화차, 기관차; 철류, 철마
поездить (빠예지찌)	(완) 돌아다니다;
поездка (빠예즈드까)	(여) 여행(旅行), 유람(遊覽), 견학(見學);
поесть (빠예쓰찌)	(완) ① 식사를 하다; 좀 먹다, 요기하다 ② (모조리, 죄다) 먹다; ③ 쏠다,(쏠아서) 못쓰게 하다;
поехать (빠예하찌)	(완) (타고) 떠나다, 가다
пожалеть (빠칼례찌)	*см.* жалеть
пожаловать (빠칼라와찌)	① *см.* жаловать ② 찾아오다, 방문하다;
пожаловаться (빠칼라와쨔)	*см.* жаловаться
пожалуй	(삽입어) 아마도, ~지도 모른다, ~일

Пп

(빠촬루이)	수도 있다;
пожалуйста (빠촬루이쓰따)	(조) ① 제발, 어서; ② 예, 좋습니다, 어서 그러십시오;
пожар (빠좌르)	(남) ① 화재, (붙는)불, 화난, 화변, 화사 ② 불길;
пожарник (빠좌르닉)	(남) 소방대원
пожарный (빠좌르느이-)	(형) ① 화재, 화재를 끄기 위한; ② (명사로) (남) 소방대원;
пожатие (빠좌띠예)	(중): ~ руки 악수
пожать (빠좌찌)	*см.* пожимать
пожелание (빠쪨라니예)	(중) ① 희망, 축원; ② 요구(要求), 제의
пожелать (빠쪨라찌)	*см.* желать
пожелтевший (빠쪨쪠브쉬이)	(형) 누런, 노래진, 노랑.
пожелтеть (빠쪨쪠찌)	(완) 노래지다, 노래지다
пожертвование (빠쪨뜨붜와니예)	(중) 희사금(喜捨金), 기부금(寄附金)
пожертвовать (빠쪨뜨붜와찌)	*см.* жертвовать
поживать (빠쥐와찌)	(미완) 살아가다, 지내다;
поживиться (빠쥐비짜)	(남을 희생시켜) 이득을 보다;
пожизненный (빠쥐즈넨느이)	(형) 종신의; 한평생
пожилой (빠쥐로이)	(형) 나이가 지긋한;
пожимать (빠쥐마찌)	(미완) 쥐다, 움켜쥐다, 잡다, 악수하다;

Пп

пожинать (빠쥐나찌)		(미완) 거두다, 수집하다, 서거하다; что посеешь, то и пожнёшь (속담) 콩 심은데 콩 나고 팥 심은데 팥 난다
пожирать (빠쥐라찌)		게걸스럽게 먹다, 처먹다
пожитки (빠쥐뜨끼)		(복수) 가장집물, 자질구레한 세간
пожрать (빠즈라찌)		см. пожирать
поза (뽀자)		(여) ① 몸가짐, 자세; ② 거드름, 허세
позаботиться (빠자보찌쨔)		см. заботиться
позавидовать (빠자비도와찌)		см. завидовать
позавтракать (빠잡뜨라까찌)		(완) 아침을 먹다, 밥을 먹다, 아침식사를 하다
позавчера (빠자브체라)		(부) 그저께, 그제, 엊그제, 그그일
позади (빠자지)		①(전)(+ 생) 뒤에; ②(부) 뒤에, 뒤쪽에서;
позапрошлый (빠자쁘로쉬르이)		(형): ~ год 재작년
позвать (빠즈와찌)		(완) 부르다, 청하다
позволение (빠즈뷔레니예)		(중) 허가(許可), 허락(許諾)
позволить (완), позволять (빠즈보리찌)		(미완) 허락하다, 허가하다, 허용하다; ~하게 하다;
позвонить (빠즈뷔니찌)		см. звонить
позвонок (빠즈보녹)		(남) 등뼈, 척추, 척추골
позвоночник (빠즈뷔노츠니크)		(남) 등뼈대, 척추(脊椎)

- 976 -

позвоночные (빠즈보노츠늬에)	(복수) 척추동물
позвоночный (빠즈뷔노츠느이)	(형) 척추의, 등뼈의;
поздний (뽀즈니이)	(형) 때늦은;
поздно (뽀즈나)	(부) ① 때늦게, 늦은; ② 늦게;
поздороваться (빠즈도로와쨔)	(완) 인사하다
поздоровиться (빠즈도로비쨔)	(완) ему не ~ся 그는 불쾌한 일이 생갈 것 같다, 난처한 지경에 빠질 것이다
поздравительный (빠즈드라비쩰느이)	(형) 축하, 경하, 경축, 하례, 치하, 감축
поздравить (빠즈드라비찌)	*см.* поздравлять
поздравление (빠즈드라블레니예)	(중) 축하, 경하, 경축, 하례, 치하, 감축
поздравлять (빠즈드라블랴찌)	(미완) 축하(경하, 경축, 하례, 치하, 감축) 하다
позеленеть (빠젤레네찌)	*см.* зеленеть
позёмка (빠죰까)	(여) 낮추 땅위를 휩쓰는 눈보라
позировать (빠지로와찌)	(미완) ① 자세를 취하다 ② 거드름을 피우다
позитивный (빠지찝늬이)	(형) 긍정적인, 호의적인
позитрон (빠지뜨론)	(남) (물리) 양전자(陽電子)
позиционный (빠지치온느이)	(형) 위치, 진지;
позиция (빠지찌야)	(여) ① 위치; ② (흔히) 복수, 앙갚음; ③ 입장, 견해
познаваемость	(여) 가인식성, 인식가능성

Пп

(빠즈나와예모스찌)

познавательный (형) 인식의, 인지의, 의식의, 감지의
(빠즈나와쩰느이)

познавать (미완) ① 인식(의식, 감지)하다
(빠즈나와찌) ② 잘 알다, 이해하다; ③ 느끼다, 맛보다

познаваться (미완) 알게 되다, 판명되다;
(빠즈나와쨔)

познакомить(ся) *см.* знакомить(ся)
(빠즈나꼬미찌)

познание (중) ① 인식, 인지, 의식, 감지, 지각;
(빠즈나니예) 분별, 판단, 판별; ②: ~я (복수) 지식
(知識), 조예(造詣), 식견(識見)

познать *см.* познавать
(빠즈나찌)

позолота (여) 도금(鍍金), 도금칠
(빠졸로따)

позолотить (완) 도금하다, 도금칠하다
(빠졸로찌찌)

позор (남) 수치, 창피; 불명예(不名譽);
(빠졸)

позорить (미완) 모욕하다, 수치를 당하게 하다
(빠조리찌)

позориться (미완) 수치(창피)를 당하다, 웃음거리가
(빠조리쨔) 되다

позорный (형) 수치스러운, 망신스러운,
(빠졸느이)

позыв (남) (생리적) 욕망, 충동(衝動)
(빠즥프)

позывные (복수) (방송에서) 호출신호
(빠즙느예)

поимённо (부) 이름별로, 명부에 따라
(빠이묜나)

поимённый (형) ~ список 명부, 명단
(빠이묜늬이)

поимка (여) 붙잡는 것, 체포, 집착, 수포

(빠임까)

по-иному (빠-이노무)	(부) 달리, 다르게, 다른 방법으로
поинтересоваться (빠인쩨레싸와짜)	(완) ① 알아보다; ② 관심을 가지다, 흥미를 가지다
поиск (뽀이쓰크)	(남) ① 찾아내는 것, 탐색, 수색, 탐지; ② 탐사사업, 조사사업 ③ (군사) 정찰, 정탐(偵探), 탐색, 척후
поискать (빠이쓰까찌)	(완) (한동안) 찾다, 탐색하다
поисковый (빠이쓰꼬븨이)	(형) 탐색의(探索), 수색의(搜索)
поистине (빠이쓰찌네)	(부) 실로, 참말로, 그야말로
поить (빠이찌)	(미완) (물 등을) 먹이다, 먹여주다
пой ма (뽀이마)	(여) 강가의 낮은 지대, 범람지역, 침수지대, 수몰지대, 침몰지역
пой мать (빠이마찌)	(완) 붙잡다, 붙들다
пой ти (빠이찌)	(완) ① 가다, 찾아가다, 떠나다; ② (눈, 비가) 내리다, 오기 시작하다; ③ 나오다; 흐르다;
пока (빠까)	① (부) 아직도, 당분간; ② (접) ~는 한, ~는 동안, ~할 때까지; ③ (조) 안녕히; ну, ~ 그럼, 안녕히, 그럼 또 보세!;
показ (빠까즈)	(남) 보이는 것
показание (빠까자네예)	(중) ① 증언, 진술; ② 증명, 증거(證據); ③ (계량기의) 눈금표시
показатель (빠까자쩰-)	(남) ① 지표; ② (수학) 보임수, 지수
показательный (빠까자쩰늬이)	(형) ① 특징적인, 전형적인; ② 모범적인
показать (빠까자찌)	(완) ① 보이다, 보여주다; 나타내다; ② 가리키다, 지적하다; ③ 증언(진술)

	하다; ④ 본때를 보이다;
показаться (빠까자짜)	① *см.* казаться; ② 나타나다, 보이다; ③ 출석하다; ④ (피, 눈물 등이) 나오다; ⑤ (자기 자신을) 보이다;
показной (빠까즈노이)	(형) ① 본보기로 되는, 견본(見本); ② 겉모양뿐인;
показывать(ся) (빠까즈와찌)	*см.* показать(ся)
покарать (빠까라찌)	*см.* карать
покатать(ся) (빠까따찌)	*см.* катать(ся)
покатость (빠까또찌)	(여) 비탈, 경사(면)
покатый (빠까띄이)	(형) 비탈진, 경사진
покачать(ся) (빠까차찌)	*см* качаться(ся)
покачиваться (빠까치와짜)	약간 흔들리다, 비칠거리다;
покачнуть (빠까츠누찌)	(완) (약간) 흔들다, 흔들어 기울어뜨리다
покачнуться (빠까츠누짜)	(완) ① (약간) 흔들리다, 기울어지다 ② 악화되다, 나빠지다
покашливать (미완), ~ять (완) (빠까쉴리와찌)	(드문드문, 조금씩) 기침하다
покаяние (빠까야니예)	(중) 후회(後悔), 참회(懺悔)
покаяться (빠까야짜)	*см.* каяться
покидать (빠끼다찌)	*см.* покинуть
покинутый (빠끼누띄이)	(형) 외로운, 버림받은, 사람이 떠난, 내버린
покинуть	(완) ① 버리다, 내버려두다; ② 떠나다,

(빠끼누찌)	떠나가다; ③ 그만두다;
покладая: (빠클라다야)	работать не ~ рук 부지런히(쉬지 않고) 일하다
покладистый (빠클라지쓰띄이)	(형) 온순한; 순진한, 착한
поклажа (빠클라좌)	(여) 짐, 화물(貨物), 짐바리
поклон (빠클론)	(남) ① 절; 인사 ② 인사, 축하
поклонение (빠클로녜니예)	(중) 숭배(崇拜), 숭상(崇尙), 예찬(禮讚)
поклониться (빠클로니짜)	*см.* кланяться
поклонник (남), ~ца (여) (빠클론닉)	숭배자
поклоняться (빠클로냐짜)	(미완) *кому-чему* 신으로 모시다, 숭배하다
поклясться (빠클랴짜)	*см.* клясться
поковка (빠꼽까)	(여) 단조(鍛造)(물)
покоиться (빠꼬이짜)	(미완) ① 묻혀있다, 안치되어있다; ② 기초하다, 근거하다
покой (빠꼬이)	(남) ① 안정(安定) ② (물리) 정지(停止), 부동상태;
покой ник (남), ~ца (여) 죽은 사람, 고인(故人), 망자 (빠꼬이닉)	
покой ный (빠꼬이늬이)	① (형) 돌아간, 죽은; ② (명사로) ~ый (남), ~ая (여) 고인(故人)
поколебать(ся) (빠꼴례와찌) (뽀꼴례와짜)	*см.* колебать(ся)
поколение (빠꼴례니예)	(중) 세대(世代)
поколотить (빠꼴로찌찌)	*см.* колоться

по-коммунистически (빠-꼼무니쓰찌체쓰끼)	(부) 공산주의적으로
покончить (빠꼰치찌)	(완) ① *с чем* 끝장내다; ② 그치다, 그만두다; ③ *с кем* 소멸하다, 죽이다
по-корейски (빠-꼬레이쓰끼)	(부) 한국말로, 한국어로
покорение (뽀꼬레니예)	(중) 정복(征服), 정벌
покоритель (빠꼬리쩰)	(남) 정복자, 정벌자
покорить (빠꼬리찌)	(완) ① 정복하다; ② 복종시키다; ③ 마음을 끌다, 홀리게 하다
покориться (빠꼬리쨔)	(완) ① 정복되다 ② 복종하다, 굴복하다; ③ 순종하다, 타협하다
покорно (빠꼬르나)	(부) 공손히, 겸손하게
покорность (빠꼬르노쓰찌)	(여) 공손한 것, 순종(順從)
покорный (빠꼬르느이)	(형) 공손한, 순종(복종)하는
покоробить(ся) (빠꼬로비찌)	*см* коробить(ся)
покорять(ся) (빠꼬랴찌)	*см.* покорить(ся)
покос (빠꼬쓰)	(남) ① 풀베기; 풀 베는 때 ② 풀 베는 곳
покоситься (빠꼬씨쨔)	(완) ① 휘다, 구부리다, 기울어지다 ② 곁눈질하다
покрасить (빠끄라씨찌)	*см.* красить
покраска (빠끄라쓰까)	(여) 칠하는 것, 염색(染色), 색칠하는 것.
покраснеть (빠끄라쓰녜찌)	(완) 붉어지다
покрасоваться	(완) 뽐내다, 우쭐대다

- 982 -

покривить (빠끄리**비**찌)	*см.* кривить
покрикивать (빠끄**리**끼와찌)	(미완) (이따금) 소리치다, 고함치다
покров (빠끄**롭**)	(남) 겉껍질, 표면층
покровитель (남), **~ница** (여) (빠끄로**비**쩰)	보호자(保護者), 비호자(庇護者)
покровительство (빠끄로**비**쩰쓰뜨붜)	(중) 비호(庇護), 보호(保護), 후원(後援)
покровительствовать (빠끄로**비**쩰쓰뜨붜와찌)	(미완) *кому-чему* 비호(보호, 후원)하다
покрой (빠끄**로**이)	(남) (옷의) 본, 형; 재단법
покрывало (빠끄리**왈**로)	(중) 덮개, 씌우개
покрывать (빠끄리**와**찌)	① 덮다, 씌우다; ②(머리에)쓰다, 씌우다; ③ 칠하다, 바르다
покрываться (빠끄리**와**짜)	(미완) ① 덮이다; ② 덮다, 쓰다; ③ (표면에) 뒤덮이다;
покрыть(ся) (빠끄**리**찌)	*см.* покрывать(ся)
покрышка (빠끄**리**쉬까)	(여) ① 씌우개, 뚜껑 ② 고무다이야; (뽈의) 가죽외피
покупатель (남), **~ница** (여) (빠꾸**빠**쩰)	구매자(購買者), 사는 사람
покупательный (빠꾸**빠**쩰늬이)	(형) 구매의: 수요의
покупательский (빠꾸**빠**쩰쓰끼이)	(형): ~ спрос 구매자들의 수요(요구)
покупать (빠꾸**빠**찌)	(미완) 사다, 사들이다
покупка (빠**꿉**까)	(여) ① 사는 것, 구입; ② 사온 물건

Пп

покушать (빠꾸샤찌)	(완) ① 식사하다 ② (좀) 먹다, 맛보다
покушаться (빠꾸샤쨔)	(미완) ① на *кого* 살해하려 하다, 살인을 기도하다. 암살을 기도하다; ② на *что* ~을 빼앗을 흉계를 꾸미다
покушение (빠꾸쉐니에)	(중): ~ [на жизнь] 살인기도, 암살기도
пол¹ (뿔)	(남) 마루, 대청(大廳), 방바닥;
пол² (뿔)	(남) 성(性);
пол.... (뿔)	(합성어의 첫 부분으로서)<반>,<절반>의 뜻; пол года 반년; на полпути 중도에
пола (빨라)	(여) (옷의) 자락; изпод ~ы 비밀리에, 몰래
полагать (빨라가찌)	(미완) 생각(간주)하다
полагаться (빨라가쨔)	*см.* положиться; ~ 하여야 되다, ~하게 되어있다
поладить (빨라지찌)	(완) 사이가 좋아지다
полгода (빨고다)	(여) 반년, 반년동안, 6개월; через ~ 반년 후에
полдень (뽈젠)	(남) 한낮, 정오; до полудня 오전에
полдник (뽈드닠)	(남) (점심과 저녁사이에) 간식
поле (뽈레)	(중) ① 들, 벌판 ② 밭, 전야(田野); ③ 마당, 공간; ④ 넓은 지역, 마당, 뜰, 정원(庭園); ⑤ 분야, 범위;
полеводство (빨레보드쓰뜨붜)	(중) 농산업(農産業), 농작물재배
полеводческий (빨레보드체쓰끼이)	(형) 농산업의:~ая бригада 농산작업반
полевой (빨레보이)	(형) ① 들, 밭, 전야(田野); ② 야전

полезащитный (빨레자쉬뜨느이)	(형) 숲의, 숲풀의, 산림의, 임야의
полезный (빨레즈느이)	(형) 쓸모 있는, 유용한, 유익한, 편리한; 사용할 수 있는, 사용 가능한.
полемика (빨레미까)	(여) 논쟁(論爭); 논란, 논의
полено (빨레나)	(중) 장작개비, 장작, 통나무, 땔나무
полёт (빨료트)	(남) 나는 것, 비행, 비상(飛翔), 날기
полететь (빨레쩨찌)	(완) ① 날아가다; ② (비행기를 타고) 길을 떠나다; ③ 빨리 뛰어가다; ④ 떨어지다; ⑤ 빨리 지나가다
полечь (빨레치)	(완) ① (곡식의 대가) 땅으로 구부러지다, 넘어지다, 눕다 ② (많은 사람들이) 죽다, 전사하다, 목숨을 바치다
полжизни (빨쥐즈니)	(여) 반생(半生), 반평생
ползать (뽈자찌)	(미완) ① 네발로 기다, 포복하다, 기다 ② 굽실거리다
ползком (빨즈꼼)	(부) 네 발로 기어서, 기듯이; 느릿느릿
ползти (빨즈찌)	① 기다, 기어가다(오다); ②(천천히) 가다, 움직이다; ③(식물이) 뻗다, 뻗어 올라가다; ④ (천이) 낡아서 처지다
поливать (빨리와찌)	(미완) ① (물을) 주다, 치다, 뿌리다; ② 물을 대다, 적시다, 관수하다
поливитамины (빨리비따민늬)	(복수) 폴리비타민
поливной (빨리브노이)	(형) 물을 주는, 관수용
поливочный (빨리보츠느이)	(형) 살수용의, 급수용의, ~ая машина 스프링클러, 물자동차, 관수기
полигон (빨리곤)	(남) (군사) 사격장, 포사격장
полиграфист	(남) 인쇄공, 인쇄전문가

(빨리그라피쓰트)

полиграфический
(빨리그라피체스끼이)
(형) 인쇄의, 인쇄술(업)의

полиграфия
(빨리그라피야)
(여) 인쇄술, 인쇄산업

поликлиника
(빨리클리니까)
(여) (외래 환자의) 진료소, 진찰실

полимер
(빨리몌르)
(남) 합성수지(合成樹脂)

полимеризация
(빨리몌리자찌야)
(여) 합성수지화, 중합

полимерный
(빨리몌르느이)
(형) 합성수지의

Полинезия
(빨리녜지야)
(여) 폴리네시아 군도

полиомиелит
(빨리오미예리트)
(남) (의학) 척수백질염

полип
(빨리프)
(남) 폴리프

полировальный
(빨리로왈느이)
(형) 닦아진, 광택 있는; ~ станок 갈이반 ~ная бумага 사포, 샌드페이퍼.

полированный
(빨리로완느이)
(형) 닦은, 연마한, 매끈매끈한

полировать
(빨리로와찌)
(미완) 닦다, 연마하다

полировка
(빨리로브까)
(여) 연마(研磨), 갈이, 윤내기; 광택(光澤)

полисмен
(빨리쓰몐)
(남) 경관(警官), 순경, 경찰관(警察官)

полит ...
(빨리트...)
(합성어의 첫 부분으로서) <정치>의 뜻;

политбюро
(빨맅뷰로)
(중) 정치국

политдень
(빨리뜨졘)
(남) 정치 학습날

- 986 -

политехнический (빨리쩨흐니**체**쓰끼이)	(형) 공학의: 여러 공예의, 종합(과학)기술 ~кое образование 종합기술교육
политзаключённый (빨리뜨자클류**촌**느이)	(남) 정치범(政治犯), 국사범(犯).
политзанятие (빨리뜨자냐**냐**찌예)	(중) (흔히 복수) 정치학습
политизация (빨리찌자**치**찌야)	(여) 정치화, 정당화
политик (빨리**찌**크)	(남) 정치인(政治人), 정치가(政治家)
политика (빨리**찌**까)	(여) ① 정치(政治) ② 정책(政策);
политико-воспитательный (빨리찌까-뵈쓰삐**따쩰**느이)	(형) 정치교양(政治敎養)
политинформатор (빨리쩬포르마똘)	(남) 정치보도원
политический (빨리찌**체**쓰끼이)	(형) 정치(政治), 정치적인
политотдел (빨리또트**젤**)	(남) 정치부
политработник (빨리뜨라**보**트니크)	(남) 정치일꾼, 정치가
политучёба (빨리우**쵸**바)	(여) 정치학습
полить (빨리**찌**)	*см.* поливать
политэкономия (빨리뜨에까노미야)	(여) 정치경제학
политэмигрант (빨리뜨에미그란트)	(남) 정치망명가
полифонический (빨리포니**체**쓰끼이)	(형) 다음(多音)의, 운율의 변화가 있는; 다성곡의; ~ая музыка 다성음악
полицейский (빨리**체**이쓰끼이)	(형) ① 경찰의, 경찰관의, 순경의; ② (명사로) (남) 경찰, 순사, 경찰관
полиция	(여) ① 경찰, 경찰관; 경찰대(警察隊)

(빨리치야)	② 경찰서(警察署), 경찰청
поличное (빨리츠노이)	(중) пой ман с ~ым 현행범으로 체포되었다; пой мать с~ым 현장에서 붙잡다 (체포하다)
полиэтилен (빨리에찌렌)	(남) 폴리에틸렌(polyethylene)
полк (뽈ㄲ)	(남) 연대(聯隊)
полка (뽈까)	(여) ① 시렁; ② (열차안의) 침대(寢臺)
полковник (빨꼬브니크)	(남) 육군 대령; 연대장, 대좌.
полководец (빨꼬붜드제쯔)	(남) 지휘관, 사령관; 명령자, 장군
полковой (빨꼬보이)	(형) 연대의; 연대에 배속된.
полководческий (빨꼬붜드체쓰끼이)	(형) 군의 지도력의, 군대 지휘의; ~ое искусство 지휘 솜씨, 지도력
полнеть (빨녜찌)	(미완) 살지다, 뚱뚱해지다
полно¹ (뽈나)	(술어로) (+ 미정형) 그만해
полно² (뽈나)	(부) 매우 많다, 아주 많다, 대단히 많다
полновластный (빨나브라쓰뜨이)	(형) 전권을 가진, 완전한 권력을 가진
полноводный (빨노볻늬이)	(형) 물이 가득 찬, 물이 많은
полнокровный (빨노끄롭늬이)	(형) ① 혈기왕성한 ② 보람찬, 활기띤;
полнолуние (빨롤루니예)	(중) 보름달, 둥근달, 만월, 명월, 영월, 백옥반(白玉盤).
полнометражный (빨노몌뜨라즈늬이)	(형) ~ фильм 표준길이의 영화
полномочие	(중) 전권, 권한; 대표권;

Пп

(빨노모치예)

полномочный (빨노모츠늬이)	(형) 전권을 가진;
полноправный (빨노쁘**랍**늬이)	(형) 완전한 권리를 가진, 완전한 자격을 가진; 당당한
полностью (뽈노**쓰**찌유)	(부) 완전히, 모조리, 남김없이, 있는대로; целиком и ~ 전적으로
полнота (빨노**따**)	(여) ① 완전(完全), 완전성, 완비(完備); ② 최고도(最高度), 절정(絶頂), 최고조 ③ 살진 것, 비대한 것;
полноценный (빨**노쩬**느이)	(형) ① 충분히 가치 있는, 완전한, 존중할만한 ② 규격대로의
полночь (뽈노치)	(여) 야밤, 한밤중; 한밤, 야밤중, 오밤중, 심야(深夜), 미드나이트(midnight),
полный (뽈늬이)	(형) ① 찬, 가득 찬 ② 완전한, 충분한; ③ 극도, 한창; ④ 살진, 뚱뚱한;
поло (뽈로)	(중): водное ~ (체육) 수구(水球) 워터폴로(water polo)
половина (빨로비나)	(여) ① 반(半), 절반(折半); 1/2 ② 한 짝, 한 쪽;
половинчатый (빨로**빈**차**띄**이)	(형) 불철저한, 애매한
половица (빨로비차)	(여) 마루널, 대청마루
половник (빨롭닠)	(남) 국자
половодье (빨로**보**지예)	(중) 범람, 큰물, 홍수(洪水)
половой¹ (빨로보이)	(형) 성(性), 성적인;
половой² (빨로보이)	(형) 마루, 대청(大廳); 청(廳); 대청마루, 당(堂)
полог (뽈롴)	(남) ① 휘장, 장막 ② 연막, 막
пологий	(형) 가파르지(가파 롭지) 않은, 경사가

Пп

(빨로기이)	심하지 않은
положение (빨로제니예)	(중) ① 위치, 장소; ② 지위; ③ 자세, 태도, ④ 정세, 상태; 환경 분위기; ⑤ 처지, 입장; ⑥ 규정, 규칙, 법규;
положенный (빨로줸느이)	(형) 규정된
положительно (빨로쥐쩰나)	(부) 긍정적으로
положительный (빨로지쩰느이)	(형) ① 긍정적인 ② 좋은, 적극적인 ③ (물리) 양 ④ (수학) 정수(定數)
положить (빨로지찌)	*см*. класть; сказать, положа руку на сердце 솔직히 말하다, 손을 가슴에 대고 말하다; как бог на душу положит 생각나는 대로, 제멋대로
положиться (빨로쥐짜)	(완) 굳게 믿다, 신뢰하다
полоз (뽈로즈)	(남) (썰매, 발구의) 채, 발; 미끄럼대
поломка (빨롬까)	(여) 고장, 파손, 파괴
полоса (빨로싸)	(여) ① 줄, 선, 줄무늬 ② 길쭉한 조각, 띠철 ③ 지대, 지역; ④ (시간의 한 토막) 시간, 시기 ⑤ (인쇄) (인쇄한) 한 페지
полосатый (빨로싸띄이)	(형) 줄이 난, 줄무늬가 있는;
полоска (빨로쓰까)	(여) полоса의 축소; ткань в ~у 줄이 간 천
полоскание (빨로쓰까니예)	(중) ① 행구는 것 ② 양치(養齒); 양치물
полоскать (빨로쓰까찌)	(미완) ① 행구다; ② 양치하다
полоскаться (빨로쓰까쨔)	(미완) ① 물장구치다 ② (바람에) 흔들리다, 휘날리다
полость (뽈로스찌)	(여) 강, 실; ~ рта 입안, 구강
полотенце	(중) 수건, 세수수건; посудное ~ 행주

(빨로**젠**체)

полотёр (빨로**쫠**) (남) 바닥청소부, 마루소제부

полотнище (빨로트니**쉐**) (중) (옹근 폭의) 큰 천 조각

полотно (빨로트**노**) (중) ① 베천, 평직천; ② (길, 철도의) 노반, 뚝 ③ 화폭(畵幅), 그림

полотняный (빨로트**냐**느이) (형) 베천의, 옷감의

полоть (빨로**찌**) (미완) 김매다, 제초하다

полпорции (빨뽀르**찌**이) 절반 몫, 반 사람분

полпути (빨뿌**찌**) (불변) 도중, 중도; на ~ 도중(중도)에서

полсотни (빨소뜨니) 오십(五十, 50)

полтинник (빨**찐**니크) (남) 50(오십) 꼬뻬이까

полтора (빨또**라**) 한 개반; ~ часа 한 시간 30(삼십)분;

полтораста (빨또라쓰따) (수) 백오십(150)

полторы (빨또**릐**) *см.* полтора

полуавтоматический (빨루압또마**찌**체쓰끼) (형) 반자동화

полуботинки (빨루보**찐**끼) (복수) 단화

полугодие (빨루고지예) (중) 반년(半年), 육개월;

полугодичный, ~овой (형) 반년간의, 육개월동안의
(빨루고지츠느이)

полуголодный (빨루골로드느이) (형) 굶다 싶이 하는;

- 991 -

полуграмотный (빨루그라모트느이)	(형) 교양정도가 낮은, 문맹에 가까운, 겨우 읽고 쓰기나 하는
полуденный (빨루젠느이)	(형) 정오의, 한낮의; 남쪽의, 남쪽에 있는 ~ зной 한낮(대낮)의 무더위
полузащита (빨루자쉬따)	(여) (체육) 중앙방어
полузащитник (빨루자쉬트니크)	(남) (체육) 중앙수비수
полукруг (빨루끄룩)	(남) 반원(半園), 반원형(半圓形)
полумера (빨루메라)	(여) 불철저한 대책, 일시적인 모면책
полумёртвый (빨루묠뜨븨이)	(형) 거의 죽은, 생기 없는.
полумесяц (빨루메쌰츠)	(남) 반월(半月), 언월(偃月), 현월(弦月) 보름간, 보름동안, 반삭(半朔)
полумрак (빨루므락)	(남) 어스름, 어두컴컴한 어둠
полуостров (빨루오쓰뜨로프)	(남) 반도(半島)
полупроводник (빨루쁘로뵤드니크)	(남) 반도체(半導體), 트랜지스터
полустанок (빨루쓰따녹)	(남) 작은 정거장
полутёмный (빨루쯈늬이)	(형) 어스레한, 어둑어둑한
полуфабрикат (빨루파브리깥)	(남) 반제품, 중간제품
полуфинал (빨루피날)	(남) 준결승전
получасовой (빨루차쏘보이)	(형) 반시간(半時間), 반시; 반점(半點), 삼십 분(三十分)
получатель (빨루차쩰)	(남) 인수자(引受者)
получать	(미완) ① 받다, 접수하다, 인수하다

(빨루차찌)	② 얻다, 생산하다, 제조하다
получаться (빨루차짜)	(미완) ① 되다 ② (결과가) 나오다, 얻어지다; 생기다, 차려지다
получить(ся) (빨루치찌)	*см.* получать(ся)
полушарие (빨루샤리예)	(중) 반구(半球), 반상
полушерстяной (빨루쉐르스쨔노이)	(형) 반모직의, 반울의
полушубок (빨루슈보크)	(남) 짧은 털외투
полцены: (빨체느이)	(여) 반값; 절반 값; за ~ 헐(절반)값으로
полчаса (뽈차싸)	반시간(半時間)
полчища (뽈치샤)	(복수) (적에 대하여) 대군
полый (뽈르이)	(남) 속이 빈
полынь (빨릔니)	(여) 쑥, 다북쑥, 애초
полыхать (빨리하찌)	(미완) 활활 불타다
польза (뽈리자)	(여) 이익(利益), 유익, 소득
пользование (뽈조와니예)	(중) 이용(利用), 사용(社用);
пользоваться (뽈조와짜)	(미완) 쓰다, 이용하다, 사용하다; 받다, 얻다
полька (뽈까)	(여) ① 뽈스까 여자 ② 뽈까 춤, 뽈까 무도곡
польский (뽈쓰끼)	(형) 뽈까 춤의
польстить (빨쓰찌찌)	*см.* льстить

Польша (뽈리샤)	(여) 뽈스까, 뽈까
полюбить (빨류비찌)	(완) ① 사랑하다 ② 즐기다, 좋아하다
полюбиться (빨류비쨔)	(완) 마음에 들다, 사랑받다
полюбоваться (빨류보바쨔)	*см.* любоваться
полюбопытствовать (빨류보삐쓰뜨붜와찌)	*см.* любопытствовать
полюс (뽈류쓰)	(남) 극(極); Северный ~ 북극(北極); Южный ~ 남극;
поляк (남), ~и (복수) (빨랴크)	뽈스까사람(들)
поляна (빨랴나)	(여) (숲속의) 작은 초원(공지)
поляризация (빨랴리자찌야)	(여) (물리) 편극, 분극, 극성화
полярник (빨랴르니크)	(남) 북극탐사대원
полярность (빨랴르노쓰찌)	(여) ① (물리) 극성도 ② 대립, 상극, 상충, 정반대
полярный (빨랴르느이)	(형) ① 극의, 대립의; ② 상반되는
помада (빠마다)	(여) 포마드(pomade), 향유, 머릿기름; губная ~ 루즈(rouge), 립스틱(lipstick) 입술연지
помазать (빠마자찌)	*см.* мазать
помалкивать (빠말끼와찌)	(미완) 침묵을 지키다, 입을 다물다
поманить (빠마니찌)	*см.* манить
помахать (완), помахивать (빠마하찌)	(미완) (한동안, 여러 번) 흔들다

поменять(ся) (빠메냐찌)	см. менять(ся)
помёрзнуть (빠묠즈누찌)	(완) 얼어 죽다, 얼어서 상하다, 얼다
померить (빠메리찌)	см. мерить
померкнуть (빠멜끄누찌)	см. меркнуть
поместить (빠메스찌찌)	(완) ① 놓다, 넣다; ② (신문 등에) 싣다, 게재하다
поместиться (빠메스찌짜)	자리 잡다, 앉다, 들어가다;
поместье (빠메스찌에)	(중) 영지(領地), 장원(莊園)
помесь (뽀메시)	(여) ① 잡종(雜種) ② 혼합(물), 믹스
помёт (빠묘뜨)	(남) ① (짐승의) 똥, 배설물(排泄物); ② 한배에서 낳은 새끼, 같은엄지의 새끼
помета (빠메따)	(여) 주해, 부호, 표기, 기호
пометить (빠메찌찌)	см. помечать
пометка (빠메뜨까)	(여) 표식(標式)
помеха (빠메하)	(여) 방해(妨害), 지장; 장애물(障碍物);
помечать (빠메차찌)	(미완) 표식을 하다, 기호를 달다, 부호를 달다
помешательство (빠메샤쩰쓰드붜)	(중) 정신이상, 광증(狂症), 발광(發狂)
помешать (빠메샤찌)	см. мешать
помешаться (빠메샤짜)	(완) ① 미치다, 정신이상이 생기다; ② ~에 열중하다;
помещать(ся)	см. поместить(ся)

(빠메샤찌)

помещение (빠메쉐니예)	(중) ① 넣는 것 ② 싣는 것 ③ 건물(建物), 집, 방(房);
помещик (빠메쉬크)	(남) 지주, 받침대
помидор (빠미돌)	(남) 토마토, 일년감, 남만시(南蠻枾)
помилование (빠미로와니예)	(중) 면죄(免罪), 대사, 용서
помиловать (빠미로와찌)	(완) 용서하다, 죄를 삭감하다, 특사를 베풀다
помимо (빠미모)	(전) (+생) ~밖에, ~이외에
поминать (빠미나찌)	*см.* помянуть
поминки (빠민끼)	(복수) 제사(祭祀), 향사(享祀), 향화(香火), 제향(祭享)
поминутно (빠미누트나)	(부) 끊임없이, 자꾸, 쉴새 없이
помирить(ся) (빠미리찌)	*см.* мирить(ся)
помнить (뽐니찌)	(미완) 기억하다, 잊지 않고 있다;
помниться (뽐니짜)	기억나다, 잊혀지지 않다;
помнится (뽐니짜)	(삽입어로) 아마, 기억하건대
помногу (빰노구)	(부) 많이, 대량적으로
помножать (미완), помножить (완) 곱다, 승하다, 배로하다 (빰노자찌)	
помогать (빠모가찌)	(미완) ① 도와주다, 방조하다; ② 효과를 내다, 효력을 내다
по-моему (빠-모에무)	(부) 내 생각에는

помои (빠모이)	(복수) 구정물, 구지렁물, 고지랑물, 꼬장물, 꾸정물, 오수(汚水)
помойка (빠모이까)	(여) 구정물구덩이, 구정물통, 오물통 (汚物桶)
помойный (빠모이느이)	(형) ~ая яма 구정물 구덩이; ~ое ведро 구정물통
помолвка (빠몰브까)	(여) 약혼, 혼약, 혼인약속, 결혼약속, 혼인예약(婚姻豫約), 가약(佳約)
помолиться (빠모리짜)	см. молиться
помолодеть (빠모로제찌)	см. молодеть
поморщиться (빠몰쉬짜)	см. морщиться
помост (빠모쓰트)	(남) 대, 단
помочь (빠모치)	см. помогать
помощник (빠모쉬니크)	(남) ① 조수, 방조자, 보조자, 거츳군; ② 보좌관(輔佐官); ③ 부책임자
помощь (빠모쉬)	(여) 도움, 방조, 원조, 응원
помпа (뽐빠)	(여) 펌프(pump), 무자위, 양수기(揚水機)
помутнеть (빠무뜨네찌)	см. мутнеть
помчаться (빠므차짜)	(완) 빨리 내달리다, 내뛰다, 질주하다
помыкать (빠므까찌)	(미완) 못살게 굴다, 자기 마음대로 막 다루다, 학대하다
помысел (뽀므쎌)	(남) 생각, 속마음, 의도, 상념, 의향, 견해(見解), 심중(心中)
помышлять (빠므쉴랴찌)	생각(염려)하다, 마음먹다
помянуть	(완) ① 회상하다, 추억하다;

(빠먀누찌)	② 추도하다, 추모(追慕)하다
помятый (빠먀띄이)	(형) 꾸겨진, 우글쭈글한
помять (빠먀찌)	(완) 꾸기다, 쭈그러뜨리다
помяться (빠먀짜)	(완) ① 구겨지다, 구김살이 잡히다 ② 우물쭈물하다, 머뭇거리다, 동요하다
понадеяться (빠나졔야짜)	*см.* надеяться
понадобиться (빠나도비짜)	(완) 요구되다; 내대다
понапрасну (빠나쁘라쓰누)	(부) 공연히, 부질없이, 쓸데없이
понаслышке (빠나쓸릐쉬꼐)	(부) 얻어들어서, 들은풍월로;
по-настоящему (빠-나쓰또야쉐무)	(부) 본격적으로, 정식으로, 실제로
поневоле (빠네볼레)	(부) 부득이, 하는 수 없이, 억지로
понедельник (빠네젤리니크)	(남) 월요일, 월요(月曜)
понемногу (빠넴노구)	(부) ① 조금씩, 조금 ② 점차
понести(сь) (빠네쓰찌)	*см.* нести(сь)
понижать(ся) (빠니자짜)	*см.* понизить(ся)
понижение (빠니제니예)	(중) 낮아지는 것, 낮추는 것, 저하
понизить (빠니지찌)	(완) 낮추다, 인하하다
понизиться (빠니지짜)	(완) 낮아지다, 내려가다, 저하되다
понизу (뽀니주)	(부) 아래에, 밑에; 땅에 가깝게

поникнуть
(빠니크누찌)
(완) 숙이다, 굽어들다

понимание
(빠니마니예)
(중) ① 이해(력) ② 견해, 생각, 의견, 의사(意思), 의향(意向), 아견(我見)

понимать
(빠니마찌)
(미완) ① 알다, 이해하다
② 인정(평가)하다

по-новому
(빠-노보무)
(부) 새로운 식으로, 새롭게

понос
(빠노쓰)
(남) 설사

поносить¹
(빠노씨찌)
(완) (한동안) 입다, 쓰다, 신다; 들고 다니다, 휴대하다

поносить²
(빠노씨찌)
(미완) 비방하다, 욕설하다, 욕설을 퍼붓다

поношение
(빠노쉐니예)
(중) 비방(誹謗), 욕설(辱說), 비난, 중상.

поношенный
(빠노쉔느이)
(형) 해진, 헌

понравиться
(빠느라비짜)
(완) 마음에 들다

понтон
(빤똔)
(남) ① 가교용(도하용)너벅선;
② 배다리, 부교, 부량

понтонный
(빤똔느이)
(형) 부교의, 배다리의, 부량의:

понукать
(빠누까찌)
(미완) 부추기다, 재촉하다

понурить:
(빠누리찌)
~ голову 머리를 숙이다

понурый
(빠누르이)
(형): ~ вид 상심한 모습, 우울한 모습

поныне
(빠느네)
(부) 지금까지, 오늘에 이르기까지

понюхать
(빠뉴하찌)
см. нюхать

понятие
(중) ① 개념 ② 이해; ③ 견해(見解);

- 999 -

(빠나찌예)

понятливый (형) 이해가 빠른, 똑똑한, 영리한
(빠냐틀리브이)

понятно (부) ① 명백히 ② (삽입어로) 물론, 틀림
(빠냐뜨나) 없이; ③ (술어로) 알만하다, 명백하다

понятный (형) ① 명백한, 이해가 되는, 이해할만한
(빠냐뜨늬이) ② 정당한, 근거 있는;

понятой (남) 입회자, 증인(證人), 증거인(證據人).
(빠냐또이)

понять *см.* понимать;
(빠냐찌) дать ~ 알아차리게 하다, 깨우쳐주다

пообедать (완) 점심을 먹다
(빠오베다찌)

пообещать (완) 약속하다
(빠오베샤찌)

поодаль (부) 약간 떨어져서, 좀 멀리
(빠오달)

поодиночке (부) 하나씩, 한사람씩; 따로따로;
(빠오지노츠께)

поочерёдно (부) 차례로, 순서로
(빠오체료드나)

поощрение (중) ① 장려, 격려; ② 표창;
(빠오쉬레니예)

поощрительный (형) 장려하는; 표창
(빠오쉬쩰느이)

поощрить (완), **~ять** (미완) ① 장려(격려)하다 ② 표창하다
(빠오쉬리찌)

поощряться (미완) ① 장려되다, 격려를 받다
(빠오쉬랴쨔) ② 표창되다

поп (남) 신부(神父), 사제, 승려(僧侶), 스님.
(뽑)

попадание (중) (군사) 명중;
(빠빠다니예)

попадать(ся) *см.* попасть(ся)
(빠빠다찌)

попарно (빠빠르나)	(부) 짝(쌍)을 지어, 쌍쌍이
попасть (빠빠쓰찌)	(완) ① 맞다, 명중하다; ② 가다, 가게(있게)되다; ③ ~ под дождь 비를 맞다; ④ (징벌, 처벌을) 받다, 당하다 ⑤ как попало 되는대로;
попасться (빠빠쓰쨔)	(완) ① ~에 걸리다; ② 들키다, 폭로되다, 탄로나다 ③ 맞다들다, 맞부닥치다; ④ 손에 들어오다
поперёк (빠뼤료크)	① (전)(+ 생) 가로(질러); ② (부) 옆으로, 가로; 거슬러, 반대로;
попеременно (빠뻬레몐나)	(부) 번갈아, 서로서로 교대하여;
поперечный (빠뻬레치느이)	(형) 가로지른, 가로 놓여있는;
поперхнуться (빠뻬르흐누쨔)	(마시다가) 사레들리다
поперчить (빠뻬르치찌)	고추(후추)가루를 약간 치다
попеть (빠뻬찌)	(완) (한동안) 노래 부르다
попечение (빠뻬체니예)	(중) быть на ~и 보호를 받다
попирать (빠삐라찌)	(미완) 짓밟다, 유린하다
пописать (빠삐싸찌)	(완) (한동안) 쓰다;
попить (빠삐찌)	(완) (조금) 마시다
поплавок (빠쁠라보크)	(남) 낚시찌, 띄움표
поплакать (빠쁠라까찌)	(완) (한동안) 울다
поплатиться	(완) 벌을 받다, 갚음을 당하다;

Пп

(빠쁠라**찌**짜)

попле́стись
(빠쁠레**찌**시)
(완) 겨우 걸어가다

попли́н
(빠쁠린)
(남) 포프린

поплы́ть
(빠쁠르찌)
(완) 헤엄치다, 수영하다

попо́зже
(빠**뽀**즈제)
(부) ① 좀 있다가 ② 좀 늦게

попо́й ка
(빠**뽀**이까)
(여) 술판, 주연(酒宴)

попола́м
(빠뿔람)
(부) 절반씩, 동등하게;

по́лзень
(빠쁠**젠**)
(남) (조류) 동고비, 익조(益鳥)

поползнове́ние
(빠쁠즈노**베**니예)
(중) 숨은 의도

поползти́
(빠쁠즈**찌**)
(완) 기어가다

пополне́ние
(빠쁠네니예)
(중) ① 보충(補充), 보강(補強)
② 보충인원, 보충부대, 증원대

пополне́ть
(빠쁠네찌)
см. полне́ть

попо́лнить
(빠쁠니찌)
(완) 보태다, 늘이다, 보충하다, 보강하다

попо́лниться
(빠쁠니짜)
(완) 보충되다, 보태어지다

пополня́ть(ся)
(빠쁠냐찌)
см. попо́лнить(ся)

пополу́дни
(빠쁠루드니)
(부) 오후에, 점심 후에

поправи́мый
(뽀쁘라비므이)
(형) 고칠 수 있는, 만회할 수 있는, 수습할 수 있는

попра́вить
(빠쁘라비찌)
(완) ① 고치다 ②(...의 잘못을) 고쳐주다
③ 바로잡다, 정돈(수습)하다 ④ 회복하다

- 1002 -

поправиться (빠쁘라비짜)	① (자기) 잘못을 고치다 ② (건강이) 회복(개선)되다
поправка (빠쁘랍까)	(여) ① 수정안; ② (병의) 회복;
поправлять(ся) (빠쁘랍랴찌)	*см.* поправить(ся)
попрактиковаться (빠쁘라크찌꼬와짜)	(완) (한동안) 실습하다, 연습하다
попрать (빠쁘라찌)	*см.* попирать
по-прежнему (빠-쁘레즈무네무)	(부) 여전히, 이전과 같이
попрёк (빠쁘룍)	(남) 잔소리, 꾸짖음
попрекать (미완), ~нуть (완) (빠쁘레까찌)	꾸짖다, 잔소리하다, 책망하다
поприще (빠쁘리쉐)	(중) (활동)분야(分野), 활동무대
попробовать (빠쁘로보와찌)	*см.* пробовать
попросить[ся] (빠쁘로씨찌)	*см.* просить[ся]
попросту (빠쁘로쓰뚜)	(부): ~ говоря 바로(솔직히) 말하면
попрошайка (빠쁘로샤이까)	(여) 거지; 달라고 졸라대는 자, 구걸하는 자
попрошайничать (빠쁘로샤이니차찌)	(미완) ① 빌어먹다, 걸식하다 ② 간청하다, 구걸하다, 조르다
попрощаться (빠쁘로샤짜)	(완) 작별인사를 나누다, 작별하다
попугай (빠뿌가이)	(남) 앵무새, 앵무, 앵가, 팔가, 팔팔아, 농객(隴客), 농금(隴禽), 혜조(慧鳥)
популяризация (빠뿔랴리자찌야)	(여) 보급, 대중화, 군중화, 통속화
популярность	(여) 인기(人氣), 평판(評判); 호평(好評);

(빠뿔랴노쓰지)	선호도(選好度)
популярный (빠뿌랼늬이)	(형) ① 인기 있는, 유명한 ② 대중적인, 통속적인;
попурри (빠뿔리)	(중) 혼성곡
попустительство (빠뿌쓰띠쩰스뜨붜)	(중) 묵과, 방임, 융화
попустительствовать (빠뿌쓰띠쩰스뜨보와찌)	(미완) 묵과(방임, 융화)하다
попусту (뽀뿌쓰뚜)	(부) 쓸데없이, 공연히;
попутно (빠뿌뜨나)	(부) 동시에, 겸사겸사;
попутный (빠뿌뜨늬이)	(형) ① 함께가는, 동행하는, 같이 가는, ② 도중에 있는, 도중에 만나는; ③ 부수적인, 참고적인;
попутчик (남), **~ца** (여) (빠뿌뜨칰)	길동무, 동행자; 동반자
попытать (빠쁘따찌)	(완) 물어(알아)보다, 질문하다:
попытаться (빠쁴따쨔)	(완) 해보다
попытка (빠쁴뜨까)	(여) 해보는 것, 시도; 도모, 트라이(try); сделать(предпринять) ~y 해보다, 시도하다; ~и (복수) 책동; отчаянные ~и 발악적 책동
попятиться (빠뺘찌쨔)	*см.* пятиться
попятный (빠삐뺘뜨늬이)	(형) 물러서다, 어기다, 포기하다; 뒤로 향한;
пора¹ (빠라)	(여) ① (살가죽의) 땀구멍, (잎의) 기공 ② 미세한 짬(틈)
пора² (빠라)	(여) ① 때, 시절, 시기; ② (술어로) ...갈 때가 왔다; ~ идти 갈 때가 되었다;
поработать	(완) (한 동안) 일하다

(빠라보따찌)

поработитель　　　　　　　　(남) 압제자, 독제자
(빠라보찌쩰)

поработить (완), **~щать** (미완) 노예화하다, 예속시키다
(빠라보찌찌)

порабощение　　　　　　　　(중) 노예화(奴隸化), 예속(隸屬)
(빠라보쉐니예)

поравняться　　　　　　　　(완) ~와 나란히 되다
(빠라브냐짜)

порадовать　　　　　　　　(완) 기쁘게 하다
(빠라도와찌)

порадоваться　　　　　　　　(완) 기뻐하다
(빠라도와짜)

поражать(ся)　　　　　　　　*см.* поразить(ся)
(빠라좌찌)

поражение　　　　　　　　(중) ① 패배, 실패; ② 상처; 손상,
(빠라제니예)　　　　　　　　기능장애(機能障礙)

поразительный　　　　　　　　(형) 놀랄만한, 비상한, 특이한, 경이적인
(빠라지쩰느이)

поразить　　　　　　　　(완) ① 타격을 가하다, 찌르다; 격파
(빠라지찌)　　　　　　　　(타승)하다; ② (병이) 침범하다
　　　　　　　　③ 놀라게 하다, 강한인상을 주다

поразиться　　　　　　　　(완) (심히) 놀라다, 경탄하다;
(빠라지짜)

по-разному　　　　　　　　(부) 서로 다르게, 각이하게
(빠-라즈노무)

поранить　　　　　　　　(완) 다치다, 부상을 입히다
(빠라니찌)

пораньше　　　　　　　　(부) 좀 더 일찍
(빠라느쉐)

порасти　　　　　　　　① (한동안) 자라다
(빠라쓰띠)　　　　　　　　② 우거지다, 무성하다;

порвать　　　　　　　　(완) ① 찢다 ② 끊다
(빠르와찌)

порваться　　　　　　　　① 찢어지다 ② 끊어지다

Пп

(빠르와쨔)	
поредеть (빠례졔찌)	*см.* редеть
порез (빠례즈)	(남) 베어진 자리, 상처(傷處)
порезать (빠례자찌)	(완) ① 베다, 자르다, 썰다 ② 베어 상처를 내다;
порезаться (빠례자쨔)	(완) 다치다, 부상당하다;
порезвиться (빠례즈비쨔)	(완) (한 동안) 까불거리다, 떠들며 장난하다
порекомендовать (빠례꼬멘도와찌)	*см.* рекомендовать
поржаветь (빠르좌볘찌)	(완) 녹이 쓸다
порисовать (빠리싸와찌)	(완) (잠시) 그림을 그리다
порисоваться (빠리싸와쨔)	*см.* рисоваться
пористый (뽀리쓰띄이)	(형) 잔구멍이 많은, 숭숭한
порицание (빠리차니예)	(중) 비난, 질책, 욕설(辱說)
порнографический (빠르노그라피체스끼이)	(형) 색정의, 색욕의, 성욕의.
порнография (빠르노그라피야)	(여) ① 음란한 것 ② 색정문학
поровну (뽀로브누)	(부) 꼭 같이, 똑 같이
порог (빠록)	(남) ① 문턱, 문지방 ② 한계, 계선 ③ 여울목
порода (빠로다)	(여) ① (동식물의) 종(種), 종류(種類); ② 바위(돌), 광물(鑛物);
породистый (빠로지쓰뜨이)	(형) 순수혈통, 우량종

- 1006 -

породить (완), порождать (빠로디찌)	(미완) ① 낳다 ② 일으키다, 야기하다;
порождение (빠로즈제니예)	(중) 산물, 결과
порожний (빠로즈니이)	(형) (속이) 빈; ~ий вагон 빈차
порожняк (빠로즈냐크)	(남) 빈차
порожняком (빠로즈냐꼼)	(부) 빈차로, 아무것도 싣지 않고
порознь (뽀로즈니)	(부) 따로따로; жить ~ 따로 살다
порозоветь (빠로조붸찌)	붉어지다, 장미색을 띠다
порой (빠로이)	(부) 때때로, 이따금
порок (빠로크)	(남) ① 흠집, 결함(缺陷) ② 불구(不具), 기형(奇形);
поросёнок (빠로쑈노크)	(남) 새끼돼지, 어린돼지
поросль (뽀로쓸)	(여) ① 싹 ② 어린 나무(숲); ③ 젊은 세대
пороть¹ (뽀로찌)	(미완) 재봉선을 뜯다;
пороть² (뽀로찌)	(미완) 때리다, 매질하다
порох (뽀로흐)	(남) 화약(火藥), 초약
пороховой (빠로호보이)	(형) 화약의; склад(погреб) 화약고
порочить (빠로치찌)	(미완) ① 명예를 훼손시키다, 모독하다; ② 비방하다, 훼방하다.
порочный (빠로츠늬이)	(형) ① 비도덕적인; ② 그릇된; ~ круг 1) (논리) 순환논법 2) 궁지, 곤경
порошок	(남) ① 가루; ② 가루약;

Пп

(빠로쇼크)	
порт (뽀르뜨)	(남) 항구, 항만, 포구(浦口), 부두(埠頭);
портал (빠르딸)	(남) 정문(正門), 대현관, 앞현관
портальный (빠르딸늬이)	(형): ~ кран 문형기중기
портативный (빠르따찝느이)	(형) 간편한, 휴대용;
портвей н (빠르뜨베인)	(남) 포트와인(고급 포도주의 일종)
портить (빠르찌찌)	(미완) 못쓰게 하다(만들다), 해치다, 망치다, 그르치다
портиться (빠르찌쨔)	(미완) 나빠지다, 못쓰게 되다, 상하다
портниха (빠르뜨니하)	(여) 여재봉사
портной (빠르뜨노이)	(남) 재봉사(裁縫師), 양복사
портовый (빠르또브이)	(형) 항구(港口), 항만;
портрет (빠르뜨렡)	(남) 초상화(肖像畵), 초상(肖像)
портретист (빠르뜨레찟스트)	(남) 초상화가
портсигар (빠르뜨씨갈)	(남) 담배갑
Португалия (빠르뚜갈리야)	(여) 포르투갈(Portugal)
португальцы (복수), ~ец (남), ~ка (여) 포르투갈 사람(들) (빠르뚜갈츠)	
портфель (빠르뜨펠)	(남) ① 손가방, 책가방 ② 접수한 원고 ③ (자본주의 나라들에서의) 장관의 지위, 상(대신)의 직위;
портьера	(여) 휘장, 창가림

- 1008 -

(빠르띠에라)

портянка
(빠르땬까)
(여) 발싸개

поругание
(빠루가니예)
(중) 모독(冒瀆), 모욕(侮辱)

поруганный
(빠루간느이)
(형) 모독(모욕)당한

поругать
(빠루가찌)
(완) (한동안, 조금) 나무라다, 욕하다, 망신을 주다

поругаться
(빠루가짜)
(완) 다투다, 싸우다; 관계를 끊다

порука
(빠루까)
(여) 보증(保證);, 보장

по-русски
(빠-루쓰끼)
(부) ① 러시아어로; ② 러시아식으로

поручать
(빠루차찌)
см. поручить

поручение
(빠루체니예)
(중) ① 분공; ② 위임(委任), 위탁(委託); ③ 부탁(付託), 당부(當付)

поручитель
(빠루치쩰)
(남) 보증인(保證人)

поручительство
(빠루치쩰쓰뜨붜)
(중) 보증(保證)

поручить
(빠루치찌)
① 맡기다, 위임하다, 위탁하다
② 부탁하다, 당부하다

поручиться
(빠루치짜)
(완) 보증서다

поручни
(뽀루츠니)
(복수) 난간, 손잡이

порхать
(빠하찌)
(미완) 나풀나풀 날아다니다

порция
(뽀르치야)
(여) ① 규정량, 정량(定量)
② 상(한사람분의 음식, 요리);

порча
(뽀르차)
(여) ① 손상 ② 변질(變質), 부패(腐敗)

Пп

- 1009 -

порченый (뽀르체느이)	(형) 썩은, 못쓰게 된
поршень (뽀르쉐니)	(남) 피스톤(piston), 활색(活塞)
поршневой (뽀르쉐네보이)	(형) 피스톤의, 피스톤식
порыв (빠릐프)	(남) ① 돌발적인; ② 충동
порываться (빠릐와쨔)	(미완) ~하려고 하다, ~하려고 애쓰다.
порывистый (뽀릐비쓰뜨이)	(형) 급작스러운; 갑작스러운. ~ые движения 돌발적인 동작; ~ый характер 격하기 쉬운 성격
порядковый (뽀랴드꼬브이)	(형): ~ый номер 순번; ~ое числительное 순서수사;
порядок (뽀랴독)	(남) ① 질서; ② 순서, 순차; ③ 절차 ④ (군사) 대열(隊列); ⑤ 성질(性質);
порядочно (빠랴도츠나)	(부) 상당히, 퍽이나, 꽤 많이
порядочный (빠랴도츠느이)	(형) ① 정직한, 예절바른, 점잖은; ② 상당한, 대단한
посадить (빠싸지찌)	*см.* сажать
посадка (빠싸드까)	(여) ① 심기 ②~и (복수) 심어놓은 나무 ③ (기차, 배, 비행기 등을) 타는 것 ④ 착륙(着陸); ⑤ (공학) 맞춤, 감합 ⑥ (체육) 몸가짐, 몸체의 위치
посадочный (빠싸도츠느이)	(형) ① 심는 것, 식수; 심은 식물, 재배식물: ② (항공) 착륙, 타는 것
посвежеть (빠쓰볘졔찌)	*см.* свежеть
посветить (빠쓰볘찌찌)	(완) (잠시) 비치다, 비쳐주다
посветлеть (빠쓰볘뜰레찌)	(완) 밝아지다, 환해지다
посвистывать	(미완) 휘파람을 불다, 휘휘 소리를 내다

Пп

(빠쓰비쓰띠와찌)

по-своему (부) ① 자기 멋(마음)대로 ② 자기로서는,
(빠--쓰보예무) 자기 딴에는; 자기식으로, 자기나름으로

посвятить (완), **~щать** (미완) ① ...에 바치다
(빠쓰뱌찌찌) ② (내막을) 알려주다

посвящение (중) 올리는 글월, 헌시(獻詩)
(빠쓰뱌쉐니예)

посев (남) 씨뿌리기, 파종(播種); 씨 뿌린 밭;
(빠쎄프) 뿌린 씨

посевная (여) 씨뿌리기(철), 파종시기
(빠쎄브나야)

посевной (형) 파종(播種), 파식(播植), 식부(植付),
(빠쎄브노이) 종파(種播), 하종(下種);

поседеть (완) 머리가 세다, 백발이 되다
(빠쎄제찌)

поселение (중) ① 이주 ② 주민지대 ③ 부락, 촌락
(빠쎌레니예)

поселить (완) 이주(이사)시키다
(빠쎌리찌)

поселиться (완) 자리잡다, 이주하다, 이사하다
(빠쎌리쨔)

посёлок (남) 부락, 촌락; 동네;
(빠쏄로크)

поселять(ся) *см.* поселить(ся)
(빠쎌랴찌)

посередине (부) ① (부) 복판에, 한가운데, 중간에
(빠쎄레지네) ② (전) (+생) 한가운데

посетитель (남) 손님, 관람자, 방문객(訪問客)
(빠쎄찌쩰)

посетить 찾아가다(오다), 방문하다; 참관하다,
(빠쎄찌찌) 견학하다

посетовать *см.* сетовать
(빠쎄또와찌)

посещаемость (여) 출석률, 관람자수
(빠쎄샤예모스찌)

Пп

посещать (빠쎄샤찌)	см. посетить
посещение (빠쎄쉐니예)	(중) 방문, 출석, 관람, 참관;
посеять (빠쎄야찌)	см. сеять
посигналить (빠씨그나리찌)	(완) 신호하다
посидеть (빠씨제찌)	(완) (잠간) 앉아있다
посильный (빠씰느이)	(형) 힘에 맞는;
посинеть (빠씨네찌)	(완) 푸르러지다, 새파래지다
поскакать (빠쓰깍까찌)	① 내달리다 ② (말이) 뛰어가다, 달리다
поскоблить (빠쓰꼬블리찌)	(완) (약간) 깎아내다
поскользнуться (빠쓰꼴리즈누짜)	(완) (발이) 미끄러지다
поскольку (빠쓰꼴꾸)	(접) ~하는 만큼(이상), ~하기 때문에
послабление (빠쓸랍레니예)	(중) 융화(融和), 묵과(默過);
посланец (빠쓸라네츠)	(남) 사절(使節), 파견한 사람
послание (빠쓸라니예)	(중) ① 서한(書翰) ② 헌시
посланник (빠쓸란닉)	(남) 공사(公社)
послать (빠쓸라찌)	(완) ① 보내다, 파견하다, 파송하다; ② 보내다, 부치다;
после (뽀쓸레)	① (부) 후에, 다음에; ② (전) (+생) 후에;
послевоенный	(형) 전후로(前後), 앞뒤에

— 1012 —

(빠쓸례뷔옌느이)

последить
(빠쓸레지찌)
(완) 살피다, 감시하다, 주시하다

последний
(빠쓸레드니)
(형) ① 마지막, 마감, 최후;
② 최근, 최신;

последователь
(빠쓸레도와쩰)
(남) 계승자(繼承者), 후계자(後繼者)

последовательно
(빠쓸레도와쩰나)
(부) 철저히, 일관하게, 철두철미

последовательность
(빠슬레도와쩰노쓰찌)
(여) ① 순차성; ② 일관성, 철저성

последовательный
(빠쓸레도와쩰느이)
(형) ① 철저한, 시종일관한
② 사리에 맞는, 논리 정연한

последовать
(빠쓸레도와찌)
(완) 따르다, 따라가다

последствие
(빠쓸레드스뜨비예)
(중) 후과;

последующий
(빠쓸레두유쉬이)
(형) 뒤에(그다음에) 오는

послезавтра
(빠쓸레잡뜨라)
(부) 모레, 재명일(再明日), 명후일(明後日), 익익일(翌翌日)

послелог
(빠쓸레록)
(남) (언어) 후치사(後置詞), 뒤에두기

послеоперационный
(빠쓸레오라치온느이)
(형) 수술 후에, 수술한 다음의

послеполётный
(빠쓸레뽈료트느이)
(형) ~ые обследования 비행후의 검사

послеродовой
(빠쓸레로도보이)
(형) 산후에(産後), 출산후에

послесловие
(빠쓸레슬로비예)
(중) 뒷글; 맺는말

пословица
(빠쓸로비차)
(여) 속담(俗談); 격언(格言), 이언

послужить
(빠쓸루지찌)
см. служить

— 1013 —

послужной (빠쓸루즈노이)	(형) ~ список 경력서, 이력서	
послушание (빠쓸루싸니예)	(중) 순종(順從), 복종(服從)	
послушать(ся) (빠쓸샤짜)	*см.* слушать(ся)	
послушно (빠쓸루쉬나)	(부) 순순히, 온순하게	
послушный (빠쓸루쉬느이)	(형) 말을 잘 듣는, 온순한	
послышаться (빠쓸리샤짜)	*см.* слышаться	
посматривать (빠쓰마트리와찌)	(미완) ① (이따금) 보다(바라보다); ②~ по сторонам 사방을 힐끔힐끔 살펴보다 ③ ~ за *кем-чем* ~(들) 보아주다	
посмеиваться (빠쓰몌이와짜)	(미완) (약간, 몰래) 웃다, 비웃다	
посменно (빠쓰몐나)	(부) 교대로, 번갈아, 엇바꾸어	
посменный (빠쓰몐느이)	(형) 교대로(번갈아, 엇바꾸어)하는;	
посмертный (빠쓰몌르뜨느이)	(형) ~ое издание 유고출판, 사후판, 유저; ~ая слава 사후의 영광.	
посметь (빠쓰몌찌)	(완) (+ 미정형) 감히 ~하다	
посмешить (빠쓰몌씨찌)	(완) 약간 웃기다	
посмешище (빠쓰몌쉬쉐)	(중) 웃음거리;	
посмеяться (빠쓰몌야짜)	(완) ① (한동안) 웃다; ②: ~ над *кем-чем* 비웃다, 놀려주다, 조롱하다	
посмотреть(ся) (빠쓰몰례짜)	*см.* смотреть	
пособие (빠쏘비에)	(중) ① 참고서(參考書), 지도서(指導書); ② 보조금, 지원금	

Пп

пособить (빠쏘비찌)	(완) 도와주다, 지원하다
пособник (빠쏩닠)	(남) 공범자(共犯者), 공모자(共謀者)
пособничество (빠쏩니체쓰뜨뷔)	(중) (법학) 방조범(幇助犯), 공범(共犯), 공모(共謀)
посоветовать (빠싸볘또와찌)	(완) 권고하다
посоветоваться (빠싸볘또와쨔)	(완) 의논하다
посовещаться (빠싸볘샤쨔)	(완) 협의(의논)하다
посодействовать (빠싸졔이쓰뜨뷔와찌)	도와주다, 협력하다, 이바지하다
посол (빠쏠)	(남) 대사(大使);
посолить (빠쏠리찌)	(완) ① 소금을 치다 ① 소금에 절이다
посольство (빠쏠쓰뜨뷔)	(중) 대사관(大使館)
посохнуть (빠싸흐누찌)	(완) 시들어버리다
посочувствовать (빠싸츕쓰뜨뷔와찌)	(완) 동정(동감)하다
поспать (빠쓰빠찌)	(완) (한잠) 자다
поспевать [1,2] (빠쓰뻬와찌)	см. поспеть [1,2]
поспеть[1] (빠쓰뻬찌)	(완) ① 익다, 여물다 ② (음식이) 다 되다, 익다, 다 끓다
поспеть[2] (빠쓰뻬찌)	(완) 때맞게 가다(오다);
поспешить (빠쓰뻬씨찌)	(완) 바삐 행동하다, 서두르다
поспешно	(부) 바삐, 급히, 서둘러

Пп

- 1015 -

(빠쓰뻬쓰나)	
поспешный (빠쓰뻬쓰느이)	(형) 급한, 조급한, 덤비는
поспорить (빠쓰뽀리찌)	(완) ① (한동안) 말다툼하다, 논쟁하다 ② 내기를 걸다, 내기하다
посрамить (빠쓰라미찌)	(완) 망신시키다, 모욕하다
посрамиться (빠쓰라미쨔)	(완) 망신하다, 수치를 당하다
посреди (빠쓰레지)	① (부) 가운데, 복판에, 중간에 ② (전) (+생) 한가운데, 복판에
посредине (빠쓰레지네)	*см.* посередине
посредник (빠쓰롄니ㄲ)	(남) 중개인, 중매자, 거간군
посредничество (빠쓰롄니체쓰뜨붜)	(중) 중개, 중재, 거간질
посредственно (빠쓰롄쓰뜨벤노)	(부) 평범하게, 보통으로, 쓸쓸하게
посредственный (빠쓰롄쓰뜨벤느이)	(형) 평범한, 보통
посредством (빠쓰롄쓰뜨봄)	(전) (+생) ~을 통하여, ~에 의하여
поссорить (빠쓰쏘리찌)	(완) 다투게(싸우게) 하다
поссориться (빠쓰쏘리쨔)	(완) 다투다, 싸우다
пост (뽀쓰트)	(남) ① 초소, 보초; 초병 ② 직위, 직책(職責), 지위(地位)
поставить¹ (빠쓰따비찌)	(완) 세우다
поставить² (빠쓰따비찌)	(완) 공급(납입)하다
поставка (빠쓰땁까)	(여, 흔히 복수) 공급, 납입

поставлять (빠쓰따브랴찌)	*см.* поставить II
поставщик (빠쓰땁씩)	(남) 공급자, 납입자; 조달자
постамент (빠쓰따멘뜨)	(남) 받침대
постановить (빠쓰따노비찌)	(완) 결정(결의)하다
постановка (빠쓰따높까)	(여) ① 연출, 상연; ② 설정, 제기(提起); ③ 조직(組織)(방법); ④ 연극(演劇)
постановление (빠쓰따높레니예)	(중) 결정(서); 지령(指令)
постановлять (빠쓰따높랴찌)	*см.* постановить
постановщик (빠쓰따높쉬크)	(남) 연출가(演出家), 연출자
постараться (빠쓰따라쨔)	(완) 애쓰다, 노력하다
постареть (빠쓰따레찌)	(완) 늙다, 늙어가다
по-старому (빠-쓰따로무)	(부) 종전(원래)대로; 구식으로, 옛날처럼, 그전식으로
постелить (빠쓰쩰찌)	(완) 펴다, 깔다
постель (빠쓰쩰)	(여) 이부자리; 잠자리; 침대;
постельный (빠쓰쩰느이)	(형) ~ые принадлежности 이부자리, 침구; ~ое бельё (침대보나 베갯잇 등) 침구용 백포
постепенно (빠쓰쩨뻰나)	(부) 점차, 점점, 차차로
постепенность (빠쓰쩨뻰노쓰찌)	(여) 점차성
постепенный (빠쓰쩨뻰느이)	(형) 점차적

постесняться (빠쓰쩨쓰냐쨔)		(완)(흔히+ 미정형) 어려워하다, 꺼려하다, 수줍어하다
постигать (미완), **постигнуть** (완) (빠쓰찌가찌)		① 알아내다, 포착(파악)하다 ② 닥쳐오다, 생기다;
постирать (빠쓰찌라찌)		(완) 빨래하다, 씻다
постичь (빠쓰찌치)		*см.* постигнуть
постлать (빠쓰뜰라찌)		*см.* стлать
постный (뽀쓰뜨느이)		(형) ① 기름기가 없는; ② 침울한, 갑갑한;
постовой (빠쓰또보이)		(형) 보초(병)
постольку (빠쓰똘꾸)		(접) (부문장의 поскольку와 대응함) ~만큼, ~는 한; поскольку решение принято, ~ и необходимо его выполнять 결정이 채택되었으니만큼 그것을 집행해야 한다;
посторониться (빠쓰또로니쨔)		(완) 물러서다, 비켜서다
посторонний (빠쓰또론느이)		(형) ① 인연(관계) 없는; ② 부차적인; ③(명사로) (남) 외래자;
постоянно (빠쓰또얀나)		(부) 끊임없이, 부단히, 항상, 언제나
постоянный (빠쓰또얀늬이)		(형) ① 끊임없는, 부단한, 항시적인, 변함 없는; ② 고정(상설)적인; ③ 한결같은; ~ая величина (수학) 상수; ~ый капитал 불변자본
постоянство (빠쓰또얀쓰뜨붜)		(중) ① 한결같은 것, 확고부동성 ② 불변성, 항구성(恒久性)
постоять (빠쓰또야찌)		(완) ① (한동안) 서있다; 주둔하다 ② (명령형): постой [те] 잠간만 기다려 (주시오); (삽입어로) 가만, 가만있자 ③ за *кого-что-л*: 지키다
пострадавший (빠쓰뜨라다브쉬이)		① пострадать의 능동과거; ② (명사로) ~**ий** (남), ~**ая** (여) 피해자,

- 1018 -

	이재민(罹災民)
пострадать (빠쓰뜨라다찌)	*см.* страдать
постричь (빠쓰뜨리찌)	(완) (머리, 손톱 등을) 깎다; 깎아주다
постричься (빠쓰뜨리치쌰)	(완) 머리를 깎다, 이발하다
построение (빠쓰뜨로예니예)	(중) ① 건설; ② 구조, 구성; ③ 이론, 학설; ④ (군사) 대형(편성)
построить(ся) (빠쓰뜨로이찌)	*см.* строиться
постройка (빠쓰뜨로이까)	(여) ① 건설(建設); ② 건축물, 건물
постскриптум (빠쓰뜨쓰끄리쁘뚬)	(남) 추신, 덧씀
постукивать (빠쓰뚜끼와찌)	(미완) 가끔 두드리다
постулат (빠쓰뚤랕)	(남) 가정, 공리
поступательность (빠쓰뚜빠쩰노쓰찌)	(여) 점진성, 전진(진보)적인것
поступательный (빠쓰뚜빠쩰느이)	(형) ~ое движение 전진운동
поступать(ся) (빠쓰뚜빠찌)	*см.* поступить(ся)
поступить (빠쓰뚜삐찌)	(완) ① 입학하다, 들어가다, 취직하다; ② 들어오다, 입수하다; ③ 행동하다;
поступиться (빠쓰뚜삐쨔)	(완) 양도하다, 양보하다
поступление (빠쓰뚜쁠레니예)	(중) ① 입학, 취직, 들어가는 것 ② 들어오는 것, 입수; ③ 수입, 입금
поступок (빠쓰뚜뽁)	(남) 행위, 짓, 짓거리, 행동, 소위, 소행
поступь (빠쓰뚜삐)	(여) 걸음걸이, 발걸음, 보조

Пп

постучать(ся) (빠쓰뚜차찌)	*см.* стучать(ся)
постфактум (빠쓰뜨**팍**뚬)	(부) 일이 끝난 후에
постыдить(ся) (빠쓰띄지찌)	*см.* стыдить(ся)
постыдный (빠쓰띄드느이)	(형) 수치스러운, 망신스러운, 창피한
постылый (빠쓰띌르이)	(형) 싫증난, 미워진
посуда (빠쑤다)	(여) (집합) 그릇, 식기(食器), 용기(容器)
посудить (빠쑤지찌)	(완): ~е сами 생각해보시오
посудный (빠쑤드느이)	(형) ~ый шкаф 찬장, 쌍홍장; ~ое полотенце 행주
посулить (빠쑬리찌)	(완) 약속하다
посушить (빠쑤씨찌)	(완) (한동안) 말리다
посушиться (빠쑤쉬쨔)	(완) (한동안) 마르다
посчастливиться (빠쓰찻쓰뜰리비쨔)	(완) (무인칭) 운수가 좋다, 잘되다
посчитать(ся) (빠쓰치따찌)	*см.* считать(ся)
посылать (빠쓰라찌)	*см.* послать
посылка (빠쓸르까)	(여) ① 보내는 것, 파견 ② 소포, 보내온 물건;
посыльный (빠쓸느이)	(남) 연락병; 심부름꾼
посыпать (완), посыпать (뽀쓰**빠**찌)	(미완) 치다, 뿌리다;
посыпать	*см.* сыпать

(빠씨빠찌)

посягательство (중) 침해(侵害), 훼손(毁損)
(빠싸가쩰쓰뜨뷔)

посягать (미완), **~нуть** (완) на *кого-что* 침해(살해, 훼손)하려
(빠싸가찌) 했다

пот (남) 땀; весь в поту 온통 땀투성이다
(뽀뜨)

потайной (형) 비밀(秘密), 숨은
(빠따이노이)

потакать (미완) 눈감아주다, 모르는 체 하다,
(빠따까찌) 묵인하다

потанцевать (완) (한동안, 잠간) 춤추다
(빠딴쩨와찌)

потаскать *см.* таскать
(빠따쓰까찌)

потасовка (여) ① 싸움질, 드잡이;
(빠따쏘프까) ② 때리기, 매질, 구타

поташ (남) 탄산칼륨(炭酸 Kalium)
(빠따쉬)

потащить (완) 끌다, 끌고 가다.
(빠따쉬찌)

по-твоему (부) ① 너의 의견대로
(빠-뜨보예무) ② 너 하고 싶은 대로

потворство (중) 융화, 묵과, 묵인, 추동
(빠드볼쓰뜨뷔)

потворствовать (미완) *кому-чему* 융화(묵과)하다,
(빠드볼쓰뜨뷔와찌) 눈감아주다, 추동하다

потёк (남) (액체가 흐른) 흔적
(빠죠크)

потёмки (복수) 어둠, 암혹; чужая душа-~
(빠쬼끼) (속담) 열길 물속은 알아도 한 길 사람
속은 모른다.

потемнеть (완) 어두워지다
(빠쩸네찌)

потенциал (남) ① 잠재력, 숨은 힘 ② (전기) 전위,

Пп

(빠쩬치알)	전기자리량 ③ 포텐샬
потенциальный (빠쩬치알느이)	(형) ① 잠재적 ② 가능한, 예상되는 ③ 포텐샬의
потенция (빠쩬찌야)	(여) 잠재능력, 잠재력
потепление (빠쩨쁠레니예)	(중) 따뜻해지는 것, 더워지는 것
потеплеть (빠쩨쁠레찌)	(완) 따뜻해지다, 더워지다
потереть (빠쩨레찌)	(완) 문지르다, 문질러 바르다
потери (빠쩨리)	(복수) ① 손실, 손해; ② (군사) 손실, 사상자수
потерпевший (빠쩰뻽쉬이)	① потерпеть 의 능동과거; ② (명사로) ~ий (남), ~ая (여) 피해자, 이재민(罹災民), 재난민(災難民)
потерпеть (빠쩰뻬찌)	① 참다, 견디다 ② 당하다
потеря (빠쩨랴)	(여) ① 상실, 분실, 손실 ② 분실물(紛失物)
потерянный (빠쩨랸느이)	① потерять의 피동과거; ② (형) 가망 없는, 전망을 잃은
потерять (빠쩨랴찌)	(완) 잃다
потеряться (빠쩨랴쨔)	(완) 없어지다
потеснить(ся) (빠쩨쓰니찌)	*см.* теснить(ся)
потеть (빠쩨찌)	(미완) ① 땀이 나다, 땀을 흘리다; ② над *чем* 몹시 애쓰다; ③ (김이 서리여) 흐려지다
потеха (빠쩨하)	(여) ① 심심풀이, 오락, 놀이, 장난; ② 우스운(재미나는) 일 ③ (술어로) 우습다, 재미있다;
потечь (빠쩨치)	(완) 흐르다

потешать (빠쩨샤찌)	(미완) 웃기다, 심심하지 않게하다.
потешаться (빠쩨샤쨔)	(미완) ① 즐기다, 심심풀이하다; ② над кем-чем 놀려주다, 회통하다
потешный (빠쩨쉬느이)	(형) 우스광 스러운, 우스운
потихоньку (빠찌호니꾸)	(부) ① 조용히; ② 몰래, 슬그머니 ③ 천천히
потный (뽀뜨느이)	(형) 땀이 밴
потогонный (빠또곤느이)	(형) ① 땀을 배는 ② 피땀(고혈)을 짜내는
поток (빠똑)	(남) ① 물살이 빠른 강(시내, 개울) ② 흐름 ③ 흐름식 생산법.
потолок (빠또록)	(남) ① 천정 ② (항공) 상승한도 ③ 최대한, 극상
потолстеть (빠똘쓰쩨찌)	(완) 뚱뚱해지다
потом (빠똠)	(부) 그 다음에, 그 후에
потомок (빠또모크)	(남) ① 자손(子孫), 후손(後孫) 후사. ② ~ки (복수) 후대들
потомственный (빠똠쓰뜨볜느이)	(형) 세습적인, 대대로 내려오는, 대대로 물려받은
потомство (빠똠쓰뜨붜)	(중) ① 자손들, 자식들 ② (집합) 후대들
потому (빠또무)	① (부) 그러므로, 그렇기 때문에 ② (접) ~ что 왜냐 하면 ... 때문이다;
потонуть (빠또누찌)	(완) 물에 빠지다, 침몰하다
потоп (빠또쁘)	(남) 큰 물, 대홍수(大洪水)
потопить (빠또삐찌)	см. топить
потопление	(중) 격침(擊沈), 침몰(沈沒), 침류

Пп

- 1023 -

(빠또쁠레니예)	
поторапливать (빠따라쁠리와찌)	(미완) 서두르게 하다, 재촉하다
поторапливаться (빠따라쁠리와짜)	(미완) 서두르다
поторговаться (빠딸고와짜)	(완) 값을 흥정하다
поторопить(ся) (빠따로삐짜)	*см.* торопить(ся)
поточить (빠또치찌)	(완) 살짝 갈다, 약간 갈다
поточный (빠또츠느이)	(형): ~ метод 흐름식 방법; ~ое производство 흐름식 생산
потратить (빠뜨라찌찌)	(완) 써버리다, 소비하다, 지출하다
потратиться (빠뜨라찌쟈)	(완) 다 소비되다(나가다)
потребитель (빠뜨레비쩰)	(남) 소비자(消費者)
потребительский (빠뜨레비쩰쓰끼이)	(형) ① 소비의; ②: ~ая кооперация 소비협동조합
потребление (빠뜨레블레니예)	(중) 소비(消費);
потреблять (빠뜨레블랴찌)	(미완) 소비하다, 쓰다
потребляться (빠뜨레블랴짜)	(미완) 소비 되다
потребность (빠뜨레브노쓰찌)	(여) ① 수요(需要), 요구(要求) ② 욕망(慾望), 열망(熱望)
потрёпанный (빠뜨료빤느이)	(형) ① 헤어진, 너덜너덜한 ② 초췌한, 후줄근한;
потрепать (빠뜨레빠찌)	(완) ① 헤뜨리다, 헐어뜨리다 ② (약간) 헝클다, 흔들어 잡아당기다, 쥐어뜯다
потрескаться (빠뜨롓쓰까짜)	(완) 틈이 나다

- 1024 -

потрескивать (빠뜨롓쓰끼와찌)	(미완) 탁탁 소리를 내다, 우지끈거리다
потрогать (빠뜨로가찌)	(완) 만지다, 다치다
потроха (빠뜨로하)	(복수) 내포(內包), 내장(內裝)
потрошить (빠뜨로쉬찌)	(미완) ① 배를 타고 내장을 꺼내다 ② 속에 든 것을 빼내다
потрудиться (빠뜨루지짜)	(완) 일하다, 노력하다
потрясающий (빠뜨랴쌰유쉬이)	(형) 놀라운, 격동적인
потрясение (빠뜨랴쎄니예)	(중) ① 심각한 충격, 격동 ② 파란, 파국, 근본적 변화
потрясти (빠뜨럇쓰찌)	(완)① (몇 번) 흔들다, 털다 ② 뒤흔들다 진동시키다; ③ 격동시키다, 강한 인상
потуги (뽀뚜기)	(복수) ① родовые ~ 진통 ② 긴장된 노력
потупить (빠뚜삐찌)	(완) ~ взор 눈을 내리깔다; ~ голову 머리를 숙이다
потупиться (빠뚜삐짜)	(완) 고개를 숙이다
потускнеть (빠뚜쓰크네찌)	см. тускнеть
потусторонний (빠뚜쓰또론느이)	(형) ~ мир 저승, 구천, 황천
потухнуть (빠뚜흐누찌)	(완) (불이) 꺼지다
потухший (빠뚜흐쉬이)	(형): ~ вулкан 휴화산(休火山), 사화산
потушить$^{1, 2}$ (빠뚜쉬찌)	м. тушить 1,2
потягиваться (빠땨기와짜)	지친 몸(팔다리)을 쭉 펴다, 기지개하다
потянуть(ся)	см. тянуть(ся)

(빠따누짜)

поужинать
(빠우지나찌)
(완) 저녁을 먹다

поучать
(빠우차찌)
(미완) ① 가르치다, 교육하다
② 타이르다, 훈시하다

поучение
(빠우체니예)
(중) ① 가르치는 것 ② 훈계

поучительный
(빠우치쩰느이)
(형) 교훈적인, 배울 점이 많은, 유익한

поучить
(빠우치찌)
(완) (얼마동안) 배우다; 배워주다,
가르치다

поучиться
(빠우치짜)
(완) (한동안) 배우다, 공부(학습)하다

похабный
(빠합느이)
(형) 상스러운, 조잡한, 천한; ~ые слова
상소리

похвала
(빠흐왈라)
(여) 칭찬(稱讚), 찬사(讚辭)

похвалить(ся)
(빠흐왈리찌)
см. хвалить(ся)

похвальный
(빠흐왈리느이)
(형) ① ~ая грамота 표창장
② 훌륭한, 찬양할만한

похвастать(ся)
(빠흐와쓰따찌)
см. хвастать(ся)

похититель
(빠히찌쩰)
(남) 도적(盜賊), 납치자, 약탈자(掠奪者)

похитить (완), похищать
(빠히찌찌)
(미완) 훔치다, 납치(약탈, 탈취)하다

похищение
(빠히쉐니예)
(중) 납치, 절도, 탈취(奪取)

похлёбка
(빠흘료브까)
(여) 걸죽한(걸쭉한) 국

похлопотать
(빠흘로뽀따찌)
см. хлопотать

похмелье
(빠흐멜리예)
(중): в чужом пиру ~ 다른 사람의 잘
못으로 생기는 불쾌한 일

поход (빠호드)	(남) ① 행군; ② 원정; ③ 관람, 방문; ④ 운동, 투쟁
походить (빠호지찌)	(미완): на *кого что* 닮다, 비슷하다
походка (빠호드까)	(여) 걸음새, 걸음걸이
походный (빠홋느이)	(형) 행군(行軍), 행진(行進)
походя (빠호쟈)	(부) ① 걸으면서, 급히; ② 겸해서, 지나는 결에
похождения (빠호즈제니야)	(복수) 모험(冒險), 엽기적인 사건
похоже (빠호줴)	(삽입어) 아마 ~는 것 같다;
похожий (빠호쥐이)	(형) ① 닮은; ② 비슷한;
по-хозяй ски (빠-호쟈이쓰끼)	(부) 주인답게, 실속 있게.
похолодание (빠호로다니예)	(중) 추워지는 것;
похолодать (빠호로다찌)	(완) 추워지다
похоронить (빠호로니찌)	*см.* хоронить
похоронный (빠호론느이)	(형) ① 장례(葬禮), 장의(葬儀); ② (명사로) ~ая (여) 사망통지
похороны (빠호로느이)	(복수) 장례식
по-хорошему (빠-호로쉐무)	(부) 호의적으로, 좋도록
похорошеть (빠호로쉐찌)	*см.* хорошеть
похудеть (빠후제찌)	(완) 여위다
поцарапать	(완) 할퀴다; 허비다

(빠차라빠찌)

поцеловать(ся) (빠쩰로와찌)	см. целовать(ся)
поцелуй (빠쩰루이)	(남) 키스(kiss), 입 맞추기
почасовой (빠차쏘보이)	(형) ~ая оплата 시간에 의한 지불
початок (빠차또크)	(남) ~ кукурузы 강냉이 이삭
почаще (빠차쉐)	좀 더 자주(종종, 누우이, 빈번히)
почва (뽀츠와)	(여) ① 토양(土壤), 토지(土地), 땅; ② 지반(地盤), 근거(根據)
почвенный (뽀츠벤늬이)	(형) 흙, 토양(土壤)
почвоведение (뽀츠붜베제니예)	(중) 토양학(土壤學)
по-человечески (빠-첼로베체쓰끼)	(부) 인간답게
почём (빠춈)	(부) (값이) 얼마인가?
почему (빠체무)	(부) 왜, 어째서, 어찌하여서; 하고(何故)로
почему-либо (빠체무-리보)	(부) 그 어떤 까닭이 있어서
почему-нибудь (빠체무-니부지)	(부) (어쨌든) 까닭이 있어서
почему-то (빠체무-또)	(부) 웬일인지, 무슨 까닭인지
почерк (뽀체르크)	(남) ① 글씨, 필적; ② 수법(修法), 솜씨
почернеть (빠체르네찌)	см. чернеть
почерпнуть (빠체르쁘누찌)	(완) ① 푸다, 뜨다 ② 얻다

почесать(ся) (빠체싸지)	*см.* чесать(ся)
почести (뽀체쓰찌)	(복수) 경의의 표시;
почёсываться (빠체쓰와짜)	(미완) 긁적거리다
почёт (빠쵸트)	(남) 명예(名譽), 존경(尊敬), 존중(尊重);
почётный (빠쵸트느이)	(형) 명예의, 공명의, 영예의
почечнокаменный (빠체치노까멘느이)	(형) ~ая болезнь 신장결석증
почин (빠친)	(남) ① 발기, 발단, 주동 ② 마수걸이, 첫시작
починить (빠치니찌)	(완) 고치다, 수리하다
починка (빠친까)	(여) 고치는 것, 수리, 수선
починять (빠치냐찌)	*см.* починить
почистить(ся) (빠치쓰찌찌)	*см.* чистить(ся)
почитание (빠치따니예)	(중) 존경, 존중; 숭배, 숭상
почитатель (남), **~ница** (여) 숭배자 (빠치따쩰)	
почитать[1] (빠치따찌)	(완) (잠시) 읽다
почитать[2] (빠치따찌)	① 존경하다, 존중하다 ② 숭배하다, 숭상하다
почитывать (빠치찌와찌)	(미완) (때때로) 읽다
почка[1] (뽀치까)	(여) 눈, 싹;
почка[2]	(여) 콩팥, 신장(腎臟);

Пп

- 1029 -

(뽀치까)

почта (빠치따)	(여) ① 우편국, 우체국; ② 우편(郵便); ③ (도착한) 우편물(郵便物)
почтальон (빠치딸리온)	(남) 우편통신원
почтамт (빠치땀트)	(남) 중앙우체국
почтение (빠치쩨니예)	(중) 경의(敬意), 존경(尊敬)
почтенный (빠치쩬느이)	(형) 존경할만한, 훌륭한
почти (빠치찌)	(부) 거의, 어느 정도, 거반
почтительный (빠치찌쩰느이)	(형) ① 공손한 ② на ~ом расстоянии 상당히 멀리
почтить (빠치찌찌)	(완) 경의를 표하다;
почтовый (빠치또븨이)	(형) 우편의; 우체국의
почувствовать (빠추브쓰뜨붸와찌)	(완) 느끼다
почувствоваться (빠추브쓰뜨붸와쨔)	(완) 느껴지다
почудиться (빠추지쨔)	*см.* чудиться
почуять (빠추야찌)	*см.* чуять
пошатнуться (빠쌀누쨔)	(완) ① 흔들리다, 기울어지다, 약해지다 ② здоровье ~лось 건강이 나빠졌다
пошевелить (빠쎄볠리찌)	(완) 움직이게 하다
пошевелиться (빠쎄볠리쨔)	(완) (약간) 움직이다
пошивка (빠씨브까)	(여) 재봉(裁縫), (옷)짓는 것

Пп

пошлина (뽀쉴리나)	(여) ① 세금; ② 수속료, 수수료, 거래세
пошлость (뽀쉴로쓰찌)	(여) ① 비속성, 속물근성 ② 비속한 말
пошлый (뽀쉴르이)	(형) 저속한, 비속한, 야비한, 상스러운
пошутить (빠슈찌찌)	(완) 농담하다, 우스운 말을 하다, 익살부리다
пощада (빠샤다)	(여) 용서, 관대, 사면, 용납(容納);
пощадить (빠샤지찌)	(완) 용서하다
пощёчина (빠쇼치나)	(여) дать ~у 뺨을 때리다, 귀싸대기를 치다
пощупать (빠슈빠찌)	*см.* щупать
поэзия (빠에지야)	(여) 시(詩), 시문학, 시작품
поэма (빠에마)	(여) (장편) 서사시(敍事詩)
поэт (빠에트)	(남) 시인(詩人), 시가, 시객
поэтесса (빠예쩨싸)	(여) 여류시인(女流詩人)
поэтика (빠예찌까)	(여) ① 시학(詩學), 시론(詩論) ② 작시법(作詩法)
поэтический (빠예찌체쓰끼이)	(형) 시의, 시적으로;
поэтому (빠예또무)	(부) 그러므로, 그렇기 때문에
появиться (빠야비짜)	(완) ① 나타나다, 보이다 ② 생기다, 발생하다;
появление (빠야블레니예)	(중) 나타내는 것, 출현
появляться	*см.* появиться

Пп

(빠야블랴쨔)

пояс
(뽀야쓰)
(남) 띠, 허리띠; 허리;

пояснение
(빠스녜니예)
(중) 설명(說明), 해석(解釋), 주석(註釋)

пояснительный
(빠스니쪨느이)
(형) 해설의, 설명으로, 주석의

пояснить,~ять (미완) 설명하다, 해석하다, 주석을 달다
(빠스니찌)

прабабушка
(쁘라바부쉬까)
(여) 증조할머니, 외증조할머니

права
(쁘라와)
(복수): [водительские] ~ 운전면허증

правда
(쁘라브다)
(여) ① 진리, 진실; ② 정의, 공정, 정당한 행동; ③ (부) 사실, 정말로; ④ (술어로) 그렇다, 정말이다;

правдиво
(쁘랍지붜)
(부) 사실그대로, 진실하게

прадивость
(쁘라지보쓰찌)
(여) 진실성, 성실성, 정직성(正直性)

правдивый
(쁘랍지브이)
(형) 진실한, 성실한, 정직한

правдоподобно
(쁘랍도뽀돕나)
(부) 진실하게, 그럴듯하게

правдопободный
(쁘랍도뽀본느이)
(형) 진실다운, 그럴듯한

правило
(쁘라빌로)
(중) ① 규칙(規則), 법칙(法則) ② (흔히 복수) 규정, 원칙 ③ 행동규법, 관습

правильно
(쁘라빌리나)
(부) ① 옳게, 정확히 ② (술어로) 옳다, 그렇다;

правильность
(쁘라빌리노쓰찌)
(여) 정확성(正確性), 정당성(正當性)

правильный
(쁘라빌리느이)
(형) ① 옳은, 정확한, 규칙적인 ② 규정대로의, 원칙적인 ③ 정당한 ④ (수학) 변과 각이 서로 같은;

правитель (쁘라비쩰)	(남) ① 통치자(統治者), 집권자(執權者) ② (복수) 지배층(支配層)
правительственный (쁘라비쩰쓰뜨벤느이)	(형) 정부의
правительство (쁘라비쩰쓰뜨붜)	(중) ① 정부(政府) ② (집합) 정부성원들
править (쁘라비찌)	(미완) *кем-чем* ① 다스리다, 통치하다, 지배하다 ② 운전하다; ③ 고치다, 교정 (교열)하다
правка (쁘라브까)	(여) ① 시정, 수정, 교열 ② (인쇄) 교정, 돌려꽂기 ③ 갈기
правление (쁘라블레니예)	(중) ① 통치, 지배(支配), 관리(管理) ② 관리위원회, 관리부, 이사회
правнук (쁘라브누크)	(남) 증손자, 외증손자
правнучка (쁘라브누츠까)	(여) 증손녀(曾孫女), 외증손녀
право¹ (쁘라보)	(중) ① 법, 법칙, 법률, 법규, 법령, 규율; государственное ~ 국가법; международное ~ 국제법; гражданское ~ 민법; уголовное ~ 형법 ② 권리, 권한, 자격; ~ на образование 교육을 받을 권리; иметь ~ 권리를 가지다; лишить ~ 권리를 박탈하다.
право² (쁘라보)	(삽입어) 정말, 참말;
правовой (쁘라붜보이)	(형) ~ые нормы 법규범
правомерный (쁘라보몌르느이)	(형) 정당한, 합법적인, 합리적인
правомочный (쁘라붜모치느이)	(형) 권한이 있는
правонарушение (쁘라보나루쉐니예)	(중) 법률위반, 위법(違法)
правонарушитель (쁘라보나루쉬쩰)	(남) 법률위반자, 범죄자(犯罪者)

правописание (쁘라보삐싸니예)	(중) 맞춤법, 표기법(表記法)
православие (쁘라보쓸라비예)	(중) 희랍정교
православный (쁘라보쓸랍느이)	(형) 희랍정교의
правосудие (쁘라보수지예)	(중) 사법(기관)
правота (쁘라뷔따)	(여) 정당성, 정의
правый¹ (쁘라브이)	(형) ① 오른, 오른쪽, 우측; ② (정치) 우익, 우파, 보수파, 우경 ③ (명사로): ~ые (복수) 우익분자들;
правый² (쁘라브이)	(형) ① 옳은, 정당한; ② 죄 없는, 무고한;
правящий (쁘라뱌쉬이)	(형) 지배의, 집권의
Прага (쁘라가)	(여) 프라하(Praha)
прадед (쁘라제드)	(남) ① 증조할아버지, 외증조할아버지; ② (복수) наши ~ы 우리선조(조상)들
празднество (쁘라즈녜쓰뜨붜)	(중) 축전, 경축행사
праздник (쁘라즈드닠)	(남) ① 명절, 기념일; ② 쉬는날, 휴일; ③ 명절놀이, 명절잔치; ④ 기쁜(뜻깊은) 날; ⑤ 명절기분
праздничный (쁘라즈드니치느이)	(형) ① 명절(名節); ② 화려한, 즐거운;
празднование (쁘라즈드노와니예)	(중) 경축; 경축행사, 기념행사
праздновать (쁘라즈드노와찌)	(미완) 경축하다, 기념하다; ~ Новый год 설을 쇠다
праздность (쁘라즈드노쓰찌)	(여) 허송세월, 무위도식(無爲徒食)
праздный (쁘라즈드느이)	(형) ① 먹고노는, 무위도식하는; ② 무익한, 실없는;

- 1034 -

практика (쁘라ㄲ찌까)	(여) ① 실천; 실지, 현실; на ~e 실제로 ② 실습; ③ 연습(演習) ④ 경험(經驗)
практикант (남), ~ка (여) 실습생, 견습생, 견습공(見習工) (쁘락찌깐트)	
практиковать (쁘락찌까와찌)	(미완) 실천하다, 실천에 적용하다
практический (쁘락찌체쓰끼이)	(형) ① 실천하는, 실무의; ② 응용(應用)
практичный (쁘락찌치느이)	(형) ① 실무에 밝은, 이해타산에 밝은 ② 편리한
прах (쁘라흐)	(남) ① 먼지, 티끌, 미진, 홍진, 설진 ② 유골, 시체, (고인의 영구를 태운) 재;
прачечная (쁘라체츠나야)	(여) 빨래집, 세탁소
прачка (쁘라치까)	(여) ① 세탁공 ② 삯빨래하는 여자
преамбула (쁘레암부라)	(여) (문건의) 서문
пребывание (쁘레븨와니예)	(중) 체류(滯留), 체재, 계류
пребывать (쁘레븨와찌)	(미완) ① 체류하다, 체재하다 ② (어떤 상태에) 처해있다;
превалировать (쁘레왈리로와찌)	(미완) над кем-чем 우세하다, 압도하다
превентивный (쁘레뻰찝느이)	(형) 예방(豫防), 방지, 방비
превзой ти (쁘렙조이찌)	(완) ① 능가하다, 우세하다 ② 넘다, 초과하다.
превозмогать (미완), ~очь (완) 이겨(견디어)내다, 극복하다; (쁘레브즈모가찌)	
превознести (완), ~осить (미완) 매우 높이 평가하다, 지나치게 (쁘레븨즈네쓰찌)	찬양하다
превосходить (쁘레븨쓰호지찌)	см. превзой ти
превосходно	(부) 훌륭히, 우수하게

Пг

(쁘레뷔쓰호드나)

превосходный (형) 아주 좋은, 훌륭한, 우수한;
(쁘레뷔쓰호드느이) ~ая степень (언어) 최상급

превосходство (중) 우월성, 우위, 우세;
(쁘레뷔쓰홋쓰뜨붜)

превосходящий (형) ~ие силы 우세한 역량
(쁘레뷔쓰호댜쉬이)

превратить (완) ~으로 만들다, 변화 시키다,
(쁘레브라찌찌) 전환시키다

превратиться (완) ~으로되다, 변화되다
(쁘레브라찌쨔)

превратно 그릇되게, 옳지 않게;
(쁘레브랕나)

превратный (형) 그릇된, 외곡된
(쁘레브랕느이)

прерашать(ся) см. превратить(ся)
(쁘레브라샤찌)

превращение (중) 변화, 전환
(쁘레브라쒜니예)

превысить, превышать (미완) ① 넘다, 초과하다
(쁘레븨씨찌) ② 통과(돌파)하다;

превыше (부) ~ всего 무엇보다 중요하다,
(쁘레븨쉐) 가장 귀중하다

превышение (중) 초과(超過), 능가(凌駕);
(쁘레븨쒜니예)

преграда (여) 장애(물), 난관
(쁘레그라다)

преградить (완),~**ждать** (미완) 가로막다, 차단하다; 방해하다,
(쁘레그라지찌) 난관을 조성하다

предавать(ся) см. предать(ся)
(쁘레다와찌)

предание (중) 전설, 구비전설, 옛말
(쁘레다니예)

преданно (부) 충실히, 충성스레
(쁘레단나)

преданность (쁘레단노쓰찌)	(여) 충실성, 충성(심)
преданный (쁘레단느이)	(형) 충실한
предатель (쁘레다쪨)	(남) 배반자, 변절자, 반역자
предательский (쁘레다쪨쓰끼이)	(형) 배신적인, 반역적인
предательство (쁘레다쪨쓰또붜)	(중) 배신행위, 변절, 배반
предать (쁘레다찌)	(완) ① 배반하다, 변절하다 ② *чему* 당하게(처하게) 하다;
предаться (쁘레다쨔)	(완) *чему* 잠기다, 몰두하다
предварительно (쁘레드와리쩰나)	(부) 미리, 사전에
предварительный (쁘드와리쩰느이)	(형) 예비적인, 선결적인;
предвестник (쁘레드베쓰드니크)	(남) ① 예언자, ② 전조, 징조(徵兆)
предвещать (쁘레드붸샤찌)	(미완) ① 예언(예고)하다 ② 예감을 주다, 징조로 되다
предзятый (쁘레드쟈뜨이)	(형) 선입감에서 나오는;
предвидение (쁘레드뷔제니예)	(중) 예견성, 예견; в ~и *чего* ~을 예견하고
предвидеть (쁘레드뷔제찌)	(미완) 예견하다, 예측하다, 예상하다
предвкушать (쁘레드브꾸샤찌)	(미완) 미리부터 느끼다, 예감하다
предводитель (쁘레드붜지쪨)	(남) 선도자, 지도자, 리더, 주모자, 장본인
предвосхитить (완), ~ищать (미완) (쁘레드붜쓰히찌찌)	미리(앞서)하다, 먼저 알아차리다, 추측(예견)하다
предвыборный	(형) 선거전; 선거의; 선정의; 투표의.

Пп

(쁘례드**븨**보르느이)

предгорье (쁘롣고리예)	(중) 산기슭, 저산지대
предел (쁘례곌)	(남) ① 경계, 한계, 범위, 영역; ② 극도, 최대한도, 극한; ③ (수학) 극한, 극한치
предельно (쁘례곌나)	(부) 극도로, 완전히, 극단적으로
предельный (쁘례곌느이)	(형) 극도, 최대, 최고
предзнаменование (쁘례드즈나메노**와**니예)	(중) 전조, 징조(徵兆)
предикат (쁘례지까트)	(남) ① (논리) 빈사 ② 술어, 서술어, 풀이말
предикативный (쁘례지까**찝**느이)	(형) 술어적, 풀이말로, 서술어적
предисловие (쁘례지쓸로비예)	(중) 머리말, 서문(序文)
предлагать (쁘례들라**가**찌)	① 제의(제안)하다 ② 권하다, 권고하다 ③ 위임하다, 맡기다;
предлог¹ (쁘례들록)	(남) 구실, 핑계, 빌미, 변명, 탁사, 빙자; под ~ом чего ~을 구실로 삼아;
предлог² (쁘례들록)	(남) (언어) 전치사(前置詞)
предложение¹ (쁘례들로**제**니예)	(중) ① 제의, 제안; ② (경제) 공급, 조달
предложение² (쁘례들로**제**니예)	(중) (언어) 문장(文章), 문(文), 글발, 월, 글월, 문채; повествовательное ~ 서술문; вопросительное ~ 의문문
предложить (쁘례들로**지**찌)	см. предлагать
предложный (쁘례들로즈느이)	(형) 전치사적인: ~ый падеж 전치격;
предмайский (쁘례드마이쓰끼)	(형) 5.1절을 앞둔, 노동절의
предместье	(중) 교외촌

(쁘레드메쓰띠예)

предмет
(쁘레드몓)
(남) ① 사물, 물건(物件), 물체(物體); ② 대상, 문제, 제목; ③ 과목, 학과목

предметный
(쁘레드몓느이)
(형) ① 사물(事物), 물체; ② 대상(對象); ③ 제목(題目), 실물(實物);

предназначать
(쁘레드나즈나차찌)
(미완) 마련해놓다, 지정하다

предназначаться
(쁘레드나즈나차찌)
(미완) 마련되어있다, 지정되다

предназначение
(쁘레드나즈나체니예)
(중) 사명(使命), 임무(任務)

предназначенный
(쁘레드나즈나첸느이)
① предназначить 의 피동과거
② (형) ~ для ~을 위한, ~용;

предназначить
(쁘레드나즈나치찌)
см. предназначать

преднамеренный
(쁘레드나몐렌느이)
(형) 고의적인, 계획적인

предначертание
(쁘레드나첼따니예)
(중) 계획(計劃), 의도, 얽이, 기획

предначертать
(쁘레드나첼따찌)
(완) 규정하다, 지적하다, 지시하다

предок
(쁘레독)
(남) 조상, 선조, 윗대, 선대

предопределить (완), **~ять** (미완) 미리 결정짓다;
(쁘레도쁘레젤리찌)

предоставить
(쁘레도스따비찌)
см. предоставлять

предоставление
(쁘레도스따블레니예)
(중) 주는 것, 제공, 부여, 이바지

предоставлять
(쁘레도따블랴찌)
(미완) ① 주다, 제공하다, 부여하다, ② 맡기다, 허가하다, 위임하다,

предостерегать
(쁘레도쓰쩨레가찌)
(미완) 경고하다, 미리 주의를 주다;

предостережение
(쁘레도쓰쩨레줴니예)
(중) 경고, 경계, 주의, 계고, 조심

предостеречь (쁘레도쓰쩨레치)	*см.* предостерегать
предосторожность (쁘레도쓰또로즈노쓰찌)	(여) ① 경계(警戒), 예방(豫防), 조심; ② 예방책(豫防策), 방비책;
предосудительный (쁘레도쑤지쩰느이)	(형) 그릇된, 비난받을만한
предотвратить (완), ~щать (미완) (쁘레도뜨브라찌찌)	방지하다, 예방하다, 미리 막다, 피하다.
предотвращение (쁘레도뜨브라쉐니예)	(중) 방지(防止), 예방(豫防)
предохранение (쁘레도흐라네니예)	(중) 예방, 미리막기, 방지(防止)
предохранитель (쁘레도흐라니쩰)	(남) 안전장치, 보호 장치, 안전기
предохранительный (쁘레도흐라니쩰느이)	(형) 예방의, 안전의;
предохранить, ~ять 예방하다, 방지하다, 미리 보호하다 (쁘레도흐라니찌)	
предписание (쁘렏삐싸니예)	(중) ① 지령, 명령; 지시문, 지령서; ② 지시(指示), 처방(處方);
предписать (완), предписывать (미완) (쁘렏삐싸찌)	① 지시(명령)하다 ② 처방을 내리다
предплечье (쁘렏쁠레치예)	(중) 팔뚝
предполагаемый (쁘렏뽈라가에믜이)	(형) 예정(예상)되는
предполагать (쁘렏뽈라가찌)	(미완) ① 예상하다, 추측하다, 예정하다; ② ~하려고 생각하다; что вы ~ете делать? 당신은 무엇 하실 생각입니까?
предполагаться (쁘렏뽈라가쨔)	(미완) 예상하다, 추측되다, 예기되다
предположение (쁘렏뽈로제니예)	(중) ① 예상(豫想), 추측(推測), 짐작; ② 안(案), 구상(構想), 입안
предположительный (쁘렏뽈로지쩰느이)	(형) 예상되는, 추측되는, 짐잡되는

предположи́ть (쁘롄뽈로지찌)	*см.* предпола́гать; предположим, что ~이라고 하자
предпосла́ть (쁘롇뽀쓸라찌)	(완) 앞서(미리) 말하다
предпосле́дний (쁘롇뽀쓸레드느이)	(형) 끝에서부터 두 번째;
предпосы́лка (쁘롇뽀쓸까)	(여) 전제(前提), 조건(條件), 요건
предпоче́сть (완), ~ита́ть (쁘롇뽀체쓰찌)	(미완) 더 좋아하다;
предпочте́ние (쁘롇뽀치쩨니예)	(중) отдавать ~ *кому-чему* ~을 더 좋아하다
предпра́здничный (쁘롇쁘라즈드니치느이)	(형) 명절 전날
предприи́мчивость (쁘롇쁘리임치보쓰찌)	(여) 진취성(進就性), 사업의욕
предприи́мчивый (쁘롇쁘리임치브이)	(형) 정력적인, 진취성(내밀성) 있는
предпринима́тель (쁘롇쁘리니마쩰)	(남) 실업가(實業家), 기업가(企業家)
предпринима́тельство (쁘롇쁘리니마쩰쓰뜨붜)	(중) 기업 활동(企業活動);
предпринима́ть (쁘롇쁘리니마찌)	(미완) 실행(수행)하다
предпринима́ться (쁘롇쁘리니마쨔)	(미완) 실행되다, 수행되다, 취해지다
предприня́ть (쁘롇쁘리냐찌)	*см.* предпринимать
предприя́тие (쁘롇쁘리야찌예)	(중) ① 기업, 공장; ② 사업(事業), 일; ③ 계획(計劃).
предпусково́й (쁘롇뿌쓰꼬브이)	(형) 조업전의
предрасполага́ть (쁘롇라쓰뽈라가찌)	(미완) 욕망을 품게 하다, 기분을 가지게 하다
предрасположе́ние	(중) 소질(素質), 경향(傾向), 취미(趣味);

Пп

(쁘롄라쓰쁠로제니예)

предрассветный
(쁘롇라쓰볘뜨느이)
(형) 첫새벽, 꼭두새벽, 이른새벽, 신새벽, 꼭두식전(食前), 청신(淸晨), 여명(黎明)

предрассудок
(쁘롇라쑤도크)
(남) 편견(偏見), 벽견, 치우친 생각 선입관; 치우친 생각, 편애.

предрешать (미완), **~ить** (완) 미리 결정하다, 미리해결하다
(쁘롇레샤찌)

предродовой
(쁘롇로도보이)
(형) 해산전의

председатель
(쁘롇세다쩰)
(남) 위원장, 의장(議長); 회장

председательство
(쁘롇세다쩰쓰뜨붜)
(중): под ~м ~의 사회아래

председательствовать
(쁘롇세다쩰쓰뜨붜와찌)
(미완) 위원장(의장)의 직책을 수행하다

председательствующий
(쁘롇세다쩰쓰뜨부유쉬이)
(남) 사회(자)

предсердие
(쁘롇쎄르지예)
(중) (해부) 심방, 염통방, 심이(心耳); 고실(鼓室)(귀의)

предсказание
(쁘롇쓰까자니예)
(중) 예언(豫言), 예고(豫告), 참언

предсказать, предсказывать (미완) 예언(참언)하다, 예고하다
(쁘롇쓰까자찌)

предсмертный
(쁘롇쓰몔뜨느이)
(형) 죽기직전, 임종(臨終)

представать
(쁘롇쓰따와찌)
см. предстать

представитель
(쁘롇쓰따비쩰)
(남) ① 대표, 대표자, 대리자
② 대변인(代辯人) ③ 표본(標本)

представительный
(쁘롇쓰따비쩰느이)
(형) ① 대의제(도);
② 위풍 있는, 위엄 있는

представительство
(쁘롇쓰따비쩰스뜨붜)
(중) ① 대표하는 것 ② 대표부;

представить
(쁘롇쓰따비찌)
(완) ① 내놓다, 제출하다 ② 소개하다
③ 추천하다, 내신하다;④ 주다, 일으키다;

	⑤ ~ себе 상상하다; нельзя себе ~ 상상도 할 수 없다; ⑥ 묘사하다, 제시하다, 보여주다
представиться (쁘롄쓰따비짜)	(완) ① 자기소개를 하다; ② кем-чем ~ 체하다; ③ 생각(상상)되다; ④ 생기다, 나타나다
представление (쁘롄쓰땁레니예)	(중) ① 제출, ② 소개, 추천; ③ 상연, 연극; ④ 표상, 관념; 이해, 지식; ⑤ 묘사
представлять (쁘롄쓰땁랴찌)	см. представить 대표하다;
представляться (쁘롄쓰땁랴짜)	см. представиться
предстать (쁘롄쓰따찌)	(완) (앞에) 나타나다, 나서다
предстоять (쁘롄쓰또야찌)	(미완) (미래에) 있다, 예견되다
предстоящий (쁘롄쓰또야쉬이)	(형) 앞으로 있을, 앞에 나서고 있는, 당면한
предсъездовский (쁘롄쓰에즈돕쓰끼이)	(형) 대회전, 활강경기
предубеждение (쁘롄베즈제니예)	(중) 편견(偏見), 선입감, 치우친 생각
предугадать (완), ~адывать (미완) 예측하다, 짐작하다, 미리 알아 (쁘레두가다찌) 내다	
предупредительность (쁘레두쁘레지쩰노쓰찌)	(여) 친절(親切), 눈치 빠른 것.
предупредительный (쁘레두쁘레지쩰늬이)	(형) ① 예방(豫防), 경고(警告); ② 친절한, 눈치 빠른
предупредить (완), ~ждать (미완) ① 예고하다, 경고하다; (쁘레두쁘레지찌) ② 예방하다, 미리 막다; ③ 미리하다, 먼저하다, 앞지르다	
предупреждение (쁘레두쁘레즈제니예) ② 예방, 방지	(중) ① 예고, 경고, 미리 알림;
предусматривать (미완), ~отреть (완) 예견하다, 미리 타산하다 (쁘레두스마뜨리와찌) 미리 도려 하다	
предусмотрительно	(부) 예견하는, 예감하는, 예측하는

(쁘레두쓰모뜨리쩰나)

предусмотрительность
(쁘레두쓰모뜨리쩰노쓰찌)
(여) 예견, 선견, 예감, 예측, 예산, 예상 예기(豫期)

предусмотрительный
(쁘레두쓰모뜨리쩰느이)
(형) 예견 있는, 예산 있는

предчувствие
(쁘렏츔쓰뜨비예)
(중) 예감, 예각, 예견(豫見), 선견(先見); 육감(六感), 제육감(第六感)

предчувствовать
(쁘렏츔쓰뜨붜와찌)
(미완) 예감 하다, 미리 느끼다

предшественник
(쁘렏쉐쓰뜨벤니크)
(남) ① 선행자(先行者); ② 선배(先輩); ③ (농업) 앞그루

предшествовать
(쁘렏쉐쓰뜨붜와찌)
(미완) 선행하다, 앞서다;

предшествующий
(쁘렏쉐쓰뜨부유씨-)
(형) 앞의, 이전(以前), 그전, 예전

предъявитель
(쁘레디야비쩰)
(남) 제출자(提出者), 제시자, 제기자

предъявить
(쁘렏야비찌)
① 제출하다, 제시하다, 보여주다
② 제기하다

предъявление
(쁘렏야블레니예)
(중) ① 제출, 제시(提示); ② 제기(提起)

предъявлять
(쁘렏야블랴찌)
см. предъявить

предыдущий
(쁘레듸두쉬이)
(형) ① 앞선, 앞의, 지난;
② 위에서 말한, 상술한

преемник
(쁘레옘니크)
(남) 계승자, 승계자, 후속자, 전승자

преемственность
(쁘레옘쓰뜨벤노쓰찌)
(여) 계승(階乘), 승계(承繼), 수계(受繼), 승사, 계위, 계소, 계수, 승전, 승접, 전승 습수; 속(續), 후속, 후계, 사위, 수선

преемственный
(쁘레옘쓰뜨벤느이)
(형) ~ая связь 계승적 연계

прежде
(쁘레즈제)
① (부) 이전에; ② (부) 우선, 먼저;
③ (전)(+생) ~보다 먼저, 앞서

преждевременный
(형) 시기상조; 때 이른;

Пп

(쁘레즈제브레멘느이)

прежний
(쁘레즈느이)
(형) 이전(以前), 종전(從前);

президент
(쁘레지젠트)
(남) ① 주석(主席), 대통령(大統領);
② 총재(總裁), 사장(社長);

президиум
(쁘레지디움)
(남) ① 상임위원회, 상무위원회;
② 주석단; ③ 집행부

презирать
(쁘레지라찌)
(미완) 멸시하다, 업신여기다, 넘보다,
깔보다

презрение
(쁘레즈레니예)
(중) ① 멸시, 경멸, 경시, 무시
② 홀시, 무관심(無關心)

презрительный
(쁘레즈리쩰느이)
(형) 업신여기는, 멸시하는, 경멸하는

преимущественно
(쁘레이무쉐쓰뜨벤나)
(부) 주로, 특히, 기본적으로

преимущественный
(쁘레이무쉐쓰드벤느이)
(형): ~ое право 특권(特權)

преимущество
(쁘레이무쉐쓰뜨붜)
(중) ① 우월성, 우수; ② 우선권, 특권

прейскурант
(쁘레이쓰꾸란뜨)
(남) 정가표, 가격일람표

преклонение
(쁘레클로네니예)
(중) 숭배(崇拜), 숭상(崇尙), 예찬(禮讚)

преклонный
(쁘레클론느이)
(형): ~ возраст 고령

преклоняться
(쁘레클로냐쨔)
① 숭배하다, 예찬하다; ② 고개를 숙이다

прекословить
(쁘레꼬쓸로비찌)
(미완) 말대답하다, 엇서다, 반박하다

прекрасно
(쁘레크라쓰나)
① (부) (매우) 훌륭하게, 가상하게;
② (술어로) 퍽 좋다, 훌륭하다, 아름답다

прекрасный
(쁘레크라쓰느이)
(형) 아름다운, 훌륭한, 매우 좋은,
아주 예쁜;

прекратить
(쁘레크라찌찌)
(완) 그만두다, 중지시키다

Пп

- 1045 -

прекратиться (쁘레크라찌쨔)	(완) 그치다, 멎다
прекращать(ся) (쁘레크라샤찌)	*см.* прекратить(ся)
прекращение (쁘레크라쒜니예)	(중) 중지, 중단, 폐지
прелестный (쁘렐레쓰뜨느이)	(형) 아름다운, 매혹적인, 탐스러운
прелесть (쁘렐레쓰찌)	(여) ① 아름다움; 매력(魅力); ② (복수) : ~и 좋은점, 우수점
преломить(ся) (쁘렐로미찌)	*см.* преломлять(ся)
преломление (쁘렐롬레니예)	(중) 굴절(屈折), 굴곡; угол ~я 굴절각
преломлять (쁘렐롬랴찌)	(미완) 꺾다, 굴절시키다
преломляться (쁘렐롬랴쨔)	(미완) 꺽이다, 굴절되다
прелый (쁘렐르이)	(형) 썩은, 뜬
прельстить (완), ~щать (미완) (쁘렐리쓰찌찌)	꾀이다, 유혹 하다, 마음을 끌다; 호리다, 홀리다
прелюдия (쁘렐류지야)	(여) 전주곡(前奏曲), 서곡(序曲)
премиальный (쁘레미알느이)	(형) ① 표창; ② (명사로) : ~ые (복수) 상금(賞金)
премировать (쁘레미로와찌)	표창하다, 상금을 주다, 상을 주다, 상품을 주다
премия (쁘레미야)	(여) 상(賞), 상금(賞金), 상품(賞品)
премьер (쁘레므엘)	(남) ① 총리 ② 주역배우
премьера (쁘레므에라)	(여) 첫 공연, 시연회
премьер-министр	(남) 내각수상

(쁘레프엘-미니쓰뜰)

пренебрегать (쁘레네브레가찌)	(미완) ① 넘보다, 경시(경멸)하다 ② 주의를 돌리지 않다, 등한시하다
пренебрежение (쁘레네브레줴니예)	(중) ① 경시, 경멸, 멸시, 무시 ② 무관심(無關心)
пренебрежительно (쁘레네브레지쩰나)	(부) 경멸(무시, 멸시)하여;
пренебрежительный (쁘레네브레지쩰느이)	(형) 멸시(무시, 경멸)하는
пренебречь (쁘레네브레치)	*см.* пренебрегать
прения (쁘레니야)	(복수) 토론; выступить в ~x 토론하다, 토론에 참가하다
преобладание (쁘레오블라다니예)	(중) 우세, 압도(壓度), 우월
преобладать (쁘레오블라다찌)	(미완) 우세하다, 압도하다
преобладающий (쁘레오블라다유쉬이)	(형) 우세한, 압도적, 우월한
преображать(ся) (쁘레옵라자찌)	*см.* преобразить(ся)
преобразить (쁘레옵라지찌)	(완) 변화하다, 변형하다, 면모를 일신하다, 개조하다
преобразиться (쁘레옵라지짜)	(완) 변화하다, 변형하다, 면모가 일신되다, 개조되다
преобразование (쁘레옵라조와니예)	(중) ① 개혁, 변혁; ② 개조(改造), 전환; ③ 개편
преобразователь (쁘레옵라조와쩰)	(남) ① 개조자 ② (전기) 전환기, 변류기
преобразовать (완), ~овывать (미완) ① 개혁(개조, 전환)하다 (쁘레옵라조와찌)	② 개편하다 ③ 전환시키다;
преодолевать (쁘레오도레와찌)	*см.* преодолеть
преодоление (쁘레오도레니예)	(중) 극복(克復), 타승

Пп

- 1047 -

преодолеть (쁘레오도레찌)	(완) 이겨내다, 극복하다
препарат (쁘레빠라트)	(남) ① 표본(標本); ② 약제(藥劑), 약품
препинание (쁘레삐나니예)	(중) знаки ~я 구두점
препирательство (쁘레삐라쩰쓰드붜)	(중) 쓸데없는 논쟁, 지루한 논쟁
препираться (쁘레삐라쨔)	(미완) (시시한 일로) 논쟁(쟁론)하다
преподавание (쁘레뽀다와니예)	(중) 교수(敎授), 수업(授業)
преподаватель (남), ~ница (여) (쁘레뽀다와쩰)	교원(敎員), 선생(先生), 교사
преподавательский (쁘레뽀다와쩰쓰끼이)	(형) 교원의, 선생의, 교사의
преподавать (쁘레뽀다와찌)	(미완) ① 가르치다, 교수하다; ② 교원으로 일하다, 교편을 잡다
преподаваться (쁘레뽀다와쨔)	(미완) 교수가 진행되다
преподать (쁘레뽀다찌)	(완) ~ урок(совет) 교훈을 주다, 충고를 주다
преподнести,~осить (쁘레뽀드네쓰찌)	① 삼가 드리다, 증정하다; ② (뜻하지 않은 일을) 꾸미다, 알리다; ③ 내놓다, 서술하다
препятствие (쁘레뺘트쓰트비예)	(중) ① 장애(물), 방해(물); ② 장애물, 장애가 되는 물건
препятствовать (쁘레뺘트쓰트붜와찌)	(미완) 막다, 방해하다, 헤살을 넣다, 막아서 ~못 하게 하다.
прервать (쁘레르와찌)	(완) ① 중지하다, 끊다; ② 중단시키다, 멈추다, 되채다
прерваться (쁘레르와쨔)	(완) 끊어지다, 중지되다, 중단되다
пререкание (쁘레레까니예)	(중) 대꾸질, 말다툼, 논쟁

пререкаться (쁘레레까짜)	(미완) 대꾸질하다, 다투다, 논쟁하다
прерывать(ся) (쁘레릐와찌)	*см.* прервать(ся)
прерывистый (쁘레릐비쓰뜨이)	(형) 부서진, 망그러진, 깨어진, 꺾인, 끊긴 중단하는, 방해하는, 방해적인, 가로막힌
пресекать (쁘레르까찌)	*см.* пресечь
пресечение (쁘레쎼체니예)	(중) 저지, 중지, 차단
пресечь (쁘레쎼치)	저지시키다, 중지시키다, 중단시키다, 가로막다, 차단하다
преследование (쁘레쓸레도와니예)	(중) ① 뒤쫓는 것, 추격(追擊); ② 박해(迫害);
преследователь (쁘레쓸레도와쩰)	(남) ① 추격자 ② 박해자(迫害者)
преследовать (쁘레쓸레도와찌)	(미완) ① 뒤를 쫓다, 추격하다; ② 박해하다; ③ 괴롭히다, 뒤따르다; ④ 추구하다;
пресловутый (쁘레쓸로부뜨이)	(형) 악명 높은, 악랄한
пресмыкаться (쁘레쓰믜까짜)	(미완) 아첨하다, 굴복하다, 굽실거리다
пресмыкающиеся (쁘레쓰믜까유쉬예쌰)	(복수) 파충류(爬蟲類), 파충강
пресноводный (쁘레쓰노보드늬이)	(형) ~ые рыбы 민물고기, 담수어
пресный (쁘레쓰늬이)	(형) ① 짠맛이 없는 ② 싱거운
пресс (쁘렛쓰)	(남) 프레스, 압착기.
пресса (쁘렛싸)	(여) ① 정기 간행물 ② 기자들, 출판보도일군들
прессинг (쁘렛씬그)	(남) (체육) 대인방어, 맨투맨 디펜스

Пп

пресс-конференция (쁘렛쓰-꼰폐렌찌야)	(여) 기자회견
прессовать (쁘렛쏘와찌)	(미완) 압착(압축)하다
прессовка (쁘렛쏘브까)	(여) 프레스화, 압착(壓着)
престарелый (쁘렛쓰따렐르이)	(형) ① 나이 많은, 매우 늙은; ② (명사로): ~ый (남) 상늙은이;
престиж (쁘렛쓰띠즈)	(남) 위신(威信), 권위(權威), 위엄(威嚴);
престол (쁘레쓰똘)	(남) 왕좌, 왕위;
преступать, ~ить : ~ закон 법을 위반하다 (쁘레스뚜빠찌)	
преступление (쁘레스뚜쁠레니예)	(중) ① 위법행위, 범죄; ② 해로운 짓
преступник (남), ~ца (여) 범인(犯人), 죄인(罪人), 범죄자 (쁘레쓰뚜쁘니크)	
преступность (쁘레쓰뚜쁘노쓰찌)	(여) 범죄행위, 범죄들, 범죄건수
преступный (쁘레쓰뚜쁘느이)	(형) 범죄(犯罪), 범죄적인;
претворение (쁘레드뷔레니예)	(중): ~ в жизнь 구현(具現), 실현(實現)
претворить, ~ять ~ в жизнь 구현하다, 실현하다, (쁘레드뷔리찌) 관철하다.	
претендент (쁘레젠젠트)	(남) 희망자(希望者)
претендовать (쁘레젠도와찌)	(미완) 요구하다, 청구하다, 탐내다
претензия (쁘레젠지야)	(여) ① 요구, 청구; ② 불평(不平), 불만 ③ человек с ~ями 야심가;
претерпевать, ~еть (완): ~ изменения 변경되다 (쁘레쩰뻬와찌)	
претить	(미완) 싫어지다

- 1050 -

(쁘레찌찌)

преткновение (중) камень ~я 장애물(障碍物)
(쁘렡크노볘니예)

преть (미완) 썩다, 뜨다
(쁘레찌)

преувеличение (중) 과장, 과대
(쁘레우벨리체니예)

преувеличенный (형) 과장된
(쁘레우벨리첸느이)

преувеличивать (미완), **~ть** (완) 과장하다
(쁘레우벨리치와찌)

преуменьшать, ~еньшить 과소평가하다, 경시하다
(쁘레우몌느샤찌)

преуспевать (미완), **~еть** (완) ① 크게 성공하다, 성과를 거두다
(쁘레우쓰뼤와찌) ② 견기가 좋다, 잘 살다

префектура (여) 현
(쁘레펙뚜라)

префикс (남) (언어) 앞붙이, 접두사(接頭辭)
(쁘레픽쓰)

преходящий (형) 일시적인
(쁘레호쟈쉬이)

прецедент (남) 전례(前例)
(쁘레쩨젠트)

при (전) (+ 전) ① 부근에, 곁에, 가까이;
(쁘리) ② 소속, 부속, 주재; ③ ~때에, ~하에;
④ ~있는데서; ~ мне 내 앞에서;~ всех 모든 사람들 앞에서;⑤ ~환경에서;~ при сильном ветре 세찬 바람이 부는데서
⑥ ~ 불구하고; ~ при всём том 그럼에도 불구하고;

прибавить (완) ① 첨가하다, 추가하다, 증가하다;
(쁘리바비찌) ② 보태어 말하다, 더 쓰다; ③ 더하다;

прибавиться (완) 첨가되다, 가해지다, 붇다, 많아지다
(쁘리바비쨔)

прибавка (여) 첨가(添加), 부가(附加)
(쁘리바프까)

Пп

― 1051 ―

прибавление (쁘리바블레니예)	(중) 증가(增加), 첨가(添加)
прибавлять(ся) (쁘리바블랴찌)	*см.* прибавить(ся)
прибавочный (쁘리바보치느이)	(형) ~ая стоимость 잉여가치(剩餘價値)
прибегать¹ (쁘리베게찌)	*см.* прибежать
прибегать² (쁘리베게찌)	*см.* прибегнуть
прибегнуть (쁘리베그누찌)	(완) 의거하다, 매달리다
прибежать (쁘리베좌찌)	(완) 뛰어오다, 뛰어가다, 달려오다, 달려가다
приберегать (미완), ~ечь (쁘리베레가찌)	(완) 모아두다, 저장하다, 저축하다, 장만해두다
прибирать (쁘리비라찌)	*см.* прибрать
приближать(ся) (쁘리블리좌찌)	*см.* приблизить(ся)
приближение (쁘리블리줴니예)	(중) ① 접근(接近); 앞당기는 것; ② (수학) 근사치계산
приближённый (쁘리블리죤늬이)	(형) ① 근사한, 대략적인; ② (명사로): ~ый (남) 측근자
приблизительно (쁘리블리지쩰나)	(부) 대략, 약
приблизительный (쁘리블리지쩰느이)	(형) 대략적인, 근사한
приблизить (쁘리블리지찌)	(완) ① 접근시키다; ② 앞당기다
приблизиться (쁘리블리지쨔)	(완) ① 가까워지다, 가까이가다(오다), ② 닥쳐오다, 다가오다, 가까워 오다
прибой (쁘리보이)	(남) 바닷가에 부딪치는 파도;
прибор	(남) ① 기구, 도구, 장치; ② 한조의 도구

(쁘리볼)

приборостроение (쁘리보로쓰뜨로니예)	(중) 기구제작
прибрать (쁘리브라찌)	(완) ① 정돈하다, 정리하다, 바로잡다; ② 거두다, 치우다, 집어넣다, 치워놓다
прибрежный (쁘리브레즈느이)	(형) 연안, 연해지역, 해안; 연해(沿海);
прибыль (쁘리븰리)	(여) ① 이윤(利潤), 이익(利益), 이득; ② 첨가(添加), 증가(增加)
прибыльность (쁘리븰리노쓰찌)	(여) 수익성(收益性)
прибыльный (쁘리븰리느이)	(형) 이익이 있는, 이윤이 있는, 유리한, 벌이가 좋은, 수지가 맞는
прибытие (쁘리븨띠예)	(중) 도착(到着), 도달, 도래
прибыть (쁘리븨찌)	(완) ① 도착하다; ② 증가되다, 붇다;
привал (쁘리왈)	(남) (행군도중의) 휴식; 휴식터;
приваривать(미완), **приварить** (완) 용접하다, 때 붙이다 (쁘리와리와찌)	
привезти (쁘리베즈찌)	см. привозить
привередливый (쁘리베레들리브이)	(형) 까다로운, 타발(타박)이 많은, 가리는 것이 많은
привередничать (쁘리베레드니차찌)	(미완) 까다롭게 굴다
приверженец (쁘리붸르줴네츠)	(남) 신봉자, 지지자
приверженность (쁘리붸르젠노쓰찌)	(여) 신봉(信奉); 애착(愛着)
привернуть(완), **привёртывать** (미완) 틀어 맞추다; (나사로) 고정시 (쁘리붸르누찌) 키다	
привес (쁘리베쓰)	(남) 무게의 증가량

привести (쁘리베쓰찌)	*см.* приводить	
привет (쁘리볱)	(남) ① 인사; 축하(祝賀); 환영(歡迎); ② (불변): ~! 안녕하시오!	
приветливо (쁘리볘뜰리붜)	(부) 친절하게, 반가이, 호의적으로	
приветливый (쁘리볘뜰리브이)	(형) 친절한, 호의적인, 인사성 있는	
приветственный (쁘리볩쓰뜨볜느이)	(형) 환영하는;	
приветствие (쁘리볩쓰뜨비예)	(중) 인사, 인사의 말; 환영사;	
приветствовать (쁘리볩쓰뜨붜와찌)	(미완) ① 인사(환영)하다; ② (제의 등을) 환영(찬동)하다	
прививать (쁘리비와찌)	(미완) ① (나무를)접하다, 접목(접지)하다; ② (식물을)풍토에 맞게 순화(순응)시키다; ③ 접종하다 ④ 키우다, 기르다, 습득시키다	
прививаться (쁘리비와쨔)	(미완) ① 접목(유착)되다; ② 풍토에 순화(순응)되다; ③ 접종되다; ④ 습관(일반화)되다	
прививка (쁘리빕까)	(여) ① 접(接), 접목(接木), 접지; ② 접종(接種);	
привидение (쁘리비졔니예)	(중) 유령(幽靈), 망령, 망혼	
привилегированный (쁘리뷜레기로완느이)	(형) ① 특권 있는; ② 우선적인, 특허	
привилегия (쁘리뷜레기야)	(여) ① 특권(特權); 우점(優點); ② 특허권(特許權)	
привинтить (완), **привинчивать** (미완) (나사못 등으로) 고정시키다 (쁘리빈찌찌)		
привить[ся] (쁘리비찌)	*см.* прививать[ся]	
привкус (쁘맆꾸쓰)	(남) ① 가미된 맛, 덧맛, 뒷맛; ② 특징적인 맛(경향)	
привлекательный (쁘리블레까쪨느이)	(형) 매력있는, 매혹적인, 마음을 끄는	

привлекать (쁘리블레까찌)	(미완) ① 끌어들이다, 끌어당기다 ② (관심, 주의 등을) 끌다; ③ (책임 등을) 지우다, 추궁하다; ④ 쓰다, 이용하다
привлечение (쁘리블레체니예)	(중) 인입, 끌어들이는 것
привлечь (쁘리블레치)	*см.* привлекать
привнести (완), **привносить** (미완) (쁘리브녜쓰찌)	부가(부여, 첨가, 첨부)하다
привод^1 (쁘리봇)	(남) (공학) 전동(원동) 장치
привод^2 (쁘리봇)	(남) (법률) 구류(拘留)
приводить (쁘리붜지찌)	① 데리고 오다; ② 이끌다, 유도하다; ③ (어떤 정신적 및 육체적 상태에) 빠지게 하다, 이르게 하다; ④ 인용(인증)하다
приводной (쁘리붜드노이)	(형) ~ ремень 전달대
привоз (쁘리보즈)	(남) ① 반입(搬入), 수입(輸入); ② 반입품(搬入品), 수입품(輸入品)
привозить (쁘리붜지찌)	가져오다, 날라오다, 실어오다, 반입하다, 수입하다
привозной (쁘리붜즈노이)	(형) 반입한, 수입한;
привой (쁘리보이)	(남) 접붙이기, 접지되는 가지
привокзальный (쁘리붜그잘느이)	(형) ~ая площадь 역전광장
приволье (쁘리볼예)	(중) 광야, 벌판, 황야, 황원; степное ~ 광활한 초원; 자유로운(안락한) 생활
привольный (쁘리볼늬이)	(형) 넓은, 광활한; 자유로운, 안락한
привстать (쁘리브쓰따찌)	(완) (약간, 반쯤) 일어서다, 일어나다

привыкать (미완), **привыкнуть** (완) ① 버릇(습관)되다;

(쁘리븨까찌)	② 익숙해지다
привычка (쁘리브치까)	(여) ① 버릇, 습관(習慣), 습성(習性); ② 숙련(熟練), 기능(技能)
привычный (쁘리브치느이)	(형) ① 습관적인, 버릇된; ② 보통, 잘 알려진; ③ 익숙한, 낯익은;
привязанность (쁘리뱌잔노스찌)	(여) 애착, 애착심(愛着心); 애착의 대상
привязать (쁘리뱌자찌)	(완) ① 매다, 묶다; 얽어매다; ② 애착을 느끼게 하다
привязаться (쁘리뱌자짜)	(완) ① 매어지다; 얽어 매이다; ② 애착을 느끼다; ③ 시끄럽게 달라붙다, 싫증나게 굴다
привязывать(ся) (쁘리뱌즤와찌)	*см.* привязать(ся)
привязь (쁘리뱌지)	(여) 띠, 사슬, 줄
пригибать (쁘리기바찌)	(미완) 휘어 뜨리다.
пригибаться (쁘리기바짜)	(미완) 휘다, 굽혀지다
пригладить (완), **~живать** (미완) (쁘리글라지찌)	딱 붙게 하다
пригласительный (쁘리글라씨쩰느이)	(형) ~ билет 초대장, 초대권
пригласить (완),**~шать** (미완) (쁘리글라씨찌)	① 초대(초청)하다; ② 참가하게 하다, 권하다; ③ 불려오다, 초빙하다.
приглашение (쁘리글라쉐니예)	(중) ① 초대, 초청 ② 권고, 요청; 초빙 ③ 초대장(招待狀), 초대권(招待券)
приглядеться (쁘리글랴제짜)	*см.* приглядываться
приглядывать (쁘리글랴즤와찌)	(미완) 돌보다; 감시하다;
приглядываться (쁘리글랴드와짜)	(미완) ① 주의깊이 보다, 주시하다 ② 눈에 익다, 버릇되다; ~ к работе 일에 버릇되다, 일이 눈에 익다

приглянуться (쁘리글랴누짜)	(완) 마음에 들다
пригнать (쁘리그나찌)	*см.* пригонять
пригнуть(ся) (쁘리그누짜)	*см.* пригибать(ся)
приговариваться (쁘리가바리와짜)	*см.* приговорить
приговор (쁘리고볼)	(남) ① 판결(判決), 선고(宣告); ② 결정(決定), 결의(決意)
приговорить (쁘리가붜리찌)	(완) 선고(판결, 언도)하다;
пригодиться (쁘리가지짜)	(완) 쓸모 있다, 쓸만하다, 필요(유용)하다
пригодность (쁘리고드노쓰찌)	(여) 쓸모 있는 것, 유용성
пригодный (쁘리고드늬이)	(형) 쓸모 있는, 쓸만한, 유용한
пригонять (쁘리가냐찌)	(미완) ① 몰아오다(가다); ② 맞추다, 들어맞게 하다
пригорать, ~ет (쁘리가라찌)	(완) ① 눋다, 타다, 탄내가 나다; ② 눌어붙다;
пригород (쁘리고로드)	(남) 교외(郊外), 시외(市外), 야외, 외곽
пригородный (쁘리고롣늬이)	(형) 교외로, 시외의, 야외로, 외곽의
пригорок (쁘리고록)	(남) (산 밑의) 언덕, 구릉
пригоршня (쁘리골쓰쉬냐)	(여) 한 줌, 한 움큼
пригорюниться (쁘리가류니짜)	(완) 슬퍼하다, 비애에 잠기다
приготавливать(ся) (쁘리고따블리와찌)	*см.* приготовиться
приготовить	(완) ① 준비하다, 마련하다, 갖추다;

(쁘리고또비찌)	② (음식) 끓이다; (밥을) 짓다; ~ обед 점심식사를 준비하다; ③ 장만하다 ④ 만들다
приготовиться (쁘리고또비쨔)	(완) 준비하다, 모든 준비를 갖추다
приготовление (쁘리고또블례니예)	(중) ① 준비, 마련하는 것; ② (흔히 복수) 준비작업, 차비;
приготовлять(ся) (쁘리고또블랴찌)	см. приготовить(ся)
пригрозить (쁘리고로지찌)	(완) 위협하다, 으르릉대다
придавать (쁘리다와찌)	① 첨가하다, 덧붙이다; ② (어떤 특징, 특성 등을) 가지게 하다, 부여하다;
придавить (쁘리다비찌)	(완) 내리누르다, 짓누르다
приданое (쁘리다노예)	(중) (신부의) 지참품(持參品)
придаток (쁘리다똑)	(남) ① 부가물, 부속물(附屬物); ② (의학) 부속기관, 하수체
придаточный (쁘리다또치느이)	(형) : ~ое предложение (언어) 부문
придать (쁘리다찌)	см. придавать
придача (쁘리다차)	(여) в ~у 그밖에, 게다가, 그 외에.
придвигать (쁘리드비가찌)	(미완) ① 가까이 끌어오다(가다), 가까이 옮기다, 접근시키다; ② (시간, 기일을) 앞당기다;
придвигаться (쁘리드비가쨔)	(미완) ① 가까이 오다(가다), 가까워지다, 접근하다; ② (시일이) 가까워오다.
придвинуть(ся) (쁘리드비누찌)	см. придвигать(ся)

приделать (완), ~ывать (미완) ① 붙이다, 덧붙이다, 덧대다;
(쁘리젤라찌)   ② 증축하다, 덧붙어 짓다

придержать (완), придерживать (미완) ① 움직이지(떨어지지) 않게

(쁘리제르좌찌)	붙들어(잡아)주다; ② (당분간) 사용하지 않고 두다, 간수하여 두다
придерживаться (쁘리제르지와짜)	① (좀, 약간) 쥐다, 잡다, 기대다; ② (방향을 잡고) 가다; ③ 견지(의의)하다, 지키다;
придираться (쁘리지라짜)	(미완) ① 트집하다, 흠잡다; ② 구실로 잡다
придирка (쁘리지르까)	(여) 트집; пустые ~и 공연한 트집
придирчивый (쁘리지르치브이)	(형) 트집을 잡기 좋아하는, 흠을 잘 잡는
придраться (쁘리드라짜)	*см.* придираться
придумать, ~ывать (쁘리두마찌)	(미완) 생각해내다, 꾸며내다, 고안하다;
придыхание (쁘리드하니예)	(중) (언어) 기음, 대기음, 거센소리
придыхательный (쁘리드하쎌느이)	(형) ~ звук(согласный) (언어) 기음의, 거센소리로
приедаться (쁘리다짜)	(미완) 싫증나다
приезд (쁘리예즈)	(남) 도착(到着)
приезжать (쁘리에즈좌찌)	(미완) (타고) 오다, 도착하다
приезжий (쁘리에즈쉬이)	(남) 다른 곳 손님, 다른 곳에서 온 사람
приём (쁘리욤)	(남) ① 접수, 받는 것; ② 접견; ③ 연회 ④ 섭취, 복용;⑤ (один,два,несколько 등과 함께) 번, 회;
приемлемый (쁘리옘레믜이)	(형) 시인(허용)할만 한, 타당한, 접수될 수 있는.
приёмная (쁘리욤나야)	(여) 응접실(應接室), 접수실
приёмник (쁘리욤닉)	(남) ① (무선) 수신기, 수상기, 수화기; ② 임시수용소, 맡아보는 곳

приёмный (쁘리욤늬이)	(형) ① 접수하는, 받아들이는; ② ~ая радиостанция 수신국, 수신소; ③ ~ый отец 양아버지; ~ый сын 양아들; ~ая дочь 양딸;
приёмщик(남), ~ца (여) (쁘리욤쉬크)	접수자, 검수인
приёмыш (쁘리요므쉬)	(남) 양아들, 양딸
приёсться (쁘리요쓰쨔)	(완) 싫증이 나다;
приехать (쁘리예하찌)	*см.* приезжать
прижать(ся) (쁘리자찌)	*см.* прижимать(ся)
прижечь (쁘리줴치)	*см.* прижигать
прижигание (쁘리쥐가니예)	(중) (의학) 지지기
прижигать (쁘리쥐가찌)	(미완) (자극성이 강한 약품 따위로) 바르다, 지지다;
прижимать (쁘리쥐마찌)	① 누르다, 대다; 끌어안다; ② 박해하다
прижиматься (쁘리쥐마쨔)	(미완) 꽉 안기다, 바싹 붙다, 밀착되다
приз (쁘리쓰)	(남) 상(賞), 상품(賞品), 상금(賞金);
призадуматься(완), ~ываться (쁘리자두마쨔)	(미완) 깊이 생각하다, 생각에 잠기다
призвание (쁘리즈와니예)	(중) ① 사명(使命), 임무(任務); ② 취미 소질(素質), 경향(傾向);
призвать (쁘리즈와찌)	*см.* призывать
приземистый (쁘리제미쓰띄이)	(형) ① 다부진, 옹골찬, 오달진 ② 작은, 낮은
приземление (쁘리제믈레니예)	(중) 내리기, (비행기의) 착륙, 도착.

- 1060 -

приземлиться (완), ~яться (미완) (쁘리제믈리쨔)	내리다, 착륙하다
призёр (쁘리죨)	(남) 수상자, 상을 탄 사람; 수상작품.
призма (쁘리즈마)	(여) ① (물리) 프리즘 ② (수학) 각기둥, 3각기둥
признавать (쁘리즈나와찌)	① 알다, 알아보다 ② 동의(인정, 승인)하다; ③ 결론을 내리다
признаваться (쁘리즈나와쨔)	(미완) 고백하다, 자백하다, 자인하다
признак (쁘리즈나크)	(남) ① 표식, 특징, 징표; ② 징조, 전조;
признание (쁘리즈나니예)	(중) ① 인정, 승인, 공인; ② 고백, 자백 자인(自認); ③ 인기(人氣), 호평(好評);
признанный (쁘리즈난늬이)	(형) 알려진, 공인된, 이름난;
признательность (쁘리즈나쩰노쓰지)	(여) 사의, 감사
признательный (쁘리즈나쩰늬이)	(형) 감사의 정을 담은, 호의를 품은;
признать(ся) (쁘리즈나찌)	*см.*признавать(ся)
призовой (쁘리조보이)	(형) 상; ~ые места 입상등수, 상을 받은 등수;
призрак (쁘리즈라크)	(남) ① 환영(幻影), 유령(幽靈); ② 환상(幻想), 망상(妄想)
призрачный (쁘리즈라치늬이)	(형) ① 환상적인, 가상적인; ② 희미한, 아리송아리송한
призыв (쁘리즤프)	(남) ① 부름, 호소(呼訴), 하소연; ② 구호(口毫)
призывать (쁘리즈와찌)	(미완) ① 부르다, 호소하다; ② 요구하다;
призывник (쁘리즙닉)	(남) 징집(입대)대상자, 징집(초모)된 사람
призывной 	(형) 징집(徵集), 초모(招募);

(쁘리즙노이)

прииск (쁘리이쓰크)	(남) 채광장(採鑛場), 광산(鑛山); 파기; 채굴, 채광
приёти (쁘리요찌)	*см.* приходить
прийтись (쁘리이띠시)	*см.* приходиться
приказ (쁘리까즈)	(남) ① 명령, 지령; ② 명령서(命令書), 지령서(指令書)
приказание (쁘리까자니예)	(중) 지령(指令), 명령(命令), 지시(指示)
приказать (완)~ **приказывать** (미완) (쁘리까자찌)	① 명령(분부, 지시)하다; ② 맡기다, 위임하다;
прикалывать (쁘리깔릐와찌)	(미완) 핀으로 붙이다(달다)
прикармливать (쁘리까르믈리와찌)	(미완) 보태어 먹이다;
прикасаться (쁘리까싸쨔)	(미완) 손대다, 다치다, 건드리다, 대다
прикатить (쁘리까찌지)	(완) ① 굴려오다 ②(타고)오다, 도착하다
прикидывать (쁘리끼듸와찌)	(미완) 계산하다;
прикидываться (쁘리끼듸와쨔)	(미완) ~는 체하다; 가장하다.
прикинуть(ся) (쁘리끼누찌)	*см.* прикидывать(ся)
приклад (쁘리글라드)	(남) ① 총의 개머리판; ② 심지감(옷을 지을때 드는 안감, 단추 등); 트리밍, (옷·모자 등에 붙이는) 장식
прикладной (쁘리글라드노이)	(형) 응용(應用), 실용적인;
прикладывать(ся) (쁘리글라듸와찌)	*см.* приложить(ся)
приклеивать	(미완) (풀로) 붙이다

(쁘리끌레이와찌)

приклеиваться (미완) 붙다, 달라붙다
(쁘리끌레이와쨔)

приклеить(ся) *см.* приклеивать(ся)
(쁘리끌레이찌)

приключаться *см.* приключиться
(쁘리끌류차쨔)

приключение (중) ① 사건(事件), 사고, 일;
(쁘리끌류체니예) ② 기이한 사건, 모험(冒險)

приключенческий (형) 모험적인
(쁘리끌류첸체쓰끼이)

приключиться (완) 생기다, 일어나다, 발생하다
(쁘리끌류치쨔)

приковать (완), **приковывать** (미완) ① 단접하다; ② 쇠사슬로 매다;
(쁘리꼬와찌) ③ 꼼짝 못하게 만들다

приколачивать (미완), **~отить** (완) 못박아 붙이다
(쁘리꼴라치와찌)

приколоть *см.* прикалывать
(쁘리꼴로찌)

прикомандировать (완), **~овывать** (미완) 임시로 파견하다, 임시로
(쁘리꼬만지로와찌) 배치하다, 임시로 배속시키다

прикончить (완) 끝장을 내다; 죽이다
(쁘리꼰치찌)

прикосновение (중) 손대는 것; 접촉(接觸)
(쁘리꼬쓰노베니예)

прикоснуться *см.* прикасаться
(쁘리꼬쓰누쨔)

прикрепить (완) ① 붙이다, 달다, 고정시키다;
(쁘리끄레삐찌) ② 붙어놓다, 소속(배속)시키다

прикрепиться (완) ① 붙다, 고정되다; ② 등록되다
(쁘리끄레삐쨔)

прикрепление (중) ① 붙이는 것, 고정시키는 것;
(쁘리끄레쁠레니예) ② 소속시키는 것 배속시키는 것;
③ 등록(登錄)

прикреплять(ся) *см.* прикрепить(ся)

- 1063 -

(쁘리끄레쁠랴짜)

прикрывать (쁘리끄릐와찌)	(미완) ① 덮다, 씌우다, 가리다, 숨기다; ② 감추다; ③ 비스듬히 닫다; ④ 막다, 엄호하다
прикрываться (쁘리끄릐와짜)	(미완) ① 덮다, 몸을 가리다; ② 숨기다
прикрыть(ся) (쁘리끄릐찌)	*см*. прикрыть(ся)
прикуривать (미완), прикурить 담뱃불을 붙이다 (쁘리꾸리와찌)	
прилавок (쁘릴라뵈크)	(남) 매대
прилагательное (쁘릴가젤노예)	(중): [имя] ~ 형용사
прилагать (쁘릴라가찌)	*см*. приложить
приладить (완), ~живать (쁘릴라지찌)	(미완) 맞추다, 달다
приласкать (쁘릴라스까찌)	(완) 귀여워하다
прилегать (쁘릴레가찌)	(미완) ① 딱(달라)붙다 ② 잇닿아 있다, 인접해 있다
прилежание (쁘릴레자니예)	(중) 열심(熱心), 노력(努力), 근면(勤勉)
прилежный (쁘릴레즈느이)	(형) 부지런한, 꾸준한, 근면한
прилепить (쁘릴레삐찌)	(완) ① 붙이다; ② 달다, 매달다
прилепиться (쁘릴레삐짜)	(완) 붙다
прилеплять(ся) (쁘릴레쁠랴짜)	*см*. прилепить(ся)
прилёт (쁘릴료트)	(남) 날아오는 것; 착륙(着陸)

прилетать (미완), ~еть (완) ① 날아오다

- 1064 -

(쁘릴레**따**찌)	② 급히 오다, 바삐 달려오다
прилечь (쁘릴래치)	(완) ① (잠시) 눕다 ② 누워(엎드려) 숨다
прилив (쁘릴리프)	(남) ① 밀물 ② 흘러드는 것, 충만
приливать (쁘릴리와찌)	*см.* прилить
приливный (쁘릴리브느이)	(형) 조수의, 조수 같은; ~ое течение 밀물흐름; ~ая волна 만조, 밀물, ~ая электростанция 조수력 발전소
прилипать (미완), **прилипнуть** (완) (쁘릴리**빠**찌)	① 들어붙다, 달라붙다 ② 졸졸 따라다니다, 시끄럽게 굴다
прилить (쁘릴리찌)	(완) ① 흘러들다 ② 피발이 서다
приличие (쁘릴리치예)	(중) 예의, 예절, 예법, 예(禮), 예법, 예도 예의범절(禮儀凡節);
приличный (쁘릴리치느이)	(형) ① 예절바른; ② 알맞은, 어울리는; ③ 상당한, 꽤 많은, 꽤 좋은
приложение (쁘릴로제니예)	(중) ① 부록(附錄); ② 경주, 집중; ③ 응용; ④ (언어) 동격어
приложить (쁘릴로쥐찌)	(완) ① 가져다대다; ② 덧붙이다, 첨가 (첨부)하다; ③ 경주(집중)하다; ~ все силы 모든 힘을 바치다(기울이다); ④ 적용(응용)하다
приложиться (쁘릴로지쨔)	(완) остальное приложится 나머지는 제대로 되리라
прильнуть (쁘릴리누찌)	*см.* льнуть
примазаться (완), **~ываться** (미완) (쁘리마**자**쨔)	끼어들다, 가담(가입, 참가)하다
приманка (쁘리**만**까)	(여) 미끼, 고기밥
применение (쁘리메**네**니예)	(중) ① 사용, 이용; ② 적용
применительно (쁘리메**니**쩰나)	(부) ~ к местным условиям 지방조건 에 맞추어

Пп

- 1065 -

применить (완), ~ять (미완) (쁘리메니찌)	① 쓰다, 사용(이용)하다; ② 적용하다
применяться (쁘리메냐짜)	(미완) 사용(이용)되다
пример (쁘리몔)	(남) ① 예, 실례(實例); ② 모범, 본보기; ③ (수학에서) 실례(實例)
примерить (쁘리메리찌)	*см.* примерять
примерка (쁘리몔까)	(여) ① 입어(신어)보는 것; ② 시침(바느)질, 가봉
примерно (쁘리몔나)	(부) ① 모범적으로 ② 대략, 약
примерный (쁘리몔느이)	(형) ① 모범적인, 훌륭한; ② 대략적인, 근사한
примерять (쁘리메랴찌)	(미완) 입어(신어)보다
примесь (쁘리메시)	(여) ① 섞인 것, 혼합물; ② 보태는 것, 덧붙이
примета (쁘리몌따)	(여) ① 표식, 특징(特徵), 징표(徵標); ② 징조(徵兆), 전조
примечание (쁘리몌차니예)	(중) 주, 주해(註解), 주석(註釋);
примечательный (쁘리몌차쩰느이)	(형) 주목할만한, 뛰어난, 비상한
примешать (완), примешивать (미완) (쁘리몌샤지)	타다, 섞다, 혼합하다
примирение (쁘리미례니예)	(중) 화해(和解)
примирить (쁘리미리찌)	(완) 화해시키다
примириться (쁘리미리짜)	① 화해하다 ② 참다, 복종하다, 순종하다
примирять(ся) (쁘리미랴찌)	*см.* примирить(ся)
примитивный	(형) ① 단순한, 간단한

— 1066 —

(쁘리미쩌브느이)	② 유치한, 조잡한, 문화성이 없는
примкнуть (쁘림크누찌)	(완) 가담하다;
приморский (쁘리몰쓰끼이)	(형) 연해(沿海), 해변(海邊)
Приморский -край (쁘리몰쓰끼이-크라이)	연해변강
приморье (쁘리모례)	(중) 연해지방, 해안지대
Приморье (쁘리모례)	(중) 연해주
примочка (쁘리모츠까)	(여) ① 물약찜질 ② 찜질용 물약
примчаться (쁘리므차짜)	(완) 바삐(빨리) 달려오다
примыкать (쁘리므까찌)	*см.* примкнуть; 잇닿아 있다, 인접해 있다
принадлежать (쁘리낟졔촤찌)	(미완) ① 속하다, 속해 있다 ② 소속되다, 성원으로 되다
принадлежность (쁘리나들례즈노쓰찌)	(여) ① 부속물(附屬物), 부속품, 용구 ② 소속 ③ 속성, 특질
принести (쁘리녜쓰찌)	*см.* приносить
принижать (미완), **принизить** (완) (쁘리니좌찌)	낮추보다, 저하시키다, 과소평가 하다; ~ значение 의의를 저하시키다
принимать (쁘리니마찌)	(미완) ① 받다, 접수(인수)하다; ② 담당하다, 책임지다; ③ 받아들이다; ④ 맞다, 만나다; 접견하다; ⑤ 동의하다, 접수하다; ⑥ 채택하다; ⑦ за кого-что (옳게 혹은 잘못) 보다, 생각(간주)하다
приниматься (쁘리니마짜)	① 착수(시작)하다; ② за кого 교양 (훈계)하기 시작하다; 타이르다 ③ 뿌리박다, 싹트다
приноравливать (쁘리노라블리와찌)	(미완) 맞추다, 상응시키다, 맞게 하다
приноравливаться	(미완) 적용(순응)하다, 버릇(습관)되다

Пп

(쁘리노라블리와쨔)

приноровить[ся] (쁘리노로비찌)	*см.* приноравливаться
приносить (쁘리노씨찌)	(미완) ① 가져가다(오다); ② 새끼치다; ③ (결과를) 가져오다, 끼치다; ④ (일부 명사와 함께) ...하다;
принудительный (쁘리누지쩰느이)	(형) 강요(强要), 강제적인;
принудить (완), **принуждать** (미완) 강요하다, 억지로 ...하게 하다 (쁘리누지찌)	
принуждение (쁘리누즈제니예)	(중) 강요(强要), 강제(强制);
принц (쁘리쯔)	(남) 친왕, 왕자(王子)
принцип (쁘리찦)	(남) ① 원칙(原則), 원리(原理), 기본명제; ② 주의, 주견;
принципиальность (쁘린찌삐알노쓰찌)	(여) 원칙성(原則性)
принципиальный (쁘리찌삐알느이)	(형) ① 원칙적인; ② 시종일관한, 철저한; ③ 기본적인
принятие (쁘리냐찌예)	(중) ① 접수, 인수 ② 채용 ③ 채택 ④ 승인, 수락(受諾)
принять[ся] (쁘리냐찌)	*см.* принимать[ся]
приободрить (쁘리오본리찌)	(완) 고무해주다, 원기를 북돋아주다
приободриться (쁘리오보드리쨔)	(미완) 힘이 나다, 원기를(기운을) 내다
приободрять[ся] (쁘리오본랴찌)	*см.* приободрить[ся]
приобрести (완), **~тать** (미완) 가지다, 얻다, 획득하다 (쁘리옵레쓰찌)	
приобретение (쁘리옵레쩨니예)	(중) ① 얻는 것, 획득, 구입 ② 획득물, 구입품(購入品)
приобщать	① 접촉(참가)시키다, 인입하다

- 1068 -

(쁘리옵샤찌)	② 첨부하다
приобща́ться (쁘리옵샤짜)	(미완) 접촉(참가)하다, 인입되다
приобще́ние (쁘리옵쉐니예)	(중) 접촉, 참가; 인입; 종사
приобщи́ть(ся) (쁘리옵쉬찌)	*см.* приобща́ть(ся)
приорите́т (쁘리오리쩰)	(남) ① (발명, 연구 등에서) 앞선 것, 제1위 ② 우선권, 우위; ③ (흔히 복수) 중점
приостана́вливать (쁘리옷따나블리와찌)	(미완), ~овить (완) 멈추다, 중지시키다, 정지시키다, 지체시키다
приостанови́ться (쁘리오쓰따노비짜)	(완) 멎다, 중지(정지, 지체)되다
приостано́вка (여), приостановле́ние (중) 정지, 중지, 중단 (쁘리오쓰따노브까)	
приоткрыва́ть (쁘리올크릐와찌)	(미완) 조금 열다
приоткрыва́ться (쁘리올크릐와짜)	(미완) 조금 열리다
приоткры́ть(ся) (쁘리올크릐찌)	*см.* приоткрыва́ть(ся)
припа́док (쁘리빠돜)	(남) 발작
припаса́ть (미완), ~ти (완) 장만(저축, 준비)해두다 (쁘리빠싸찌)	
припа́сы (쁘리빠싀)	(복수) 예비품(豫備品), 예비물자;
припая́ть (쁘리빠야찌)	(완) 땜하여 붙이다.
припе́в (쁘리뻬프)	(남) 후렴(後斂)
припева́ючи (쁘리뻬와유치)	(부): жить ~ 근심 걱정 없이 (호강하게) 살아가다
припека́ть (쁘리뻬까찌)	(미완) (햇볕이) 내려 쪼이다

приписать (쁘리삐싸찌)	*см.* приписывать
приписка (쁘리삐쓰까)	(여) 덧쓰기; 등록, 편입
приписывать (쁘리삐쓰와찌)	(미완) ① 덧써넣다; ② 등록하고 편입시키다; ③ ~에 귀착시키다, ~탓으로 보다
приплатить, приплачивать (쁘리쁠라찌)	더 (추가) 지불하다
приплод (쁘리쁠롣)	(남) (짐승의) 새끼
приплывать (미완), ~ыть (완) (쁘리쁠리와찌)	(헤엄쳐) 오다, (배로) 오다, 와닿다, 떠오다
приподнимать (쁘리뽇니마찌)	(미완) 약간 쳐들다; 약간 일으키다
приподниматься (쁘리뽇니마찌샤)	약간 일어나다, 몸을 약간 일으키다
приподнятый (쁘리뽇냐뜨이)	(형) ① 흥분된; ② 고상한, 격조 높은
приподнять(ся) (쁘리뽇냐찌)	*см.* приподнимать(ся)
приползать, ~ти (완) (쁘리뽈자찌)	기어오다(가다), 기어들다
припоминать (미완), припомнить (완) (쁘리뽀미나찌)	① 회상하다, 생각나다; ② 앙심을 먹다
приправа (쁘리쁘라와)	(여) 양념, 조미료(調味料); 고명, 꾸미
приправить (완), ~авлять (미완) (쁘리쁘라비찌)	양념치다.
припрятать (완), ~ывать (미완) (쁘리쁘랴따찌)	거두어두다; (만일을 위하여) 감추다, 숨기다
припугивать (미완), припугнуть (완) (쁘리뿌기와찌)	조금 놀래다, 위협하다
приработок (쁘리라보똑)	(남) 부수입(副收入)
приравнивать (미완), приравнять (완)	같이보다, 동일시하다; 나란히

- 1070 -

(쁘리랍니와찌)	놓다
природа (쁘리로다)	(여) ① 자연(自然), 자연계(自然界) ② 본질, 본성(本性), 천성(天性)
природный (쁘리로드늬이)	(형) 자연의;
прирост (쁘리로스뜨)	(남) 증대(增大), 증가; 증가량
приручать (미완), **~ить** (완) 길들이다 (쁘리루차찌)	
присаживаться (쁘리싸지와쨔)	(미완) (잠시) 앉다
присваивать (쁘리쓰와이와찌)	*см.* присвоить
присвоение (쁘리쓰뷔예니예)	(중) ① 수여(授與); ② 횡령(橫領), 약취
присвоить (쁘리쓰보이찌)	(완) ① 수여하다; ② 떼어막다, 횡령(약취)하다
приседание (쁘리쎄다니예)	(중) 무릎을 굽히는 것.
приседать (쁘리쎄다찌)	(미완) 무릎을 굽히다(굽혔다 폈다하다)
присесть (쁘리쎄쓰찌)	*см.* присаживаться; 무릎을 굽히고 앉다
прискакать (쁘리스까까찌)	(완) ① 깡충깡충 뛰어오다 ② (말을 타고) 달려오다
прискорбие (쁘리스꼴비예)	(중): с ~ем 통탄하여, 슬픈 마음으로; к ~ю 유감스럽게도, 슬프게도
прислать (쁘리쓸라찌)	(완) 보내오다
прислонить (쁘리쓸로니찌)	(완) 기대다, 기대어놓다
прислониться (쁘리쓸로니쨔)	(완) 기대다, 기대어서다(앉다)
прислонять(ся) (쁘리쓸로냐찌)	*см.* прислонить(ся)

Пп

прислуга (쁘리쓸루가)	(여) ① 하녀(下女), 하인(下人), 심부름꾼; ② (군사) (집합) 사격조원, 포수(砲手)
прислуживать (쁘리쓸루지와찌)	(미완) ① 시중을 들다, 심부름하다, 봉사하다 ② 비위를 맞추다
прислужник (쁘리쓸루즈닠)	(남) 앞잡이
прислушаться (완), ~иваться (쁘리쓸루샤쨔)	(미완) ① 귀담아듣다 ② 고려하다; ③ 귀에 익다;
присматривать (쁘리쓰맡리와찌)	(미완) ① 찾다, 얻어내다; ② 돌보다, 보살피다; ③ 감시하다, 감독하다
присматриваться (쁘리쓰맡리와쨔)	(미완) ① 눈여겨보다, 살피다, 주시하다 ② 눈에 익다, 버릇(습관)되다;
присмиреть (쁘리쓰미레찌)	(완) 조용(온순)해지다
присмотр (쁘리쓰모뜰)	(남) 감시(監視), 감독(監督)
присмотреть(ся) (쁘리쓰모뜨레찌)	*см.* присматривать(ся)
присниться (쁘리쓰니쨔)	*см.* сниться
присоединение (쁘리싸예지네니예)	(중) ① 연결, 결합 ② 통합(統合), 병합 ③ 가담, 합류
присоединить (쁘리싸예지니찌)	(완) ① 잇다, 연결하다; ② 통합하다, 병합하다; ③ 포함시키다, 소속시키다, 가담시키다
присоединиться (쁘리싸예지니쨔)	(완) ① 합치다, 연계를 맺다 ② 편들다, 동의(가담)하다
присоединить(ся) (쁘리싸예지니찌)	*см.* присоединять(ся)
присосаться (쁘리쏘싸쨔)	(완) 달라붙다
приспешник (쁘리쓰뻬쉬닠)	(남) 앞잡이, 주구
приспосабливать (쁘리쓰뽀싸블리와찌)	(미완) 적응시키다, 적용(이용)할 수 있게 하다

приспосабливаться (쁘리쓰뽀싸블리와쨔)	(미완) 적응하다, 버릇(습관)되다, 익숙해지다
приспособление (쁘리쓰뽀쏘블레니예)	(중) ① 설비(設備), 장치(裝置); ② 적응(適應), 순응(順應)
приспособленность (쁘리쓰뽀쏘블렌노스찌)	(여) 적응성(適應性)
приспособленчество (쁘리쓰뽀쏘블렌체쓰뜨붜)	(중) 보신주의
приспособляемость (쁘리쓰뽀싸블랴예모쓰찌)	(여) 적응력
приспускать (미완), ~тить (완) (쁘리쓰뿌쓰까찌)	내리우다, 낮추다
приставать (쁘리쓰따와찌)	(미완) ① 달라붙다, 묻다 ② 치근거리다, 성가시게 굴다
приставить (쁘리쓰따비찌)	(완) ① 대어(기대어)놓다, 기대어주다; ② 덧붙이다, 잇다; ③ (살피기 위해) 사람을 붙이다
приставка (쁘리쓰땁까)	(여) (언어) 앞붙이, 접두사, 머리가지, 앞가지, 접두어(接頭語)
приставлять (쁘리쓰따블랴찌)	*см.* приставить
пристально (쁘리쓰따블나)	(부) 유심히, 뚫어지게, 눈여겨
пристальный (쁘리쓰딸느이)	(형) 주의를 집중한:
пристанище (쁘리쓰따니쎄)	(중) 피난처(避難處), 안식처(安息處)
пристань (쁘리쓰따니)	(여) 부두(埠頭), 정박장
пристать (쁘리쓰따찌)	*см.* приставать
пристёгивать, ~егнуть (완) (쁘리쓰죠기와찌)	(단추를 채워) 달다
пристраивать (쁘리쓰드라이와찌)	(미완) 증축하다, 잇달아 짓다

Пп

- 1073 -

пристрастие (쁘리쓰뜨**라**쓰띠예)	(중) 열중; 편견
пристраститься (쁘리스라쓰**찌**짜)	(완) 열중하다
пристрелить (쁘리쓰뜨**렐**리찌)	(완) 쏴죽이다
пристроить (쁘리쓰뜨**로**이찌)	*см.* пристраивать
пристроиться (쁘리쓰뜨**로**이짜)	(완) ① 자리잡다 ② 붙다, 끼이다; 한목들다 ③ 취직하다 ④ 나란히 대열을 짓다
пристрой ка (쁘리쓰뜨**로**이까)	(여) ① 증축(增築); ② 옆채, 딴채
приступ (쁘리쓰**뚜**프)	(남) ① 발작; ② 돌격;
приступать, ~ить (완) 시작(착수)하다, 달라붙다 (쁘리쓰뚜**빠**찌)	
пристыдить (쁘리쓰뜨**지**찌)	*см.* стыдить
присудить (완), ~ждать (미완) ① 언도하다, 처분하다; (쁘리쑤**지**찌)	② 수여하다;
присуждение (쁘리쑤**즈**제니예)	(중) 언도(言渡); 수여(授與) 증정(贈呈)
присутствие (쁘리**쑤**트쓰뜨비예)	(중) 참석, 출석;
присутствовать (쁘리**쑤**트쓰뜨붜찌)	(미완) 참석하다, 출석하다, 참가하다
присутствующий (쁘리**쑤**트쓰뜨부유쉬이)	(남) 참가자(參加者), 출석자(出席者)
присущий (쁘리**쑤**쉬이)	(형) 고유한, 독특한
присылать (쁘리씌**라**찌)	*см.* прислать
присяга (쁘리**쌰**가)	(여) 선서; принять ~y 선서하다

присягать (미완), ~нуть (완) 선서(선약)하다
(쁘리싸가찌)

притаиться (완) 숨다
(쁘리따이쨔)

притащить (완) 끌고 오다, 끌어오다
(쁘리따쉬찌)

притвориться (완), ~яться (미완) ~는 체하다.
(쁘리뜨보리쨔)

притеснение (중) 박해(迫害), 억압(抑壓)
(쁘리쩨쓰녜니예)

притеснять (미완) 박해하다, 억압하다
(쁘리쩨쓰냐찌)

притихнуть (완) 잠잠해지다, 조용해지다
(쁘리찌흐누찌)

приток (남) ① 흘러들어오는 것; ② 지류(支流)
(쁘리똑)

притом (접) 그밖에, 또한, 뿐만아니라
(쁘리똠)

притон (남) 소굴(巢窟)
(쁘리똔)

приторный (형) ① 알알한, 역한, 너무 단;
(쁘리똘늬이) ② 치근거리는, 지나치게 친절

притрагиваться, ~онуться (완) 살짝 만지다, 다치다
(쁘리뜨라기와쨔)

притупить(ся) (완), ~лять(ся) (미완) ① 무디다; ② 둔해지다;
(쁘리뚜삐찌)

притяжение (중) 인력;
(쁘리따줴니예)

притязание (중) ① 요구(要求), 주장(主張)
(쁘리따제니예) ② 야망(野望), 야심(野心), 야욕(野慾)

приукрасить (완), ~шивать (미완) ① 약간 장식하다; ② (미화) 분식
(쁘리우크라씨찌) 하다, 분칠(과장)하다

приуменьшать, ~еньшить 줄이다, 덜다, 감소시키다
(쁘리우메늬샤찌)

приумножать, ~ожить 증가시키다

— 1075 —

(쁘리움노좌찌)	
приуныть (쁘리우늬찌)	(완) 좀 악심하다, 기가 죽다
приурочивать (미완), **~ть** (완) (쁘리우로치와지)	(시간, 기일을; 시간, 기간에) 일치 (적응)시키다, 정하다;
приусадебный (쁘리우싸제브느이)	(형) 집 부근, 집 근방;
приучать (쁘리우차찌)	(미완) (습관을) 길러주다, 버릇을 붙어주다.
приучаться (쁘리우차쨔)	(미완) 버릇(습관)되다
приучить(ся) (쁘리우치찌)	*см.* приучить(ся)
прифронтовой (쁘리프론또보이)	(형) 전선부근.
прихвостень (쁘리흐뷔쓰쩨니)	(남) 앞잡이, 주구
приход (쁘리홋)	(남) ① 도착(到着), 도래(到來); ② 수입(收入); 입금(入金)
приходить (쁘리호지찌)	(미완) ① 오다, 도착하다; ② 찾다, 찾아 오다; ③ 닥쳐오다, 돌아오다; ④ 이르다, 도달하다; ⑤ 휩싸이다;
приходиться (쁘리호지쨔)	(미완) ① 맞다, 알맞다; ② 해당되다; ③ (+미정형) ~하지 않으면 안 된다, 해야 하다; ④ ~게 되다;
прихожая (쁘리호자야)	(여) 전실(專室)
прихоть (쁘리호찌)	(여) 변덕, 괴벽, 엉터리없는 요구
прихрамывать (쁘리흐라므와찌)	(미완) (다리를) 약간 절다
прицел (쁘리쩰)	(남) ① 겨누는 것, 조준; ② 조준기, 조척 брать(взять) на ~ 1) 겨누다 2) 주의를 집중하다
прицеливаться, ~ться (쁘리쩰리와쨔)	(완) 겨누다, 조준하다; 노리다

прицельный (쁘리쩰ㄴ이)	(형): ~ огонь 조준사격
прицениваться, прицениться (쁘리쩨니와쨔)	금을 보다, 값을 묻다
прицеп (쁘리쩨쁘즈)	(남) 연결차 трактор с ~ом 연결차를 단 트랙터
прицепить (쁘리쩨삐찌)	(완) 달다
прицепиться (쁘리쩨삐쨔)	(완) ① 매달리다, 달라붙다; ② 트집잡다
прицеплять(ся) (쁘리쩨쁠랴찌)	*см.* прицепить(ся)
причал (쁘리찰)	(남) 부두(符頭), 정박장
причаливать (미완), ~ть (완) (쁘리찰리와찌)	닿다, 정박하다
причастие (쁘리차쓰찌에)	(중) (언어) 형동사
причастность (쁘리찻쓰뜨노쓰찌)	(여) 관여, 참여, 관련
причастный (쁘리찻쓰뜨늬이)	(형) ① ~에 관여하는(관계되는) ② (언어) 형동사; ~ оборот 형동사구
причём (쁘리쵬)	① (접) 그리고, 게다가, 또한; ② (부) 왜, 무슨 까닭에;
причесать (쁘리체싸찌)	(완) 빗다; 빗겨주다
причесаться (쁘리체싸쨔)	(완) 머리를 빗다
причёска (쁘리쵸쓰까)	(여) 머리의 꾸밈새
причёсывать(ся) (쁘리쵸쓰와찌)	*см.* причесать(ся)
причина (쁘리치나)	(여) 원인(原因), 이유(理由), 동기(動機)
причинить (완), ~ять (미완)	일으키다, 끼치다

Пп

- 1077 -

(쁘리치니찌)

причислить (완), **причислять** (미완) 포함시키다; 가산하다, 인정해
(쁘리치쓰리찌) 주다

причитаться (미완) ему ~ется сто рублей 그에게
(쁘리치따짜) 백 루블을 물어야(주어야) 한다

причуда (여) 변덕(變德), 괴벽(怪癖)
(쁘리추다)

причудливый (형) ① 기묘한; ② 변덕스러운, 괴벽한
(쁘리추들리브이)

пришвартоваться (완) (배·비행선 등을) 잡아매다, 정박시키
(쁘리쉬와르또와짜) 다(하다), 계류하다

пришивать (미완), **~ить** (완) ① (꿰매어) 달다; ② 못박다, 못박아
(쁘리쉬와찌) 붙이다

пришпиливать (미완), **~ть** (핀 따위로) 달다, 꽂다
(쁘리쉬삘리와찌)

прищемить (완), **~лять** (미완) 끼우다, 누르다
(쁘리쉐미찌)

прищуривать (미완), **~ть** (완) ~ть глаза 눈을 가늘게 뜨다, 실눈
(쁘리슈리와찌) 을 짓다

прищуриться (완) 눈을 가늘게 뜨다, 실눈을 짓다
(쁘리슈리짜)

приют (남) 피난처(避難處), 안식처(安息處)
(쁘리유트)

приютить (완) 피난처를 제공하다, 안식처를 제공하
(쁘리유찌찌) 다

приютиться (완) 피난하다, 의지하다; 휴식처를 얻다
(쁘리유찌짜)

приятель (남), **~ница** (여) 벗, 친구, 친우(親友)
(쁘리야쩰)

приятельский (형) 친한, 친구다운
(쁘리야쩰쓰끼이)

приятно (부): ~ слышать 듣기 좋다
(쁘리야뜨나)

приятный (형) ① 유쾌한, 반가운; ② 구수한,
(쁘리야뜨느이) 맛좋은; ③ 마음에 드는

про (쁘로)	(전) (+ 대) ① ~에 대하여(대한); ② ~을 위하여(위한);
проба (쁘로바)	(여) ① 시험, 실험, 검사; ② 분석자료, 시료; ③ 품위(品位)
пробег (쁘라볙)	(남) ① 달리기, 주행(走行); ② 주행거리
пробегать, ~жать (쁘라베가찌)	① 뛰어지나가다; (일정한 거리)뛰다, 달리다; ② 지나가다; ③ 대충 읽다, 쭉 훑어 보다, 스쳐보다
пробел (쁘라벨)	(남) ① 빈자리, 여백, 공백, (글줄사이의) 간격 ② 결함, 빠짐
пробивать(ся) (쁘라비와찌)	*см.* пробить(ся)
пробираться (쁘라비랴쨔)	*см.* пробраться
пробирка (쁘라빌까)	(여) 시험관(試驗管)
пробить (쁘라비찌)	(완) ① (쳐서, 때려) 뚫다; ② 치다;
пробиться (쁘라비쨔)	(완)① 뚫고나가다, 돌파하다;② 돋아나다 ③ (한동안) 골머리를 앓다, 힘들이다; ④ 근근히 살아가다
пробка (쁘롭까)	(여) ① 마개; ② 코르크, 나무껍질; ③ 혼잡, 몰킨 장애물; ④ (전기) 휴즈(의 일종)
проблема (쁘라블레마)	(여) 문제(問題)
пробный (쁘로브느이)	(형) ① 시험용; ② 시범(示範)
пробовать (쁘로보와찌)	(미완) ① 맛보다 ② 해보다; ③ 시험하다, 시도하다;
пробоина (쁘라보이나)	(여) (터진) 구멍, 파열구
проболтать (쁘라볼따찌)	(완) (한동안) 입방아를 찧다
проболтаться	(완) 누설하다, 입밖에내다

Пп

(쁘라볼따짜)

пробор
(쁘라볼)
(남) 가르마, 가리마.

пробраться
(쁘라브라짜)
(완) ① 겨우 나가다;
② 몰(슬그머니) 들어가다(오다)

пробудить
(쁘라부지찌)
(완) ① 깨우다; ② 불러일으키다

пробудиться
(쁘라부지짜)
(완) ① 잠을 깨다; ② 소생하다;
③ 나타나다

пробуждать
(쁘라부즈다찌)
см. пробудить

пробуждение
(쁘라부즈제니예)
(중) 깨어나는 것; 각성(覺性), 소생(蘇生)

пробыть
(쁘라브찌)
(완) (한동안) 묵다, 머무르다, 체류하다

провал
(쁘라왈)
(남) ① 구덩이; ② 낭패; 좌절, 실패
③: ~ памяти 기억력상실

проваливать
(쁘라왈리와찌)
(미완) (명령형) ~й! 물러가!

провалиться
(쁘라왈리짜)
см. провалиться

провалить
(쁘라왈리찌)
① 망치다, 실패하게 하다;
② 낙제 시키다

провалиться
(쁘라왈리짜)
(완) ① 떨어지다, 빠지다; ② 무너지다,
허물어지다; ③ 실패하다;
④ 없어지다, 사라지다;

проведать
(쁘라볘다찌)
(완) ① 찾아가다, 방문하다; ② 알아내다,
(소문을 듣고) 알다

проведение
(쁘라볘제니예)
(중) ① 관철(觀徹), 수행; ② 부설, 가설

проведывать
(쁘라볘드와찌)
см. проведать

провезти
(쁘라볘즈찌)
см. провозить

проверить
(완) 검열(검사)하다

- 1080 -

(쁘라볘리찌)

проверка (쁘라볘르까)	(여) 검열(檢閱), 검사(檢査)
проверять (쁘라볘랴찌)	*см.* проверить
провести (쁘라볘스찌)	*см.* проводить
проветривать (미완), **~ть** (완) (쁘라볘트리와찌)	~ть комнату(помещение) 방안의 공기를 갈아들이다, 환기시키다
провиант (쁘라비안뜨)	(남) 식량(食量), 군량(軍糧)
провизия (쁘라비지야)	(여) 식료품(食料品), 식량(食量)
провиниться (쁘라비니쨔)	(완) 잘못하다, 실수하다, 죄를 짓다
провинность (쁘라빈노쓰찌)	(여) 잘못, 죄(罪), 허물, 과오
провинция (쁘라빈찌야)	(여) ① 지방(地方), 시골; 벽지(僻地); ② (행정구역단위) 도, 성
провисать, провиснуть (쁘라비싸찌)	(완) 휘다, 처지다, 늘어지다
провод (쁘로봇)	(남) 전선(電線), 도선(導線)
проводимость (쁘라붜지모스찌)	(여) 전도성(傳導性)
проводить[1] (쁘라붜지찌)	(미완) ① 관철(진행, 수행, 실시)하다; ② 부설(가설)하다; ③ 안내(인솔)하다; ④ (시간을)보내다; ⑤ 속이다; ⑥ 쓰다듬다; ⑦ 긋다
проводить[2] (쁘라붜지찌)	*см.* провожать
проводка (쁘라봇까)	(여) ① (전선을) 늘이는 것, 배선(配線); ② 전선, 전기선, 전깃줄
проводник[1] (쁘라붜드닠)	(남) ① 안내원, 안내자(案內者); ② 열차원(列車員)

Пп

проводник² (쁘라뷔드닉)	(남) ① (공학)전도체; ② 보급자(補給者)
проводы (쁘라뷔드)	(복수) 전송(傳送), 송별(送別)
провожатый (쁘라뷔자띄이)	(남) 안내자, 동행자; 호송하는 사람
провожать (쁘라뷔좌찌)	① 바래다, 바래주다, 전송하다; ② 보내다; ③ 안내하다;
провоз (쁘라보즈)	(남) 수송, 운수, 운송, 우송, 항송
провозгласить (완), ~шать (미완) (쁘라보즈글라씨찌)	선포(선언)하다; 고창하다, 부르다
провозглашение (쁘라보즈글라쉐니예)	(중) 선포(宣布), 선언(宣言); 고창
провозить (쁘라뷔지찌)	① 나르다, 운반(수송)하다; ② 가지고가다;
провокатор (쁘라뷔까똘)	(남) 밀정(密偵), 도발자
провокационный (쁘라뷔까찌온느이)	(형) 도발적인
провокация (쁘라뷔까찌야)	(여) 도발(挑發), 도발행위
проволока (쁘로볼로까)	(여) 쇠줄;
проворный (쁘라볼르느이)	(형) 재빠른, 날랜, 민첩한
проворонить (쁘라뷔로니찌)	(완) (멍청해 있다가) 놓치다
провоцировать (쁘라뷔찌로봐찌)	(미완) 도발하다, 선동하다, 부추기다
прогадать (쁘라가다지)	(완) (잘못 타산해서) 불리하게 되다; 오산하다; 손해보다
прогибать[ся] (쁘라기바찌)	*см.* прогнуть[ся]
проглатывать (미완), ~отить (완)	① 삼키다; ② 꾹 참다, 누르다;

(쁘라글라찌와찌)	③ 빨리 읽다
проглядеть (쁘라글랴제찌)	(완) ① 훑어보다; ② 못보고 놓치다; ③ (한동안) 살펴보다; все глаза ~ 눈이 빠지게 기다리다, 몹시찾다
проглядывать (미완), **проглянуть** (완) 보이다, 나타나다 (쁘라글랴드와찌)	
прогнать (쁘라그나찌)	*см.* прогонять
прогнить (쁘라그니찌)	(완) 다 썩다, 썩어빠지다
прогноз (쁘라그노즈)	(남) 예측(豫測), 예언(豫言), 예지
прогнозировать (쁘라그나지로와찌)	(미완, 완) 예측하다, 예언하다
прогнуть (쁘라그누찌)	(완) 구부리다, 구부러뜨리다
прогнуться (쁘라그누쨔)	(완) 휘다, 굽어들다
проговорить (쁘라고붜리찌)	(완) ① 말(발음, 발언)하다; ② (한동안) 말(이야기)하다
проговориться (쁘라고붜리쨔)	(완) 안할 말을 하다, 누설(漏泄)하다
проголодаться (쁘라골로다쨔)	(완) 배고파하다, 허기지다
проголосовать (쁘라골로쏘와찌)	*см.* голосовать
прогонять (쁘라고냐찌)	(미완) ① 내쫓다 ② 내몰다
прогорать, ~еть (쁘라고라찌)	① 다 타다; ② 타서 못쓰게 되다; ③ (한동안) 타다, 불붙다; ④ 파탄되다, (일이) 틀어지다
прогорклый (쁘라고르끌르이)	(형) 쓴맛이 도는, 아린
программа (쁘라그람마)	(여) ① 강령; 정강; ② 계획, 기획; ③ 일정(日政); ④ 방송순서; ⑤ 상연순서; ⑥ учебная ~ 교수요강;

- 1083 -

		⑦ (공학) 프로그램
программный (쁘라그람느이)		(형) ① 강령적인; ②(공학)~ое управление 프로그램조종
прогреметь (쁘라그레메찌)		*см.* греметь
прогресс (쁘라그레쓰)		(남) 전진(前進), 진보(進步)
прогрессивный (쁘라그레씨브느이)		(형) ① 선진적인, 진보적인; ② 누진;
прогрессировать (쁘라그레씨로와찌)		(미완) ① 더해지다, 추가되다, 보태다; ② 전진하다, 발전하다
прогрессия (쁘라그레씨야)		(여) (수학) 급수; арифметическая ~ 산수(같은차)급수; геометрическая ~ 기하급수
прогрызать (미완), ~ызть (쁘라그리자찌)		(완) 쓸어서 구멍을 내다
прогул (쁘라굴)		(남) 무단결근, 결석
прогуливать (쁘라굴리와찌)		(미완) 결근(결석)하다
прогуливаться (쁘라굴리와쨔)		(미완) 천천히 거닐다, 산보하다, 나돌아 다니다.
прогулка (쁘라굴르까)		(여) 산보(散步), 산책(散策)
прогулочный (쁘라굴로츠느이)		(형) 유람(遊覽)
прогульщик (남), ~ца (여) 무단결근자 (쁘라굴쉬크)		
прогулять (쁘라굴야찌)		① (한동안) 산보하다; ② 결근하다, 결석하다
прогуляться (쁘라굴야쨔)		*см.* прогуливаться
продавать (쁘라다와찌)		(미완) ① 팔다, 판매하다 ② 배반하자, 변절하다
продаваться		(미완) ① 팔리다, 판매되다, 매매되다;

(쁘라다**와짜**)	② 매수되다, 넘어가다
продавец (남), **~щица** (여) (쁘라다**베쯔**)	판매원(販賣元); 파는 사람, 장사꾼
продажа (쁘라다**좌**)	(여) 판매(販賣), 매매, 매출, 팔기;
продажность (쁘라다즈**노쓰**찌)	(여) 매수되기 쉬운 것
продажный (쁘라다즈**느이**)	(형) ① 판매의, 매출의; ② 매수할 수 있는, 퇴물로 듣는
продать(ся) (쁘라다**찌**)	*см.* продавать(ся)
продвигать (쁘라드비**가찌**)	(미완) ① 밀어놓다, 옮겨놓다 ② 전진(촉진, 발전)시키다 ③ 승급시키다
продвигаться (쁘라드비**가짜**)	(미완) ① 전진하다, 향하다 ② 진척되다 ③ 승급하다
продвинуть(ся) (쁘라드비**누찌**)	*см.* продвигать(ся)
продевать (쁘라제**와찌**)	*см.* продеть
проделать (쁘라젤**라찌**)	(완) ① 수행(완수)하다; ② 뚫다, 구멍내다
проделка (쁘라젤**까**)	(여) (흔히 복수) 장난; 간계
проделывать (쁘라젤**리와찌**)	*см.* проделать
продёргивать (쁘라죨기**와찌**)	*см.* продёрнуть
продержать (쁘라제르**좌찌**)	(완) ① (한동안) 잡고 있다; ② (어떤 상태에) 두어두다; ③ (한동안) 잡아두다, 있게 하다.
продержаться (쁘라제르**자짜**)	(한동안) 지탱하다, 견디다, 견지하다
продёрнуть (쁘라죠르**누찌**)	(완) 꿰다, 뚫다, 꿰뚫다, 꽂다.
продеть	(완) 꿰다, 꽂다; 뚫다, 꿰뚫다, 끼우다,

Пп

(쁘라제찌)	끼워 놓다, 삽입(挿入)하다
продиктовать (쁘라직또와찌)	*см.* диктовать
продлевать (쁘라들레와찌)	*см.* продлить
продление (쁘라들레니예)	(중) 연장(延長), 연기(延期);
продлить (쁘라들리찌)	(완) 연장하다, 지연시키다
продлиться (쁘라들리쨔)	*см.* длиться
продовольственный (쁘라도볼쓰뜨벤느이) (芻糧);	(형) 식량(食糧); 먹거리, 양식(糧食), 추량 식료품(食料品)
продовольствие (쁘라도볼쓰뜨비예)	(중) 식량(食糧), 식료품(食料品).
продолговатый (쁘라돌고와뜨이-)	(형) 길쭉한, 갸름한
продолжатель (쁘라돌좌쪨)	(남) 계승자(繼承者), 후계자(後繼者).
продолжать (쁘라돌좌찌)	(미완) 계속하다; 늘이다, 연장하다
продолжаться (쁘라돌좌쨔)	계속(지속)되다; 연장되다, 늘여지다
продолжение (쁘라돌줴니예)	(중) 계속, 지속; 연장
продолжительность (쁘라돌쥐쪨노쓰찌)	(여) (계속되는) 시간(기간), 지속성;
продолжительный (쁘라돌쥐쪨느이)	(형) 오래 계속되는, 장기적인, 지속적인;
продолжить(ся) (쁘라돌쥐찌)	*см.* продолжать(ся)
продольный (쁘라돌느이)	(형) 세로, 세로 놓인;
продрогнуть (쁘라드록누찌)	(완) 몹시 얼다, 오한이 나다.

продукт (쁘라둑트)	(남) ① 산물(産物), 생산품, 제품; ② 결과, 산물 ③: ~ы (복수) 식료품
продуктивно (쁘라둑찌브나)	(부) 효과적으로, 능률높이
продуктивность (쁘라둑찌브노쓰찌)	(여) 생산성, 생산능률
продуктивный (쁘라둑찌브느이)	(형) 생산적인, 생산성 높은
продуктовый (쁘라둑또븨이)	(형): ~ магазин 식료품 상점
продукция (쁘라둑찌야)	(여) ① 제품(製品), 생산물(生産物); ② 생산량, 생산고
продумать (완), ~ывать (미완) (쁘라두마찌)	① 깊이 생각하다, 신중히 고려하다; ② (한동안) 생각하다
продырявить (쁘라디랴비찌)	(완) 구멍을 뚫다
проедать (쁘라예다찌)	*см.* проесть
проезд (쁘라예즈드)	(남) ① 통행, 통과; ② 통로, 골목길
проездить (쁘라예즈지찌)	① 여비로 쓰다; ② (한동안) 타고다니다
проездной (쁘라예즈드노이)	(형): ~ билет 차표, 승차권
проездом (쁘라예즈돔)	(부) 지나가는(오는) 길에, 도중에;
проезжать (쁘라예즈좌찌)	*см.* проехать
проезжий (쁘라예즈지이)	(형) ① 통행용; ② (명사로) (남) 통행인(通行人), 여행자
проект (쁘라예크트)	(남) ① 설계도; 계획, 구상; ② 안, 초안
проектировать (쁘라예크트찌로와찌)	(완) 설계(계획)하다
проектный	(형) 설계, 구상(構想), 디자인(design)

- 1087 -

(쁘라예크느이)	
проекция (쁘라예크찌야)	(여) 투영(透映), 사영, 영사
проесть (쁘라예쓰찌)	(완) ① 먹는데 소비하다; ② 쏠아(과먹어)구멍을 내다
проехать (쁘라예하찌)	(완) (타고) 지나가다, 통과하다;
прожевать, прожёвывать (쁘라제와찌)	(미완) 잘(충분히) 씹다
прожектор (쁘라젝똘)	(남) 조명등(照明燈), 탐조등(探照燈)
прожечь (쁘라쩨치)	(완) 태워서 뚫다 (구멍을 내다)
проживать (쁘라쥐와찌)	см. прожить
прожиточный (쁘라쥐또츠느이)	(형): ~ минимум 최저생활비
прожить (쁘라쥐찌)	(완) ① 살다, 생활하다; ② 써 없애다;
прожорливый (쁘라죠르리브이)	(형) 많이 먹는, 게걸스러운
прожужжать (쁘라주즈좌찌)	(완): ~ [все] уши 듣기 시끄럽게 굴다
проза (쁘로자)	(여) 산문(散文)
прозаик (쁘라자익)	(남) 산문작가
прозаический (쁘라자이체쓰끼이)	(형) ① 산문(散文); ② 평범한
прозвенеть (쁘라즈베녜찌)	см. звенеть
прозвище (쁘로즈비쉐)	(중) 별명, 별칭, 작호, 작명, 이명, 패호 별호(別號), 니크네임(nick-name); давать ~ 별명을 붙이다
прозвучать	(완) 울리다, 들리다

Пп

(쁘라즈부차찌)

прозевать (완) (기회를) 놓치다
(쁘라제와찌)

прозорливость (여) 통찰, 간파, 통찰력, 명민, 총명
(쁘라조를리붜쓰찌)

прозорливый (형) 예견성(통찰력) 있는, 이해가 빠른,
(쁘라조를리븨이) 총명(명민, 현명)한, 선견지명이 있는

прозрачность (여) 맑음도, 투명성(透明性).
(쁘라즈라츠노쓰찌)

прозрачный (형) 맑은, 투명한
(쁘라즈라츠느이)

прозябать (미완) 겨우 살아가다, 허송세월하다
(쁘라쟈바찌)

проиграть (완), **проигрывать** (미완) ① 지다, 패하다, 실패하다
(쁘라이그라찌) ② 손해보다, 잃다 ③ (한동안) 놀다

проигрыш (남) 실패; 손실, 손해
(쁘로이그르쉬)

произведение (중) ① 작품(作品), 창작물, 제작물, 소작;
(쁘라이즈볘제니예) ② (수학) 적, 곱

произвести *см.* производить
(쁘라이즈볘쓰찌)

производитель (남) ① 생산자; ② (농업) 종축, 종자말
(쁘라이즈뷔지젤)

производительность (여) 생산능률(生産能率), 생산성(生産性)
(쁘라이즈뷔지젤노쓰찌)

производительный (형) 생산적인; ~ые силы 생산력
(쁘라이즈뷔지젤느이)

производить (미완) ① 만들다, 생산하다, 제작하다;
(쁘라이즈뷔지찌) ② 하다; ③ 일으키다, 애기(야기)시키다;

производная (여) (수학) 도함수(導函數).
(쁘라이즈보드나야)

производный (형) 파생적인; ~ое слово (언어) 파생어
(쁘라이즈보드느이)

производственник (남), ~ца (여) 생산자(生産者), 제조자
(쁘라이즈보드스뜨볜니크)

производственный (쁘라이즈보드쓰뜨벤느이)	(형) 생산(生産), 산출, 제조.
производство (쁘라이즈보드쓰뜨붜)	(중) ① 생산(生産); ② 실시(實施), 수행
произвол (쁘라이즈볼)	(남) ① 제멋, 자의; ② 전횡, 만행;
произвольно (쁘라이즈볼나)	(부) 자유로이, 제멋대로, 마음대로, 자의적으로
произвольный (쁘라이즈볼느이-)	(형) ① 자유로운; ② 자의적인;
произнести, ~осить (미완) (쁘라이즈네스찌)	① 발음하다; ② 말하다
произношение (쁘라이즈노쉐니예)	(중) 발음(發音), 발성, 소리내기; 발음법
произойти (쁘라이조이찌)	*см.* происходить
происки (쁘로이스끼)	(복수) 책동(策動), 음모(陰謀)
происходить (쁘라이쓰호지찌)	(미완) ① 일어나다, 생기다, 발생하다; ② 태어나다; ③ 퍼지다
происхождение (쁘라이쓰호즈제니예)	(중) ① 발생, 유래(由來), 기원(起源); ② 출신(出身), 성분(性分)
происшествие (쁘라이쓰쉐쓰뜨비예)	(중) 일, 사건(事件), 사고
пройти (쁘라이찌)	*см.* проходить
пройтись (쁘라이찌시)	(완) ① (몇 걸음) 걷다, 거닐다, 산보하다; ② 다듬다, 손질하다
прок (쁘로크)	(남) 이익(利益), 이득, 유익
прокажённый (쁘라까죤느이)	(남) 문둥이, 나환자(癩患者), 나병환자 (癩病患者), 풍인(風人)
проказа (쁘라까자)	(여) 문둥병, 나병(癩病), 대풍창(大風瘡), 개라(疥癩), 천형병(天刑病), 풍병(風病), 레프라(lepra), 한센씨병(Hansen氏 病), 한센병(Hansen 病)

проказы (쁘라**까**즤)	(복수) 장난질
проказник (남), ~ца (여) (쁘라**까**즈닉)	장난꾸러기, 장난꾼, 악동(惡童)
проказничать (쁘라**까**즈니차찌)	(미완) 장난질하다
прокалывать (쁘라**깔**리와찌)	*см.* проколоть
прокат¹ (쁘라**까**트)	(남) 세주기, 임대; 세내기, 임차;
прокат² (쁘라**까**트)	(남) ① 압연(壓延) ② 압연품
прокатить (쁘라까**찌**찌)	(완) ① 태우고 돌아다니다(쏘다니다) ②: ~ мимо (타고) 빨리 지나가다; ③ 굴리다
прокатиться (쁘라까**찌**쨔)	(완) ① 타고 돌아다니다 ② 울리다, 울려 퍼지다 ③ 굴러가다
прокатка (쁘라**깓**까)	(여) 압연(壓延)
прокатный (쁘라**깓**늬이)	(형) 압연의
прокатчик (쁘라**깓**칙)	(남) 압연공(壓延工)
прокатывать (쁘라**까**뜨와찌)	(미완) 압연하다
прокипятить (쁘라끼**빠찌**찌)	(완) 잘(충분히) 끓이다
прокисать, прокиснуть (쁘라끼**싸**찌)	(완) 시어져 상하다, 쉬다
прокладка (쁘라끌**라**드까)	(여) ① 부설, 해도작업; ② (공학) 패킹 (packing)
прокладывать (쁘라끌**라**드와찌)	(미완) 부설(시설)하다;
прокламация (쁘라끌라**마**찌야)	(여) 선전(선동)삐라, 격문

проклинать, ~ясть (쁘라끌리나찌)	① 저주하다; ② (호되게) 욕하다
проклятие (쁘라끌랴찌예)	(중) ① 저주; ② 욕설(辱說)
проклятый (쁘라끌랴띄)	(형) 저주로운, 가증스러운, 그 망할놈의
прокол (쁘라꼴)	(남) ① 찔러 뚫는 것 ② 맞구멍
проколоть (쁘라꼴로찌)	(완) 꿰찌르다, 찔러 구멍을 뚫다
прокормить (쁘라꼬르미찌)	*см.* кормить
прокормиться (쁘라꼬르미쨔)	(완) 살아가다, 먹고살다
прокрадываться, ~ться (쁘라크라드와쨔)	(완) 기어들다, 잠입하다
прокуратура (쁘라꾸라뚜라)	(여) 검찰소, 검사국
прокурор (쁘라꾸롤)	(남) 검사(檢事)
пролегать (쁘랄레가찌)	(미완) (길 따위가) 놓이다, 통하다, 지나가다
пролезать (미완), пролезть (완) (쁘랄레자찌)	기어들다, 잠입하다
пролёт (쁘랄룥)	(남) ① 사이(거리); ② (철도) 구간
пролетариат (쁘랄레따리앝)	(남) 프롤레타리아트(Proletariat), 무산계급(無産階級), 최하층 사회
пролетарий (쁘랄레따리이)	(남) 프롤레타리아, 무산자(無産者)
пролетарский (쁘랄레따르쓰끼이)	(형) 프롤레타리아의, 무산자의
пролетать (미완), ~еть (완) (쁘랄레따찌)	① 날아지나가다 ② 빨리 지나가다, 스쳐지나가다
пролив	(남) 해협(海峽)

(쁘랄리프)

проливать(ся) (쁘랄리와찌)	*см.* пролить(ся)
проливной (쁘랄립노이)	(형) ~ дождь 큰비, 소나기, 소낙비
пролить (쁘랄리찌)	(완) 흘리다, 쏟다
пролиться (쁘랄리짜)	(완) 쏟아지다, 흐르다
пролог (쁘랄로그)	(남) ① 머리말, 머리시, 머리막; ② 시작, 발단(發端)
проложить (쁘랄로지찌)	*см.* прокладывать
проломить (쁘랄로미찌)	(완) (깨어, 마사) 뚫다
проломиться (쁘랄로미짜)	(완) 무너져 내려앉다, 꺼지다, 뚫어지다
пролонгировать (쁘랄론기로와찌)	(미완, 완) 연기하다
промах (쁘라마흐)	(남) ① 헛맞는 것; ② 잘못, 실수;
промахиваться (미완), промахнуться (완) ① 헛(빗)맞히다; (쁘라마히와쨔) ② 잘못(실수)하다	
промедление (쁘라메들레니예)	(중) 지연, 지체;
промежуток (쁘라메주똑)	(남) 사이, 간격(間隔), 중간(中間)
промежуточный (쁘라메주또치늬이)	(형) 중간의, 가운데의
промелькнуть (쁘라멜크누찌)	(완) ① 피뜩 나타났다 사라지다; ② 간신히 나타나다(보이다)
променять (쁘라메냐찌)	(완) 바꾸다; 교환하다, 교체하다
промерзать, промёрзнуть (쁘라메르자찌)	(완) 깊이)속까지) 얼다

Пп

- 1093 -

промокательный (쁘라마까쩰늬이)	(형) ~ая бумага 압지(押紙)
промокать, промокнуть (쁘라마까찌)	(완) 온통(흠뻑) 젖다
промолвить (쁘라몰비찌)	(완) 말하다, 되뇌이다
промолчать (쁘라몰차찌)	(완) 말없이 있다, 대답하지 않다, (한동안) 침묵하다
промотать (쁘라모따찌)	(완) 낭비(허비, 탕진)하다
промочить (쁘라모치찌)	(완) 흠뻑 적시다(축이다)
промтовары (쁘람또바르)	(복수) 공업품(工業品)
промтоварный (쁘람또왈늬이)	(형): ~ магазин 공업품상점
промчаться (쁘람차쨔)	(완) ① 나는 듯 달려가다; ② 빨리 지나가다, 질주하다
промывание (쁘로므와니예)	(중) 씻기, 세척
промывать (쁘로므와찌)	(미완) ① 씻다, 씻어내다; ② (화학) 소금기를 뽑다
промысел (쁘로믜쎌)	(남) ① 영업, 업; ② (흔히 복수) 채취 (채굴) 부문기업소
промысловый (쁘로믜쓸로븨이)	(형): ~ое судно 고기잡이배
промыть (쁘로므찌)	см. промывать
промышленность (쁘로믜쉴렌노스찌)	(여) 공업(工業)
промышленный (쁘로믜쉴렌늬이)	(형) 공업의;
пронести (쁘라네쓰찌)	(완) ① 나르다, 운반해가다; ② 가지고 가다, 들고 지나가다
пронестись	(완) ① 나는 듯 달려가다

(쁘라네쓰**찌**시)	② 빨리 지나가다 ③ 빨리 퍼지다
пронзать (쁘라느**자**찌)	*см.* пронзить
пронзительный (쁘라느지쩰늬이)	(형) ① 귀청을 째는듯 한, 새된; ② 날카로운, 쏘아보는;
пронзить (쁘라느지찌)	(완) 찌르다, 꿰뚫다
пронизать (완), **пронизывать** (미완) (쁘라니**자**찌)	① 꿰다, 꿰여서 달다 ② 스며들어가다
пронизывающий (쁘라니즈와유쉬이)	(형) 속까지 스며드는, 날카로운;
проникать(ся) (쁘라니**까**쨔)	*см.* проникнуть(ся)
проникновение (쁘라니크나**베**니예)	(중) ① 스며드는 것, 침투; 침입(侵入); ② 통찰, 이해, 체득.
проникновенный (쁘라니크나**벤**늬이)	(형) 신심에 찬, 진지한, 다정한
проникнуть (쁘라니크**누**찌)	(완) ① (새어) 들어가다, 침투하다, 스며들다 ② 퍼지다, 보급되다, 침투되다 ③ 통찰하다, 간파하다
проникнуться (쁘라니크**누**쨔)	(완) 일관(충만)되다;
проницательность (쁘라니**짜**쩰노쓰찌)	(여) 통찰력(通察力)
проницательный (쁘라니**짜**쩰늬이)	(형): ~ взгляд 날카로운 눈길; ~ ум 명석한 두뇌
проносить(ся) (쁘라노씨찌)	*см.* пронести(сь)
пронюхать (완), **~ивать** (미완) (쁘라뉴하찌)	(미완) 알아내다, 탐지하다
прообраз (쁘라**옵**라즈)	(남) 원형, 원상; 미래의 모범
пропаганда (쁘라빠**간**다)	(여) 선전(宣傳), 광고(廣告)
пропагандировать	(미완) 선전하다, 광고하다

Пп

(쁘라빠간지로와찌)	
пропагандист (쁘라빠간지쓰트)	(남) 선전원, 광고부원
пропангандистский (쁘라빠간지즈뜨쓰끼이)	(형) 선전의;
пропадать (쁘라빠다찌)	*см.* пропасть
пропажа (쁘라빠좌)	(여) ① 없어(잃어)지는 것, 상실, 분실; ② 분실물(紛失物)
пропалывать (쁘라빨리와찌)	김을 매다; 잡초를 뽑다
пропасть (쁘로빠쓰찌)	(여) ① 낭떠러지, 심연; ② 큰차이; ③ (술어로) 무수히 많다; ④ (감) тьфу, ~! 제기랄, 에의 분화군!
пропасть (쁘로빠쓰찌)	(완) ① 없어지다, 사라지다, 없어지다, 자취를 감추다; ② 망하다, 죽다, 시들다; ③ 헛되이 지나가다, 보람 없이 끝나다;
пропащий (쁘라빠쉬이)	(형) ① 다 틀려진, 가망 없는; ② 바로잡을 수 없는, 타락한
пропеллер (쁘라뻴레르)	(남) 프로펠러(propeller), 추진기
пропеть (쁘라뻬찌)	(완) 노래 부르다.
пропивать (쁘라삐와찌)	*см.* пропить
прописать (쁘라삐싸찌)	(완) ① (거주 등을) 등록하다; ② 처방을 내다;
прописаться (쁘라삐싸쨔)	(완) 거주를 등록하다, 거주등록이 되다
прописка (쁘라삐쓰까)	(여) 거주등록, 주거등록
прописной (쁘라삐쓰노이)	(형) ~ая буква 대문자; ~ая истина 자명한 리치
прописью (쁘로삐시유)	(부) написать число ~ 수를(수자로써 가 아니라) 글자로 쓰다(적다)

- 1096 -

прописывать(ся) (쁘라삐쓰와짜)	см. прописать(ся)
пропитание (쁘라삐따니예)	(중) 음식물(飮食物);
пропитать (쁘라삐따찌)	먹이다; 담그다;
пропитаться (쁘라삐따쨔)	(완) 젖다, 스며들다; 충만 되다.
пропить (쁘라삐찌)	① 술마시는데 다 써버리다; ② 술로 망치다
проплывать (미완), ~ыть (쁘라쁠릐와찌)	(완) 헤엄치다; 헤엄쳐서(떠서) 지나가다
проповедник (쁘라빠볘드닉)	(남) ① 전도사(傳道師), 선교사(宣敎師); ② 보급자(補給者), 선전자
проповедовать (쁘라빠볘도와찌)	① 전도(설교)하다 ② 선전(보급)하다
проповедь (쁘로뽀볘지)	(여) ① 설교; 훈계 ② 선전, 광고, 보급
прополаскивать (쁘라빨라쓰끼와찌)	(미완) ① 헹구다 ② 양치질하다
проползать (미완), ~ти (완) (쁘라뽈자찌)	① 기어가다, 기어지나가다 ② 기어들다
прополка (쁘라뽈까)	(여) 김매기, 제초작업
прополоскать (쁘라빨까쓰까찌)	см. прополаскивать
прополоть (쁘라빨로찌)	см. пропалывать
пропорционально (쁘라빠르찌오날나)	(부) 균형있게, 비례하여, 균형적으로
пропорциональный (쁘라빠르찌오날늬이)	(형) ① 균형적인, 균형이 잡힌, 조화된; ② 비례하는; прямо(обратно) ~ые величины (수학) 정(반)비례수
пропорция (쁘라빠르찌야)	(여) ① 균형, 권칭; ② (수학) 비례, 비율; 비례식; арифметическая ~ 산수비례

пропуск (쁘로뿌스크)	(남) ① 통과시키는 것; ② 통행증; ③ 결석; ④ 생략한(빼놓은, 줄인) 개소, 공백(空白)
пропускать (쁘라뿌쓰까찌)	(미완) ① 통과시키다; ② 길을 내주다; ③ 허가(승인)하다; ④ 누락하다, 빼놓다; ⑤ 놓치다, 잃다; ⑥ 결석하다; ⑦ 새다;
пропускной (쁘라뿌쓰노이)	(형) ~ая способность 통과능력; ~ой пункт 통과지점
пропустить (쁘라뿌쓰찌찌)	см. пропускать
прораб (쁘라랍)	(남) 시공(현장)지도원
прорабатывать, ~отать (쁘라라바띄와찌)	① (한동안) 일하다; ② 세밀히 검토(조사, 심의)하다; ③ 호되게 비판하다, 혹평하다
проработка (쁘라라볼까)	(여) ① 검토, 조사(助事), 심의(審議); ② 호된 비판
прорастание (쁘라라쓰따니예)	(중) 싹트기, 움트다, 움나다
прорастать (미완), ~и (완) 싹트다, 뚫고 돋아나오다 (쁘라라쓰따찌)	
прорвать (쁘라르와찌)	(완) ① (찢어) 구멍을 내다; ② (물이) 허물어뜨리다; ③ 돌파하다;
прорваться (쁘라르와짜)	(완) ① (찢어져서) 구멍이 나다; ② 무너지다, 터지다; ③ 타개하다, 돌파 해나오다(나가다)
прорезать (완), ~езать (미완) ① 베어서 구멍을 내다, 도려내다; (쁘라레자찌) ② 횡단(관통)하다	
прорезаться (완), ~езаться, ~езываться (미완) (이가) 돋아나다 (쁘라레자짜)	
проректор (쁘라렉또르)	(남) 부총장(副總長), 부학장(副學長)
прореха (쁘라레하)	(여) ① 구멍, 터진(꿰진) 곳; ② 잘못, 결함
проржаветь (쁘라르좌볘찌)	(완) 녹이 쓸어 구멍이 나다

пророк (쁘라록)	(남) 예언자(豫言者)
пророческий (쁘라로체쓰끼이)	(형) 예언적(豫言的)
пророчить (쁘라로치찌)	(미완) 예언하다
прорубать (미완), ~ить (완) (쁘라루바찌)	① 찍어해치다, 찍어서 구멍을 내다; ② 나무를 찍어 통로를 내다
прорубь (쁘로루비)	(여) 얼음구멍
прорыв (쁘라릐프)	(남) ① 터지는 것; ② 타개, 돌파; ③ 터진 곳, 돌파구(突破口)
прорывать¹ (쁘라릐와찌)	*см.* прорвать
прорывать² (쁘라릐와찌)	*см.* прорыть
прорываться (쁘라릐와짜)	*см.* прорваться
прорыть (쁘라르찌)	(완) 파다, 굴절(굴착)하다
просачиваться (쁘라싸치와짜)	*см.* просочиться
просверлить (쁘라쓰볘를리찌)	*см.* сверлить
просвет (쁘라쓰볫)	(남) ① 어슴프레한 빛; ② 희망, 광명; ③ 사이, 간격(間隔)
просветитель (쁘라쓰볘찌쩰)	(남) 계몽가, 계몽주의자
просветительный (쁘라쓰볘찌쩰느이)	(형) 계몽(啓蒙), 개화
просветить¹ (쁘라쓰볘찌찌)	(완) 비추어보다, 투시하다
прсветить² (쁘라쓰볘찌찌)	(완) 계몽(계발)하다
просвечивание	(중) 투시(透視), 염력, 천리안

Пп

- 1099 -

просвечивать (쁘라쓰볘치와찌)	*см.* просветить 1
просвещать (쁘라쓰볘샤찌)	*см.* просветить 2
просвещение (쁘라쓰볘쉐니예)	(중) 교육, 교양; 계몽, 계발
просвещённый (쁘라쓰볘쑌느이)	(형) 문화수준이 높은, 개명한, 교양 있는
проседь (쁘로쎄지)	(여) (군데군데 섞인) 센 머리카락
просеивать (쁘라쎄이와찌)	*см.* просеять
просека (쁘로쎄까)	(여) (나무를 찍어낸) 숲속 길
просёлок (쁘라쑐록)	(남) 촌길, 시골길, 촌로
просёлочный (쁘라쑐로츠느이)	(형): ~ая дорога 촌길
просеять (쁘라쎄야찌)	(완) 채로 치다, 채질하다
просидеть, просиживать (쁘라씨제찌)	(일정한 시간) 앉아있다
проситель (쁘라씨쩰)	(남) 신청자(申請者), 청원자
просить (쁘라씨찌)	(미완) ① 부탁하다, 청하다; ② 초청(초대)하다
проскакивать (쁘라쓰까끼와찌)	*см.* проскочить
проскальзывать (미완), ~ользнуть (완) (쁘라쓰깔즈븨와찌)	① (스쳐) 지나가다, 기어 (숨어)들다; ② 얼핏 엿보이다
проскочить (쁘라쓰꼬치찌)	① 빨리(뛰어)지나가다; ② (뚫고) 들어가다
прославить (쁘라쓸라비찌)	(완) 명성을 떨치게 하다, 찬미하다

прославиться (쁘라쓸라**비**짜)	(완) 이름을 떨치다(날리다), 유명해지다
прославленный (쁘라쓸**랍**렌늬이)	(형) 이름난, 저명한
прославлять[ся] (쁘라쓸랍**랴**찌)	*см.* прославить[ся]
проследить (쁘라쓸레**지**찌)	(완) ① 뒤따르다, 미행하다; ② 연구(고찰, 조사)하다
проследовать (쁘라쓸**레**도와찌)	(미완) 가다, 향하다, 지나가다
прослезиться (쁘라쓸레**지**짜)	(완) 눈물짓다, 눈물을 흘리다
прослой ка (쁘라쓸**로**이까)	(여) ① 층, 사이층, 얇은 층; ② 사회계층
прослужить (쁘라쓸루**쥐**찌)	(완)(일정한 기간) (내처) 복무(근무)하다; 사용되다, 쓰이다
прослушать (완), ~ивать (미완) (쁘라쓸루**샤**찌)	① 듣다, (처음부터 마지막까지) 다 듣다; ② (의학) 청진하다, 들어보다; ③ 듣지 못하다, 듣지 못하고 놓치다
прослыть (쁘라쓸**릐**찌)	(완) 알려지다, 이름나다
просматривать (쁘라스마뜨**리**와찌)	*см.* просмотреть
просмотр (쁘라쓰**모**뜰)	(남) 살펴보는 것, 검열, 검사, 감상
просмотреть (쁘라쓰모뜨**레**찌)	(완) ① 살펴보다, 검열하다, 검사하다; 감상하다; ② 훑어 보다, 눈여겨 보다; ③ 못보고 빠뜨리다(놓치다), 간과하다
проснуться (쁘라스**누**짜)	(완) ① 잠을 깨다, 눈을 뜨다; ② 깨어나다, 활기를 띠다
просо (쁘**로**싸)	(중) 기장
просовывать (쁘라**쏘**븨와찌)	(미완) 들이밀다, 밀어넣다
просохнуть (쁘라**쏘**흐누지)	(완) 마르다

просочиться (쁘라쏘치쨔)		(완) ① 스미다, 스며 나오다, 새다; ② 뚫고 (새어) 들어가다; ③ 퍼지다, 전파되다
проспать (쁘라스빠찌)		(완) ① (한동안) 자다 ② 지내자다, 늦잠을 자다 ③ 잠을 자서 놓치다
проспект¹ (쁘라스뼤크트)		(남) (크고 넓은) 거리, 대통로, 대로
проспект² (쁘라스뼤크트)		(남) ① 초안, 개요; ② 안내서(案內書); ③ 목록(目錄)
проспрягать (쁘라스쁘랴가찌)		*см.* спрягать
просроченный (쁘라스로첸늬이)		(형) 기한이 넘은
просрочить (쁘라스로치찌)		(완) 기한을 넘기다
проставить (완), ~лять (미완) 적다, 써넣다 (쁘라스따비찌)		
простаивать (쁘라스따이와찌)		*см.* простоять
простираться (쁘라스찌라쨔)		(미완) ① 펼쳐져있다, 전개되어있다; ② 뻗치다, 향하다
проститутка (쁘라스찌뚜찌까)		(여) 갈보, 매음부, 매춘부(賣春婦)
проституция (쁘라스찌뚜찌야)		(여) 매음(賣淫), 매춘(賣春)
простить (쁘라스찌찌)		(완) ① 용서하다 ②(명령형) прости[те] 미안합니다, 실례 합니다; (항의, 반대의 뜻) 천만에
проститься (쁘라스찌쨔)		(완) ① 작별하다, 작별인사를 나누다 ② 단념(포기)하다
просто (쁘로쓰따)		(부) ① 간단히, 단순하게; ② (술어로) 간단하다; ③ (조) 참, 정말, 전혀; ④ (조) 단지, 그저;
простодушие (쁘라스또두쉬예)		(중) 소박성, 순박, 순진, 소박.
простодушный		(형) 소박한, 순진한, 순박한.

Пп

(쁘라쓰또두쉬느이)

простой¹ (형) ① 단일한, 단순한; ② 간단한;
(쁘라쓰또이) ③ 소박한; ④ 보통, 평범한

простой² (남) ① 머무름 시간(기간);
(쁘라쓰또이) ② (기계 등의) 작업정지

простокваша (여) 쉰(엉긴)우유
(쁘라쓰또크와샤)

простор (남) ① (무연한) 공간;
(쁘라쓰똘) ② 자유(自由), 자유로움

просторечие (중) 속된말, 속어
(쁘라쓰또레치에)

просторный (형) 넓은, 널찍한, 휑뎅그렁한
(쁘라쓰똘느이)

простота (여) ① 단일성, 단순성; ② 편이성;
(쁘라쓰또따) ③ 소박성; святая ~ 천진난만한 사람

простоять (완) ① (일정한 시간) (내처) 서있다,
(쁘라쓰또야찌) 멎어있다 ② 지속(유지)되다

пространный (형) 장황한, 상세한, 긴
(쁘라쓰뜨란느이)

пространство (중) ① 공간, 공계; ② (두 물체사이의)
(쁘라쓰뜨란스뜨붜) 빈자리; ③ 지역, 지대

прострелить (완) 쏘아서 뚫다
(쁘라쓰뜨렐리찌)

простуда (여) 감기, 고뿔, 한질, 촉상, 풍한(風寒),
(쁘라쓰뚜다) 감환(感患), 인플루엔자(influenza)

простудиться (완), **~жаться** (미완) 감기에 걸리다
(쁘라쓰뚜지쨔)

простудный (형) 카타르-
(쁘라쓰뚜드느이) ~ые заболевания 감기, 고뿔 질환

проступок (남) 잘못, 실책, 위반행위
(쁘라쓰뚜뽁)

простыня (여) 홑이불, 시트, 여름이불.
(쁘로쓰뜨냐)

просунуть *см.* просовывать
(쁘라쑤누찌)

просушивать (미완), просушить (완) (쁘라쑤쉬와찌)	잘(충분히, 바싹) 말리다
просушиться (쁘라쑤쉬쨔)	(완) 바싹 마르다
просчёт (쁘라쓰쵸뜨)	(남) 오산; 실패, 간과
просчитать (쁘라쓰치따찌)	(완) 계산(검산)하다, 집계를 놓다
просчитаться (쁘라쓰치따쨔)	(완) 오산(실패)하다
просчитывать (쁘라쓰치뜨와찌)	*см.* просчитать
просыпать (완), просыпать¹ (미완) (쁘라쓰샤찌)	(가루 따위를) 쏟뜨리다, 헤뜨리다
просыпать² (쁘라쓰샤찌)	*см.* проспать
просыпаться¹ (미완), просыпаться (완) (쁘라쓰샤쨔)	쏟아지다, 헤뜨려지다
просыпаться² (쁘라쓰샤쨔)	*см.* проснуться.
просыхать (쁘라쓰하찌)	*см.* просохнуть
просьба (쁘로시바)	(여) 요청, 청원, 부탁, 요구
проталкивать (쁘라딸끼와찌)	(미완) 밀어 넣다, 들이밀다
проталкиваться (쁘라딸끼와쨔)	(미완) 밀어 헤치며 지나가다
протаскивать (미완), протащить (완) (쁘라따쓰끼와찌)	① 끌고 지나가다, 끌어들이다; ② (좋지 못한 방법으로) 끌어들이다
протез (쁘로떼즈)	(남) 교정기구(의족, 의수, 의치, 의안 등); 정형기구.
протекать (쁘라쩨까찌)	(미완) ① 흐르다, 흘러지나가다; ② 스며들다, 새다, 새어들다; ③ (시간이) 지나가다, (사건, 상태가) 경과하다

Пп

протекция (쁘라쩨**끼**야)	(여) 보호(保護), 비호, 소개(紹介)
протереть (쁘라쩨**레**찌)	(완) ① 닦다, 씻다, 깨끗이 하다; ② 비벼서 꿰뜨리다 (창을 내다)
протест (쁘라**쩨**스트)	(남) ① 반항(反抗), 항의(抗議), 반대; ② 항의서(抗議書), 공소(公所)
протестант (쁘라쩨쓰**딴**트)	(남) 신교도, 신교(新敎)
протестантизм (쁘라쩨쓰딴**찌**즘)	(남) 신교(의 교리); 신교도, 신교 교회
протестантство (쁘라쩨쓰**딴**트쓰뜨붜)	(중) *см.* протестантизм
протестовать (쁘라쩨쓰또**와**찌)	(미완) 반항(반대)하다, 항의(질책)하다, 이의를 말하다, 이의를 제기하다
протечь (쁘라**쩨**치)	*см.* протекать
против (쁘로**찌**프)	(전)(+ 생) ① 맞은편에; ② 거슬러, 맞받아; ③ 반대하여, 맞서; ④ 없애는; ⑤ (술어로) 반대다, 반대한다;
противень (쁘로찌**붸**니)	(남) 번철, 후라이 팬
противиться (쁘라**찌**비쨔)	(미완) 엇서다, 버티다, 저항(반항, 반대)하다
противник (쁘라**찝**닠)	(남) ① 적, 원수; 적수; ② 적군
противный (쁘라**찝**늬이)	(형) ① 맞은편의, 건너편의; ② 싫은, 미운, 추한, 역한
противоборство (쁘라찌붜**보**르쓰뜨붜)	(중) 대결, 대적, 반항
противовес (쁘라찌붜**붸**쓰)	(남) 균형, 평균; в ~ ~에 대립되게, ~와는 반대로, ~와 달리
противовоздушный (쁘라찌붜보즈두쉬느이)	(형) 대공(對空)의, 방공(용)의. ~ая оборона 대공(對空), 대공방어
противогаз (쁘라찌붜**가**즈)	(남) 방독면, 가스마스크, 방독 마스크, 독와사제(毒瓦斯除)

Пп

- 1105 -

противоде́йствие (쁘라찌뷔제이스뜨비예)	(중) 반작용, 역반응(逆反應), 저항(抵抗), 대립(對立)
противоде́йствовать (쁘라찌뷔제이스뜨뷔와찌)	(미완) 반작용하다, 방해(저항, 대립)하다, 맞서다
противоесте́ственный (쁘라찌뷔예스뜨뻰늬이)	(형) 부자연스러운, 자연스럽지 못한, 어색한
противозако́нный (쁘라찌뷔자꼰늬이)	(형) 비법적인(非法的)
противоло́дочный (쁘라찌볼로도츠늬이)	(형) ~ кора́бль 구축함, 구잠함
противопожа́рный (쁘라찌뷔빠잘늬이)	(형) 불을 끄기 위한;~ое обору́дование, ~ая устано́вка 불끄는 설비
противополо́жность (쁘라찌뷔뽈로즈노스찌)	(여) 반대(反對), 대립; 대립물; в ~ ~와는 반대로(달리)
противополо́жный (쁘라찌뷔뽈로즈늬이)	(형) ① 맞은편, 건너편; ② 반대되는, 대립되는, 상반되는
противопоста́вить (쁘라찌뷔뽀쓰따비찌)	(완) ① 대립(대치)시키다; ② 대비(대조)하다.
противопоставле́ние (쁘라찌뷔뽀쓰따블레니예)	(중) ① 대립, 대치; ② 대비, 대조(對照)
противораке́тный (쁘라찌뷔라께트늬이)	(형) 미사일 방어용(요격용)의; ~ая оборо́на 미사일방어용의 미사일
противоречи́вый (쁘라찌뷔레치븨이)	(형) 모순되는, 모순이 있는
противоре́чие (쁘라찌뷔레치예)	(중) ① 모순; ② 반항; ③ 대립, 충돌
противоре́чить (쁘라찌뷔레치찌)	(미완) ① 반대(반박, 항의)하다 ② 모순되다, ...와 어긋나다
противоспу́тниковый (쁘라찌뷔쓰뿔니꼬븨이)	(형) 위성요격(衛星邀擊)
противостоя́ние (쁘라찌뷔쓰또야니예)	(중) 양립(兩立), 대립(對立)
противостоя́ть (쁘라찌뷔쓰또야찌)	(미완) ① 맞서다, 대항하다; ② 양립(대적)하다, 대립(적대)되다
противота́нковый	(형) 대전차(對戰車), 반전차

(쁘라찌뷔**딴꼬**븨이)

противохимический (형) 반화학
(쁘라찌뷔히미**체**쓰끼)

противоядие (여) 해독제, 항독소(抗毒素)
(쁘라찌뷔**야**지예)

протирать *см.* протереть
(쁘라찌**라**찌)

протираться (미완) 닳아서 꿰지다, 창이 나다
(쁘라**찌**라쨔)

проткнуть (완) 꿰찌르다
(쁘라뜨크누찌)

протокол (남) ① 기록(記錄), 회의록, 조서;
(쁘라또**꼴**) ② 프로토콜; ③ 의정서(議定書)

протокольный (형) ① 기록(記錄); ② 의례(儀禮)
(쁘라또**꼴**늬이)

протолкнуть *см.* проталкивать
(쁘라똘그누찌)

протон (남) 양성자(陽性子), 프로톤
(쁘라**똔**)

протоплазма (여) 원형질(原形質)
(쁘라따쁠**라**즈마)

проторённый (형): ~ая дорога 밟아다져진 길;
(쁘라또**론**늬이)

прототип (남) 원형(圓形)
(쁘라또**찌**쁘)

проточный (형) 흐르는; 지나가는
(쁘라**또**츠늬이)

протухнуть (완) 썩다, 썩은 냄새를 풍기다
(쁘라뚜흐누찌)

протыкать *см.* проткнуть
(쁘라뜨**까**지)

протягивать(ся) *см.* протянуть(ся)
(쁘라**쨔**기와찌)

протяжение (중) 정도; 범위, 한계, 한도, 길이, 기간;
(쁘라쨔**줴**니예) на ~и~동안에; на всём~и 전구간에서;

- 1107 -

	на ~и трёх дней 3일간에
протяжённость (쁘라쨔죤노스찌)	(여) 거리(距離), 연장선(延長線)
протяжный (쁘라쨔즈느이)	(형) 긴, 느린, 느리고 오랜
протянуть (쁘라따누찌)	① (줄, 전기줄 등을) 늘이다, 가설하다, 부설하다; ② 내밀다, 뻗치다
протянуться (쁘라따누쨔)	(완) ① 뻗다; ② 손을 내밀다; ③ 오래 걸리다(계속되다)
проучить (쁘라우치찌)	(완) 혼내다, 벌주다
профан (쁘라판)	(남) 문외한, 아마추어, 무식한 사람, 무지한 사람, 아는 체하는 바보.
професионал (쁘라페씨오날)	(남) ① (높은 수준의) 전문가, 직업적 일군 ② 직업선수, 프로선수
профессиональный (쁘라페씨오날느이)	(형) ① 직업, 직업상; ② 직업적인
профессия (쁘라페씨야)	(여) 직업(職業), 업(業), 직(職), 업무; 일
профессор (쁘라페쏘르)	(남) 교수(敎授), 전문가
профилактика (쁘라필라크찌까)	(여) 예방(법), 방비, 방지, 예방 조처; 예비점검, (치석 제거를 위한) 이의 청소.
профилактический (쁘라필라크찌체스끼-)	(형)예방의, 예방하는, 막는, 방지하는, 질병 예방의; ~ий осмотр 예비점검
профилирующий (쁘라필리루유쉬이)	(형) ~ие дисциплины(предметы) 기본전문학과목들
профиль (쁘로필)	(남) ① 옆모습; 측면(윤곽); ② (공학) 단면(도); 테두리, 형강, 프로필; ③ 직종
профильтровать (쁘라필드로와찌)	см. фильтровать
профком (쁘라프꼼)	(남) (профсоюзный комитет) 직업연맹위원회; председатель ~a 직업연맹위원장
профорг	(남) (профсоюзный организатор)

- 1108 -

(쁘라포르그)	직업연맹반장, 직업연맹조합
профорганизация (쁘라포르가니자찌야)	(여) (профсоюзная организация) 직업연맹단체, 노조단체
профсоюз (쁘라프사유즈)	(남) (профессиональный союз) 직업연맹; 노동조합(勞動組合)
профсоюзный (쁘라프사유즈느이)	(형) 노동조합(勞動組合)
профтехучилище (쁘라프쩨후칠리쉐)	(중) 직업기술학교
прохаживаться (쁘라하쥐와짜)	(미완) 나돌아 다니다
прохлада (쁘라흘라다)	(여) 서늘한 기운, 선선한 기운
прохладительный (쁘라흘라지쩰느이)	(형) 상쾌한, 후련한, 냉각(하는); ~ые напитки 청량음료
прохладный (쁘라흘라드느이)	(형) ① 서늘한, 선선한, 시원한; ② 냉담한, 무관심한
проход (쁘라홋)	(남) ① 통과(通過), 통행(通行); ② 통로(通路), 출입구(出入口);
проходимец (쁘라호지메쯔)	(남) 협잡꾼, 사기꾼
проходимость (쁘라호지모쓰찌)	(여) 통과능력
проходить (쁘라호지찌)	(미완) ① 가다, 지나가다; ②(소문 따위가) 퍼지다; ③ (머리에) 떠오르다; ④ 멎다; ⑤ 배워서 떼다, 마치다
проходка (쁘라호드까)	(여) (광업) 굴진(掘進), 땅을 파 들어감.
проходная (쁘라호드나야)	(여) 접수실; (요리 따위를) 내주는 창구(주방과 식당 사이의).
проходчик (쁘라호드칙)	(남) 굴착공, 굴착기공
прохожий (쁘라호지이)	(남) 통행인, 길손;
процветание	(중) 개화, 융성, 번영

Пп

(쁘라쓰베따니예)

процветать　(미완) 번영(융성, 개화)하다
(쁘라쯔베따찌)

процедить　(완) 거르다, 여과시키다
(쁘라쩨지찌)

процедура　(여) ① 수속, 절차(節次);
(쁘라쩨두라)　② (복수) 치료법, 처치, 조작

процент　(남) ① 퍼센트(%); ② 이자, 이율(利律)
(쁘라쩬뜨)

процесс　(남) ① 과정, 행정, 경과, 과정(過程);
(쁘라쩻쓰)　② 공정; ③ 병세, 경과, 염증; ④ 소송;

процессия　(여) 행렬(行列), 행진(行進)
(쁘라쩨씨야)

прочесть　см. читать
(쁘라체쓰찌)

прочий　(형) ① 기타, 나머지, 다른; ② (명사로):
(쁘로치이)　~ее (중) 기타의 것, 나머지 것;
　~ие (복수) 나머지 사람들;

прочистить　(완) (속, 틈 등을) 씻어내다, 소제하다
(쁘라치쓰찌찌)

прочитать　см. читать
(쁘라치따찌)

прочищать　см. прочистить
(쁘라치샤찌)

прочность　(여) 질긴 것, 견고성, 세기
(쁘로츠노쓰찌)

прочный　(형) ① 질긴, 든든한, 튼튼한, 견고한;
(쁘로츠느이)　② 공고한, 확고한, 믿을만한;

прочувствовать　(완) 감독하다, 체험하다, 느끼다
(쁘라춥쓰뜨뷔와찌)

прочь　① (부) 한옆으로, 저리로;
(쁘로치)　② (술어로) 비켜라, 물러가라;

прошедший　(형) 지난; ~ее время (언어) 과거
(쁘라쉐드쉬이)

прошение　(중) ① 요청, 청원 ② 청원서(請願書)

- 1110 -

(쁘로쉐니예)

прошептать
(쁘라쉐쁘따찌)
(완) 소곤거리다, 귀속 말로 말하다

прошлогодний
(쁘라쉴로고드느이)
(형) 지난해, 작년, 전(前)해, 묵은해

прошлый
(쁘로쉴릐이)
(형) ① 지난, 전번; ② (명사로): ~ое
(중) 과거(생활), 지난 날;

прощальный
(쁘라샬느이)
(형) 작별(作別), 고별(告別), 이별(離別);

прощание
(쁘라샤니예)
(중) 작별(作別), 이별(離別); 작별인사;

прощать
(쁘라샤찌)
(미완) *см.* простить;
(명령형)~й! 안녕히; 잘 있으라; 잘가라;
~й те! 안녕히 계십시오;안녕히 가십시오

прощаться
(쁘라샤쨔)
см. проститься

прощение
(쁘라쉐니예)
(중) 용서; 용대, 관대

проявитель
(쁘라야비쪨)
(남) (사진) 현상약, 현상액(現像液)

проявить
(쁘라야비찌)
(완) 나타내다, 발휘하다;

проявиться
(쁘라야비쨔)
(완) ① 나타나다, 보이다, 표시되다
② 현상되다

проявление
(쁘라야블레니예)
(중) ① 발현, 표현, 표시, 발휘
② 현상(現像)

проявлять[ся]
(쁘라야블랴찌)
см. проявить[ся]

проясниться (완), **~яться** (미완) ① 밝아지다, 해명되다;
(쁘라야니쨔) ② (날씨가) 개이다;

пруд
(쁘루드)
(남) 늪, 못

пружина
(쁘루쥐나)
(여) ① 용수철, 태엽, 스프링
② 동력, 원동력

прут
(남) ① 나무초리, 채, 회초리

(쁘루트)	② 쇠줄조각
прыгать (미완), **~нуть** (완) (쁘리가찌)	① 뛰다, 뜀뛰다; ② 튀다;
прыгун (남), **~ья** (여) (쁘리군)	뜀뛰기선수, 높이뛰기 선수
прыжок (쁘리죡)	(남) 뜀뛰기, 도약, 뛰어오름; ~ в длину 멀리뛰기; ~ в высоту 높이뛰기; ~ с шестом 장대 뛰기; тройной ~ 삼단도; соревнования по прыжкам 도약경기
прыскать (쁘리쓰까찌)	(미완) 뿌리다, 끼얹다, 치다
прыснуть (쁘리쓰누찌)	① см. прыскать; ② 흘러(쏟아져)나오다; ③ 웃음보를 터뜨리다, 폭소하다
прыткий (쁘리뜨끼-)	(형) 날랜, 날쌘, 약삭빠른
прыть (쁘리찌)	(여) : мчаться(бежать) во всю ~ 전속력으로 달리다
прыщ (쁘리씨)	(남) 부스럼, 뽀루지, 여드름
прядение (쁘랴제니예)	(중) 실낳이, 방적(紡績), 길쌈
прядильный (쁘랴질느이)	(형) 방적의; ~ая фабрика 방적공장
прядильщик (남), **~ца** (여) 방적공 (쁘랴질리쉬크)	
пряжа (쁘랴자)	(여) 실, 방사
пряжка (쁘랴즈까)	(여) (혁) 띠고리
прялка (쁘랼까)	(여) 물레, 방차, 낙거
прямо (쁘랴마)	(부) ① 직선으로, 곧게, 곧바로; ② 직접; ③ 솔직히, 털어놓고, 숨김없이; ④ (조)과연, 정말, 참말;
прямой (쁘랴모이)	(형) ① 곧은; ② 직접; ~ые выборы 직접선거; ③ 솔직한; ④ 노골적인; ~ое

- 1112 -

	дополнение (언어) 직접보어
прямолинейный (쁘랴몰리녜이느이)	(형) ① 직선 ② 성미가 곧은, 솔직한, 고지식한;
прямота (쁘랴모따)	(여) 솔직성, 정직, 곧은 성미
прямоугольник (쁘랴모우골르닉)	(남) 직사각형, 긴네모꼴, 구형(矩形)
прямоугольный (쁘랴모우고골르늬이)	(형) 직각(直角), 90도
пряник (쁘랴니크)	(남) 쁘랴니크(향로를 둔 과자)
пряность (쁘랴노쓰찌)	(여) 양념감, 조미료, 양념거리
пряный (쁘랴늬이)	(형) ~ запах 얼얼하고 향기로운 냄새
прясть (쁘랴쓰찌)	(미완) 실을 뽑다
прятать (쁘랴따찌)	① 감추다, 숨기다; ② 간수하다, 거두어두다
прятаться (쁘랴따짜)	(미완) 숨다, 자취를 감추다
прятки (쁘랴뜨끼)	(복수) 숨박꼭질, 음밀히
Пс (Псалтирь, 151편, 569 쪽) (삐쌀찌리)	시편(Psalms 詩篇)
псевдо... (쁘쎕도...)	(합성어의 첫부분으로서(가짜),(사이비)라는 뜻) 예: псевдонаучный 사이비과학적인
псевдоним (쁘쎄프다님)	(남) 필명, 가명, 가짜이름
психиатр (쁘씨히아뜨르)	(남) 정신병 의사[학자]
психиатрический (쁘씨히아트리체스끼이)	(형) 정신병학의, 정신병치료의, 정신과의
психиатрия (쁘씨히아트리야)	(여) 정신병학, 정신 의학; 정신병 치료법.

Пп

- 1113 -

психика (쁘씨히까)	(여) 심리(心理), 정신(상태);
психический (쁘씨히체쓰끼이)	(형) 심리(心理), 정신(精神);
психоз (쁘씨호즈)	(남) 정신병, 정신착란, 정신이상
психолог (쁘씨홀록)	(남) ① 심리학자, 심리사 ② 인간심리에 밝은 사람
психологический (쁘씨홀로기체쓰끼)	(형) 심리의; 심리학적인
психология (쁘씨홀로기야)	(여) ① 심리학, ② 심리(心理), 심리상태 (心理狀態)
птенец (쁘쩨네쯔)	(남) 새 새끼
птица (쁘찌짜)	(여) 새; домашняя ~ 가금(嘉禽)
птицеводство (쁘찌쩨볻쓰뜨붜)	(중) 가금업(家禽業), 양계업
птицефабрика (쁘찌쩨파브리까)	(여) 닭공장, 가금공장
птицеферма (쁘찌쩨페르마)	(여) 가금목장
птичий (쁘찌치이)	(형) 새, 새의; ~ье гнездо 새둥지;
птичник (쁘찌츠닉)	(남) ① 가금우리; ② 가금사양공
птичница (쁘찌츠니짜)	(여) 가금사양공(여자)
публика (뿌블리까)	(여) (집합) ① 관중(觀衆), 청중 ② 사람들, 군중;
публикация (뿌블리까찌야)	(여) ① 발표, 공포(公布), 공시(公試) ② 광고(廣告)
публиковать (뿌블리꼬와찌)	(미완) 발포하다, 공포하다, 공시하다
публицист	(남) 정치평론가

Пп

(뿌블리찌쓰트)

публицистика
(뿌블리찌쓰찌까)
(여) 정치평론(문학)

публицистический
(뿌블리찌쓰체쓰끼이)
(형) 정치평론의

публичный
(뿌블리츠느이)
(형) 공개적인;

пугало
(뿌갈로)
(중) 허수아비, 허사비, 허아비

пугать
(뿌가찌)
(미완) 놀래다, 위협하다, 으르대다

пугаться
(뿌가쨔)
(미완) 놀라다, 겁내다, 혼나다

пугливый
(뿌글리브이)
(형) 소심한, 겁 많은, 무서움을 잘타는

пуговица
(뿌고비짜)
(여) 단추

пуд
(뿐)
(남) 푸드(pud; 러시아의 중량단위; = 16. 3키로)

пудель
(뿌델리)
(남) 삽사리, 삽살개

пудра
(뿌드라)
(여) 분(粉), 분가루

пудреница
(뿌드레니짜)
(여) 분갑(粉匣), 분곽

пудрить
(뿌드리찌)
(미완) 분칠하다;

пудриться
(뿌드리쨔)
(미완) (자기얼굴에) 분을 바르다

пузырёк
(뿌즈료크)
(남) ① (작은)유리병, 장식병;
② (작은) 거품, 기포

пузырь
(뿌즤리)
(남) ① 거품(기포) ② 물집 ③ 막망
④ (공기, 물, 얼음 등을 넣는)주머니;

пук
(뿌크)
(남) 묶음, 단, 아름, 뭉치;

- 1115 -

пулевой (뿔레보이)	(형) 총탄(銃彈), 총알;
пулемёт (뿔레묘트)	(남) 기관총(機關銃)
пулемётный (뿔레묘트느이)	(형) 기관총의, 기관총적인
пулемётчик (뿔레묘트칙)	(남) 기관총수
пульверизатор (뿔리붸리자똘)	(남) 분무기, 살포기
пульс (뿔쓰)	(남) ① 맥, 맥박; ② 속도, 움직임, 약동;
пульсация (뿔싸찌야)	(여) 맥박, 고동, 파동
пульсировать (뿔씨로와찌)	(미완) 맥동하다, 맥박치다, 고동치다
пульт (뿔트)	(남) ① 조종대; 배전판 ② (음악)보면대
пуля (뿔랴)	(여) 총알, 실탄, 탄알, 총탄
пункт (뿐크트)	(남) ① 점, 지점(地點); ② 조항, 조목, 조
пунктир (뿐크띨)	(남) 점선
пунктуальность (뿐크뚜알노쓰찌)	(여) 정확성, 치밀성
пунктуальный (뿐크뚜알늬이)	(형) 매우 정확한, 깐깐한
пунктуация (뿐크뚜아찌야)	(여) 구두법, 구두점
пунцовый (뿐쪼븨이)	(형) 진홍색, 진홍; 농홍(濃紅), 진홍빛, 스칼렛(scarlet)
пупок (뿌뾱)	(남) 배꼽, 어복(於腹);
пурга	(여) 눈보라, 취설, 설풍, 설한풍, 눈바람

(뿌르가)

пуризм (뿌리즘)	(남) 외래어배척
пурпурный (뿌르뿔늬이)	(형) 진홍빛, 진홍; 농홍(濃紅), 진홍색, 스칼렛(scarlet)
пуск (뿌쓰크)	(남) 조업개시; 시동, 발동; 발사
пускать(ся) (뿌쓰까찌)	*см.* пустить(ся)
пусковой (뿌쓰까보이)	(형) 조업개시의, 시동의.
пустеть (뿌쓰쩨찌)	(미완) 비게 되다, 비어지다, 인적이 끊어지다
пустить (뿌쓰찌찌)	(완) ① 놓다, 놓아주다; ② 들여놓다, 통행(출입)을 허가하다; ③ 움직이게 하다, 시동(발동)시키다; ④ 던지다; ⑤ 돋아나다, 뻗다;
пуститься (뿌쓰찌쨔)	(완) ① 향하다, 떠나다; ② 시작하다;
пустовать (뿌쓰따와찌)	(미완) 비어있다
пустой (뿌쓰또이)	(형) ① 빈, 허공, 무인지경; ② 헛된, 허망, 실속(내용) 없는; ③ (명사로): ~oe (중) 쓸데없는 일(말)
пустословие (뿌쓰또쓸로비예)	(중) 허튼 말, 헛된 말, 빈 말.
пустота (뿌쓰또따)	(여) ① 빈 것 ② 실속(내용)없는 것 ③ 빈곳, 공허; 진공
пустотелый (뿌쓰또쩰늬이)	(형) 속이 빈, 속이 궁근
пустоцвет (뿌쓰또쯔볟)	(남) 헛꽃, 수꽃
пустошь (뿌쓰또씨)	(여) 황무지, 황야, 불모지, 박토(薄土),
пустынный (뿌쓰뜬늬이)	(형) ① 황무지의, 황야로, 불모지의, 박토 ② 인적기 없는

пустыня (뿌스뜨냐)	(여) ① 사막; ② 황야, 무인지경
пустырь (뿌스찔)	(남) 빈터, 공지, 황야
пусть (뿌스찌)	① (조) (동사 1, 3인칭 단수, 복수와 함께) ~하게 하라(해두라), ~해도 좋다; ② (접) ~라고 하자; 비록 ~ 더라도; ③ (조) 좋다, 그래라
пустяк (뿌스쨔크)	(남) ① 하찮은(사소한, 보잘 것 없는)일 ② 하찮은 물건 ③ (흔히 복수) (술어로) 괜찮다, 일없다;
пустяковый (뿌스쨔꼬븨이)	(형) 하찮은, 사소한, 보잘것없는
путаница (뿌따니짜)	(여) 혼란(混亂), 뒤엉킴
путаный (뿌따늬이)	(형) 이치에 맞지 않는, 갈피를 잡을 수 없는, 조리 없는, 앞뒤가 맞지 않는
путать (뿌따찌)	(미완) ① 헝클어뜨리다, 뒤섞어놓다 ② 갈피를 못잡게 말하다 ③ 헛갈리다;
путаться (뿌따짜)	(미완) ① 헝클어지다, 뒤섞이다, 엉기다 ② 헛갈리다, 혼란되다
путёвка (뿌쬬프까)	(여) ① 파견장; ②: ~a в санатори(дом отдыха) 요양권, 휴양권 ③ 운행증
путеводитель (뿌쩨붜지쩰)	(남) 안내서(案內書)
путевой (뿌쩨보이)	(형) ① 여행(旅行), 유람; ② 선로(線路); ③: ~ ой лист 운행증
путём (뿌쫌)	(전) (+ 생) ~함으로써, ~하는 방법으로.
путепровод (뿌쩨쁘로붜드)	(남) 구름다리, 입체교, 육교
путеукладчик (뿌쩨우클랕칙)	(남) 선로 부설차
путешественник (뿌쩨쉐스뜨벤닉)	(남) 여행가, 여행자(旅行者)
путешествие	(중) 여행(旅行); 유람, 객려

- 1118 -

(뿌쩨쉐쓰뜨비예)

путешествовать (뿌쩨쉐쓰뜨붜와찌)	(미완) 여행하다
путина (뿌찌나)	(여) 성어기, 고기가 많이 잡히는 시기
путч (뿓치)	(남) 폭동(暴動), 정변(政變), 반란
путы (뿌띄)	(복수) 멍에, 질곡(桎梏)
путь (뿌찌)	(남) ① 길, 도로(道路), 통로(通路); ② 철길, 선로, 궤도(軌道), 레일(rail); ③ 길, 여행(旅行); ④ 길, 노정, 진로; ⑤ 방도(方道), 방법(方法);
пух (뿌흐)	(남) 솜털; 보푸라기; 용모, 면모(綿毛)
пухнуть (뿌흐누찌)	(미완) 붓다, 부어오르다, 부풀다
пуховой (뿌호보이)	(형) 솜털의, 용모의, 면모의(綿毛)
пучина (뿌치나)	(여) ① 소용돌이; 심연(深淵), 심해(深海); ② 도탄(塗炭), 곤궁(困窮), 구렁텅이;
пучок (뿌초크)	(남) ① 묶음, 단, 아름 ② (물리)묶음, 속;
пушинка (뿌쉰까)	(여) 한 오리의 솜털; 보푸라기
пушистый (뿌쉬쓰띄이)	(형) ① 털이 복슬복슬한; ② 아주 부드러운;
пушка (뿌쉬까)	(여) 포, 대포(大砲);
пушнина (뿌쉬니나)	(여) 털가죽; 모피류(毛皮類)
пушной (뿌쉬노이)	(형) 모피류의, 털가죽의
пушок (뿌쇼크)	(남) 부풀, 보풀, 보푸라기, 부푸라기; 보무라지, 보물

Пхеньян (쁴얀)	(남) 평양(平壤), 서경, 서도
пчела (쁘첼라)	(여) 꿀벌, 벌, 참벌, 밀봉(蜜封), 황봉
пчелиный (쁘첼리늬이)	(형) 꿀벌의, 벌의, 참벌의, 밀봉의, 황봉의
пчеловод (쁘첼로볻)	(남) 양봉공, 양봉업자
пчеловодство (쁘첼로볻쓰뜨붜)	(중) 양봉(養蜂), 양봉업
пшеница (쁘쉐니짜)	(여) 밀
пшеничный (쁘쉐니츠늬이)	(형) 밀의
пшённый (쁘숀늬이)	(형): ~ая каша 기장쌀죽, 기장밥
пшено (쁘쉐나)	(중) 기장쌀
пыл (쁼)	(남) ① 열기(熱氣), 고열(高熱); ② 열성(熱性), 격정(激情)
пылать (쁼라찌)	(미완) ① 활활 타오르다; ② 달아오르다, 붉어지다, 화끈해지다; ③ 불타다
пылесос (쁼레쏘쓰)	(남) 흡진기, 진공청소기
пылить (쁼리찌)	① 먼지를 일구다; ② 먼지투성이로 만들다
пылиться (쁼리쨔)	(미완) 먼지가 쌓이다, 먼지가 끼다, 먼지가 일다
пылкий (쁼끼이)	(형) 열정적인, 열렬한, 격하기 쉬운
пыль (쁼리)	(여) 먼지, 티, 티끌, 미진, 설진(屑塵)
пыльный (쁼리늬이)	(형) 먼지 낀, 먼지투성이
пыльца	(여) 꽃가루, 화분(花粉), 예분(蕊粉)

(뻴리짜)

пытать (쁴**따**찌)	(미완) ① 고문하다, 고통을 주다 ② 캐어묻다
пытаться (쁴**따**짜)	(미완) 해보다, 애쓰다, 시도하다;
пытка (쁴뜨까)	(여) ① 고문; ② 고통, 괴로움
пытливый (쁴뜰**리**븨이)	(형) 탐구심이 강한, 파고드는
пыхтеть (쁴흐**쩨**찌)	(미완) 씨근거리다, 헐떡거리다, 숨가빠하다
пышный (쁴쓰늬이)	(형) ① 화려한, 호화로운; ② 북실북실한, 보드라운;
пьедестал (삐예제쓰**딸**)	(남) (조각상 등의) 대
пьеса (삐**예**싸)	(여) ① 희곡(작품), 각본(脚本) ② (음악) 소품, 소곡
пьянеть (삐야**네**찌)	(미완) ① 취하다; ② 도취하다
пьяница (삐**야**니짜)	(남, 여) 술군, 주정뱅이
пьянство (삐**얀**쓰뜨붜)	(중) 술타령, 주정질; 폭음
пьянствовать (삐**얀**쓰뜨붜와찌)	(미완) 몹시 술을 마시다, 주정을 부리다, 술타령하다
пьяный (삐**얀**늬이)	(형) ① 술취한, 만취한; ② (명사로) (남) 술취한 사람, 술군
пюпитр (쀼**삐**뜰)	(남) 악보대, 보면대
пюре (쀼**레**)	(중) 퓌레(puree; 남새, 과일 등을 숙수쳐 서 만든 요리)
пядь (쁘**야**지)	(여): не отдать ни пяди 한치도(털끝 만치도) 내주지(양보하지) 않다
пята (쁏**따**)	(여): по ~ам 바싹 뒤 쫓아서; под ~ой 압압 밑에; с головы до ~ 머리에서

Пп

- 1121 -

	발끝까지
пятёрка (뼛죠르까)	(여) ① 5, 다섯 개 ② (5계단채점법에서) 5(오)점 ③ 다섯으로 이루어진 대상물 (5인조, 5루블, 5번선의 전차, 버스 등)
пятеро (뼛야쩨라)	(수) (집합) 5(다섯), 다섯명, 다섯 개;
пятиборец (뼛찌보레쯔)	(남) 5종 경기 선수
пятиборе (뼛찌보레)	(중) 5(오)종경기
пятидесятилетие (뼛찌제싸찔제찌예)	(중) ① 50년 ② 쉰돌, 오십돌(주년)
пятидесятилетний (뼛찌제싸찔레트늬이)	(형) ① 50년간 ② 쉰 돌; 쉰 살 된.
пятидесятый (뼛찌제싸띄이)	(형) 50번째, 제50
пятиконечный (뼛찟까네츠늬이)	(형): ~ая звезда 오각
пятилетка (뼛찔렛까)	(여) 5(오) 개년계획
пятилетний (뼛찔렛트늬이)	(형) ① 5(오)년간; ② 다섯 돌;
пятисотый (뼛솥띄이)	(형) 500번째, 제500
пятиться (삐야찌쟈)	(미완) 뒤 걸음 치다, 물러서다
пятиугольник (뼛찌우골니크)	(남) 오각형(五角形), 모가 다섯인 도형. 오변형.
пятка (삐얏트까)	(여) 발뒤축; 뒤축
пятнадцатый (뼛낫짜띄이)	(수) 15번째, 제15
пятнадцать (뼛낫짜찌)	(수) 열다섯, 15
пятнистый	(형) 얼룩짐이 진, 반점이 섞인, 점박이,

(뼷니쓰띄이)	점이 박힌
пятница (뼷야찌니짜)	(여) 금요일(金曜日)
пятно (뼷노)	(중) 얼룩점, 반점(斑點);
пятый (뼷야띄이)	(수) 다섯째, 제5
пять (뼷야찌)	(수) 다섯, 5(오)
пятьдесят (삐짓쌰트)	(수) 쉰, 50(오십)
пятьсот (삐지쏘트)	(수) 500(오백)

Пп

Рр

раб (랍)	(남) ① 노예(奴隷); ② 노복(奴僕), 종
рабовладелец (라바블라젤레쯔)	(남) 노예소유자
рабовладельческий (라바블라젤체쓰끼이)	(형) 노예의: ~ строй 노예제도
раболепный (라발레쁘느이)	(형) 비굴한
раболепствовать (라발레쁘쓰뜨뷔와찌)	(미완) 아부굴종하다, 비굴하게 굴다, 추종하다
работа (라보따)	(여) ① 일(業), 사업, 작업, 노동, 활동; ② 일터, 일자리; ③ 일감, 일거리; ④ ~ы (복수) 공사(工事), 작업; ⑤ 작품, 제작품, 제작물, 창작물; ⑥ 일솜씨, 손질, 손보기
работать (라보따찌)	(미완) ① 일하다, 사업하다; ② 움직이다, 놀리다, 조종하다; ③ 동작(작용, 가동)하다
работник (남), ~ца (여) (라보트니크)	① 일군, 발군(拔群). 노력자(努力者); ② 머슴, 고농(雇農)
работоспособность (라바또쓰빠쏘브노쓰찌)	(여) 노동능력, 생산능력, 능률, 능력, 유능, 유효성[도], 기능, 작용.
работоспособный (라보또쓰빠쏘브느이)	(형) 일할 수 있는, 노동능력이 있는 숙련된, 실시(사용)가능한
рабочая (라보차야)	(여) 노동자(여자), 근로자(勤勞者) (여자의)일손, 공원, 직공
рабоче-крестьянский (라보체-끄레쓰찌얀쓰끼이)	(형) 노동의, 근로의(농부, 소작농, 농군) 임금(육체)노동자 계급의(에 어울리는)
рабочий¹ (라보치이)	(남) 노동자, 일꾼, 노공(勞工), 근로자, 직공, 공원, 일을(공부를) 하는 사람.

рабочий[2] (라보치이)	(형) 임금(육체)노동자 계급(에 어울리는) 일하는 노동에 종사하는; 경작에 쓰이는(가축 등), 일의 추진을 위한
рабский (랍쓰끼)	(형) ① 노예의; ② 비굴한;
рабство (랍쓰뜨뷔)	(중) 노예 살이; 노예상태, 노예제도 농노[노예]의 신분, 천역(賤役)
рабыня (라븨냐)	(여) 여자 노예(농노),
равенство (라붿쓰뜨뷔)	(중) ① 평등(平等), 균등(均等); ② (수학) 등식(equality);
равнение (라브네니예)	(중) ① (군사) 정렬; ② 따라서는 것,
равнина (라브니나)	(여) 평야, 평원, 평지,
равно (라브나)	① (술어로) 같다, 동일하다; ② (접) ~와 마찬가지로;
равнобедренный (라브노볟롌느이)	(형): ~ треугольник 이등변삼각형
равновесие (라브노볘씨예)	(중) 균형(均衡), 평형(平衡);
равнодействующий (라브노졔이쓰뜨부유쉬이)	(형) 합성력, 합성 운동, 종결식 ~ая сила (물리) 합성력, 합력(合力)
равноденствие (라브노졘쓰뜨비예)	(중) 낮과 밤의 길이가 같은 때, 춘분
равнодушие (라브노두씨예)	(중) 무관심(성), 냉정(冷情), 냉담(冷淡)
равнодушный (라브노두쓰느이)	(형) 무관심한, 냉정한, 냉담한
равнозначный (라브노즈나츠느이)	(형) 동등한; 동일한, 같은 뜻을 가진
равномерно (라브노몌르나)	(부) 균등하게, 고르게
равномерность (랍노몔노쓰찌)	(여) 균일성(均一性), 균등성(均等性)

- 1125 -

равномерный (라브노몔느이)	(형) 균등한(均等-), 고른;
равноправие (라브노쁘라비예)	(중) 평등권(平等權), 동등권(同等權)
равноправный (라브노쁘랍느이)	(형) 평등한, 동등한
равносильный (라브노씰느이)	(형) 동등한, 동일한
равноценный (라브노쩬느이)	(형) (값, 질, 가치, 중요성이) 같은, 동등한
равный (라브느이)	(형) 같은, 동등한, 동일한
равнять (라브냐찌)	(미완) ① 동등(균등, 동일)하게 하다; ② с кем-чем ~ 동등하게 취급하다
равняться (라브냐쨔)	(미완) ① 나란히 서다, 평행하다; ② 모범을 따르다, 본받다; ③ ~이다; дважды три раняется шести 이삼은 육 (2×3=6)
рад (라닷)	(술어로) ① 기쁘다, 반갑다; ②(+ 미정형) ~했으면 하다, ~하고 싶어하다
радар (라달)	(남) 레이더(radar), 전파탐지기
ради (라지)	(전) (+ 생) ① ~을 위하여; ② ~ 때문에;
радиатор (라지아똘)	(남) ① 방열기(放熱器), 라디에이트; ② 냉각기, 냉동 응축기
радиация (라지아찌야)	(여) ① 방사(放射), 복사; ② 방사선, 방사열
радий (라지이)	(남) (화학) 라듐(ra-dium: 방사성 원소; 기호 Ra; 번호 88)
радикал¹ (라지깔)	(남)① (수학) 뿌리식, 근식; 뿌리표; 근호 знак ~а 뿌리표 (√); ② (화학)기, 원자단
радикал² (라지깔)	(남) 과격파(過激派), 급진당원
радикальный (라지깔느이)	(형) ① 급진(急進), 급진파(急進派) ② 결정적인, 근본적인;

радикулит (라지꿀리트)	(남) (의학) 척수신경근염
радио (라지오)	(불변)(중)① 라디오, 무선전신, 무선전화; ② 라디오방송; ③ 라디오(수신기)
радиоактивность (라지오아크찝노쓰찌)	(여) 방사능(放射能), 방사성(放射性)
радиоактивный (라지오아크찝느이)	(형) 방사성의, 방사능으로
радиовещание (라지오볘샤니예)	(중) 라디오방송
радиоволна (라지오발나)	(여) (물리) 무선전파
радиограмма (라지오그람마)	(여) 무선전보; 라디오(를 통한) 전달
радиозонд (라지오존드)	(남) 라디오 존드, 무선고공기상관측기
радиокомитет (라지오까미쪨)	(남) 방송위원회, 방송국(放送局)
радиола (라지올라)	(여) 전축 라디오
радиолокатор (라지올로까따르)	(남) 전파 탐지기
радиолокация (라지올로까찌야)	(여) 전파탐지
радиолюбитель (라지올류비쪨)	(남) 라디오애호가
радиомачта (라지오마츠따)	(여) 라디오안테나, 방송탑
радиомаяк (라지오마야크)	(남) 무선등대
радиомонтаж (라지오몬따즈)	(남) 라디오 몬따쥬
радионавигационный (라지오나비가찌온느이)	(형) 무선(전파) 항법(항행)의; ~ прибор 무선항해기구
радионавигация	(여) 무선(전파) 항법(항행)

Рр

(라지오나비가찌야)

радиопеленгатор (라지오뻴렌가따르)	(남) 방향탐지기(方向探知機)
радиопередатчик (라지오뻬레다트칙)	(남) 무선송신기(無線送信機)
радиопередача (라지오뻬레다차)	(여) 라디오방송;
радиоприёмник (라지오쁘리욤닉)	(남) 라디오(수신기)
радиорелейный (라지오렐레이느이)	(형) ~ая связь 중계무선통신
радиосвязь (라지오쓰뱌지)	(여) 무선통신; 무선연락
радиосеть (라지오쎄찌)	(여) 방송망, 무선전신망
радиосигнал (라지오씨그날)	(남) 라디오(무선)신호
радиослушатель (라지오쓸루샤쩰)	(남) 라디오청취자
радиостанция (라지오쓰딴찌야)	(여) 무선전신국; 무선 라디오 방송국
радиостудия (라지오쓰뚜지야)	(여) (라디오)방송실
радиотелескоп (라지오쩰레쓰꼽)	(남) 라디오망원경
радиотерапия (라지오쩨라삐야)	(여) (의학) 방사요법
радиотехник (라지오쩨흐니크)	(남) 라디오기술자, 무선공학전문가
радиотехника (라지오쩨흐니까)	(여) ① 라디오공학; ② 라디오기술
радиоузел (라지오우젤)	(남) ① (중계) 방송실; ② 라디오관리국
радиофикация (라지오피까찌야)	(여) 라디오 보급, 라디오설비의 설치

радиофици́ровать (라지오피찌로와찌)	(미완, 완) 라디오설비를 설치하다
радист (남), ~ка (여) 무전수, 무선 전신수 (라지쓰트)	
ра́днус (라지우쓰)	(남) ① (수학) 반경(半徑) ② 범위(範圍), 구역(區域);
ра́довать (라드와찌)	(미완) 기쁘게(즐겁게)하다
ра́доваться (라도와짜)	(미완) 기뻐하다, 반가워하다;
радо́н (라돈)	(남) (화학) 라돈(ra-don: 86번:Rn:222)
радо́новый (라도노브이)	(형) 라돈의: ~ источник 라돈천
ра́достно (라도쓰뜨나)	(부) ① 기쁘게, 반가이, 즐겁게 ② (술어로) 기쁘다, 반갑다, 즐겁다
ра́достный (라도쓰뜨늬이)	(형) 기쁜, 반가운, 즐거운
ра́дость (라도쓰찌)	(여) ① 기쁨 ② 기쁜 일; 기쁨의 대상
ра́дуга (라두가)	(여) 무지개(rainbow), 천궁(天弓), 체동(蝃蝀),홍예(虹霓), 채홍(彩虹), 제궁(帝弓)
ра́дужный (라두즈늬이)	(형): ~ые наде́жды 즐거운 희망
раду́шие (라두쉬에)	(중) 친절, 다정
раду́шно (라두쉬나)	(부) 친절하게, 다정하게
раду́шный (라두쉬늬이)	(형) 친절한, 다정한
раз¹ (라스)	(남) ① 한 번; ка́ждый ~ 매번; не ~ и не два 한두 번이 아니다; ② (불변) 하나, ~, два, три 하나, 둘, 셋; в са́мый ~ 1) 때마침, 2) 딱 맞는다; как ~ 1) 바로, 마침 2) 딱 맞는다;
раз²	(부) 어느 날, 하루는, 한 번은;

(라스)

раз³
(라스)
(접) (= если) ~면, 일단 ~한 이상;

разбавить (완), **~авлять** (미완) 묽게 하다, 연하게 하다, 타다,
(라스바비찌) 섞다

разбазаривать (미완), **~ть** (완) ① 팔다, 팔아버리다
(라스바자리와찌) ② 낭비(허비, 탕진)하다

разбег
(라스베크)
(남) 뛰어넘기(오르기) 위하여 달리는 것,
속력을 내는 것, 달리던 기운;

разбегаться (미완), **~жаться** (완) ① 뛰어넘기(오르기) 위하여 달리다;
(라스베가쨔) 속력을 내다; ② (많은 사람들이) 사방으로 뛰어가다, 뿔뿔이 흩어지다; ③ (눈길, 생각이) 산만해지다, 집중되지 않다;

разбивать[ся] *см.* разбить[ся]
(라스비와쨔)

разбинтовать (완), **~овывать** (미완) 붕대를 풀다
(라스빈따와찌)

разбирать
(라스비라찌)
(미완) ① 분해하다; ② 다 사다(가지다)
③ 정리(정돈)하다; 유별(구분)하다;
④ 심의(검토)하다; ⑤ 판별하다

разбираться
(라스비라쨔)
(미완) ① 자기 물건을 정리하다
② 이해(해명, 요해)하다, 분석하다, 음미하다; ~ в деле 사건을 요해하다

разбитый
(라스비띄이)
(형) ① 깨어진, 금이 간, 이가 빠진;
② 못쓰게 된, 파손된;
③ 기진맥진한, 기운이 진한;

разбить
(라스비찌)
① 깨뜨리다, 마스다, 깨다;
② 상하게(다치게)하다; 못쓰게 만들다;
③ 격파하다, 분쇄하다; ④ (부분으로)
쪼개다, 나누다; ⑤ 포치하다, 치다;

разбиться
(라스비쨔)
(완) ① 깨지다, 부서지다, 쪼개지다
② 갈라지다, 구분되다 ③ (자기 몸을)
다치다, 상하다 ④ 못쓰게 되다, 헐다
망그러지다

разбогатеть
(라스보가쩨찌)
(완) 부자가 되다

разбой
(남) 강탈, 약탈(掠奪), 약취, 탈취;

(라스**보**이)

разбо́й ник (라스**보**이니크)	(남) ① 강탈자, 강도; ② 장난꾸러기
разбо́й ничать (라스**보**이니**차**찌)	(미완) 강도(강탈)질하다
разбо́й ничий (라스**보**이니치이)	(형) 강도(强盜), 갱;
разболе́ться (라스발**례**쨔)	(완) ① 심하게 앓다 ② (몸의 한부분이) 아프다, 아파하다
разболта́ть¹ (라스발**따**찌)	(완) 누설하다, 입 밖에 내다
разболта́ть² (라스발**따**찌)	(완) (흔들어) 뒤섞다, 헐겁게 하다
разбомби́ть (라스밤비찌)	(완) 폭격하다, 폭탄을 던지다
разбо́р (라스**볼**)	(남) ① 분해, 분석 ② 선택, 분류 ③ 심사, 심의 ◇ без ~а 닥치는 대로
разбо́рка (라스**볼**까)	(여) ① 분해, 해체; ② 분류선별 ③ 정리, 정돈(整頓)
разбо́рчивый (라스**볼**치븨이)	(형) ① (선택함에 있어서) 몹시 까다로운, 요구성이 강한 ② 똑똑한, 알기 쉬운;
разбра́сывать (라스브라**씌**와찌)	(미완) ① (사방에) 뿌리다 ② (사방에) 헤쳐(널어)놓다
разбра́сываться (라스브라**씌**와쨔)	(미완) 많은 일을 벌려놓다, 많은 일에 손을 대다, 동시에 많은 것을 하다
разбреда́ться (미완), ~сти́сь (완) (라스브라**다**쨔)	뿔뿔이(산산이) 흩어져가다
разбро́д (라스브**롣**)	(남) 불화(不和), 불일치(不一致);
разбро́санный (라스브로**싼**늬이)	(형) ① 분산된; 흩어진, 사방에 널려있는; ② 산만한; ③ 혼란된, 무질서한.
разброса́ть(ся) (라스브로**싸**찌)	*см.* разбра́сывать(ся)
разбры́згивать (라스브릐즈기**와**찌)	(미완) (액체를) 뿌리다, 분무하다

Pp

разбудить (라스부지찌)	(완) 깨우다
разбухать (미완), разбухнуть (완) (라스부하찌)	① 부풀다, 팽창되다 ② (비상히) 늘어나다, 커지다
разбушеваться (라스부쉐와짜)	(완) ① 사나와지다, 기승을 부리다 ② 야단치다, 지랄부리다
развал (라스왈)	(남) 붕괴(崩壞), 와해, 혼란(混亂)
разваливать(ся) (라스왈리와찌)	*см.* развалить(ся)
развалина (라스왈리나)	(여) ① (흔히 복수); ~ы 폐허(廢墟); ② 쓸모없는 인간(人間), 폐인(廢人);
развалить (라스왈리찌)	(완) ① 파괴하다, 허물다, 깨뜨리다; ② 망치다, 파탄시키다;
развалиться (라스왈리짜)	(완) ① 허물어지다, 헤쳐지다, 와해(붕괴, 파괴)되다; ② 망쳐지다; ③ 되는대로 앉다(눕다);
разваривать (라스와리와찌)	(미완) 푹 삶다, 끊이다, 고다, 만들다
развариваться (라스와리와짜)	(미완) 푹 삶아(고아)지다
разварить(ся) (라스와리와찌)	*см.* разваривать(ся)
разве (라스볘)	① (조) 과연, 정말; ② (조) ~ㄹ 가? ③ (조) 다만, 오직(汚職); ④ (접) ~지만 않으면(если не의 뜻);
развевать (라스볘와찌)	(미완) 펄럭이게 하다
развеваться (라스볘와짜)	(미완) 휘날리다, 나붓기다, 펄럭이다
разведать (라스볘다찌)	(완) ① 알아내다, 탐색(탐지)하다 ② 정찰하다 ③ 탐사(시굴)하다
разведение (라스볘졔니예)	(중) ① 번식, 양식, 재배(栽培); ② (불을) 피우는 것, 때는 것
разведка (라스볘드까)	(여) ① (군사) 정찰(偵察) ② 정찰대 ③ 정보(첩보)기관 ④ (지질) 탐사(探査),

	시굴(試掘); (현지) 답사(踏査)
разведочный (라스**볘**도치늬이)	(형) ① 정찰(精察); ② 탐사(探査)
разведчик (라스**볘**칰)	(남) ① (군사) 정찰병; ② 첩보원, 정보원 ③ 정찰기(偵察機); ④ 탐사자, 탐사대원
разведывательный (라스**볘**듸와쩰늬이)	(형) ① 정찰의; ② 정보(첩보);
разведывать (라스**볘**듸와찌)	*см.* разведать
развести (라스**볘**쓰찌)	*см.* развозить
развеивать (라스**볘**이와찌)	*см.* развеять
развенчать (완), **развенчивать** (미완)	위신을 떨어뜨리다, 명예를 훼손시키다
(라스**볜**차찌)	
развёрнутый (라스**볼**누뜨이)	(형) ① 전면적인, 대규모적인; ② 전개된, 상세한
развернуть (라스**볘**르누찌)	(완)① 펴다, 펼치다, 풀다; 벗기다, 열다; ② 전개(발휘)하다, 발전시키다; ③ 돌리다, 회전시키다;④ 열다,설치하다
развернуться (라스**볘**르누쨔)	(완) ① 펴지다, 펼쳐지다; 벗겨지다, 열리다; ② 전개(발휘, 발전)되다; ③ 돌다, 방향을 바꾸다
развёрстка (라스**볼**쓰뜨가)	(여) 배당, 배분, 분배 (노력의) 배치
развёртывание (라스**볼**뜨와니예)	(중) ① 전개(展開), 발휘(發揮); ② 설치
развёртывать(ся) (라스**볼**뜨와찌)	*см.* развернуть(ся)
развеселить (라스베쎌**리**찌)	*см.* веселить
развеселиться (라스베쎌**리**쨔)	(완) 유쾌해지다
развесистый (라스**볘**씨쓰뜨이)	(형) 가지가 무성한

Pp

развесить^{1,2} (라스베씨찌)	*см.* развешивать 1, 2
развесной (라스베스노이)	(형) (저울에) 달아서 파는
развести^{1,2,3} (라스베스찌)	*см.* разводить 1,2,3
развестись¹ (라스베쓰띠시)	(완) 이혼하다
развестись² (라스베쓰띠시)	(완) 많아지다, 번식되다
разветвиться (라스볘트비짜)	*см.* разветвляться
разветвление (라스볘트블레니예)	(중) 분기(점), 갈림목
разветвлённый (라즈볘트블룐늬이)	(형) 갈래가 많은, (여러 곳으로) 갈라진
разветвляться (라스볘트블랴짜)	(미완) ① 가지가 뻗다, 무성해지다; ② 갈라지다
развешать (완), **~ивать** (미완) (사방에) 걸다 (라스볘샤찌)	
развеять (라스볘야찌)	(완) ① 흩날려버리다; ② 가시다, 없애 버리다;
развивать (라스비와찌)	(미완) ① 발전시키다; ② 발달(성숙)시키다, 키우다, 기르다; ③ 전개(확대, 심화) 하다; ④ (꼰, 땋은, 뜬 것을) 풀다;
развиваться (라스비와쨔)	(미완) ① 발전되다; ② 발달하다, 성숙되다; ③ 꼰(땋은, 뜬)것이) 풀리다
развивающий ся (라스비와유쉬이쌰)	(형) 개발 도상에 있는, 발전 도상의. ~еся страны 발전도상국의 나라들
развилка (라스빌까)	(여) 분기(점), 갈래, 갈림길. на ~е дорог 갈림길에서.
развинтить (라스빈찌찌)	(완) (나사못을 뽑고) 분해하다
развинтиться (라스빈찌쨔)	(완) ① (나사못이) 풀리다, 헐거워지다; ② 자제력을 잃다, 혼란되다

развинчивать (라스빈치와찌)	*см.* развинтить
развитие (라스비찌예)	(중) 발전, 발달, 전진, 성숙
развитой (라스비또이)	(형) ① 발전된, 발달한; ② 발전된, 성숙한, 유식한
развить(ся) (라스비찌)	*см.* развивать(ся)
развлекать (라스블레까찌)	(미완) 즐기게 하다; 위안하다, 시름을 잊게 하다
развлекаться (라스블레까짜)	(미완) 놀다, 즐기다; 시름을 잊다
развлечение (라스블레체니예)	(중) 오락, 유희, 심심풀이
развлечь(ся) (라스블레치)	*см.* развлекать(ся)
развод (라스볻)	(남) 이혼(離婚)
разводить¹ (라스붜지찌)	(미완) ① 각기 제자리로 보내다 ②(군사)(초소에) 세우다; ③ 이혼시키다;
разводить² (라스붜지찌)	녹이다, 용해시키다, 섞다, 타다, 희박하게 하다;
разводить³ (라스붜지찌)	①(동식물을) 기르다, 키우다; 번식시키다; ② (불을) 피우다, 때다;
разводиться¹,² (라스붜지쨔)	*см.* развестись 1, 2
разводной (라스붇노이)	(형) : ~ мост 여닫음(개폐)식다리; ~ ключ 만능나사틀개
разводящий (라스붜쨔쉬이)	(남) 보초장
развозить (라스붜지찌)	(미완) 여러 곳에(각기 제자리에) 수송 (운반, 배달)하다;
разволноваться (라스발노와짜)	몹시 흥분하다, 불안해하다, 설레다
разворачиваться	*см.* развернуть, разворотить.

Pp

- 1135 -

(라스뷔라치와쨔)

разворачиваться (라스뷔라치와쨔)	*см.* развернуться
разворовать (완), ~овывать (미완) (라스뷔와찌)	몽땅 도적질해가다, 훔치다
разворот (라스뷔로트)	(남) ① 방향전환; ② (표지등의) 안, 안쪽
разворотить (라스뷔라찌찌)	(완) ① 산산이 해뜨려놓다 ② 깨뜨려 허물다;
разворошить (라스뷔라쉬찌)	*см.* ворошить
разврат (라스브라트)	(남) 방탕(放蕩), 부화, 타락
развратить(ся) (라스브라찌찌)	*см.* развращать(ся)
развратник (남), ~ца (여) (라스브라트닉)	방탕아(放蕩兒), 타락분자
развратный (라스브라트느이)	(형) 음탕한, 타락한, 방탕한
развращать (라스브라샤찌)	(미완) ① 타락시키다, 방탕케 하다 ② 버릇을 잘못 가르치다, 응석 받아주다
развращаться (라스브라샤쨔)	(미완) 타락하다, 방탕(부화)해지다
развращение (라스브쉐니예)	(중) 타락시키는 것; 방탕(放蕩), 부화
развращённый (라스브숀느이)	(형) 방탕한, 타락한, 부화한
развязать (라스뱌자찌)	(완) 풀다, 열다, 끄르다
развязаться (라스뱌자쨔)	(완) 풀리다; язык ~лся 말문이 열렸다
развязка (라스뱌즈까)	(여) 결말(結末)
развязно (라스뱌즈나)	(부) 어렴성(체면)없이, 주제넘게;

- 1136 -

развязность (라스뱌즈노쓰찌)	(여) 어렴성(체면)없는 것
развязный (라스뱌즈느이)	(형) 체면없는, 뻔뻔스러운, 비위좋은
развязывать(ся) (라스뱌즈와찌)	*см.* развязать(ся)
разгадать (라스가다찌)	① 풀다, 알아맞히다; ② 알아차리다, 알다
разгадка (라스가드까)	(여) ① 풀기, 해답(解答) ② 알아맞히기, 알아차리기
разгадывать (라스가드와찌)	*см.* разгадать
разгар (라스갈)	(남) 한창, 정점(頂點);
разгибать (라스기바찌)	(미완) 펴다, 똑바르게 하다
разгибаться (라스기바쨔)	펴지다, 허리를 펴다, 똑바르게 되다
разгильдяй (남), ~ка (여) (라스길리쟈이)	(여) 머저리, 게으름뱅이
разгильдяйство (라스길리쟈이쓰뜨뷔)	(중) 태만성
разглагольствовать (라스글라골쓰뜨뷔와찌)	(미완) 지껄이다, 빈소리치다, 떠벌리다
разгладить (완), ~живать (미완) (라스글라지찌)	(구겨진 것을) 펴다, 다리다, 바로잡다;
разглаживаться (라스글라지와쨔)	(미완) 바로잡히다, 고르게 되다
разгласить, ~шать (미완) (라스글라씨찌)	투설 하다, 입밖에 내다
разглашение (라스글라쉐니예)	(중) 투설, 말을 돌리는 것
разглядеть (완), ~ядывать (미완) (라스글랴제찌)	① 꼼꼼히 보다, 살펴보다, 주시하다; ② 알아내다, 발견하다, 찾아내다
разгневанный	(형) 격노한, 노발대발한

Pp

(라스그녜완느이)

разгневать (라스그녜**와**찌)	(완) 몹시 성내게 하다, 노발대발케 하다
разгневаться (라스그녜**와**쨔)	(완) 격노(노발대발)하다
разговаривать (라스고와리**와**찌)	(미완) 말(이야기, 담화)하다
разговор (라스고**볼**)	(남) ① 이야기, 회화(會話), 대화(對話); ②: ~ы (복수) 소문, 풍문, 귀동냥;
разговориться (라즈고붜**리**쨔)	(완) ① 이야기를 시작하다; ② 이야기에 열중하다, 신이 나서 이야기하다
разговорник (라스고**볼**니크)	(남) 회화집
разговорный (라스고**볼**느이)	(형) 회화; 일상용어
разговорчивый (라스고**볼**치브이)	(형) 말을 좋아하는, 수다스러운
разгон (라스**곤**)	(남) ① 해산(시키는 것); ② 내닫던 기운, 속력, 가속; ③ 주행거리
разгонять(ся) (라스간**냐**찌)	см. разгонять(ся)
разгораживать (라스고라쥐**와**찌)	см. разгородить
разгораться, ~ется (라스고**라**쨔)	① 타 번지다, 확확 타오르다; ② 빨개지다, 화끈달다; щёки ~елись 뺨이 빨개졌다
разгородить (라스가라지찌)	(완) 칸을 막다;
разгорячиться (라스고**랴**치쨔)	신이 나다, 격하다, 화끈 달아오르다.
разграбить (라스그**라**비찌)	(완) 약탈(강탈)하다
разграничение (라스그라니**체**니예)	(중) ① 경계의 확정; ② 경계선, 경계; ③ 구획, 구분;~ понятий 개념의 구분

разграничивать (미완), ~ть (완) (라스그라니치바찌)	① 경계선을 긋다, 경계를 정하다 ② (사업, 개념 등의) 한계를 규정하다, 구획(구분)하다
разграфить (라스그라피찌)	*см.* графить
разгребать (미완), ~сти (완) (라스그레바찌)	(갈퀴 따위로) 긁어 헤치다, 파헤치다, 헤집다; ~ землю 땅을 파헤치다
разгром (라스그롬)	(남) ① 파멸, 파괴, 멸망, 격멸, 괴멸; полный ~ 전멸 ② 파괴
разгромить (라스그라미찌)	(완) 격멸하다, 부시다, 분쇄하다
разгружать (라스그루좌찌)	(미완) ① 짐을 부리다; ② (부과된 일, 과중한 부담 등을) 덜어(벗겨)주다
разгружаться (라스그루좌짜)	(미완) ① 짐을 풀다 ② 잡다한 일에서 벗어나다
разгрузить(ся) (라스그루지찌)	*см.* разгружать(ся)
разгрузка (라스그루즈까)	(여) 짐을 부리는 것, 덜어주는 것
разгрызать (미완), ~ызть (완) (라스그리자찌)	이빨로 까다(깨다), 빠작빠작 씹어 먹다
разгул (라스굴)	(남) 광분(狂奔), 횡행(橫行)
разгуляться (라스굴랴짜)	(완) ① 마음껏 활동하다(놀다); ② (날씨가) 개이다
раздавать (라스다바찌)	(미완) 나누어주다, 분배하다, 배포하다, 부여하다
раздаваться (라스다바짜)	*см.* раздаться
раздавить (라스다비찌)	(완) ① 짓눌러(짓밟아) 죽이다, 뭉개다; ~ паука 거미를 밟아죽이다; ② 짓부시다, 억누르다
раздать (라스다찌)	*см.* раздавать
раздаться (라스다짜)	(완) 울리다; ~лся выстрел 총소리가 울렸다

- 1139 -

раздача (라스다차)	(여) 분배, 부여, 배급
раздваиваться (미완), раздвоиться (완) 둘로 나뉘다(갈라지다) (라스드와이와짜)	
раздевалка (라스제왈까)	(여) 옷보관실, 탈의실
раздевать (라스제와찌)	(미완) 옷을 벗기다
раздеваться (라스제와짜)	(미완) 옷을 벗다
раздел (라스젤)	(남) ① 분할, 분배 ② 편, 부
разделаться (라스젤라짜)	(완) ① 결산(청산)하다; ② 끝장을 내다, 결판을 내다, 복수하다
разделение (라스젤레니에)	(중) ~ труда 분업
разделить (라스젤리찌)	(완) ① 나누다, 분할(분배)하다 ② ~을 같이하다 ③(수학) 나누다, 제하다
разделиться (라스젤리쨔)	(완) 나뉘다, 갈라지다, 분할(分割)되다
разделываться (라스젤릐와짜)	см. разделаться
раздельно (라스젤나)	(부) ① 따로따로; 별개로; ~ жить 따로 따로 살다, 별거하다; ② 갈라서, 띄어 서; ~ писать 띄어 쓰다.
раздельный (라스젤ㄴ이)	(형) 별개, 갈라진
разделять(ся) (라스젤랴찌)	см. разделить(ся)
раздеть(ся) (라스제찌)	см. раздевать(ся)
раздирать (라스지라찌)	(미완) ① (잡아) 찢다, 째다, 뜯다 ② 아프게 하다, 괴롭히다; ~ душу 마음을 괴롭히다; ③ 분열(이간)시키다
раздобыть (라스도븨찌)	(완) 구하다, 얻다

раздолье (라스돌리예)	(중) ① 넓다, 넓은 곳, 광야 ② 안락, 자유
раздор (라스돌)	(남) 불화, 반목, 알력; сеять ~ 불화의 씨를 뿌리다
раздосадовать (라스도싸도와찌)	(완) 분(奔)하게 하다, 격분(激憤)시키다
раздражать (라스드라좌찌)	(미완) ① 격분시키다, 초조하게 하다 ② 자극하다
раздражаться (라스드라좌쨔)	(미완) ① 격분하다, 초조해지다 ② 자극받다, 염증이 생기다
раздражение (라스드라쒜니예)	(중) ① 초조, 흥분, 격분; ② 자극
раздражённо (라스드라죤나)	(부) 화가 나서, 성이 나서, 결이 나서
раздражённый (라스드라죤느이)	(형) 흥분된, 격분한
раздражительность (라스드라쥐쩰노쓰찌)	(여) 신경질
раздразнить (라스드라니찌)	(완) 놀려주어 성나게 하다, 골려주다, 약을 올려주다
раздробить (라스드로비찌)	*см.* дробить
раздробленность (라스드로블렌노쓰찌)	(여) 세분성, 분산성
раздробленный (라스드블렌느이)	(형) ① 분쇄된, 부스러진 ② 소규모적인, 분산적인
раздувать (라스두와찌)	(미완) ① (불을) 불다, 불어 일으키다 ② 부풀어 오르게 하다 ③ 선동하다, 키질하다, 과장하다, 허풍치다. ④ (불어) 날리다, 휘날리다
раздуваться (라스두와쨔)	(미완) ① 부풀다, 팽팽해지다 ② 붓다, 부어오르다
раздумать (라스두마찌)	(완) 생각을 바꾸다, 그만두다, 단념하다
раздумывать (라스두믜와찌)	(미완) (깊이) 생각하다, 심사숙고하다, 골똘이 생각하다

раздумье (라스두미예)	(중) 심사숙고(하는 것);
раздутый (라스두뜨이)	(형) ① 부어오른, 불룩한; ② 지나치게 큰(많은), 팽창한; 과장된
раздуть(ся) (라스두찌)	*см.* раздувать(ся)
разевать (라스제와찌)	*см.* разинуть
разжалобить (라스좔로비찌)	(완) 측은한 감을 불러일으키다, 동정심을 자아내다
разжаловать (라스좔로와찌)	(완) 강직시키다
разжать (라스좌찌)	(완) (틀어쥐었던, 물었던 것을) 벌리다, 펴다, 놓다; ~ руки 손을 펴다; ~ рот 입을 벌리다
разжаться (라스좌짜)	(완) (조였던, 줄었던, 눌렸던 것이) 벌려지다, 열리다, 펴지다; кулак ~лся 주먹이 펴졌다
разжевать (완), **~ёвывать** (미완) (라스졔와찌)	① 씹다, 깨물다 ② 되씹어 말하다(설명하다)
разжечь (완), **~игать** (미완) (라스줴치)	① 피우다, 타오르게 하다; ② 도발하다; ③ 키질하다, 격화시키다
разжимать(ся) (라스쥐마찌)	*см.* разжать(ся)
раззвонить (라스뷔니찌)	(완) 입 밖에 내다, 소문을 퍼뜨리다
разинуть (라시누찌)	(완) (입, 아가리를) 쩍 벌리다, 열다;
разиня (라시냐)	(남, 여) 멍청이, 얼뜨기, 얼떨떨한 사람
разительный (라시쩰느이)	(형) 놀랄만한, 경탄할만한
разить (라시찌)	(미완) 치다, 격파하다
разлагать(ся) (라슬라가찌)	*см.* разложить(ся) ②

разлад (라슬라드)	(남) ① 불일치, 무질서, 보조가 맞지 않는 것 ② 불화, 반목, 알력
разламывать(ся) (라슬라믜와찌)	*см.* разломать(ся), разломить(ся)
разлезаться (미완), разлезться (완) (라슬레짜짜)	혼솔이 터지다; 처지다, 해지다
разлетаться, ~ется (완) (라슬레따짜)	① 날아 헤쳐지다, 날아 흩어지다; ② 산산조각이 나다 ③ 내닫다 ④ (희망 등이) 사라지다, 없어지다 ⑤ (소식, 소문이) 빨리 퍼지다
разлив (라슬리프)	(남) ① 범람, 큰물(홍수) ② (여러 그릇에) (갈라) 붓는 것
разливать (라슬리와찌)	(미완) ① (여러 그릇에) 나누어 붓다, 따르다 ② 흘리다, 쏟뜨리다 ③ 퍼뜨리다
разливаться (라슬리와짜)	(미완) ① 쏟아지다, 흘러넘다 ② 넘치다, 범람하다 ③ 쫙 퍼지다, 번져가다
разлиновать (완), ~овывать (미완) (라슬리노와찌)	줄(칸)을 치다(긋다)
разлить(ся) (라슬리찌)	*см.* разливать(ся)
различать (라슬리차찌)	(미완) 구별(분간, 식별)하다
различаться (라슬리차짜)	차이나다, 구별되다; ~ длиной 길이가 다르다; ~ по возрасту 나이에서 차이가 있다
различие (라슬리치예)	(중) 차이(差異), 차별(差別), 구별(區別);
различить (라슬리치찌)	*см.* различать
различно (라슬리츠나)	(부) 여러 가지로, 각이하게, 구별되게
различный (라슬리츠늬이)	(형) ① 여러 가지, 각이한; ② 서로 다른, 같지 않은; ~ые мнения 서로 다른 의견
разложение (라슬로줴니예)	(중) ① 분해, 분할 ② 와해, 부패, 타락

Рр

разложивший (라슬로쥐브쉬이)	(형) ① 썩은, 썩어빠진; ② 부패한, 타락한, 와해된
разложить (라슬로쥐찌)	(완) ① (사방에) 갈라놓다, 진열하다, 배열해놓다; ② 펴놓다; ③ 할당하다, 분담시키다; ④ 분해(분할)하다; ⑤ 와해(붕괴)시키다, 타락(부패)시키다
разложиться (라슬로쥐쨔)	① 가지물품을 벌려놓다, 배열해놓다; ② 분해(분할)되다 ③ 썩다, 부패하다; ④ 와해(타락)하다
разлом (라슬롬)	(남) ① 파열(破裂) ② 꺾인(부서진) 자리
разломать (라슬로마찌)	(완) ① 꺾다, 까부시다 ② 허물다, 무너뜨리다, 파괴하다
разломаться (라슬로마쨔)	(완) 부서지다, 파괴되다, 깨뜨러지다
разломить (라슬로미찌)	(완) 쪼개다, 꺾다
разломиться (라슬로미쨔)	(완) 쪼개지다, 꺾어지다, 깨뜨러지다
разлука (라슬루까)	(여) 이별(생활);
разлучать (라슬루차찌)	(미완) 이별시키다, 갈라지게 하다
разлучаться (라슬루차쨔)	(미완) 이별하다, 헤어지다
разлучить(ся) (라슬루치찌)	*см.* разлучать(ся)
разлюбить (라슬류비찌)	(완) ① 사랑하지 않게 되다, 싫어지다 ~에 대한 사랑을 끊다 ② 싫증을 느끼다
размагнитить (라스마그니찌찌)	(완) 자성을 없애다
размагнититься (라스마그니찌쨔)	(완) 자성이 없어지다
размагничивать(ся) (라스마그니치와찌)	*см.* размагнитить(ся)
размазать	(겉면에) 온통 바르다(칠하다, 더럽히다)

(라스마자찌)

размазаться (겉면에) 온통 발라지다(칠해. 더럽히다)
(라스마자쨔)

размазывать(ся) *см.* размазать(ся)
(라스마즈와찌)

размалываться *см.* размолоть
(라스마르와쨔)

разматывать (미완) (감은, 꼰 것을) 풀다
(라스마띄와찌)

разматываться (감은, 꼰 것이) 풀리다, 풀어지다
(라스마띄와쨔)

размах (남) ① 규모, 범위(範圍); ② 전개력;
(라스마흐) ③ 진폭(震幅), 진동범위

размахивать (미완) 휘두르다, 휘젓다;
(라스마히와찌)

размахиваться (미완) ① 번쩍 쳐들다, 힘껏 휘두르다;
(라스마히와쨔) ② 크게 계획을 세우다,판을 크게 벌리다

размахнуть(ся) *см.* размахивать(ся)
(라스마히누찌)

размачивать *см.* размочить
(라스마치와지)

размежевание (중) 경계를 정하는 것, 한계를 정하는
(라스메줴와니에) 것, 범위를 정하는 것

размежевать (완) 분계선을 긋다, 범위를 정하다
(라스메줴와찌)

размежеваться (완) ① (토지의) 경계를 정하다;
(라스메줴와쨔) ② 상호간에 범위(한계)를 가르다;
③ 견해(태도)를 밝히고 갈라지다

размельчать, ~ить (완) 잘게 바스러(부스러)뜨리다
(라스멜차찌)

размен (남) (잔돈으로) 바꾸는것; 교환;
(라스멘)

разменивать *см.* разменять
(라스메니와찌)

размениваться *см.* разменяться;

(라스메니와짜)

разменный (형): ~ая монета 잔돈, 각전
(라스메느이)

разменять (완) ① (잔돈으로) 바꾸다(교환하다)
(라스메냐찌) ② (주택을) 교환하다

разменяться (완) 교환하다, 서로 바꾸다; 주택을 교환
(라스메냐짜) 하다, 교체하다

размер (남) ① 크기, 치수, 문수; ② 규모, 범위
(라스몌르) 정도; ③ 금액, 액수; ④ (문학) 운율;
(음악) 박자

размеренный (형) 유창한, 유유한, 율동적인;
(라스메렌느이)

размерить (완), **~ерять** (미완) ① 측정하다; ② 크기(정도)를
(라스메리찌) 정하다

размесить (완) 뒤섞다, 이기다, 반죽하다
(라스메씨찌)

разместить (완) ① 배치하다, 배열하다;
(라스메쓰찌찌) ② 분배하다, 할당하다;

разместиться 배치되다, 자리 잡다, 자리를 차지하다;
(라스메쓰찌짜)

разметить, ~ечать (미완) 표를 하다, 표식을 하다
(라스메찌찌)

размешать(완),**~ешивать** (완) (섞느라고)젓다, 뒤섞다, 저어녹이다
(라스메샤찌)

размещать(ся) *см.* разместить(ся)
(라스메샤찌)

размещение (중) 배치
(라스메쉐니예)

разминировать 지뢰(기뢰, 수뢰)를 해제(제거)하다
(라스미니로와찌)

разминка (여) (체육) 준비운동
(라스민까)

разминуться ① 어긋나다, 엇갈리다;
(라스미누짜) ② 서로 스치다, 어기다

размножать (미완) ① 새끼치다, 번식(증식)시키다;

- 1146 -

(라스프노좌찌)	② 증가시키다 ③ 등사(프린트)하다
размножаться (라스프노좌쨔)	(미완) ① 새끼치다, 번식되다 ② 늘다, 증가되다; 많아지다 ③ 등사(프린트)되다
размножение (라스프노줴니예)	(중) ① 번식, 생식; ② 증가, 증식 ③ 등사(謄寫), 프린트
размножить(ся) (라스프노쥐찌)	*см.* размножать(ся)
размокать, ~окнуть (라스마까찌)	습기차서 부풀다, 눅눅해지다
размолвка (라스몰프까)	(여) 말다툼, 사소한 언쟁
размолоть (라스마로찌)	(완) 가루로 붙다, 찧다
размотать(ся) (라스마따찌)	*см.* разматывать(ся)
размочить (라스마치찌)	(완) (액체에) 담그어 부풀게(무르게)하다
размывать, ~ыть (라스므와찌)	(물결이) 씻다, 씻어 무너뜨리다
размышление (라스므쉴레니예)	(중) 명상, 생각(사색)에잠기는 것;
размышлять (라스므쉴랴찌)	궁리(생각)하다, 사색(심사숙고)하다
размягчать, ~ить (라스먀그차찌)	연하게(무르게)하다
размякнуть (라스먀크누찌)	(완) ① 연해(부드러워, 물렁해)지다; ② 기진맥진되다, 녹초가 되다; ③ (마음이) 너그러워지다
размять (라스먀찌)	*см.* мять
разнести (라스녜쓰찌)	*см.* разносить
разнестись (라스녜쓰찌시)	(완) (급속히) 퍼지다, 전파되다, 울리다;
разнимать	(미완) ① 말리다, 때놓다;

Pp

(라스니마찌)	② 분해(해체)하다, 분리시키다
разниться (라스니쨔)	(미완) 차이나다
разница (라스니짜)	(여) ① 차이, ② 차액, 차(差);
разнобой (라스노보이)	(남) 불일치, 의견상이;
разногласие (라스노글라씨예)	(중) ① 의견상이; ② 모순, 불일치;
разноголосица (라스노골로씨짜)	(여) 불일치, 의견상이
разное (라스노예)	(중) 잡일
разнообразие (라스나아브라시예)	(중) 다양성(多樣性)
разнообразить (라스나아브라시찌)	(완) 다양하게 하다
разнообразный (라스나아브라스느이)	(형) 다양한, 여러 가지, 각양각색
разноречивый (라스나레치브이)	(형) 서로 모순되는, 반대되는;
разнородный (라스나로드느이)	(형) 여러 가지, 각종(各種)
разносить (라스나씨찌)	(미완) ① 배달(배포)하다, 가져다 주다, 날라 주다, ; ② 퍼뜨리다, 전파하다; ③ 여러 곳에 기입하다; ④ 파괴(분쇄)하다; ⑤ 비난(책망, 욕질)하다; ⑥ (무인칭)부풀다, 붓다;
разноситься (라스나씨쨔)	*см.* разнестись
разносторонний (라스나쓰또론니이)	(형) ① 다방면적인, 다양한; ② (수학) ~ий треугольник 이등변삼각형
разность (라스노쓰찌)	(여) (수학) 차(差), 계차(階差)
разносчик (남), **~ца** (여) (라스나쓰칙)	① 배달원, 통신원; ② 도부장사, 행상인 ③ 전파자, 유포자

Pp

- 1148 -

разноцветный (라스나쯔베뜨느이)	(형) 알락달락한, 잡색
разношёрстный (라스나숄쓰뜨느이)	(형) 혼합된, 뒤섞인, 합친, 한데 섞인, 짬뽕된, 뒤버무린; 뒤섞인
разнузданный (라스누스단느이)	(형) 횡포무도한, 방종한 제멋대로 노는
разный (라스느이)	(형) ① 여러 가지, 다양한; ② 다른, 상이한;
разнять (라스냐찌)	*см.* разнимать
разоблачать (라조블라차찌)	(미완) 폭로(적발)하다, 까밝히다
разоблачение (라조블라체니예)	(중) 폭로(暴露), 누설, 적발, 적출
разоблачить (라조블라치찌)	*см.* разоблачать
разобрать(ся) (라조브라찌)	*см.* разирать(ся)
разобщать (라조브샤찌)	(미완) 분리하다, 이간시키다
разобщённый (라조브숀느이)	(형) 연계가 없는, 분리된
разобщить (라조브쉬찌)	*см.* разобщать
разовый (라조브이)	(형) 1회 유효; ~ билет 1 회권, 1회 유효표
разогнать (라조그나찌)	(완) ① 쫓아버리다, 해산시키다 ② 내쫓다, 해고하다 ③ 전속력으로 달리게 하다, 재촉하다;
разогнуть(ся) (라조그누찌)	*см.* разгибать(ся)
разогревать(ся) (라조그레와찌)	*см.* разогреть(ся)
разогреть (라조그레찌)	(완) 데우다, 가열하다;

Pp

разогреться (라즈그레짜)	(완) 더워지다, 가열되다, 뜨거워지다
разодетый (라조제뜨이)	(형) 곱게 차려입은
разодеть (라조제찌)	(완) 곱게 차려 입히다
разодеться (라조제짜)	(완) 곱게 차려입다
разодрать (라조드라찌)	см. раздирать
разодраться (라조드라짜)	(완) ① 찢어지다, 째지다, 째지다 ② 몹시 싸우다
разозлить(ся) (라조즐리찌)	см. злить(ся)
разойтись (라조이찌시)	см. расходиться
разом (라좀)	(부) ① 단번에, 단숨에 ② 곧, 즉시에
разомкнуть (라잠끄누찌)	(완) ① (연결된 것을) 떼어내다; ② (전류를) 끊다, 절연시키다; ③: ~ ряды (군사) 산개시키다
разомкнуться (라잠끄누짜)	(완) (연결된 것이) 떼어지다
разорвать (라자르와찌)	(완) ① 찢다, 째다; ② 파열(폭발)시키다; ③ 끊다, 단절하다
разорваться (라자르와짜)	(완) ① 찢어지다, 째지다; ② 폭발하다, 터지다;
разорение (라자레니예)	(중) ① 파산, 영락; ② 파괴, 몰락, 황폐
разорённый (라자룐느이)	(형) ① 파산된, 영락된 ② 파괴된
разорительный (라자리쩰느이)	(형) 파산(영락)시키는, 황폐화시키는
разорить (라자리찌)	(완) ① 파산(영락)시키다; ② 파괴하다, 황폐하게하다

разориться (라자리짜)	(완) 파산(몰락)하다, 빈궁에 빠지다
разоружить(ся) (라자루쥐찌)	*см.* разоружить(ся)
разоружение (라자루쮀니예)	(중) ① 무장해제 ② 군비축소
разоружить (라자루쥐찌)	(완) ① 무장해제 시키다, 군비를 축소(철폐)시키다; ② 투쟁의욕을 마비시키다
разоружиться (라자루쥐짜)	(완) ① (자신의) 무장을 해제하다, 군비를 축소(철폐)하다; ② 투쟁의욕을 잃다
разорять(ся) (라자랴찌)	*см.* разорить(ся)
разослать (라자쓸라찌)	(완) ① (여러 곳에) 보내다; ② 모조리 파견하다
разостлать (라자쓰뜰라찌)	(완) (표면전체에) 깔다, 펴다;
разочарование (라자차로와니예)	(중) 실망(失望), 환멸
разочарованный (라자차로완느이)	(형) 실망한, 낙심한, 환멸을 느끼는
разочаровать (라자차로와찌)	실망케 하다, ~에 환멸을 느끼게 하다
разочароваться (완),**~овывать[ся]** (미완) (라자차로와쨔)	실망하다, 환멸을 느끼다
разрабатывать (라자라바띄와찌)	(미완) ① 개발하다; ② 작성하다; ③ 채굴(채광)하다 ④ 갈다, 경작하다 ⑤ 연마하다
разрабатываться (라자라바띄와쨔)	(미완) ① 개발되다 ② 작성되다 ③ 채굴(채광)되다 ④ 개간(경작)되다
разработать (라자라보따찌)	*см.* разрабатывать
разработка (라자라볻까)	(여) ① 개발; ② 작성; ③ 캐기, 채굴; 광석채굴, 채광; ④ 개간, 경작
разравнивать (라즈라브니와찌)	평평하게 하다, 고르게 하다, 반반하게 하다

разразиться (라즈라지쨔)	(완) 돌발하다;
разрастаться (미완), ~ись (완) (라즈라쓰따쨔)	① 무성하다; ② 늘다, 확장(확대, 증식)되다
разрез (라즈레스)	(남) ① 절단, 절개; ② 절단면, 단면(도); ③ (수학) 절단선; ④ (광업) 노천채굴장
разрезать (미완), разрезать (완) (라즈레자찌)	① 베다, 자르다, 썰다; ② (의학) 째다, 절개하다, 째어서 엺;
разрешать(ся) (라즈레샤찌)	*см.* разрешить(ся)
разрешение (라즈레쉐니예)	(중) ① 허가; ② 허가증; ③ 해결(解決)
разрешить (라즈레쉬찌)	(완) ① 허가하다, 허락하다; ② 해결하다; ③ 풀다, 해소하다; ~ сомнения 의심을 풀다
разрешиться (라즈레쉬쨔)	(완) 풀리다, 해소되다;
разрисовать (라즈리싸와찌)	(완) 그림으로 장식하다; 채색하다
разроснять (라즈로쓰냐찌)	*см.* разравнивать
разрозненный (라즈로스논느이)	(형) 흩어진, 분산적인, 불일치한
разрубать, ~ить (완) (라즈루바찌)	(여러 토막으로) 찍다, 베다, 자르다, 토막치다; ~ дерево 나무를 토막토막 자르다
разруха (라즈루하)	(여) (주로 경제생활에서) 파괴, 파탄, 혼란
разрушать (라즈루샤찌)	(미완) ① 파괴하다; ② 붕괴시키다, 와해하다; ③ 못쓰게 만들다; ~ здоровье 건강을 해치다
разрушаться (라즈루샤쨔)	(미완) ① 파괴되다, 허물어지다; ② 깨지다, 파탄되다, 붕괴(와해)되다; ③ 못쓰게 되다
разрушение (라즈루쉐니예)	(중) 파괴, 붕괴, 와해(瓦解)

разрушенный (라즈루쉔느이)	(형) 파괴된
разрушительный (라즈루쉬쩰느이)	(형) 파멸적인, 파괴적인;
разрушить(ся) (라즈루쉬찌)	*см.* разрушать(ся)
разрыв (라즈릅프)	(남) ① 단절, 결렬(決裂), 절교(絶交); ② 폭발, 파열; ③ 절단된(터진)곳;
разрывать (라즈르와찌)	*см.* разрыть
разрывать(ся) (라즈르와찌)	*см.* разорвать(ся)
разрывной (라즈르브노이)	(형): ~ой снаряд 폭발탄; ~ая пуля 파열탄
разрыдаться (라즈르다짜)	(완) 울음을 터뜨리다, 목놓아 울다
разрыть (라즈르찌)	(완) 파다, 파헤치다
разрыхлить, ~ять (라즈르흘리찌)	(흙 따위를) 부드럽게 하다
разряд¹ (라즈럊드)	(남) ① 범주, 종류, 부류; ② 등급; ③ (체육) 급수(級數); ④ (수학) 자리;
разряд² (라즈럊드)	: электрический ~ 방전
разрядить (라즈랴지찌)	(완) ① 퇴탄하다, 탄환을 꺼내다; ② (전기) 방전시키다; ③ (긴장을) 풀다, (긴장성을) 늦추다;
разрядка (라즈럊드까)	(여) ① 완화, 완충(緩衝); ② 방전(妨電)
разрядник (남), **~ца** (여) (체육) 급수소유자 (라즈럊드닉)	
разряжать(ся) (라즈랴좌찌)	*см.* разрядить(ся)
разубедить (라주베지찌)	(완) 신념(의도)을 바꾸게 하다, 마음을 돌려세우다

разубедиться (라주베지쨔)	(완) 신념(의도)을 바꾸다, 마음을 다시 먹다, 생각을 달리하다
разубеждать(ся) (라주베즈다찌)	*см.* разубедить(ся)
разувать (라주와찌)	(미완) 신발을 벗기다;
разуваться (라주와쨔)	(미완) 신발을 벗다
разуверить (라주붸리찌)	(완) 신심(확신)을 버리게 하다, 믿지 않게 하다
разувериться (라주붸리쨔)	(완) 믿음(신심, 확신)을 잃다, 믿지 않게 되다

разузнавать, ~ать (자세히) 알아내다, 탐지하다
(라주즈나와찌)

разукрасить (완), **~шивать** (미완) 장식하다
(라주크라씨찌)

разукрупнение (라주크루쁘녜니에)	(중) 세분화(細分化)

разукрупнить (완), **~ять** (미완) 세분하다, 보다 작은 단위로 나누다
(라주크루쁘니찌)

разум (라줌)	(남) 이성(理性); 이지(理智), 지혜(智慧);
разуметься (라주몌쨔)	(미완) ① ~의 의미로 이해되다; ② ~-ется (삽입어) 물론, 말할 것도 없이
разумный (라줌느이)	(형) ① 이성적인(理性的), 이지적인 ② 합리적인, 분별있는
разутый (라주뜨이)	(형) (신발 따위를) 벗은
разуть[ся] (라주찌)	*см.* разувать[ся]

разучивать (미완), **разучить** (완) (연습하여 점차) 외우다, 암기하다
(라주치와찌)

разучиться (라주치쨔)	(완) (기능, 관습을) 잊어버리다;
разъедать	(미완) 좀먹다, 녹쓸다

- 1154 -

(라즈에다찌)

разъединение (라즈에지네니예)	(중) 분리(分利), 분열
разъединить (라즈에지니찌)	(완) ① 떼다, 분리시키다, 분열시키다, 절단하다; ② 헤어지게(갈라지게) 하다
разъединиться (라즈에지니쨔)	(완) 떼어(끊어, 떨어)지다
разъезд (라즈에즈드)	(남) ① 헤어져가는 것; ② (철도)대피역, 대피지점 ③ (군사) 기병정찰대
разъезжать (라즈에즈좌찌)	(미완) 타고 돌아다니다, 여행하다
разъезжаться (라즈에즈좌쨔)	*см.* разъехаться
разъесть (라즈에스찌)	*см.* разъедать
разъехаться (라즈에하쨔)	(완) ① (여러 방향으로) 떠나다, 출발하다; ② 헤어지다, 이별하다; ③ 서로 스쳐지나가다, (길을) 어기다, 어긋나다;
разъярённый (라즈애룐느이)	(형) 분노한, 격분한
разъярить (완), **~ять** (미완) 분노케(격분케)하다 (라즈애리찌)	
разъяснение (라즈애쓰네니예)	(중) 해명(解明), 설명(說明), 해설(解說)
разъяснить (완), **~ять** (미완) 설명(해설, 천명)하다 (라즈애쓰니찌)	
разыграть (라즈그라찌)	(완) ① 제비를 뽑아 정하다 ② 놀리다, 골려주다 ③ (놀음에서) 결판을 내다
разыграться (라즈그라쨔)	(완) ① 사나워지다, 세차지다 ② 놀음에 몰두하다
разыгрывать(ся) (라즈그르와찌)	*см.* разыграть(ся)
разыскать (라즤쓰까찌)	(완) 찾아내다, 수색하다, 탐색하다
разыскаться	(완) 나지다, 찾게 되다, 발견되다

(라즉쓰까짜)

разыскивать(ся) (라즉쓰끼와찌) — *см.* разыскать(ся)

рай (라이) — (남) 낙원, 천국, 파라다이스(paradise) 하늘나라, 하늘, 하나님나라, 천당, 극락,

рай исполком (라이이쓰뽈꼼) — (남) (районный исполнительный комитет) 구역집행위원회

рай ком (라이꼼) — (남)(районный комитет)구역위원회

рай он (라이온) — (남) ① 구역; ② 지방, 지구, 지대

рай онирование (라이온니로와니예) — (중) 구역으로 나누는 것

рай онный (라이온느이) — (형) 구역(區域)

рак^1 (락) — (남) 가재;

рак^2 (락) — (남) (의학) 암(癌), 종양(腫瘍);

ракета (라께따) — (여)① 유도탄, 미사일(missile), 로켓; ② 신호탄(信號彈), 예광탄(曳光彈);

ракетка (라께뜨까) — (여) (체육) 정구채, 탁구채, 라켓, 공을 치는 채.

ракетный (라께뜨느이) — (형) 로케트, 미사일;

ракетоносец (라께또노세쯔) — (남) 미사일정(로케트를 장비한 군함, 잠수함)

раковина (라꼬비나) — (여) 조가비; ушная ~ (해부) 귓바퀴

ракурс (라꾸르쓰) — (남) ① 축소도, 축도(縮圖), 줄인그림; ② 배경축소(법)

ракушка (라꾸쉬가) — (여) 조가비, 조개의 껍데기. 조개껍데기. 조개껍질.

рама (라마) — (여) ① 틀; ② 가대, 대; лесопильная ~ 톱질하는 대

рамка (람까)	(여) ① 작은 틀, 작은 태두리 ② ~и (복수) 범위, 한계, 태두리; выйти за ~и ~의 범위를 벗어나다
рампа (람빠)	(여) 각광(脚光)
рана (라나)	(여) 상처(傷處), 부상(負傷), 생채기;
ранг (란그)	(남) 급, 등급, 지위
ранее (라네예)	*см.* раньше
ранение (라네니예)	(중) 상처, 부상
раненый (라녜느이)	(남) 부상자, 부상병
ранец (라녜쯔)	(남) 멜가방, 배낭
ранить (라니찌)	(미완, 완) 부상시키다, 상처를 입히다
ранний (란니이)	(형) ① 이른, 초기(初期), 조기(早期); ② 올, 일찍 익는;
рано (라나)	(부) ① 일찍이, 이르게 ② (술어) 이르다;
раньше (란쉐)	(부) ① (рано의 비교급) 더 일찍이, ② 이전에, 그전에; ③ 전에; ④ 먼저, 우선(于先);
рапорт (라빠르트)	(남) 보고, 보고서(報告書), 통지(通知);
рапортовать (라빠르트와찌)	(미완, 완) 보고하다
рапсодия (라쁘쏘지야)	(여) (음악) 광상곡(狂想曲: rhapsody) 카프리치오, 광시곡, 랩소디.
раса (라싸)	(여) 인종;
расизм (라씨즘)	(남) 인종주의

- 1157 -

расист (라씨쓰트)	(남) 인종주의자
расистский (라씨쓰뜨쓰끼)	(형) 인종주의적인
раскаиваться (라쓰까이와짜)	(미완) 뉘우치다, 후회하다;
раскалённый (라쓰깔료느이)	(형) 작열한, 시뻘겋게 단
раскалить (라쓰깔리찌)	(완) (시뻘겋게) 달구다, 작열시키다
раскалиться (라쓰깔리쨔)	(완) 시뻘겋게 달다, 작열되다
раскалывать(ся) (라쓰깔리와찌)	*см.* раскалоть(ся)
раскалять(ся) (라쓰깔랴찌)	*см.* раскалить(ся)
раскапывать (라쓰까쁘와찌)	*см.* раскопать
раскат (라쓰까트)	(남) ~ грома 우르릉거리는 우레 소리.
раскачать (라쓰까차찌)	(완) ① 흔들다, 흔들어놓다; ② 흔들리게 (놀게)하다
раскачаться (라쓰까차쨔)	(완) ① 흔들리다 ② 흔들거리다, 놀다, 움직이다
раскачивать(ся) (라쓰까치와찌)	*см.* раскачать(ся)
раскаяние (라쓰까야니예)	(중) 뉘우치는 것, 후회, 참회
раскаяться (라쓰까야쨔)	*см.* раскаиваться
расквартировать, ~овывать (라쓰크와르찌로와찌)	(숙소에) 배치하다
расквитаться (라쓰크비따쨔)	(완) ① 회계를 마치다, 청산하다; ② 복수(보복)하다, 결판을 짓다
раскидать	*см.* раскидывать 1

(라쓰끼다찌)	
раскидывать[1] (라쓰끼듸와찌)	(미완) ① 뿌려 던지다; ② 늘어(헤뜨려) 놓다, 되는대로 놓다; ③ 사방에 벌려놓다
раскидывать[2] (라쓰끼듸와찌)	(미완) ① 쭉 펴다, 쩍 벌리다; ② 치다, 펼치다; ~ палатку 천막을 치다
раскидываться (라쓰끼듸와쨔)	(미완) ① 활개를 쩍 벌리고 눕다, 팔다리를 쭉 펴고 눕다 ② 펼쳐지다
раскинуть (라쓰끼누찌)	① *см.* раскидывать 1,2 ② (던져서) 펴놓다, 펼치다;
раскинуться (라쓰끼누쨔)	(완) ① 널려져있다, 흩어져있다, 산재하다; ② *см.* раскидываться
раскладной (라쓰클라드노이)	(형) 접었다 펼쳤다 할 수 있는;
раскладушка (라쓰클라드두쉬까)	(여) (가벼운) 접침대, 접침상
раскладывать (라쓰클라드와찌)	*см.* разложить 접었다 펼쳤다하다
раскладываться (라쓰클라드와쨔)	*см.* разложиться; 접었다 펼쳤다 할 수 있다
раскланиваться, ~яться (라쓰클라니와쨔)	(완) 인사하다, 절하다
расклеивать (라쓰클레이와찌)	(미완) ① 떼다, 뜯다 ② 사방에 붙이다
расклеиваться (라쓰클레이와쨔)	(미완) ① (붙인 것이) 떨어지다; ② 잘못되다, 파탄되다; ③ 앓다, 기운을 잃다, 나른해지다
расклеить(ся) (라쓰클레이찌)	*см.* расклеивать(ся)
расковырять (라쓰까븨랴찌)	(완) ① 긁어 뜯다; ② 우비어(호비어, 쑤셔) 넓히다;
раскол (라쓰꼴)	(남) 분열; вносить ~ 분열시키다
расколачивать (미완), **~отить** (완) (라쓰깔라치와찌)	① 때려(두드려) 뜯다; ② 깨뜨리다, 까부시다
расколоть	(완) ① 패서 짜개다, 까부시다, 부스러뜨

Pp

- 1159 -

(라쓰깔로찌)	리다; ② 분열시키다
расколоться (라쓰깔로쨔)	(완) ① 쪼개지다, 짜개지다, 부스러지다 ② 분열되다, 찢어지다, 갈라지다
раскольник (라쓰꼴르닉)	(남) 분열주의자
раскольнический (라쓰꼴르니체쓰끼이)	(형) 분열을 일으키는, 분열적인
раскопать (라쓰까빠찌)	(완) ① 파헤치다, 파내다, 발굴하다; ② 찾아내다
раскопка (라쓰꼬쁘까)	(여) ① 파내는 것; ② ~и (복수) 발굴, 발굴 작업
раскошеливаться (미완), ~ться (완) 돈을 쓰다(아까지 않게 되다), (라쓰까쉘리와쨔) 비용을 지출하다
раскрасить (라쓰크라씨찌)	*см.* раскрашивать
раскраска (라쓰크라쓰까)	(여) ① 채색(彩色), 색칠(色漆) ② 색무늬
раскраснеться (라쓰크라쓰네쨔)	새빨개지다, 붉어지다, 홍조를 띠다
раскрашивание (라쓰크라쉬와니예)	(중) 색칠, 채색, 채색하여 그리는 것
раскрашивать (라쓰크라쉬와찌)	(미완) 여러 가지 색으로 색칠하다, 채색하여 그리다
раскрепостить (완), ~щать (미완) ① (농노의 신분으로부터) 해방하다 (라쓰크레빠쓰찌찌) ② (구속, 멍에에서) 해방하다;
раскрепощение (라쓰크레빠쉐니예)	(중) (예속상태로부터의) 해방(解放)
раскритиковать (라쓰크리찌꼬와찌)	(완) (날카롭게) 비판하다, 혹평하다
раскричаться (라쓰크리차쨔)	(완) 고함치다, 고래고래소리를 지르다
раскрошить (라쓰크로쉬찌)	(완) 부스러뜨리다
раскрошиться (라쓰크로쉬쨔)	(완) 부스러지다

раскрутить (라쓰크루찌찌)	(완) ① (끈, 묶은 것을) 풀다 ② 급회전을 시키다
раскрутиться (라쓰크루찌쨔)	(완) ① (끈, 묶은 것이) 풀리다 ② 급회전하다
раскручивать (라쓰크루치와찌)	*см.* раскрутить
раскрывать(ся) (라쓰크르와찌)	*см.* раскрыть(ся)
раскрытие (라쓰크르찌예)	(중) ① 여는 것, 펴는 것; ② 폭로, 적발
раскрыть (라쓰크르찌)	(완) ① 열다, 펴다, 풀어헤치다; ② 밝혀내다, 드러내다, 폭로(적발, 노출)하다
раскрыться (라쓰크르쨔)	(완) ① 열리다, 드러나다, 나타나다, 노출되다 ② 발각(적발, 폭로)되다
раскупать, ~ить (라쓰꾸빠찌)	(완) (많은 사람이) 다 사들이다
раскупоривать, раскупорить (라쓰꾸뽀리와찌)	(미완) (마개, 뚜껑 등을) 열다, 뽑다, 빼다
раскусить, раскусывать (라쓰꾸씨찌)	① 깨물어 부스러뜨리다; ② 잘 알아내다, 요해하다;
расовый (라쏘븨이)	(형) 인종(人種); ~ая дискриминация 인종차별
распад (라쓰빧)	(남) ① 붕괴, 파탄, 몰락; ② 분열, 해체
распадаться (라쓰빠다쨔)	*см.* распасться
распадение (라쓰빠제니예)	(중) ① 붕괴 ② 분열, 해체
распаковать (라쓰빠까와찌)	(완) (짐, 포장 등을) 풀다
распаковаться (라쓰빠까와쨔)	(완) ① (자기의) 짐을 풀다; ② 풀어지다;
распаковывать(ся) (라쓰빠꼬븨와찌)	*см.* распаковыть(ся)
распарывать(ся)	*см.* распороть(ся)

(라쓰빠리와찌)	
распасться (라쓰빠쓰쨔)	(완) ① 분해(분리, 붕괴)되다; ② 분산(해체, 파괴)되다;
распахать(완), **распахивать**(미완) (라쓰빠하찌)	갈다, 일구다, 개간하다, 경작하다
распахивать, распахнуть (완) (라쓰빠히와찌)	활짝 열어놓다, 젖히다, 개방하다; ~ ворота(дверь, окно)대문(문, 창문)을 활짝 열어놓다;
распахнуться (라쓰빠흐누쨔)	(완) ① 활짝 열리다, 개방되다; ② 옷자락을 열어젖히다
распашка (라쓰빠쉬까)	(여) (농업) 개간, 경작(耕作)
распашонка (라쓰빠숀까)	(여) 갓 저고리, 젖먹이의 셔츠
распаять (라쓰빠야찌)	(완) 납땜한곳을 녹여 때다(뜯다)
распаяться (라쓰빠야쨔)	(완) 납땜이(녹아) 떨어지다
распевать (라쓰뻬와찌)	(미완) ① 노래를 부르다, 소리높이 유쾌히 노래하다 ② 노래연습을 하다
распеленать (라쓰뻴레나찌)	(완) 기저귀를 풀다, 애기싸개를 풀다; ~의 포장을 풀다, (꾸러미를) 끄르다
распеленаться (라쓰뻴레나쨔)	(완) 기저귀를 벗다, 애기싸개에서 풀려나오다
распечатать(완), **~ывать** (미완) (라쓰뻬차따지)	① 개봉하다, 봉인을 떼다; ② 타자기로 찍다, 등사(프린트)하다
распиливать (미완), **распилить** (완) (라쓰삘리와찌)	톱으로 켜서 쪼개다(짜개다)
расписание (라쓰삐싸니예)	(중) 시간표
расписаться (라쓰삐싸쨔)	(완) ① 수표(서명)하다 ② 자인(인정)하다;
расписка (라쓰삐쓰까)	(여) 영수증(領收證);
расписной	(형) 색칠한, 그림으로 장식한

(라쓰삐쓰노이)

расписываться (라쓰삐씌와쨔)   *см.* расписаться

расплавить (라쓰쁠라비찌)   (완) 녹이다, 용해하다

расплавиться (라쓰쁠라비쨔)   (완) 녹다, 용해되다

расплавлять(ся) (라쓰쁠라블랴찌)   *см.* расплавить(ся)

расплакаться (라쓰쁠라까쨔)   (완) 눈물을 흘리다, 울기 시작하다, 몹시 울다

распланировать (라쓰쁠라니로와찌)   *см.* планировать

распластаться (라쓰쁠라쓰따쨔)   (완) 넓적 눕다(엎드리다), 늘어지다;

расплата (라쓰쁠라따)   (여) ① 지급, 지불, 지출; ② 징벌, 복수

расплатиться (완), **~ачиваться** (미완) (라쓰쁠라찌쨔)   ① 지불하다, 갚다; ② 복수하다

расплескать (라쓰쁠레스까찌)   (완) 액체를 사방에 튀게 하다, 엎지르다, 쏟뜨리다

расплескаться (라쓰쁠레스까쨔)   (완) (사방에) 튀다, 쏟아지다

расплёскивать (라쓰쁠료쓰끼와찌)   *см.* расплескать

расплести (라쓰쁠레쓰찌)   (완) (엮은, 꼰 것을) 풀다

расплестись (라쓰쁠레쓰찌시)   (완) (엮은, 꼰 것이) 풀리다

расплетать(ся) (라쓰쁠레따찌)   *см.* расплести(сь)

расплодить (라쓰쁠로지찌)   (완) ① (동식물을) 새끼치다, 번식하다, 증식시키다; 산란하다, 번육하다 ② (불필요한 것이 많이) 늘어나게 하다

расплодиться   (완) ① 새끼치다, (증식)하다

— 1163 —

(라쓰쁠로지쨔)	② (불필요한 것이 많이) 늘다, 퍼지다
расплываться (라쓰쁠르와쨔)	*см.* расплыться
расплывчатый (라쓰쁠릐브차뜨이)	(형) 애매한, 똑똑치 않은
расплыться (라쓰쁠릐짜)	(완) ① (잉크 등이) 피다, 번지다, 배다; ② 뚱뚱해지다, 부풀다; ③ 웃음이 떠돌다, 히죽해지다
распознавать, ~ать (완) (라쓰뽀즈나와찌)	① 분간하다, 인식(식별)하다; ② 알아내다, 탐지해내다
располагать¹ (라쓰뽈라가찌)	*см.* расположить
располагать² (라쓰뽈라가찌)	(미완) *кем-чем* ~을 소유하다, ~이 있다; 관리하다; ~ временем 시간이 있다
располагаться (라쓰뽈라가쨔)	(미완) ① 있다, 자리 잡고 있다 ② 자리를 차지하다, 배치되다
расползаться (미완), ~тись (완) (라쓰빨자쨔)	① 사방으로 기어가다, (기어서) 흩어지다 ② 낡아서 떨어지다, 찢어지다
расположение (라쓰빨로줴니예)	(중) ① 배치, 배열; ② 진지, 위치; ③ 배치순서; ④ 동정, 호의, 호감 ⑤ к чему 경향; ⑥ 기호, 취미
расположенный (라쓰빨로줸느이)	(형) расположить의 피동과거; ② 호의를 품는, 동정하는; ③ к чему 경향이 있는, 지향하는 하려고 하는
расположить (라쓰빨로쥐찌)	(완) ① 배치(배열)하다; ② 마음을 쏠리게(돌리게) 하다, 호의를 가지게 하다
расположиться (라쓰빨로쥐쨔)	*см.* располагаться
распорка (라쓰뽀르까)	(여) (건축) 버팀대, 가름대, 조임대
распороть (라쓰빠로찌)	(완) ① (혼솔, 꿰맨 것을) 뜯다, 풀다 ② 베다, 가르다, 뜯어내다;
распороться (라쓰빠로쨔)	(완) (혼솔이) 터지다, 뜯어지다;
распорядитель	(남) 관리자, 처리자, 지휘자(指揮者)

(라쓰빠랴지쩰)

распорядительность (라쓰빠랴지쩰노쓰찌)	(여) 지휘수완, 지휘(관리, 처리)하는 능력
распорядительный (라쓰빠랴지쩰느이)	(형) ~ человек 지휘에 능한 사람
распорядиться (라쓰빠랴지쨔)	*см.* распоряжаться
распорядок (라쓰빠랴독)	(남) 제정된 질서;
распоряжаться (라쓰빠랴좌쨔)	(미완) ① 지시(명령)하다; ② 처리(처분, 관할)하다, 가지고 있다
распоряжение (라쓰빠랴줴니예)	(중) 지시(指示), 지령(指令), 명령;
распоясаться, ~ываться (라쓰빠야사쨔)	(미완) ① (자신의) 띠를 풀다 ② 불손(무례)해지다, 뻔뻔스럽게(제멋대로) 굴다
расправа (라쓰쁘라와)	(여) 세재, 처벌(處罰), 진압(鎭壓);
расправить (라쓰쁘라비찌)	① 곧게 하다, 주름(살)을 펴다; ② (팔, 다리를) 펴다;
расправиться[1] (라쓰쁘라비쨔)	(완) 펴지다, 곧게 되다
расправиться[2] (라쓰쁘라비쨔)	(완) с *кем-чем* ~ ① 처단(제재)하다 ② 처리하다, 해제끼다;
распределение (라쓰쁘레젤레니예)	(중) ① 분배, 배급(配給), 배정(配定); ② 배치(配置)
распределитель (라쓰쁘레젤리쩰)	(남) ① 배급소; ② (공학) (가스, 증기의) 분배기, 분포기; 배전기
распределительный (라쓰쁘레젤리쩰느이)	(형) ~ пункт 배급소(配給所); ~ щит (전기) 배전반
распределить (라쓰쁘레젤리찌)	(완) ① 분배(배당)하다 ② 분공(분담)하다; ③ (졸업후에) 배치(파견)하다
распределиться (라쓰쁘레젤리쨔)	(완) ① 분배(배당)되다, 나뉘어지다 ② 분공되다, 분담되다, 나눠맡다 ③ (졸업 후에) 배치(파견)되다
распределять	*см.* распределить

— 1165 —

(라쓰쁘레젤랴찌)

распродавать　　　　　　　*см.* распродать
(라쓰쁘로다와찌)

распродажа　　　　　　　(여) 팔아넘기기
(라쓰쁘로다좌)

распродать　　　　　　　(완) (많은 물품을 여러 사람들에게) 죄다
(라쓰쁘로다찌)　　　　　　팔아버리다, 다 팔다

распроститься　　　　　　*см.* распрощаться
(라쓰쁘로스찌짜)

распространение　　　　　(중) 보급(普及), 전파(傳播), 유포(流布);
(라쓰쁘로스뜨라녜니예)

распространённый　　　　① распространить 의 피동과거;
(라쓰쁘로스뜨라논느이)　　② (형) 보편적인; ~ое предложение
　　　　　　　　　　　　　　(언어) 전개문.

распространитель　　　　(남) 보급자(補給者), 전파자;
(라쓰쁘로스뜨라니쩰)

распространить　　　　　*см.* распространять
(라쓰쁘라스뜨라니찌)

распространять　　　　　(미완) ① 보급(전파, 유포)하다
(라쓰쁘라스드라냐찌)　　　② 확대(확장)하다;

распространяться　　　　(미완) ① 퍼지다, 보급(전파, 유포)되다;
(라쓰쁘라스드라냐짜)　　　② 넓어지다, 확대(확장)되다

распрощаться　　　　　　(완) ① 작별하다, 헤어지다, 이별하다
(라쓰쁘로샤짜)　　　　　　② 버리다, 내버리다, 결별하다;

распря　　　　　　　　　(여) 분쟁(分爭), 불화(不和), 알력(軋轢)
(라쓰쁘랴)

распрягать　　　　　　　(미완) 마구를 벗기다, 수레에서(말, 소를)
(라쓰쁘랴가찌)　　　　　　풀어놓다

распрямить　　　　　　　(완) 곧게 하다, 펴다;
(라쓰쁘랴미찌)

распрямиться　　　　　　(완) 곧게 되다, 펴지다;
(라쓰쁘랴미짜)

распрячь　　　　　　　　*см.* распрягать
(라쓰쁘랴치)

распускать(ся)　　　　　　*см.* распустить(ся)

(라쓰뿌쓰까찌)

распустить
(라쓰뿌쓰찌찌)
(완) ① 해산(해체)시키다, 놓아주다, 흩어지게 하다; ② 풀다, 늦추다; 풀어헤치다, 펼치다; ③ 버릇을 굳히다, 풀어놓다; ④ (액체에) 풀다, 녹이다; ⑤ (유언비어, 소문 등을) 퍼뜨리다, 전파시키다

распуститься
(라쓰뿌쓰찌쟈)
(완) ① 싹 (움, 눈) 트다; ② 규율 없이 되다, 방종해지다, 자제력을 잃다

распутать
(라쓰뿌따찌)
(완) ① 풀다; ② 풀어(놓아)주다

распутаться
(라쓰뿌따쨔)
(완) 풀어지다

распутица
(라쓰뿌찌짜)
(여) 길이 나빠지는 계절 (봄의 눈이, 가을에 비가 오는 시기)

распутник (남), **~ца** (여) 방탕한자
(라쓰뿌뜨닉)

распутный
(라쓰뿌뜨느이)
(형) 방탕한, 음탕한

распутство
(라쓰뿔쓰뜨뷔)
(중) 방탕한 생활양식; 음탕한 짓.

распутывать(ся)
(라쓰뿌찌와찌)
см. распутать(ся)

распутье
(라쓰뿌쩨)
(중) быть на ~ 갈림길에서 헤매다, 망설이다, 주저하다

распухать (미완), **распухнуть** (완) ① 붓다, 부풀어 오르다;
(라쓰뿌하찌)
② (지나치게) 늘어나다, 증가되다

распущенность
(라쓰뿌쉔노쓰찌)
(여) ① 안일해이, 방종; ② 방탕, 음탕

распущенный
(라쓰뿌쉔느이)
① (형) 버릇없는, 규률이 해이한
② 방탕한, 음탕한

распыление
(라쓰쁼레니예)
(중) ① 뿌리는 것, 분무, 분산(分散)
② 낭비(浪費), 허비

распылитель
(라쓰쁼리쩰)
(남) (공학) 분무기, 분무장치

распылить (완), **~ять** (미완) ① (공학) 뿜다, 뿌리다;
(라쓰쁼리찌)
② 부스러뜨리다 ③ 분산시키다

распыляться (라쓰쁼랴짜)	(미완) ① 뿜어지다, 세분되다 ② 분산되다;
рассада (라쓰싸다)	(여) 모, 모종; рисовая ~a 모, 벼모;
рассадить (라쓰싸지찌)	(완) ① 자리에 앉히다; ② 따로따로 앉히다; ③ 옮겨 심다, 모를 내다, 이식하다
рассадник (라쓰싸드닉)	(남) ① (농업) 모판, 온상; ② 발생지, 발원지
рассаживать (라쓰싸쥐와찌)	*см.* рассадтить
рассаживаться (라쓰싸쥐와짜)	(미완) 제자리에 앉다, 자리 잡다.
рассасываться (라쓰싸쓰와짜)	(미완) ① (부스럼, 종기 등이) 가라앉다, 없어지다; ② 점차 흩어(줄어, 없어)지다;
рассвет (라쓰베트)	(남) ① 새벽, 동틀 무렵; ② 초기(初期), 첫 시기, 여명기
рассветать (라쓰베따찌)	(미완) 날이 밝다, 동이 트다
рассвирепеть (라쓰비레뻬찌)	*см.* свирепеть
рассеивать (라쓰쎄이와찌)	(미완) ① (씨를) 뿌리다 ② 분산시키다; ③ 해산시키다 ④ (감정, 생각을) 지워버리다, 해소시키다, 풀어버리다
рассеиваться (라쓰쎄이와짜)	(미완) ① 사방에 분산되다 ② 분산되다 ③ 흩어져가다, 해산하다, 분산돼주다 ④ (감정, 생각이) 풀리다, 해소되다
рассекать (라쓰쎄까찌)	*см.* рассечь
расселение (라쓰쎌레니예)	(중) ① 여기저기 이주(거주)시키는 것 ② 따로따로 거주시키는 것, 별거
расселина (라쓰쎌리나)	(여) (좁고 깊은) 골짜기
расселить (라쓰쎌리지)	(완) ① (여러 곳에) 이주(거주)시키다, 자리 잡게 하다 ② 따로따로 거주시키다, 별거시키다

расселиться (라쓰셸리짜)	(완) ① (여러 곳에) 이주하다, 거주 하다, 자리 잡고 살다 ② 따로따로 거주하다,
расселять(ся) (라쓰셸랴짜)	*см.* расселить(ся)
рассердить (라쓰쎄르지찌)	(완) 성나게 하다
рассердиться (라쓰쎄르지짜)	(완) 성나다, 노하다, 화내다
рассерженный (라쓰쎄르줴느이)	(형) 성난, 격분한, 화난
рассесться (라쓰쎄쓰짜)	① *см.* рассаживаться; ② 허물없이(자리를 널찍이 잡고) 앉다
рассечь (라쓰쎄치)	(완) ① 짜개다, 자르다, 베다; ② 심한 상처를 입히다
рассеянно (라쓰쎄얀나)	(부) 멍하니, 정신없이, 멍청해서;
рассеянность (라쓰쎄얀노쓰찌)	(여) 부주의, 산만성, 멍청한 것;
рассеянный (라쓰쎄얀느이)	① рассеять의 피동과거; ② (형) 멍청한, 산만한;
рассеять(ся) (라쓰쎄야찌)	*см.* рассеивать(ся)
рассказ (라쓰까스)	(남) ① 이야기 ② 단편소설(短篇小說)
рассказать (라쓰까자찌)	*см.* рассказывать
рассказчик (라쓰까스치크)	(남), ~ца (여) 이야기하는 사람, 설화자; 이야기군
рассказывать (라쓰까즈와찌)	(미완) 이야기하다;
расслабить(ся) (라쓸라비찌)	*см.* расслаблять(ся)
расслаблять (라쓸라블랴찌)	(미완) 약하게 하다, 몹시 쇠약케 하다
расслабляться	(미완) 마음을 늦추다, 마음을 놓다

(라쓸라블랴쨔)	
расследование (라쓸레도와니예)	(중) 조사(調査), 탐색(探索), 수사(搜射);
расследовать (라쓸레도와찌)	(미완,완)(전면적으로) 조사하다, 탐색하다
расслоиться (라쓸로이쨔)	*см.* расслаиваться
расслышать (라쓸리샤찌)	(완) 알아듣다, 분간하여 듣다
рассматривать (라쓰마뜨리와찌)	(미완) ① 들여다보다, 살펴보다 ② 간주하다, ~으로 생각하다 ③ 심의(연구, 고찰, 검토)하다;
рассмешить (라쓰메쉬찌)	(완) 웃기다, 웃음을 자아내다
рассмеяться (라쓰메야쨔)	(몹시) 웃기 시작하다, 웃음을 터뜨리다
рассмотрение (라쓰마뜨레니예)	(중) 심의, 연구, 고찰, 검토, 주시
рассмотреть (라쓰모뜨레찌)	*см.* рассматривать
рассол (라쓰쏠)	(남) 소금물, 염류의 용액
рассорить (라쓰쏘리찌)	(완) 절교시키다, 다투고 헤어지게 하다
рассориться (라쓰쏘리쨔)	(완) 절교하다, 다투고 헤어지다
рассортировать (라쓰쏘르찌로와찌)	분류(선별)하다, 종류별로 가르다
рассосаться (라쓰쏘싸쨔)	*см.* рассасываться
рассохнуться (라쓰쏘흐누쨔)	(완) 말라서 터지다(금이 가다), 쪼개지다;
расспрашивать (미완),~осить (완) (라쓰쁘라쉬와찌)	캐묻다, 자세히 물어보다
расспросы	(복수) (캐묻는) 물음;

(라쓰쁘로식)

рассредоточение (중) 분산, 분산배치, 산개(散開)
(라쓰레도또체니예)

рассредотачивать (미완),~ть (완) 분산(배치)하다, 산개(분산)시키다
(라쓰레도따치와찌)

рассрочивать (미완),~ть (완) (지불 등의) 기한을 몇 단계로 나누다
(라쓰로치와찌)

рассрочка (여) 분할지불, 할부(割賦), 월부;
(라쓰로츠까)

расставание (중) 작별(作別), 이별(離別)
(라쓰따와니예)

расставаться *см.* расстаться
(라쓰따와쨔)

расставить (완), ~авлять (미완) ① 놓다, 배치(배렬)하다;
(라쓰따비찌) ② 벌리다;

расстановка (여) ① 배치(配置), 배열(配列), 정열;
(라쓰따노브까) ② 배열순서; ③ 중단, 단절;

расстаться (완) ① 헤어지다, 작별(이별)하다
(라쓰따쨔) ② 버리다, 포기(단념)하다;

расстёгивать *см.* расстегнуть[ся]
(라쓰쬬기와찌)

расстегнуть (완) 단추를 벗기다; 열어 제치다.
(라쓰쩨그누찌)

расстегнуться (완) ① (자기 옷의) 단추를 벗기다;
(라쓰쩨그누쨔) 열어 제치다; ② 벗겨지다, 벗기어지다

расстелить (완) (표면전체에) 깔다, 펴다;
(라쓰쩰리찌)

расстелиться (완) 펴지다, 깔리다;
(라쓰쩰리쨔)

расстилать(ся) *см.* расстелить(ся)
(라쓰찔라찌)

расстояние (중) ① 거리(距離), 간격(間隔);
(라쓰다야니예) ② 동안(同案), 사이

расстраивать *см.* расстроить[ся]
(라쓰뜨라이와찌)

Pp

расстрел (라쓰뜨렐)	(남) 총살(銃殺)
расстреливать (미완), ~елять (완) (라쓰뜨렐리와찌)	① 총살하다, 총으로 쏘아죽임 ② 맹렬한 사격으로 소멸하다 ③ 탄약을 다 쏴버리다
расстроенный (라쓰뜨로엔늬이)	① расстроить의 피동 과거 ② (형) 마음이 상한, 불쾌해하는 ③ 파괴된, 쇠약해진
расстроить (라쓰뜨로이찌)	(완) ① 마음(기분)을 상하게 하다, 괴롭히다; ② 파산시키다, 해치다, 큰 손해를 끼치다; ③ 파탄시키다, 방해하다, 깨뜨리다; ④ 혼란시키다
расстроиться (라쓰뜨로이쨔)	(완) ① 마음(기분)이 상하다 ② 파산되다, 상하다; ③ 틀려지다, 파탄되다 ④ 혼란되다
расстройство (라쓰뜨로이쓰뜨붜)	(중) ① 혼란(混亂), 무질서(無秩序) ② 파탄(破綻), 파산(破散), 실패(失敗) ③ (건강상태의) 손상, 장애; ④ 낙심(落心), 번민(煩悶), 불쾌(不快)
расступаться (미완), ~иться (완) (라쓰뚜빠쨔)	① 길을 내주다, 옆으로 비키다 ② (땅, 물 등이) 쪼개지다, 갈라지다
рассудительность (라쓰수지쩰노쓰찌)	(여) 판단력, 신중성, 세심(細心)
рассудительный (라쓰쑤지쩰느이)	(형) 세심한, 신중한, 사려깊은
рассудить (라쓰수지찌)	*см*. рассуждать; 시비를 가리다, 판결하다, 결론짓다
рассудок (라쓰쑤독)	(남) 이성(理性), 분별(分別);
рассуждать (라쓰쑤즈다찌)	판단하다, 생각하다; 담화하다, 논의하다
рассуждение (라쓰쑤즈제니예)	(중) ① 판단(判斷), 생각(生角), 고찰 ② (복수) 의논, 토론(討論)
рассчитать (라쓰치따찌)	(완) ① 계산하다 ② 타산(고려)하다 ③ 해고하다, 면직시키다
рассчитаться (라쓰치따쨔)	(완) ① 셈을 치르다, 청산하다 ② 복수 (보복)하다

- 1172 -

	③ (군사) 번호를 부르다;
рассчитывать (라쓰치찌와찌)	*см.* рассчитать; 바라다, 기대하다, 타산하다; ~ на успех 성공을 바라다;
рассылать (라쓰씰라찌)	*см.* разослать
рассылка (라쓰씰까)	(여) 발송, 배달, 파견
рассыльный (라쓰씰느이)	(남) 배달원, 배달부
рассыпать (미완), **рассыпать** (완) (라쓰씨빠찌)	① (여기저기) 뿌리다, 흘리다 ② (가루 등) 나누어넣다
рассыпаться (미완), **рассыпаться** (완) (라쓰씨빠짜)	① (여기저기) 쏟아지다, 흩어지다 ② 분산(산개)되다 ③ 파탄되다 ④ 찬사 (등을) 퍼붓다;
рассыпчатый (라쓰씨쁘차뜨이)	(형) 퍼석퍼석한, 부서지기 쉬운
рассыхаться (라쓰씌하짜)	*см.* рассохнуть
расталкивать (라쓰딸끼와찌)	*см.* растолкать
растапливать(ся) (라쓰따쁠리와찌)	*см.* растопить(ся)
растаптывать (라쓰땁뜨와찌)	*см.* растоптать
растаскать, растаскивать (라쓰따쓰까찌)	가져(끌어)가다;
растачивать (라쓰따치와찌)	*см.* расточить
растащить (라쓰따쉬찌)	(완) ① 모조리 가져(끌어)가다 ② 모조리 훔쳐가다 ③ 갈라놓다
растаять (라쓰따야찌)	(완) (눈, 얼음이) 녹다
раствор (라쓰드볼)	(남) ① (화학) 푼액, 용액(溶液); ② 혼합물(混合物)

Рр

растворимость (라쓰뜨뷔리모쓰찌)	(여) 가용성
растворимый (라쓰뜨뷔리르이)	(형) 가용성, 녹는, 용해되는;
растворитель (라쓰뜨뷔리쩰)	(남) (화학) 용매, 용제
растворить¹ (라쓰뜨뷔리찌)	(완) ① 녹이다, 용해하다 ② 혼합하여 이기다(개다)
растворить² (라쓰뜨뷔리찌)	(창문 등을) 활짝 열어제끼다, 벌리다
раствориться¹ (라쓰뜨뷔리짜)	(완) ① 녹다, 용해되다 ② 혼합되다 ③ 사라지다, 자취를 감추다
раствориться² (라쓰뜨뷔리짜)	(문 등이) 활짝 열리다, 개방되다
растворять[ся] (라쓰뜨뷔랴찌)	*см.* растворить[ся]
растекаться (라쓰쩨까짜)	*см.* растечься
растение (라쓰쩨니예)	(중) 식물(植物), 뭍살이
растениеводство (라쓰쩨니예보드쓰뷔)	(중) ① 식물재배(업); ② 농예학, 식물재배학
растереть(ся) (라쓰쩨레찌)	*см.* растирать(ся)
растерзать (라쓰쩨르자찌)	(완) 갈래갈래 찢어버리다; 찢어죽이다
растерянно (라쓰쩨란나)	(부) 벙벙해서, 당황해서; 멍청하니
растерянность (라쓰쩨란노쓰지)	(여) 당황(唐慌), 어쩔 줄 모르는 것
растерянный (라쓰쩨란느이)	① растерять의 피동과거; ② (형) 당황해하는;
растерять (라쓰쩨랴찌)	(완) (점차적으로) 잃다, 잃어버리다
растеряться	(완) 당황해하다, 어찌할 줄 모르다;

- 1174 -

(라쓰쩨랴짜)	
растечься (라쓰쩨치샤)	(완) ① 사방으로 흘러나다 ② (잉크가) 피다; ③ 퍼지다, 나타나다
расти (라쓰찌)	(미완) ① 자라다, 크다, 성장하다 ② 증가(증대)되다, 커지다 ③ 강화(제고)되다, 높아지다 ④ 발전하다; 완성되어가다
растирание (라쓰찌라니예)	(중) 문지르기, 마찰(摩擦), 비빔, 문지름.
растирать (라쓰찌라찌)	(미완) ① 비비다, 문지르다, 마찰하다 ② 갈아서(비벼서) 가루로 만들다;
растираться (라쓰찌라쨔)	① (자기 몸을) 마찰하다; ② 비벼서 가루가 되다
растительность (라쓰찌쩰노쓰찌)	(여) ① 식물(植物), 초목(草木); 식물계; тропическая ~ 열대식물; ② 식물성, 식물질
растительный (라쓰찌쩰느이)	(형) ① 식물; ~ый мир 식물계; ② 식물성; ~ое масло 식물성기름
растить (라쓰찌찌)	(미완) ① 기르다, 양육(재배)하다 ② 육성하다; ③ 발전(완성)시키다;
растленный (라쓰뜰렌느이)	(형) 썩어빠진, 부패한, 타락한;
растолкать (라쓰똘까찌)	(완) ① 밀어 헤치다; ② 흔들어 깨우다
растолковать (완), ~овывать (미완) (상세히)해설(설명, 해석)하다, (라쓰똘까와찌)	잘 일깨워주다
растолочь (라쓰똘로치)	(완) 찧다, 부스러뜨리다
растолстеть (라쓰똘쓰쩨찌)	(완) 몹시 살지다(뚱뚱해지다, 몸이 나다)
растопить¹ (라쓰따삐찌)	(완) 불을 지피다(피우다, 때다)
растопить² (라쓰따삐찌)	(완) 녹이다, 용해하다
растопиться¹ (라쓰따삐쨔)	(완) 불이 지펴지다(피워지다)

растопиться² (라쓰따삐짜)	(완) 녹다, 용해되다
растоптать (라쓰따쁘따찌)	(완) 짓밟다, 꾸겨놓다
расторгать (미완), расторгнуть (완) (라쓰따르가찌)	① (조약 등을) 폐기(과기)하다 ②: ~ брак 파혼하다
расторжение (라쓰따르줴니예)	(중) 폐기(廢棄), 파기(破棄);
расторопный (라쓰따로쁘느이)	(형) 재빠른, 민첩한, 민활한
расточать (라쓰따차찌)	(미완) ① 낭비(탕진)하다; ② (찬사 등을) 아끼지 않다
расточитель (라쓰따치쩰)	(남) 낭비자(浪費者), 탕진하는 사람
расточительность (라쓰따치쩰노쓰지)	(여) 낭비, 탕진(蕩盡)
расточительный (라쓰따치쩰느이)	(형) 낭비(탕진)하는, 헤프게 쓰는
расточный (라쓰또츠느이)	(형): ~ станок 보링반
растравить (완), ~авливать, ~авлять (미완) (라쓰뜨라비찌)	① (상처 등을) 자극하다 ② 아픈데를 찌르다; ③ 약이 오르게 하다
растранжирить (라쓰뜨란쥐리찌)	(완) 낭비하다, 모두 쓰다
растрата (라쓰뜨라따)	(여) ① 낭비, 헛되게 쓰다 ② 국가재산의 탐오, 부정지출 ③ 탐욕 돈(재물);
растратить (라쓰뜨라찌찌)	① 낭비하다, 몽땅 쓰다; ② 탐욕하다, 부정 지출하다
растратчик (라쓰뜨라뜨칙)	(남) ① (공급 (공동재산)) 탐욕자(貪慾者) ② 낭비자(浪費者)
растрачиваться (라쓰뜨라치와짜)	*см.* растратить
растревожить (라쓰뜨레보쥐찌)	(완) ① 몹시 불안하게 하다 ②(상처를) 자극하여 아프게(도지게) 하다

растревожиться (라쓰뜨레보쥐짜)	(완) 몹시 불안해하다(걱정하다)
растрёпанный (라쓰뜨료빤느이)	(형)헝클어진, 너덜너덜한
растрепать (라쓰뜨레빠찌)	(완) ① (머리칼 등을) 헝클어뜨리다 ② (책, 학습장 등을) 너덜너덜하게 만들다, 못쓰게 만들다
растрепаться (라쓰뜨레빠쨔)	(완) ① 헝클어지다, 무질서해지다 ② 너덜너덜해지다, 못쓰게 되다
растрескаться (완), ~иваться (미완) (라쓰뜨레쓰까짜)	(여러군데) 터지다(금이 가다, 트다)
растроганный (라쓰뜨로간느이)	(형) 감동된
растрогать (라쓰뜨로가찌)	(완) 감동시키다, 감격케 하다
растрогаться (라쓰뜨로가쨔)	(완) 감동(감격)되다
растягивать(ся) (라쓰쨔기와찌)	*см.* растянуть(ся)
растяжение (라쓰쨔줴니에)	(중) ① 잡아 늘이는 것 ② (공학) 당김, 장력 ③ 늘어나는 것
растянутый (라쓰쨔누뜨이)	(형) 장황한, 지나치게 늘어진, 연장된
растянуть (라쓰쨔누찌)	(완) ① 잡아당기다, 잡아 펴다; ② 탄성을 약하게 하다, 켕기게 하다 ③ 길게 산개(전개)시키다
растянуться (라쓰쨔누쨔)	(완) ① 몸을 펴고 눕다. ② 벌떡 나가 넘어지다; ③ 늘어나다, 길어지다 ④ 확대되다, 늘어지다
расфасовать, ~овывать (라쓰파싸와찌)	나누어넣다, 포장하다
расформирование (라쓰파르미로와니예)	(중) 해산(解散), 해체(解體), 폐지(廢止)
расформировать, ~овывать (라쓰파르미로와찌)	해산(해체, 폐지)하다

Pp

расхаживать (라쓰하쥐와찌)	(미완) 천천히 왔다갔다 하다.
расхваливать (미완), ~алить (완) (라쓰흐왈리와찌)	극구 찬양하다, 매우 칭찬하다
расхватать (완), ~атывать (미완) (라쓰흐와따찌)	재빨리 붙잡다, 몽땅 쥐다 (가지다, 사다)
расхвораться (라쓰흐붜라쨔)	앓다, 앓기 시작하다, 병이 심해지다
расхититель (라쓰히찌쎌)	(남) 횡취자, 절취자(竊取者)
расхитить, расхищать (라쓰히찌찌)	다 훔쳐내다, 횡령(절취)하다
расхищение (라쓰히쉐니예)	(중) 훔쳐내는 것, 횡령, 절취
расхлебать (완), ~ёбывать (미완) (라쓰흘레바찌)	(미완) (뒤엉킨 사건 등을) 해결(해명)하다, 풀다, 처리하다
расхлябанность (라쓰흘랴반노쓰찌)	(여) 절도 없는 것, 무규률성
расхлябанный (라쓰흘랴반느이)	(형) 절도(주책)없는
расход (라쓰홑)	(남) ① 지출, 경비(經費), 비용(費用); ② 소비, 소비량, 사용량; ③ (부기장부의)지출란;
расходиться¹ (라쓰하지쨔)	(미완) ① 헤어지다, 흩어지다; 퍼지다; ② 팔리다, 없어지다;③ 녹다,용해되다; ④(길이) 어긋나다; ⑤ 이혼(이별)하다; ⑥ 떨어지다, 갈라지다; ⑦ (의견이) 다르다, 상이하다, 일치하지 않다;
расходиться² (라쓰하지쨔)	(완) ① 걷는데 버릇(습관)되다; ② 왔다갔다하기 시작하다
расходование (라쓰호도와니예)	(중) ① 지출(支出), 지불(支拂) ② 소비(消費)
расходовать (라쓰호도와찌)	(미완) ① 지출(支出)하다, 쓰다 ② 소비하다
расхождение (라쓰호즈제니예)	(중) ① 갈라지는 것, 분기 ② (광선 등의) 분산, 방사 ③ 퍼지는 것 ④ 어기는 것,

	어긋나는 것 ⑤ 불일치, (의견 등의) 상이, 모순;
расхолаживать (미완), ~одить (완) (라쓰홀라쥐와찌)	열(성)을 식히다, 냉정해지게 하다, 실망케 하다
расхотеть (라쓰하쩨찌)	(완) 싫어지다, 싫증나다
расхотеться (라쓰호쩨짜)	(완) 싫어지다, 싫증나다
расхохотаться (라쓰호호따짜)	(완) 웃음보를 터뜨리다, 껄걸 웃어대기 시작하다
расхрабриться (라쓰흐랍리짜)	(완) 용기를 내다, 결심하다
расцарапать (라쓰짜라빠찌)	(완) 할퀴다, 째다
расцвести (라쓰쯔베쓰찌)	(완) ① 꽃이 피다 ② 번영(융성,개화)하다 ③ 피다, 명랑해지다
расцвет (라쓰쯔베트)	(남) ① 개화(開化), 만발(滿發) ② 융성(기), 번영(기), 개화(기)
расцветать (라쓰쯔베따찌)	*см.* расцвести
расцветка (라쓰쯔베뜨까)	(여) 색(色), 색의 배합
расценивать (미완), расценить (완) (라쓰쩨니와찌)	① 값을 정하다 ② 평가(평정)하다
расценка (라쓰쩬까)	(여) ① 값을 정하는 것, 가격사정; ② 공정가격, 평가가격;규정된 품값(임금)
расцепить (라쓰쩨삐찌)	(완) (연결된 것을) 때어(풀어, 벗겨) 놓다, 분리시키다; ~ вагоны 차량을 떼어놓다
расцепиться (라쓰쩨삐쨔)	(완) (연결된 것이) 분리되다, 떨어지다, 풀어지다
расцеплять(ся) (라쓰쩨쁠랴찌)	*см.* расцепить(ся)
расчесать (라쓰체싸찌)	(완) ① (빗으로) 빗다 ② 긁다, 긁어서 상처를 내다

расчёска (라쓰쵸쓰까)	(여) (머리) 빗
расчёсывать (라쓰쵸쓰와찌)	*см.* расчесать
расчёт (라쓰쵸트)	(남) ① 계산, 셈 ② 지불, 청산, 결산; 해고(퇴직)할 때 임금청산 ③ 타산, 예정, 생각 ④ 이득, 이익; ⑤ 절약; ⑥ (군사) (포병분대) 성원 (기관총) 사수(射手);
расчётливость (라쓰쵸뜰리붜쓰찌)	(여) 타산(성), 주도 세밀성
расчётливый (라쓰쵸뜰리브이)	(형) ① 아껴 쓰는, 절약하는 ② 신중한, 세심한, 타산적인
расчётный (라쓰쵸뜨느이)	(형) ① 계산(용) ② 노임 지불
расчистить (라쓰치쓰찌찌)	(완) 깨끗이 하다, 소제(청소)하다
расчистка (라쓰치쓰뜨까)	(여) 소제(掃除), 청소, 제거
расчищать (라쓰치샤찌)	*см.* расчистить
расчленение (라쓰츨레네니예)	(중) 분열, 해체, 분해
расчленить (완), ~ять (미완) (라쓰츨레니찌)	분리(해체, 분해)하다;
расшатать (라쓰샤따찌)	(완) ① 흔들어놓다 ② 동요하게 하다, 손상(파괴)하다;
расшататься (라쓰샤따쨔)	(완) ① 흔들리다 ② 문란해지다, 뒤흔들리다, 파괴되다;
расшатывать(ся) (라쓰샤뜨와찌)	*см.* расшатать(ся)
расшевелить (라쓰쉐뼬리찌)	(완) ① 흔들어놓다 ② 자극하여 활동하게 만들다
расшибать(ся) (라쓰쉬바찌)	*см.* расшибить(ся)
расшибить (라쓰쉬비찌)	(완) 타박상을 입히다;

Рр

– 1180 –

расшибиться (라쓰쉬비쨔)	(완) 타박상을 입다, 상하다, 다치다
расшивать (라쓰쉬와찌)	*см.* расшить
расширение (라쓰쉬레니예)	(중) ① 확대, 확장, 증대; ② 팽창(膨脹)
расширенный (라쓰쉬렌느이)	(형) 확대의
расширить(ся) (라쓰쉬리찌)	*см.* расширять(ся)
расширять (라쓰쉬랴찌)	(미완) 넓히다, 확장(확대,증대, 팽창)하다
расширяться (라쓰쉬랴쨔)	넓어지다, 확장(확대, 증대, 팽창)되다
расшить (라쓰쉬찌)	① (꿰맨 것을) 뜯다; ② 수놓아 장식하다;
расшифровать (완),~овывать(미완) (라쓰쉬프로와찌)	① (암호를) 풀다, 해독하다; ② (알아보기 힘든 것을) 알아 맞치다, 해명하다
расшифровываться (라쓰쉬프로브와쨔)	(미완) 풀리다, 해독되다
расшнуровать (라쓰쉬누로와찌)	(완) 끈을 풀다(늦추다);
расшнуроваться (라쓰쉬누로와쨔)	(완) 끈이 풀리다;
расщедриться (라쓰쉐드리쨔)	(완) 후하게 대하다, 후해지다, 손이 크게 행동하다
расщелина (라쓰쉘리나)	(여) ① 좁은 골짜기(협곡) ② 넓은 틈(금, 구렁)
расщепить (라쓰쉐삐찌)	① 짜개다; ② 잘게 조각(토막)을 내다 ③ 분해하다, 분열시키다
расщепиться (라쓰쉐삐쨔)	(완) ① 짜개지다, 갈라지다; ② 잘게 조각(토막)이 나다 ③ 분해(분열)되다
расщепление (라쓰쉐쁠레니예)	(중) 분열; ~ атомного ядра 원자핵분열

расщеплять(ся) (라쓰쉐쁠랴찌)	*см.* расщепить(ся)
ратификационный (라찌피까찌온느이)	(형): ~ая грамота 비준서(批准書)
ратификация (라찌피까찌야)	(여) 비준(比準)
ратифицировать (라찌피찌로와찌)	(미완, 완) 비준하다
ратный (라뜨느이)	(형) 군사(軍事), 전투(戰鬪);
ратовать (라또와찌)	(미완) 주장하다, 싸우다
раунд (라운드)	(남) (체육) (권투에서의) 한 회전(回轉);
рафинад (라피낟)	(남) 모사탕, 덩어리사탕
рафинирование (라피니로와니예)	(중) 정제, 정련
рафинированный (라피니로완느이)	(형) 정제한;
рафинировать (라피니로와찌)	(미완, 완) 정제(정련, 제련)하다;
рахит (라히뜨)	(남) (의학) 구루병, 곱삿병
рацион (라찌온)	(남)① (일정한 기간의) 음식(식량); 먹임량; ② (말, 소 등의) 하루 분 먹이정량
рационализатор (라찌온날리자똘)	(남) 창의 고안 작성자
рационализаторский (라찌온날리자똘쓰끼이)	(형) ~ое предложение 창의고안, 합리화안; ~ое движение 생산합리화 운동
рационализация (라찌온날리자찌야)	(여) 합리화(운동)
рационализировать (라찌온날리지로와찌)	(미완, 완) 합리화하다

рационально (라찌온**날**리나)	(부) 합리적으로
рациональный (라찌온**날**르느이)	(형) ① 합리적인 ② (수학)유리;
рация (라**찌**야)	(여) 라디오송수신기, (이동식) 라디오 방송국
рвануться (르완**누**짜)	(완) 갑자기 다리다, 내빼다
рваный (르**완**느이)	(형) 헤어진, (갈기갈기)찢어진, 형체 없이 뚫어진
рвать¹ (르**와**찌)	① 뜯다, 따다; ② 찢다, 째다; ③ 잡아채다, 가로채다 ④ 끊다 ⑤ 폭파하다
рвать² (르**와**찌)	(미완) (무인칭) 게우다, 토하다;
рваться (르**와**짜)	(미완) ① 찢어지다, 째지다 ② 못쓰게 되다, 꿰지다, 끊어지다; ③ 지향하다, 열망하다;~에로 돌진하다
рвач (르**와**치)	(남) 욕심쟁이, 탐욕주의자
рвачество (르**와**체쓰뜨뷔)	(중) 탐욕, 탐욕주의적 행동
рвение (르**벤**니예)	(중) 열심(熱心), 열중, 열성(熱性)
рвота (르**보**따)	(여) ① 게우기 구토, 토하기 ② 게운 것, 토한 것
рвотное (르뷔뜨**노**예)	(중) (의학) 구토제
реабилитация (레아빌리**따**지야)	(여) ① 명예회복 ② 권리회복(복권)
реабилитировать (레아빌리**찌**로와찌)	(미완, 완) ① 명예를 회복시키다; ② 권리를 회복시키다, 복권시키다
реагировать (레아**기**로와찌)	(미완) ① 반응(반작용)하다 ② 대하다, 태도를 취하다, 응대하다
реактив (레아ㄲ**찌**프)	(남)(화학) 시약(試藥)

Pp

реактивный (레아끄찌브느이)	(형) 분사식(噴射式);
реактор (레아끄또르)	(남) ① (물리) 원자로, 원자가마, 원자 반응기; ② (공학) 반응기
реакционер (레아끄지오녤)	(남) 반동분자, 반동파, 반대자들
реакционный (레아끄지온느이)	(형) 반동적인
реакция¹ (레악찌야)	(여) 반동(파)
реакция² (레아끄지야)	(여) ① 반응, 반작용 ② 방향, 반영(反影)
реализация (레알리자찌야)	(여) ① 실현, 실행, 현실화(現實化); ② 팔아넘기기, 판매
реализм (레알리즘)	(남) ① 현실적 태도; 현실주의; 타산 ② (문예) 사실주의(寫實主義);
реализовать (레알리조와찌)	① 실현(실행, 실시)하다 ② (경제) 팔아넘기다, 실현하다;
реалист (레알리쓰뜨)	(남) ① 현실주의자; ② (문예)사실주의자
реалистический (레알리쓰찌체쓰끼이)	(형) ① 현실주의적인, 현실적인 ② 사실주의적인
реалистичность (레알리쓰찌츠노쓰찌)	(여) ① 현실성 ② 사실성(事實性)
реальность (레알리노쓰찌)	(여) ① 현실(現實), 실재(實在) ② 현실성, 실재성;
реальный (레알리느이)	(형) 실지(實智), 현실적인;
реанимация (레알리마찌야)	(여) 소생(蘇生), 회생(回生);
ребёнок (레뵤노크)	(남) 아이, 어린이;
ребро (레브로)	(중) ① 갈비(뼈) (늑골); ② 모서리, 가장자리;
ребус	(남) (수수께끼의 일종) 글자풀이,

— 1184 —

(레부쓰)	그림 맞추기, 퍼줄 맞추기
ребята (레뱌따)	(복수) ① 아이들, 어린이들 ② 젊은이들, 동무들, 동료들
ребяческий (레뱌체쓰끼이)	(형) ① 아이다운, 어린이다운 ② 어린애 같은, 유치한, 철없는;
ребячество (레뱌체쓰뜨붜)	(중) 유치한(철없는 어린애 같은) 행동
рёв (료브)	(남) ① 울부짖는 소리; ② 울음, 통곡하는 소리
реванш (레완쉬)	(남) (전쟁, 경기에서) 복수(전)
реваншизм (레완쉬즘)	(남) 복수주의, 복수주의자의 정책(정신)
реваншист (레완쉬쓰트)	(남) 복수주의자
реваншистский (레완쉬쓰뜨끼이)	(형) 복수주의적
ревень (레벤)	(남) (식물) 장군풀
реветь (레베찌)	(미완) ① 울부짖다, 노호하다 ② 엉엉 울다.
ревизионизм (레비지온니즘)	(남) 수정주의(修正主義)
ревизионист (레비지온니쓰트)	(남) 수정주의자
ревизионистский (레비지온니쓰뜨쓰끼이)	(형) 수정주의적
ревизионный (레비지온느이)	(형) ~ая комиссия 검사(검열)위원회
ревизия (레비지야)	(여) ① 검사, 검열, 조사 ② 재검토, 수정;
ревизовать (레비조와찌)	(미완, 완) ① 검사(검열조사)하다 ② 재검토(수정)하다
ревизор (레비졸)	(남) 검사원, 검열관, 검찰관

ревматизм (레브마찌즘)	(남) 관절염, 류마치스
ревматик (레브마찌크)	(남) 관절염환자, 류마치스환자
ревматический (레브마찌체쓰끼이)	(형) 관절염, 류마치스
ревмокардит (레브모깔지트)	(남) 류마치스성 심장염
ревнивец (레브니베쯔)	(남) 새암바리, 질투쟁이
ревниво (레브니붜)	(부) 샘하여, 게염스럽게, 질투하여
ревнивый (레브니브이)	(형) ① 게염스러운, 질투심이 센, 시새움 많은 ② 열성스러운, 열중한
ревновать (레브노와찌)	(미완) 질투(시기)하다
ревностно (레브노쓰뜨나)	(부) 열심히, 열중하여
ревностный (레브노쓰뜨느이)	(형) 열성적인, 열중하는
ревность (레브노쓰찌)	(여) ① 질투(嫉妬), 시기(猜忌), 시새움 ② 열심, 열성(熱誠), 열중
револьвер (레발리벨)	(남) (구식연발) 권총, 리볼브
революционер (남), ~ка (여) 혁명가 (레발류찌온넬)	
революционизирование (레발류찌오니지오로와니예)	(중) 혁명화
революционизировать (레발류찌오니지로와찌)	(미완, 완) 혁명화 하다
революционизироваться (레발류찌오니지로와쨔)	(미완, 완) 혁명화 되다
революционность (레발류찌온노쓰찌)	(여) 혁명성(革命性)
революционный	(형) 혁명적인, 혁명의

(레발류찌온느이)

революция (여) 혁명(革命)
(레발류찌야)

ревю (중) (연극) 래뷰
(레뷰)

регби (불변)(중) (체육) 투구(投球), 럭비
(레그비)

регенерация (여) ① (공학) 재생, 축열 ② (생물) 재생
(레게네라찌야)

регион (남) (일정한) 지역
(레기온)

региональный (형)지역적인; 몇 개 인접국가에 관계되는
(레기오날느이)

регистратор (남) 등록원, 기록원, 서기
(레기쓰뜨라똘)

регистратура (여) 등록소, 등기소, 기록소
(레기쓰뜨라뚜라)

регистрация (여) 등록(登錄), 등기(登記), 기입(記入);
(레기쓰뜨라찌야)

регистрировать (미완) 등록(등기, 기입)하다;
(레기쓰뜨리로와찌)

регистрироваться (미완) ① 등록(등기, 기입)되다;
(레기쓰뜨리로와쨔) ② 결혼등록을 하다

регламент (남) ① 회순, 회의진행절차;
(레글라멘드) ② 규정(規定), 규칙(規則), 법규(法規)

регламентировать (미완, 완) 규정(규칙, 법규)을 제정하다
(레글라멘찌로와찌)

регламентироваться (미완, 완) 규정되다
(레글라멘찌로와쨔)

регламентный (형) 규정에 의한, 규칙적인
(레글라멘드느이)

реглан (남) 레글랑식 외투(어깨와 소매가 통으로 된 것)
(레글란)

регресс (남) 퇴보(退步), 퇴화, 후진
(레그렛쓰)

- 1187 -

регрессивный (레그레씨브느이)	(형) 퇴화하는, 퇴보하는, 역행하는
регрессировать (레그레씨로와찌)	(미완) 퇴보(퇴화, 역행)하다
регулирование (레굴리로와니예)	(중) ① 정리(整理): ② *см.* регулировка
регулировать (레굴리로와찌)	(미완) ① 정리하다, 바로잡다 ② 조절하다, 조정하다;
регулировка (레굴리로브까)	(여) ① 조절, 조정(調停) ② 정리(整理)
регулировщик(남),~ца (여) (레굴리로브쉬크)	① 교통안전원, 교통정리원; ② 조절자; 조절기
регулярно (레굴랴르나)	(부) 규칙(정상, 정기)적으로
регулярный (레굴랴르느이)	(형) ① 규칙(정상, 정기)적인; ② 정규, 상비;
регулятор (레굴랴똘)	(남) 조절기
редактирование (레닥찌로와니예)	(중) ① 편집 ② 교열
редактировать (레닥찌로와찌)	(미완) ① 교열하다 ② 편집하다
редактор (레닥똘)	(남) ① 교열원 ② 편집원(編輯員);
редакционный (레닥찌로온느이)	(형) 편집(編輯);
редакция (레닥쯔야)	(여) ① 교열, 편집, ② 편집부, 편집국; ③ 편집부청사 ④ (고친) 본문(本文);
редеть (레졔찌)	(미완) 희박해지다, 적어지다
редис (남), ~ка (여) (레지쓰)	쥐무우, 붉은 봄무우
редкий (레드끼이)	(형) ① 드문, 희박한 ② 보기 드문, 희귀한;
редко	(부) 성기게; (보기) 드물게;

— 1188 —

(레드까)

редкоземельный
(레드꼬제멜느이)
(형) : ~ элемент 희토류원소

редколлегия
(레드꼴레기야)
(여) 편집위원회, 편집국

редкостный
(레드꼬쓰뜨느이)
(형) (보기) 드문, 희귀한

редкость
(레드꼬쓰찌)
(여) ① (보기) 드문 현상, 진기한 것;
② 희귀한 물품;

редуктор
(레둑똘)
(남) ① (공학) 감속기, 감압기
② (화학) 환원장치; 환원제

редукция
(레둑찌야)
(여) ① 단순화, 간소화, 감소, 약화
② (생물) 퇴화 ③ (공학) 감속, 감압
④ (언어) 약화(현상)

редька
(레지까)
(여) 무; надоел хуже горькой ~и
신물이 난다, 진절머리가 난다

реестр
(레예쓰뜰)
(남) ① 목록(目錄);
② 등록부, 장부(帳簿)

режим
(레짐)
(남) ① (국가) 통치제도; ② 질서, 규정
규칙,법; ③ (활동,작업, 존재) 조건, 상태

режиссёр
(레쥐쑈르)
(남) (무대, 영화) 연출가, 감독(監督)

режессура
(레쮀쓰쑤라)
(여) 연출(演出)

режущий
(레쥬쉬이)
(형) ~ инструмент 절삭공구

резаный
(레잔느이)
(형): ~ удар (체육) 깎아치기.

резать
(레자찌)
(미완) ① 베다 ② 수술하다 ③ 들기;
④ 죽이다; 잡다, 도살하다
⑤ 파다, 새기다 ⑥ 몹시 아프다;

резаться
(레자쨔)
(미완) 이가 나오다;

резвиться
(레즈비쨔)
(미완) 뛰놀다, 장난하다

резво (레즈붜)	(부) 기세 좋게 내달리다:
резвый (레즈븨이)	(형) ① 쾌활한, 장난 굿은; ② 빠른, 주력이 강한;
резеда (레제다)	(여) (식물) 목서초
резерв (레제엘프)	(남) ① 예비, 예비력, 예비품; ② (군사) 예비대, 예비군, 예비병;
резервный (레제엘브이)	(형) 예비(豫備), 후비(後備);
резервуар (레제르부알)	(남) 저장기(貯藏器), 탱크; 저장고
резец (레즈예쯔)	(남) ① 쇠칼, 바이트 ② 조각칼 ③ 앞이
резидент (레지젠트)	(남) ① 망책, 간첩두목 ② 거류민 ③ 통감
резиденция (레지젠찌야)	(여) 숙소, 관저, 저택
резина (레지나)	(여) 고무.
резинка (레진까)	(여) 고무지우개, 고무줄
резиновый (레지노브이)	(형) 고무, 수지, 탄성
резкий (레스끼이)	(형) ① 날카로운, 세찬; ② 급격한, 비약적인; ③ 지독한, 너무 센, 강렬한; ④ 신랄한, 맵짠, 날카로운, 난폭한;
резко (레스꼬)	(부) ① 급격히, 비약적으로; ② 심히 현저히; ③ 신랄하게, 날카롭게
резной (레스노이)	(형) ~ые украшения 새겨서 만든 장식
резня (레스냐)	(여) 살육(殺戮), 학살;
резолюция (레솔류찌야)	(여) ① 결정, 결의; ② 결재

- 1190 -

резонанс (레소난쓰)	(남) ① (물리) 껴떨기, 공진; 껴울림, 공명, 반향; ② 반향, 반영
резонатор (레소나똘)	(남) 공명기, 공진기
резонёр (레소뇰)	(남) 설교가, 장황하게 훈시하기를 즐기는 사람
резонёрствовать (레소뇰쓰뜨붜와찌)	(미완) 지루한 훈시를 늘어놓다, 지루하게 논의하다
резонный (레손느이)	(형) 사리에 맞는, 까닭 있는
результат (레줄따트)	(남) ① 결과(結果), 결말(結末); ② 성과, 성적;
результативный (레줄따찌브느이)	(형) 결과(성과)를 가져오는, 결판 짓는
резь (레시)	(여) 쿡쿡 쏘는 아픔;
резьба (레시바)	(여) ① 새김, 조각(彫刻); 조각물;
резюме (레쥬메)	(불편) (중) 요지, 요약; 결론;
резюмировать (레쥬미로와찌)	(미완, 완) 요약하다, 요지를 말하다; 결론을 짓다
рейд¹ (레이ㄷ)	(남) ① (군사) 습격(襲擊), 기습; ② 불의의 검열
рейд² (레이ㄷ)	(남) (해양) 배터; 선창가, 정박장;
рейка (레이까)	(여) ① 올림대, 좁은 널빤지 ② 표척; 수준척; ③ (공학) 라크
рейс (레이쓰)	(남) ① 항로(航路); 주행; 항행(航行); ② 비행기길, 항로(航路), 항공로
рейсовый (레이싸브이)	(형) 정기의, 규칙의
рейсфедер (레이쓰페젤)	(남) 제도 펜
рейсшина	(여) (제도용) T 형자

(레이쓰쉬나)	
рей тузы (레이뚜즈)	(복수) ① (여자와 어린애) 뜨개양말바지 ② 흘래바지, 승마바지
река (레까)	(여) 강; ~ Волга 볼가강
реквием (렉비엠)	(남) (음악) 추도곡, 추도가
реквизировать (레끄비지로와찌)	(미완, 완) 징발(몰수, 징집)하다
реквизит (레끄비지트)	(남) 무대도구, 소도구
реклама (레끌라마)	(여) ① 광고, 선전 ② 공연프로;
рекламировать (레끌라미로와찌)	(미완, 완) ① 광고(선전)하다 ② 지나치게 칭찬하다
рекламный (레끌람느이)	(형) 광고(廣告), 선전(宣傳)
рекогносцировка (레꼬그노쓰삐롭까)	(여) ① (군사) 정찰 ② 예비탐사
рекомендательный (레꼬멘다쩰느이)	(형): ~ое письмо 추천서, 소개장, 소개서
рекомендация (레까멘다찌야)	(여) ① 소개, 추천; ② 추천서, 소개장, 평정서; ② 권고(勸告), 제의(提議);
рекомендовать (레꼬멘도와찌)	(미완, 완) ① 평정하다, 추천하다; ② 권고(제의)하다; ③ 소개하다
рекомендоваться (레꼬멘도와짜)	(미완, 완) 통성하다
реконструировать (레꼰쓰뜨루이로와찌)	(미완, 완) ① 개건(개조)하다; ② (원상으로) 회복(복구)하다
реконструкция (레꼰쓰뜨루끄찌야)	(여) ① 개량(改良) 개조(改造); ② 원상복구
рекорд (레꼴드)	(남) 기록, 최고성적, 최고결과(結果);
рекордный (레꼴드느이)	(형) 기록적인, 최고(最高);

рекордсмен (남), **~ка** (여) (레꼴드쓰멘)	(체육) 기록보유자;
ректор (렉또르)	(남) (종합대학) 총장; (대학) 학장
ректорат (렉또라트)	(남) (대학, 종합대학) 교무, 행정부
реле (렐례)	(불편) (중) (전기) 계전기(繼電器)
релейный (렐례이느이)	(형) (전기) 계전기(繼電器)
религиозный (렐리기오즈느이)	(형) ① 종교, 종교적인; ② 신을 깊이 믿는, 신앙이 좋은
религия (렐리기야)	(여) 종교; христианская ~ 기독교; мусульманская ~ 회교
реликвия (렐리끄비야)	(여) 귀중한 유물; 가보
реликт (렐리끄트)	(남) (고대의 유물로서 남아있는) 유기체, 잔존물
реликтовый (렐리끄또브이)	(형) 보다 오랜 시대의 유물로서 남아있는
рельеф (렐리에프)	(남) ① (지절) 기복, 높낮이; ② 부각
рельефно (렐리에프나)	(부) 두드러지게, 명료하게
рельефный (렐리에프느이)	(형) ① 부각된, 두드러진; ② 명료한, 인상 깊은
рельс (렐리쓰)	(남) 레루, 선로.
рельсы (렐리씌)	(복수) 레루, 선로, 궤도(軌道)
ремень (레멘니)	(남) ① 가죽띠; ② 가죽멜띠 ③ (공학) 피대, 벨트
ремесленник (레메쓸렌늬크)	(남) ① 수공업자; ② 틀에 박힌 사람
ремесленный	(형) ① 수공업(手工業), 수공업적인

(레메쓸렌느이)	② 틀에 박힌, 창의성이 없는
ремесло (레메쓸로)	(중) 수공업, 직업;
ремилитаризация (레밀리따리자찌야)	(여) 재무장
ремонт (레몬트)	(남) 수리(修理), 수선, 보수;
ремонтировать (레몬찌로와찌)	(미완) 수리(수선, 보수)하다
ремонтник (레몬뜨닉)	(남) 수리(선)공
ремонтный (레몬뜨느이)	(형) 수리하는;
ренегат (레네갈)	(남) 변절자, 반역자, 배신자
рента (렌따)	(여) (경제) 지대, 임대료, 임차료;
рентабельность (렌따벨노쓰찌)	(여) 수익성
рентабельный (렌따벨느이)	(형) 수익성이 있는, 이익이 나는; 채산이 맞는
рентген (렌겐)	(남) ① 뢴트겐 광선, 엑스광선 ② 뢴트겐 투시; ③ 뢴트겐
рентгеновский (렌겐옵쓰끼이)	(형) 뢴트겐의, 엑스선의; ~ кабинет 뢴트겐 실; ~ снимок 뢴트겐 사진
рентгенограмма (렌겐노그람마)	(여) 뢴트겐사진
рентгенографический (렌겐노그라피체쓰끼이)	(형) ~ анализ 뢴트겐 촬영에 의한 분석
рентгенография (렌겐노그라피야)	(여) 뢴트겐 촬영, 엑스선 촬영.
рентгенолог (렌겐놀로그)	(남) 뢴트겐 의사(전문가)
рентгеноскопия (렌겐노스꼬삐야)	(여) 뢴트겐투시

рентгенотерапия (렌겐노쩨라**삐**야)	(여) 뢴트겐료법
реорганизация (렌오르겐니**자**찌야)	(여) 개편, 재조직(再組織), 재편성
реорганизовать (레오르간니조**와**찌)	개편하다, 재조직하다, 재편성하다
реостат (레오스**따**트)	(남) (전기) 가감저항기
репа (**레**빠)	(여) (식물) 순무우;
репарация (레빠**라**짜야)	(여) 배상(금), 변상(辨償)
репатриант (남), ~ка (여) (레빠드리안트)	귀국동포
репатриация (레빠드리**아**찌야)	(여) (포로, 이주민, 망명자등의) 본국소환, 귀국
репатриировать (레빠드리로**와**찌)	(미완, 완) (포로, 이주민 등을) 송환하다, 귀국시키다
репатриироваться (레빠드리로**와**짜)	(미완, 완) (포로, 이주민 등이) 본국에 송환되다, 귀국하다
репейник (레**뻬**이니크)	(남) (식물) 우엉, 우방, 가시 털.
репертуар (레뻬르**뚜**알)	(남) ① 상연(연주) 목록; ② (한 사람의) 배역목록
репетировать (레뻬찌로**와**찌)	(미완) ① 시연(연습)하다 ② 학습을 도와주다;
репетитор (레뻬**찌**따르)	(남) (학습을 도와주는) 가정교사
репетиционный (레뻬띠찌온느이)	(형) 연습의; ~ зал 연습실
репетиция (레뻬**찌**찌야)	(여) 시연(試演), 연습, 리허설
реплика (레쁠리까)	(여) 답변(答辯), 대꾸, 지적의 말;
репортаж	(남) ① 현지보도, 보도기사;

(레빠르따즈)	② 실황방송;
репортёр (레빠르쫄)	(남) (현지) 보도기자
репрессивный (레쁘레씨브느이)	(형) 탄압(彈壓), 억압(抑壓);
репрессировать (레쁘레씨로와찌)	탄압하다, 억압하다; 징벌하다
репрессия (레쁘레씨야)	(여) 탄압(彈壓), 징벌(懲罰);
репродуктор (레쁘로둑따르)	(남) 확성기(擴聲器), 고성기(高聲器)
репродукция (레쁘로둑찌야)	(여) ① 복사, 복제(複製), 모사(模寫) ② 복사물, 복세물, 모사물
рептилии (레쁘찌리이)	(복수) (생물) 파충류, 파충강
репутация (레뿌따찌야)	(여) 평, 평판(評判), 명성(名聲)
репчатый (레쁘차뜨이)	(형) 둥근의, 원형의: ~ лук 둥근파, 옥파, 양파
ресница (레쓰니짜)	(여) 속 눈썹, 안 아미(곡미, 각월)
ресбублика (레스부블리까)	(여) ① 공화국; ② 공화제, 공화정체
республиканец (레쓰뿌블리까네쯔)	(남) 공화당원, 공화주의자(共和主義者)
республиканский (레쓰뿌블리깐스끼이)	(형) ① 공화국; (소련서) (가맹) 공화국 ② 공화제;
рессора (레쓰쏘라)	(여) 용수철, 스프링
реставратор (레쓰따브라또르)	(남) (예술작품의) 수복가
реставрация (레쓰따브라찌야)	(여) ① (예술) 수복, 수리; ② (전복된 제도의) 복고(부흥)
репставрировать (레쓰따브리로와찌)	(미완, 완) ① 수복(수리)하다 ② (전복된 제도를) 복고(부흥)시키다

ресторан (레쓰또란)	(남) 식당; 요리점(料理店), 요리집;
ресурсы (레쑤르시)	(복수) 자원(資源); 부원(富源);
ретивый (레찌브이)	(형) 씩씩한, 원기있는
ретироваться (레찌로와쨔)	퇴각하다, 후퇴하다; 사라지다, 가버리다
реторта (레또르따)	(여) (화학) 레토르트(retort), 증류기
ретранслировать (레뜨란쓸리로와찌)	(미완, 완) 중계하다
ретранслироваться (레뜨란쓸리로와쨔)	(미완, 완) 중계되다
ретрансляционный (레뜨란쓸랴찌온느이)	(형) 중계의
ретрансляция (레뜨란쓸랴찌야)	(여) (중계점에서 증폭하는) 중계
ретроград (레뜨로그라드)	(남) 보수주의자, 복고주의자, 반동분자
ретроспективный (레뜨로쓰뻬끄찌브느이)	(형) 회고적인, 지난날(과거)의 것을 서술하는
ретушировать (레뚜쉬로와찌)	(미완, 완) 수정하다, 완성하다
ретушь (레뚜쉬)	(여) (사진) (원판, 인화의) 수정, 완성
реферат (레페라트)	(남) (작품, 논문 등 내용) 개괄적 서술 (보고)
реферативный (레페라찌브느이)	(형) (서적, 논문 등 내용을) 개괄하는, 함축하는, 요약하는;~ журнал 학술통보
референдум (레페렌둠)	(남) 인민(국민) 투표, 일반투표
референт (레페렌트)	(남) 참사, 심사원(審査員)
рефери	(불편) (남) (체육) 심판원(審判員)

(레페린)

реферирование (레페리로와니예)	(중) 개괄적으로 서술하는 것
реферировать (레페리로와찌)	개괄적으로 서술(보고)하다
рефлекс (레플래끄쓰)	(남) (생리) 반사, 반사작용(反射作用); условный ~ (безусловный) ~ 조건(부조건) 반사
рефлектор (레플렉또르)	(남) (천문, 물리) ① 반사기, 반사경; ② 반사망원경
реформа (레포르마)	(여) ① 개혁(改革); ② 개정
реформатор (레포르마또르)	(남) 개혁자(改革者), 개조자
реформизм (레포르미즘)	(남) 개량주의
реформировать (레포르미로와찌)	(미완, 완) 개혁(개조, 개정)하다
реформист (레포르미쓰트)	(남) 개량주의자(改良主義者)
реформистский (레포르미쓰뜨쓰끼이)	(형) 개량주의적인, 개량주의자
рефрактор (레프락또르)	(남) 굴절망원경
рефракция (레프락찌야)	(여) 굴절(屈折), 굴곡
рефрижератор (레프리줴라또르)	(남) ① 냉동기, 냉동장치, 냉각기; ② 냉동차, 냉동선, 냉동화차
рефрижераторный (레프리줴라또르느이)	(형) 냉동의 냉동으로
рецензент (레쩬젠트)	(남) (과학, 음악, 문학작품에 대한) 비평가 논평가
рецензировать (레쩬지로와찌)	(미완) 비평하다, 논평(평론)하다
рецензия	(여) 평(評), 비평, 논평, 서평

(레젠지야)

рецепт　(남) ① 약처방, 처방전;
(레쩨쁘)　② 처방, 만드는 법, 방법서; 해설서

рецидив　(남) ① (의학) 재발; 다시 발생
(레찌지프)　② 반복, 재현, 재생(再生)

рецидивист (남), **~ка** (여) 전과자(前科者), 재범자(再犯者)
(레찌지비쓰트)

речевой　(형) 말, 언어(言語), 발음(發音);
(레체보이)

речитатив　(남) (음악) 레시타티브
(레치따찌프)

речка　(여) 내, 시내, 개울
(레츠까)

речник　(남) 하천운수일군
(레츠닠)

речной　(형) 강(江), 하천(河川);
(레츠노이)

речь　(여) ① 언어행위 ② 말, 언어; устная
(레치)　~ 입말, 구어; письменная ~ 문어;
③ 연설, 강연, 웅변; приветственная
~ 축사, 축하연설; выступить с ~ю,
произнести ~ 연설하다; ④ 이야기,
담화, 대화; завести ~ 이야기하다;
части речи (언어) 품사; прямая ~
직접화법; косвенная ~ 간접화법;
и речи быть не может 말조차할 수
없다, 엄두도 낼 수 없다

решать(ся)　см. решить(ся)
(레샤찌)

решающий　(형) 결정적인, 가장 중요한;
(레샤유쉬이)

решение　(중) ① 결심, 결의; ② 결정, 판결;
(레쉐니예)　③ 해결, 해답; искать(найти) ~
해답을 구하다

решётка　(여) ① 창살, 문살 ② 불판;
(레쇼뜨까)　③ 울, 울짱, 울타리, 우리, 담장;

решето　(중) 채; просеивать через(сквозь) ~

(레쉐따)	채질하다;
решимость (레쉬마쓰찌)	(여) 결심, 결의, 각오, 다짐, 생각;
решительно (레쉬쩰나)	(부) 서슴없이, 결정적으로, 단호히
решительность (레쉬쩰노쓰찌)	(여) 결단성(決斷性), 과감성, 확고부동
решительный (레쉬쩰느이)	(형) ① 단호한, 과감한 ② 결정적인
решить (레쉬찌)	(완) ① 결심(決心)하다; ② 결정하다; ③ 풀다, 해결하다;
решиться (레쉬짜)	(완)① 결심하다; ② 풀리다, 해결되다;
рея (레야)	(여) (해양) 활대
реять (레야찌)	(미완) ① 나부끼다, 펄럭이다; ② 유유히 떠돌다(날다)
ржаветь (르좌볘찌)	(미완) 녹슬다;
ржавчина (르좌브치나)	(여) 녹(綠), 철의(鐵衣);
ржавый (르좌브이)	(형) 녹슨, 녹슬은.
ржаной (르좌노이)	(형) 호밀, 호밀로 만든;
ржать (르좌찌)	(미완) ① (말이) 울다 ② 크게 껄껄 웃다
рикошет (리까쉐트)	(남) ① 반발, 무엇에 맞고(부딪쳐서) 튀어나는 것 ② ~ом (복사로) 맞고, 튀어나서, 간접적으로
рикша (리크샤)	(여) 인력거(人力車), 인력거군
Рим (림)	(남) 로마(Roma)

Рим (Послание к Римлянам, 16장, 188쪽) 로마서

(리브야)	(로마인들에게 보낸 편지)
римский (림쓰끼이)	(형) 로마의; ~ие цифры 로마숫자;
ринг (린그)	(남) (체육) 링, 권투장, 권투경기장
ринуться (리누짜)	(완) 돌진하다, 돌입하다
рис (리쓰)	(남) ① 벼, 나록, 답곡; ② 입쌀, 백미; 흰쌀, очищенный ~ 흰쌀, 백미; неочищенный ~ 현미, 매조미쌀; суходольный ~ 밭벼, 산도, 육도; ③ 밥, 끼니, 식사; варить ~ 밥을 짓다
риск (리쓰크)	(남) 모험, 위험(危險): 위급(危急);
риска (리쓰까)	(여) 금자리, 새긴 자리, 표기선
рискнуть (리쓰크누찌)	(완)(+ 미정형) (되건 안되건) ~해보다;
рискованный (리쓰까완느이)	(형) 모험적인, 위태로운, 위험한
рисковать (리쓰꼬와찌)	(미완) ① 모험하다 ② 돌보지 않다, 무릅쓰다;
рисование (리쏘와니예)	(중) 그림그리기, 도화(圖畵)
рисовать (리쏘와찌)	(미완) ① (그림을) 그리다; ② (글로) 묘사하다, 그리다
рисоваться (리쏘와쨔)	(미완) ① 보이다, 나타나다; ② 멋을 피우다, 태를 부리다, 환심을 사려고 꾸미다
рисовод (리쏘볻)	(남) 벼재배자, 벼농사전문가, 벼농사군, 벼농사하는 사람
рисоводство (리쏘볻쓰뜨붜)	(중) 벼 재배, 벼농사;
рисоводческий (리쏘붣드체쓰끼이)	(형) 벼농사를 짓는
рисовый	(형) 벼; 입쌀; ~ ое поле 논;

(리쏘브이)

рисунок (리쑤노크) — (남) ① 그림, 회화, 회도; ② 무늬, 문양; ③ 모습, 윤곽, 외형

ритмический (리뜨미체쓰끼이) — (형) 율동(律動), 율동적인;

ритмично (리뜨미츠나) — (부) ① 규칙적으로; ② 율동적으로

ритмичность (리뜨미츠노쓰찌) — (여) ① 규칙성; ② 율동성(律動性)

ритмичный (리뜨미츠느이) — (형) ① 규칙적인; ② 율동적인

ритуал (리뚜알) — (남) 예식(禮式), 식전(式典)

риф (리프) — (남) 암초; коралловые ~ы 산호초

рифовый (리포브이) — (형) ~ое отложение 초상쌓임물

рифма (리프마) — (여) 운(運), 운자

рифмованный (리프모완느이) — (형) 운을 단, 운을 맞춘

рифмовать (리프모와찌) — (미완) 운을 달다(맞추다)

робеть (라베찌) — (미완) 겁내다, 떨다

робкий (로브끼이) — (형) 겁많은, 소심한

робко (로브꼬) — (부) 소심하게, 겁나하면서

робость (로보쓰찌) — (여) 소심성, 겁

робот (로봍) — (남) 로봇

роботизация (라보찌자찌야) — (여) 로봇화

робототехника (라보또쩨흐니까)	(여) 로봇기술
ров (로브)	(남) 도랑, 참호(塹壕);
ровесник (남), ~ца (여) (라베스니크)	동갑, 동년생, 동년배
ровно (로브나)	① (부) 평평하게, 반반하게; 고르게, 가지런히; ② (조) 바로, 꼭, 정확히; ③ (조) 전혀;
ровный (로브느이)	(형)① 평탄한, 평평한, 반반한; 매끈한; ② 고르게, 조용한, 고요한; ~ый пульс 고르게 맥박
ровня (로브냐)	(남, 여) 동등한 사람;
ровнять (라브냐찌)	(미완) 평탄하게, 평평하게 하다; 고르게 하다.
рог (로그)	(남) ① 뿔 ② 뿔피리
рогатка (라가뜨까)	(여) ① 고무총 ② 장애물
рогатый (라가뜨이)	(형) 뿔이 있는;
роговица (라고비짜)	(여) (해부) 각막(角膜), 안막(眼膜);
рогожа (라고좌)	(여) 거적, 멍석, 거적자리, 멍석짝
род (롣)	(남) ① 씨족 ② 가문, 일가; 세대, 대; ③ 출신 ④ 종류, 형, 류(類); ⑤ (생물) 속 ⑥ (언어) 성(性);
родильница (라질니짜)	(여) 산부, 산모 *см.* роженица
родильный (라질느이)	(형) 산모(産母): ~ дом 조산원
родимый (라지므이)	(형)~ое пятно 타고난 기미, 잔재, 유물
родина	(여) ① 조국(祖國) ② 고향(故郷)

Pp

(로지나)

родинка (로진까)	(여) (타고난) 기미.
родители (라지쩰리)	(복수) 부모(父母)
родительный (라지쩰느이)	: ~ падеж (언어) 생격
родительский (라지쩰쓰끼이)	(형) 부모의, 어버이, 양친의
родить (라지찌)	(미완, 완) ① 낳다 ② 일으키다 ③ 수확을 내다;
родиться (라지짜)	(미완, 완) ① 태어나다, 출생하다, 탄생하다; ② 나타나다, 생기다; ③(곡식이) 자라다, 익다, 열매를 맺다
родник (라드니크)	(남) ① 샘 ② 원천, 출발점(發點)
родниковый (라드니꼬브이)	(형) 샘, 샘물; ~ая вода 샘물
родной (라드노이)	(형) ① 친, 육친; ② 고향, 자기가 태어난; ③ 조국, 모국; ④ 친근한, 정든
родные (로드느예)	(복수) 친척들, 한혈육
родня (라드냐)	(여) 친척(들)
родовой (라도보이)	(형) ① 씨족; ② 가문, ③ 류(類);
рододендрон (로도젠드론)	(남) 진달래, 두견화, 진달래꽃
родоначальник (라도나찰니크)	(남) ① 선조, 조상, ② 창시자, 창건자
родословная (라도쓸로브나야)	(여) 계보, 족보(族譜)
родственник (로드쓰뜨벤니크) ;	(남) 친척(親戚), 친족
родственный (로드쓰뜨벤느이)	(형) ① 친족, 종족(種族), 동족(同族); ② 유사한 연계가 가까운

- 1204 -

родство (라드쓰뜨보)	(중) ① 친족관계 ② 동족성, 친족성, 친근성
роды (로듸)	(복수) 해산, 분만, 출산, 해복, 해만, преждевременные ~ 조산
рожа (로좌)	(여) ① 낯바닥, 상판때기; 추한얼굴 ② (의학) 단독(丹毒)
рожать (라좌찌)	*см.* родить
рождаемость (라좌다예모쓰찌)	(여) 출생률(出生率)
рождать(ся) (라좌다찌)	*см.* родить(ся)
рождение (라쮀니예)	(중) ① 출생, 탄생; ② 발생, 산생
рождество (라쮀쓰뜨붸)	(중) 크리스마스, 성탄제;
роженица (라쮀니짜)	(여) 산모(産母), 산부, 아이어미
рожок (라조크)	(남) ① 작은 뿔 ② 뿔피리 ③ (젖꼭지가 달린) 젖병 ④ 구두술
рожь (로쥐)	(여) 호밀, 호맥(胡麥), 라이(rye)보리
роза (로자)	(여) 장미(꽃)
розарий (라자리이)	(남) 장미꽃밭
розги (로즈기)	(복수) 매질, 채찍질
розетка (라졔뜨까)	(여) (전기) 로제트, 접속구
розница (로즈니짜)	(여) 소매(小賣), 산매(散賣), 소매상품
розничный (로즈니츠느이)	(형) 소매(小賣), 산매(散賣);
рознь	(여) ① 반목, 불화(不和), 적의

(로즈니)	② (술어) 다르다, 차이나다, 구별되다; человек человеку ~ 각인각색
розовый (로조브이)	(형) ① 장미꽃; ② 장미색, 분홍빛;
розыгрыш (로즈그릐쉬)	(남) ① 경기, 시합; ② 추첨, 제비
розыск (로즤쓰크)	(남) 수사(搜査), 탐색, 수색(搜索);
роиться (로이쨔)	(미완) ① (벌 따위가) 떼를 짓다, 떼를 지어 날다 ② 많은 것이 연속 몰키다
рой (로이)	(남) ① (벌, 모기 등의) 떼, 무리; ② ~ воспо-минаний 구름 피듯 떠오르는 회상
рок (로크)	(남) 운명, 숙명 (주로 불행한); злой ~ 비운
роковой (라까보이)	(형) ① 숙명적인, 불운한, 피할 수 없는 ② 운명을 결정하는 ③ 파멸적인, 치명적인
ролик (롤리크)	(남) ① 로라, 소원통형의 기계부분품 ② (가구의 발에 다는) 도르래, 굴개 ③ (전기) 애자
роликовый (롤리꼬브이)	(형) ~ые коньки 로라 스케이트; ~ый подшипник 로라 베어링
роль (롤리)	(여) ① 역할; ② 구실, 임무; ③ 역, 배역; ④ (한 등장인물이 맡은) 대사
ром (롬)	(남) 럼주(rum酒), 럼
роман (라만)	(남) ① 장편소설; ② 사랑관계, 로맨스 (romance), 연가(戀歌)
романист (라마니쓰트)	(남) 장편소설가
романс (라만쓰)	(남) (음악) 로맨스(romance)
романский (라만쓰끼이)	(형) ① 고대 로마문화를 기초로 하는; ② 로마(문화)
романтизм	(남) 낭만주의(浪漫主義)

(라만찌즘)

романтик (라만찍)	(남) ① 공상가(空想家), 낭만적인 사람 ② 낭만주의자
романтика (라만찌까)	(여) 낭만(주의), 감상(주의)
романтический (라만찌체스끼이)	(형) 낭만, 낭만적인, 감상, 감상적인; ③ 낭만주의, 감상주의
романтичность (라만찌츠노쓰찌)	(여) 낭만성(浪漫性), 로맨틱
романтичный (라만찌츠느이)	(형) 낭만적인, 감상적인, 로맨틱한
ромашка (라마쉬까)	(여) ① (식물) 사슴국화 ② 사슴국화 (꽃을 말린) 가루 (약으로 씀)
ромб (롬)	(남) 능형, 마름모(꼴, 형).
ронять (라냐찌)	(미완) ① 떨어뜨리다 ② (잎, 머리칼을) 떨구다, 잃다
ропот (로뽀트)	(남) 불평(不評), 투덜거림
роптать (라쁘따찌)	(미완) 불평을 말하다, 투덜거리다
роса (라싸)	(여) 이슬, 이슬방울, 노주, 노옥, 감로, косить по ~е 이슬이 마르기전 베다
росинка (라씬까)	(여) 이슬방울, 노주, 노옥, 감로, 영액 маковой ~и во рту не было 아직 아무것도 못 먹었다
росистый (라씨쓰뜨이)	(형) 이슬진, 이슬 맞은; 이슬이 많이 내리는
роскошно (라쓰꼬쉬나)	(부) ① 호화롭게, 사치스럽게, 화려하게 ② 아주 훌륭하게
роскошный (라쓰꼬쉬느이)	(형) ① 호화로운, 사치스러운, 화려한 ② 아주 훌륭한, 굉장한
роскошь (로쓰꼬쉬)	(여) ① 호화, 사치(奢侈), 화려(華麗) ② 사치품(奢侈品)
рослый (로쓸르이)	(형) 키가 큰, 장대한, 성장한

(로쓸릐이)

роспись (여) ① 채색, 색칠; ② 벽화(壁畵)
(로쓰삐시)

роспуск (남) 해산(解散), 해체(解體)
(로쓰뿌쓰크)

россий ский (형) 러시아의.
(라씨이쓰끼이)

Россия (여) 러시아, 아라사, 노서아, 노국;
(라씨야) Россий ская Советская Федеративная Социалистическая Республика, РСФСР 러시아 소비에트 사회주의연방공화국, 소련(蘇聯)

россказни (복수) 거짓말, 헛소리, 날조
(로쓰까즈니)

россыпь (여) ① 흩어져(널려)있는 것;
(로씌삐) ② (흔히 복수) (지질) 모래 광석밭; золотые ~и 사금층(砂金層)

рост (남) ① 성장; 발육; ② 장성, 발전;
(로쓰트) 증가, 증대; ③ 키, 신장; ④ 이자(利子)

ростовщик (남) 고리대금업자
(라쓰따브쉬크)

ростовщический (형) 고리대금, 고리대금업자
(라쓰또브쉬체쓰끼이)

ростовщичество (중) 고리대금업(高利貸金業), 변놀이
(라쓰또브쉬체쓰뜨붜)

росток (남) ① 쌀 눈, 맹아; ② 접목, 접지
(로쓰또크)

рот (남) 입, 입아귀, 구각, 구문; (동물의)
(로트) 주둥이, 아가리, 부리; 식수(食數);

рота (여) 중대; командир ~ы 중대장
(로따)

ротапринт (남) 소형 옵셋 인쇄기
(라따쁘린트)

ротатор (남) 회전식등사기
(라따따르)

ротационный (형) 인쇄기의: ~ая машина 윤전기

(라따찌온느이)

ротный
(로뜨느이)
(형) 중대의

ротозей
(라따제이)
(남) ① 멍청이 ② 한가한 구경군

ротозей ничать
(라또제이니차찌)
(미완) 산만하게 굴다, 멍청해 있다

ротозей ство
(라또제이쓰뜨붜)
(중) 산만한 것, 멍청한 것

ротор
(로똘)
(남) 돌개; 회전기(回轉機), 원통

рохля
(로흘랴)
(남, 여) 둔한(맥빠진) 사람, 멍청이

роща
(로샤)
(여) 숲, 수림(樹林)

рояль
(라얄리)
(남) 그랜드 피아노

РСССР
(레쎄쎄쎄르)
см. Россия

ртутный
(르뚜뜨느이)
(형) 수은의

ртуть
(르뚜찌)
(여) 수은(水銀: [80번:Hg :200.6])

Руанда
(루안다)
(여) 르완다(Rwanda)

рубанок
(루바노크)
(남) 대패

рубаха, рубашка
(루바하) (루바쉬까)
(여) 적삼, 셔츠, 루바슈까

рубеж
(루베즈)
(남)① 경계, 국경;② 경계선, 출발진지; оборонительный ~ 방어선

рубероид
(루베로이드)
(남) (건축) 루베로이드(방습, 내화건재의 일종)

рубец
(루베쯔)
(남) ① 상처자리, 허물, 흠집; ② 솔기

рубильник (루빌니크)	(남) (전기) 칼날개폐기, 스위치;
рубин (루빈)	(남) 홍보석, 홍옥(紅玉), 루비
рубиновый (루비노브이)	(형) ① 홍보석 ② 선홍색
рубить (루비찌)	(미완) ① 베다, 찍다, 패다; ② 썰다; ~ капусту 양배추를 썰다 ③ (나무집을) 짓다, 세우다
рубище (루비쉐)	(중) 누데기 옷, 헌옷
рубка¹ (루브까)	(여) (해양) 갑판실, 조종실, 사령실
рубка² (루브까)	(여) ① 베는 것, 찍는 것, 패는 것; ② 써는 것
рублёвый (루블료브이)	(형) 한 루블짜리
рубленый (루블레느이)	(형) ① 잘게 다진(썬); ② 통나무로 지은; ~ый дом 통나무로 지은 집, 귀틀집
рубль (루블)	(남) 루블(rouble, 러 rubl'; 러시아의 화폐 단위; 1루블은 100코페이카)
рубрика (루브리까)	(여)① (신문, 잡지 등에서의) 표제, 제목; ② 단락, 란, 항, 절(節)
ругань (루간)	(여) 욕설, 욕, 꾸중
ругательство (루가쩰쓰뜨붜)	(중) 상말, 상소리, 쌍소리, 쌍말, 속어, 비언, 비어(鄙語), 구리지언(丘里之言),
ругать (루가찌)	(미완) 꾸짖다, 나무라다, 책망하다
ругаться (루가쨔)	(미완) ① 욕설(욕지거리)하다, 욕설을 퍼붓다 ② 서로 욕질하다
руда (루다)	(여) 쇠돌, 광석(鑛石); железная ~ 철광석(鐵鑛石)
рудник (루드니크)	(남) 광산(鑛山)

- 1210 -

рудничный (루드니츠느이)	(형) 광산의
рудный (루드느이)	(형) 광석의; ~ый слой 광층
рудовоз (루다보즈)	(남) 광석운반선
рудокоп (루다꼬쁘)	(남) 광부(鑛夫), 광산노동자
рудоподъёмник (루다쁘드욤니크)	(남) 광석승강기
ружейный (루줴이느이)	(형) 보총, 소총; ~ выстрел 총소리, 보총사격
ружьё (루줴요)	(중) 총(銃), 보총(步銃);
руины (루이늬)	(복수) 폐허(廢墟)
рука (루까)	(여) 손, 팔, 수(手), 손모가지; левая (правая) ~а 왼(오른) 손; механическая ~а 기계손; идти ~а об ~у с кем. ...와 손에, 손을 맞잡고 나아가다; идти под ~у с кем ...와 팔을 끼고 가다; ~ой подать 엎어지면 코닿을데; руки прочь! 손을 떼라!; руки вверх! 손들 엇! получить на ~и (직접)받다; сбыть с рук 벗어나다
рукав (루까프)	(남) ① (옷) 소매 ② 지류 ③ 호스, 분출관, 바람관; спустя ~а 되는대로
рукавица (루까비짜)	(여) 벙어리장갑
руководитель (루꼬붜지젤)	(남) ① 지도자, 영도자, ② 책임자(責任者);
руководить (루꼬붜지찌)	① 지도하다, 영도하다; ② 지휘하다, 관리하다
руководство (루꼬본쓰뜨붜)	(중) ① 지도, 영도; ② 지휘, 관리; ③ 지도서, 안내서, 참고서; ④ (집합) 지도자들, 간부들, 책임자들; 지도부
руководствоваться	(미완) чем ~을 지침으로 삼다 ~에

(루까봍쓰뜨뷔와쨔)	의거하여 행동하다 ~를 따르다
руководящий (루까뷔쟈쉬이)	(형) ① 지도(영도)적인; ② 가르쳐주는
рукоделие (루까젤리예)	(중)① 손일(주로 여성들의 바느질, 뜨개질등), 수예질; ② 수예품, 수공품
рукодельница (루까젤니짜)	(여) 수예가, 수공예, 수공예의 명수
рукодельничать (루까젤니차찌)	(미완) 수공예를 하다, 수작업을 하다
рукокрылые (루까끄륄리예)	(복수) (동물) 박쥐목
рукомойник (루까모이니크)	(남) 세면기, 세면대(洗面臺)
рукопашная (루까빠쉬나야)	(여) 육박전(肉薄戰), 싸움질
рукопашный (루까빠쉬느이)	(형); ~ бой 육박전(肉薄戰)
рукописный (루까삐쓰느이)	(형) ① 손으로 쓴, 베낀; ② 초고, 사본
рукопись (루까삐시)	(여) ① 원본(原本), 수사본, 수고; ② 원고(原告), 초고
рукопожатие (루까뽀좌찌예)	(중) 악수(握手);
рукотворный (루까뜨보르느이)	(형) 사람이 만든, 인공으로
рукоятка (루까야드까)	(여) 손잡이, 자루
рулевой (룰레보이)	(형) ① 키의, 조타의; ② (명사로) 키잡이, 조타수; 방향타
рулетка (룰레뜨까)	(여) 줄자, 띠자, 타래자
рулить (룰리찌)	(미완) ① 키를 잡다(다루다, 돌리다); ② (항공) (지상에서) 활주하다
рулон (룰론)	(남) 덩어리, 퉁구리, 두루마리;

- 1212 -

руль (룰)	(남) (배, 비행기, 자동차의) 키, 타, 핸들, 조종간, 손잡이, 방향타(方向舵);
румб (룸브)	(남) ① (천문) 나침반방위, 나침반 주위의 방위를 가리키는 32점의 하나 (두 점 사이의 각도는 11°15′) ② (측량) 상한각
Румыния (루므니야)	(여) 루마니아(Rumania)
румынский (루믄쓰끼이)	(형) 루마니아의(Rumania)
румыны (복수), румын (남), ~ка (여) 루마니아사람(들) (루므늬)	
румяна (루먀나)	(복수) 연지(臙脂)
румянец (루먀네쯔)	(남) 홍조(紅潮), 홍안(紅顏), 붉은 빛
румяниться (루먀니쨔)	(미완) ① 연지를 찍다; ② 홍조가 떠오르다; ③ 노르무레하게 익다
румяный (루먀느이)	(형) 홍조를 띤, 붉은
руно (루나)	(중) 양털, 양의 털. 양모. 울(wool).
рупор (루뽀르)	(남) ① 송화관, 전성관, 고깔나팔관; ② 전자파, 대변인
русак (루싸크)	(남) 회색토끼
русалка (루쌀르까)	(여) 인어(人魚)
русло (루쓸로)	(중) ① 강바닥, 하상, 물길, 강줄기; ② 방향, 방침, 노선
русоволосый (루싸볠로쓰이)	(형) 아마빛 머리칼
русская (루쓰까야)	(여) ① 러시아사람 (여자) ② 러시아춤;
русские (복수) ~ий (남), ~ая (여)) 러시아사람(들) (루쓰끼예)	

Pp

- 1213 -

ру́сский (루쓰끼이)	① (형) 러시아의, 아라사의, 노서아의, 노국의; ② (명사로) 러시아사람
ру́сый (루씌이)	(형) 아마 빛, 연한 갈색, 누르스름한
рути́на (루찌나)	(여) 낡은풍습, 케케묵은 틀, 침체, 보수
рутинёр (루찌뇨르)	(남) 고루한 사람, 보수적인 사람
Руфь (Кни́га Руфь 5장, 258 쪽) (루피)	룻기
ру́хлядь (루흘랴지)	(여) (집합) (낡아서 못쓰게 된) 헌세간, 넝마
ру́хнуть (루흐누찌)	(완) ① 허물어지다, 와르르 무너지다 ② 붕괴(파탄, 와해)되다
руча́тельство (루차쩰쓰뜨붜)	(중) 보증(保證), 담보(擔保)
руча́ться (루차짜)	(미완) 보증하다, 담보하다, 책임지다;
руче́й (루체이)	(남) 내, 시내, 개천, 개울, 개골창;흐름;
ру́чка (루츠까)	(여) ① 펜대, 철필대 ② 손잡이, 자루
ручно́й (루츠노이)	(형) ① 손의, 팔의, 수(手); ② 손으로 하는(움직이는), 수동; ③ 손으로 만든(지은), 수공; 휴대용
руши́ть (루쉬찌)	① 무너뜨리다, 허물다 ② 빻다, 바수다
руши́ться (루쉬쨔)	① 허물어지다 ② 파탄(좌절, 소멸)되다
ры́ба (릐바)	(여) ① 물고기, 수사화(水梭花), 고기; морска́я ~ 바다물고기; пресново́дная ~ 민물고기;② 생선(고기); 물고기요리
рыба́к (릐바크)	(남) 어부(漁夫), 고기잡이
рыба́лка (릐발르까)	(여) ① 고기잡이, 어로(漁撈); ② 고기잡이터

- 1214 -

рыбацкий (리바쯔끼이)	(형) 어로(漁撈), 고기잡이군;
рыбачий (리바치이)	(형) 고기잡이군 어부;
рыбачить (리바치찌)	(미완) 고기잡이하다, 어업에 종사하다
рыбачка (리바츠까)	(여) ① 고기잡이군, 어부(여자) ② 어부의 처
рыбёшка (리뵤쉬까)	(여) 잔물고기, 고기새끼
рыбий (리비이)	(형) 물고기; ~ий жир 간유, 물고기 기름
рыбка (릐브까)	(여) золотая ~ 금붕어
рыбник (릐브니크)	(남) 어업전문가, 어로일꾼
рыбный (릐브느이)	(형) ① 물고기의; ② 물고기로 만든;
рыбовод (리바보드)	(남) 양어전문가, 양어사
рыбоводство (리바보쯔뜨뵤)	(중) 양어(養魚)
рыбоводческий (리바볻체쯔끼이)	(형) 양어업
рыбокомбинат (리바꼼비나트)	(남) 물고기가공공장
рыбоконсервный (리바꼰쎄르브느이)	(형) 물고기통조림
рыболов (리발로프)	(남) 낚시질 꾼, 고기잡이 꾼
рыболовецкий (리발로볘쯔끼이)	(형) 고기잡이를 업으로 하는, 어부;
рыболовный (리발로브느이)	(형) 고기잡이, 어업(漁業);
рыболовство	(중) 고기잡이, 어로(漁撈), 어업(漁業)

(리발로브쓰뜨븨)

рыбоохрана (리바오흐라나)	(여) 어류보호(魚類保護)
рыбопитомник (리바삐똠니크)	(남) 양어장
рыбоподъёмник (리바뽀드욤니크)	(남) (인공으로 설치한) 물고기의 통로
рыбоприёмный (리바쁘리욤느이)	(형) 잡은 물고기를 넘겨받는
рыбопродукты (리바쁘로두크띄)	(복수) 수산물, 물고기 제품, 식료품
рыбопромысловый (리바쁘로믜쏠로브이)	(형) 수산의, 어업의
рыбопромышленый (리바쁘로믜쉴렌느이)	(형) 수산, 어업;
рыбоход (리바호드)	(남) 물고기의 통로
рыбопромхоз (리바쁘롬호즈)	(남) 수산사업소
рывок (릐보크)	(남) ① 급격한(발작적인) 동작 ② (체육) 끌어올리기
рыдание (릐다니예)	(중) 통곡, 호곡, 대곡, 방곡, 호읍
рыдать (릐다찌)	(미완) 흐느껴 울다, 목메어 울다, 통곡하다
рыжий (릐쥐이)	(형) 주홍색, 주홍색머리칼(털)
рыло (릴라)	(중) ① (짐승의) 주둥이; ② (사람의) 상판, 낯바닥
рынок (릐노크)	(남) 시장(市場), 장마당;
рыночный (릐노츠느이)	(형) 시장(市場), 저자, 장시(場市);
рысак (릐싸크)	(남) 잘 달리는 말, 준마(駿馬)

— 1216 —

рыскать (리쓰까찌)	(무엇을 찾으려고) 뛰어 돌아다니다, 헤매다, 싸다니다;
рысь¹ (리시)	(여) 스라소니, 만연(蔓延), 추만(貙獌), 토표(土豹)
рысь² (리시)	(여) 속보(速步), 구보(驅步)
рысью (리시유)	(부) ① 속보로, 구보로; ② 빨리, 줄달음쳐서;
рытвина (리뜨비나)	(여) (길바닥의) 수레바퀴에 패인 자리, 비에 씻긴 움푹한 곳
рыть (리찌)	(미완) 파다, 파헤치다, 파내다
рыться (리쨔)	(미완) в чём ~을 파헤치다, (샅샅이) 뒤지다, 뒤져내다
рыхлитель (리흘리쩰)	(남) 중경기
рыхлить (리흘리찌)	(미완) (흙을) 보드랍게 하다
рыхлый (리흘르이)	(형) ① 부드러운, 푸른, 푸실푸실한; ② 시들부들한, 물렁물렁한, 무기력한
рыцарь (리빠찌)	(남) ① 중세기의 기산, 무사 ② 헌신적인(무사다운) 사람
рычаг (리차그)	(남) 지렛대, 공간
рычание (리차니예)	(중) 으르렁거리는 소리, 울부짖음
рычать (리차찌)	(미완) ①(짐승) 으르렁거리다, 울부짖다; ② 으르다, 두덜거리다
рьяно (리야나)	(부) 열심히, 열중하여, 맹렬히
рьяный (리야느이)	(형) 열중하는, 매우 열성적인, 열렬한
рюкзак (류끄자크)	(남) 배낭, 바랑, 배랑, 룩색, 룩작(Ruck sack)
рюмка, рюмочка	(여) (발이 달린) 유리술잔

(쁌까) (류모츠까)

рябина (리비나)	(여) ① 마가목, 석남등(石南藤); ② 마가목열매
рябить (래비찌)	(미완) (무인칭) (눈앞이) 아물(얼른, 가물)거리다
рябой (래보이)	(형) ① 얽은; ② 얼룩진, 얼룩얼룩한
рябчик (럅브치크)	(남) 들꿩(들꿩과의 새)
рябь (럅비)	(여) ① 잔물결, 세파, 윤의; ② 아물(가물)거리는 것
ряд (럐드)	(남) ① 줄, 행, 대; ②(복수)대열, 행렬 대오; ③ 계열(系列), 일련(一連);
рядиться (래지쨔)	① 단정하다, 차려입다 ② 변장하다, 가장하다
рядовой (래도보이)	(형) ① 평범한, 보통; 지휘간부가 아닌; ② (명) (남) 평범한 사람, 보통인
рядом (랴돔)	(부) ① 나란히, 옆에; сесть ~ 나란히 앉다; ② 근처에, 이웃에; 아주 가까이
ряженка (랴쩬까)	(여) 굳힌, 신우유.
ряса (랴싸)	(여) (승려가 입는) 가사, 법의; 무구의 탁의, 인욕개, 해탈당상(解脫幢相)
ряска (랴쓰까)	(여) (식물) 개구리밥

Cc

с(со)¹ (에쓰)	(전)(+ 생) ~에서, ~부터, ~로 부터: с утра 아침부터;~때문에,~로 인하여; с радости 기뻐서;со стыда 부끄러워서
с(со)² (에쓰)	(+ 대)약, 거의; с неделю 약 한주일간
с(со)³ (에쓰)	(+ 조) ~와,~와 함께; идти с братом 동생과 함께 가다; ~으로, ~로써; ~러, ~려고;
сабля (싸브랴)	(여) 군도(軍刀), 장검(長劍);
саботаж (싸보따쥐)	(남) 태만, 태업(怠業), 태공(太空);
саботажник (싸보따즈니크)	(남) 태만자, 태공분자, 게으른자
саботировать (싸보찌로와찌)	(미완, 완) 태업(태공)하다
саванна (싸반나)	(여) 사바나(savanna), 열대지방의 비가 적은 대초원
сад (싸드)	(남) ① 과수원, 과원; ② 정원, 뜰; ③ 공원, 꽃동산;
садизм (싸지즘)	(남) 잔인한 짓을 즐기는 것
садист (남), ~ка (여) 잔인무모한 짓을 즐기는 사람 (싸지쓰트)	
садить (싸지찌)	(미완) см. сажать
садиться (싸지쨔)	(미완) ① 앉다, 걸터앉다; ② 타다; ③ 시작하다; ④ (해가, 달이) 지다; ⑤ 내려앉다, 착륙하다
садовник	(남) 원예사

- 1219 -

(싸도브니크)

садовод (싸도볻)	(남) 원예가, 원학자
садоводство (싸도볻쓰뜨붜)	(중) ① 원예(園藝); ② 원예학(園藝學).
садовый (싸도브이)	(형) ① 정원의, 정원용의; ② 정원에서 자라는 ③ 원예의;
садок (싸도크)	(남) ① 채그물; ② 양어 못; ③ 우리
сажа (싸좌)	(여) 검댕, 철매, 그을음
сажать (싸좌찌)	(미완) ① 심다 ② 앉히다. 앉게 하다, 자리를 권하다 ③ 태우다 ④ 착륙시키다
саженец (싸줴네쯔)	(남) 나무모, 묘목(苗木)
сазан (싸쟌)	(남) 잉어(-魚: carp), 이어(鯉魚)
сай ра (싸이라)	(여) 꽁치; 추광어, 추도어(秋刀魚)
саквояж (싸크뷔야쮀)	(남) 여행용 손가방(들가방)
саксофон (싹싸폰)	(남) 색소폰(saxophone)
салазки (쌀라즈끼)	(복수) 썰매, 미끄럼대
саламандра (쌀라만드라)	(여) 도룡이, 도롱농, 사의(蓑衣), 녹사의(綠蓑衣)
салат (쌀라트)	(남) ① (식물) 상추, 부루; ② 샐러드(요리), 생채
сало (쌀라)	(중) ① 비계기름, 지방; 굳기름, 기름, 지유, 지방유, 지고; ② 비게(소금에 절인)
салон (쌀론)	(남) ① 객실, 응접실, 사교실; ② (버스, 전차 등의) 객석; ③ 이발실, 이발관; ④ 미술전람회관
салфетка	(여) ① 상수건 ② 조그마한 상보, 상건

- 1220 -

(쌀폐뜨까)

сальдо
(쌀도)
(중) (불변) 남은 돈(액), 차액(借額), 잔고 (殘高)

сальный
(쌀리느이)
(형) ① 기름이 묻어서 더러워진
② 음탕한

сальто
(쌀따)
(중) (불변) 공중회전(空中回轉)

салют
(쌀류트)
(남) ① 예포, 축포; ② (군사) 경례(예포, 축포, 기발게양 등으로 표시하는);
③: ~! 인사를 받으라!

салютовать
(쌀류또와찌)
(미완, 완) ① 예포를 쏘다, 축포를 쏘다;
② 경례하다

сам (남) ~a (여), ~и (복수)
(쌈)
(규정대) ① 자기, 자신, 자체, 친히;
② 자기자신이, 저절로, 스스로, 자기혼자;
③ (명사로) (남) 주인, 마님;

самец
(싸몌쯔)
(남) 수컷, 수놈, 웅성(雄性), 남성(男性)

самка
(쌈까)
(여) 암컷, 암놈

самобытный
(싸모븨뜨이)
(형) 독창적인, 독특한;

самовар
(싸모와르)
(남) 싸모와르;

самовлюблённый
(싸모블류블룐느이)
(형) 자고대하는, 자기 만족하는

самовнушение
(싸모브누쉐니예)
(중) 스스로 자기를 부추기는 것

самовольничать
(싸모볼니차찌)
(미완) 제멋대로 놀다, 방종하다, 전횡하다

самовольный
(싸모볼느이)
(형) ① 제멋대로 구는, 방종한, 전횡하는
② 자의적인, 승낙이 없이 하는

самовоспитание
(싸모붜쓰삐따니예)
(중) 자체 수양

самовоспламенение
(싸모붜쓰쁘라몌녜니예)
(중) 자연발화, 자연연소(自然燃燒)

самовосхваление (싸모붜쓰왈레니예)	(중) 자찬
самогон (싸모곤)	(남) 가양 주, 곡주(穀酒), 밀주.
самогоноварение (싸모고노와레니예)	(중) 밀주 담는 것;
самогонщик (남), ~ца (여) (싸모곤쉬크)	밀주 담는 사람, 밀주장사
самодвижущий ся (싸모드비주쉬이쌰)	(형) 자동의
самоделка (싸모젤까)	(여) 개인으로 만든 물건, 수공품(手工品)
самодельный (싸모젤느이)	(형) 자기 집에서 만든
самодержавие (싸마제르좌비예)	(중) 전제제도, 전제정치(專制政治)
самодеятельность (싸모제야쩰노쓰찌)	(여) ① 창의, 발기; ② 예술소조
самодисциплина (싸모지쓰찌쁠리나)	(여) 자율(自律), 자제(自制)
самодовольно (싸모도볼리나)	(부) 자만자족하여, 자만하여, 스스로 만족하여
самодовольный (싸모도볼리느이)	(형) 자만자족하는, 자기만족하는
самодовольство (싸모도볼리쓰뜨붜)	(중) 자기만족(自己滿足), 자만심(自慢心)
самодур (싸모두르)	(남) 무지막지한 폭군, 전횡자, 독재자
самодурство (싸모두르쓰뜨붜)	(중) 무지막지한 폭군행세, 전횡, 방종
самозащита (싸모자쉬따)	(여) 자기방위, 자위(自衛)
самозванец (싸모즈바네쯔)	(남) 자침자
самокат	(남) 롤러자전거

(싸모까뜨)

самокритика (싸모끄리찌까)	(여) 자기비판
самокритично (싸모끄리찌츠나)	(부) 자기 비판적으로
самокритичный (싸모끄리찌츠느이)	(형) 자기비판적인
самолёт (싸몰료트, 사말룔)	(남) 비행기, 날틀, 붕익(棚翼), 은익(銀翼), 에어플레인(airplane)
самолюбивый (싸몰류비브이)	(형) 자부심이 강한, 자존심이센
самолюбие (싸몰류비예)	(중) 자부심(自負心), 자존심(自尊心)
самомнение (싸모므네니예)	(중) 자고자대, 자만, 자부
самонадеянность (싸모나제얀노쓰찌)	(여) 자기과신; 자만
самонадеянный (싸모나제얀느이)	(형) 자신을 지나치게 믿는 자기를 과신하는, 자만하는
самообеспечение (싸모오베스뻬첸니예)	(중) 자급
самообладание (싸모오블라단니예)	(중) 자제력, 침착성, 냉담성
самообман (싸모오브만)	(남) 자기기만
самообольщение (싸모오볼리쉐니예)	(중) 자기망상, 환상, 과대망상(誇大妄想);
самооборона (싸모오보로나)	(여) 자기방위, 자위(自爲)
самообразование (싸모오브라조완니예)	(중) 자습(自習), 독학(獨學)
самообслуживание (싸모오브슬루쥐완니예)	(중) 자기시중, 자체 봉사, 자기 일을 자기가 하는 것
самообучение (싸모오부첸니예)	(중) 자습(自習), 독학(獨學)

Cc

самоопределение (싸모오쁘레젤레니예)	(중) 자결(自決); 결정, 해결.
самоотверженно (싸모오뜨베르줸나)	(부) 헌신적으로, 자기희생적으로
самоотверженность (싸모오뜨베르줸노쓰찌)	(여) 헌신성, (자기) 희생성, 희생정신
самоотверженный (싸모오뜨베르줸느이)	(형) 헌신적인, 자기희생적인
самоотвод (싸모오뜨봇)	(남) 자신에 대한 입후보추천의 사퇴 (거부)
самоподготовка (싸모빠드가또프까)	(여) 자체학습, 자체훈련
самопожертвование (싸모뽀줴르뜨붸완니예)	(중) (자기) 희생성, 자기희생(自己犧牲)
самопроизвольный (싸모쁘로이즈볼ь느이)	(형) ① 자연발생적인, 저절로 일어나는 ② 자의적인, 자발적
самородок (싸모로도크)	(남) ① 천연광(天然鑛), 자연광(自然鑛) ② 천재(天災)
самосвал (싸모쓰왈)	(남) (자동하차식) 화물자동차
самосознание (싸모쏘즈나니예)	(중) 자각, 각성(覺醒), 자의식(自意識)
самосохранение (싸모쏘흐라녜니예)	(중) 자기보존(自己保存);
самостоятельно (싸모쓰또야쩰나)	(부) 자립적으로, 독립적으로, 자주적으로
самостоятельность (싸모쓰또야쩰노쓰찌)	(여) ① 자립, 자립성, 독립, 자주, 자주성 ② 독자성(獨自性);
самостоятельный (싸모쓰또야쩰ь느이)	(형) ① 자립(독립, 자주)적인; ② 독자적인
самосуд (싸모쑤드)	(남) 사형(死刑)
самотёк (싸모죠크)	(남) 방임상태, 방임;
самотёком	(부) 자연발생적으로, 저절로,

(싸모쬬꼼)	무계획적으로;
самоубий ство (싸모우비이쓰뜨붜)	(중) 자살, 자결. 자처. 자해. 자진. 자재(自裁). 자폐(自斃)
самоубий ца (싸모우비이짜)	(남, 여) 자살자
самоуважение (싸모우바줴니예)	(중) 자존심
самоуверенно (싸모우베렌나)	(부) ① 자신 있게, 자신만만하게; ② 자기를 피신하여
самоуверенность (싸모우베렌노쓰찌)	(여) ① 자신감, 자신만만한 것; ② 자기과신
самоуверенный (싸모우베렌느이)	(형) ① 자신있는, 자신만만한 ② 자기를 과신하는
самоуправление (싸모우쁘라블레니예)	(중) 자치제(自治制), 자치권(自治權)
самоуправство (싸모우쁘라브쓰뜨붜)	(중) 전횡(專橫), 제멋대로 구는 것, 독단
самоутверждение (싸모우뜨베르줴니예)	(중) 자기긍정
самоутешение (싸모우쩨쉐니예)	(중) 자기위안
самоучитель (싸모우치쩰)	(남) 자습서(自習書), 자습지도서
самоучка (싸모우츠까)	(남, 여) 독학자(獨學者), 자습자;
самоходный (싸모호드느이)	(형) 자행의
самоцвет (싸모쯔베트)	(남) 천연보석
самоцель (싸모쩰)	(여) 목적 그 자체, 최후목적
самочинный (싸모친느이)	(형);~ые дей ствия 독단적인 (자의적인) 행동
самочувствие (싸모추브쓰뜨비예)	(중) 건강상태; 기분;

самурай (싸무라이)	(남) 사무라이
самый (싸므이)	(규정 대) ①(형용사 최상급을 형성함) 가장, 제일(第一); ② 바로, 맨
санаторий (싸나또리이)	(남) 요양소; путёвка в ~ 요양원
санаторный (싸나또르느이)	(형) 요양의; ~ое лечение 요양치료
сандалеты (싸달례뜨)	(복수) 샌들, 백단향
сандалии (싸달리이)	(복수) 샌들(sandal)
сандаловый (싸달로브이)	(형); ~ое дерево 백단나무
сани (싸니)	(복수) 썰매, 발구;
санинструктор (싸이쓰뜨룩또르)	(남) 위생지도원
санитар (남), **~ка** (여) (싸이따르)	간병인; (군사위생병)
санитарный (싸이따르느이)	(형) 위생의
санки (싼끼)	(복수) 썰매; кататься на ~ах 썰매를 타다
санкционировать (싼끼찌온느이로와찌)	(미완, 완) 비준하다, 승인하다, 찬성하다
санкция (싼크찌야)	(여) ① 인가, 비준, 결재; ② (법률) 제재; применить ~и 제재를 가하다
санный (싼느이)	(형); ~ путь 썰매길
саночник (남), **~ца** (여) (싸노츠니크)	(체육) 족구선수
санпропускник (싼쁘로뿌쓰끄니크)	(남) 위생 방역소
санскрипт	(남) (언어) 범어, 산스크리트어

(산쓰크립트)

сантехник
(싼쩨흐니크)
(남) 위생시설 수리공

сантехника
(싼쩨흐니까)
(여) 위생설비

сантиметр
(싼찌메뜨르)
(남) 센치미터

санузел
(싼우젤)
(남) 위생실, 위생편의시설, 화장실 (化粧室)(목욕탕, 변소)

санчасть
(싼차쓰찌)
(여) (санитарная часть) 의무실, 군의대, 위생대

санэпидемстанция
(싼에삐젬쓰딴찌야)
(여) 위생 방역소

сап
(싸쁘)
(남) (의학) 비염(鼻炎), 비카타르.

сапа
(싸빠)
(여); тихой ~ой 몰래, 가만히

сапёр
(싸뾰르)
(남) (군사) 공병(工兵)

сапёрный
(싸뾰르느이)
(형) (군사) 공병의;

сапог
(싸뽀그)
(남) см. сапоги

сапоги
(싸뽀기)
(복수) 장화; в ~ах 장화를 신고

сапожки
(싸뽀쥐끼)
(복수) 작은 (부드러운) 장화

сапожник
(싸뽀즈니크)
(남) 구두쟁이, 구두수리공, 제화공

сапсан
(싸쁘싼)
(남) 푸른 매, 송골매, 해동청

сапфир
(싸쁘피르)
(남) 청옥(靑玉), 사파이어

сарай
(싸라이)
(남) 허간, 고간(庫間), 창고(倉庫)

- 1227 -

саранча (싸란차)	(여) 메뚜기, 누리, 비황, 황충, 황충이; (집합) 메뚜기떼, 황충떼, 황충이떼
сарафан (싸라판)	(남) 사라판(소매없이 만든 여자옷의 한가지)
сардина (싸르지나)	(여) 정어리, 온어(鰮魚), 사딘(sardine)
сардинелла (싸르지넬라)	(여) 정어리속
саржа (싸르좌)	(여) 주단 (천), 비단천, 공단
сарказм (싸르까즘)	(남) 살기에 찬 조소, 살기에 찬 조롱, 날카로운 풍자
саркастический (싸르까쓰찌체쓰끼이)	(형) 조소하는, 풍자적인
саркома (싸르꼬마)	(여) (의학) 육종
сателлит (싸쩰리트)	(남) 앞잡이, 추종자
сатин (싸쩬)	(남) (천의 한 가지) 인조공단
сатира (싸찌라)	(여) ① 풍자(諷刺), 야유(揶揄), 조소; ② 풍자작품, 풍자문학
сатирик (싸찌리크)	(남) 풍자작가
сатирический (싸찌리체쓰끼이)	(형) 풍자의, 풍자적인;
сататуратор (싸뚜라또르)	(남) 포화기
Сатурн (싸뚜른)	(남) (천문) 토성(土星)
Саудовская Аравия (싸우도브쓰까야 아라비야)	(여) 사우디아라비아(Saudi Arabia)
сауна (싸우나)	(여) 증기탕, 사우나(실, 탕).
сахар	(남) 사탕, 설탕

(싸하르)

сахарин (싸하린)	(남) 사카린(saccharine), 감정
сахарница (싸하린짜)	(여) 사탕그릇
сахарный (싸하르느이)	(형) 사탕의, 설탕의; ~ая свёкла 사탕무 ~ый тросник 사탕수수; ~ая пудра 사탕가루; ~ая болезнь 당뇨병
сахароза (싸하로자)	(여) 사카린제, 당질의, 설탕 같은
сачок (싸초크)	(남) 후리그물
сбавить (완), сбавлять (즈바비찌)	(미완) ① (값, 수량을) 떼내다, 덜다; ② 줄다, 감소되다; ③ 단축하다, 낮추다;
сбалансировать (즈발란씨로와찌)	(완) 균형을 잡다
сбегать (즈베가찌)	(완) 급히 갔다 오다;
сбегать(ся) (즈베가쨔)	*см.* сбежать(ся)
сбежать (즈베좌찌)	(완) ① 뛰어내려가다(오다); ② (물이) 흘러내리다, 흘러떨어지다; (눈 등이) 녹아내리다; ③ 도망치다, 탈주하다; ④ (액채가 끓을 때) 흘러넘다.
сбежаться (즈베좌쨔)	(완) 물려들다, 달려 모이다
сберегательный (즈베레가쎌느이)	(형); ~ая касса 예금취급소, 은행; ~ая книжка 저금통장
сберегать (즈베레가찌)	(미완) *см.* сберечь
сбережение (즈베레줴니예)	(중) (복수) 저금(貯金), 저축금
сберечь (즈베레치)	(완) ① 보존(보관, 전장)하다; ② 저축(저금)하다; ③ 기억해두다, 마음에 새겨두다
сберкасса (즈베르까싸)	(여) 저금취급소

сберкнижка (즈베르크니즈까)	(여) 저금통장
сбивать(ся) (즈비와찌)	*см.* сбить(ся)
сбивчивый (즈비브치브이)	(형) 앞뒤가 맞지 않는
сбить (즈비찌)	(완) ① (쳐서, 때려서) 떨구다, 떼내다, 넘어뜨리다, 물리치다; ② 없애다, 낮추다; ③ 헷갈리게 하다;
сбиться (즈비쨔)	(완) ① 떨어지다, 벗겨지다; ② 헷갈리다; ③ 생각이 딴데로 돌다, 화제를 헷갈리다; ④ 혼란(모순)에 빠지다, 앞뒤가 맞지 않다
сближать(ся) (즈블리좌찌)	(미완) *см.* сблизить(ся)
сближение (즈블리줴니예)	(중) ① 접근; ② 친하게 되는(하는) 것, 친교(둘을 맺는 것); ③ 유사성, 공통성
сблизить (즈블리지찌)	(완) ① 접근시키다, 가깝게 하다; ② 친하게 하다, 친근케 하다
сблизиться (즈블리지쨔)	(완) ① 접근하다, 가까워지다; ② 가깝게 사귀다, 친근해지다, 합심하다
сбой (즈보이)	(남) 실수(失手), 중단(中斷)
сбоку (즈보꾸)	(부) 옆에 (서), 곁에 (서)
сболтнуть (즈볼뜨누찌)	(완) 잘못 말하다, 실언하다
сбор (즈보르)	(남) ① 모으기, 수집, 채집, 채취, 채포 ② 따기, 수확; ③ 집합, 모임, 집회; ④ 소집, 집합; ⑤ 요금, 징수금; ⑥ (복수) 준비, 차비; ⑦ лагерный ~ 야영훈련
сборище (즈보리쉐)	(중) ① 오합지중, 난장판, 군질; ② 모임, 집회(集會)
сборка¹ (즈보르까)	(여) 조립; ~а машины 기계조립
сборка²	(여) (의복의) 주름, 주름살; 구김, 구김살

(즈보르까)	금, 벽적(甓積)
сборник (즈보르니크)	(남) ① 선집(選集); ~ статей 논문집; ~ стихов 시집;~ рассказов 단편소설집 ② (물, 액체를 담아두는) 그릇, 용기, 탱크
сборный (즈보르느이)	(형) ① 집회의, 모이는; ② 조립(식)의, ③ 종(혼)합의; ④(명사) ~ая (여) 종합팀
сборочный (즈보로츠느이)	(형): ~ цех 조립직장
сборщик (즈보르쉬이크)	(남) ① 수집자, 채집자, 징수자 ② 조립공
сбрасывать (즈브라쓰와찌)	(미완) ① 내려던지다, 투하하다; ② (날쌔게) 벗어던지다
сбрасываться (즈브라쓰와짜)	(미완) (뛰어) 내리다
сбривать (미완), **сбрить** (즈브리와찌)	(완) 면도하다, 면도칼로 밀다
сброд (즈브론)	(남) (집합) ① 우연히 모인 사람(잡물), 어중이떠중이; ② 인간쓰레기들
сбросить(ся) (즈브로씨찌)	см. сбрасывать(ся)
сброшюровать (즈브로슈로와찌)	см. брошюровать
сбруя (즈브루야)	(여) 마구
сбывать(ся) (즈브와찌)	см. сбыть(ся)
сбыт (즈브트)	(남) 판매, 매출, 판육; иметь хороший ~ 잘 팔리다
сбыть (즈브찌)	(완) ① 팔아치우다, 판매하다; ② (시끄러워서) 처리하다;
сбыться (즈브짜)	(완) (예언, 희망, 기대 등) 맞아떨어지다, 실현되다, 현실화되다;
свадебный (스와제브느이)	(형): ~ обряд 결혼식, 혼인식
свадьба	(여) ① 결혼, ② 결혼식; ③혼인잔치;

(스와지바)	быть на ~e 혼인잔치에 참가하다
Свазиленд (스와질렌드)	(남) 스워스(Suisse)
сваливать(ся) (스왈리와찌)	*см.* свалить(ся)
свалить (스왈리찌)	(완) ① 넘어(자빠)뜨리다; ② (한곳에) 수셔박다, 뒤섞어놓다, 되는대로 막 쌓다; ③ 넘겨씌우다, 들씌우다, 전가하다; ④ (무거운짐 등을) 벗어던지다;
свалиться (스왈리쨔)	(완) ① 떨어지다, 추락하다; ② 넘어지다, 쓰러지다; ③ ~ с ног 나가쓰러지다; ④ 병에 걸려 눕다; ⑤ 불의에 닥쳐오다;
свалка (스왈까)	(여) ① 오물장, 쓰레기장 ② 싸움질, 난투(亂鬪)
сваривать (스와리와찌)	(미완) 용접하다, 때우다
свариться (스와리쨔)	(미완) 용접되다
сварить (스와리찌)	(완) ① 끓이다, 삶다; ② (공학) 용접하다
свариться (스와리쨔)	(완) 끓다, 삶아지다, 껴지다;
сварка (스와르까)	(여) 용접(鎔接), 땜, 땜질
сварливый (스와르리브이)	(형) 깽알거리는, 말썽부리는
сварочный (스와로츠느이)	(형): ~ые работы 용접작업
сварщик (남), (스와르쉬이크)	~ца (여) 용접공, 땜질 공; 땜-쟁이
свастика (스와쓰찌까)	(여) 파시즘의 상징표식
сват (스와트)	(남) ① 사돈 ② 중매군, 중매자
сватать (스와따찌)	(미완) 중매하다, 중매를 서다

- 1232 -

свататься (스와따쨔)	(미완) (남자 측에서) 청혼하다, 구혼하다
сватовство (스와또브쓰뜨보)	(중) 중매, 중신, 매작, 매자, 매합(媒合), 통혼(通婚), 행매(行媒)
сватья (스와찌야)	(여) 안사돈, 사돈댁
сваха (스와하)	(여) 중매군, 중매자 (여자)
свая (스와야)	(여) 말뚝; забивать ~и 말뚝을 박다
сведение (스볘졔니예)	(중) ① 보도, 정보, 통지, 소식; ② 공포, 통지; ③ 지식, 조예(造詣)
сведущий (스볘두쉬이)	(형) 조예가 깊은, 통달한
свежесть (스볘줴쓰찌)	(여) ① 신선한 것 ② 서늘한 공기;
свежий (스볘쥐이)	(형) ① 신선한, 생생한, 방금 만든; ② 시원한, 상쾌한; ③ 선선한, 서늘한; ④ 깨끗한; ⑤ 새로운, 새롭다;
свезти (스볘즈찌)	(완) ① 실어 모으다 ② 실어 (데려)가다 ③ 실어내리다 ④ 실어내가다, 운반해가다
свёкла (스뵤클라)	(여) 뿌리근대; сахарная ~ 사탕무
свёкор (스뵤꼬르)	(남) 시아버지, 시부(媤父), 존구(尊舅), 시아버님, 시아비
свекровь (스볘크로비)	(여) 시어머니, 시모(媤母), 자고(慈姑); 황고(皇姑), 시어머님, 시어미
свергать (미완), свергнуть (완) (스볘르가찌)	타도(전복)하다, 뒤집어엎다
свержение (스볘르줴니예)	(중) 타도, 전복
сверить (스볘리찌)	(완) 맞추어보다, 대조하다
сверкать (미완), ~нуть (스볘르까찌)	(완) 번쩍(반짝)이다, 번뜩거리다, 빛나다;

Cc

сверлильный (스베르릴느이)	(형) 송곳으로 구멍뚫기, 천공(穿孔); ~ станок 보르반(盤), 보링 머신, 천공기
сверлить (스베르리찌)	(미완) ① 구멍을 뚫다, 드릴강공하다 ② 파먹다 ③ 쿡쿡 아프게 하다
сверло (스베르로)	(중) (공학) 구멍뚫기, 기계송곳
свернуть (스베르누찌)	(완) ① 들들 말다, 돌돌 감다; 접다 ② 줄이다, 축소하다 ③ 들다; ④ 벗어나다; ~ с дороги 길에서 벗어나다
свернуться (스베르누짜)	(완) ① 돌돌(들들) 말리다(감기다), 저하다 ② 오그라지다, 웅그라지다; ③ 응송
сверстник (남), ~ца (여) (스베르쓰뜨니크)	동년배, 동갑(同甲), 동갑내기, 동년(同年), 연갑(年甲)
свёрток (스뵤르또크)	(남) 봉지, 꾸러미; 보집, 몽치
свёртывание (스뵤르뜨이와니예)	(중) ① 줄이는 것, 단축; ② 응결, 엉기는 것, 응고, 응축
свёртывать(ся) (스뵤르찌와찌)	(미완) см. свернуть(ся)
сверх (스베르흐)	(전)(+ 생) ① 위에; ② ~외에, 초과하여; ③ ~와 반대로; ~ ожидания 기대와는 달리 (반대로), 기대에 어긋나게
сверхвысокий (스베르흐븨쏘끼이)	(형) 최고의, 제일의, 최상의 매우 높은, 초고(超高)~, 최고도의.
сверхдальний (스베르흐달느이)	(형) 초원거리의
сверхзвуковой (스베르흐부꼬보이)	(형) 초음속의; 마하수의
сверхмощный (스베르흐모쉬느이)	(형) 최강력의
сверхнизкий (스베르흐니즈끼이)	(형); физика ~их температур 극저온 물리학
сверхплановый (스베르흐쁠라노브이)	(형) 계획외의, 계획을 초과하는
сверхприбыль (스베르흐쁘리블)	(여) 초과이윤

сверхскоростной (스베르흐쓰조로쓰뜨노이)	(형) 초고속도의
свеохсрочный (스베오흐쓰로츠느이)	(형) ① 기한초과의; ② 매우 긴급한
сверху (스베르후)	① (부) ~위에(서), 표면에; ② (부) 위로부터, 위에서; ③ (부) 상부로부터, 위로부터; ④ (건) (+ 생) 위에
сверхурочно (스베르후로츠나)	(부) 시간외에, 과외의;
сверхурочный (스베르후로츠느이)	(형) 시간외의, 과외로;
сверхъестественный (스베르에쓰쩨쓰뜨벤느이)	(형) 초자연적인; 기적적인, 놀라운
сверчок (스베르초크)	(남) 귀뚜라미, 귀뚜리, 실솔(蟋蟀), 청렬(蜻蛚), 촉직(促織)
свершать(ся) (스베르샤찌)	*см.* свершить(ся)
свершение (스베르쉐니예)	(중) ① 실행, 실현, 거행, ② 쟁취, 성과
свершиться (스베르쉬짜)	(완) 이룩되다, 실현되다
сверять (스베르야찌)	(미완) *см.* сверить
свесить (스베씨찌)	(완) 드리우다;
свеситься (스베씨짜)	(완) ① 드리워지다, 매달리다; ② 축 늘어지다
свести (스베쓰찌)	(완) ① 데려가다; ② 데리고 (부축하여) 내리다; ③ 벗기다, 제거하다; ④ (무인칭) 비뚤어지다, 쥐가 나다, 경련이 일어나다,
свестись (스베쓰찌시)	(완) к *чему* ~에 귀착되다, ~로되다
свет¹ (스베트)	(남) ① 빛, 빛살, 광선; ② 불, 등불:
свет² (스베트)	(남) 세계(世界), 세상(世上)

светать (스볘따찌)	(미완) 먼동이 트다, 날이 밝다
светло (스볘뜰로)	(중) 천재; 명인, 거장
светильник (스볘찔니크)	(남) ① 남포등, 등잔, ② 가로등, 가등
светить (스볘찌찌)	(미완) ① 빛나다, 비치다, 번쩍이다, 반짝이다: ② 비쳐주다
светиться (스볘찌쨔)	(미완) ① 훤하게 비치다; 빛을 뿌리다: ② 반짝이다, 빛나다:
светлеть (스볘뜰례찌)	(미완) 밝아지다, 개이다, 훤해지다:
светло (스볘뜰로)	(부) ① 밝게, 환하게, 훤하다; ② (술어로) 밝다, 환하다:
светлый (스볘뜰리이)	(형) ① 밝은, 환한, 훤하다: ② 맑은, 투명한; ③ 빛깔이 연한(맑은), 산뜻한 ④ 명랑한, 즐거운, 유쾌한: ⑤ 명철한, 통찰력이 센
светляк, ~ячок (스볘뜰랴크)	(남) 개똥벌레, 반디, 반딧벌레, 단량, 단조, 반딧불, 형작, 소화, 형광; 형화
светобоязнь (스볘또보야즈니)	(여) (의학) 수명증(羞明症), 눈부심증.
световой (스볘따보이)	(형) 빛의, 광선의: ~ой луч 광선
светомаскировка (스볘따마쓰끼로브까)	(여) 불가림, 등화관제(燈火管制)
светомузыка (스볘따무즈까)	(여) 광선음악
светофильтр (스볘따필뜨르)	(남) 빛 가리개, 여광기, 색가리개
светофор (스볘따포르)	(남) (교통정리용 광선) 신호등, 색등신호기
светоч (스볘또츠)	(남) ① 햇불 ② 향도자, 향도성
светочувствительный (스볘따춥쓰뜨비쩰느이)	(형) 감광의

светящий ся (스볘뜨야쉬이쌰)	(형) 빛을 내는, 발광의
свеча (스볘차)	(여) ① 초, 양초, 촛불, 캔들(candle); ② (공학) 점화전, 발화전; 플러그(plug) ③ (광도의 단위) 촉, 촉광
свешать(ся) (스볘샤찌(쨔))	*см.* вешать(ся)
свивать (스비와찌)	(미완) *см.* свить
свидание (스비다니예)	(중) ① 면회, 상봉, ② (애인끼리의) 상봉 서로 만나는 것. 상면
свидетель (남), ~ница (여) (스비제쩰)	증인, 목격자, 입회자
свидетельский (스비제쩰쓰끼이)	(형) 증언(증인)의, 목격자의, 입회인의. ~ие показания 증인의 진술
свидетельство (스비제쩰쓰뷔)	(중) ① 증언, 입증, 증명; ② 증거(물); ③ 증명서, 증서
свидетельствовать (스비제쩰쓰뷔와찌)	(미완) ① 증명(증언, 입증)하다; ② 확인 (공중)하다:
свинарка (스비나르까)	(여) 돼지사육자(여자)
свинарник (스비나르니크)	(남) 돼지우리, 돼지집, 돈사(豚舍), 돈책(豚柵), 시뢰(豕牢)
свинец (스비녜쯔)	(남) 연(鉛); 땜납, 납
свинина (스비니나)	(여) 돼지고기, 돈육(豚肉), 제육(猪肉), 저육(猪肉)
свинка¹ (스빈까)	(여) (의학) 이하선염, 귀밑샘염
свинка² (스빈까)	(여): морская ~ 얼룩 쥐, 모르모트
свиноводство (스비노보드쓰뷔)	(중) 돼지치기
свиной (스비노이)	(형) ① 돼지의; ② 돼지고기로 만든

свиноматка (스비노마뜨까)	(여) 어미돼지
свиноферма (스비노페르마)	(여) 돼지목장
свинский (스빈쓰끼이)	(형): ~ поступок 추잡한 행동
свинство (스빈쓰뜨붜)	(중) 비열한 짓, 야비한 행동
свинцовый (스빈쪼브이)	(형) 연의, 연으로 만든:
свинья (스빈냐)	(여) ① 돼지, 꿀꿀이, 꿀돼지, 꿀꿀돼지; 아저, 애저; ② 돼지같은 (더러운)놈
свирель (스비렐)	(여) 피리, 퉁소
свирепо (스비레뽀)	(부) 사납게, 표독스럽게, 횡포하게
свирепствовать (스비레쁘쓰드붜와찌)	(미완) ① 미쳐 날뛰다, 발광 (발악)하다 ② (자연현상이) 사납게 굴다, 날치다:
свирепый (스비레쁘이)	(형) ① 사나운, 횡포한, 난폭한: ② 몹시 성난, 격노한 ③ 맹렬한:
свиристель (스비리쓰쩰)	(여) 황여새, 노랑연새, 와람(蝸藍)
свисать (미완), свиснуть (스비싸찌) (스비쓰누찌)	(완) 드리우다, 축 늘어지다, 처지다
свист (스비쓰트)	(남) ① 휘파람 ② (휘파람을 방불케하는) 새소리 ③ 휘휘하는 소리
свистеть (미완), свиснуть (스비쓰쩨찌)	(완) ① 휘파람불다 ② (호각, 기적 등으로) 소리를 내다: ③ 휘휘소리를 내다
свисток (스비쓰또크)	(남) 호각, 고동
свита (스비따)	(여) 수행원(隨行員)
свитер (스비쩨르)	(남) 세타
свить	(완) ① 꼬다, 역다, 들다: ② 둘둘 말다

- 1238 -

(스비찌)	(감다)
свихнуться (스비흐누쨔)	(완) ① 미치다, 머리가 들다: ② 그릇된 길로 떨어지다
свищ (스비쉬)	(남) (의학) 상한구멍, 누공
свобода (스뷔보다)	(여) 자유(自由), 해방, 리버어티(liberty)
свободно (스뷔보드나)	(부) ① 자유롭게 ② 유창하게
свободный (스뷔보드느이)	(형) ① 자유로운 ② 구속(제한)되지 않는 ③ 빈, 쓰지 않는: ④ 널찍한, 헐렁헐렁한 ⑤ 짬이 있는, 한가한:
свободолюбивый (스뷔보돌류비브이)	(형) 자유를 사랑하는, 자유애호적인
свод[1] (스보드)	(남) 전서(典書): ~ законов 법전
свод[2] (스보드)	(남) (전축) 둥근천장, 궁륭(穹窿), 아치.
сводить(ся) (스뷔지찌)	*см.* свести(сь)
сводка (스보드까)	(여) 종합보고, 종합보도
свободный (스뷔보드느이)	(형) ① 종합적인, 총괄한; 혼성의: ② 배다른
сводчатый (스뷔드차뜨이)	(형) 아치형의, 무지개모양으로 된
своё (스뷔요)	(중) 자기의 것
своеволие (스뷔예볼리예)	(중) 제멋대로 하는 것, 독단, 전횡(專橫)
своевольничать (스뷔예볼리니차찌)	(미완) 제멋대로 행동하다, 전횡을 부리다
своевольный (스뷔예볼르이)	(형) 제멋대로 하는, 전횡을 부리는
своевременно	(부) 제때에, 시기적절하게

(스뷔예브레멘나)	
своевременность (스뷔예브레멘노쓰찌)	(여) 제때, 시기적절한 것
своевременный (스뷔예브레멘느이)	(형) 제때의, 시기적절한
своекорыстие (스뷔예꼬르쓰찌예)	(중) 사리사욕, 이기심(利己心), 탐욕
своенравный (스뷔엔라브느이)	(형) 변덕스러운, 자기배짱만 부리는, 제멋대로 행동하는:
своеобразие (스뷔예오브라지예)	(중) 독특한 것, 고유한 특성(특색, 특질)
своеобразный (스뷔예오브라즈느이)	(형) 독특한, 특이한, 고유한
свозить (스뷔지찌)	(미완) *см.* свести
свой (스보이)	(소유 대) ① 자기의, 자체의: любить ~ю Родину 자기 조국을 사랑하다: ② 고유한, 독특한, 도창적인: ③ 적절한, 알맞은: ④ 친근한, 친척에, 집안의: ⑤ (명사) ~й (남) 집안사람, 우리(자기)사람: ⑥ (명사) ~ё (중) 자기의 것:
свойственный (스보이쓰뜨벤느이)	(형) 고유한, 특유한, 보래 가지고 있는
свойство (스보이쓰뜨뷔)	(중) 특성, 속성, 특질, 특이성, 특수성
свора (스보라)	(여) ① (개, 승냥이 등의) 무리, 때; ② 악당, 나쁜 무리, 악인, 악한
сворачивать (미완), ~отить (완) (스보라치와찌)	① 방향을 돌리다 ② 굴려 옮기다
свыкнуться (스븨크누짜)	(완) 익숙해지다, 버릇 (습관) 되다
свысока (스븨쏘까)	(부) 거만하게: 건방지게,
свыше (스븨쉐)	① (전) (+ 생) 이상: ② (부) 위(상부)로부터:
связать	(완) ① 매다, 잇다, 묶다: ② 결합시키다,

Cc

(스뱌자찌)	연결시키다: ③ 관계(연계)를 가지게 하다; ④ 속박(구속)하다, 부담을 지우다.
связаться (스뱌자쨔)	(완) ① 매이다, 이어지다, 묶이다 ② 연락하다, 연계를 가지다, 결합되다: ③ 사귀다, 교제 (관계)하다 ④ (좋지 않은이에) 달라붙다
связист (남), ~ка (여) (스뱌지쓰트)	① 통신병; ② 체신부 일군
связка (스뱌즈까)	(여) ① 묶음, 뭉치, 꾸러미, 단: ② (해부) 이음줄, 인대: ③ (언어) 계사
связник (스뱌즈니크)	(남) 첩자, 발쇠꾼, 간첩, 첩보원, 간자 밀정(密偵), 첩후(諜侯)
связно (스뱌즈나)	(부) 조리 있게
связной (스뱌즈노이)	(남) 연락병(聯絡兵), 전언병
связный (스뱌즈느이)	(형) 조리있는, 논리 정연한, 앞뒤가 맞는
связующий: (스뱌주유쉬이)	: ~ee звено 연결하는 고리
связывать(ся) (스뱌즈와찌)	*см.* связать(ся)
связь (스뱌지)	(여) ① 연락, 연결, 결합: ② 관계, 연계: ③ 교제, 친교; 애정관계 ④ (복수) 연줄, 배경: ⑤ 통신, 연락:
свято (스뱌따)	(부) 숭고(거룩)하게, 신성하게
святой (스뱌또이)	(형) ① 신성한, 성스러운, 숭고한: ② 깨끗한, 순결한, 고결한
святыня (스뱌뜨냐)	(여) ① 성물, 성지; ② 보배, 소중하고 신성한 것:
священник (스뱌쉐니이크)	(남) 성직자, 목사, 목자(牧者), 주승(主僧)
священнослужитель (스뱌쉔노쓸루쥐쩰)	(남) 승려, 승니, 스님, 중, 사승(師僧).
священный	(형) ① 신적인, 신성한:

(스뱌쉔느이)	② 신성한, 거룩한, 성스러운:
сгиб (즈기브)	(남) ① 굴곡; 구부리는 것, 구부림; ② 굽히는(굽은, 접은) 곳:
сгибать(ся) (즈기바찌)	*см.* согнуть(ся)
сгинуть (즈기누찌)	(완) 사라지다, 없어지다; 죽다:
сгладить (즈글라지찌)	(완) ① 펴다, 반반하게 하다: ② 완화하다, 없애다:
сгладиться (즈글라지쨔)	(완) ① 펴지다, 반반해지다; ② 완화되다, 없어지다:
сглаживать(ся) (즈글라쥐와찌)	*см.* сгладить(ся)
сгнить (즈그니찌)	(완) 썩다, 부패하다
сгноить (즈그노이찌)	(완) 썩이다, 부패시키다
сговариваться (즈고와리와쨔)	*см.* сговориться
сговор (즈고뷔르)	(남) 공모(共謀), 결탁:
сговориться (즈고뷔리쨔)	(완) ① 공모하다, 결탁하다 ② 합의에 이르다, 합의를 보다
сговорчивый (즈고보리치브이)	(형) 말이 잘 통하는, 고집을 쓰지 않는
сгонять (즈고냐찌)	(미완) *см.* согнать
сгорание (즈고라니예)	(중) ① (불) 타기, 연소 ② 화학적 분해
сгорать (즈고라찌)	(미완) ① *см.* сгореть ② 화학적 분해를 하다, 분해되다.
сгорбиться (즈고르비쨔)	(완) 등이 굽다, 구부정해지다
сгореть (즈고레찌)	(완) ① 타 없어지다, 다 타다 ② (가물에) 타마르다 (해별에) 데다: ③ 뜨다, (쌓아두어) 썩다 ④ 지나친

— 1242 —

	노력, 급병 등으로 (쇠진하다, 녹다, 죽다);
сгоряча (즈고랴차)	(부) 결김에, 흥분해서, 격해서
сгребать (미완), **~сти** (완) (즈그레바찌)	① 긁어모으다 ② 긁어내리다: ③ (와락, 서투르게) 움켜쥐다, 얼싸안다:
сгружать (미완), **~зить** (완) (즈그루좌찌)	짐을 부리다 (내리다)
сгруппировать (즈그룹삐로와찌)	(완) ① 그룹을 만들다, 집단을 형성하다; 그룹을 나누다 ② 한데 모으다
сгруппироваться (즈그룹삐로와짜)	(완) 그룹을 모으다
сгустить (즈구쓰찌찌)	(완): ~ краски 과장하다
сгуститься (즈구쓰찌짜)	진해(질어)지다, 엉기다
сгусток (즈구쓰또크)	(남) 응결물, 멍울, 엉긴 멍어리:
сгущать(ся) (즈구샤찌)	(미완) *см.* сгустить(ся)
сгущенный (즈구쉐느이)	(형): ~ое молоко 졸인젓
сдавать(ся) (즈다와찌)	*см.* сдать(ся)
сдавить (완), **сдавливать** (즈다비찌)	(미완) ① 누르다, 조이다: ② (마음, 가슴을) 짓누르다, 아프게 하다
сдать (즈다찌)	(완) ① 맡기다, 넘기다: ② 세주다, 빌려주다: ③ 시험에: 통과 하다, 시험에 합격하다: ④ 거술려주다: ⑤ 수매시키다: ⑥ 쇠약해지다, 늙다 ⑦ (기계 등의) 못쓰게 되다, 멎다
сдаться (즈다짜)	(완) 항복(투항) 하다, 굴복하다:
сдача (즈다차)	(여) ① 인도, 넘기는 것; 납부, 납입: ② 거스름돈 ③ 항복(降伏)
сдваивать (즈드와이와찌)	(미완) *см.* сдвоить

Сс

сдвиг (즈드비그)	(남) ① 이동, ② 전진, 진척 ③ 변동, 변혁 ④ (지질) (평이) 단층
сдвигать(ся) (즈드비가찌)	*см.* сдвинуть(ся)
сдвинуть (즈드비누찌)	(완) ① 옮겨놓다, 밀어 움직이다: ② 붙여 놓다, 가까이 놓다, (움직여) 접근시키다:
сдвинуться (즈드비누쨔)	(완) ① 자리에서 움직이다, 옮겨가다; ② 가까이 옮겨가다, 접근되다;
сдвоить (즈드보이찌)	(완) 이중으로 (겹으로) 되게 하다
сделать(ся) (즈젤라찌)	*см.* делать(ся)
сделка (즈젤르까)	(여) ① 거래, 계약, 협정: ② 공모
сдельно (즈젤나)	(부) 도급제로:
сдельный (즈젤느이)	(형) 도급제의(都給制)
сдельщина (즈젤쉬나)	(여) 도급제, 도급임금제; 도급노동
сдёргивать (즈죠르기와찌)	*см.* сдёрнуть
сдержанно (즈제르좐나)	(부) 침착하게, 신중하게, 절도 있게
сдержанность (즈제르좐노쓰찌)	(여) 침착성, 자제력, 절도
сдержанный (즈제르좐느이)	(형) ① 침착한, 신중한 ② 평온한, 날카롭지 않은
сдержать (즈제르좌찌)	(완) ① 견디어내다: 인내하다. ② 제지하다, 억제하다, 참다:
сдержаться (즈제르좌쨔)	(완) 자제하다, 자기를 억제 (제지)하다
сдерживать(ся) (즈제르쥐와찌)	*см.* сдержать(ся)

сдёрнуть (즈죠르누찌)	(완) (잡아당겨) 벗기다, 벗겨버리다, 집어치우다
сдирать (즈지라찌)	(미완) *см.* содрать
сдоба (즈도바)	(여) *см.* сдобная булка
сдобный (즈도브느이)	(형): ~ый хлеб, ~ая булка(우유, 버터, 계란을 섞어 반죽하여 만든) 케이크, 설고빵, 카스텔라
сдохнуть (즈도흐누찌)	(완) (동물이) 죽다.
сдружиться (즈드루쥐쨔)	(완) 친하다, 친숙해지다
сдувать (미완), сдуть (완) (즈두와찌)	불어서 날리다, 날려버리다
сдыхать (즈듸하찌)	(미완) *см.* сдохнуть
сеанс (쎄안쓰)	(남) 상영
себе (쎄베)	*см.* себя
себестоимомть (쎄베쓰또이모므찌)	(여) 원가(原價), 본전(本錢):
себоррея (쎄보르레야)	(여) (의학) 피지(皮脂), 피지선의 분비물.
себя (쎄뱌)	(재귀 대) 자기, 자신, 자체(自體)
себялюбие (쎄뱔류비에)	(중) 이기주의, 자기본위, 애기주의, 자기주의, 자애주의, 주아주의: 개인주의
сев (쎄브)	(남) 씨뿌리기, 파종(播種)
север (쎄볘르)	(남) ① 북, 북쪽, 북방; ② 북부지방
северный (쎄볘르느이)	(형) 북의, 북쪽의, 북방의

Сс

северо-восток (쎄베로-뷔쓰또크)	(남) 동북(東北)
северо-запад (쎄베로-자빠드)	(남) 서북(西北)
севооборот (쎄붜아보로트)	(남) 그루돌림, 그루바꿈, 윤작(輪作) 돌려짓기, 윤재(輪栽), 이어짓기
сегодня (쎄보드냐)	(부) ① 오늘, 금일: ② 현재, 지금
сегодняшний (쎄보드냐쉬니이)	(형) 오늘의, 금일의, 현시기
сегрегация (쎄그레가찌야)	(여) 유색인종차별, 격리주의
седеть (쎄제찌)	(미완) 머리가 세다, 백발이 되다
седина (쎄지나)	(여) ① 흰 머리칼, 백발, 흰털; ② (복수) 노년, 노령;
седлать (쎄들라찌)	(미완) 안장을 얹다:
седло (쎄들로)	(중) ① (말, 자전거 등의) 안장: ② (공학) 자리쇠
седой (쎄도이)	(형) 머리가 센, 백발(白髮)의:
седок (쎄도크)	(남) ① 마차의 승객; ② 말탄 사람
седьмой (쎄드모이)	(수) 일곱째의, 제 7의:
сезон (쎄존)	(남) 철, 계절(季節), 시절(時節):
сезонный (쎄존느이)	(형) ① 계절에 따르는, 계절적인, 철에 맞는: ② 정기의: ~ билет 정기차표
сей (쎄이)	(지시 대) 이: на ~ раз 이번에는:
сей нер (쎄이네르)	(남) 저인망어선, 트롤선(船), 건착선
сейсмический	(형) ① 지진의: ② 지진이 잦은:

(쎄이쓰미체쓰끼이)

сейсмограф
(쎄이쓰모그라프)
(남) 지진계(地震計)

сейф
(쎄이프)
(남) ① (내화) 금고 ② 금고실

Сейшельские острова
(쎄이쉘스끼이) (오쓰뜨로와)
(복수) 세이쉘(인도양 서부의 92개 섬으로 된 공화국).

сейчас
(쎄이차쓰)
(부) ① 지금, 이제: ② 곧, 이제 곧: ③ 방금, 바로 이제:

секанс
(쎄깐쓰)
(남) (수학) 시컨트(secant: 기호는 sec. 세크.)

секатор
(쎄까또르)
(남) 가지가위

секрет
(쎄크레트)
(남) ① 비밀, 비결: ② 비밀장치

секреториат
(쎄크레또리아트)
(남) ① (기관, 단체의) 서기국, 사무국; ② (회의의) 서기부

секретарша
(쎄크레따르샤)
(여) (여자) 서기(書記), 기록원

секретарь
(쎄크레따리)
(남) ① 비서: ② 서기(書記): ③ 서기관: ④ 사무장(事務長):

секретно
(쎄크레뜨나)
(부) 몰래, 가만히, 비밀리에: 극비

секретный
(쎄크레뜨느이)
(형) 비밀의, 기밀의:

секреция
(쎄크레찌야)
(여) (새리) 분비: внутренняя ~ 내분비

сексуальный
(쎄크쑤알느이)
(형) 성적인, 색정적인

секта
(쎄크따)
(여) ① 교파 ② 종파, 분파, 파벌

сектант
(쎄크딴트)
(남) ① (어떤) 교파의 신도; ② 종파분자

сектор
(쎄크또르)
(남) ① 부분, 부문: (경재)부문 ② 구역, 지역; ③ 부(剖), 국(局) ④ (수학) 부채형

секунда (쎄꾼다)	(여) 초(秒: 1 분의 1/60)
секундный (쎄꾼드느이)	(형): ~ая стрелка 초침
секундомер (쎄꾼도메르)	(남) 초시계
секция (쎄크찌야)	(여) ① 분과, 부; 분과회의 ② 부분, 부문 ③ 매대; ④ (채육) 소조, 써클, 동아리; ⑤ (공학) 부분
селёдка (쎌료드까)	(여) 청어(青魚), 비웃; 관목복; 비어(鯡魚)
селезёнка (쎌레존까)	(여) (해부) 지라, 비장
селезень (쎌레젠니)	(남) 수오리
селектор (쎌레크또르)	(남) 선택기, 설별기
селекционер (쎌레크찌오네르)	(남) 선종학자, 종축개량 전문가
селекционный (쎌레크찌온느이)	(형):~ая работа 선종 (종축개량) 사업
селекция (쎌레크찌야)	(여) ① 선택; ② 도태; ③ 재종(학), 종축개량 (학)
селение (쎌레니에)	(중) 마을, 촌, 천락, 동네
селитра (쎌리뜨라)	(여) 초석, 질산칼륨
селить (쎌리찌)	(미완) 이사 (거주, 이주) 시키다
селиться (쎌리쨔)	(미완) 이사 (거주, 이주) 하다
село (쎌로)	(중) 농촌(農村), 큰 마을
сельдерей (쎌리제레이)	(남) (식물) 셀러리(celery)

селедь (쎌례지)	(여) 청어(青魚), 비웃; 관목복; 비어(鯡魚)
сельский (쎌리쓰끼이)	(형) 농촌의, 마을의
сельскохозяйственный (쎌리쓰꼬호쟈이 스뜨벤노이)	(형) 농업의:
сельсовет (쎌리쏘베트)	(남) 농촌소비에트(소련의 행정말단단위)
семантика (쎄만찌까)	(여) (언어) ① 뜻, 의미, ② 의미론
семафор (쎄마포르)	(남) 신호기(信號機), 신호장치, 신호기둥
сёгма (쏘그마)	(여) 연어(鰱魚)
семейный (쎄몌이느이)	(형) ① 가정의, 가족의: ② 가정을 가진, 결혼한:
семейственность (쎄몌이쓰뜨벤노쓰찌)	(여) 가족주주의
семейство (쎄몌이쓰뜨뷔)	(중) ① 가정, 가족(家族): ② (생물) 과:
семена (쎄몌나)	(복수) 씨, 씨앗, 종자(種子)
семенить (쎄몌니찌)	(미완): ~ ногами 발을 재게 놀리다, 잰 걸음으로 가다
семенной (쎄멘노이)	(형) ① 씨앗의, 종자의: ②: ~ая жидкость 정액
семеноводство (쎄메노보드쓰뜨뷔)	(중) ① 채종업, 육종업, 종자 개량업 ② 채종학
семёрка (쎄묘르까)	(여) ① 수자 7, 일곱 ② 7점 ③ 제 7호 전차 (버스)
семеро (쎄몌로)	(수) 일곱명, 일곱 개:
семестр (쎄몌스뜨르)	(남) (대학, 전문교에서의) 학기(學期):
семечко 	(중) ① 씨, 씨앗, 종자;

Cc

(쎄몌츠꼬)	② (복수) 해바라기 씨
семидесятиление (쎄미제쌰찔레니에)	(중) ① 70 (칠십) 년 ② 70 (일흔) 돌
семидесятилетний (쎄미제쌰찔레드니이)	(형) 70년 (돌, 살)의:
семидесятый (쎄미제쌰뜨이)	(수) 제 70 (칠십)의, 이른번째의
семилетка (쎄밀레드까)	(여) ① 7 (칠) 년째 학교 ② 7(칠)개년계획
семилетний (쎄밀레뜨니이)	(형) ① 7 (칠) 년간의: ② 일곱 살의:
семимильный (쎄미밀리느이)	(형): идти вперёд ~ыми шагами 급속도로 전진 (발전)하다
семинар (쎄미나르)	(남) ① 학과토론 ② 강습(회)
семинария (쎄미날리야)	(여) 신학교(神學校)
семнадцатый (쎔낫짜뜨이)	(수) 제 17 (십칠)의, 열일곱께
семнадцать (쎔낫짜찌)	(수) 17 (십 칠), 열일곱
семь (쎔)	(수) 7 (칠), 일곱
семьдесят (쎔제쌰트)	(수) 70 (칠십), 일곱
семьсот (쎔쏘트)	(수) 700 (칠백)
семья (쎄미야)	(여) 가정, 가족; 세대:
семьянин (쎄미야닌)	(남) 살림꾼
семя (쎄먀)	(중) 씨, 씨앗, 종자(種子)
сенат (쎄나트)	(남) (일부 국가의) 상원

сенатор (쎄나또르)	(남) 상원의원
сени (쎄니)	(복수) (러시아 농가의) 현관
сено (쎄나)	(중) 말린 풀, 마른풀, 건초(乾草):
сеновал (쎄노왈)	(남) 말린 풀 저장고, 건초창고
сенокопнитель (쎄노꼬쁘니쩰)	(남) 말린 풀 퇴적기
сенокос (쎄노꼬쓰)	(남) ① (말린 풀을 장만하기 위한) 풀베기: ② 풀베기 철 ③ 풀베기 터, 풀밭.
сенокосилка (쎄노꼬씰까)	(여) 풀 베는 기계
сенсационный (쎈싸찌온느이)	(형) 큰 파문을 일키는
сенсация (쎈싸찌야)	(여) ① 큰 파문: ② 일대사건, 큰 파문을 일으키는 사건
сентиментализм (쎈띠멘딸리즘)	(남) 감상주의, 주정주의, 센티멘털리즘
сентиментальный (쎈띠멘딸리느이)	(형) ① 감상적인, 애상적인. ② 감상주의적인
Сент-Люссия (쎈뜨-류씨이야)	(여) 쎈인트 러시아
сентябрь (쎈쨔브리)	(남) 구월(九月)
сентябрьский (쎈쨔브리쓰끼이)	(형) 구월의
сепаратизм (쎄빠라찌즘)	(남) 분리주의, 분립주의
сепаратист (쎄빠라찌쓰뜨)	(남) 분리(분립) 주의자
сепаратный (쎄빠라뜨느이)	(형) 단독적인
сепаратор	(남) (공학) 분리기, 선별기

(쎄빠라또르)

сепсис
(쎄쁘씨쓰)
(남) (의학) 폐혈증, 부폐증

сера
(쎄라)
(여) (화학) 유황(硫黃: [16번: S:32.064])

сервант
(쎄르완트)
(남) (낮은) 찬장

сервиз
(쎄르비즈)
(남) 한조: столовый ~ 식기 한조

сервировать
(쎄르비로와찌)
(미완, 완) (상, 음식을) 차리다

сервировка
(쎄르비로브까)
(남) ① 상을 차리는 것; ② 식사도구

сервис
(쎄르비쓰)
(남) 서비스, 봉사; 봉사기관

сердечно
(쎄르제츠나)
(부) 충심으로, 전심으로

сердечно-сосудистый
(쎄르제츠나-싸쑤지쓰뜨이)
(형) 심장혈관의

сердечный
(쎄르제츠느이)
(형) ① 심장의:
② 친절한, 따뜻하고 정다운

сердито
(쎄르지또)
(부) 성이 나서, 화가 나서, 표독스럽게

сердитый
(쎄르지뜨이)
(형) ① 성난, 격분한: ② 역정을 잘 내는

сердить
(쎄르지찌)
(미완) 노하게 (성나게)하다

сердиться
(쎄르지짜)
(미완) 노하다, 성나다

сердце
(쎄르드쩨)
(중)① 심장: ② 마음, 가슴:
③ 심장부, 중심지;

сердцебиение
(쎄르드쩨비예니예)
(중) 심장의 고동, 심계항진

сердцевина
(쎄르드쩨비나)
(여) ① 고갱이, 속, 심; ② 핵심(核心)

серебристый (쎄레브리쓰뜨이)	(형) 은빛의, 은빛 같은
серебро (쎄레브로)	(중) ① 은(銀); ② 은그릇, 은 세공품
серебрянный (쎄레브랸느이)	(형) 은의, 은으로 만든
середина (쎄레지나)	(여) 복관, 중앙(中央), 중간(中間):
серёжка (쎄료즈까)	(여) *см.* серьга
сержант (쎄르좐트)	(남) 중사: старший (младший) ~ 상(하)사
сержантский (쎄르좐뜨쓰끼이)	(형) 준사관: ~ состав 부사관, 준사관.
серийный (쎄리이느이)	(형): ~ое производство 계열생산
серия (쎄리야)	(여) ① 계열, 조; ② (영화의) 부(部): ③ 총서(總書), 연속출판물:
сернистый (쎄리이쓰뜨이)	(형) 아황산의, 유황을 함유한:
серный (쎄르느이)	(형) 유산의, 유황의:
сероводород (쎄로보도로드)	(남) 유화수소
серость (쎄로쓰찌)	(여) ① 무미한 것, 내용이 빈약한 것 ② 비문화성
серп (쎄르쁘)	(남) 낫: ~ и молот 낫과 망치
сертификат (쎄르띠피까트)	(남) 증명서, 증서
серый (쎄리이)	(형) ① 회색의, 재빛의, 뽀얀, 부잇한; ② 무미건조한 ③ 문화성이 낮은
серьга (쎄리가)	(여) 귀걸이
серьёзно	(부) 진지(신중)하게

(쎄료즈나)	
serьёзный (쎄료즈느이)	(형) 신중한, 진지한
сессия (쎄씨야)	(여) ① 회의(會議), 정기회의 ②:[экзаменнационная] ~ 시험기
сестра (쎄쓰뜨라)	(여) ① 누이, 언니, 누나, 누님, 매씨, (여)동생: ② 간호원(看護員)
сесть (쎄쓰찌)	(완) ① 앉다, 걸터앉다 ②: ~ на поезд (в такси) 기차(택시)를 타다;③시작하다: ④ (해달이) 지다; ⑤ 내려앉다, 착륙하다
сетка (쎄뜨까)	(여) ① 그물 ② 구럭, 망태기
сетование (쎄또와니예)	(중) 원망, 불평, 한탄
сетовать (쎄또와찌)	(미완) 원망 (불평, 한탄) 하다
сетчатка (쎄뜨차뜨까)	(여) (해부) 그물막, 망막
сеть (쎄찌)	(여) ① 그물: ② 망(網): ③ 함정(陷穽), 덫, 그물:
сечение (쎄체니예)	(중) ① 단면: ② (의학) 절개:
сечь (쎄치)	(미완) ① 베다, 자르다 ② 갈기다, 후려치다:
сечься (쎄치샤)	(미완) ① (털이) 바스러지다 ② (천의) 실이 풀리다, 찢어지다
сеялка (쎄야르까)	(여) 파종기, 씨뿌리는 기계
сеять (쎄야찌)	(미완) ① (씨앗을)뿌리다, 씨뿌리다, 파종 하다: ② 전파하다, 퍼뜨리다: ③ 채로 치다 ~ муку 가루를 채로 치다
сжалиться (즈랄리쨔)	(완) над *кем*. ~을 동정하다 (가엾이 여기다)
сжатие (즈좌띠예)	(중) 압축(壓縮), 압착(壓着)

Cc

- 1254 -

сжатый¹ (즈좌뜨이)	(형) ① 압축된; ② ~ый кулак 꽉 틀어쥔 주먹; ③ 함축된; ④ 단축된;
сжатый² (즈좌뜨이)	(형) 가을한, 추수한;
сжать¹ (즈좌찌)	(완) ① 압축하다; ② 꽉틀어쥐다(다물다); ③ 함축 (축소) 하다; ④ 단축하다;
сжать² (즈좌찌)	(완) (곡식을) 베다, 가을하다, 추수하다
сжаться (즈좌쨔)	(완) ① 압축되다; ② 꽉 쥐여지다(단물어지다); ③ 옴츠러지다
сжечь (완), сжигать (미완) (즈쮀치) (스쥐가찌)	불살라버리다, 태우다
сжижение (즈쥐줴니예)	(중) 액화(液化), 액체화(液體化)
сжиматься (즈쥐마쨔)	(미완) см. сжаться
сжиться (즈쥐쨔)	(완) ① 어울리다, 친숙해지다; ② 손에 익다, 익숙해지다;
сзади (즈자지)	① (부) 뒤에서 (부터); ② (전) (+생) …의 뒤에 (서);
сибирский (씨비리쓰끼이)	(형) 시베리아의
Сибирь (씨빌리)	(여) 시베리아
сибирский (복수) ~як (남), ~ячка(여) 시베리아사람(들) (씨비르쓰끼이)	
сигара (씨가라)	(여) 엽궐연, 여송연
сигареты (씨가례뜨이)	(복수) 담배, 궐연, 상사초
сигнал (씨그날)	(남) ① 신호; 경보, 부호(符號); ② 경고(警告), 주의, 경계
сигнализация (씨그날리자찌야)	(여) ① 신호, 경보 ② 신호장치, 신호기 ③ 신호체계, 신호망
сигнализировать	(미완, 완) ① 신호하다

Cc

- 1255 -

(씨그날리지로와찌)	② 신호를 주다, 경고하다
сигнальный (씨그날리느이)	(형) 신호의:
сиденье (씨제니예)	(중) (앉는) 자리
сидеть (씨졔찌)	(미완) ① 앉아있다 ② 붙어있다: ③ 머무르다, 감금되어있다; ④ за *чем* (앉아서) ~을 하고 있다: ⑤ (옷이 몸에) 맞다:
сидеться (씨졔짜)	(미완) (무인칭): не сидится дома 집에 앉아 있을 수 없다, 밖으로 나가고 싶다
сидячий (씨쟈치이)	(형) ① 앉은, 앉아있는: ② 한 자리에 오래 앉아서 하는: ③ 앉는, 앉기 위한:
сила (씰라)	(여) ① 힘: ②: ~а тяжести 중력: ③: ~ы (복수) 역량, 세력, 권세, 권력: ④: ~ы (복수) 병력, 군대, 무력: ⑤ 효력, 효능 ⑥ 강제, 주먹다짐:
силач (씰라츠)	(남) 힘장사, 장골(長骨)
силикат (씰리까트)	(남) 규산염(silicate: 硅酸塩)
силиться (씰리짜)	(미완)(+ 미정형) 애쓰다, 애씨~하려 하다
силовой (씰로보이)	(형) 힘의; 동력의: ~ая установка 동력 장치
силой (씰로이)	(부) 강제로, 억지로
силок (씰로크)	(남) 올가미, 올무, 활투(活套)
силос (씰로쓰)	(남) 풀 김치
силосование (씰로쏘와니예)	(중) 풀 김치로 만드는 것
силосовать (씰로싸와찌)	(미완, 완) 풀김치로 만들다
силуэт	(남) ① 검은 반면 영상, 측면영상

(씰루에트)	② 윤곽, 음영(陰影)
сильно (씰나)	(부) ① 몹시, 아주, 대단히; ② 세게 ③ 훌륭하게, 제간 있게
сильный (씰느이)	(형) ① 힘이 센, 강한, 억센: 심한, 큰: ② 굳센: 세찬, 심한: ③ 우수한, 재능있는
симбиоз (씸비오즈)	(남) (새물) 함께 살이
символ (씸보르)	(남) ① 상징 ② 기호, 부호
символизировать (씸볼리지로와찌)	(미완, 완) 상징하다, 상징으로 되다
символизм (씸볼리즘)	(남) 상징주의(象徵主義), 심벌리즘, 심볼리즘(symbolism)
символика (씸볼리까)	(여) ① 상징적의의, 상징적 표현; ② (집합) 상징(象徵), 표상, 심볼
символист (씸볼리쓰트)	(남) 상징주의자
символический (씸볼리체쓰끼이)	(형) 상징의, 상징주의적
символичный (씸볼리츠느이)	(형) 상징적인
симметрично (씸메뜨리츠나)	(부) 대칭적으로
симметричность (씸메뜨리츠노쓰찌)	(여) ① (수학) 대칭; ② 균형성, 조화, 조화성
симметричный (씸메뜨리츠느이)	(형) ① (수학) 대칭의 ② 균형이 잡힌, 조화된
симметрия (씸메뜨리야)	(여) ① (수학) 대칭: ось ~и 대칭축 ② 균형(이 잡힌 것), 조화 ③ (생물) 마주나기, 대생(對生)
симпатизировать (씸빠찌지로와찌)	(미완) 동정 (공감) 하다, 호감을 가지다, 애착을 느끼다
симпатичный (씸빠찌츠느이)	(형) 정이 드는, 호감을 주는, 인상이 좋은
симпатия	(여) 동정, 호감, 애착(愛着)

(씸뻐찌야)

симпозиум　　　　　　　　　(남) 토론회, 좌담회, 심포지엄, 연찬회
(씸뽀지움)

симптом　　　　　　　　　　(남) ① 징조, 징후; ② (의학) 증상, 증세
(씸쁘똠)

симптоматичный　　　　　(형) 징조의
(씸쁘또마찌츠느이)

симулировать　　　　　　(미완,완) *что* ~체하다, ~척하다:
(씨무리로와찌)

симулянт (남), **~ка** (여) 꾀병쟁이, 엄살쟁이
(씨무란트)

симфонизм　　　　　　　　(남) (음악) 교향악예술
(씸포니즘)

симфонический　　　　　(형) 교향악의.
(씸포니체쓰끼이)

симфония　　　　　　　　　(여) ① 교향곡, 심포니(symphony);
(씸포니니야)　　　　　　　　　② 조화(調和), 어울림, 화음:

сингармонизм　　　　　　(남) (언어) 모음조화(母音調和), 홀소리
(씬가르모니즘)　　　　　　　　고름, 홀소리 어울림

синдикат　　　　　　　　　(남) (경제) 신디케이트
(씬디까트)

синдром　　　　　　　　　　(남) (의학) 증후군, 종합증상
(씬드롬)

синева　　　　　　　　　　　(여) ① 푸른색, 푸른 것;
(씬네와)　　　　　　　　　　　② 푸른 공간, 푸른 하늘

синекура　　　　　　　　　(여) 한직 (낡은 사회의 관직)
(씬네꾸라)

синеть　　　　　　　　　　(미완) ① 푸른빛을 띠다, 파래지다:
(씬네찌)　　　　　　　　　　　② 푸르게 (푸르스름하게) 보이다

синий　　　　　　　　　　　(형) 푸른, 파란: ~ее небо(море) 파란
(씬니이)　　　　　　　　　　　하늘(바다)

синица　　　　　　　　　　(여) 박새, 깨새, 백협조(白頰鳥), 사십작
(씬니짜)　　　　　　　　　　　(四十雀), 임작(荏雀)

синоним　　　　　　　　　(남) 뜻이 같은 말, 동의어, 비슷한 말,
(씬노님)　　　　　　　　　　　유의어(類意語, 類義語), 시노님(synonym)

синонимичный (씬노니미쓰늬)	(형) 뜻이 같은
синонимия (씬노니미야)	(여) (언어) 뜻이 같은말, 동의어, 유의어.
синоптик (씬노쁘찌크)	(남) 기상 예보자, 일기 예보원, 일기예보 전문가
синтагма (씬따그마)	(여) (언어) 통합(統合)
синтаксис (씬따크씨쓰)	(남) 문장론
синтаксический (씬따크씨체쓰끼이)	(형) 문장론적인
синтез (씬쩨즈)	(남) ① 종합 ② (화학) 합성
синтезировать (씬쩨지로와찌)	(미완, 완) ① 종합하다 ② (화학) 합성하다
синтетический (씬쩨찌체쓰끼이)	(형) ① (화학) 합성의: ② 종합의, 종합적인
синтомицин (씬또미찐)	(남) 신토미찐
синус (씬누쓰)	(남) (수학) 사인(sine 기호는 sin. 정현(正弦).), 시누스
синхрония (씬흐로니야)	(여) ① 동시성(同時性) ② (언어) 공시태(共時態)
синхронность (씬흐론노쓰찌)	(여) ① 동시성(同時性), 동기성, 동조성; ② 동기발생
синхронный (씬흐론느이)	(형) 동시의: ~ перевод 동시통역:
синька (씬니까)	(여) ① 푸른 물감; ② 푸른색도면 복사지
синяк (씬야까)	(남) 퍼렇게 맺힌 멍
сионизм (씨아니즘)	(남) 유태복고주의
сионист	(남) 유태복고주의자

(씨아니쓰트)

сионистский (씨아니쓰뜨쓰끼이)	(형) 유태복고주의적
сиплый (씨쁘르이)	(형): ~ голос 목 쉰소리
сирена (씨레나)	(여) 고동, 기적, 사이렌
сиреневый (씨레네브이)	(형) 연보라빛의
сирень (씨렌니)	(여) 라일락, 넓은 잎 정향나무
сироп (씨롭)	(남) 진단물, 시럽(syrup)
сирота (씨로따)	(남, 여) 고아(孤兒)
сиротливый (씨로뜰리브이)	(형) 쓸쓸한, 외로운, 고독한
система (씨쓰쩨마)	(여) ① 체계; ② 제도, 체계, 조직; ③ 계통, 기관; ④ 질서, 순서, 절차; ⑤ 부문, 계통 ⑥ 구조(構造), 식, 형;
систематизация (씨쓰쩨마찌자찌야)	(여) ① 체계화(體系化), 계통화; ② 분류(分類), 계통적 배열
систематизировать (씨쓰쩨마찌지로와찌)	(미완, 완) ① 체계(계통) 화하다 ② 분류하다, 계통적으로 배열하다
систематически (씨쓰쩨마찌체쓰끼)	(부) ① 체계적으로 계통적으로; ② 늘, 계속, 항상.
систематический (씨쓰쩨마찌체쓰끼이)	(형) ① 체계적인 계통적인; ② 계속적인, 부단한 ③ (동식물) 분류학의
ситец (씨쩨쯔)	(남) 꽃천
сито (씨따)	(중) 채
ситуация (씨뚜아찌야)	(여) 정세, 사태

ситцевый (씨뜨쩨브이)	(형) 꽃천의, 꽃천으로 지은
сифилис (씨피리쓰)	(남)(의학) 매독(梅毒), 당창(唐瘡), 양매창 창병, 창질, 창(瘡), 독습, 화류병, 습독.
сияние (씨야니예)	(중) 광휘로운 빛, 광채(光彩);
сиять (씨야찌)	(미완) ① 비치다, 빛나다, 반짝이다: ② 기쁨을 금치 못하다
сказание (스까자니예)	(중) 옛이야기, 전설(傳說)
сказать (스까자찌)	(완) ① 말하다, 이야기하다 ② скажем (삽입어) 이를 태면, 말하자면; кстати ~ 겸하여 말한다면:
сказка (스까즈까)	(여) ① 옛말, 옛날이야기 ② 동화(童話) ③ (복수) 꾸며낸 이야기, 거짓말
сказочный (스까조츠느이)	(형) ① 옛말의, 옛말 같은 ② 놀랄만한
сказуемое (스까주예모예)	(중) (언어) 술어(術語), 풀이말, 서술어 설명어
сказываться (스까즤와쨔)	(미완) 나타나다, 반영되다; 영향을 주다
скакалка (스까깔까)	(여) 줄넘기
скакать (스까까찌)	(미완) ① 띄다, 달음박질하다, 질주하다 ② 뛰놀다
скаковой (스까꼬보이)	(형): ~ая лошадь 경마용 말
скала (스깔라)	(여) 바위, 암석; 벼랑, 낭떠러지
скалистый (스깔리쓰뜨이)	(형) 바위가 많은:
скалить (스깔리찌)	(미완): ~ зубы 1) 이빨을 드러내다 2) 웃다, 비웃다
скалка (스깔까)	(여) (반죽을 미는) 밀대

скалывать (스깔리와찌)	(미완) *см.* сколоть
скальп (스깔리쁘)	(남) 머리피부
скальпель (스깔리뻬리)	(남) (작은) 수술칼, 둥근칼
скамейка (스까메이까)	(여) 긴 걸상, 공원의자, 긴 의자, 벤치(bench)
скандал (스깐달)	(남) ① 누추한 일, 더러운 사건: ② 추잡한 싸움, 추태: устроить ~ 추태를 부리다
скандалист (남), ~ка (여) (스깐달리쓰드)	싸움꾼, 추태를 부리는 사람
скандалить (스깐달리찌)	(미완) 추잡한 싸움을 벌리다, 추태를 부리다; 싸우다, 다투다
скандальный (스깐달리느이)	(형) ① 추잡한, 창피한 ② 추잡하게 싸우기를 즐기는 ③ 비방적인, 중상적인:
скапливать(ся) (스까쁠리와찌)	*см.* скопить(ся)
скарб (스까르브)	(남) 가정집물건, 세간(살이)
скарлатина (스까르라찌나)	(여) 성홍열(猩紅熱)
скат¹ (스까트)	(남) 비탈, 경사면, 내리받이
скат² (스까트)	(남) (어류) 가오리, 홍어(洪魚), 요어(鰩魚), 해요어(海鰩魚), 분어(鱝魚)
скат³ (스까트)	(남) (공학) 차바퀴, 차륜
скатать (스까따찌)	(완) ① 말다, 감다: ② 굴리어 둥글게 빗다 (만들다)
скатерть (스까쩨르찌)	(여) 상보; ~ю дорога 어서 가십시오, 말리지 않을터니
скатить (스까찌찌)	(완) 굴려 내리우다:

скатиться (스까찌짜)	(완) 굴러 내리다, 굴러 떨어지다, 미끄러내리다:
скатывать(ся) (스까드이와찌)	*см.* скатить(ся)
скафандр (스까판드르)	(남) 잠수복; 우주(비행사)복
скачки (스까츠끼)	(복수) 경마(競馬)
скачкообразный (스까츠꼬오브라쓰느이)	(형) 비약적인, 급격한
скачок (스까초크)	(남) ① 뜀 ② 비약; 급변
скашивать (스까쉬와찌)	(미완) (풀을) 베다
скважина (스끄와쥐나)	(여) 뚫은 구멍:
сквер (스크붸르)	(남) 소공원(小公園)
скверно (스크붸르나)	(부) 추잡(너절)하게
сквернословить (스크붸르노쓸로비찌)	(미완) 상스러운 말을 하다
скверный (스크붸르느이)	(형) 더러운, 나쁜, 추잡한:
сквозить (스크붜지찌)	(미완) ① (구멍이나 틈새로) 바람이 새어 들어오다: ② 내비치다 ③ 기색이 엿보이다 (느껴지다)
сквозной (스크붜즈노이)	(형) ① 관통의, 꿰뚫고 지나가는: ② 직통의:
сквозняк (스크붜즈냐크)	(남) 틈새바람:
сквозь (스크붜지)	(전) (+ 대) 뚫고:
скворец (스크뷔레쯔)	(남) 찌르레기, 양조(椋鳥)

скелет (스껠레트)	(남) ① 뼈대, 골격(骨格) ② 골조
скептик (스께쁘찌크)	(남) 윗사람이 많은 사람
скептически (스께쁘찌체쓰끼)	(부) 의심스럽게
скептический (스께쁘찌체쓰끼이)	(형) 의심스러운
скетч (스께뜨츠)	(남) (연극) 짧은극, 묶음극
скидка (스끼드까)	(여): 에누리, 월가(越價), 증가(增價)
скидывать(미완), скинуть (스끼디와찌) (스끼누찌)	(완) ① 내려던지다: ② 값을 깎다, 에누리 하다; ③ 벗다, 벗어던지다
скипидар (스끼삐다르)	(남) 테레빈유, 송지유(松脂油)
скирд (남), ~a (여) 낟가리, 더미, 노적가리: ~[a] риса (스끼르드) (벼 낟가리)	
скирдовать (스끼르도와찌)	(미완) 낟가리를 가리다
скисать (미완), скиснуть (스끼싸찌) (스끼스누찌)	(완) ① 시여지다, 쉬다 ② 풀이 죽다, 원기를 잃다
скиталец (스끼딸례쯔)	(남) 방랑객, 유랑자
скитание (스끼따니예)	(중) 방랑(放浪), 유랑(流浪)
скитаться (스끼따쨔)	(미완) 방랑하다, 유랑하다, 떠돌아다니다
склад¹ (스클라드)	(남) ① 창고(倉庫), 고간(庫間) ② 저장(貯藏), 한곳에 많이 쌓아둔 물건
склад² (스클라드)	(남) 됨됨이, 생김새, 기질(氣質):
складка (스클라드까)	(여) ① 주름, 주름살; 구김살 ② 땅주름
складной	(형) 접었다 폈다하는: ~ нож 접칼

- 1264 -

(스클라드노이)

складный
(스클라드느이)
(형) ① 잘 생긴, 균형이 잡힌;
② 조리 있는:

складчина
(스클라드치나)
(여): устроить ~y 공동출자하다:

складывать(ся)
(스클라듸와찌)
см. сложить(ся)

склеивать
(스클레이와찌)
(미완) (풀 등으로) 붙이다

склеиваться
(스클레이와쨔)
(미완) 붙다, 들어붙다

склеить(ся)
(스클레이찌)
см. склеивать(ся)

склеп
(스클레쓰)
(남) 돌방, (지하실로 된) 분묘

склероз
(스클레로즈)
(남) 경화증(硬化症)

склока
(스클로까)
(여) 말썽, 옥신각신; 불하, 개싸움

склон
(스클론)
(남) 경사(傾瀉), 비탈, 자드락:

склонение
(스클로네니예)
(중) ① (언어) 격변화(格變化) ② (물리) (자기) 편차(偏差), 편의(偏倚)

склонить(ся)
(스클로니찌)
см. склонять(ся)

склонность
(스클론노쓰찌)
(여) 취미(趣味), 소질(素質)

склонять
(스클로냐찌)
(미완) ① 기울이다, 수이다 ② 설복하다, 권고하다,~하도록 마음을 돌리다; ③ (언어) 격변화시키다, 격에 따라 변화시키다

склоняться
(스클로냐쨔)
(미완) ① 기울어지다, 수그러지다:
② (어떤 의견 등을) 받아들이다, 수긍하다
③ 격변화되다, 격에 따라 변화되다.

склочник (남), **~ца** (여) 말썽꾼, 말썽쟁이, 싸움꾼
(스클로츠니크)

склянка (스클랴까)	(여) (작은) 유리병, 약병
скоба (스꼬바)	(여) ① 손잡이쇠, 고리 ② 꺾쇠
скобка (스꼬브까)	(여) 묶음표, 괄호():
скоблить (스까블리찌)	(미완) 밀어 깎다, 긁어내다
сковать (스까와찌)	*см.* сковывать
сковорода (스까붜로다)	(여) 지짐판, 번철, 후라이팬
сковывать (스꼬븨와찌)	(미완) ① 벼리다, 벼려서 만들다; ② 잇다, 단접하다, 잇대다; ③ 구속하다, 행동을 제어하다; ④ 얼구다, 냉동시키다:
сковырнуть (스까븨르누찌)	(완) 긁어뜯다
сколачивать (미완), ~отить (완) (스꼴라치와찌)	① 두드려 맞추다 (붙이다), 만들다: ② 못다, 조직 (편성)하다 ③ 모으다, 축적하다
сколоть (스깔로찌)	(완) ① 때려서(때어내다): ② (빈침 등으로) 철하다, 연결하다.
сколь (스꼴)	(부) 얼마나:
скольжение (스깔줴니예)	(중)미끄럼, 지치기
скользить (스깔지찌)	(미완) 미끄러지다; 지치듯 지나가다:
скользкий (스깔즈끼이)	(형) ① 미끄러운, 미끈미끈한: ② 의심스러운, 믿을 수 없는: ③ 까다로운, 난처한, 애매한:
скользко (스꼴즈까)	(술어)(무인칭):здесь ~ 여기는 미끄럽다
скользящий (스깔쟈쉬이)	(형)~ график 고정되지 않은 작업진행표

сколько (스꼴까)	(대), (부) ① 얼마, 몇: ② 얼마나 많은:
сколько-нибудь (스꼴까-니부디)	(부) ① 얼마간, 얼마쯤: ② 어느 정도
скомандовать (스까만도와찌)	(완) 구령하다, 호령하다
скомбинировать (스깜비니로와찌)	*см.* комбинировать
скомканный (스꼼깐느이)	(형) 꾸겨진
скомкать (스꼼까찌)	(완) ① 꾸기다, 꾸겨 뭉치다; ② 되는대로 해치우다, 망치다, 그르치다
сконфуженно (스깐푸줸나)	(부) 무안해서
сконфуженный (스깐푸줸느이)	(형) 무안해 하는
сконфузить(ся) (스깐푸지찌)	*см.* конфузить(ся)
скончаться (스깐차짜)	(완) 서거하다, 사망하다, 돌아가다:
скопить (스까삐찌)	(완) 모으다, 축적하다
скопиться (스까삐짜)	(완) ① 모이다, 축적되다; ② 모여들다, 집결되다
скопище (스꼬삐쉐)	(중) 군중, 군집, 오합지중(烏合之衆)
скопление (스까쁠레니예)	(중) 운집, 무리, 떼
скорбеть (스까르베찌)	(미완) 슬퍼하다, 애도하다
скорбный (스꼬르브느이)	(형) 슬퍼하는, 애도의
скорбь (스꼬르비)	(여) 슬픔, 비애(悲哀)
скорее, скорей	① (скорый 및, скоро의 비교급)(보다)

Cc

(스까례예, 스꼬레이)	더 빠른, (보다)더 빨리: ② 이왕이면, 차라리:
скорлупа (스까르루빠)	(여) 껍질, 껍데기: ~я́я ца́ 계란껍질
скорня́к (스까르냐크)	(남) 털가죽 가공공
ско́ро (스꼬로)	(부) ① 오래지 않아, 곧 ② 급속히
скорогово́рка (스까로고보르까)	(여) ① 빠른 말: ② 빨리 발음하기 힘든 음들의 연속
скоропали́тельный (스까로빨리쩰느이)	(형) 너무 조급한:
скорописный (스까로삐쓰느이)	(형) 흘려 갈겨 쓴
ско́ропись (스꼬로삐시)	(여) 흘린(글씨)체: писа́ть ~ю 흘려쓰다
скоропо́ртящий ся (스까로뽀르쨔쉬이쌰)	(형) 썩기 쉬운, 빨리 씩는:
скоропости́жно (스까뽀쓰찌쥐나)	(부) 급성병으로, 불의에, 뜻밖에
скоропости́жный (스까뽀쓰찌쥐느이)	(형): ~ая смерть (또는 кончи́на) 급살, 불의의 서거
скороспе́лый (스까로쓰뻴르이)	(형) ① 올되는, 조숙하는: ② 조급한, 지나치게 성급히 만든: ~ый вы́вод 섣불리 내린 결론
скоростно́й (스까로쓰뜨노이)	(형) ① 속도의: ~бо́й 속전의: ② 고속도의:
ско́рость (스까로쓰찌)	(여) 속도, 속력, 빠르기
скоросшива́тель (스까로쓰쉬바쩰)	(남) 서류철(書類綴), 파일(file)
скорпио́н (스까르뻬온)	(남) (동물) 전갈(傳喝), 채미충(蠆尾蟲), 채충(蠆蟲), 스콜피온.
ско́рый (스꼬릐이)	(형) ① 빠른, 속력이 빠른: ② 멀지 않은: ③ 지나치게 서두르는, 성급한

- 1268 -

скосить (스까씨찌)	(완) (풀, 곡식 따위를) 베다
скот (스꼬트)	(남) (집합) (네발가진) 집짐승, 가축
скотина (스까찌나)	(여) 집짐승, 가축
скотник (남), ~ца (여) (스꼬뜨니크)	집짐승 사육공, 가축 사육자
скотный (스꼬뜨느이)	(형): ~ двор 집짐승우리, 가축우리
скотобой ня (스까또보이냐)	(여) 도살장(屠殺場)
скотовод (스까또볻)	(남) 집짐승사육자, 축산노동자
сктоводство (스까또볻쓰뜨뷔)	(중) 축산업, 목축업(牧畜業)
скотский (스꼬뜨쓰끼이)	(형) ① 집짐승의, 가축의 ② 비열한, 추악한 더러운
скрасить (완), ~шивать (미완) (스크라씨찌)	아름답게 하다, 미화하다(부정적인 것이 눈에 뜨이지 않게 하다)
скрежет (스크레쩨트)	(남) 빠드득 소리, 새된 소리
скрежетать (스크레쩨따찌)	(미완) 빠드득 소리를 내다:
скрепер (스크레뻬르)	(남) 평토기, 긁개(삽)
скрепить (스크레삐찌)	(완) см. скреплять
скрепка (스크레쁘까)	(여) 그르쁘, (종이) 물리개
скреплять (스크레쁠랴찌)	(미완) ① 붙이다, 죄어 매다. ② 튼튼히 연결시키다, 고정시키다; ③ 서명하여 확증(인증)하다:
скрести (스크레쓰찌)	(미완) ① 긁다, 허비다, 할퀴다 ② 비벼서 (문질러) 닦다
скрестись	(미완) 할퀴여 소리를 내다, 갉는 소리를

Cc

(스크레쓰찌시)	내다
скрестить (스크레쓰찌)	(완) ① 엇걸다, 교차시키다, 십자형으로 놓다; ②(새들을) 교배시키다, 교미시키다,
скрещение (스크레쒜니예)	(중) 교차 (점)
скрещивание (스크레쒸와니예)	(중) (새물) 교배, 교미(交尾)
скрещивать (스크레쒸와찌)	*см.* скрестить
скривить (스크리비찌)	(완) *см.* кривить
скрип (스크리쁘)	(남) 삐걱거리는 소리
скрипач (남), ~ка (여) 바이올린연주가 (스크리빠츠)	
скрипеть (스크리뻬찌)	(미완) ① 삐걱거리다 ② 생명을 겨우 유지하다
скрипка (스크리쁘까)	(여) 바이올린
скрипнуть (스크리쁘누찌)	*см.* скрипеть
скроить (스크로이찌)	(완) *см.* кроить
скромничать (스크로므니차찌)	(미완) 겸손하게 굴다, 사양하다
скромно (스크로므나)	(부) 겸손 (소박, 수수)하게
скромность (스크로므노쓰찌)	(여) 겸손성, 수수한 것
скромный (스크로므느이)	(형) ① 겸손한; ② 얌전한, 수줍어하는; ③ 소박한, 검박한; ④ 변변치못한, 박한;
скрупулёзно (스크루뿔료즈나)	(부)아주 세밀하게
скрупулёзный (스크루뿔료즈느이)	(형) 아주 세밀한, 정밀한

скрутить (완), скручивать (미완) (스크루찌찌)	(미완) ① 꼬다, 말다, 비틀다: ② 매다, 묶다, 결박하다
скручиваться (스크루치와짜)	(미완) 꼬이다, 말리다, 비틀리다
скрывать (스크리와찌)	(미완) 숨기다, 감추다, 은폐하다:
скрываться (스크리와짜)	(미완) 숨다, 자취를 감추다, 사라지다:
скрытно (스크리뜨나)	(부) 물레, 비밀리에, 숨어서
скрытность (스크리뜨노쓰찌)	(여) 속을 주지 않는 것, 털어놓지 않는 것
скрытный (스크리뜨느이)	(형) 속을 주지 않는, 털어놓지 않는, 묵묵한
скрытый (스크리뜨이)	(형) 숨은, 비밀의
скрыть(ся) (스크리찌)	*см.* скрывать(ся)
скряга (스크랴가)	(남, 여) 깍쟁이, 구두쇠
скудный (스꾸드느이)	(형) ① 빈약한, 부족한: ② 가난한, 구차한
скука (스꾸까)	(여) ① 갑갑증, 권태: ② 우롱
скула (스꿀라)	(여) 광대뼈
скуластый (스꿀라쓰뜨이)	(형) 광대뼈가 나온
скулить (스꿀리찌)	(미완) ① (개가) 가련하게 울다 ② (사람) 하소연하다, 울상을 하다, 울다
скульптор (스꿀쁘또르)	(남) 조각가(彫刻家)
скульптура (스꿀쁘뚜라)	(여) ① 조각 (품) ② 조각술
скумбрия	(여) 고등어, 청어(鯖魚), 고도어

Cc

– 1271 –

(스꿈브리야)	(古刀魚. 高刀魚.高道魚),
скупать (미완), ~ить (완) (스꾸빠찌)	죄다 사들이다, 많이 사다(사들이다)
скупиться (스꾸삐쨔)	(미완) 깍쟁이부리다, 지나치게 아끼다
скупка (스꾸쁘까)	(여) 사는 것 사들이는 것, 수매
скупой (스꾸뽀이)	(형) ① 인색한, 깍쟁이부리는 ② 빈약한
скупость (스꾸뽀쓰찌)	(여) 인색한 것, 깍쟁이근성
скучать (스꾸차찌)	(미완) ① 권태를 느끼다, 답답(심심)해 하다; ② 그리워하다:
скучно (스꾸쓰나)	(부) ① 갑갑하게, 진저리나게, 재미없이 ② (술어) 심심하다, 갑갑하다, 적적하다
скучный (스꾸쓰느이)	(형) ① 재미없는, 따분한 ② 감감(울적) 해하는
скушать (스꾸샤찌)	(완) см. кушать
слабеть (슬라볘찌)	(미완) 약해지다, 잠잠해지다:
слабительное (슬라비찔노예)	(중) 설사약: 지사제, 설사제, 사제, 사약 사재(瀉材)
слабо (슬라바)	(부) 약하게, 미약하게
слабовольный (슬라보볼리느이)	(형) 의지가 약한, 마음이 약한
слабосильный (슬라바실리느이)	(형) 약한, 무력한, 연약한, 박약한, 물리적(기계적) 에너지원(源)
слабость (슬라보쓰찌)	(여) ① 약한 것; 나약성 ② (육체적) 힘 의 부족, 허약; ③ 약점 ④ (버리기 힘든) 버릇 습관, 경향
слабоумие (슬라보우미예)	(중) 정신박약(精神薄弱), 지력쇠퇴
слабоумный	(형) 머리가 나쁜

(슬라보옴느이)

слабохарактерный
(슬라보하라크쩰느이)
(형) 성격이 무른, 나약한

слабый
(슬라브이)
(형) ① 약한, 힘 (맥) 없는: ② 허약한, 쇠약한: ③ 미미한, 불충분한: ④ 나약한, 주대가 없는: ⑤ 재능이 부족한: ⑥ ~ый мотор 마력(동력)이 약한 전동기(반동기)

слава
(슬라바)
(여) ① 영광, 명예, 명성, 영예:
② 평판, 소문, 명성:
③ (차양할 때 쓰는 말) 영광이 있으라:

славить
(슬라비찌)
(미완) ① 찬양 (차미, 칭찬)하다
② 나쁜 소문을 퍼뜨리다

славиться
(슬라비짜)
(미완) 이름나다, 명성을 떨치다

славный
(슬라브느이)
(형) ① 영광스러운, 영예로운
② 훌륭한, 아주 좋은, 마음에 드는

славословить
(슬라바쓸로비찌)
(미완) (신을) 찬미하다, 찬송하다, 칭찬[칭송]하다, 기리다, 찬사를 드리다

славяне (복수) (~ин (남), ~ка (여)) 슬라브사람 (들)
(슬라뱌네)

славянский
(슬라뱐쓰끼이)
(형) 슬라브 민족의

слагаемое
(슬라가예모예)
(중) (수학) 더해질 수

слагать
(슬라가찌)
(미완) см. сложить

сладить
(슬라지찌)
(완) ① 처리하다:
② 잘 다루다: 이기다, 극복;

сладкий
(슬라드끼이)
(형) 단, 달콤한; 기분이 좋은

сладкое
(슬라드꼬예)
(중) 단것; (기본식사 후에 내놓는) 과일이나 당과류

сладость
(슬라도쓰찌)
(여) ① 단 것, 단맛
②: ~и (복수) 당과류, 단음식

слаженность
(슬라줸노쓰찌)
(여) 질서정연한, 행동의 일치

слаженный (슬라줸느이)	(형) 손발이 맞는, 행동일치가 보장된, 통일된, 질서가 정연한
слайд (슬라이드)	(남) 환등필림
слалом (슬랄롬)	(남) 장애물스키(타기)
сламомист (슬랄로미쓰트)	(남) 장애물 스키선수
сланец (슬라네쯔)	(남) 짜개바위, 편암
сланецевый (슬라네쩨브이)	(형) 편암의
сластёна (슬라쓰죠나)	(남, 여) 단 것을 좋아하는 사람
сласть (슬라쓰찌)	(미완) 보내다, 발송하다
слащавый (슬라샤브이)	(형) 달코무레한, 달착지근한; 알랑거리는
слева (슬레와)	(부) ① 왼쪽에; ② 왼쪽에서부터
слегка (슬레그까)	(부) 좀, 약간, 가볍게; 살짝
след (슬레드)	(남) ① 발자국; ② 자취, 흔적: ③ 신바닥, 구두바닥
следить (슬레지찌)	(미완) за кем-чем ① (움직이는 것을 시선으로) 뒤따라보다, 살피다: ② 주시하다: ③ 돌보다, 보살피다: ④ 뒤따르다, 추적하다:
следователь (슬레도와쩰)	(남) 예심원
следовательно (슬레도와쩰리나)	(접) 그리하여, 따라서, 그러기에:
следовать (슬레도와찌)	(미완) ① за кем-чем 뒤를 따라가다, 좇다 ② 가다 ③ кому-чему 지침으로 삼다, 모범을 따르다 ④ 나오다:
следом	(부) 바싹 뒤따라서

(슬레돔)

следствие¹
(슬렛쓰뜨비예)
(중) 결과, 결말

следствие²
(슬렛쓰뜨비예)
(중) 취조(取調), 조사(調査), 예심:

следующий
(슬레두유쉬이)
(형) ① 다음에, 뒤에 오는, 후에:
② (규정 대) 다음과 같은, 다음*

слежка
(슬레쥐까)
(여) 감시, 미행; 밀정노릇

слеза
(슬레자)
(여) 눈물: 누액, 누수

слезать
(슬레자찌)
(미완) *см.* слезть

слезиться
(슬레지짜)
(미완): глаза ~ятся от дыма 연기 때문에 눈물이 난다

слёзно
(슬료즈나)
(부): ~ просить 애걸복걸하다

слёзный
(슬료즈느이)
(형):~ая просьба (애원, 애걸)

слезоточивый
(슬레조또치브이)
(형): ~ая бомба 최루탄: ~ый газ 최루성가스

слезть
(슬레즈찌)
(완) ① 기어내리다; 내려오다:
② (차에서) 내리다; ③ 벗겨지다, 빠지다

слепень
(슬레뻬니)
(남) (곤충) 등에, 비망, 목망, 망충

слепец
(슬레뻬쯔)
(남) 눈 먼사람, 소경, 장님, 맹인

слепить¹
(슬레삐찌)
(미완) 눈비시게 하다, 눈을 못보게 하다, 눈을 못 뜨게 하다:

слепить²
(슬레삐찌)
(완) ① (석고 등으로) 빚어 만들다
② (풀로) 붙이다

слепнуть
(슬레쁘누찌)
(미완) 눈이 멀다, 소경이 되다

слепо
(슬레빠)
(부) 맹목적으로

слепой (슬레뽀이)	(형) ① 눈이 먼, 보지 못하는: ② 맹목적인, 분별없는
слепота (슬레뽀따)	(여) ① 눈이 먼 것, 앞 못 보는 것; ② 암둔, 무지:
слесарь (슬레싸리)	(남) 철공: ~ -сборщик (금속제품의) 조립공, 완성공
слёт (슬료트)	(남) 대회, 회의
слетать(ся) (슬레따찌)	*см.* слетать(ся)
слететь (슬레쩨찌)	(완) ① 날아 내리다; 벗겨져 떨어지다: ② 날아나다
слететься (슬레쩨짜)	(완) 날아 (모여)들다
слечь (슬레치)	(완) 앓아눕다
слива (슬리와)	(여) ① 자두, 자도, 자리, 가경자, 오얏; ② 자두나무, 오얏나무
сливать (슬리와찌)	(미완) ① 옮겨붓다, 한데 쏟아 모으다; ② 합치다, 통합하다
сливаться (슬리와짜)	(미완)①(한흐름으로) 합치다, 합류하다; ② 하나가 되다, 합쳐지다 ③ 통합 (융합)되다
сливки (슬리브끼)	(복수) 소젖의 기름, 크림
сливочный (슬리뷔츠느이)	(형): ~ое масло 버터
слизистый (슬리지쓰뜨이)	~ая оболочка 점막
слизь (슬리지)	(여) 점액, 진액
слинять (슬리냐찌)	(완) *см.* линять
слипаться(미완), слипнуться (완) ① (서로) 맞붙다: (슬리빠짜)	

— 1276 —

слитно (슬리뜨나)	(부) 합쳐서, 붙여서: писать ~ 붙여 쓰다
слитный (슬리뜨느이)	(형) 한데 붙인, 결합된:
слиток (슬리따크)	(남) 쇠덩어리, 강피
слить(ся) (슬리찌)	*см.* сливать(ся)
сличать (미완), **~ить** (완) 대비 (대조)하다 (슬리차찌)	
слишком (슬리쉬꼼)	(부) 너무, 지나치게
слияние (슬리야니예)	(중) 합치기, 통합, 합류
словаки (복수) (~к (남), ~чка (여)) 슬로베니아 사람(들) (슬로와끼)	
Словакия (슬로와끼야)	(여) 슬로베니아 (체코슬로베키아의 동부지방)
словарик (슬로와리크)	(남) 어휘집, 소사전(小辭典)
словарный (슬로와르느이)	(형): ~ состав[язык] 어휘(구성)
словарь (슬로와리)	(남) ① 사전, 딕셔너리(dictionary): ② 어휘, 낱말, 단어; 사휘, 보캐뷸러리 (vocabulary), 렉시콘(lexicon)
словацкий (슬로와쯔끼이)	(형) 슬로베니아(Slovenia)의
словествовать (슬로볘쓰뜨븨와찌)	(여) 문화, 구전 (서사) 문학
словник (슬로브니크)	(남) (사전류의) 올림말구성, 올림말표
словно (슬로브나)	(접) 마치 ~처럼 (같은):
слово (슬로붜)	(중) ① 단어, 어휘, 낱말 ② 말, 언어: ③ 이야기, 말, 회화; ④ 연설, 변론, 강연, 웅변: ⑤ 언론, 발언권: ⑥ 약속:

	⑦: ~a (복수) 빈말공부, 빈소리, 공담:
	⑧: ~a (복수) 가사(家事):
словоизменение (슬로븨이즈메네니예)	(중) 단어변화, 어휘변화
словом (슬로봄)	(삽입어) 한마디로 (말해서)
словообразование (슬로븨오브라조바니예)	(중) 단어 만들기, 단어조성
словопроизводство (슬로븨쁘로이즈본쓰뜨븨)	(중) 파생어조성
словосложение (슬로븨쓸로줴니예)	(중) 단어합성
словосочетание (슬로븨쏘체따니예)	(중) 단어결합(單語結合):
словоупотребление (슬로븨우뽀뜨레블레니에)	(중) 단어의 사용, 단어의 사용법
словоформа (슬로븨포르마)	(여) 단어형태
слог (슬로그)	(남) 소리마다, 음절(音節)
слоговой (슬라가보이)	(형) 소리마다의, 음절의: ~ое письмо 음절문자
сложение (슬라줴니예)	(중) ① 더하기, 가하기 ② 합성; 구성, 구조 ③ 몸생김, 체격(體格)
сложить (슬라쥐찌)	(완) ① 쌓다, 모아놓다, 한데 넣다; ② 접다, 접어개다: ③ 합하다, 더하다: ④ 짓다, 작성하다:⑤ 내리다,내려놓다, 제거하다: ⑥ 벗다, 벗기다, 떼 내다.: ⑦ 쌓아서 만들다
сложиться (슬라쥐쨔)	(완) ① 이루어지다, 형성되다; ② 성숙되다, 자리가 잡히다; ③ 추렴하다, 같은 돈을 내다
сложно (슬로즈나)	(부) ① 복잡하게; ② (술어로) 복잡하다, 착잡하다
сложность (슬로즈노쓰찌)	(여) 복잡성(複雜性);

Cc

- 1278 -

сложный (슬로즈느이)	(도형) ① 합성의, 복합의: ~ое слово 합성어: ② 복잡한, 착잡한
слоистый (슬로이쓰뜨이)	(형): ~ые облака 층구름
слой (슬로이)	(남) ① 층, (겹겹이) 쌓인 것, 포개진 것: ② 계층(階層), 사회층:
сломать(ся) (슬로마찌)	см. ломать(ся)
сломить (슬로미찌)	(완) ① 꺾다, 부러뜨리다, 자르다; ② 이기다, 좌절시키다:
слон (슬론)	(남) 코끼리; ~а не приметить (야유) 제일 중요한 것을 못보다
слоновый (슬로노브이)	(형) 코끼리의: ~ая кость 상아
слоняться (슬로냐쨔)	(미완) 빈둥거리다, (일없이) 거닐다:
слуга (슬루가)	(남) ① 하인, 심부름꾼 ② 충복; 봉사자
служанка (슬루잔까)	(여) 하인(下人), 종, 서번트(servant)
служащий (슬루좌쉬이)	(남) 사무원(事務員)
служба (슬루쥐바)	(여) ① 복무, 근무: ② 일, 일터, 직무: ③ 계통(系統), 부서(部署), 기관:
служебный (슬루쥐브느이)	(형) ① 근무성의, 직무의: ② (언어) 보조적인
служение (슬루줴니예)	(중) 복무(服務), 봉사(奉事)
служитель (슬루쥐쩰)	(남): ~ культа 종교인, 승려
служить (슬루쥐찌)	(미완)① 복무하다, 이바지하다, 봉사하다: ② 일하다, 근무하다 ③ чем ~의 역할을 하다, ~로 되다(되어있다)
слух (슬루흐)	(남) ① 청각, 듣기 감각, 청감, ② 음감; ③ 소문(所聞), 풍문(風門):

- 1279 -

слуховой (슬루호보이)	(형) 청각의: ~ аппарат 보청기(補聽器)
случай (슬루차이)	(남) ① 경우: ② 기회, 시기; 찬스 (chance), 호기; ③ 일, 사건, 사고:
случайно (슬루차이나)	(부) 우연히; не ~ 우연한 일이 아니다, 우연하지 않다
случайность (슬루차이노쓰찌)	(여) ① 우연성, ② 우연한 일
случайный (슬루차이느이)	(형) 우연한의, 우연적인
случать (슬루차찌)	(미완) 교미시키다, 흘레(교접)시키다
случаться (슬루차쨔)	*см.* случиться
случить (슬루치찌)	(완) *см.* случать
случиться (슬루치쨔)	(완) ① 일어나다, 발생하다: ② (무인칭) (+ 미정형) 기회가 있다
слушание (슬루샤니예)	(중): ~дела (법학) 사전심의
слушатель (슬루샤쩰)	(남) ① 듣는 사람, 청취자 ② 청강생
слушать (슬루샤찌)	(미완) ① 듣다, 청취하다; ② (법학) 심의하다; ③ 강의를 받다; ④ 말을 듣다, 복종하다;
слушаться (슬루샤쨔)	(미완) 말을 듣다, 복종하다;
слыхать (슬리하찌)	① 듣다; 감촉하다; ② (미정형으로,무인칭): ничего не ~ть 1) 아무것도 들리지 않는다. 2) 아무 소식도 없다
слышать (슬리샤찌)	(미완) ① 듣다, 들리다: ② (접속사 что 와 함께) 소식 (소문)을 듣다:
слышаться (슬리샤쨔)	(미완) 들리다, 올리다:
слышимость (슬리쉬모쓰찌)	(여) 들리는 것

слышно (슬릐쉬나)	(술어로, 무인칭) ① 들리다; ② 소식이 있다;
слышный (슬릐쉬느이)	(형) 들리는. 들을 수 있다
слюда (슬류다)	(여) 돌비늘, 운모
слюна (슬류나)	(여) ① 침, 타액 ②: слюни (слюнки) текут 군침이 돈다, (매혹적인 대상에 대하여) 침을 질질 흘린다.
слюнить (슬류니찌)	(미완) 침을 바르다
слякоть (슬랴까찌)	(여) ① (비나 진눈가비가 온 뒤의) 진창, 진땅 ② 궂은 날씨, 진날
смазать (스마자찌)	(완) *см.* смазывать
смазка (스마스까)	(여) ① (기름 등을) 바르는 것, 기름치기, 주유 ② 윤활유, 윤활제
смазливый (스마즐리브이)	(형) 고운, 예쁜
смазчик (스마즈쓰치크)	(남) 주유공
смазывать (스마즤와찌)	(미완) *чем* 바르다, 칠하다;
смаковать (스마꼬와찌)	(미완) ① 맛있게 먹다(마시다) ② 흡족해하다, 흥겨워하다
сманивать (미완), сманить (완) 꾀어내다, 유혹하다 (스마니와찌)	
смастерить (스마쓰쩨리찌)	(완) *см.* мастерить
сматывать (스마띄와찌)	(미완) *см.* смотать
смахивать (미완), смахнуть (완) 털다, 털어버리다 (스마히와찌)	
смачивать (스마치와찌)	(미완) *см.* смочить

смежный (스몌즈느이)	(형) 인접한, 근접한; ~ые углы (수학) 접각
смекалка (스몌깔까)	(여) 머리가 잘 도는 것, 이해력이 빠른 것, 촉기가 빠른 것
смекать (미완), **~нуть** (완) (스몌까찌)	알아채다, 눈치 채다, 궁리(통찰)하다
смело (스몔로)	(부) 용감하게, 대담하게
смелость (스몔로쓰찌)	(여) 용감성, 대담성, 용기
смелый (스몔르이)	(형) 용감한, 대담한, 담이 큰
смельчак (스몔차크)	(남) 용감한 사나이, 용사
смена (스몌나)	(여) ① 바꾸는 것, 교체; ② 교대, 교대시간, 대거리; ③ 교대반; ④ (야영의) 기; ⑤ (갈아입을) 옷 한 벌;
сменить (스몌니찌)	(완) ① 바꾸다, 교체하다; ② 교대 (대신)하다
смениться (스몌니쨔)	(완) ① 교체되다, 갈리다; ② 바뀌어 지다, 엇바뀌다
сменный (스몐느이)	(형) ① 바뀌는, 갈아대는; ② 교대의
сменщик (스몐쉬크)	(남) 교대운전수, 교대승무원, 교대기능공
сменять(ся) (스몌냐찌) (스몌냐쨔)	*см.* сменить(ся)
смерить (스몌리찌)	(완) *см.* мерить
смеркаться (스몌르까쨔)	(미완) 어슬어슬해지다, 날이 저물다, 땅거미지다
смертельно (스몌르쪨카)	(부) 죽을 지경으로, 극도로
смертельный (스몌르쪨느이)	(형) ① 치명적인, 파멸적인 ② 극도의

смертность (스메르뜨노쓰찌)	(여) 사망률(死亡率)
смертный (스메르뜨느이)	(형) ①;~ая казнь 사형; ② 결사적인;
смертоносный ; (스메르또노쓰느이)	~ое оружие 살인무기
смерть (스메르찌)	(여) ① 죽음, 사망; ② 파멸, 멸망
смерч (스메르츠)	(남) ① 돌풍(돌개바람의 한 종류) 급풍; ② 회오리바람, 회리바람; 소소리바람
сместитель (스메스찌쩰)	(남) (공학) 혼합기, 교반기
смести (스메스찌)	(완) ① 쓸어버리다, 소탕하다 ② 쓸어 모으다
сместить (스메스찌찌)	(완) ① 해임(해직, 면직, 파면)시키다 ② 옮기다, 바꾸다, 변경하다
сместиться (스메스찌쨔)	(완) 비뚤어지다, 자리(위치)가 바꾸어지다
смесь (스메시)	(여) 섞임 물질, 혼합물(混合物)
смета (스메따)	(여) 예산(豫算), 채산(採算)
сметана (스메따나)	(여) 우유크림
сметать (스메따쯔)	(미완) *см*. смести
сметливый (스메뜰리브이)	(형) 눈치(총기) 빠른, 영리한
сметь (스메찌)	(미완) (+ 미정형) 감히 ~하다.
смех (스메흐)	(남) ① 웃음 (소리); ② 웃음거리;
смехотворный (스메호뜨보르느이)	(형) 우스운, 가소로운
смешанный	(형) 혼성의, 혼합된, 섞여진

(스메샤느이)

смешать (스메샤찌)	(완) ① 섞다, 혼합하다 ② 뒤섞다, 혼탁 시키다. ③ 혼동하다, ~을 ~으로 잘못 생각하다
смешаться (스메샤쨔)	(완) ① 섞이다, 호합되다 ② 휩쓸려 들어가다, 북새통에 슬그머니 끼어들다;
смешание (스메샤니에)	(중) 혼합(混合); 혼란(混亂), 혼동(混同)
смешать(ся) (스메샤찌)	*см.* смешать(ся)
смешить (스메쉬찌)	(미완) 웃기다
смешно (스메쉬노)	(부) ① 우습게, 재미나게, 웃음 나게 ② (술어로) 우습다, 웃음이 난다
смешной (스메쉬노이)	(형) 우스운, 가소로운
смещать(ся) (스메샤찌)	*см.* смечтить(ся)
смещение (스메쉐니에)	(중) ① 위치변화, 비뚤어지는 것 ② 해임, 면직, 해직, 파면
смеяться (스메야쨔)	(미완) ① 웃다 ② над *кем-чем* ~를 비웃다, 조롱하다
смириться (스미리쨔)	(완) 순종하다, 따르다
смирно (스미르나)	(부) ① 온순 (공손) 하게 ② (구령) 차렷!
смирный (스미르느이)	(형) 온순한, 공손한, 얌전한
смола (스말라)	(여) (나무의) 진(津), 타르(tar), 수지:
смолкать (미완), смолкнуть (완) 잠잠해지다 (스말까찌) (스몰ㄲ누찌)	
смолоду (스몰로두)	(부) 젊었을 때부터
смолчать	(완) 말을 안 하다, 대답을 하지 않다,

(스말차찌)	침묵하다
смор<i>к</i>аться (스마르까쨔)	(미완) 코를 풀다
смородина (스마로지나)	(여) ① 까치밥 ② 까치밥나무
сморщить(ся) (스모르쉬찌)	*см.* морщить(ся)
смотать (스마따찌)	(완) 감다.
смотр (스모뜨르)	(남) ① 사열, 열병, 시찰; ② 사회적 심사, 전람, 축전
смотреть (스마뜨레찌)	(미완) ① 보다; 쳐다보다 ② 구경 (열람)하다 ③ 검열 (사열)하다; 진찰하다 ④ за *кем-чем* 보살피다; 감시하다
смотреться (스마뜨레쨔)	(미완) 자기를 보다;
смотритель (스마뜨리쩰)	(남) 감독자, 감시원; 책임자
смотровой (스마뜨로보이)	(형) ① 보기 원하는; 감시용의, 관찰용의; ② 사열의, 열병의
смочить (스마치찌)	(완) 축이다, 적시다, 녹녹하게 하다
смочь (스모치)	(완) *см.* мочь
смрад (스므라드)	(남) 악취, 고약한 냄새
смуглый (스무글르이)	(형) 거무스레한
смута (스무따)	(여) 분쟁(紛爭), 알력;
смутить (스무찌찌)	(완) 무안하게 하다, 난처하게 하다
смутиться (스무찌쨔)	(완) 무안(난처, 당황)해하다, 어찌 할 바를 모르다
смутный	(형) 희미한, 막연한, 어렴풋한;

(스무뜨느이)

смущать(ся) (스무샤찌)	*см.* смутить(ся)
смущение (스무쉐니예)	(중) 무안(난처)해 하는 것
смущённый (스무숀느이)	(형) 무안(난처)해 하는. 어찌 할 바를 모르는
смывать(ся) (스믜와찌)	*см.* смыть(ся)
смыкать(ся) (스믜까찌)	*см.* сомкнуть(ся)
смысл (스믜쓸)	(남) ① 뜻, 의미, 내용 ② 목적, 의의;
смыслить (스믜쓸리찌)	(미완) в чём. ~을 알다, 이해하다
смыть (스믜찌)	(완) ① 씻다, 씻어버리다 ② 쓸어가다, 씻어 내려가다.
смыться (스믜짜)	(완) ① 씻어지다, 씻어 없어지다 ② (슬며시, 갑자기) 사라지다, 없어지다
смычка (스믜츠까)	(여) ① 연계 ② (공학) 연결점
смычный (스믜츠느이)	(형)(언어) 파찰음의; ~ощелевые согласные 파찰음
смычок (스믜초크)	(남) (악기의) 활, 궁(弓)
смышлёный (스믜쉬료느이)	(형) 이해가, 빠른, 영리한, 사리에 밝은
смягчать (스먀그차이)	(미완) ① 부드럽게 (연하게) 만들다 ② 완화시키다, 경감하다 ③ 누러지게 하다
смягчаться (스먀그차짜)	(미완) ① 부드러워지다, 연하여지다 ② 완화 (경감) 되다, 덜해지다 ③ 누그러지다, 유순해지다
смягчающий (스먀그차유쉬이)	(형); ~ее[вину] обстоятельство(법학) 죄과를 경감할 수 있는 사정

смягчение (스먀그체니예)	(중) 완화(緩和), 경감(輕減)
смягчить(ся) (스먀그치찌)	*см.* смягчать(ся)
смятение (스먀쩨니예)	(중) 당황(망조, 호락)
смятый (스먀뜨이)	(형) 구겨진
смять (스먀찌)	(완) ① 구기다 ② 짓밟다
смяться (스먀짜)	(완) 구겨지다, 쭈글쭈글해지다
снабдить (완). **~жать** (미완) (스나브지찌)	*кого-что чем* ① ~에(게) ~을 공급하다, 대주다 ② 달다, 보충하다, 덧붙이다;
снабжаться (스나브좌짜)	(미완) *чем* ~을 공급받다
снабжение (스나브줴니예)	(중) 공급(供給), 보급(普及);
снайпер (스나이뻬르)	(남) 저격수(狙擊手)
снаружи (스나루쥐)	(부) ① 밖으로부터, 외부로부터; ② 밖에서, 바깥에서
снаряд (스나럇)	(남) ① 포탄; ② 기구, 도구; 기계, 설비;
снарядить (완), **~жать** (미완) (스나랴지찌)	차비를 하여주다;
снаряжаться (스나랴좌짜)	(미완) 차비하다;
снаряжение (스나랴줴니예)	(중) ① 차비, 준비, 장비; ② 장비품, 장구, 도구
снасть (스나쓰찌)	(여) ① (집합) 도구, 기구, 연장; ② (흔히 복수) (해양) 밧줄 (설비)
сначала (스나찰라)	(부) ① 처음에, 먼저, 우선 ② 다시 (한번), 새로, 처음부터

снег (스네그)	(남) 눈; 설(雪), 눈발
снегирь (스네길리)	(남) 피리새, 멋장이새, 졸로파(拙老婆)
снеговик (스네가비크)	(남) 눈사람
снеговой (스네가보이)	(형); ~ая вода 눈석임물
снегозадержание (스네가자제르자니에)	(중) 눈더미, 쌓인 눈더미
снегозащитный (스네가자쉬뜨느이)	(형) 눈을 막기 위한
снегоочиститель (스네가오치쓰쩰)	(남) 제설 장치 기차
снегопад (스네가빠드)	(남) 눈이 오는 것, 눈이 내리는 것
снегурочка (스네구라츠까)	(여) (옛말에 나오는) 눈(송이)처녀, 백설공주
снежинка (스네쥔까)	(여) 눈송이, 설편(雪片), 설화(雪花)
снежки (스네즈끼)	(복수) см. снежок
снежный (스네즈느이)	(형) ① 눈의; ~ые хлопья 함박눈; ~ая лавина(~ый обвал) 눈사태; ② 눈이 쌓인; ~ая дорога 눈길; ~ый сугроб 눈더미;
снежок (스네조크)	(남) 눈뭉치 눈싸움; 눈덩이 играть в ~ки 눈싸움을 하다
снести (스네쓰찌)	(완) ① 가져가다, 나르다 ② 가지고 내려가다, (아래로) 나르다; ③ (물, 바람 등이) 휩쓸어 가다; ④ 헐어치우다; ⑤ 참다, 참아내다;
снестись¹ (스네쓰찌시)	(완) 연락(교섭)하다, 연계를 가지다
снестись² (스네쓰찌시)	см. нестись 2

снижать (스니좌찌)	(미완) 낮추다, 내리우다, 저하시키다, 인하하다;
снижаться (스니좌쨔)	(미완) ① 내리다, 낮아지다, 저하하다, 줄다 ② 내리다, 착륙하다
снизу (스니주)	(부) 아래로부터, 밑으로부터;
снимать (스니마찌)	(미완) ① 벗다; ② 집어내리다, 치우다; ③ 해임(제명)하다; ④ (사진을)찍다, 촬영하다
сниматься (스니마쨔)	(미완) ① 벗겨지다, 떨어지다; ② 떼어내다; ③ 사진을 찍다, 촬영되다
снимок (스니마크)	(남) 사진, 촬영
снискать (스니쓰까찌)	(완) 얻다, 획득하다
снисходительность (스니쓰호지쩰노쓰찌)	(여) 관대성, 너그러움, 호의, 어질다.
снисходительный (스니쓰호지쩰느이)	(형) 관대한, 너그러운, 호의적인
снисхождение (스니쓰호즈제니예)	(중) 관대성, 관대한 (너그러운)태도; 관대한 처분
сниться (스니쨔)	(미완) 꿈꾸다, 꿈에 보이다
снова (스노와)	(부) 다시, 또다시, 재차, 새로
сновать (스나와찌)	(미완) (분주히) 왔다갔다하다
сновидение (스나비제니예)	(중) 꿈, 몽상, 환상.
сногшибательный (스나그쉬바쩰느이)	(형) 놀라운, 경탄할, 아연 실색케 하는
сноп (스노쁘)	(남) (곡식의) 단, 묶음
сноповязалка (스나빠뱌잘까)	(여) 단 묶는 기계

сноровка (스나로브까)	(여) 솜씨, 수완, 숙련
снос (스노쓰)	(남); ~ дома 집 허물기
сносить¹ (스나씨찌)	(미완) *см.* снести
сносить² (스나씨찌)	(완) 꿰뜨리다, 해어뜨리다
сноситься (스나씨쨔)	*см.* снестись 1
сноска (스노쓰까)	(여)(난외)주석(駐錫)
сносный (스노쓰느이)	(형) 그리 나쁘지 않은, 괜찮은
снотворное (스나뜨보르노예)	(중) 잠약, 수면제(睡眠劑)
сноха (스나하)	(여) 며느리, 새아기, 새애기, 며늘아기, 자부(子婦), 식부(息婦); 며느님
сношение (스나쉐니예)	(중) 교제, 왕래, 연계, 교섭
снятие (스냐찌예)	(중) ① 떼 내는 것, 벗기는 것, 내리는 것; ② ~ урожая 가을걷이, 수확 ③ ~ копии 복사, 모사 ④ 철회, 해소
сняться(ся) (스냐쨔)	*см.* снимать(ся)
со (쏘)	*см.* с
соавтор (쏘아브따르)	(남) 공동저자, 공동 집필자
соавторство (쏘아브따르쓰뜨붜)	(중) 공동집필, 공동저술
собака (싸바까)	(여) 개; охотничья ~ 사냥개
собачий (싸바치이)	(형) 개의; ~ья конура 개집, 개 우리

собеседник (남), ~ца (여) (싸베세드니크)	대화자(對話者), 말동무
собеседование (싸베쎼다와니예)	(중) 담화(談話), 좌담회(座談會)
собирательный (싸비라쎌느이)	(형) 집합적인, 종합적인
собирать (싸비라찌)	(미완) ① 모으다, 수집하다; 조립하다 ② 징수하다, 받다 ③ 거두다, 수확하다;
собираться (싸비라짜)	(미완) ① 모이다, 모여들다, 집합하다; ② 소집되다, 열리다; ③ 갈차비를하다; ④ (+ 미정형) ~을 하려고 하다
соблазн (싸블라슨)	(남) 꾀임, 유혹(誘惑);
соблазнительный (싸블라즈니쩰느이)	(형) 유혹적인, 매혹적인
соблазнить (싸블라즈니찌)	(완) ① 꾀다, 호리다, 유혹하다; ② на что 유혹하다, ~할 생각을 내게 하다
соблазниться (싸블라즈니짜)	(완) ① 유혹에 빠지다, 유혹되다, 홀리다 ② ~ 할 생각이 나다
соблазнять(ся) (싸블라즈냐찌)	см. соблазнить(ся)
соблюдать (싸블류다찌)	(미완) 준수 (엄수) 하다, 지키다
соблюдение (싸블류제니예)	(중) 준수, 지키는 것
соблюсти (싸블류쓰찌)	(완) см. соблюдать
собой (싸보이)	см. себя
соболезнование (싸볼레즈나와니예)	(중) 애도, 동정;
соболезновать (싸볼레즈나와찌)	(미완) кому-чему 애도의 뜻을 표하다, 동정하다
соболь (쏘볼)	(남) (동물) 검은담비; 검은담비의 모피

собор (싸보르)	(남) ① 대사원; ② 종교회의
собою (싸보유)	*см.* себя
собрание (싸브라니예)	(중) ① 회의, 모임, 집회; ② 전집전서; ③ 수집한 것, 수집첩, 표본집
собрать(ся) (싸브라찌)	*см.* собирать(ся)
собственник (쏘브쓰뜨벤니크)	(남) 소유자(所有者), 임자
собственнический (쏘브쓰뜨벤니체쓰끼이)	(형) 소유자의, 소유자적근성의
собственно (쏘브쓰뜨벤나)	①: ~ говоря (삽입어)사실어; 사실은, 사실인즉 ② (조) 자체; 바로 ~ город 도시자체
собственность (쏘브쓰뜨벤노쓰찌)	(여) 소유; 재산, 소유물
собственный (쏘브쓰뜨벤느이)	(형) ① 자기소유의; ② 자기의, 자신의, 자기에게 고유한; ③ 자기 손으로 만든; ④ 자체의; имя ~ ое (언어)고유명사; 홀이름씨, 홀로이름씨.
событие (싸븨찌예)	(중) 일, 사변(事變), 사건(事件)
сова (싸와)	(여) 부엉이, 부엉새, 목토(木兎), 치효(鴟梟), 휴류(鵂鶹)
совать (싸와찌)	(미완) 집어(밀어)넣다; (되는대로 또는 슬며시) 쑤셔넣다, 들이밀다;
соваться (싸와짜)	(미완) ① 들어가다, 기어들다; ② 참견하다, 중뿔나게 굴다
совершать(ся) (싸볘르샤찌)	*см.* совершить(ся)
совершение (싸볘르쉐니예)	(중) 수행(修行), 집행(執行), 실현
совершенно (싸볘르쉔나)	(부) 아주, 전적으로, 완전히;
совершеннолетие	(중) 성년(成年); 어른, 성인(成人),

— 1292 —

(싸볘르쉔놀례찌예)	성년자(成年者)
совершеннолетний (싸볘르쉔놀례뜨니이)	(형) ① 성년이 된 ② (명사로); ~ий (남), ~яя (여) 성인(成人), 어른
совершенный (싸볘르쉔느이)	(형) ① 완벽한, 완전무결한 ② 완전한, 절대적인, 알짜로; ~ вид (언어) 완료태
совершенство (싸볘르쉔쓰뜨붜)	(중) 완전무결, 완벽
совершенствование (싸볘르쉔쓰뜨붜와니예)	(중) 완성, 개선
совершенствовать (싸볘르쉔쓰뜨붜와찌)	(미완) 완성하다, 더욱 완전하게 하다
совершенствоваться (싸볘르쉔쓰뜨붜와쨔)	(미완) 완성 (개선) 되다, 더욱 완전하게 되다
совершить (싸볘르쉬찌)	(완) 수행 (실현, 완수) 하다;
совершиться (싸볘르쉬쨔)	(완) 일어나다, 수행되다, 실현되다, 완수되다;
совестливый (쏘볘쓰뜨리브이)	(형) 양심적인, 양심 있는
совестно (쏘볘쓰뜨나)	(술어, 무인칭) кому 양심에 부끄럽다, 수치스럽다;
совесть (쏘볘쓰찌)	(여) 양심, 얌치;
совет¹ (싸볘트)	(남) 권고, 조언(助言), 충고(忠告);
совет² (싸볘트)	(남) ① 소련, 소비에트사회주의공화국 연방, 소련방, 소비에트 연방,
советник (싸볘드니크)	(남) ① 고문 (과) ② 참사
советовать (싸볘따와찌)	(미완) 권고(충고, 조언)하다
советоваться (싸볘따와쨔)	(미완) 의논(협의)하다
советский	(형) ① 소련의; ② 소비에트의

- 1293 -

(싸베뜨쓰끼이)

советчик (싸베뜨치크) — (남) 충고자, 조언자, 의논할 사람

совещание (싸붸샤니에) — (중) 협의회(俠義會), 회의(會意)

совещательный (싸붸샤쩰느이) — (형) 의논의; 논의의, 난상의; 토의의

совещаться (쌉붸샤쨔) — (미완) 협의(의논, 상담) 하다

совладать (쌉블라다찌) — (완) с *кем-чем* 감당해내다, 억제하다

совместимый (쌉메쓰찌므이) — (형) 양립(병존)할 수 있는

совместитель (쌉메쓰찌쩰) — (남) 겸임자(兼任者), 겸직자

совместительство (쌉메쓰찌쩰쓰드뷔) — (중) 겸임, 겸대, 겸직, 겸무, 겸업,

совместить(ся) (쌉메쓰찌찌) — *см.* совмещать(ся)

совместно (쌉메쓰뜨나) — (부) 함께, 공동으로

совместный (쌉메쓰뜨느이) — (형) 공동의(共動), 함께의;

совмещать (쌉메샤찌) — (미완) 겸하다, 겸임하다, 겸비하다

совмещаться (쌉메샤쨔) — (미완) ① 동시에 진행(집행)되다; ② 결합(일치)되다, 합쳐지다

совмещение (쌉메쉐니에) — (중) ① 결합, 일치; 겸비; ② 겸임

совок (싸보크) — (남) 뜰삽, 꼬마삽, 꽃삽, 모종삽; ~для мусора 쓰레받기

совокупность (싸붜꾸쁘노쓰찌) — (여) 총체(總體), 전체(全體)

совпадать (쌉빠다찌) — (미완) ① 때를 같이하여 일어나다 (진행되다) ② 일치하다, 합치되다

- 1294 -

совпадение (쌉빠졔니예)	(중) 일치, 합치, 공통성
совпасть (쌉빠쓰찌)	(완) *см.* совпадать
совратить (쌉라찌찌)	(완) 유혹하다, 타락시키다, 길을 잘못 들게 하다
соврать (쌉라찌)	(완) 거짓말하다, 위언(허설,허언)하다
совращать (쌉라샤찌)	*см.* совратить
современник (쌉레몐니크)	(남) 현대인; 동시대인
современность (쌉레몐노쓰찌)	(여) ① 현시대, 현실, 현재, 실재 ② 현대성, 현대적인 것
современный (쌉레몐느이)	(형) ① 현대의, 현대적인, 현대식의; ② *кому-чему* 시대가 같은, 동시대에
совсем (쌉쏌)	(부) 전혀, 완전히, 전적으로, 아주
совхоз (쌉호즈)	(남) 국영농장, 꼴호즈
согласие (싸글라씨예)	(중) 동의, 승낙, 찬동, 합의, 의견일치; дать ~ на что 찬동(승낙)하다;
согласиться (싸글라씨짜)	(완) ① 동의(승낙)하다 ② 합의(의견일치)를 보다
согласно (싸글라쓰나)	(전) (+여) ~에 따라, ~에 의하여, ~대로; закону 법에 따라; ~ распоряжению 지시대로
согласный¹ (싸글라쓰느이)	(형) ① на что 찬성(동의)하는; ②; с кем-чем 의견을 같이하는, 견해가 일치하는; я с тобой ~ен 나는 당신과 의견을 같이한다, 나도 동감이다
согласный² (싸글라쓰느이)	(형) ① 자음의; звук 자음 ② (명사로)자음
согласование (싸글라쏘와니예)	(중) ① 합의, 일치, 조화 ② (언어) (성, 수, 격의)일치
согласованно	(부) 합의하여, 일치하게, 보조를 맞추어

(싸글라쏘완나)	
согласованность (싸글라쏘완노쓰찌)	(여) 합의, 일치, 조화, 균형성
согласовать (싸글라쏘와찌)	(완) ① 합의를 보다, 일치(통일, 조화)시키다 ② (언어) (성, 수, 격 등을) 일치시키다
согласоваться (싸글라쏘와짜)	(미완, 완) ① 일치(부합) 되다 ② (언어) 일치하다
согласовываться (싸글라쏘쓰븨와짜)	*см.* согласовать
соглашатель (싸글라샤쩰)	(남) 타협분자, 절충주의자
соглашательство (싸글라샤쩰스뜨붜)	(중) 타협, 절충주의
соглашаться (싸글라샤짜)	(미완) *см.* согласиться
соглашение (싸글라쉐니예)	(중) ① 협정, 조약; заключить ~е 협정을 체결하다 ② 합의; прийти к ~ю 합의를 보다, 합의에 도달하다;
согнать (싸그나찌)	(완) ① 쫓아버리다, 쫓다, 몰아내다 ② (쫓아서 한곳)
согнуть (싸그누찌)	(완) 구부리다, 꼬부리다
согнутый (쏘그누뜨이)	(형) 구부려진, 휜
согнуться (싸그누쨔)	(완) ① 구부려지다, 꼬부리다, 휘다; ② 등이 꼬부리지다
согревать (싸그레와찌)	(미완) ① 데우다, 쪼이다 ② 위로하다, 마음을 따뜻이 하여주다
согреваться (싸그레와쨔)	(미완) 데워지다, 따뜻해지다, 몸이 녹다
согреть(ся) (싸그레찌)	*см.*согревать(ся)
сода (쏘다)	(여) 소다; каустическая 가성소다

содествие (싸제쓰뜨비예)	(중) 협력(協力), 협조(協助)
содействовать (싸제쓰뜨뷔와찌)	(미완, 완) 협력하다, 협조하다, 촉진시키다
содержание (싸제르좌니예)	(중) ① 내용 ② 함유량; с богатым ~м фосфора 인 함유량이 높은 ③ (서적, 잡지 등) 차례 ④ 부양(비)
содержательный (싸제르좌쩰느이)	(형) 내용 깊은, 내용이 풍부한
содержать (싸제르좌찌)	(미완) ① 먹여 살리다, 부양하다; ② 가두어두다, 구금하다 ③ (어떤 상태에) 있게 하다, 유지하다; ④ 함유(포함)하다
содержаться (싸제르좌쨔)	(미완) ① 함유되다, 포유되다, 있다 ② 갇혀있다, 구금(수용)되어 있다.
содержимое (싸제르쥐모예)	(중) 들어있는 것, 내용물
содоклад (싸다클라드)	(남) 보충보고
содрать (싸드라찌)	(완) (껍질 등을) 벗기다
содрогание (싸드로가니예)	(중) 몸서리; приводить в ~ 몸서리 치게 하다
содрогаться (싸드로가쨔)	(미완) 몸서리치다
содружество (싸드루줴쓰뛰)	(중) ① 단합, 우의, 호상협조; боевое ~ 전투적우의 ② 동맹, 동지화;
соевый (쏘예브이)	(형) 콩의; ~ый соус 간장;~ая паста 된장; ~ое масло 콩기름
соединение (싸예지네니예)	(중) ① 이음, 결합, 연합 ② 연결(점), 이음(목) ③ (군사) 연합부대 ④ (화학) 화합물(化合物)
соединённый (싸예지논느이)	(형) 연합의, 연합한
Соединённые Штаты Америки(США) (복수) 미국, 미합중국 (싸예지논느이예 쉬따띄 아몌리끼) (에스쉬아)	
соединительный	(형) 결합용, 연결용; ~ая ткань(해부)

(싸예지니쩰느이)	결체조직;~ый союз (언어)연결접속사
соединить(ся) (싸예지니찌)	*см.* соединять(ся)
соединять (싸예지냐찌)	(미완) ① 연결(결합, 접합) 하다 ② 잇다, 매다; ③ (화학) 화합하다 ④ (전화) 연락을 맺다
соединяться (싸예지냐짜)	(미완)① 이어지다, 연결(결합,단결)되다 ② (화학) 화합되다 ③ (전화로) 연락하다, 연락을 가지다
сожаление (싸좔레니예)	(중) 유감, 애석함; с ~ем 유감하게도; без ~я 유감없이; к ~ю 유감스럽게도
сожалеть (싸좔레찌)	(미완) 유감하게 여기다, 후회하다, 애석하게 생각하다; я очень ~ю, *что* ~ 나는 ~을 매우 유감스럽게 생각한다
сожжение (싸즈줴니예)	(중) 불태우는 것, 소각, 화장(火葬)
сожительство (싸쥐쩰쓰뜨뷔)	(중) 동거(생활)
созвать (싸즈와찌)	(완) ① 소집하다; ② 불러 모으다, 초대하다.
созвездие (싸즈베즈지예)	(중) (천문) 성좌(星座)
созвониться (싸즈보니짜)	(완) 전화로 연락하다
созвучный (싸즈부츠느이)	(형) 적응하는; произведение, ~ое эпохе 시대의 요구에 맞는(적응한)작품
создавать (싸즈다와찌)	(미완) 만들다, 창조 (창작, 창설)하다; 조성하다
создаваться (싸즈다와짜)	(미완) 이루어지다, 창조(창작창설)되다; 조성되다
создать(ся) (싸즈다찌)	*см.* создавать(ся)
созерцание (싸제르짜니예)	(중) 관찰, 명상, 묵상, 묵념, 묵도
созерцать (싸제르짜찌)	(미완) 명상에 잠기다, 관찰하다

созидание (싸지다니예)	(중) 창조(創造), 창설(創設)
созидательный (싸지다쩰느이)	(형) 창조적인, 전설적인
сознавать (싸즈나와찌)	(미완) 깨닫다, 자각하다, 인식하다
сознаваться (싸즈나와쨔)	(미완) в чём 고백(자인, 인정)하다;
сознание (싸즈나니예)	(중) ① 의식, 자각; ② 정신, 마음, 영혼; прийти в ~ 정신을 차리다
сознательно (싸즈나쩰나)	(부) ① 의식(자각)적으로 ② 일부러, 고의적으로
сознательность (싸즈나쩰노쓰찌)	(여) 각성, 자각성(自覺性), 의식성
сознательный (싸즈나쩰느이)	(형) ① 의식(자각)적인; 각성된 ② 고의적인
сознаться (싸즈나쨔)	см. сознаваться
созревание (싸즈레와니예)	(중) 익는 것, 성숙
созревать(미완), **~еть** (완) (싸즈레와찌)	익다, 여물다, 성숙하다
созыв (싸즤프)	(남) (회의, 대회 등의) 소집
созывать (싸즤와찌)	(미완) см. созвать
соизмеримый (싸이즈메리므이)	(형) ① 대비 할 수 있는 ② (수학) 약분 할 수 있는
соискание (싸이쓰까니예)	(중) 학원 등의 청구(請求)
сойка (쏘이까)	(여) (조류) 어치, 언치. 언치새
сойти (싸이찌)	(완) ① 내리다 ② 벗어나다, 엇나가다, 벗나가다; ~ с рельсов 탈선하다 ③ 벗겨지다, 없어지다;④ за кого-что 비슷하다, 같아; сойдёт! 좋아! 됐다!;

сой тись (싸이찌시)	(완) ① 만나다; 모이다, 집합하다 ② 사귀다, 친밀해자다 ③ 일치하다
сок (쏙)	(남) 즙(汁), 액(液) фруктовый ~ 과일즙; желудочный ~ 위에
сокол (쏘꼴)	(남) (조류) 매, 참매, 송골매, 각응, 해동청(海東靑), 신우(迅羽); 날찐
сократить(ся) (싸크라찌찌)	(완) см сокращать(ся)
сокращать (싸크라샤찌)	(미완) ① 짧게 하다, 줄이다, 단축(생략)하다 ② 해고 (해직)시키다
сокращаться (싸크라샤쨔)	(미완) ① 짧게지다, 줄어지다, 단축되다 ② 축소(삭감) 되다 ③ (수학) 약분되다 ④ (생리) 수축되다
сокращение (싸크라샤니예)	(중) ① 단축, 축소, 삭감;~ срока 기한 단축; ~ штатов 인원(정원) 축소; ② 생략표기; ③ 줄임, 생략; (생리) 수축 ④ (수학) 약분(約分); ~ дроби (약분)
сокращённо (싸크라숀나)	(부) 간략하게
сокращённый (싸크라숀느이)	(형) 줄인, 단축한, 간략한, 생략한 ~ое слово 약어
сокровенный (싸크라볜느이)	(형) 마음속깊이 품은; ~ое желание 숙망; ~ая тайна 소비밀
сокровище (싸크라비쉐)	(중) (복수) 보물, 보배, 귀중품(貴重品)
сокровищница (싸크라비쉬니짜)	(여) 보물고
сокрушать (싸크루샤찌)	(미완) см. сокрушить
сокрушиться (싸크루쉬쨔)	(미완) 슬퍼하다, 상심하다, 속을 태우다
сокрушительный (싸크루쉬쪨느이)	(형) 섬멸적인, 파멸적인
сокрушить (싸크루쉬찌)	(완) 짓부수다, 격멸(격파, 분쇄)하다
солгать	(완) 거짓말하다

(쌀르가찌)

солдат
(쌀르다트)
(남) 병사, 전사, 군사, 병졸, 군병

солдатский
(쌀르다뜨쓰끼이)
(형) 병사의; 병사다운

солёнstarted
(쌀룐느이)
(형) ① 소금에 절인, 염장한 ②; ~ые огурцы 오이절임, 절인오이 ③ 염분이 있는; ~ое озеро 짠물호수, 함수호

соленья
(쌀렌니야)
(복수) (집합) 절인 음식

солидарность
(쌀리다르노쓰찌)
(여) 단결, 연대성

солидарный
(쌀리다르느이)
(형) ① 단결한, 연대성을 보여주는, 공감하는 ②; ~ая ответственность 연대적인 책임, 연대책임

солидный
(쌀리다느이)
(형) ① 듬직한, 권위 있는; ② (크기가) 상당한; ③ 실속 있는, 기초가 든든한

солист (남), **~ка** (여) 독창가수, 독주가, 독무가
(쌀리쓰트)

солить
(쌀리찌)
(미완) ① 소금을 치다;
② 절이다, 염장하다;
~ рыбу 물고기를 소금에 절이다

солнечный
(쌀르네츠느이)
(형) ① 태양의; ~ый свет 햇빛; ~ые ванны 일광욕; ② 해가 난, 청청한; ~ый день 개인(맑은) 날; ~ая комната 해가 드는 방

солнце
(쏜제)
(중) 해, 태양, 해, 해님, 일륜(日輪); восход ~а 해돋이; на ~е 해별에

солнцепёк
(쏜르제뼤크)
(남) 양지(쪽)

соло
(쏠로)
(불변) ① 독창, 독창곡 ② 독주(곡); ~ на виолончели 첼로독주

соловей
(쌀라붸이)
(남) 꾀꼬리, 금의공자(金衣公子), 창경 (倉庚), 황리, 황작, 황조, 황공, 황앵

солома
(쌀로마)
(여) 짚, 볏짚; копна ~ы 짚가리

соломенный (쌀라몐느이)	(형); 짚의, 짚으로 만든; ~ая шляпа 밀짚모자; ~ая крыша 짚을 이온 지붕
соломинка (쌀로민까)	(여) 지푸라기, 부검지, 초개, 검불
Соломоновы острова (쌀라몬노븨 오쓰뜨로와)	(복수) 솔로몬 군도
солонина (쌀라니나)	(여) 소금절인 고기(주로 소고기)
солонка (쌀론까)	(여) 소금그릇
солончаки (쌀론차끼)	(복수) 간석지, 염성토양
солончаковый (쌀론차꼬브이)	(형); ~ые земли 간석지(干潟地)
соль (쏠)	(여) ① 소금, 식염; ② (화학) 염(鹽)
сольный (쏠느이)	(형) 독창의, 독주의, 독무의
солянка (쌀얀까)	(여) ① 매운 고기국(물고기국) ② 양배추를 쪄서 고기(물고기, 버섯)를 섞어 만든 요리
соляной (쌀얀노이)	(형); ~ые разработки 들소금캐는 곳; ~ой пласт 소금(염)층
соляный (쌀얀느이)	(형); ~ая кислота 염산
солярий (쌀야리이)	(남) 일광욕실
сом (쏨)	(남) 메기, 언어(鰻魚), 점어(鮎魚)
сомкнутый (싸므크누뜨이)	(형); ~ые ряды 밀집대렬
сомкнуть (싸므크누찌)	(완) 빽빽하다, 좁히다; ~ряды 대열을 좁히다
сомкнуться (싸므크누찌짜)	(완) 뭉쳐지다, 좁혀지다; ряды ~лись 대열이 밀집되었다

сомневаться (싸므네와쨔)	(미완) в *ком-чём* 의심하다, 의혹을 품다
сомнение (싸므녜니예)	(중) 의심, 의혹; 위구; рассеять все ~я 모든 의심을 풀다; его взяло ~е 그는 의심에 사로잡혔다.
сомнительный (싸므니쪨느이)	(형) 의심스러운, 수상한, 애매한
сомнжитель (싸므느쥐쪨)	(남) (수학) 곱해질 수(피승수), 인수
сон (쏜)	(남) ① 잠, 수면, 안면, 안침, 수향; 꿈나라, 침수; погрузиться в ~ 폭 잠들다; крепкий ~ 깊은 잠; ② 꿈, 몽(夢), 몽환; ~ сбылся 꿈이 맞았다
соната (싸나따)	(여) (음악) 소나타, 주명곡
сонливость (싼리뷔쓰찌)	(여) 졸리는 것
сонный (싼느이)	(형) 잠자고 있는; 잠에 취한; ~ая артерия (해부) 경동맥
сонорный (싸노르느이)	(형); ~ые согласные 유향자음
соня (쏜냐)	(남, 여) 잠꾸러기, 잠보
соображать (싸아브라좌찌)	*см.* сообразить
соображение (싸아브라쪠니예)	(중) ① 이해, 이해력; ② 의견, 생각, 궁리
сообразительность (싸아브라지쪨노쓰찌)	(여) 명석한 이해력 (판단력)
сообразительный (싸아브라지쪨느이)	(형) 이해력이 빠른, 영민한
сообразить (싸아브라지찌)	(완) ① 알아차리다, 짐작 (궁리) 하다 ② 판단 (이해) 하다
сообразно (싸아브라즈나)	(부); ~ с обстоятельствами 정세에 부합되게
сообща	(부) 공동으로, 힘을 합쳐서

(싸아브샤)	
сообщать (싸아브샤찌)	(미완) *см.* сообщить
сообщаться (싸아브샤짜)	(미완)① 전해지다, 보도되다, 발표되다 ② 서로 통하다, 연결되어있다
сообщение (싸아브쉐니예)	(중)① 보도, 통신, 통지; ② 교통, 운수, 연락;
сообщество (싸아브쉐쓰뜨붜)	(중) 집단, 공동체, 조합, 단체, 무리; международное ~ 국제공동체(UN)
сообщить (싸아브쒸찌)	(완) ① 전하다, 알리다, 통지하다 ② 보도하다, 통보하다;
сообщник (남), ~ца (여) (싸아브쒸니크)	공모자(共謀者), 공범자(共犯者)
соорудить (완), ~жать (미완) (싸아루지찌)	짓다, 새우다, 건설하다; ~жать здание 거물을 짓다
сооружение (싸아루줴니예)	(중) ① 건설, 건축, 축성, 가설; ② (복수) 건축물, 구조물, 시설(물); ирригационные ~я 관개시설
соответственно (싸아뜨베뜨쓰뜨벤나)	(부) ① 해당(상응)하게, 알맞게 ② (부) 각각; ③ (전) (+여) ~대로;
соответственный (싸아뜨베뜨쓰뜨벤느이)	(형) 해당한, 적당한
соответствие (싸아뜨베뜨쓰뜨비예)	(중) 일치, 적응,상응; приводить в ~e 일치(부합)시키다;
соответствовать (싸아뜨베뜨쓰뜨붜와찌)	(미완) 일치(부합)하다, 맞다, 알맞다; ~ дей ствительности(фактам) 현실 (사실)과 일치하다
соответствующий (싸아뜨베뜨쓰뜨부유쉬이)	(형) 해당한, 알맞은; ~ ие органы 관 계기관들;~им образом 적당(적합)하게
соотечественник (남), ~ца (여) (싸아쩨체쓰뜨벤니크)	동포
соотнести (완), ~осить (미완) (싸아뜨녜쓰찌)	대조(대비)하다, 서로연관시키다
соотноситься (싸아뜨노씨짜)	(미완) 상관되다, 서로(상호)연관되다

соотношение (싸아뜨노쉐니예)	(중) ① 상관, 상호연관;~сил 역량관계 ② 균형, 비등
соперник (남), ~ца (여) (싸뻬르니크)	적수, 경쟁자, 맞수, 적수; 호적수 (好敵手), 연적(戀敵), 라이벌(rival)
соперничать (싸뻬르니차지)	(미완) ① 경쟁하다, 다투다 ② 상대가 되다, 적수가 되다
соперничество (싸뻬르니체쓰뜨붜)	(중) 경쟁(競爭), 다툼, 경합
сопеть (싸뻬지)	(미완) 식식거리다, 코를 골다
сопка (쏩까)	(여) 야산, 작은 산; (원동의) 소화산
сопло (쏘쁠로)	(중) (공학) 주둥이, 분출구(噴出口)
сопли (싸쁠리)	(복수) 콧물, 비수(鼻水), 비액(鼻液)
сопляк (싸쁠랴크)	(남) (회화) 코흘리개
сопоставимый (싸빠쓰따비믜)	(형) 비교 (대비) 할 수 있는
сопоставить (싸빠쓰따비찌)	(완) 비교 (대비, 대조)하다, 견주다
сопоставление (싸빠쓰따비블레니예)	(중) 비교, 대비, 대조
сопоставлять (싸빠쓰따블랴찌)	*см.* сопоставить
сопрано (싸쁘라노)	(불변) (중) (음악) 소프라노(soprano), 여성고음; 여성고음가수
сопредельный (싸쁘레졜느이)	(형) 인접의; ~ые страны 인접국가들
соприкасаться(미완),~оснуться (완) с *кем-чем* (싸쁘리까싸짜)	① 닿다, 맞대다 ② 잇닿다, 잡히다; ③ 접촉하다, 관계를 가지다
сопроводительный (싸쁘라바지쩰느이)	(형)동봉(첨부)한; ~ое письмо 동봉한 (함께 넣어 보내는) 편지

сопроводить (완), **~ждать** (미완) (싸쁘라븨지찌)	(미완) ① 수반(동반)하다, 같이 따라가다; 호송하다 ② 첨부 (첨가)하다
сопроваждаться (싸쁘라와쥐다쨔)	(미완) *чем* 동반되다; 동시에 일어나다;
сопровождение (싸쁘라뷔쥐제니예)	(중) ① 동행, 동반, 수반; 호송(護送), ② 반주
сопротивление (싸쁘라찌블레니예)	(중) ① 저항, 반항, 대항(對抗); ② (물리) 저항
сопротивляемость (싸쁘라찌블랴예모쓰찌)	(여) 저항력
сопротивляться (싸쁘라찌블랴쨔)	(미완) *кому-чему* 정항 (반항, 대항)하다
сопутствовать (싸뿌뜨쓰뜨보와찌)	(미완) *кому-чему* ① 동행 (동반)하다 ② 동시에 일어나다
сор (쏘르)	(남) 먼지, 쓰레기
соразмерить (싸라스메리찌)	(완) *см.* соразмерять
соразмерно (싸라스메르나)	① (부) 알맞게 ② (전) (+여) ~에 알맞게(사용하게)
соразмерять (싸라스메랴찌)	(미완) 사용(균등)하게 하다, 어울리게 하다; 조화시키다
соратник (싸라뜨니크)	(남) 전우(戰友), 동지
сорванец (싸르와네쯔)	(남) 심한 장난꾸러기
сорвать (싸르와찌)	(완) *см.* срывать
сорваться (싸르와쨔)	(완) ① 떨어지다 ② 벗어지다, 놓여나다; ③ 파탄되다, 실패하다; дело ~лось 일이 파탄되었다
сорго (싸르고)	(중) (불변) 수수
соревнование (싸레브노와니예)	(중) ① 경쟁, 다툼, 경합; 각축; ②; ~я (복수) (체육) 경기, 시합

соревноваться (싸레브노와짜)	(미완) ① 경쟁하다, 다투다. ② 경기 (시합) 하다
сорить (싸리찌)	(미완) ① 어지럽히다, 더럽히다; ② 낭비하다, 되는대로 써버리다;
сорный (쏘르느이)	(형);~ая трава 잡풀
сорняк (싸르냐크)	(남) 잡풀, 잡초, 해초
сорок (쏘록)	(수) 40(사십), 마흔
сорока (싸로까)	(여) 까치, 희작(喜鵲)
сороковой (싸로까보이)	(수) 제 40 (사십)의, 마흔의
сорокопут (싸로까뿌트)	(남) 때까치, 개고마리, 격, 박로(博勞), 백로(伯勞), 백설조(百舌鳥), 산작(山鵲)
сорочка (싸로츠까)	(여) ① 셔츠 ② 속치마
сорт (쏘르트)	(남) ① 품질: первый ~ 일등품 ② 품종: ~ яблок 사과품종 ③ 종류
сортировать (싸르찌라와찌)	(미완) 분류(선별) 하다; 종류별로 가르다
сортировка (싸르찌로브까)	(여) 분류, 선별, 고르기
сортировочный (싸르찌로븨치느이)	(형) 분류하는, 가르는; ~ая машина 선별기; ~ая станция(~ая орка) 차무 이역, 조차역
сортировщик (남), ~ца (여) 선별공, 분류원 (싸르찌로브쉬크)	
сортовой (싸르따보이)	(형); ~ое зерно 우량종자
сосать (싸싸찌)	(미완) 빨다, 빨아내다, 빨아먹다; ~ грудь 젖을 빨다
сосед (싸쎄드)	(남) ① 이웃 (삶); ② 곁사람

соседка (싸쎄드까)	(여) ① 이웃 여인 ② 곁사람
соседний (싸쎄드느이)	(형) 옆에 있는, 이웃의; 인접한; ~яя комната 옆방
соседский (싸쎄드쓰끼이)	(형) 이웃의, 이웃사람의
соседство (싸쎄드쓰뜨뷔)	(중) 이웃, 인접; жить по ~y 이웃에 살다
сосиска (싸씨쓰까)	(여)(복수) 소시지(sausage), 양(洋)순대
соска (쏘쓰까)	(여) 고무젖꼭지
соскабливать (싸쓰까블리와찌)	(미와) 긁어서 없애다
соскакивать (싸쓰까끼와찌)	(미완) ① 뛰어내리다 ② 떨어지다, 탈선하다
соскальзывать (싸쓰깔즤와찌)	(미완) 미끄러져 내려가다 (떨어지다)
соскоблить (싸쓰꼬블리찌)	*см.* соскабливать
соскок (싸쓰꼬크)	(남) (체육) 뛰어내리기
соскользнуть (싸쓰꼴즈누찌)	*см.* соскльзывать
соскочить (싸쓰꼬치찌)	*см.* соскакивать
соскучиться (싸쓰꾸치쨔)	(완) 그리다, 그리워하다; ~ по отцу 아버지를 그리다
сослагательный (싸쓸라가쩰느이)	(형) 가정법(의), 서상법(敍想法)(의), ; ~ое наклонение (언어) 가정법
сослать (싸쓸라찌)	(완) 유형(유배) 보내다, 추방하다, 귀향을 보내다
сослаться (싸쓸라쨔)	(완) *см.* ссылаться
сословие	(중) 신부

(싸쓸로비예)

сослуживец
(싸쓸루쥐볘쯔)
(남) (같은 관직.전문 직업의) 동료

сослужить
(싸쏠루쥐찌)
(완); ~ службу 봉사하다, 부탁을 들어주다, 이익을 주다, 유익한 역할.

сосна
(싸쓰나)
(여) 소나무, 솔, 솔나무, 육송, 적송

сосновый
(싸쓰노브이)
(형) 소나무의; ~ый лес 솔밭, 송림; ~ая смола 송진

сосняк
(싸쓰냐크)
(남) 솔밭, 솔숲, 송림

сосок
(싸쏘크)
(남) 젖꼭지, 유두

сосредоточение
(싸쓰레다또체니예)
(중) 집중, 집결; ~ войск 군대의 집결

сосредоточенно
(싸쓰레다또첸나)
(부) 집중적으로, 주의 깊게, 몰두하여

состедоточенный
(싸쓰레다또첸느이)
(형) 여념이 없는; ~ огонь 집중사격

сосредоточиваться (미완),
(싸쓰레다또치와쨔)
~ться (완) 마음을 가다듬다, (생각, 주의 등이) 집중 (집결되다)

состав
(싸쓰따프)
(남) ① 구성, 조성, 성원; 성부; химичекий ~ 화학적 성분;
② 열차, 기차; товарный ~ 화물열차

составитель
(싸쓰따비쩰)
(남) ① 저자, 편찬자;
② (철도) 조성원

составить
(싸쓰따비찌)
см. составлять

составление
(싸쓰따블레니예)
(중) 작성, 편찬, 저작

составлять
(싸쓰따블랴찌)
미완; ① 나란히 놓다, 잇대어 놓다;
~ стулья 의자들을 잇대어 놓다;
② 작성(편찬, 저작) 하다; ~ словарь 사전을 편찬하다; ~ проект 초안 작성
③ 조직(형성,구성)하다 ④ ~에 달하다

составной
(형) 조립식의

— 1309 —

(싸쓰따브노이)

состариться
(싸쓰따리쨔)
(완) 늙다, 나이먹다, 연로하다

состояние
(싸쓰따야니예)
(중) ① 상태, 정세, 형편; ② 기분, 정신 상태 ③ 재산; быть в ~и ((+미정형) ~을 할 수 있다)

состоятельный
(싸쓰따야쩰느이)
(형) 부유한, 재산이 있는, 돈이 많은; ~ человек 부자, 재산가

состоять
(싸쓰따야찌)
(미완) ① из кого-чего ~으로 구성되어있다;②в чём ~ят обязанности? 의무는 무엇인가?;③~의 성원으로 있다 ④ ~의 상태에 있다

состояться
(싸쓰따야쨔)
(완) 진행되다, 이루어지다

сострадание
(싸쓰뜨라다니예)
(중) 동정(심)

состригать
(싸쓰뜨리가찌)
см. состричь

сострить
(싸쓰뜨리찌)
(완) 익살을 부리다

состричь
(싸쓰뜨리치)
(완) 깎아버리다

состряпать
(싸쓰뜨랴빠찌)
(완) см. стряпать

состыковаться
(싸쓰뜨이까와쨔)
(완) 결합하다

состязание
(싸쓰쨔자니예)
(중) 경기, 시합

состязаться
(싸쓰쨔자쨔)
(미완) 경기(시합) 하다; 경쟁하다

сосуд
(싸쑤트)
(남) ① 그릇, 용기 ② (해부) 맥관; кровеносные ~ы 핏줄, 혈관

сосулька
(싸쑬까)
(여) 고드름, 빙주(氷柱), 고드래미

сосуществование
(싸쑤쉐스뜨보와니예)
(중) 공존(共存), 동존, 공생. 공존공생(共存共生)

сосуществовать (싸쑤쉐쓰뜨**보**와찌)	(미완) 공존하다
сосчитать (싸쓰치**따**찌)	(완) 세다, 계산하다, 산정하다, 추계하다. 세어 나가다.
сотня (**쏘**뜨냐)	(여) ① 100(백)개 ② 100루블(지폐) ③; ~и (복수) 다수, 다량
сотрудник (싸뜨**루**드니크)	(남) ① 직원, 일군, 근무자; ② 동료(同僚); научный ~ 연구사
сотрудничать (싸뜨루드니차찌)	(미완) ① с кем 합작(협조,협력)하다 ② (신문, 잡지 등에 정상적으로) 기고하다, 공무원으로 일하다
сотрудничество (싸뜨루드니체쓰뜨붜)	(중) ① 협조, 협력 ② 기고
сотрясать (싸뜨라**싸**찌)	(미완) 뒤흔들다, 진동시키다
сотрясаться (싸뜨라**싸**짜)	(미완) 뒤흔들리다, 진동하다
сотрясение (싸뜨라**쎼**니예)	(중) 진동; 강한 충동; ~ мозга 뇌진탕
сотрясти(сь) (싸뜨라**쓰**찌)	см. сотрясать(ся)
соты (**쏘**띄)	(복수) 벌개, 벌의 집; мёд в ~ах 벌개안의 꿀
сотый (**쏘**뜨이)	(수) ① 100 (백) 번째; ②; одна ~ая 100 (백) 분의 1 (일)
соус (**쏘**우쓰)	(남) 소스; соевый ~ 간장
соучастие (싸우**차**쓰찌예)	(중) 공모(共謀), 결탁

соучастник (남), ~ца (여) 공모자, 공범자, 연루자
(싸우**차**쓰뜨니크)

соученик (남), ~ца (여) 글동무, 동창생
(싸우체니크)

Соф (Книга Пророка Софонии, 3장, 909 쪽) 스바냐
(싸포니이)

софистика (싸피쓰찌까)	(여) 궤변(詭辯)
София (싸피야)	(여) 소피아(Sofia)
соха (싸하)	(여) 나무쟁기, 구식쟁기
сохнуть (싸흐누찌)	(미완) ① 마르다 ② 시들다, 말라죽다 ③ 여위다, 마르다
сохранение (싸흐라녜니예)	(중) 보존, 보관, 유지; отпуск с ~ем (без ~я) содержания 유급(무급)휴가
сохранить (싸흐라니찌)	(완) ① 보존(간직, 보관)하다; ② 고수하다, 지키다; ③ 보유하다
сохраниться (싸흐라니쨔)	(완) ① 보존(보관, 유지) 되다; ② (건강, 정력) 유지되다; ③ 살아나다
сохранность (싸흐라노쓰찌)	(여) 보존, 보관, 보호; в ~и 무사히
сохранить(ся) (싸흐라니찌(쨔))	*см.* сохранить(ся)
соцветие (싸쯔볘찌예)	(중)(식물) 송이 꽃
соцдоговор (싸쯔다고뷔르)	(남) 사회주의경쟁계약
социал-демократ (싸쯔낳-데마크라트)	(남) 사회민주당원
социализм (싸쯔낳리즘)	(남) 사회주의(社會主義)
социалист (싸쯔낳리스트)	(남) 사회당원
социалистический (싸쯔낳리쓰찌체스끼이)	(형) 사회주의의, 사회주의적(인)
социальный (싸쯔낳느이)	(형) 사회; ~ое страхование 사회보험 ~ое обеспечение 사회보장;
социалог (싸쯔낳로그)	(남) 사회학자(社會學者)
социологический	(형) 사회학적인

(싸쯔날로기체쓰끼이)

социология (싸쯔날로기야)	(여) 사회학
соцсоревнование (쏘쯔쏘레브노와니예)	(중) 사회주의경쟁
соцстрах (쏘쯔쓰뜨라흐)	(남) 사회보험(社會保險)
сочетание (싸체따니예)	(중) 결합(結合), 배합, 조화
сочетать (싸체따찌)	(미완, 완) 결합(배합) 하다, 결부(조화) 시키다; ~ теорию с практикой 이론을 실천과 결부시키다
сочетаться (싸체따쨔)	(미완, 완) ① 결합(배합, 경비)되다 ② 조화되다
сочинение (싸치네니예)	(중) ① 저서, 작품; собрание ~й 전집, 작품집 ② (학교에서) 글짓기, 작문 ③ (글, 음악 등이) 짓는 것
сочинить (완), ~ять (미완) (싸치니찌)	① (글, 음악 등을) 짓다, 창작(저작)하다 ② 꾸며내다, 날조하다
сочиться (싸치쨔)	(미완) 방울방울 흘러(스며) 나오다, 새다
сочленение (싸츨레네니예)	(중) ① 접합(接合) ② 매듭, 관절
сочный (쏘츠느이)	(형) ① 즙이 많은, 물기가(수분이)많은 ② 진한, 짙은 ~е краски 진한색
сочувственно (싸춥쓰뜨볜나)	(부) 동정하여; ~ относиться к кому 동정하다
сочувствие (싸춥쓰뜨비예)	(중) 동정(심)
сочувствовать (싸춥쓰뜨붜와찌)	кому-чему 동정하다
союз (싸유즈)	(남) ① 동맹, 연맹; ② 조합, 결사; ③ (언어) 접속사, 접속어, 이음씨, 잇씨
союзник (싸유즈니크)	(남) 동맹자(同盟者)

Cc

- 1313 -

союзнический (싸유즈니체쓰끼이)	(형) 동맹자의; ~ие отношения 동맹 관계
союзный (싸유즈느이)	(형) ① 동맹의 ② 가맹의; ③ (언어); ~ое слово 접속어
соя (쏘야)	(여) 콩, 대두(大斗)
спад (스빠드)	(남) 주는 것, 저하, 약화, 감소
спадать (스빠다찌)	(미완) ① 떨어지다, 벗겨지다 ② 줄다, 낮아지다, 저하(감소) 되다; ③ 드리우다, 축 처지다
спазм (스빠즘)	(남) (의학) 경련, 가들기, 발작, 발광
спаивать¹ (스빠이와찌)	(미완) см. споить
спаивать² (스빠이와찌)	(미완) см. спаять
спайка (스빠이까)	(여) ① 납땜(질); 납땜한곳 ② 유착(된 곳) ③ 연계(連繫)
спалить (스빨리찌)	(완) 태워버리다, 소각하다
спальный (스빨느이)	(형); ~ый вагон 침대차; ~ое место 잠자리; ~ый мешок 침낭
спальня (스빨냐)	(여) 침실, 침방, 동방, 와방, 와실, 침소(寢所)
спартакиада (스빠르따끼아다)	(여) 체육대회, 경기대회
спасательный (스빠싸쩰느이)	(형) 구원의; ~ый отряд 구호대; ~ая шлюпка 구명정; ~ый пояс 구명대
спасать (스빠싸찌)	(미완) 살려주다, 구원하다, 구출하다
спасаться (스빠싸쨔)	(미완) от кого-чего 구원되다, 모면하다; ~ от опасности 위험을 면하다
спасение (스빠쎄니예)	(중) 구원, 구조(救助), 구출(救出)

спасибо (스빠씨바)	(조) (술어로) 고맙습니다, 감사합니다; большое ~ 대단히 감사합니다; ~вам за помощь 도와주어서 감사합니다
спаситель (스빠씨쩰)	(남) 구원자, 구제자
спасовать (스빠싸와찌)	*см.* пасовать 2
спасти(сь) (스빠씨찌)	*см.* спасать(ся)
спасать (스빠싸찌)	(완) *см.* спадать
спать (스빠찌)	(미완), 있다, 잠자다, 잠자고 있다; укладывать ~ 잠재우다
спаться (스빠쨔)	(미완) *кому* 잠이 오다; мне не спиться 나는 잠이 오지 않는다.
спаянность (스빠얀노쓰찌)	(여) 단결, 결속, 통일
спаянный (스빠얀느이)	(형); [крепко] ~ коллектив 굳게 단합된 집단
спаять (스빠야찌)	(완) (납땜질하여) 붙이다
спевка (스뻬브까)	(여) 합창연습
спекаться (스뻬까쨔)	(미완)*см.* спечься
спектакль (스뻬크따클)	(남) 연극, 공연; дневной ~ 낮 공연; любительский ~ 소인극
спектр (스뻬크뜨르)	(남) 스펙트르, 분광(分光)
спектральный (스뻬크뜨랄느이)	(형); ~ анализ (물리)-분광(스펙트르) 분석
спектрограмма (스뻬크뜨로그람마)	(여) 분광사진(分光寫眞), 스펙트르사진
спектрограф (스뻬크뜨로그라프)	(남) 분광사진기

- 1315 -

спектроскоп (스뻭크뜨로쓰꼬쁘)	(남) 분광기(分光器)
спектроскопия (스뻭크뜨로쓰꼬삐야)	(여) 분광법, 분광학
спекулировать (스뻬꿀리로와찌)	(미완) ① 투기하다, 간상행위를 하다; ② 기화로 삼다
спекулянт (남), ~ка (여) (스뻬꿀란트)	투기군, 투기업자, 간신배
спекуляция (스뻬꿀랴찌야)	(여) 투기, 간상행위
спелость (스뻴로쓰찌)	(여) 성숙 (정도)
спелый (스뻴르이)	(형) 익은, 여문, 성숙한
сперва (스뻬르바)	(부) 처음에는, 먼저, 우선
спереди (스뻬레지)	(부) 앞에; 앞으로부터
сперма (스뻬르마)	(여) (생리) 정액, 정수, 음액
спесивый (스뻬씨브이)	(형) 거만한, 건방진, 교만한
спесь (스뻬시)	(여) 교만, 거만; сбить ~ с кого 콧대를 꺾다
спеть¹ (스뻬시)	(미완) 익다, 여물다
спеть² (스뻬찌)	(완) (노래) 부르다
спеться (스뻬짜)	(완) ① 화음되다; хор хорошо спелся 합창은 화음이 잘 되었다; ② 합의를 보다, (행동)일치를 보다, 합의에이르다
специализация (스뻬찌알리자찌야)	(여) ① 전문화; ② 학과; 전공과목
специализированный (스뻬찌알리지로완느이)	(형); 전문화된, 전문적인; ~ совет 학위논문발표평의회

- 1316 -

специализироваться (스뻬찌알리지로와짜)	(미완, 완) ~을 전공하다; ~ по литературе 문학을 전공하다
специалист (스뻬찌알리쓰트)	(남) 전문가(專門家)
специально (스뻬찌알리나)	(부) 특별히; 전문적으로
специальность (스뻬찌알리노쓰찌)	(여) 전공, 전문; 본업, 직업
специальный (스뻬찌알리느이)	(형) ① 전문(공)의; ~ое образование 전문교육; ② 특별한, 특수한; ~ый выпуск газеты 신문의 호외 (특간)
специи (스뻬찌이)	(복수) 양념, 조미료(調味料)
специфика (스뻬찌피까)	(여) 특성, 특수성, 특징
спецификация (스뻬찌피까찌야)	(여) 명세서, 설명서(說明書)
специфический (스뻬찌피쩨쓰끼이)	(형) 독특한, 특수한
спецовка, спецодежда (스뻬뽀브까)(스뻬뽀제즈다)	(여) 작업복(作業服)
спечься (스뻬치쌰)	(완) ① 엉기다, 응결하다; ② (공학) 소결하다
спешить (스뻬쉬찌)	(미완) ① 서두르다, 바빠하다; ~ домой 집으로 바삐 가다;
спешиться (스뻬쉬짜)	(완) 말에서 내리다
спешка (스뻬스까)	(여) 서두르는 것, 빨리 하는 것; в ~е 몹시 서둘러서;
спешно (스뻬스나)	(부) 빨리, 급히, 바삐, 서둘러;
спешный (스뻬스느이)	(형) 급한, 급작스레, 급작히, 갑자기, 급거; ~ое дело 급한 일;
спидометр (스뻬도메뜨르)	(남) 속도계(速度計)

спиливать (미완), спилить (완) (스삐리와찌)	① 켜다, 자르다; ~ дерево 나무를 켜다; ② (줄칼로) 쓸다
спина (스삐나)	(여) 등; взвалить на ~у 등에 지다; лежать на ~е 반듯이 눕다;
спинка (스삔까)	(여) ① (어린이, 작은 동물, 곤충의) 등 (back); ② (의자의) 등받이 ③ 등
спинной (스삔노이)	(형) 등; ~ мозг 등골, 척수; ~ хребет 척주, 등뼈, 척추
спираль (스삐랄)	(여) ① (수학) 타래선, 라선; 나사선, ② (항공, 공학) 나사(라선) 강하
спирометр (스삐로메뜨르)	(남) (의학) 폐활량계
спирт (스삐르트)	(남) 알코올, 주정
спиртной (스삐르뜨노이)	(형) 알코올의; ~ые напитки 주정음료
спиртовка (스삐르또브까)	(여) 알코올등잔
списать (스삐싸찌)	(완) ① 베껴쓰다 ② 훔쳐쓰다, 따쓰다, 표절하다 ③ 지출된 것으로 기입하다; 폐기물로 등록하다; ~ в расход 지출된 것으로 기입하다
списаться (스삐싸쨔)	(완) 편지연락하다, 편지로 약속하다
список (스삐쏘크)	(남) 명단, 명부, 목록; ~ки избирателей 선거자 명단
списывать(ся) (스삐씌와찌)	*см*.списать(ся)
спиться (스삐쨔)	(완) 주정뱅이가 되다
спихивать (미완), спихнуть (완) (스삐히와찌)	밀치다, 밀어서 떨어뜨리다 (내려뜨리다), 밀어 넣다.
спица (스삐짜)	(여) ① (바퀴, 우산의) 살; ② 뜨개바늘; вязать на~х 뜨개질하다
спичечный (스삐체츠느이)	(형) 성냥; ~ая коробка 성냥갑

- 1318 -

спичка (스뻬츠까)	(여) ① 성냥개비 ② (복수) 성냥
сплав¹ (스쁠라프)	(남) 합금(合金)
сплав² (스쁠라프)	(남) 떼몰이, 유벌; ~ леса 목재유벌
сплавить¹ (스쁠라비찌)	(완) 합금하다
сплавить² (스쁠라비찌)	(완) 유벌하다, 떼몰이하다
сплавлять¹ ² (스쁠라블랴찌)	*см.* сплавить 1 2
спланировать (스쁠라니로와찌)	(완) 계획하다
сплачивать (스쁠라치와찌)	(미완) ① 결속시키다 ② 때를 뭇다
сплачиваться (스쁠라치와쨔)	(미완) 뭉치다, 단결(합심)하다, 결속되다
сплести (완), ~тать (미완) (스쁠레쓰찌)	① 뜨다, 엮다, 얽다, 얽어짜다 ② 꼬아 (엮어) 연결시키다
сплетни (스쁠레뜨니)	(복수) 뒤말썽, 뜬소문, 중상
сплетник (남), ~ца (여) 시비군, 말공부쟁이 (스쁠레뜨니크)	
сплетничать (스쁠레뜨니차찌)	(미완) (남에 대하여 이러쿵 저러쿵) 시비하다, 뜬소문을 퍼뜨리다
сплетня (스쁠레쨔)	(여) *см.* сплетни
сплотить(ся) (스쁠로찌찌)	*см.* сплачивать(ся)
сплочение (스쁠로체니예)	(중) 단결(團結), 결속
сплочённость (스쁠로촌노쓰찌)	(여) 단결(團結), 단합(團合)
сплочённый	(형) 단결된, 단합된

(스쁠로촌느이)	
сплошной (스쁠로쓰노이)	(형) ① 연속적인, 꽉 들어찬; ~ лёд 쭉 깔린 얼음, 얼음판 ② 전적인, 순전한, 완전한; ~ вздор 순전한 허튼소리
сплошь (스쁠로쉬)	(부) ① 끊임 없이, 틈 없이, 촘촘히 ② 전면적으로, 완전히;
сплюнуть (스쁠류누찌)	(완) ① 침을 뱉다. ② 뱉아 내다.
сплюснутый (스쁠류쓰누뜨이)	(형) 납작한, 놀리어 납작해진
сплюснуть (스쁠류쓰누찌)	(완) (눌러, 두드려) 납작하게 하다
сплющенный (스쁠류쉔느이)	(형) 납작하게 된
сплющивать (미완), **~ть** (완) (스쁠류쉬와찌)	(놀러, 두드려)납작하게 하다
сподвижник (스빠드비즈니크)	(남) 전우, 위훈을 함께 세운 사람
спокой но (스빠꼬이나)	(부) ① 고요히, 조용히, 가만히 ② 편안히 ③ 침착히
спокой ный (스빠꼬이느이)	(형) ① 고유한, 조용한, 잔잔한 ② 평안한, 침착한 ③ 순한;~ой ночи 안녕히 주무십시오.
спокой ствие (스빠꼬이쓰뜨비예)	(중) 안심, 안녕, 침착, 고요한 마음
споласкивать (스빨라쓰끼와찌)	(미완) 행구다;~ бельё 빨래를 행구다
сползать (미완), **~ти** (완) (스빨르자지)	① 기어(미끄러져) 내리다 ② (굴러) 떨어지다, 전락되다
сполна (스빨르나)	(부) 전부(全部), 완전히
сполоснуть (스빨로쓰누찌)	*см.* сполоскать
спонтанный (스쁜딴느이)	(형) 저절로 생기는, 자연발생적인; ~ое изменение 자연적 변화

спор (스뽀르)	(남) ① 논쟁 ② 말다툼, 분쟁, 싸움 ③ 겨룸, 경쟁; на ~ 내기를 하여
спора (스뽀라)	(여) (생물) 균알, 포자(胞子)
спорить (스뽀리찌)	(미완) ① 논쟁(논의)하다; ② 말다툼 하다 ③ 경쟁하다, 내기하다, 내기를 걸다
спориться (스뽀리쨔)	(미완) 잘되어가다, 직척되다; работа ~ся 일이 잘 진척 된다
спорный (스뽀르느이)	(형) 논쟁대상이 되는; ~ый вопрос 논쟁문제;
спорт (스뽀르트)	(남) 체육, 체련, 체력, 체위, 체능; заниматься ~ом 운동하다
спортгородок (스뽀르뜨가라도크)	(남) 체육촌(體育村)
спортзал (스빠르뜨잘)	(남) 체육실, 실내운동장, 실내경기장
спортивный (스빠르찌브느이)	(형) 체육의; ~ые соревнования 경기; ~ый костюм 운동복,
спортинвентарь (스빠르쩐뻰따리)	(남) 체육기구
спортклуб (스빠르뜨클룹)	(남) 체육구락부
спортплощадка (스뽀르뜨쁠라샤드까)	(여) 운동장(運動場)
спортсмен (스빠르뜨쓰멘)	(남) 선수, 체육인(體育人)
способ (스뽀싸브)	(남) 방법, 방식, 수단, 방도; ~ производства 생산방식
способность (스빠소브노쓰찌)	(여) ① (복수) 재능, 재간, 수완; ② 능력, 힘; покупальная ~ 구매력
способный (스빠소브느이)	(형) 재능(재간, 재주) 있는, 유능한
способствовать (스빠사브쓰뜨보와찌)	(미완) ① 돕다, 방조(협조) 하다; ② 촉진시키다

споткнуться (완), ~ыкаться (미완) ① 걸채다, 걸리다; ② 애로,

Cc

(스빠뜨크누짜)		난관 등에 부닥치다, 걸리다 실수하다
спохватиться (스빠호와찌짜)		(완) 문득 생각나다; вовремя ~ 제때에 생각나다
справа (스쁘라와)		(부) 오른쪽에; 오른쪽으로부터
справедливо (스쁘라베들리붜)		(부) 공정(정당) 하게
справедливость (스쁘라베들리붜쓰찌)		(여) 정의, 공정성; отдать ~ *кому-чему* 정당하게 평가해주다
справедливый (스쁘라베들리브이)		(형) ① 정당한, 공정한, 공명정대한; ② 정의의; ~ая война 정의의 전쟁
справиться (스쁘라비짜)		*см.* справляться
справка (스쁘라브까)		(여) ① 증명서, 증서, 증명; ② 문의; обращаться за ~ой 알아보다
справляться (스쁘라블랴짜)		(미완) ① с *чем* 감당(처리)하다, 해제끼다; ② с *кем-чем* 이겨내다, 타승하다; ③ 알아보다;
справочник (스쁘라보츠니크)		(남) 편람, 안내서; телефонный ~ 전화 번호 책
справочный (스쁘라붜츠느이)		(형); ~ое бюро 물음칸, 안내소, 문의소; ~ое пособие 참고서
спрашивать (스쁘라쉬와찌)		(미완) ① 묻다, 질문 (문의)하다 ② с *кого* (책임을) 묻다, 추궁하다
спринтер (스쁘린쩰)		(남) 단거리선수
спринтерский (스쁘린쩨르쓰끼이)		(형) 단거리의; ~ бег 단거리달리기
спровоцировать (스쁘로붜찌라와찌)		(완) 도발하다, 부추기다
спрос (스쁘로쓰)		(남) 수요, 요구; ~ и предложение 수요와 공급; удовлетворять ~ 수요를 충족시키다
спросить (스쁘씨찌)		*см.* спрашивать

спросонок, ~ья (부) 잠이 채 깨지 않아서, 잠결에
(스쁘로쏘노크)

спрут (남) 문어
(스쁘루트)

спрыгивать (미완), ~нуть (완) 뛰어내리다, 내리뛰다
(스쁘릐기와찌)

спрыскивать (미완), ~нуть (완)(뿌려서)(뿜어서) 적시다, 축이다;
(스쁘릐쓰끼와찌) ~нуть бельё 빨래를 축이다

спрягать (미완) (언어) (동사를) 변화시키다
(스쁘랴가찌)

спрягаться (미완) (언어) 변화되다
(스쁘랴가쨔)

спряжение (중) (동사의) 변화(變化)
(스쁘랴줴니예)

спрятать (완) 감추다, 숨기다
(스쁘랴따찌)

спрятаться (완) 숨다
(스쁘랴따쨔)

спугивать (미완), спугнуть (완) (놀래워) 쫓다, 달아(날아) 나게
(스뿌기와찌) (스뿌그누찌) 하다; ~ птиц 새들을 놀래워 쫓다

спуд (남); ① извлечь изпод ~а 써먹다,
(스뿌드) 사용하다; ② держать под ~ом 쓰지
않고 보관해두다

спурт (남) (체육): [фини-шний] ~ 마감
(스뿌르트) 달리기

спуск (남) ① 내리는 것, 내리우는 것, 내려
(스뿌쓰크) 놓는 것; ~ корабля на воду 진수,
배띄우기 ② 내리막(길), 구배, 방아쇠

спускаемый (형); ~ аппарат 하강기구
(스뿌쓰까에므이)

спускать (미완) ① 내리우다, 내려놓다, 내려
(스뿌쓰까찌) 보내다; ~ плот 떼를 띄우다;
② 풀어놓다, 놓아 주다; ~ курок
방아쇠를 당기다;

спускаться (미완) ① 내리다, 내려가다, 하강하다,
(스뿌쓰까쨔) 떠내리다; ~ с горы 산에서 내리다;

	② 깃들다, 내리다; спустились сумерки 황혼이 깃들었다;
спустить(ся) (스뿌스찌찌)	*см.* спускать(ся)
спустя (스뿌스쨔)	(전) (+ 대) 지나서, 후에; ~ год 일년 지나서;~ несколько дней 며칠 후에 ~ некоторое время 얼마 후에
спутать(ся) (스뿌따찌)	*см.* путать(ся)
спутник (스뿌뜨니크)	(남) ① 길동무, 동행자; 필연적인 사물 ② (천문) 위성; искусст-венный ~ 인공위성; город- ~ 위성도시
спячка (스빠츠까)	(여) (동물들의) 겨울잠, 동면
сработаться (스라보따짜)	(완) (일에서) 보조가 맞다, 손이 맞다
сравнение (스라브네니예)	(중) 비교, 대비; 비유; по ~ю с *кем-чем* ~에 비하여
сравнивать¹ (스라브니와찌)	(미완)① 비교(대조,대비)하다, 비겨보다 ② 비유하다
сравнивать² (스라브니와찌)	(미완) 그르게 (반반하게, 가지런하게) 하다; ~ поле 밭을 고르게 하다
сравнительно (스라브니쩰나)	(부) 비교적(으로)
сравнительный (스라브니쩰느이)	(형) 비교의; ~ая степень (언어) 비교급, 쵀상급(最上級)
сравнить (스라브니찌)	*см.* сравнивать 1
сражать (스라좌찌)	(미완) *см.* сразить
сражаться (스라좌짜)	(미완) 싸우다, 투쟁하다
сражение (스라줴니예)	(중) 싸움, 전투(戰鬪)
сразить (스라지찌)	(완) ① 쳐서죽이다, 쏘아서죽이다 ② 몹시 놀라게 하다, 아연실색케 하다

сразиться (스라지짜)	(완) *см.* сражаться
сразу (스라주)	(부) ① 곧, 즉시에 ② 단번에
срам (스람)	(남) ① 수치, 치욕 ② (술어로) 수치다, 망신이다; какой ~! 무슨 수치야!
срамить (스라미찌)	(미완) ① 망신시키다, 창피를 주다; ~ при людях 사람들 앞에서 망신시키다 ② 모욕적으로 욕질하다
срамиться (스라미짜)	(미완) 망신하다, 창피를 당하다
срастаться (미완), **~ись** (완) (스라따짜)	융합(유착) 되다, 합쳐지다
сращение (스라쉐니예)	(중) 융합(融合), 유착, 접합
сращиваться (스라쉬와짜)	(미완) (공학) (용접, 납땜 등으로) 연결되다, 붙다
среда¹ (스레다)	(여) 수요일(水曜日), 수(水)
среда² (스레다)	(여) ① 환경, 분위기; окружающая ~ 주위환경; социальная ~ 사회적 환경 ② 계층(階層) ③ 매질
среди (스레지)	(전) (+_생) ① 복판에(서), 가운데; ~ площади 광장가운데서; ~ ночи 한밤중에; ~ книг 책 가운데는; ② 사이에, 중에, 속에; ~ нас 우리들 중에는; дом ~ сосен 솔밭 속에 있는 집; ~(средь)бела дня 대낮에, 백주에
средиземноморский (스레지젬나모르쓰끼이)	(형) 지중해(연안의)
среднеазиатский (스레드네아지아뜨쓰끼이)	(형) 중앙아시아의
средневековый (스레드네볘꼬브이)	(형) 중세기의
средневековье (스레드네볘꼬비예)	(중) 중세기(中世紀)

среднегодовой (스레드네고도**보**이)	(형) 년평균의
среднемесячный (스레드네**몌**싸츠느이)	(형) 월평균의
средний (스레드니이)	(형) ① 가운데의, 중부의, 중간의; 보통의, 평범한; ② 평균의;~ee образование 중등교육;~яя школа 중학교; ~ий род(언어)중성;в ~ем 평균(하여)
средоточие (스레도또치예)	(중) 중심(中心) (점), 집중점
средство (스레드쓰뜨붜)	(중) ① 수단, 방법, 방책; ② 약(藥), 약품, 약재; ③(복수) 돈, 자금, 자본금, 본전; 밑천.
средь (스레지)	(전) *см*. среди
срез (스레즈)	(남) 단면, 자른면, 절단면(切斷面)
срезать (완), **срезать** (미완) (스레자찌)	자르다, 잘라내다, 끊다
срисовать (완), **~овывать** (미완) (스리소**와**찌)	① 베껴 그리다, 복사하다, 모사하다 ② 사생하다
сровнять (스라브냐찌)	*см*. сравнивать 2
срок (스로크)	(남) ① 기간, 기한; в короткий ~ 단기간 내에; ② 시일, 기일
срочно (스로츠나)	(부) 급히, 긴급히, 손히
срочный (스로츠느이)	(형) ① 급한, 긴급한, 지금; ② 기한부의, 정기의;
сруб (스루브)	(남) 귀틀(집)
срубать (미완), **~ить** (완) (스루바찌)	① 베내다, 잘라내다; 채벌하다; 까내다; ② (통나무로)쌓다, (집을) 짓다
срыв (스리프)	(남) 파탄, 결렬, 좌절; 실패, 파국; вести к ~у 파국에로 이끌어가다
срывать[1]	(미완)*см*. сорвать

- 1326 -

(스리와찌)

срывать² (미완) *см.* срыть
(스리와찌)

срываться *см.* сорваться
(스리와짜)

срыть (완) (소복한데를) 파서 반반하게 하다;
(스리찌) (파서, 폭파하여) 없애치우다

срывать¹ (미완)*см.* сорвать
(스리와찌)

срывать² (미완) *см.* срыть
(스리와찌)

срываться *см.* сорваться
(스리와짜)

срыть (완) (소복한데를) 파서 반반하게 하다;
(스리찌) (파서, 폭파하여) 없애치우다

ссадина (여) (피부, 살 등이) 긁힌(뜯긴) 자리
(스싸지나) 긁은(할퀸)자국, 할퀸상처, 찰상, 긁는소리

ссадить¹ (완), **ссаживать** (미완) ① 내리워주다, 내려놓다
(스싸지찌) ② (기차 등에서) 내리우다

ссадить² (완) (피부 등을) 할퀴다; 긁다, 벗기다;
(스싸지찌)

ссора (여) 다툼, 싸움, 불화; быть в ~е
(스쏘라) 사이가 나쁘다

ссорить (미완) 다투게(싸우게) 하다, 불화를
(스쏘리찌) 일으키다

ссориться (미완) 싸우다, 다투다, 말다툼하다
(스쏘리짜)

СССР (불변) (Союз Советских Социалистических Республик)
(쎄쎄쎄르) 소련, 소비에트 사회주의 공화국연맹

ссуда (여) 대부, 대여, 대부금, 꾸어준 돈;
(스쑤다) дать(предоставить) ~у 대부하다

ссудить (완) 대부하다, 대여하다; ~ большую
(스쑤지찌) сумму 큰 금액을 대부하다

ссудный (형) 대부의; ~ капитал 대부자본;
(스쑤드느이) ~ процент 대부 이자

- 1327 -

ссужать (스쑤좌찌)	(미완) *см.* ссудить
ссылать (스쉴라찌)	(미완) *см.* сослать
ссылаться (스쉴랴쨔)	(미완); на *кого-что* 인용하다, 인증하다; 구실로 삼다; ~ на болезнь 병을 구실로 삼다
ссылка¹ (스쉴까)	(여) ① 유형, 정배, 추방(追放); ② 유형지, 유배지: жить в ~e 유형(정배) 살이하다
ссылка² (스쉴까)	(여) ① 인용, 인증; ② 인용문(引用文)
ссыльный (스쉴리느이)	(남) 추방된 자, 유배자, 유형수(流刑囚)
ссыпать (완), ссыпать (미완) (스쉴샤찌)	① 쏟아(뿌려) 넣다; ~ муку в мешок 밀가루를 자루에 쏟아 넣다; ② 저장하다; 납부하다
ссыхаться (스쉴하쨔)	(미완) ① (말라서) 줄다, 오그라들다 ② *см.* ссохнуться
стабилизатор (스따빌리자따르)	(남) (공학) 안전기, 안전장치
стабилизация (스따빌리자찌야)	(여) 안정, 안정화, 고정, 고착(固着)
стабилизировать (스따빌리지로와찌)	(미완, 완) 안정(고정, 고착) 시키다
стабилизироваться (스따빌리지로와쨔)	(미완, 완) 안정(고정, 고착) 되다
стабильность (스따빌노쓰찌)	(여) 안정성, 안정도
стабильный (스따빌느이)	(형) 안정된, 고착된; ~ учебник 국가 지정교과서
ставить (스따비찌)	(미완) ① 세우다, 세워놓다,놓다, 두다 ② 조직(실시, 상연) 하다; ③ 찍다;
ставка¹ (스따브까)	(여) 본부, 최고사령부, 사령부(司令部)
ставка²	(여) ① 치른(댄)돈; ② (재정) 임금,

(ставка)	세금을 ③ 기대, 타산;
ставленник (ставленник)	(남) 앞잡이, 괴뢰, 졸개
ставни (ставни)	(복수) 겉창, 덧창
стадион (стадион)	(남) 경기장(競技場)
стадия (стадия)	(여) 단계; находиться в ~и изучения 연구 중에 있다
стадо (стадо)	(중) (동물의)무리, 떼; ~ овец 양떼
стаж (стаж)	(남) (활동, 근무 등) 연한; трудовой ~ 노동연한; партийный ~ 당해연한
стажёр (стажёр)	(남) 견습생(見習生), 실습생(實習生), 견습공(見習工)
стажироваться (стажироваться)	(미완) 실습하다, 생산실습을 하다, 견습공으로 일하다
стажировка (стажировка)	(여) 현장실습, 생산실습, 견습(見習)
стайер (стайер)	(남) (체육) 장거리 선수, 먼거리 선수 (달리기)
стайерский (стайерский)	(형) (체육) 장거리의, 먼거리의; ~ бегер 장(먼)거리 달리기
стакан (стакан)	(남) 컵, 잔, 고뿌; пить из ~а 잔으로 마시다
сталагмит (сталагмит)	(남) (광물) 돌순, 석순(石筍)
сталактит (сталактит)	(남) (광물) 돌고드름, 종유석(鐘乳石)
сталевар (сталевар)	(남) 용해공, 제강공
сталелитейный (сталелитейный)	(형) 제강의; ~ завод 제강소
сталеплавильный (сталеплавильный)	(형); ~ая печь 제강로, 강철용해로

Сс

сталепрокатный (스딸례쁘로까뜨느이)	(형) 강철압연의; ~ цех 강철압연직장
сталкивать (스딸르찌와찌)	(미완) ① 떠밀다, 밀어 넣다, 밀쳐 버리다; ② 충돌시키다, 마주치게 하다
сталкиваться (스딸르찌와쨔)	(미완) ① 충돌하다, 부딪치다 ② с кем-чем 만나다, 마주치다
стало быть (스딸로 븨찌)	(삽입어) 그런즉, 따라서
сталь (스딸)	(여) 강철, 쇠, 강(鋼), 철(鐵), 스틸 (steel); нержавеющая ~ 불수강
стальной (스딸노이)	(형) ① 강철의; ~ая плита 강판 ② 강철 같은, 억센.
стамеска (스따몌쓰까)	(여) 끌(나무 파는 연장)
стан¹ (스딴)	(남) 몸통, 몸집, 체구: тонкий ~ 호리호리한 몸집
стан² (스딴)	(남) ① 임시거处: полевой ~ (농사철의) 야외숙영지 ② 진영, 진지
стан³ (스딴)	(남) 기대, 받침대; прокатный ~ 압연기
стандарт (스딴다르트)	(남) ① 규격, 기준(基準), 표준(標準); ② (진부한) 틀, 도식
стандартизация (스딴다르즈자찌야)	(여) 규격화, 표준화, 규격통일
стандартный (스딴다르뜨느이)	(형) ① 규격에 맞는, 표준적인; ② 진부한, 틀(판)에 박힌;
станкостроение (스딴꼬쓰뜨로예니예)	(중) 공작기계제작
станкостроительный (스딴꼬쓰뜨로이쩰느이)	(형); ~ завод 공작기계공장
становиться (스딴오비쨔)	см. стать
становление (스딴오블례니예)	(중) 형성
станок	(남) 공작기계; токарный ~ 선반;

(스따노크)	ткацкий ~ 직포기; френзерный ~ 밀링 머신 반; печатный ~ 인쇄
станочник (남), ~ца (여) (스따노츠니크)	기계공, (기계의) 조작자, 기사, (기계의) 운전자.
станцевать (스딴쩨와찌)	(완) 춤추다
станционный (스딴찌온느이)	(형) 역(驛)의, 정거장의
станция (스딴찌야)	(여) ① 역(驛), 정거장; конечная ~ 종착역; ~ отправления 출발역; ② (봉사,연구기관); телефонная ~ 전화국; ③ 정류소; орбитальная ~ 궤도정류소
стапель (스따뼬)	(남) ① (해양) 배무이대, 선대, 선가대; ② 비행기 조립대
стаптывать (스따쁘띄와찌)	см. стоптать
старание (스따라니예)	(중) 노력, 고심; 열성(熱性), 열심; приложить все ~я 열심히 하다
старательно (스따라쩰나)	(부) 정성껏, 열심히
старательный (스따라쩰느이)	(형) 부지런한, 근면한
стараться (스따라짜)	(미완) ① 노력하다; ~ изо всех сил 정력을 다하다; ② ~ 하려고 애쓰다;
старейшина (스따레이쉬나)	(여) 연장자(年長者); 추장(酋長)
старение (스따레니예)	(중) ① 늙는 것, 노쇠; ② 낡은 것
стареть (스따레찌)	(미완) ① 늙다, 노쇠하다; ② 낡다
старик (스따리크)	(남) 늙은이, 노인
старина¹ (스따리나)	(여) ① 옛적, 옛날, 고대: в ~у 옛적에; ② 옛날풍습, 고물, 골동품, 묵정이; любитнль ~ы 골동품애호가
старина²	(남) 영감, 영상, 아이디어(idea),

(스따리나)	인스피레이션(inspiration).
старинка (스따린까)	(여) по ~e 옛날식으로, 낡은 방식대로
старинный (스따린느이)	(형) ① 옛날의, 오랜, 과거부터 내려오는 ② 구식의; ~ обычай 낡은 풍습
стариться (스따리짜)	(미완) 늙다, 늙어지다
старожил (스따로쥘)	(남) 한 공장에서 오래산 사람; 본토배기
старомодный (스따로모드느이)	(형) 구식의, 시대에 뒤떨어진,
староста (스따로쓰따)	(남) 책임자; 학급장, 반장
старость (스따로쓰찌)	(여) 늙음, 노년(老年); на ~ идет 늘그막에 가다
старт (스따르트)	(남) 출발선, 출발점; на ~! (선수에게 출발선을 차지하라는 구령으로) 준비!
стартёр (스따르쬬르)	(남) ① 출발신호수 ② (공학) 시동기, 시동전동기
стартовать (스따르따와찌)	(미완, 완) 출발하다, 떠나다
старуха, старушка (스따루하, 스따루쉬까)	(여) 노파, 할머니, 할미, 할멈
старческий (스따르체쓰끼이)	(형) 늙은이의, 노인의, 할멈의
старше (스따르쉐)	(형) ① старший 의 비교급; ② 나이가 더 위인; 더 오랜
старший (스따르쉬이)	(형) ① 손위; ~ий брат 형, 맏형;~ая сестра 누나; ~ий сын 맏아들; ② (직위, 칭호 등에서) 상급의; ③ (명사) (남) 어른; 상급, 책임자
старшина (스따르쉬나)	(남) (군사) ① 특무상사, (해군) 중사 ② 사관장,중대장; ~ роты 중대사관장
старшинство (스따르쉰쓰뜨보)	(중) ① 나이(연장) 순서; по ~y 연장 순으로; ② 관등급순서

старый (스따리이)	(형) ① 늙은; ~ый человек 늙은이, ② 오랜; ~ый друг 오랜(옛) 친구 ③ 낡은, 헌, 못쓰게 된; ④ 묵은 ⑤ 옛날의, 과거에 있은.
старьё (스따리요)	(중) (집합) 낡은(헌)물품, 고물, 헌옷 가지
старьёвщик (스따리요브쉬크)	(남) 넝마장사, 고물상(古物商)
стаскать (완), **стаскивать** (스따쓰까찌) (스따쓰끼와찌)	(미완) (모든 것을 한데) 나르다, 끌어 모으다;
статика (스따찌까)	(여) ① (물리) 정역학; ② 부동(不動), 불변(不變), 정지
статистик (스따찌쓰찌크)	(남) 통계학자, 통계일군
статистика (스따찌쓰찌까)	(여) 통계한
статистический (스따찌쓰찌체쓰끼이)	(형) 통계의; ~ие данные 통계자료
статный (스따뜨느이)	(형) 체구가 잘 생긴, 날씬한
статуэтка (스따뚜에뜨까)	(여) 작은 조각상
статуя (스따뚜야)	(여) 조각상(彫刻像), 전신상(全身像); бронховая ~ 동상(銅像)
стать (스따찌)	(완)① 되다; столо холодно 추워졌다 ② ~기 시작하다; ③ 서다; ④ 멎다; часы стали 시계가 멎었다; ⑤ (일 따위에) 붙다, 착수하다.
статься (스따쨔)	(완) 되다, 생기다; что с ним сталось? 그에게 무슨 일이 생겼나?
статья (스따찌야)	(여) ① 논설, 기사(記事), 논문(論文); ② 항목(項目), 조항(條項), 조목(條目)
стационар (스따찌오나르)	(남) 상설기관(常設機關)
стационарный (스따찌오나르느이)	(형); ~ое лечение 입원치료

- 1333 -

стачечный (스따체츠느이)	(형) 파업의.
стачка (스따즈까)	(여) 파업; всеобщая ~ 총파업
стащить (스따쒸찌)	(완) ① 끌어가다; 끌어 모아놓다; ② 잡아 벗기다; ③ 훔치다, 도적질해가다
стая (스따야)	(여) 무리, 떼
стаять (스따야찌)	(완) (눈, 얼음이) 녹아 없어지다
ствол (스뜨볼)	(남) ① 나무줄기 ② 총신, 포신
створка (스뜨보르까)	(여) 문짝 (두 쪽으로 된 문의 한쪽)
стеарин (스쩨아린)	(남) (화학) 스테아린(stearin)
стебель (스쩨벨)	(남) 줄기, 대
стёганный (스쬬간느이)	(형) 솜을 두고 누빈; ~ ое одеяло 누비이불
стегать¹ (스쩨가찌)	(미완) 후려치다, 갈기다
стегать² (스쩨가찌)	(미완) 누비다
стекать (스쩨까찌)	(미완) 흘러내리다, 흘러들다
стекаться (스쩨까쨔)	(미완) ① 흘러들다 ② 모여오다, 모여들다
стекло (스쩨클로)	(중) ① 유리, 글라스(glass); оконное ~ 창문유리; ② 유리제품
стеклограф (스쩨클로그라프)	(남) 등사기, 복사기(複寫機)
стеклянный (스쩨클랸느이)	(형) 유리로, 유리로 만든
стекольный	(형); ~ завод 유리공장

(스쩨깔느이)

стекольщик　　　　　　　(남) 유리를 넣는 사람, 유리공
(스쩨깔쉬크)

стеллаж　　　　　　　　(남) 책시렁, 책꽂이, 선반
(스쩰라쥐)

стелька　　　　　　　　(여) 신깔개, 신깔창
(스쩰까)

стемнеть　　　　　　　(완) 어두워지다
(스쩸네찌)

стена　　　　　　　　　(여) ① 벽, 바람벽, 담장, 성벽
(스쩨나)　　　　　　　　　② 장벽(障壁), 장애물(障碍物)

стенгазета　　　　　　　(여) 벽보(壁報)
(스쩬가제따)

стенд　　　　　　　　　(남) ① 전시대, 전람대, 진열대(陳列臺)
(스쩬드)　　　　　　　　　② (공학) 시험대, 조립대

стенка　　　　　　　　　(여) 벽장(壁欌)
(스쩬까)

стенной　　　　　　　　(형); ~ые часы 벽시계
(스쩬노이)

стенограмма　　　　　　(여) 속기록(速記錄)
(스쩨노그람마)

стенографировать　　　(미완) 속기하다
(스쩨노그라피로와찌)

стенографист (남), **~ка** (여) 속기자
(스쩨노그라피쓰트)

стенография　　　　　　(여) 속기 (술), 속기법
(스쩨노그라피야)

степенный　　　　　　　(형) ① 점잖은, 침착한, 진중한
(스쩨뼨느이)　　　　　　　② 나이 지긋한

степень　　　　　　　　(여) ① 정도, 한도; ② 급(級), 등급;
(스쩨뼨니)　　　　　　　　③ 학위(學位); ④ (수학); возведение
　　　　　　　　　　　　　в ~ь 제곱하기; сравнительная ~ь
　　　　　　　　　　　　　비교급; превосходная ~ 최상급

степной　　　　　　　　(형) 초원(草原)의, 들판의
(스쩨쁘노이)

степь　　　　　　　　　(여) 초원, 스텝(steppe), 초원대

(스쩨뻬)

стереозвук (스쩨레오즈부크)	(남) 입체음향(立體音響)
стереометрия (스쩨레오메뜨리야)	(여) 입체 기하학(幾何學)
стереоскопический (스쩨레오쓰까삐체쓰끼이)	(형) 입체의
стереотип (스쩨레오찌쁘)	(남) ① 연판 ② 진부한 것, 판에 박한 것, 상투적인 것
стереотипный (스쩨레오찌쁘느이)	(형) ① 연판의; ② 언제나 되풀이되는, 판에 박힌
стереофонический (스쩨레오포니체쓰끼이)	(형) 입체발성의
стереть (스쩨레찌)	(완) ① 씻다, 훔치다, 닦아치우다, 지워버리다; ~ пыль 먼지를 훔치다; ② стёр ногу 발 가죽이 벗어졌다; ~ с лица земли 없애버리다, 전멸 시키다
стереться (스쩨레쨔)	(완) ① 지워지다, 벗겨지다 ② 쓸리다, 닳다
стеречь (스쩨레치)	(미완) 지키다, 지켜보다
стержень (스쩨르줸니)	(남) 대, 자루, 축(軸)
стерилизатор (스쩨릴리자따르)	(남) 멸균기, 소독기(消毒器)
стерилизация (스쩨릴리자찌야)	(여) ① 멸균(滅菌) 멸균법(滅菌法); ② (의학) 불임법, 피임법.
стерилизовать (스쩨릴리조와찌)	(미완, 완) ① 멸균 (살균, 소독)하다 ② 임신 못하게 하다
стерильный (스쩨릴느이)	(형) ① 소독한, 살균한 ② (새물) 생식능력이 없는
стерлядь (스쩨르랴지)	(여) 작은 철갑상어
стерпеть (스쩨르뻬찌)	(완) 참다, 견디다

стеснение (스쩨쓰녜니예)	(중) 부끄러움; без ~я 허물없이; без всякого ~я 아무런 사양도 없이
стеснительный (스쩨쓰니쩰느이)	(형) 불편해 하는, 거북해 하는, 난처해하는
стеснить (완), ~ять (미완) (스쩨쓰니찌)	배좁게 하다, 배좁게 살게 하다
стесняться (스쩨쓰냐쨔)	(미완) 불편(곤란, 거북)해하다, 꺼리다, 망설이다; не ~йтесь! 사양마십시오!,
стетоскоп (스쩨또쓰꼬쁘)	(남) 청진기(聽診器)
стечение (스쩨체니예)	(중) 군집, 합류; ~ обстоятельств 조성된 정세
стечь (스쩨치)	(완) см. стекать
стилистика (스찔리쓰찌까)	(여) 문체론(文體論)
стилистический (스찔리쓰찌체쓰끼이)	(형) 문체론적
стиль (스찔)	(남) ① 양식, 형식, 격식, 요식(要式); архитеттурный ~ 건축양식; ② 작풍, 방식; ~ в работе 사업작풍; ③ 문체(文體)
стимул (스찌무르)	(남) 자극, 동기, 충동, 충동력
стимулировать (스찌무리로와찌)	(미완,완) 자극(고무)하다, 충격을 주다, 활기를 띠게 하다
стипендиат (스찌뻰지아트)	(남) 장학생(獎學生), 급비생, 장학금을 받는 학생
стипендия (스찌뻰지야)	(여) 장학금(獎學金)
стиральный (스찌랄느이)	(형) 세탁용의, 빨래의; ~ая машина 세탁기, 빨래하는 기계
стирать¹ (스찌라찌)	(미완) 빨다, 빨래하다, 씻다: ~ бельё 내의를 빨다
стирать² (스찌라찌)	см. стереть

Cc

- 1337 -

стираться¹ (스찌라짜)	(미완) ① 때가 지다; 빨래가 잘되다 ② 세탁중에 있다
стираться² (스찌라짜)	(미완) *см.* стереться
стирка (스찌르까)	(여) 빨래, 세탁, 세답, 한탁
стискивать (미완), ~нуть (스찌쓰끼와찌)	(완) 누르다, 꽉 지다; ~нуть зубы 이를 악물다
стих (스찌흐)	(남) 시(詩), 시행, 시구; белый ~ 무운시; сборник ~ов 시집
стихать (스찌하찌)	(미완) *см.* стихнуть
стихий но (스찌히이나)	(부) 저절로, 자연발생적으로
стихий ный (스찌히이느이)	(형) ① 자연의; ~ое бедствие 자연재해 ② 자연발생적인, 맹목적인
стихия (스찌히야)	(여) ① 자연현상, 자연력: борьба со ~ей 자연력과의 투쟁; ② 익숙한 환경
стихнуть (스찌흐누찌)	(완) 잔잔(고요, 조용)해지다; ветер стих 바람이 잔잔해졌다
стихосложение (스찌호쓸로줴니예)	(중) 시짓기, 작시법
стихотворение (스찌호뜨뷔레니예)	(중) 시; ~ в прозе 산문시(散文詩)
стлать (스뜰라찌)	(미완) 깔다, 펴다
стлаться (스뜰라쨔)	(미완) 퍼지다; 깔리다; 펼쳐지다; туман стелется 안개가 낀다
сто (스또)	(수) 100, 백(佰)
стог (스또그)	(남) 가리. 낟가리
стоимость (스또이모쓰찌)	(여) ① 가치, 값어치; ② 값, 가격
стоить	(미완) ① 값을 가지다, 값이 나가다;

(스또이찌)	② 가치를 가지다, 값이 있다; ③ ~을 요구하다; ④ (+ 미정형) 할만하다; ~т посмотреть 볼만하다:
стой ка¹ (스또이까)	(여) ① 자세: ~ (смирно) 차렷 자세 ② (체육) 거꾸로 서기
стой ка² (스또이까)	(여) ① 기둥, 받침대 ② 판매대
стой кий (스또이끼이)	(형) ① 견고한, 오래 견디는 ② 강인한, 견실한; ~ характер 강의한 성격
стой ко (스또이까)	(부) 완강(강인) 하게
стой кость (스또이까쓰찌)	(여) 견고성, 강의성(剛毅性)
стой ло (스또일로)	(중) (축사안의 막은) 칸
сток (스또크)	(남) ① 흘러내림, 유출, 배출; ② 뺄 물길, 배수로, 수채물구멍; 낙수받이
стол (스똘)	(남) ① 상(床), 책상, 밥상; ② 식사, 요리, 음식;③ справочный ~ 안내소
столб (스똘브)	(남) 기둥, 주, 가주; пограничный ~ 국경경계표
столбец (스딸베쯔)	(남) (페이지의) 란, 줄, 열
столбняк (스똘브냐크)	(남) (의학) 파상풍(破傷風)
столетие (스딸레찌에)	(중) ① 100년, 1세기: двадцатое ~ 20세기 ② 100(백) 돌
столетний (스똘레뜨니이)	(형) 100(백)년의, 백살의
столица (스똘리짜)	(여) 수도(首都)
столичный (스똘리츠느이)	(형) 수도의
столкновение (스똘르크노베니에)	(중) 충돌(衝突), 서로 맞부딪힘.

столкнуть(ся) (스딸르크누찌)	*см.* сталкивать(ся)
столовая (스똘로와야)	(여) ① 식당(食堂) ② 식당방
столовый (스똘로브이)	(형)~ая ложка 숟가락; ~ый прибор (한사람분의) 식기
столп (스딸르쁘)	(남) ① 탑(塔) ② 저명한 활동가, 대가
столпиться (스따르삐쨔)	(완) 모여들다, 몰리다
столпотворение (스똘르쁘뜨붜레니예)	(중) 혼잡, 무질서, 난장판
столь (스똘)	(부) 그리, 그렇게도, 그토록
столько (스똘까)	(부) ① 그만큼 ② 그렇게까지
столяр (스딸랴르)	(남) 목공(木工), 목수(木手)
столярный (스딸랴르느이)	(형);~ые работы 목수일
стоматит (스따마찌트)	(남) (의학) 입안염, 구내염
стоматолог (스또마똘로그)	(남) 구강의사, 구강학자
стоматология (스따마똘로기야)	(여) 구강학(口腔學)
стон (스톤)	(남) 신음 (소리)
стонать (스또나찌)	(미완) 앓는 소리를 하다, 앓음 소리를 치다, 울부짖다
стоп (스또쁘)	(감) (구령으로) 섯!, 그만 (두어)!
стопа (스따빠)	(여) 발바닥; идти по ~м кого ~의 모범을 따르다
стопка (스또쁘까)	(여) ① 차곡차곡 놓은 것, 묶음; ② (작은) 술잔

стоптанный (스또쁘딴느이)	(형) (신발에 대하여)(닳아서)비뚤어진
стоптать (스따쁘따찌)	(완) (신발을) 닳게 (비뚤어지게) 하다
сторговаться (스따르고와짜)	(완) ① 값을 매기다(정하다), 흥정이 되다 ② 합의되다
сторож (스또로즈)	(남) 수위, 경비, 감시원(監視員)
сторожевой (스따라줴보이)	(형) 경비; ~ой пост 보초소; ~ая вышивка 망루; ~ое судно 경비선
сторожить (스따라쥐찌)	(미완) 지키다, 경비 (감시) 하다
сторожка (스따로즈까)	(여) 초소(哨所), 감시소
сторона (스따로나)	(여) ① 쪽, 방향, 편; с левой ~ы 왼쪽으로부터; ② 지방, 고장; ③ 면; лицевая ~а 앞면; оборотная ~а 뒷면; ④ (성질의) 측면; ⑤ 관점, 견지(見地); со всех сторон 각 방면으로부터; со всей ~ы 자기로서는; с одной ~ы 한편으로는; с другой ~ы 다른 편으로는; смотреть по ~ам 사방을 둘러보다
сторониться (스따로니짜)	(미완) ① 비키다, 물러서다 ② 피하다, 멀리하다
сторонник (스따론니크)	(남) 옹호자, 지지자, 찬성자
сточный (스또츠느이)	(형): ~ые воды 버릴 물, 구정물, 오수(汚水); ~ая канава 배수로
стоянка (스따얀까)	(여) ① 정지, 정박; ② 정차장, 정박소; ③ 유숙지, 거처
стоять (스따야찌)	(미완) ① 서있다; ② 있다, 위치하다; дом стоит у реки 집은 강가에 있다; ③ 제기되다; ④ 지키다, 고수하다; ⑤ на чём 주장하다 ⑥ 멎어있다, 정박 (정류) 하고있다; ⑦ (동이한 상태가) 계속(지속) 되다; ⑧ ~의 편에 서다; ~ять за правое дело 정의의 편에서다

стоячий (스따야치니)	(형) ① 서있는, 곧추세워진; ② 흐르지 않는, 고인;~ая вода 고인물
страда (스뜨라다)	(여) 농번기; 바쁜 철
страдальчиский (스뜨라달리치쓰끼이)	(형) 괴로운, 고통스러운, 어려운, 힘든
страдание (스뜨라다니예)	(중) 괴로운, 고민(苦悶), 고통(苦痛); испытывать ~я 고통을 겪다
страдательный (스뜨라다쩰느이)	(형); ~ залог (언어) 피동형, 입음형, 수동형
страдать (스뜨라다찌)	(미완)① 고통을 겪다, 고민하다;② чем 앓다 ③ за кого-что 가슴아파하다; ④ 손실 (피해)을 입다 (당하다); ~ от навод-нения 큰물의 피해를 입다
стража (스뜨라좌)	(여) 무장경비대, 호위병, 초병(哨兵); быть(стоять) на ~е 지키다, 수호하다
страна (스뜨라나)	(여) 나라, 국가(國家)
сираница (스뜨라니짜)	(여) 폐지(廢止); на ~х газет 신문지 상에서
странник (스뜨란니크)	(남) 나그네; 방랑자(放浪者)
странно (스뜨란나)	(부) ① 이상 (기이) 하게; ② (술어) 이상하다
странный (스뜨란느이)	(형) 이상한, 괴이한
странствовать (스뜨란쓰뜨붜와찌)	(미완) 돌아다니다, 여행하다;방랑하다, 자꾸 자리를 옮기다
страстный (스뜨라쓰뜨느이)	(형) ① 열정적인, 열렬한; ~ая речь 열정적인 열설; ② 애정에 불타는
страсть (스뜨라쓰찌)	(여) 열정, 열망; ~ к чтению 독서욕, 독서열
стратег (스뜨라쩨그)	(남) 전략가(戰略家)
стратегический (스뜨라쩨기체쓰끼이)	(형) 전략적인

стратегия (스뜨라**쩨**기야)	(여) 전략(戰略)
стратосфера (스뜨라또쓰**페**라)	(여) 성층권(成層圈)
страус (스뜨**라**우쓰)	(남) 타조(駝鳥)
страх (스뜨**라**하)	(남) 공포, 무서움, 두려움, 불안함; чувство ~а 공포심, 공포감;
страхование (스뜨라호**와**니예)	(중) 보험; ~ жизни 생명보험;~иму- щества [от огня] 화재보험;
страховать (스뜨라호**와**찌)	(미완)① 보험을 체결하다; ② 예방하다 ③ (체육, 곡예에서) 안전대책을 세우다
страховаться (스뜨라호**와**쨔)	(미완) ① 보험에 들다 ② 자기를 보호하다
страховка (스뜨라**호**브까)	(여) ① 보험금; ② 보험료; ③ 안전보장(安全保障)
страховой (스뜨라호**보**이)	(형) 보험의; ~ взнос 보험료
страшить (스뜨라**쉬**찌)	(미완) 무서워하게 하다, 겁나게 하다
страшиться (스뜨라**쉬**쨔)	(미완) *чего* 무서워하다, 겁내다
страшно (스뜨라**쉬**나)	(부) ① 무섭게 ② 아주, 몹시, 지독히 ③ (술어로) 무섭다
страшный (스뜨라**쓰**느이)	(형) ① 무서운, 무시무시한 ② 지독한, 대단한; ~ насморк 지독한 감기
стрекоза (스뜨레**까**자)	(여) 잠자리
стрела (스뜨**렐**라)	(여) ① 화살, 살, 시(矢); ② (기중기 의) 팔; ③ (식물) (꽃)줄기
стрелка (스뜨**렐**까)	(여) ① 바늘, 지침;~а часов 시계바늘; ~а компаса 지남침; перевести ~у 바늘을 돌리다; ② (철도) 전철기;
стрелковый (스뜨렐**꼬**브이)	(형) ① 사격의; ~ые соревнования 사격경기 ② 보병의; ~ый батальон 보병대대

стрелок (스뜨렐로크)	(남) 사격수, 사수(射手)
стрелочник (스뜨렐로츠니크)	(남) (철도) 전철 운전자
стрельба (스뜨렐리바)	(여) ① 사격; ② 사격소리, 총소리
стрельбище (스뜨렐리비쉐)	(중) 사격장(射擊場), 사격연습장
стрелять (스뜨렐랴찌)	(미완) ① 쏘다; ~ть из ружья 총을~ ② 쏘아죽이다; ③ 쑤시다;
стремглав (스뜨렘그글라프)	(부) 부리나케, 아주 급하게
стремительно (스뜨레미쩰나)	(부) 급격히, 쏜살같이, 신속히
стремительный (스뜨레미쩰느이)	(형) 급격한, 신속한, 몹시 빠른
стремиться (스뜨레미짜)	(미완) ① 지향하다, 갈망하다; ② 노력하다, 애쓰다; ③ 내달리다
стремление (스뜨레믈레니에)	(중) 지향(志向), 갈망(渴望);~ к учёбе 배움에 대한 지향, 향학열
стремя (스뜨레먀)	(중) 등자
стремянка (스뜨레먄까)	(여) 사닥다리, 줄사닥다리
стрепотмицин (스뜨레쁘따미찐)	(남) 항생제, 마이신(mycin), 스트렙토마이신
стрептоцид (스뜨레쁘따찌드)	(남) 방선균의 하나, 스트렙토마이신 (streptomycin)
стресс (스뜨렛쓰)	(남) ① 스트레스(stress), 긴장(緊張); ② 교합력
стреха (스뜨레하)	(여) 처마, 추녀, 첨아(檐牙)
стриж (스뜨리즈)	(남) 칼새
стриженый	(형) (머리를) 짧게 깎은

- 1344 -

(스뜨리줴느이)

стрижка
(스뜨리즈까)
(여) ① 머리 깎기 ② 머리 깎는식; ③ 털깎기; ~ овец 양의 털을 깎는 것

стричь
(스뜨리치)
(미완) 깎다; 치다; ~ волосы 머리를 깎다; ~ ногти 손톱을 깎다

стричься
(스뜨리치쌰)
(미완) 머리를 깎다, 이발하다

строгальный
(스뜨로갈느이)
(형): ~ станок 평삭반

строгать
(스뜨로가찌)
(미완) 대패질하다

строгий
(스뜨로기이)
(형) ① 엄격한; ~ий выговор 엄중경고; ② 엄밀한; ③ 단정한;

строго
(스뜨로가)
(부) ① 엄격하게, 엄하게; ~ говорит 엄한 투로 말한다; ② 엄밀하게, 정밀히 ③ 단정하게; ~ настрого 아주 엄하게

строгость
(스뜨로고쓰찌)
(여) ① 엄격성, 엄밀성; ② (복수) 엄준한: 대책(조치,질서); ввести большие ~и 엄격한 질서를 세우다

строевой[1]
(스뜨로예보이)
(형): ~ лес 건축용 목재

строевой[2]
(스뜨로예보이)
(형)(군사) ~ая подготовка 대열훈련: ~ой шаг 정보

сторение
(스뜨르예니예)
(중) ① 건축물, 건물; ② 구조, 구성, 조직(組織): ~ атома 원자의 구조

строитель
(스뜨로이쩰)
(남) 건설자

строительный
(스뜨로이쩰느이)
(형) 건설의, 건축의; ~ая площадка 건설장: ~ые работы 건설공사

стротельство
(스뜨로쩰쓰뷔)
(중) ① 건설, 건축;② 건설장; ③ 건설, 창조: ~ социализма 사회주의 건설

строить[1]
(스뜨로이찌)
(미완)① 짖다, 세우다, 건설(건축,건조)하다 ② 창조하다; ③ 세우다:

строить[2]
(스뜨로이찌)
(미완) 정렬시키다, 대열을 정돈하다: ~ полк 연대를 정렬시키다

Cc

строиться¹ (스뜨로이쨔)	(미완) ① 건설되다; ② 자기 집을 짓다
строиться² (스뜨로이쨔)	(미완) 정렬하다, 대열을 짓다
строй¹ (스뜨로이)	(남) ① 제도, 법제, 시스템(system): ② 구성, 체계: грамматический ~ 문법구조
строй² (스뜨로이)	(남) 대렬, 대오: стоять в ~ю 대열에 서있다; встать в ~й 대열에 서다;
строй ка (스뜨로이까)	(여) ① 건설, 건축 ② 건설장
строй материал (스뜨로이마쩨리알)	(남) 건재(建材), 건축 용재
строительный (스뜨로이쩰느이)	(형) ① 정연한; ~ые ряды 정연한 정연한 대열; ② 날씬한, 균형이 잡힌
строка (스뜨로까)	(여) 줄, 글줄, 행(行), 글자를 쓴 줄
стропило (스뜨로삘로)	(중) 서까래, 연목(椽木)
строптивый (스뜨로쁘찌브이)	(형) 고집이 센, 심술궂은
строфа (스뜨로파)	(여) (문화) (시의) 절(節)
строчить (스뜨로치찌)	(미완) ① 박음질하다, 재봉침으로박다; ② (글을) 빨리 (서둘러) 쓰다; ③ (자동총으로) 점발사격하다
строчка¹ (스뜨로츠까)	(여) 줄, 글줄, 행(行), 글자를 쓴 줄
строчка² (스뜨로츠까)	(여) 박음질
строчной (스뜨로츠노이)	(형); ~ая буква 소문자
стружка (스뜨루쥐까)	(여) 대패밥, 절삭밥, 쇠밥
струиться (스뜨루이쨔)	(미완) 흐르다; 풍기다

структура (스뜨루끄뚜라)	(여) 구조, 구성, 기구, 얼개, 구상
структурализм (스뜨루끄뚜랄리즘)	(남) 구조주의
структуралист (스뜨루끄뚜랄리쓰뜨)	(남) 구조주의자
структурный (스뜨루끄뚜르느이)	(형) 구조의; ~ый анализ 구조적 분석
струна (스뜨루나)	(여) (악기의) 줄, 끈, 실
струнный (스뜨룬느이)	(형) 현악의, 취주악; ~ инструмент 현악기; ~ оркестр 현악단
струп (스뜨루쁘)	(남) 더뎅이, 부스럼 딱지; покрываться ~ьями 더뎅이가 앉다
струсить (스뜨루씨찌)	(완) 무서워하다, 겁나하다
стручковый (스뜨루츠꼬브이)	(형) 꼬투리가 달린; ~ перец 남주 고추
стручок (스뜨루초크)	(남) 꼬투리, 껍질, 깍지; бобовый ~ 콩깍지, 콩꼬투리
струя (스뜨루야)	(여) (물, 공기, 가스의) 흐름; ~ воды 물줄기
стряпать (스뜨랴빠찌)	(미완) ① 음식을 만들다 (차리다), 요리하다 ② 짓다, 쓰다; 조작하다
стряпня (스뜨랴쁘냐)	(여) ① 음식, 요리; ② 거치른 (서투른, 더러운) 글
стряхивать (미완), стряхнуть (완) 털다, 떨다 (스뜨랴히와찌) (스뜨랴흐누찌)	
студент (남), ~ка (여) (대)학생 (스뚜졘뜨)	
студенческий (스뚜졘체쓰끼이)	(형) (대)학생의; ~ое общежитие 대학생기숙사; ~ий билет 학생증
студень (스뚜졘니)	(남) 식혀서 묵처럼 엉기게 만들 곰 (보쌈, 족편과 비슷함)
студить (스뚜지찌)	(미완) 식히다, 차게 하다

- 1347 -

студия (스뚜지야)	(여) ① 제작실, 방송실, 화실, 조각실; 스튜디오; ② 예술학교(미술,무용,음악)
стужа (스뚜좌)	(여) 혹한, 지독한 추위
стук (스뚜크)	(남) ① 두드리는 소리 ② ~ в дверь 노크, 손기척 (소리)
стукнуть (스뚜크누찌)	(완) ① (탕, 뚝뚝) 치다, 때리다, 두드리다; ~ в окно 창문을 두드리다 ② (회화) (나이가) 되다; ему ~ло шестьдесят лет 예순살이 되었다
стукнуться (스뚜크누짜)	(완) 부딪치다, 마주치다
стул¹ (스뚤)	(남) 의자, 걸상
стул² (스뚤)	(남) (의학) 대변; 배설물(排泄物)
ступа (스뚜빠)	(여) 절구(絶句)
ступать (스뚜빠찌)	(미완) *см.* ступить
ступень (스뚜뻬니)	(여) 단계, 순차;
ступенька (스뚜뻰니까)	(여) 단, 계단, 층계; каменная ~ 디딤들, 디딤단
ступить (스뚜삐찌)	(완) 걷다, 밟다; ~ через порог 문턱을 넘어 디디다
ступка (스뚜쁘까)	(여) (작은) 절구
ступня (스뚜쁘냐)	(여) ① 발, 족(足); ② 발바닥
стучать (스뚜차찌)	(미완) ① 두드리다;~ в дверь 문을 두드리다 ② 고동 (맥박) 치다;
стучаться (스뚜차짜)	(미완) 문을 두드리다
стушеваться (스뚜쉐와짜)	(완) 당황해지다, 겁나하다

стыд (스띄드)	(남) ① 부끄러움 ② 수치, 창피
стыдить (스띄드지찌)	(미완) 수치를 느끼게 하다, 창피를 주다, 무안해하게 하다
стыдиться (스띄드지쨔)	(미완) 부끄러워하다, 창피해 하다
стыдливость (스띄드리뷔쓰찌)	(여) 부끄러움, 수줍음
стыдливый (스띄들리브이)	(형) 부끄러워하다, 수줍어하는
стыдно (스띄드노)	(술어로) 부끄럽다; мне ~ за тебя 나는 너 때문에 부끄럽다
стык (스띄크)	(남) ① 접합, 용접, 맞땜; ② 인접점, 분기점, 접합점(接合點), 이음줄
стыковаться (스띄꼬와쨔)	см. состыковаться
стыковка (스띄꼬브까)	(여) 결합(結合)
стынуть, стыть (스띄누찌) (스띄찌)	(미완) 식다, 차지다
стычка (스띄치까)	(여) ① (짧은) 전투(戰鬪) ② 충돌(衝突), 다툼
стюардесса (스뜌아르젯싸)	(여) (비행기) 안내원
стягивать (스쨔기와찌)	(미완) см. стянуть
стягиваться (스쨔기와쨔)	(미완) (많이) 집결하다, 모이다
стяжка (스쨔쥐까)	(완) ~을 얻다, 획득하다
стянуть (스쨔누찌)	(완) ① 졸라매다 ② (끝을) 잇다 ③ 모이다, 집결 (집합) 시키다
суббота (숩보따)	(여) 토요일(土曜日), 토(土)
субботник	(남) 토요노동

- 1349 -

(숩보뜨니크)	
субсидировать (숩시지로와찌)	(미완, 완) 보조금을 주다
субсидия (숩시지야)	(여) 보조금(補助金)
субстанция (숩스딴찌야)	(여) ① 물질(物質); ② 실태약 (물)
субстрат (숩스뜨라트)	(남) ① 기질(基質), 수매질 ② 하층
субтитр (숩찌뜨르)	(남) 자막(字幕)
субтропики (숩뜨로삐끼)	(복수) 아열대지방
субтропический (숩뜨로삐체스끼이)	(형) 아열대의: ~ климат 열대기후
субъект (수비옉트)	(남) ① (철학) 주체, 주관; ② (어떤 행동, 과정의) 주체(主體), 주인(主人)
субъективизм (수비옉찌비즘)	(남) ① (철학) 주관주의; 주관적관념론 ② 주관성, 자기본위
субъективность (수비옉찌브노쓰찌)	(여) 주관성(主觀性)
субъективный (수비옉찌브느이)	(형) 주관의, 주관적인
сувенир (수베니르)	(남) 기념품(紀念品)
суверенитет (수베레니쩨트)	(남) 자주권(自主權); национальный ~ 민족적자주권
суверенный (수베렌느이)	(형); ~ое государство 주권국가
суглинистый (수글리니쓰뜨이)	(형); ~ые почвы 모래진흙땅
суглинок (수글리노크)	(남) 모래진흙
сугроб (수그로브)	(남) 눈 무더기, 눈 더미, 눈구덩이

сугубо (수구보)	(부) 대단히, 지극히
Суд (Книга Судей Израли-евых 21장, 258 쪽) (수드)	사사기(士師記), 판관기(判官記, Book of Judges)
суд (숟)	(남) 재판; 재판소, 법정: Верховный ~ 최고재판소
судак (수다크)	(남) (어류) 수다크 (농어과의 한 가지)
Судан (수단)	(남) 수단
судебный (수제브느이)	(형) 재판의; ~ процесс 재판소송
судейский (수제이쓰끼이)	(형) (채육) 심판원;~ая коллегия 심판위원회
судейство (수제이쓰뜨붜)	(중) (채육) 심판(審判)
судимость (수지모쓰찌)	(여) (법학) 전과
судить (수지찌)	(미완) ① 재판하다, 판결하다; ② 판단(논단, 단정, 비난)하다; 생각(추측)하다
судиться (수지짜)	(미완) ① ~와 재판하다 ② 재판받다
судно (수드나)	(중) 선박, 배, 선척; пассажирское ~ 여객선;
судоверфь (수도베르피)	(여) 조선소(造船所)
судовой (수도보이)	(형) 배의, 선박에; ~ые огни 배등불; ~ой журнал 항해일지
судок (수도크)	(남) 찬합
судопроизводство (수도쁘로이즈보드쓰뜨붜)	(중) 재판소송
судоремонтный (수도레몬뜨느이)	(형) 배수리
судорога	(여) 경련(痙攣), 쥐(살)

(суда́рога)

судоро́жный (수다로쥐느이)	(형) ① 경련적인 ② 발작적인; 안절부절한
судострое́ние (수다쓰뜨로예니예)	(중) 선박건조, 선박건조업, 배무이
судострои́тель (수다쓰뜨로이쪨)	(남) 조선기사, 조선공, 선박기사
судострои́тельный (수다쓰뜨로이쪨느이)	(형); ~ заво́д 조선소(造船所)
судоустро́йство (수다우쓰뜨로이쓰뜨붜)	(중) 재판제도, 재판소구성법
судохо́дный (수다호드느이)	(형) 항해 가능한, 항행이 가능한, 항행할 수 있는
судохо́дство (수다호드쓰뜨붜)	(중) 항행(航行), 항해(航海)
судьба́ (수지바)	(여) 운명, 팔자, 숙명(淑明)
судья́ (수지야)	(남) ① 판사; ② (체육) 심판원; гла́вный ~ 주심; ~ на ли́нии 선심
суеве́рие (수예베리예)	(중) 미신(迷信)
суеве́рный (수예볘르느이)	(형) 미신의, 미신적인
суета́ (수예따)	(여) ① 허망한 것, 보람 없는 것 ② 무사분주한 것;
суети́ться (수예찌짜)	(미완) 덤비다, 부산을 떨다, 부산히 돌아치다, 동분서주하다
суетли́во (수예뜰리붜)	(부) 부산하게, 분주히
суетли́вый (수예뜰리브이)	(형) 부산한, 부산하게 돌아치는,
сужде́ние (수쥐제니예)	(중) 견해(見解), 의견(意見), 판단
суже́ние (수줴니예)	(중) ① 좁히는 것 ② 축소, 제한 감소; ③ 좁아진 곳

суживать (수쥐와찌)	(미완) 좁히다
суживаться (수쥐와쨔)	(미완) 좁아지다
сузить(ся) (수지찌)	*см.* суживать(ся)
сук (수크)	(남) ① 큰 (굵은) 나뭇가지; ② 옹이; доска без сучьев 옹이가 없는 널판자
сука (수까)	(여) 암캐
сукно (수크노)	(중) 나사천; положить под ~ (신청서, 청원서 등을) 깔아버리다
суконный (수꼰느이)	(형) 나사의
сулить (술리찌)	(미완) 약속하다
сульфат (술파트)	(남) (화학) 유산업
сульфид (술피드)	(남) (화학) 황화물
сульфит (술피트)	(남) (화학) 아황산염(亞黃酸鹽)
сумасброд (수마쓰브로드)	(남) 미치광이
сумасбродный (수마쓰브로드느이)	(형) 망령된, 망령스러운
сумасбродство (수마쓰브로드스뜨뷔)	(중) 망령, 미치광이 것
сумасшедший (수마쓰쉐드쉬이)	(형) ① 미친; ~ий дом 정신병원 ② (명사로) ~ий (남), ~ая (여) 미치광이
сумасшествие (수마쓰쉐드스뜨비예)	(중) 정신착란, 미치는 것
суматоха (수마또하)	(여) 북새통, 소동(騷動)
сумбур	(남) ① 혼란, 혼동;

(숨부르)	② 어수선함, 북새통
сумбурный (숨보르느이)	(형) 혼란된, 갈피를 잡을 수 없는
сумерки (수몌르끼)	(복수) 황혼, 어스름, 땅거미, 종말
суметь (수몌찌)	(완)(+ 미정형) 할 줄 알다, 할 수 있다; ~ ответить 대답할 줄 알다
сумка (숨까)	(여) 가방, 주머니; дамская ~ (부인용) 손가방; 핸드백
сумма (숨마)	(여) ① 총액, 총계; общая ~a 총액; в ~e 합하여, 합계하여; ② 금액
суммарный (숨마르느이)	(형) 합계의, 총계의; ~ое количество 총수
суммировать (숨미로와찌)	(미완, 완) ① 합하다, 합계를 내다, 총계를 내다; ② 종합하다, 총괄하다;
сумрак (숨라크)	(남) 어스름, 어스레한 어둠
сумрачный (숨라치느이)	(형) ① 어스레한, 어둑어둑한; ② 우울한, 침울한, 음침한
сундук (순두크)	(남) 궤, 장롱, 뒤주
сунуть(ся) (수누찌)	*см.* совать(ся)
суп (숩)	(남) 국(soup; broth)(고기국, 야채국)
суперобложка (수뻬로블로쥐까)	(여) 겉표지
суперфосфат (수뻬르포쓰파트)	(남) 과인산 비료
суппорт (숩뽀르트)	(남) (공학) 왕복대; 바이트대받침대
супруг (수쁘루그)	(남) ① 남편 ②; ~и (복수) 부부
супруга (수쁘루가)	(여) 부인(婦人), 처(妻)

супружеский (수쁘루줴쓰끼이)	(형) 부부의
супружество (수쁘루줴쓰드붜)	(중) 부부생활, 결혼생활, 부부관계
сургуч (수르구츠)	(남) 봉랍
сурдинка (수르진까)	(여) (음악) 약음기(弱音器); под ~у 슬그머니, 조용히
Суринам (수리남)	(남) 수리남
суровый (수로브이)	(형) ① 혹독한, 가혹한, 무자비한; ~ая кара 혹독한 징벌;~ая зима 몹시 추운 겨울, 엄동; ② 준엄한; ③ 엄한, 무뚝뚝한 사람; ~ый человек 엄한 사람;
суррогат (수르로가트)	(남) 대용품(代用品), 가짜제품, 대품, 대물(代物)
сурьма (수리마)	(여) (화학) 안티몬 (Antimon: [51번: Sb: 121.75])
сусло (수쓸로)	(중) 맥아즙(麥芽汁), 엿기름
суспензия (수쓰뻰지야)	(여) (화학) 현탁액
сустав (수쓰땁)	(남) 뼈마디, 관절(關節), 매듭; воспаление ~ов 관절염, 류마치스
сутки (수뜨끼)	(복수) 하루, 일주야 (24시간); двое суток 2 주야
сутолока (수똘로까)	(여) 혼잡, 북새, 뒤범벅판
суточный (수또츠느이)	(형) 하루 동안의; ~ запас продоволь -ствия 하루분의 식량예비
сутулиться (수뚤리쨔)	(미완) 등을 굽히다
сутулый (수뚤르이)	(형) 등이 굽은
суть (수찌)	(여) 본질, 진수, 요점; по ~и дела 실지에 있어서는

суфлёр (수필료르)	(남) (연극) 대사를 섬겨주는 사람
суффикс (숲피크쓰)	(남) (언어) 뒤붙이, 접미사(接尾辭)
суффиксация (숲피크싸찌야)	(여) 접미사법
сухарь (수할리)	(남) 구멍가게, 전빵, 가게.
суховей (수호베이)	(남) 가물바람
суходольный (수호돌느이)	(형); ~ые поля 밭
сухожилие (수호쥘리예)	(중) 힘줄, 힘줄기, 심줄, 근육(筋肉).
сухой (수호이)	(형) ① 마른, 건조한; ② 여원, 파리한; ③ 냉담한, 매몰스러운;
сухопутный (수호뿌뜨느이)	(형) 육지의, 땅, 뭍; ~ые войска 육군
сухофрукты (수호프룩띠)	(복수) 말린 과일, 건과일
сухощавый (수호샤브이)	(형) 여원 수척한
сучковатый (수츠꼬와뜨이)	(형) 옹이가 (많이) 있는
сучок (수초크)	(남) ① (작은) 나뭇가지 ② 옹이
суша (수샤)	(여) 육지, 뭍; на ~е и на море 육지와 바다에서
сушёный (수숀느이)	(형) 말린, 건조시킨; ~ая рыба 말린 물고기
сушилка (수쉬르까)	(여) ① 건조기, 건조장치; ② 건조실, 말림터, 건조대
сушильный (수쉴르느이)	(형) 말리는, 건조용의; ~ шкаф 건조함
сушить	(미완) ① 말리다, 건조시키다

(수쉬찌)	② 여위게 하다
сушиться (수쉬짜)	(미완) ① 마르다, 건조하다; ② 젖은 옷을 입은 채 말리다
сушка¹ (수스까)	(여) 말림, 건조(乾燥)
сушка² (수스까)	(여) (작은) 가락지 빵(건빵의 한 가지)
существенный (수쉐쓰뜨삔느이)	(형) 본질적인, 진수가 되는
существительное (수쉐쓰뜨비쩰노예)	(중) 명사(noun: 名詞), 이름씨
существо¹ (수쉐쓰뜨보)	(중) ① 생명체, 인간, 동물: живый ~а 생명체; ② 존재, 인물.
существо² (수쉐쓰뜨보)	(중) 본질, 본바탕, 근본, 본성: [говоря] по ~у 사실은
существование (수쉐쓰뜨뷔와니예)	(중) 존재, 생존(生存)
существовать (수쉐쓰뜨뷔와찌)	(미완) ① 있다, 존재하다, 현존하다; ② 살아가다, 생활하다
существующий (수쉐쓰뜨부유쉬이)	(형) 현존의; ~ порядок 현존질서
сущий (수쉬이)	(형); ~ая правда 참말 옳은 말이다; ~ие пустяки 전혀 쓸때없는 말이다
сущность (수쉬노쓰찌)	(여) 본질(本質), 본성(本性)
сфабриковать (스파브리까와찌)	(완) 날조(조작)하다
сфера (스페라)	(여) ① 영역, 범위; ~ деятельности 활동범위, 활동무대; ② 구, 구면
сферический (스페리체쓰끼이)	(형) 구면의, 구형의
сформировать (스포르미로와찌)	*см.* формировать[ся]
сформулировать (스포르물리로와찌)	(완) 정식화하다

Cc

сфотографировать (스포또그라피로와찌)	(완) 사진을 찍다, 촬영하다
сфотографироваться (스포또그로피로와짜)	(완) 사진을 찍다, 촬영하다
схватить (스흐와찌찌)	(완) ① 잡다, 붙잡다, 덥석 쥐다; ② 병을 얻다; ③ 포착 (파악)하다
схватка (스흐와뜨까)	(여) ① 싸움, 격투, 결투, 투쟁; ②; ~и (복수) (의학) 진통
схватывать (스흐와띄와찌)	*см.* схватить
схема (스헤마)	(여) ① 도표, 도해, 도형; ② 도식, 틀; ③ 약도, 요약; 해설도, 설계도
схематический (스헤마찌체스끼이)	(형) 도표로 표시한; 약도의, 도형의, 도식의
схематичный (스헤마찌츠느이)	(형) 개략적인; 도식적인
схитрить (스히뜨리찌)	(완) *см.* хитрить
схлынуть (스흐리누찌)	(완) ① (물이) 찍다, 줄다 ② (군중이) 즉시에 흩어져 사라지다
сходить¹ (스호지찌)	(미완) ① 내리다, 내려가다: ②(얼룩이) 사라지다, (가죽 등이) 벗어지다
сходить² (스호지찌)	(완) 갔다 오다, 왕복: ~ в магазин 상점에 갔다오다
сходни (스호드니)	(복수) 부두다리; 발판, 사다리
сходный (스호드느이)	(형) ① 유사한, 비슷한 ② (가격 등이) 맞춤한, 적당한;
сходство (스호드쓰뜨붜)	(중) 유사성, 비슷한 것, 일치(一致)
сцена (스쩨나)	(여) ① 무대, 단, 스테이지(stage); ②(연극) 장(章); ③ 장면, 광경, 씬 (scene); ④ 말다툼, 싸움; семейная ~a 가정싸움; немая ~a 말없는 장면;
сценарий (스쩨날리이)	(남) ① 영화문학(映畵文學) ② 연출대본(演出臺本)

сценарист (스쩨나리쓰트)	(남) 영화문학 작가
сценический (스쩨니체쓰끼이)	(형) 무대의, 단(壇); ~ое искусство 무대예술
сцепить (스쩨삐찌)	(완) 연결하다
сцепиться (스쩨삐쨔)	(완) ① 연결되다 ② 맞붙어 싸우다
сцепка (스쩨쁘까)	(여) 연결, 결합, 결련, 연계, 연락, 연합, 접속; автоматическая ~ 자동연결
сцепление (스쩨쁠레니예)	(중) ① 연결(連結), 결합(結合) ② 연결기, 연결장치
сцеплять(ся) (스쩨쁠랴찌)	*см.* сцепить(ся)
счастливец (스차쓰쁠리베쯔)	(남) 행복한 사람, 행운아
счастливо (스차쓰쁠리붜)	(부) ① 행복하게 ② 무사히; счастливо [оставаться]! 안녕히 계십시오!
счастливый (스차쓰쁠리브이)	(형) ① 행복한; ② 운이(재수가) 좋은; ③ 성공적인, 훌륭한;
счастье (스차쓰찌예)	(중) ① 행복; наслаждаться ~ем 행복을 누리다; ② 행운, 요행, 성공; к ~ю (삽입어) 다행히
счёт (스쵸트)	(남) ① 셈, 계산; ② (경기, 시합 등의) 득점; ③ 계산서;
счётный (스쵸뜨느이)	(형) ① 계산의; ~ая машина 계산기; ② 부기의, 회계; ~ый работник 부기원
счетовод (스체또보드)	(남) 부기원, 회계원(會計員)
счетоводство (스체또본쓰드블)	(중) 부기(簿記), 회계(會計)
счётчик (스쵸뜨치크)	(남) ① 계산원, 통계원; ② 계기; электрический ~ 전력계
счёты (스쵸뜨이)	(복수) 수판, 주산, 셈; считать на ~ах 수판(주산)을 놓다

Сс

счистить (스치쓰찌찌)	(완) ① 긁어(닦아, 씻어, 털어) 버리다; ② (껍질 등을) 깎다, 벗기다
считать (스치따찌)	(미완) ① (셈을) 세다 ② 계산하다, 통계를 내다 ③ 생각 (간주)하다
считаться (스치따짜)	(미완) ① (돈 관계를) 청산하다, 셈을 치르다 ② 셈(고려)에 넣다, 존중히 여기다; ③ 알려져 있다;
считать (스치샤찌)	(미완) *см.* счистить
США (에스샤아)	Соединённые Штаты Америки
сшибать (미완), **~ить** (완) (스쉬바찌)	처서 떨어뜨리다, 때려(밀어) 넘어뜨리다
сшивать (미완), **сшить** (완) (스쉬와찌) (스쉬찌)	(바느질하여) 잇다, 꿰매다; ~ куски ткани 천 조각들을 잇다
съедать (스에다찌)	(미완) *см.* съесть
съедобный (스에도브느이)	(형) 먹을 수 있는, 식용의; ~ гриб 먹는 버섯
съёжиться (스요쥐짜)	(완) 몸을 응그리다
съезд (스예즈)	(남) 대회(大會)
съездить (스예즈지찌)	(완) 타고 갔다 오다; ~ к родным 친척집에 갔다 오다.
съезжать(ся) (스예즈좌찌)	*см.* съехать(ся)
съёмка (스욤까)	(여) ① 찍다, 촬영; ② 측량, 측도
съёмщик (스욤쉬크)	(남) ① 빌려 쓴 사람, 차용자(借用者); ~ квартиры 주택차용자; ② 측량기사
съестной (스예쓰뜨노이)	(형); ~ые припасы 양식
съесть (스예쓰찌)	(완) ① 먹다, 먹어버리다 ② 침식 하다

Cc

съехать (스예하찌)	(완) ① (타고) 내려가다(오다) ② 떠나가다, 이사하여가다 ③ (미끄러져) 내려앉다, 옆으로 움직이다;
съехаться (스예하짜)	(완) ① (각 곳에서) 많이 모여들다 ② 이사하여 같이 살게 되다
сыворотка (쐬보로뜨까)	(여) (의학) 혈청, 피맑강이, 혈장, 플라스마(plasma)
сыграть (쐬그라찌)	(완) *см.* играть
сын (씐)	(남) 아들, 자식(子息)
сыпать (쐬빠찌)	(미완)① 가루, 모래 따위를 쏟아 넣다, 붓다; ② 연속 보내다, 연속으로 말하다; ~ вопросами 질문을 퍼붓다
сыпаться (쐬빠짜)	(미완)① 가루가 쏟아지다, 가루가 떨어지다, 모래 따위가 쏟아지다, 모래 따위가 떨어지다; ② (말소리가) 들려오다
сыпной (씹쁘노이)	(형); ~ тиф 발진 티푸스, 장미진, 장티푸스(typhus), 장질부사(腸窒扶斯)
сыпь (쐬삐)	(여) (의학) 발진(發疹), 꽃
сыр (쐬르)	(남) 치즈(cheese), 건락(乾酪)
сыреть (쐬례찌)	(미완) 습해지다, 추축해지다
сырец (쐬례쯔)	(남); шёлк-~ 생명주실; хлопок-~ (씨가 있는) 목화
сыро (쐬라)	(술어로) 물기 (습기)가 있다, 축축하다; здесь ~ 여기는 축축하다
сырой (쐬로이)	(형) ① 물기(습기) 있는, 축축한 ② 설익은, 끓이지 않은, 익지 않은; ~ое яйцо 날계란; ~ое мясо 날고기
сырость (쐬로쓰찌)	(여) 누기(漏氣), 물기, 습기(濕氣)
сырьё (쐬리요)	(중) 원료(原料)

— 1361 —

сырьевой (쓰리에보이)	(형) 원료의,재료의;~ая база 원료기지
сыскать (쓰쓰까찌)	(완) 찾아내다
сытно (쓰뜨나)	(부) 배부르게, 푼푼하게
сытный (쓰뜨느이)	(형) 배부르게 하는, 영양분이
сытый (쓰띠이)	(형) ① 배부른 ② 살진 ③ 먹을 것이 많은, 풍부한
сыч (쓰츠)	(남) (조류) 올빼미, 계효, 산효, 야묘치효, 토효, 효치(梟鵄), 훈호(訓狐)
сыщик (쓰쉬크)	(남) 형사, 밀정, 염탐, 정탐, 탐정, 밀탐(密探)
сэкономить (쎄까노미찌)	(완) 절약하다, 아끼다
сюда (슈다)	(부) 여기로, 이리로
сюжет (슈줴트)	(남) 얽은새, 줄거리, 슈제트
сюита (슈이따)	(여) (음악) 묶음곡, 조곡(弔哭)
сюрприз (슈르쁘리즈)	(남) ① 뜻하지 않은 선물 ② 불의의사건, 뜻밖의 일
сюрреализм (슈르레아리즘)	(남) (문학예술에서) 초현실주의

Тт

табак (따바까)	(남) 담배, 남초, 담파고, 연초, 상사초 궐련, 권연(卷煙), 권연초(卷煙草)
табакерка (따바께르까)	(여) 담뱃갑
табаководство (따바꼬본쓰뜨뷔)	(중) 담뱃 재배
табачный (따바츠느이)	(형) 담배의
табель (따벨)	(남) ① 근무표, 출근부(出勤簿); ② ~ [успеваемости] 성적증명서
таблетка (따블례뜨까)	(여) 알약
таблица (따블리짜)	(여) 표(表), 일람표; ~ умножения 구구표
табло (따블로)	(중) (불변) (체육) 점수판
табор (따보르)	(남) (접시의) 무리
табун (따분)	(남) (말, 사슴 따위의) 때
табуретка (따부례뜨까)	(여) (등받이가 없는) 걸상
тавро (따브로)	(중) (불변) 낙인(烙印)
тавтология (따브똘로기야)	(여) 같은 말 되풀이
таджики (복수) (~к (남), ~чка (여)) (따쥐끼)	타지크사람(들)
Таджикистан (따쥐끼쓰딴)	(남) 타지크, 타지키스탄(Tadzhikistan)

таджикский (따쥐끄쓰끼이)	(형) 타지크의, 타지키스탄의: 타지크 소비에트 사회주의 공화국 Таджикская Советская Социалистическая республика
таёжный (따요즈느이)	(형) 밀림의
таз¹ (따스)	(남) 대야, 세면기, 얼굴을 씻는 그릇.
таз² (따스)	(남) (해부) 골반(骨盤), 엉덩뼈.
Таиланд (따일란드)	(남) 타이
таинственный (따이쓰뜨벤느이)	(형) ① 신비한, 이상한; 정체모를; ② 숨은, 은폐한, 비밀의; ③ 비밀일 있는 듯한
таить (따이찌)	(미완) 감추다, 숨기다, 비밀에 붙이다: ~ злобу 악의를 품다; ~ своё горе 자기의 슬픔을 감추다;
таиться (따이쨔)	(미완) ① 숨어있다 ② 내놓지 않다;
Тайвань (따이완니)	(남) 대만(臺灣)
тайга (따이가)	(여) 밀림(密林), 원시림(原始林)
тайком (따이꼼)	(부) 비밀리에, 남몰래, 감쪽같은
тайм (따임)	(남) (체육); первый ~ 전반전; второй ~ 후반전
таймень (따이메니)	(남) (어류) 자치
таймер (따이메르)	(남) (초)시계
тайна (따이나)	(여) 비밀, 기밀; хранить(разглашать) ~у 비밀을 지키다 (누설하다)
тайник (따이니크)	(남) 숨겨 (감추어) 두는 곳, 비밀고, 비밀장소; в ~ах души 마음속 깊이
тайно (따이노)	(부) 남몰래, 비밀리에

(따이나)

тайный
(따이느이)
(형) 비밀의

тайфун
(따이푼)
(남) 태풍(颱風), 싹쓸바람

так
(딱)
(부) ① 그렇게, 이렇게, 이와 같은;
② (술어로); ~ли? 그런가?; не ~ли?
그렇지 않은가?, да, ~ 예, 그렇다;
③ (부) 그만큼, ~할 정도로; ④ (부)
그리; 그저 그렇게; ⑤(부)별생각 없이;
⑥ (접) 그래, 그런즉, 그러니까;
⑦ (조) 참; он ~ хорошо говорит!
참 그는 말을 잘 해!; ⑧ (조) 약; лет
~ десять тому назад 약 십년 전에;
⑨ (접) 그러나; ~ называемый 이른
바 소위; ~ или иначе 어쨌든; если
(또는 раз) ~ 그렇다면; ~ и есть 그
렇다, 사실이다; ~ что (접) 그래서,
그러므로; ~ себе 그저 그렇다;

такелаж
(따껠라즈)
(남) (해양) 밧줄설비, 삭구(索具)

также
(따크줴)
(부) 역시, 또한; 동시에; 그밖에

таков
(따꼬프)
(규정 대) (술어로) 그러하다, 이러하다;
~о наше мнение 우리견해는 이러하다

таковой
(따꼬보이)
(규정 대) 그러한, 이와 같은; 바로
그러한 как ~ 그자채로서

такой
(따꼬이)
(규정 대)① 그러한, 바로 그런, 이러한
② (성질의 정도를 강조) 아주 대단한,
그토록; в ~ом случае 그러면, 그렇다
면, 그런 경우에는;

такой-сякой
(따꼬이-샤꼬이)
(규정 대) 그따위; ах, он ~! 야,
그따위 놈 봐라

такой-то
(따꼬이-따)
(미정대) 아무개, 그 어떤, 모(某)

такса
(따크싸)
(여) 정가(定價), 공정가격, 공정가

такси
(중) 택시(taxi), 영업용 승용차

(딱씨)	택시처럼 영업하는 배[비행기].
таксист (딱씨쓰트)	(남) 택시 운전기사, 택시 운전사
таксомоторный (따크쏘모또르느이)	(형); ~ парк 택시사업소
так-сяк (따크-쌰크)	(술어로) ① 견딜만하다 ② 쑬쑬하다, 보통이다
такт¹ (따크트)	(남) (음악) ① 박자(拍子), 소절(小節) ② 율동(律動), 리듬(rhythm)
такт² (따크트)	(남) 절도(節度); с [большим] ~ом (아주) 절도 있게
тактик (따크찌크)	(남) 전술가, 전술에 능한 사람
тактика (따크찌까)	(여) 전술, 작전, 전략, 전법
тактический (따크찌체쓰끼이)	(형) 전술의, 전술적인
тактичность (따크찌츠노쓰찌)	(여) 절도, 요량
тактичный (따크찌츠느이)	(형) 절도 있는 요량 있는, 기민한; ~ ответ 요량있는 대답
талант (딸란트)	(남) ① 재능, 재간, 능력; 달란트 ② 천재, 재간둥이
талантливый (딸란뜰리브이)	(형) 재능있는, 재간있는; 천재적인
талисман (딸리쓰만)	(남) 부적, 호신부, 주법(呪法), 액막이
талия (딸리야)	(여) 허리, 요부; тонкая ~ 가는 허리, 개미허리
талмудист (딸무지쓰트)	(남) 독경주의자
талон (딸론)	(남) 표(票), 전표(錢票), 물자구입권; ~ на питание 식권
талый (딸르이)	(형) ① 녹은; ~ый снег 녹은 눈 ②; ~ая вода 눈석이 (물)

Тт

тальк (딸리크)	(남) 활석(滑石), 곱돌. 탤크(talc)
там (땀)	(부) ①거기에, 저기에, 그곳에; ②(부) 후(後)에, 다음에, 차차(次次); ③ (조) (какой, где, когда, куда 등의 뒤에 놓여서 의혹, 멸시감을 표시)
тамбур¹ (땀부르)	(남) (호텔.극장의) 로비, (입구의)넓은 방, (여객차의) 승강대, (정거장의) 플랫폼. (캐비닛 등의) 사슬문(門)
тамбур² (땀부르)	(남) 날실, 사슬 모양으로 뜨기. вышивать тамбуром (~에) 자수하다.
тамбур³ (땀부르)	(남) (저음의) 북; 고수(鼓手).
таможенник (따모줸니크)	(남) 세관원(稅關員), 세관리(稅官俚)
таможенный (따모줸느이)	(형) 세관의: ~ый сбор 관세; ~ый досмотр(контроль) 세관수속;
таможня (따모즈냐)	(여) 세관(稅官), 관세; 통관 절차
тамошний (따모쉬니이)	(형) 그곳의, 저기
тампон (땀뽄)	(남) (의학) 지혈면(止血綿)
там-сям (땀쌈)	(부) 가는 곳마다에, 도처에
тангенс (딴겐쓰)	(남) (수학) 탄젠트(tangent: 기호: tan. 정절(正切). 정접(正接).
танго (딴고)	(중) (불변) 탱고 춤(사교무도의 일종)
тандем (딴쩸)	(남) (좌석이 세로로 놓인) 2(이)인용 자전거
танец (딴네쯔)	(남) ① 춤, 무용; 무도; ②; ~цы (복수) 무도회, 댄스파티(dance party)
Танзания (딴자니아)	(여) 탄자니아(Tanzania)
танк	(남) 탱크, 전차(戰車)

(딴크)

танкер (딴께르)	(남) 기름배, 유조선(油槽船)
танкист (딴끼쓰트)	(남) 탱크병, 전차병
танковый (딴꼬브이)	(형) 탱크의, 전차
танцевальный (딴쩨왈느이)	(형) 춤의, 무용의, 무도의;~ый вечер 무도회; ~ая музыка 무도곡; ~ый зал 무도장
танцевать (딴쩨와찌)	(미완) 춤추다; 무도하다; ~ с кем ~ 와 (짝이 되어) 춤을 추다
танцовщик (딴쪼브쉬크)	(남), ~ца (여) 무용가
танцор (딴쪼르)	(남) 춤추는 사람, 춤 출줄 아는 사람
тапочки (따뽀츠끼)	(복수) (뒤축이 없는) 단화; 운동화; домашнии ~ 실내화
тара (따라)	(여) 포장물, 포장용기
таракан (따라깐)	(남) 바퀴벌레, 검은 투구벌레(류), 검은 딱정벌레.
таран (따란)	(남) 육탄돌격, 동체육박; идти на ~ 동체로 받으러 가다, 동체육박을 하다
таранить (따라니찌)	(미완) 들이받다; 돌파하다, 쳐뚫다.
тараторить (따라또리찌)	(미완) 잘 지껄이다, 재잘(종알)거리다
тарелка (따렐까)	(여) ① 접시; ② 심벌즈(타악기). глубокая тарелка 스프 접시
тариф (따리프)	(남) 세율, 요금(율)
таскать (따스까찌)	(미완) (질질)끌다, 당기다, 끌어나르다; (무거운 것을) 들고 가다(오다); 운반하다, 나르다.

- 1368 -

тасовать (따쏘와찌)	(미완) (트럼프 등을) 치다, 섞다
ТАСС (Телеграфное агенство Советского Союза) 타스통신사 (따쓰)	
татарский (따따르쓰끼이)	(형) 타타르사람(Tartar man)
татары (복수) (~ин (남), ~ка (여)) 타타르사람들(Tartar man) (따따릐)	
татуировка (따뚜이로브까)	(여) 문신, 먹침(-針); делать ~у 문신을 넣다
тахта (따흐따)	(여) 등받이 없는 소파
тачка (따츠까)	(여) 밀차, 작은 짐수레 딸따리
тащить (따쉬찌)	(미완) ① 끌다, 끌어가다(오다, 당기다, 내리다); ② 가져가다 (오다); ③ 데리고 가다; ④ 뽑다, 뽑아내다
тащиться (따쉬짜)	(미완) ① 느리게(겨우) 걸어가다(오다); ② (가고 싶지 않은, 먼 길을) 가다
таяние (따야니예)	(중) 녹는 것: ~льда 얼음녹이
таять (따야찌)	(미완) ① (눈, 얼음이) 녹다; ② 점차 사라지다, 줄어가다:
твердеть (뜨베르제찌)	(미완) 굳어지다, 경화되다, 응고되다
твердить (뜨베르지찌)	(미완) 되뇌다, 늘 같은 말을 하다 (되풀이하다)
твёрдо (뜨뵤르도)	(부) 굳게, 튼튼히
твердолобый (뜨베르돌로브이)	(형) 우둔한, 어리석은
твёрдость (뜨뵤르도쓰찌)	(여) ① 굳은 것, 견고성; ② 견인성 ~ духа 불굴의 정신
твёрдый (뜨뵤르즤)	(형) ① 굳은, 딴딴한, 고체; ② 굳은, 억센, 확고한, 불굴의; ~ое решение 굳은 결심; ~ый знак (문자(ъ)의 이

	름) 경음부; ~ый согласный 경자음
твердыня (뜨베르지냐)	(여) 요새(要塞), 성새(城塞)
твой (소유 대) (남) твоя (뜨보이)	(여), твоё (중), твои (복수) 너의, 당신의, 자네의, 그대의; (명사로), твоё (중) 너의 것: твоё дело 네가 할 일이다; не твоё дело 네가 할 일이 아니다
творение (뜨바례니에)	(중) 작품, 창작품, 창조물(創造物)
творец (뜨바례쯔)	(남) 창조자, 창시자, 조물주, 신. 제작자, 제조업자, 메이커.
творительный (뜨바리쩰느이)	(형); ~ падеж 조격(助格),
творить (뜨바리찌)	(미완) ① 창조(창작)하다; ② 하다, 수행하다; ~ чудеса 기적을 창조하다
твориться (뜨바리쨔)	(미완) ① 일어나다, 발생하다, 수행되다; ② 창조되다, 만들어지다
творог (뜨바로그)	(남) 우유비지, 뜨보로그; соевй ~ 두부
творческий (뜨보르체쓰끼이)	(형) 창조적인, 창작적인; ~ подъём 창작적 열의
творчество (뜨보르체쓰뜨뷔)	(중) 창조, 창작, 독창, 창작활동; 창조물; народное ~ 국민창작
т.е.(то есть) (쩨.예)	즉, 다시 말하면
театр (쩨아뜨르)	(남) ① 극장; оперный ~ 가극,극장; ② 연극(演劇), 연극단
театрал (쩨아뜨랄)	(남) 연극애호가
тебе, тебя (쩨베, 쩨뱌)	см. ты
тезис (쩨지쓰)	(남) ① 명제; ②; ~ы (복수) 강령, 방침, 규범
тёзка (쬬즈까)	(남, 여) 이름이 같은 사람

текст (쩩스트)	(남) 본문, 원문; ~ телеграммы 전보문
текстиль (쩩쓰찌리)	(남) (집합) 직물, 천, 헝겊, 옷감, 피륙
текстильный (쩩쓰찔느이)	(형) 방직의, 직물의; ~ый комбинат, ~ая фабрика 방직공장:
текстильщик (남),~ца (여) (쩩쓰찔쉬크)	방직공(紡織工)
текучесть (쩨꾸체쓰찌)	(여) 유동(流動), 유동성(流動性)
текучка (쩨꾸츠까)	(여) 일상적인, 사소한 일
текущий (쩨꾸쉬이)	(형) 현재의, 당면한; ~ий год 올해, 이(번)해; ~ий месяц 이달;
телевидение (쩰레비졔니예)	(중) 텔레비전(방송); TV (set) передовать по~ю TV 방영하다;
телевизионный (쩰레비지온느이)	(형) 텔레비전의: ~ая передача 텔레비전방송;~ый центр 텔레비전방송국
телевизор (쩰레비조르)	(남) 텔레비전, 수상기; цветной ~ (чёрнобелый)칼라(흑, 백)텔레비전.
телега (쩰레가)	(여) 수레, 마차, 짐달구지, 말 달구지
телеграмма (쩰레그람마)	(여) 전보, 전문; дать ~у 전보를 치다
телеграф (쩰레그라프)	(남) ① 전신(電信), 전보; 전신기 ② 전신국(電信局)
телеграфировать (쩰레그라피로와찌)	(미완, 완) 전보로 알리다
телеграфист (남), ~ка (여) (쩰레그라피쓰트)	전신수, 전신기수
телеграфный (쩰레그라프느이)	(형) 전신의; ~ая связь 전신연락; ~ый столб 전주, 전보대;
тележка (쩰레즈까)	(여) ① 손수레, 밀차, 구루마; ② (공학) 가동부, 이동창치
телезритель (남), ~ница (여)	(텔레비전) 시청자

(젤레즈리젤)

телекс (쩰렉쓰)	(남) 텔렉스
телемеханика (쩰레메하니까)	(여) (기계의) 원격조종(법); 원격공학
телёнок (쩰료노크)	(남) ① 송아지, 황소새끼 ② 송아지 고기(식용)
телеобъектив (쩰레오브엑찌프)	(남) 망원렌즈
телепередача (쩰레뻬레다차)	(여) 텔레비전방송
телескоп (쩰레쓰꼬쁘)	(남) 천체망원경(天體望遠鏡)
телетайп (쩰레따이쁘)	(남) 텔레타이프
телефильм (쩰레필름)	(남) 텔레비전영화
телефон (쩰레폰)	(남) ① 전화, 전화기, 전화통;~-автомат 공중전화; ② 전화번호(電話番號)
телефонист (남), ~ка (여) (쩰레폰이쓰트)	교환수(交換手)
телефонный (쩰레폰느이)	(형) 전화의; ~ый аппарат 전화기; ~ая станция 전화국
телефонограмма (쩰레포노그람마)	(여) 전화 통지문, 전화 지시문, 전통
телецентр (쩰레젠뜨르)	(남) 텔레비전 방송국
тело (쩰로)	(중) ① 몸, 몸뚱이, 신체, 육체; голое ~ 나체; ② 물체: твёрдое(жидкое, газообразное) ~ 고체 (액체, 기체);
телогрейка (쩰로그레이까)	(여) 솜옷
телосложение (쩰로쓸로줴니예)	(중) 몸집, 체격(體格)
тельняшка	(여) (줄무늬 있는 해군용) 속셔츠,

— 1372 —

(쩰냐쉬까)	해군셔츠
телятина (쩰랴찌나)	(여) 송아지 고기
телятник (쩰랴뜨니크)	(남) 송아지 외양간
телятница (쩰랴뜨니짜)	(여) 송아지 사육자
телячий (쩰랴치이)	(소유형) 송아지의: ~ восторг (야유) 지나친 (무근거한) 화회
тем (쩸)	① *см.* тот; ② (부) (비교급과 함께) 더욱 (더); ③ (접) чем ~, тем ~하면 할수록 더; чем скорее, тем лучше 빠르면 빠를수록 좋다;
тема (쪠마)	(여) 제목(題目); 주제; 문제(問題)
тематика (쪠마찌까)	(여) 주제의 체계 (총체)
тематический (쩨마찌체쓰끼이)	(형) 주제로 나눈, 주제별로 된
тембр (뗌브르)	(남) 음색(音色), 음질(音質)
темнеть (쩸녜찌)	(미완)① 어두워지다;(색갈이)거매지다; ② 날이 저물다 (어두워지다); ③ 검게 보이다; вдали ~ет лес 멀리 수탐이 거무스름하게 보인다
темно (쩸노)	(부) ① 어둡게, 검게, 어렴풋이 ② (술어) 어둡다; было ~ 어두웠다
тёмно- (쫌나)	(합성어의 첫 부분으로서 더 진한 뜻); тёмнозелёный 검푸른;
темнота (쩸나따)	(여) ① 어둠; ② 무식, 무지, 무지몽매
тёмный (쫌느이)	(형) ① 어두운, 캄캄한; ② 검은; ③ 음울한; ④ 나쁜, 의심스러운; ⑤ 무식한, 몽매한; ~ые люди 몽매한 사람들;~ое пятно 좋지 못한것, 오점
темп	(남) 속도(速度), 빠르기, 속력(速力);

- 1373 -

(뗌쁘)	быстрыми ~ами 급속도로
темперамент (쩸뼤라멘트)	(남) ① 성질, 기질, 체질; сангвинический ~ 다혈질; ② 정열, 열정
темпераментный (쩸뼤라멘뜨느이)	(형) 정열적인; ~ый человек 정열적인 사람; ~ая речь 정열적인 연설
температура (쩸뼤라뚜라)	(여) ① 온도, 기온; ② 체온; ③ (건강치 못한 때) 열; ~а спала 열이 내렸다
темя (쩨먀)	(중) 머리꼭대기, 정수리
тенденциозность (뗀젠찌오즈노쓰찌)	(여) 경향성(傾向性)
тенденциозный (뗀젠찌오즈느이)	(형) 경향적인, 선입견을 가진
тенденция (뗀젠찌야)	(여) (사상) 경향, 동향, 추세
тендр (뗀드르)	(남) (체도) 연료차(燃料車)
тенистый (쩨니쓰뜨이)	(형) 그늘이 많은 지는
теннис (떼니쓰)	(남) 정구; настольный ~ 탁구
теннисист (남),~ка (여) 정구선수; 탁구선수(卓球先手) (떼니씨쓰트)	
тенистый (떼니씨쓰뜨이)	(형) 정구의; ~ корт 정구장; ~ мяч 정구공
тенор (쩨나르)	(남) ① 남성고음, 테너(tenor) ② 남성고음가수
тень (쩬)	(여) ① 그늘, 음지, 음영; ② 그림자
теодолит (쩨오돌리트)	(남) 세오돌라이트, 경위의(經緯儀).
теология (쩨올로기야)	(여) (기독교) 신학(神學)
теорема (쩨오레마)	(여) 정리(定理), 일반원리, 공리(公理); доказать ~у 정리를 증명하다

	~ Пифагора 피타고라스의 정리
теоретик (쩨오레찌크)	(남) (학)설을 세우는 사람; 이(공)론가;
теоретически (쩨오레찌체스끼)	(부) 이론적으로
теоретический (쩨오레찌체스끼이)	(형) 이론적인, 이론상의
теория (쩨오리야)	(여) ① 학설, 설(說), 논(論); ② (예술·과학의) 이론, 학리(學理), 원리, ~я относительности 상대성 이론; теория вероятностей (수학) 확률론 теория информации 정보이론; ~я познания 인식론;выдвинуть новую ~ю 새 학설을 내세우다,
теперь (쩨뼤리)	(부) 지금, 현재; 다음은, 이제부터
теплеть (쩨쁠레찌)	(미완) 따뜻해지다
теплица (쩨쁠리짜)	(여) 온실(溫室)
тепличный (쩨쁠리츠느이)	(형) 온실의, 온실에서 기른
тепло^1 (쩨쁠로)	(중) ① 온기, 영도이상의 온도; 따뜻한 날씨; ② (물리) 열(熱)
тепло^2 (쩨쁠로)	(부) ① 따뜻하게; ~ одеться 옷을 따뜻하게 입다; ② (술어로) 따뜻하다; сегодня ~ 오늘은 날씨가 따뜻하다
тепловоз (쩨쁠로보즈)	(남) 내연기관차, 디젤 기관차
тепловой (쩨쁠로보이)	(형) 열의; ~ое излучение 열복사; ~ая электростанция 화력발전소
теплоёмкость (쩨쁠로욤꼬쓰찌)	(여) 열용량; удельная ~ 비열
теплоизоляция (쩨쁠로이졸랴찌야)	(여) 열절연(熱節煙), 보온(保溫)
теплолюбивый	(형); ~ые растения 호온성식물

(쩨쁠롤류비브이)

теплопроводность
(쩨쁠롤쁘로보드노쓰찌)
(여) (물리) 열전도도

теплота
(쩨쁠로따)
(여) ① 열, 열량; единица ~ы 열량 단위; ② 부드러운 (따뜻한) 마음씨

теплотехника
(쩨쁠로쩨흐니까)
(여) 열공학

теплофикация
(쩨쁠로피까찌야)
(여) 중앙난방화, 열공급화

теплоход
(쩨쁠로호드)
(남) 내연기관선, 발동선(發動船)

теплоцентраль
(쩨쁠로젠뜨랄리)
(여) 열공급소, 중앙난방

теплоэлектростанция
(쩨쁠로엘레끄로쓰딴찌야)
(여) 화력발전소

тёплый
(쬬쁠르이)
(형) ① 따뜻한, 따끈따끈한; ② 방한용의; ③ 따뜻한, 친절한; ~ый приём 친절한 환대; ~ое течение 난류; ~ая компания 서로 친근한 패

теплынь
(쩨쁠릐니)
(여) (회화) 온기, 따뜻한 날씨; на улице ~ 밖은 따뜻하다

терапевт
(쩨라뻬브트)
(남) 내과의의

терапевтика
(쩨라뻬브찌까)
(여) 치료학(治療學)

терапевтический
(쩨라뻬브찌체쓰끼이)
(형) 내과(학)의

терапия
(쩨라삐야)
(여) 치료(법)

теребить
(쩨레비찌)
(미완) ① 잡아끌다, 잡아당기다 ② 시끄럽게 굴다;

терем
(쩨렘)
(남) 대궐(大闕)

тереть
(쩨레찌)
(미완) ① 비비다, 문지르다; ② (채칼로) 채치다. (채판에)문대다(갈다);

тереться (쩨레짜)	(미완) ① 자기 몸을 비비다; ② ~에 대고 비벼대다; ③ 시끄럽게 붙어 (따라) 다니다
терзаться (쩨르자짜)	(미완) 괴로워하다
тёрка (쬬르까)	(여) 채칼
термин (떼르민)	(남) (전문) 술어, 학술용어(學術用語)
терминология (떼르미놀로기야)	(여) (총체적인) (전문) 술어, 전문용어; научная ~ 학술용어
термический (떼르미체쓰끼이)	(형) 열의, 열에 의한; ~ая обработка металла 금속의 열처리
термодинамика (떼르모지나미까)	(여) 열역학(熱力學)
термометр (떼르모메뜨르)	(남) ① 체온기, 체온계; поставить (вынуть) ~ 체온기를 끼다(뽑다); ② 온도계(溫度計), 한난계
термос (떼르모쓰)	(남) 보온병(保溫瓶)
термостат (떼르마쓰따뜨)	(남) 온도조절기, 항온기
термоядерный (떼르모야젤르이)	(형) 열핵의; ~ая реакция 열핵반응; ~ое оружие 열핵무기
тернистый (떼르니쓰뜨이)	(형); ~ путь 곤난의 길
терпеливо (떼르뼬리붜)	(부) 참을성 있게
терпеливый (떼르뼬리브이)	(형) 참을성 있는, 인내력 있는
терпение (떼르뻬니예)	(중) 참을성, 인내력; запастись ~м 참다, 견디다
терпеть (떼르뼤찌)	(미완) ① 참다, 견디다, 안간힘 쓰다; ② 당하다; ~ ущерб 손해를 입다
терпеться (떼르뻬짜)	(미완) не тепрится(+ 미정형) ~하고 싶어 못 견디겠다;

терпимость (떼르삐모쓰찌)	(여) 참을성 있는 태도
терпимый (떼르삐므이)	(형) ① 참을 수 있는; ② 관대한
терракотовый (쩰라꼬또브이)	(형); ~ цвет 등갈색(橙褐色)
терраса (떼라싸)	(여) ① (벽이 없는) 마루방 ② (지리) 단구(段丘)
террасированный (쩰라씨로완느이)	(형); ~ые поля 다락방
террикон (쩰리꼰)	(남) 버력산
территориальный (쩰리또리알느이)	(형) 영토의; ~ая целостность 영토 정복; ~ые воды 영해
территория (쩰리또리야)	(여) 영토, 국토, 지역; ~ завода 공장 구역
террор (쩰롤)	(남) 테러, 폭행(暴行)
террорист (남), ~ка (여) (쩰라리쓰트)	테러분자
террористический (쩰라리쓰찌체쓰끼이)	(형) 테러의; ~ акт 테러행위
терять (쩨랴찌)	(미완) ① 잃다, 상실하다 ② 줄다; ③ 허비하다, 손해보다;
теряться (쩨랴쨔)	(미완) ① 없어지다, 사라지다, 상실되다 ② 당황해하다, 어찌할 바를 모르다
тёс (쬬쓰)	(남) 엷은 널빤지
тесать (쩨싸찌)	(미완) 깎다, 깎아 다듬다
тесёмка (쩨쫌까)	(여) 끈, 옷고름
теснить (쩨쓰니찌)	(미완) ① 조이다; ~ друг друга 서로 조이다; ② 밀어내다, 구축하다;
тесниться	(미완) 비좁게 서다(자리잡다); ~у

— 1378 —

(쩨쓰니짜)	входа 들어오는 출입구에 비좁게 서다
тесно (쩨쓰나)	(부) ① 좁게, 빽빽하게; ②(술어) 좁다, 협소하다; здесь ~ 여기는 좁다
теснота (쩨쓰나따)	(여) 좁은 것, 배좁은 것
тесный (쩨쓰느이)	(형) ① (자리가) 좁은, 비좁은, 협소한; ② (의복, 신발 등이) 좁은, 빽빽한; ③ 빽빽한 촘촘한, 밀집한; ④ 긴밀한; ~ая связь 긴밀한 연계
тест (떼쓰트)	(남) 시험검사, 지능검사, 검정; проводить ~ 시험하다, 검사 하다
тесто (쩨쓰따)	(중) 반죽; месить ~ 반죽하다
тесть (쩨쓰찌)	(남) 가시아버지, 장인(丈人), 빙부. 악부(岳父).
тесьма (쩨시마)	(여) 끈, 테이프천
тетерев (쩨쩨레프)	(남) 메닭, 멧닭의 수컷
тётка (죠뜨까)	(여) ① 고모, 이모; ② (일반적으로) 나이 먹은 여자
тетрадь (쩨뜨라지)	(여) 학습장, 필기장; общая ~ 잡기장; нотная ~ 악보장(樂譜帳)
тётя (죠쨔)	(여) ① 고모, 이모; ② 아주머니
техминимум (쩨흐미니뭄)	(남) (технический минимум)(최저) 기술지식
техник (쩨흐니크)	(남) 준기사, 기수; 기술자; зубной м ~ 틀이를 만드는 전문가.
техника (쩨흐니까)	(여) ① 기술; ② 수법, 방법; 기교; ③ (집합) 기술장비, 기재, 설비(設備);
техникум (쩨흐니꿈)	(남) 기술전문학교
технический (쩨흐니체쓰끼이)	(형) ① 기술의; ~ое образование 기술교육; ② 기술적 측면에 복무하는;

технолог (쩨흐놀로그)	(남) 공정기사
технологический (쩨흐놀로기체스끼이)	(형) 공학의; 공정의; ~ий процесс 기술공정, 제작과정;
технология (쩨흐놀로기야)	(여) ① 공학; ② (기술)공정, 제작법, 제작기술; ~ производства 생산공정
течение (쩨체니예)	(중) ① 흐름; верхнее ~е 상류; нижнее ~е 하류: морское ~е 해류; тёплое ~е 난류; холодное ~е 한류; ② 사조; литературное ~е 문학사조; в ~е ~동안에;
течь^1 (쩨치)	(미완) ① 흐르다; ② 새다, 흘러나오다, 새어 나오다: ③ (시간 등이) 지나가다, 흘러가다
течь^2 (쩨치)	(여) ① 새는 것 ② 새는 구멍: заделать ~ 새는 구멍을 막다
тешить (쩨쉬찌)	(미완) 즐겁게 해주다
тешиться (쩨쉬짜)	(미완) ① 즐기다, 만족을 얻다; ② над кем-чем 골려주다, 조롱하다
тёща (쬬샤)	(여) 가시어머니, 장모, 빙모, 악모.
Тибет (찌베트)	(남) 신짱 자치구, 티베트(Tibet)
тигель (찌겔)	(남) (공학) 도가니
тигр (찌그르)	(남) 범, 호랑이
тигрёнок (찌그료노크)	(남) 범 새끼
тигрица (찌그리짜)	(여) 범(암컷) 암범
тигролов (찌그롤로프)	(남) 범 사냥꾼
тик (찌크)	(남) (의학) (안면, 어깨 등의) 경련

тиканье (찌깐니예)	(중) 째깍거리는 소리
тикать (찌까찌)	(미완) (시계가) 째깍 소리를 내다
тильда (찔다)	(여) 물결표(~)
1 **Тим**(Первое послание к Тимофею, 6장, 252쪽) 디모데전서 (찜) (디모테오에게 보낸 편지)	
2 **Тим**(Второе послание к Тимофею, 4장, 256 쪽) 디모데 후서 (찜)	
тина (찌나)	(여) (늪, 논 등의 물밑에 개흙과 섞여 깔려 있는) 가래, 감탕
тип (찦)	(남) ① 형(形), 유형, 식(式), 양식; ② (동식물 분류에서의) 문, 류(類); ③ (문학, 예술) 전형; ④ (보통 부정적 특성을 가진) 사람, 놈.
типичность (찌삐츠노쓰찌)	(여) 전형성
типичный (찌삐츠느이)	(형) ① 전형적인; ② 틀림없는; ③ 흔히 볼 수 있는;
типовой (찌빠보이)	(형) 표준적인; 규격적인; ~ой проект 표준설계; ~ое изделие 규격제품
типография (찌빠그라피야)	(여) 인쇄소, 인쇄공장
типологический (찌빨로기체쓰끼이)	(형) 유형학적인; ~ая классификация языков 유형적언어분류
типология (찌뽈로기야)	(여) 유형학, 유형별분류
тир (찌르)	(남) 사격장, 사격실
тираж¹ (찌라즈)	(남) 추첨: очередной ~ 정기추첨 ~ вый ти в 낡아빠지다, 쓰이지않게되다
тираж² (찌라즈)	(남) (발행) 부수(部數)
тиран (찌란)	(남) 폭군(暴君); 학대자

— 1381 —

тире (찌레)	(중) (불변) 풀이표
тиски (찌쓰끼)	(복수) ① 압착기, 바이스; ② 박해, 억압; зажать в ~ 박해하다, 억압하다
тиснение (찌쓰녜니예)	(중): [узорчатое] ~ 무늬찍기
Тит(Послание к Титу, 3장, 259쪽) 디도서(디도에게 보낸 편지) (찌뜨)	
титан (찌딴)	(남) ① 거장, 대가, ② (공학) 물 끓이는 큰 가마 ③ (화학) 티탄(Titan)
титанический (찌따니체쓰끼이)	(형) 거대한, 강대한
титр (찌뜰)	(남) 자막(字幕)
титул (찌뚤)	(남) ① 작위, 칭호; ② 표제, 제목; ③ (인쇄) 속표지(屬標紙)
титульный (찌뚤리느이)	(형); ~ лист 속표지
тиф (찦)	(남) (의학) 티푸스(typhus), 발진
тихий (찌히이)	(형) ① 고유한, 조용한; ~ая ночь 고요한 밤; ② 온순한, 얌전한; ③ 느린;~ий ход 느린 속도;~ий час 낮잠시간
тихо (찌하)	(형) ① 고요히, 조용히; ② 온순 하게, 얌전 하게; ③ 천천히, 느리게; ④ (술어로) 고요 (잠잠) 하다;
тихонько (찌호니꼬)	(부) ① 조용히, (소리) 낮게; ② 슬그머니, 몰래
тихоня (찌호냐)	(남, 여) 샌님, 온순한 사람
тихоокенский (찌호오껜쓰끼이)	(형) 태평양의
тише (찌쉐)	① тихий, тихо 의 비교급 ② (명령의 뜻으로): ~! 조용하라!
тишина (찌쉬나)	(여) 고요함, 정숙, 정막, 정적; соблюдать ~у 침묵을 지키다;

тишь (찌쉬)	(여) 정막, 정적; на море ~ 바다는 잔잔하고 고요하다
ткань (뜨까니)	(여) ① 천, 직물; хлопчатобумажная ~ 면직물; шерстяная ~ 모직물; ②(해부)조직; мышечная ~ 근육조직
ткать (뜨까찌)	(미완) (천을) 짜다
ткацкий (뜨까쯔끼이)	(형); ~ станок 직포기
ткач,(남) ~иха (여) (뜨까치)	직포공
ткнуть, (뜨크누찌)	(완) тыкать 의 일회태
тление (뜰레니예)	(중) ① 썩는 것; ② 약하게 타오르는 것
тлетворный (뜰레뜨볼느이)	(형) 유해한, 부패 타락시키는
тлеть (뜰레찌)	(미완) ① 썩다 ② 약하게 타다
тля (뜰랴)	(여) (곤충) 진디물
то¹ (또)	см. тот
то² (또)	(접) ① (사물, 현상이 서로 바뀌이는 것을 표시): то ~, то ~ 때로는 ~ 때로는 ~ то один, то другой 이 사람 저 사람 번갈아 가면서: не то~, не то ~ 어느 것인지 분간할 수 없다; ② (если 와 함께 쓰여): если так, то я не согласен 만약 그렇다면 나는 동의할 수 없다; а то 그렇지 않으면;
-то	(조) (강조해소 지적할 때 쓰임): в том-то и дело 바로 그것이 문제이다; знать-то знаю 알기는 안다
тобой, тобою (따보이) (따보유)	см. ты
товар	(남) 상품(上品), 물품(物品)

(따와르)

товарищ (남) 동무, 동지(同志)
(따와리쉬)

товарищеский (형) ① 동지적인, 우호적인;
(따와리쉐쓰끼이) ② 친선적인; ~ий матч 친선경기

товарищество (중) ① 우호적 관계; чув-ство ~a 우
(따와리쉐쓰뜨뷔) 의적 감정, 친근감; ② 조합(組合)

товарный (형) ① 상품의; ~ый склад 상품창고
(따와르느이) ② 화물의; ~ый поезд 화물열차;

товаровед (남) 상품취급자
(따와로베드)

товароведение (중) 상품학(商品學)
(따와로붸제니예)

товарообмен (남) 상품교환
(따와로옵멘)

товарооборот (남) 상품유통(商品流通)
(따와로오보로트)

тогда (부) ① 그때에, 당시; ② 그러면, 그런
(따그다) 경우에는; ~ как 오히려, 반대로

то есть (접) 즉, 다시 말하면
(또 예쓰찌)

тождественный (형) 꼭 같은, 동일한, 동등한.
(따즈제쓰뜨붼느이)

тождество (중) 동일(同一), 동등(同等)
(또즈제쓰뜨뷔)

тоже (부) 역시, ~도; он ~ уехал 그도
(또줴) (역시 떠나갔다)

ток[1] (남) 전류: ~ высокого напряжения
(똑) 고압 전류: переменный ~ 교류;
  постоянный ~ 직류

ток[2] (남) 탈곡장
(똑)

токарный (형); ~ станок 선반
(따까르니이)

токарь (남) 선반공(旋盤工)

(또깔리)

ТОКСИКОЗ (남) (의학) 중독(中毒)
(따씨꼬즈)

ТОКСИН (남) 독소(毒素), 독(毒), 독극물
(딱씬)

ТОКСИЧНОСТЬ (여) 독성(毒性), 독력, 독한 성질
(딱씨츠노쓰찌)

ТОКСИЧНЫЙ (형) 독성의, 유독한
(딱씨츠느이)

ТОЛК (남) ① 뜻, 의미, 요령; не добиться
(똘크) ~у 뜻을 이해하지 못하다, ② 쓸모, 이익; без ~у 공연히, 쓸데없이:

толкание (중); ~ ядра 포환던지기
(딸까니예)

толкать (미완) ① 밀다, 밀치다 ② 추동하다, ~
(딸까찌) 하게 하다;

толкаться (미완) ① (서로)밀치다, 떠밀다
(딸까쨔) ②; ~ в дверь 문을 (열려고) 밀다
③ 일없이 돌아다니다, 빈둥거리다

толки (복수) 소문(所聞), 풍설(風說)
(똘끼)

толкнуть(ся) *см.* толкать(ся)
(딸크누찌)

толкование (중) ① 풀이, 해석, 주석, 해설, 설명
(딸까와니예) ② 해설문(解說文)

толковать (미완) ① 풀이(해석, 주석, 해설) 하다
(딸까와찌) ② 설명하다, 알게 하다; ③ 말하다,
이야기하다; ~ о делах 사업에 대하여
이야기하다 ④ 운운하다

толковый (형) ① 이해력이 빠른; ② 알기 쉬운;
(딸꼬브이) ③ 뜻풀이의, 주석;~ словарь 뜻풀이
사전, 주석사전

толком (부) 알기 쉽게, 명료하게
(똘꼼)

толкучка (여) 난장판
(딸꾸츠까)

- 1385 -

ТОЛОКНО (딸로크노)	(중) 귀리가루
ТОЛОЧЬ (딸로치)	(미완) 찧다, 부스러뜨리다; ~ воду в ступе 헛수고를 하다
ТОЛПА (딸빠)	(여) 군중(群衆), 대중(大衆)
ТОЛПИТЬСЯ (딸삐짜)	(미완) 군집하다, 떼를 지어 모이다, 무리를 이루다
ТОЛСТЕТЬ (딸스쩨찌)	(미완) 살이 지다, 몸이 나다, 뚱뚱해지
ТОЛСТЫЙ (똘쓰뜨이)	(형) ① 굵은, 두꺼운, 두터운; ~ая книга 두꺼운 책; ② 살진, 뚱뚱한;
ТОЛСТЯК (딸스쨔크)	(남) 뚱뚱보, 뚱뚱이, 파주미륵
ТОЛЧЕЯ (딸체야)	(여) 혼잡(混雜), 난장판
ТОЛЧОК (딸초크)	(남) ① 쿡, 밀치는 것, 충격; ② 진동 подземные ~ки 지진; ③ 자극, 충동
ТОЛЩИНА (딸쉬나)	(여) 굵기, 두께, 두터이
ТОЛЬ (똘)	(남) 펠트지, 물막이종이, 방수지
ТОЛЬКО (똘까)	(조) ① 다만, 오직, ~만, ~야, ~일뿐 (따름); ② (~бы 와 함께 희망을 표시) бы не заболеть 않지만 말았으면; ③ (집); как ~(лишь) ~하자마자; ④ (접); не ~, но и~ 뿐만아니라 ~ 도; ~ что 방금;~и всего 오직 뿐이다
ТОМ (똠)	(남) 권(券), 분책, 책(冊); первый ~ 제 1권;
ТОМАТ (따마트)	(남) 토마도 소스
ТОМАТНЫЙ (따마뜨느이)	(형): ~ сок 토마도즙, 토마도 쥬스
ТОМИТЕЛЬНЫЙ (따미쩰느이)	(형) 괴로운, 고통스러운

- 1386 -

томить (따미찌)	(미완) ① 괴롭히다, 괴롭게 하다; ② 찌다
томиться (따미짜)	(미완) 괴로워하다, 애타하다, 지치다
тон (똔)	(남) ① 음(音), 음향; ② 어조: шутливый ~ 농담조; осуждающий ~ 비난조; ③ 색조(色租); светлые ~а 밝은 색조
тональность (따날노쓰찌)	(여) ① 음조, 음률; ② 색깔, 색채, 색조(色租)
Тонга (따가)	(중) (불변) 통가 (왕국)
тонзиллит (딴질리트)	(남) (의학) 편도선염(扁桃腺炎)
тонкий (똔끼이)	(형) ① 가는, 얇은; ~ слой 얇은 층; ② 섬세한, 미묘한; ③ 예민한, 민감한; ④ (소리가) 높은, 깨지는듯 한
тонкорунный (딴꼬룬느이)	(형); ~ые овцы 털이 가는 양
тонкость (딴꼬쓰찌)	(여) ① 가는 것, 얇은 것 ② 미묘, 세부(細部), 섬세(纖細)
тонна (똔나)	(여) 톤(ton), 1000kg
тоннаж (딴나즈)	(남) ① 톤수, 총톤수 ② 배수톤수 ③ 적재톤수
тоннель (딴넬)	(남) *см.* туннель
тонус (똔우쓰)	(남) ① (근육조직의) 긴장; ② 장력, 생활정력 (기백)
тонуть (따누찌)	(미완) ① (물에) 빠지다, 가라앉다, 침몰하다; ② ~속에 파묻히다, 잠기다, 보이지 않게 되다;
топаз (따빠즈)	(남)(광물) 황옥(黃玉), 토파즈
топать (또빠찌)	(미완) 발을 뚜벅뚜벅 디디다;

топить¹ (따삐찌)	(미완) ① (난로) 피우다, 불을 때다; ② (불을 때서) 덥히다
топить² (따삐찌)	(미완) 녹이다
топить³ (따삐찌)	(미완) 침몰시키다, 가라앉히다; 물에 빠뜨려 죽이다
топиться¹ (따삐짜)	(미완) 불이 피다; печь топится 난로에 불이 피고 있다.
топиться² (따삐짜)	(미완) 녹다
топиться³ (따삐짜)	(미완) 물에 빠져 죽다, 투신자살하다
топка (따쁘까)	(여) ① (난로 등을) 피우는 것 ② 불칸, 화실
топкий (따쁘끼이)	(형) 빠지기 쉬운; ~ое место 수렁진 곳, 진창
топлённый (따쁠룐느이)	(형); ~ое молоко 데운 우유
топливо (따쁠리붜)	(중) 연료; 신탄(薪炭), 장작; жидкое (твёрдое) ~ 액체(고체)연료
топнуть (따쁘누찌)	(완) топать 의 일회태
топограф (따뽀그라프)	(남) 지형학자, 지형측량자
топографический (따뽀그라피체쓰끼이)	(형); ~ая съёмка 지형측량
топография (따뽀그라피야)	(여) ① 지형학, 지형측량술; ② 지형(地形), 지상, 지세
тополь (따뽈)	(남) 백양나무; пира-мидальный ~ 포프라 나무
топонимика (따뽀니미까)	(여) (총체로서의) 지명
топор (따뽀르)	(남) 도끼, 잘메, 쉬정이
топорище	(중) 도끼자루

(따쁘리쉐)

топорный
(따뽀르느이)
(형); ~ая работа 조잡한 일

топорщиться
(따뽀르쉬쨔)
(미완) ① 곤추서다 ② (동물이) 웅크리고 털(가시 등)을 곤추 세우다

топот
(따뽀트)
(남) 발걸음 소리, 발굽소리

топтать
(따쁘따찌)
(미완), 밟다, 짓밟다, 밟아서 더럽히다

топтаться
(따쁘따쨔)
(미완) 밥보하다, 뭉개다; ~ на месте 제자리걸음 하다.

торгаш
(따르가스)
(남) 장사치, 장사꾼

торгашеский
(따르가쉐쓰끼이)
(형); ~ дух 소상인 근성

торги
(따르기)
(복수) 경매(競賣)

торговать
(따르고와찌)
(미완) 장사하다, 매매하다, 판매하다; ~ хлебом 빵 장사를 하다; ~ оптом 도매를 하다; ~ в розницу 소매하다;

торговаться
(따르고와쨔)
(미완) 흥정하다

торговец
(따르고베쯔)
(남) 상인(商人), 장사꾼

торговля
(따르고브랴)
(여) 상업, 장사, 무역; частная ~ 개인상업; внешняя ~ 대외무역

торговый
(따르고브이)
(형) 상업의, 무역의, 통상의;~ая сеть 상업망; ~ый договор 통상조약;

торгпред
(따르그쁘레드)
(남) (торговый представитель) 무역대표, 무역대표부, 수석대표

торгпредство
(따르그쁘레드쓰뜨보)
(중) (торговое представительство) 무역대표부

торжественно
(따르줴쓰뜨벤나)
(부) 엄숙히, 성대히, 장엄하게

торжественность
(여) 엄숙성, 성대한 것

- 1389 -

(따르쮀쓰뜨볜노쓰찌)

торжественный
(따르쮀쓰뜨볜느이)
(형) ① 경축의; ~ое заседание 경축회의, 기념보고회; ② 엄숙한

торжество
(따르쮀쓰뜨붜)
(중) ① 승리, 개선; ② (승리의) 기쁨, 환희; ③ (복수) 경축행사, 축전

торжествовать
(따르쮀쓰뜨붜와찌)
(미완) ① 승리하다; ② 기뻐하다

торжествующий
(따르쮀쓰뜨부유쉬이)
(형) 환희에 휩싸인

тормашки
(따르마쓰끼)
(복수) полететь вверх ~ами 곤두박질하다

торможение
(따르모줴니에)
(중) ① 제지, 제동; ② (생리) 억제

тормоз
(따르모즈)
(남) 제동기; ручной ~ 손제동기

тормозить
(따르모지찌)
(미완) ① 제동하다, 제동을 걸다; 속도를 죽이다; ② 지연시키다, 방해하다

тормозной
(따르모즈노이)
(형) 브레이크(brake), 제동의; ~ой кран 제동변, 유압밸브;~ая жидкость 제동기액체, 브레이크 오일

торопить
(따로삐찌)
(미완) ① 재촉하다, 서둘게 하다; ② 촉진하다, 추진하다

торопиться
(따로삐쨔)
(미완) 바삐 서두르다; ~ на работу 일터에 가려고 서두르다

торопливо
(따로쁠리붜)
(부) 바삐 성급하게

топопливый
(따로뽀쁠리브이)
(형) 바삐 서두르는, 성급한

торос
(따로쓰)
(남) 빙산(氷山), 얼음산, 아이스 버그 (ice berg)

торпеда
(따르뻬다)
(여) 어뢰(魚雷)

торпедировать
(따르뻬지로와찌)
(미완, 완) ① 어뢰로 공격하다; ② 파탄시키다

торпедный
(형); ~ катер 어뢰정(魚雷艇)

(따르뻬드느이)

торс
(똘쓰)
(남) 사람의 몸통, 체통

торт
(똘트)
(남) 토트(과자의 한 가지)

торф
(또르프)
(남) (광업) 이탄(泥炭), 토탄

торфоразработки
(따르포라쓰라보뜨끼)
(복수) 이탄채굴장

торфяник
(따르퍄니크)
(남) 이탄지(泥炭地)

торфяной
(따르퍄노이)
(형) 이탄의, 니탄의, 토탄의; ~ое болото 이탄진펄, 이탄지(泥炭地)

торчать
(따르차찌)
(형) ① 솟다, 위로 뻗치다, 돌출하다, 삐죽 나오다; ② (귀찮게, 계속) 참석하다, 삐치다, 나타나다

тоска
(따쓰까)
(여) ① 애수, 우울; ② 그리는 마음, 동경, 그리움;

тоскливый
(따쓰클리브이)
(형) 슬픈, 우울한

тосковать
(따쓰꼬와찌)
(미완)по кому-чему ~을 그리워하다

тост
(따쓰트)
(남) 축배(祝杯); 축배를 들다

тот, (지시 대)(남), **та**(여) **то**(중) **те**(복수)
(또트)
① 그, 저; ② то (중) (복합접속사 구성속에 들어감); благодаря тому, что ~로 인하여;по мере того как ~함에 따라; ввиду того, что ~ 때문에; в то время, как... ~할 때에; для того, чтобы ~하기 위하여;

тотальный
(또딸느이)
(형) 전체적인, 전반을 포괄하는; ~ая война 전면전쟁

тотчас
(또뜨차쓰)
(부) 곧, 즉시에. 금방(今方)

точило
(또칠로)
(중) 숫돌, 연마기, 갈이반

- 1391 -

точильный (또칠리느이)	(형) ~ камень 숫돌; ~ станок 연마석, 그라인더	
точильщик (또칠리쉬크)	(남) 연마공	
точить (또치찌)	(미완) ① 갈다, 깎다; ~ нож 칼을 갈다; ~ карандаш 연필을 깎다; ② 선반으로 깎다;	
точка¹ (또츠까)	(여) ① 점, 지점: ~а опоры 지행점; ② (언어) 종지부, 점(點); ③ (군사) 화점(火點), 회집점; огневая ~а 화점; ④ (술어)그만이다, 마감이다, 끝장이다;	
точка² (또츠까)	(여) 가는 것; ~ коньков 스케이트 날을 가는 것.	
точно¹ (또츠노)	(부) ① 정확히; ② (такой, так, тот 와 함께) 꼭, 바로, 똑;	
точно² (또츠노)	(접) 마치 ~듯이(처럼, 같이): он ~ ребёнок 그는 마치 어린애 같다	
точность (또츠노쓰찌)	(여) 정확성, 정밀성; в ~и такой 꼭 같다	
точный (또츠느이)	(형) ① 정확한, 정밀한; ② 깐깐한, 차근차근한;~ый человек 깐깐한사람	
точь-в-точь (또치-브-또치)	(부) 꼭, 똑 같이, 정확히, 틀림없이	
тошнить (또쉬니찌)	(미완) 구역질이 나다, 메스껍다; меня ~т 나는 메스껍다	
тошно (또스나)	(부) (술어) ① 구역질이 난다; ② 싫다, 밉다, ③ 답답하다	
тошнота (또스노따)	(여) 메스꺼움, 구역질, 욕지거리; испытывать ~у 구역질나다	
тошнотворный (또스노뜨볼느이)	(형) ① 구역질이 나게 하는; ② 보기 싫은, 아주 불쾌한	
тощий (또쉬이)	(형) ① 여윈; ② 척박한, 빈약한	
ТПК (떼뻬까)	조선 노동당 (Трудовая Партия Кореи)	
трава	(여) 풀, 잡초; сорная ~ 잡초, 잡풀;	

(뜨라와)	лекарственная ~ 약초
травить (뜨라비찌)	(미완) ① 독살하다; ② 중독시키다, 병들게 하다; ③ (짐승이) 짓밟다;
травля (뜨라블랴)	(여) 박해(迫害), 인신공격
травма (뜨라브마)	(여) (의학) 외상, 손상; психическая ~ 정신외상;
травматизм (뜨라브마찌즘)	(남) 외상; производственный ~ 산업외상, 생산성 외상;
травматический (뜨라브마찌체쓰끼이)	(형) 외상(성)의
травмолог (뜨라브몰로그)	(남) 외상전문외과의사
травматологический (뜨라브마똘로기체쓰끼이)	(형); ~ пункт 외상 구급소, 응급실
травматология (뜨라브마똘로기야)	(여) 외상학
травмировать (뜨라브미로와찌)	(미완, 완) 외상을 입히다
травопольный (뜨라붜뽈느이)	(형); ~ севооборот 목초그루 바꿈
травосеяние (뜨라붜세야니예)	(중) 먹이 풀씨붙임
травоядный (뜨라붜야드느이)	(형) 풀을 먹는, 초식의; ~ые животные 초식동물
трагедия (뜨라게지야)	(여) ① 비극; ② 비참한 일
трагизм (뜨라기즘)	(남) ① (문화) 비극성; ② 비참한 것, 궁지(窮地)
трагик (뜨라기크)	(남) 비극배우(悲劇俳優)
трагикомедия (뜨라기꼬메지야)	(여) (문화) 희비극
трагически (뜨라기체쓰끼)	(부) 비참하게

трагический (뜨라기체쓰끼이)	(형) ① 비극적인(悲劇的); ② 비참한.
традиционный (뜨라지찌온느이)	(형) 전통적인
традиция (뜨라지찌야)	(여) 전통(傳統)
траектория (뜨라에크또리야)	(여) ① 궤적, 자리길; 바퀴자국; ② 탄도; крутая ~ 곡사탄도
тракт (뜨라끄트)	(남) 큰길, 대도로; 대로(大路), 규로
трактат (뜨락따트)	(남) 논문(論文), 논설(論說)
трактовать (뜨락또와찌)	(미완) ① 해석하다, 이해하다; ② 논의하다
трактовка (뜨락또브까)	(여) 해석(解析), 해설(解說)
трактор (뜨락또르)	(남) 트랙터(tractor), 견인차(牽引車). 견인 자동차.
тракторист (남), **~ка** (여) (뜨락또리쓰트)	트랙터 운전수
тракторный (뜨락또르느이)	(형) 트랙터의
тракторостроение (뜨락또로쓰뜨로에니예)	(중) 트랙터 제작공업
трал (뜨랄)	(남) 트롤(trawl), 저인망(底引網)
тральщик (뜨랄쉬크)	(남) ① 트롤선(trawl 船), 저인망선 ② 소해정(掃海艇)
трамбовать (뜨람보와찌)	(미완) 다지다, 고르게 하다, 튼튼히 하다
трамвай (뜨람와이)	(나) 전차(戰車)
трамплин (뜨람쁠린)	(남) ① (체육) 발판; 도약대 ② (어떤 행동의) 출발점, 지점
транжирить	(미완) 탕비 (허비) 하다

(뜨란쥐리찌)

транзистор (뜨란지쓰또르)	(남) 휴대용 반도체 라디오, 반도체 3극 소자
транзит (뜨란지트)	(남) ① (철도,해양)(제 3국을 경유하는) 통과, 운송; ② 직통수송
транзитный (뜨란지드느이)	(형) 통과의;~ пассажир 통과여객
транквилизатор (뜨란끄빌리자또르)	(남) (의학) 신경안정제, 정신 안정약
транс (뜨란쓰)	(남) (의학) 실신(혼수) 상태
транс- (뜨란쓰)	(합성어의 첫 부분으로서(통과), (경유), (초월)의 뜻) трансатлантический полёт 대서양 횡단비행; транссибирская магистраль 시베리아 횡단철도
транскрибировать (뜨란쓰크리비로와찌)	(미완, 완) ① 어음(음운)을 전사하다 ② 전자하다
транскрипция (뜨란쓰크리쁘찌야)	(여) ① (언어) 기호, 어음전사법, 음운전사법; ② (음악) 편곡(編曲)
транслировать (뜨란쓸리로와찌)	(미완, 완) 중계방송하다
транслитерация (뜨란쓸리쩨라찌야)	(여) (언어) 전자법
трансляция (뜨란쓸랴찌야)	(여) 중계, 중계방송; прямая ~ 실황중계
трансмиссия (뜨란쓰밋씨야)	(여) 전동장치, 전동축(傳動軸)
транспарант (뜨란쓰빠란트)	(남) ① 프랑카드; ② (글줄을 곧게 쓰려고 줄 칸 친) 종이받침개
трансплантация (뜨란쓰쁠란따찌야)	(여) 이식, 이식술(移植術)
транспорт (뜨란쓰뽀르트)	(남) ① 운수, 운송; ② 수송, 운송수단, 수송차; ③ (군용) 수송선
транспортабельный (뜨란쓰뽀르따벨느이)	(형) 운반할 수 있는

Тт

- 1395 -

транспортёр (뜨란쓰뽀르쬘)	(남) ① 콘베아 ② (군용) 장갑자동차
транспортир (뜨란쓰뽀르찔)	(남) 분도기(分度器), 측각기(測角器), 각도자
транспортировать (뜨란쓰뽀르찌로와찌)	(미완, 완) 수송 (운반) 하다
транспортировка (뜨란쓰뽀르찌로브까)	(여) 수송, 운반
транспортный (뜨란쓰뽀르뜨느이)	(형) 수송의;~ое судно 수송선,운반선; ~ый самолёт 수송기
трансформатор (뜨란쓰포르마또르)	(남) 변압기(變壓器)
трансформаторный (뜨란쓰포르마똘느이)	(형)(전기); ~ая подстанция 변전소
трансформация (뜨란쓰포르마찌야)	(여) 변형(變形), 변화(變化)
трансформировать (뜨란쓰포르미로와찌)	(미완, 완) 변형시키다
трансформироваться (뜨란쓰포르미로와쨔)	(미완, 완) 변형되다
траншея (뜨란쉐야)	(여) ① 교통호; ② (군사) 참호, 전호
трап (뜨라쁘)	(남) (비행기, 배의) 승강대, 사다리
трапеция (뜨라뻬찌야)	(여) ① (수학) 제형; ② (곡예 등의) 그네
трасса (뜨랏싸)	(여) ① 길, 도로; ② (항공, 항행 등의) 경로(經路), 항로(航路)
трассирующий (뜨랏씨루유쉬이)	(형); ~ая пуля 예광탄
трата (뜨라따)	(여) ① 소비, 지출, 소모, 비소(費消): ② (복수) 손해(損害), 손실(損失)
тратить (뜨라찌찌)	(미완) 쓰다, 소비(지출)하다;~ деньги 돈을 쓰다; ~ силы 힘을 빼다
траулер	(남) 트롤선(trawl 船), 저인망선;

(뜨라울렐)	морозильный ~ 냉동선
траур (뜨라우르)	(남) ① 조문, 조의, 애도; день ~a 애도일; ② 상복, 상장;
траурный (뜨라우르느이)	(형) 조상의, 조문의; ~ый костюм 상복; ~ая лента 상장;
трафарет (뜨라파레트)	(남) ① (글자나 그림을 따낸) 형판; ② 틀, 고정격식
трафаретный (뜨라파레뜨느이)	(형) 틀에 박힌, 진부한
трахея (뜨라헤야)	(여) (해부) 숨통, 호흡기관
трахома (뜨라호마)	(여) 트라코마(trachoma)
требование (뜨레보와니예)	(중) ① 요구; по ~ю 요구에 따라; ② (흔히 복수) 규정(規程), 기준(基準); ③ 청구서(請求書), 요청서(要請書)
требовательность (뜨레보와쩰노쓰찌)	(여) 요구성, 엄격성
требовательный (뜨레보와쩰느이)	(형) 요구성이 강한, 엄격한
требовать (뜨레보와찌)	(미완) ① 요구하다; ② 불러내다
требоваться (뜨레보와쨔)	(미완) 요구되다, 필요하다; ~уется много времени 많은시간이 요구된다
тревога (뜨레뷔가)	(여) ① 불안; 소동, 야단법석; ② 경보 воздушная ~a 공습경보:
тревожить (뜨레뷔쥐찌)	(미완) ① 불안케 하다; ② 폐를 끼치다, 방해하다; ③ 건드리다
тревожиться (뜨레뷔쥐쨔)	(미완) 불안을 느끼다, 근심하다, 속태우다
тревожно (뜨레뷔즈노)	(부) 불안 (조마조마) 하게
тревожный (뜨레보즈느이)	(형) 불안한, 조마조마한: ~ый голос 불안에 찬 목소리
треволнение	(중) 심한 불안

(뜨레볼녜니예)

трезво
(뜨레즈보)
(부) 사려 깊게, 성실하게

трезвомыслящий
(뜨레즈보믜슬랴쉬이)
(형) ~ человек 정상적인 사고력을 가진 사람

трезвон
(뜨레즈본)
(남) ① 뜬소문; ② 소동: поднять ~ 소동을 일으키다

трезвость
(뜨레즈보쓰찌)
(여) ① 맑은 정신; ② 술을 마시지 않는 것, 금주; общество ~и 금주협회; ③ 사려가 깊은 것

трезвый
(뜨레즈브이)
(형) ① 취하지 않은, 맑음:~ человек 취하지 않은 사람; ② 술을 마시지 않은, 금주하는 ③ 사려가 깊은, 신중한;

трек
(뜨레크)
(남) (체육) (자전거) 경주로

трелёвочный
(뜨렐료치늬)
(형) 목재를 나르는

трель
(뜨렐)
(여) (음악) 굴림(떨림) 소리

тренер
(뜨레네르)
(남) (체육) 훈련지도원

трение
(뜨레니에)
(중) ① 쏠림, 마찰; ② 저항; сила ~я 저항력; ③ 알력, 충돌, 불화(不和)

тренированный
(뜨레니로완느이)
(형); ~ организм 잘 단련된 육체

тренировать
(뜨레니로와찌)
(미완) ① 훈련시키다; ② 단련시키다; ~ тело 몸을 단련하다

тренироваться
(뜨레니로와쨔)
(미완) ① 연습하다 훈련 하다; ② 훈련을 받다

тренировка
(뜨레니로브까)
(여) ① 연습, 훈련; ② 단련; аутогенная ~ 자기 단련

тренога
(뜨레노가)
(여) 삼발이, 삼각대

треножник
(뜨레노즈니크)
(남) 삼발이

трепанация (뜨레빠나찌야)	(여) (의학) 개두술, 천두술, 두개골 절개술
трепанг (뜨레빤그)	(남) 해삼(海蔘), 사손(沙噀), 토육(土肉), 해서(海鼠)
трепать (뜨레빠찌)	(미완) ① 잡아뜯다, ② 못쓰게 하다; ③ 가볍게 두드리다;
трепаться (뜨레빠쨔)	(미완) ① 헤지다 ② 지껄이다, 허튼 소리를 하다
трепач (뜨레빠츠)	(남) 허풍쟁이
трепет (뜨레뻬트)	(남) ① 떨림, 진동; ② 전율, 공포; привести *кого* в ~ 전율케 하다
трепеть (뜨레뻬찌)	(미완) ① 흔들리다, 떨다; ② 떨리다; ~ от ужаса 공포에 떨리다
треск (뜨레스크)	(남) ① 우지끈 뚝딱하는 소리; ② 요란한 언사, 소동
треска (뜨레스까)	(여) 대구
трескаться (뜨레스까쨔)	(미완) 트다, 틈(짬)이 나다, 갈라지다; кожа на руках ~ется 손이 튼다.
трескотня (뜨레스꼬뜨냐)	(여) 떠들썩한 잡담, 쓸데없는 말 (이야기)
трескучий (뜨레스꾸치이)	(형); ~ие фразы 내용 없는 말; ~ий мороз 지독한 추위
треснуть (뜨레스누찌)	(완) ① трещать 의 일회태; ② 터지다, 쪼개지다, 금이 가다, 틈이 나다; скатан~л 컵에 금이 갔다 ③ (표면, 피부가) 트다
трест (뜨레스트)	(남); строиленьный ~ 건설사업소
третейский (뜨레쩨이쓰끼이)	(형); ~ суд 중재원, 중재재판
третий (뜨레찌이)	(수) ① 세 번째의, 셋째의, 제 3의; ② (명사로); ~ье (중) 식후과
третировать (뜨레찌로와찌)	(미완) 홀시 (경시, 멸시) 하다

треть (뜨레찌)	(여) 3(삼)분의 1(일)
треугольник (뜨레우골리크)	(남) 삼각형, 삼각, 세모꼴, 세모, 삼변형, 트라이앵글(triangle)
трёхдневный (뜨료흐드네브느이)	(형) 3(삼)일간의
трёхкомнатный (뜨료흐꼼나뜨이)	(형) 세칸짜리의
трёхлетний (뜨료흐레뜨느이)	(형) ① 3 (삼) 년간의; ② 세살 난; ~ ребёнок 세살난 아이
трёхмесячный (뜨료흐메샤츠느이)	(형) 3(삼) 개월간의
трёхсотый (뜨료흐쏘띄이)	(수) 300 번째의
трёхфазный (뜨료흐파즈느이)	(형); ~ ток 삼상교류
трёхэтажный (뜨료헤따즈느이)	(형) 3(삼)층의
трещать (뜨레샤찌)	(미완) ① (터지면서) 우지끈 뚝딱소리를 내다 ② 끊임없이 소리를 내다; ③ 쉴세없이 지껄이다;
трещина (뜨레쉬나)	(여) 틈새, 짬, 균열(均熱)
три (뜨리)	(수) 셋, 3 (삼)
трибун (뜨리분)	(남) 웅변가(雄辯家)
трибуна (뜨리부나)	(여) ① 연단; ② 관람석
трибунал (뜨리부날)	(남) (특수한) 재판기관; военный ~ 군사재판소
тривиальный (뜨리비알느이)	(형) 범속한, 진부한, 저속한
тригонометрия (뜨리고노메뜨리야)	(여) (수학) 삼각(법)

тридцатый (뜨릳짜뜨이)	(수) 서른째의, 제 30(삼십)의
тридцать (뜨릳짜찌)	(수) 서른, 30 (삼십)
трижды (뜨리즈듸)	(부) 세 번, 3(삼) 회, 3(삼) 중
трико (뜨리꼬)	(중)(불변) ① (선수, 곡예배우) 뜨개옷; ② (여자용 메리야스) 아래내의
трикотаж (뜨리꼬따즈)	(남) 뜨개천,메리야스; 뜨개옷 뜨개제품 (메리야스) шерстяной ~털실뜨개 옷
трикотажный (뜨리꼬따즈느이)	(형) 뜨개, 뜨개질; ~ые изделия 뜨개(메리야스) 제품
трилогия (뜨릴로기야)	(여) 3 (삼) 부작
тринадцатый (뜨리낫짜뜨이)	(수) 열세 째의, 제 13 (십삼)의
тринадцать (뜨리낫짜찌)	(수) 열셋, 13 (십삼)
трио (뜨리오)	(중) 삼중주, 삼중창; инструменталь ное ~ 기악삼중주
триста (뜨리쓰따)	(수) 300(삼백)
тритон (뜨리똔)	(남) 도롱뇽, 도롱이
триумф (뜨리움프)	(남) 개선; 대승리, 대성과
триумфальный (뜨리움팔늬이)	(형) 개선의; ~ый марш 개선행진곡; ~ая арка 개선문
трогательно (뜨로가쩰나)	(부) 감동적으로, 감명깊게
трогательный (뜨로가쩰느이)	(형) 감동적인, 감격적인, 감명깊은
трогать (뜨로가찌)	(미완) ① 다치다, 만지다; ② 건드리다,시끄럽게 하다; 간섭하다; ③ 감동(흥분) 시키다;

трогаться (뜨로가쨔)	(미완) 떠나다, 움직이다; ~ в путь 길을 떠나다;
трое (뜨로예)	(수) 셋; ~ братьев 세형제; ~ суток 3 (삼) 주야
трой ка (뜨로이까)	(여) ① (숫자) 3 ② 3(삼)점, 보통 (5계단 채점에서)
трой ной (뜨로이노이)	(형) ① 3 (삼) 배의, 세배의; ② 세겹의
трой ня (뜨로이냐)	(여) 삼태자
трой ственный (뜨로이쓰뜨벤느이)	(형) 3(삼)각의; ~ военный союз 3(삼)각 군사동맹
троллей бус (뜨롤레이부쓰)	(남) (무궤도) 전차(戰車)
тромб (뜨롬브)	(남) (의학) 혈전(血栓), 피가 엉김.
тромбон (뜨롬본)	(남) (음악) 트롬본 (악기의 한 가지)
тромбофлебит (뜨롬보프레비트)	(남) (의학) 혈전성 정맥염
трон (뜨론)	(남) 왕좌(王座), 왕위(王位)
тропа (뜨로빠)	(여) 오솔길, 좁은길; горная ~ 산길
тропик (뜨로삐크)	(남) ① 회귀선; ~ Рака(Козерога) 북(남) 회귀선; ② ~и (복수) 열대, 열대지방; в ~ax 열대지방에서
тропинка (뜨로삔까)	(여) 오솔길, 좁은 길, 폭이 좁은 호젓한 길
тропический (뜨로삐체쓰끼이)	(형) 열대(지방)의; ~ климат 열대기후; ~ пояс 열대
тропосфера (뜨로뽀쓰페라)	(여) 대류권(對流圈)
трос (뜨로쓰)	(남) 쇠밧줄

тросник (뜨로쓰니크)	(남) 갈, 갈대; сахарный ~ 사탕수수
трость (뜨로쓰찌)	(여) 지팡이, 지팡막대, 주장
тротуар (뜨로뚜알)	(남) 걸음 길, 보도(步道), 인도(人道)
трофей (뜨로페이)	(남) 노획품; военные ~и 전리품
трофейный (뜨로페이느이)	(형) 노획의;~ое оружие 노획 무기
труба (뜨루바)	(여) ① 관, 통, 물통, 초롱; ② 굴뚝, 연통; дымовая ~а 굴뚝; ③ 나팔;
трубач (뜨루바츠)	(남) 나팔수
трубить (뜨루비찌)	(미완) ① во что (나팔 등을) 불다; ② (나팔 등에 대하여) 울리다, 소리나다; ③(나팔) 신호하다; ④ 떠들다,지껄이다
трубка (뜨루브까)	(여)① (각종)관;резиновая ~а 고무관; ② 대통, 골통대; курить ~у 대통으로 담배를 피우다; ③(전화)수화기; взять (снять)~у 전화를 받다;수화기를 들다;
трубопровод (뜨루보쁘로볻)	(남) 도관(陶管)
трубочист (뜨루보치쓰트)	(남) 굴뚝소제부
труд (뜨루드)	(남)① 노동, 노력, 에너지(energy), 일; ② (흔히 복수) 일, 사업; 노력, 수고; ③ 노작, 저서, 작품; ④ (복수) (과학) 논문집, 저작집, 학보; без ~а 쉽게
трудиться (뜨루지짜)	(미완) ① 일하다, 노동(근무)하다 ② над чем 노력하다, 힘쓰다
трудно (뜨루드노)	(부)(술어로)(+ 미정형) 어렵다, 힘들다, 곤란하다.
трудность (뜨루드노쓰찌)	(여) ① 힘든 것, 어려운 것; ② 애로, 난관.
трудный	(형) 어려운, 힘든, 곤란한;

(뜨루드느이)	~ая работа 힘든 일
трудовой (뜨루도보이)	(형) ① 노동의; ② 근로의; ③ 노동하여 얻은;
трудодень (뜨루도젠니)	(남) 노력일
трудоёмкий (뜨루도욤끼이)	(형) 고된, 많이 드는
трудолюбивый (뜨루돌류비브이)	(형) 근면한, 부지런한
трудолюбие (뜨루돌류비예)	(중) 근면, 노동애호
трудоспособность (뜨루도쓰뽀쏘브노쓰찌)	(여) 노동능력
трудоспособный (뜨루도쓰뽀쏘브느이)	(형) 일할 수 있는. 노동능력 있는
трудоустрой ство (뜨루도우쓰뜨로이쓰뜨붜)	(중) 노동알선, 일자리 알선
трудящий ся (뜨루쟈쉬이)	(형) ① 근로하는; 자기 노력으로 살아가는; ② (명사로) (남) 근로자(勤勞者)
труженик (남), ~ца (여) (뜨루줴니크)	근로자(勤勞者), 노력자
труп (뜨루쁘)	(남) 주검, 송장, 시체(屍體)
труппа (뜨릅빠)	(여) 연극 (발레, 곡예) 배우단
трус (뜨루쓰)	(남) 겁쟁이, 비겁한자
трусики (뜨루씨끼)	(복수) *см.* трусы
трусить (뜨루씨찌)	(미완) ① 무서워하다, 겁내다; ② перед *кем-чем* 두려워하다
трусиха (뜨루씨하)	(여) 겁쟁이
трусливо (뜨루쓸리붜)	(부) 비겁(소심) 하게

трусливый (뜨루쓸리브이)	(형) 겁 많은, 비겁한, 소심한
трусость (뜨루쏘쓰찌)	(여) 겁, 비겁성, 소심
трусы (뜨루씌)	(복수) 반바지, 체육(수영) 팬티
трутень (뜨루쩬니)	(남) ① 수벌; ② 게으름뱅이, 건달꾼
труха (뜨루하)	(여) 검부러기, 부스러기
трухлявый (뜨루흘랴브이)	(형) 썩어 문드러진
трущоба (뜨루쑈바)	(여) ① 빈민굴; ② (밀림속) 통행이 곤란한곳
трюк (뜨류)	(남) ① 요술(妖術), 묘한 제주 ② 꾀, 술책(術策)
трюм (뜨륨)	(남) 짐칸, 선창
трюмо (뜨류모)	(중) (불변) 경대
тряпка (뜨랍까)	(여) ① 헝겊, 천 조각, 누더기; ② 걸레; ③ 칠판 지우게
трясина (뜨랴씨나)	(여) 진펄, 수렁
тряска (뜨랴쓰까)	(여) 흔들리는 것
трясти (뜨랴쓰찌)	(미완) ① 흔들다, 쥐여 (잡아) 흔들다; ② 털어내다; ③ *чем* 내젓다
трястись (뜨랴쓰찌시)	(미완) ① 흔들리다, 떨다, 동요하다; ② над *кем-чем* 극진히 보살피다; ③ над *чем* 아끼다, 아껴쓰다;
тряхнуть (뜨랴흐누찌)	(완) трясти 의 일회태
ту (뚜)	(대) *см*. тот

Тт

туалет (뚜알레트)	(남) ① 위생실, 화장실, 변소; ② (주로 여자) 옷; ③ 몸단장(세수하고 옷 입고 머리 빗는 일)
туалетный (뚜알레뜨느이)	(형); ~ое мыло 세수 비누; ~ая бумага 위생종이, 뒤지
туберкулёз (뚜베르꿀료즈)	(남) 결핵, 결핵증; ~ лёгких 폐결핵
туберкулёзный (뚜베르꿀료즈느이)	(형) 결핵, 결핵성;~ больной 결핵환자
туго (뚜고)	(부) ① 꽉, 팽팽(빽빽)하게; ② 어렵게, 느리고 힘들게; ③ (술어로) кому 생활이 어렵다, 처지가 곤란하다.
тугой (뚜고이)	(형) ① 팽팽한, 탄력이 있는, 비싼 죈; ② 꽉 찬; ~ой мешок 가득찬 포대
туда (뚜다)	(부) 거기로, 저기로; ◇ билет ~ и обратно 왕복표;
тужить (뚜쥐찌)	(미완) 슬퍼하다
тужурка (뚜주르까)	(여) 덧저고리
туз (뚜즈)	(남) ① 트럼프의 끝수가 제일 높은 패; ② 거물, 권력가.
туземец (뚜제몌쯔)	(남) 본토배기
туземный (뚜제므느이)	(형); ~ое население 토착민
туловище (뚤로비쉐)	(중) 몸통, 동체(同體)
тулуп (뚤루쁘)	(남) 자락이 긴 털외투
туляремия (뚤랴레미야)	(여) (의학) 메토끼병
туман (뚜만)	(남) ① 안개; густой ~ 짙은 안개 ② 애매(모호)한 것
туманный (뚜만느이)	(형) ① 안개 낀; ② 불명료한, 몽롱한; ~ взгляд 몽롱한 눈길

тумбочка (뚬보츠까)	(여) (침대곁에 놓아두는) 작은 장
тундра (뚠드라)	(여) 툰드라지대(tundra 地帶), 동토대 (凍土帶), 동토(凍土), 동원대
тунеядец (뚜네야제즈)	(남) 건달꾼, 기생충(寄生蟲)
тунеядство (뚜네야드쓰뜨뷔)	(중) 건달, 기생충생활
туннель (뚠넬)	(남) 굴 (길), 차굴, 터널
тупеть (뚜뻬찌)	(미완) ① (칼 등이) 무디다 ② (감각, 지력 등이) 두해지다
тупик (뚜삐크)	(남) ① 막다른 골목(길); ② 궁지; ③ (철도) 막힘선
тупица (뚜삐짜)	(남, 여) 둔재
тупой (뚜뽀이)	(형) ① 무딘, 뭉툭한; ~ой нож 무딘 칼 ② (감각, 두뇌 등) 둔한; ③ 무표정한, 무의미한; ~ой угол (수학) 둔각
тупость (뚜뽀쓰찌)	(여) ① 무딘 것 ② 둔한 것; ③ 무표정, 무감각
тур (뚜르)	(남) ① (경연, 경기 등에서 매 참가자가 한 번 승부를 다루는 일); ② 단계; ③ 한 바퀴 도는 것; 일주 (여행)
турбаза (뚜르바자)	(여) 관광기지
турбина (뚜르비나)	(여) (공학) 터빈(turbine)
туризм (뚜리즘)	(남) 관광 (여행), 유람(遊覽)
турист (남), **~ка** (여) (뚜리쓰트)	관광객, 관광단원, 유람객(遊覽客)
туристический (뚜리쓰찌체쓰끼이)	(형) 관광의; ~ поход 관광 행렬
туристский (뚜리쓰뜨쓰끼이)	(형) 관광객의; ~ое снаряжение 관광 여행용구

турки (복수),~**ок** (남), ~**чанка** (여) (뚜르끼)	터키(토이기)사람(들)
Туркменистан (남), **Туркмения** (여) (뚜르끄메니쓰딴)	투르크메니스탄;
туркменский (뚜르끄메니쓰끼이)	(형) 투르크메니스탄의(Turkmenistan)
туркмены (복수)(남), ~**ка** (여)) (뚜르끄메니)	투르크메니스탄 사람
турник (뚜르니크)	(남) (체육) 철봉대
турнир (뚜르니르)	(남) 시합, 경기, 경쟁; шахматный ~ 장기경기 (시합)
турпоход (뚜르뽀호드)	(남) 관광행군
Турция (뚜르찌야)	(여) 터키(Turkey)
тускло (뚜쓰끌로)	(부) 흐리게, 희미(몽롱) 하게
тусклый (뚜쓰끌르이)	(형) ① 흐린, 윤기가 없는; ② 선명하지 못한, 어슴푸레한; ③ 생기 없는.
тускнеть (뚜쓰크네찌)	(미완) 흐려지다, 윤기가 없어지다, 생기 없게 되다
тут (뚜트)	(부) ① 여기에, 여기서 ② 이때, 그때 이런 경우에; ◇ и всё ~ 그뿐이다.
тутовый (뚜또브이)	(형); ~ое дерево 뽕나무; ~ая плантация 뽕밭;
туф (뚜프)	(남) (지질) 석회암(石灰巖)
туфли (뚜프리)	(복수) 구두, 단화, 양혜, 양화, 슈즈(shoes); дамские ~ 여자구두
тухлый (뚜흘르이)	(형) 상한, 썩은 냄새나는
тухнуть[1] (뚜흐누찌)	(미완) (불이) 꺼지다
тухнуть[2]	(미완) 상하다, 썩다, 썩어서 냄새나다

(뚜흐누찌)

| туча (뚜차) | (여) ① 검은 구름; ② 다수, 큰 무리 |

| тучный (뚜츠느이) | (형) ① 뚱뚱한, 살진; ② 비옥한, 기름진 |

| туш (뚜스) | (남) 환영곡; сыграть ~ 환영곡을 올리다 |

| тушить¹ (뚜쉬찌) | (미완) (불을) 끄다: ~ свет(лампу) 등불을 끄다 |

| тушить² (뚜쉬찌) | (미완) (제김에) 찌다: ~ мясо 고기를 제김에 고다 |

| тушканчик (뚜스깐치크) | (남) (동물) 날쥐 |

| тушь (뚜쉬) | (여) 먹, 묵(墨), 먹물, 먹즙 |

| туя (뚜야) | (여) 누운 측백나무 |

| тщательно (트샤쩰나) | (부) 면밀히, 꼼꼼히, 차근차근 |

| тщательный (트샤쩰느이) | (형) 면밀한, 꼼꼼한, 차근차근한 |

| тщедушный (트쉐두쉬느이) | (형) 허약한 |

| тщеславие (트쉐쓸라비에) | (중) 공명심, 허영심 |

| тщеславный (트쉐쓸라브느이) | (형) 공명(허영)심이 강한 허영에 뜬 |

| тщетный (트쉐뜨느이) | (형) 헛된, 쓸데없는, 무익한 |

| ты(인칭 대), тебя(생,대), тебе(여), тобой, тобою(조),тебе (전) (띄) | 너, 자네, 그대, 당신. |

| тыкать (띄까찌) | (미완) ① 찌르다, 꽂다; ② 들이밀다, 들이 박다 |

| тыква (띄크와) | (여) 호박, 남과(南瓜), 호박꽃 |

Тт

тыквенный (띄크볜느이)	(형) 호박의; ~ые семена(호박씨)
тыл (띌)	(남) ① 뒤쪽; ② 후방(後方)
тыловой (띌로보이)	(형) 후방의; ~ые части 후방부대
тысяча (띄쌰차)	(여)(수) ① 천(千): десять тысяч 만(萬); сто тысяч 십만; ② (복수) 다수 다량; ~и раз 수천 번; ③ (복수) 막대한 돈 (금액);в ~у раз 훨씬
тысячилетие (띄쌰칠레찌에)	(중) ① 천년간 ② (복수) 수천 년간; ③ 천돌
тысячилетний (띄쌰칠레뜨니이)	(형) 천년(간)
тысячный (띄쌰치느이)	(수) ① 천 번째 ②; одна ~ая 천분의 일
тычинка (띄친까)	(여) 수꽃술
тьма (찌마)	(여) 어둠, 암흑(暗黑)
ТЭЦ (떼에쩨)	중앙난방겸용 화력 발전소 (теплоэлектроцентраль)
тюбетей ка (쮸베쪠이까)	(여) 쮸베쩨이까(수놓은 작은 모자)
тюбик (쮸비크)	(남) (치약, 고약 등을 넣은 금속제의) 튜브(tube)
тюбинг (쮸빈그)	(남) (공학) 류빙
тюк (쭉)	(남) 퉁구리, 묶음, 꾸러미, 덩어리
тюлень (쯀롄)	(남) (동물) 넝에
тюль (쯀)	(남) 레이스천(lace-)
тюльпан (쯀빤)	(남) 튤립(tulip), 울금향(鬱金香), 울초(鬱草), 창초(創草)

тюремный (쮸렘느이)	(형) 감옥의; ~ое заключение 구금
тюремщик (쮸렘쉬크)	(남) 간수(看守), 교도관, 간수자
тюрьма (쮸르마)	(여) 감옥; посадить в ~у 투옥하다; бежать из ~ы 탈옥하다
тюфяк (쮸퍄크)	(남) (짚, 건조 등을 넣은) 포단, 참대, 깔개
тяга (쨰가)	(여) ① 견인, 견인력; ② (공학) 당김대, 연결대; ③ 지향, 동경
тягаться (쨰가짜)	(미완) 경쟁하다
тягач (쨰가츠)	(남) (강력한) 견인차, 견인트랙터
тягостный (쨰고쓰뜨느이)	(형) 보기도 괴로운, 불쾌한; ~ое впечатление 불쾌한 인상
тягость (쨰고쓰찌)	(여); быть в ~ *кому* 괴롭히다, 부담을 주다
тяготение (쨰가쩨니에)	(중) ① (물리) 인력, 중력, 당기는 힘; ② 애착, 지향, 의향;
тягатель (쨰가쩰)	(미완)① к *кому-чему* 끌리다, 쏠리다; ② над *кем-чем* 위압(억압, 우세)하다
тяготить (쨰고찌찌)	(미완) 괴롭히다, 부담 (불편)을 주다
тяготиться (쨰고찌짜)	(미완) *кем-чем* 괴로움(고통)을 느끼다; ~ одиночеством 고독감을 느끼다
тягучий (쨰구치이)	(형) ① 늘어날 수 있는 ② 끈적끈적한 ③ (목소리, 말 등이) 느릿느릿한, 서두르지 않는
тяжба (쨰즈바)	(여) ① 민소(民訴), 민사소송; ② 말다툼, 언쟁(言爭)
тяжело (쨰쩰로)	(부) ① 무겁게 ② (술어로) 무겁다, 힘들다, 어렵다
тяжелоатлет (쨰쩰로아뜰레트)	(남) 역기선수, 역도선수

тяжеловатый (쩨쉘로와뜨이)	(형) 묵직하다
тяжеловес (쩨쉘로베쓰)	(남) (체육) 중량급선수
тяжеловесный (쩨쉘로베쓰느이)	(형) ① 중량이 무거운, 육중한 ②; ~ состав 중량화물열차; ③ (문체 등이) 세련되지 못한, 이해하기 어려운
тяжёлый (쩨죨이)	(형) ① 무거운; ~ый груз 무거운짐; ② 어려운, 힘든, 품이 많이 드는; ③ 무거운, 경쾌하지 못한, (천이) 탁탁한; ④ (성격, 냄새가) 불쾌한; ⑤ 엄중한; ⑥ (병 등이) 중한, 위급한;
тяжесть (쩨줴쓰찌)	(여) ① 무게, 중량, 무거운 것; ②; сида ~и 인력, 중력; ③ 무거운 짐
тянуть (쩨누찌)	(미완) ① 끌다, 잡아당기다; ② 늘이다, 늘어놓다; ③ 내밀다, 뻗치다; ④ 유인하다, 마음을 끌다; ⑤ 끌어내다, 뽑다; ⑥ 훔치다, 도적질하다; ⑦ 무게가 나가다; ⑧ 질질 끌다; ⑨ 길게 끌면서 노래 부르다;
тянуться (쩨누짜)	(미완) ① 늘어나다 ② 기지개하다 ③ 펼쳐지다, 뻗다; ④ 오래 끌다; ⑤ 줄을 지어가다 ⑥ к кому-чему 끌리다, 쏠리다; 향하다
тянучка (쩨누츠까)	(여) ① 엿, 엿가락, 엿가래; ② 우유 기름 사랑
тяпка (쩨쁘까)	(여) 호미
тяп-ляп: (쩨쁠-랴쁘)	~ и готово 일을 되는대로 빨리 해치웠다.

Уу

у (우)	(전) (+ 생) ① (공간표시) 곁에, 가까이에: у дома 집결에; мы жили у моря 우리는 바닷가에게 살았다; ② (대상을 표시) ~에게, ~허비하다, ~낭비하다; у них много работы 그들에게는 일이 많다;③ (소유, 소속 표시) ~에게, ~의; у меня нет времени 나는 시간이 없다; ④ (기타용법); он работает у станка 그는 기계공으로 일한다.; кто у телефона? (전화를 걸때) 누구십니까?
убавить (우바뷔찌)	(완) ① 덜다, 줄이다, 약화시키다; ~ скорость 속도를 늦추다; ~ огонь 불을 좀 약하게 하다; ②; 덜어지다, 줄다, 약화되다; ~ в весе 무제가 줄다.
убавиться (우바뷔쨔)	(완) 덜어지다, 줄다, 단축되다; дни ~лись 낮이 짧아졌다
убавлять(ся) (우바블랴찌)	см. убавить(ся)
убаюкать (완), ~ивать (미완) (자장가를 부르면서) (잠) 재우다 (우바유까지)	
убегать (우베가찌)	(미완) ① 달려 (뛰어)가다; ② 도망치다, 뺑소니치다; ③ 빨리 멀어지다 (이동하다)
убедительно (우베지쩰나)	(부) ① 확신성 있게, 확신하게끔, 믿을만하게; ② 간절하게
убедитнльность (우베지쩰노쓰찌)	(여) 설복력; 설득력; 확신성; 믿음성
убедительный (우베지쩰느이)	(형) ① 믿을만한, 확신성 있는, ② 간절한
убедить(ся) (우베지찌)	см. убеждать(ся)
убежать (우베자찌)	(완) см. убегать

убеждать (우베쥐다찌)	(미완) ① 확신시키다, 납득 시키다; ② 설복하다, 찬성하게하다, 승낙하게 하다
убеждаться (우베쥐다쨔)	(미완) в чём 확신하다, 납득하다; ~ в необходимости ~의 필요성을 확신하다
убеждение (우베쥐제니에)	(중) ① 설복, 설득; метод ~я 설복방법; ② 확신, 신념; ③ (복수) 견해, 지조, 신조
убежденно (우베쥐젠나)	(부): говорить ~ 자신(확신성)있게 말하다
убеждённость (우베쥐죤노쓰찌)	(여) 확신(성), 신념(信念)
убежище (우베쥐쉐)	(중) ① 대피소, 방공호, 엄폐; 차폐물 ② 은신처, 피난처, 피난장소
уберечь (우베레치)	(완) 보살피다, 돌보다; ~ ребёнка от простуды 어린애가 감기에 걸리지 않게 돌보다(보살피다)
уберечься (우베레치쨔)	(완) 자기 몸을 조심하다, ~지 않도록 조심하다;
убивать (우비와찌)	(미완) ① 죽이다, 살해 (학살)하다; ② 실망(낙심)케하다; ③ 없애다, 말살하다 ④ 허비(낭비)하다;
убиваться (우비와쨔)	(미완) 몹시 슬퍼하다.
убийственный (우비이쓰뜨벤느이)	(형) ① 죽이는, 치사(致死)의, 죽음의 ② 혹독한, 지독한, 무서운, 치명적인
убийство (우비이쓰뜨붜)	(중) ① 살인, 살해, 학살; слвершить ~ 살인하다; ② 살인죄(殺人罪)
убийца (우비이짜)	(남, 여) 살인자, 살해자; 살인범
убирать (우비라찌)	(미완) ① 거두다, 정돈하다, 치우다; ② 수확하다 ③ 장식하다
убираться (우비라쨔)	(미완) ① 거두다, 정돈하다 ② 가버리다, 물러가다, 사라지다; ~й ся! 물러가라!; ~й тесь [прочь]! 물러가시오!
убитый (우비뜨이)	(형) ① 죽은, 학살당한; ② 절망에 찬, 실망한, 낙심한; ~ вид 실망한 모습; ③ (명사로) (남) 피살자, 전사자;

убить (우비찌)	(완) *см.* убивать
ублажать (우블라좌찌)	(미완) 비위를 맞추어주다, 환심을 사다
убогий (우보기이)	(형) ① 빈약한, 보잘것없는 ② 병신이 될 ③ (명사로) (남) 불구자
убожество (우보줴쓰뜨붜)	(중) 보잘것없는 것, 빈약(貧弱)
убой (우보이)	(남) 도살(屠殺), 도륙, 학살.
убор (우보르)	남) 복장, 옷차림; головной ~ 모자
убористый (우보리쓰뜨이)	(형) 빽빽한, 촘촘한, 조밀한, 다닥다닥한
уборка (우보르까)	(여) ① 청소, 정돈; ② 거두는 것, 치우는 것; ~ [урожая] 가을걷이, 수학
уборная (우보르나야)	(여) ① 변소, 화장실; ② 위생실(극장에서 배우들의): [артистическая] ~ 분장실
уборочный (우보로츠느이)	(형) 수학의
уборщица (우보르쉬짜)	(여) 청소부(淸掃婦)
убранство (우브란스뜨붜)	(중) 장식; 옷차림, 단장
убрать(ся) (우브라찌)	*см.* убирать(ся)
убывать (우븨와찌)	(미완) ① 줄다, 작아지다; ② (떨어져나가서) 자리를 비우다, 떠나다
убыль (우븰)	(여) 줄어드는 것, 감소; идти на ~ 줄다, 줄어지다, 감소되다, 축소되다
убыток (우븨또크)	(남) 손실, 손해; терпель(нести) ~ки 손해(손실)를 보다; возмещать ~ки 손해를 보상하다
убыточный (우븨또츠느이)	(형) 손해를 주다

Уу

- 1415 -

убыть
(우븨찌)
(완) *см.* убывать

уважаемый
(우와좌에므이)
(형) 존경할 만한, 훌륭한, 높이 평가되는 친애하는, 사랑하는, 귀여운

уважать
(우와자찌)
(미완) 존경하다, 존중하다,
~을 존경(존중)하다

уважение
(우와제니에)
(중) 존경, 존중, 존엄; пользоваться ~м 존경을 받다;

уважительный
(우와쥐첼느이)
(형) ① 정당한, 타당한, 유효한
② 존경(공경)하는, 경의를 표하는

уважить
(우와줘찌)
(완) 좇다, 동의하다, 승낙하다, 따르다;
~ просьбу 청원을 받아들이다

увалень
(우왈렌)
(남) 게으름뱅이, 느림보, 무람없는 사람 농부, 시골뜨기; 무지렁이

уведомить
(우볘도미찌)
см. уведомлять

уведомление
(우볘돔레니에)
① (중) 통지(通知); ② 통지서(通知書)

уведомлять
(우볘돔랴찌)
(미완) 통지 (통보)하다

увезти
(우볘스찌)
(완) *см.* увозить
(우븨지찌)

увековечение
(우뻬꼬뻬체니에)
(중) ① 후세에 전하는 것 ② 영구화

увековечивать (미완); ~ть (완) ① 명성이 오래 전해지게 하다
(우뻬꼬뻬치와찌) ② 영구화하다

увеличение
(우쎌리체니에)
(중) ① 늘이는 것, 증가, 확대: ~ производства 증산; ② 증가량

увеличивать
(우쎌리치와찌)
(미완) 늘이다, 증가하다, 확대하다, 강화하다

увеличиваться
(우쎌리치와쨔)
(미완) 늘다, 증가 (확대, 강화)되다

увеличить(ся)
(우쎌리치찌)
(완) *см.* увеличивать(ся)

увенчаться
(완) (성공적으로) 끝나다: ~ победой

(우뻰차짜)	승리로 끝나다; ~ успехом 성공하다
уверено (우베레나)	(부) 자신있게, 확신성있게
уверенность (우베렌노쓰찌)	(여) 자신감, 확신(성); ~ в себе 자신; с ~ю 자신있게
уверенный (우베렌느이)	(형) 자신있게; ~ный ответ 자신있는 대답; мы ~ы в победе 우리는 승리를 확신하고 있다; будьте ~ы 걱정마십시오
уверить (우베리찌)	(완) *см.* уверять; ◇ смею вас ~ 단언합니다
увернуться (우베르누짜)	*см.* увёртываться
уверовать (우베로와찌)	(완) *во что* 굳게 믿다, 확신하다
увёртка (우뵤르뜨까)	(여) 꾀, 계교, 속임수, 꼬임수
увёртываться (우뵤르뜨이와짜)	(미완) 피하다, 벗어나다, 회피하다; ~ от удара 타격을 피하다
уветюра (우베쮸라)	(여) (음악) 서곡, 전주곡
уверять (우베랴찌)	(미완) в чём 확신시키다, 믿게 하다, 설득하다; ~ в своей правоте 자기에 정당성을 확신시키다
увеселительный (우베셀리쩰느이)	(형) 흥이 나는, 오락*
увесистый (우베시쓰뜨이)	(형) 묵직한, 매우 무거운
увести (우베쓰찌)	(완) *см.* уводить
увечить (우베치찌)	(미완) 불구로 만들다, 병신이 되게 하다
увечье (우베치에)	(중) 불구, 절단, 중상(中傷)
увешать (완), **~ивать** (미완) (우베샤찌)	~을 가득 걸다(달다); ~ать грудь орденами 가슴에 훈장을 가득 달다

увиваться (우뷔와짜)	(미완) 능글맞게 쫓아다니다, 따라다니면서 알랑거리다
увидеть (우뷔제찌)	(완) ① 보다 ② 만나다 ③ 발견(인식)하다
увидеться (우뷔제짜)	(완) 만나보다, 만나다
увиливать (미완), **увильнуть** (완) (우뷜리와찌)	① 피해 달아나다 ② (교활하게) 벗어나다
увлажнить(ся) (우블라즈니찌) (우블라즈니짜)	(완) *см.* увлажнять(ся)
увлажнять (우블라즈냐찌)	(미완) 축축하게 하다, 습하게하다
увлажняться (우블라즈냐짜)	(미완) 축축해(습해)지다
увлекательный (우블레까쩰느이)	(형) 매우 흥미있는, 마음을 끄는
увлекать (우블레까찌)	(미완) ① 끌어 (매력이, 이끌려)가다 ② 열중 (몰두)하게 하다; работа ~ла его 그는 사업에 몰두 하였다 ③ 감탄 (황홀)케 하다
увлекаться (우블레까짜)	(미완) ① 열중(몰두)하다; ~ музыкой 음악에 열중하다 ② *кем* 반하다, 정들다
увлечение (우블레체니에)	(중) ① 열중, 몰두; с ~м 열중하여, 열심히 ② *кем* 반하는 것, 사랑
увлечь(ся) (우블레치)	*см.* увлекать(ся)
уводить (우바디찌)	(미완) ① 데려가다; 끌어가다; 철퇴시키다; ② (집짐승 따위를) 훔쳐가다
увозить (우바지찌)	(미완) ① 실어가다, 매리고가다, 가지고 가다; ② 훔쳐가다
уволить (우뷜리찌)	(완) 해임하다, 해고하다, 퇴직시키다
уволиться (우뷜리짜)	(완) 해고되다, 해임되다, 퇴직하다
увольнение (우뷜네니에)	(중) 해고, 해임, 퇴직; ◇ получить ~ (군대에서) 외출증을 받다

увольнять(ся) (우뷀냐찌)	*см.* уволить(ся)
увы (우븨)	(감) (비애, 한탄, 유감의 뜻) 슬프다, 유감스럽다
увядать (우뱌다찌)	(미완) 시들다, 마르다; 쇠퇴하다
увязать (완), увязывать (완) (우뱌자찌)	① 매다, 묶다, 포장하다; ② 결부(합치)시키다
увянуть (우뱌누찌)	(완) *см.* увядать
угадать (완), угадывать (미완) 알아맞히다 (우가다찌)	
угар (우가르)	(남) ① 숯내, 탄내, 탄산가스 중독; ② 열중, 열광; в пьяном ~е 술기운이 올라서
угарный (우가르느이)	(형); ~ газ 일산화탄소
угасать (미완), угаснуть (완) 꺼지다, 사라지다, 죽다 (우가싸찌)	
углеводы (우글레보듸)	(복수) 함수탄소, 탄수화물
углекислота (우글레끼쓸로따)	(여) 탄산가스
углекислый (우글레끼쓸르이)	(형); ~ газ 탄산가스
углерод (우글레로드)	(남) 탄소(炭素)
углеродистый (우글레지쓰뜨이)	(형);~ая сталь 탄소강(炭素鋼)
угловой (우글라보이)	(형); ~ая комната 구석방, 코너방; ~ой удар (축구에서) 코너킥, 구석차기
углубить(ся) (우글루비찌)	*см.* углублять(ся)
углубление (우글루브레니에)	(중) 웅덩이, 우묵한곳

углублённый (우글루브렌느이)	(형) 심오한, 심각한
углублять (우글루브랴찌)	(미완) ① 깊게 하다, 깊이 파다 ② 심화시키다, 넓히다
углубляться (우글루블랴쨔)	(미완) ① 깊어지다, 깊게 되다 ② 심화되다, 심각해지다 ③ 열중하다, 몰두하다; ~ в работу 일에 몰두하다
угнать (우그나찌)	(완) ① 몰아가다 ② (자동차, 비행기 등을) 납치하다, 훔쳐가다 ③ 보내다, 파견하다
угнаться (우그나쨔)	(완) 멀어지지 않고 따라가다, 따라잡다
угнетатель (우그네따쩰)	(남) 압박자, 억압자(抑壓者)
угнетать (우그네따지)	(미완) ① 압박(억압)하다 ② 고통스럽게 (상심하게)하다
угнетённый (우그네쫀느이)	(형) ① 압박받는, ② 우울한, 의기소침한
уговаривать (우가와리와찌)	(미완) 설복(설득, 권고)한
уговариваться (우가와리와쨔)	(미완) 약속(약정)하다
уговорить(ся) (우가보리찌)	*см.* уговаривать(ся)
угода (우가다)	(여); в ~у *кому-чему* ~에 유리하게, ~의 마음에 들도록
угодить (우가지찌)	(완) *см.* угождать
угодливый (우가들리브이)	(형) 아첨[아부]하는; 비굴한, 알랑거리는,
угодничество (우가니체쓰뜨붜)	(중) 알랑거리는 것, 아첨, 추종(追從) 노예근성, 비굴; 노예 상태, 굴종.
угодно (우가드나)	① (술어로) 필요하다; что вам ~? 무엇을 필요합니까?; кто ~ 누구든지; что ~ 무엇이든지; какой ~ 어떠한 것이든지; сколько ~ 얼마든지; когда ~ 언제든지; где ~ 어디서든지; куда ~ 어디로든지

угодный (우가드느이)	(형) 마음에 맞는
угодье (우가지에)	(중) 유용지, 이용 장소; земельные ~я 농사짓는 땅, 농경지; лесные ~я 산림
угождать (우가쥐다찌)	(미완) 비위를 맞추어주다, 마음에 들게 하다
угол (우갈)	(남) ① 각, 각도; ② 모, 모서리, 귀; ③ 구석; ~ стола 책상모서리; в углу комнаты 방구석에; иметь свой ~ 자기 집에서 살다; под углом в 45 градусов 45도 각으로;
уголовник (우갈로브니크)	(남) 잡범(雜犯), 형사범, 범인, 범죄자
уголовный (우갈로브느이)	(형) 형사의, 형법의; ~ый кодекс 형법전; ~ый преступник 형사범
уголок (우갈로크)	(남) угол의 축소; красный ~ок 선전실 живой ~ок 생물연구소조, 사육장
уголь (우갈)	(남) 석탄, 숯, 목탄; каменный ~ 석탄; древесный ~ 숯
угольник (우갈니크)	(남) 곱자, 삼각자, 직각자
угольный (우갈느이)	(형) 석탄의
угольщик (우갈쉬크)	(남) 탄부, 탄광주, 채탄부, 탄갱부; 석탄선; 석탄선의 선원.
угомонить (우가모니찌)	(완)(분노·흥분)진정시키다, 조용하게하다 달래다; 가라앉히다
угомониться (우가모니쨔)	(완) 진정되다, 조용해지다
угонять (우가냐찌)	(미완) *см.* угнать
угорать (미완), **~еть** (완) 탄산가스에 중독되다 (우가랴찌)	
угорь¹ (우가리)	(남) 뱀장어, 장어, 만리어, 백선(白鱓) морской угорь 바다 뱀장어
угорь²	(남) 여드름, 좌창(痤瘡), 이드름, 흑두창

(우가리)

угостить (완), ~щать (미완) (우가쓰찌지)	대접(환대)하다, 권하다, 대우하다
угощаться (우가샤짜)	(미완) 만족하게 먹다(마시다), 대접받다
угощение (우가쉐니에)	(중) ① 대접; ② 대접하는 음식; спасибо за ~ 많이(잘) 먹었습니다.
угрожать (우그로좌찌)	(미완) 협박하다, 으르대다, 위협하다 (위해·위험 등이) ~을 위협하다
угрожающий (우그로좌유쉬이)	(형) ① 위험적인; ② 위험한, 위태한
угроза (우그로자)	(여) ① 위험, 협박, 위협적인 말, ② (있을 수 있는) 위험, 위험성; ~ войны 전쟁의 위험
угрозыск (우그로즥쓰크)	(남) (уголовный розыск) 형사 수사국 (Criminal Investigation Department)
угрызение (우그리제니에)	(중); испытывать ~я совести 양심의 가책을 받다
угрюмый (우그류므이)	(형) 우울한, 침울한, 무뚝뚝한; 음침한
удав (우다프)	(남) (동물) 왕사, (열대지방의) 구렁이
удаваться (우다와짜)	(미완) ① 성과적으로 끝나다, 성공하다; ② (무인칭) кому (+ 미정형) 잘 되다, ~ 하는데 성공하다, ~할 기회가 생기다;
удавить (우다비찌)	(완) 목을 늘려죽이다
удавиться (우다비짜)	(완) 목메어죽다
удаление (우다레니에)	(중) ① 멀어지는 것; по мере ~я 멀리 갈수록, ② 뽑는 것, 없애는 것, 제거; ~е зуба 이를 뽑는 것 ③ 추방, 축출
удалить (우다리찌)	(완) ① 멀리하다 ② 쫓다, 추방하다 ③ 뽑다, 제거하다; ~ зуб 이를 뽑다
удалиться (우다리짜)	(완) ① 멀어지다, 떨어지다 ② 물러가다, 떠나다

Уу

удалой (우다로이)	(형) 대담한, 용감한; мал, да удал (속담) 작아 고추가 맵다
удаль (여), **~ство** (중) (우달)	대담, 배짱, 무모, 대담성, 용감성
удалять(ся) (우달랴찌) (우달랴쨔)	*см.* удалить(ся)
удар (우다르)	(남)① 타격, 쇼크(shock), 충격; нанести ~ 타격을 주다; ② 치는 (때리는)소리 ③ 공격, 습격; массированный ~ 집중 공격 ④ 뜻밖의 불행, 재난, 정신적 타격; ⑤ (채육) 슛(shoot); 치기; кручённый ~ 깎아치기; быть в ~е 신바람이 나다
ударение (우다레니에)	(중) 역점, 악센트, 강세, 강음, 양음.
ударить (우다리찌)	(완) ① 때리다, 치다; ~ по лицу 얼굴 을 때리다; ② 습격(공격)하다; ◇ ~ли морозы 추위가 갑자기 닥쳐왔다
удариться (우다리쨔)	(완) ① 부딪치다 ② 마주치다, 맞다; ③ 열중하다, 빠지다
ударник[1] (우다르니크)	(남) 돌격대원, 뛰어드는 사람, 잠수자
ударник[2] (우다르니크)	(남) ① (군사) 격침, 침몰시킴; ② (음악) 타악기연주자
ударный (우다르느이)	(형) ① 돌격적인; ~ая бригада 돌격대; ② 타격으로, 충격으로, 쇼크로; ③; ~ые музыкальные инструменты 타악기
ударять(ся) (우다랴찌)	*см.* ударить(ся)
удаться (우다쨔)	(완) *см.* удаваться
удача (우다차)	(여) 성공, 행운; желаю ~и 성공을 바랍 니다.
удачный (우다츠느이)	(형) 잘된, 성공적인; 알맞은
удваивать (미완), **~оить** (우드와이와찌)	(완) 배로하다, 빼가하다

Уу

удел (우젤)	(남) 운명, 숙명, 운, 제비뽑기.
уделить (우젤리찌)	(완) *см.* уделять
удельный (우젤느이)	(형) 특유한, 특수한, 독특한;
уделять (우젤랴찌)	(미완) 나누어 주다, 할당하다, 분배하다 ~ время 시간을 내다; ~ особое внимание чему ~에 치중하다;
удержание (우제르좌니에)	(중) ① 유지, 지님, 보관, 보존, 저장(성). ② 공제, 공제액
удержать (우제르좌찌)	(완) ① (넘어지지 않도록) 잡다, 버티다, 받치다 ② 유지(고수)하다; ③ 제하다, 공제하다 ④ 못하게 하다; ⑤ 남아있게 하다
удержаться (우제르좌쨔)	(완) ① 지탱하다, 유지되다, 넘어지지 않다 ② 남아있다 ③ 참다; ~ от смеха 웃음을 참다
удерживать(ся) (우제르쥐와찌)	*см.* удержать(ся)
удивительно (우지뷔쩰나)	(부) ① 매우, 대단히 ② (술어로) 놀라운 일이다, 이상하다; ~, что он уехал 그가 떠난 것이 이상하다
удивительный (우지뷔쩰느이)	(형) ① 놀라운, 이상한, 경탄할 만한; ② 훌륭한, 놀랄만한, 불가사의한.
удивить(ся) (우지뷔찌)	*см.* удивлять(ся)
удивление (우지블레니에)	(중) 놀라움, 경탄; к моему~ю 놀랍게도
удивлённо (우지블룐나)	(부) 놀란 듯이, 놀라서
удивлять (우지블랴찌)	(미완) 놀래다, 경탄케 하다
удивляться (우지블랴쨔)	(미완) 놀라다, 경탄하다, 이상히 여기다
удирать (우지라찌)	(미완) 도망(뺑소니)치다, 내빼다

удить (우지찌)	(미완) 낚다, 낚시질하다, 고기를 낚다, 고기잡이하다.
удлённый (우들룐느이)	(완) 갸름한, 길쭉한
удлинить (완), ~**ять** (미완) 길게 하다, 늘이다, 연장하다 (우들리니찌)	
удобно (우다브나)	(부) ① 편리하게, 편안히 ② (술어로) 편리하다, 알맞다
удобный (우다브느이)	(형) ① 편리한, 편안한 ② 적당한, 적합한; ~ случай 좋은 기회
удобрение (우다브레니에)	(중) ① 거름주기 ② 거름, 비료; минеральное ~я 광물질비료
удобрить (완), **удобрять** (미완) 거름을 주다, 비료를 치다 (우다브리찌)	
удобство (우다브쓰뜨붸)	(중) 편리, 편의; 위로, 위안, 안락; для ~a читалей 독자들의 편의를 도모하여;
удовлетворение (우다블레드붜레니에)	(중) 만족(시킴), 희열, 욕구 충족, 만족; с ~м 만족스럽게
удовлетворённо (우다블레드붜룐나)	(부) 만족스럽게, 흐뭇이
удовлетворённость (우다블레드붜룐노쓰찌)	(여) 만족, 흡족, 심만의족(心滿意足), 만심(滿心), 만의(滿意)
удовлетворительно (우다블레드붜리쩰나)	(부) ① 만족할만하게, 기본요구에 맞게 ② (명사) (중) (불변) (5단계 체점법에서) 보통, 3(삼)점
удовлетворительный (우다블레드붜리쩰느이)	(형) 만족할만한, 충분한
удовлетворить (우다블레드붜리찌)	(완) ① (요구, 희망 등) 충족(만족)시키다; ~ спрос(потребности) 수요를 충족시키 다; ② кого 만족시키다, ~의 부탁(요청) 을 들어주다; ваш ответ меня не ~л 당신의 대답은 나에게 불만족합니다
удовлетвориться (우다블레드붜리짜)	(완) 만족해하다
удовлетворение (우다블레드붜레니에)	(미완) см. удовлетворить; чему ~에 부합되다, 알맞다; ~ всем требованиям

- 1425 -

	모든 요구에 부합되다(모든 요구에 알맞다)
удовлетвориться (우다블레뜨뷔리짜)	(미완) *см.* удовлетвориться
удовольствие (우다뾜쓰뜨븨에)	(중) 즐거움, 기쁨, 쾌감, 만족; с ~м 쾌히, 기꺼이
удод (우다드)	(남) (조류) 후투티, 오디새, 대승(戴勝), 대임(戴鵀)
удой (우다이)	(남) ① 젖짜는 량, 착유량; ② 젖짜기; молоко утреннего удоя 아침에짠 우유
удойность (우다이노쓰찌)	(여) 젖짜는 량, 착유량(窄油量)
удорожание (우다로좌니에)	(여) 비싸지는 것, 값이 오르는 것, 인상
удорожать (우다로좌찌)	(미완) 비싸게 하다, 값을 올리다
удорожаться (우다로좌쨔)	(미완) 비싸지다
удостаивать(ся) (우다쓰따이와찌)	*см.* удостоить(ся) (우다스따이와쨔)
удостоверение (우다쓰또볘례니에)	(중) 보증, 확인, 증명, 증거, 증명서; ~ личности 신분증; служебное ~ 근무증명서; командировачное ~ 출장증명서
удостоверить (우다쓰또볘리찌)	(완) 보증(확인)하다;~ подпись 인증하다
удостовериться (우다쓰또볘리쨔)	(완) в *чём* 확인하다
удостоверять(ся) (우다쓰또볘랴찌)	(미완) *см.* удостоверить(ся)
удостоить (우다쓰또이찌)	(완) (표창 등을) 주다, 수여(지급)하다; 관심을 돌리다
удостоиться (우다쓰또이쨔)	(완) чего 받다, 수여받다; ~ награды 상(표창)을 받다
удосужиться (우다쑤쥐쨔)	(완) 틈타다, 짬을 얻다; 어떻게든 해서 ~ 하다; (~을) 걸어(돌아)다니다.

удочерить (완), ~ять (미완) (우다체리찌) (우다체랴찌)	양자(양녀)로 삼다
удочка (우다츠까)	(여) 낚시대, 장대, (가늘고 긴) 막대; ловить на ~y 낚다, 낚시질하다; попасть ~y 속아 넘어가다;
удрать (우드라찌)	(완) *см.* удирать
удружить (우드루쥐찌)	(완) ① 친절히 하다 ② (본의 아니게) 해를 끼치다, 손해를 주다
удручать (우드루차찌)	(미완) 상심케 하다, 낙심시키다
удручённый (우드루촌느이)	(형) 상심한, 낙심한, 기가 죽은
удручить (우드루치찌)	(완) *см.* удручать
удушить (우두쉬찌)	(완) 목을 늘러죽이다, ~의 숨을 막다; 질식(사)시키다
удушливый (우두쉴리브이)	(형) 숨막히는, 질식시키는, 숨막힐 듯한, 질식할 것 같은; 답답한, 갑갑한
удушье (우두쉬에)	(중) 천식, 숨막힘, 질식(窒息), 숨이막힘. 가사(假死), 기절
уединение (우에지녜니에)	(중) 고독, 홀로 삶; 외로움, 은퇴, 은둔; жить в ~и 고독하게 살다
уединёный (우에지뇨느이)	(형) ① 외로운, 고독한; ~ая жизнь 고독한 생활; ② 쓸쓸한, 궁벽한;
уединиться (완), ~ятьcя (미완) (우에지니쨔)	후로 떨어져나가다, 고독하게 되다, 은거하다
уезд (우에즈드)	(남) 군(郡), 지역; 지구(행정·사법·선거·교육 등을 위해 나눈)
уездный (우에즈드느이)	(형) 군(郡)의, 지역의, 지구의, 선거구의
уезжать (미완), уехать (완) (우에즈좌찌)	떠나가다, 가버리다, 출발하다
уж¹ (우쥐)	(남) (뱀) 율모기, 독 없는 뱀의 일종

— 1427 —

Уу

уж² (우쥐)	*см.* уже; (조) 참, 정말, 참말, 진연 ~ очень много 참 많기도 하다; ~ я не знаю 나는 정말 모르겠습니다.
уж³ (우쥐)	(부) 확실히, 꼭; 의심없이, 반드시, (윤곽 한계가) 뚜렷한; (태도 따위가) 명확한
ужалить (우좔리찌)	(완) ① (곤충이) 쏘다; ② (뱀이) 물다 *см. от* жалить
ужас (우좌쓰)	(남) ① 무서움, 공포; ② (복수) 참상, 비참한 처지; ③ (부사) 매우(아주)무섭게; ~ как холодно 아주 춥다; ④ (술어) 무섭다, 끔찍하다, 말이 아니다, 비참하다; ◇ до ~a 몹시, 극히; приходить в ~ 공포를 느끼다
ужасать(ся) (우좌싸찌)	*см.* ужаснуть(ся); 겁나게 하다, 놀래다 소름끼치게 하다, 무서워 떨게 하다.
ужасающий (우좌싸유쉬이)	(형) 무서운, 가공할, 소름끼치는, 굉장한
ужасно (우좌쓰나)	(부) ① 몹시, 극도로;~ жарко 몹시덥다; ② (술어로) 무섭다; это ~! 끔찍하다! 참 무서운 일이다!
ужаснуть (우좌쓰누찌)	(완) 몹시 놀라다, 겁나게 하다, 놀래다
ужаснуться (우좌쓰누쨔)	(완) ~에게 혐오를[반감을]느끼게 하다.
ужасный (우좌쓰느이)	(형) ① 무서운; ② 심한, 비상한;~ ветер 심한 바람; ③ 지독히 나쁜
уже¹ (우쩨)	(부) 벌써, 이미
уже² (우쩨)	*см.* уж 2, узкий , узко 2
уживаться (우쥐와쨔)	(미완) 결합(연합, 화합)하다 с *кем* ~와 사이좋게 지내다
уживчивый (우쥐브치브이)	(형) 사귐성 있는, 사이좋게 살 줄 아는. 사귀기 쉽다
ужимки (우쥐므끼)	(복수) 얼굴을 찡그림, 찡그런 얼굴, 짐짓 꾸민 표정, 부자연스러운 몸짓.

ужин (우쥔)	(남) ① 저녁(식사); ② 만찬(회); дать ~ в честь *кого* ~를 위하여 만찬을 차리다(마련하다)
ужинать (우쥐나찌)	(미완) 저녁을 먹다, 저녁식사를 하다
ужиться (우쥐짜)	(완) *см.* уживаться
узаконить (우자꼬니찌)	(완) 법률상 정당하다고 인정하다, 공인하다, 합법화하다, 법적효력을 부여하다
узбеки (복수) ~к (남), ~чка (여)) (우즈베끼)	우즈베크사람(들)
Узбекистан (우즈베끼쓰딴)	(남) 우즈베키스탄(옛 독립국가 연합(CIS) 가맹공화국의 하나; 수도는 Tashkent).
узбекский (우즈베크쓰끼이)	(형) 우즈베크의
узда (우즈다)	(여) 재갈, 고삐; 구속, 속박, 제어; держать в ~е *кого* 구속(억제)하다
узел¹ (우젤)	(남) ① 매듭: двой ной ~ 막매듭; ② 꾸러미, 보따리; ③ (철도) 부기점; 교차점, 중심점; ④ (공학) 부분조립품; ⑤ (해부) 마디, 절
узел² (우젤)	(남) (해양) 놋트, 해리(海里)
узкий (우즈끼이)	(형) ① 폭이 좁은; ② 협소한 ③ 단단한, 단단히 맨, 탄탄한
узковедомственный (우즈꼬볘돔쓰뜨볜느이)	(형) 기관(부서) 본위주의적인; ~ подход 기관(부서) 본위주의
узкоколей ка (우즈꼬꼴례이까)	(여) 좁은 철길, 협궤 철도; 경편(輕便)(시가, 고가, 지하철)궤도.
узкоколей ный (우즈꼬꼴례이느이)	(형) 철길의; ~ая железная дорога 좁은 철길, 협궤 철도
узловой (우즐로붜이)	(형) ① 교차의; ~ая станция (철도) 분기역; ~ой пункт 분기점; ② 기본적인, 중심의, 주요한; ~ой вопрос 기본문제
узнавать (미완), **узнать** (완) (우즈나와찌)	① 알아보다; ② 알다; ③ 물어보아서 알다

узник (우즈니크)	(남) 죄수(罪囚), 죄인(罪人)
узор (우조르)	(남) 무늬, 문채, 문양, 디자인, 트레이서리, 장식창 격자, 그물무늬.
узорчатый (우조르차뜨이)	(형) 무늬 있는, 줄무늬가 있는. 정맥이 드러나 보이는[있는]
узость (우조쓰찌)	(여) 좁은 것, 협소(狹小)
узурпатор (우주르빠또르)	(남) 탈취자(奪取者), (권력·지위 등을) 빼앗다, 찬탈하다, 강탈(횡령)하다
узурпация (우주르빠찌야)	(여) (권력 등의) 탈취, 권리 침해, 찬탈, 횡령, 강탈.
узурпировать (우주르삐로와찌)	(미완, 완) 빼앗다; ~ власть 권력을 탈취 하다
узы (우긔)	(복수) 유대, 맺음, 인연, 결속, 결합력; 묶다, 매다, 잇다; ~ дружбы 친선의 유대
уйгуры (복수) (남), ~ка (여)) 위구르사람(들) (위구르이)	
уйма (위마)	(여) 다수, 다량, 많음; ~ работы 일이 매우 많다;~ вещей 많은 양의 물건
уйти (위찌)	(완) *см.* уходить
указ (우까즈)	(남) 법령, 포고, 명령, 칙령.
указание (우까자니에)	(중) 교시, 가르침, 지시
указанный (우까잔느이)	(형) 지적된, 정하여진, 공인(공식)의; 명백히 규정된; ~ выше 위에서 지적한,
указатель (우까자쪨)	(남) 표식(標式); 색인, 찾아보기, 인덱스
указательный (우까자쪨느이)	(형) 지시(지적)의; ~ палец 집게손가락
указать (우까자찌)	(완) *см.* указывать
указка	(여) 지시하는 사람(물건); (교사 등이 지도·

(у까자)	흑판 따위를 짚는) 지시봉; 명령, 지휘.
указывать (우까즤와찌)	(미완) ① на *кого-что* 가리키다; ② 교시하다, 가르치다; ③ 알려주다, 대주다; ④ 지적(지정)하다; ~ срок 기한을 지정하다;
укатить (우까찌찌)	(완) ① 굴리다, 굴려보내다; ~ мяч 공을 굴리다; ② (타고) 가버리다, 떠나가다
укатиться (우까찌짜)	(완) 굴러가다
укачать (완), **укачивать** (우까차찌)	(미완) ① (흔들어) 재우다; ② (흔들어서) 멀미나게(졸계)하다; меня укачало 나는 멀미났다
уклад (우클라드)	(남) 경제형태, 제도, 양식(樣式) уклад жизни 라이프스타일
укладка (우클라드까)	(여) ① 넣는 것; ② 붙이는 것, 까는것; 포장; ③ (선로 등의) 부설
укладывать (우클라듸와찌)	(미완) ① 눕히다; ~ спать 재우다; ② 넣다, 집어넣어 두다; ③ 꾸리다; ④ 부설하다; ~ рельсы 선로를 부설하다
укладываться[1] (우클라듸와짜)	(미완) ① 눕다; ② 다 들어가다
укладываться[2] (우클라듸와짜)	(미완) (일정한 기간내에) 끝내다; (일정한 범위를) 차지하다
уклон (우클론)	(남) ① 경사, 내리받이 ② 편향, 경향; левый ~ 좌경; правый ~ 우경
уклонение (우클로네니에)	(중) 회피, 기피;~ от ответственности 책임회피
уклониться (우클로니짜)	*см.* уклоняться
уклончивый (우클로치브이)	(형) 회피적인, 애매한; ~ ответ 솔직하지 못한 대답, 애매한 대답
уклоняться (우클로냐짜)	(미완) 회피하다; ~ от ответа 대답을 회피하다
укол (우꼴)	(남) ① 찌름, 아픔, 쑤심; 히트, 터치; ② 주입; 주사(액), 분사;
уколоть	(완) (바늘 따위로) 찌르다, 쑤시다, (바늘

(우꼴로찌)	등을) 꽂다.
уколоться (우꼴로쨔)	(완) 찔리다, 주사하다, 따끔하게 찌르다; 콕콕 쑤시(듯이 아프)다
укомплектовать (우꼼쁠레크따와찌)	*см.* комлектовать
укор (우꼬르)	(남) 비난, 질책, 치욕; с ~ом 비난하여
укорачивать (우까라치와찌)	(미완) 짧게 하다, 줄이다; ~ рукава 소매를 줄이다
укорачивание (우까라치와니에)	(중) 단축[생략]; 요약[초록]; 축소, 줄임
укорениться (완), **~яться** (미완) 뿌리를 박다, 확립되다 (우까레니쨔)	
укоризна (우까리즈나)	(여) 비난(非難), 책망(責望), 치욕
укоризненно (우까리즈넨나)	(부) 비난(책망)하여
укоризненный (우까리즈넨느이)	(형) 꾸짖는, 비난하는; 책망하는 뜻한
укоротить (우까로찌찌)	*см.* укорачивать
укорять (우까랴찌)	(미완) 비난 (책망)하다
украдкой (우크라드꼬이)	(부) 남몰래, 슬그머니, 가만히
Украина (우크라이나)	(여) 우크라이나(Ukraine);
украинский (우크라인쓰끼이)	(형) 우크라이나의
украинцы (복수) ~ец (남), ~ка (여) 우크라이나사람(들) (우크라인찌)	
украсить(ся) (우크라씨찌)	*см.* украшать(ся)
украсть (우크라쓰찌)	(완) 훔치다, 도적질하다

- 1432 -

украшать (우크라샤찌)	(미완) 꾸미다, 장식(미화)하다
украшаться (우크라샤짜)	(미완) 장식(미화)되다
украшение (우크라쉐니에)	(중) ① 장식, 미화 ② 장식품
укрепить(ся) (우크레삐찌)	*см.* укреплять(ся)
укрепление (우크쁠레니에)	(중) ① 강화, 공고화; ② 보루, 요새방어 시설
укреплять (우크쁠랴찌)	(미완) ① 강화하다, 공고히 하다; ② (몸 등을) 튼튼히 하다, 건강하게 하다
укрепляться (우크쁠랴짜)	(미완) ① 강화되다, 공고해지다 ② 튼튼해지다
укромный (우크롬느이)	(형) 쓸쓸한, 한적한;~ое место 한적한곳
укроп (우크로쁘)	(남) (식물) 나도회향
укротитель (남), **~ница** (여) (우크로찌쪨)	(맹수를) 길들이는(다루는)사람
укротить(완), **~щать** (미완) (우크로찌찌)	길들이다
укрывательство (우크리와쩰쓰뜨뷔)	(중) 범인을 숨기는 것
укрывать (우크리와찌)	(미완) ① 덮다, 쐬우다 ② 숨기다, 감추다
укрываться (우크리와짜)	(미완) ① 꼭 덮다, 두르다; ② 숨다, 대피(잠복)하다
укрытие (우크리찌에)	(중) (군사) 엄폐부, 대피소
укрыть(ся) (우크리찌)	*см.* укрывать(ся)
уксус (욱쑤쓰)	(남) (식)초; 아세트산 약제(묵은 아세트산 으로 녹힌 약액)
уксусный	(형); ~ая кислота 초산

(욱쑤쓰느이)

укус (남) ① 무는 것, 묾. 한번 깨묾, 한 입
(우꾸쓰) ② 물린(찔린) 자리

укусить (완) 물다, 찌르다
(우꾸씨찌)

укутаться (완), **~ываться** (미완) 몸을 감싸다, 폭 되 집어쓰다
(우꾸따쨔)

улавливать см. уловить
(울라블리와찌)

уладить(ся) см. улаживать(ся)
(울라지찌)

улаживать (미완) 처리(해결)하다
(울라쥐와찌)

улаживаться (미완) 처리(해결)되다
(울라쥐와쨔)

уламывать (미완) см. уломать
(울라믜와찌)

Улан-Батор (남) 울란바또르
(울란-바또르)

улей (남) 벌집, 벌통
(울레이)

улетать (미완), **~еть** (완) ① 달아가다 ② (비행기를 타고)
(울레따찌) 떠나가다

улетучиваться (미완), **~ться** (완) ① 휘발(증발, 기화)하다; эфир
(울레뚜찌와쨔) ~лся 에테르가 증발하였다 ② 슬그머니
없어지다(가버리다)

улечься (완) ① см. укладываться 1
(울레치쌰) ② (공중에 떠있던 것이) 가라앉다;

улизнуть (완) 슬며시 나가다
(울리즈누찌)

улика (여) 유죄증거(물); ~и налицо 증거는
(울리까) 명백하다

улитка (여) 달팽이, 산와, 와우(蝸牛), 여우(蠡牛)
(울리뜨까)

улица (여) ① 거리; ② 바깥; на ~е было

Уу

(울리짜)	темно бака같은 어두웠다
уличать (미완), **~ить** (완) (울리차찌)	죄상을 밝히다, 죄상을 증명(폭로)하다; ~ить во лжи 거짓을 폭로하다
уличный (울리츠느이)	(형) 거리의, 시가지; ~ое движение 시내교통
улов (울로프)	(남) 어로실적, 어획량 붙듦, 잡음, 포획, 어획, 포착
уловить (울로뷔찌)	(완) ① 감각(이해, 지각, 감촉)하다 ② 잡다
уловка (울로브까)	(여) 꾀, 술책, 속임수; прибегать к ~м 꾀를 쓰다
уложить (울로쥐찌)	*см.* укладывать
уложиться (울로쥐쨔)	(완) *см.* укладываться 2
уломать (울로마찌)	(완) 겨우 설복 (설득)하다
улучить (울루치찌)	(완); ~ момент 기회를 엿보다
улучшать (울루츠샤찌)	(미완) 개선(개량)하다
улучшаться (울루츠샤쨔)	(미완) 좋아지다, 개선(개량)되다
улучшение (울루츠쉐니에)	(중) 개선(改善), 개량(改量)
улучшенный (울루츠쉔느이)	(형) 개선 (개량)된
улучшить(ся) (울루츠쉬찌)	(완) *см.* улучшать(ся)
улыбаться (울리바쨔)	(미완) 웃다, 미소하다, 생글거리다
улыбка (울리브까)	(여) 웃음, 미소; с ~ой 웃음(미소)을 띠고, 생글거리면서
улыбнуться (울리브누쨔)	*см.* улыбаться

Уу

ультимативный (올리찌마찌브느이)	(형) 단호한, 절대적인, 무조건의
ультиматум (올리찌마뚬)	(남) 위협적인 요구, 최후통첩, 강요 최후의 말(제언, 조건), 궁극의결론
ультра- (울리뜨라)	(합성어의 첫 부분으로서 《초》, 《극도》, 《과잉》의 뜻);'극단으로, 초(超)~, 과(過)~, 한외(限外)~' 따위의 뜻.
ультракоротковолновый (울리뜨라꼬로뜨꼬볼노브이)	(형) 초단파의; 단파(의)
ультралевый (울리뜨랄레브이)	(형) 극좌의, (정치적·사상적으로) 좌파의, 혁신적인.
ультразвук (울리뜨라즈부크)	(남) 초음파(超音波: 진동수가 매초 2만 헤르츠 이상이고 소리로는 들리지 않는 음파).
ультракороткий (울리뜨라꼬로뜨끼이)	(형) 초단의; ~ие волны 초단파
ультрафиолетовый (울리뜨라피올레또브이)	(형) 자외(선)의; ~ые лучи 자외선
ум (움)	(남) 기지, 재치, 지혜, 지능, 이지, 두뇌; 사상선; быть без ~а от кого-чего 감탄(탄복)하다; считать в ~е 암산하다;
умаление (우말레니에)	(중) 손상(損傷), 훼손, 가치(가격)저하
умалить (우말리찌)	(완) см. умалять
умалишённый (우말리슌느이)	(남) 미친 사람
умалчивать (우말치와찌)	(미완) 침묵을 지키다, (말하지 않고 마음에) 감추어두다
умалять (우말랴찌)	(미완) 넘보다; 손상시키다, 훼손시키다
умелец (우멜레쯔)	(남) 솜씨있는 사람, 기능자
умело (우멜로)	(부) 솜씨있게, 능란(능숙)하게
умелый (우멜느이)	(형) 솜씨있는, 능란한

умение (우몌니에)	(중) 솜씨, 수완, 능력, 재능, 기량
уменьшаемое (우몐샤에모에)	(중) (수학) 빼임수, 피감수.
уменьшать (우몐샤찌)	(미완) 줄이다, 적게하다, 작게하다, 감소(축소)하다
уменьшаться (우몐샤쨔)	(미완) 줄다, 적어(작아)지다, 감소(축소)되다
уменьшение (우몐쉐니에)	(중) 감소, 축소; 감소량, 축소량.
уменьшить(ся) (우몐쉬찌)	(완) *см.* уменьшать(ся)
умеренный (우몌렌느이)	(형) ① 치우치지 않은, 적당한, 알맞는 ② (기후 등이) 온화한
умереть (우몌레찌)	(완) *см.* умирать
умертвить (우메르뜨뷔찌)	(완) ① 죽이다, 살해하다 ② (신경 등을) 죽이다
умерший (우메르쉬이)	① умереть 의 능동과거; ② (명사) (남) 죽은 사람, 고이
умерщвлять (우메르쉬브랴찌)	*см.* умертвить
уместить (우메스찌찌)	(완) ① 다 걸어 넣다 ② 놓다, 배열하다
уместиться (우메스찌쨔)	(완) 다 들어가다, 자리잡다
уместный (우메스뜨느이)	(형) 적당한, 알맞은
уметь (우몌찌)	(미완) (+ 미정형) 할 줄 알다;
уменьщать(ся) (우몐샤찌)	*см.*уместить(ся)
умирать (우미라찌)	(미완) ① 죽다, 사망하다, 서거하다 ② 사라지다, 소멸하다
умнеть	(미완) 영리해지다

Уу

(움녜찌)

умница (움니짜)	(남, 여) 재간동이
умножать(ся) (움나좌찌)	(미완) *см.* умножить(ся)
умножение (움나줴니에)	(중) (수학) 곱하기, 승법; таблица ~я 구구표
умножить (움노쥐찌)	(완) ① (수학) 곱하다; три ~ на пять 3을 5로 곱하다; ② 불구다, 증가시키다
умножиться (움노쥐쨔)	(완) 불어나다, 증가되다, 증대되다.
умный (움느이)	(형) 영리한, 지혜있는, 지성을 갖춘, 지적인, 지능이 있는, 이해력이 뛰어난,
умозаключение (우마자끌류체니에)	(중) 추리, 추측, 추론, 삼단논법, 연역법
умолить (우말리찌)	(완) *см.* умолять
умолк (우몰크)	(남); без ~у 끊임없는, 그칠 새 없는 говорить без ~у 쉬지 않고 말하다
умолкать (미완), **умолкнуть** (완) 잠잠해지다, 조용해지다, 멋다 (우말까찌)	
умолчать (우말차찌)	(완) *см.* умалчивать
умолять (우말랴찌)	(미완) 간절히 빌다, 간청하다, 애걸하다
умопомешательство (우마뽀메샤쩰쓰드붜)	(중) 광기(狂氣), 발광, 정신 이상(착란).
умопомрачительный (우마뽀므라치쩰느이)	(형) 굉장한, 놀랄만한, 상상하기 어려운
уморительный (우마리쩰느이)	(형) 우습기 짝이 없는, 우스광 스러운 우스워 견딜 수 없는, 포복 절도할.
уморить (우마리찌)	(완) ① 죽이다; ② 몹시 지치게 하다, 몹시 괴롭히다; ◇ ~ со смеху 허리가 끊어질 정도로 웃기다
умственный	(형) 정신적인, 지적인; ~ труд 정신노동

- 1438 -

(움쓰뜨볜느이)

умудрённый (형); ~ опытом 경험이 풍부한
(우무드룐느이)

умудриться (완), **~яться** (미완) (+미정형) ~ 할 수 있게 되다, ~
(우무드리짜) 할 기회를 찾아내다

умчаться (완) 빨리 달려가다, 질주하다
(움차짜)

умывальник (남) 세면대; (배수관 등이 있는) 가설된
(우믜왈니크) 세면기; 세차장

умывание (중) 세수, 빨기, 씻기, 세탁, 세정.
(우믜와니에)

умывать (미완) 세수시키다, 씻어주다
(우믜와찌) ~의 얼굴[손, 발]을 씻다; 세탁하다

умываться (미완) 세수하다, 얼굴(과 손)을 씻다;
(우믜와짜) 목욕하다, 씻다

умысел (남) 기도, 음모; без всякого ~ла 아무
(우믜셸) 생각없이; с ~лом 일부러

умыть(ся) *см.* умывать(ся)
(우믜찌)

умышленно (부) 고의로, 고의적으로, 일부러, 우정
(우믜쉴렌나) 알고서; 아는 체하고; 계획적으로.

умышленный (형) 고의적인, 의도적인
(우믜쉴렌느이)

унаследовать (완) *см.* наследовать
(우나슬례도와찌)

унести (완) *см.* уносить
(우녜쓰찌)

унестись (완) ① 빨리 가버리다, 멀어지다
(우녜쓰찌시) ② (환상, 생각이) ~에로 달리다

универмаг (универсальный магазин) (남) 백화점(百貨店)
(우니볘르마그)

универсальность (여) 보편(타당)성, 일반성, 보편 적인 것
(우니볘르쌀노쓰찌) 재주가 많은, 다예한, 다능의, 융통성

универсальный (형) 만의의; 보편적인; ~ое средство
(우니볘르쌀느이) 만능약, 만병통치약

- 1439 -

университет (우니볘르씨쩨트)	(남) 대학(교), 종합대학(綜合大學) 대학원이 설치되어 있는 대학
унижать (우니좌찌)	(미완) 업신여기다, 인격을 모욕하다, 자존심을 꺾다, 천대하다
унижаться (우니좌쨔)	(미완) 비굴해지다, 자기를 낮추다
унижение (우니줴니에)	(중) 업신여기는 것, 천대, 모욕; терпеть ~я 모욕을 당하다, 천대받다
униженный (우니줸느이)	(형) 모욕당한, 멸시받는, 업신여기는
унизительный (우니지쩰느이)	(형) 모욕적인, 멸시적인
унизить(ся) (우니지찌)	*см.* унижать(ся)
уникальный (우니깔느이)	(형) 희귀한, 둘도 없는
уникум (우니꿈)	(남) 하나 밖에 없는 것, 둘도 없는 것, 희귀한 것
унимать (우니마찌)	(미완) ① 진정시키다, 조용하게 하다 ② (감정 등을) 누르다, 억제하다
униматься (우니마쨔)	(미완) ① 진정되다, 조용해지다 ② 멎다, 덜해지다
унификация (우니피까찌야)	(여) 일원화, 통일, 단일화; 통합. 하나 됨
унифицировать (우니피찌로와찌)	(미완, 완) 일원화하다
уничтожать (우니츠또좌찌)	(미완) 격멸하다, 소탕하다, 숙청하다
уничтожаться (우니츠또좌쨔)	(미완) 청산되다
уничтожение (우니츠또줴니에)	(중) 격멸, 소탕, 청산, 숙청
уничтожить(ся) (우니츠또쥐찌)	*см.* уничтожать(ся)
уносить	(미완) ① 가지고(들고, 메고, 지고)가다,

— 1440 —

(우노**씨**찌)	나르다; ② 몰래 가져가다, 빼앗아가다; ③ (물, 바람 등으로) 떠내려 보내다, 날려 보내다
уноситься (우노**씨**쨔)	*см.* унестись
унывать (우늬**와**찌)	(미완) 낙심하다 침울해하다
унылый (우늬르이)	(형) 침울한, 우울한, 구슬픈
уныние (우늬니에)	(중) 침을, 우울, 낙담, 실의 기운[풀] 없음, 의기소침.
унять(ся) (우냐찌)	*см.* унимать(ся)
упадок (우**빠**도크)	(남) 몰락, 붕괴, 와해, 쇠퇴, 쇠약, 퇴보, 타락; прийти в ~ 쇠약해지다
упаковать (우빠꼬**와**찌)	*см.* упаковывать; 맵시내다, 꾸미다, 모양을 내다, 멋을 부리다, 장식하다
упаковка (우빠**꼬**브까)	(중) ① 짐(물건)을 꾸리는 것, 포장 ② 포장재료
упаковщик (남), ~ца (여) (우빠**꼬**브쉬크)	① 포장공, 짐 꾸리는 사람;포장업자. ② 통조림업자[공].
упаковывание (우빠**꼬**브이와니에)	(중) 짐꾸리기, 포장
упаковывать (우빠**꼬**브이와찌)	(미완) 짐을 꾸리다(싸다) 싸다, 꾸리다, 묶다, 포장하다
упасть (우**빠**쓰찌)	(완) *см.* падать
упереться (우뻬**레**쨔)	(완) *см.* упираться
упиваться (우**삐와**쨔)	(미완) ① 실컷 마시다, 취하도록 마시다; ② 즐기다, 열중(도취)하다, 취하게 하다.
упираться (우**삐라**쨔)	(미완) ① 기대다, 버티다; ② 부딪치다; ③ 고집을 쓰다;
упитанный (우**삐딴**느이)	(형) 토실토실 살이 찐, 오동통한, 똥똥한.

Уу

упиться (우**삐**짜)	(완)	*см.* упиваться
уплата (우쁠라따)	(여)	지불(支佛), 납부(納付), 납입
уплатить (완), уплачивать (미완) (우쁠라찌지)		물다, 지불(납부)하다; ~ за квартиру 사용료를 내다, 집세를 물다
уплотнение (우쁠로뜨**네**니에)	(중)	① 압축, 굳히는 것, 다지는 것; ② 굳어진 곳; ③ (의학) 침
уплотнить (완), ~ять (미완) (우쁠로뜨**니**찌)		①(굳게)다지다, 굳히다, 압축하다; ② 죄다, 밀집시키다; ③ 밀도를 높이다
уплывать (미완), ~ыть (완) (우쁠릐**와**찌)		① 헤엄쳐가다, 떠가다, 항행하여가다; ② (시간, 사건 등) 지나가다, 사라지다
уповать (우빠**와**찌)	(미완)	на *кого-что* 기대하다, 굳게 믿다; ~ на успех 성공을 굳게 믿다
уподобить(ся) (우빠**도**비찌)		*см.* уподоблять(ся)
уподоблять (우빠도블**랴**찌)	(미완)	~와 비슷하게 하다, ~와 유사하게 하다, (~에) 비유하다, 견주다
уподобляться (우빠도블**랴**짜)	(미완)	비슷하게 되다, 유사하게 되다, 닮다
упоение (우빠**에**니에)	(중)	큰 기쁨, 환희, 황홀, 열중. 무아경, 희열; работать с ~м 열중하여 일하다
упоительный (우빠**이**쩰ㄴ이)	(형)	넋[정신]을 빼앗는, 황홀케 하는, 매혹적인, 열중(경탄)하게 하는
уползать (미완), ~ти (완) (우쁠**자**찌)		기어가다, 기다, 포복하다 기어서만 다닐 수 있는 낮은 길
уполномоченный (우뽈노**모**첸느이)	(남)	전권위원, 전권대표
уполномочивать (미완), ~ть (완) (우뽈노**모**치와찌)		전권을 맡기다(위임하다); ~에게 권한을 주다, ~을 대리로 명하다
упоминание (우뽈미**나**니에)	(중)	기재(記載), 언급, 진술, 이름을 듦. 암시, 변죽울림, 빗댐
упоминать (미완), ~януть (완) (우뽈미**나**찌)		① 언급하다, 지적하다 ② (이름을) 들다, 열거하다;
упор	(남)	① 고이는 것, 버티는 것, 의지하는

(우뽀르)	것; ② 고임대, 지주, 지점; ◇ делать ~ на ~.에 치중하다; выстрелить в ~ 총구를 바싹대고 쏘다
упорно (우뽀르나)	(부) 꾸준히, 완강하게, 검질기게
упорный (우뽀르느이)	(형) 꾸준한, 완강한, 검질긴; ~ая борьба 완강한, 투쟁(鬪爭)
упорство (우뽀르쓰뜨뷔)	(중) 끈덕짐, 고집, 완고, 버팀; 집요함, 외고집; 끈덕짐, 불요불굴.
упорствовать (우뽀르쓰뜨뷔와찌)	(미완) 고집하다, 주장하다, 집착하다
упорхнуть (우빠르흐누찌)	(완) (새가) 날아가다 훌쩍 날다, 훨훨 날다.
упорядочение (우빠랴도체니에)	(중) 정리, 정돈, 질서정연, 순종함
упорядочить (우빠랴도치찌)	(완) 정리 (정돈)하다
употребительный (우빠뜨레비쩰늬이)	(형) 일반적으로 널리(흔히 쓰이는), 보통의, 일반적인, 평범한
употребить (우빠뜨레비찌)	см. употреблять
употребление (우빠뜨레블레니에)	(중) 사용, 이용, 용법, 사용(법), 취급(법). способ ~я 사용법
употреблять (우빠뜨레블랴찌)	(미완) 쓰다, 사용하다
употребляться (우빠뜨레블랴짜)	(미완) 쓰이다, 사용되다, 이용되다
управление (우쁘라블레니에)	(중) ① 운전, 조종; 조종장치; ② 관리, 지휘, 통치, ③ 관리기관, 국(局);
управленческий (우쁘라블렌체쓰끼이)	(형) 관리[경영]의, 행정(상)의; ~ аппарат 관리기구(管理機構)
управляемый (우쁘라블랴에므이)	(형) 조종(유도)되는; ~ спуск 조종하강; ~ снаряд 유도탄
управлять (우쁘라블랴찌)	(미완) кем-чем ① 운전(조종)하다; ② 관리(지휘, 통치)하다

управляющий (우쁘라블랴유쉬이)	(남) 관리인, 지배인, 경영(관리)자, 주임; ~ банком 은행총재
упражнение (우쁘라줴니에)	(중) ① 연습, 훈련; ② 연습문제, 과제; сборник ~й 연습문제집
упражняться (우쁘라줴냐짜)	(미완) 연습하다, 실습하다, 훈련하다; ~ в музыке 음악을 연습하다;
упразднение (우쁘라즈드네니에)	(중) 폐지, 해산, 해체
упразднить (완), **~ять** (미완) (우쁘라즈드니찌)	없애다, 폐지하다, 해산하다, 해체하다;
упрашивать (우쁘라쉬와찌)	(미완) 간청(탄원)하다, 간청하여 동의하게 하다, 간절히 원하다, 탄원하다
упрёк (우쁘료크)	(남) 비난, 질책; 책망, 꾸지람, 나무람
упрекать (우쁘레까찌)	(미완) 비난하다, 나무라다, 꾸짖다; ~ в скупости 인색하다고 비난하다
упрекнуть (우쁘레끄누찌)	(완) упрекать의 일회태 (아무를) 비난하다, 나무라다, 꾸짖다
упросить (우쁘로씨찌)	(완) *см.* упрашивать
упростить(ся) (우쁘로쓰찌찌)	(완) *см.* упрощать(ся)
упрочение (우쁘로체니에)	(중) 강화(強化), 공고화(鞏固化)
упрочить (우쁘로치지)	(완) 공고히(튼튼히)하다
упрощать (우쁘로샤찌)	(미완) 간단(단순)하게 하다, 간소화하다
упрощаться (우쁘로샤짜)	(미완) 간단(단순)하게 되다, 간소화되다
упрощение (우쁘로쉐니에)	(중) 단순화, 간소화; 비속화
упрощенческий (우쁘로쉔체스끼이)	(형) 극단적으로 단순[평이, 간이]화한.
упрощенчество	(중) 단순, 단일, 비속화(卑俗化)

- 1444 -

(упроро**щен**ствовать)

упругий (우쁘루기이)	(형) 탄력 있는, 탄성이 있는
упругость (우쁘루고쓰찌)	(여) 튐성, 탄력성(彈力性), 탄력도
упряжка (우쁘랴쮸까)	(여) (마차용) 마구(馬具), 장구(裝具); оленья(собачья) ~ 사슴썰매, 개 썰매
упряжь (우쁘랴쥐)	(여) 마구
упрямец (우쁘랴메쯔)	(남) 고집쟁이
упрямиться (우쁘랴미쨔)	(미완) 고집쓰다
упрямство (우쁘럄쓰뜨붜)	(중) 고집(불통), 완고
упрямый (우쁘랴믜이)	(형) 고집이 센, 완고한, 억지 쓰는;
упрятать (우쁘랴따찌)	(완) ① 감추다, 숨겨두다, 은폐하다; ② 쓸어 넣다, 처넣다, 쫓아 보내다
упускать (미완), **~тить** (완) (우쁘쓰까찌)	놓치다, 놓아버리다; ~тить из рук 손에서 떨어뜨리다;
упущение (우뿌쒜니에)	(중) 잘못, 실수, 실책, 과실.
ура (우라)	(감) 만세(외침소리), 만세!, 후레이!; кричать ~ 만세를 부르다
уравнение (우라브네니에)	(중) ① 평등 (균등)하게 하는 것, 균일화; ② (수학) 방정식
уравнивать[1] (우라브니와찌)	(미완) 동등하게하다, 평등하게 하다, 균등하게하다
уравнивать[2] (우라브니와찌)	(미완) 고르게 하다, 평평하게 하다
уравниловка (우라브닐로브까)	(여) 부당한 균등화, 평균주의, 평균
уравновеситься (우라브노붸씨쨔)	*см.* уравновешивать

Уу

уравновешенный (우라브노볘쉔느이)	(형) 침착한, 듬직한, 절도 있는; ~ характер 침착한 성격
уравновешивать (우라브노볘쉬와찌)	(미완) ① 무게를 균등하게하다; ② 균형을 잡다, 평등하게하다, 동등하게 하다
уравновешиваться (우라브노볘쉬와쨔)	(미완) ① 무게가 균등하게 되다; ② 균형이 잡히다, 평등(동등)하게 되다
уравнять (우라브냐찌)	см. уравнивать 1
ураган (우라간)	(남) 폭풍, 태풍, 허리케인, 싹쓸바람(초속 32.7m 이상)
ураганный (우라간느이)	(형) 질풍같은; ~ ветер 몹시세찬바람; ~ огонь 맹사격
уразуметь (우라주몌찌)	(완) 깨닫다, 이해(해득)하다, 알아듣다
уран (우란)	(남) (화학) 우라늄(uranium): 라듐의 모체. 우란. [92번: U:238.029]
Уран (우란)	(남) (천문) 천왕성(天王星: Uranus) 우라누스신(Gaea(지구)의 남편)
урановый (우라노브이)	(형) 우라늄의; ~ая руда 우라늄광
урбанизация (우라니자찌야)	(여) ① 인구의 도시집중; ② 도시화 도회화(化)하다
урвать (우르와찌)	(완) ① 빼앗아가다; ② 짬을 내다;
урегулирование (우레굴리로와니에)	(중) 정착, 정주(定住), 식민, 이주 조절(調節), 조정(調整); 정리, 처리
урегулировать (우레굴리로와찌)	(완) 조절하다, 조정하다; 정리하다, 살게 하다, 정착(거주)시키다
урезать (우레자찌)	(완) ① 베어내다, 잘라서 줄이다; ② 짧게 하다, 감소하다, 줄이다;
урезонить (우레조니찌)	(완) см. урезонивать
урезывать (우레즤와찌)	(미완) см. урезать; 절단하다 짧게(잘라) 줄이다; 생략하다
уремия	(여) (의학) 오줌독증, 요독증

(우례미야)

уретра
(우레뜨라)
(여) (해부) 오줌길, 요도(尿道)

урна
(우르나)
(여) ① 투표함; ② 유물함; ③ (거리의) 휴지통(休紙桶)

уровень
(우로쩬)
(남) ① 수준, 수위, 수평; ② 수준; ③ 수준기, 수평기, 다림판;

уровнять
(우로브냐찌)
см. уравнивать 2

урод
(우로드)
(남) ① 병신, 불구자; ② 흉하게 생긴 사람, 흉물(凶物)

уродить
(우라지찌)
(완) 아이를 낳다; 열매를 맺다; 생기다; (싹이) 돋다; (열매를) 맺다

уродиться
(우라지쨔)
(완) ① 익다, 여물다; хорошо ~ 대풍이 들다; ~ в отца 아버지를 닮다

уродливый
(우로들리브이)
(형) ① 기형적인, 불구의; ② 보기 흉한; ③ 비정상적인, 변태적인, 괴상한

уродовать
(오루도와찌)
(미완) ① 병신으로 만들다; ② 보기 흉하게 만들다; ③ 마스다, 깨뜨리다; ④ 왜곡하다, 손상시키다

уродство
(우로드쓰뜨뷔)
(중) ① 기형성, 불구; ② 보기 흉한 외모; ③ 부정적인 것, 비정상적인 것

урожай
(우라좌이)
(남) ① 수확, 수확고; хороший ~ 풍작; плохой ~ 흉작; второй ~ 뒷그루; ② [хороший] ~ 풍작; в прошлом году был ~ на яблоки 지난해는 사과가 풍작이었다.

урожайность
(우라좌이노쓰찌)
(여) 수확고, 수확능력

урожайный
(우라좌이느이)
(형) 수확이 많이 나는; ~ый год 풍년; ~ые сорта 단수확품종

уроженец (남), **~ка** (여) 출신, 내기: ~ец Пхеньяна 평양출신
(우라줴니쯔)

урок
(우로크)
(남) ① 수업시간; ~ математики 수학시간 ② 숙제; делать(учить) ~и 숙제를 하다; ③ 과(科); первый ~ 제 1과;

	④ 교훈(教訓);~и истории 역사의 교훈;
уролог (우롤로그)	(남) 비뇨기과의사(泌尿器科醫師)
урологический (우롤로기체쓰끼이)	(형) 비뇨기학의
урология (우롤로기야)	(여) 비뇨기학(泌尿器學)
урон (우론)	(남) 손해, 손실, 결손; наносить ~ 손해를 끼치다;
уронить (우라니찌)	(완) 떨어뜨리다
урочный (우로츠느이)	(형); ~ое время 정해진 시간
Уругвай (우루과이)	(남) 우루과이
урчать (우르차찌)	(미완) (배에서) 꾸룩꾸룩하다; (개, 고양이 등의 목에서) 가르랑거리다
урывками (우릐브까미)	(부) 때때로, 짬짬이, 틈틈이
урюк (우륙)	(남) 말린 살구
усадить (우싸지찌)	(완) ① 앉히다; ~ детей 아이들을 앉히다; ② за что 또는 (+ 미정형) ~에 하게 하다; ~ ребёнка за книгу 아이로 하여금 (아이를 앉혀놓고) 책을 읽게 하다
усадьба (우싸지바)	(여) ① (농촌) 저택(주로 농촌지주의) 살림집; ② 주택지구; ③ (꼴호즈 등의) 경영 (및 주택) 중심
усаживать (우싸쥐와찌)	(미완) см. усадить
усаживаться (우싸쥐와쨔)	(미완) ① 앉다, 자리를 차지하다; ② (앉아서 어떤 일에) 달라붙다, 착수하다
усатый (우싸드이)	(형) 콧수염이 있는
усваивать (우쓰와이와찌)	(미완) ① 섭취(습득, 파악)하다: 배우다, 본을 따다; ② 소화하다

Уу

усвоение (우쓰보예니에)	(중) ① 섭취, 습득, 파악; ② 소화, 흡수
усвоить (우쓰보이찌)	(완) *см.* усваивать
усвояемость (우쓰뵈야에모쓰찌)	(여) 소화흡수율
усеивать (우쎄이와찌)	(미완) *см.* усеять
усердие (우쎄르지에)	(중) 열성, 열심; с ~м 열심히, 부지런히
усердно (우쎄르드나)	(부) 열심히, 꾸준히
усердный (우쎄르드느이)	(형) 꾸준한, 부지런한, 열성적인
усердствовать (우쎄릍쓰뜨붜와찌)	(미완) 열심히 하다, 힘을 다하다
усесться (우쎄쓰쨔)	*см.* усаживаться
усечённый (우쎄촌느이)	(형) ① 끝을 자른; 자른 꼴의, 사절두의; ~ конус 원뿔대; ② 짧게 하는, 단축의
усеять (우쎄야찌)	(완) 전면(사방)에 뿌리다, 가득 뿌려서 덮다; звёзды ~ли небо 하늘에 별들이 총총하다
усидчивый (우씨드치브이)	(형) 근면한, 주도면밀한, 부지런한, 공부하는 끈기있는
усиление (우씰레니에)	(중) 강화(强化), 확대, 증강
усиленно (우씰렌나)	(부) 심하게, 강열 (격렬)하게
усиленный (우씰렌느이)	(형) 강화된; ~ое питание 영양가가 높은 식사; ~ая охрана 특별경비
усиливать (우씰리와찌)	(미완) 강하게 하다, 강화(확대,증강)하다; ~ питание 식사의 영양가를 높이다
усиливаться (우씰리와쨔)	(미완) 강해지다, 심해지다, 증대되다

усилие (우씰리에)	(중) 노력, 에네지(energy); прпилагать ~я 노력하다, 노력을 기울이다
усилитель (우씰리쩰)	(남) (전기) 증폭기, 증강기.
усилить(ся) (우씰리찌)	*см.* усиливать(ся)
ускакать (우쓰깍까찌)	(완) (말을 타고) 빨리 가버리다, 껑충껑충 뛰어가다
ускользать (미완), **~нуть** (완) (우쓰꼴자찌)	① 빠져나가다; ② 빨리 가버리다. 갑자기 가버리다, 사라지다
ускорение (우쓰꼬레니에)	(중) ① 촉진, 재촉; ② 보다 빨라지는 것; ③ (물리) 가속도(加速度)
ускоренный (우쓰꼬렌느이)	(형) 더 빠른, 빨라진; ~ая съёмка 가속 촬영; ~ое обучение 단기수업
ускорить(ся) (우쓰꼬리찌)	*см.* ускорять(ся)
ускорять (우쓰까랴찌)	(미완) ① 다그치다, 촉진하다, 속력을 더 내다; ~ шаг 걸음을 다그치다; ~ дело (работу) 사업을 촉진하다; ② (시간, 시기를) 앞당기다
ускоряться (우쓰까랴쨔)	(미완) 더 빨라지다
уславливаться (우쓸라블리와쨔)	(미완) *см.* условиться
уследить (우쓸지찌)	(완) 주시하다; за *кем-чем* 눈을 떼지 않다, 감시(주시)하다
условие (우쓸로븨에)	(중) ① 조건, 상태; ② 조건부(條件附) непременное(необходимое) ~필수조건
условиться (우쓸로븨쨔)	(완) 약속하다; ~о встрече 만나기로 약속하다
условленный (우쓸로블렌느이)	(형) 약속한, 약정한
условно (우쓸로브나)	(부) 조건부로, 조건적으로, 가정적으로
условный (우쓸로브느이)	(형) ① 조건부가 있는; ~ое согласие 조건부적 동의(합의); ② 조건의; ~ый

	союз (언어) 조건접속사; ◇ ~ый знак (~ые знаки) 약호.
усложнить(ся) (우쓸로쥐니찌)	(완) *см.* усложнять(ся)
усложнять (우쓸로쥐냐찌)	(미완) 복잡 (착잡)하게 하다
усложняться (우쓸로쥐냐짜)	(미완) 복잡 (착잡) 해지다
услуга (우쓸루가)	(여) ① 방조; оказать ~у 방조하다; ② (복수) 편의봉사
услужить (우쓸루쥐찌)	(완) 돕다, 봉사하다, 친절하다
услужливый (우쓸루쥘리브이)	(형) 잘 돌봐 주는, (마음씨가) 자상하게 미치는, 친절한, 사근사근한, 고분고분한.
услыхать (우쓸릐하찌)	(완) *см.* услышать
услышать (우쓸릐샤찌)	(완) 듣다, ~이 들리다
усматривать (우쓰마뜨리와찌)	*см.* усмотреть
усмехаться (미완), ~нуться (완) 코웃음 치다, 픽 웃다, 빙긋하다 (우쓰메하짜)	
усмешка (우쓰메쉬까)	(여) 코웃음, 비웃음; с ~ой 비웃으면서
усмирение (우쓰미례니에)	(중) ① 진정; ② 진압(鎭壓)
усмирить (완), ~ять (미완) ① 진정시키다 ② 진압하다 (우쓰미리찌)	
усмотрение (우쓰모뜨례니에)	(중); по своему ~ю 자기마음대로;
усмотреть (우쓰모뜨례찌)	(완) ① 살펴보다 ② 발견하다, 알아차리다;
уснуть (우쓰누찌)	(완) 잠들다
усовершенствование	(중) ① 개선, 개량, 완성; ② 개선된 점,

(우쏘뻬르쉔쓰뜨붜와니에)	개량된 점
усовершенствовать (우쏘뻬르쉔쓰뜨붜와찌)	(완) 개선하다, 개량하다, 완성하다
усовершенствоваться (우쏘뻬르쉔쓰뜨붜와쨔)	(완) 개선되다, 개량되다, 완성되다
усовестить (우쏘볘쓰찌찌)	(완) 꾸짖다, 뉘우치게 하다
усомниться (우쏨니쨔)	(완) 의심하다, 의혹을 품다, ~을 미심쩍게 여기다, ~의 신빙성을 의심하다.
усохнуть (우쏘흐누찌)	(완) 말라서 무게가 줄다, 말리다 말라붙다.
успеваемость (우스뻬와에모쓰찌)	(여) 학업성적, (학생들의) 진보, 발달
успевать (우쓰뻬와찌)	(미완) *см.* успеть; [хорошо] ~ 공부 잘 하다, 성적이 우수하다
успевающий (우쓰뻬와유쉬이)	(형) 성적이 좋다, 공부를 잘 하다는
успеть (우쓰뻬찌)	(완) ① ~할 시간이 있다; ② (때마침, 제때에) 미치다, 다 닿다;
успех (우쓰뻬흐)	(남) ① 성과, 성공; добиться ~a 성공을 거두다; иметь ~ 성공하다; желаю вам ~a! (당신에게) 성과가 있기를 바랍니다.; ② (흔히 복수) 좋은 성적; ③ 호평(好評); с большими ~ом 대성황리에
успешно (우쓰뻬쉬나)	(부) 성과적으로, 성공적으로; 훌륭하게.
успешный (우쓰뻬쉬느이)	(형) 성과적인, 성공한, 좋은 결과의
успокаивать (우쓰뽀까이와찌)	(미완) ① 달래다 진정시키다, 안심시키다; ② (아픔, 흥분 등을) 가라앉히다
успокаиваться (우쓰뽀까이와쨔)	(미완) ① 조용해지다, 진정하다, 안심하다; ② 가라앉다, 잠잠해지다, 멎다
успокоить(ся) (우쓰뽀꼬이찌)	*см.* успокаивать(ся)
уста (우쓰따)	(복수) 입, 구강; 입언저리, 입술; из уст в ~ 이 사람으로 부터 저 사람에게, 이사

	람 저사람 입을 거쳐
устав (우쓰따프)	(남) 규칙, 규정, 법규, 조례, 법령, 성문법; 정관(定款); ~ боевой 훈련규칙; Устав ООН 유엔헌장
уставать (우쓰따와찌)	(미완) *см.* устать
устало (우쓰딸로)	(부) 피곤(피로) 한듯이
усталость (우쓰딸로쓰찌)	(여) 피곤, 피로
усталый (우쓰딸르이)	(형) 피곤한, 피로한, 지친, 고달픈
устать (우쓰딸)	(여) 피로한, 지쳐 있는; 녹초가 된; без ~и 쉴새없이, 지칠 줄 모르는
устанавливать(ся) (우쓰따나블리와찌)	*см* установить(ся)
установить (우쓰따노븨찌)	(완) ① 놓다, 세우다, 배치(설치)하다; ~ памятник 기념비를 세우다; ② 정하다, 제정(성정)하다; ~ цену 가격을 정하다; ③ 확증(확인) 하다, 밝혀내다
установиться (우쓰따노븨쨔)	(완); ~лась тишина 조용해졌다;
установка (우쓰따노브까)	(여)① 설치, 가설;~ телефона 전화가설 ② 설비, 장치, 시설;силовая ~동력설비 ③ 지시(指示), 지령(指令)
установление (우쓰따노블레니에)	(중) ① 확증, 확인; ~ факта 사실의 확인; ② 법규(法規)
установленный (우쓰따노블렌느이)	(형) 확실한, 확인(증증, 확립)된, 기정의 ; ~ порядок 제정된 질서; 정해진 절차
устаревать (우쓰따레와찌)	(미완) *см.* устареть; 쓸모없게 만들다, 시대에 뒤지게 하다.
устарелый (우쓰따렐르이)	(형) 낡아빠진; 쓸모없이(못쓰게) 된; ~ое слово 현재 쓰이지 않는 단어 (말),
устареть (우쓰따레찌)	(완) 낡아지다, 현대에 맞지 않게 되다
устать	(완) 피곤(피로)해 지다, 지치다

Уу

(우쓰따찌)

устилать (미완), **устлать** (완) 포장하다, ~을 덮다, 덮다, 씌우다; ~
(우쓰찔라찌) пол коврами 마루에 주단을 깔다

устно (부) 말로, 구두(口頭)로, 구술로,
(우쓰뜨나) 축어적으로; 동사로서.

устный (형) 구두의, 구답의; ~ая речь 입말;
(우쓰뜨느이) ~ый экзамен 구답 시험

устои (복수) 기초, 지반, 기저, 토대
(우쓰또이)

устой¹ (남) 아치대, 받침대, 교대(橋臺), 교각.
(우쓰또이)

устой (남) 크림; 우유의 빽빽한 더껑이.
(우쓰또이) кофе со сливками 크림커피

устойчивость (여) 견고; 견실; 확고부동, 안정성,
(우쓰또이치붜쓰찌) 불변성, 안정; 착실; 불변, 한결같음.

устойчивый (형) 고정된, 확고한, 흔들리지 않는,
(우쓰또이치브이) 확고부동한, 안정된, 견고한; 영속적인

устоять (완) ① 버티다, 지탱하다; ~ на ногах
(우쓰또야찌) 두 발로 버티고 서있다;
② (요구, 유혹 등을) 이겨내다

устояться (완) 안정되다, 고정화 되다, 침착해지다
(우쓰따야쨔)

устраивать (미완) ① 꾸리다, 조직하다; ~ концерт
(우쓰뜨라이와찌) 음악회를 조직하다; ~ банкет 연회를 베
풀다; ② 일으키다; ~ скандал 말썽을
일으키다; ③ на работу 취직시키다,
일자리를 구해주다; ④ 충족시키다

устраиваться (미완) ① 자리를 잡다 ② ~[на работу]
(우쓰뜨라이와쨔) 취직하다

устранение (중) 퇴치, 제거, 배제, 제거, 철수
(우쓰뜨라네니에)

устранить(ся) (완) *см.* устранять(ся)
(우쓰뜨라니찌)

устранять (미완) 치우다, 없애다, 퇴치(제거)하다;
(우쓰뜨라냐찌) ~ недостатки 결함을 퇴치하다

устраняться (미완) 물러서다; ~ от дел 일에서 물러

(우쓰뜨라냐짜)	서다
устрашать(미완), **~ить** (완) (우쓰뜨라샤찌)	두려워하게 하다, 흠칫 놀라게 하다, 으르다, 위협하다, 협박하다.
устремить(ся) (우쓰뜨레미찌)	*см.* устремлять(ся)
устремление (우쓰뜨레믈레니에)	(중) 열망; 포부, 향상심, 큰 뜻, 대망 돌진, 돌격, 쇄도
устремленённость (우쓰뜨레믈레논노쓰찌)	(여) 경향, 풍조, 추세, 지향성(指向性)
устремлять (우쓰뜨레믈랴찌)	(미완) ① 향하게 하다, 돌진시키다; ② (시선) 등을 돌리다, 집중하다
устремляться (우쓰뜨레믈랴쨔)	(미완) ① 향하다, 돌진하다; ② 쏠리다, 지향하다: 집중되다
устрица (우쓰뜨리짜)	(여) 굴; 굴과 비슷한 쌍각류(雙殼類)의 조개류
устроитель (우쓰뜨리쩰)	(남) 주최자(主催者), 조직자, 창시자; (노동조합 따위의) 조직책,
устроить(ся) (우쓰뜨로이찌)	*см.*устраивать(ся)
устрой ство (우쓰뜨로이쓰뜨뷔)	(중) ① 기구, 조직; государственное ~ 국가기구; ② 구조; ~ машины 기계의 구조; ③ (기계) 장치, 설비
уступ (우쓰뚜쁘)	(남) 턱진 부분, 턱진 곳, 돌출부 (벽에서 돌출한) 선반; 쑥 내민 곳.
уступать (우쓰뚜빠찌)	(미완) ① 양보(양도)하다; ~ место 자리 를 양보하다; ~ дорогу 길을 내어주다; ② (값을) 깎아 팔다, 에누리하여 팔다; не ~ни копей ки 한 푼도 깎아; ~ в споре 논쟁에서 지다(수그러지다)
уступительный (우쓰뚜삐쩰느이)	(형) 양보의, 양여의; 양보를 나타내는; ~ союз (언어) 양보절(접속사)
уступить (우쓰뚜삐찌)	(완) *см.* уступать
уступка (우쓰뚜쁘까)	(여) 양보; идти на ~и 양보하다
уступчивый	(형) 양보심이 많은, 유순한, 온순한;

Уу

(우쓰뚜쁘치브이)	남이 시키는대로 하는, 고분고분한
устыдить (우쓰띄지찌)	(완) 창피(망신)를 주다, 망신시키다; 모욕하다, 부끄러워하게 하다
устыдиться (우쓰띄지짜)	(완) 부끄러워하다,
устье (우쓰띠에)	(중) 하구(河口), 강어구
усугубить(ся) (우쑤구비찌)	*см.* усугублять(ся)
усугублять (우쑤구블랴찌)	(미완) 심화(강화) 하다 악화시키다, 심하게 하다
усугубляться (우쑤구블랴짜)	(미완) 심화(강화) 되다 악화하다, 악화시키다.
усы (우쐬)	(복수) 콧수염, 구레나룻
усыновить (완), **~лять** (미완) 양아들(양딸)로 삼다 (우쐬나븨찌) 양자[양녀]로 삼다	
усыпать (완), **усыпать** (미완) 뿌리다, 끼얹다, ~을 흩뿌리다; (우쐬샤찌) ~을 뒤덮다, ~에 산재하다.	
усыпить (완), **~лять** (미완) ① 잠을 재우다, 잠이 오게 하다; (우쐬쉬찌) 마취시키다; ② 약화시키다, 무디게 하다;	
усыхать (우쐬하찌)	(미완) *см.* усохнуть
утаивать (미완), **утаить** (완) ① 감추다, 숨기다, 비밀에 붙이다; (우따이와찌) ② 훔치다, 속여서 빼앗다	
утай ка (우따이까)	(여) 숨김, 은폐; 숨음, 잠복; 숨는 장소. 감추는 것; без ~и 숨김없이
утаптывать (우따쁘띄와찌)	(미완) 밟아다지다, 짓밟다, 밟아 뭉개다.
утащить (우따쒸찌)	(완) ① 끌어가다; ② 몰래 훔쳐가다
утварь (우뜨와리)	(여) 가정 용품, 부엌세간, 기구, 도구; домашняя ~ 집 세간, 가재도구
утвердительно (우뜨볠지쩰나)	(부) 긍정적으로, 확언[단언]적으로. 승낙으로, 찬성으로

утвердительный (우뜨볠지쩰느이)	(형) 긍정의, 확인[단언]적인, 승낙의,
утвердить (우뜨볠지찌)	(완) ① 확립하다 ② 승인하다, 비준하다
утвердиться (우뜨볠지짜)	(완) 확립되다
утверждать (우뜨볠쥐다찌)	(미완) *см.* утутвердить; 주장하다, 단언하다, 확언하다
утверждаться (우뜨볠쥐다짜)	(미완) *см.* утвердиться
утверджение (우뜨볠드쉐니에)	(중) ① 확립; ② 승인, 비준; ③ 주장, 확언
утекать (우쪠까찌)	(미완) *см.* утечь 지나다, 움직이다, 나아가다
утёнок (우쬬노크)	(남) 집오리 새끼, 새끼 오리. гадкий утенок 미운오리새끼
утеплить (완): **~ять** (미완) 따뜻하게 하다; 난방장치를 하다 (우쩨쁠리찌)	
утерпеть (우쩰뻬찌)	(완) 참아내다
утеря (우쪨야)	(여) 잃음, 분실, 상실; ~ документов 문건분실
утёс (우쬬쓰)	(남) (특히, 해안의) 낭떠러지, 벼랑, 절벽 바위, 암석, 암반(岩盤); 암벽.
утечка (우쩨츠까)	(여) 새는 것, 도중손실
утечь (우쩨치)	(완) (물, 시간 등) 흘러가버리다, 지나가다; много воды утекло 오랜 세월 지났다
утешать (우쩨샤찌)	(미완) 위안하다, 위로하다
утешаться (우쩨샤짜)	(미완) ① 위로가 되다; ② 위안을 얻다, 기쁨을 얻다
утешение (우쩨쉐니에)	(중) 위안(慰安), 위로(慰勞)
утешивать(ся)	*см.* утешать(ся)

Уу

(우쩨쉬와찌)

утилизация
(우찔리자찌야)
(여) ① 이용, 활용, 사용; ② 폐물이용

утилизировать
(우찔리지로와찌)
(미완, 완) (주로 폐물을) 이용하다
활용하다, 소용되게 하다

утилитарный
(우찔리딸느이)
(형) 공리적인, 실리적인, 실용적인;
실용성만을 중히 여기는; 공리주의의.

утиль
(우찔)
(남) (집합) 폐물(廢物), 못 쓰는 물건
쓰레기(trash), 잡동사니, 고철.

утиный
(우찌느이)
(형) (집)오리의, 암오리의, 암집오리의;
~ая ферма 오리 목장

утихать (미완), **утихнуть**
(우찌하찌)
(완) 고요해지다, 멎다: море утихло
바다가 고요했다: ветер утих 바람이
멎었다; боль утихла 아픔이 멎었다

утихомирить
(우찌호미리찌)
(완) 달래다, 진정시키다, 가라앉히다;
(식욕 등을) 채우다, (갈증 등을) 풀다, ~에
평화를 회복시키다, 진압(진무,평정)하다.

утихомириться
(우찌호미리짜)
(완) 진정되다; (마음 따위가) 풀리다,
누그러지다, 조용해지다

утка
(웃까)
(여) ① (집)오리; 암오리, 암집오리:
домашняя (дикая) ~ 집(물)오리; ②
헛소문; пустить~у 허위보도를 하다;
③ (의학) (주둥이가 긴, 환자용) 오강

уткнуться
(웃크누짜)
(완) ① 들이밀다, 파묻다;~ в воротник
얼굴을 웃깃에 파묻다 ② 묻다하다;
~ в книгу 책읽기에 몰두하다

утлый
(우뜰르이)
(형) 든든치 못한

утолить
(우딸리찌)
(완) *см.* утолять

утолщаться
(우딸샤짜)
(미완) 굵어지다, 두꺼워지다

утолщение
(우딸쉐니에)
(중) 굵은(두꺼운) 부분

утолять
(우딸랴찌)
(미완) 덜다, 끄다;~ жажду 갈증을 덜다;
~ голод 시장기를 덜다;

утомительный (우따미쩰느이)	(형) ① 고단한, 피로케 하는; ② 지치는; 지루한, 싫증이 오는.
утомить(ся) (우따미찌)	*см.* утрмлять(ся)
утомление (우똠레니에)	(중) 피곤, 피로
утомлять (우똠랴찌)	(미완) 피곤하게 하다
утомляться (우똠랴짜)	(미완) 피곤해지다
утонуть (우또누찌)	(완) ① 가라앉다, 침몰하다 ② (물에 빠져) 죽다
утончённый (우똔촌느이)	(형) 세련된, 섬세한
утопать (우따빠찌)	(미완) 잠겨있다; ~ в зелени 녹음속에 잠겨있다
утопить(ся) (우따삐찌)	*см.* топить(ся)
утопический (우따삐체쓰끼)	(형): ~ социализм 공상적 사회주의
утопия (우또삐야)	(여) 공상(空想), 환상(幻想), 유토피아
утопленник (남), ~ца (여) 물에 빠져 죽은 사람 (우또쁠렌니크)	
утоптать (우따쁘따찌)	(완) *см.* утаптывать
уточнение (우따츠네니에)	(중) ① 보다 정확히 (명확히) 하는 것, 정밀화 ② 수정(修正)
уточнить(ся) (우따츠니찌)	*см.* уточнять(ся)
уточнять (우따츠냐찌)	(미완) ① 보다 정확(명확)하게 하다 ② 수정하다
уточняться (우따츠냐짜)	(미완) ① 보다 정확 (명확) 하게 되다; ② 수정되다
утрамбовать (완), ~овывать (미완) *см.* трамбовать (우트람보바찌)	

Уу

(우뜨람보와찌)

утрата (우트라따)	(여) 잃음, 분실, 상실, 손해, 손실; 사별; ~а трудоспособности 노동능력상실; понести ~у 손실 당하다
утратить (완), **~чивать** (미완) (우트라찌찌)	잃다, 상실하다
утренний (웃트렌니이)	(형) 아침의; ~яя заря 아침노을; ~яя зарядка 아침체조
утренник (웃트렌니크)	(남) ① 낮 공연 ② 아침추위
утрировать (웃리로와찌)	(미완, 완) 과장하다, 침소봉대하다, 과대하게 보이다; 지나치게 강조하다.
утро (웃트로)	(중) 아침, 오전, 여명; с самого ~а 이른 아침부터; на ~о 다음날 아침에
утроить (웃트로이찌)	(완) 세 곱으로 (삼배로) 늘이다
утром (웃트람)	(부) 아침에, 조기에, 아침때에
утрцждать (우트르즈다찌)	(미완) 폐를 끼치다, 수고시키다
утрясать (미완), **~ти** (완) (우트랴사찌)	① (가루를) (흔들어) 다져지게 하다; ② 합의하여 처리하다
утюг (우쭈그)	(남) 아이론, 다리미, 인두; гладить ~ом 다리미로 다리다
утюжить (우쭈쥐찌)	(미완) 다리다, 다림질하다
утужка (우쭈즈까)	(여) 다림질
ух (우흐)	(감) 에크!, 아이구!
уха (우하)	(여) 생선국, 생선수프, 생선 고깃국(물)
ухаб (우합)	(남) 깊은 구멍, (길의) 홈쩡이, 홈타기 (가로·포장 도로 등에 생긴) 둥근 웅덩이
ухабистый	(형) (길 따위가) 울퉁불퉁한;

(우하비스뜨이)	~ая дорога 울퉁불퉁한 길	

ухаживать
(우하쥐와찌)
(미완) ① 시중들다, 돌보다, 손질하다; ~ за детьми 아이를 돌보다, ② (여자를 따르며) 비위를 맞추다, 호의를 사려하다, 알랑거리다

ухватить
(우흐와찌찌)
(완) 꽉 잡다, 틀어쥐다
붙잡다, 움켜쥐다; 끌어안다

ухватиться
(우흐와찌쨔)
(완) ① 붙잡다, 붙들다; ~ за рукав 소매를 붙잡다; ② (어떤 일) 재깍 달라붙다; (기회 등을) 포착하다;

ухитриться (완), **~ться** (미완) (+ 미정형) (어려운 일을) 용케(수를 써서) 해내다; 어떻게든 해서 ~하다
(우히트리쨔)

ухищрение
(우히쉬레니에)
(중) 계책, 술책, 계획; 계략, 간계, 책략
꾀, идти на ~я 꾀를 부리다,

ухищряться
(우히쉬랴쨔)
(미완) 꾀(술책)를 쓰다, 고안(발명)하다

ухмыльнуться (완),**~ться** (미완) 코웃음 치다, 비죽이 웃다
(우흐밀누쨔) 능글맞게 웃다, 부자연한 웃음을 웃다

ухо
(우호)
(중) ① 귀; уши горят (부끄러워서 또는 얼어서) 귀가 빨갛게 되다; ② (방한모 따위의) 귀가리개; шапка с ушами 귀가리개가 달린 모자.

уход[1]
(우호드)
(남) 출발, 떠나는 것: перед самым ~ом 떠나기 바로 직전에

уход[2]
(우호드)
(남) 간호, 시중, 손질, 관리: ~ за больным 간호;

уходить
(우호지찌)
(미완) ① 가버리다, 떠나다, 출발하다;
② 달아나다, 도망치다; 버리고;
③ 면하다, 벗어나다; ④ 물러가다, 그만두다; ⑤ 사라지다, (시간이) 지나가다;
⑥ 몰두 (열중) 하다; ~ в науку 과학에 몰두하다; ~ вперёд 따라 앞서다

ухудшать
(우후드샤찌)
(미완) 더욱 나쁘게 하다, 악화시키다
악화하다, 심하게 하다; 성나게 하다.

ухудшаться
(우후드샤쨔)
(미완) 더 나빠지다, 악화되다, 타락하다
(질·가치가) 떨어(나빠)지다, 저하하다.

ухудшение
(중) 더 나빠지는 것, 악화, 저하

(우후드쉐니에)

ухудшить(ся) (완) *см.* ухудшать(ся); 나쁘게 하다,
(우후드쉬찌) 열등하게 하다, (가치를) 저하시키다.

уцелеть (완) 무사히 남다, 온전히 남다, 살아나다
(우쩰레지)

уценивать (미완), **уценить** (완) 가격을 낮추다, 가격인하 하다
(우쩨니와찌)

уцепиться (완) ① 든든히 잡다 (쥐다)
(우쩨삐짜) ② 달라붙다, 매달리다

участвовать (미완) 참가(참석)하다, 관여(관계)하다
(우차스뜨붜와찌) ~에 한몫 끼다.

участие (중) ① 참가, 참석, 참여; принимать ~
(우차쓰찌에) 참가하다, 참석 하다 ② 동정, 동감(動感)

участиться (완) *см.* учащаться
(우차쓰찌짜)

участковый (형) ① 분할상의, 구분을 나타내는; 부분
(우차쓰뜨꼬브이) 적인, 지역의; ② (명) (남) 구역담당 사회
안전원 ~ая избирательная комиссия
구선거위원회

участник (남), ~ца (여) 참가자
(우차쓰뜨니크)

участок (남) ① 분구, 지역, 소구획, 작은 지면
(우차쓰또크) 소지구.; избирательный ~ 소선거구,
② 분야, 부문: ~ работы 사업 분야,

участь (여) 운명, 숙명, 제비뽑기, 추첨, 운(運),
(우차쓰찌) 비운; горькая ~ 비운

учащаться (미완) ① 빈번해지다, 자주 일어나다
(우차샤짜) ② 빨라지다, (속도가) 빠르다, 신속하다

учащий ся (남) 대학생(學生), 학동(學童), 연구생
(우차쉬이샤) учащаяся молодёжь 학생들

учёба (여) 공부, 면학(勉學), 학습, 훈련.
(우쵸바)

учебник (남) 교과서(教科書), 소책자, 입문서.
(우체브니크)

учебно-воспитательный (형) 교육(상)의; 교육적인; ~ая работа
(우체브나-붜스뻬따쩰느이) ~ая работа 교수교양사업

– 1462 –

учебный (우체브느이)	(형) ① 학습의, 교수의, 교육의; ~ый год 학년도; ~ая группа 학급; ② 연습의; ~ый самолёт 연습기; ~ое судно 연습선; ~ая стрельба 사격연습
учение (우체니에)	(중) ① 공부 ② 훈련, 교육, 수업, 교수, ③ 학설, ~주의
ученик (남), **~ца** (여) (우체니크)	① 학생, ② 견습공, ③ 제자, 계승자
ученический (우체니체쓰끼이)	(형) (중학교 이하의) 학생, 초등학생; 미숙한, 미성년의, 미완성의, 유년기의.
учёный (우쵸느이)	(형) ① 학술의; ~ый совет 학술평의회; ② 박식한, 학식이 있는; ③ (명)(남)학자
учесть (우체쓰찌)	(완) *см.* учитывать
учёт (우쵸트)	(남) ① 계산; 실사; ② 등록; ③ 고려(하는 것):
учётный (우쵸트느이)	(형) 등록의, 등기의; ~ая карточка 등록카드
учётник(남), **~ца** (여) (우쵸트니크)	계산원; 접수계
училище (우칠리쉐)	(중) 전문학교, 칼리지: военное ~ 군관학교
учинить (완), **~ять** (미완) (우치니찌)	(좋지 못한 것) 하다, 일으키다, 빚어내다:
учитель (우치찔)	(남) ① (보통교육부문의) 교원, 강사 ② 스승, 선생(先生), 튜터
учительница (우치찔니짜)	(여) (보통교육부문의) 여교원, 여선생
учительская (우치찔쓰까야)	(여) 교원실, 교무실
учительский (우치찔쓰끼이)	(형) 교원의; ~ институт 교원대학 учительский съезд 교원회담
учительствовать (우치찔쓰뜨뷔와찌)	(미완) 교원생활을 하다, 교편을 잡다
учитывать (우치띄와찌)	(미완) ① 계산하다, 실사하다; ② 고려하다, 타산하다

учитываться (우치띄와짜)	(미완) 고려되다
учить (우치찌)	(미완) ① 배워주다, 가르치다; ~ читать 읽는 것을 가르치다; ② (반복하여) 익히다, 습득하다; ~ стихи 시를 외우다: ~ наизусть 암송하다, 암기하다;
учиться (우치짜)	(미완) 배우다, 공부하다
учредительный (우츠레지쩰느이)	(형) 창립의, 창건의, 창설의, 구성하는, 조직하는, 구성 성분인, 설정권이 있는
учредить (완), **~ждать** (미완) (우츠레지찌)	① 내오다, 창립하다, 창설하다; ② 제정하다, 정하다
учреждение (우츠레줴니에)	(중) ① 창립, 창설; ② 제정; ③ 기관, 공공시설; государственное(наyное) ~ 국가(과학) 기관; культурно-бытовые ~я 문화후생시설:
учтиво (우츠찌붜)	(부) 정중하게, 예의바르게, 공손하게,
учтивый (우츠찌브이)	(형) 정중한, 깍듯한, 예절이 바른
ушанка (우샨까)	(여) (귀가리 개가 달린) 털모자
уши (우쉬이)	(복수) *см.* ухо
ушиб (우쉬브)	(남) 타박상(打撲傷)
ушибать(ся) (우쉬바찌)	*см.* ушибить(ся); ~에게 타박상을 입히다, ~에게 멍이 들게 하다.
ушибить (우쉬비찌)	(완) 타박상을 입히다
ушибиться (우쉬비짜)	(완) 타박상을 입다, 다치다
ушивать (미완), **ушить** (완) (우쉬와찌)	(바느질하여) 줄이다, 좁히다
ушко (우쉬꼬)	(중) ① *см.от,* ухо; игольное ~ 바늘귀 ② (바늘의) 귀, (구두·샌들의) 가죽끈.

Уу

ушной (우쉬노이)	(형) 귀의; 청각의; ~ая раковина 귀바퀴
ущелье (우쉘리예)	(중) (좁고 깊은) 골짜기, 협곡, 계곡
ущемить (완), **~лять** (미완) (우쉐미찌)	① 끼다, 눌러놓다; ② 제한(억제)하다; ~лять права 권리를 재합하다; ~ить самолюбие 자존심을 훼손하다
ущерб (우쉘브)	(남) 손실, 손해, 결손; понети ~ 손실을 보다; без ~а для дела 사업 손실 없이
ущипнуть (우쉬쁘누찌)	(완) 비틀다, 꼬집(어 잡아 당기)다 (두 손가락으로) 집다, (사이에) 끼다,
уют (우유트)	(남) 안락, 편안함, 아담한 것, 아늑한 것
уютно (우유트나)	(부) 아담하게, 아늑하게
уютность (우유트노쓰찌)	(여) 아늑, 포근, 아담, 안락; 기분 좋음.
уютный (우유트느이)	(형) 아담한, 아늑한, 알뜰한, 아담스럽다.
уязвимый (우야즈뷔므이)	(형) 상처를 입기 쉬운, 비난(공격) 받기 쉬운, 약점이 있는; ◇ ~ое место 약점
уязвить (우야즈뷔찌)	(완) 마음을 상하게 하다(찌르다); 모욕하다; ~ самолюбие 자존심을 손상하다
уязвление (우야즈블레니에)	(중) 부상, 상처
уязвлённый (우야즈블론느이)	(형) 모욕당한; ~ое самолюбие 손상당한 자존심
уязвить (우야즈뷔찌)	(완) *см.* уязвлять
уязвлять (우야즈블랴찌)	(미완) *см.* уязвить; 상처를 입히다; (침·가시를 가진 동식물이) 쏘다, 찌르다; 침이[가시가] 있다. (감정을) 해치다, уязвить чье-л самолюбие 감정을 해치다, 마음에 상처를 내다; уязвить самое больное место 아무의 마음에 바로 와닿다. 아무의 감정을 몹시 건드리다.

Уу

уяснение (중) 설명, 해명, 해설.
(우야쓰네니에)

уяснить (완), **~ять** (미완) 명백히 알다, 이해하다; ~ить
(우야쓰니찌) себе все обстоятельства дела 모든 사정을 명백히 알다

уясняться (미완) *см.* пониматься, постигаться,
(우야쓰냐짜) осмысливаться, осознаваться

Фф

фа
(파)
(중) F 바음(고정 도 창법의 '파'), 바조(調)
ключ ~ 바 음자리표(낮은음자리표)

фабрика
(파브리까)
(여) 공장, 제조(작)소; швейная ~ 옷공
장, 피복공장; спичечная ~ 성냥공장

фабрикация
(파브리까찌야)
(여) 꾸밈, 조작, 날조;~ложных слухов
헛소문을 날조하는 것

фабриковать
(파브리까와찌)
(미완) (이야기·거짓말을) 꾸며(만들어)내다
날조(조작)하다

фабрить
(파브리찌)
(완, 미완) 물들이다; 염색(착색)하다
фабрить усы 염색하여 사용하다

фабула
(파불라)
(여) (극·소설 따위의) 줄거리, 각색, 구상.

фаворит
(파붜리트)
(남) ① 총아, 총애를 받는 사람;
② (체육, 경연 등) 인기 있는 사람, 집단

фаза
(파자)
(여) ① 단계; ~ развития 발전단계;
② (물리, 화학) 상(像), 모습, 위상, 상태;
스테이지, ③; ~ луны 월상(月像)

фазан
(파잔)
(남) 꿩, 야계, 산계, 산량, 화충, 원금

фазатрон
(파조트론)
(남) (물리) 파조트론
싱크로사이클로트론(입자 가속장치의 일종)

факел
(파껠)
(남) 햇불; 호롱등, 간데라,
너울거리는 불길, 흔들거리는 빛.

факельный
(파껠느이)
(형); ~ое шествие 횃불행렬(행진)
факельный наконечник 불의 혀

факсимиле
(곽시밀리)
(중) 정확한 복사(사본), (책·필적·그림)모사
팍시밀리; 복사 전송장치; 사진전송.

факт
(팍트)
(남) ① 사실, 진짜, 진리, 진실;
② (조) (술어) 옳다, 그렇다, 사실이다.

фактически
(팍찌체스끼)
(부) 실제적으로, 실용적으로, 사실상,
실제상, 실제(로)는, 사실은

- 1467 -

фактический (팍찌체쓰끼이)	(형) 실제상의, 실질적인, 사실(상)의, 사실에 입각한~ое положение 실태, 실황
фактор (팍또르)	(남) 요인, 인자, 요소; временные / преходящие факторы 일시적인 요인
факультативный (파꿀따찌브느이)	(형) 임의의; 선택의; ~ые предметы (дисциплины) 선택과목
факультет (파꿀쩨트)	(남) (대학의) 학부, 과(科). историко-филологический 역사학부
фальсификатор (팔씨피까또르)	(남) 위조자, 날조자, 거짓말쟁이;
фальсификация (팔씨피까찌야)	(여) 위조, 날조, 변조, 왜곡; 곡해
фальсифицировать (팔씨피찌로와찌)	(미완, 완) 위조(변조)하다, 날조하다
фальстарт (팔쓰따르트)	(남) (체육) 출발반칙, 신호전 출발
фальшивить (팔쉬븨찌)	(미완) ① 곡조가 틀리게 연주하다, 곡조가 맞지 않게 노래하다; ② 위선적으로 행동하다
фальшивка (팔쉬브까)	(여) 위조문건; 위조품
фальшивый (팔쉬브느이)	(형) ① 가짜의, 위조의;~ый документ 위조문서; ② 부자연스러운, 틀린; ③ 위선적인, 허위의
фальшиво (팔쉬븨)	(부) ① 가락이 안 맞아; ② 불성실한, 성의가 없는, 언행 불일치의, 위선적인
фальшь (팔쉬)	(여) ① 허위, 위선, 거짓; ② 곡조가 맞지 않는 것
фамилия (파밀리야)	(여) 성; имя и ~ 성명; как ваша ~? 당신의 성은 무엇입니까?
фамильярно (파밀리야르나)	(부) 허물없이, 어려움 없이, 격식을 차리지 않고,
фамильярность (파밀리야르노쓰찌)	(여) 허물이 없는, 어려움이 없는 것
фамильярный (파밀리야르느이)	(형) 허물없는, 어려움 없는

- 1468 -

фанатизм (파나찌즘)	(남) 열광상태, 광신상태, 광신, 열광, 열중; 광신적인 행위
фанатик (파나찌크)	(남) 미치광이, 광신자, 열광자.
фанатичный (파나찌츠느이)	(형) 미친, 광신(열광)적인, 열중한
фанера (파녜라)	(여) (합판용의) 박판(薄板), (베니어) 단판 사운드 트랙, (필름 가장자리의) 녹음대(帶)
фанерный (파녜르느이)	(형) 합판으로 만든; ~ лист 합판
фантазёр (남), **~ка** (여) (판따쫄)	꿈꾸는 사람, 공상가, 몽상가; 환상을 좇는 사람.
фантазировать (판따지로와찌)	(미완) ① 환상(몽상)에 잠기다, 공상하다; ② (있을 상 싶지 않은, 될 수도 없는 것을) 꾸며내다, 생각해내다
фантазия (판따지야)	(여) ① 창조적인, 상상, 상상력; ② 환상, 몽상, 공상; ③ 허구, 거짓, 실현될 수 없는 것; ④ (음악) 환상곡)
фантаст (판따쓰트)	(남) (문화) 환상작가, 공상과학 소설작가
фантастика (판따쓰찌까)	(여) ① 환상; (집합) 환상작품; научная ~ 과학적 환상; ② 허황된 것
фантастический (판따쓰찌체쓰끼이)	(형) ① 환상적인, 몽환(공상)적인, 기상천외의 비현실적인, 허황한, 믿을 수 없는 ② 비상한, 상상을 초월하는, 신비로운
фанфара (판파라)	(여) (긴) 트럼펫, 신호나팔 (트럼펫 등의) 화려한 취주(吹奏), 팡파르.
фара (파라)	(여) (자동차 등의) 전조등, 헤드라이트
фарватер (파르와쩰)	(남) 해협, 물길, 수로; (강·하구 따위의) 항로
фарингит (파린기트)	(남) (의학) 인두염
фарисей (파리쎄이)	(남) 바리새인(人); (종교상의) 형식주의자; 위선자, 이중인격자.
фарисейский	(형) 바리새주의, 바리새파(派); (종교상의)

(파린쎄이쓰끼이)	형식주의; 위선의; 위선(자)적인, 독선의.
фармакология (파르마꼴로기야)	(여) 약리학(藥理學), 약물학.
фармакопея (파르마꼬뻬야)	(여) 약전(藥典), 조제서(調劑書); 약종(藥種), 약물류
фармацевт (파르마쩨브트)	(남) 약제사, 조제자, 약사(藥師)
фармацевтика (파르마쩨브찌까)	(여) 조제학, 제약학
фармацевтический (파르마쩨브찌체쓰끼이)	(형) 제약의, 약사의; ~ завод 제약공장,
фармация (파르마찌야)	(여) 조제술, 약학; 제약업; 약국.
фарсовый (파르싸브이)	(형) 어릿광대극의, 익살극의; 익살맞은.
фарс (파라쓰)	(남) ① 소극(笑劇), 어릿광대극, 익살극. ② 놀음, 못된 장난, 파렴치한 것
фартук (파르뚜크)	(남) 에이프런, 앞치마, 행주치마
фарфор (파라포르)	(남) 자기(瓷器·磁器), 자기그릇; 자기제품 ~ая посуда 자기, 사기그릇
фарфоровый (파라포로브이)	(형) 자기로 만든, 깨지기 쉬운; ~ый завод 도자기공장;
фарш (파르쉬)	(남) 채워 넣기: мясной ~ 잘게다진 고기
фаршировать (파르쉬로와찌)	(미완) ~에 채우다(채워 넣다), 소를 넣다
фас (파쓰)	(남) 앞, 정면, 앞면; 표면; портрет/ фотография в ~ 정면을 향한 사진
фасад (파싸드)	(남) (건물의) 앞면, 정면
фасадный (파싸드느이)	(형) 앞의, 정면의, 앞면의
фасовать (파싸와찌)	(미완) (저울의 달아서) 포장하다, 꾸리다 정량 포장작업을 하다, 싸다, 묶다.

фасовщик (남), ~ца (여) 정량포장공 (파쏘브쉬크)	
фасолевый (파쏠레브이)	(형) 당콩의, 강낭콩의, 완두콩의 фасолевый суп 양고기와 콩의 스튜
фасоль (파쏠)	(여) 당콩, 강낭콩, 강남두, 강남콩
фасон (파쏜)	(남) (의복, 모자 등의) 본(本), 형, 모양 패션, ~하는 식(투), ~투, 방식
фасонировать (파쏘니로와찌)	(완) 모양 짓다, 형성하다, 모양을(모습을 형태를)취하다, 형태가[모양이] 되다
фатальный (파쩰느이)	(형) 불가피한; 숙명적인
фауна (파우나)	(여) 동물계, 동물사이 (한 지방의) 동물
фашизм (파쉬즘)	(남) 파시즘(fascism)
фашина (파쉬나)	(여) 나뭇단, 섶나무, 장작단
фашист (파쉬쓰트)	(남) 파시스트(fascist), 파쇼분자, 파시즘을 신봉자. 국수주의자, 파쇼.
фашистский (파쉬쓰뜨체쓰끼이)	(형) 파시스트의(fascist), 파쇼의
фаянс (파얀쓰)	(남) (집합) 파얀스도기 (유약칠한 오지, 질그릇)
фаянсовый (파얀쏘브이)	(형); ~ая посуда 유약오지, 파얀스오지 그릇
февраль (페브랄)	(남) 2(이)월, 이월(二月)
февральский (페브랄쓰끼이)	(형) 2(이)월의 февральский день 이월의 어느날
федеральный , федеративный (형) 연방의, 연합의, 연맹의, 동맹의 (페제랄느이)	
Федеративная Республика Германия, ФРГ 독일연방공화국 (페제라찌브나야 레스뿌브리까 게르마니야) (서부독일)	
Федерация	(여) 동맹, 연합, 연맹, 연방정부; 연방제

(폐제라찌야)	Российская ~ 러시아 연방
феерия (폐예리야)	(여) ① 몽환극; ② 꿈나라 같은 광경 광시문(狂詩文), 광상곡, 광상극.
фейерверк (폐이에르붸르크)	(남) 불꽃, 꽃불; 불꽃놀이, 봉화, устроить ~ 불꽃을 올리다
фельдшер (펠드쉘)	(남) 준의사, 간호사
фельетон (펠예톤)	(남) 펠레톤(feuille-ton), 풍자평 펠레톤 아티클
феникс (폐니크쓰)	(남) 불새, 불사조(不死鳥), 불사의 상징.
фенолог (폐놀로그)	(남) 생물기후학자, 생물 계절학(季節學)
феномен (폐노멘)	(남) ① 현상; ② 회유한 인물(사물)
феноменальный (폐노메날느이)	(형) 비범한, 비상한, 놀라운, 경이적인, 굉장한; ~ая память 비상한 기억력
феодал (폐오달)	(남) 봉건영주, 봉건 시대의(중세의)영주
феодализм (폐오달리즘)	(남) 봉건제도, 봉건주의
феодальный (폐오달느이)	(형) 봉건의; ~ые пережитки 봉건잔재
ферзь (페르지)	(남) (서양장기에서) 여왕(女王)
ферма¹ (페르마)	(여) 농장, 농지, 농원, 목장, 양식(사육)장 живодоводческая ~ 축산농장
ферма² (페르마)	(여) 도리, 대들보, 거더, 트러스(truss), 받침목, 형구(桁構)
фермент (페르멘트)	(남) 효소(酵素), 뜸씨, 뜸팡이, 엔자임 (enzyme)
фермер (페르멜)	(남) 농부, 농민, 농장주; 농업가 (자본주의나라에서) 농장주(農場主)
ферросплав (페르로쓰쁠라프)	(남) 합금철

1 Фес (Первое послание к Фессалоникийцам, 5장, 247쪽)
(1, 페쌀로니끼참)   대살로니가 전서

2 Фес (Второе послание к Фессалоникийцам, 3장, 250쪽)
(2, 페에쌀로니끼이참)   대살로니가 후서

фестиваль
(페쓰찌왈)
(남) 축전, 축제, 축(제)일, 축연, 잔치

фетиш
(페찌쉬)
(남) 우상(偶像), 주물(呪物), 물신(物神), 우상화된 물건

фетишизм
(페찌쉬즘)
(남) 우상숭배, 주물(呪物) 숭배; 배물교(拜物敎)

фетр
(페트르)
(남) 고급 펠트, 모전(毛氈); 펠트 제품

фетровый
(페트로브이)
(형) 펠트제(製)의, 모전의, 펠트제품의
~ая шляпа 펠트모자, 중절모자

фехтование
(페흐또와니에)
(중) 격검(술), 펜싱, 검술

фехтовать
(페흐또와찌)
(미완) 격검을 하다, 검술을 하다

фешенебельный
(페쉐네벨느이)
(형) 고급의, 우아한, 사치스러운, 호사스러운

фея
(페야)
(여) 선녀(仙女), 요정(妖精)

фиалка
(피알까)
(여) 제비꽃, 바이올렛
альпийская фиалка 시클라멘

фиаско
(피아쓰꼬)
(중) (불변) 실패, 패망; потерпеть ~ 실패하다

фибра
(피브라)
(여) 섬유(纖維), 섬유 조직, 섬유소, 섬유종(腫)'의 뜻의 결합사

фибрилла
(피브릴라)
(여) 가는 섬유, 수염뿌리, 수근; (근육·신경의) 원(原)섬유.

фибры
(피브릐)
(복수); всеми ~ами души 극도로

фиброма
(피브로마)
(여) (의학) 섬유종(纖維腫)

фибула
(여) 종아리뼈, 비골(腓骨)

(피불라)

фигура (피구라)	(여) ① 몸매, 체격, 골격; ② (수학) 도형; ③ 인물, 거물; ④ 장기쪽
фигурально (피구랄나)	(부) 비유적(상징적)으로, 은유적으로.
фигуральный (피구랄느이)	(형) 은유적(비유적)인
фигурировать (피구리로와찌)	(미완) 나타나다, 나타나곤 하다; ~ в повестке дня 일정에 오르다
фигурист (남), **~ка** (여) (피구리쓰트)	피겨 스케이팅을 하는 사람. 피겨선수
фигуристый (피구리쓰뜨이)	(형) (사람이) 체격이 좋은, 튼튼한
фигурный (피구르느이)	(형) ① 모양(그림)으로 표시한, 도식된; ~ая резьба 모형조각; ②;~ое катание 피겨(경기)
Фиджи (피드쥐)	(중) (불변) 피지 섬
физик (피지크)	(남) 물리학자; 유물론자
физика (피지까)	(여) 물리학; 물리적 현상(과정, 특성)
физиолог (피지올로그)	(남) 생리학자
физиологический (피지올로기체쓰끼이)	(형) 생리학(상)의, 생리적인.
физиология (피지올로기야)	(여) 생리학, 생리 기능[현상].
физиономия (피지오노미야)	(여) 얼굴, 얼굴모습, 표정; скорчить ~ю 얼굴을 찌푸리다
физиотерапевт (피지오쩨라뻬프트)	(남) 물리요법의사, 물리치료사
физиотерапевтический (피지오쩨라뻽찌체쓰끼이)	(형) 물리 요법의; ~ий кабинет 물리 (요법) 치료실; ~ое лечение 물리치료
физиотерепия	(여) 물리치료, 물리 요법

- 1474 -

(피지오쩨레삐야)

физический
(피지체스끼이)
(형) ① 물리의; ~ая химия 물리화학;
② 육체의; ~ий труд 육체노동

физкультура
(피스꿀뚜라)
(여) 운동, 체육; заниматься ~ой (체육) 운동을 하다

физкультурник (남), ~ца
(피스꿀뚜르니크)
(여) 체육인, 운동선수, 육상 경기자.

физкультурный
(피스꿀뚜르느이)
(형) 체육의, 운동의

фиксировать
(피크씨로와찌)
(미완) ① 고정시키다; ② (정착액으로) 정착시키다; ③ (포착) 기록하다

фиксироваться
(피크씨로와쨔)
(완) 고정(정착)하다(시키다), 응시하다; 병적으로 애착하다[시키다], 고착하다.

фиктивный
(피크찌브느이)
(형) 허구적인, 가상적인

фикция
(피크찌야)
(여) 허구(虛構), 거짓, 꾸며낸 것

филантроп
(필란트로쁘)
(남) 박애가(주의자), 자선가(慈善家)

филантропия
(필란트로삐야)
(여) 자선(사업), 박애, 인자(仁慈).

филармония
(필라르모니야)
(여) 음악 협회, 음악보급협회

филателист
(필라쩰리쓰트)
(남) 우표 수집(연구)가.

филателистический
(필라쩰리쓰찌체쓰끼이)
(형) 우표 수집(연구, 애호)의;
~ магазин 우표상점

филателия
(필라쩰리야)
(여) 우표수집, 우표 연구(애호).

филе
(필레)
(중) 등심(고기), 소 허릿고기의 윗부분; 필레 살, 뼈를 발라낸 물고기

филиал
(필리알)
(남) 지부(支部), 분원(分院), 분관 지국, 지점, 출장소

филигранный
(필리그란느이)
(형) 가는 줄세공(선조 세공)의 (을 한); 섬세한, 세밀한, ~ная работа 세공작업

филин (필린)	(남) 수리부엉이, 수알치새.
филолог (필롤로그)	(남) 어문학자, 문헌학자.
филологический (필롤로기체쓰끼이)	(형) 언어학[문헌학]의; ~ факультет 어문학부
филология (필롤로기야)	(여) 어문학(語文學), 문헌학
философ (필로쏘프)	(남) 철학가(哲學家), 현인, 달관한 사람
философия (필로쏘피야)	(여) 철학(哲學), 지식애
философский (필로쏘프쓰끼이)	(형) 철학(상)의.
философствование (필로쏘프쓰드뷔와니에)	(중) 사색가, 철학적으로 연구하는 사람, 천박한 이론가.
философствовать (필로쏘프쓰드뷔와찌)	(미완) 철학적으로 연구[사색]하다; 철학자인 체하다, 궤변을 일삼다.
фильм (필림)	(남) 영화, 무비(movie), 시네마(cinema), (moving picture); 키네마, 제팔예술
фильтр (필트르)	(남) 거르개, 여과기; световой ~ 차광판, 여광기
фильтровать (필트로와찌)	(미완) 거르다, 여과하다; 여과하여 제거하다
фильтроваться (필트로와짜)	(완) 여과되다; 스며나오다, 침투하다
финал (피날)	(남) ① (체육) 결승전, 결승경기; ② 끝, 결말, 종말; ③ 종곡, 종막
финалист (피날리쓰트)	(남) (체육) 결승전 출전자
финальный (피날느이)	(형) (체육) 결승전, 파이널; ~ый матч (~ая встреча, ~ая игра) 결승전
финансирование (피난씨로와니에)	(중) 재정, 재무, 재원, 자금공급, 융자
финансировать	(미완, 완) 자금을 공급하다, 융통하다,

(피난씨로와찌)	융자하다
финансист (피난씨쓰트)	(남) ① 재정전문가; ② 금융자본가
финансовый (피난쏘브이)	(형) 재정의, 금융의; ~ая политика 재정정책; ~ый капитал 금융자본
финансы (피난쓰)	(복수) ① 재정, 금융; министр ~ов 재정상, 재정부장; ② 돈
финик (피니크)	(남) 대추야자나무의 열매
финиковый (피니꼬브이)	(형) 대추야자; ~ая пальма 대추야자나무
финиш (피니쉬)	(남) (체육) 결승선, 결승점; прийти к ~у 결승선에 도달하다
финишировать (피니쉬로와찌)	(미완, 완) ① 결승선에 도달하다; ② 결승점까지 남은 거리를 달리다
финишный (피니쉬느이)	(형) 결승선의
финляндия (필란지야)	(여) 핀란드
финляндский, финский (필란드쓰끼이, 핀쓰끼이)	(형) 핀란드의
финны (복수), **финн** (남), **финка** (여) 핀란드사람(들) (핀니)	
фиолетовый (피올레또브이)	(형) 자주빛, 자색
фирма (피르마)	(여) 회사(會社), 상사(商事)
фирменный (피르멘느이)	(형); ~ магазин 직매점; ~ знак 상표
фисташка (피쓰따쉬까)	(여) 피스타슈카(fistashchka), 피스타키오나무
фитиль (피찔)	(남) (등잔의) 심지, 도화선
флаг (플라크)	(남) 기, 깃발, 기폭; государственный ~ 국기

флагман (플라그만)	(남) ① (함대, 분함대) 사령관(司令官); ② 기함(旗艦), 지휘함
флагманский (플라그만쓰끼이)	(형); ~ корабль 기함, 지휘함
флагшток (플라그쉬또크)	(남) 깃대, 깃발대
флажок (플라죠크)	(남) 작은기, 손기(발), 수기; сигнальный ~ 신호기
флакон (플라꼰)	(남) (함수 따위를 넣는) 작은병
фланг (플란그)	(남) 익측, 좌우측면, 측면; ударить с ~а(또는 во ~) 측면을 공격하다
фланговый (플란고브이)	(형) 측면의; ~ удар 측면타격
фланель (플라넬)	(여) 프란넬
флегматичный (플레그마찌느이)	(형) 지둔한, 게으른
флейта (플레이따)	(여) 플루트(flute); 피리, 필률; играть на ~е 피리를 불다
флексия (플렉씨야)	(여) (언어) 굴절, 변화하는 어미
флективный (플렉찌브느이)	~ые языки (언어) 굴절어
флигель (플리겔)	(남) 결채(結綵), 딴채, 별채
флирт (플맇트)	(남) 애교(愛嬌), 교태(嬌態), 아양
флиртовать (플맇또와찌)	(미완) 애교를 부리다, 교태를 부리다, 아양을 떨다
Флм (Послание к Филимону, 3장, 263쪽) 빌레몬서 (필리모누) (필레몬에게 보낸 편지)	
фломастер (플로마스쩨르)	(남) 마지크
флора	(여) 식물계, 식물사회학: (한 지방의)

(플로라)	식물, 식물구계(區系); 식물지(誌)
флот (플로트)	(남) ① 선단, 선대; военноморской ~ 해군(함대) ② (군사)함대
флотилия (플로찌리야)	(여) ① (일정한 수역에 있는) 함대(艦隊); ② 선단, 선대; рыболовецкая ~ 어선단
флотский (플로트쓰끼이)	(형) ① 선단의, 함대의 ② (명사) (남) 해병(海兵)
Флп (Послание к Филип- пий цам, 4장, 239쪽) (필립-뻬이짬)	빌립보서 (필립비인들에게 보낸 편지)
флюгер (플류게르)	(남) ① 풍향기, 풍향계; ② 견해를 자꾸 바꾸는 사람
флуоресценция (플류오레쓰쩬찌야)	(여) (물리) 형광(성)
флуорография (플류오록라피야)	(여) 뢴트겐검사(Röntgen 檢査), X선 형광 촬영(투시)(법)
флюс (플류쓰)	(남) 잇몸곪기, 치조농양(齒槽膿瘍)
фляга (플랴가)	(여)(멜빵이 달린 둥글납작한) 물통, 물병; походная ~ 행군용 물통
фляжка (플랴쥐까)	(여) см. фляга
фойе (파이에)	(중) (불변) (극장, 영화관 내의) 휴게실 (유보장), 휴식장, 로비
фокус¹ (포꾸쓰)	(남) 중심(점), 집중점, 모임점, 포커스; найти ~ 초점을 맞추다
фокус² (포꾸쓰)	(남) ① 요술, 손재간; 책략, 계교, 속임수 ② 잘 변하는 마음, 일시적인 생각, 변덕
фокусник (포꾸쓰닉)	(남) 요술사, 요술쟁이, 요술객, 요술자, 마술사, 마술장이, 마법사, 기술사
фольга (팔가)	(여) 금속판, 박(薄); золотая ~ 금박
фольклор (팔크롤)	(남) ① 구전문학; 민간설화, 전설; 민요; ② 민속(民俗), 민습, 풍속
фольклорный (팔크롤느이)	(형) 민속의; ~ ансамбль 민속가무단

фон (폰)	(남) ① 배경; ② (그림 따위의) 기본색조, 바탕
фонарик (파나리크)	(남) (фонарь의 축소); карманный ~ 회중전등. 랜턴.
фонарь (파나리)	(남) ① 등(燈), 등불; уличный ~ 가로등; ② (매를 맞아 생긴) 멍
фонд (폰드)	(남) 기금, 폰드(fond), 자금, 준비금; ~ обороны 국방기금
фонема (파녜마)	(여) (언어) 음운(音韻), 어운, 성운
фонетический (파녜찌체쓰끼이)	(형) 어음의: 어음론적인; ~ий строй 어음체계; ~ое письмо 표음문자
фонология (파날로기야)	(여) (언어) 음운론(音韻論)
фонтан (판딴)	(남) 분수; бить ~ом 용솟음치다, 팔팔 흐르다
форель (파렐)	(여) 칠색송어
форзац (포르자쯔)	(남) (인쇄) 면지(面紙), 덮지
форма (포르마)	(여) ① 형식, 양식, 격식, 스타일(style); ② 형태, 형(形): 겉모양, 모양새, 생김새, 모습; повелительная ~а 명령형; ③ 골, 틀, 형(形); ④ 제복;
формализм (파르말리즘)	(남) 형식에 구애됨; 격식을 차림; 예식; (종교·예술상의) 형식주의, 형식론(論)
формалин (파르말린)	(남) (화학) 포르말린(Formalin: 포름알데히드 수용액; 살균·방부제)
формалист (파르말리쓰트)	(남) 형식주의(론)자; 딱딱한 사람.
формально (파르말나)	(부) 정식으로, 공식으로; 형식적으로; 격식을 차려, 딱딱하게
формальность (파르말노쓰찌)	(여) ① 형식주의, 형식만 차리는 것; ② (형식상) 필요한 수속;
формальный (파르말느이)	(형) ① 공식적인, 형식상의; ② 형식 (주의)적인

формат (파르마트)	(남) (책, 종이, 카드 등의) 크기, 규격, 판형
формация (파르마찌야)	(여) (그 발전단계에 고유한) 구성, 형태
форменный (포르멘느이)	(형) ① 제복의; ~ая одежда 정복, 제복; ② 진짜의; ~ый дурак 알머저리
формирование (파르미로와니에)	(중) ① 형성, 편성, 조직; ~ составов (철도) 화차편성작업; ② (군사) 연합부대
формировать (파르미로와찌)	(미완) ① 뭇다, 형성하다, 편성하다, 조직하다; ② 배양하다 형성하다;
формироваться (파르미로와짜)	(미완) ① 형성(편성, 조직)되다 ② 배양 (성숙, 형성)되다
формовка (파르모브까)	(여) ① 성형, 주형, 형 만들기; ② 형, 거푸집, 틀
формовочный (파르모보츠느이)	(형) 성형의, 주형의; ~цех 성형직장
формообразование (파르모옵라조와니에)	(중) (언어) 어형론, 형태론
формула (포르물라)	(여) ① 공식, 식; ② 정리, 원칙 ③ (요리)조리법; 비법, 비결, 묘안, 비책
формулировать (파르물리로와찌)	(미완) 공식화(정식화)하다, 형식(공식)으로 나타내다, 명확하게 말하다.
формулировка (파르물리로브까)	(여) 정식화(된 것), 공식: 요약한 표현 말씨, 어법; 표현; 문체.
формуляр (파르물랴르)	(남) ① (기계, 구조물 등의) 설명서; ② 도서카드
форпост (포르뽀쓰트)	(남) 전초(前哨), 전초부대, 전진기지.
форсирование (파르씨로와니에)	(중) ① 다그치는 것, 강요된 것; ② (군사) 도하작전
форсировать (파르씨로와찌)	(미완. 완) ① 다그치다, 촉진시키다; ② (군사) 도하하다
форсунка (포르순까)	(여) (공학) 분출구, 분사기(噴射機)
форт	(남) 성채, 보루, 요새, 요새지, 주둔지.

Фф

(포르트)

фортепьяно (파르따뻬야노)	(중) (불변) 피아노(piano), 양금(洋琴) 수형(竪型) 피아노, 업라이트 피아노
фортификация (파르찌피까찌야)	(여) ① 요새 구축학 ② 요새, 방어시설
форточка (포르또츠까)	(여) 환기창, 환기구
фосген (포쓰겐)	(남) (화학) 포스겐(phosgene)
фосфат (포쓰파트)	(남) 인산염(燐酸鹽)
фосфор (포쓰파르)	(남) 인(燐: 비금속 원소; 기호 P; 번호 15).
фосфоресценция (파쓰파레쓰쩬찌야)	(여) 인광(을 냄), 발광성
фосфорит (파쓰파리트)	(남) 인회토(燐灰土), 인회암
фосфорный (포쓰포르느이)	(형) 인(燐)의, 인을 함유한; ~ые удобрения 인비료
фотоальбом (포토알범)	(남) 사진첩, 앨범
фотоаппарат (포토압빠라트)	(남) 사진기, 사진기계, 카메라(camera)
фотоателье (포토아뗄에)	(중) 사진관, 사장(寫場)
фотобумага (포토부마가)	(여) 사진종이, 인화지
фотовыставка (포토븨쓰따브까)	(여) 사진전시회
фотогеничный (포토게니츠느이)	(형) 촬영에 적당한
фотограф (파토그라프)	(남) 사진사(寫眞師), 카메라맨
фотографировать (포토그라피로와찌)	(미완) 사진을 찍다, 촬영하다

— 1482 —

фотографироваться (포토그라피로와짜)	(미완) 사진을 찍다
фотография (포토그라피야)	(여) ① 사진; семейная ~ 가족사진; ② 사진관 ③ 사진술(寫眞術)
фотокарточка (포토깔또츠까)	(여) (한 장씩의) 사진
фотокопия (포토꼬삐야)	(여) 사진부본, 복사판
фотокорреспондент (포토꼴레쓰뽄젠트)	(남) (보도) 사진기자
фотолюбитель (파톨류비쩰)	(남) 사진 예호가
фотометр (파토메트르)	(남) 광도계(光度計), 광력계
фотомонтаж (포토몬따즈)	(남) 사진몽타즈, 사진신문
фотон (파톤)	(남) (물리) 광양자(光量子), 광자(光子)(빛의 에너지).
фотонабор (포토나볼)	(남) (인쇄) 사진조판
фотоплёнка (포토쁠룐까)	(여) 사진 필림
фоторепортаж (파토레뽈따즈)	(남) 사진보도
фотосинтез (파토씬쩨즈)	(남) (생물) (탄수화물 동의) 광합성
фотоснимок (파토쓰니모크)	(남) 사진(寫眞)
фотосъёмка (파토시욤까)	(여) 사진 찍기, 촬영(撮影)
фотоэлемент (파토엘레멘트)	(남) (전기) 광전지, 광전판(光電板)
фрагмент (프라그멘트)	(남) 토막, 단편, 발췌문(拔萃文)
фраза	(여) ① 구(句), 문구; ② 미사여구, 공담

(프라자)	③ ходячая ~ 관용구, 숙어, 성어
фразеологический (프라제오로기체쓰끼이)	(형) 성구의, 성구론적인; ~ий словарь 성구사전
фразеология (프라제오로기야)	(여) ① 성구 ② 성구론
фрак (프라크)	(남) 연미복(燕尾服)
фракционер (프라크찌오녤)	(남) 종파분자, 종파주의자
фракционный (프라크찌온느이)	(형) 종파(주의)적인
фракция (프라크찌야)	(여) ① 도당, 당파, 당(黨)중의 당, 파벌: 떼; 그룹, 집단 ② (증류의) 분류(分溜).
фрамуга (프라무가)	(여) (건축) 들창, 중간틀, 민홈대, 트랜섬 가로대; (십자가 따위의) 가로 막대
франк (프란크)	(남) 프랑(프랑스·벨기에·스위스 등지의 화폐 단위; 기호: Fr, F); 1프랑 화폐.
франт (프란트)	(남) 멋쟁이, 멋있는 사람
Франция (프란찌야)	(여) 프랑스(France), 불국, 불란서; 법국
французкий (프란츄쓰끼이)	(형) 프랑스의; ~ язык 프랑스어
французы (복수), ~з (남): (프란쭈격)	~женка (여) 프랑스사람(들)
фрахт (프라하트)	(남) ① (배) 운임; ② 배짐, 수화물; ③ 배수송, 운송
фрахтовать (프라흐또와찌)	(미완) 용선하다, 배를 삯내다
ФРГ (페에르게)	*см.* Федеративная Республика Германии
фреза (프레자)	(여) (공학) 프레이즈(fraise), 절단기 프레이즈반용(盤用) 커터
фрезерный (프레젤느이)	(형)프레이즈반의; ~ станок 프레이즈반, 날개칼반

фрезеровщик (남), **~ца** (여) (프레제로브쉬크)	프레스 공, 프레이즈반 오프레타
фреска (프레쓰까)	(여) 벽화(壁畵), 프레스코화; 프레스코 화법(갓 바른 회벽 위에 수채로 그리는 화법)
фронт (프론트)	(남) ① 전선; ② 대열; ③ 앞면, 정면, 전면; ④ 경계면
фронтовик (프론따뷔크)	(남) 전선군인, 출전군인
фронтовой (프론따보이)	(형) 전선의
фрукт (프루크트)	(남) (흔히 복수) 과일, 실과; свежие ~ы (싱싱한 과일)
фруктовый (프루크또브이)	(형) 과일의; ~ый сад 과수원; ~ый сок 과일물, 과일즙; ~ый сахар 과당
фруктоза (프루크또자)	(여) 과당(果糖), 프룩토오스(fructose).
фугас (푸가쓰)	(남) 지뢰, 지뢰포, 지뢰화
фужер (푸줼)	(남) (다리기 긴) 컵, 포도술잔 포도주(특히 셰리주)용 잔
фузия (푸지야)	(여) 합동, 연합, 합병
фундамент (푼다몐트)	(남) 기초(基礎), 토대(土臺); заложить ~ 기초를 닦다
фундаментальный (푼다몐딸느이)	(형) ① 기초의, 기본적인, 주요한; ② 확고한, 견고한
фуникулёр (푸니꿀렐)	(남) 케이블카
функциональный (푼쯔이야날느이)	(형) 기능의, 작용의; 직무(상)의; 기능[작용]을 가진
функционировать (푼끄찌아니로와찌)	(미완) 작용하다, 구실을 하다; (기계가) 움직이다; 역할[직분]을 다하다.
функция (푼끄찌야)	(여) 기능, 작용; 직무, 임무; 직능; 역할; (수학) 함수(函數)
фунт[1] (푼트)	(남) 파운드(pound)(화폐단위):

(푼트)	~ стерлингов 스털링 파운드
фунт² (푼트)	(남) 폰드 (러시아에서의 옛 무게단위: 409.5 그람)
фураж (푸라쥐)	(남) 꼴, 마초, 말[소]먹이 зерновой фураж 곡물사료
фуражир (푸라쥐르)	(남) 마초 징발대원
фуражировать (푸라쥐로와찌)	() 마초를 찾아다니다; 식량징발에 나서다
фуражка (푸라즈까)	(여) (체양이 있는) 모자, 제모, 군모, 학생모
фургон (푸르곤)	(남) ① (화물자동차의) 유개차체; ② 덮개있는 수레
фурия (푸리야)	(여) 잔소리가 많은[으드등거리는] 여자, 표독스러운 계집
фурма (푸르마)	(여) (용광로의) 풍구(風口). 분출구, 내뿜는 구멍
фурор (푸롤)	(남) 동요; 흥분; 소동; 소요; 폭동; произвести ~ 소동을 일으키다.
фурункул (푸룬꿀)	(남) 뾰두라지, 뾰루지, 절종, 부스럼. 부스럼, 종기, 절양(癤瘍)
фут (푸트)	(남) 발(복사뼈에서 밑부분을 말함) длинною в два фута 두발길이
футбол (풋볼)	(남) 사커, 축구(蹴球), 풋볼
футболист (풋볼리쓰트)	(남) 축구선수
футболка (풋볼까)	(여) (뜨개천으로 만든) 운동셔츠, 유니폼 (uniform)
футбольный (풋볼느이)	(형) 축구의; ~ый матч 축구경기(시합); ~ая команда 축구티;~ый мяч 축구공
футляр (풋럍)	(남) 갑, 케이스, 함; 손그릇, 작은 상자 ~ для очков 안경집
футурист, футуризм (풋우리스트)	(남) 미래파(未來派), 미래주의자

фуфайка (여) 티셔츠, 민소매 셔츠, 스웨터,
(푸**파**이까) 저지, (여성용) 메리야스 속옷[재킷]

фыркать (미완), **~нуть** (완, 일회) ① (말이) 코뚜레질하다
(**피**르까찌) ② (소리를 내면서) 코웃음을 치다
③ (불명을 말하면서) 투덜거리다,
성나다, 코방귀를 뀌다

фюзеляж (남) (비행기의) 동체. 기체
(푸**젤랴**쥐)

Xx

Хабаровск (하바로브쓰크)	(남) 하바로트스크(시베리아 동부 Amur 강 연안의 중심 도시)
хаживать (하지와찌)	(미완) 다니다, 돌아다니다, (사교·용건·관광 등을 위해) 방문하다; (~의) 집에 머물다.
хаки (하끼)	(형) 카키색의, 황갈색의; костюм цвета ~ 카키색의 옷, 보위색의 옷
хала (할라)	(여) 꽈배기, 할라(안식일 따위의 축일에 먹는 영양가가 높은 흰 빵)
халат (할라트)	(남) 덧옷; рабочий ~ 작업복; санитарный ~ 위생복; больничный ~ 환자복
халатность (할라트노쓰찌)	(여) 태만, 둔한, 부주의, 소홀한태도
халатный (할라트느이)	(형) 태만한, 소홀한; ~ое отношение к работе 직무에 대한 소홀한 태도
халтура (할뚜라)	(여) ① 되는대로(불성실하게) 해놓은 일; 엉터리작품; ② 부수입
халтурить (할뚜리찌)	(미완) ① 되는대로 (불성실하게) 일하다; ② 덧벌이하다
халтурщик (남), ~ца (여) (할뚜르쉬크)	일을 되는대로(불성실하게)하는 사람 카우보이, 목동.
хам (함)	(남) 야비한 놈
хамелеон (하멜레온)	(남) 카멜레온, 카멜레온자리 변덕쟁이, 경박한 사람.
хандра (한드라)	(여) 우울증, 울화, 기분이 언짢음
хандрить (한드리찌)	(미완) 침울(우울)해지다
ханжа	(남, 여) 위선자(僞善者)

(한좌)

хаос
(하오쓰)
(남) 혼돈(混沌), 혼란, 무질서, 대혼란 혼란 상태, 난잡, 어수선함, 불결.

хаотический, ~ный
(하오찌체쓰끼이)
(형) 혼돈된, 무질서한, 질서가 없는

харакири
(하라끼리)
(중) 할복(割腹), 배를 갈라 죽음

характер
(하라크쩰)
(남) 성격, 성질; 본성, 특성, 기질, 천성

характеризовать
(하라크쩨리조와찌)
(미완, 완) 특징(특색)을 나타내다, 묘사(기술)하다, 말하다, 말로 설명하다.

характеризоваться
(하라크쩨리조와짜)
(미완) 특징지어지다, ~의 특색을 이루다 ~의 특성을 기술[묘사]하다.

характеристика
(하라크쩨리쓰찌까)
(여) ① 평정서; ② 특징짓는 것, 특징 (성격)묘사 ③ 특성, 성능, 특징

характерный
(하라크쩨르느이)
(형) 특징적인, 특(고)유한, 특성(특질)의 전형적인, 모범(대표)적인, 표본이 되는.

хариус
(하리우쓰)
(남) (어류) 살기

харкать
(하르까찌)
(미완) (가래, 침, 피 따위를) 뱉다, 토하다; ~ кровью 피를 토하다

хартия
(하르찌야)
(여) 헌장(憲章)

харчи
(하르치)
(복수) 먹을 것, 식사, 식품, 식량

харчо
(하르초)
(중) (불변) 양고기국

хата
(하따)
(여) 농가(農家), 오두막, 오막살이집.

хвала
(흐왈라)
(여) 칭찬(찬양), 칭송, 찬양, 갈채; 숭배, 찬미; воздавать ~у 찬양(칭찬)하다

хвалебный
(흐왈레브느이)
(형) 찬미(상찬)의, 찬사의, хвалебная песнь 찬미의 노래

хвалить
(흐왈리찌)
(미완) 칭찬(찬양)하다

Xx

хвалиться (흐왈리쨔)	(미완) 자랑하다, 자부하다, 자만하다, 뽐내다
хвастаться (흐와쓰따쨔)	(미완) ① 뽐내다, 자랑하다; ② 호언장담하다
хвастливо (흐와쓰뜰리붜)	(부) 자랑하는, 허풍 떠는, 자화자찬의 자랑삼아, 뽐내어,
хвастливый (흐와쓰뜰리브이)	(형) ① 자만하는, 자부심[허영심]이 강한 ② 과장된(말 따위)
хвастовство (흐와쓰또브쓰뜨보)	(중) 자만, 장담, 큰소리, 자랑, 오만(傲慢) 자부; 허영, 허세; 허식.
хвастун (흐와쓰뚠)	(남) 자만하는 사람, 대포쟁이, 허풍선이, 자랑꾼.
хватать (흐와따찌)	(미완) ① 덥석 쥐다; ② 붙잡다, 체포하다; ③ (무인칭) 충분히(넉넉)하다;
хвататься (흐와따쨔)	(미완) ① 덥석 쥐다 (잡다); ② (이 일, 저 일에) 덤벙덤벙 손대다 (달라붙다)
хватить (흐와찌찌)	(완) ① *см.* хватать; ② 세게 치다 (때리다), 후려갈기다 ③ хватит(무인칭) 됐다, 그만두어라, 충분하다
хвойный (흐보이느이)	(형) 구과(毬果)를 맺는, 침엽수의. ~ лес 바늘잎나무숲, 침엽수림
хворать (흐붜라찌)	(미완) 앓다, 병들다, 병든; 건전치 못하다
хворост (흐보르쓰트)	(남) ① 삭정이, 나무깽이; 베어 낸 작은 나뭇가지 ② 꽈배기, 바삭 기름 튀김
хвост (흐보쓰트)	(남) 꼬리, 꽁지
хвощ (흐뷔쉬)	(남) 쇠뜨기, 속새, 덕욱새, 목적(木賊)
хвоя (흐보랴)	(여) (집합) 바늘잎, 침엽(針葉)
хижина (히쥐나)	(여) (초라한) 오두막, 두옥(斗屋), 판잣집 오막살이(집),
хилый (힐리이)	(형) 병약한, 허약한, 골골하는 시들시들한, 발육이 나쁜; 미약한; 하잘것 없는

Xx

химера (히메라)	(여) 망상(望床), 환상, 공중누각, 키메라 (그리스 신화의 사자의 머리, 염소의 몸, 뱀의 꼬리를 한 불 뿜는 괴물), 괴물, 도깨비
химизация (히미자찌야)	(여) 화학화(化學化)
химик (히미크)	(남) 화학문전문가, 화학자(化學者)
химикалии, ~ты (히미깔리이)	(복수) 화학제품, 약품
химиотерапия (히미오쩨라삐야)	(여) 화학요법
химический (히미체쓰끼이)	(형) 화학의, 화학상의; 화학용의; 화학 약품에 의한; 화학적인.
химия (히미야)	(여) 화학(化學), 화학적 성질, 화학 작용
хиромант (남), ~ка (여) (히로만트)	수상술, 손금보기, 손금쟁이
хина (여), хинин (히나)	(남) 기나나무, 퀴닌; 키니네.
хирург (히루르그)	(남) 외과의사, 군의관; 선의(船醫).
хирургический (히루르기체쓰끼이)	(형) 외과(술)의; 외과적인; 외과 의사의
хирургия (히루르기야)	(여) 외과술, 외과학
хитрец (힡레쯔)	(남) 가살군, 꾀보, 음흉한(교활한) 사람
хитрить (히뜨리찌)	(미완) 꾀를 부리다, 교활하게 행동하다
хитро (히뜨라)	(부) 교활하게, 기묘하게
хитросплетение (히뜨라스쁠례쩨니에)	(중) 간계(奸計), 흉계(凶計)
хитрость (히뜨로쓰찌)	(여) 꾀, 교활성, 간책; пуститься на ~ 꾀를 쓰다

Xx

- 1491 -

хитрый (히뜨르이)	(형) 꾀있는, 교활한, 간교한
хихикать (히히까찌)	(미완) 킥킥 웃어 (감정을) 나타내다. 킥킥거리다, 소리를 죽이고 웃다.
хищение (히쉐니에)	(중) 횡령, 절취, 약탈(掠奪)
хищник (히쉬니크)	(남) ① 맹수, 맹금; ② 횡령자, 약탈자
хищнический (히쉬니체쓰끼이)	(형) 강탈하는; 욕심 많은, 탐욕스러운
хищничество (히쉬니체쓰뜨붜)	(중) 약탈, 탈취; 약탈 행위, 파괴
хищные (히쉬느에)	(복수) 육식 동물, 식육(食肉)
хищный (히쉬느이)	(형) ① 다른 동물을 잡아먹는, 육식하는; ~ зверь 맹수 ② 약탈적인
хладнокровие (흘랏나크로뷔에)	(중) 냉정, 냉담, 차가움; 침착; 무뚝뚝함;
хладнокровный (흘랏나크로브느이)	(형) 냉정한, 침착한, 태연한; 냉담한, 뻔뻔스런, 넉살 좋은, (마음이) 가라앉은.
хлеб (흘렙)	(남) ① 빵, 흘레브; ② 알곡, 곡식, 곡물; сеять ~ 곡식을 심다
хлебозавод (흘레보자볻)	(남) 빵공장, 빵굽는 공장
хлебозаготовки (흘레보자고또브이)	(복수) 낟알(곡물, 곡류, 알곡)을 조달하다
хлебопоставки (흘레보뽀쓰따브끼)	(복수) 알곡(곡물)납부(納付), (곡물)수매
хлев (흘레프)	(남) (집짐승)우리, 마구간, 양우리, 양사(羊舍), 외양간
хлопать (흘로빠찌)	(미완) 소리나게 두드리다(지다); ~ в ладоши 손벽을 치다
хлопководство (흘로쁘까바드쓰뜨붜)	(중) 목화재배(업)
хлопкоуборочный	(형); ~ая машина 목화수확기

- 1492 -

(흘롭까우보로츠느이)

хлопнуть (흘로누찌)	(완) хлопать 의 일회태
хлопок (흘로뽀크)	(남) 목화(木花). 면화(棉花)
хлопотать (흘로뽀따찌)	(미와) ① 분주히 돌아가다, 부주해하다; ② 걱정하다; ③ *за кого* 주선하다,
хлопотливый (흘로빠틀리브이)	(형) ① 분주스러운, 거들기 좋아하는; ② 손이 많이 드는, 분주한
хлопотно (흘로빠트나)	(술어로) 시중이 많다, 성가시다
хлопотный (흘로빠트느이)	(형) 손이 많이 드는
хлопоты (흘로뽀띄)	① 고생, 근심, 걱정, 고민; 두통거리 ② 알선(斡旋), 주선
хлопчатобумажный (흘로쁘차또부마쥐느이)	(형) 솜의, 면화의, 목화의 ~ая ткань 면천, 면직물(綿織物)
хлопья (흘로삐야)	(복수) ① 솜(털) 부스러기; ② 송이;снег идёт ~ми 함박눈이 송이송이 내린다
хлор (흘로르)	(남) (화학) 염소(鹽素) 클로르(비금속 원소; 기호 Cl; 번호 17).
хлорирование (흘로리로와니에)	(중) 염소처리, 염소소독, 염소화,
хлорировать (흘로리오와찌)	(미완, 완) 염소로 처리(소독. 살균)하다, ~에 염소를 작용시키다, .
хлорный (흘로느이)	(형) 염소의; ~ая кислота 염소산; ~ая известь 염화석회, 표백제, 표백분
хлорофилл (흘로필르)	(남) 클로로필, 엽록소, 잎파랑이.
хлороформ (흘로로포름)	(남) 클로로포름(chloroform. 마취제의 일종)
хлынуть (흘릐누찌)	(완) 막 쏟아지다, 용솟음쳐 나옴, 내뿜음, 분출; 분출한 액체,
хмелеть (흐멜레찌)	(미완) 취하다, 술 취하다; 비틀거리다

хмель¹ (흐멜)	(남) 홉, 홉 열매
хмель² (흐멜)	(남) 술기운, 취기; 취하게 함 во ~ю 취해서
хмельной (흐멜노이)	(형) 취하게 하는, 도취(열중,몰두)케하는. ~е (중) 술
хмурить (흐무리찌)	(미완) 찌프러다, 찡그리다
хмуриться (흐무리쨔)	(미완) ① 수심을 띠다, 우울해지다, ② (얼굴, 눈썹 등을) 찡그리다, 찌프러다 ③ (하늘, 날씨가) 흐려지다, 음산해지다.
хмурый (흐무르이)	(형) ① 침울한, 우울한, 근심어린; ② 찡그린, 찌푸린; ③ 흐린, 음산한
хныкать (흐니까찌)	(미완) ① 흐느껴 울다; ② 우는 소리를 하다, 하소연하다
хобот (호보트)	(남) ① 코끼리의 코; ② (두더지, 쥐. 곤충 등의) 주둥이
ход (혼)	(남) ① 움직임, 걸음; 운행, 속도; ② 과정, 행정; ③ (공학) 행정(거리); ④ 작업 장치, 행정부, 바퀴; ⑤ 출입구
ходатай (하다따이)	(남) 알선자, 주선자
ходатайство (하다따이쓰뜨붜)	(중) ① 알선, 주선; ② 청원, 청원서
ходатайствовать (하다따이쓰뜨붜와찌)	(미완) 알선(주선)하다
ходить (하지찌)	(미완) ① 걷다, 다니다, 갔다 오다; ② 입고(쓰고, 신고) 다니다; ③ 돌보다, 시중들다, 간호하다;
ходкий (호드끼이)	(형) ~ товар 잘 팔리는 상품
ходовой (하도보이)	(형) ① 항해의; ② 가장 수요가 많은; ③ 널리 사용되는; ~ые слова 통용어
ходок (하도크)	(남) ① 보행자; ② (체육) 경보선수
ходьба	(여) ① 걷기, 보행, 보측(步測), 산보

(하드바)	② (체육) 육상(陸上) (경기)
хожде́ние (하즈제니에)	(중) ① (걸어서) 다니는 것, 보행, 통행 ② (화폐 따위의) 유통(流通), 통용(通用);
хозрасчёт (호즈라쓰쵸트)	(남) 원가 계산(회계), 독립체산제
хозрасчётный (호즈라쓰쵸트느이)	(형) ~ое предприятие 독립체산제기업소
хозя́ин (하즈야인)	(남) ① 주인(主人) ② 살림꾼
хозя́йка (하쟈이까)	(여) ① 여주인; ② 살림꾼; дома́шняя ~ 가정부인
хозя́йничать (하쟈이니차찌)	(미완) ① 주인 노릇을 하다; ② 경영하다, 운영하다
хозя́йский (하쟈이쓰끼이)	(형) ① 주인의 ② 주인다운, 살림꾼다운
хозя́йственник (하쟈이쓰뜨벤니크)	(남) 경리, 경리책임자
хозя́йственный (하쟈이쓰뜨벤느이)	(형) ① 경리의; ~ый о́рган (경리기관); ② 살림꾼다운
хозя́йство (하쟈이스뜨붜)	(중) ① 경제; наро́дное ~ 국민경제; ② 경리; ③ (집안)살림; ④ 농장(農場);
хозя́йствовать (하쟈이쓰뜨붜와찌)	(미완) ① 경영하다, 운영하다; ② 집안 살림을 꾸리다
Хоккайдо (혹까이도)	(중) (불변) 북해도
хоккеи́ст (남), **~ка** (여) (학께이쓰트)	아이스 하키선수
хокке́й (학께이)	(남) 아이스하키; ~ на траве́ 필드하키
хокке́йный (학께이느이)	(형) 하키의; ~ый матч 하키경기; ~ая кома́нда 하키 팀
холе́ра (할레라)	(여) 콜레라, 괴질, 호역(虎疫), 호열자
холецисти́т (할레찌쓰찌트)	(남) (의학) 담낭염

ХОЛЛ (홀르)	(남) 홀, 집회장, 거실(居室), 현관, 로비
ХОЛМ (홀름)	(남) 야산(野山), 언덕, 작은 산, 구릉 작은 산, 둥그런 언덕, 야산, 흙문이
ХОЛМИСТЫЙ (홀미쓰뜨이)	(형) 야산(언덕)이 많은, 산이 많은, 구릉성의, 기복이 있는; 작은 산 같은
ХОЛОД (홀로드)	(남) 추위, 추운, 찬, 차게 한 сильный ~ 강추위
холодать (할라다찌)	(미완) 추워지다
холодеть (할라제찌)	(미완) ① 차지다, 차가워지다; ② 소름이 끼치다
холодец (할라제쯔)	(남) 젤리 모양으로 된(굳힌) 고기 고기 묵, 어묵
ХОЛОДИЛЬНИК (할라질니크)	(남) ① 냉동기, 냉장고; ② 냉각기, 냉각장치; вагон- ~ 냉동차
холодно (홀로드나)	(부) ① 냉정하게, 쌀쌀하게; ② (술어로) 춥다
холодность (홀로드노쓰찌)	(여) 냉담성, 무관심성
холодный (할로드느이)	(형) ① 추운, 찬;~ая погода 추운 날씨; ② 냉정한, 냉담한, 쌀쌀한;
холостой (할로쓰또이)	(형) ① 남자에 대하여; 미혼의, 장가들지 않은; ② 공란의; ③ (공학) 헛돌기의;
холостяк (할로쓰쨔크)	(남) 총각, 미혼(독신) 남자, 독신자
ХОЛСТ (홀쓰트)	(남) ① 마포, 아마포 ② (미술) 화포
ХОМУТ (하무트)	(남) ① 멍에; ② 힘겨운 일; ③ (공학) 쇠고리, 끼우개
ХОМЯК (하먀크)	(남) 메쥐, 햄스터
хор (호르)	(남) 합창(合唱), 합창단(合唱團)
хорда	(여) (수학) 줄, 현(絃)

(하르다)

хорёк (하료크)	(남) 족제비, 족제비의 일종
хореограф (하레오그라프)	(남) 무용연출가, 안무가; 무용가(교사)
хореографический (하레오그라피체스끼이)	(형) 무용의; (무용·발레의) 안무(법)의; ~ое искусство 무용예술
хореография (하레오그라피야)	(여) 무용술; 무용연출, 안무 기술법 (무용·발레의) 안무(법); ; 스테이지댄스
хорея (하레야)	(여) (의학) 무도(舞蹈)병, 중풍(中風)
хорият (남), ~ка (여) (하리야트)	합창단가수
хоррмейстер (하르메이쓰쩰)	(남) 합창단지휘자
хоровод (하라보드)	(남) (노래에 맞추어 추는) 군무, 원무, 윤무
хоронить¹ (하로니찌)	(미완) 매장하다, 묻어버리다, 장례를 치르다, 묻다
хоронить² (하로니찌)	(미완) 감추다, 숨기다
хорошенький (하로쉔끼이)	(형) ① 좋은; ② 귀여운, 예쁜;
хорошенько (하로쉔까)	(부) 잘, 충분히, 아주, 전적으로, 참으로.
хорошеть (하로쉐찌)	(미완) 고와지다, 예뻐지다, 아름다워지다
хороший (하로쉬이)	(형) ① 좋은, 훌륭한; ② (흔히 собой 와 함께; 3완전형 없음) 곱다, 예쁘다;
хорошо (하로쇼)	(부) ① 잘, 좋게, 훌륭하게, 멋지게; ② (술어로) 좋다
хорь (호리)	(남) см. хорек
хотеть (하쩨찌)	(미완) 원하다, 바라다, ~을 하고 싶어 하다; ~을 원하다, 갖고(손에 넣고) 싶다

Xx

хотеться (하쩨짜)	(미완) ~하고 싶다;, (~을) 필요로 하다 ~하기가[하는 것이] 좋다.
хоть (호찌)	① (접) 비록 ~지만; ② (접) (+ 명령형) ~지경으로, ~정도로; ③ (조) 하다못해
хотя (하쨔)	(접) 비록 ~일지라도, ~이긴 하지만, ~이라 하더라도.
хохол, хохолок (하홀)	(남) 볏; 새의 도가머리, 관모(冠毛) (머리칼·깃털·실 따위의) 술, 타래
хохот (하호트)	(남) 요란한 웃음, 폭소
хохотать (하하따찌)	(미완) 요란하게 웃다, 껄껄 웃다: ~ до слёз 눈물이 날 지경으로 웃다
храбрец (흐라브레쯔)	(남) 용사(勇士), 용병(勇兵)
храбриться (흐라브리쨔)	(미완) 용기를 내다, 허세를 부리다
храбро (흐라브로)	(부) 용감하게, 과감하게
храбрость (흐라브로쓰찌)	(여) 용감성, 용기(勇氣)
храбрый (흐라브르이)	(형) 용감한, 과감한
храм (흐람)	(남) ① 신전, 성당, 절, 사원, 성전, 교회; ② 전당, 사당, 묘(廟);
хранение (흐라네니에)	(중) 저장, 보관; сдать на ~е 보관시키다; плата за ~е 보관료
хранить (흐라니찌)	(미완) ① 잘 거두어두다, 보관하다, 보존하다, 건사하다; ② 간직하다, 새겨두다;
храниться (흐라니쨔)	(미완) 보관되어있다; 간직되다; 보호되다, 저축(저장)하다
храп (흐랍)	(남) 코고는 소리, 코곪
храпеть (흐라뼤찌)	(미완) 코를 골다; 콧김을 뿜다
хребет	(남) ① (해부) 척주, 등뼈, 척추

(흐레**베**트)	② 산줄기 (산맥)
хрен (흐렌)	(남) ① 서양고추냉이; ② 시대에 뒤진 사람, 완고한 사람; 시대[유행]에 뒤진. ~
хрестоматия (흐레쓰또마찌야)	(여) 독본(讀本), 해설서
хризантема (흐리잔쩨마)	(여) 국화(菊花), 상하걸, 은군자, 중양화, 동리, 동리군자, 황화만절(黃化晚節)
хрип (흐립)	(남) ① 목 쉰소리; 숨을 헐떡이는 소리 ② (의학) 라셀음(Rassel 音), 수포음
хрипеть (흐리뻬찌)	(미완) 목 쉰소리를 내다, 쉰 목소리를 내다. 숨을 헐떡이며 말하다
хриплый (흐리쁠르이)	(형) 목이 쉰, 목이 갈린, 쉰 목소리의, 귀에 거슬리는
хрипота (흐리뽀따)	(여) 목쉰 것, 목쉰 것, 목 쉰소리. 목소리가 쉬어 있음.
христиане (복수) ~**ин** (남), ~**ка** (여) 기독교신자(들), 기독교도 (흐리쓰찌아네)	
христианский (흐리쓰찌안쓰끼이)	(형) 기독교의
христианство (흐리쓰찌안쓰뜨붜)	(중) 기독교, 기독교 신앙, 기독교적 정신 기독교적(주의, 사상)
хром (흐롬)	(남) (화학) 크롬(chrom), 크로뮴(금속원소) 박스 카프(제화용의 무두질한 송아지 가죽).
хромать (흐로마찌)	(미완) 절뚝거리다; ~ на левую ногу 왼다리를 절뚝거리다
хромирование (흐로미로와니에)	(중) 크롬 칠하는 것, 크롬 도금 (chrom 鍍金)
хромистый (흐로미쓰뜨이)	(형) 크롬의; ~ая сталь 크롬강
хромой (흐로**모**이)	(형) ① 다리를 저는; ~ человек 절름 발이, 절뚝발이; ② (명사로)(남) 절름발이
хромосома (흐라마**쏘**마)	(여) (생물) 염색체(染色體)
хроника (흐로니까)	(여) ① 연대기, 실록; ② (신문, 잡지 등) 소식란, 통보란; ③ (영화의) 시보

хроникальный (흐라니깔느이)	(형); ~ фильм 시보영화, 뉴스 영화
хронический (흐라니체스끼이)	(형) 만성의, 고질의; ~ое заболевание 만성병, 만성질환(慢性疾患)
хронологоческий (흐라놀로고체스끼이)	(형); ~ая таблица 연표, 연대표; в ~ом порядке 연대순으로
хронология (흐라놀로기야)	(여) 연대(年代), 연대기(年代記)
хронометр (흐라노메트르)	(남) 정밀시계, 측정시계 크로노미터(천문·항해용의 정밀 시계)
хронометраж (흐라노메트라즈)	(남) (정밀시계에 의한) 시간 측정, 작업 시간측정
хрупкий (흐루쁘끼이)	(형) ① 부서지기 쉬운, 깨지기 쉬운, 연한; ② 가냘픈; ③ 몹시 약한, 허약한
хрусталик (흐루쓰딸리크)	(남) (의학) (안구, 눈의) 수정체(水晶體)
хрусталь (흐루쓰딸)	(남) ① 수정, 크리스탈; ② 고급유리; ③ 고급유리제품, 고급유리그릇
хрустальный (흐루쓰딸느이)	(형) ① 고급유리로 만든; ② 투명한,맑은; ③ (소리의) 맑은, 방울을 굴리는듯한
хрустеть (미완), **хрустнуть** (완, 일회) (흐루쓰쩨찌)	바작바작(바삭바삭, 바스락바 스락) 소리를 내다;
хрюкать (미완), **~нуть** (완, 일회) (흐류까찌)	(돼지가) 꿀꿀거리다 (사람이) 투덜투덜 불평하다, 푸념하다.
хряк (흐랴크)	(남) 수퇘지
хрящ (흐래쉬)	(남) 연골, 물렁뼈, 무른뼈; 어린뼈, 여린뼈; 오드득 뼈
худеть (후제찌)	(미완) 여위다, 파리해지다, 야위다, 수척해지다, 살 빠지다, 마르다, 파리해지다,
художественный (후도줴쓰뜨벤느이)	(형) 예술의, 미술의; 예술적인, 아트(art) 예능적;
художник (남), **~ца** (여) (후도즈니크)	① 화가, 미술가; ② 예술가: (예술분야에서) 창조자
худой	(형) 여윈, 살빠진 삐쩨마른

(후도이)

худощавый
(후도샤브이)
(형) 여윈 초체한

худший
(후드쉬이)
(형) 보다 나쁜, 가장 나쁜

хуже
(후줴)
(плохо, плохой 의 비교급) 더 나쁘게, 더 나쁘다

хулиган
(훌리간)
(남) 망나니, 불량자, 무뢰한, 깡패, 불량 소년

хулиганить
(훌리가니찌)
(미완) 망나니짓하다, 난폭하게 행동하다

хулиганский
(훌리간쓰끼이)
(형) 망나니, 난폭한; ~ поступок 망나니짓, 난폭한 짓

хулиганство
(훌리간쓰뜨붜)
(중) 망나니짓, 난폭한 행위

хулить
(훌리찌)
(미완) 비난(비방)하다, 욕하다
학대하다, 혹사하다

хунта
(훈따)
(여); военная ~ 군사불한당

хурма
(후르마)
(여) ① 감(나무) ② 흑단(黑檀)
③ 대추야자

хутор
(후또르)
(skia) (우크라이나식의) 농경지가 달린 농가: 농촌부락

Xx

Цц

цапать (짜빠찌)	(미완) 물다, 덥치다, 잡아채다, 긁어 잡다; ~ из рук 손에서 잡아채다
цапля (짜쁠랴)	(여) 왜가리; 백로과 새의 총칭; белая ~ 해오라기, 백로(白鷺)
ЦАР (Центральноафриканская Республика) (제아엘)	중앙아프리카 공화국
царапать (짜라빠찌)	(미완) ① 호비다, 할퀴다, 각치다 ② 되는 대로 갈겨쓰다
царапаться (짜라빠쨔)	(미완) ① 할퀴다, 쥐어뜯다; ② 서로 할퀴며 싸우다
царапина (짜라삐나)	(여) 할퀸(호비운) 자리
царапнуть (짜라쁘누찌)	(완) царапать 의 일회태; 약한 상처를 입히다
царевич (짜레븨치)	(남) 왕자, 왕태자, 동궁, 황태자, 왕세자 (제정 러시아의) 황태자
царевна (짜레브나)	(여) 공주(公主), 왕녀, 황녀(皇女). 제정 러시아의 공주; 황태자비(妃).
царизм (짜리즘)	(남) 황제제도, (특히 제정 러시아 황제의) 독재(전제)정치.
царить (짜리찌)	(미완) ① 지배하다, 우위를 차지하다; ② 깃들다; 잠잠하다
царица (짜리짜)	(여) ① 여왕(女王); ② 왕비, 왕후
царский (짜르쓰끼이)	(형) 황제의, 국왕의, 제왕의; 국왕다운
царство (짜르쓰트붜)	(중) 왕국, 왕토, 왕령(王領), 영역, ~계; ~ природы 자연계(自然界)
царствование	(중) 통치시대, 통치, 지배; 통치(지배)권

(짜르쓰브와니에)

царствовать (미완) 통치하다, 지배하다, 군림하다
(짜르쓰브와찌)

Царь¹ (Первая книга Ца-рств, 31장, 289 쪽) 사무엘 상
(짜르쓰뜨프 1)

Царь² (Вторая книга Ца-рств, 24장, 326 쪽) 사무엘 하
(짜르쓰뜨프 2)

Царь³ (Третья книга ца- рств, 23장, 357쪽) 열왕기상
(짜르쓰뜨프 3)

Царь⁴ (Четвертая книга царств, 26장, 393쪽) 열왕기하
(짜르쓰뜨프 4)

царь (남) ① 황제(皇帝) ② 왕(王)
(짜리)

цвести (미완) 꽃피다, 개화하다
(쯔볘쓰찌)

цвет¹ (남) 색, 빛깔; 색채; 채색, 색조
(쯔볘트)   красный цвет 붉은색

цвет² (남) ① 꽃; живые ~ы 생화; ② 정예
(쯔볘트)   핵심, 정수(부대) во ~е лет 전성기에

цветение (중) 꽃이 있는; 꽃이 피는, 꽃이피어있는
(쯔볘쩨니에)   개화; период ~я 개화기

цветистый (형) ① 꽃이 만발한, 개화된;
(쯔볘찌쓰뜨이)   ② 알락달락한, 무늬난;
   ③ (문체나 말 등에서) 지나치게 분식된

цветник (남) 꽃을 피우는 식물, 화초, 화훼(花卉)
(쯔볘트니크)   꽃밭, 호단, 꽃동산

цветной (형) 색의, 색갈이 있는, 천연색의; ~ой
(쯔볘트노이)   карандаш 색연필; ~ая бумага 색종이;

цветоводство (중) 꽃 재배, 꽃가꾸기, 화훼 원예.
(쯔볘또보드쓰뜨붜)

цветок (남) 꽃, 화(花); 화초, 화훼(花卉)
(쯔볘또크)   сажать цветы 꽃을 심다

цветочница (여) 꽃 파는 여자, 꽃 파는 소녀
(쯔볘또츠니짜)   꽃 가꾸는 사람, 화초 재배자; 꽃장수.

цветочный (형) 꽃의, 꽃 같은; 꽃무늬의

(쯔베**то**즈느이)	~ мёд 꽃꿀; ~ горшок 화분
цветущий (쯔베**ту**쉬이)	(형) 활짝 핀; 한창인; 청춘의; 젊디젊은 ~ вид 생기발랄한 모습
цветы (쯔베뜨이)	(복수) *см.* цветок
цедить (쩨지찌)	(미완) 거르다, 걸러내다, 여과하다, ~ через сито 채로 걸러내다
целебный (쩰례브느이)	(형) 건강에 좋은, 치료에 효력이 있는; ~ые травы 약초; ~ое средство 약제
целевой (쩰레**보**이)	(형) 과녁, (도달) 목표, 목적물, 목표액. ~ая установка 목표(설정)
целесообразно (쩰레싸아브라**з**나)	(부) ① 합리적으로 ② (술어)합리적이다, 분별 있는, 사리를 아는, 현명한
целесообразность (쩰레싸아브라**з**노쓰찌)	(여) 합리성, 합리적임, 온당함.
целесообразный (쩰레싸아브라**з**느이)	(형) 합리적인, 타당한
целеустремённо (쩰레우쓰뜨레모**욘**나)	(부) 목적 지향성 있게
целеустремлённость (쩰레우쓰뜨레모**욘**노쓰찌)	(여) 목적 지향성, 목적이 있는;
целеустремлённый (쩰레우쓰뜨레모**욘**느이)	(형) 목적 지향성 있는, (주의·주장에) 전념하는, 헌신적인
целиком (쩰리**꼼**)	(부) 전부, 몽땅: 전적으로, 아주, 완전히; ~ и полностью 전적으로
целина (쩰리나)	(여) 처녀지, 미개간지; освоение ~ы 처녀지개간
целинный (쩰**리**느이)	(형) 더럽혀지지 않은, 순결한, 깨끗한. 처녀의, ~ые земли 처녀지, 미개간지
целить(ся) (쩰**리**찌)	(미완) ① 겨누다, 조준하다; ② 노리다, 기회를 보다
целлофан (쩰로**판**)	(남) 셀로판(cello), 셀로판지
целлулоид (쩰룰**로**이드)	(남) 셀룰로이드, 셀룰로스(cellulose) 세포막질, 섬유소

целлюлоза (쩰률로자)	(여) 섬유소, 올실소, 세포막질(細胞膜質), 셀룰로스(cellulose), 피브린(fibrin)
целовать (쩰로와찌)	(미완) (~에) 키스하다, (~에) 입맞추다. 입 맞추다, 키스하다
целоваться (쩰로와쨔)	(미완) 서로 입 맞추다, 키스하다
целое (쩰로에)	(중) ① 전체, 총체; ② (수학)정수, 완수 составить единое ~혼연일체를 이루다
целостность (쩰로쓰뜨노쓰찌)	(여) 통일성, 전일성, 완전무결; 완전체, территориальная ~ 국토완정
целостный (쩰로쓰뜨느이)	(형) 전일적인, 완전무결한, 완전히, 철저히, 완벽하게
целость (쩰로쓰찌)	(여) 완전무결, 완전무흠; ◇ в ~и и сохранности 아무런 손실 없이
целый (쩰르이)	(형)① 완전, 저, 온, ~ый день 온종일; ② 온전한, 성한, 무사한; ~ый час 완전한 시간; ~ый год 온 한해
цель (쩰)	(여) ① 목적, 목표; ② 목표, 과녁, 표적 достичь ~и 목적을 달성하다
цельнометаллический (쩰노메딸리체쓰끼이)	(형) 순금속제의
цельность (쩰노쓰찌)	(여) 완전성, 전체, 총체, 모두; 흠없음.
цельный (쩰느이)	(형) ① 있지 않은, 한 재료로 만든, 한 물건으로 만든; ② 전일적인, 완전한, 순수한; ~ое молоко 순우유
Цельсий (쩰시이)	(남) ① 셀시우스(스웨덴의 천문학자) ② 섭씨의, 섭씨(온도계);
цемент (제멘트)	(남) 시멘트, 돌개루, 인조석분(人造石粉) 양회(洋灰)
цементировать (제멘찌로와찌)	(미완, 완) ① 시멘트를 바르다, 시멘트 땜질하다; ② 단결시키다, 계속시키다.
цементный (제멘트느이)	(형) 시멘트의, 양회의, 돌개루의
цена (제나)	(여) ① 값, 가격; ~а на хлеб 빵값; ② 대가, 회생, 노력

ценз (쩬즈)	(남) 자격, 권한, 법정자격; (통계) 조사 избирательный ~ 선거자격
цензор (쩬조르)	(남) (출판물) 검사원, 교정원, 검열관
цензура (쩬주라)	(여) (출판물 등의) 검열(국)
ценить (쩨니이찌)	(미완) ① 값을 정하다 ② (가치, 의의를) 평가(인정)하다.
цениться (쩨니이짜)	(미완) ① 값이 있다, 평가되다; ② 가치 (의의)가 있다, 존중을 받다
ценник (쩬니크)	(남) 가격표(價格票), 가격리스트
ценность (쩬노쓰찌)	(여) ① 가격, 가치(액); ② (복수) 귀중품 ③ (복수)부, 재부;
ценный (쩬느이)	(형) ① 값있는, 가치 있는; ② 귀중한, 중요한; ③ 가격이 표시된;
ценообразование (쩨오오브라조와니에)	(중) 가격형성, 가격정책
центр (쩬뜨르)	(남) ① 중앙, 중심, 중심지; ② 중앙기관 ③ 센터(center), 핵심, 중추
центализация (쩬딸리자찌야)	(여) 중앙집권화
централизм (쩬드랄리즘)	(남); демократический ~ 민주주의 중앙집권제
централизованный (쩬드랄리조완느이)	(형) ① 중앙집권화된, 중앙에 집중된; ② 하나의 중심에서 출발하는
централизовать (쩬드랄리조와찌)	(미완, 완) ① 중앙집권제를 실시하다; ② 집중하다

Центральноафриканская Республика 중앙아프리카공화국
(쩬드랄리노아프리깐쓰까야 레쓰뿌블리까)

центральный (쩬드랄리느이)	(형) ① 중앙의, 중심의; ② 기본의, 주요의, 중심의
центристский (쩬드랄리쓰뜨쓰끼이)	(형) 중립주의의
центрифуга	(여) 원심분리기, 스피너, 실 잣는 사람,

(쩬뜨랄리푸가)	방적공; 방적기
центробежный (쩬뜨로볘쥐느이)	(형) 원심의; 원심(성)의; 원심력을 응용한 ~ая сила 원심력
центростремительный (쩬뜨로쓰뜨미쩰느이)	(형) 구심의; 구심(성)의; 구심력을 응용한 ~ая сила 구심력
цеп (쩹)	(남) 도리깨
цепенеть (쩨뻬녜찌)	(미완) 굳어지다, 마비되다, 감각을 잃다
цепкий (쩨쁘끼이)	(형) ① (동물의 발톱으로) 잘 그러잡는(잡아쥐는), 잘 걸리는; ② 포착력이 빠른;
цепляться (쩨쁠랴쨔)	(미완) ① 걸리다, 매달리다, 매달리다, 달라붙다; ② 놓지 않으려고 하다; ③ 트집을 잡다; ~ к каждому слову 말마디마다 트집을 잡다
цепной (쩨쁘노이)	(형) ① (쇠)사슬의; ② 쇠사슬에 매인; ~ая собака(~ой пёс) 쇠사슬에 맨 개; ◇ ~ая реакция (물리) 연쇄반응
цепочка (쩨뽀츠까)	(여) ① (가늘고 작은) 쇠사슬; ② 열, 줄, 종대행진; ~ой 줄(열)을 지어, 한 줄로
цепь (쩨삐)	(여) ① 쇠사슬; ② (복수) 족쇄, 수갑; ③ (복수) 철쇄, 구속, ④ 연속, 연쇄; ⑤ 줄, 열, 줄기, 산맥; ⑥ 회로, 궤도; ~ тока 전류회로 ⑦ 산개대형
церемониал (쩨레모니알)	(남) ① 의례, 의식[형식] 존중주의; ② 분열행진
церемониальный (쩨레모니알느이)	(형) 의식의; 의례상의; 격식을 차린; ~ марш 분열행진
церемониться (쩨레모니짜)	(미완) ① 예의를(격식을) 차리다, 예절을 지키다; ② 사양하다
церемония (쩨레모니야)	(여) ① 식, 의식, 예식; ② (흔히 복수) 격식(을 차리는 것), 사양.
церковь (쩨르꼬븨)	(여) ① 교회; ② 예배당, 교회당(教會堂)
цех (쩨흐)	(남) 직장, 일자리, 일터;

- 1507 -

цеховой (쩨하보이)	(형) 직장에
цивилизация (찌빌리자찌야)	(여) 문명(文明), 문화, 물질
цивилизованный (찌빌리조완느이)	(형) 문명의, 문화의, 물질의
цигей ка (찌게이까)	(여) 양털, 양모피(羊毛皮)
цигей ковый (찌게이꼬브이)	(형) 양털로 만든
цикада (찌까다)	(여) 매미
цикл (찌끌)	(남) ① 순환(주)기, 주기; ② 주파수; ③ 순한, 과정; ④ (수학) 윤채; ⑤ (상호 연결된 현상의) 묶음, 계열
циклический (찌끌리체쓰끼이)	(형) ① 주기적인, 순화의; ~ процесс 순환과정 ② 환식의, 환상의
цикличность (찌끌리츠노쓰찌)	(여) ① 순환적인 것, 순환성; ② 순환공정
цикличный (찌끌리츠느이)	(형) ① 순환의; ~ое развитие 순환발전 ② 순환식의
циклон (찌끌론)	(남) 선풍, 온대성 저기압
цилиндр (찌끌린드르)	(남) ① 둥근기둥, 원주 ② 원통
цилиндрический (찌끌린드리체쓰끼이)	(형) 원주형의, 원통형의
цинга (찐가)	(여) 괴혈병, 혈루병
цинизм (찌니즘)	(남) 파렴치, 철면피
циник (찌니크)	(남) 파렴치한자, 철면피한자
цинично (찌니츠나)	(부) 파렴치(철면피)하게

Ц

циничный (찌니츠느이)	(형) 파렴치한, 철면피한, 낯가죽이 두꺼운
цинк (찐크)	(남) 아연(亞鉛: 기호 Zn; 번호 30)
цинковый (찐꼬브이)	(형) 아연의, 아연으로 만든;~ые белила 아연백(산화아연으로 만든색감)
цинкография (찐꼬그라피야)	(여) 동판(銅版), 구리판
цинния (찐니야)	(여) 백일홍, 백일초(百日草), 백일화
циновка (찐노브까)	(여) 거적, 돗자리, 기직자리, 초석(草席)
цирк (찌르크)	(남) ① 예술; 곡예단; ② 곡예극장
циркач (찌르까치)	(남) 곡예사(曲藝師), 곡예배우
цирковой (찌르꼬보이)	(형) 곡예의, 예술의; ~ое искусство 곡예술; ~ое представление 곡예공연
циркулировать (찌르꿀리로와찌)	(미완) 순환하다; (소문 등이) 돌다
циркуль (찌르꿀)	(남) 컴퍼스(compass), 나침반, 나침의 지남침(指南針), 침반(針盤),
циркуляр (찌르꿀랴르)	(남) 지시문, 지령서; 회람장
циркулярный (찌르꿀랴르이)	(형);~ое письмо 지시문, 지령서
циркуляция (찌르꿀랴찌야)	(여) 순환(循環), 윤환(輪環), 회전(回轉); ~ крови 피돌기, 혈액순환
цирроз (찌르로즈)	(남) (간장 등의) 경변(증)(硬變(症)) ~ печени 간경변증
цистерна (찌스쩰나)	(여) (액체저장, 수송용의) 탱크 물자동차, 유조차, 기름차, 탱크로리
цистит (찌스찌트)	(남) (의학) 방광염(膀胱炎), 방광 카타르 (膀胱 katarrh)
цитадель	(여) 아성(牙城), 성새(城塞)

Цц

(찌따젤)

цитата (여) 인용문(引用文), 인용구(引用句);
(찌따따) приводить ~ы 인용하다

цитировать (미완) 인용하다, 따다 쓰다.
(찌띠로와찌)

цитология (여) ① 세포학; ② 세포 진단학
(찌찌롤로기야)

цитрус (남) 귤나무(속)
(찌뜨루쓰)

цитрусовые (복수) (집합) 귤작물
(찌뜨루쏘브예)

циферблат (남) (시계 등의) 문자판
(찌페르블라트)

цифра (여) ① 숫자; арабские(римские) ~ы
(찌프라) 아라비아(로마) 숫자; ② (복수)숫자, 지수
액수; контрольные ~ы 통계숫자

ЦК (Центральный комитет) 중앙위원회
(쩨까)

цоколь (남) (건축) (석조 건물의) 기초지반
(쪼꼴) (기둥 등의) 대

цокольный (형); ~ этаж 아래층, 일층
(쪼꼴느이)

ЦРУ(Центральное разведывательное управление США) **CIA**
(쩨에르우) 미국중앙정보국

ЦСУ(Центральное статисти- ческое управление) 중앙통계국
(쩨에쓰우)

ЦТАК(Центральное телегра-фное агенство Кореи)
(쩨떼아까) 조선중앙통신(사)

цукат (남) 사탕에 담근 파일(껍질),
(쭈까트) 사탕절임파일

цунами (복수) (불변) 해일, 해소, 폭풍해일;
(쭈나미) сейсмические ~ 지진해일

цыгане(복수), (남),**~ка** (여)집시사람(들)
(쩍가네)

цыганочка (여) 집시춤 (러시아의 민족무용)

(쯰가노츠까)

цыганский
(쯰간쓰끼이)

(형) 집시의: ~ий романс 집시의 로맨스 (러시아 로맨스의 하나)

цыкать
(쯰까찌)

(미완) на *кого* 가만히 있게 하다, 위협하기 위하여 소리치다

цыкнуть
(쯰끄누찌)

(완) цыкать의 일회태

цыпки
(쯰쁘끼)

(복수) (피부의) 튼 것, 튼 자리

цыплёнок
(쯰쁠료노크)

(남) 병아리, 어린 닭; цыплят по осени считают (속담) 병아리는 가을에 가서 세야 한다.(모든 일은 결과를 보고 판단한다는 뜻): цыплята "табака" 통닭구이

цыпочки
(쯰뽀츠끼)

(복수); на ~ах 발끝으로; подниматься (вставать) на ~и, стоять на ~ах 발돋움하다, 발끝을 디디고 서다

Чч

чабан (차반)	(남) 양몰이꾼, 목동, 양치기
чад (차드)	(남) (숨막 힐듯한) 냄새, (코를 찌르는) 내내 연기; угореть от ~а 연기에 취하다
Чад: Республика Чад (차드)	챠드공화국
чадить (차지찌)	(미완) 연기(독한 내내)를 피우다; из кухни ~т 부엌에서 탄내가 난다
чаевые (차에븨에)	(복수) 팁(낡은 사회에서 고맙다는 뜻으로 계산밖에 더 주는 돈)
чай (차이)	(남) ① 차(茶), 다(茶); 차나무; 차잎: зелёный ~ 녹차; ② 차물: 차 마시기 пить ~ 차를 마시다; крепкий ~ 진한 차, слабый ~ 연한 차
чайка (차이까)	(여) 갈매기, 백구
чайная (차이나야)	(여) 다방, 차집
чайник (차이니크)	(남) 주전자, 차관, 수관
чайный (차이느이)	(형) 차의; ~ая плантация 차농장, 차재배원; ~ая ложка 차 숟가락,
чайхана (차이하나)	(여) (중앙아세아의) 차집, 차이하나
чалма (찰르마)	(여) (회교도의) 머리수건
чан (찬)	(남) 큰 쇠통; 탱크
чарка	(여) 술잔

(차르까)

чаровать (미완) 매혹시키다
(차로와찌) 마법을 걸다, 호리다, 황홀케 하다.

чародей, (남) ~ка (여) ① 요술쟁이, 마법사(魔法師);
(차로제이) ② 매혹적인 사람

чарующий (형) 매혹적인, 마음을 틀어잡는
(차루유쉬이)

чары (복수) 매혹(魅惑), 매력(魅力)
(차릐)

час (남) ① 시(時): 9 ~ов 아침(오전) 9시:
(차쓰) 6 ~ов вечера 오후 6시:② надо ждать
два ~ 두 시간 [동안] 기다려야 된다;
опоздать на ~ 한 시간 늦어지다; ③
(복수) (미리 정해놓은) 시간;~ы работы
(занятий) 근무 (수업) 시간: ④ 수업
(교수)시간; ⑤ 때, 시기, 순간;~ отдыха
휴식시간; в вечерние ~ы 저녁때에;
⑥ (군사); стоять на ~ах 보초를 서다;

часовой[1] (남) 보초병(步哨兵), 보초(步哨)
(차쏘보이)

часовой[2] (형) 시계의; ~ая стрелка 시계바늘;
(차쏘보이) ~ая мастерская 시계수리소;

часовщик (남) 시계수리공, 시계 제조인[수리인]
(차쏘브쉬크)

частица (여) ① (소) 부분(部分) ② (물리) 소립자
(차쓰찌짜) 질점(質點), ③ (언어) 조사, 불변화사

частично (부) 부분적으로, 일부분은, 얼마간,
(차쓰찌츠나) 어느 정도

частичный (형) 일부의, 부분적인, 일부분의,
(차쓰찌츠느이) 국부적인

частное [중] (수학) 몫, 상, 차
(차쓰트노에)

частнокапиталистический (형) 자본주의의, 자본의(資本)
(차쓰트노까삐딸리쓰찌체쓰끼이)

частнособственнический (형) 사적소유, 개인소유자임[자격],
(차쓰트노쏩쓰뜨벤니체쓰끼이) 개인 소유권.

частность
(차쓰트노쓰찌)

(여) 세부, 상세한, 사소한 부분
◇ в ~и [삽입어] 특히

частный
(차쓰트느이)

(형) ① 개인의, 사적인; ② 개별적인; ③ 우연 (예외)적인, 특수한;

часто
(차쓰또)

(부) ① 자주, 빈번히, 종종; 때때로,
② 빽빽이; 두껍게, 깊게; 빽빽하게, 짙게

частокол
(차쓰또꼴)

(남) 말뚝을 세우다, 바자

частота
(차쓰또따)

(여) ① 도수, 빈도; ② 진동(회)수;
③ 주파수; ток высокой ~ы 고주파

частотность
(차쓰또뜨노쓰찌)

(여) 자주 일어남, 빈번; (맥박 등의) 횟수, 도수, 빈도(수)

частотный
(차쓰또뜨느이)

(형) 자주 일어남, 빈번히, 빈도(수)
~ словарь 빈도사전

частушка
(차쓰뚜쉬까)

(여) 속요, 속가, 속악(俗樂), 속창(俗唱),
이가(俚歌), 이요(俚謠); 잡가(雜歌)

частый
(차쓰뜨이)

(형) ① 빈번한, 잦은; ② 빽빽한,조밀한
③ 빠른, 급한; ~ый пульс 빠른 맥박

часть
(차쓰찌)

(여) ① 부분, 일부, 몫: ② 부분[품],
부속품; ③ (책의)부, 편; ④ 부, 부서;
учебная ~ь 교육부; ⑤ (군사) 부대;
◇ ~и речи (언어) 품사(品詞), 씨

часы
(차쐬)

[복수] 시계, 시표,워치(watch); ручные
~ 손목시계, 팔목시계; стенные~ 벽시계:

чахлый
(차흘르이)

(형) ① 성장(발육)을 방해당한; 지지러진
② 병약한, 허약한, 골골하는, 미약한

чахнуть
(차흐누찌)

(미완) ① 시들다, 말라[시들어] 죽다
② 파리(허약)해지다

чаша
(차샤)

(여) 접시모양으로 된 그릇 (물건)

чашечка
(차쉐츠까)

(여) 꽃받침, 작은 컵, 잔 모양의 꽃
коленная ~ (해부) 슬개물

чашка
(차쉬까)

(여) 사발, 공기, 보시기, 접시; чайная
~ 차잔

чаща
(차샤)

(여) 밀림, 나무가 우거진 깊은 숲
수풀, 덤불, 총림, 잡목 숲

чаще[1] (차쉐)	(형) 보다 자주 일어나는, 빠른, 민첩한 닫는 것[사람], 폐색기
чаще[2] (차쉐)	(부) 종종, 때때로, 빈번히, 빨리, 급히
чаяние (차야니에)	(중) 염원, 희망, 예상, 예기; 기대, 대망.
чваниться (츠와니쨔)	(미완) 우쭐대다, 뽐내다, 뽐내며 걷다, 으스대다, 뻐기다
чванливый (츠완리브이)	(형) 오만한, 건방진, 우쭐대는
чванство (츠완쓰뜨붜)	(중) 자만, 오만, 자부심, 자기 과대평가
чей (소유 대)(남), **чья** (여) **чьё** (중), **чьи** (복수)) (체이)	① 누구의: ② (관계 대) (주어와 술어를 연결시킴); он поэт, чьё имя всем известно 그는 모든 사람이 알고 있는(그의 이름을 알고 있는) 시인이다; ③ (관계 대)(술어부문을 연결시킴: 주어에 지시어 тот 가 대응됨): я тот, чьё письмовы получили 제가 바로 당신에게 편지를 보였던 사람입니다 ④(관계 대)(보어부분을 연결함) 누구의 ~라는 것:
чей -либо (체일-리보)	(미정대) 누구의, 어느 누구의 것이든지, (임의의 소유를 나타냄)
чей -нибудь (체이-니부지)	(미정대) 누구의, 누구의 것이든지 (임의의 소유를 나타냄);
чей -то (체이-따)	(미정대)(소유자는 일정하나 똑똑히 알수없는) 누구의 것인지;
чек (체크)	(남) ① 유가증권, 어음, 수표, 증권, 증서 ② (출납외) 전표(錢票)
чека (체까)	(여) (공학) (차바퀴의) 비녀못, 가로재기, 지름, 바퀴 멈추개; 바퀴의 비녀장
чекан (체깐)	(남) 끌, 조각칼, (조각용) 정. 스탬프, 인(印), 도장, 철인(鐵印)
чеканка (체깐까)	(여) 코킹(caulking), 화폐 주조, 경화 (금속에) 돋을새김을 하다; (무늬를) 양각 하다; ~에 보석을 박다.
чековый	(형); ~ая книжка 수표책

(체꼬브이)

челн (남) 통나무배, 카누; 마상이, 가죽배
(촐느)

челнок (남) (방직기, 재봉기의) 북
(첼노크)

челночный (형) 왕복의;~ая дипломатия 왕복외교
(첼노츠느이)

человек (남) 사람, 인간; взрослый ~ 어른, 성인
(첼라볘크)   молодой ~ 젊은이, 청년

человеколюбие (중) 박애, 인자(仁慈), 자선, 인자한 것.
(첼로볘꼴류비에)

человеконенавистнический (형) 인간증오(사상)의, 염세적인.
(첼로볘꼬네나븨스뜨니체쓰끼이) 사람을 싫어하는,

человекообразный; (형) (동물이) 인간 비슷한; 유인원류의
(첼로볘꼬오브라즈느이) ~ая обезьяна 유인원(類人猿)

человеческий (형) ① 인간의; ~ие права 인권; ~ие
(첼로볘체쓰끼이) жертвы 인명피해; ② 사람다운;

человечество (중) 인류(人類), 인간, 사람.
(첼로볘체쓰뜨붜)

человечность (여) 인간성, 인정
(첼로볘츠노쓰찌)

человечный (형) 자비로운, 인도적인, 인정 있는,
(첼로볘츠느이) 사람다운, 친절한.

челюсть (여) 턱, 악골(顎骨), 턱뼈, 위턱;
(첼류쓰찌)

чем¹ *см.* что
(쳄)

чем² (접) ① (비교를 나타냄) ~보다; ② (тем
(쳄) 과 함께) ~면 할 수록;

чемодан (남) 트렁크, 여행(용) 가방
(체마단)

чемпион (남); **~ка** (여); 선수권보유자; ~ мира 세계선수권
(쳄삐온) 보유자

чемпионат (남) 선수권대회; ~ по футболу 축구선
 дождевой ~ 지

(체르비)	렁이; ② 새끼벌레, 유충;
червяк (체르뱌크)	(남) ① 벌레(지렁이·털벌레·땅벌레·구더기·거머리·회충류(類)) ② (공학) 웜
червячный (체르뱌츠느이)	(공학) 웜의 : ~ая передача 웜기어전동
чердак (체르다크)	(남) 고미다락, 만장
черёд (체료드)	(남) 차례; идти своим чередом 순조롭게 되어가다
чередование (체레도와니에)	(중) 바꿈, 교체,
чередовать (체레도와찌)	(미완) 교대하다, 교체하다, 바꾸다, 번갈아하다
чередоваться (체레도와짜)	(미원) 교체되다, 엇바뀌다
через (체레즈)	(전) (+ 때) ① 넘어서, 건너서; ② 지나서, 후에; ~ год(месяц, день, час, десять минут) 일년(한 달, 하루, 한 시간, 십분) 후에; работать ~ день 하루걸러 일하다; ③ 뚫어서; про йти ~ лес 산림속을 지나가다; влезть ~ окно 창문으로 들어가다 ④ 통하여; объявить ~ газету 신문을 통하여 광고하다; сосбщить ~ товарища 친구를 통하여 알리다.
черёмуха (체료무하)	(여) 구름나무, 귀룽나무
черенок (체레노크)	(남) ① 손잡이, 자루; ~ косы 낫자루 ② (식물) 접목, 꺾꽂이, 삽목(揷木)
череп (체레쁘)	(남) 두개골(頭蓋骨), 골통뼈, 머리뼈, 두골(頭骨)
черепаха (체레빠하)	(여) 거북이, 거북, 해귀(海龜), 휴귀, 신귀 идти как ~ 매우 느리게 가다
черепаший (체레빠쉬이)	(형) 거북이의; ~ий панцирь 거북이잔등; ~ьим шагом 거북이 걸음으로
черепица (체레삐차)	(여) ① (집합) 기와(起臥) ② 기와 한 장

черепичный (체레삐츠느이)	(형)(화장) 타일; 기와; ~ая крыша 기와지붕
черепной (체레쁘노이)	(형); ~ая коробка (해부) 두개(頭蓋); ~ая кость 두개골(頭蓋骨)
чересчур (체레쓰추르)	(부) 너무, 지나치게, ~도(또한) 그 위에,
черешня (체레쉬냐)	(여) 양벚, 단벗
черкать (체르까찌)	(미완) ① 들이 긋다 ② (써놓은 것을) 선을 지우다
чернеть (체르네찌)	(미완) ① 꺼매지다, 거멓게 되다 ② 검게 (거멓게) 보이다
чернеться (체르네쨔)	(미완) 검게 (거멓게) 보이다
черника (체르니까)	(여) 야생딸기, 애생딸기 나무
чернила (체르닐라)	(복수) 잉크
чяернильница (챠에르닐니짜)	(여) 잉크병
чернить (체르니찌)	(미완) ① 검게 하다 ② 나쁘게 말하다, 비방하다, 더럽히다
чёрно-белый (쵸르노-벨르이)	(형); ~ые фотографии 흑(백)색사진; ~ый телевизор 흑백티브이
черно-бурый ; (쵸르노-베르이)	~ая лисица 흑갈색 여우
черновик (체르노뷔크)	(남) 초고(礎稿), 초안, 원고
черновой (체르노보이)	(형) 초고의; ~ой вариант 초고, 초안; ~ая тетрадь 잡기장
черноволосый (쵸르노볼로씌이)	(형) 머리카락이 검은
чернозём (쵸르노좀)	(남) 체르노젬, 흑토(黑土)
чернозёмный	(형); ~ая зона(полоса) 흑토대(黑土帶)

(쵸르노좀느이)

черноморский
(쵸르노모르쓰끼이)

(형) 흑해; ~ое побережье 흑해연안

чернорабочий
(체르노라보치이)

(남) 막노동자, 잡부(雜夫), 막벌이꾼 숙련[숙달]되지 않은 근로자

чернослив
(체르노쓸리프)

(남) (집합) 서양 자두; 말린 자두

чернота
(쵸르노따)

(여) 검은색, 흑색(黑色)

черный
(쵸르느이)

(형) ① 검은, 흑색의;~ый цвет 검은 색 ~ые глаза 새까만 눈; ② (명사) ~ый 흑인; ~ый рынок 암시장, 비합법적 시장; ~ая металлу-ргия 흑색야금

черпать
(체르빠찌)

(미완) ① 푸다, 긷다, 뜨다;
② 얻어 내다, 섭취하다

черстветь
(체르쓰뜨몌찌)

(미완) ① 굳어지다; 굳게 되다
② 무정해지다, 냉담해지다

чёрствый
(쵸르쓰뜨브이)

(형) ① 말라 굳어진, 딴딴한
② 냉담한, 무정한

чёрт
(쵸르트)

(남) 귀신, 도깨비, 악마, 사탄, 마귀,요귀
~ возьми 그것 참, 제길, 젠장;
~ принёс 제때에 오지 못하고

черта
(체르따)

(여) ① 선(線); провести ~у 선을 긋다;
② 경계, 한계; в ~е города 도시안에서;
③ 특성, 특징; основные ~ы 기본특징;
④ (복수) 겉모습, 외모; ~ы лица 면모,

чертёж
(체르쬬쥐)

(남) 도면, 도안, 도표; рабочий ~ 시공도

чертёжник (남), ~ца (여) 제도공(製圖工), 도공(圖工)
(체르쬬쥐니크)

чертёжный
(체르쬬쥐느이)

(형) 제도용의; ~ая доска 제도판

чертить
(체르찌찌)

(미완) 제도하다, 그리다; 선을 긋다
(들이긋다)

четополох
(체또뽈로흐)

(남) 지느러미엉경퀴

Чч

чёрточка (쵸르또츠까)	(여) ① 선(線) ② 이음표, 연결부
черчение (체르체니에)	(중) ① 제도, 작도(作圖), 선을 긋는 것 ② 제도학(製圖學)
чесальный (체쌀느이)	(형) 소면; ~ая машина (방직)빗질기게, 소면기(梳綿機)
чесать (체싸찌)	(미완) ① 긁다; ~ спину 잔등을 긁다; ② 빗다; ~ волосы 머리를 빗다; ③ 빗질하다; ~ лён 아마를 빗질하다
чесаться (체싸짜)	(미완) ① 긁다, 긁적거리다; ② 가렵다, 근질근질하다
чеснок (체쓰노크)	(남) 마늘, 대산(大蒜), 호산(葫蒜)
чесночный (체쓰노츠느이)	(형) 마늘의, 마늘로 만든
чесотка (체쏘트까)	(여)(의학) 옴, 개선, 개창, 충개(蟲疥)
чествование (체쓰뜨붜와니에)	(중) ① 축하, 경축; ② 축하모임, 경축모임
чествовать (체쓰뜨붜와찌)	(미완) 축하하다, 경축하다, 경축모임을 진행하다
честно (체쓰뜨나)	(부) 정직하게, 성실하게
честность (체쓰뜨노쓰찌)	(여) ① 정직성, 성실성; ② 성실한 태도 정직, 성실, 실직(實直), 충실
честный (체쓰뜨느이)	(형) ① 정직한, 성실한 ② 순결한 ◇ ~ое слово 정말이다
честолюбивый (체쓰똘류비브이)	(형) 공명심에 사로잡힌, 야심을 품은
честолюбие (체쓰똘류비에)	(중) 공명심(公明心), 야심(野心).
честь (체쓰찌)	(여) ① 명예, 영예; ② 경의,존경; ③ 정조; в ~ кого-чего ~에게 경의를 표시하여, ~을 기념하여
чесуча (체쑤차)	(여) 명주(明紬), 비단, 견직물

чета (체따)	(여) 쌍, 한 쌍; не ~ *кому-чему* 어림도 없다, 비교도 안된다
четверг (체트베르그)	(남) 목요일(木曜日), 목(木)
четвереньки (체트베렌끼)	(복수); на ~и стать 네발로 서다, 손과 발을 짚고 엎디다;
четвёрка (체트뵤르까)	(여) ① 숫자 4; ②(5계 단채점법에서) 4점; ③ (버스, 전차 등) 4번차 ④ 4명의 한조
четверо (체트베로)	(수) [집합] 네 사람, 네개; нас было ~ 우리는 네 사람 이었다; ~ суток 4 주야
четвероногие (체트베로노기에)	[복수] 사족수, 사족류
четверостишие (체트베로쓰띠쉬에)	(중) 4(사)행시
четвёртый (체트뵤르뜨이)	(수) 네 번께의, 게4(사); ~ый этаж 4층; ~ая страница 4페지
четверть (체트베르찌)	(여) ① 4분의 1; три ~и 4분의 3; ②; ~ часа 15분; ~ пятого 4시 15분; без ~и три 15전 3시 ③ 4학기로 나눈 학년도의 한 학기 ④ (음악) 4분 음표
четвертьфинал (체트베르찌피날)	(남) (체육) 준준결승[경기]
четкий (체트끼이)	(형) ① 절도 있는, 명확한, 똑똑하게 쓴; ② 처분, 일소; 청소, 정리
четкость (체트꼬쓰찌)	(여) 맑음; 밝음; 분명함, 명료, 명확; 무장애; 결백
четный (체트느이)	(형) ~조차(도), ~라도, ~까지 ~ое чило 짝수, 우수
четыре (체뜨레)	(수) 넷, 4(사),
четыреста (체뜨레쓰따)	(수) 400(사백)
четырёхгранник (체뜨료호그란니크)	(남) 4(사)면체
четырёхугольник (체뜨료후골니크)	(남) 4각형, 4변형, 정사각형; 사각의 것

Чч

четырёхуго́льный (체띄료후골느이)	(형) 4각, 사각형, 4변형의
четырна́дцатый (체띄르낫짜뜨이)	(수) 열 넷째의, 제 14의
четы́рнадцать (체띄르낫짜찌)	(수) 열넷, 14(십사*)
чехо́л (체홀)	(남) 덮게, 케이스
чечеви́ца (체체뷔짜)	(여) (식물) 렌즈콩[숙], 편두(扁豆).
чечётка (체쵸트까)	(여) ① (조류) (유럽산) 홍방울새. ② 탭춤, 탭댄스(춤)
че́шский (체쉬쓰끼이)	(형) 체코의, 체코 사람의; 체코 말의.
чешуя́ (체슈야)	(여) 비늘, 각린(角鱗); 가치(평가)의 기준, (운명·가치를 결정하는) 저울
чи́бис (치비쓰)	(남) (조류) 댕기물떼새, 쟁개비
Чи́ли (칠리)	(중) [불변] 칠레
чили́йский (칠리쓰끼이)	(형) 칠레의
чин (친)	(남) 관등 [급], 관위
чини́ть[1] (치니찌)	(미완) ① 고치다, 수리하다 ② 깎다: ~ каранда́ш 연필을 깎다
чини́ть[2] (치니찌)	(미완) ~하다, 행하다; ~ препя́тствия 방해하다
чино́вник (치노브니크)	(남) 관리(官吏), 관료(官僚)[배]
чире́й (치레이)	(남) 부스럼, 헌데, 종기
чири́кать (치리까찌)	(미완) 재재거리다, 지저귀다

Числ (Четве́ртая кни́га Моисе́я. Чи́сла 36장 140 쪽) 민수기
(치쓸라)

численность (치쓸렌노쓰찌)	(여) 수(數), 인구수, 수량; ~ населения 인원수;
численный (치쓸렌느이)	(형) 수적인, 양적인;~ое превосходство 수적우세; ~ый рост 양적성장
числитель (치쓸리쩰)	(남) (수학) 분자(分子)
числительное (치쓸리쩰노에)	(중); [имя] ~ 수사, 수대명사, 수명사, 셈씨, 셈이름씨: количественное ~수량수사, порядковое ~ 순서수사
числиться (치쓸리짜)	(미완) 수에 들어가다, 포함되다, 간주되다; ~ в списке 명단에 오르다
число (치쓸로)	(중); ① 수(數), 숫자, 수량: целое ~о 정수; дробное ~о 분수; ② 날, 날자; сегодня какое ~о? 오늘은 며칠입니까?;
числовой (치쓸로보이)	(형) 수의, 수를 나타내는, 숫자상의 ~ое выражение 수적표시
чистильщик (치스찔쉬크)	(남) 청소부(淸掃夫); ~ обуви(сапог) 구두닦이
чистить (치쓰찌찌)	(미완) ① 깨끗이 하다, 닦다, 청소하다; ~ зубы 이를 닦다; ② 껍질을 벗기다, 다듬다, (물고기의) 배를 따다; ~ яблоки 사과껍질을 벗기다
чистка (치쓰뜨까)	(여) ① 청소; ② 껍질 벗기기, 닦달질; ③ 숙청(肅廳)
чисто (치쓰따)	(부) ① 깨끗이; ② 순전히, 완전히; ③ (술어) 깨끗하다; в комнате ~ 방안이 깨끗하다; ~-начисто 아주 말끔히
чистовик (치쓰또빅)	(남) 정서한 것, 정서한 글
чистовой (치쓰또보이)	(형) ~ая тетрадь 정서하기 위한 학습장
чистокровный (치쓰또크로브느이)	(형) ① (집짐승 등) 순종의, 순혈통의 ② 진짜의, 순수한
чистописание (치쓰또삐싸니에)	(중) 서법, 글씨쓰기를 배워 익히는 것, 습자(習字)
чистоплотный	(형) ① 깨끗한 것을 좋아하는, (몸,옷 등)

(치쓰또쁘로뜨느이)	말쑥한, 산뜻한 ② 정직한, 결백한
чистосердечно (치쓰또셸제츠나)	(부) 솔직하게, 정직하게, 사실대로, 있는 그대로
чистосердечный (치쓰또셸제츠느이)	(형) 솔직한, 정직한
чистота (치쓰또따)	(여) ① 깨끗한 것, 정결: ② 결백, 순결; ③ 명료성, 분명한
чистый (치쓰뜨이)	(형) ① 깨끗한, 정결한 ② (도덕적으로) 순결한, 결백한; ③ 순수한; ④ 맑은
читальный (치딸느이)	(형): ~ зал 열람실
читальня (치딸냐)	(여) 열람실
читатель (치따쪨)	(남) 독자(讀者)
читательский (치따쪨쓰끼이)	(형) 독자; ~ий билет 독자증; ~ая конференция 독자(의견발표)모임
читать (치따찌)	(미완) ① 읽다: ~ про себя(вслух) 속으로(소리 내어)읽다; ② 낭독하다; ③ 강의하다;~ лекции 강의를 하다
читка (치트까)	(여) 읽기, 독보, 낭독; ~ газет 신문독보
чихать (미완), **~нуть** (완) (치하찌)	① 재채기 하다 ② 경멸하다, 모욕하다, 코웃음치다.
член (츨롄)	(남) ① 성원, 위원, 일원; ~ семьи 가족; ② (언어); ~ предложения 문장성분 ③ (수학) 항(項); ~ пропорции 비례항; ◇ постоянный ~ 정회원;
членистоногие (츨롄이쓰또노기에)	(복수) 절지동물문(門), 마디가 있는 동물
членить (츨롄이찌)	(미완) 나누다. 가르다, 구분하다
члениться (츨롄이쨔)	(미완) (부분으로) 나누이다
членораздельно (츨롄오라쓰젤나)	(부) 똑똑히, 분명히: говорить ~ 또박또박(분명하게) 말하다

членораздельный (츨롄오라쓰젤ㄴ이)	(형) 분명히 발음된, 발음이 분명한 ~ ответ 확정적인 대답
членский (츨롄쓰끼이)	(형) 회원 자격(지위), 회원(구성원)임 ~ий бтлет 당원증, 회원증;
членство (츨롄쓰뜨붜)	(중) (어떤 조직의) 성원으로 있는 것, 성원의 자격을 가지고 있는 것
чокаться (미완), **~нуться** (초까쨔)	(완, 일회) (축배 등) 술잔을 마주치다 (맞추다)
чреватый (츠레와뜨이)	(형)*чем* (좋지 못한 결과) 가져올 수 있는 ~ опасностью 위험을 배태하고 있는
чрезвычайно (츠레브차이나)	(부) 극히, 비상히, 몹시
чрезвычайный (츠레브차이느이)	(형) ① 비상한, 예외적인 ② 긴급한, 특별한; ~ый съезд 비상회의
чрезмерно (츠레즈몌르나)	(부) 지나치게, 과도하게
чрезмерный (츠레즈몌르느이)	(형) 지나친, 과도한
чтение (츠쪠니에)	(중) ① [책] 읽기: книга для ~я 독본: ② 낭독, 낭송: ~е стихов 시낭송; ③ (복수) 학술논문발표회: пушкинские ~я 푸쉬킨 연구토론회
чтец (츠쩨쯔)	(남) 낭독자(朗讀者)
чтить (츠찌찌)	(미완) 몹시 존경하다, 몹시 숭배하다: ~ память 추도하다
что¹ (쉬또)	(대) ① [의문 대] 무엇; ~ это? 이것이 무엇인가?; ② [의문대] (의문부사의 뜻으로 쓰이며) 왜?; ~ он не идёт? 그는 왜 오지 않는가? ③ [의문대] (일반적으로 묻거나 다시 말해달라는 뜻에서) 무엇이라고? 다시한번; (물음을 강조할 때) 뭘? 그래? 정말?; ④ [미정대] 그무엇, 무엇인지, 무엇이든지; ⑤ [관계대] (보어부문을 연결시킴) 무엇~하는(라는)것; ⑥ [관계 대](규정부문을 연결시킴) ~한(하는, 할); ⑦ [관계대] (연결부문을 연결시킴) 이것, 그것;

Чч

что² (쉬또)	(접) ① (보어부문을 연결시킴) ~라는 것; ② (주어부문을 연결시킴) ~라는 것이; ③ (술어부문을 연결시킴) ~한 그러한것; ④ (규정부문을 연결시킴) ~한 그러한; ⑤ (양태 및 정도 부문을 연결시킴) ~하도록, ~할 정도로; ⑥ (복합접속사를 형성함): потому, ~(оттого, ~; ввиду того, ~; благодаря тому, ~; вседствии того, ~; в связи с тем, ~; в силу того, ~) [원인 접]~때문에; несмотря(невзирая) на то, ~ [양보 접] ~에도 불구하고
чтобы (쉬또븨)	(접) ① (목적부문을 주문에 연결시킴) ~하기 위하여, ~하도록, ~하게끔; ② (보어부문을 연결시킴) ~할 것, ~하도록)
что-либо (쉬또-리보)	*см.* что-нибудь 무언가, 어떤 것(일)
что-нибудь (쉬또-니부지)	[미정대] 무엇이나, 무엇이든지, 아무것이나; купи ~ 무엇이든지 사라;
что-то¹ (쉬또-따)	[미정대] 무엇인가, 그 무엇, 무엇인지; ~ виднеется 무엇인가 보인다;
что-то² (쉬또-따)	(부) 어쩐지; мне ~ не хочется есть 나는 어쩐지 먹고 싶지 않다.
чуб (춥)	(남) (이마에 내리드리운) 앞머리카락 앞머리, (특히 말의) 이마 갈기
чувственность (춥쓰뜨볜노쓰찌)	(여) 감각(感覺), 감성, 느낌
чувствительный (춥쓰뜨뷔쩰느이)	(형) ① 감각의, 느낌; ~ ое восприятие 감수; ② 육감적인
чувствительность (춥쓰뜨뷔쩰노쓰찌)	(여) ① 감수성, 자극성 ② 감수성이 빠른 것, 민감성
чувствительный (춥쓰뜨뷔쩰느이)	(형) ① 예민한, 정밀한; ② 감수성이 빠른, 민감한
чувство (춥쓰뜨뷔)	(중) ① 감각; органы ~а 감각기관 ② 마음, 느낌, 점정; ③ (흔히 복수) 의식, 맑은 정신; ④ 사랑의 정, 사랑
чувствовать (춥쓰뜨뷔와찌)	(미완) 느끼다, 감각하다; ~ боль 아픔을 느끼다, 아프다;

чувствоваться (춥쓰뜨뷔와쨔)	(미완) 느껴지다, 감촉되다
чугун (추군)	(남) 선철(銑鐵), 주철(鑄鐵), 무쇠
чугунный (추군느이)	(형) 무쇠; ~ горшок 무쇠단지
чугунок (추구노크)	(남) 철도(선로), 궤도. 무쇠단지(그릇)
чудак (추다크)	(남) 괴짜, 괴벽한 삶, 기이함, 괴상함, 진묘함. 이상한, 기묘한
чудачество (추다체쓰뜨뷔)	(중) 행동이 괴벽한 것; 괴벽한 행동
чудачка (추다츠까)	(여) 괴벽스러운 여자, 성미가 까다로운
чудеса (추제싸)	*см.* чудо
чудесный (추제쓰느이)	(형) ① 훌륭한 [뛰어나게] 아름다운, 황홀한; ~ день 훌륭한 날; ~ вид 절경 ② 신비로운, 기이한;
чудить (추지찌)	(미완) 괴상한 행동을 하다
чудиться (추지쨔)	(미완) [무인칭] ~듯이 느껴지다; мне ~тся стук 누군가 문을 두드리는 것 같다
чудной (추드노이)	(형) 이상한, 기이한
чудный (추드느이)	(형) 훌륭한, 놀랄만치 아름다운; ~ая погода 훌륭한 날씨
чудо (추다)	(중) ① (미신에게) 기적; ② 놀라운 것, творить чудеса 기적을 낳다,
чудовище (추도뷔쉐)	(중) 괴물(怪物), 괴귀, 요괴
чудовищный (추도뷔쉬느이)	(형) ① 무서운, 어마어마한; ② 지독한, 극악한; ③ 극도의, 대단한;
чудом (추돔)	(부) 기적적인, 불가사의한, 신기한, 놀랄만한, 기적적으로

чужбина (추즈비나)	(여) 이국땅, 타향, 타곳, 타고장
чуждаться (추쥐다쨔)	(미완) *кого-чего* 피하다, 멀리하다
чуждый (추쥐드이)	(형) 인연이 없는, 관계가 먼; ~ элесмент 이색분자
чужеземный (추줴젬느이)	(형) 타국, 남의 나라, 외국
чужеродный (추줴로드느이)	(형) 다른, 색다른, 성질이 다른, 이질의
чужой (추조이)	(형) ① 남의, 타인의; ② 인연이 없는; ③ 타고장의, 다른 나라; ④ [명사] [남] 남; стесняться ~ их 남을 어려워하다
Чукотка (추꼬뜨까)	(여) Чукотский *п-в* 추크치반도
Чукотское море (추꼬뜨쓰꼬에 모레)	추크치 해(-海)
чулан (출란)	(남) 저장실, 광, 고방(庫房), 헛간
чулки (출끼)	(복수) (단수 чулок) 긴양말
чулок (출록)	(남) 스타킹, 긴 양말; шерстяные [шелковые] чулки 면[실크]양말 ажурные чулки 스타킹 синий чулок 파란색 스타킹
чулочник (출로츠니크)	(남) 스타킹 제조자
чума (추마)	(여) 흑사병(黑死病), 페스트(pest) 역병(疫病), 전염병, 악역(惡疫); 유행병 чума рогатого скота 우역, 소전염병 чума свиней 돼지 콜레라 собачья чума 강아지 전염병 бубонная чума 가래톳페스트(흑사병) легочная чума 폐의 전염병
чум (춤)	(남) 텐트, 천막.
чумазый	(형) 지저분한, 더러워진, 얼룩투성이의

(추마즈이)

чумай
(추마이)

이집트 기장(수수), 나서(糯黍).

чумиза
(추미자)

(여) (식물) 조(메조, 차조)
뚝새풀, 강아지풀, 보리(류)

чураться
(추라쨔)

(미완) *кого-чего* 피하다, 멀리하다
회피하다

чурбан
(추르반)

(남) 통나무 토막; 받침, 받침나무; 도마
바보, 멍텅구리, 얼간이

чуткий
(추트끼이)

(형) ① (청각, 후각이) 예민한 ② 정밀한;
③ 민감한, 감수성이 빠른;

чутко
(추트꼬)

(부) ① 예민하게 ② 정밀하게
③ 민감하게 ④ 인정있게

чуткость
(추트꼬쓰찌)

(여) ① (청각, 후각의) 예민성 ② 정밀성
③ 민감성 ④ 인정이 깊은 것

чуть
(추찌)

(부) (접) ① (부) 겨우, 약간; ② (접)(시간
부문에서) ~하자마자;

чутьё
(추찌에)

(중) ① (동물의) 후각, 취각; ② 감각,
감촉, 초각, 이해력:

чучело
(추첼로)

(중) 박제품; 허수아비, 마네킨, 허사비

чучельник
(추첼니크)

(중) 박제술(剝製術)

чушка¹
(추쉬까)

(여) 잉곳, 금속(쇠, 납)의 주괴(鑄塊),
선철괴, 무쇠 덩어리, 금속 덩어리; 무쇠
금은괴; ~ чугуна 무쇠, 금속덩어리
чушка свинца 쇠 지레(막대)

чушка²
(추쉬까)

(여) ① 돼지새끼; 작은 돼지
② (형) 단정치 못한; 꾀죄죄한, 초라한;
대통바리; 얼간이; 꾀죄죄한(추레한) 사람

чушка меди
(추쉬까 메지)

구리 주석

чушь
(추쉬)

(여) 허튼 말[짓]; 시시한 일, 하찮은 것.
говорить / нести чушь 하찮은 말하다

чуять
(추야찌)

(미완) ① (짐승이) 냄새를 말고 알아내다
냄새 맡다, 냄새를 구별하다, 냄새를 맡아

내다, ② 만지다, 만져보다; 손대(어보)다, 느끼다, 예감하다; 느껴 알다, 지각하다, 알아채다; 깨닫다. yeт eго сердце, ччто 그는 ~한 예감이 들다

Шш

ш. (시)	широта шоссе의 약어
ша (샤)	(여) 자모(字母) ш의 명칭
ша (샤)	(여) 그만 둬, 그만하면 됐다, 잠자코 있어
шабала (샤발라)	(여) 구멍이 있는 큰 나무 숟가락; 숟가락 등을 만들기 위한 원목. 시시한사람,
шабат (샤밭)	(남) 기계 망치의 모루
шабаш (샤바스)	(남) (종교) 안식일(安息日) ~ ведьм (연 1회 야밤중에 열린다는) 악마의 연회
шабаш (샤바스)	~라기 보다는; (*команда*) 노젓는 사람 ~ить, пошабашить 1. 중지, 두드려 떨어버리다 (일을)그만하다, 중단하다 2. 파업에 들어가다, 일을(일시)그치다
шабашка (샤바스까)	(여) 휴일(休日); 목공의 남은 나무, 본업무외의. 비공식적인, 공인되지않은,
шабашник (샤바스니크)	(남) 본업 외에 부업을 가진 사람; 야습에 참가하는 사람, 수의계약
шабашчать (샤바스차찌)	(구어) 수의계약을 맺다
шабдар (샤브달)	(남) 클로버속
шабер (샤벨)	(남) 금속면을 갈고 닦는 끌의 일종 스크레이퍼, 문지르는(긁는, 깎는) 도구
шабёр (샤볼)	(남) 이웃 동료(同僚), 짝
шабли	(남) 프랑스의 쉐블리산 포도주

(샤블리)

шаблон (샤블론)	(남) 형판(型板), 본, 형(形), 모형, 목형, 금형, 주형, 거푸집; 스텐실, 틀
~ность	(여) 진부, 평범 진부한 말, 진부한 생각, 틀에 박힌 방식, 평범한 물건
~ный	(형) 진부한, 틀에 박힌 진부한 생각으로, 틀에 박힌 방식으로, 평범한 물건
шаблонизировать (샤블로니지로와찌)	(남) 한 가지 형으로 만들다 틀에 박힌 형식으로 하다
шаблонность (샤블론노쓰찌)	(남) 진부, 틀에 박힌 방식
шаблонщик (샤블론쉬크)	(남) ~을 만드는 직공
шабрить (샤브리찌)	шабер로 가공하다
шабровать (샤브로와찌)	(벽돌을) 맞물려 쌓다
шабровка (샤브롭까)	(여) 깎음, 문지름, 긁음, 할퀴기 벽돌의 물림 쌓기
шабровщик (샤브롭쉬크)	(남) 문지르는[긁는, 깎는] 도구; шабровка ~에 종사하는 노동자
шавера (샤쀄라)	(여) 도움이 되지 않는 사람
шавка (샤브까)	(여) 스피츠(개의 일종), 털이 많은 잡종의 개, (경멸적) 뒤기, 혼혈아.
шаг (샤그)	(남) 스텝, 일보, 한 걸음 보행; 큰 걸음으로 걷다, 활보하다, 걸음걸이, (한)걸음, 일보의 폭, 길이 행동, 동작, (복수) (길, 장소 따위를) 밟다, 걷다, 가다, 지나다 (댄스의) 스텝을 밟다 ровный ~큰 걸음으로 걷다, 활보하다 твёрдым ~ом 굳은결심으로 전진하다 прибавить ~у, ускорить ~ 걸음을 빨리하다, 빨리 서두르다 идти тихим ~ом 천천히 걷다, 보통걸음으로 천천히 걷다 идти быстрым ~ом 빠르게 (급히) 걷는다, 빠른 보폭으로 걸어간다

Шш

	~ за ~ом 일보일보의, 단계적[점진적]인, 서서히 나아가는
шагать (샤가찌)	1. 일정한 속도의 걸음걸이로 가다, 행진하다 넘다, 건너다, (어느 방향으로) 나아가다, 걷다, 걸어가다, 큰 걸음으로 걷다, 활보하다, 걸음걸이, 걷는 속도, 2. 넘다 가로지르다 범하다 ~ через что-л. ~을 넘어가다,~을 가로질러가다
шагаться (샤가쨔)	(여) 걸을 수 있다, 걸으려는 마음이 있다
шагистика (샤기쓰찌까)	(여) 행진(행군)연습, 교련(敎練)
шагнуть (샤그누찌)	(완) 발걸음하다, 발을 디디다; быстро ~ (вперёд) 빨리 앞으로 나아가다
шагом (샤곰)	(부) 산보하다, 천천히 걷다 ехать ~ 천천히 걸어가다, 천천히 산보하다 ~ марш! 빠른 행진
шагомер (샤고몔)	(남) 보수계, 만보계, 측보기, 보측계, 계보기(計步器), 패시미터(passimeter)
шагреневый (샤그레네브이)	(형) 새그린 가죽, 우툴두툴한 가죽, (말. 당나귀. 낙타로) 껄끄러운 가죽, 상어 가죽(연마용) ~ая кожа 새그린 가죽
шагренировать (샤그레니로와찌)	шагрень으로 하다
шагрень (샤그레니)	(여) 무두질한 가죽, 곰보가죽, 가죽을 본뜬 무늬의 가짜 가죽(모조 가죽); 제본용 모조 가죽.
шажком (샤즈꼼)	(부) 느릿느릿한 걸음으로, 천천히 걸어가다
шажок (샤조크)	(남) 단거리의 보행 мелкими ~ками 종종 걸음으로.
шай ба (샤이바)	(여) 1. (볼트) 와셔, 똬릿쇠, 자릿쇠, 너트의 좌금, 2. спорт. (в хоккее) 퍽 (아이스하키용); (미국속어) 아이스하키.
шай ка[1] (샤이까)	(여) (악한의) 일당, 악당, 도둑의 무리 ~ воров, разбой ников 도적단, 갱단

1533

шайка² (샤이까)	(여) 세탁용 대야, 빨래통, 손잡이가 한 쪽에만 있는 통(桶), 목욕통
шайтан (샤이딴)	(남) 악령, 악신, 악마, 마귀, 사탄 악귀 악마 악령 마왕,
шакал (샤깔)	(남) 들개 자칼(여우와 이리의 중간형); (비유)남의 앞잡이로 일하는 사람 악인
шаланда (샬란다)	(여) ① 대형 평저선, 거룻배(자갈 등의 운반용); 폐션 일종의 하천용 평저선 ② 샤렌다(흑해의 바닥이 편평한 낚시배)
шаланда (샬란다)	(여) 일종의 하천용 평저선
шала (샬라)	(여) 현미(玄米: 벼의 껍질만 벗기고 쓿지 않은 쌀), 매조미쌀
шалаш (샬라쉬)	(남) (나무껍질.나뭇가지.짐승가죽으로 덮은) 임시 막사, 날림집, 오두막, 집
шалбер (샬베르)	(남) 게으름쟁이, 게름쟁이
шалберничать (샬베르니차찌)	нареч. 빈둥거리다, 게으름 피우다, 쓸데없이 시간을 허비하다
шале (샬레)	(중) 샬레(스위스의 양치기들의 오두막집); 스위스풍의 농가; 산장, 별장 방갈로 (알프스 풍의) 작은 별장.
шалевать (샬레와찌)	(중) 얇은 판자를 깔다
шалёвка (샬료브까)	(여) 얇은 판자를 까는 것 얇은 판자
шалеть, (샬레찌)	(부) 목을 잘리다 허둥대다 몰두[열중] 하다 열광하다, 화끈거리다, 상기되다
шалить (샬리찌)	(부) ① 장식하다, 모양내다, ② 떠들다, 못된 장난을 하다, (어린아이가) 장난치 다, 장난의, 장난꾸러기의, 말을 듣지 않는 버릇없는, 경솔하게, 제멋대로. 불성실하게 행동하다, 농담하다 ③ 떠들며 뛰어놀기, 활발한 장난,
шалман (샬만)	(남) 값싼 선술집

шаловливость (샬로블리붜쓰찌)	(여) 장난을 좋아함, 장난치는 것. ~ый (형) 장난을 좋아하는 장난치는
шалопай (샬로빠이)	(남) 쓸모없는(사람), 변변치못한(인간); 빈들거리는 사람, 게으름뱅이, 개구쟁이 ~ ничать 놀고 지내다, 빈둥거리다 빈들빈들 돌아다니다,
шалопут (샬로뿥)	남) 승려. 교회. 신비를 부정하는 일파
шалопутный (샬로뿥느이)	(형) 쓸모없는(사람), 변변치못한(인간); 빈들거리는 사람 난폭[격렬]하게, 형편없이, 엉망진창으로.
шалость (샬로쓰찌)	(여) 농담, 농짓거리, 못된 장난.
шалтай-болтай (샬따이-볼따이)	(형) 쓸데없는 것, 하찮은 것 하찮은 녀석, 아무짝에 쓸모없는 사람
шалун (샬룬)	(남) 쾌활한, 놀기 좋아하는, 농담 좋아하는, 개구장이, 장난꾸러기, 장난의, ~ишка (남) 꼬마 도깨비 개구쟁이
шалунья (샬룬니야)	(여) 놀기 좋아하는, 수다쟁이 소녀, 들떠서 떠들다, 야단법석떨다 장난치다 (*о ребёнке*) 장난을 좋아하는 소녀.
шалфей (샬페이)	(남) 세이지(샐비어의 일종); 그 잎(약용. 요리용), 사루비아, 쑥의 일종
шалыган (샬리간)	(남) 게으름쟁이, 어쩔 수 없는 녀석
шалыганить (샬리간니찌)	(부) 빈둥대다
шалый (샬리이)	(형) 미친, 실성한, 머리가 이상한, 광기있는, 미치광이의, 얼빠진 짓의
шаль (샬리)	(여) ① 숄(shawl), 어깨걸이. 어깨걸개; ② 어리석음, 둔하다, 무분별; воротник ~ ю 소백의 칼라 숄
шальной (샬리노이)	(형) 미치광이의, 실성한, 머리가 이상한, 광기어린, 광기의 열광적인;
шаляй-валяй (샬래이-왈래이)	(부) 아무리 해도 어떤식[방법]으로든, 어떻게든 여하튼, 좌우간, 아무렇게나. 적당히, 어쨌든 적당히 얼버무려.

шаман (샤만)	(남) ① 샤먼 방술사, 마(주)술사, 무당; ② 샤먼교(나만교)의 승려(僧侶) ~ить 샤머니즘의 의식, 샤머니즘의 예배식 샤먼교의 기도를 행하다 ~ский (형) к шаман и шаманство; ~ство (중) 샤머니즘, 샤먼교의 그 승 려의 (시베리아 여러 민족의) 샤먼교, 황교(黃敎), 라마교의 신파
шаматон (샤마똔)	(남) 게으름쟁이, 게름쟁이
шамать (샤마찌)	(남) (도둑 은어) 먹다, 삼키다
шамберьер (샴베리엘)	서커스에서 맹수를 다루는 회초리
шамканье (샴까니에)	(중) 중얼[웅얼]거리는, 우물우물하는
шамкать (샴까찌)	(부) 작고 똑똑지 않은 말, 중얼거림.
шамовка (샴옵까)	(여) 음식, 먹거리, 먹을것, 음식물 식량, 양식
шамот (샤오트)	(남) 내화점토, 그것으로 만든 벽돌.
шампанея (샴빠네야)	(여) 샴페인(champagne), 삼편주
шампанизация (샴빠니자찌야)	(여) 샴페인 주조
шампанизировать (샴빠니지로와찌)	(부) (шампанское 샴페인을) 주조하다
шампанский (샴빤쓰끼이)	(형) 샴페인의, 삼편주의
шампанское (샴빤쓰꼬에)	(중) (형) 샴페인(champagne) 거품이 이는 음료(샴페인·소다수 등)
шампиньон (샴삔온)	(남) (*гриб*) 들버섯, 모균류의 버섯, 식용 버섯 일종, 야생 버섯 야생양송이
шампунь (샴뿐니)	(남) 씻다, (머리를)감다, 샴푸하다;

шампур (샴뿌르)	(남) 양고기를 굽는 막대
шамсин (샴씬)	(남) 이집트의 열풍
шандал (샨달)	(남) 묵직한 촛대
шандор (샨돌)	(남) (수문 등을 닫는) 갑판
шанежка (샤녜즈까)	(남) *см* шаньга.
шанец (샤녜쯔)	(남) 참호; 산병호; 구덩이, 호참
шанкр (샨크르)	(남) (의학) 하감(下疳); 음식창, 성병.
шанс (샨쓰)	(남) 기회, 호기, 전망, 가능성, 좋은 기회, 찬스 경우
шансонетка (샨쏘네뜨까)	(여) ① 카바레 노래, (연예장의) 소곡 소품곡, 소창(消暢), 샹송(chanson); ② 카바레, 카바레 가수
шансонетный (샨쏘네뜨느이)	(형) 소곡의. 소창의
шантаж (샨따즈)	(남) 등치기, 갈취(한 돈), 공갈, 협박 ~ировать(*вн.*) 강탈. 공갈로 취하다 ~ист (남), ~истка (여) 공갈배, 등치기자, 갈취자
шантан (샨딴)	(남) *см.* кафешантан
Шантарские острова (샨따르쓰끼에 오쓰뜨로와)	(여) 오호츠크해의 군도
шантрапа (샨뜨라빠)	(여) 최하충민 불량자, 인간쓰레기, 건달(乾達), 깡패
шантрет (샨뜨렡)	(남) 머리가 갈색인 사람
Шанхай (샹하이)	(형) *г.* 상해(上海), 샹하이
шанцевый	(형) *воен.*: ~ инструмент 구조의.

1537

(샨쩨브이)	참호를 파는 기계
шаньга (샨니가)	(형) 버터를 넣은 튀김과자
шапирограф (샤삐로그라프)	(남) 복사기의 일종
шапито (샤삐또)	(남) (서커스 움막의) 이동식 큰텐트 그 속에서 행해지는 순업 서커스
шапка (샤쁘까)	(여) ① (차양을 대지 않은 부드러운) 모자, 선수 모자; меховая ~ 털모자, ② (신문, 잡지 등) 헤드라인, 전단(으 로 짠 큰) 표제 (서적. 신문 등의) 표제 의 큰 활자 방송 뉴스의 주요 제목(총 괄); (일반적으로)위에 덮은 것(거품 등)
шапкозакидательный (샤쁘꼬자끼다쩰리느이)	승리를 과신하다
шапкозакидательство (샤쁘꼬자끼다쩰스뜨붜)	(남) 승리의 과신
шаповал (샤빠왈)	(남) 양털 모자공 축융공(縮絨工)
шапокляк (샤빠끌래크)	(남) 오페라 해트, 접을 수 있는 실크 해트
шапонька (샤쁜니까)	(여) 예쁜작은 모자; см шапка
шапочка (샤쁘츠까)	(여) 작은 모자; Красная ~(в сказке) 붉은 승마복에 딸린 작은 모자
шапочник (샤쁘츠니크)	(남) 모자 제조인, 모자 상인; ~ый (형) к шапка: прий ти к ~ом у разбору разг. 축제후에 왔다, 지나 간 버스 ~ое знакомство 만나면 묵례 할 정도의 사이[사람], 피상적인 지식
шапочный (샤쁘츠느이)	(형) 그저 조금 아는 사람 (모자를벗어 인사할 정도로)
шапсуг (샤쁘숙)	(남) 체르께스계통의 사람 (까프까즈의)
шапчонка (샤쁘촌까)	(여) (보통 차양이 없는) 부드러운 모자

шар¹ (샤르)	(여) 구(球); 구상체, 공 모양의 것, 구체(球體), 구(球), 구형, 천구(天球),
шар² (샤르)	(북쪽 땅에 있어서) 해협(海峽).
шарабан (샤라반)	(남) (고대의) 전차, 일종의 무개마차 대형 관광버스, 대형유람 버스
шарада (샤라다)	(여) 제스터 게임(몸짓으로 판단하여 말을 한 자씩 알아맞히는 놀이), (그 게임의) 몸짓으로 나타내는 말, 글자 수수께끼
шарап (샤라쁘)	뻔뻔스럽게, 억지로; на ~, на шарапа (경매품·상을) 쉽게 손에 넣을 수 있는.
шарахать (샤라하찌)	세게치다, 사격하다, 쏘다
шарахаться, шарахнуться. (샤라하쨔, 샤라흐누쨔)	급히 휘다, (옆으로) 물러서다, 몸을 던지다, 달려들다 세게 부딪치다, 쓰러지다, 떨어지다, 사격하다(о лошади) 소심한, 부끄럼타는, 수줍어하는
шарахнуться (샤라흐누쨔)	см. шарахаться
шарашка (샤라스까)	(여) 튼튼한 막대
шарашкин: (샤라쉬끼이)	~а контора разг. (배타적인) 도당, 파벌(派閥), 포말 기업(企業)
шарголин (샤르골린)	(кирза로 수지 가공한) 인조피혁: 의피, 의혁(擬革).
шарж (샤르즈)	(남) 풍자화, (시사)만화, 그로테스크 괴기주의, 풍자만화, 광화, 캐리커처
шаржировать (샤르쥐로와찌)	① 만화식[풍자적]으로 그리다, 희화화하다 ② 지나치게 하다 과장하여 연기하다 (그림. 연기) 과장하다, 과장해서 희화적으로 하다, 도를 넘다, 무리하다.
шаржировка (샤르쥐로브까)	(여) 과장, 희화화
шар - зонд (샤르-존드)	(남) 기상관측기구(氣象觀測-)
шариаж	(남) 충적층(沖積層)

(샤리아즈)

шариат (샤리앝)	(남) 회교법전(回教法典)
шаривари (샤리와리)	(남) 큰 소동, 시위적소란(방해를 목적으로 한), 야유 곡예의 여흥
шарик (샤리크)	(남) 작은구슬, 염주알 로사리오, 묵주, 혈구(血溝), (특히 액체의) 소구체, 알,
шариковый (샤리꼬브이)	(형): ~ подшипник = шарикоподшипник ~ ая ручка 볼펜, 볼펜 일종 ~ ая бомба 볼 폭탄(일종 산탄폭탄).
шарикоподшипник (샤리꼬쁘드쉬쁘니끄)	(남) *тех.* 볼 베어링 구축수.
шарить, пошарить (샤리찌, 뽀샤리찌)	(손으로 더듬어) 더듬어 찾다, 여기저기 찾다, 뒤적거려 찾다, 샅샅이 찾다, 임검[수색]하다 пошарить в кармане 주머니를 더듬어 찾다.
шарканье (샤르까니에)	(중) 발을 질질 끌다, 지척거리다.
шаркать, шаркнуть (샤르까찌, 샤르끄누찌)	비비다, 비벼서 소리를 내다, 발을 질질 끌기, 뒤섞음, 혼합
шаркнуть (샤르끄누찌)	*сов. см.* шаркать
шаркун (샤르꾼)	(남) 속이 빈 남자
шарлатан (샬라딴)	(남) 크게 허풍을 떠는 사람 협잡꾼, 박식한 체하는 남자 사기꾼; ~ить 돌팔이 의사 같은, 박식한 체하다, 협잡하다; ~ский (형) *к* шарлатан *тж*. ~ство (형) 허풍, 아는 체함, 사기적인
шарлах (샬라흐)	(남) 진홍색의 물감
шарлаховый (샬라호브이)	(형) 진홍색의
шарлот (~ка) (샬롵)	파의 일종 샬럿(사과를 넣은 푸딩)

шарлотка (샬롵까)	(형) 샬렅(찐 과일 등을 빵·케이크로 싼 푸딩) 파의 일종.
шарм (샤르므)	(남) 매력, 매혹, 아름다운 점
шарманка (샤르만까)	(여) 손으로 핸들을 돌려 타는 풍금, 배럴 오르간, 등에 지고 다니는 소형 오르간, 샤르만까; ~щик (남) 배럴 오르간 연주자, 거리의 풍각쟁이
шарнир (샤르니르)	(남) 돌쩌귀, 경첩, 접철, 합엽, 이음쇠;
шаровары (샤로와릐)	(복수) (남자) 넓은 바지, (중근동지방 남녀의) 헐렁바지, 체육바지.
шаровать (샤로와찌)	(밭을) 갈아 잡초. 잡물을 제거하다
шаровидный (샤로뷔드느이)	(형) 구상(공모양)의, 구형의
шаровидность (샤로뷔드노쓰찌)	(여) 구상, 구면, 구형, 구형도(球形度) ~ый (형) 구상(공모양)의.
шаровой (샤로보이)	(형) 구의, 공의, 구체의, 볼의, 공의, 공같은 것, 공 모양의; ~шарнир (전구 따위를 끼우는) 소켓
шаромыга (남, 여), ~ жник (남) (샤로믜가)	기생동(식)물, 기생충[균],기식자 식객. 어릿광대, (고대그리스의) 아첨꾼, 사기꾼, 겨우살이 탁란성의 새(두견이).
шаромыжничать (샤로믜즈니차찌)	(부) 사기치다
шаромыжничество (샤로믜즈니체쓰찌)	(남) 사기(詐欺), 속임수
шарообразность (샤로옵라즈노쓰찌) ~ый	(여) 구상, 구면, 구형, 구형도; (형) 구의, 구체의 구 모양의
шароскоп (샤로쓰꼽)	(남) 영상을 확대해 보는 렌즈 달린 플라스틱구
шарошка (샤로쉬까)	(여) 재단기(裁斷機)
шарпать	약탈하다, 빼앗다, 우려내다

(샤르빠찌)

шар-пилот (샤르삘롣)   (남) 기상관측기구, 측풍기구(測風氣球)

шартрез (샤르뜨레즈)   (남) 샤르트 루즈(향기 있는 리큐르의 이름)

шарф (샤르프)   (남) 스카프, 목도리, 숄 (흑. 황. 은 3색의) 견장(장교의); вязаный ~ 긴 털목도리, 머플러.

шассе (샤쎄)   (남) 춤의 일종, 샷세

шасси (샤씨)   (중) 샤시(자동차. 마차) 차대, 포좌 (비행기 착륙장치의) 각부(다리부분)

шасталка (샤쓰딸까)   (여) 곡물 까끄라기를 제거하는 기계

шастальный (샤쓰딸느이)   (형) 곡물의 까끄라기를 떨어뜨리기 위한

шастанье (샤쓰따니에)   (중) 흔들거리다.까끄라기를 떨어뜨리다

шастать (샤쓰따찌)   (건들건들) 거닐다, 방랑하다, 배회하다 우물쭈물하다, 서성대다, 까끄라기를 떨어뜨리다 흔들거리다.

шасть (샤쓰찌)   순식간에 (들어온. 뛰쳐나간. 가로지른)

шатание (샤따니에)   (중) ① 흔들리다, 흔들흔들하다, 흔들리는, 흔들흔들하는 것, 빈둥빈둥함, 비틀비틀함, 주저, 망설임, 말을더듬음, ② (건들건들) 거닐다, 빈둥거리다, 빈들빈들 돌아다니다.

шатать (샤따찌)   (부) ① 동요하다, 흔들리다, 뒤흔들다 흔들리다 진동하다 흔들거리다; ② его ~ ает. 그는 비틀거리고 있다, ~аться ① 풀리다, 느슨해지다, 불안정한 건들거리는, 견고하지 않은,흔들리다 비틀비틀하다, 위태롭다 흔들거리다 ② 어슬렁어슬렁 걷다, (건들건들)거닐다, 빈들빈들 돌아다니다

шатен (남), ~ ка (여) 갈색 머리인 사람.

(샤쩬)

шатёр (샤쬴)	(남) ① (서커스 따위의) 큰 천막, 텐트 ② 우진각 지붕, 모임지붕
шатировать (샤찌로와찌)	명암을 내다, 바림하다
шатировка (샤찌로브까)	(여) 명암법(明暗法), 선염(渲染)
шатия (샤찌야)	(여) 패(牌), 무리, 동료; (악한의) 일당, 폭력단, 갱단, 시시한 사람들, 불량배
шаткий (샤뜨끼이)	(형) ① 불안정한, 건들거리는, 흔들리는, 믿을수 없는, 불확실한, (가구등이) 망그러질 듯한 (생각이) 믿음성 없는. ② 불확실한, 믿을 수 없는, 불안정한, 흔들리다, 우유부 단한, 의지력이 약한 건들거리 는, 견고하지 않은; ~ость (여) ① 불안정 건들거림, 견고하지 않음, 흔들림 ② 불확실, 믿을 수 없음, 불안정 위험(危險), 불안(不安)
шаток (샤또크)	(남) 흔들리는, 비틀비틀하는, 흔들흔들하는, 불확실한, 믿을수 없는, 불안정한
шато-лафит (샤딸-라핕)	(남) 프랑스산 적색포도주의 일종
шатровый (샬로브이)	① (형) *к шатёр*; ② (지붕에 대하여) 천막형의, 사방으로 경사면이 있는
шатун (샤툰)	(남) 커넥팅 로드, 연접봉, 부랑자;
шафер (샤페르)	(남) 최적임자; 혼례에 시중드는 사람
шафран (샤프란)	(남)(식물)사프란, 그 꽃의 암술머리(과자 따위의 착색 향미료); 사프란색, 샛노랑 사프란에서 얻는 약재, 식용염료, ~ный , ~овый (형) 사프란의.
шах¹ (샤흐)	(남) 이란국왕의 칭호, 인도제후의 칭호
шах² (샤흐)	(남) 장군(공격) ~ королю 장군을 부르다 ~ и мат 외통 장군 격파,
шахер-махер	(남) 교활하게 장사를 하는 사람, 속임

(샤헬-마헬)	수를 쓰는 사람 교묘한 위장 상표
шахермахерство (샤헬마헬쓰뜨뷔)	(남) 중간에서 가로챔 속임수
шахиншах (샤힌샤흐)	(남) 이란 국왕의 정식 호칭 이란국왕
шахиня (샤힌야)	(여) шах의 아내 이란의 왕비(王妃).
шахматист (남), ~ка (여) (샤흐마찌스뜨)	체스, 서양장기, 장기를 두는 사람, 체스기사.
шахматный (샤흐마뜨느이)	(형) 체스로, 서양장기의
шахматы (샤흐마띠)	(복수) ① 장기말의 한 조 играть в ~ 체스를 하다 ② (체스의) 말.
шаховать (샤호와찌)	(복수) 장군을 부르다, 장군(공격)
шахта (샤흐따)	(여) ① 탄갱 채굴장, 채석장, 광산, (용광로의) 원통형 또는 원추형의 내부 ② 수갱; 환기구멍, 바람구멍, 엘리베이터의 통로 вентиляционная ~ (광산의) 환기갱(坑), 통풍관.
шахтёр (샤흐횰)	(남) 광부; 갱부, 광산업자 день ~а 광부의 날; ~ский ① 광부; 갱부, 광산업자; ② 채광기, (특히)채탄기.
шахтёрка (샤흐횰까)	(여) 여자 갱부; шахтёр의 아내, 갱부의 방수 작업복 갱내모자
шахтный (샤흐뜨느이)	① (형) к шахта; ② ~ая печь метал. 수갱노; 환기[바람]구멍.
шахтовладелец (샤흐또블라젤례쯔)	(남) 광산 소유주
шахтоуправление (샤흐또우쁘라블례니에)	(남) 광산 관리국
шашель (샤셸)	(남) 착선충(着船蟲)
шашечка (샤쉐츠까)	(여) 도로포장용 나무벽돌의 일종
шашечница	(여) 체스판, 서양 장기판, 바둑판,

(샤쉐츠니짜)	체크판, 바둑판같은 무늬가 있는 것 ~ый : ~ая доска 바둑판, 체크판, 서양 바둑의, 서양장기 판.
шашечный (샤쉐츠느이)	(형) 서양 바둑의
шашист (샤쉬쓰트)	(남) 바둑 두기, 바둑기사
шашка¹ (샤스까)	(여) 사브르, 기병도(刀), 기병대 검 (가죽집에 넣은 휨이 적은) 검(劒).
шашка² (샤스까)	(여) ① 체스의 말, 서양 바둑돌, 서양 바둑, 바둑판무늬, ② (복수) (서양장기의 일종)체스, 서양장기 играть в ~ и 서양장기를 두다, 바둑을 두다
шашка³ (샤스까)	(여): дымовая ~ 굴뚝, 연기통 подрывная ~ 폭파, 탄약통 카트리지
шашлык (샤슬릭)	(남) (크림반도. 까프까즈의) 꼬치구이 양고기, 샤슬릭
шашлычная (샤슬릐츠나야)	(여) 샤슬릭 집, 꼬치구이의 집
шашни (샤쉬니)	(복수) ① 음모, 간책; 정사, 농담, 못된 장난; ② 정사, 밀애, 간통, 연애의 요염한 불륜의 연애, 불륜의 관계,
шваб (쉬와브)	(남) 쉬바벤(독일주의)사람, 도이치인
швабра (쉬와브라)	(여) 마포걸레, 자루걸레, (갑판 따위를 닦는) 자루걸레 чистить ~ ой (вн.) (자루걸레로) 훔치다
шваль (쉬왈)	(여) 하층민(인간)쓰레기, 변변치 않은 사람, 부랑자, 잡동사니
швальня (쉬왈리내)	(여) 맞춤 양복점, 재봉 공장.
швара (쉬와라)	(여) 향내를 내기 위해 담배에 섞는 식물의 잎. 줄기의 조각 등
шваркнуть (쉬와르크누찌)	(부) 던지다, 치다
шварт	(남) (배의) 이물에 있는 닻,

(쉬와르트)	예비용 큰닻
швартов (쉬와르똡)	(남) (항해) 계류장치, 계류설비 계류장, 정박장, 새끼, (밧)줄, 끈, 로프, (배를) 밧줄로 끌다, 계류장(정박장) 와이어,
швартовать (쉬와르따와찌)	(복수) (배·비행선 등을) 잡아매다, 정박시키다, 정박하다, 단단히 고정하다, ~си ① (꽉)죄다, 매다(배), 계류장, ② *к* швартовать
швартовый (쉬와르또브이)	(형) 계류의, 정박의
швах (쉬와흐)	(활동·작품의) 서투른, 어설픈, 무능한, 잘 되지 않은, 불량한, 불충분한; дела у него ~ 그의 업무로(건강)좋지 않다
швед (남), ~ка (여) 스웨덴인, 스웨덴 사람 (쉬베드)	~ский (형) 스웨덴의 스웨덴식[풍]의 ~ский язык 스웨덴말, 스웨덴 언어
швей ка (쉬베이까)	(여) 재봉사; 재봉용구의 한 가지
швей ник (쉬베이닉)	(남) 재봉공, 산업봉제공; ~ый (형) 재봉의, 봉제용의 ~ая машина 재봉틀 ~ая игла 재봉용 바늘 ~ая фабрика (옷,의류, 외피) 의복공장;~ая промы-шленность 의복(의류, 피복)산업
швей нфуртская зелень (쉬베인풀르프쯔까야 젤렌니)	(парижская зелень) 농업용 살충제의
швей цар (쉬베이짜르)	(남) (호텔의) 짐 운반인, 수위, 문지기.
швей царец (남), ~ка (여) 스위스인. (쉬베이짜레쯔)	
швей цариха (쉬베이짜리하)	швей цар의 여성형 швей цар의 아내
Швей цария (쉬베이짜리야)	(여) 스위스
швей царская (쉬베이짤쓰까야)	(여) (*комната*) 수위실
швей царский [1] (쉬베이짤쓰끼이)	(*относящий ся к Швей царии*) 스위스의, 스위스식의 스위스 사람의.

швейца́рский [2] (쉬뻬이짤쓰끼이)	(형) кшвей цар
швелева́ние (쉬뻴레와니에)	(남) 저온 건류, 반성 코크스화
швеллер (쉬뻴레르)	(남) 액체를 통하는 도관(기둥. 문지방) 홈형 철근, 콘크리트 기둥 홈형.
швермер (쉬뼬메르)	(남) 지그재그 모양으로 꼬리를 끄는, 쏘아 올리는 폭죽
швертбо́т (쉬뻴뜨봍)	(남) 작은 돛단배의 하나, 센터보드, 자재 용골(自在龍骨)
швец (쉬볘쯔)	(남) 재봉사; (주로 남성복의) 재단사 (우크라이나에서) 구두공, 제화공
Шве́ция (쉬볘찌야)	(여) 스웨덴(the Kingdom of Sweden)
швея́ (쉬볘야)	(여) 침모, 여자재봉사; ~ мотори́стка 전동 미싱 조작자;
шво́рень (쉬뷔롄니)	(남) см. шкво́рень
швырко́вый (쉬빌꼬브이)	(형): ~ые дрова́ 통나무(땔나무)를 10 - 12인치로 쪼개다, 장작을 패다
швырну́ть (쉬빌누찌)	сов. см. швыря́ть
швыро́к (쉬브로크)	(남) см. швырко́вые дрова́; см. швырко́вый (난로용) 짧게장른 장작
швыря́лка (쉬브럘까)	(여) 감자 캐는 기계
швыря́ние (쉬브랴니에)	(중) 던지기, 헐링(아일랜드식 하키규칙) (가볍게. 아무렇게나) 던지다
швыря́ть, швырну́ть (쉬브럐찌, 쉬빌누찌)	집어던지다, 세게 던지다, 힘차게 던지다, 낭비하다 ~ ка́мни 돌을 던지다 ~ться (내)던지다, 팽개치다 던지다, 서로 던지다 낭비하다; 아무렇게나 취급하다 ~ться друг в дру́га 또 다른 하나를 던지다.
швычо́к (쉬브초끄)	(남) 손끝으로 튕김

шебарша (쉐바르샤)	(중) 요란한 사람 불평가
шебаршить (쉐발쉬찌)	(남) 술술 말하다, 수다떨다, 소란 피우다, 불평하다
шебека (쉐베까)	(여) 지중해의 작은 삼장선의 명칭
шевалье (쉐왈에)	(남) (중세의) 기사, 옛날 프랑스의 최하위 귀족의 칭호 보리의 일종
шевелин (쉐벨린)	(남) 단열 물질
шевелить, шевельнуть (쉐벨리찌)	살짝 움직이다, 가볍게 흔들다 (감정을) 움직이다, (희망을) 일으키다 ~губами 입술을 움직이다 ~ рукой, ногой 손발을 움직이다 ~ сено 돌다 지루한, ~ся, шевельнуться (약간) 움직이다, 살짝 움직이다, (감정 등이) 일어나다 шевелись! (더) 씽씽하게 움직여라 씽씽하게 일해라.
шевельнуть(ся) (쉐벨누찌)	*см.* шевелить(ся)
шевелюра (쉐벨류라)	(여) (숱이 많은) 머리털.
шевер (쉐벨)	(남) 금속 절단기
шевинговальный (쉐빈고왈르느이)	(형) 대패질용의
шевингование (쉐빈고와니에)	(남) 대패질
шевиот (쉐뷔옽)	(남) 체비엇양; 체비엇양털로 짠 두꺼운 모직물, 양털제직물의 일종, 사지; ~овый (형) 체비엇양, 체비엇 양털로 짠 두꺼운 모직물(毛織物)
шеврет (쉐베롙)	(남) 부드러운 양가죽(제화. 제모 그 밖의 용도로 쓰임)
шевро (쉐베로)	(중) 새끼염소, 새끼영양,(무두질한 가죽) 부드러운 제화용 짐승가죽(산양. 양등), ~вый 키드제의, 키드가죽 장갑[구두]

	~вые ботинки 키드 가죽 구두
шеврон (쉐베론)	(남) 갈매기표 수장(袖章)(하사관의 영국에서는 근무 연한을, 미국서는 계급을 표시) (갈매기 형의) 완장(초과근무연한을 나타냄)
шевронный (쉐베론느이)	(형) 형의 완장용의, (톱니바퀴의 이빨에) 형의, 오늬 모양의, 갈짓자 무늬 장식
шевырять (쉐브래찌)	(부) 휘젓다
шёд (숃)	(남) 동물 양식장의 우리를 덮는 차양
шедевр (쉐데브르)	(여) 걸작(傑作), 명작(名作).
шеегрейка (쉐예그레이까)	(여) 목도리, 머플러(muffler), 목수건
шеелит (쉐엘맅)	(남) 회중석, 군중석, 관중석, 청중석
шезлонг (쉐즐롣그)	(남) 긴의자의 일종, (등받이를 젖히는) 의자
шейк (쉐이크)	(남) 영국에서 시작된 춤으로 빨리 짝을 이루어서 추는 춤, 그 리듬
шейка (쉐이까)	(여) ① уменьш. от шея; ② 가늘고 작은 목, (모든 물건의) 협소한 부분, ~ вала *тех.* 샤프트, 굴대 저널 ~ рельса 웨브 크랭크의 암 ~ матки *анат.* 목, 경부; 자궁 경부 ③ 꽁무니 빼다, 꼬리를 빼다, 꽁무니 빼는 사람 변절자.
шейный (쉐이느이)	(형) 목 모양의 부분, (그릇·악기 따위의) 잘록한 부분, 인후의, 목의,
шейх (쉐이흐)	(남) 아라비아의 족장, 어느종파의 장로
шекспироведение (쉭스뻬로웨제니에)	(중) 셰익스피어 학문(연구)
шёл (숄)	(남) *см.* идти
шелеп	(남) 회초리, 매, 종아리채

(쉘렙)

шелест (쉘레스트)	(남) (나뭇잎이나 비단 등이) 와삭거리는, 바스락거리다, 사락사락(사각사각) 하는
шелестеть (쉘레쓰쩨찌)	(중) 사락사락. 사각사각 소리나다, 살랑(와삭, 바스락)거리는 소리, 나뭇잎의 살랑거림, 옷 스치는 소리
шёлк (숄크)	(남) 비단 비단옷 견(絹); 견직, 견직물 견직물 옷, 비단실 명주실, 생사 견사 ~ -сырен 생사, 명주솜, 누에솜 искусственный ~모조실크, 인조견사,
шелковарня (쉘까와르냐)	(여) 생사공장(生絲工場)
шелковидный (쉘까뷔드느이)	(형) 비단같은, 고운.
шелковина (쉘까뷔나)	(여) 명주(明紬); 견사(絹絲)
шелковинка (쉘까뷘까)	(여) 명주 견사. 나사(螺絲)
шелковистый (쉘까뷔쓰뜨이)	(형) 비단같은 보드라운, 매끄러운; ~ые волосы 비단 같은 머리결
шелковица (쉘까뷔짜)	(여) 뽕나무, 오디나무, 상목.
шелковичный (쉘까뷔츠느이)	(형) 양잠의: ~ червь 누에; ~ кокон 누에고치, 실크코쿤
шелковка (쉘꼬브까)	(여) 메밀가루, 백면(白麵), 목말(木末)
шелковод (쉘까본)	(남) 양잠업자, 누에 양육자, 누에 사육 ~ство (중) 양잠, 양잠업, 누에 번식; ~ческий (중)к шелководство
шёлковый (숄까브이)	(형) 명주의, 명주로 만든, 비단 같은 ~ая ткань 비단옷, ~ое платье 실크 드레스 ~ые чулки 실크 스타킹.
шёлкокомбинат (숄까꼼비낱)	(남) 견직 기업 합동
шёлкокручение (숄까끄루체니에)	(부) 생사를 뽑아내는 것

Шш

шёлкомотальный (쑐까마**딸**리느이)	(형) 견사조의
шёлкомотальня (쑐까마**딸**리내)	(여) 사조공장, 실공장
шёлкомотальщик (쑐까마**딸**리쉬크)	(남) 사조공, 생사공
шёлкомотание (쑐까마**따**니에)	(부) 사조(絲條); 실을 뽑음(고치에서 생사를 뽑는 것)
шёлкообрабатывающий (쑐까아브라**바**뜨와유쉬이)	(형) 견사의, 견포가공의
шёлкоотделительный (쑐까아트젤**리**쩰느이)	(형) 명주를 분비하는
шелкопряд (쎌까**쁘**랴드)	(남) 누에, 나방, 가잠(家蠶)
шелкопрядение (쑐까쁘랴**제**니에)	(중) 견사를 뽑는 일, (누에. 거미가) 실을 내다, 치다; ~**ильный** 견사를 뽑는 일, (누에. 거미가) 실을 내다 ~ ильная фабрика 누에공장
шёлкопрядильня (쑐까쁘래**질**냐)	(여) 견사공장, 실크방적
шёлкоткацкий (쑐까끝**까**쯔끼이)	(여) 명주(비단) 제조의, 견사를 짜다 ~ ая фабрика 비단제조공장
шёлкоткачество (쑐까끝**까**체쓰뜨붜)	(남) 견포 제조, 실크(명주)짜다(뜨다)
шеллак (쎌라크)	(남) 셸락(도료); 바니스. 봉랍드의 원료가 되는 수지
шелом (쎌**롬**)	철갑보 (*см.* шлем).
шелопай (쎌라**빠**이)	(남) *см.* шалопай .
шелохнуть (쎌라흐**누**찌)	살짝 움직이게하다, (억지로, 약간) 움직이다 ~**нуться** 살짝(가만히) 움직이다, 흔들리다; стоятьне ~ нуться 꼼짝 않고 서 있다 листок не ~ нётся 나뭇잎도 움직이지 않다
шелудивый	(형) 옴에 걸린, 개선(疥癬), 개창(疥瘡),

Шш

1551

(쉘루디브이)	충개(蟲疥)에 걸린
шелуховый (쉘루호브이)	(형) 야비한, 더러운, 인색한. 비열한
шелудяк (쉘루쟈크)	(남) 옴에 걸린 사람
шелуха (쉘루하)	(남) 꼬투리, 껍데기, 겉껍질, 외피 도움이 되지 않는 외피적인 것. (과일) 껍질을 벗기다 (껍질. 깍지. 칠 등을) 벗기다, 벗겨내다, (완두콩의) 꼬투리 누에고치 비늘, 비늘 모양의 것, 비늘을 벗기다 картофельная ~ 감자 껍질벗기기, 벗긴 껍질(감자 따위의).
шелушение (쉘루쉐니에)	(중) 껍질벗기기 껍질을 벗기는 일, 허물이 벗겨지는 것.
шелушильный (쉘루웰느이)	(형) 외피를 벗기는
шелушить (쉘루쉬찌)	(부) (껍질. 껍데기 따위가) 벗어지다, 벗겨지다, 외피를 벗기다, ~ ся ① (과일의) 껍질을 벗기다, (비늘.페인트 등) 벗겨져 떨어지다 외피가 벗겨지다; ② *страд*. к шелушить
шелчина (쉘치나)	(여) 견사, 생사, 실크 실, 명주실
шельма (쉘마)	(남, 여) 악당, 깡패, 악한, 사기꾼, 불량배; 교활한 놈, 불한당
шельмец (쉘메쯔)	(남) 교활한 놈, 간사한 놈, 꾀 많은.
шельмование (쉘마와니에)	(중) 사회의 불명예, 공공의 불명예 명예 훼손, 중상, 비방.
шельмоватый (쉘마와뜨이)	(형) 교활한, 협잡하는, 사기의 (표정에 대하여) 교활한 듯한
шельмовать, ошельмовать (쉘마와찌)	창피주다, 욕보이다 욕보여 공권을 박탈하다(18세기 전반에 행해졌던 형벌) 비방하다, 중상하다.
шельмовской (쉘마브쓰꼬이)	(형) 사기의
шельмовство	(남) 못된 짓, 사기(詐欺)

(쉘마브쓰뜨뷔)

шельф (쉘프)	(남) 사주, 모래톱, 얕은 여울 암초 континентальный ~ 대륙붕.
шелюга (쉘류가)	(여) 버드나무의 하나
шелюговать (쉘류고와찌)	(부) 모래 땅을 다지기 위해; шелюга를 심다
шематон (쉐마똔)	(남) 텅 빈 인간, 게으름쟁이
шемая (쉐마야)	(여) 흑해(黑海). 우랄해에서 나는 청어와 비슷한 물고기
шемизетка (쉐미제뜨까)	(여) 스미즈, 부인용 가슴받이 옷
щемякин (쉐매낀)	(남) ~ суд 부정한 재판, 불공평한 재판. (러시야 중세 이야기의 재판관의 이름)
шенапан (쉐나빤)	(남) 게으름쟁이, 장난꾸러기
шенкель (쉔껠)	(남) (기수의) 다리, (특히 발목에서 윗부분 또는 무릎까지) 정강이
шепелеватый (쉐뻴레와뜨이)	(형) 어느 정도 шепелявый 인
шепелявить (쉐뻴래뷔찌)	(부) 불완전하게 발음하다(어린애가 [s, z] 를 [θ ð]로 발음하는 따위) с, з를 ш, ж 처럼 발음하다; ~ость (여) 혀가 잘 돌지 않는 소리, 혀짤배기소리; ~ый (형) 혀가 잘 돌지 않는 소리로 말하다; ~ое произношение 불완전하게 발음 하다
шепинг (쉐삔3그)	(남) 꼴을 깎는 선반기계, 셰이퍼
шепнуть (쉐쁘누찌)	сов. см., шептать
шёпот (쇼뽈)	(남) 귀엣말, 속삭임, 작은 소리로 말하다
шепотня (셰뽈내)	(여) 속삭임, 작은 소리로 말하다

шёпотом (쇼뽀똠)	(부) 가만가만 속삭이며, 작은 목소리로 말하다, 속삭이다.
шептала (쉐쁘딸라)	(여) 말린 복숭아 및 살구.
шептать, шепнуть, прошептать (쉐쁘따찌, 쉐쁘누찌, 쁘라쉐쁘따찌)	속삭이다, 소곤소곤 이야기하다 속삭이듯이 울다, 속삭이는 소리로 주문을 걸다; ~ся 서로 속삭이다, 서로 소곤대며 말하다, 담화하다, 서로 이야기하다
шептун (쉐쁘뚠)	(남) ① 고자질하는 사람, 쓸데없는 소문을 내는 사람, 마법을 거는 사람, (선생에게) 고자질하다; ② 내막을 폭로하는 것, (특히 범죄의) 밀고자, 고발인 직업적 정보 제공자.
шер (쉘르)	(남) 주식, 주권(미국. 영국등의)
шербет (쉘르벹)	(남) 셔벗(과즙을 주로 한 빙과) 청량과즙 음료, 찬 과즙 음료, 소다수류.
шеренга (쉘렌가)	(여) 종렬, 오(伍), 병졸 열(列), 대열, 대오; ~ами 나란히 세우다, 정렬 시키다 в две ~ и 두 열
шериф (쉐맆)	(남) 미국의 국무장관, 영국의 명예 주장관, 군보안관, 지방장관,
шерл (쉘르)	(남) 흑전기석(黑電氣石)
шероховатость (쉐로호와또쓰찌)	(여) 거친, 거칠거칠한, 껄껄한,텁수룩한 ~ый 우툴두툴한 (바위. 나무껍질 등), 울퉁불퉁한, 꺼칠꺼칠한, 감촉이 거친 술술 나가지 않는, 곤란을 수반한
шерп (쉐르쁘)	(남) 셸파족(네팔. 히말라야 지방의 민족)
шерстезаготовка (쉐르쓰쩨자고또브까)	(여) 양모 조달
шерстеобрабатывающий (쉐르쓰쩨옵라바띄와유쉬이)	(형) 양모 가공의
шерстинка (쉐르쓰찐까)	(여) 한 가닥의 털실 하나의 양모.

шерстистый (쉐르쓰찌쓰뜨이)	(여) 양털의, 양모질의, 양털로 (뒤)덮인 양털 같은, 폭신폭신한, 양털로 만든 보풀이 많은, (양 등) 털이 북슬북슬한 ~ть (피부를) 자극하다, 흥분시키다.
шёрстность (쇼르쓰뜨노쓰찌)	(남) 털실, 모직물
шёрстный (쇼르쓰뜨느이)	(형) 짐승털의
шерстобит (쉐르쓰또빝)	(남) 타모공, 털실 방적공 소면, 소모(면화·양털을 잣기 전의 공정).
шерстобитный (쉐르쓰또비뜨느이)	(형) 타모의, 타모용의
шерстобой ня (쉐르쓰또보이냐)	(여) 타모 공장
шерстокрас (쉐르쓰또크라쓰)	(남) 털염색공
шерстокрыл (쉐르쓰또크를)	(남) 날다람쥐 (동남아시아 열대림에 서식) 날 여우원숭이
шерстомоечный (쉐르쓰또모에츠느이)	(형) 세모용의
шерстомой ка (쉘쓰또모이까)	(여) 털 씻는 기계 털 씻는 공장
шерстомой ный (쉐르쓰또모이느이)	(형) (양모를) 씻는
шерстомой ня (쉐르쓰또모이내)	(여) 털 씻는 공장
шерстоносный (쉐르쓰또노쓰느이)	(형) (짐승에 대하여) 털이있는, 털이 난, 털이 북슬북슬한
шерстопрядение (쉐르쓰또쁘래제니에)	(중) 털실을 뽑는 것, 모방적(의), 털실 방적업(의); ~ильный (형) 모방적의, 털실을 뽑는 것 ~ ильная фабрика 모방적 공장
шерстопрядильня (쉐르쓰또쁘래딜리내)	(형) 털실 공장
шерстопрядка (쉐르쓰또쁘래드까)	(여) 방모기

Шш

1555

шерстоткачество (쉐르쓰또뜨까체쓰뜨붜)	(중) 모직물 제조, 털실을 짜는
шерсточесалка (쉐르쓰또체쌀까)	(여) 양털을 빗질하는 공장
шерсточесальный (쉐르쓰또체쌀리느이)	(형) 양털소면, 털소모(면화. 양털을 잣기 전의 공정) ~ая машина 소면기계
шерсть (쉐르쓰찌)	(여) ① 털, 머리카락, 머리 털; ② 포유동물의 털, 양모 털실 모직물, 동물의 털 빛깔; ③ 나사, 모직 옷감, 모직의 옷, 소모사(의), 우스티드(의);
шерстяник (쉐르쓰쩨닉)	(남) 털실 제조공, 모직물 제조공, 양모 제품상, 털실 수예점
шерстянка (쉐르쓰쩬까)	(여) 모직물 같은 면직물 모직 각반
шерстяной (쉐르쓰쩨노이)	(형) 양털의, 모직물의, 모직의, 방모사의, 양모의, 짐승털의, 털실의; ~ые вещи (*носильные*) 방모사의 담요의,
шерхебель (쉐르헤벨리)	(남) 대패 건목대패, 막대패.
шерш (쉐르시)	(남) (새. 짐승을) 찾아!(개에게하는 명령)
шершаветь (쉐르샤볘찌)	(남) 꺼칠꺼칠해지다, 거칠게 하다, 거칠어지다, 꺼칠꺼칠하게 되다
шершавить (쉐르샤븨찌)	(부) 꺼칠꺼칠하게 하다
шершавый (쉐르샤브이)	(형) 거친, 거칠거칠한, 껄껄한,(털 등이 엉켜) 꺼칠꺼칠해진; ~ые руки 막일로 손이 딱딱해진.
шершень (쉐르쉔니)	(남) 말벌류; 끊임없이 맹공격해 오는 적, 성가신(심술궂은) 사람.
шест (쉐쓰트)	(남) 막대기, 깃발, 장대, 기둥, 지주, 긴 막대, (거룻배의) 삿대, (너벅선을) 삿대로 젓다 너벅선으로 나르다
шествие (쉐쓰트뷔에)	(중) 행진; 행렬; погребальное ~ 장례 행렬.
шествовать	(부) 걷다, 걸어가다, 행렬을 지어 나아

(쉐쓰트븨와찌)	가다, 줄지어 걷다 важно ~ 성큼성큼 걷다, 활보하다.
шестерёнка (쉐쓰쩨론까)	(여) 작은 톱니.
шестерик (쉐쓰쩨릭)	(남) 6개가 1뿐드인 초, 6길의 길이 6인치의 두께 6촌못, 6개로 꼰 밧줄, 6인의 일꾼이 있는 가족, 그 밖에 모두 6개로 된 것.
шестериковый (쉐쓰쩨리꼬브이)	(형) 6개로 된 шестерик를 이루다
шестерицею (쉐쓰쩨리쩨유)	(남) 6배하여
шестеричный (쉐쓰쩨리츠느이)	(형) 6배의.
шестёрка (쉐쓰쬴까)	(여) ① 숫자의 6; 모두 6의 번호가 있는 것, 학교 평점의 6점, 카드의 6점표 6인 1조, 6기편대 6대로 된 1조, ② (카드) 6점의 패, 6의 눈이나온 주사위 ③ 6기통의 엔진; ④ 노가 여섯 개, 식스-오어; ⑤ 여섯대의 항공기가 비행
шестерной (쉐쓰쩰노이)	(형, 부) 6배의[로], 여섯 겹, 여섯겹으로, 6개 부분으로 이루어진.
шестерня (쉐쓰쩨르내)	(여) 전동 장치; 기어, 톱니바퀴 장치 활차; 6두마차 톱니, 피니언 톱니바퀴 톱니가 있는 축; коническая ~피니언 톱니바퀴, ведущая ~ 동력전달의 톱니바퀴
шестеро (쉐쓰쩨로)	(수사) 6인, 6필 6쌍; их ~ 그들은 6인이다, 그들은 그곳에 6인이 있다
шести – (쉐쓰찌)	여섯의, 6의, 여섯 개의, 6명의; 6일, 여섯날 일자리가 있다, 6의 자리, 6으로 셀 수 있는 물건.
шестивесельный (쉐쓰찌볘쎌리느이)	(형) 노가 6개 있는
шестиглавый (쉐쓰찌글라브이)	(형) 6개의 꼭대기가 있는
шестигласный	(형) 6부 합창의, 6인으로 구성된

(쉐쓰찌글라쓰느이)

шестигранник
(쉐쓰찌그란닉)
(남) 6면체, 육면체. **~ый** (형) 6면체의, 6면이 있는

шестидесяти-
(쉐쓰찌제쌰띠)
(중)예순[60]의, 예순명[개]의; 60날의, 예순날의, 60개의 자리, 60번째의 지위 60인승의

шестидесятилетие
(쉐쓰찌제쌰찔롓찌에)
(중) ① 60주년, 60주년제, 60번째의 생일, 환갑; ② 60세의

шестидесятилетний
(쉐쓰찌제쌰찔롓스트니이)
(형) ① 60년간의 60세의 60년째의, 60년제의; ~ юбилей 60주년;
② 60의, 60살의 ~ человек 60세의 사람, 60살된 사람.

шестидесятник (남), **~ница** (여)
(쉐쓰찌제쌰드닉)
60년대의 사람(1860년대의 러시아서 활동중인 진보주의 사상가)

шестидесятый
(쉐쓰찌제쌰뜨이)
(형) 제 60번째의, 예순번째의;

шестидневный
(쉐쓰찌드네브느이)
(형) 6일(간)의, 6일간에 걸친.

шестидюймовка
(쉐쓰찌쥬이모브까)
(여) 6일, 1주째.

шестидюймовый
(쉐쓰찌쥬이모브이)
(형) 6일간의, 6일에 걸친

шестиклассник (남) **~ица** (여) 6학년학생
(쉐쓰찌끌라쓰닉)

шестиклинка
(쉐쓰찌끌린까)
(여) 6조각의 천으로 지은 스커트

шестикратный
(쉐쓰찌끄라뜨느이)
(형) 6배의 в ~ом размере 여섯배의, 총액이 6배의

шестикрылый
(쉐쓰찌끄릴르이)
(형) 6장의 날개가 있는

шестилетие
(쉐쓰찔레찌에)
(중) ① 6년간 6년제, 6년째의 기념;
② 6년의, 6년간; **~ний** (형) ① 6년간의 6살의 6년제의 6년째의;
② **~ний** ребёнок 여섯살의 아이

шестимесячный
(쉐쓰찌메샤츠느이)
(형) ① 6개월간의, 생후 6개월의;
② 육개월된; ~ребёнок 생후 육개월된

шестинедельный (쉐쓰찌니젤리느이)	(형) ① 6주일, 육주 일의; ② 생후 6주
шестипалый (쉐쓰찌빨르이)	(형) 여섯 손가락의.
шестисложный (쉐쓰찌쓸로즈느이)	(형) 6음절의
шестисотлетие (쉐쓰찌쏘틀롓찌에)	(중) ① 600년간, 600년 제기념일, 600의 600(주)년의 600년제(祭)의; ② 600년, 6세기; **~ний** (형)육백년의 600주년의; 600 번째의, 600주년째의
шестисотый (쉐쓰찌쏱드이)	(형) 600번째의; страница ~ая 600 페이지, ~ номер 600번
шестиствольный (쉐쓰찌쓰뜨빌리느이)	(형) 6연발의
шестистопный (쉐쓰찌쓰또쁘느이)	(형) 6각의, 6운각, 6시각; ~ямб 약강격의 육보격, 단장격 육보격의 시.
шестисторонний (쉐쓰찌쓰또론느이)	(형) 6면이 있는
шестисторонник (쉐쓰찌쓰또론닉)	(남) 6면체, 육면체
шеститысячный (쉐쓰찌띄샤츠느이)	(형) ① 6000번째의, 6000으로 된; ② 6000 루블의 값어치, ③ 총 6000명의
шестиугольник (쉐쓰찌우골리닉)	(남) 6각형, 육모꼴, 육변형; **~ый** (형) 육모꼴의, 육변형의.
шестичасовой (쉐쓰찌차쏘브이)	(형) ① 6 시간의, 6시의; ② ~поезд 여섯시 기차
шестиэтажный (쉐쓰찌에따즈느이)	(형) 6층의
шестиярусный (쉐쓰찌야루쓰느이)	(형) 6단의, 6층의
шестнадцати – (쉐쓸낫짜찌)	열여섯, 16의, 열여섯 개, 16명의; 열여섯날, 16일의. 16번좌석, 열섯번째자리, 서열 16번, (자동차. 비행기의) 16인승
шестнадцатилетний (쉐쓸낫짜찌레뜨니이)	(형) ① 16년, 십육년 ② 십육세, 16살 ~ мальчик 16세 소년, 열섯살의 소년
шестнадцатый	(형) 제 16번의, 제 열 여섯 번째의;

(쉐쓸낫짜뜨이)	страница, глава ~ая 제16장, 16쪽
шестнадцать (쉐쓸낫짜찌)	(형) 16; ~ раз 열여섯번째.
шестой (쉐쓰또이)	(형) 제 6번의 ~ое января, февраля *и т.п.* 매달 여섯번째, 일.이월의 여섯번째; ~ номер 6번, уже ~ час 5시가 지났다 в ~ом часу 5시 후에 половина ~ого 5시 반
шесток (쉐쓰또크)	(남) ① 화로, 난로, 러시아식 난로, 앞의 작은 대, ② 높은 지위, 횃대
шестовик (쉐쓰또빅)	(남) 장대높이뛰기 선수
шестопёр (쉐쓰또뼬르)	(남) 무기의 일종 (16세기 러시아 воевода의 권력표지, 끝에 6개의 날개가 달린 철제)
шестопсалмие (쉐쓰또쁘쌀미에)	(중) 아침 기도때 읽는 6성가(聖歌)
шесть (쉐쓰찌)	(수) 6. 육(六), 여섯.
шестьдесят (쉐쓰찌제쌰트)	(수) 60, 육십(六十), 예순; ~ один *и т. д.* 육십 한 개;
шестьсот (쉐쓰찌쏱)	(수) 600, 육백(六百)
шестью (쉐쓰찌유)	(부) 6배로 ~ шесть 6의 6배는 36
шеф (쉐프)	(남) ① 장, 장관, 명예대장, 요리장, 주방장; ② (개인. 사업. 주의. 예술의) 보호자, 후원자, 지지자, 후원조직
шефе, шофе: (쉐페)	под ~ 한 잔 마시고 얼근하게 취한 기분으로
шеф-повар (쉐페-뽀와르)	(남) 장(長), 우두머리 주방장(廚房長)
шефский (쉐프쓰끼이)	*лит.* 후원자의, 후원하는.
шефство (쉐프쓰뜨뷔)	(중) 보호, 후원, 찬조, 장려; ~ над чем-л шеф 의 직책. 신분 협력, 원조,

	후원(문화적. 정치적인) взять ~(над) 비호[후원, 찬조] 아래.
шефствовать (쉐프쓰뜨붜와찌)	보호하다, 후원하다 шеф 이 되다; над кем-чем 협력. 지도. 후원하다.
шея (쉐야)	(여) 목, 옷깃, 목덜미 살; 음표의 꼬리; сломать, свернуть себе шею (1) 몹시 서두르다. (2) 전력을 다하다. (3) 위험한(어리석은) 일을 하여 몸을 망치다. (4) 목뼈를 부러뜨리다
шибай (쉬바이)	(남) 중개인, 소상인
шибалка (쉬발까)	(여) 투석기(投石機)
шибануть (쉬바누찌)	*сов. см.* шибать.
шибать (쉬바찌)	(중) 치다, 때리다
шибеница (쉬베니짜)	(여) 교수대
шибер (쉬벨)	(남) 공장이나. 난로 연기통의 덮개, 활판
шибкий (쉽끼이)	*разг.* 신속한, 빠른, 잽싼, 민첩한, 고속의
шибко (쉽꼬)	(부) ① 빠르게, 신속하게, 급히, 곧 몹시 재빠르게, 꾀바르게; ② 굳은, 단단한, 견고한, 딱딱한 매우, 대단히 ~ ударить кого-л. ~을 세게 치다 он ~ скучает 그는 아주 외롭다
шивера (쉬볘라)	(여) (시베리아와 우랄지방 하천의) 흐름이 빠른. 돌이 많은 곳
шиворот (쉬볘롣)	(남) 칼라, 깃, 접어 젖힌 깃. 옷깃, 목덜미; взять кого-л. за ~ 목둘레 싸이즈 ~의 목덜미에 의해 잡아가다
шиворот - навыворот (쉬볘롣 - 나븨붜롵)	(부) 거꾸로, 뒤집히어, 뒤죽박죽으로 혼란되어. 역으로, 반대로, 난잡하게, делать ~ 어떤 일이 뒤죽박죽으로
шизогония	(여) 분열생식(分裂生殖)

(쉬조고니야)

шизофреник
(쉬조프레닉)
(남) 정신분열환자, 정신분열병의 모순된 태도를[감정을] 지니는 (사람) ~ия (여) *мед.* 정신 분열병[증].

шиизм
(쉬이즘)
(남) 시아파(коран 만을 인정하지만 сунна를 부정하는 회교의 일파)

шиит
(쉬일)
(남) 시아파(Shiah派: 시아'는 아랍어로 당파의 뜻, 이슬람교의 2대 종파의 하나)

шииты
(쉬이뜨)
(남) 코란만을 인정하는 회교도의 일파, 즉 시아파

шик
(쉬크)
(남) 현대식, 유행, 스마트, 풍류, 멋부림, 세련된 모양 с ~ом 현대식의, ради ~а 허세를 부리는, 스마트한.

шиканировать
(쉬까니로와찌)
트집을 잡다, 시비를 걸다

шиканье
(쉬까니에)
(중) (경멸.비난의 뜻으로) 시 소리를 내다 가망을 잡다, 시비하는 것 야유하는 것.

шикарить
(쉬까리찌)
멋내다, 맵시 있는 복장. 산뜻한 복장을 하다, 뽐내다

шикарно
(쉬까르나)
(부) 현대식으로, 유행으로, 풍류 적인, 멋부린, 세련된, 스마트한 멋진
~ый ① 풍류적인, 멋부린, 세련된, 스마트한 멋진 меть ~ый вид 아주 세련되게 보인다
② 멋진, 빛나는, 훌륭한, 장한. 화려한

шикать, шикнуть
(쉬까찌, 쉬끄누찌)
① 쉿! (조용히 하라는 신호) ② (경멸. 비난의 뜻으로) 쉬 소리를 내다

шикнуть
(쉬끄누찌)
сов. см. шикать: шиковать.

шиковать
(쉬꼬와찌)
자랑해 보이다, 과시하다, 세련 된 옷차림을 하다 드러내다, 돋보이게 하다.

Шилка
(쉴까)
(여) 시베리아의 치따주(-州)의 강(江)

шиллинг
(쉴링)
(남) 실링(shilling: 영국의 화폐 단위 1/20 pound =12 pence에 상당 略: s.; 1971년 2월 15일 폐지됨); 1실링의 백동전

шило
(중) 큰 바늘, 송곳(가죽공. 구두공 등의)

(쉴로)	~ а в мешке не утаишь *посл.* 살인[비밀, 나쁜 일]은 반드시 탄로난다.
ШИЛОВИДНЫЙ (쉴로븨드느이)	(형) 송곳 모양의, 가늘고 뾰족한
ШИЛОЗАДЫЙ (쉴로자드이)	(형) 엉덩이가 가는
ШИЛОКЛЮВКА (쉴로끌류브까)	(여) 도요새를 닮은 새
ШИЛОХВОСТИТЬ (쉴로흐보스띠찌)	*разг.* 수다떨다, 남의 이야기를 하다 (좋지 않은 의미로), 수군수군하다
ШИЛОХВОСТКА (쉴로흐보스뜨까)	(여) 오리속 수다장이 여자, 소문내고 다니는 사람.
ШИЛОХВОСТЫЙ (쉴로흐보스뜨이)	(형) 꼬리가 가는
ШИЛЬНИК (쉴리닉)	(남) 사기꾼 쇠귀나물속
ШИЛЬНИЦА (쉴리니짜)	(여) 송곳. 큰 바늘집 (구둣방의)
ШИЛЬНИЧАТЬ (쉴리니차찌)	사기치다
ШИЛЬЧАТЫЙ (쉴리니차뜨이)	(형) 가시 있는
ШИММИ (쉼미)	(남) 무용의 이름 (폭스 트롯을 닮은)
ШИМОЗА (쉬모자)	(여) 시모노세 화약
ШИМПАНЗЕ (쉼빤제)	(남) 침팬지(유인원).
ШИНА (쉬나)	(여) ① 타이어, 바퀴. 고무타이어 (차바퀴의) 쇠바퀴; ② (접골 치료용) 부목(副木) ③ 강한 전력용 접선(接線).
ШИНГАРДТ (쉰가르드트)	(남) 스포츠용 무릎 싸개
ШИНЕЛЬ (쉬넬)	(여) (군인의 두꺼운) 외투, 방한 외투 오버(코트), 학생 및 공무원 제복외투

шинкарить (쉰까리찌)	술집을 경영하다 술을 밀매하다
шинкарка (쉰깔까)	(여) 선술집(여인숙) 여주인
шинкарство (쉰깔쓰뜨붜)	(중) 술집을 경영하는 일 주류 밀매
шинкарь (쉰깔리)	(남) 선술집 주인 여인숙의 주인.
шинковальный (쉰꼬왈느이)	(형) 잘게 썰기 위한
шинкованный (쉰꼬완느이)	(형, 부) 조각조각으로 하다[되다]; 갈가리 찢다[찢기다]; ~ая капуста 양배추를 잘게 썰다, 캐배지를갈가리찢다
шинковать (쉰꼬와찌)	잘게 썰다 꽉꽉 찍다, 자르다, 뻐개다, 잘게[짧게] 자르다 조각, 파편.
шинковка (쉰꼬브까)	(여) 잘게 써는 것 그 도구
шинник (쉰니크)	(남) 타이어. 바퀴철공
шинок (쉬녹)	(남) 선술집, 대폿집, 목로주점
шинто (쉰또)	(여) 일본의 신도
шиншилла (쉰쉴라)	(여) 친칠라(다람쥐 비슷한 짐승 남아메리카산); 친칠라 모피. 보풀진 두꺼운 모직
шиньон (쉰니온)	(남) 뒷머리에 땋아 붙인 쪽 틀어 올린 머리, 머리를 뒤로 묶은 머리 형태.
шип¹ (쉽)	(남) ① 바늘, 침, 가시 가시바늘; ② 우리(축사)저장실, 농장 은못,장부촉 ③ 뾰족징, (편자.구두 따위의) 바닥징 긴못, 담장못, 대못, 스파이크
шип² (쉽)	(남) (звук) (치찰음(齒擦音).
шипение (쉬뻬니에)	(중) 치찰음이 현저한(경멸.비난 뜻으로) 시 소리를 내다, (욕.폭언 따위) 내뱉다,
шипеть, прошипеть	① 쉬쉬 소리를 내다, 화가 나서 카랑

(쉬뻬찌)	카랑한 소리를 내다 투덜투덜대다. ② (욕. 폭언을) 내뱉다, 내뱉듯이 말하다, 쉿 하는 소리; ③ 화가 나서 속이 부글부글 끓다 지글지글하는 소리, 쉬잇 소리를 내다, 쉬윗하고 거품이 일다
шиповки (쉬뽀브끼)	스파이크 한 컬레(바닥에 미끄럼 방지돌기가 있는 운동화).
шиповник (쉬뽀브닉)	(남) ① 찔레나무의 일종. 들장미 ② 찔레의 열매, 들장미 열매.
шиповой (쉬뽀보이)	*см.* шип I; 꼭지 구멍을 파기 위한
шипорезный (쉬뽀레즈느이)	(형) 꼭지를 만들기 위한
шипун (쉬뿐)	(남) 목쉰 소리를 내는 사람 투덜투덜대는 사람; 주둥이가 빨간 백조
шипучий (쉬뿌치이)	(형) 끓는 소리가 나는, 거품이이는, 비등하는.
шипучка (쉬뿌츠까)	(여) (마개를 뽑으면 뻥 소리나는 탄산수. 샴페인 거품이 이는 (청량)음료 발포성 음료, 소다[탄산]수.
шипчандлер (쉬쁘찬드렐)	(남) 기항하는 외국배에 음료 및 그 밖의 것을 공급하는 시설.
шипящий (쉬뻬쉬이)	① (형,부) 치찰음이 현저한. ② (남) *как сущ. лингв.* 쉿(조용)
Ширван (쉴완)	(남) 아제르바이쟌의 옛 왕국
шире (쉬레)	(*сравн. ст. от прил.* широкий *и нареч.* широко) 폭이 넓은 광대한(경험. 식견 따위가) 넓은, 광범위하게 걸친 폭넓은, 폭이; ~ развернуть самок-ритику (접어 갠 것, 잎, 봉오리 따위를) 펼치다, 펴다 (진상이) 드러나다, 밝혀지다.
ширина (쉬리나)	(여) 폭, 너비, 가로 넓어짐, 넓이 ~ дороги 도로의 폭; ~ой в десять метров 10미터 넓이 в ~у 폭, 너비, 가로 ~ хода(*колёс*) (길. 장소 따위를) 밟다, 걷다, 가다, 지나다.

ширинка (쉬린까)	(여) 천조각, 수건 바지 앞부분에 대는 천 (빛이) 바래다, 날다.
ширить (쉬리찌)	(복수) 넓히다, 넓게 되다 넓게 하다, 벌리다; ~ пределы 범위를 넓히다.
шириться (쉬리쨔)	(*распространяться*) 넓어지다, 넓게 되다 성장하다. 발달하다.
ширма (쉬르마)	(여) 스크린 칸막이, 눈가림, 차폐물 칸막이 커튼[장지], 막 접개식 장지, створчатая, складная ~ 병풍 служить ~ ой 덮개, 망토로 덮다
широкий (쉬로끼)	(형) 폭넓은, 폭이 있는 (*обширный, тж. перен*) 폭이 넓은, 광대한. 헐거운 헐렁헐렁한 넓은; ~ая дверь 폭넓은 문 ~ая дорога 넓은 도로 ~ ая река 폭 넓은 강 ~ая юбка 넓은 스커트
широко[1] (쉬로꼬)	(형) *кратк. см.* широкий
широко[2] (쉬로꼬)	(부) 폭넓은, 널리 광범위하게, 넓게, 널리 명백히 버릇없게, 천하게 대체로
широковещание (쉬로까볘샤니에)	(중) 방송, 방영. ~тельный ① 방송이 널리 퍼진; ② (소리. 목소리가) 시끄러운(큰) 큰 소리로 지껄이는 사람, 잘난 체 큰소리치는 사람.
широкогрудый (쉬로까그루드이)	(형) 가슴폭이 넓은, 넓은 가슴.
широкодоступный (쉬로까도쓰뚜쁘느이)	(형) 대중이 이해하기 쉬운
широкозадый (쉬로까자드이)	(형) 꽁지가 큰
широкозахватный (쉬로까자흐와트느이)	(형) (괭이. 베는 기계등의) 폭이 넓은
ширококолейный (쉬로까깔례이느이)	(형) 광궤의, 관대한, 마음이 넓은 광범한.
ширококостный (쉬로까꼬쓸느이)	(형) 뼈대가 굵은, 뼈가넓은, 커다란 뼈, 뼈가 굵은.
ширококрылый	(형) 큰 날개, 날개 폭이 넓은

(쉬로까크릴르이)

широколиственный
(쉬로깔리쓰뜨벤느이)
(형) *бот.* 낙엽성의 ~**листый** 활엽수 잎이 무성한, 가지가 뻗은.

широколицый
(쉬로깔리찌이)
(형) 얼굴이 큰, 큰 얼굴.

широконоска
(쉬로까노쓰까)
(여) (긴 주둥이 끝의 폭이 넓은) 오리과의 일종

широконосый
(쉬로까노씌이)
(형) 코가 큰, 큰 코.

широкоплечий
(쉬로까쁠레치이)
(형) 넓은 어깨, 어깨가 넓은, 어깨가 벌어진.

широкополый
(쉬로까뽈르이)
(형) ① 테가 넓은 차양이 넓은;
② 정장 스커트의 (옷에 관하여) 넓은 깃

широкорядный
(쉬로까랴드느이)
(형) 보통보다도 이랑을 넓게 하는, 넓은 밭이랑의

широкоскулый
(쉬로까쓰꿀르이)
(형) 광대뼈가 튀어나온

широкоформатный
(쉬로까포르마뜨느이)
(형): ~ **фильм** 대형 스크린 필름 대형 필름을 영사하는.

широкошляпный
(쉬로까쉬럐쁘느이)
(형) (못에 관하여) 머리가 큰

широкоэкранный
(쉬로까엑란느이)
(형) 와이드 스크린의, 폭 넓은 역사막. ~ **фильм** 와이드 스크린 필름

широконожка
(쉬로까노즈까)
(여) 오리과의 하나

широта
(쉬로따)
(여) ① 넓이, 넓음, 광대; 폭 넓은
② 위도, 위선, 씨줄,

широтник
(쉬로뜨닉)
(남) 평행선. 나란히금.

широтный
(쉬로뜨느이)
геогр. 위도의, 위도 방향의.

широченный
(쉬로첸느이)
(형) 매우 넓은, 광대한.

ширпотреб
(쉬르뽈렙)
(남) 수요가 많은 물품, 필수품. 소비재; 대중 소비품

Шш

1567

ширь (쉬리)	(여) 넓은 공터, 넓은 곳, (바다. 대지 등) 광활한 공간, 넓디넓은장소(구역)
ширять (쉬랴찌)	(крыльями 날개를) 치다, 홰를치다
шитгельб (쉬뜨겔리프)	(남) 황색안료(黃色顔料)
шитик (쉬띡)	(남) 볼가강의 작은 기선
шито - крыто (쉬따 - 끄릐따)	(부) 조용히, 고요히, 수수하게, 은밀히, 가만히, 몰래 всё ~ 그 모든 것이 조용히 끝났다. 그것은 은밀히 끝난다
шитый (쉬뜨이)	(형, 부) 자수하다, 수를 놓다 자수무늬가 있는 서로 접한, 꿰매서 입은
шить, сшить (쉬찌)	① 꿰매다, 깁다, 꿰매어 붙이다[달다], 기워 만들다, 재봉하다, 바느질하다; ~ на машине 재봉틀로 바느질하다 ② 자수하다, 수를 놓다; ~ шёлком 실크에 자수무늬를 놓다; ~ серебром, золотом 금과 은으로 자수를놓다
шитьё (쉬찌요)	(중) ① 재봉; 재봉업, 바느질, 봉제, 깁는 일, 기운 것 바느질바늘, 뜨개바늘 ② 자수, 수(놓기); 자수품
шифер (쉬펠)	(남) ① 슬레이트, 점판암, 석판, ② 지붕용 슬레이트; крыть ~ом 석판; ~ный (형)석판질의, 석판 같은 석판색의.
шифервейс (쉬펠볘이쓰)	(남) 연백(鉛白: 백색안료)
шифон (쉬폰)	(남) 시퐁, 견(絹) 모슬린 (여성복의) 가장자리 장식(레이스 .리본) 비단모슬린 ~овый 시퐁과 같이 얇은 (부드러운) 거품 일게 한 흰자 따위를 넣고 살짝 익힌(파이. 케이크 등).
шифоньер (쉬폰니엘)	(남) 옷장, 양복장(洋服欌)
шифоньерка (쉬폰니엘까)	(여) 양복장(폭이 좁고 높은, 거울이 달린); 부인용 속옷장.

шифр (쉬플)	(남) ① 암호, 부호 암호표; ~ом 암호로(쓴) ключ ~ а 암호 푸는 열쇠, 암호해독법; ② (도서관 장서) 서가번호 도서관 서적의 정리 번호; ③ 모노그램 꾸며 맞춘 문자, 이름의 머릿글자를 짜맞춘 글자
шифрант (쉬프란뜨)	(남) 암호의 키워드, 암호의 열쇠, 열쇠 없이 암호를 읽는 사람
шифратор (쉬프라따르)	(남) (통신. 원격조종 등의) 신호발신설비
шифровальный (쉬프로왈르늬이)	(형) 암호화의
шифровальщик (쉬프라왈쉬크)	(남)(대사관의) 암호해독관, 암호사용자
шифрованный (쉬프라완느이)	(부, 형) 암호로 (쓴), 암호로 하다, 암호화하다; (통신 등) 암호문으로쓰다 ~ая телеграмма 전보,통신(문),서신.
шифровать (쉬프라와찌)	(вн.) 암호로 하다, 암호화 하다, 암호로 쓰다 ~овка (여) 암호화; 암호통신
шифрограмма (쉬프라그람마)	(여) 암호전보
шифрчасть (쉬프르차쓰찌)	(여) 암호 전신과
шихан (쉬한)	(남) 산꼭대기 정상이 뾰족한 언덕 뾰족한 언덕꼭대기
шихта (쉬흐따)	(여) (용광로 1회분 원광의) 투입량 광석에 용제를 섞은 것.
шихтовальный (쉬흐또왈느이)	(형) 광석과 용제를 섞은
шихтовать (쉬흐또와찌)	광석에 용제를 섞다
шиш (쉬스)	(남) 날카로운 꼭대기, 상스러운 경멸적인 손짓; показать ~ (дт.) 네 코가 크다 у него ни ~ а нет 그는 약점을 잡히지 않다.
шишак	(남) 끝이 뾰족한 헬멧 꼭대기가 뾰족

(쉬샥)	한 고대의 철갑모골무꽃속.
шишка (쉬스까)	(여) ① (소나무)구과(毬果), 솔방울열매; ② 때려 생긴 혹, 융기; 유종; 마디, 원형의 덩이, ③ (주물) 심형, (끈목.전선의) 심, (변압기의) 철심; (과실의)인(仁), 응어리, 속; ④ (구어.경멸적) 높은 양반, 거물, 중요인물, (학교의)인기있는 사람
шишкаровать (쉬스까라와찌)	(부) 솔방울을 모으다
шишкарь (쉬스까리)	(남) 솔방울을 모으는 사람
шишковатый (쉬스까와뜨이)	(형) 마디가 많은, 혹이 많은 혹같이 둥글게 된. 마디 있는 ~ **видный** 원뿔꼴 의 모양을 한 ~**носный** *бот.* 구과를 맺는, 침엽수의 소나무류, 침엽수(針葉樹).
шишковник (쉬스꼬브닉)	(남) 서양 산사나무, 산사자. 아가위, 아가위나무, 당구자.
шкала (쉬깔라)	(여) (여러 종류의 계량기) 눈금, 저울눈 척도; 도표; ~ **термометра** 온도계 눈금 ~ **зарплаты** 임금의 도표, 임금율
шкалик (쉬깔릭)	(남) ① 쉬칼릭(러시아 보드카, 와인의 단위: 0.06 *litres*); 그 분량의 잔; ② 보드카의 잔(컵) 또는 병
шкандыбать (쉬간듸와찌)	*сов.* 절름거리다
шканцы (쉬깐쯰)	(군함의) 후미갑판.
шкап (쉬까쯔)	(남) *см.*, **шкаф**
шкатулка (쉬까뚤까)	(여) 귀중품한, 소집품함 상자(box), 갑 (귀중품.보석 등을 넣는) 작은 상자, 손궤.
шкаф (쉬까프)	(남) 찬장, 작은 장, 벽장,화장대, 경대; *см.* **духовка. платяной** ~ 옷장,
шкафут (쉬까푸트)	(남) *мор.* 가운데 갑판(甲板)
шквал	(남) 돌풍, 질풍, 스콜(비나 눈을 동반)

(쉬크왈)	(*вихревой тж. перен.*) 토네이도.
шквалистый (쉬크왈리쓰뜨이)	(형) 폭풍이 일 것 같은, 질풍이 잦은 (구어) (형세가) 험악한, 심상치 않은.
шквальный (쉬크왈리느이)	(형) ~ огонь *воен*. (사격에 대하여) 맹렬한 사격 탄막, 일제 엄호사격 탄막 포화를 퍼붓다.
шквара (쉬크와라)	(여) 쇠의 녹 지방을 뽑고 남은 째꺼기 재생용 유리 부그러기
шкварка (쉬크와르까)	(여) (보통) 동물 기름 등의 용해 앙금, (비계 등을 조릴 때 남는) 기름찌꺼기.
шкварки (쉬크와르끼)	딱딱 소리를 냄 구운 돼지고기의 바삭 바삭한 살가죽 비계를 없앤 바삭바삭한 돼지고기
шкворень (쉬끄보렌니)	(남) *тех*. 이음볼트, (경첩. 키의) 축(軸); (포를 끌기 위한 주차의) 견인 고리
шкентель (쉬껜쩰)	(남) 단색(短索), 조색
шкербот (쉬껠봍)	(남) 암초 많은 곳에서 이용되는 보트
шкерить (쉬께리치)	물고기의 내장을 꺼내다
шкерщик (쉬께르쉭)	(남) 물고기의 내장을 꺼내는 사람
шкет (쉬껱)	(남) 젊은이, 풋내기, 애송이녀석.
шкив (쉬끼프)	(남) 도르래, 활차, 바퀴 도르래 ведущий ~ 구동벨트 동력전달 도르래 ремённый ~ 벨트 도르래
шкипер (쉬끼뻴)	(남) (작은 상선.어선 따위의) 선장 (운동 팀의) 주장, 기장, 장범장.
шкиперский (쉬끼뻴쓰끼이)	(형) (배의) 밧줄 놓는 장소
шкирка (쉬끼르까)	(여) взять, схватить кого -л. за ~ку 목덜미를 잡아서.
шкода (쉬꼬다)	(여) 체코슬로바키아의 무기야금 대공장 (1945 국유)

шкода (쉬꼬다)	(여) 손해, 해(害); 장난, 장난꾸러기
шкодить (쉬꼬디찌)	손해를 끼치다 장난치다
шкодливый (쉬꼬들리브이)	(형) 해를 끼치는, 장난하는
шкодник (쉬꼬드닉)	(남) 해를 끼치는. 장난치는 사람
школа (쉬꼴라)	(여) (초등 또는 중등의)학교, 양성소, 연구소, 강습소, (초등학교의) 교사 начальная ~ 초등학교; средняя ~, ~ - десятилетка 고등학교, 중등학교; неполная средняя ~ 중학교 высшая ~ 단과대학, 칼리지
школа - интернат (쉬꼴라 - 인쩨르낱)	(여) 기숙사제 학교
школить (쉬꼴리찌)	(복수) 훈련소, 엄중히 가르치다, 훈련하다.
школьник (쉬꼴리닉)	(남) (초등 학교) 남학생 ~ица (여) (초등학교) 여학생
школьничать (쉬꼴리니차찌)	어린 학생 같은 행동을 하다.
школьнический (쉬꼴리니체쓰끼이)	(형) 학생의, 학생다운 생도의 ~ ие проделки 학생들의 못된 장난
школьничество (쉬꼴리니체쓰뜨붜)	(중) 학생들의 장난, 학생다운 행동거지 학생다운 행동
школьный (쉬꼴리느이)	(형) 학교의, 학교 교육의 ~ учитель 학교선생(초등. 중등. 고등학교의)
школяр (쉬깔랠)	(남) *см.* школьник .
шкот (쉬꼳)	(남) 아딧줄, 시트 전범색, 범각색. марса ~ 톱 세일, 중간돛대의 돛
шкура (쉬꾸라)	(남) (사람의) 피부, (동물의) 가죽, 피혁, 생피(生皮); 신체, 외피, 수피, 모피, 모발, сдирать ~y(*с рд.*) (나무. 짐승의) 껍질(가죽)을 벗기다; 돈(물건)을 뜯어내다 драть ~у с кого-л. 날

	가죽을 벗기다 괴롭히다
шкурить (쉬꾸리찌)	사포로 갈다, 문지르다
шкурка¹ (쉬꾸르까)	(여) ① 수피(獸皮), 모피, (사람) 피부 모발; ② 사포, 연마지, 빼빠, 샌드페이퍼
шкурка² (쉬꾸르까)	(여) 껍질(과실. 야채. 수목의), 외피, 껍데기, 베이컨의 껍질, 치즈의 겉껍질.
шкурник (남), **~ица** (여) (쉬꾸르닉)	이기주의자, 자기본위의 사람, 탐욕스러운 사람, он ~ 이기주의자, **~ический** (형) 이기주의의; **~ичество** (중) 이기주의, 자기본위 자기의 이익[권익]; **~ый** (부) 자애적(인), 이기적인, 자기 본위적 **~ый вопрос** 자기이익의 질문
шкурничать (쉬꾸르니차찌)	자기 이익만을 꾀하다
шкурнический (쉬꾸르니체쓰끼이)	(형) 탐욕스러운 사람의
шкурничество (쉬꾸르니체쓰뜨붜)	(중) 지독한 이기주의
шкурный (쉬꾸르느이)	(형) 모피의, 짐승 가죽. 생피의 개인의 이익에 관한 이기적인
шкурочник (쉬꾸로츠닉)	(남) 줄에 의한 연마공
шкут (쉬꾸트)	(남) 바닥이 평평한 하천용 화물선
шла (쉴라)	(여) *прош. вр. см.* идти
шлаг (쉴라그)	(남) ① 밧줄의 한 묶음 ② 봉화용 탄약통
шлагбаум (쉴라그바움)	(남) (철도 건널목 등의)관목, 횡목.
шлак (쉴라크)	(남) (광석의) 용재, 광재, 슬래그 화산 암재, 쇠의 녹, 쇠 찌꺼기.
шлакобетон (쉴라꼬베똔)	(남) 슬래그 시멘트, 고로 시멘트; шлак 를 섞은 콘크리트의 일종.

Шш

шлакоблок (쉴라꼬블록)	(남) 쇠부스러기, 석탄재찌꺼기와 시멘트를 혼합한 인조석재(건축재료)
шлаковик (쉴라꼬빅)	(남) (마르탱로 하부의) 슬러그포킷
шлаковый (쉴라꼬브이)	(형) *к* шлак
шлам (쉴람)	(남) 쇄광, 쇄탄, 부석, 침적물
шланг (쉴란그)	(남) 호스, 관(管) пожарный ~ 소화호스.
шлафор, ~форк (쉴라폴)	(남) 느슨한 실내복.
шлёвка (쉴료브까)	(여) 금속제, 가죽제의 고리
шлей ка (쉴레이까)	(여) ① *уменьш. от* шлея; ② (말의) 가슴걸이, 개를 끄는 넓은 줄(목줄대신)
шлей ф (쉴레이프)	(남) 여자의 긴치마자락; *см.* волокуша
шлей фовать (쉴레이포와찌)	*гл. с-х.* волокуша 로 흙을 부수어서 고르다.
шлем¹ (쉴렘)	(남) 헬멧(군인.소방수.노동자.항공용.잠수용 스포츠용 등), 철모, 투구, 머리에 쓰는 것, 헬멧 모양의, 투구모양의 굴레; стальной ~ 강철헬멧 тропический ~ 태양차단용 모자, водолазный ~ 잠수용 헬멧,
шлем² (쉴렘)	(남) (카드놀이) ~에 전승 하다 большой , малый ~ (카드놀이에서) 상대에게 1점만 갖게 하는 것.
шлём (쉴롬)	*см.* слать
шлемник (쉴렘닉)	(남) 골무꽃.
шлемофон (쉴레모폰)	(남) 헬멧에 부착되어 있는 이어폰 (*космонавта*)
шлёнда	(여) 게으름쟁이

(쉴룐다)

шлёндать
(쉴룐다찌)

어슬렁어슬렁 걷다, 빈둥거리다

шлёнка
(쉴룐까)

(여) 슐레젠종의 양(뾰뜨르 1세가 수입한) 그 털가죽

шлёнский
(쉴룐스끼이)

(형) 슐레젠종의

шлёпанцы
(쉴료빤찌)

(복수) 침실용 슬리퍼, 느슨한 슬리퍼.

шлёпать, шлёпнуть
(쉴료빠찌)

① (손바닥.슬리퍼 따위로) 찰싹 때리다 냅다 갈기다 세게 때리다, 손바닥으로 (철썩)치다; ② ~туфлями 실내화를 질질 끌다; ③ ~ по воде, грязи 흙탕물을 튀기다 ~ся, шлёпнуться 털썩 쓰러지다. 떨어지다 철썩 떨어지다. 흔들거리다. 풍덩물에 떨어지다

шлёпнуть
(쉴료쁘누찌)

см. шлёпать1, 2.
~ся *см.* шлёпаться

шлепок
(쉴레뽁)

(남) 넓적한 것으로 한번 침, 손바닥으로 (빰을) 때림, 철썩(때리기); 철썩 한 대 때리는 것; надавать ~ ков (*дт.*) 세게 때리다, 손바닥으로(철썩) 치다

шлёт
(쉴룔)

см. слать.

шлёте
(쉴료쩨)

см. слать

шлёшь
(쉴료쉬)

см. слать

шлея
(쉴레야)

(여) (말의) 가슴걸이, (말의) 엉덩이띠.

шли
(쉴리)

см. идти.

шлиссербульжец
(쉴리쎄르불리쮀쯔)

(남) 위의 감옥에 유폐된 사람

шлиф
(쉴리프)

(남) ① 절개; 자르기, 분할
② (현미경으로 보기위해) 광물의 박편.

шлифова́льный (쉴리포**왈**리느이)	(형) (맷돌로) 타는 가는, 갈기 위한, 닦는, 윤이나는 ~ стано́к 연마기,
шлифова́льщик (쉴리포**왈**리쉭)	(남) *см.* шлифо́вщик 연마공
шлифова́ние (쉴리포**와**니에)	(중) (맷돌로) 타는 가는, 닦아낸 때 줄질, 줄로 다듬기.
шлифова́ть (쉴리포**와**찌)	(맷돌을) 가는 사람, (칼을) 가는 사람 갈다, 연마하다, (인격 등을) 도야하다 (문장 등을) 퇴고하다, 다듬다.
шлифо́вка (쉴리**포**브까)	(여) 연마, 탁마, 제분, 연삭, 분쇄, 광택, ~щик (남) 연마공, (맷돌을)가는 사람 (칼 따위를) 가는 사람 윤내는 기구 광택제.
шлих (쉴리흐)	(남) 합금 백금사 분쇄광
шли́хта (쉴**리**흐따)	(여) 아교풀, 반수; 풀박 밑에 칠하는 니스, 섬유에 칠하는 풀.
шлихтова́лка (쉴리흐또**왈**까)	날실에 아교풀을 바르는 작업장
шлихтова́льный (쉴리흐또**왈**리느이)	(형) 아교풀을 바르기 위한
шлихтова́ть (쉴리흐또**와**찌)	반수를 먹이다 풀을 바르다, 풀. 아교를 바르다, 홈대패 질을 하다.
шлиц (쉴리쯔)	(남) 가늘고 긴 구멍, 공중전화기, 자동판매기의 동전투입구
шли́ца (쉴**리**짜)	(여) (금속이나 나무의) 가늘고 긴 박판 운형자, (기계) 키(key), 키홈, 지전쐐기
шлицева́ть (쉴리쩨**와**찌)	가늘고 긴 구멍을 내다
шло (쉴로)	*см.* идти́
шлык (쉴릐크)	(남) 시골 여인용 두건의 일종 머리의 수건
шлю (쉴류)	*см.* слать
шлюз	(남) 보(洑), (운하 따위의) 수문, 갑문

(쉴류즈)	открыть, закрыть ~ы 수문을 열다 пропустить через ~(вн.) 수문을 통과하다 ворота ~ 수문, 갑문
шлюзование (쉴류조와니에)	(중) ① 잠그기; ② 수문을 설치하다, 수문으로 통과시키다.
шлюзовать (쉴류조와찌)	① 자물쇠를 채우다, 잠그다 닫다 (문에) 자물쇠가 걸리다, 잠기다, 닫히다 ② 수문을 통과하여 운반[운송]하다.
шлюзовой (쉴류조보이)	(형) к шлюз
шлюп (쉴류쁘)	(남) 범선의 일종(돛대가 하나임) 마스트 1개의 범선.
шлюпбалка (쉴류브발까)	(여) (보트. 닻을 달아올리는) 철주, 다빗 대빗(조정주: 보트 강하. 인양 장치).
шлюпка (쉴류쁘까)	(여) 보트, 작은 배, 단정, 어선, 범선, 모터보트, 선박, 기선, 정; гребная ~ (보트. 노를) 젓다 парусная ~ 돛배,
шлюпочный (쉴류쁘츠느이)	(형) к шлюпка ~ые гонки 로잉 (shell에 의한 보트레이스); 경주 보트
шлюс (쉴류쓰)	(남) (기수) 다리를 조이는 법
шлют (쉴류트)	см. слать
шлюха (쉴류하)	(남) 음란한 여자 행실이 나쁜 여자.
шлямбур (쉴럄불)	(남) (바위. 콘크리트 용) 착공추
шляпа (쉴래빠)	① (여) (테가 있는) 모자, 보닛(턱 밑에서 끈을 매는 여자. 어린이용의 챙없는 모자) надеть ~у 모자를 쓰다 снять ~у 모자를 벗다 ходить в~е 모자를 착용하다 ② (남, 여) 스스로 어떻게도 할 수 없는, 무력한 사람, дело в ~е 성공이 확실한 것, 그렇고말고요, 물론이죠, ~ка (여) ① 보닛; ② 머리, 두부(頭部) (태 없는)모자, 제모 두건; ~ница (여) 여성모 제조인(판매인); ~ный (형)모자 제조인, 모자상(商), 여성모 제조인,

Шш

	모자판매인, 여성모 제조판매업
шляпник (남), **~ница** (여) (쉴래쁘닉)	모자 제조인
шляпный (쉴래쁘느이)	(형) 모자의 모자용의
шляться (쉴래짜)	어슬렁거리다, 돌아다니다, 하는 일 없이 돌아다니다 ~без дела 놀고 지내다, 빈둥거리다 빈들빈들 돌아다니다.
шлях (쉴래흐)	(남) 큰길, 간선 도로 순탄한 길 도로
шляхетский (쉴래헤드쓰끼이)	(형) *к* шляхта. ~ **ство** *с. см.* шляхта
шляхетство (쉴래헬쓰뜨붜)	(중) шляхта의 지위. 신분
шляхта (쉴래흐따)	(여) 폴란드의 소귀족 계급 **~ич** (남) 폴란드의 신사
шляхтич (쉴래흐찌츠)	(남) *ист.* шляхта의 일원
шляхтянка (쉴래흐쨘까)	(여) *ист.* шляхта 의 아내. 딸
шмальта (쉬말리따)	(여) 꽃감청색의 안료
шмат (쉬맡)	(남) 조그만 조각
шматок (쉬마똑)	(남) 파편(破片), 조각(彫刻)
шмелиный (쉬멜리느이)	(형) *к* шмель
шмель (시멜)	(남) *зоол.* 뒹벌 땅벌의 일종.
шмотки (쉬모뜨끼)	(복수) 소지품, 부속물 의류, 신변물 собрал свои ~и ушёл 자신의 가방과 수화물을 꾸려서 갔다.
шмуцтитул (쉬무쯔띠뚤)	(남) 반표제(책의 첫 페이지 인쇄된 책명) 별면 인쇄된 각장(의)제목

шмыг (쉬믜그)	а он ~ в дверь 그는 몰래 그 문을 통과했다.
шмыгать, шмыгнуть (쉬믜가찌)	급속히 움직이다 끌다, 비비다, 급속히 왔다갔다하다, 뛰어들다, 재빨리 들어오다; ~ носом 코를 킁킁 냄새를 맡다.
шмыгнуть (쉬믜그누찌)	*см.* шмыгать
шмякать, шмякнуть (쉬매까찌)	퍽(털썩. 쿵)하고 떨어지다. 떨어뜨리다 ~ся, шмякнуться 풍덩하고(쿵하고. 느닷없이. 갑자기)떨어지다.
шмякнуться (쉬매크누쨔)	*см.* шмякаться
шнапс (쉬나쁘쓰)	(남) 독주, 화주 (독일의)
шнек (쉬넥)	(남) 연동기, 연동 운반기
шнека (쉬네까)	(여) (백해에서 사용되는) 어업용 작은 배
шнеллер (쉬넬렐)	(남) (총의) 2중 방아쇠
шницель (쉬니쩰)	(남) (곱게다진 송아지 고기의) 커틀릿 (송아지. 돼지연한 허리고기. 양의 허벅지살)
шнур (쉬눌)	(남)① 새끼, 끈, 목매는(밧)줄, 가는 줄 (목공용)먹줄 (발파용의) 도화선. ② (전기의) 가요선, 코드
шнуровать (쉬누로와찌)	① 끈으로 묶다, 끈으로 철하다, ② (끈. 새끼로) 묶다, 매다, 잇다 묶어서 만들다; ~ся ① (자기의 구두등을)끈으로 매다 ② *страд. к* шнуровать
шнуровка (쉬누로브까)	(남) 끈으로 맴 끈으로 결어짜기 레이스로 장식하기.
шнурок (쉬누록)	(남) (구두. 각반. 코르셋 등의) 끈, 꼰 끈 ~ки для ботинок 군용 구두끈
шнырять (쉬늬래찌)	여기저기 뒤지다, 찾아헤매다, 여기저기로 뛰다 ~ глазами 재빨리 둘러보다.

шов (숍)	(남) ① (의복 등의) 솔기, 매듭, 맞붙여 재봉질 된 곳 이음매, 재봉실 재봉법; 한 바늘, 한 땀, 한 코, 한 뜸. на иглу, бродильщик, шва раз, нитка длиной в шов ② 이음매, 접합 부분(점, 선, 면) 접합(법); (전선 따위의) 접속, 연합, 접합, 연접, 연락, 합체 сварной ~ 용접하다, 접착시키다 руки по швам! 배려, 고려 손질 돌
шовинизм (쇼뷔니즘)	(남) 쇼비니즘, 맹목적, 호전적, 애국주의 배외주의, 극단적인 일변도 ~ист (남) 배외적 애국주의자, 쇼비니스트즘 ~истический (형) 맹목적 애국주의의
шовный (쇼브느이)	(형) 봉합(封合). 접합용의
шок (쑉)	(남) 쇼크(shock), 진탕증, 정신적 타격, 충동, 허탈.
шокировать (샤끼로와찌)	분개시키다, 괘씸한 생각이 들게 하다, 중상하다 모욕하다, 체면을 깎다. 기분을 상하게 하다(무례한 언동 등으로).
шоковый (쇼꼬브이)	배타주의자, 배척주의자
шоколад (샤깔랃)	(남) 쵸컬릿, 코코아, ~в плитках 판 초콜릿 ~ка (여) 달콤한 쵸컬릿 ~ный 초콜릿(빛)의 초콜릿으로 만든, 초콜릿이 든 ~ная фабрика 초콜릿의 공장.
шоколадник (샤깔랃닉)	(남) 카카오나무
шомпол (숌뽈)	(남) (총구 청소용의) 꽂을대.
шомполка (숌뽈까)	(여) 앞으로 넣는 구식총
шомполование (숌뽈로와니에)	(중) 석유 퍼내는 방법
шоопирование (쇼오삐로와니에)	(중) 금속피복법 (金屬 被覆法)
шорец	(남) 북알타이에 사는 터키족 (옛 이름

(쇼레쯔)	кузнецкий татар)
шорканье (쇼르까니에)	(중) 사각사각. 솔솔나는 소리
шоркать (쇼르까찌)	(중) 사각사각소리를 내다
шорник (쇼르닉)	(남) 마구 만드는 사람, 파는 사람, 마구제작자, 마구장(馬具匠); ~ый: ~ый магазин, ~ая мастерская 마구 파는 사람, 마구 파는 가게.
шорничать (쇼르니차찌)	마구를 제조하다, 마구장 일을 하다
шорничество (쇼르니체쓰뜨붜)	(중) 마구 제조업(馬具製造業)
шорный (쇼르느이)	(형) 마구의. 마구 제조의
шорох (쇼르흐)	(남) 살랑(와삭, 바스락)거리는 소리, 나뭇잎의 살랑거림, 옷 스치는 소리, 사각사각 소리.
шорты (쇼르띄)	(복수) 짧은 팬츠, 반바지, 짧은 바지, 운동 팬츠(trunks); 속옷붙이
шоры (쇼릐)	(말의) 곁눈가리개 마구(수륜이 없는); 현혹하는 사람(것) 시야가 좁은 사람, 판단(이해)의 장애, 편견, 정신적 맹목.
шоссе (샤쎄)	(중) 공도(公道), 간선도로, 큰길, 한길, 하이웨이; (일반적으로) 포장된 도로; автомобильное ~ 자동차 도로
шоссейник (샤쎄이닉)	(남) 경륜선수
шоссейный (샤쎄이느이)	(형) к шоссе ~ая дорога(롤러로 굳히는 도로용의) 쇄석, 밤자갈 머캐덤 도로(쇄석을 아스팔트 또는 피치로 굳힌).
шоссировать (샤쎄이로와찌)	쇄석(碎石), 길에 까는 자갈, 자갈 등을 깔다, шоссе를 만들다.
шотландец (샤뜰란제쯔)	(남) 스코틀랜드 사람, 스코트족 큰 바둑판 무늬의 직물(織物)
Шотландия	(여) 스코틀랜드

(샤뜰란지야)

шотландка¹
(샤뜰란드까)
(여) 스코틀랜드의 여자(女子)

шотландка²
(샤뜰란드까)
(여) 타탄(의), 격자무늬의(모직물) 격자무늬, 스카치 나사, 격자무늬의 나사로 만든 어깨걸이

шотландский (-нск-)
(샤뜰란드쓰끼이)
(형). 스코틀랜드의, 스코틀랜드 사람[말]의.

шотты
(숕띄)
북아프리카의 소금이 많은 호수

шоу
(쇼우)
(중) 쇼(show), 흥행(興行)

шофёр
(샤표르)
(남) (주로 자가용차의) 운전사
~ такси 택시 기사;
~ский (형) к шофёр ~ское свидетельство 운전면허증

шоферня
(샤꼘내)
(여) 자동차 운전사들

шофёрство
(샤표르쓰뜨붜)
(중) 운전사의 직업(職業)

шпага
(쉬빠가)
(여) 장검, 칼, 사벨, 가볍고 가느다란 칼의 일종(찌르기를 주로 한 결투용) обнажить ~ у 칼을 뽑다; скрестить ~ и (с кем-л.) 칼의 길이를 재다 (결투 전에); 싸우다, 경쟁하다

шпаган
(쉬빠간)
(남) 갈치 종류

шпагат¹
(쉬빠갇)
(남) 끈, 줄, 실, 노끈, 새끼, 짐바, 실가는 삼노끈, 삼실 바느질 실.

шпагат²
(쉬빠갇)
(남) 분열, 분할, 불화, 쪼개(지)기, 찢(어지)기.

шпагоглотатель
(쉬빠고글로따쩰)
(남) 칼을 먹어 보이는 요술쟁이

шпажист
(쉬빠쥐쓰뜨)
(남) шпага 로 싸우는 펜싱선수

шпажник
(남) 황창포, 창포 창포꽃[잎];

(쉬빠즈닉)	당창포, 글라디올러스(gladiolus)
шпак (쉬빠크)	(남) 군인 이외의 사람, 민간인
шпаклевать (쉬빠끌례와찌)	퍼티(창유리 따위의 접합제) 도료제, 가죽의 홈집을 모르게끔 마주 깁다. (뱃널 틈을) 뱃밥으로 메우다 코킹하다.
шпаклёвка (쉬빠끌료브까)	(여) ① 유리창용(도장공사용) 퍼티용 도료; ② 퍼티분(유리. 대리석. 금속을 닦는 주석[납]의 분말) ③ (뱃널 틈을) 뱃밥으로 메우다
шпаклёвщик (쉬빠끌료브쉭)	(남) шпаклевать 하는 사람
шпаковой (쉬빠꼬붜이)	(형) (말의 털빛에 관하여) 흰반점이 있는 암회색의
шпала (쉬빨라)	(여) (철도의) 침목. (철도에) 침목을 깔다.
шпалера (쉬빨례라)	(여) ① (목제의) 마름모[네모] 격자, 격자 울타리(포도 등이 오를) 격자구조물 ② 한 줄로 늘어선 나무들 가로수(도로 양측); 산울타리, 울 울타리 모양의 것; ③ (벽면의) 콘센트; ④ (전후의 2열) 횡대, 열, 줄, 행렬 выстраивать ~ ами 일렬로 늘어서다 (벽 따위에) 정렬시키다 стоять ~ ами 행군도로
шпалерник (쉬빨롌닉)	(남) 가로수로 심어진 수목, 가로수.
шпалоподбой ка (쉬빨로뽇보이까)	(여) 침목밑에 자갈을 밀어넣는 기구
шпалопропиточный (쉬빨로쁘로삐또츠느이)	(형) 침목에 방부제를 침투시키가 위한
шпана (쉬빠나)	(여) 하층민 인간쓰레기, 구경꾼, 오합지졸, 어중이떠중이, 죄인; 불량배, 부랑자, 건달.
шпангоут (쉬빤고우트)	(남) (건물. 선박. 비행기 따위의) 뼈대, 구조, 갈빗대, 늑골(肋骨)
шпандырь (쉬빤디리)	(남) 구두 만드는[고치는] 사람의 등자

шпанка (쉬빤까)	(여) 1. 검은 체리 스페인종 벗나무; 2. 메리노양(羊), 스페인종 면양; 3. 가뢰. 반묘; 4. *см.* шпанская мушка; *см.* шпанский
шпанский (쉬빤쓰끼이)	(형) 스페인어(원래의 뜻은 스페인의 식물. 동물. 농업용 명칭에 쓰임): ~ая мушка (*насекомое*) 가뢰류(類) 가뢰(가뢰과 곤충의 총칭. 길쭉하고 광택 있는 까만 갑충으로 뒷날개가 없음. 칸타리딘을 함유하여 유독하므로, 예로부터 약용함.토반묘(土斑猫)), 반묘(斑猫: '가뢰'를 한방(韓方)에서 약재로 이르는 말) (*пластырь*) 칸다리스 (발포(發泡). 자극. 이뇨. 처음제); ~ая вишня 검은 체리스, 버찌
шпаргалить (쉬빨갈리찌)	(여) (메모를 보고) 컨닝을 하다.
шпаргалка (쉬빨갈까)	(여) *разг.* (학생의) 주해서 컨닝페이퍼 (남의 글. 학설 따위의) 도용, 표절.
шпаргалочник (쉬빨갈로츠닉)	(남) 컨닝하는 학생
шпарить, ошпарить (쉬빠리찌)	① (끓는 물. 김에 의한) 뎀, 화상 뜨거운 물을 끼얹다; ② (질문. 일을) 지체없이 척척 시작하다, 쉴 사이 없이 계속하다 바삐 어떤 일을 하다(걷다, 이야기하다)
шпаровать (쉬빠로와찌)	(벽의 틈을) 점토로 막다.
шпат¹ (쉬빨)	(남) 스파 (비금속 광물의 총칭) 이석, 섬광광석 비절내종 полевой ~ 장석; плавиковый ~ 형석
шпат² (쉬빨)	(남) (말의 발) 비절내종
шпатель (쉬빠쩰)	(남) ① 팔레트 나이프, 약과 안료를 바르는 주걱칼, 혀를 누르는 주걱; ② 압설자(壓舌子), 설압자(舌壓子) (고약 따위를 펴는) 주걱
шпация (쉬빠찌야)	(여) ① 스페이스, 분공목(分空目); 행간 разбить на ~и) 행간(어간)을 띄우다 ② (인간. 동물의) 체격, 골격간격.

Шш

шпенёк (쉬뻬뇩)	(남) 핀, 못바늘, 나무[대]못, 쐐기 말뚝 걸이 못 접합용 못, 꼭지; 포크 모양의 물건, 갈퀴, 쇠스랑(포크따위의) 갈래, 날
шпигат (쉬삐같)	(남) (갑판의) 배수구, (뱃전의)배수공 (일반적)물 빼내는 구멍 배수구멍
шпиговать, нашпиговать (쉬삐고와찌)	라드(돼지비계를 정제한 반고체기름), 돼지 기름(인체의) 여분의 지방영향을 주다, 안에 넣다, 삽입하다, 주입하다
шпик¹ (쉬삑)	(남) 소금에 절인 돼지고기, 베이컨 (bacon: 돼지고기를 소금에 절여 훈제)
шпик² (쉬삑)	(남) 탐정, 밀정, 스파이
шпиль (쉬삘리)	(남) ① 긴 못 첨각, 첨탑, (교회의) 뾰족탑, (탑의) 뾰족한 꼭대기 양묘기 ② 캡스턴, 닻 따위를 감아올리는 장치
шпилька (쉬삘까)	(여) ① 머리핀 부인용 모자를 고정하는 긴 핀, 제화용 나무못 나사못; ② 납작한 못, 압정(양탄자 고정시키는) ③ 스파이크, 힐(여자구두의 높은뒷굽) ④ 박아 넣는 볼트, 마개, 곡정(대가리가 갈고리처럼 굽은 못) подпустить ~ у (дт.) 빈정거리다, 짓궂은 말을 하다.
шпильман (쉬삘리만)	(남) 중세 독일의 방랑악사(放浪樂士)
шпинат (쉬삐낱)	(남) 시금치, 마아초, 파릉채, 적근채; ~ный (형) к шпинат
шпингалет (쉬삔갈렡)	(남) ① 걸쇠, (문의) 빗장, 자물쇠청, 쇠고리 볼트, 나사못; ② 장난꾸러기, 개구쟁이, 일반적인 아이, 소년
шпиндель (쉬삔젤)	(남) (물레의) 가락; (방적 기계의) 방추 굴대, (공작 기계의) 주축, 축(築), 심봉 방추; 중심장재(中心欌材)
шпинель (쉬삐넬)	(남) 첨정석(尖晶石), 스피넬(spinel).
шпинь (쉬뻰니)	(남) 접합용 돌기, 꼭지
шпион	(남) 스파이, 간첩(間諜), 밀정(密偵)

(쉬삐온)	~аж (여) 스파이 행위, 간첩[탐정]행위 정찰, 스파이에 의한 첩보활동.
шпионить (쉬삐오니찌)	스파이 행위를 하다, 정찰하다 ~ка (여) *к* шпион; ~ский (형) 간첩(탐정)행위, 정찰(국가. 기업 등의) 스파이 에 의한 첩보활동 ~ская организация 첩보조직; ~ство (중) *см.* шпионаж.
шпирон (쉬삐론)	(남) 충각(衝角)
шпиц¹ (쉬삐쯔)	(남) (탑의) 뾰족한 꼭대기 (교회) 뾰족탑 첨각, 첨탑(尖塔).
шпиц² (쉬삐쯔)	(남) 스피츠(개의 일종) 포메라니아종의 작은 개.
шпицрутен (쉬삐쯔루쩬)	(남) (주로 열간태형으로 사용한) 긴 채찍 또는 막대 (가늘고 긴) 막대
шплинт (쉬쁠린뜨)	(남) 할핀, 코터핀.
шплинтовать (쉬쁠린또와찌)	шплинт로 고정시키다
шпокать (쉬뽀까찌)	철벅철벅 소리를 내다.
шпон (남), ~a (여) (쉬뽄)	인테르(활자의 행간에 삽입하는 물건) 엷은 판자 на ~ах 인테르를 끼우다.
шпонка (쉬뽄까)	(여) 은못, 축투, 베어링통, 끼움쇠테. 쐐 기못 꺾쇠 (제방 등의) 누수 방벽.
шпор (쉬뽈)	(남) 말미, 말단 말기(末期).
шпора (쉬뽀라)	(여) 박차(拍車), 박차 모양의 것, (새의) 며느리 발톱 (등산용의) 아이젠, (쌈닭의 며느리발톱에 끼우는)쇠발톱 дать ~ы 박차를 단 며느리발톱이 있는; ~ить 박차를 가하다 질주하게 하다 дать коню ~ры 말에 박차를 가하다
шпоре² (쉬뽀레즈)	(남) 꿀주머니 돌기(突起)
шпорник	(남) 참제비 고깔속(屬)

(쉬뽈닉)

шпорца (쉬뽀르짜)	(여) (어떤 종류의 날개의 굽은 곳에 있는) 돌기(突起)
шпринтов (쉬쁘린똡)	(남) 장범간(張帆竿)
шприц (쉬쁘리쯔)	(남) 주사기 세정기, 세척기, 관장기
шприцевать (쉬쁘리쩨와찌)	(사출법에 의하여) 고무를 입히다
шприцовка (쉬쁘리쪼브까)	(여) 고무 코팅
шпрота (쉬쁘로따)	(여) 통조림으로 된 훈제 килька (청어과 물고기).
Шпроты (쉬쁘로띄)	청어속의 작은 물고기.
шпулька (쉬뿔리까)	(여) (기계. 재봉틀의)실패(북). 실꾸릿대 얼레, 보빈, (테이프. 필름의) 릴, 스풀 наматывать на ~y ~에 감(기)다, 되감다; шпульник ~ 실패공
шпунт (쉬뿐트)	(남) 홈(문지방. 레코드판의); 바퀴자국 밑홈, 은촉홈, 은촉붙임, 사개맞춤
шпунтовальный (쉬뿐또왈리느이)	(형) 장부와 장부 구멍을 만들기 위한
шпунтование (쉬뿐또와니에)	(중) 홈, 바퀴자국(활자의), 밑홈; станок для ~ия 선반으로 홈을 파다.
шпунтовать (쉬뿐또와찌)	홈을 파다[내다], (예를들어 доску 판자에) 장부. 은촉의 홈을 내다
шпунтовка (쉬뿐또브까)	(여) 장부. 은촉을 만드는 것
шпунтовой (쉬뿐또붜이)	(형) 장부의, 장부가 있는, 장부로 접합된
шпунтубель (쉬뿐뚜벨리)	(중) 홈대패
шпур (쉬뿔)	(남) (석유. 수맥탐사용) 시추공; 발파공 충풍로의 주출구

Шш.

1587

шпынь (쉬쁜니)	(남) 조소자, 비꼬기를 잘하는 사람
шпынять (쉬쁘내찌)	잔소리하여 괴롭히다, 성가시게 잔소리하다, 바가지 긁다 괴롭히다, 초조하게 하다, 찌르다, 비꼬다, 야유하다, 조소하다.
шрам (쉬람)	(남) (화상. 부스럼의) 상처자국, 흉터 (마음의) 상처(傷處), 다친 자리.
шрапнель (쉬라쁘넬)	(여) 유산탄; 포탄(총탄)의 파편, 탄피 유탄, 포탄의 파편; 보리쌀(죽) ~ный (형) к шрапнель ~ный огонь (화기. 탄환을) 발사[발포]하다 ~ная пуля 탄알, 포탄.
шредер (쉬레델)	(남) 옥수수 줄기를 잘게 써는 농기구, 옥수수대 세분기
шредеровать (쉬레데로와찌)	шредер에 걸어 부수다, 세분하다
шрифт (쉬리프트)	(남) 활자, 인쇄된 글씨체, 활자의 크기 인쇄할 문자 мелкий ~, крупный ~ 작음, 큰 활자; курсивный ~ 이탤릭체 글자; готический ~ 고딕(자)체; прямой ~ 로마자(字), 로마체(-體)
шрифт-касса (쉬리프트-까싸)	(여) 활자 케이스
шрифтовой (쉬리프또보이)	(형) к шрифт.
шлифтолитейный (쉬리프똘리쩨이느이)	(형) 활자주조의
шрот (쉬롵)	(남) 거칠게 간 종자, (사료) 곡물
штаб (쉬땁)	(남) ① 참모, 막료, 참모본부, 사령부 본국, 본사, 본부 в ~ 본부 쪽으로 в ~e 분부에서, офицер ~a 참모 장교 ② 사령부원, 본부원, 본부요원
штабелировать (쉬따벨리로와찌)	(중) 적재하다, 쌓아 저장하다 치쌓다, 산더미처럼 쌓아올리다.
штабель (쉬따벨)	(남) 적재, 쌓아올린 것, 더미.

штабист (쉬따비스뜨)	(남) 참모 장교, 본부 소속 장교 막료.
штаб - квартира (쉬땁-크왈찌라)	(여) 본부, 사령부, 본사, 본국, 본서, 본영.
штабник (쉬따브닉)	(남) *см.* штабист.
штабной (쉬따브노이)	① (형) 참모의, (간부)직원의 ~офицер 참모 장교; ② (남) 비군사업무 장교 (군종); штаб 의 근무자(勤務者).
штаб-офицер (쉬따브-오피쩰)	(남) 영관 참모장교
штаб-ротмистр (쉬따브-롣밑쓰뜰)	(기병. 헌병의) 2등 대위(大尉)
штабс - капитан (쉬땁쓰-까삐딴)	(남) (보병. 포병. 공병의) 2등 대위; (중위와 대위의 사이의 계급)
штаг (쉬따그)	(남) 지삭(支索) 버팀줄(전주. 안테나의); (일반적) 밧줄, 로프 돛을 받치는 지색 ~ -блок 나서지 않다 지색 도르래.
штакетина (쉬따께찌나)	(여) 울타리로 쓰는 얇은 판자한 장
штакетник (쉬따께뜨닉)	(남) 울타리, 담·울타리의 재료, 울짱 좁고 얇은 판자 그것으로 만든 담.
штакетный (쉬따께느이)	(여) штакетник 1)로 만들어진
штаксель (쉬따ㄲ쎌)	(남) 지색범(支索帆)
шталмей стер (쉬딸메이스쩰)	(남) (왕실. 귀족의) 말을 관리 하던 관리 (영국 왕실의) 시종무관.
штамб (쉬땀브)	(남) 나무기둥의 일부 (뿌리에서 큰 가지가 갈라지는 곳까지)
штамбовый (쉬땀보브이)	(여) 나무기둥이 갈라지지 않은, 한 기둥의
штамм (쉬땀므)	(남) (순수배양의) 균주
штамп (쉬땀쁘)	(남) ① 펀치, 구멍 뚫는 기구, 프레스 타인기; 찍어서 도려내는 기구, ② (보

	통서류 좌상단에 찍는) 공적인 도장, 직인 ③ 진부한 표현(사상,행동),상투적인문구
штамповальный (쉬땀뽀**왈**리느이)	(형) 타인기(打印器), 구멍, 펀치, ~ пресс 구멍 뚫는 기구.
штампование (쉬땀뽀**와**니에)	(중) (구멍 뚫는 기구) 구멍을 뚫다; 타인하다, (표를)가로 찍다, (못을)쳐박다.
штампованный (쉬땀뽀**완**느이)	① (부) 타인기, 압단기, 구멍뚫는 기구 찍어서 도려내는 기구, 표 찍는 가위; ② (형) 흔해빠진, 진부한, 케케묵은 낡아[흔해]빠진, 익숙해진, 경험을 쌓은,
штамповать (쉬땀뽀**와**찌)	(완) ① 프레스로 찍어내다, 압단기로 찍어내다. 타각하다, 틀에 박힌대로하다 ② 공적인 도장(직인)을찍다, 날인하다, ③ 기계적인 생산; 무턱대고 도장을 찍다; 잘 생각지도 않고 찬성[승인]하다.
штамповка (쉬땀**뽀**브까)	(여) ① 날인하다, 도장을 찍다, 프레스 작업, 타출. 압단 작업; ② (구멍 뚫는 기구로) 구멍을 뚫다, 타인(打印)하다
штамповщик (남), ~ица (쉬땀**뽀**브쉭)	(여). 키펀처, 구멍뚫는 사람[기구]; 펀처 프레스공, 타각공, 타출공.
штанга (쉬**딴**가)	(여) ① 간(桿); 측량간, 가늠자, 저울대 저울 금속제 막대, 금속봉; ② 무게, 중량, 체중 웨이트(선수체중에 의한 등급) ③ 가로대, (높이뛰기의) 바, 빗장 횡선 (골포스트의) 크로스바.
штангенциркуль (쉬딴젠**찌**르꿀)	(남) 장각양각규, 노기스. 아들자, 부척 버니어캘리퍼스, 측경기,
штангист (쉬딴기쓰트)	(남) 역도선수
штанговый (쉬**딴**고브이)	(형) 굴착간에 의한.
штандарт (쉬딴**다**르트)	(남) 기(旗); (주력부대의) 군기, 기병 연대기 기치(旗幟), 기장, 상징.
штанина (쉬**따**나나)	(여) 양복바지(용)의 자락, 바지다리 부분, 팬츠의 한 쪽 가랑이.
штанишки (쉬따니쉬까)	(여성. 소아용) 팬티드로어즈, 짧고 작은 바지.

штаны (쉬따늬)	(남자의) 바지 (중근동 지방 남녀의) 헐렁바지 반바지, 승마용 바지
штаокр (쉬따오끌)	(남) 군관구 사령부
штапель (쉬따뼬)	(남) 원료, (섬유 제품의) 재료, 스테이플. 파이버천, 스프실, 스프직물; ~ный (형) 원료의, (섬유 제품의) 재료의, 섬유의 품등;~ ное волокно 인조섬유 스테이플 파이버, 스프사(絲) ~ ное полотно 인조(직물) 천 편물.
штат¹ (쉬따트)	(남) 주
штат² (쉬따트)	(남) ① 정원, 부원, (사무국)직원, 사원 (관청. 육해군 등의) 편성, 편제, ② 직원의 명단, 참모의 목록; утверждение ~ов 직원 확인
штатгальтер (쉬따뜨갈쩰)	(구독일 제국의) 알사스로렌 총독. (네덜란드의) 총독, 태수
штатив (쉬따찝)	(남) 삼각대, 세 다리 걸상[탁자](따위); (사진용)삼각대; 세발솥 버팀, 지지
штатный (쉬따뜨느이)	(형) 정규직원, 정원안에 포함된, 정원에 관한 규정에 의한 ~ая должность 정규직, 정규지위~ работник 정규직원
штатский (쉬따뜨쓰끼이)	① (형) 문관의, (군에) 민간의, 일반인, 민간인 ~ое платье 평복, 일반인 옷 ② 일반관리 평복으로; ③ 비전투원, 군속, (무관에 대하여) 문관.
штафирка (쉬따필가)	(여) (구두. 소매의 접음. 스카프 등의) 안,
штевень (쉬쩨벤니)	(남) 선수(船首), 이물, 선수재(船垂材); 건수재, 선미재(船尾材),
штей гер (쉬쩨이겔)	(남) (노동자의) 십장(什長), 직장(職長), 공장장, 감독, 갱부장(坑夫長), 광산기사
штемпелевальный (쉬쩸뼬레왈느이)	(형) 스템프를 찍기 위한

штемпелевать, заштемпелевать 소인을 찍다, 스템프를 찍다.
(쉬쩸뻴레와찌), (자쉬쩸뻴레와찌)

штемпель (쉬쩸뻴)	(남) 스템프, 인(印), 도장(圖章), 각인 인관(印版), 소인(消印) почтовый ~ 소인을 찍다; письмо со ~ем (Москва)모스크바 편지에 소인을 찍다.
штемпельмейстер (쉬쩸뻴리메이쓰뗄)	(남) 검인관(鈐印官)
штемпельный (쉬쩸뻴느이)	(형) к штемпель ~ая подушка 스탬프 패드, 인주.
штепсель (쉬떼쁘쎌)	(남) 플러그, (전구따위를 끼우는) 소켓 ~ный (형) к штепсель ~ная вилка (콘센트에 끼우는)플러그, 소켓.
штерт (쉬떼르트)	(남) 체색(締索)
штиблет (쉬찌브렡)	(남) 단추달린 각반 목달이 구두.
штиблеты (쉬찌브레띄)	(편상화, 부츠)구두닦이
штивать (쉬찌와찌)	쌓아 넣는 장소 적하물, 수용 능력.
штивка (쉬찌브까)	(여) 짐쌓기
штилевать (쉬찔레와찌)	바람이 자서 앞으로 나가지 못하게 되다.
штилевой (쉬찔레보이)	(형) к штиль экваториальные ~ые полосы (적도 부근의) 무풍대.
штиль (쉬찔)	(남) 고요한, 조용한(quiet), 온화한, 바람 또는 파도가 잔잔한 무풍상태. мёртвый ~ 죽은 듯이 고요한.
штирборт (쉬찔볼트)	(남) 우현(右舷)
штифт (쉬찌프트)	(남) 대가리가 없는 못, 은혈 못
штих (쉬찌흐)	(남) (소련에서)구두의 치수(밑창의 길이)의 단위 (2/3 센티미터) (예를 들어 42й номер는 28 센티미터)
штихель	(남) 동판용 조각칼, 조각가(彫刻家).

(쉬찌헬리)

шток (쉬똑)	(남) ① 간(桿); 측량간, 가늠자, 피스톤 간, 연결간(광층안의) 유용광물의 집단; ~ поршня 피스톤 로드, 피스톤간(杆); ② 묘간 닻장, 키의 굴대 바퀴통 나사 골을 내는 다이스를 무는 스패너 스토크 조선대[가]; 포가(砲架).
штокверк (쉬똑붸르크)	(남) 기본적 광층(鑛層)
штокроза (쉬똑로자)	(여) 접시꽃, 촉규(蜀葵), 촉규화, 규화(葵花), 층층화(層層花), 덕두화(德頭花)
штокфиш (쉬똑피쉬)	(남) 건어, 건어물(乾魚物)
штольня (쉬똘리내)	(여) 수평 또는 완경사의 갱도.
штопальный (쉬또빨리느이)	(형) 감침질, 기운 것, 꿰맬 것. 옷을 사뜨기 위한, ~альная игра (감치는) 바늘; ~аный (형) 터무니없는, 지긋 지긋한 굉장히, 엄청나게 사뜬, 가운데 가 있는 ~анье (중) 기운 것, 꿰맬 것.
штопальщица (쉬또빨리쉬짜)	(형) (양말이 구멍난 곳등을) 사뜨는 사람 (직물 공장의) 철포공
штопаный (쉬또빤느이)	(형) 사뜬, 가운데가 있는
штопать, заштопать (쉬또빠찌)	감치기, 깁기 꿰맨 곳 (옷 등을) 깁다 사뜨다, ~ка (여) ① 감침질 기운 것, 꿰맬 것; художественная ~ка 짜깁 기; ② (바늘. 재봉틀에) 실을 꿰다, 사뜸 실 기움; ③ 감치기, 깁기 꿰맨 곳.
штопор (쉬또뽈)	(남) ① 타래송곳(마개뽑이. 목공용), 마개뽑이, (나사형의)코르크 뽑개; ② 나선식 강하 회전 급강하 входить в ~ (비행기가) 나선식 강하상태가 되다 (사람이) 자제심을 잃다.
штопорить (쉬또뽀리찌)	회전급강하(비행을) 하다, 회전급강 하다, 나선식 강하로 내려오다 ~ом (부) 나선식 강하 상태가 되다
штора	(여) 덮어 가리는 물건, 블라인드, 덧문,

(쉬또라)	커튼, 발 걷어 올리는 커튼 опустить ~ы 블라인드를 올리다.
шторм (쉬똘므)	(남) 질풍, 강풍(해상. 상공의) 폭풍우; жестокий ~ 폭풍(우), 모진 비바람; сильный ~ 강풍, 태풍, 거센 폭풍우
штормить (쉬똘미찌)	날씨가 거칠어지다.
штормовать (쉬똘모와찌)	폭풍우를 만나다, 모진비바람을 만나다
штормовка (쉬똘모브까)	(여) (수부.운동선수의) 두껍고 짧은 방수 윗옷, 비바람에 견디는 재킷.
штормовой (쉬똘모보이)	(형) к шторм ~ сигнал 해안경계, (폭풍우의) 경보구(球), 폭풍우 경보의 원뿔 표지 ~силы (о ветре) 폭풍위력.
штормтрап (쉬똘트랍)	(남) 줄사닥다리 폭풍우 때 쓰이는 그물 사다리.
штормяга (쉬똘매가)	(여) 격심한 폭풍우.
штос, штосс (쉬또쓰)	(남) 카드 도박의 이름.
штоф¹ (쉬또프)	(남) 1/10 베드로의 주량(술의 양을 측정하는 단위 12.30리터); 그 분량의 보드카 병 두터운 직물, 단자(가구.커튼용)
штоф² (쉬또프)	(남) 단자(緞子), 단자(의), 능직(綾織), 능직천, 다마스크 강철; 연분홍색, 석죽색(石竹色)
штофный (쉬또프느이)	(형) 단자의, 능직의; (삼의)능직천의; 다마스크 강철의; 연분홍색의, 석죽색의 ~ые обои (벽. 천장. 방)에 벽지를 바르다 ~ая мебель 비단을 붙인 가구.
штраф (쉬드랖)	(남) 벌금, 과료, 위약금, 과태료; заплатить ~ 벌금을 지불하다 ~ной (형) 형의, 형벌의 형법상의, ~ной журнал уст. 벌금대장
штрафбат (쉬드라프밭)	(남) 징벌대대(懲罰大隊)
штрафник	(남) 징벌부대에 편입된 군인

(쉬뜨라프닉)

штрафовать, оштрафовать 벌금을 부과하다, 과태료에 처하다.
(쉬뜨라포와찌)

штрейкбрехер (쉬뜨레이끄레헬)	(남) 파업 파괴자; 파업을 깸, 파업의 배반자, 노동조합 비가입자, **~ский** (남) к штрейкбрехер.; **~ство** (중) 파업파괴(행위). 파업, 파괴
штрейфлинг (쉬뜨레이플린그)	(남) (중부러시아산)사과의 일종
штрек (쉬뜨레그)	(남) *горн.* 갱도, 연락 갱도 수평갱도
штрипка (쉬뜨립까)	(여) 바지의 끝을 매는 끈
штрих (쉬뜨리흐)	(남) 가는 선, 줄, 획, 우모(羽毛), 선영 특성, 특징, 특색, 두드러진 점 характерный ~ 독자적인 특징

штриховать, заштриховать (조각. 제도. 그림에) 음영이 되게 가는
(쉬뜨리호와찌) 선을 긋다, 가는 선으로 나타내다,
가는 선으로 음영을 내다.

штриховка (쉬뜨리호브까)	(여) 가는 선 그늘지게 하기, 차광, 차일; 묘영법, 명암법, 해칭.
штриховой (쉬뜨리호보이)	(형) к штрих ~ рисунок (연필. 펜. 크레용. 목탄 따위로 그린) 그림, 도화, 선화 (線畵), 스케치, 데생

штудировать, проштудировать 연구하다.
(쉬뚜지로와찌)

штука (쉬뚜까)	(여) ① 한 개, 하나, 한 마리, 한 대, 일부, 부분, 부품, 한 구획, штук десять 약 열 조각; ② 짓, 장난, 농담 허구, 허풍; ③ 사기; 속이다, 속여서 빼앗다,в том-то и ~! 바로 그점이다.
штукарить (쉬뚜까리찌)	장난하다. 농담을 하다, 허풍떨다.
штукарство (쉬뚜깔쓰드붜)	(중) 장난, 농담 허풍, 사기
штукарь (쉬뚜깔리)	(중) 사기꾼, 허풍장이, 장난꾸러기.

штукатур (쉬뚜까뚤)	(남) 미장공, 미장이. 석고 기술자.
штукатурить, оштукатурить (쉬뚜까뚜리찌)	회반죽을(모르타르를)바르다, 회칠하다 ~ка (여) ① 회반죽 공사, 회반죽; ② 회반죽 바르기(공사), 석고 세공 고약 붙이기, (포도주의) 석고 처리; ~ный (형) 회반죽 바르기, 회반죽공사, 석고 세공, 고약 붙이기,
штукатурка (쉬뚜까뚤까)	(여) 회반죽 공사. 회반죽
штуковать (쉬뚜까와찌)	(*вн.*) 촘촘히 봉합하다, 꿰매다.
штуковина (쉬뚜꼬뷔나)	(여) *см.* штука 2,3)
штуковка (쉬뚜까브까)	(여) 꿰맴, 봉합 그 자리
штунда (여), **штундизм** (쉬둔다)	(남) 남러시아 농민간의 반정의, 반정교의 일파 (1860년 경의)
штундист (남), ~ка (여) (쉬둔지쓰트)	штунда 의 신자
штурвал (쉬뚤왈)	(남) (배의)조타륜: (자동차의) 핸들. 타륜; 조종간, 조종 손잡이; стоять у ~а 키(자루)를 잡다, 타륜 조타 장치
штурвальный (쉬뚤왈리느이)	① (형) ~ое колесо (배의) 조타륜의: (자동차) 핸들의; ② (남) 타수, 키잡이 (비행기. 우주선 등의) 조종사, 조타수, 운전사; 콤바인식 잡초깎는 기계운전사.
штурм (쉬뚤므)	(남) 강습, 습격, 맹렬한 비난, 공격, 돌격, брать ~ом 강습하여 빼앗다.
штурман (쉬뚤만)	(남) 항해자, 항해사, 항공사, 법법사 항해장; 해양 탐험가, 자동조종장치조타 ~ский (형) 운항, 항해, 항해(항공)술 [학], 항법~ское дело 항해술, 항공술 ~ская рубка 해도 상황실, 수로도.
штурмовать (쉬뚤마와찌)	① (사람. 진지) 습격(강습)하다 돌격하다 ② 돌진하다, 맥진[쇄도]하다, 힘차게; (장애물) 돌파하다; ③ (어려운. 고비.곤란.

	격정. 유혹. 버릇 따위를) 극복하다, 이겨내다, 정복하다, 공략하다.
штурмовик (쉬뚤마뷔크)	(남) 저공비행의 공격, 저공 항공기 지상 공격기, 습격기; 공격 항공기
штурмовка (쉬뚤모브까)	(여) 저공비행공습; 저공에서 하는 대지 습격작전; ~ой 강습, 습격 맹렬한 비난, 낮은 고도에서 하는 대지 공격의; ~ая авиация 항공기 습격
штурмовщина (쉬뚤마브쉬나)	(여) 급하게 하는 일.
штуртрап (쉬뚤뜨랍)	(남) 배 후미의 밧줄 사다리
штуртрос (쉬뚤뜨로쓰)	(남) 조타색, (배) 키 닻, 사슬 스티어링 체인 (돛대의) 버팀줄을 사슬로 뱃전에 고정시키는 판자.
штуф (쉬뚜프)	(남) 광석의 조각, 금속조각; 광괴, 조금.
штуцер (쉬뚜쩰)	(남) ① 카빈소총, (옛날) 기병총, 엽총 강선이 있는 엽총; ② 연결하는 관, 연락하는 관, 연결관, 유니온 파이프
штучка (쉬뚜츠까)	(여) *уменьш. от* штука; 조각, 소량 ~ный (형) 낱개로 판매하는, 매 실적에 따라 계산하는, 모아서 만든,
штучник (남), ~ница (남) (쉬뚜츠닉)	매실적에 따라 임금을 계산하는 직공, 특히 재봉공(裁縫工)
штыб (쉬띄브)	(남) 가루탄, 분탄(粉炭)
штык (쉬띄크)	(남) ① 총검; 무력, (사람수의) 보병 군대, 군세, 병력; клинковый ~총검 бросаться в ~и (총에) 장전하다; ② (돛. 밧줄 등을) 동여매다, 닻줄의 매듭, 한 삽 깊이 금속괴.
штыковать (쉬띄까와찌)	삽 깊이로 흙을 파다
штыковой (쉬띄까보이)	(형)штык ~ удар 무력으로 밀어내다 ~ая атака 무력공격;~бой 백병전.
штырь	(남) 은못, 회전축, 심봉, 깔쭉깔쭉함이

(쉬며리)	있는 못 열장, 장부촉.
шу (슈)	(중) 멋진 나무모양 리본.
шуба (슈바)	(여) 모피 외투. 겨울 외투, 털외투 위에 쌓인 빙설층(氷雪層).
шубейка (슈베이까)	(여) 모피제품 반코트, 짧은 부인용 모피 속외투. 나쁜 모피 속외투.
шубёнка (슈뵨까)	(여) 초라한 겨울외투 *см.*, шубейка.
шубка шуба (슈브까 슈바)	(주로 부인용). 짧고 가벼운 모피외투
шубник (슈브닉)	(남) 모피 외투류 제조인
шубнина (슈브니나)	(여) 무두질한, 정제한 모피
шубный (슈브느이)	(형) 모피조각으로 만든 아교.
шуга (슈가)	(형) 해빙기 또는 결빙기 전의 깨지기 쉬운 살얼음 (수면에 뜬) 유빙(流氷).
шугай (슈가이)	(형) 부인용 재킷의 일종. 늙은 여자 농부용; сарафан 의 일종
шугануть (슈가누찌)	*см.* шугать
шугать, шугнуть, шугануть (슈가찌, 슈그누찌. 슈가누찌)	을러대어 쫓아버리다, 접주어 내쫓다 협박하다, 꾸짖다.
шугнуть (슈그누찌)	*сов. см.* шугать.
шугосброс (슈고쓰로쓰)	(남) (댐 등의) 유빙 배제 설비
шуйца (슈이짜)	(남) 왼손 ((десница의 반대)).
шулер (슐레르)	(남)사기꾼, 직업적인 도박꾼(카드에서) 속임수 쓰는 사람 사기꾼, 협잡꾼 ~ ский (형) к шулер;. ~ство (중)(카드의) 속임수, 협잡 사기.

шум (슘)	(남) 소음, 잡음, 와글거림 소동, 소란한 말소리 센세이션 잡음; (옷. 나뭇잎 등) 스치는 소리, 솨솨 소리, (시냇물 따위의) 졸졸 소리, 왁자지껄, 소음 함성 소동, 소란; поднять ~ 소리를 내다 떠들다 ~ и гам 고함소리 심한 비난.
шумёр (슈묘르)	(남) 음향 담당자(音響 擔當者)
шуметь (슈메찌)	① 웅성거리다, 떠들썩거리다, 소음. 잡음을 내다; ② 소동을 일으키다; ③ 크게 떠들어대다 소란을 피우다, 투덜거리다; ④ 무엇인가에 대해서 많은 말을 한다; ~иха (여) 활발한 의논, 큰 소동, 떠드는 소리, 큰 소리, 소음 야단 법석, 센세이션, 떠벌림 떠들어 댐.
шумливость (슈믈리뷔쓰찌)	떠들썩한, 시끄러운, 떠들썩한, 활기찬 ~ый (형) 수선스러운, 떠들썩한, 시끄러운, 소란한, 떠들어대는.
шумный (슈므느이)	(형) 소란스러운, 시끄러운, 목청이높은 세상을 시끄럽게 하는, 센세이션을 일으키는, 문제의, 소음의 큰소리로;
шумовик (슈모빅)	(남) 소리에 놀라 뛰쳐나온 짐승, 극장. 라디오의 음향 담당자 재즈 악사.
шумовка (슈모브까)	(여) 더껑이를 걷어내는 도구[사람]; 그물국자(수프속에서 기름. 고기를 건지는), 석자 스키머(수면유출유 그로모으는 기구).
шумовой (슈모보이)	(형) 음색이 불명료한 소리의, 잡다한 소리를 내는; (짐승)소리에 놀라기 쉬운 ~ фон рад. 배경음
шумоглушение (슈모글루쉐니에)	(중) 소음(騷音)
шумозаглушитель (슈모글루쉬쩰리)	(중) 소음방지기, 소음기
шумок (슈모크)	(남) под ~ 몰래, 은밀하게, 가만히, 살며시, 남이 눈치채지 못하도록, 희미한 소리.
шумомер	(남) 음향계(音響計).

(슈모뗄)

шумопеленгатор (슈모뺄렌가똘)	(남) 수중 청음기, 누수 검사기, 음향 탐지기 통수식(通水式) 청진기.
шунт (슌뜨)	(남) 분로, 분류기.
шунтировать (슌찌로와찌)	분류하다 분로를 만들다
Шура (슈라)	Александр, Александра의 애칭
шурин (슈린)	(남) 처의 형제, 처남(妻男).
шуровать (슈로와찌)	(기관차. 난로) 불을 지피다(피우다, 때다) 화부 노릇을 하다, 난로 속에 새로운 연료를 넣다
шурум-бурум (슈룸 - 부룸)	(남) 고물, 폐물, 잡동사니 협잡, 트릭
шуруп (슈룹)	(남) 나사못, 너트 나사 볼트.
шурф (슈프)	(남) 채광 유망지 광석 견본시굴, 수갱, 수직 시굴정.
шурфование (슈르포와니에)	(중) 파기, 채굴(採掘), 채광(採鑛).
шурфовать (슈르포와찌)	(광물을) 채굴하다, (보물) 발굴하다, 시굴 수갱을 만들어 조사하다.
шуршание (슈르샤니에)	(중) 바삭바삭 나는 소리 와삭와삭 나는 소리, 바스락바스락 소리나는
шуршать (슈르샤찌)	살랑(와삭, 바스락)거리는 소리, 나뭇잎의 살랑거림, (의복. 나뭇잎. 물 등이) 바스락 바스락 사락사락 소리내다, 가만 가만 소리내다. листья ~ ая под ногами 발밑에서 나뭇잎 바스락바스락 소리가 나다.
шуст (슈쓰트)	(남) 총구 청소봉, 소총 꼬질대
шустовальный (슈쓰따왈리느이)	шустовать 하기 위한

шустовать (슈쓰따바찌)	총신내부 (총강)를 청소하다
шустрик (슈쓰뜨릭)	(남) 날렵한, 활발한, 재빠른, 예민한. 빈틈이 없는. 약삭빠른 젊은이
шустрый (슈쓰뜨르이)	(형) 재빠른, 민첩한, 예민한, 교활한
шут (슈트)	(남) 바보, 어리석은 사람, 어릿광대, 익살꾼, 웃기는 사람, быть ~ом 어릿광대역을 하다;
шутить, пошутить (슈띠찌) (뽀슈띠찌)	① 농담을 하다 희롱하다, 장난치다, 시시덕거리다; любить ~ 농담을 좋아하다; ② 농담으로 놀리다; ③ 농(담)으로, 장난으로; ④ 하찮은 것, 가벼이 다루다, 소홀히 다루다, 우습게 보다; 가지고 놀다; ~с огнём 불을 가지고 놀다; ~иха (여) ① 딱총, 폭죽; ② 여자 어릿광대 농담을 하는 여자
шутка (슈트까)	(여) ① 농담, 익살, 장난, 소희극, 단편 소극; в ~у 농(담)으로, 장난으로; ② 트릭, 책략, 계교, 속임수; 못된장난 сыграть ~ у с кем-л. 장난을 하다, ③ 소극(笑劇), 어릿광대극, 익살극; ~сказать 웃을 일이 아니다
шутливый (슈뜰리브이)	(형) 재치[기지] 있는 재담을 잘하는 유머러스한, 익살스러운, 장난의, 희롱하는, 농담의, 우스꽝스러운; 익살맞은, ~ник (남), ~ ница (여) 익살꾸러기, 까불이, 익살꾼, 광대, 농담을 하는 사람, 어릿광대.
шутовской (슈똡쓰꼬이)	(형) шут ~ колпак 어릿광대 모자; 원뿔형의 종이 모자; ~ наряд 얼룩덜룩한 색, 얼룩덜룩한 옷 뒤범벅 잡색의, ~ая выходка 익살, 해학(諧謔)
шутовство (슈똡쓰뜨붜)	(중) 익살맞은, 우스꽝스러운, 웃김, 익살, 우스꽝스러운 언행.
шуточный (슈또츠느이)	(형) ① 희극의, 희극풍의, 익살스런, 우스운, 웃기는, 익살맞은, 패사스러운 ② 시시한, 경박한, 진실[진지]하지 못한 это дело не ~ ое 웃을 일이

Шп

	아니다, 이것은 농담이 아니다.
шутя (슈쨔)	① *см.* шутить ② (부) 농담으로, 농으로, 장난으로, 익살맞게, 우습게, 패사스럽게, ③ 용이하게, 쉽사리, 안락하게, 편하게, 한가롭게 это можно сделать ~ 그것은 당신의 꿈속에서 할 수 있다.
шуцлиния (슈쁠리니야)	(여) 포장도로면에 나타낸 교통 방향선 (황단선 등)
шуцман (슈쯔만)	(남) (독일의) 순경, 순사, 경찰, 경관
шучивать (슈치와찌)	현재형 안쓰임
шушваль (슈시왈리)	*см.* шваль.
шушера (슈쉐라)	(여) 하층민, (인간) 쓰레기, 쓰레기, 잡동사니, 하찮은 것, 부질없는 생각,
шушпан (슈시빤)	(남) 옛날 농민의 느슨하고 긴 외투
шушуканье (슈슈까니에)	(중) 속삭임, 소문, 와삭와삭하는 소리, 귀엣말, 귀속말, 삭이는(듯한); ~ться 소곤거리다, (중상적인) 비밀 이야기를 퍼뜨 리는.
шушукать (슈슈까찌)	(중) 쉬쉬 말하다, 살랑살랑 울리다 소곤소곤 이야기나누다. 귀엣말을 하다 ~тя 소곤거리다
Шхара (쉬하라)	(여) 까프까즈 산맥 최고봉의 하나 (5201 미터)
шхерный (쉬헤르느이)	(형) 기암절벽의, 낮고 깎아자른듯한 절벽
шхеры (쉬헤릐)	(스웨덴. 핀란드 해안의) 암초절벽
шхуна (쉬후나)	(여) 스쿠너(두개 이상의 마스트 범선) ~-бриг 쌍돛대의 스쿠너(가로돛의) марсельная ~ 톱 세일 스쿠너
Ш - ш (쉬-쉬)	쉿! (조용히 하라는 신호)

шэн
(쉔)
(남) 소(簫), 피리

шюцкор
(슈쯔꼴)
(남) 핀란드의 군사적 파시스트단체

шюцкоровец
(슈쯔꼬로웨쯔)
(남) 핀란드의 군사적 파시스트 단체의 단원

Щщ

ща¹
(쏴)
(여) 자모(字母) щ의 명칭

ща²
(쏴)
(*требование прекратить что-л*)
움직이지 마; 가만있어; 잠깐 기다려.

щавелевокислый
(싸쎌레븨끼슬르이)
(형) 옥살산의, 수산(蓚酸)의

щавелевый
(싸쎌레브이)
① (형) 승아. 산모(酸模); 괭이밥류(類) ~ые щи 승아 국; ② (화학) 옥살산의 ~ая кислота 옥살산(oxalic-酸) 수산 싱아산; соль~ой кислоты 옥살산염

щавель
(싸쎌)
(남) 승아, 괭이밥류(類), 수영속(屬)의 식물; 참소리쟁이속(屬)의 식물(수영. 소리쟁이 따위)밤색; 구렁말

щадить, пощадить
(싸지찌)
① 아끼다, 빼앗지 않다, 인정을[자비를] 베풀다, 자비를 베풀다;
② 용서하다, 소중히 여기다; ~ чью-л. жизнь 목숨만은 살려 주시오

щебенить
(쒜베니찌)
돌부스러기를 깔다. 자갈을 깔다

щебёнка
(쒜본까)
(여) *см*. щебень 1.

щебень
(쒜벤니)
(남) ① 길에 까는 자갈, 도로용 쇄석 부스러기 돌, 벽돌 조각; кирпичный ~, клинкерный ~ 부서진(깨진)벽돌 ② 암설(岩屑); 쇄암(碎岩), 쇄석(해양 등의) 유기 퇴적물 파편(더미).

щебет(남), **~ание** (중).
(쒜벨)
(새가) 지저귀다, 찍찍[쩍쩍]울다, (새 음성으로) 이야기하다 재재거리는 소리, 지절거리는 것, (속어) 노래하다

щебетать
(쒜베따찌)
(부) 지저귀다(제비. 방울새 등); 시끄럽게 재잘대며 지껄이다(여자나 아이들이); 재잘재잘 지껄이다, 혀짤배기 소리

щебетливый (쉐베뜰리브이)	(형) 잘도 재잘대는 잘도 수다 떠는 실없는 소리 하는
щебетунья (쉐베뚜니야)	(여) 재잘대는 수다스런 여자, 잘 지절대는 사람, 혀짤배기 소리를 하는 사람, (특히) 아이 수다쟁이.
щебешок (쉐베쇽)	щебёнка의 한 조각
щебневой (쉐브네붜이)	(형) 도로자갈로, 벽돌조각으로 된
щебнистый (쉐브니스뜨이)	(부) 쇄석. 돌부스러기를 함유한
щевронок (쉐브로녹)	(남) 종다리
щеглёнок (쉐글료녹)	(남) ① 옷을 잘 입고 다니는 아이; ② 꾀꼬리. 방울새 새끼, 검은방울새
щегол (쉐골)	(남) ① 검은방울새의 일종, 꾀꼬리 황금조. 황리. 황앵. 황앵아. 황작. 황조 ② 목소리가 고운 사람을 비유적으로 이르는 말.
щегловка (쉐글롭까)	(여) 꾀꼬리. 방울새의 암컷
щеглятник (쉐글래뜨닉)	(남) 꾀꼬리. 방울새 사냥꾼. 애호가
щеглячий (쉐글래치이)	(형) 꾀꼬리의. 방울새의
щеголеватость (쉐골레와또쓰찌)	(여) 멋부림, 치레, 멋; ~ый (형) (복장의) 세련된, 사치스런, 모양을[맵시를] 낸; ~ый молодой человек 젊은 멋쟁이
щеголиха (쉐갈리하)	(여) 멋쟁이 여인, 세련된 몸치장을 한 여자, 여자 패션스타일.
щёголь (쑈골)	(남) 세련된. 사치스런 복장을 한 남자, 멋쟁이 남성. 맵시꾼,
щегольнуть (쉐골누찌)	см. щеголять 2.
щегольской	(형)(복장의) 세련된, 몸치장한, 멋을 낸

(쉐골쓰꼬이)	~ вид 훌륭한 모양, 세련된 외모 ~ство (중) 멋부림, 치레, 멋. 멋부린, 모양을[맵시를] 낸
щеголять, щегольнуть (쉐골랴찌)	① 극단으로 유행을 좇는 드레스, 초첨단적인 드레스. 옷치장을 하다, ② 과시하다, 자랑하다. 과시,자랑하기.
щедривый (쉐드리브이)	(형) 마마 자국이 있는
щедрина (쉐드리나)	(여) 곰보, 작은 종기의 흔적
щедриться (쉐드리짜)	(여) 아까워하지 않다
щедроватый (쉐드로와뜨이)	(형) 마마 자국이 있는
щедро (쉐드로)	(부) 후하게, 너그럽게
щедрость (쉐드로쓰찌)	(여) 관대, 아량, 고결. 너그러움, 후한, ~оты (남) 활수함, 관대함 박애하게; ~ый (형) 관대한, 아량 있는, 고결한, 편견 없는, 대범한, 인색하지 않은 ~ой рукой 손이 큰, 아끼지 않는, ~ые дары 훌륭한 선물, 아주 큰 선물
щедрота (쉐드로따)	(여) 관대한, 너그러움.
щедроты (쉐드로띄)	선물, 풍부한 선물 정, 인자
щедрый (쉐드릐)	(형) 아까와하지 않는, 잘 주는, 대범한
щека (쉐까)	(여) 볼 뺨 측면, 옆쪽 못뽑이. 집게의 물건을 집는 부분
щекастый (쉐까쓰뜨이)	(형) 볼이 포동포동한
щеколда (쉐꼴다)	(여) (문의) 걸쇠, 빗장.
щекотание (쉐꼬따니에)	(중) 간질이다.자극하다, 고무하다.

щекотать, пощекотать (쉐꼬따찌)	① 간질이다 자극하다; ② 지저귀다 (휘파람새. 까치 등이); ③ кому 또는 у кого 간지럽다; ④ 간질다, 자극하다 ~чьё-л. самолюбие 자존심자극하다;
щекотка (쉐꼬뜨까)	(여) 간지럼 간지러운것, 근질근질한 것 бояться ~и 간지럼타는
щекотливость (쉐꼬뜰리와찌)	(여) 간지럼, 민감, 예민;~ положения 민감한 정세; ~ый (형) 간지럼타는, 간지러워 하는, 신중을 요하는, 델리킷한 ~ый вопрос 미묘한 질문, 델리킷한 질문; ~ая тема 미묘한 주제
щекотно (쉐꼬뜨나)	간지럽게 ему ~ 그를 간질이다
щекотный (쉐꼬뜨느이)	(형) 신중을 요하는, 간지러운, 간지럽히는 듯킷한 상태, 민감한, 미묘한
щелевой (쉘레보이)	(형) 마찰로 생기는, 마찰음의 틈. 금이 있는
щелина (쉘리나)	(여) 큰 금. 틈. 크게 갈라진 곳, 터진곳
щелинный (쉘린느이)	(형) 마찰음의
щелистый (쉘리쓰뜨이)	(형) 틈. 금투성이의.
щёлк (쏠크)	(남) 튕김(손끝으로); (호도를) 쪼개는 것 딱 소리를냄 (새의) 지저귐 그 소리; см, щёлкнул.(пальцами)
щёлка (쏠까)	(여) 작은 틈. 작은 금, 균열;смотреть в ~у 틈 사이로 들여다보다.
щелкануть (쉘까누찌)	(부) 손끝으로 튕기다, 튕기는듯한 소리를 내다, 지저귀다
щёлканье (쏠까니에)	(중) ① 짤까닥(째깍)소리나다, (소리내며 움직이다). 펑(빵)소리가 남, 포핑; ② 손가락으로 튀기기 가벼운 자극; ③ 몹시 빠른, 몹시 빠르게, 맹렬한, 맹렬하게; ④ 떨리는 목소리; (엔진의) 기화기(氣化器), 카뷰레터.
щёлкать, щёлкнуть	① 짤까닥[째깍] 소리나다(소리내며

Щщ

(쑬까찌)	움직이다); (호두를) 우두둑 까다, 금가게 하다, 손바닥으로(철썩)치다, 펑소리가 나다 뺑 울리다 펑 터지다 탕 쏘다 ② (매·채찍 따위로) 찰싹(탁) 때리기 (손가락 끝으로) 가볍게 튀기기. 튀겨날리다 촉진시키다, 기운을 돋우다, ③ (채찍 따위로) 찰싹 소리내다, (~를) 철썩 때리다 (호두를) 우두둑 까다; 금가게 하다; ④ (새의) 지저귐, 노래하듯 지저귀다, 기화기(氣化器), 카뷰레터.
щёлкнуть (쑬크누찌)	см. щёлкать
щелкопёр (쉘꼬뾸)	(남) 보잘 것 없는 문사, 삼류 작가
щелкотня (쉘꼬뜨내)	(여) 오랫동안 계속되는
щелкун (쉘꾼)	(남) щёлкать하는 사람 방아벌레
щелкунчик (쉘꾼칙)	(남) (в сказках) ~하는 사람.
щелкушка (쉘꾸쉬까)	(여) 튕김 그 소리 호도 까는 도구 딱 소리를 내는 장난감
щёлок (쑬록)	(남) 잿물 알칼리성 포화액
щелочить (쉘로치찌)	잿물에 담그다, 잿물빨래를 하다 알칼리성을 부여하다
щёлочноземельный (쑬로츠노제멜르느이)	(형) ~ные металлы 알칼리 토금속
щелочной (쉘로츠노이)	(형) 알칼리속의 알칼리(성)의 ~ раствор 알칼리의 용해
щелочность (쑬로츠노쓰찌)	(여) 알칼리성
щёлочноупорный (쑬로츠노우뽀르느이)	(형) 알칼리에 견디는 성질
щёлочь (쑬로치)	(여) 알칼리
щелчок	(남) 모멸, 자존심을 상하게 함

(쉘촉)	짤까닥(째각)소리나다(소리내며 움직이다) 가벼운 사소한, 대수롭지 않은, 하찮은 дать ~ 손가락으로 튀기다 дать ~ по носу 코끝을 살짝 팅기다.
щель (쉘)	(여) ① 틈, 균열; 문, 틈 방탄호. (채찍으로) 찰싹 소리내다, (호두를) 우두둑 까다; 금가게 하다; ② 트렌치, 도랑, 해자, 호(壕); 해구; 참호, 진지.
щемить (쉐미찌)	(물건 사이에 끼워서) 압박하다 (마음을) 아프게 하다(아프다):
щениться, ощениться (쉐니쨔)	(개. 늑대. 여우 등 짐승이) 새끼를 낳다. (암캐가) 새끼를 낳다. 강아지,
щённый (쏀느이)	(형) (짐승에 대하여) 새끼를 밴
щенок (쉐녹)	(남) (개. 늑대. 여우 등의) 새끼 [욕설] 풋나기. 건방진 애송이, (야수의) 새끼, 고래[상어]의 새끼; (경멸적) 개구쟁이, 변변치 못한 아이, 불량아
щепа (쉐빠)	(여) 나무 조각, 나무 부스러기, 쓸모없는 물건, 톱밥 목제 잡화. 점화, 발화 흥분, 선동. 불쏘시개, 부서진[쪼개 진]
щепальный (쉐빨리느이)	(형) щепать 하는 데 도움이 되는, 나무를 쪼개기 위한. 깎기 위한
щепаный (쉐빠느이)	(형) 깎거나 갈라서 만들어진
щепать (쉐빠찌)	(나무) 토막, 지저깨비, (금속의) 깎아낸 부스러기, (모자. 상자를 만드는) 대팻밥, 무늬목, (나무조각를)깎거나 갈라서 만들다, 쪼개다, 깎다, 부서진[쪼개진] 조각
щепенник (쉐뼨닉)	(남) 부엌용 잡화가게
щепетильник (쉐뻬찔닉)	(남) 방물 행상인(行商人)
щепетильность (쉐뻬찔리노쓰찌)	(여) 세심, 정밀한, 꼼꼼한 격식을 차린, 거북살스러운, 딱딱한, 좀스러운 태도 빈틈없는, 면밀한, 꼼꼼한, 양심적인, **~ый** (형) ① 세심한, 정밀한, 꼼꼼한 격식을 차리는, 빈틈없는, 면밀한, ②

Щщ

	섬세한, 우아한, 고운; 민감한, 예민한 (남의 감정에 대하여) 세심한 이해심이 있는, 자상한
щепка (쉐쁘까)	(여) 나무조각, 대패밥; *см.* щепа худой как ~ 말라빠진, 깡마른; лес рубят ~и летят *посл.* [속담] 나무를 베면 부스러기가 튄다(큰일에 작은 허물을 돌보지 않는다는 뜻)
щепной (쉐쁘노이)	(형) 나무조각으로 만든
щепотка, щепоть (쉐뽀뜨까)	(여) 한 줌의 분량(엄지.검지.장지로 집은) ~ соли 소금 한 줌; ~ табаку 손가락으로 촛불을 끄다.
щепотник (쉐뽀뜨닉)	(남) 정교 분리파, 신자가 정교도 욕말 (*щепоть* 3개의 손가락으로 십자를 긋는것)
щепоть (쉐뽀찌)	(중) 한 줌 한 줌의 분량 세 손가락 (엄지. 검지. 장지 끝으로 쥐는 모습)
щербатый (쉐르바뜨이)	(형) ① 곰보의, 얽은, 꺼끌꺼끌한, 울퉁불퉁한, 얇게 깎은, 잘게 썬, 움푹팬 곳, 눌려서 들어간 곳, 눌린 자국; ② (빠진 이로) 이 사이가 벌어진.
щербина (쉐르비나)	(여) ① 꺼칠꺼칠한 것. 들쭉날쭉한 곳; 이 빠진 흔적(자국); 날이 망가짓, 결각 움폭 들어감; ② 마맛자국, 두흔(痘痕). ③ 틈, 틈새, 짬, 간격.
щербить (쉐르비찌)	꺼끌꺼끌하게 하다 날이 빠지게 하다
щерить (쉐리찌)	(이를) 드러내다 (털을) 곤두세우다
щетина (쉐찌나)	(여) 강모, 뻣뻣한 털; ~истый (형) 뻣뻣한 털의[이 많은]; 털이 곤두선 강모와 같은 강모가 난
щетинить (쉐찌니찌)	(кошка 고양이등이 шерсть 털을) 곤두세우다
щетиниться, ощетиниться (쉐찌니쨔)	털을 곤두세우다, (털이) 곤두서다, 격분하다, 화를 내다.
щетинка	(여) 뻣뻣한 털 촉모(觸毛); 자모(刺毛)

(쒜**젼**까)

щетинник
(쒜**젼**닉)
(남) 강아지풀

щетинообразный
(쒜찌노오브라즈느이)
(형) 강모 모양의 자모 모양의

щетинщик
(쒜**젼**쇡)
(남) 강모 수매인 털가공인

щётка
(쑈뜨까)
(여) ① 솔, 브러시, 수세미, (말의)거모 결정광 브러시. зубная ~ 칫솔, ~для волос 머리 솔, 머리빗, платяная ~ 옷솔 половая ~ 비, 데크브러시 почистить ~ой 솔질을 하다, 털다;
② (말굽 뒤쪽의) 텁수룩한 털 구절;
③ 브러시 (방전)

щеткодержатель
(쒜뜨까젤**좌**찌)
(중) 브러시 홀더, 솔 손잡이

щёточник
(쑈따츠닉)
(남) (솔)만드는 사람 제작자, 제조업자. 솔파는 사람, 브러시 판매인; ~ый (형) щётка 1; ~ое производство 솔 공장, 브러시 제조소(製造所)

щец
(쉐쯔)
см., щей ((щи의))

щёчка
(쑈츠까)
(여) ① *см.* щека; ② 턱, 아래턱.

щёчный
(쑈츠느이)
(형) 뺨, 볼, 양볼.

щи
(쒸)
시치(양배추 수프); 캐비지 수프; 써커르터 수프, 독일 김치 수프(잘게 썬 양배추에 식초를 쳐서 담금) 세륜 수프, 어린 숫사슴 수프

щиколка, щиколотка
(쒸꼴까)
(여) 복사뼈, 발목.

щипаный
(쒸빠느이)
(형) 털을 뜯는

щипать, щипнуть
(쒸**빠**찌)
① 꼬집다 쥐어뜯다, (손끝으로); 집다, (집게발 따위가) 물다, 집다, 꼬집다
② 물다, 물어뜯다 물어 끊다; ③ 끄트

	러기(strip), 조각, 파편, 세편(細片), 약간, 소량(bit), 극히, 조금; ④ 조금씩 갉다[물어뜯다, 깎아내다], 어린 잎, 새싹, 어린가지(가축 먹이) 뜯다, 잡아뽑다 ~ся 체포하다, (두 손가락으로) 집다 서로 잡아 당기다.
щипец (쒸뻬쯔)	(남) 사냥개의 콧등 박공 박공지붕, (자 모양)의 용마루. 마룻대
щипковый (쒸쁘꼬브이)	(형) ~ые инструменты (현악기의) 손가락 또는 손톱으로 뒹기는(활을 사용하는 것에 대하여 기타. 하프 등).
щипком (쒸쁘꼼)	(부) 피치카토(줄을 손끝으로 뜯는 연주법)의, 손톱으로 뜯는.
щипнуть (쒸쁘누찌)	*сов. см.* щипать 1.
щипок (쒸뽀끄)	(남) 비틀기 꼬집기, 홱 잡아당기기 (마음의) 동요.
щипцовый (쒸쁘쪼브이)	(형)
щипцы (쒸쁘찌)	집게 부젓가락, 도가니 집게 (미장원의) 컬(curl)용의 인두, 불집게, 못뽑이, 족집게, 핀센트, 석탄집게 검표집게, 펀치 머리지지개, 고데기;
щипчики (쒸쁘치끼)	핀셋, 족집게 족집게 하나.
щирица (쒸리짜)	(여) 비름(색비름 등의) 종류
щит (쒸뜨)	(남) ① 방패, 후원자, 보호[옹호]자, 바람막이, 진흙막이, 광선(빛)막이 가리개, 차열판, ② 눈의 광선(빛)막이 등 (난로. 기계의) 가리개. 차열판; 방설책(防雪柵), 눈사태 방지 설비 ③ 수문, (수문의) 수위 조절 장치; ④ 판벽널, 마름(창)틀; ⑤ 거북딱지, 별갑 직사각형의 방패, (곤충의 가슴의) 순판
щитик (쒸찍)	(남) 연지벌레
щитовидка	(여) 갑상선 *см.* щитовидная железа

(쉬따븨까)	*см.* щитовидный
щитовидный (쉬따븨드느이)	(형) 방패 모양의 갑상의; ~ая железа 갑상선 ~ хрящ 갑상연골
щитовка (쉬또브까)	(여) (딱딱한 껍질을 쓴) 작물. 과일의 해충의 총칭 골무꽃속
щитовник (쉬또브닉)	(남) 고사리. 양치식물의 종류
щиток (쉬똑)	(남) ① *см.* щит; ② 허리에 두르는 갑옷, 곤충의 흉부, 흉곽, 흉강, 흉갑, ③ 취산화서, 취산 꽃차례, 산방꽃차례, 산방화서; ④ (조종석. 운전석의) 계기반 [판], (마차. 썰매 등의 앞에 단) 흙받이, 넉가래판, 파도막이판양초의 바람막이
щитоносец (쉬따노쎄쯔)	(남) 방패를 든 병사
щитоноска (쉬따노쓰까)	(여) 잎벌레, 투구벌레(류), 딱정벌레
щитоносный (쉬따노쓰느이)	(형) 방패를 지닌
щитообразный (쉬따압브라즈느이)	(형) 방패 모양의, 둥근방패모양의
щука (슈까)	(여) 참꽁치, 대구 비슷한 식용어, 꽁치 고기를 닮은 담수어
щунить (슈니찌)	꾸짖다
щуп (슈쁘)	(남) ① 소식자, 탐침, 탐사침, 수동전공기; ② 프로빙(트랜지스터나 IC 칩의 패드에 탐침을 세워 특성 검사를 하는 것);
щупальце (슈빨쩨)	(중) (하등동물, 곤충 등의) 촉수, 촉각, 더듬이 (식물의)촉사, 촉모, 섬모, 탐욕에 눈먼 마수. 안테나, 공중선
щупаный (슈빠느이)	(형) 손으로 달아 본. 찾아 본
щупать, пощупать (슈빠찌)	느끼다, 감지하다, 지각하다 가만히(줄곧) 관찰하다 닿아보다, 만져보다 찾다, 더듬어 찾다, 탐침으로 찾다, 시험하다; ~ пульс 맥을 짚어 보다; ~ глазами

1613

	(얼굴 등을) 자세히 쳐다보다, 자세히 조사하다, 세밀히 살피다
щупик (쓔뻭)	(남) 촉각(觸角)
щуплый (쓔쁠르이)	(형) (수목. 곡식 알맹이 등이) 마른, 비실비실한, 알맹이가 없는 (사람에 관하여) 약한, 비실비실한, 풍채가 초라한.
щур¹ (쓔르)	(남) (참새과) 멋장이새의 일종
щур² (쓔르)	슬라브족의 씨족신(氏族神); 가신(家神).
щурёнок (쓔료녹)	(남) щука 의 새끼.
щурить (쓔리찌)	눈을 가늘게 뜨다, 실눈을 하다: ~ глаза 실눈을 뜨다; ~ся ① (눈을) 찌그리다, 가늘게 뜨다; 사팔눈이다, 곁눈질로 보다, 눈을 가늘게 뜨고 보다; ② 폭이 좁은 (공간. 장소가) 좁아서 답답한, 옹색한.
щучий (쓔치이)	(형) 돌연, 갑자기, 뜻밖에, 마법의 지팡이를 한번 흔들다
щучина (쓔치나)	щука의 고기
щучить (쓔치나)	*кого-что* 잔소리하다

Ъ. Ы. Ь.

Ъ
(뜨뵤르이즈낙)

① 분리부호, 분리기호(예: съезд, въехать 등); ② (옛정자법의)경음부호 말의중간 또는 말미에만 쓰임

Ы
(의)

Ь
(므야끼이 즈낙)

연음부호, 연음기호(늘임표)

Ээ

э¹
(에)
자모(子母)э의 명칭(옛날 e를 э로 썼다)

э²
(에)
① 아니 э, нет, я не согласен 아니, 아닙니다, 나는 동의하지 않습니다; ② 응? 뭐라고(놀람, 의심); 음! (결의를 나타냄); ③ 오!, 아차! э, да это кошка 오, 그래, 고양이구나

ЭАМ
(에아엠)
(남) 그리스의 민족해방동맹 (1941-47)

эбен
(에벤)
(남) 흑단(黑檀), 감나무과의 상록수

эбеновый
(에벤노브이)
(형) 감나무의, 흑단으로, 흑단재; ~ое дерево 감나무; ~ого цвета 흑단으로 만든, 새까만.

эбертист
(에베르찌쓰트)
(남) 에베르파 당원(프랑스의 자코베당 좌파).

эбонит
(에바니트)
(남) 에보나이트의; ~овый 경질 고무.

эбулиометрия
(에부리오메뜨리야)
(여) 비등점 측정기(測定器)

эбулиоскоп
(에부리오쓰꼬쁘)
(남) хим. 증발 측정기(蒸發 測定器) ~ия (여) хим. 비등(沸騰).

эв
(에프)
(남) 전자(電子) 볼트

эвакогоспиталь
(에와꼬고스삐딸)
(남) 후송병원(後送病院)

эвакопункт
(에와꼬쁜트)
(남) см. эвакуационый пункт; см. эвакуационный 철수지점, 후송소.

эвакуатор
(에와꾸아또르)
(남) 철수, 인양, 소개(疏開) 담당원 (러시아) 병원, 요양소 입,퇴원 담당원.

эвакуационный (에와꾸아찌온느이)	(형) эвакуация ~ пункт 대피 센터, 피난소 ~ госпиталь 후송병원.
эвакуация (에와꾸아찌야)	(여) 철수, 후송, 귀환, 피난, 송환, 배설물.
эвакуированный (에와꾸이로완느이)	① (부) *см.* эвакуировать 피난하다, 철수하다; ② (공습등의) 피난자, (전투 지대로부터) 철수자.
эвакуировать (에와꾸이로와찌)	(군대를) 철수시키다, 철군하다, (부상병을) 후송하다, (위헌지역서)소개하다, 피난(대피)시키다; ~ся ① 철수시키다 후송시키다 피난(대피)시키다; ② *страд. к* эвакуировать.
Эвал (에왈)	*см.* Евал
эвальвация (에왈와찌야)	(여) 평가(評價).
эвапорат (에와뽀라트)	() (지질) 증발암(岩)
эвапоратор (에와뽀라따르)	(남) 증발기, 농축기; 탈수기; 건조시키는 사람, (도기의) 증발 건조요(窯).
эвапорация (에와뽀라찌야)	(여) 증발(蒸發), 기화(氣化).
эвапорометр (에와빠로메드르)	(남) *хим.* 증발 측정기(測程器). 증기계(蒸氣計)(압력과 양을 잼).
эваглена (에와글레나)	(여) 연두벌레, 유글레나
эвдемонизм (에브제마니즘)	(남) 행복설(幸福說).
эвдиометр (에브지오메드르)	(남) 측기관, 유디오미터(eudiometer)
эвекция (에벡찌야)	(여) (달의) 출차(出差).
эвен (에벤)	(남) 동부시베리아의 소수 민족의 하나 (옛 이름은 ламут)
эвенк (에벤크)	(남) 동부시베리아의 한 민족 (옛 이름은 тунгус).

эвенка (에벤까)	(여) эвен의 여성형.
эвенкийка (에벤끼이까)	(여) эвенк의 여성형; ~ийский 예반민족 ~ийский язык 예반민족어.
эвенский (에벤끼이)	(형) 예반인의; ~ язык 예반어
эвентуальный (에벤뚜알느이)	(형) 결과로서(언젠가는) 일어나는, 있음직한, 가능성 있는.
эвердур (에베르두르)	(남) *тех.* 동합금(銅合金).
эвкалипт (에브까리쁘트)	(남) 유칼리 나무(eucalyptus) 호주산의 상록거목: 오스트레일리아원산의 교목); ~овый (형) к эвкалипт; ~овое масло 유칼리나무 오일(油).
эвкалиптовый (에브까리쁘또뷔비이)	(형) 유칼리나무. 유칼립투스, 유칼리
эвклаз (에브크라즈)	(남) 녹옥석(綠玉石)의 일종, 녹옥석 에머랄드 emerald, 녹옥(綠玉). 녹주옥(綠柱玉). 취록옥(翠綠玉))
эвклид (에브크리드)	(남) 유클리드(그리스의 수학자 Euclid (B.C. 300년경).
эвкоммия (에브까미야)	(여) 고무나무, 파라고무나무
ЭВМ *эл.* (электронная вычислительная машина) 전자계산기 (에베엠).	
эвмениды (에브메니듸)	(남) 에리니에스
эвольвента (에발벤따)	(여) 전개, 진화, 소용돌이의, 나사모양의, 인벌류트(involute); ~ое учение 진화학설; ~ый процесс 진화과정
эволюта (에발류따)	(여) 축폐선, 축폐한.
эволюционизм (에발류찌오니즘)	(남) 진화론, 진화설. 진화론자; ~ировать 진화하다, 발전(전개)하다; ~ист (남) 진화론자의, 진화론적인.
эволюционный	(형) 진화론적인, 전개적으로, 진화적인

1618

(에발류찌온느이)	~ая 진화론, 진화학설, 진화론교의,
эволюция (에발류찌야)	(여) ① 진화; теория ~и 진화론; ② 변화; ~я идей 사상의 변화 ③ 기동 기동연습; ④ 발전, 전개, 진전 (체조, 스포츠의 일부) 운동, 움직임.
эврибионтный (에브리비온뜨느이)	(형) 광생활대의.
эврика (에브리까)	(여) 뭔가 생각이 떠올랐을 때의 환성
эвристика (에브리쓰찌까)	(여) 계발, 발견적 교수법
эвристический (에브리쓰찌체쓰끼이)	(형) 자발적인, 발견적인, (학생에게) 스스로 발견하게 하는 ~метод 스스로 발견하게 하는 방법.
эвримия (에브리미야)	(여) 율동성 (가무음악의)
эврифагия (에브리파기야)	(남) 광식성.
эвтектика (에브쩩찌까)	(여) 공정, 공융 혼합물(混合物).
эвфемизм (에브페미즘)	(남) 완곡어법, 완곡 어구; ~стический 완곡어법의, 완곡한.
эвфонический (에브포니체쓰끼이)	음조가 좋은, 음운 변화상의.
эвфония (에브포니야)	(여) 듣기 좋은 음조, 조화된 음조, 듣기좋은 가락, 음운변화, 협화음 음편
эвфория (에브파리야)	(여) 다행증(多幸症).
Эвфрат (에브프라트)	(남) 유프라테스강(메소타미아)
эвфуизм (에브푸이즘)	(남) 미사여구, 화려하게 꾸민 문체, (말의) 과식체; ~ истический 미사 여구를 좋아하는, 과식체의.
эгализатор (에가리자또르)	(남) 균염제(均染劑).
эгалитаризм	(남) (재산) 평등주의(平等主義).

эгалитарист (에가리따리쓰트)	(중) 평등주의자(平等主義者).
Эгейское море (에게이스꼬에 모레)	(중) 에게해(-海) (발칸 반도와 소아시아의 사이의 바다).
эге (에게)	① 애개(개); ~ты уже закончил! 애개개, 자네 벌써 일을 끝마쳤구나!; 이런, 저런, 이것 봐; ~ как дела? 저런, 일이 어떻게 되어 가는가?
эгида (에기다)	(남) 보호, 후원, 비호, (Zeustls이 딸 Athena신에게 주었다는) 방패; под ~ой ~의 보호아래, ~의 비호아래.
эгоизм (에가이즘)	(남) 이기적인, 이기심, 자기본위의 ~ист (남) 제멋대로 하는 사람, 이기적인 사람.
эгоистический (에가이스찌체쓰끼이)	(형) 이기적인, 이기주의의, 야욕이강한 ~ность (중) 이기주의, 자기 본위.
эгоист (남), ~ка (여) 이기주의자. (에가이스트)	
эгоистка (에가이쓰뜨까).	(여) к эгоист 이기주의자
эготизм (에가찌즘)	(남) 자아주의자, 제멋대로 하는 사람, 실력 이상의 자만, 자부심이 강한 사람.
эгофутуризм (에가푸뚜리즘)	(남) 자아, 미래주의; (20세기 초 러시아의 미래파).
эгоцентризм (에가쩬뜨리즘)	(남) 자아중심주의, 자기중심성 ~ический (형) 자기중심의, 자기중심주의자 ~еский поступок 이기적 행동.
эгрет (남), ~ка (여) (모자, 투구 등의) 백로 깃털 장식, (에그레트) 부인용 모자의 장식 깃털.	
эгропомпа (에그라뽐빠)	(여) 포도액, 포도주용 펌프
эдак (에다크)	см. этак.
Эдда	(여) 에다(북유럽의 신환, 시가집), 시편

(에다)	Старшая ~ 고(古)에다
эдельвейс (에델리베이쓰)	(남) 에델바이스(Edelweiss) 스위스의 국화.
эдем[эдэм] (에뗌)	(남) 에덴동산(Eden) 극락; 도원향
эдикт (에직트)	(남) 칙령; 포고, 고시.
эдил (에질)	(남) 고대 로마의 관리(건축,종교, 상업, 시(市)경찰을 관장).
эдинбург (에딘부르그)	(남) 에딘버러(스코틀랜드의 수도)
эдиционный (에지찌온느이)	(남) 편집출판의.
Эдуард (에두알드)	(남) 남자의 이름
эжектор (에췍따르)	(남) 배출(방사)기, 배출펌프, (管)장치, 인젝터.
эжекция (에췍끄찌야)	(여) 분사혼합, 인공적, 수압회복
Эзоп (에조쁘)	(남) 이솝(Aesop), 우화작가.
Эзопов (남) **~ский** (형) (에조쁘프)	이솝(식)의; ~ язык 이솝이야기 같은 언어, 우화적인 말, 우의적인 언어
эзопство (에조쁘쓰뜨뷔)	(중) 우화적, 풍자적 표현을 하는 것
эзотерик (에조쩨리크)	(남) 밀교 신자
эзотерический (에조쩨리체쓰끼이)	(형) 밀교도의, 비의의, 비의적인, 비전의.
эзофагоскоп (에조파고쓰꼬쁘)	(남) 식도경.
эзофаготомия (에조파고또미야)	(여) 식도절개술.
эй (에이)	여보! (기쁨, 놀람, 물음, 주의 등의 소리) 어이! 아이고! 이런! 저런! 어머나!; 야!

Ээ

		(주의를 끌 때 지르는 소리); 어어이! 이봐 (먼데 있는 사람을 부를 때).
эй детизм (에이제찌즘)		(남) 직관상
эй коммия (에이까미야)		(여) *см.* эвкоммия.
эй кумена (에이꾸메나)		(여) 지구상 인류가 거주하는 지역
эй нштей ний (에인쉬쩨이니이)		(남) 아인시타이늄 (방사성 원소; 기호 Es; 번호 99).
Эй ре (에이레)		(중) 에이레(아일랜드 공화국의 구칭: Eire.)
Эй фелева башня (에이페레바 바쉬냐)		(여) (파리의)에펠탑 (Eiffel 塔)
эй хинин (에이히닌)		(남) 오이히닌(키니네의 대용약).
эк (엑)		의문사의 앞에 두어 놀람, 비꿈, 조소, 불만을 강하게 한다.
экарте (에까르쩨)		(중) 둘이서 하는 카드놀이 이름.
эквадорец (에크와도레쯔)		(남) 에쿠아도르(남아메리카의 공화국)
эквадорец (남), ~ка (여) (에크와도레쯔)	*см.* эквадорцы. ~эц (남), ~ка (여) 에쿠아도르 사람(들)	
экватор (에크와또르)		(남) 적도(赤道), 최대의 위선, 균분원; небесный ~ 천구적도, 공을 2등분한 주위의 선.
экваториал (에크와또리알)		(남) 적도의, 적도 부근의, 적도의식의, 적도 결합의.
экваториальный (에크와또리알느이)		적도의, 매우 무더운.
эквивалент (에크비왈렌트)		(남) 동등한, 같은 (가치·힘 따위) 대등한 (말. 표현이) 같은 뜻의, 등가물, ~ ность (여) 같음, 등가, 등치, 균력, 등량, 동의의, 동치; (원자의) 등가, 당량, 동등물, 등량물, 동의어;

	~ный (형) 동등한, 같은(가치. 힘 따위) 대등한 (말. 표현이) 같은 뜻의, (역할 따위) 상당하는, 같은; ~ная стоимость 동등한 가치.
эквивокация (에크비뵈까쩨야)	(여) 애매한 말을 쓰는 것 그 때문에 생긴 오해.
эквилибр (에크빌리블)	(남) 평형, 균형, 수평, 안정
эквилибрировать (에크빌리브리로와찌)	(중) 곡예를 하다, 줄을 타다
эквилибрист (에크빌리브리쓰트)	(남) 곡예사, 줄타는 사람, 줄타기 광대, 임기응변에 능한 사람; ~ика (여) 줄타기 곡예사
эквипотенциальный (에크비뽀쩬찌알느이)	같은 힘[잠재 능력]을 가진 등위의 등전위의. 동등한 힘, 잠재력을 가진; ~ая поверхность 등전위면, 등퍼텐셜면(面). 등전위(표)면.
экзальтация (에크잘따쩨야)	(여) 칭찬, 열광적인 기쁨, 흥분, 찬양 우쭐함, 의기양양 광희(狂喜), 흥분; ~ированный (형) 희열에 넘친, 황홀한, 무아경의, 열중[몰두]한
экзамен (에크자멘)	(남) ① 시험, 고사, 시험문제; 검사, 고사, 조사; держать ~시험을 치르다, ② 시련, 검열; ~атор (남) 시험관, 시험위원, 심사관, 검사관, 조사관(증인)
экзаменационный (에크자멘찌온느이)	(형) экзамен ~ая сессия 시험기간, ~ билет 시험 답안지, 시험표; ~ая комиссия 시험위원회.
экзаменовать, проэкзаменовать (에크자메노와찌)	~을 시험하다, 조사(심사)하다, 검사하다, 고찰하다, 검토하다; ~ся, проэкзаменоваться ① ~의 시험을 보다, 시험을 치르다: ② ~의 시험을 하다(치다, 받다)
экзаменующий ся (에크자메누유쉬이쌰)	① (부) см. экзаменоваться; ② (남) 수험생, 피조사자, 수험자, 검사[신문, 심리]를 받는 사람.
экзаметр (에크자메뜨르)	(남) 6보격(步格).

экзантема (에크잔쩨마)	(여) 발진(發疹).
экзарх (에크잘흐)	(남) 그리스 정교의 교구장; 고대그리스의 사제장 고대 비잔틴제국의 총독
экзархат (에크잘하트)	(남) экзарх의 관구직(職).
экзацербация (에크자쩰바찌야)	(여) 증세악화(症勢惡化).
экзегеза (에크제게자)	(여) 경전(經典)의 해석, 석의(釋義). 주석(註釋).
экзегет (에크제게트)	(여) 성경(聖經) 주석자(註釋者).
экзегетика (에크제게찌까)	(여) 성경주석
экзекватура (에크제크와뚜라)	(여) 주재국 정부로부터 영사에게 교부되는 인가장.
экзекутор (에크제꾸따르)	(남) 회계 검사관
экзекуция (에크제꾸찌야)	(여) 체형(體刑) 태형(笞刑), 대중학살
экзема [-зэ-] (에크제마)	(여) 습진(濕疹), 수포진(水疱疹). ~тозный [-зэ-] 습진.
экземпляр [-зэ-] (에크젬쁠랴르)	(남) ① (같은 책, 문서등의) 부, 권, 통; 부본; в двух ~ах 정부 두 통으로; в трёх ~ах 세 통 작성한; ② 견본, (동식물의) 표본; 실례 ③ 종(種), 종류 редкий ~животного 기이한 동물; ④ 대표(代表), 대표자(代表者).
экзерсис (에크제르씨쓰)	(남) (음악, 무용의) 연습(演習).
экзерциргаус (에크제르찌르가우쓰)	(남) 훈련병(訓練兵) 막사(幕舍).
экзерцировать (에크제르찌로와찌)	(남) 훈련하다
экцерциция (에크쩨르찌찌야)	(여) 연습(演習), 교련(敎練).

экзистенциализм (에크지쓰쩬찌알리즘)	(남) 실존주의(실존 철학에 기초를 두는 사상상의 입장)
экзистенциалист (에크지쓰쩬찌알리쓰트)	(남) 실존주의자
экзистенциальный (에크지쓰쩬찌알리느이)	(남) 실존주의의
экзистенц-минимум (에크지쓰쩬쯔-미니뭄)	(남) 최저 생활비.
экзогамия (에크조가미야)	(여) 이족결혼, 외족혼인; ≪ндогамия의 반대≫
экзогенный (에크조겐느이)	(형) 외생의, 외생적인 외인성의 외래의 외장경식물의.
экзодерма (에크조델마)	(여) 외피(外皮).
экзокарп (에크조까르쁘)	(남) 외과피(外果皮)
экзокринный (에크조끄린느이)	(형) 외분비의.
экзосмос (에크조스모쓰)	(남) 삼출(滲出).
экзостоз (에크조쓰또즈)	(남) 외골종(外骨腫)
экзот (에크조뜨)	(남) 외래종의 식물, 동물.
экзотерический (에크조쩨리체쓰끼이)	(형) (문외한에게) 개방적인, 공개적인 통속적인, 대중적인, 평범한, 공교적인 현교적인 공공장소, 공교의 (종교등의), 비밀 없는 통속의.
экзотермический (에크조쩰미체쓰끼이)	(형) 발열의, 발열성의; ~ие реакции 발열 반응.
экзотика (에크조찌까)	(여) 외래. 외국산. 이국적인. 이국풍의. 이국취미[정서]의. 색다른. 이국풍. 이국정취의 특성, 이국정조; ~ический 이국취미[정서]의, 색다른, 이국풍의, 이국정취의; Африкнская ~ 아프리카 이국풍.

экзотичность (에크조찌츠노쓰찌)		(여) 이국정취 이국정조.
экзотический **~ный** (에크조찌체쓰끼이)	(형)	① 이국풍, 이국정취가 있는; ~еская страна 이채를 띤 나라; ② 괴상한, 이상한
экзофтальм (에크조프**탈**름)		(남) 안구돌출(眼球突出).
экивоки (에끼**보**끼)		(남) 애매한 말(투), 모호한 말, 발; без ~ов 명확하게.
экий (에끼이)		(형) 이런, 저런 무엇, 무슨 일, 어떤 것 а, о, и(놀람,불만,비끔, 조소둥 나타낸다); экое счастье! 정말 다행이군! ~ шалун! 그 개구장이.
экипаж¹ (에끼**빠**즈)		(남) 운반차, 탈것, 승용마차.
экипаж² (에끼**빠**즈)		(남) ① (승객 제외한 배, 비행기, 기차의) 승무원 전원, 일반 선원들; ② флотский ~ 해군 병참부, 해군연대 본부.
экипировать (에끼**삐**로와찌)		(군대를)장비하다, 준비시키다; ~ся ① 채비를 해주다, 차려 입다; ② *страд. к* экипировать.
экипировка (에끼**삐**로브까)		(여) ① (군대를) 장비하다, (배를) 의장하다 паровоза 의복과 신발; ② 준비, 장비, 비품, 설비, 채비.
эккер (엑**께**르)		(남) 십자 준척, 직각기, 고도측정기.
экклесия (엑클레**씨**야)		(여) 고대 아테네의 민회.
эклампсия (엑클람**쁘씨**야)		(여) 경련, 자간(子癎: 임신중독증); (어린아이의) 급간, 경기.
эклектизм (엑클레크**찌**즘)		(남) 절충 절충주의, 절충의학.
эклектик (에클레크**찌**크)		(남) 절충주의자, 절충학파의 사람 ~ика (여) 절충주의, 절충학파;
~ический , **~ичный**	(형)	절충적인, 절충학파의, 절충주의 철학, 취사선택하는, 절충하는, 절충주의의

	(하나의 입장에) 얽매이지 않는, (취미. 의견 따위가) (폭)넓은.
эклектичность (에클레끄찌츠노쓰찌)	(여) 절충주의(折衷主義).
эклер (에클레르)	(남) 에클레어(과자)
эклиметр (에클리메뜨르)	(남) 경사 측량기.
эклиптика (에클리쁘찌까)	(여) 일식의, 횡도; наклон ~ ики 일식의 사각 ~**ический** 횡의, 식의.
эклога (에클로가)	(여) ① (때때로 대화체의) 목가, 전원시, 목가시; ② 8세기 비잔틴제국의 법률집
эко (에까)	(남) *см.* эк, экий
эко (экономическое отделение) (남) 경제부(經濟部) (에까)	
экологический (에깔로기체쓰끼이)	(형) *биол.* 생태학의.
экология (에깔로기야)	(여) *биол.* 생태학.
эконом (에까놈)	(남) ① (재산, 가사를 맡아보는) 집사, 재산관리인, (조합, 단체의) 사무장, 지배인, 대표; ② 경제학자,경제전문가,
экономай зер [-зэр-] (에까노마이젤)	(남) 절약가, (열, 연료의) 절약장치.
эконометрика (에까노메뜨리까)	(여) 계량 경제학.
экономизация (에까노미자찌야)	(여) 절약, 절감, 생비(省費), 절략, 절생(節省), 절용(節用)
экономизм (에까노미즘)	(남) *ист.* 경제(편중)주의
экономика (에까노미까)	(남) ① 경제(經濟), 경제활동, 경제학 социалистическая ~ 사회주의경제 ② 경제학, 경제상태 ~ социализма 사회주의경제학; ~ сельского хозяй -ства 농업경제 ③ 경제학, 경제면.

экономико-географический (에까노미꼬-게오그라피체쓰끼이)	(중) 경제지리의.
экономист (남), ~ка (여) (에까노미쓰트)	경제학자, 경제 전문가; ~ -плановик (남) 경제 계획자; ~ -статистик (남) 경제 통계학자. инженер ~ 경제기사
экономить, сэкономить (에까노미찌)	① 경제적으로 쓰다,~을절약(절감)하다 조금씩 사용하세요, (~을)아껴쓰다 ~ деньги 저축하다, 돈을 절약하다; ② 경제화,절약하다;~ на материалах 원료(재료, 소재) 절약하다; ③ 비용을 절감하다.
экономический (에까노미체쓰끼이)	(형) 경제의, 경제적으로, 경제학의, 경제상의 경제학상의; ~ие законы 경제법칙; ~ий кризис 경제공황; ~ая помощь 경제원조; ~ая блокада 경제적 봉쇄;~ая политика 경제정책;
экономичность (에까노미츠노쓰찌)	(여) 경제, 경제성; ~ый (형)경제적인, 경제적인, 효율적인; ~ый способ изготовления чего-л. 경제적인 제조
экономия (에까노미야)	(여) ① 경제, 절약, 검약, 저축금; для ~и времени, денег и т. п. 시간절약은 돈이다, борьба за ~ю 경제운행; это даст ~ю 이것은 절약의 효과이다 ② 대농장; политическая ~ 경제정책 политическая ~я 정치경제학
экономка (에까놈까)	(여) (재산, 가사 따위를 맡아보는) 집사, 재산 관리인, эконом 의 여성형
экономничать (에까놈니차찌)	경제적으로 쓰다, (~을) 절약하다, 지나치게 경제적이다, 인색하게 굴다 ~ость (여) 경제, 경제활동, 검약, 절약 ~ый (여) 경제적인; 절약하는, 알뜰한
экономный (에까놈느이)	(형) 검약의, 절약의, 검소한
экономполитика (에까놈뽈리찌까)	(여) 절약, 긴축정책.
экономсовет (에까놈쏘베트)	(남) 경제 평의회

экономша (에까놈샤)	(여) эконом(집사)의 아내
экосез (에까쎄즈)	(남) 스코틀랜드의 옛 무용.
экосо (에꼬쏘)	(экономический совет) 경제회의.
экось (에꼬시)	(중) 의혹, 의문, 동의하지 아니함.
экотип (에까찌쁘)	(남) 생태형(生態型).
экразит (에끄라지트)	(남) 폭약의 일종
экран (에끄란)	(남) ① 스크린, 차광판, 차열판, 칸막이 병풍 차단벽(판); выпустить на ~ 개봉영화 голубой ~ T. V. set; ② 방패(方牌), 방어물; защитный ~ реактора 방어막, 보호막; ~изация (여) 필름, 영화; 영화화, 각색하다; 영사막, 영사, 영화, 영화예술; артист ~a 영화배우.
экранизировать (에크라니지라와찌)	필름, 영화화 하다 ~ роман 소설을 영화 제작하다.
экранирование (에끄라니라와니에)	(중) (영화, 텔레비전 등의) 상영, 영사; 차폐(遮蔽), 차폐물(遮蔽物).
экранировать (에끄라니라와찌)	차단벽을 세우다, 차폐하다 전기, 자기의 영향을 저지하다; 방패, 방어물, 보호막.
экс- (бывший) (에끄쓰)	<주로 외래어에서> 전(前)~, 옛날의, 원래의, 이전의); эксчемпион 전챔피온 эксминистр 전대신, 전(前)장관.
эксгаустер (엑스가우쓰쩰)	(남) 배기장치.
эксгибиционизм (엑쓰기비찌오니즘)	(남) 음부 노출증.
эксгумация (엑쓰구마찌야)	(남) 시체발굴

экседра (엑쎄드라)	(여) (고대 그리스 건축의) 반원형 벽감
эксикатор (엑씨까따르)	(남) 수분, 습기 제거장치
эксикация (엑씨까찌야)	(여) 수분 제거
экскаватор (엑쓰까와따르)	(남) 엑스까와도르, 굴착기, 굴토기; шагающий ~ 이동식 굴착기; ковшовый ~ 포크레인, 굴착기; ~ный (형) к экскаватор. ~щик (남), ~щица (여) 굴착기 기사, 발굴자
экскавация (엑쓰까와찌야)	(여) *тех.* 굴착(掘鑿), 발굴(發掘).
экскоммуникация (엑쓰꼼무니까찌야)	(여) 파문(波紋). ~이 번지다
экскременты (엑스크레멘뜨이)	배설물, 대변(똥).
экскреция (엑스크레찌야)	(여) 배설작용(排泄作用), 대변.
экскреты (엑스크레띄)	배설물, 선(腺), 분비물, (땀, 대변, 소변) 노폐물; ~ция (여) 배설(작용), 배설물.
экскурс (엑쓰꾸르쓰)	(남) 주제를 벗어남, 여담, 여록, 보충설명.
экскурсант (엑쓰꾸르싼트)	(남), ~ка (여) 관광객, 견학자, 유람객 экскурсия의 참가자.
экскурсионный (엑쓰꾸르씨온느이)	(형) ① 견학, 유람, 여행단체, 소풍단체 ~ое бюро 여행 안내소 ~ый автобус 관광버스 ~ый пароход 유람선; ② (이야기의) 탈선, 주제에서 벗어나기 ~ая *база* 단체여행 숙박소.
экскурсировать (엑쓰꾸르씨로와찌)	(남) 견학, 유람의 소풍, 여행을 가다.
экскурсия (엑쓰꾸르씨야)	(여) ① 현지답사, 견학, 짧은 여행, 소풍, (할인 요금의) 관광[유람]여행, ~я в музее 박물관 견학; ② 여행자들, 단체관광 견학단.
экскурсовод	(남) (관광객 등)을 안내[가이드] 하다.

(엑쓰꾸르싸보드)	안내자, 박물관의 안내원, 가이드.
экслибрис (엑쓸리브리쓰)	(남) 장서표(藏書票), 표찰, 간판.
эксод (엑쏘드)	(고대 그리스 연극에서) 마지막 장면
экспансивность (엑쓰빤씨브노쓰찌)	(여) 격정, 열성적인 것, 심정을 토로하는; ~ый (형) 격정적, 감정적, 감정 따위가 넘쳐흐르는, 유출하는 ~ая натура 자연팽창, 자연 발생.
экспансионизм (엑쓰빤씨오니즘)	(남) (영토, 무역, 상업 등의) 확대 (팽창) 주의[정책], (통화의) 팽창론[정책]; ~ист (남) 팽창주의자, 팽창주의 정책, 확장론자.
экспансионистский (엑쓰빤씨오니쓰드쓰끼이)	(형) 팽창주의의, 확대, 확장; ~ая (여) политика 팽창주의 정책.
экспансия (엑쓰빤씨야)	(여) 확대, 확장, 신장, 발전 영토확장 팽창 экономическая ~ 경제팽창.
экспатриант (엑쓰빠뜨리안트)	(남) 국적이탈, 국외거주, 본국이탈, 국외로 추방당한 사람.
экспатриация (엑쓰빠뜨리아찌야)	(여) 망명, 본국퇴거, 국적이탈, 국적박탈, 국외추방
экспатриировать (엑쓰빠뜨리이로와찌)	고국을 떠나다, 국외로 추방하다, 국적을 박탈하다; ~ся ① ~을 국외로 추방하다 타국으로 이주하다, 국적을 버리다, 고국을 떠나다; ② к экспатриировать.
экспедировать (엑쓰뻬지로와찌)	(편지.소포 따위)를(~)발송하다, (문서.짐 따위)를 급송하다, (심부름꾼)을 급파하다; ~тор (남) ① 발송인,운송업자 서류발송 정리계; ② 사무장(事務長).
экспедиционный (엑쓰뻬지찌온느이)	(형) ① 운송, 회송, 발송, 급송; ~ая контор 운송점; ② 탐사; ~ая партия 탐사대, 원정; ~ый корпус 원정군단; ~ые войска 원정대.
экспедиция (엑쓰뻬지찌야)	(여) ① 원정, 탐험, научная ~ 연구조사 탐험대; спасательная ~ 구조대 ② 운송 대리점 발송, 발신, 발송계; ③ 학술탐험; 탐험대, 그 밖에 특수한

목적을 지닌 단체여행 спасательная ~ 구호대 карательная ~ 토벌대

эксперимент
(엑쓰뻬리몐트)
(남) (과학상의) 실험, 시험; ~атор (남) 실험자, 실험; проводить ~ 실험을 실시하다.

экспериментаторство
(엑쓰뻬리멘따똘쓰뜨붜)
실험을 좋아하는 것

экспериментирование
(엑쓰뻬리멘찌로와니에)
(중) 실험을 행하는 것; ~вать 실험하다, 시험하다.

эксперт
(엑쓰뼤르트)
(남) 심사관, 심사위원; 전문가, ~иза (여) ① 전문가의 감정. ② 전문 위원회 ~ный (형) эксперт 심사, 감정; ~ная комиссия 심사위원회.

экспираторный
(엑쓰삐라또르느이)
숨을 내쉬는, 호기의 ~ое ударение 호흡 스트레스.

экспирация
(엑쓰삐라찌야)
(여) 호기, 숨을 내쉼.

эксплантация
(엑쓰쁠란따찌야)
(여) 조직의 이식.

экспликация
(엑쓰쁠리까찌야)
(여) 설명, 해설 (기호류의) 설명서.

эксплицировать
(엑쓰쁠리찌로와찌)
설명하다, 해설하다.

эксплозивный
(엑쓰쁠로지브느이)
파열음의, 폐쇄음. 터짐소리; ~ звук экспл-лозивы 파열음, 폐쇄음.

эксплуататор
(엑쓰쁠루아뜨아똘)
(남) 착취자; 이기적 이용자; ~ский (형) к эксплуататор 착취자적, 착취 ~ские классы 착취계급.

эксплуатационник
(엑쓰쁠루아따찌온니크)
(남) 움직이는, 활동하는, 작업의, 작업에 종사하는, 효력있는.

эксплуатационный
(엑쓰쁠루아따찌온느이)
(형) 경영상, 운영상; ~ые расходы 경영비 ~ые условия 작업조건

эксплуатация
(엑쓰쁠루아따찌야)
(여) ① 착취, 수탈, 각다귀; ② 채취, 채굴, 개발; 경영

эксплуатировать
(엑쓰쁠루아찌로와찌)
(중) ① 착취하다, 수탈하다; ② 가동. (개발. 개척. 경영. 이용. 사용. 영업)하다,

	움직이다; ~ шахту 광산을 채굴하다.
экспо (엑쓰뽀)	(여) Expo. (박람회)
экспозе [-зэ] (엑쓰뽀제)	(중) 보이다, 발표하다, 노출하다); 서류의 요령 의회에 있어서 정부측(수상 또는 외상)의 적요보고.
экспозиметр (엑쓰뽀지메뜰)	(남) 노출계(露出計)
экспозитура (엑쓰뽀지뚜라)	(여) 재외 대리점
экспозиция (엑쓰뽀지찌야)	(여) 박람회, (문학, 음악의)요지 설명 진열, 전람 진열품, 적람물 제시
экспонат (엑쓰뽀나트)	(남) 전람하다, 출품하다, 전시하다; ~ы 전시품, 진열품, 전람품
экспонент (엑쓰뽀넨트)	(남) ① 출품자, 진열자, 증거물, 제출 ② 해설자, 지수, 색인, 찾아보기.
экспонировать (엑쓰뽀니로와찌)	① 출품하다, 전람하다, 진열하다 ② 노출시키다, 감광시키다.
экспорт (엑쓰뽀르트)	(남) ① 수출, 수출액; ②수출품
экспортёр (엑쓰뽈쬬르)	(남) 수출업자, (*страна*)수출국
экспортирование (엑쓰뽀르찌로와니예)	(중) 수출; ~ать 수출하다.
экспортный (엑쓰뽀르뜨느이)	(형) 수출; ~ые товары 수출품 ~ая торговля 수출업, 무역업.
экспресс (엑쓰쁘레쓰)	(남) (기차, 선박, 승강기 등의); 급행선, 직통선; 급행버스; ехать ~ом 급행버스를 타고 가다.
экспрессивный (엑쓰쁘레쓰씨브니이)	(형) 표현적, 표현력이 풍부한
экспресс - информация (엑쓰쁘레쓰-인포르마찌야)	(여) 급보(急報).
экспрессионизм (엑쓰쁘레쓰씨오니즘)	(남) 표현주의; 표현파, ~ист (남) 표현주의, 예술가.

экспрессионистический (엑쓰쁘레쓰씨오니쓰찌체쓰끼이)	(형) 표현주의적인
экспрессия (엑쓰쁘레쓰씨야)	(여) 표현, 표정, 표현성 читать с ~ей 표현성3이 있게 읽다.
экспрессный (엑쓰쁘레쓰느이)	(형) 표현하다 ~ая пассажирская линия 승객 표시라인.
экспромт (엑쓰쁘로마뜨)	(남) 즉흥; 즉석 연설; 즉흥곡, 즉흥시 ~ом *нареч.* 사전에 준비 없이,
экспромтом (엑쓰쁘로므똠)	(부) 즉흥적으로, 즉석에서 сочинять ~ 즉흥적으로 짓다
экспроприатор (엑쓰쁘롭리아똘)	(남) 수탈자, 몰수자; ~ация (여) (토지의) 수용, 몰수, 징발.
экспроприировать (엑쓰쁘롭리이로와찌)	(토지 등을) 수용(수탈, 몰수)하다, ~에게서 재산(사용권)을 빼앗다.
экссудат (엑쓰쑤다뜨)	(남) 침출, 분비물, 분비액.
экссудация (엑쓰쑤다찌야)	(여) 침출(浸出)
экстаз (엑쓰따즈)	(남) 열광, 황홀, 극도의 흥분, 매우 기쁨, 자신을 잊음, 정신혼미
экстатический (엑쓰따찌체스끼이)	(남) 황홀한, 무아지경에 빠진.
экстемпорале (엑쓰쩸뽀라레)	(중) 러시아어에서 라틴, 그리스어로의 즉석번역(학교에서의 작업으로)
экстензор (엑쓰쩬조르)	(남) 신근(伸筋)
экстенсивность (엑쓰쩬시브노쓰찌)	(여) 광대, 대규모; ~ый (형) 광대한, 넓은, 대규모의, 조방의, 심도없이
экстерн [-тэ-] (엑쓰쩨른)	(남) ① 자격검정시험자, 졸업검정시험의 수험생; ② 통학생 ③ 정원외의 무급 견습의사; ~ат (남) 자격검정시험
экстернат (엑쓰쩰나뜨)	(남) 검정고시 병원 실습근무
экстероцепция (엑쓰쩨로쩹쁘찌야)	(여) 외적 자극의 수용 외수용.

1634

экстерриториальность (엑쓰쩰리또리알노쓰찌)	(여) 치외법권; право ~ости 치외법권의 권리 ~ый 치외법권의.
экстерьер [-тэ-] (엑쓰쩨리엘)	(남) 외부의, 외모, 외교적인.
экстирпатор (엑쓰찌르빠똘)	(남) 농기구의 일종(깊게 갈아 잡초를 제거함), 경운기, 트랙터
экстирпация (엑쓰찌르빠찌야)	(여) 적출(摘出), 절제(切除)
экстра (엑쓰뜨라)	(여) 엑스트라, 임시, 여분, 추가의 것
экстравагантность (엑쓰뜨라바간뜨노쓰찌)	(여) (행동이) 별난, 괴벽스러운, 일상적인 궤도를 벗어난 것, 방종; ~ый (형) 터무니없는, 낭비하는, 사치스런, 일상적 궤도를 벗어난.
экстравазация (엑쓰뜨라와자찌야)	(여) 일혈(溢血), 뇌일혈
экстрагирование (엑쓰뜨라기로와니에)	(중) 뽑다. 추출물
экстрагировать (엑쓰뜨라기로와삐)	뽑아내다 분석하다, 추출하다.
экстрадиция (엑쓰뜨라지찌야)	(여) 외국인 범인을 본국정부에 인도함, 범인송환
экстракт (엑쓰뜨락트)	(남) 추출물, 정제, 엑기스. 뽑아내다
экстрактивный (엑쓰뜨락찌브느이)	(형) 분석, 발췌하다, 추출한 엑스트랙트의 ~ые вещества 발췌적인 물질.
экстрактор (엑쓰뜨락따르)	(남) 추출자, 발췌자, 추출기, 분리기, 발취기구, (총포의) 탄피, 추출장치겸자, 치과용 집게 추출기에서의 추출장치; ~ция (여) 뽑아낸 것, 분석추출
экстраординарный (엑쓰뜨라오르지날느이)	(형) 이상한, 괴상한, 비상한, 희유의, 보통이 아닌, 상식을 벗어난, 특별한.
экстраполирование (중), экстраполяция (여) 보외법, 외삽법 (엑쓰뜨라뽈리로와니에) (통계의) 보족적 기입.
экстра-почта (엑쓰뜨라-뽀츠따)	(여) 특별 우편배달

экстремальный (엑쓰뜨레말ㄴ이)	(형) 극도의, 과격한.
экстремизм, ~ист (엑쓰뜨레미즘)	(남) 극단주의, 극단론, 과격주의, 극단주의자, 극단론자, 극단적인 사람; ~ский (형) 극단주의의
экстремум (엑쓰뜨레뭄)	(남) 극치(極致), 극값.
экстренно (엑쓰뜨렌나)	(부) 긴급히, 급히, 촉박한.
экстренность (엑쓰뜨렌노쓰찌)	(여) 긴급, 위급, 급박, 특별인물
экстренный (엑쓰뜨렌ㄴ이)	(부) ① 긴급, 급한; ② 긴급한, 다급한, 위급, 비상사태; ③ 비상한,
эксудат (엑쓰우다트)	(남) 스며나옴, 삼출작용, 배출(倍出).
эксцентриада (엑쓰쩬뜨리아다)	(여) (서커스, 극중의) 유별난, 극단적으로 우스운 동작
эксцентрик¹ (엑쓰쩬뜨리크)	(남) 편심의, 편심기(류), 편심판, 편심축(ось).
эксцентрик² (엑쓰쩬뜨리크)	(남) 희극의, 희극연기자, 어릿광대, 익살꾼, 시골뜨기.
эксцентриковый (엑쓰쩬뜨리꼬브이)	(형) 별난 사람, 이심원 ~ диск 편심궤도를 그리며 이동하는.
эксцентриситет (엑쓰쩬뜨리찌쩨트)	(남) 편심률, 이심률.
эксцентрический (엑쓰쩬뜨리체쓰끼이)	(형) 이심의 기묘한, 별난, 기교한; 중심을 벗어난, 균형을 잃은
эксцентричность (엑쓰쩬뜨리츠노쓰찌)	(여) 기교한 행위, 행동; ~ый 이심원, 편심기(류), 별난 사람, 기이한.
эксцентричный (엑쓰쩬뜨리츠느이)	(형) см. эксцентрический 1
эксцесс (엑쓰쩨쓰)	(남) ① 폭행, 난폭, 과도; ② 질서의 위반, 방자, 부절제(不節制).
эксцизия (엑쓰찌지야)	(여) 절제(節制)

эксцитативный (엑쓰찌따찌브느이)	(형) 자극하는, 흥분시키는
эктима (엑쓰찌마)	(여) 농창, 심농가진
эктипография (엑찌뽀그라피야)	(여) 점자인쇄
эктогенезис (엑또게네지쓰)	(남) 체외발생, 채외 발생론
эктодерма (엑또델마)	(여) 외배엽(外胚葉)
эктопаразит (엑또빠라지트)	(남) 체외 기생충(벼룩, 이 등)
Экуадор (에꾸아도르)	(남) 에콰도르(남아메리카의 공화국 Ecuador)
экю (에뀨)	(남) 프랑스 은화(19세기 초, 그 이전에는 금화)
Элам (엘람)	(남) 이란의 고대왕국
эластик (엘라쓰찌크)	(남) 합성탄성섬유, 합성탄성직물
эластичность (엘라쓰찌츠노쓰찌)	(여) ① 탄력, 탄성; ② 신축성, 융통성 ~ый (형) ① 탄력이 있는, 탄성있는; ~ая ткань 탄성이 있는 직물; ② 신축성(융통성)이 있는, 안정되지 않은, 움직이기 쉬운.
элеватор (엘레바토르)	(남) ① (기계장치가 되어 있는) 큰 곡물 창고, 기중기이의 뿌리를 빼는 기구; ② 엘리베이트, 승강기.
элегантность (엘레겐뜨노쓰찌)	(여) 우아, 전아, 고상, 전아한 행동거지 ~ый (형) 우아한, 아릿다운, 전아한.
элегист (엘레기쓰트)	애가, 만가를 쓰는 시인(詩人)
элегический (엘레기체쓰끼이)	(형) 엘레지 형식의, 슬픈가락의 만가, 애가형식의, 슬픈, 슬픔에 찬; ~ный (형) 우울한, 침울한.
элегия	(여) 만가, 비가, 엘레지(elegie), 애가

(엘레기야)	애시(哀詩), 애조곡
элективный (엘렉찌브느이)	(형) 선거의, 선택의
электор (엘렉또르)	(남) 선거인, 선택자, 옛 독일의 선거제후
электризация (엘렉뜨리자찌야)	(여) ① 기전, 충전, 대전, 전기를 일으키는 일, 전기를 통하는 일;~ трением 마찰기전; ~ давлением 압력대전; ② 전기치료, 전기요법.
электризовать (엘렉뜨리조와찌)	① 충전하다, 감전시키다, 전기를 일으키다, 전기를 통하게 하다; ② 전기로 치료하다; ③ 감동(격동)시키다; ~ся ① 충전되다, 감전되다; ② к электризовать
электрик (엘렉뜨리크)	(남) 전기학자, 전기기술자; 전공; инженер- ~ 전기기사; техник- ~ 전기 담당자.
электрик (엘렉뜨리크)	강청색 번개불빛의.
электрификатор (엘렉뜨리피까또르)	(남) 전화교환수
электрификация (엘렉뜨리피까찌야)	(여) 전기화, 전력보급, 전화 전력, 전등 ~цировать 전기화 하다, 전력을 보급시키다.
электрический (엘렉뜨리체쓰끼이)	(형) 전기의, 전력에 의한, 전기 사용의 ~ий заряд 전하; ~ий ток 전류; ~ая батарея 전지~ая цепь 전기회로
электричество (엘렉뜨리체쓰드뷔)	(중) 전기, 전력, 전류; 전기불;
электричка (엘렉뜨리츠까)	(여) 전기철도, 전기기차(電氣汽車).
электро (엘렉뜨로)	(중) *хим.* 전기도금(電氣鍍金)
электро (엘렉뜨로)	전기, 전력, 전동
электроакустика (엘렉뜨로아꾸쓰찌까)	(여) 전기 음향학; ~ический (형) 전기 음향학의; ~ические приборы

	전기(자)음향기구(기)
электроанализ (엘렉뜨로아날리즈)	(남) *хим.* 전해 분석, 전기 분석
электроаппаратура (엘렉뜨로압빠라뚜라)	(여) 전기설비(기구)
электробритва (엘렉뜨로브리뜨와)	(여) 전기면도기.
электробуй (엘렉뜨로부이)	(남) 전기 부표
электробур (엘렉뜨라부르)	(남) 전기채굴, 전기착암기, 전기시추기
электробурение (엘렉뜨라부레니에)	электробур에 의한 유정굴착
электробус (엘렉뜨로부쓰)	(남) 전기버스.
электробытовой (엘렉뜨로븨또보이)	(형) 가정용 전기, 가정전화의; ~ые приборы 가정용 전기기구
электровоз (엘렉뜨라보즈)	(남) 전기기관차, 전기차.
элекровозостроение (엘렉뜨라보조쓰뜨로예니에)	(중) 전기 기관차 제조
электровооружённость (엘렉뜨라보오루죤노쓰찌)	(여) 노동자 1인당의 전력량.
электрогенератор (엘렉뜨라게네라또르)	(남) 발전기
электрогитара (엘렉뜨라기따라)	(여) 전기(자)기타
электрограф (엘렉뜨로그라프)	(남) 사진 전송 장치, 전기판 조각기
электрография (엘렉뜨라그라피야)	(여) 전위 기록, 사진 전송술.
электрод (엘렉뜨라드)	(남) 전극(電極), 전극봉
электродвигатель (엘렉뜨라드비가쩰)	(남) 전동기, 전기 모터; ~жущий (형) 전동의, 기전의

		~жущая сила 기전력, 전동력.
электродвижок (엘렉뜨라드비조크)		(남) 소형 전동기, 소형 전기 모터
электродвижущий (엘렉뜨라드비주쉬이)		(형) 전류를 발생 시키는, 전동, 기전의 ~ая сила 전동력(電動力).
электродиагностика (엘렉뜨라지아그노쓰찌)		(여) 전기 진단학
электродинамика (엘렉뜨라지나미까)		(여) 전기역학; ~ический 전기력의, 전기역학적인
электродинамометр (엘렉뜨라지나모메뜨르)		(남) (전류, 전압, 전력을 측정하기 위한) 전기력계, 동력 전류계.
электродный (엘렉뜨로드느이)		(형) к электрод ~потенциал 전위
электродоение (엘렉뜨라도예니에)		(중) 전기착유기에 의한 착유(搾乳)
электродоилка (엘렉뜨라도일까)		(여) 전기 착유기
электродоильный (엘렉뜨라도일느이)		(형) 전기 착유의; ~ая машина 전기 착유기
электродой ка (엘렉뜨라도이까)		(여) ① 전기착유기; ② см. электродоилка
элекродоменная (엘렉뜨라도멘나야)		(여) 충풍로(衝風爐)
электродрель (엘렉뜨라드렐리)		(여) тех. 전기 드릴
электродренаж (엘렉뜨라드레나즈)		(남) (직류 전류를 대지에 통해서 만든) 지반의 건조 강화
электредуга (엘렉뜨레두가)		(여) 전호(電弧), 아크방전.
электроёмкость (엘렉뜨로욤꼬쓰찌)		(여) 전기 용량(用量)
электрозапал (엘렉뜨라자빨)		(남) 전기 휴즈, 뇌관, 도화선
электрозакалка (엘렉뜨라자깔까)		(여) 전기단련

электрозащита (엘렉뜨라자쉬따)	(여) 전류에 의한 금속의 부식방지 (도금 등)
электрозвонок (엘렉뜨라즈보노크)	(남) 전기종, 전기벨, 전령
электроизмерительный (엘렉뜨라이즈메리쩰느이)	(형) (전류, 전압, 전력, 저항 등) 전기계측 전기 계량 ~ прибор 전기계측기들
электроизолирующий (엘렉뜨라이졸리루유쉬이)	(형) 전기 절연의
электроизоляционный (엘렉뜨라이졸랴찌온느이)	(형) 전기 절연용의
электроимпорт (엘렉뜨라이프뽀르트)	(남) 전력수입
электроинструмент (엘렉뜨라인쓰뜨루멘트)	(남) 전동 공구(工具)
электроинтегратор (엘렉뜨라인쩨그라또르)	(남) 전기 적분기(積分器)
электрокалориметр (엘렉뜨라깔로리메뜨르)	(남) 전기 열량계(熱量計)
электрокар (엘렉뜨라깔르)	(남) 전기트럭, 전기모터를 단 운반차.
электрокамин (엘렉뜨라까민)	(남) 전기 히이터(電氣heater)
электрокардиограмма (엘렉뜨라까르지오그람마)	(여) 심전도, 심장전기기록도; ~графия (여) 심전기록법, 심전도, 기록검사법.
электрокардиограф (엘렉뜨라까르지오그라프)	(남) 심전도 기록장치, 심전계
электрокартон (엘렉뜨라까르똔)	(남) 전기 절연용 두꺼운 종이
электрокинетика (엘렉뜨라끼네찌까)	(여) 전동학, 전기 운동학
электрокультура (엘렉뜨라꿀뚜라)	(여) 전기 촉진법
электролампа (엘레크뜨롤람빠)	(여) 전등(電燈), 전구(電球).

электроламповый (엘렉뜨롤**람**쁘이)	(형) 전구 ~ завод 전구공장
электролечебница (엘렉뜨롤레**체**브니짜)	(여) 전기치료 병원(病院).
электролечение (엘렉뜨롤레**체**니에)	(중) 전기치료, 전기요법(電氣療法)
электролиз (엘렉뜨롤**리**즈)	(남) 전해(電解),
электролит (엘렉뜨롤**리**트)	(남) 전기분해(요법)
элекролизация (엘렉뜨롤리**자**찌야)	(여) 전기분해요법
электролизовать (엘렉뜨롤리**조**와찌)	(중) 전기 분해하다
электролиния (엘렉뜨롤**리**니야)	(여) 전선(電線), 송전선(送電線)
электролит (엘렉뜨롤**리**트)	(남) 전해액, 전해질, 전해물; ~**ический** (형) 전해질, 전기 분해의, 전기 분해에 의해 얻어진.
электролитический (엘렉뜨롤리**찌**체쓰끼이)	(형) 전기 분해의 전기분해에 의해 얻어진
электролов (엘렉뜨롤**롭**)	(남) 전기에 의한 고기잡이
электроловушка (엘렉뜨롤**부**쉬까)	(여) 유아등(誘蛾燈)(밤에 논밭에 놓고 해 충을 꾀어 물에 빠져 죽게 만든 등불)
электролюминесценция (엘렉뜨롤류미네쓰**쩬**찌야)	(여) 전기발광, 전기불.
электромагистраль (엘렉뜨라마기쓰뜨**랄**)	(여) 전기간선
электромагнетизм (엘렉뜨라마그네**찌**즘)	(남) 전자기, 전자기학; ~**магнит** (남) 전자석; ~**магнитный** (형) 전자석의,전자기의 ~магнитное поле 전자석의 분야; ~ магнитные волны 전자석의 물결
электромассаж (엘렉뜨라맛**싸**쥐)	(남) 전기 마사지, 안마

электроматериал (엘렉뜨라마쩨리알)	(남) 전기 기계 제조용 재료
электромашина (엘렉뜨라마쉬나)	(여) (발전기, 전동기 등의) 전기 기계
электромашиностроение (엘렉뜨라마쉬노쓰뜨로예니에)	(중) 전기 기계 제조
электрометаллургия (엘렉뜨라메딸루르기야)	(여) 전기 야금(학, 공업)
электрометр (엘렉뜨라메뜨르)	(남) 전위계(電位計).
электрометрия (엘렉뜨라메뜨리야)	(여) 전기 측정술, 전위 측정
электромеханик (엘렉뜨라메하니크)	(남) 전기 공학자); ~механика (여) 전기공학.
электромолотьба (엘렉뜨라몰로찌바)	(여) 전기 탈곡기, 정미소
электромиограмма (엘렉뜨라미오그람마)	(여) 근전도(筋電圖)
электромобиль (엘렉뜨라모빌)	(남) 전동차(電動車)
электромолотилка (엘렉뜨라몰로찔까)	(여) 전기 탈곡기
электромонтаж (엘렉뜨라몬따쥐)	(여) 전기기계조립 전기를 끌어넣는 것
ээлектромонтёр (엘렉뜨라몬죠르)	(남) 전기기사, 전공, 전기담당
электромотор (엘렉뜨라모또르)	(남) 전기모터, 전동기; ~ный (형) 전동의, 기전의, 전기기관차
электромотриса (엘렉뜨라모뜨리싸)	(여) 소형 전기 트럭
электромузыкальный (엘렉뜨라무직깔느이)	: ~инструмент 전자악기
электрон (엘렉뜨론)	(남) 전자; 일렉트론합금(electron合金); быстрый ~ 고속전자; медленный ~ 저속(느린)전자 тяжёлый ~ 무거운 전자(電子).

Ээ

1643

электронагрев (엘롁뜨라나그레프)	(남) 전기 가열	
электронагревательный (엘롁뜨라나그레와쩰느이)	(형) 전기 가열의; ~ые приборы 전기 가열기구	
электронасос (엘롁뜨라나쏘쓰)	(남) 전기펌프, 전동펌프	
электронапряжение (엘롁뜨라나쁘랴줴니에)	(중) 전압(電壓: 전기장이나 도체내에 있는 두 점 사이의 전위차. 단위는 볼트(V).)	
электрон-вольт (엘롁뜨론-볼트)	(남) 전자볼트(電子volt), 일렉트론볼트 (electronvolt). 기호: eV.)	
электроника (엘롁뜨로니까)	(여) 전자공학, 전자학	
электронно-вычислительный (엘롁뜨론노-븨치쓰리쩰느이)	(형) 전자 계산의; ~ая машина 전자계산기, ЭВМ ~ центр 전산센터	
электронно-счётный (엘롁뜨론노-쓰쵸뜨느이)	*см.* ЭВМ электронновычислительный 전산	
электронно-лучевой (엘롁뜨론노-루체보이)	(여) ~ая трубка 브라운관	
электронный (엘롁뜨론느이)	(형) 전자의; ~ая теория 전자이론; ~ая физика 전자 물리학 ~ая лампа 전자관;	
электронография (엘롁뜨라노그라피야)	(여) 전자도	
электрооборудование (엘롁뜨라오보루도와니에)	(중) 전기 설비, 전기시설.	
электрооптика (엘롁뜨라오쁘찌까)	(여) 전자 광학	
электроосаждение (엘롁뜨라오싸줴니에)	(중) 전착(電着), 전착물	
электроотбелка (엘레끄뜨라오뜨벨까)	(여) 전기 표백(漂白)	
электроотрицательный (엘롁뜨라오뜨리짜쩰느이)	(형) 음전기의, 비금속의.	
электропахота (엘롁뜨라빠호따)	(여) 전기 경운.	

электропередача (엘렉뜨라뻬레다차)	(여) 송전, 송전설비; линия ~и 송전선
электропечь (엘렉뜨라뻬치)	(여) 전기로(電氣爐)
электропила (엘렉뜨라삘라)	(여) 전기톱
электропитание (엘렉뜨라삐따니예)	(중) 전력 공급
электроплавильный (에렉뜨라쁠라빌느이)	(형) 전기 용해의
электроплавка (엘렉뜨라쁠라브까)	(여) 전기 용해
электроплитка (엘렉뜨라쁠리뜨까)	(여) 전기 곤로
электроплуг (엘렉뜨라쁠룩)	(남) 전기 보습, 전기 제설기, 쟁기
электропневматический (엘렉뜨라쁘네브마찌체스끼이)	(형) 전공의
электроподстанция (엘렉뜨라뽀드쓰딴찌야)	(여) 변압소, 변전소(變電所)
электропоезд (엘렉뜨라뽀예즈드)	(남) 전철, 전동차, 전기 열차.
электроположительный (엘렉뜨라뽈로쥐쩰느이)	(형) 양전기의
электрополотёр (엘렉뜨라뽈로쬬르)	(남) 전기 청소기
электропредохранитель (엘렉뜨라쁘레도흐라니쩰)	(중) 전기 안전기
электроприбор (엘렉뜨라쁘리볼)	(남) 가정용 전기기구.
электропривод (엘렉뜨라쁘리봍)	(남) 전력 구동. 전도 장치.
электропровод (엘렉뜨라쁘로봍)	(남) 전선, 전기 케이블
электропроводка	(여) 배선, 배전선, 배선공사, 전기를 끄

(엘렉뜨라쁘로**보드**까)	는 것; ~**ность** (여) 전도성; ~**ный** (형) 전도성의, 전기양도체인
электропрогрев (엘렉뜨라쁘로**그레**프)	(남) 전류를 통한 가열
электропроигрыватель (엘렉뜨라쁘로이그리**와**쩰)	(남) 전기 축음기
электропромышленность (엘렉뜨라쁘로믜쉴롄노쓰찌)	(여) 전기공업
электропылесос (엘렉뜨라쁼례**쏘**쓰)	(남) 전기 청소기
электроразведка (엘렉뜨라라스**베**드까)	(여) (석유, 가스, 광물 등의) 전기 탐사법
электрораспределительный (엘렉뜨라라쓰쁘례젤리쩰느이)	(형) 배전의
электрорезка (엘렉뜨라**레**쓰까)	(여) 전력에 의한 금속 절단
электроретинограмма (엘렉뜨라례찌노그**람**마)	(여) 망막전도
электросварка (엘렉뜨라쓰**와**르까)	(여) 전기용접(기술); ~**щик** (남) 전기 용접공
электросварочный (엘렉뜨라쓰**와**로츠느이)	(형) 전기용접의.
электросверло (엘렉뜨라쓰**베**를로)	(남) 전기 굴착기 *см.* электродрель
электросветокультура (엘렉뜨라쓰베또꿀**뚜**라)	(여) 전열에 의한 온실재배
электросеть (엘렉뜨라**쎄**찌)	(여) (전기공급) 네트워크, 회로망
электросиловой (엘렉뜨라씰로**보**이)	(형) 전력; ~**ая станция** 전기발전소
электросистема (엘렉뜨라씨쓰**쩨**마)	(여) 전력계통
электроскоп (엘렉뜨라쓰**꼬**쁘)	(남) 검전기(檢電器)
электроснабжение	(중) 전력공급(

(엘렉뜨라쓰나브췌니에)

электросон (엘렉뜨라**쏜**)	(남) 전기 최면요법
электросталь (엘렉뜨라쓰**딸**)	(여) 전기강, 특수한 전기로에서 만든 강철(鋼鐵).
электростанция (엘렉뜨라쓰**딴**찌야)	(여) 발전소; атомная ~ 원자력발전소
электростатика (엘렉뜨라쓰**따**찌까)	(여) 정전기학; ~ический (형) 정전기학의
электростолб (엘렉뜨라쓰**똘**브)	(중) 전신주, 전봇대
электростижка (엘렉뜨라쓰뜨**리**즈까)	(여) (양털의) 전기삭모
электрострой (엘렉뜨라쓰뜨**로**이)	(남) 발전소 건설
электросчётчик (엘렉뜨라쓰**쵸**뜨치크)	(남) 전기미터기, 전산 전력계
электротабло (엘렉뜨라**따**브로)	(중) 전광판
электротаксис (엘렉뜨라따**끄씨**쓰)	(남) 주전성
электротерапия (엘렉뜨라쩨라**삐**야)	(여) 전기요법(電氣療法)
электротермический (엘렉뜨라**쩰미**체쓰끼이)	(형) 전열의
электротермия (엘렉뜨라**쩨**르미야)	(여) 전열공학
электротехник (엘렉뜨라**쩨**흐니크)	(남) 전기기사, 전기공학도.; ~ика (여) 전기공학, 전기공예학 ~ический (형) 전기공학(기술); ~ая промышленность 전기공업
электротипия (엘렉뜨라찌**삐**야)	(여) 전기판, 전기제판
электротрактор (엘렉뜨라드**락**또르)	(중) 전기 트랙터

электротяга (엘렉뜨라**쨔**가)	(여) 전기견인.
электрохимия (엘렉뜨라**히**미야)	(여) 전기화학
электрофизиология (엘렉뜨라피지오로기야)	(여) 전기 생리학
электрофильтр (엘렉뜨라**필**뜨르)	(남) 전기침전기
электрофор (엘렉뜨라**포**르)	(남) 기전판(起電盤), 전기쟁반
электрофорез (엘렉뜨라포**레**즈)	(남) 전기영동(電氣泳動)
электрохимический (엘렉뜨라히미체쓰끼이)	(형) 전기화학의; ~химия (여) 전기화학
электроход (엘렉뜨라**호**드)	(남) 전기보트, 전기 모터선
электрочасы (엘렉뜨라차**씌**)	(남) 전기시계
электрошок (엘렉뜨라**쇼**크)	(남) 전기쇼크, 전기충격요법
электрощиток (엘렉뜨라쉬**또**크)	(남) 배전반(配電盤)
электроэнергия (엘렉뜨라에**네**르기야)	(여) 전력, 전기에너지
электроэнцефалография (엘렉뜨라엔쩨팔로그라피야)	(여) 뇌 전류 기록술
элемент (엘레**몐**트)	(남) ① 요소, 요건, 요인, 조건, 필요물 요체; ② 원소; ③ ~ы 원리, 초보; ④ ~ы 분자, 요소; ⑤ 전지, 낮추어 부르는 말 놈(예를 들어 수상한 놈), 분자 원(元), 소량; 4대 원소(땅, 물, 불, 바람); ~ы математики 수학의 기초지식; гальванический ~ 전기 전지; преступный ~ 범죄요소
элементарность (엘레멘**따**르노쓰찌)	(여) 초보, 기본, 자연, 본성; ~ый (형) ① 기본이 되는, 초보의, 초등의, 가장 간단한, 최소한도의;

	② 피상적, 속된; ③ 원소의; ④ 최소, 미시; ~ые частицы 미시립자
элерон (엘레론)	(남) 보조 날개, 보조익(補助翼)
элеутерокк (엘레우쩨록크)	(남) 극동에서 나는 약용 식물의 하나
элефантиаз(ис) (엘레판찌아즈)	(남) 상피병(象皮病).
Элиза (엘리자)	(여) 여자의 이름 엘리자(엘자)
элизия (엘리지야)	(여) 모음 음절 생략.
эликсир (엘릭씨르)	(남) 연금약액, 엘릭씨르, 불로불사의 영약; жизненный ~ 불로장수약
элиминация (여), ~ирование (중) (엘리미나찌야)	제거, 삭제, 소거; ~ировать 제거하다, 소거하다, 삭제하다, 탈락시키다
элинвар (엘린와르)	(남) 철(鐵), 니켈(nickel), 크롬의 합금 (온도의 변화에 따라 거의 신축되지 않음)
элионный (엘리온느이)	(형) 전자이온의(電子 ion)
элита (엘리따)	(여) ① (동식물) 우량종, 원종, 정선된; ② 선택된 사람들, 정예, 엘리트(층)
Эллада (엘라다)	(여) 그리스의 공식 국명
эллин (엘린)	(남) 고대(순수) 그리스 사람(人)
эллинг (엘린그)	(남) ① 조선대, 선가; ② 비행선 정박장, 스포츠용 배(보트)의 창고, 격납고
эллинизм (엘리니즘)	(남) 헬레니즘(Hellenism) 고대 그리스 문화(Greece文化), 그리스 어법 ~истический 헬레니즘에 관한.
эллинский (엘린쓰끼이)	(형) 고대 그리스 사람(말)의
эллинист (엘리니쓰트)	(남) 고대 그리스어, 그리스 문학의 연구자, 그리스어 및 문학의 찬미자

эллипс(*ис*) (엘립쓰)	(남) ① 타원, 타원형, 타원주; ② 생략 생략부호
эллипсограф (엘립쏘그라프)	(남) 장원(타원)을 그리는 화구
эллипсоид (엘립쏘이드)	(남) 타원체, 타원면(楕圓面).
эллиптический (엘립찌체쓰끼이)	(형) 타원(형)의
элодея (엘라제야)	(여) 다년생 수초의 하나(담수산)
элоквентный (엘라크벤뜨느이)	(형) [비꼼, 익살] 웅변적인, 능변인
элоквенция (엘라크벤찌야)	(여) 웅변(雄辯), 변론술(辯論術)
элонгация (엘란가찌야)	(여) 신장(伸張), 연장(延長)
эль (엘)	(중) ① 자모 л의 명칭; ② 에일맥주 (영국산 쓰고 독한맛 맥주); (옛날 에일을 마시는) 시골 축제
Эльба (엘바)	(여) (독일의) 엘베강
эльбор (엘보르)	(남) 질화 붕소계 초경 공구재
Эльбрус (엘브루쓰)	(남) 까프까즈 최고봉(5633미터)
Эльдорадо (엘다라다)	(중) (남미에 있는) 황금의 나라 보석의 산(山)
Эльза (엘자)	(여) 엘자(여자의 이름)
Эльзас (엘자쓰)	(남) 알사스 (동부 프랑스의 주)
эльзасоц (남), ~ка (여), ~ский (형) 알사스(주민)의, (런던의) (엘자쏘쁘)	알세이셔(Alsata)의, 알사스 사람
эльпидифоры (엘삐지포리)	(남) 세계 최초의 상륙용 주정 (제 1차 세계대전 때 흑해에서 건조됨)

эльф (엘프)	(남) (숲, 굴 등에 사는) 꼬마 요정; 초저주파 공기, 물, 땅의 요정, 신령.
элюат (엘류아트)	(남) 용리물(溶離物)
элюация (엘류아찌야)	(여) 용리(溶離)
элювий (엘류비이)	(남) 풍화(風化) 잔류물(殘留物),
элюент (엘류엔트)	(남) 용리제, 용리액.
эмалевый (에말레브이)	(형) 에나멜, 광택제; ~ые краски 에나멜 광택이 나는 그림물감, 도료.
эмалирование (에말리로와니에)	(중) ~에 에나멜을 입히다, ~에 법랑을 올리다, ~에 에나밀을 칠하다
эмалированный (에말리로완느이)	(형,부) 에나멜을 칠하는, 법랑을 올리는 белый ~, синий ~ и т. п. 백색 에나멜, 청색 에나멜 등등;
эмалировать (에말리로와찌)	유약을 바르다 에나멜 을 칠(漆)하다, 칠보를 입히다.
эмалировка (에말리로브까)	(여) ① 에나멜, 법랑, 파란, 유약 ② ~에 에나멜을 칠하다
эмалировочный (에말리로보츠느이)	(형) ~에 에나멜을 입히다, 에나멜로 그리다, 법랑을 입히다
эмалировщик (에말리로브쉬크)	(남) 유약공(釉藥工), 에나멜공
эмаль (에말)	(여) 유약, 에나멜, 칠보, 광택제, 법랑질, 사기질 покрывать что-л. ~ю ~에 에나멜을 칠하다 зубная ~ 유약, 에나멜, 칠보, 광택제
эманация (에마나찌야)	(여) 유출, 발출, 방사, 방사물, 발산물, 에머네이션(emanation); ~ радия 라듐 (Ra,88) 유출
эмансипатор (에만씨빠또르)	(남) 해방자
эмансипация (에만씨빠찌야)	(여) 해방(解放), 자유, 석방

Ээ

эмансипировать (에만씨삐로와찌)	해방하다, 석방하다; ~ся 석방(해방)시키다; *страд. к* эмансипировать
Эмба (엠바)	(여) 까자흐스탄의 강이름 (우랄강으로 통하여 카스피해로 흘러 들어감)
эмбарго (엠바르고)	(중) 선박의 출항, 입항금지, (상품,화물, 정금의) 수출, 수입금지, 차압;
эмблема (엠블레마)	(여) 상징, 표장, 표시물; ~ тический 상징적인, 표상하는
эмболия (엠볼리야)	(여) 색전증(塞栓症), 전색증
эмбриогенез(-эз) (엠브리오게네즈)	(남) 배형성, 태아, 애벌레
эмбриолог (엠브리올로그)	(남) 발생학자, 생태학자; ~ический 발생학상의, 태생학상의
эмбриология (엠브리올로기야)	(여) 발생학, 태생학.생태학
эмбрион (엠브리온)	(남) 배(胚), 엠브리오(embryo), 배종, 태아, 유충; ~альный (형) 태아의, 태생의, эмбрион의 в ~альном состоянии 미완성의
эмбриотомия (엠브리오따미야)	(여) 제왕절개(술)
эмергенцы (에메르겐찌)	(남) (장미 등의)가시
эмеритура (에메리뚜라)	(여) 퇴직금(退職金), (관리의)적립금
эметин (에메찐)	(남) 에메틴 알칼로이드의 하나
эмигрант (에미그란트)	(남) 망명자, 이주자, 이주민 политический ~ 정치적 망명자 ~ка (여) 이민, 이주, 망명 ~ский (형) *к* эмигрант
эмиграционный (에미그라찌온느이)	(형) 이주의, 이주성의; ~ация (여) ① 이주, 이민, 출국관리; ② 이주하는, 이주자, 망명자; жить в ~ации 이주하여 살고있다 находиться ~и 망명생활을 하다.

эмигрировать (에미그리로와찌)	(주로 해외로) 이주하다, 망명하다
эмир (에미르)	(남) (아라비아의) 왕족, 군주, 수장 태수, 족장 모하메드 자손의 칭호.
эмиритон (에미리똔)	(남) (피아노 모양의) 전자 악기의 이름
эмиссар (에미싸르)	(남) 밀사, 특사, 사자, 간첩(間諜).
эмиссарство (에미쌀쓰뜨붜)	(중) 밀사의 임무(任務)
эмиссионный (에미씨온느이)	발행하다, 발포하다; ~ банк 지폐 등 발행권이 있는 은행.
эмиссия^1 (에미씨야)	(여) 유가증권, 수표, 지폐등의 발행
эмиссия^2 (에밋씨야)	(여) 발사(성)의, 발포의
эмитент (에미쩬트)	(남) 유가증권, 은행권의 발행소
эмитировать (에미찌로와찌)	(남) (유가증권, 은행권, 지폐 등을) 발행하다
Эмма (엠마)	(여) 여자의 이름 엠마
эмметропия (엠메뜨로삐야)	(여) 정시(正視), 눈의 정상굴절
эмоциональность (에모찌오날노쓰찌)	(여) 감동하기 쉬운, 정에 약한
эмоциональный (에모찌오날느이)	(형) ① 정서적, 감정; ② 감동적인, 감정의, 정서의, 감수성이 예민한
эмоция (에모찌야)	(여) 감동, 감격, 정서, 희노애락.
эмпиема (엠쁘예마)	(여) 축농(蓄膿)
эмпирей (엠쁘찌레이)	(형) ① (고대 우주론의 오천중에서) 최고의 하늘, 제일천계, 천상, 가장 높은 하늘; ② 최고천(最高天) 높은 곳, 천상계 천공; витать в ~ях (일상적인 일을

버리고) 공상에 잠기다.

эмпиризм (엠삐리즘)	(남) 경험론(經驗論), 합리론(合理論), 이성론(理性論), 오성론(悟性論)
эмпирик (엠삐리크)	(남) 경험주의자, (철학상의) 경험론자 실험 의존하는 사람, 실제가, 인식론자
эмпириокритик (엠삐리오끄리찍)	(남) 경험 비판론자(批判論者)
эмпириокритицизм (엠삐리오끄리띠찌즘)	(남) 경험 비판론.
эмпириосимволизм (엠삐리오씸볼리즘)	(남) 경험 상징주의
эмпирический (엠삐리체쓰끼이)	(형) 경험론의, 경험주의의
эмпирия (엠삐리야)	(여) 경험(經驗), 체험, 섭력
эмс (엠쓰)	(남) (독일산)엠스 광천수(鑛泉水)
эму (에무)	(남) 에뮤(emeu): 에뮤과의 새.
эмульгатор (에물가따르)	(남) 유화제, 유상액, 유제
эмульгирование (에물기로와니예)	(중) 유화, 유탁화(손상 방지를 위한) 유제도포(乳劑塗布)
эмульгировать (에물기로와찌)	유상으로하다, 유제로 하다
эмульсификатор (에물씨피까또르)	(남) 유화기, 유화제(乳化劑)
эмульсия (에물씨야)	(여) 유제, 유상액; 감광유제.
эмульсоид (에물쏘이드)	(남) 유탁질(乳濁質)
эмфаза (엠파자)	(여) (사실,사상, 감정, 주의 등에 부가하는) 중요성, 강조, 강조구문, 도치법
эмфатический (엠파찌체쓰끼이)	(표현상) 힘이 있는, 어조가 강한, 두드러진, 현저한, 강조된

эмфизема(-зэ-) (엠피제마)	(여) 폐기종(肺氣腫), 기종
эн (엔)	(중) ① 자모 н의 명칭; ② 모의 뜻
энант (에난트)	(남) 에난트 (폴리아미드계 합성섬유)
энантат (에난따트)	(남) 에난트산염
энантема (에난쩨마)	(여) 내발진(內發疹), 점막진(粘膜疹)
энантиоморфный (에난찌오모르프느이) 좌우상	(형) 좌우상을 이루는; ~ крнсталл
энантиотропия (에난찌오뜨로삐야)	(여) 호변(互變)
энаргит (에나르기트)	(남) 유비동광(硫比銅鑛)
энгармонизм (엔가르모니즘)	(남) 엔하모닉, 사분음정, 이명 동음법
энгармонический (엔가르모니체쓰끼이)	(형) 이명동음(C#D♭ 와 같은) 4분음의
эндартериит (엔다르떼리이트)	(남) 동맥(動脈) 내막염(內膜炎)
эндем (엔뎀)	(남) (특정지역의) 고유 동식물
эндемический (엔데미체쓰끼이)	(형) 어떤 지방 고유의 병(病), 풍토 (지방)병의, 풍토성의
эндемия (엔데미야)	(여) 풍토병(風土病)
эндогамия (엔다가미야)	(여) 동족결혼(同族結婚), 내혼제
эндогенный (엔다젠느이)	(형) 내부성장의, 내생의; ~*ное* питаие 자가영양
эндодерма(-дэ-) (엔다델마)	(여) 내배엽(內胚葉); 내피(內皮), 내세포층.
эндокард	(남) 심내막(心內膜)

Ээ

(엔다까르드)

эндокардит
(엔다까르지트)
(남) 심내막염(心內膜炎).

эндокринный
(엔다크린느이)
(형) 내분비의: ~ые железы 내분비선 내분비관.

эндокринолог
(엔다크리놀로그)
(남) 내분비학자, 내분비전문의사

эндокринология
(엔다크리놀로기야)
(여) 내분비학

эндометрит
(엔다메뜨리트)
(여) 자궁 내막염

эндоморф
(엔다모르프)
(남) 내포광물

эндоморфизм
(엔다마르피즘)
(남) 내변(內變)

эндопаразит
(엔다빠라지트)
(남) 체내 기생충, 내부 기생생물

эндоплазма
(엔다쁠라즈마)
(여) 내질(內質), 내부 원형질

эндосклет
(엔다쓰클례트)
(남) 내골격(內骨格)

эндоскоп
(엔다쓰꼬쁘)
(남) 내진경(內診鏡)

эндоскопия
(엔다쓰꼬찌야)
(여) 내진경에 의한 진찰

эндосмос
(엔다스모쓰)
(남) 내부 삼투

эндосперм
(엔다스뻬름)
(남) 내배유(內胚乳), 내유(內乳)

эндоспора
(엔다쓰뽀라)
(여) 내생포자(內生胞子)

эндотелий (-тэ-)
(엔다쩰리이)
(남) 내피(內皮), (세포의) 내복조직 내종피(內種皮)

эндотермический
(엔다쩰미체쓰끼이)
(형) 온혈성의. 열흡수의, 흡열의; ~ие реакции 흡열반작용;

	~ *ская* реакция 흡열반응
эндотоксин (엔다똑씬)	(남) 내독소, 체내독
эндотрофный (엔다뜨로프느이)	(형) 내생적인
эндоэффект (엔다에프펙트)	(남) 흡열효과(吸熱效果)
эндшпиль (엔드쉬삘)	(남) (한판 승부의)종결부(終結部)
энеолит (에네올리트)	(남) 금석병용시대 (신석기 시대부터 청동기 시대에 이르는 과도기)
энервация (에네르와찌야)	(여) 신경쇠약, 정신소모
энергетизм (에네르게찌즘)	(남) 활동주의(活動主義)
энергетик (에네르게찌크)	(남) 동력공학학자, 동력공학의 전문가 동력공; 활동주의자
энергетика (에네르게찌까)	(여) ① 동력공학, 에너지 공학; ② 동력공업, 에너지론.
энергетичность (에네르게찌츠노쓰찌)	(여) ① 원기왕성한것, 정력적인; ② 단호한 것, 과단
энергетический (에네르게찌체쓰끼이)	(형) 동력; ~ое хозяйство 동력경제; ~ая база 동력기지 ~ баланс 에너지 밸런스; ~ая программа 동력계획
энергичный (에네르기츠느이)	(형) ① 활동적, 정력적, ② 강력한, 맹렬한; ~ человек 정력적인 사람; ~ые меры 과감한 수단
энергия (에네르기야)	(여) ① 에너지(energy), 에네르기, 힘; потенциальная ~ 위치 에너지; кинетическая ~ 활동 에너지, 동력학 тепловая ~ 열 에너지 жизненная ~ 생명 에너지; ② (중) 정력, 원기, 기력 ~ей 정력적으로; быть полным ~и 기력이 왕성하다
энерго (에네르가)	(중) 접두어, 동력, 발전

энергоблок (에네르가블로크)	(남) 동력 발전소
энерговооружённость (에네르가보오루죤노쓰찌)	(여) 에너지 장치도(energy 裝置圖: (노동력에 대한 동력사용량)
энергоёмкий (에네르가욤끼이)	(형) ~ие производства 동력 소비산업, 대량의 동력을 요하는.
энергозатраты (에네르가자뜨라띄)	전기 입력, 동력투입; низкие ~ 낮은 전기 입력, 저(底) 동력투입
энергомашиностроение (에네르가마쉬노쓰뜨로에니에)	동력기계제조
энергопоезд (에네르가뽀에즈드)	(남) 발전열차, (무개화차와 차량에붙은 이동발전소)
энергосеть (에네르가쎄찌)	(여) 동력 그리드, 고압 송전선망
энергосистема (에네르가씨쓰쩨마)	(여) 공급계통, 동력계통 единая ~ 고압 송전선망
энергоснабжение (에네르가쓰나브줴니에)	(중) 전력공급(電力供給)
энергострой (에네르가쓰뜨로이)	(남) 발전소 건설(建設)
энерготрата (에네르가뜨라따)	(여) 에너지 소비(energy 消費)
энергоустановка (에네르가우쓰따노브까)	(여) 발전 설비
энергоцентр (에네르가쩬뜨르)	(남) 중앙 발전소
энец (에네쯔)	(남) 예니쎄이강 하류에 거주하는 민족 (옛 이름 енисейский самоед)
энзим (엔짐)	(남) 효소(酵素), 뜸씨, 뜸팡이, 엔자임 (enzyme)
энзоотия (엔조오찌야)	(여) 일정지역 농장에 있어서 짐승병 발생
энигма (에니그마)	(여) 수수께끼, 미어, 미궁, 미로
энигматический	(형) 수수께끼 같은, 풀기 어려운

(에니그마찌체쓰끼이)

энкаустика (엔까우쓰찌까)	(여) 납화(蠟畵)
энклав (엔클라프)	(남) 다른 나라의 영토 안에 끼인 한 나라의 영토
энклитика (엔클리찌가)	(여) 전접어(奠接語); ~ический (형) 전접의
энный (엔느이)	(형) 특별히 지시하지 않는, 임의의 [익살] 무한의, 무한대의;
энский (엔스끼이)	(형) 공공(公共), 모,(상세히 말하지 않고) 어떤 ~ая чпсть 공공부대, 모부대 ~ завод 어떤(모)공장
энсонит (엔싸니트)	(남) 다층 단열판.
энстатит (엔스따찌트)	(남) 완화휘석(頑火輝石), 엔스태타이드 (enstatite), 마그네슘 규산염(MgSiO3)
энтальпия (엔딸삐야)	(여) 엔탈피(enthalpy; 열역학 특성함수의 일종, 기호: H)
энтелехия (엔쩰레히야)	(여) (아리스토텔레스 철학의) 엔텔러키 (생기론의) 생명력, 활력.
энтерит(-тэ-) (엔쩨리트)	(남) 장염(腸炎).
энтероколит (엔쩨로꼬리트)	(남) 소장염(小腸炎)
энтероптоз (엔쩨로쁘또즈)	(남) 장하수증(腸下垂症)
энтеротомия (엔쩨로또미야)	(여) 장절개술(腸切開術)
энтимема (엔찌몌마)	(여) 생략 추리법, 생략 삼단론법
энтомолог (엔또몰로그)	(남) 곤충학자; ~ический 곤충학적인, 곤충학상의, 곤충학적으로,
энтомология (엔또말로기야)	(여) 곤충학(昆蟲學).
энтомофилия	(여) 충매(蟲媒)

(엔또모피리야)

энтропия (엔드로삐야)	(여) ① 엔트로피(entropy); ② 정보 전달의 효율을 나타내는 양; ③ 균질성 ④ 안검내번.
энтузиазм (엔뚜지아즘)	(남) 열광, 열성, 열의, 열중; ~аст (남), ~астка (여) 열중하는 사람, 열광자, 광신자, 심취자; ~ лыжного спорга 스키광
энуклеация (엔우클레아찌야)	(여) 제거, 적출
энурез (엔우레쓰)	(남) 유뇨증(遺尿症)
энхилема (엔힐레마)	(여) 세포 원형질액
энцефалит (엔쩨팔리트)	(남) 뇌염(腦炎)
энцефалограмма (엔쩨팔로그람마)	(여) 대뇌(大腦) 촬영도
энцефалография (엔쩨팔로그라피야)	(여) X선에 의한 중추 신경 의 촬영법
энцефаломаляция (엔쩨팔로마랴찌야)	(여) 뇌연화증(腦軟化症)
энцефаломиелит (엔쩨팔로미예리트)	(남) 뇌척수염(腦脊髓炎)
энциклика (엔찌클리까)	(여) 회상, 회람, 회칙, 동문통달
энциклопедизм (엔찌클로뻬지즘)	(남) 박학다식, 지식이 광범위한, 백과통, 만물박사.
энциклопедист (엔찌클로뻬지스트)	(남) ① 백과전서(사전) 편집자; ② 박식한 사람, 박학다식한 사람
энциклопедический (엔찌클로뻬지체쓰끼이)	(형) 백과사전의, 백과전서의, 많은 학문에 능통한 여러가지에 걸친
энциклопедия (엔찌클로뻬지야)	(여) 백과전서, 백과사전; ◇ ходячая ~ 백과사전
энцы (엔찌)	(남) 예니쎄이강 하류의 소수 인종

эозин (에오진)	(남) 에오신(eosine: 적색 염료)	
эозо́й ский (에오조이쓰끼이)	(형) 상시원대의	Ээ
Эол (에올)	(남) 아이올로스(바람의 신).	
эолит (에올리트)	(남) 원시석기시대, 원시석기; ~ический 원시석기 시대의	
эолов: (에올로프)	~а арфа 아이올로스의 하프, 풍주금 ~вы отложения (여) 풍성암	
Эос (에오쓰)	에오스 (새벽의 여신), 새벽	
эоцен (에오쩬)	(남) 제 3 기(紀)의 시신세(始新世).	
эп(эвакуационный пункт) (에뻬)	후송기지(後送基地)	
эпакта (에빠크따)	(여) 태양력과 태음력 사이의 1년의 일수차(日數差)	
эпатаж (에빠따즈)	(남) 엉뚱한 행위, 세간의 습관에 어긋나는 행위	
эпатировать (에빠찌로와찌)	(중) 당황하게 하다, 어리둥절하게 하다	
эпендима (에뻰지마)	(여) 상의(뇌실, 척주중심관의)	
эпентеза(-тэ-) (에뻰떼자)	(여) 삽입문자, 삽입음(音); 어중음 첨가.	
эпибласт (에삐블라쓰트)	(남) 낭배의, 외피(外皮)	
эпиболия (에삐볼리야)	(여) 외포(外包)	
эпигастрий (에삐가쓰뜨리이)	(형) 상복부의(上服部)	
эпигенез (에삐게네즈)	(남) 후생설, 후성설, 점성설	
эпиглоттис	(남) 회염연골, 후두개(喉頭蓋)	

1661

(에삐글로뜨찌쓰)

эпигон
(에삐곤)
(남) 모방(모조, 위조)하는 사람, 학술상과 예술상의, 모방자, 아류;
~ский (형) 모방의, 모조의
~ство (중) 아류적 모방.

эпиграмма
(에삐그람마)
(여) (짧고 날카로운) 풍자시, 경구, 금언, 비명; ~атический (형) 경구의, 풍자(시)의

эпиграмматист
(에삐그람마찌쓰트)
(남) 에피그램(epigram), 풍자시 작가

эпиграф
(에삐그라프)
(남) (묘비. 동상 따위의) 비문, 비명, 고대 그리스의 묘비명,

эпиграфика
(에삐그라피까)
(여) 비명학(碑銘學), 제명학.

эпиграфист
(에삐그라피쓰트)
(남) 비명학자(碑銘學者)

эпидемиолог
(에삐제미올로그)
(남) 전염병 학자; 전염병 전문의사

эпидемиологический
(에삐제미올로기체쓰끼이)
(형) 유행병학의, 전염병학의;
~логия (여) 전염병학.

эпидемический
(에삐제미체쓰끼이)
(형) 전염병류, 유행(전염)성의;
~ая болезнь 유행병, 전염병

эпидемия
(에삐제미야)
(여) 유행병, 널리 퍼진 전염병.

эпидерма (여), **эпидермис** (남) 표피, 외피; 세포성 외피각.
(에삐제르마)

эпидиаскоп
(에삐지아쓰꼬쁘)
(남) 실물 환등기, 실사경

эпидидимис
(에삐지지밋쓰)
(남) 부고환(副睾丸)

эпидидимит
(에삐지지미트)
(남) 부고환염

эпидот
(에삐도트)
(남) 녹염석

эпизод
(에삐조드)
(남) ① (소설. 극의) 삽화, 단편적 사건;
② 토막 이야기, 에피소드; ③ (사람의

	일생, 경험중의) 일련의 삽화적인 사건, ~ический (형) 에피소드적인, 삽화로 이루어진, 일시적인, 우연적인;
эпизоотический (에삐조오찌체쓰끼이)	가축[동물]에 유행하는.
эпизоотия (에삐조오찌야)	(여) (광범위의)가축의 유행병.
эпизоотология (에삐조오똘로기야)	(여) 수역학(獸疫學)
эпик (에삑크)	(남) 서사시인
эпика (에삐까)	(여) 서사시, 사시,
эпикард (에삐까르드)	(남) 심낭내장엽(心囊內藏葉)
эпикардит (에삐까르지트)	(남) 심낭내장엽염
эпикотиль (에삐꼬찔)	(남) 상배축
эпикриз (에삐끄리즈)	(남) (발병에서 종결까지) 최종적인 단정 분리후의 증상
эпикур (에삐꾸르)	(남) 에피쿠로스(Epikuro) 개인 감성적 쾌락주의
эпикуреец (에삐꾸레예쯔)	(남),~ейский (형) ① Epicurus의, 에피쿠로스파의, 쾌락주의의, 식도락의 ② Epicurus설 신봉자, 쾌락주의자, 미식가. 향락주의자); ~ейство (중) 향락주의
эпикуреизм (에삐꾸레이즘)	(남) 에피쿠로스주의, 쾌락주의; 쾌락주의, 향락주의(享樂主義)
эпикриз (에삐끄리즈)	(남) 에피크리즈
эпилепсия (에삘레쁘씨야)	(여) 간질; ~тик (남) 간질병 환자, 지랄병 환자; ~тический (형) 간질병의
эпилог	(남) 에필로그, 결어 끝말, 종국, 후주

(에삘로그)

эпиляция
(에삘랴찌야)
(여) 탈모(脫毛), 모발제거

эпинастия
(에삐나쓰찌야)
(여) 상편생장(上偏生長)

эпископ
(에삐쓰꼬쁘)
(남) 에피스코프 (투시 영사기)

эпистиль
(에삐쓰찔)
(남) 아키트레이브

эпистола
(에삐쓰똘라)
(여) 서간, 교서, 서간체 작품; ~ная литература 서간체의 문학작품

эпистолярный
(에삐쓰똘랴르늬이)
(형) 편지(신서, 서간]의[에 의한], 서한체의; ~стиль (형) 서한체

эпистрофа
(에삐쓰뜨로파)
(여) 결구반복

эпиталама
(에삐딸라마)
(여) 축혼의 시가

эпитафия
(에삐따피야)
(여) ① 비명, 묘비명, 비문; ② 묘비문체의 작품

эпителиальный (-тэ-)
(에삐쩰리알늬이)
(형) 상피의[에 관한]

эпителий (-тэ-)
(에삐쩰리이)
(남) 표피, 상피, 피막 세포.

эпитермальный
(에삐쩨르말늬이)
(형) 잠열수의

эпитет
(에삐쩨트)
(남) 성질을 나타내는 형용사(형용어구) 별명(別名), 통칭(統稱), 통명(通名)

эпитимия
(에삐찌미야)
(여) (종교의) 징벌

эпитрахиль
(에삐드라힐)
(남)영대(領帶)(정교회,천주교 신부가 성사를 줄때 목에 걸어 길게 늘어뜨리는 형겊)

эпифеномен
(에삐페노멘)
(남) 부대현상

эпифиз
(에삐피즈)
(남) 상생체, 송과선, (장골(長骨)의)뼈 끝

эпифит (에삐**피**트)	(남) 착생식물, 기생 식물.
эпифора (에삐**포**라)	(여) (시(詩)의 행(行), 절(節)의 말미의) 동어반복
эпицентр (에삐**젠**뜨르)	(남) 진앙(震央: 진원지의 지표).
эпицикл (에삐**찌**클)	(남) 주전원; ~**ический** 주전원의; ~**ическая** передача 주전원의 기어, 주전원의 전동장치
эпициклоида (에삐찌클로이다)	(여) 내전 사이클로이드
эпический (에삐**체**쓰끼이)	(형) 서사시적인 장중한.
эпод (에**뽀**드)	(남) 고대 서정시형(장단의 행이 교차함)
эполет (에뽀**레**트)	(남) 견장(肩章), (장교 정복의) 견장,
эпонж (에**뽄**즈)	(남) 타월지
эпоним (에**뽀**님)	(남) 명조(名祖: 명칭의 기인이 된인물)
эпопея (에뽀**뻬**야)	(여) 초기의 원시적 구전 서사시, 장편사시, 영웅시, 서사시편, (연속되는 큰 가건, 복잡 중요한 사건의) 역사.
эпос (에**뽀**쓰)	(남) 서사시, 사시(史詩) 서사시적 이야기[사건], 산문문학.
эпоха (에**뽀**하)	(여) ① (중요한 사건이 일어났던) 시대 획기적 시대, 신기원, 새시대; ② 세(世) геологическая ~ 지질연대; ~ феодализма 봉건시대
эпохальный (에뽀**할**느이)	(형) 획기적인, 중대한; ~ое событие 획기적인 사변
эпрон (에**쁘**론)	(남) 수중 탐사 작업 (침몰선 인양등)
эпсомит (에쁘**쏘**미트)	(남) 천연사리염

Ээ

эпсомский
(에쁘쏨쓰끼이)
(남) 사리염(瀉利鹽)

эпулис
(에뿔리쓰)
(남) 치육종(齒肉腫)

эра
(에라)
(여) ① 기원; 연대, 시대, 시기(epoch); ② (역사의 신시대를 구획하는) 획기적 사건. 날; ③ 지질. 대(代), 기(紀);

эрбий
(에르비이)
(남) 에르븀(희토류(稀土類) 원소 기호 Er; 번호 68).

эрг
(에르그)
(남) 에르그(erg); 기호:erg.)

эргограф
(에르고그라프)
(남) 작업양, 피로, 기록계

эргометр
(에르고몌뜨르)
(남) 측력계(測力計), 에르그 측정기 (erg 測定器)

эргономика
(에르고노미까)
(여) 인간공학(人間工學)

эрготизм
(에르고찌즘)
(남) 맥각중독, 에르고틴 중독 (Saint Anthony's fire).

эрготин
(에르고찐)
(남) 맥각소(麥角素)

эре
(에레)
(중) 스칸디나비아 여러 나라의 화폐

Эреб
(에레프)
(남) 암흑계(이승과 저승 사이의)

эрегировать
(에레기로와지)
(남) 발기하다 종창하다 (부어오르다)

эректор
(에레크뜨로)
(남) (실드공법에 있어서) 세그먼트 조립기, 굴 공사의 거중기

эрекция
(에레크찌야)
(여) 발기, 종창(腫脹).

эретизм
(에레찌즘)
(남) 이상흥분, 과민증(過敏症)

эрзац
(에르자쯔)
(남) 대용품(代用品: substitute).

1666

Эринии (에리니이)	(남) 에리니에스(Furies)	
эристика (에리쓰찌까)	(여) 논쟁(論爭), 논쟁법, 논쟁술.	Ээ
эритема(-тэ-) (에리쩨마)	(여) 홍반(紅斑).	
эритремия (에리드레미야)	(여) 적혈병(赤血病)	
эритроциты (에리드로찌띄)	(남) 적혈구, 붉은피톨	
эритрит (에리드리트)	(남) 에리트리트, 혈구(血球)	
эритробласт (에리뜨로브라쓰트)	(남) 적아세포	
эритродермия (에리뜨로젤미야)	(여) 홍피증(紅皮症)	
эритрозин (에리뜨로진)	(남) 에리트로신	
эритромицин (에리뜨로미쩐)	(남) 에리트로마이신	
эритроциты (에리뜨로찌띄)	적혈구, 붉은피톨	
Эрмитаж (에르미따ж)	(남) 레닌그라드의 역사 예술 박물관.	
эродировать (에로지로와찌)	① (암 등이 ~을) 좀먹다, (산(酸) 따위가 ~을) 부식하다 (물이 땅. 암석을) 침식하다; ② (궤양형성에의해) 진무르다, 미란케 하다, 쇠퇴케 하다, 좀먹다.	
эрозий ный , эрозионный (에로지이느이) (에로지온느이)	(여) 부식성의, 침식 성의 미란성의	
эрозия (에로지야)	(여) ① 침식; ② 미란; ~ почв 침식작용(浸蝕作用)	
Эрос, Эрот (에로쓰, 에로트)	(남) ① 에로스(Aphrodite); ② (정신분석) 생의 본능; ③ 성애, 성적욕구열망 갈망; ④ 에로스(Eros);⑤ 사랑(아가페)	
эротизм	(남) 성애적 경향, 호색, 에로티시즘,	

(에로찌즘)	성적 흥분[충동], 성욕, 이상 성욕항진.
эротика (에로찌까)	(여) 관능성, 육욕성 호색, 음탕; ~**ический**, ~**ичный** (형) 호색의, 에로틱한.
эротоман (에로또만)	(남) 색정광; 성욕이상; ~**ия** (여) 색정광, 호색(好色)
эрпетология (에르뻬똘로기야)	(여) 파충학(爬蟲學)
эрратический (에르라찌체쓰끼이)	(형) 미주성의, 수반성의 표이성의
Эр-рияд (에르-리야드)	(남) 리야드 (사우디아라비아의 수도)
эрстед (에르스쩨드)	(남) 자력의 단위
эрудированный (에루지로완느이)	(형) 박식한, 해박한; ~ человек 박식한 사람
эрудит (에루지트)	(남) 박식한 사람, 유식한 사람, 거학 석학(碩學: 어떤 학술 영역에 있어서)
эрудиция (에루지찌야)	(여) (문학. 역사 등의) 박학, 박식다문, 조예, 학식.
эруптивный (에루쁘찌브느이)	(형) 폭발성의, 분화작용의
эрцгерцог (에르쯔겔쪼그)	(남) 대공(옛오스트리아황태자의 칭호)
эрцгерцегство (에르겔쩩쓰뜨뷔)	(중) 대공위(位), 대공국(大公國)
эсдек (에쓰덱)	(남) 사회민주당원(社會民主黨員)
эсер (эсэр) (에쎄르)	(남) 사회혁명당원; ~**овский** (эсэ) 사회혁명적인
эскадра (에쓰까드라)	(여) 분함대; ~**енный** (형) 에스카드라 ~**енный** миноносец 어뢰[수뢰]정 구축함; 구제자; авиационная ~ 비행 연대 учебная ~ 연습함대
эскадрилья (에쓰까드릴야)	(여) (미공군) 비행(대)대, (영공군) 비행중대 ~ истребителей 전투기

эскадрон (에쓰까드론)	(남) 기병, 기병대, 기갑부대, (기갑부대의) 정찰대, 기마대, 기병중대, ~ный 기병(기갑) 중대장.
эскалада (에쓰깔라다)	(여) 월성(越城: 공격용 사다리로 성벽을 넘는 것), 성을 넘음
эскалатор (에쓰깔라또르)	(남) 에스컬레이터, 자동(自動) 계단.
эскалаторный (에쓰깔라또르느이)	(형) 높이는, 늘리는; ~ные ступеньки 자동식계단; ~ная статья договора 계약의 신축조항, 에스컬레이터 조항
эскалация (에쓰깔라찌야)	(여) (수.양.금액의) 점증, (규모.범위.강도) 단계적 확대; (전쟁 규모) 에스컬레이션 에스컬레이터 방식에 의한 매매가격 [임금 따위]의 수정.
эскалоп (에쓰깔로쁘)	(남) 고기의 버터 구이
эскамотаж (에쓰까모따즈)	(남) 속여서 숨기는 것
эскамотировать (에쓰까모찌로와찌)	(남) 속여서 숨기다
эскапада (에쓰까빠다)	(여) 터무니없는, 엉뚱한 언동, 장난
эскарп (에쓰까르쁘)	(남) (해자의) 안쪽 둑 내벽; 급경사(면), 가파른 비탈.
эскарпировать, рую, руешь. эскарп를 만들다 (에쓰까르삐로와찌)	
эсквай р (에쓰크바일)	(남) (영국의) 대지주, 향사(기사 바로 밑의 신분); 기사 지원자, 님, 귀하
эскиз (에쓰끼즈)	(남) ① 스케치, 사생화 약도, 겨냥도, 대략, 개요, (소설 따위의) 소품(小品), 단편 토막극, (풍자적인) 촌극, 소묘; ② 모형도, 초벌그림; ~ный (형) к эскиз ~ный проект 도안, 약도, 밑그림, 설계도, (석공)초벌새김, 초안,
эскимо (에쓰끼모)	(중) (영국구어) 초코아이스크림.

эскимос (에쓰끼모쓰)	(남) 에스키모; ~ка (여) 에스키모여인; ~ский (형) 에스키모인;~ский язык 에스키모 언어(말)
эсконт (에쓰꼰트)	(남) 어음의 할인
эскорт (에쓰꼬르트)	(남) 호송자[대], 호위자(들), 호위부대 호위함[선]; 호위기(대), 호위, 호송, 옹위, 위호, 경호, 보호; ~ировать 호위(호송)하다, 의장대를 붙이다; ~ный (여) 호위의, 호송의.
эскудо (에쓰꾸도)	(중) 포르투갈의 화폐단위
эскулап (에쓰꿀라쁘)	(남) (로마신화) 의술의 신(神), 의사.
эсминец (에쓰미녜쯔)	(남) (эскадренный миноносец) 구축함, (어뢰[수리]정
эспадон (에쓰빠돈)	(남) 양날의 대검, 한쪽만 날이 있는 검
эспадрон (에쓰빠드론)	(남) 한쪽만 날이 있는 검(劒), (펜싱의) 목검.연습용 사벨, 예복에 착용하는 칼.
эспаньолка (에쓰빠니올까)	(여) 황제의 수염, 입술 밑의 작은 삼각 수염(끝이 뾰쪽한).
эспарто (에쓰빠르또)	(여) 에스파르토(나래새의 일종, 좋은종이, 인조견사, 밧줄, 인조피혁 등의 원료)
эспарцет (에쓰빠르쩨트)	(남) 콩과의 하나
эсперантист (에쓰뻬란찌쓰트)	(남) 에스페란토어 사용자[학자]. 에스페란토를 말하는 사람, 에스페란토 보급운동자.
эсперанто (에쓰뻬란또)	(중) 에스페란토; U,C (때로 e-) (인공) 국제어[기호] 자모(字母)는 28개.
эспланада (에쓰쁠라나다)	(여) (해안. 호안의 조망이 트인) 산책, 드라이브 길
эссе(сэ) (에쩨)	(중) 에세이, 수필, (문예상의) 소론 시론(詩論), 평론, 소논문(小論文).
эссеист	(남) 시론, 소논문, 논설, 에세이의 필자

(에쎄이스트)

эссенция
(에쎈찌야)
(여) 에센스, 정(情), 엑스트랙트, 본질, 정수 에키스 uksusная ~ 초산에키스 лимонная ~ 레몬정

эстакада
(에쓰따까다)
(여) ① 부두, 잔교. 방파제, 교각, 교대 수중의 잔교, 목책; ② 구름다리, 육교 고가도로 ~ный (형) к эстакада ~ная железная дорога 고속 승강기 ~ный кран (이동 기중기의) 받침대

эстамп
(에쓰땀쁘)
(남) 도판, 동판화, 동판조각, 금속판 전기판, 스테로판, 목[금속]판화

эстандарт
(에쓰딴다르트)
(남) 황제기(皇帝旗), 군기(軍旗)

эстандарт-юнкер
(에쓰딴다르트-윤께르)
(남) 기수(旗手)

эстафета
(에쓰페따)
(여) ① 릴레이 경주, 계주; ② 계승; ~ный (형) к эстафета; принять ~у у кого-л. ~에게서 물려받다.

эстезиология
(에쓰쩨지올로기야)
(여) 감각학(感覺學)

эстезиометр
(에쓰쩨지오메트르)
(남) 피부 감각 측정기

эстизиометрия
(에쓰쩨지오메뜨리야)
(여) 감각측정

эстер
(에쓰떼르)
(남) 에스테르

эстераза
(에쓰떼라자)
(여) 에스테라제

эстет
(에쓰떼트)
(남) 유미[탐미]주의자, 심미가; ~изм (남) 미감, 유미주의, 예술 지상주의. 탐미주의; ~ика (여) 미학; 미적 정서의 연구; ~ический (형) 미술의, 미학의, 미학적인 미적 감각에 의한; ~ичный 미적, 아름다운, 우아한, 우미한 유미주의의, 탐미적인; ~ство 유(탐)미주의, 예술 지상주의 행동 지나친탐미, 뽐냄.

эстетизация (에쓰떼찌자찌야)	(여) 미화(美化), 이상화(理想化)
эстетизм (에쓰떼찌즘)	(남) ① 미감(美感); ② 유미주의, 탐미주의(耽美主義)
эстетик (에쓰떼찌크)	(남) ① 탐미주의자; ② 미학자(美學者)
эстеттика (에쓰떼찌까)	(여) 미학(美學); *см.* эстетизм
эстетикотерапия (에쓰떼찌꼬쩨라삐야)	(여) 미적요법(美的療法)
эстетический (에쓰떼체쓰끼이)	(형) ① 미학의, 미학적인; ② 미적의, 미적 감각에 의한
эстетичный (에쓰떼찌츠느이)	(형) ① 아름다운, 우미한; ② 유미주의의, 탐미적인
эстетный (에쓰떼드느이)	(형) 너무 외견의 미를 중시하는, 젠체하는, 멋을 부리는
эстетство (에쓰떼드쓰뜨뷔)	(중) 유미주의의 행동, 탐미주의의 행동, 지나친 탐미, 지나치게 뽐냄.
эстетствовать, ствую, ств-уешь (에쓰떼쓰뜨뷔와찌)	(부) 탐미파인 척하다, 미적형 식만을 중시하다
эстокада (에쓰따까다)	(여) 정면에서 찌르는 동작(動作)
эстоль, ~ко (에쓰똘)	그 정도로, 그만큼, 그만하게; *см.* вотсколько.
эстомп (에쓰똠쁘)	(남) 찰필(擦筆): 압지나 얇은 가죽을 말아 붓처럼 만든 물건《그림을 그리는 데 씀》)
эстонец (남), **~ка** (여), **~ский** (형) (에쓰또네쯔)	에스토니아(사람, 말)의; ~ский язык 에스토니아 말(언어)
Эстония (에쓰또니야)	(여) 에스토니아(발트 해(海) 연안의 옛 소련 공화국의 하나, 수도 Tallinn)
эстрагон (에쓰뜨라곤)	(남) 쑥의 일종, 사철쑥류(의 잎) уксус ~ 아세트산 약제(묵은 아세트산으로 녹힌 약액); 초제(醋製)
эстрада (에쓰뜨라다)	(여) ① 교단, 연단, 마루, 무대, 스테이지(stage), 대(臺), 플랫폼(platform), ② 에스트라다 배우 경연극, 소규모의

	음악이 곁들인 극작품, 변화, 다양(성); ~**ный** (형) 보드빌(노래. 춤. 만담. 곡예 등을 섞은 쇼(variety show); 노래와 춤을 섞은 경희가극, 풍자적인 유행가
эструс (에쓰뜨루쓰)	(남) 동물(動物)의 발정(發情)(기)
эстуарий (에쓰뚜아리이)	(남) 폭이 넓은 하구(河口), 강어귀.
эсхатология (에쓰하딸로기야)	(여) 종말론(終末論)
эсэсовец (에쓰에쏘베쯔)	(남) (나찌스의) 친위대원
эт (에트)	쯧, 체 (불만, 노여움)
эта (에따)	(여) *см.* этот
этаж (에따즈)	(남) (건물의) 층(層); (사회의) 계층 первый ~ 1층; второй ~ 2층;
этажерка (에따줼까)	(여) 책장(冊欌), 독서대(讀書臺) (장식품 등을 얹어놓는) 장식 선반
этажность (에따즈노쓰찌)	(여) 건물의 층수.
-этажный (*в сложн. словах, не приведённых особо*) (-에따즈느이)	층(層), 계층(階層).
этак (에따크)	① 이렇게, 이처럼, 이런 식으로; ② 대략, 약(約), 쯤 километров ~20 약 20 킬로미터.
этакий (에따끼이)	그러한, 참말, 그런, 그[이]와 같은. 이런, 무슨
эталон (에딸론)	(남) 도량형의 표준, 기준, 규격 규범, 틀, 모형, 표본 ~метра *физ.* 스탠더드 미터, 도량형 원기.
эталонировать, рую, руешь (부) 표준화하다, 규격화하다 (에딸로니로와찌)	
этан (에딴)	(남) 에탄(ethane), 알칸(alkane)의 하나.

Ээ	этанол (에따놀)	(남) 에탄올, 에틸알콜
	этап (에따쁘)	(남) ① (발달 따위의) 단계, 계제, ② 구간, 랩, (주로의) 한 바퀴; ③ 죄수호송의 일단; ④ 병참지부;◇ отправить по ~y (비밀)수송, 이송[수송]하다; ~ный (형)① (기지와 후방과의) 연락선, 병참선, 통신(수단); ② (강제) 이송[수송]하다, 죄수호송
	этеризация (에떼리자찌야)	(여) 에테르 마취를 거는 것 마취상태
	этеризм (에떼리즘)	(남) 에테르 중독(中毒)
	этерификация (에떼리피까찌야)	(여) 에테르화 (알콜의)
	этерия (에떼리야)	(여) 비밀결사, 정치적 지하단체
	этернит (에떼르니트)	(남) 아스베스트 시멘트 슬레이트
	эти (에찌)	*см.* этот.
	этика (에찌까)	(여) ① 윤리학, 도덕론; ② 예절, 도의 도덕, 윤리(관); 윤리성.
	этикет (에찌꼐트)	(남) 에티켓, 예절, 예법, 예의범절;
	этикетаж (에찌꼐따즈)	(남) 부전, 상표를 붙이는 것 부전, 상표, 첩찰(貼札)의 전체
	этикетировать (에찌꼐띠로와찌)	(중) 상표를 붙이다
	этикетка (에찌꼐뜨까)	(여) 라벨, 상표, 레테르, 딱지, 쪽지, 꼬리표, 부전, (표본 따위의) 분류 표시
	этикетничать (에찌꼐뜨니차찌)	(중) 예의범절을 중시하다, 예의범절에 구애받다
	этил (에띨)	(남) 에틸 4 에틸납 앤티노크(를 섞은 휘발유)(상표명).
	этилбензол	(남) 에틸 벤젠

1674

(에띨벤졸)

этилен (에띨렌)	(남) 에틸렌.
этиленгликоль (에띨렌글리꼴리)	(남) 에틸렌 글리콜 (부동액)
этиленизация (에띨레니자찌야)	(여) 덜 익은 과일, 야채(토마토)의 에틸렌에 의한 조작
этилирование (에띨리로와니예)	(중) 4에틸연 첨가(添加)
этилированный (에띨리로완느이)	(형) 4에틸연을 참가한
этиловый (에띨로브이)	(형) *к* этил ~ спирт 에틸알콜; ~ эфир 에틸 에테르(용매. 마취약).
этилцеллюлоза (에띨쩰률로자)	(여) 에틸 셀루로스
этимолог (에띨몰로그)	(남) 어원학자, 사원학적(词学, 어원학적.
этимологизировать (에띠몰로기지로와찌)	어원을 조사 하다, 어원을 연구하다, 어원을 정의하다
этимологический (에띠몰로기체쓰끼이)	(형) 어원론적, 어원론; ~ словарь 어원사전
этимология (에띠몰로기야)	(여) 어원, 어원학, 어원론, 어원설, (문법에서) 음운론과 형태론(구문론제외) народная ~ 통속적 언어
этимон (에띠몬)	(남) 원어(原語) (파생어의)
этиолировать, рую, руешь *рованный* (에띠올리로와찌)	(부) (식물을)황화시키다, 색을 바래게 하다, 잎이 노랗게되다.
этиологический (에띠올로기체쓰끼이)	(형) 원인론의, 병인학(病因學).
этиология (에띠올로기야)	(여) 병원학, 원인론(原因論).
этический , этичный (에띠체쓰끼이)	(형) 윤리의, 윤리학의, 도덕상의, 윤리적인, 도덕적인; ~ поступок 도덕적행위

этишкет (에띠쉬께트)	(남) 창을 가진 기병의 모자장식 (모자 꼭대기에서 드리워진 술)
этмоидит (에드마이지트)	(남) 사골봉와염(篩骨蜂窩炎)
этна (에뜨나)	(여) 에트나 화산 (시실리아섬의)
этиический (에드이체쓰끼이)	(형) 인종의, 민족의, 민족 특유의
этно- (에뜨나)	인종, 민족의 뜻
этногенез (에뜨노게네즈)	(남) 민족, 인종의 기원, 인종발생
этнограф (에뜨노그라프)	(남) 인종지학자, 민족지학, 기술적, 인종학. 민속학자; ~ ический (형) 민족지적인, 민족지학상의.
этнографический (에뜨노그라피체쓰끼이)	(형) 민속, 민속학;~музей 민속박물관
этнографизм (에뜨노그라피즘)	(남) (문학 작품에 있어서) 인종지 학적인 요소, 인종지학적 묘사, 민속학적 묘사
этнография (에뜨노그라피야)	(여) 인종지학, 민족학, 그연구의 대상.
этнолог (에뜨놀로그)	(남) 인종학자(人種學者)
это (에따)	① *см.* этот; ② 저것, 그것, 저[그] 사람, 그, 저 쪽의, 저, 이것, 이 물건, 이사람, 그것은, 그것에, 그것을; ~ моя книга 이것은 나의 책이다; ~ товарищ Петров 이 사람은 내친구 베드로이다 ~ не он 그는 아니다;
этология (에따로기야)	(여) 인성학, 품성론, 생태학
этот, (에따트)	(여) ① 이것, 이 물건, 이사람, 여기, 이곳, 이것들(의); 나머지는 남성과 같다; ② 시간적, 공간적으로 아주 가까이에 있는 것을 가리킴(тот의 반대); ③ 두 개 있는 것 중에 가까운 쪽을 가리킴(тот의 반대); ④ 지금 막 언급된

1676

	것, 물건을 가리킴 *это*[중명(中名)]화제가 되고 있는, 눈앞에 있는 사물현상.
этот¹ (남), эта (여), это (중) эти (에따트)	이, 그; в ~м году 금년에, 올해에
этот² (남), эта (여), это (중), эти (에따트)	① (남) 이것, 그것, 이(그) 사람; ② 이것, 그것, 이(그) 사람, 그(이)분;~-словарь 이것은 사전이다
этрурия (에뜨루리야)	(여) 에트루리아(중, 북부 이탈리아의 고대 명칭)
этруск (에뜨루쓰크)	(남) 에트루리아(이탈리아에 살던 고대 민족)
этрусики (에뜨루씨끼)	에트루리아인; ~ский (형) 에트루리아인의 ~ский язык 에트루리아어
этуаль (에뜨우알)	(여) (소희극, 소가극의) 스타, 인기배우
этюд (에쮸드)	(남) ① 에스키스, 스케치; ② 연습, (그림. 조각의) 습작; 소곡, 연습곡, 에튜드 시론, 평론; ③ *шахм.* 연습문제
этюдник (에쮸드니크)	(남) 습작용지, 에튜드판
этюдный (에쮸드느이)	(형) *к* этюд
эфа (에파)	(여) 독사의 일종(중앙아시아산)
эфедра (에페드라)	(여) 마황속(麻黃屬)
эфедрин (에페드린)	(남) 에페드린(마황의 알칼로이드 감기, 천식약)
эфемер (에페멜)	(남) 1년생 단생식물(습한 계절에 발아하여 결실까지를 마침)
эфемерида (에페메리다)	(여) ① 천체력(天體曆) 달력, 일지 천체위치 추산력 덧없는 것, 무상한 것 ② 잠자리, 하루살이.
эфемерность (에페메르노쓰찌)	(부) 덧없음, 짧은 목숨, 덧없는 사물; ~ый (형) 덧없는, 하루밖에 못 가는 [못 사는](곤충.꽃 따위); 단명한, 무상의

	(한), 잠시의.
эфемероид (에페메로이드)	(남) 다년생 단생식물(短生植物)
эфенди (에펜지)	(남) (터키에서) 남자에게 붙이는 경칭
эфес (에페쓰)	(남) 칼자루, 칼자루에 늘어뜨린 끈(술)
эфиоп (남), **~ка** (여), **~ский** (에피오쁘)	(형) 에티오피아인[어]; 암하라어 (Amharic), 흑인(Negro). 아비시니아인 흑인[욕설] 바보, 천치.
Эфиопия (에피오삐야)	(여) 이디오피아(Ethiopia.아프리카의 국가)
эфир (에피르)	(남) ① (옛사람들이 상상한) 대기 밖의 공간(에 차있는 정기, 영기), 창공, 에테르 ② 에테르(빛. 열. 전자기 복사현상의 가상적 매체); 에틸 에테르(용매. 마취약); **~ность** (여) 공기 같은, (시어) 천상의, 하늘의, 세상 것이 아닌, 정신계의, 심령계의; **~ный** (형) ① 에테르, 에틸 에테르(용매,· 마취약), 에테르의(같은), 무형의, 촉지할수 없는 우미한, 영묘한.
эфироман (에피로만)	(남) 에테르 중독환자
эфиромания (에피로마니야)	(여) 에테르 중독(中毒)
эфироносс (에피로노쓰)	(남) 식물 휘발성 기름, 정유 함유 식물 **~ный** 에테르를 함유한, 정유;
эфлоресценция (에프로레쓰쩬찌야)	(여) 풍해(風解)
эфор (에포르)	(남) 고대 스파르타 등의 민선 5 장관의 하나
эфталит (에프따리트)	(남) 고대 중앙아세아의 유목민족
эффект (에펙트)	(남) ① 효과, (법률 등의) 영향, (약의) 효능, 효력, **~ яркости** 명도효과 ② (극. 영화. 방송등에서, 소리. 빛 따위의) 효과(장치); **световые ~ы** 빛의 효과
эффективность	(여) 효율, 능률, 효과성, 능력, 유능,

(에펙찌브노쓰찌)	유효성[도]; (물리.기계) 효율, 능률; ~ый (형) 유효한, 효력이 있는, 효과적인, 인상적인, 눈에 띄는. 실효 있는
эффектный (에펙뜨느이)	(형) 인상을 주는, 감동을 주는, 효과를 거둔, 화려한
эффектор (에펙또르)	(남) 작동체(作動體)
эффузивный (에푸지브느이)	(형) 분화의, 분출의, 유출의, 화산의 ~ые породы 분출암, 화산암.
эффузия (에푸지야)	(여) 분화, 분출, 분산.
эх (에흐)	(감) 오!오오, 아, 어허, 앗, 앗차! 아아, 여봐(놀람. 공포. 찬탄. 비탄) 소리
э-хе-хе (에-헤-헤)	마음 아픔, 분함을 나타냄
эхинит (에히니트)	(남) 섬게(성게)(극피동물의 하나).
эхинокактус (에히노까크뚜쓰)	(남) 선인장류
эхинококк (에히노꼭크)	(남) 포충(捕蟲).
эхо (에호)	(중) 메아리, 반향; 산울림; 맞은소리 (줏대없는) 모방.
эхолокация (에홀라까찌야)	(여) 음향심도측정
эхолот (에홀로트)	(남) 해심 측정기 (반향에의한);
эшафот (에샤포트)	(남) 단두대, 교수대, 교대; 옥대, 의가
эшелон (에쉘론)	(남) ① 제형 편성, 제대, 제진; ② 특별[임시]열차[버스], 전(군)용열차
эшелонирование (에쉘로니로와니예)	(중) 제형 진지.
эшелонировать (에쉘로니로와찌)	제형 편성, 제대, 제진; (비행기) 삼각 편대
эякуляция (에야꿀랴찌야)	(여) 사정(射精), 파정(破精)

Юю

ю (유)
(중) 자모 ю의 명칭.

ю. юг: (유)
южный 의 약어.

юань (유안니)
(남) 유안(元: 중국의 화폐단위 기호 Y; = 100fen); 원(나라),원조(1279-1368).

ЮАР (Южно-Африканская Республика) 남아프리카공화국
(유알) (유지노-아프리깐스까야 레스뿌브리까)

юбея (유베야)
(여) (칠레산) 대(大)종려나무.

юбилей (유빌레이)
(남) 기념제, 기념, 주기, 축제, 축전; 성찬식, 기념 축하회; ~ный (형) к юбилей ; ~ные торжества 기념일 축제(祝祭), 성찬식(聖餐式).

юбиляр (남). ~ша (여) 기념축제를 개최 받은 사람(부인에게도 사용됨); 그러한 시설, 성직수임.
(유빌랴르)

юбилярка (유빌랴르까)
(여) юбиляр의 여성형.

юбка (윱프까)
(여) 스커트, 여자치마; нижняя ~ 속치마; ~ в складку 주름치마;

юбочка уменьш. от юбка 아주 짧은 스커트, 미니스커트
(유보츠까)

юбочник (유보츠니크)
(남) 호색한, 치마 재봉사.

юбочница (유보츠니짜)
(여) 스커트 재봉사.

юбочный (유보츠느이)
(형) к юбка 스커트의.

юбчонка (윱촌까)
(여) см. юбка.

ю.-в. (유.-베)	юго-восток юго-восточный 의 약어.	
ювелир (유뷀릴)	(남) 보배, 귀금속; **~ный** (형) 보석으로 장식하다, 보석상; 미세하고, 복잡한, 난해한; ~ный магазин 보석상;	Юю
ювенильный (유뻬닐느이)	(형) 초생의; ~ гормон 유충호르몬.	
юг (육)	(남) 남(南); на юг 남부, 남쪽 지방, 남방, 따뜻한 나라; на юге 남반구, 남부지방; на юг, к югу 남쪽으로,	
юга (유가)	(여) 대풍설(大風雪); 염서(炎暑). 염열	
юго-восток (유고-뷔쓰똑)	(남) 남동; ~чный 남동향; ~ чный ветер 남동풍.	
юго-запад (유고-자빠드)	(남) 남서; ~ный 남서부; ~ный ветер 남서풍.	
югослав (남), **~ка** (여) (유고쓸라프)	유고슬라비아; ~ский 유고슬라비아인.	
Югославия (유고쓸라비야)	(여) 유고슬라비아	
югославянин (유고쓸라뱌닌)	(남) 유고슬라비아 사람.	
юдоль (유돌)	(여) 골짜기, 계곡 속세, 운수, 불운 숙명, 운명; земная ~ 인간세계, 인생	
юдофил (유도필)	(남) 유태(인)이 편인 사람.	
юдофоб (유도포프) ~ство	(남) 유태(인)를 싫어하는 사람; (중) 유태인 반대론자, 유태인 배척. 유태인을 혐오하는 사람	
юж. (유즈)	южный 의 약어. (유즈느이)	
южак (유좌크)	(남) 남풍(南風).	
южанин (남), **~ка** (여) (유좌닌)	남국의 사람 남부의 사람.	
южно-	(남)쪽의, 남방의.	

1681

(유즈나)	
Южноафриканский Союз (유즈노아프리깐쓰끼이 쏘유즈)	(남) 남아프리카 연방.
Южно-Сахалинск (유즈노-싸하린쓰크)	(남) 유즈노 사할린스크(사할린 남부도시)
южнее (유즈네에)	(부) 남부지방, 남쪽으로, 남으로 더 가서.
южный (유즈느이)	(형) 남쪽의, 남반부의; ~ берег 남부 연안 ~ ветер 남풍; ~ое полушарие 남반구 самый ~ 남쪽의 대부분.
юз (유쓰)	(남) (미국인 휴즈가 발명한) 전신 인자기.
ю.-з. (유.-즈)	юго-западный 의 약어.
юзень (유젠)	(남) 세 가닥을 꼬아 만든 밧줄.
юзист (유지쓰트)	(남) 전신인자기수
юзом (유좀)	(중) 땅위를 끌어서(하역 인부의 속어).
юит (유이트)	(남) 유이트인(아시아의 에스키모인).
юкагир (유까기르)	(남) 유까기르인(야쿠트 자치 공화국 북동부의 자칭 одул).
юкка (육까)	(여) 실난초, 유카.
юкола (유꼴라)	(여) 건어(乾魚), 건어물의 준말.
юла (율랴)	(남) ① 회전하는 장난감(팽이,팔랑개비), 윙윙 소리내는 팽이; ② 안달하다, 성급하여 침착하지 못한 사람, 덤벙대는 사람, 종달새.
юлианский (율리안쓰끼이)	(형): ~календарь 율리우스력 (Julius 曆).
Юлий (율리이)	남자의 이름.

юлить (율리찌)	① 공연한 소란, 바쁘게 일하다, 몸달아 설치다, 야단법석하다, 흥분 크게 소동하다 떠들며 다니다 부산떨다; ② 중시하다, 강조하다, 선전하다, 화나게 하다, 괴롭히다, 귀찮게 하다, ~을 조연하다, 돌아다니며 비위를 맞추다; ③ 꾸물대다, 몸부림치다, 몸부림치다,
Юлия (율리야)	(여) 여자의 이름.
юлка (율까)	(여) *см.* юла
юлкий (율끼이)	(형) 성급한, 침착하지 못한.
юмор (유모르)	(남) 유머(humor), 위트(wit) 해학,익살, 야살, 해어, 골계, 희담, 희언, 어희 чувство ~а, 유머 감각, 유머를 이해하는 힘(표현 능력)
юмореска (유모레쓰까)	(여) 표일곡, 유머레스크(의), 해학곡의, 유머작품 유머소곡.
юморист (유모리쓰트)	(남) 유머가 있는 사람, 해학가; ~ка (여) 해학적 작품의, 유머 작가, 작곡가 유머가 풍부한 사람.
юмористика (유모리쓰찌까)	(여) 유머 작품 어리석고 우스운 것.
юмористический (유모리쓰찌체스끼이)	(형) 유머러스한, 익살스러운, 해학적인; ~ журнал 코믹 잡지, 해학지.
юмористичный (유모리쓰찌츠느이)	(형) 유머가 있는 우스운, 이상한, 코믹스러운
юн (윤)	(남) юный (소년의), юношеский (청년의)의 뜻.
Юнай-тедпресс (유나이-떼드쁘렛쓰)	미국의 통신사(UP).
юнга (윤가)	(남) 배안의 사환겸 견습수부.
Юнгфрау (윤그프라우)	(여) 알프스 고봉의 하니.
ЮНЕСКО	(중) 유네스코(UNESCO) 국제연합

Юю

(유네쓰까)		교육 과학 문화 기구:
юнеть (유네찌)		(부) 젊어지다, 젊음을 되찾다.
юнец (유네쯔)		(남) 젊은이, 젊은(현재는 [경멸]) 풋내기.
юниор (유니오르)		(남) 청소년 선수; 연소자, команда ~ов 소년 선수(18~20 세), 주니어 팀.
юниорка (유니오르까)		(여) 청소녀 선수(18~20세).
юница (유니짜)		(남) юнец의 여성형 암송아지.
юнкер (윤께르)		(남) 사관생도, 육해공군 사관학교생, 경찰학교 생도 사관(간부) 후보생
юнкерский (윤께르쓰끼이)		(형) *к юнкер* ~ое училище 육군 유년 학교.
юнкерство (윤께르쓰뜨붜)		(중)① юнкер의 계층; ② юнкер 의 지위, 신분.
юнкерьё (윤께르리요)		(중) 육군 유년학교 학생.
юнкор (윤꼬르)		(남) (*юный корреспондент*) 소년 통신원.
юннат (윤나뜨)		(남) *см.* юный ; юный натуралист 소년 자연과학 연구회원
Юнона (유노나)		(여) 주노(Juno:hera) (쥬피터신의 아내)
юность (유노쓰찌)		(남) ① 젊음청년 시대, 청춘기, 초기 지각 형성의 초기; ② 젊은이들, 결혼기 에 있는 남녀.
юноша (유노샤)		(남) 청년(青年), 젊은이.
юношеский (유노쉐쓰끼이)		(형) 젊은, 팔팔한, 청년특유의, 초기의; ~ пыл 젊은 열정, 열광; ~ство (중) ① 젊은이들, 청춘남녀, 청춘 ② 청년시절(青年時節).
юнсекция (윤세끄찌야)		(여) 청년부(青年部).

юный (유느이)	(형) 젊은, 연소한 c ~x лет 청년시대 로부터 ~ пионер 청년 개척자
Юпитер (유삐쩨르)	(남) 주피터(Jupiter), 목성(木星).
юпитер (유삐쩨르)	(남) 투광 조명, 강력 조명, 아크등의 일종 (영화 촬영 등에 쓰임).
юпитерианский (유삐쩨리안쓰끼이)	(형) 목성의, 주피터의
юр (율)	(남) 이 방법으로, ~한 점에서, 비바람 을 맞는 장소, 공공장소, 각광을 받고,
Юра (유라)	Юрий 또는 Грегорий 의 애칭.
Юра (유라)	(여) ① 법(法), 법률, 법률체계, 법적 권력[권리]; ② 쥐라기의 시대,
юра (유라)	(여) 물고기, 해수의 큰 무리.
юрбюро (율뷰로)	(중) 법률 상담소
юридически (유리지체쓰끼)	(부) 법률상의, 법률에 관한.
юридический (유리지체쓰끼이)	(형) 법률상의, 법률에 관한, 재판상의, 사법상의, 재판소의, 재판관의
Юриздат (유리즈다트)	(남) 국립법률도서출판소
Юрий (유리이)	(남) 남자의 이름.
юрисдикция (유리쓰지끄찌야)	(여) 재판권, 사법권, 재판소의 관할권 обладать ~ей 재판권을 관할하다,
юрисконсульт (유리쓰꼰쑬트)	(남) 법률고문(法律顧問).
юрисконсульство (유리쓰꼰쑬쓰뜨붜)	(남) 법률 고문직(職).
юриспруденция (유리쓰쁘루젠찌야)	(여) 법률학(法律學), 법리학.
юрист	(남) 변호사, 율사(律士), 변사, 법률가

(유리쓰트)	법률학자, 법학도, 법과 대학생.
Юрить (유리찌)	(중) 서두르다 кого 재촉하다.
юркий (유르끼이)	(형) 팔팔한, 활발한, 기운찬, 민첩한, 날랜 재빠른, 교활하고 재빠른.
юркнуть (유르크누찌)	재빨리 몸을 감추다, 급속히 지나가다 ~ в толпу 군중속으로 뛰어 들다.
юркость (율꼬쓰찌)	(여) 민첩(성), 기민(성), 활발한,
юрод (유로드)	(남) см. юродивый.
юродивый (유로지브이)	① (부) 백치의, 우매한, 어리석은, 손상된; ② (남) 금욕, 기독교 신자, 맹신자, ~ство (중) 어리석게 행동하는.
юродский (유로드쓰끼이)	(형) 백치를 가장한, 백치와 같은.
юродство (유로드쓰뜨붜)	(중) 백치로 가장하는 것, юрод의 행위 그것을 닮은 어리석은 행동.
юродствовать (유로드쓰뜨붜와찌)	(부) ① см.юродивый; ② 여러해 동안 어리석게 살았다, 백치를 가장하다; ③ юрод 와 같은 어리석은 행동을하다
юрок (유로크)	(남) 되새(참샛과의 새); см. вьюрок.
юрский (율쓰끼이)	(형) 쥐라기의(Jura 紀) ~ая формация 쥐라기층(Jura 紀層), 쥐라기 구성.
юрт (유르트)	(남) (까프까즈 마을의) 분여지(分與地: 농민에게 분여된 토지).
юрта (유르따)	(여) 유목민의 천막(天幕).
Юрьев: (유리에프)	~ день 성(聖)조지 축제일(4월 23일) ◇ вот тебе, бабушка, и ~ день!
юс (유쓰)	(남) 고대 슬라브어 자모의 이름; юс большой о의 비음을 나타내는 글자 юс малый е의 비음을 나타내는 글자
юсовой (유쏘보이)	(형) 슬라브글자 юс의

Юстин (유쓰찐)	(남) 남자의 이름.
Юстина (유쓰찌나)	(남) 여자의 이름.
Юстиниан (유쓰찌니안)	(남) 남자의 이름.
юстировать (유쓰찌로와찌)	(부) 고르게 하다, 조정하다 (화폐의 중량, 크기를) 표준으로 맞추다.
юстиция (유쓰찌찌야)	(여) 재판, 사법제도, 사법기관.
ют (유트)	(남) 후 갑판, 뒷 갑판, 배의 후부, 최상층 갑판(사무실, 당직실 등이 있는).
ютиться (유찌쟈)	(여) 좁은 곳에 자리를 잡다, 좁은 장소에 자리 잡다, 좁은 곳에 있다(살다),
ютовый (유또브이)	(남) *мор. см.* ют.
юферс (유페르쓰)	(남) 3공활차(三孔滑車 : 도르레).
юфта (유프따)	(여) (연한) 러시아 가죽(유연하고 검은, 말,소,돼지 생피에서 군용,노동화용,마구용)
юфть (유프찌)	(여) (연한) 러시아 가죽(유연하고 검은, 말, 소, 돼지 생피에서).
юха (유하)	(여) 물고기 수프.
ю.ш. (유.쉬)	южная широта의 약어.
-юш(к)а (-유쉬)	(여) 사람 이름의 애칭형.
юшман (유쉬만)	(남) (따따르인이 사용한) 쇠사슬 갑옷.

Яя

я¹
(야)

① 1인칭 단수. 나에게, 나를: это я 나야; дайте мне это 저것을 나에게 주십시오; идёмте со мной 나와 함께 갑시다; мне холодно 나는 추위를 느낀다, ② (중) 나, 아(我), 자아, 아의 실체; моё другое я 나의 다른 자아, 나의 다른 나자신; не я буду, если ~ 나는 너에게 단언한다.

я²
(야)

см. 자모(字母) я의 명칭

ябеда
(야베다)

(남) ① 정보, 통보, 중상, 욕설, 허위선전, 악담, 무고, 참소, 고소, 고자질장이, 살금살금 몰래함; ② (남, 여) *см.* ябедник, ябедница ~ник (남), ~ница (여) 통지자, 밀고자, 고발인, 정보제공자, 스파이, 남의 말을 하기 좋아하는 사람 살금살금 들어오다 (나가다), 알랑거리다

ябедничать, наябедничать
(야베드니차찌)

악담 하다, 고자질하는 사람, 밀고자 무고 하다, 중상하다, 참소하다, 비밀 (속사정)을 폭로하는 것, 증거(證據).

ябедничество ~ческий
(야베드니체쓰뜨뷔)

(부, 형) 악담, 중상, 무고, 참소

яблоко
(야블로까)

(중) ① 사과, 빈파, 능금; ② 안구; ③ 원형으로 된, 크지 않은 여러종류의 것 Адамово ~ 선악과, 울대뼈, 결후; глазное ~ 안구; лошадь серая в ~ах 얼룩 말; ~ раздора 불화의 원인

яблоневый
(야블로네브이)

(형)*к* яблоня ~евая ветка 사과나무, 사과나무 가지; ~ный (형) 사과의; ~ный цвет 사과 즙.

яблонный (야블론느이)	(형) 능금, 사과나무
яблоновка (야블로노브까)	(남) 능금. 사과주(-酒)
яблоня (야블로냐)	(여) 능금, 사과나무.
яблочко (야블로츠까)	(남) ① *от* яблоко; ② 황소의 눈, 표적의 중앙점; ③ 수부의 댄스 이름; ~ный (중) *к* яблоко ~ный пирог 사과 파이; ~ный сок 사과 주스
яблочник (야블로츠니크)	(남) 사과장수.
яблочный (야블로츠느이)	(형) 사과의, 능금의
ява (야와)	(남) 자바(Java: 인도네시아의 섬).
яванец (야와네쯔)	(남) 자바인(Java人).자바사람
явить (야비찌)	① *см.* являть; ② 가리키다, 보이다, 나타내다 제시하다.
явиться (야비쨔)	① *см.* являться; ② 출두하다, 나오다; ③ 나타나다, 일어나다, 출현하다; ④ ~이다, ~인 것을 알다
явка (야브까)	(여) ① 출현, 출판, 존재, 실재, 출두 출석, 참가; ~ обязательна 강제적인 출석, 의무 출석; ② 비밀주소, 안전가옥, 음모의 밀회(장소); 암호; знать ~y 알고 있는 비밀주소, 비밀회의; ③ 신고. 제시.
явление (야블레니에)	(중) ① 출현, 외관, 현상, 사물; ~ природы 자연 적인 현상; ② (가극의) 한 장면, 극적인 독창곡; ③ 효과, 결과 효력; ~ резонанса 공명 상태.
явленный (야블렌느이)	(현재는[익살]) 기적에 의해 나타난.
являть, явить (야블랴찌, 야비찌)	가리키다, 보이다, 나타내다. 제시 하다 явить собой пример 채점하다

Яя

являться, явиться (야블랴쨔, 야비쨔)	(남) ① 출연하다, 나오다. 소개하다, 자기자신을 나타내다, 보고서, 리포트, 기록, 등기, 표(標); ② 나타나다, 일어나다, 출현하다; ③ ~이다, ~인 것을 일다(연사에 가까움)
явно¹ (야브나)	(형) ① *см.* явный; ② 명백한, 분명한, 분명히 나타난, 증명하다, 알기쉬운, 뻔한, 환히 들여다보이는.
явно² (야브나)	(부) 분명히, 명백히, 두드러지게, 눈에 띄게, 공공연하게, 아무래도(~듯하다).
явнобрачные (야브노브라츠느에)	(부) 꽃식물, 현화식물; ~ый (형) *бот.* 꽃식물의
явный (야브느이)	(형) ① 분명한, 명백한, 공공연한; ~ое неудовольствие 아주 불쾌한; ② 특허(권), 명시하다, 증명하다; ~ вздор 전혀 터무니없는 말 ~ая ложь 뻔뻔스러운 거짓말.
явор (야보르)	(남) 큰 단풍나무, 단풍나무 재목.
яворчатый явор (야보르차뜨이 야보르)	제(製)의.
явочный (야보츠느이)	(형) ~ая квартира 음모의 집; ~ым порядком 허가없이, 무단으로.
явский (얍쓰끼이)	(형) Ява(자바)의.
явственный (얍쓰뜨벤느이)	(형) 분명한, 명백한, 선명한, 뚜렷한, 독특한, 똑똑한, 별개의.
явствовать (얍쓰뜨보와찌)	(부) (1, 2 인칭 안쓰임) 나타나다, 명백하다, 선명하다
явь (야비)	(여) 현실, 사실, 실재. 사실임.
яга (야가)	(여) ① *см.* баба-яга; ② 옛말의 마귀 할멈; ③ 모피를 밖으로 내어 만든 모피 외투.
ягдташ (야그따쉬)	(남) 사냥감 주머니, 새 사냥 주머니.

ягель (야겔)	(남) 지의류(地衣類), 순록이끼.
ягельный (야겔느이)	(형) ягель로 덮인.
ягнение (야그녜니에)	(양이) 새끼를 낳는 것.
ягнёнок (야그뇨노크)	(남) 새끼 양; кроткий как ~ 양 같은 지극히 온순한, 말 잘 듣는.
ягниться, оягниться (야그니짜)	(양이) 새끼를 낳다.
ягнята (야그냐짜)	*см.* ягнёнок
ягнятник (야그냐뜨니크)	(남) 콘도르의 일종, 수염수리(condor)
ягода (야고다)	(여) *бот.* 장과(漿果), 과실의 한 가지. собирать ~ы 딸기를 따러 가다 ходить по ~ы 채집하러가다; давать ~ы (*о растении*) 담아오다; винная ~ 무화과 열매;
ягодица (야고지짜)	(여) 둔부(엉덩이).
ягодка (야고드까)	(여) 여자에 대한 애칭. 호칭.
ягодник (야고드니크)	(남) ① 장과가 자라는 밭, 장과 농장; 장과의 덤불; ② 장과를 만드는 사람; ③ 장과로 만든 술, 요리, 잼; ④ 장과를 좋아하는 사람; ⑤ 장과상(漿果商).
ягодница (야고드니짜)	(여) ягодник ④⑤여성형.
ягодный (야고드느이)	(형) *к* ягода 장과의 ~ сок 과일쥬스
ягодообразный (야고도오브라즈느이)	(중) ягода 모양의.
ягуар (야구알)	(남) 아메리카 표범. 재규어.
яд	(남) ① 독(毒), 독물. 독소, 유독물질,

(얃)	중독성 물질, 독액, 독물; принять яд 독약을 먹다; яд его речей 그의 말은 독약이다; ② (추상적으로) 독한 것, 해로운 것 악의, 원한.
Ядвига (야드비가)	남자의 이름.
ядерник (야제르니크)	(남) 원자핵 물리학자.
ядернореактивный (야제르노레악찌브느이)	(형) 핵반응에 의한.
ядерный (야제르느이)	(형) 핵의, 원자력의 ~ая физика 핵물리학; ~ая реакция 핵반작용; ~ая радиация 핵 방사능; ~ое оружие 핵무기; ~ое горючее 핵연료.
ядерщик (야제르쉬크)	(남) 원자핵 기사.
ядериик (야제르니크)	(남) 원자핵 물리학자.
ядовито¹ (야도비따)	(형) см. ядовитый
ядовито² (야도비따)	(부) 독(毒)이 있는, 고의의 악의 있는; ~ость (여) 유독한, 악취를 뿜는, 독이 있는, 독액을 분비하는. ~ый 유독성, 독이 있는
ядовитость (야도비또쓰찌)	(부) 유독성, 독살스러움, 악의(惡意).
ядовитый (야도비뜨이)	(형) 독이 있는, 유독한, 독살스러운.
ядозуб (야도줍)	(남) 도마뱀의 일종(이에 독이 있는).
ядоносный (야도노쓰느이)	(형) 독이 있는, 유독한(有毒-).
ядохимикаты (야도히미까뜨이)	(중) 화학 유독물, 농약(제초, 살충제).
ядрёный (야드료느이)	(형) ① (사람이) 정력적인, 원기 왕성한 (과실이) 알맹이가 크고 질이 좋은, 상쾌한, 신선한 공기, 좋은품질의 사과,

	② (음료에 관하여) 거품이 이는.
ядрица (야드리짜)	(여) 메밀, 메밀가루.
ядро (야드로)	(중) ① 낟알, 핵심, 요점, 사물의 중심을 이루는 부분, 핵(核); 수심, ~ ореха 호도씨, 견과류 속알맹이 ② 총알, 실탄; ③ (스포츠) 투포환; ④ 고환(睾丸).
ядротолкатель (야드로똘까쩰리)	(남) 포환 던지기 선수.
ядрышко (야드릐쉬꼬)	(중) ① 포탄 포환; ② 핵(核) 핵심 (核心) 중추(中樞).
яз (야즈)	(남) 어살
язва (야즈와)	(여) ① 위궤양, 아픈, 쓰린, 비통한, 나쁜 상처; моровая ~ 역병, 전염병, ~ желудка 위궤양; ② 해충, 페스트, 북살모사, 독사; ③ 해(害), 악(惡), 재난 ④ 독설가; ⑤ 균열, 갈라진 틈.
язвенник (남), ~ица (여) (야즈벤니크)	① 위궤양으로부터 고통, 위궤양 환자, 전문의사; ② 콩과의 하나
язвенный (야즈벤느이)	(형) 궤양성의, 궤양에 걸린.
язвина (야즈비나)	(여) 날이 망가진 것, (표면의)꺼칠꺼칠한, 위궤양, 동물의 굴.
язвительность (야즈비쩰노쓰찌)	(여) 부식성, 신랄함, 가성도; ~ый (형) 부식제, 부식성의, 신랄한, 날카로운, 통렬한, 비꼬는
язвительный (야즈비쩰느이)	(형) 독살스러운, 가시돋힌.
язвить, съязвить (야즈비찌)	① 깨물다, 비꼼, 찔린 아픔, 괴롭히다, 상처를 내다, (독침 등으로) 쏘다, 욕지거리하다 (벌레가) 찌르다; ② 비꼬는 말, 독살스럽게 말하다; ~на чей -л. счёт (누구를)비꼬다.
язвочка (야즈보츠까)	(여) чек см. язва ①
язёвый	см. язь

(야죠브이)

язык¹
(야즤크)
(남) ① 언어, 혀(입안의), 혓고기 국어 обложенный ~ 설태가 낀 혀, 백태가 낀 혀; воспаление ~а 설염; показать ~ 의사에게 혀를 내밀어 보이다; ② 혀, 말, 언어; копчённый ~ 사라진 언어; ③ 종의 추, 방울의 추; высунув ~ 전속력으로; у него отнялся ~ 그의 말은 그에게 영향력이 없다; у него что на уме, то и на ~е *разг.* 그는 마음에 간직했다, ~ и пламени 열변을 토하다.

язык²
(야즤크)
(남) ① 언어, 말, 국어,어학; русский ~ 러시아어 национальный ~ 국가(민족)언어 родовые ~ и 씨족언어 племенные ~ и 종족언어, 부족언어 общий ~ 공용(일반)언어;
② 질문하다, 심문하다, 질문하다, 사로잡다; добыть ~а 달변, 말로 사로잡다 найти общий ~ 화해하다.

язык³
(야즤크)
(남) 국가, 민족, 국민, 종족

языкастый , ~атый
(야즤까쓰뜨이)
잔소리가 많은, 독설의, 말이 신랄한, 독설을 내뱉는.

языковед
(야즤까볘트)
(남) 어학자, 언어학자, 외국어에 능통한 사람,
~ение (남) *см.* языкознание;
~ческий (형) 말의, 언어의.

языков
(야즤꼬프)
(남) 성(性)의 하나.

языковой
(야즤꼬보이)
말의, 언어의, 어학상의, 언어, 말, 국어
~ая структура 언어구조;

языковый
(야즤꼬브이)
(형) ① 혀의, 설음의, 언어의; ② 혓소리의, 혀로 발음하는.

языкознание
(야즤까즈나니에)
(중) 언어학, 어학, 과학용어;
сравнительное ~ 비교 언어학.

языкотворец
(야즤까뜨보레쯔)
(남) 신어 창조자, 조어자.

языкотворческий (야즈까뜨보르체쓰끼이)	(중) 조어의.
языкотворчество (야즈까뜨보르체쓰뜨붜)	(중) 조어, 어조사.
языческий (야즈체쓰끼이)	(중) 이교, 이교도의.
язычество (야즈체쓰뜨붜)	(중) 이교, 사교(우상숭배의).
-язычие (-야즈치에)	(중) ~개 국어 사용.
язычковый (야즈츠꼬브이)	① 구개수의, 구개수음의; ② 에델바이스(Edelweiss:); ~ инструмент 악기의 혀, 리드악기.
язычник (야즈츠니크)	(남) 이교도; 독설가, 수다장이.
язычный (야즈츠느이)	(형) ① *см.* к язык I; ② 혀의, 혓소리의, 혀로 발음하는; ~ые мышцы 그 혀의 근육, 혀와 같은 근육.
язычок (야즈초크)	(남) ① *см.* язык I 1, 3; ~ пламени 불의 혀, 정열적인 언변; ② 현옹수, 목젖 작은 혀모양의 것; ③ 악기의 혀, 리드악기, 갈대피리; ④ (마음을 사로잡다) 끌다, 끌어당기다.
язь (야지)	(남) (*рыба*) 황어(黃魚 잉어과의 하나).
Яик (야니크)	(남) 우랄(Урал)강의 옛 이름.
яичко (야이츠까)	(남) ① 작은 알, 계란; ② 고환(睾丸).
яичник (야이츠니크)	(남) 난소(卵巢), 씨방, 계란장수; воспаление ~а 난소염(卵巢炎).
яичница (야이츠니짜)	(여) ~-глазунья 에그프라이, 계란부침, 오믈렛, ~-болтунья 휘저어 볶은달걀, 스크램블드 에그.
яичный (야이츠느이)	(형) 알의; ~желток 노른자위; ~белок 흰자위, ~ая скорлупа 계란 껍질

Яя

яй ла (야일라)	(여) 크림 산지의 목장(牧場).
яй цевидный (야이쩨비드느이)	달걀 모양의, 알 모양의; ~лист *бот.* 달걀 모양의 잎; ~вод (남) 수란관, 난관(卵管); ~клад (남) (곤충의) 산란관(産卵管); ~кладущий (형) 산란관의(하다); ~клетка (여) 소란, 난세포, 배추; ~ноский *с.-х.*: ~ноские куры 암탉이 좋은 알을 낳다; ~носкость (여) 우량 달걀을 낳다; ~ родный (조류, 어류, 파충류) 난생의.
яй цевод (야이쩨볻)	(남) 난관(卵管).
яй цевой (야이쩨보이)	(남) 난자(卵子)의.
яй цеед (야이쩨에드)	(남) 난기생충
яй цеживорождение (야이쩨쥐뷔로즈제니에)	(중) 난태생의.
яй цезаготовка (야이쩨자고또브까)	(남) 알의 조달.
яй цеклад (야이쩨클랃)	(남) (곤충, 어류의) 산란기관.
яй цекладка (야이쩨클라드까)	(여) 산란(産卵).
яй цекладущие (야이쩨클라두쉬에)	(중) 단공류(單孔類).
яй цекладущий (야이쩨클라두쉬이)	(형) 산란하는.
яй цеклетка (야이쩨클레뜨까)	(여) 난(卵), 난자(卵子), 난 세포.
яй це-мясной (야이쩨-먀쓰노이)	(형) (조류에 관하여)알과 고기 양쪽을 다 얻는.
яй ценоский (야이쩨노쓰끼이)	(중) 알을 많이 낳는.
яй ценоскость	(중) 산란능력, 산란율.

(야이쩨노쓰꼬쓰찌)

яйцеобразный
(야이쩨오브라즈느이)
(형) *см.* яйцевидный .

яйцерезка
(야이쩨레즈까)
(여) 계란 깨는 기계.

яйцеродный
(야이쩨로드느이)
(형) 난생(卵生)의.

яйцерождение
(야이쩨로즈제니에)
(중) 난생(卵生).

яйцо
(야이초)
(중) 달걀(계란); 난세포, 알(卵), 난자 알모양의 것, 고환(睾丸); ~ всмятку 부더럽게 삶은 계란, 가볍게 삶은계란 ~ в мешочек 반숙; ~ вкрутую, крутое ~ 완숙, 잘 삶은 달걀

як
(야끄)
(남) 야크(중앙아시아 티벳산의 들소).

якать
(야까찌)
역점없는 e를 я로 발음하다(러시아 방언의 한 특징); 너무 자주 я로 말하다

Яким
(야낌)
남자의 이름, Иаким 의 속칭.

яко
(야까)
마치, 흡사 ~같이 왜냐하면.

якобинец
(야까비네쯔)
(남) 자코뱅 당원(1789년 파리의 자코뱅 승원에서 결성된 급진파); 과격한 혁명가. ~ский 자코뱅당주의.

якобинство
(야까빈쓰뜨붜)
(남) 자코뱅주의 급진민주주의.

якобит
(야까비트)
(남) 영국 제임스 2세 당파의 사람.

якобы частица
(야까븨 차쓰찌자)
(여) 마치 ~와같이, 생각건대, 추측컨대, 아마도

Яков
(야까브)
야곱 (남자의 이름).

якорница
(야까르니짜)
(여) 강에서 뗏목을 짤 때 삭구를 운반하는 갑판있는 하물선(荷物船).

якорный
닻, 앵커; ~ая стоянка 닻을 내림, 정

(야까르느이)	박지; ~ая цепь 닻사슬;~ая лебёдка 캡스틴(닻. 무거운 짐을 감아 올리는 장치).
якорь (야꼴리)	(남) 닻 (종합사회자)앵커, (발전기의) 회전자, (증기 터빈의) 회전부, 회전날개 мёртвый ~ 정박지; становиться на ~ 정박하다 бросить ~닻을 내리다
якут (남), **~ка** (여). **~ский** (형) (야꾸트)	야쿠트족(동부시베리아의 터키종족의 일파) ~ский язык 야쿠트 말.
якутск (야꾸뜨쓰크)	(남) 야쿠츠크(레나강 상류의 도시).
якшаться (약샤짜)	환담하다, 대작하다, 교제하다, 친해지다.
якши (약쉬)	(중) 좋다, 알았다.
ял (얄)	(남) 율형 돛단배(작은 종범선) (2~4 쌍의 노를 가졌음).
ялапа (얄라빠)	(여) 얄라파(jalapa)(동부 멕시코 원산의 덩굴풀 뿌리는 설사약으로 쓰임).
ялик (얄리크)	(남) 작은 보트, 나룻배(흔히 도하용의) 1~2 쌍의 노가 딸린 보트.
яличник (얄리츠니크)	(남) 나룻배의 사공.
яловеть, ояловеть(*о корове*) (얄로볘찌)	(암소가)새끼를 못 낳게 되다; ~ость (여) 불임, 무미건조, 불모지; ~ый (형) 불모지, 메마른 땅, 마른 ~ая корова 새끼 못낳는 암소.
яловка (얄로브까)	(여) 새끼를 낳지 못하는 암소(너무 늙었거나 너무 어려서); 한 살반 이상된 암소의 가죽.
яловость (얄로뷔쓰찌)	(여) (암소가) 새끼를 못낳음.
яловый (얄로브이)	(여) (암소, 물고기가) 새끼를 못낳는 (토지가) 불모의, (식물이) 열매를 맺지 못하는.
Ялта (얄따)	(여) 얄타(크림 반도 남부의 항구도시, 요양지).

Ялуцзян (얄루쯔쟌)	(남) 압록강(鴨綠江), 마자수(馬眥水), 얄루 강(Yalu 江).
ям (얌)	(남) ① 우편물, (비행기의) 정기 기항지 중요한 준비단계; ② 역(驛), 역참, 여인숙(여객이 말을 바꾸는).
яма (야마)	(여) 구멍, 구덩이, 함정, (기체의) 포킷 구멍 모양을 한 여러 종류의 설비(구덩이, 저장조 등); 감옥(원래는 지하의); 매음굴(賣淫窟), 분지(分地); вырыть яму 구멍을 파다, мусорная ~, 무더기 угольная ~ (배의) 석탄 창고, 벙커 воздушная ~ 에어 포킷
Ямай ка (야마이까)	(여) 자마이카(카리브해에 있는 영연방 자치국).
ямай ский (야마이쓰끼이)	(형) 자메이카(서인도 제도에있는 독립국); ~ ром 자메이카 럼.
ямб (얌프)	(남) 영시의 단장격의, 약강격의; двустопный ~ 약강격의 이보구(각운 두개로 이루어지는 시행); ~ический 영시의 단장격의 (시), 약강격의 (시). четырёхстопный ~ 4보격 시로 된 약강격; шестистопный ~ 6보격 음각의 시 약강격;
ямбохорей (얌보호레이)	(남) 단장장단격
ямина (야미나)	(여) 구멍(주로 큰 것), 분지(分地).
ямистый (야미쓰뜨이)	(형) 구멍투성이의.
ямка (얌까)	(여) ① см. яма; ② 작은 구멍, 구덩이 하등동물의 감각기관 보조개.
ямочка (야모츠까)	(여) 보조개, 옴폭 들어간 곳, 작은 구멍, 구덩이 잔물결.
ямщик (야므쉬까)	(남) (역마차, 짐마차의) 마부.
ямщина (야므쉬나)	(여) ямщик의 직업, 역무 마부들.

ямщичить (야므쉬치찌)		마부로 일하다.
Ян (얀)		폴란드, 체코인의 이름.
январский (얀와르쓰끼이)		(형) к январь 1월의; ~ день 일월의 하루.
январь (얀와리)		(남) 1월; в ~е этого года 1월에 в ~е прошлого года 지난 1월; в ~е будущего года 내년 1월.
янки (얀끼)		(남) 양키, 미국사람(유럽인이 미국인에게 붙인별명).
янсенизм (얀쎄니즘)		(남) 얀센주의(네덜란드의 가톨릭교도 C. Jansen(1585~1638년)에서 시작한 주의, = 잰스니즘).
янсенист (얀쎄니쓰트)		(남) 얀센주의의 신봉자.
янтарный (얀딸느이)		(형) ① 호박의 ② (о цвете) 호박색
янтарь (얀따리)		(남) 호박; чёрный ~ 검은 호박.
Янус (야누쓰)		(남) 야누스, 양면신(머리 앞뒤에 얼굴이 있는, 문, 입구의 수호신)
Янцзыцзян (얀쯔즥쯔쟌)		(남) 양자강(= Янцзы).
янычар (야늬차르)		(남) 옛 터키의 친위병(1328~1826년).
Яньань (얀안니)		(남) 연안(중국의 지명).
янька (야니까)		(남) 이기주의자, 자만가.
япанча (야빤차)		(여) 고풍의 길고 넓은 망토.
Япет (야뻬트)		(남) см. Яфет; 크로노스의 형제, 토성의 제 8위성.
японец (야뽄네쯔)		(남) 일본인; 일본의, 일본 사람.

японизация (야**뽀**니자찌야)	(여) 일본화.
Япония (야**뽀**니야)	(여) 일본(日本).
японка¹ (야**뽀**까)	(여) 일본인(日本人)
японка² (야**뽀**까)	(여) (*о крое*) 모자 커버.
японофил (야**뽀**노필)	(남) 친일파(親日派)
японофоб (야**뽀**노포브)	(남) 배일파(排日派)
японский (야**뽀**쓰끼이)	(형) 일본의 일본인의 ~ язык 일본어 일본 말; ~ лак 옻, 칠, 옻칠하다; ~ая борьба 일본유도.
япошка (야**뽀**쉬까)	(남) [욕설] 일본놈.
яр¹ (야르)	(남) ① 강변, (강의) 절벽, 강 언덕, 깊은 낭떠러지, 계곡; ② 좁은 골짜기, 산골짜기.
яр² (야르)	(남) 어떤종류의 새가 교미기에 앓는병 염열(炎熱); 춘파(春播)
яранга (야**란**가)	(여) 야가, 시베리아 동북부 여러민족의 사슴가죽 지붕의 이동식 원형가옥. 가죽텐트.
ярд (야르트)	(남) 야드(영국 척도의 명칭),(=0.914미터); 영국의 면적단위(=1.2에이커)
ярем (야롐)	(남) *см.*, ярмо
яремный : (야레므느이)	~ая вена *анат. мед.* 경정맥(頸靜脈), 약점(弱点), 급소(急所).
Ярила (야**릴**라)	(남) (동슬라브인의) 태양, 번식, 사랑의 신.
яриться (야**리**쨔)	(여) ① 격노하다, 분노하다, (파도가) 용솟음치다, (암흑이) 짙어지다; ② (말 등이) 암내를 내다, 발정하다.

Яя

ярица (야리짜) — (여) 봄갈이 작물, 봄보리, 춘파(春播), 춘묘.

ярка (야르까) — (여) 아직 새끼를 낳지 않은 암양(-羊), 어린 암양.

яркий (야르끼이) — (형) 빛나고 있는, 빛나는, 밝은, 선명한 활활 타오르는, 현저한, 명료한, 강렬한; 화려한, 야한, 두드러진, 눈에 뙤게; ~ свет 도회지의 환락가 ~цвет 밝은색

ярко[1] (야르까) — (형) *кратк.см.* яркий

ярко[2] (야르까) — (부) (색채가) 선명한의 뜻, 현저하게, 두드러지게, 찬란히, 훌륭히, 생생하게, 선명하게, 발랄하게 ~ освещённый 현저하게, 밝게, 빛나게,

ярко - белый[1] (야르꼬-벨리) — (형) 눈부신, 휘황찬란한, 현혹적인.

ярко - зелёный[2] (야르꼬-젤료느이) — (형) 밝은 녹색, 초록색, 청록색.

яркость (야르꼬쓰찌) — (여) 빛남, 밝음, 광명, 선명함, 광휘, 힘찬, 휘도(輝度).

ярлык (야를릐ㄲ) — (남) ① 포고, 명령, 칙령, ② (꼬리)표 상표, 레테르, ③ 따따르칸의 명령서, 상사증서 지급 명령서; приклеить ~ кому-л. 그핀은 어느상표의 하나이다.

ярлычок (야를릐초크) — (남) *уменьш. от* ярлык 2.

ярмарка (야르말까) — (여) 정기적으로 서는 장, 농촌의 큰 시장, 산더미처럼 많은 것.
~очный (형) *к* ярмарка.

ярмо (야르모) — (중) 멍에, 굴레, 부담, 속박,(전기기계의) 이음쇠, сбросить с себя ~ 무거운 짐을 벗다.

яро (야라) — (부) 열정, 열열.

яровизатор (야라비자또르) — (남) яровизация의 전문가.

яровизация (야라비자찌야)	(여) 가을갈이 작물을 봄갈이로 변화시키는, 발아성육 촉진법의 일종,춘화처리 ~семян 열매의 개화 결실을 촉진하다.
яровизировать (야라비지로와찌)	(춘화처리)를 하다.
Яровит (야라비트)	(남) 고대 슬라브의 군신.
яровище (야로비쉐)	(중) 수확을 끝낸 봄갈이 밭.
яроводье (야라보지에)	(중) (주로 해동기의) 증수, 증수기.
яровой (야라보이)	① (형) 봄의, 봄갈이의; ~ые хлеба 봄의 농작물, ~ое поле 봄갈이 밭; ② 봄의 농작물들.
Ярослав (야라쓸랍)	(남) 남자의 이름.
Ярославль (야라쓸라블)	(남) 야로슬라블리(볼가강 연안, 모스크바 북방의 도시).
яростный (야라쓰뜨느이)	(형) 노하여 펄펄 뛰는, 격노한, 격분한 맹렬한, 광폭한 ~ая атака 맹공격,
ярость (야로쓰찌)	(여) 격노, 분노, 맹렬, 광포, 발정, 열광, 교미기; бешеная ~ 격분, 격앙, привести в ~ 격분시키다, прийти в ~ 벌컥 화내다, 노하여 펄펄 뛰다,
ярохвостка (야라흐보쓰뜨까)	(여) 오리속(-屬)의 하나.
ярочка (야라츠까)	(여) см. ярка.
яруга (야루가)	(여) 골짜기, 골짜기의 샘, 개울.
ярунок (야루녹)	(남) (목공용) T 형 정규(定規).
ярус (야루쓰)	(남) ① 찢다, 잡아채다, 원(圓), 궤도 первый ~ 첫 회전; ② 단, 층(層) 뒤로 갈수록 높아지는 관람석 각 계단 (목조 건물의) 층 지층

ярусник (야루쓰니크)	(남) 주낙배(백해에서 사용함).
ярусный (야루쓰느이)	(중) 층의(예 : пятиярусная пагода 5 층탑).
ярутка (야루뜨까)	(여) 십자과(평지과)의 식물(植物).
ярыга (야릐가)	(남) 순검, 포졸; 주정뱅이, 건달(乾達), 16-17세기의 빈민 계층 사람.
ярый (야릐이)	(여) 불타는, 타오르는 듯한, 열렬한, 맹렬한, 격렬한, 광폭한, 격분한, 열심인, 열렬한 순백의, 새하얗게 반쩍거리는.
ярыш (야릐쉬)	(남) 새끼 양.
ярь (야리)	(여) 봄갈이 밭 그 싹.
ярь, ярь-медянка (야리)	(여) 산화동에서 채취한 녹색 안료
ярь (야리)	(여) 분노, 격노(激怒), 분; 성, 화.
яс (야쓰)	(남) осетин 민족의 옛 이름.
ясак (야싸크)	남) 시베리아, 극동의 민족에게 부과한 모피(毛皮), 가축 등의 현물세.
ясачный (야싸츠느이)	(남) ясак의, ясак을 바치는 *см.* ясашный.
ясельничий (야쎌니치이)	(모스크바 공국의) 주마과 장관.
ясельный (야쎌니느이)	(형) *см.* ясли II.
ясеневый (야쎄네브이)	(형) 창백한, 물푸레 나무의(같은), 물푸레나무(재목)로 만든.
ясенец (야쎄네쯔)	(남) 백선(白鮮).
ясень (야쎈니)	(남) 물푸레나무, 무푸레 나무, 물푸레; 목서(木犀), 수청목, 심목, 청피목.

ясли¹ (야쓰리)	여물통, 구유, 물통, 나무 그릇.
ясли² (야쓰리)	탁아소, (구유 속의) 예수 탄생도, 어린이 날.
ясменник (야쓰멘니크)	(남) 선갈퀴(꼭두서니과의 하나).
ясмин (야쓰민)	(남) 재스민(jasmine) (향수, 색).
Ясная Поляна (야쓰나야 뽈랴나)	(여) 러시아 공화국 뚤라주(州)의 마을 (Л. Толстой 의 저택과 무덤이 있음).
яснеть (야쓰녜찌)	(부) 분명해지다, 명료해지다, 확실해지다 개이다, (날씨, 기분, 표정) 밝아지다: (금속 등이) 빛나다, 흐림이 가시다.
ясно¹ (야쓰나)	① (형) *см.* ясный ; ② 그것은 좋다, 훌륭하다; ③ 그것은 깨끗하다; ~ как (божий) день 그것은 극히 명백하다.
ясно¹ (야쓰나)	(부) 깨끗하게, 밝은, 뚜렷하게, 명백하게, 의심할 나위없이;~ выраженный 명백하게 표현했다
ясновельможный (야쓰노벨모즈느이)	폴란드 귀족, 카프카즈 추장의 존칭.
ясновидение (야쓰노비제니에)	(중) 투시, 투시력, 천리안, 정확한, 통찰력이 뛰어난 것; ~ец (남) 날카로운 통찰력이 있는; ~ящий 천리안의 천리안을 지닌 사람.
ясноокий (야쓰노오끼이)	(형) 눈이 아름다운
ясность (야쓰노쓰찌)	(여) 밝기, 투명, 방해물이 없음, 맑음, 청명, 명료, 광명; ~ мысли 맑음마음, 제정신 ~ цели 정확하게 조준하다
яснотка (야쓰노뜨까)	(여) 광대 수염속.
ясный (야쓰느이)	(형) 밝은, 확실한, 분명한, 명백한, 명료한, 맑게 게인, 청명한, 빛나는, 광택 있는. 맑은, 투명한, 뚜렷한,
Ясочка (야쓰오츠까)	(여) 사랑하는 사람(여자를 부르는 말).

Яя

яспис
(야쓰삐쓰)
(남) 벽옥의 옛 이름.

Яссы
(얏씨)
(여) 루마니아 북동부의 도시.

ястак
(야쓰따크)
(남) *см.* ястык.

яство
(야쓰뜨뷔)
(맛좋고 푸짐한) 음식물, 식품.

ястреб
(야쓰뜨레브)
(남) 강경론자 주머니형의 어망
~ -перепелятник 참새를 잡다
~ -тетеревятник 참매

ястребиный
(야쓰뜨레비니에)
(형) к ястреб 새매 같은, 맹금성의, 매를 사용하는, 갈구리모양의 잡아먹을 듯한; *научн.* ~ая охота 매 훈련법,

ястребок
(야쓰뜨레복)
(남) ① *от* ястреб 작은 매;
② 전사(戰士), 전투기(戰鬪機).

Ястык
(야쓰띄크)
(남) (한 덩어리로된) 막에 싸인 물고기 알, 그것을 감싸는 막.

ясырь
(야쓰리)
(남) 포로, 노예, 종, 노복, 노비, 비복 가복(家僕), 가노(家奴).

ятаган
(야따간)
(남) 이슬람교도의 긴 칼(날밑 없이 S자꼴로 휜).

ятка
(야뜨까)
(여) 시장 바닥의 천막, 천막을 친 노점.

ятовь
(야또비)
(여) 용철갑상어 등이 있는 강바닥의 구멍.

ятровь
(야뜨로비)
(여) 남편(혹은 아내)의 형제의 아내.

ятрышник
(야뜨리쉬니크)
(남) 난, 난초, 국향(國香).

ять
(야찌)
(남) 구정자법에 존재한 자모 Ѣ의 이름 (옛날은 독자적인 음을 가졌는데 나중에 е와 합류했다): на ять 1등, 훌륭하게,

Яфёт
(야표트)
(남) 야페테(노아의 세 아들 중의 하나).

яфетид (야페찌드)	(남) яфетические языки를 말하는 인종.
яфетидолог (야페찌돌로그)	(남) яфетидо-логия의 학자, 지지자.
яфетидология (야페찌돌로기야)	(여) Н. Я. Маар(1865-1934년)가 제창한 언어학설.
яфетический (야페찌체쓰끼이)	(형) (Н.Я. Маар의 언어학설) 언어발달의 최고 오랜 단계의, 야페테 언어단계
яхонт (야혼트)	(남) 루비(ruby), 홍보석, 홍옥(紅玉); 사파이어 ~овый 루비, 사파이어.
яхта (야흐따)	(여) 요트.
яхтенный (야흐쩬느이)	(형) к см. яхта.
яхт-клуб (야흐뜨-클룹)	(남) 요트클럽.
яхт-клубовец (야흐뜨-클루보베쯔)	(남) 요트클럽회원, 종업원.
яхтный (야흐뜨느이)	(형) 요트의.
яхтсмен (야흐뜨쓰멘)	(남) 요트맨, 요트조종자, 요트를 사용하는 스포츠맨.
ячанье (야차니에)	(중) см. ячать.
ячать (야차찌)	(중) 슬프게 울다, 흐느껴 울다.
яеистый (야에이쓰뜨이)	(형) 작은 구멍이 많은, 그물코의 뜻.
ячеиться (야체이짜)	(중) (물고기에 관하여) 그물코에 걸리다.
ячей ка (야체이까)	(여) (공산당의) 세포; 소총 강선(1,2인용) 간이호
ячество (야체쓰드뷔)	(중) 유아주의(唯我主義).

Яя

ячея (야체야)	(여) ① 작은 방, 벌집의 작은 구멍, 꽃가루주머니; ② 그물코, 망사, 그물, 편물의 코.
ячий (야치이)	(남) 야크(중앙 아시아 티벳산의 들소).
ячменный (야츠멘느이)	(형) 보리의, 대맥의; ~ отвар 보리죽 ~ сахар 맥아당 ~ое зерно 보리쌀.
ячмень¹ (야츠멘니)	(남) 보리. 대맥(大麥), 숙맥(宿麥)
ячмень² (야츠멘니)	(남) (на глазу) (눈의) 다래끼.
ячневик (야츠네빅)	(남) 보리가루로 만든 작은 빵.
ячневый (야츠네브이)	(형) 보리로 만든, 보리 가루의; ~ая крупа 보리를 맷돌로 갈은것.
Яша (야샤)	(남) Яков의 애칭.
яшма (야쉬마)	(여) 벽옥(碧玉) 푸른빛의 고운 옥. 재스퍼, 석영
яшмовый (야쉬모브이)	(형) 벽옥처럼.
ящер (야쉘)	(남) 천산갑속(穿山甲屬); 도마뱀속, 수궁, 도마뱀붙이.
ящерёнок (야쉐료녹)	(남) 도마뱀류의 새끼.
ящерица (야쉐리짜)	(여) 도마뱀, 산룡자(山龍子), 석룡자(石龍子) 수궁.
ящик (야쉬크)	(남) ① 상자, 궤, 함, 통, 책상 서랍 번호로 불려지는 사무실; мусорный ~ 쓰레기 통 почтовый ~ 우체통; ② 서랍, 장롱; ◇ откладывать в долгий ~ (вн.) 보류하다, 제거하다,
ящичник (야쉬츠닉)	(남) 상자 만드는 직공.
ящур (야슈르)	(남) 입발굽 병, 구제역(口蹄疫) (소나 돼지 같은 유제류가 잘 걸리는 입안 염증(炎症) 및 발굽염을 일으키는 전염병).

문예림 러시아어 도서목록

꿩먹고 알먹는 러시아어 첫걸음

저자 전혜진
페이지 208쪽
판형 46배판
정가 13,000원 (교재+CD)

러시아를 그리워 했던 사람들은 러시아어 를 배우고 싶어한다. 하지만 러시아어는 어렵다는 선입견이 있기 때문에 시작할 엄두를 대지 못하는 사람들이 많다. 그래서 러시아어 첫걸음은 쉽고 재미있고 즐겁게 러시아어를 학습하자는 취지에 만들었다. 문법 암기 위주의 기존의 교재 틀에서 벗어나. 듣기, 쓰기, 읽기 말하기 영역에 초급단계의 러시아어를 골고루 연습하고 발전시키도록 단계별로 체계적으로 구성하였다.

회화로 이끄는 실용 러시아어 작문

저자ㅣ 남혜현, 크라쉐스카야 엔. 베.
페이지 208쪽
판형 176*248
정가 15,000원

이 교재는 여러 명의 등장인물들이 주고받는 편지를 주요 텍스트로 하고 있습니다. 텍스트의 내용은 등장인물 들의 삶에서 일어나는 갖가지 사건을 주제로 하고 있기 때문에, 학습자들이 실제 러시아어로 이메일을 쓸 때에 사용할 수 있는 다양한 표현들이 풍부하게 담겨 있습니다. 또한 러시아어 인터넷 검색, 이력서 쓰기 등은 러시아 관련 종사자들도 유용하게 쓸 수 있는 자료가 될 것 입니다.

입에서 톡 (talk) 러시아어 (해설강의 mp3CD)

저자 이은경
페이지 266쪽
판형 크라운판
정가 I,000원 (mp3CD (회화1,해성강의 CD2)

본 교재는 러시아어를 처음 배우는 학습자와 이미 초급 과정을 거친 학습자를 대상으로 집필됐다. 사실, 라디오 전파를 통해 광범한 청취자들을 대상으로 하는 만큼, 교재의 범위와 난이도를 정하는 것이 쉽지는 않았다. 방송 강좌의 일차적 목표가 '생생한 러시아어'를 쉽고 재미있게 배우는 것이므로, 일상에서 자주 사용되며 쉽게 접할 수 있는 말들을 중심으로 교재를 구성해 보았다. 또한 딱딱하고 어색한 문장을 반복하는 기존의 기계적인 문법위주 학습을 지양하고, 러시아어의 체계를 세우는 데에 꼭 필요한 의사소통 위주 표현에 역점을 두었다.

본 교재의 앞부분에는 러시아어 발음과 억양의 이해에 필요한 내용이 정리되어 있다. 아울러, 다양한 상황을 테마 별로 분류해, 학습자가 개별 상황에서 필요한 부분만을 참고할 수 있게 하였다. 또 대화구문을 통해 필수적 표현을 숙지한 후, 이와 관련된 낱말과 문법사항을 점검하고 연습문제를 통해 학습 진척도를 스스로 점검할 수 있게 하였다. 나아가, 본문에서 다루지 못한 사항에 대해 궁금해 하는 학습자를 위해 별도의 코너를 마련하여, 학습자 스스로 학습 계획과 수용 능력에 맞춰 학습량과 범위를 자유로이 늘리거나 줄일 수 있게 했다. 각 과의 끝에는 반드시 암기해야 할 표현을 수록하였다.

외국어 학습은 단지 다른 나라의 말을 앵무새처럼 흉내 내는 것으로 그치지 않는다. 언어라는 창구를 통해 다른 나라의 문화와 전통을 깊이 이해하고 다가가는 것이 보다 중요한 목적이다. 이에 필자는 각 과의 마지막 부분에서 러시아문화를 소개하는 간략한 글과 사진을 수록하여 러시아를 입체적, 심층적으로 이해하도록 했다. 각 테마가 시작하는 면에는 러시아의 도시와 유명한 관광지를 사진과 함께 소개하여 시각적인 효과를 얻을 수 있게 했고, 또 다양한 러시아 노래를 부록으로 곁들여 러시아인의 정서를 이해하는데 도움이 되도록 했다.

이 교재는 처음 러시아를 방문한 관광객이 러시아 땅을 밟는 순간부터 귀국 비행기에 오르기까지의 상황을 단계별로 소개하고 있다. 이 교재의 특징은 많은 러시아어 학습자들이 빠뜨리기 쉬운 탄력적이고 자연스러우며 맛깔스러운 러시아어 고유의 표현을 부각시키려고 시도했다는 점이다. 따라서 본문의 내용을 많이 듣고 따라 하다 보면 어느새 수준 높은 러시아어 표현을 구사하게 되리라고 믿는다. 모쪼록 이 교재가 여러 가지 동기와 목적에서 러시아어 공부를 갓 시작한 청취자 제위께 두루 도움이 되었으면 한다.

영어대조 러시아어 회화
저자 전혜진
페이지 284쪽
판형 46
정가 8,000원 (CD포함 15000원)

. 이 책은 영어와 러시아어를 동시에, 단기간동안, 효율적으로 습득할 수 있도록 만들어진 책입니다. 의사소통능력 배양을 목적으로 일상생활과 관련된 38가지 상황별 다양한 주제의 회화를 총망라하고 있습니다. 예를 들면, 자기소개, 취미생활, 쇼핑, 건강, 날씨, 여행, 전화, 문화생활, 스포츠 등의 우리 생활에서 필요한 회화가 소개되고 있습니다. 그와 함께 숫자, 시간, 인체, 질병, 교통, 의생활, 식생활, 주거 생활 등을 비롯하여, 일상생활에서 빈도수가 높은, 20가지 주제별 단어를 수록하고 있습니다. 부록으로 러시아어 기본 문법과 러시아어 발음규칙에 대한 정보를 제공하고 있습니다. 그리고 초보자를 위해 우리말로 러시아어 발음을 표기하여, 어려운 러시아어 발음을 쉽게 익히도록 하였습니다. 발음 표기는 《우리말 외래어 표기법》의 틀에 얽매이지 않고, 실제 러시아어 발음에 최대한 가깝게 표기하도록 노력했습니다.

노래로 배우는 러시아어
저자 전혜진
페이지 224쪽
판형 신국판
정가l 14,500원 (교재+CD)

계절의 바뀜조차 느끼지 못할 정도로 지쳐있었던 때가 있었습니다.

때로는 밝고 경쾌하게 톡톡 튀어 입가에 저절로 미소가 떠오르게 하고, 때로는 가슴 저리는 슬픔과 오랫동안 마음을 짓누르는 그리움으로 오는 러시아 노랫말과 멜로디… 그 아름다움의 깊이와 넓이는 바다처럼, 하늘처럼 헤아릴 수 없을 정도입니다.

그러한 러시아 노래와 러시아어의 아름다움을 "노래로 배우는 러시아어"에 담아보고자 하였습니다. 러시아 민요, 영화음악, 대중가요와 로망스 등 러시아를 대표하는 주옥같은 노래들을 소개하고 있습니다. 노래로 러시아어를 배우면서, 즐겁고 재미있게 러시아어 어휘, 표현, 문법을 학습하도록 이 책을 구성하였습니다. 각 과의 「노랫말 익히기」 「노랫말 한마디」 「노랫말 표현 따라잡기」 「문법 길잡이」 코너는 노래 속에서 러시아어를 체계적으로 학습할 수 있는 기회를 제공해 줄 것입니다. 또한 「노래에 실린 문화 이야기」 코너를 통해 한층 더 가깝게 러시아 문화를 느낄 수 있을 것입니다.

한국어-러시아어단어장

저자 전혜진
페이지 368쪽
판형 I107*150
정가 8,000원

「한국어-러시아어 단어장」은 학습자가 원하는 단어를 즉석에서 찾아 볼 수 있도록 우리말의 가나다 순으로 구성하였습니다. 러시아어의 자유로운 의사소통을 위하여 주로 일상생활에서 사용되는 빈도수 높은 어휘와 표현을 담고 있습니다. 또한 초급 러시아어 단계에서 반드시 알아 두어야 할 필수문장, 러시아어 기본 회화 패턴도 소개하고 있습니다. 그와 함께「한국어-러시아어 단어장」은 단순히 단어를 나열한 것이 아니라, 단어를 결합하는 능력, 단어를 능동적으로 사용하는 능력을 배양하는 것에 초점을 맞추었습니다. 러시아어를 모르더라도 누구나 한글만 알면 이 책을 활용하여 현지에서 러시아어 의사소통에 지장이 없도록 표제어 단어 모두 원어 발음에 가깝게 한글로 표기하였습니다.

러시아어 편지쓰기

저자 전혜진
페이지 218쪽
판형 신국판
정가 11,000원

러시아어 편지 쓰기는 특히 어렵습니다. 러시아어를 잘하는 사람도 러시아어로 편지를 제대로 쓰지 못하는경우가 많습니다. 러시아어 편지는 일정한 격식이 있으며,표현에 있어서도 일상회화체와는 차이가 나기 때문에 러시아어로 편지를 쓰기 위해서는 편지에 맞는 격식과 표현들을 익혀야합니다.

〈러시아어 편지 쓰기〉에는 비즈니스 레터 작성법,개인적인 공식 서한, 개인적인 비공식 서한 작성법, 편지봉투 작성법을 소개하고 있으며, 편지에 사용되는 표현들을 총망라하고 있습니다. 그리고 신년인사 편지,축하 편지, 안부 편지, 상용편지 등 러시아 편지 실례들을 다양하게 싣고 있어서, 러시아어 편지 실제 유형을 접하고, 상황과 격식에 맞게 러시아어로 편지를 쓰는 연습을 할 수 있습니다.

러시아어 회화사전

저자 전혜진
페이지 424쪽
판형 I 128*188
정가 I 25,000원 (mp3CD)

러시아어 회화 사전 은 러시아어 말하기 능력의 발전을 목표로 상황에 맞게 말하는 법, 질문하는 법, 질문에 답하 는 법, 자신의 생각을 논리적으로 기술하는 법 등 의사소통에 필요한 회화 표현을 총망라하고 있습니다.

「러시아어 회화 사전」은 Communication Skill과 Living Russian 두 파트로 구성되었습니다.

Communication Skill에서는 상황에 맞게 사용하는 어법을 소개하고 있습니다.

말 걸기와 주의 끌기, 인사, 소개, 초대, 부탁, 충고, 제안, 부탁과 초청의 수락과 거절, 동의와 반대, 사과, 위로와 애도, 축하와 기원, 감사, 칭찬, 그리고 비난과 질책과 관련된 풍부한 표현과 어법을 제시합니다.w

Living Russian 파트에서는 러시아 일상생활에서 반드시 필요한 회화가 상황별, 주제 별로 그려집니다. 러시아에서 편안하게 여행하고, 사업하고, 생활할 수 있도록, 공항, 숙박, 만남, 외모와 성격, 일과, 집, 비자, 식당, 교통, 은행서비스, 쇼핑, 계절과 날씨, 이발과 미용, 예술과 취미생활, 건강, 비즈니스, 스포츠, 문화와 종교, 통신, 필수질문 ABC 등 상황과 주제 별 회화 표현을 다양하게 담고 있습니다. 또한 각 코너 끝 부분에 응용회화를 소개하여 상황과 주제에 맞춰 대화를 전개하는 법을 배울 수 있습니다. Living Russian 파트에서 현대의 살아있는 생생한 러시아 구어를 만나게 될 것입니다.

학습노한사전

저자 I 마주르
페이지 500쪽
판형 I A5
정가 I 30,000원

노한사전은 40,000여 단어를 수록한 최신판으로 러시아의 한국 학도들 사에서 널리 이용되고 있는 최고의 사전입니다

최신 한국어 -러시아어 사전

저자ㅣ 김춘식
페이지ㅣ 1992쪽
판형ㅣ 143*194
정가ㅣ 52,000원

최신 한국어-러시아어 사전의 특징은

1. 현재 한국에서 가장 많이 쓰이는 올림말 약 17만여 단어를 선별하였고 현재 한국에서 사용되는 한국어를 러시아어로 번역한 대 학습사전이다.

2. 사용자가 외국인 학습자인 점을 감안하여 접사, 형용사, 동사의 표제어는 원형 외에 그 변형까지도 독립된 표제어를 삼았으며 많이 사용되는 관용구와 성구 또는 별도의 표제어를 표기하였다.

3. 표제어는 일어(一語) 일표제어(一標題語) 방식을 취하여 이어(二語) 이상의 복합어도 각각 독립된 표제어로 올림을 원칙으로 하였으며, 동음이의어(同音異議語)는 별도의 올림말로 처리하고 그것이 한자말인 경우에 한자로 괄호( ) 안에 표기하였으며 영어는 영어로 표기하였다.

4. 같은 자모로 표기되는 어휘의 경우는 그 쓰이는 빈도에 따라 수록순위를 정하여 표제어에 로마체(I II III IV)로 표기하였다.

5. 어휘 풀이에 있어서 주석에 충실하기보다는 실제 사용되는 상황에 적절한 용례를 제시하였다.

러시아어-한국어 사전

저자ㅣ 고려대학교 러시아 문화 연구소
페이지ㅣ 1748쪽
판형ㅣ 46판
정가ㅣ 52,000원

총 어휘수 11만어에 달하는 본 사전은 명실공히 단일 외국어 러한사전으로 세계에서 가장 큰 사전이다.

또한 숙어, 폐어, 구어, 복합어, 동의어 등에도 각별히 주의를 하였고, 러시아어 발달사, 발음, 인명과 애칭, 지명의 표기법 등을 권말부록에 수록하여 다목적인 성격을 강조하도록 배려하였다.

발행처 - 일념

전국총판 - 도서출판 문예림

최신 러시아어 한국어 사전

저자 감수 김문욱, 편저자 강 안겔리나, 김춘식
페이지 1888쪽
판형   128*188
정가   52,000원

사전의 특징은 다음과 같다.

1. 현재 러시아에서 가장 많이 쓰이는 올림말 약 17만여 단어를 선별하였고 현재 러시아에서 사용되는 러시아어를 한국어로 번역한 대 학습사전이다.

2. 사용자가 한국인 학습자인 점을 감안하여 접사, 형용사, 동사의 표제어는 원형 외에 그 변형까지도 독립된 표제어를 삼았으며 만이 사용되는 관용구와 성구 또는 별도의 표제어를 표기하였다.

3. 표제어는 일어(一語) 일표제어(一標題語) 방식을 취하여 이어(二語) 이상의 복합어도 각각 독립된 표제어로 올림을 원칙으로 하였다.

4. 같은 자모로 표기되는 어휘의 경우는 그 쓰이는 빈도에 따라 수록순위를 정하여 표제어에 로마체(I II III IV)로 표기하였다.

한국어-러시아어사전 (특장판)

저자ㅣ 편 저- 김 춘 식, 감 수 - 김 문 욱
페이지ㅣ1992쪽
판형ㅣ 176*256
정가ㅣ 88,000원

본 사전의 특징은 다음과 같다.

1. 현재 러시아에서 가장 많이 쓰이는 올림말 약 17만여 단어를 선별하였고 현재 러시아에서 사용되는 러시아어를 한국어로 번역한 대 학습사전이다.

2. 사용자가 한국인 학습자인 점을 감안하여 접사, 형용사, 동사의 표제어는 원형 외에 그 변형까지도 독립된 표제어를 삼았으며 만이 사용되는 관용구와 성구 또는 별도의 표제어를 표기하였다.

3. 표제어는 일어(一語) 일표제어(一標題語) 방식을 취하여 이어(二語) 이상의 복합어도 각각 독립된 표제어로 올림을 원칙으로 하였다.

4. 같은 자모로 표기되는 어휘의 경우는 그 쓰이는 빈도에 따라 수록순위를 정하여 표제어에 로마체(I II III IV)로 표기하였다.

для начинающих
изучать русский язык
русско – корейский
словарь

러시아어 한국어 입문사전

문예림
1945

2011년 · 6월10일 초판 인쇄
2011년 · 6월15일 초판 발행
편 저 · 김 춘 식, 박 와실리, 엄안또니나
발행인 · 서 덕 일
발행처 · 도서출판 문예림
등 록 · 1962년 7월 12일(제2-110호)
주 소 · 서울시 광진구 군자동 1-13호
    문예하우스 101호
전화 Tel:02) 499-1281~2
팩스 Fax:02) 499-1283
http://www.bookmoon.co.kr
E-mail:book1281@hanmail.net
ISBN 978-89-7482-582-3(13790)

정가 30,000원

■ 잘못된 책은 구입하신 서점에서 교환하여 드립니다.
■ 저자와 협의에 의해 인지를 생략합니다.